Friedmund Skorzenski, Dagmar Köllner, Heinz Möhlmeier, Heike Stohanzl

Wirtschafts- und Sozialprozesse für Kaufleute für Spedition und Logistikdienstleistung

Schülerband

9. Auflage

Bestellnummer 31291

Bildungsverlag EINS
westermann

Die in diesem Produkt gemachten Angaben zu Unternehmen (Namen, Internet- und E-Mail-Adressen, Handelsregistereintragungen, Bankverbindungen, Steuer-, Telefon- und Faxnummern und alle weiteren Angaben) sind i. d. R. fiktiv, d. h., sie stehen in keinem Zusammenhang mit einem real existierenden Unternehmen in der dargestellten oder einer ähnlichen Form. Dies gilt auch für alle Kunden, Lieferanten und sonstigen Geschäftspartner der Unternehmen wie z. B. Kreditinstitute, Versicherungsunternehmen und andere Dienstleistungsunternehmen. Ausschließlich zum Zwecke der Authentizität werden die Namen real existierender Unternehmen und z. B. im Fall von Kreditinstituten auch deren IBANs und BICs verwendet.

Die in diesem Werk aufgeführten Internetadressen sind auf dem Stand zum Zeitpunkt der Drucklegung. Die ständige Aktualität der Adressen kann vonseiten des Verlages nicht gewährleistet werden. Darüber hinaus übernimmt der Verlag keine Verantwortung für die Inhalte dieser Seiten.

service@bv-1.de
www.bildungsverlag1.de

Bildungsverlag EINS GmbH
Ettore-Bugatti-Straße 6-14, 51149 Köln

ISBN 978-3-427-**31291**-8

westermann GRUPPE

Vorwort

Liebe Leserin, lieber Leser,

Grundlage für „Wirtschafts- und Sozialprozesse“ sind die bundeseinheitlichen Anforderungen der „Verordnung über die Berufsausbildung zum/zur Kaufmann/Kauffrau für Spedition und Logistikdienstleistung“ vom 28.07.2004.

Das Buch folgt der im Rahmenlehrplan vorgegebenen Gliederung nach Lernfeldern.

Lernfeld 1: Die Berufsausbildung mitgestalten
Lernfeld 2: Im Speditionsbetrieb mitarbeiten
Lernfeld 8: Betriebliche Beschaffungsvorgänge planen, steuern und kontrollieren
Lernfeld 14: Marketingmaßnahmen entwickeln und durchführen
Lernfeld 15: Speditionelle und logistische Geschäftsprozesse an wirtschaftlichen Rahmenbedingungen ausrichten

Handlungsorientierte Ausbildung in Schule und Spedition stellt Auszubildende und Ausbilder sowie Lehrerinnen und Lehrer vor neue Herausforderungen. In den letzten Jahren haben sich die Anforderungen an die Kaufleute für Spedition und Logistikdienstleistung stark gewandelt. Die Vermittlung von Schlüsselqualifikationen rückt zunehmend in den Vordergrund der pädagogischen Arbeit. Zu den benötigten Qualifikationen zählen die „soft skills“ wie Kommunikations- und Kooperationsfähigkeit, Teamfähigkeit, Medienkompetenz und die Fähigkeit, sich selbstständig neues Wissen anzueignen und sich schnell in neuen Arbeitssituationen zurechtzufinden.

Die wichtigste Grundlage für die angestrebte berufliche Handlungskompetenz besteht in einem breiten fachlichen Wissen und Können. Nur auf der Basis einer hohen Fachkompetenz erwächst die Fähigkeit und Bereitschaft, Aufgaben und Probleme zielorientiert, sachgerecht, methodengerecht, selbstständig und selbstbewusst lösen zu können.

Die berufsspezifischen Lernfelder in Spedition und Logistik gehen von beruflichen Aufgabenstellungen und Handlungssituationen aus und werden im Fach Wirtschafts- und Sozialprozesse in ihren rechtlichen und gesamtwirtschaftlichen Bezugsrahmen eingebunden. Denn betriebswirtschaftliche, rechtliche und volkswirtschaftliche Grundkenntnisse sind Voraussetzung für einen qualifizierten Umgang mit den Speditionskunden. Aus diesem Grund werden im vorliegenden Buch diejenigen Grundlagen dargestellt, die benötigt werden, um sich am Markt sicher zu bewegen, die geschäftspolitischen Entscheidungen der Speditionen zu verstehen und die Einflüsse der Wirtschaftspolitik zu erkennen und zu beurteilen.

„Wirtschafts- und Sozialprozesse“ soll

- die Themengebiete strukturieren,
- als Informationsmedium bei der selbstständigen Erarbeitung der Inhalte dienen,
- helfen, individuell geeignete Arbeits- und Lerntechniken kennenzulernen und einzuüben,
- durch einen umfangreichen Aufgabenteil zur Anwendung und Überprüfung des Gelernten anregen,
- die im Unterricht behandelten Inhalte zusammenfassen,
- zeigen, wie man sicher und effektiv Arbeitsergebnisse präsentiert,
- eine optimale Vorbereitung auf die bundeseinheitliche Abschlussprüfung sicherstellen.

Dem Buch ist das Kapitel „Lern-, Arbeits- und Präsentationstechniken“ vorangestellt. Die Aufgaben am Ende der einzelnen Kapitel nehmen immer wieder Bezug darauf, sodass eine fortlaufende Einübung der „Lern-, Arbeits- und Präsentationstechniken“ möglich ist.

In diesem Buch werden überwiegend nur männliche Bezeichnungen angegeben. Dies dient ausschließlich der besseren Lesbarkeit und soll niemanden diskriminieren.

Wir bedanken uns für die Anregungen, die uns von Auszubildenden, Praktikern, Lehrerinnen und Lehrern zugegangen sind. Wir sind offen für Kritik und freuen uns immer über Verbesserungsvorschläge.

Die Verfasser

Inhaltsverzeichnis

Lern-, Arbeits- und Präsentationstechniken

1	**Einflüsse auf das Lernen**	11
1.1	Äußere Einflüsse	12
1.1.1	Ordnungssystem	12
1.1.2	Arbeitsplatzgestaltung	12
1.1.3	Arbeits- und Zeitplanung	13
1.2	Innere Einflüsse	13
1.2.1	Lerntypen	13
1.2.2	Motivation und Konzentration	14
2	**Lern- und Arbeitstechniken**	15
2.1	Aktives Zuhören und Mitschreiben	15
2.2	Richtiges Lesen, Markieren und Exzerpieren	16
2.3	Das Behalten fördern	16
2.3.1	Inhalte visualisieren	17
2.3.2	Mit Inhalten wiederholt arbeiten	17
3	**Präsentationstechniken**	18
3.1	Vorbereitung	19
3.2	Visualisierung und Medieneinsatz	19
3.3	Durchführung und Präsentationsverhalten	20
3.3.1	Eröffnung des Vortrags	20
3.3.2	Hauptteil des Vortrags	21
3.3.3	Ende des Vortrags	21

Lernfeld 1: Die Berufsausbildung mitgestalten

1	**Berufsausbildung**	25
1.1	Duale Ausbildung	26
1.2	Rechtsgrundlagen der Berufsausbildung	27
1.3	Berufsausbildungsvertrag	31
1.4	Berufsausübung	32
1.5	Fort- und Weiterbildung	33
2	**Arbeitsschutz und Arbeitssicherheit**	37
2.1	Sozialer Arbeitsschutz	40
2.1.1	Arbeitszeitgesetz	40
2.1.2	Jugendarbeitsschutz	41
2.1.3	Schutzbestimmungen für weibliche Arbeitnehmer	42
2.1.4	Elterngeld, Elternzeit, Kinderbetreuungskosten und Betreuungsgeld	45
2.1.5	Freiwillige Wehrdienstleistende	48
2.1.6	Schwerbehinderte	48
2.2	Technischer Arbeitsschutz	48
2.2.1	Unfallschutz	48

2.2.2 Sicherheits- und Gesundheitsschutzkennzeichnung 50

3 Mitwirkung und Mitbestimmung der Arbeitnehmer 52
3.1 Gesetzliche Grundlagen 52
3.2 Beteiligungsrechte auf der Ebene des Arbeitsplatzes 53
3.3 Beteiligungsrechte auf der Ebene des Betriebes 53
3.4 Beteiligungsrechte auf der Ebene der Unternehmensleitung 57

Lernfeld 2: Im Speditionsbetrieb mitarbeiten

1 Grundlagen der Organisation 61

1.1 Organisationsbegriff 62
1.2 Verfahren der Aufbauorganisation 63
1.2.1 Aufgabenanalyse 63
1.2.2 Aufgabensynthese 63
1.2.3 Betriebshierarchie 65
1.2.4 Leitungssysteme 65
1.3 Verfahren der Ablauforganisation 69

2 Grundlagen des Personalwesens 71
2.1 Personalplanung 72
2.2 Personalbeschaffung 73
2.3 Personaleinsatz 75
2.4 Personalführung 76
2.4.1 Führungstechniken 77
2.4.2 Führungsstil 77
2.4.3 Mitarbeitermotivation 78
2.5 Personalbeurteilung 79

3 Aufgaben und Grundlagen des Arbeitsrechts 82
3.1 Individualarbeitsrecht 85
3.1.1 Arbeitsvertragsrecht 85
3.1.2 Pflichten und Rechte aus dem Arbeitsverhältnis 88
3.1.3 Beendigung des Arbeitsverhältnisses 89
3.1.4 Besondere Formen des Arbeitsverhältnisses 98
3.2 Kollektivarbeitsrecht 101
3.2.1 Tarifverträge 102
3.2.2 Betriebsvereinbarungen 105
3.2.3 Tarifkonflikte 106

4 Soziale Sicherung 111
4.1 Entwicklung der Sozialpolitik 111
4.2 Zweige der sozialen Sicherung 112
4.2.1 Gesetzliche Krankenversicherung 114
4.2.2 Gesetzliche Rentenversicherung 119
4.2.3 Arbeitslosenversicherung 124
4.2.4 Gesetzliche Pflegeversicherung 130
4.2.5 Gesetzliche Unfallversicherung 136
4.3 Risiken im Netz der sozialen Sicherheit 140

5 Eigeninitiative zur Absicherung von Lebensrisiken 142
5.1 Private Krankenversicherung/Pflegeversicherung............. 143
5.2 Altersvorsorge.. 144
5.3 Lebensversicherung.. 150
5.4 Private Unfallversicherung 150
5.5 Haftpflichtversicherung..................................... 151

6 Vergütung und Abrechnung der Arbeitsleistung............ 152
6.1 Entlohnung der Arbeit 153
6.1.1 Entlohnungsformen 153
6.1.2 Vermögensbildung in Arbeitnehmerhand 158
6.2 Gehaltsabrechnung 159
6.2.1 Gehaltsermittlung.. 159
6.2.2 Lohnsteuer... 159
6.2.3 Sozialversicherung... 161
6.2.4 Abrechnung... 161
6.3 Einkommensteuererklärung der Arbeitnehmer 161
6.3.1 Steuerpflicht 163
6.3.2 Einkunftsermittlung 164
6.3.3 Ermittlung des zu versteuernden Einkommens 164
6.3.4 Ermittlung der Einkommensteuerschuld....................... 171
6.3.5 Antragsveranlagung... 172
6.3.6 Steuergerechtigkeit 175

7 Grundlagen des Handelsrechts.............................. 180
7.1 Überblick über das Handelsrecht............................. 180
7.2 Gründung und Anmeldung der Unternehmung 182
7.3 Kaufmannseigenschaft 183
7.4 Firmenrecht 185
7.5 Öffentliche Register 187
7.5.1 Handelsregister und Unternehmensregister................... 187
7.5.2 Partnerschafts- und Genossenschaftsregister................ 190
7.5.3 Andere öffentliche Register................................ 190
7.6 Vollmachten... 190
7.6.1 Handlungsvollmacht... 190
7.6.2 Prokura.. 192
7.6.3 Generalvollmacht 193

8 Unternehmensformen 195
8.1 Einzelunternehmung *(§§ 1–104 HGB; BGB; GewO)* 198
8.2 Personengesellschaften 200
8.2.1 Personenvereinigungen nach dem BGB......................... 200
8.2.2 Offene Handelsgesellschaft *(§§ 105–160 HGB)*.............. 201
8.2.3 Kommanditgesellschaft *(§§ 105–177a HGB)* 205
8.2.4 Stille Gesellschaft *(§§ 230–236 HGB)* 210
8.3 Kapitalgesellschaften.. 211
8.3.1 Gesellschaft mit beschränkter Haftung *(GmbHG)*............. 211
8.3.2 Aktiengesellschaft *(AktG)* 216
8.3.3 Europäische Aktiengesellschaft – Societas Europaea *(SE)*...... 222
8.3.4 Kleinstkapitalgesellschaften *(§ 267a HGB)* 223
8.3.5 GmbH & Co. KG *(§§ 161–177a HGB; GmbHG)* 224

9 **Finanzkrisen und Auflösung der Unternehmung** ... 230
9.1 Sanierung ... 232
9.2 Insolvenzverfahren ... 233
9.3 Freiwillige Liquidation ... 236

Lernfeld 8: Betriebliche Beschaffungsvorgänge planen, steuern, kontrollieren

1 **Rechtsgrundlagen** ... 238
1.1 Die Rechtsordnung als Bestandteil der Gesellschaftsordnung ... 238
1.2 Rechtsquellen und Rechtsnormen ... 239
1.3 Rechtsprechung ... 241

2 **Rechtssubjekte und Rechtsobjekte** ... 246
2.1 Rechtssubjekte ... 247
2.1.1 Geschäftsfähigkeit ... 248
2.1.2 Deliktfähigkeit *(§ 827 ff. BGB)* ... 252
2.2 Rechtsobjekte ... 252
2.2.1 Sachen ... 252
2.2.2 Rechte ... 254
2.2.3 Eigentum und Besitz ... 255
2.2.4 Eigentumserwerb an beweglichen Sachen ... 255
2.2.5 Eigentumsübertragung von Grundstücken ... 256

3 **Rechtsgeschäfte** ... 259
3.1 Arten und Zustandekommen von Rechtsgeschäften ... 260
3.2 Form der Rechtsgeschäfte ... 261
3.3 Nichtigkeit und Anfechtbarkeit von Rechtsgeschäften ... 264
3.4 Zustandekommen eines Vertrages ... 266
3.5 Vertragstypen des BGB ... 266

4 **Der Kaufvertrag** ... 270
4.1 Die Anbahnung des Kaufvertrages ... 270
4.1.1 Beschaffungs- und Bedarfsplanung ... 271
4.1.2 Bezugsquellenermittlung ... 273
4.1.3 Von der Anfrage zum Angebotsvergleich ... 273
4.2 Inhalt des Kaufvertrages ... 274
4.3 Zustandekommen eines Kaufvertrages ... 283
4.4 Störungen bei der Erfüllung des Kaufvertrages ... 285
4.4.1 Pflichtverletzungen des Verkäufers ... 286
4.4.2 Pflichtverletzungen des Käufers ... 292
4.5 Außergerichtliches und gerichtliches Mahnverfahren ... 297
4.6 Klageverfahren ... 300
4.7 Verjährung ... 302
4.7.1 Verjährungsfristen ... 302
4.7.2 Hemmung und Neubeginn der Verjährung ... 302

5 **Verbraucherschutz** ... 309
5.1 Verbraucherschutzrechte ... 311
5.1.1 Verbraucherdarlehensverträge ... 313
5.1.2 Weitere Verbraucherverträge ... 314
5.2 Verbraucherinsolvenzverfahren ... 316

6	**Zahlungsverkehr**	320
6.1	Zahlungsmittel – Zahlungsformen	321
6.2	Barzahlung	323
6.3	Bargeldloser Zahlungsverkehr	324
6.3.1	SEPA-Überweisung	326
6.3.2	Zahlungsdienstevertrag *(§ 675 ff. BGB)*	329
6.3.3	Sonderformen der Überweisung	330
6.4	Scheck	333
6.5	Girocard	336
6.6	Zahlung mit Kreditkarte	339
7	**Investition und Finanzierung**	343
7.1	Investition	343
7.2	Finanzierungsarten	346
7.2.1	Innenfinanzierung	346
7.2.2	Außenfinanzierung	350
7.2.3	Sonderformen der Finanzierung	352
7.3	Kredite	356
7.3.1	Kontokorrentkredite	356
7.3.2	Ratenkredite	357
7.3.3	Investitionskredite	359
7.3.4	Immobilienkredite	359
7.3.5	Zinsbindung und Rückzahlungsmodalitäten	360
7.4	Kreditsicherungen	361
7.4.1	Bürgschaft	361
7.4.2	Pfandrecht	363
7.4.3	Sicherungsübereignung	365
7.4.4	Sicherungsabtretung	367
7.4.5	Grundpfandrechte	368

Lernfeld 14: Marketingmaßnahmen entwickeln und durchführen

1	**Wozu brauchen Unternehmen Marketing?**	375
2	**Marketing in der Logistik**	377
3	**Preispolitik**	379
3.1	Nachfrageorientierte Preissetzung	379
3.2	Wettbewerbsorientierte Preissetzung	379
3.3	Kostenorientierte Preissetzung	379
3.4	Preispolitische Strategien	379
4	**Kommunikationspolitik**	381
4.1	Werbung	382
4.2	Verkaufsförderung (Salespromotion)	386
4.3	Öffentlichkeitsarbeit (Public Relations)	387
4.4	Persönlicher Verkauf	387
4.5	Kundenklassifizierung durch ABC-Analyse	390

5 **Produktpolitik** . . . 390
5.1 Einteilung nach Marktsegmenten . . . 392
5.2 Produktlebenszyklus . . . 393
5.3 Analyseinstrument Portfolio-Analyse . . . 395
5.4 Qualitätsmanagement im Rahmen der Produktpolitik . . . 396
5.5 SWOT-Analyse . . . 399

6 **Distributionspolitik** . . . 400
6.1 Unternehmenseigene Absatzorgane . . . 401
6.2 Unternehmensfremde Absatzorgane . . . 401
6.3 Marktveranstaltungen . . . 402

Lernfeld 15: Speditionelle und logistische Geschäftsprozesse an wirtschaftlichen Rahmenbedingungen ausrichten

1 **Ökonomisches Handeln und ökologische Verantwortung** . . . 405
1.1 Bedürfnisse und Güter . . . 406
1.2 Das ökonomische Prinzip . . . 410
1.3 Ziele der Wirtschaftssubjekte . . . 412
1.4 Volkswirtschaftliche Arbeitsteilung . . . 413
1.5 Nachhaltiges Wirtschaften – Sustainable Development . . . 418
1.6 Umweltpolitik . . . 420
1.6.1 Speditionen und Umweltschutz . . . 422
1.6.2 Umweltregeln . . . 423
1.7 Unternehmensleitlinien – Corporate Identity . . . 425
1.8 Der Wirtschaftskreislauf . . . 425

2 **Produktionsfaktoren** . . . 435
2.1 Arbeit . . . 435
2.2 Boden . . . 437
2.3 Kapital . . . 439
2.4 Grundbegriffe betriebswirtschaftlicher und volkswirtschaftlicher Leistungsmessung . . . 443

3 **Markt und Preisbildung** . . . 448
3.1 Bestimmungsgründe des Nachfrageverhaltens . . . 451
3.2 Bestimmungsgründe des Angebotsverhaltens . . . 453
3.3 Vollkommener Markt . . . 456
3.4 Preisbildung auf vollkommenen Märkten . . . 457
3.5 Unvollkommene Märkte . . . 459
3.6 Funktionen des Marktpreises . . . 460
3.7 Eingriffe des Staates in die Preisbildung . . . 462

4 **Wettbewerbspolitik** . . . 471
4.1 Unternehmenszusammenschlüsse . . . 472
4.1.1 Formen der Kooperation . . . 473
4.1.2 Formen der Konzentration . . . 476
4.2 Ziele und Maßnahmen staatlicher Wettbewerbspolitik . . . 480
4.3 Europäisches Wettbewerbsrecht . . . 482

5 Geld und Währung . . . 487
5.1 Eigenschaften und Funktionen des Geldes . . . 488
5.2 Währungen . . . 489
5.3 Binnenwert des Geldes . . . 490
5.4 Außenwert des Geldes . . . 494
5.4.1 Wechselkurssysteme . . . 495
5.4.2 Auf- und Abwertung . . . 500

6 Konjunktur und Steuerungskonzepte . . . 504
6.1 Konjunkturindikatoren . . . 505
6.2 Darstellungsmöglichkeiten konjunktureller Schwankungen . . . 506
6.3 Der Konjunkturzyklus und seine Merkmale . . . 507
6.4 Staatshaushalt . . . 510
6.5 Nachfrage- und angebotsorientierte Wirtschaftspolitik . . . 513

7 Hauptziele der Wirtschaftspolitik – das Magische Viereck . . . 522
7.1 Preisniveaustabilität . . . 524
7.1.1 Inflation . . . 524
7.1.2 Deflation . . . 530
7.1.3 Stagflation . . . 531
7.2 Hoher Beschäftigungsstand . . . 531
7.2.1 Ursachen und Folgen der Arbeitslosigkeit . . . 532
7.2.2 Grenzen der Arbeitsmarktstatistik . . . 536
7.2.3 Arbeitsmarktpolitische Instrumente . . . 539
7.3 Außenwirtschaftliches Gleichgewicht . . . 543
7.3.1 Bedeutung der Außenwirtschaft . . . 543
7.3.2 Europäische Wirtschafts- und Währungsunion (EWWU) . . . 547
7.3.3 Internationale Organisationen in der Außenwirtschaft . . . 548
7.3.4 Zahlungsbilanz . . . 552
7.4 Angemessenes und stetiges Wirtschaftswachstum . . . 554
7.4.1 Bruttoinlandsprodukt als Messgröße für das Wirtschaftswachstum . . . 555
7.4.2 Vom Bruttoinlandsprodukt zum verfügbaren Einkommen . . . 561
7.5 Zielerweiterungen . . . 565
7.6 Zielkonflikte im Magischen Viereck . . . 566

8 Geldpolitik im Europäischen System der Zentralbanken (ESZB) . . . 571
8.1 Europäische Zentralbank . . . 574
8.2 Deutsche Bundesbank im ESZB . . . 575
8.3 Die geldpolitischen Instrumente der EZB . . . 575

Abkürzungsverzeichnis . . . 581

Sachwortverzeichnis . . . 585

Bildquellenverzeichnis . . . 597

Lern-, Arbeits- und Präsentationstechniken

Die Empfehlungen zu erfolgreichem Lernen, Arbeiten und Präsentieren sind zahlreich. Daher werden im Folgenden nur solche grundlegenden Einflussfaktoren und Techniken aufgezeigt, die für Sie als Lernende (im Berufskolleg) und als junge Mitarbeiter im Betrieb brauchbar sind.
Das Erlernen von Techniken und Methoden ist nur anhand von Inhalten sinnvoll. Deshalb bieten Ihnen die Aufgaben im Anhang zu diesem und anderen Kapiteln die Möglichkeit, das zunächst theoretisch und mit Beispielen Vorgestellte auf Ihre persönliche Situation anzuwenden und auf seine Tauglichkeit hin zu erproben.

1 Einflüsse auf das Lernen

Unser Lernen unterliegt einer Vielzahl von Einflüssen, die zum Teil durch die äußeren Bedingungen geschaffen werden, zum Teil aber auch in uns selbst liegen und individuell unterschiedlich sind. Durch eine günstige Gestaltung der äußeren Arbeitsbedingungen können Sie Ihre inneren Bedingungen positiv beeinflussen. Die folgende Abbildung gibt Ihnen einen Überblick über diese Zusammenhänge:

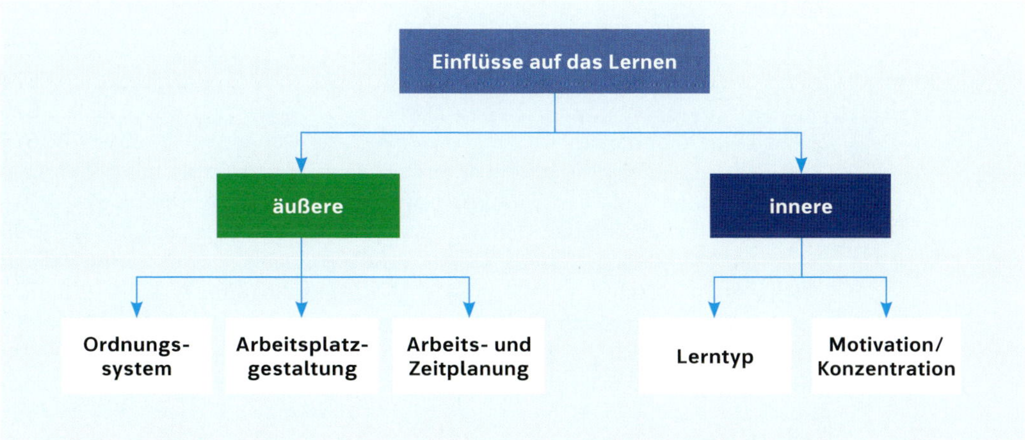

Einflüsse auf das Lernen
äußere
innere
Ordnungs-system
Arbeitsplatz-gestaltung
Arbeits- und Zeitplanung
Lerntyp
Motivation/ Konzentration

1.1 Äußere Einflüsse

1.1.1 Ordnungssystem

Erfolgreiches Lernen (z. B. zur Prüfungsvorbereitung) ist nur möglich, wenn es Ihnen gelingt, jederzeit den Überblick über alle Materialien zu bewahren. Dies wird umso leichter, je vollständiger und strukturierter die Unterlagen vorliegen. Dazu empfiehlt es sich, einen Ordner anzulegen und zu beschriften. Bevor Sie Ihre Unterlagen jedoch abheften, sollten Sie sich sorgfältig überlegen, nach welchem System Sie die Materialien ordnen wollen (z. B. nach Lernfeldern bzw. Unterrichtsfächern, dann nach Themen in ihrer chronologischen Abfolge). Dieses System sollten Sie mit Registerblättern deutlich sichtbar machen und ggf. durch verschiedene Farben unterstützen.
Sie sollten auch dafür sorgen, dass alle Lern- und Arbeitsutensilien (wie z. B. Stifte, Lineal, Papier, Karteikarten und -kasten, Notiz-/Klebezettel, Taschenrechner, Gesetzestexte, Atlas, Wörterbuch/Duden, Terminkalender, Schere, Klebstoff) stets vollständig und griffbereit sind.
Überprüfen Sie Ihre eigenen Lern- und Arbeitsunterlagen, indem Sie die Aufgabe 1 auf Seite 21 bearbeiten.

1.1.2 Arbeitsplatzgestaltung

Neben einem optimalen Ordnungssystem ist die günstige Gestaltung des Arbeitsplatzes wichtig für Ihren Lernerfolg. Ein Merkmal eines gut gestalteten Arbeitsplatzes – die Verfügbarkeit aller Arbeitsmittel – wurde bereits angesprochen. Ihr Arbeitsplatz sollte zudem groß genug (mindestens 100 x 50 cm) und mit einem verstellbaren Arbeitsstuhl ausgestattet sein. Sie sollten an Ihrem Arbeitsplatz für ein gutes Raumklima (gute Belüftung, ca. 19 °C Raumtemperatur, ausreichende Luftfeuchtigkeit) und optimale Lichtverhältnisse (möglichst Tageslicht, richtiger Standort der Schreibtischleuchte: bei Rechtshändern links von der Arbeitsfläche, nicht zu grelles und nicht zu schwaches Licht) sorgen. Entfernen Sie vor Lernbeginn alle Dinge von Ihrem Arbeitsplatz, die nichts mit dem Lernen zu tun haben. Sie vermeiden so Ablenkungen. Musik beim Arbeiten zu hören ist grundsätzlich nicht störend, sollte aber bei der Lösung sehr schwieriger Aufgaben oder beim Erarbeiten von neuem Lernstoff vermieden werden.

Inwieweit genügt Ihr eigener Arbeitsplatz diesen Anforderungen? Nutzen Sie bitte den Fragenkatalog aus Aufgabe 2 auf Seite 22.

1.1.3 Arbeits- und Zeitplanung

Selbst bei optimaler Arbeitsplatzgestaltung haben Sie sicher oft das Gefühl, Ihr Pensum einfach nicht zu schaffen. Meistens werden Sie dies auf zu wenig Zeit zum Lernen zurückführen. Um dieses subjektive Empfinden zu objektivieren, ist es sinnvoll, in einer typischen Woche eine Zeitanalyse durchzuführen, d. h. grob aufzulisten, womit Sie die Zeit verbracht haben. Wenn Sie so Ihren „Ist-Zustand" ermittelt haben, prüfen Sie bitte, ob die Verteilung Ihrer Zeit auf die verschiedenen Aktivitäten Ihren Prioritäten entspricht (z. B. ein guter/eine gute Kaufmann/Kauffrau für Spedition und Logistikdienstleistung zu werden, die Abschlussprüfung gut zu bestehen, mit Freunden auszugehen, Sport zu treiben, fernzusehen usw.). Nehmen Sie ggf. zeitliche Umschichtungen vor, indem Sie Tages- und Wochenpläne aufstellen, in denen Sie deutlich zwischen Arbeits- und Freizeit unterscheiden. Wenn die ausgewiesenen Arbeitszeiten ausreichend bemessen sind (lieber häufiger und kürzer lernen), können Sie Ihre Freizeit auch ohne schlechtes Gewissen genießen.

Vermeiden Sie es bei der Gestaltung Ihres Arbeitsplans, sehr ähnliche Inhalte unmittelbar nacheinander zu lernen, denn das kann zu Verwechslungen und Unschärfen führen (Ähnlichkeitshemmungen).

Planen Sie Ihre Arbeits- und Freizeiten auch unter Berücksichtigung Ihres persönlichen Biorhythmus, denn jeder Mensch hat Tageszeiten, zu denen er leistungsfähiger ist als zu anderen. Planen Sie auch von vornherein Pausen ein. Machen Sie die Pausen bereits dann, wenn Sie noch lernfähig sind, und nicht erst, wenn Sie erschöpft sind – das erleichtert die Informationsaufnahme und erhöht den Lernerfolg (Vermeidung von Intervallhemmungen).

Insbesondere bei der langfristigen Vorbereitung auf Prüfungen ist es vorteilhaft, Zeitreserven einzuplanen und so stressbedingte Lernhemmungen auszuschließen. Unmittelbar vor Prüfungen sollten Sie nichts Neues mehr lernen, denn das kann die Wiedergabe zuvor erworbenen Wissens stören (Wiedergabehemmungen).

Nutzen Sie Aufgabe 3 auf Seite 22 zur Optimierung Ihrer eigenen Arbeits- und Zeitplanung.

1.2 Innere Einflüsse

1.2.1 Lerntypen

Individuelle Unterschiede beim Lernen wurden im Hinblick auf den persönlichen Biorhythmus bereits angesprochen. Aber wir unterscheiden uns auch hinsichtlich der besten Eingangskanäle für den Input von neuem Wissen in unser Gehirn. Der eine behält Gesehenes am besten, der andere lernt am besten beim Zuhören, der Dritte möchte Dinge „begreifen" (= etwas mit den Dingen tun). Wieder andere empfinden das Lernen über Geruchs- oder

Geschmackswahrnehmungen am nachhaltigsten. Demzufolge unterscheidet man vier grundsätzliche Lerntypen:

Lerntyp	Bester Eingangskanal
visuell	lernt am besten über das Sehen
auditiv	lernt am besten über das Hören
kinästhetisch	lernt am besten über das Tun (Fühlen)
olfaktorisch/gustatorisch	lernt am besten über Geruchs- oder Geschmacksempfindungen

Sie sind sicher keiner dieser Lerntypen in Reinform. Vielmehr sind wir alle „Mischtypen" und können uns mehr oder weniger gut an verschiedene Lernbedingungen anpassen. Sobald Sie aber wissen, welcher Lerntyp Sie tendenziell sind, können Sie selbstständig dafür sorgen, sich Informationen in der für Sie am lernförderlichsten Weise zu beschaffen und aufzubereiten.
Ermitteln Sie anhand von Aufgabe 4 (Seite 22), welchem Lerntyp Sie tendenziell entsprechen und wie Sie am lernwirksamsten Informationen aufnehmen können.

1.2.2 Motivation und Konzentration

Neben der Wahl der günstigsten Eingangskanäle hängt Ihr Lernerfolg auch davon ab, ob, wie stark und wie nachhaltig Sie motiviert und konzentriert sind. Gerade wenn Ihre innere Motivation bei bestimmten Lerngegenständen nicht sehr stark ist, ist es sinnvoll, motivationsfördernde Maßnahmen zu ergreifen.
Dazu gehört neben der Arbeits- und Zeitplanung und der Arbeitsplatzgestaltung (häuslicher, betrieblicher, schulischer) auch, Lernfortschritte sichtbar zu machen (z. B. haken Sie in der Gliederung Ihres Buches die Inhalte ab, die Sie bereits beherrschen) und sich selbst zu belohnen (z. B. eine schöne Freizeitaktivität nach dem Fertigstellen der WSP[1]-Aufgaben).
Wenn Sie auf ein Ziel hinarbeiten, das noch sehr weit in der Zukunft liegt (z. B. die IHK-Abschlussprüfung), und/oder sich Lerngegenstände aneignen wollen, die Sie nicht unmittelbar anwenden können, kann es hilfreich sein, sich an die Motive zu erinnern, die Sie in diese Lernsituation gebracht haben (z. B. Sie wollen gute Ergebnisse in der Abschlussprüfung erzielen, um als Kaufmann/Kauffrau für Spedition und Logistikdienstleistung arbeiten zu können). Sie können sich außerdem Zwischenziele setzen (z. B. mindestens ein „gut" in der nächsten WSP[1]-Klausur erreichen) und/oder den Sinn Ihres Lernens ergründen (z. B. wenn ich günstige Lerntechniken beherrsche, kann ich jederzeit neue Informationen schnell aufnehmen und gut behalten).
Lernförderlich ist es auch, aktiv zu werden. Bringen Sie Fragen und Ideen in den Unterricht ein, das begünstigt Ihr Lernen. Finden Sie Mitstreiter (z. B. indem Sie eine WSP[1]-Arbeitsgemeinschaft gründen). Gerade wenn Sie ein auditiver Lerntyp sind, wirkt sich die Kommunikation mit anderen positiv auf Ihren Lernerfolg aus.

---

[1] *WSP = Wirtschafts- und Sozialprozesse*

Stellen Sie Bezüge zwischen dem von Ihnen erworbenen Wissen und anderen Lernfeldern/Unterrichtsfächern bzw. der Praxis her. Derart vernetztes Wissen ist besser im Gehirn verankert und flexibler abrufbar. Wenden Sie Ihr Wissen gezielt an (z. B. nehmen Sie sich vor, beim nächsten englischsprachigen Telefonanruf im Betrieb die im Englischunterricht erlernten Redewendungen einzusetzen).

Bearbeiten Sie Aufgabe 5 auf Seite 23.

2 Lern- und Arbeitstechniken

Aus der Vielzahl der Lern- und Arbeitstechniken werden Ihnen im Folgenden solche Verfahren vorgestellt und zur Erprobung angeboten, die für Lerner Ihres Alters geeignet sind, um Informationen möglichst leicht aufzunehmen und nachhaltig zu lernen. Wir können Informationen aus gesprochener Sprache (z. B. Vorträge) oder geschriebener Sprache (Texte) gewinnen.

2.1 Aktives Zuhören und Mitschreiben

Besonders dann, wenn Sie kein auditiver Lerntyp sind, kann die Informationsaufnahme aus gesprochener Sprache schwierig für Sie sein. Aktives Zuhören kann Ihnen hierbei helfen. Aktiv zuhören heißt störungsfreies Zuhören (keine Gespräche mit dem Nachbarn, kein Schweifenlassen des Blicks) und Konzentration auf den Inhalt, nicht auf die Art und Weise des Vortrags. Stellen Sie Ihre eigene Meinung beim Zuhören zunächst zurück, sonst laufen Sie Gefahr, ein Urteil zu fällen und möglicherweise gar nicht weiter zuzuhören.
Versuchen Sie, die wichtigsten Punkte des Gehörten mitzuschreiben und anschließend in eigenen Worten zusammenzufassen. Dabei werden Verständnisprobleme deutlich, die Sie durch Nachfragen beheben können. Achten Sie beim Mitschreiben darauf, dass Ihre Notizen weder zu umfangreich (Sie verpassen dann den Anschluss im Vortrag) noch zu knapp sind (die Mitschrift genügt später nicht zur Vorbereitung auf die Klausur oder Prüfung oder wird unverständlich). Hilfreich ist es, stichpunktartige Notizen unter Verwendung von Abkürzungen, Symbolen und eigenen Zeichen anzufertigen. Mitschriften stellen eine erste Auseinandersetzung mit dem Lerngegenstand dar. Überarbeiten Sie Ihre Notizen, um sie klarer und übersichtlicher zu gestalten. Tun Sie dies möglichst noch am selben Tag. Der Vortrag ist dann noch frisch in Ihrem Gedächtnis und Sie können Lücken auffüllen oder Unverständliches klären.

2.2 Richtiges Lesen, Markieren und Exzerpieren

Auch wenn Ihnen Informationen schriftlich vorliegen, wollen Sie sie möglichst leicht aufnehmen, verarbeiten und behalten. Hierfür eignet sich die Fünf-Stufen-Lesemethode (oder SQ3R-Methode für Survey – Question – Read – Recite – Review).
Die einzelnen Schritte (Stufen) werden Ihnen im folgenden Schaubild erläutert:

5. Stufe **Review**	Wiederholen Sie die wichtigsten Aussagen des Textes als Gesamtzusammenfassung. So sorgen Sie für eine bessere Verankerung des Gelesenen im Gedächtnis.
4. Stufe **Recite**	Verkürzen Sie den Text auf das Wesentliche, indem Sie zentrale Aussagen gedanklich oder schriftlich zusammenfassen und Ihre Fragen (Stufe 2) beantworten. So prüfen Sie, was Sie verstanden und behalten haben.
3. Stufe **Read**	Lesen Sie den Text gründlich und konzentriert, markieren Sie Schlüsselbegriffe und bringen Sie Zeichen am Rand an (z. B. ?, !). So filtern Sie Kernaussagen heraus und verstehen relevante Zusammenhänge.
2. Stufe **Question**	Stellen Sie für sich relevante Fragen an den Text. Sie setzen sich so Ziele und bereiten das Lesen vor.
1. Stufe **Survey**	Überfliegen Sie Inhaltsverzeichnis, Überschriften, Grafiken, Text und verschaffen Sie sich so einen Überblick.

Markieren/unterstreichen (Stufe 3) Sie gezielt und sparsam, nur so fällt Ihnen das wirklich Wichtige später auf einen Blick wieder ins Auge.
Für die Vorbereitung von Referaten und Prüfungen ist es ratsam, zusätzlich wichtige Inhalte aus dem Text „herauszuschreiben" (= zu exzerpieren). Verwenden Sie dafür Karteikarten im A5-Format, auf denen Sie am oberen Rand einen Oberbegriff bzw. ein Suchstichwort angeben. Danach folgt die exzerpierte Information. Am unteren Rand geben Sie die Informationsquelle an. Ordnen Sie die so angelegten Karten nach Oberbegriffen in einen Karteikasten ein und fügen Sie im Laufe der Zeit weitere Informationen hinzu. Sie erhalten so eine Lernkartei (siehe auch 2.3.2).
Bearbeiten Sie jetzt bitte Aufgabe 6 auf Seite 23.

2.3 Das Behalten fördern

Haben wir Informationen aufgenommen, so geht es nun darum, sie auch zu behalten. Wir behalten besser, wenn wir Inhalte visualisieren (= sie ins Bild setzen, ihnen Gestalt geben) und „etwas mit ihnen tun" (= wiederholt mit ihnen arbeiten).

2.3.1 Inhalte visualisieren

Die Möglichkeiten, Inhalte ins Bild zu setzen, sind vielfältig. Sie haben im Verlauf dieses Kapitels beispielhaft bereits einige kennengelernt. So zeigt Ihnen die Abbildung auf Seite 11 ein Begriffsnetzwerk, die Abbildung auf Seite 110 ein Beispiel für eine Matrix, und die Fünf-Stufen-Lesemethode wird für Sie in einem Schaubild (s. Seite 16) visualisiert. Die verschiedenen Arten von Diagrammen (Säulen-, Kreis-, Kurven-, Flussdiagramm) können Sie sich auf den Seiten 91, 130, 289, 413 dieses Buches ansehen.
Eine weitere Visualisierungs- und Strukturierungsmethode ist das Erstellen einer „gedanklichen Landkarte“ (= Mindmap). Dabei steht das Thema der Mindmap umrandet in der Mitte des Blattes/der Tafel/des Whiteboards/der Wandzeitung/der Folie. Von diesem Mittelpunkt zweigen Hauptäste ab, die sich in Nebenäste und diese wiederum in Unteräste verzweigen. Auf jedem dieser Äste steht (möglichst nur) ein Schlüsselwort, mit dem der Verfasser der Mindmap bestimmte Gedanken verbindet und damit das Thema übersichtlich strukturiert und immer weiter konkretisiert. Die gedankliche Landkarte ist beliebig erweiterbar; spontane Gedanken können jederzeit aufgenommen werden und durch Farben, Zeichen und Symbole angereichert werden. Die folgende Abbildung stellt Ihnen eine mögliche Mindmap zum Thema „Lernen“ vor.

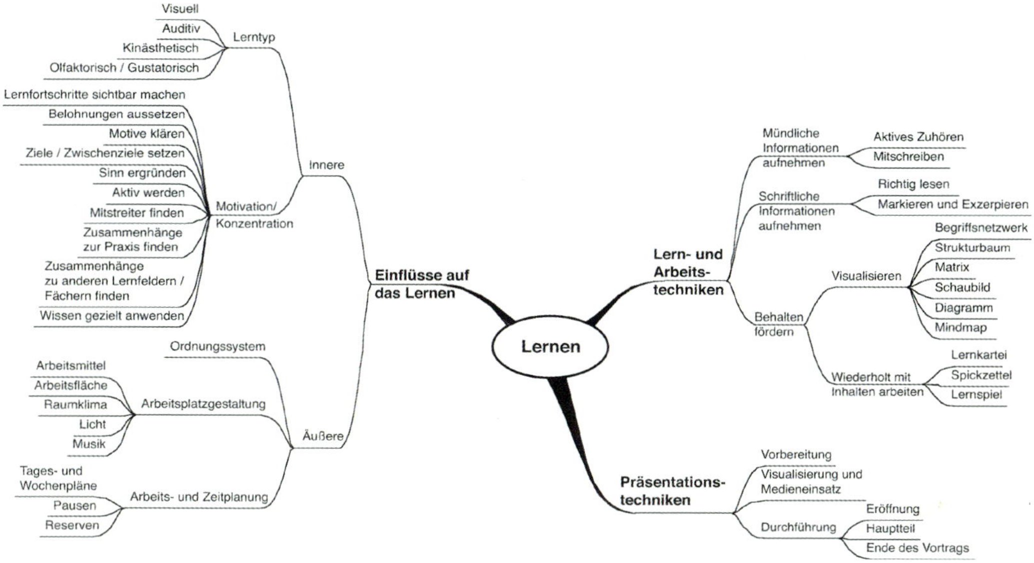
Lernen
Einflüsse auf das Lernen
Innere
Lerntyp
Visuell
Auditiv
Kinästhetisch
Olfaktorisch / Gustatorisch
Motivation/ Konzentration
Lernfortschritte sichtbar machen
Belohnungen aussetzen
Motive klären
Ziele / Zwischenziele setzen
Sinn ergründen
Aktiv werden
Mitstreiter finden
Zusammenhänge zur Praxis finden
Zusammenhänge zu anderen Lernfeldern / Fächern finden
Wissen gezielt anwenden
Äußere
Ordnungssystem
Arbeitsplatzgestaltung
Arbeitsmittel
Arbeitsfläche
Raumklima
Licht
Musik
Arbeits- und Zeitplanung
Tages- und Wochenpläne
Pausen
Reserven
Lern- und Arbeits-techniken
Mündliche Informationen aufnehmen
Aktives Zuhören
Mitschreiben
Schriftliche Informationen aufnehmen
Richtig lesen
Markieren und Exzerpieren
Behalten fördern
Visualisieren
Begriffsnetzwerk
Strukturbaum
Matrix
Schaubild
Diagramm
Mindmap
Wiederholt mit Inhalten arbeiten
Lernkartei
Spickzettel
Lernspiel
Präsentations-techniken
Vorbereitung
Visualisierung und Medieneinsatz
Durchführung
Eröffnung
Hauptteil
Ende des Vortrags

Bearbeiten Sie jetzt bitte Aufgabe 7 auf Seite 23.

2.3.2 Mit Inhalten wiederholt arbeiten

Ein Beispiel für das „Tun“, also das Arbeiten mit Informationen, ist die Lernkartei, die Ihnen im Zusammenhang mit dem Exzerpieren bereits vorgestellt wurde. In einer Lernkartei sollten sich jedoch nicht nur wörtlich übernommene Zitate befinden, sondern vor allem Ihre eigenen Zusammenfassungen auch in visualisierter Form.

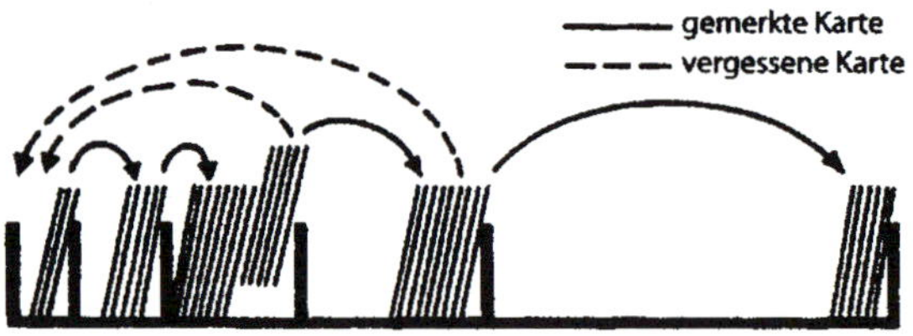
gemerkte Karte
vergessene Karte

Schon das Zusammenfassen von Inhalten auf Karteikarten fördert Ihr Lernen. Den vollen Nutzen können Sie daraus langfristig ziehen, wenn Sie wiederholt mit der Kartei arbeiten und sich auf Prüfungen vorbereiten. Der Karteikasten, den Sie für Ihre Lernkartei benötigen, sollte fünf Fächer haben. In das erste Fach fügen Sie die neuen Karteikarten ein. Die beim ersten Wiederholen gekonnten Karten wandern in das zweite Fach (dahinter), die nicht gekonnten verbleiben im ersten Fach. Sobald sich das zweite Fach etwas gefüllt hat, überprüfen Sie die Karten erneut. Die gekonnten wandern nun ins dritte Fach, die nicht gekonnten wandern zurück ins erste Fach usw. Die besonders schwierigen Fragen sammeln sich also bald im ersten Fach! Wenn die Karteikarten endlich im fünften Fach angekommen sind, haben Sie die betreffenden Inhalte in Ihrem Langzeitgedächtnis verankert!

Bitte bearbeiten Sie die Aufgabe 8 auf Seite 23.

Der „kleine Bruder" der Lernkartei ist der „Spickzettel". Die behaltensfördernde Wirkung des „Spickzettels" ist Ihnen aus eigener Erfahrung sicher bekannt. Wann immer Sie sich die Mühe gemacht haben, für eine Klassenarbeit die wichtigsten Inhalte so herauszuschreiben, zusammenzufassen und/oder zu visualisieren, dass sie auf einem „Spickzettel" Platz finden, konnten Sie vermutlich in der Prüfungssituation auf das unerlaubte Hilfsmittel verzichten, weil sich die Inhalte ohnehin in Ihr Gedächtnis eingeprägt hatten. Die Sammlung und systematische Ablage für „Spickzettel" ist prinzipiell dieselbe wie für eine Lernkartei.

Wenn Sie das Lernen in der Gruppe vorziehen, können Sie das Behalten über Lernspiele fördern. Basteln Sie (wenn möglich mithilfe Ihres PCs) Kreuzworträtsel zu bestimmten Themen, die Sie untereinander austauschen und lösen. Erfinden Sie Ihr eigenes „Trivial Pursuit"-, „Tabu"- oder „Wer wird Millionär?"-Spiel. Sie lernen nicht nur beim Lösen der fremden Aufgaben, sondern bereits beim Erstellen der eigenen Fragen und der dazugehörigen Musterlösungen!

3 Präsentationstechniken

So wie es bei den Lern- und Arbeitstechniken um das Aufnehmen und Behalten von Informationen (Informations-Input) geht, lernen Sie im Folgenden Techniken kennen, die es Ihnen ermöglichen, Informationen wirksam an andere weiterzugeben (Informations-Output). Am Beispiel des mediengestützten Vortrags wird Ihnen aufgezeigt, was Sie berücksichtigen sollten, um (z. B. ein Vorhaben in Ihrem Speditionsbetrieb) wirksam zu präsentieren.

3.1 Vorbereitung

Die sorgfältige Vorbereitung Ihrer Präsentation sollte fünf Forderungen erfüllen, die Ihnen in der folgenden Checkliste erläutert werden:

1. Setzen Sie sich klare Ziele.
   - ✓ Ist Ihr Ziel Wissensvermittlung oder
   - ✓ wollen Sie andere überzeugen und zu bestimmten Aktionen motivieren?
2. Analysieren Sie die Zielgruppe.
   - ✓ Wie groß ist die Zielgruppe,
   - ✓ wer sind die Teilnehmer und
   - ✓ welches Vorwissen/welche Interessen bringen sie mit?
3. Wählen Sie die Inhalte sorgfältig aus. (Weniger ist oft mehr!)
   - ✓ Welche Inhalte sind für Ihre Zielsetzung und die Interessen der Zuhörer wichtig?
   - ✓ Was ist den Zuhörern bekannt, was neu?
   - ✓ Was kann in der verfügbaren Zeit präsentiert werden?
4. Bereiten Sie den Ablauf Ihrer Präsentation gut vor.
   - ✓ Wie eröffnen Sie Ihre Präsentation?
   - ✓ Wie erzeugen Sie Aufmerksamkeit und Neugier?
   - ✓ Welchen „Fahrplan" geben Sie den Teilnehmern bekannt?
   - ✓ Ist diese Gliederung klar und nachvollziehbar?
   - ✓ Beschränken Sie sich auf das Wesentliche?
   - ✓ Sind die Inhalte so einfach wie möglich und anregend gestaltet?
   - ✓ Verwenden Sie Visualisierungen?
   - ✓ Wie können Sie Ihre Zuhörer an der Präsentation beteiligen? (Fragen und Beispiele der Zuhörer einbeziehen; Lösungsmöglichkeiten gemeinsam entwickeln und bewerten; am Ende des Vortrags mithilfe eines Spiels oder Lückentextes prüfen, wie viel die Zuhörer behalten haben)
   - ✓ Wie beenden Sie Ihre Präsentation (Zusammenfassung, Appell an die Teilnehmer, ggfs. Überleitung in eine Diskussion)?
5. Stellen Sie eine gute Organisation sicher.
   - ✓ Raum und Sitzordnung?
   - ✓ Medienausstattung?
   - ✓ Dauer der Präsentation? Pausen?
   - ✓ Unterlagen für die Teilnehmer?

3.2 Visualisierung und Medieneinsatz

In den vorangegangenen Abschnitten haben Sie bereits zahlreiche Visualisierungsmöglichkeiten kennengelernt. Je nachdem, für welche Medien Sie sich zur Stützung Ihrer Präsentation entscheiden (z. B. Pinnwand/Wandzeitung/Flipchart/Tafel/Projektor mit Folien/PC-gestützte Präsentation), gibt es einige Grundsätze, deren Beachtung maßgeblich zum Gelingen Ihrer Präsentation beiträgt:

1. Beschränken Sie sich beim Visualisieren auf Wesentliches und bieten Sie dies klar und der Zielgruppe angemessen dar.
2. Stehen Sie nicht im Bild.
3. Achten Sie auf gute Lesbarkeit und Übersichtlichkeit.
   - Projektor mit Folien (analog PC-gestützte Präsentationen):
     - Die Folie hat maximal sechs bis neun Zeilen mit maximal 50 Zeichen pro Zeile.
     - Schriftgröße 16
     - Verwenden Sie maximal drei Farben (bei Einsatz des Beamers leicht getönter oder dunkler Hintergrund mit weißer oder hellgrauer Schrift – keine Komplementärfarben).
     - Arbeiten Sie mit einem Zeigestift (nicht mit dem Zeigefinger).
     - Schalten Sie den Projektor nur ein, wenn er benötigt wird.
     - Nummerieren Sie Ihre Folien, wenn Sie mehrere verwenden.
   - Pinnwand/Wandzeitung/Flipchart:
     - Verwenden Sie Stifte mit einer Strichbreite von ca. 5 mm.
     - Verwenden Sie maximal drei Farben (Schwarz ist am besten lesbar).
     - Schreiben Sie in Groß- und Kleinbuchstaben (nicht ausschließlich in Großbuchstaben).
     - Schreiben Sie eng- und blockartig (nicht weit auseinander).
     - Schreiben Sie möglichst gerade (nicht übertrieben schräg).
     - Schreiben Sie in Druckschrift (nicht in Schreibschrift).
4. Lassen Sie Ihren Zuhörern Zeit, Ihre Visualisierung zu erfassen, bevor Sie sie erläutern.
5. Sprechen Sie nicht das Medium, sondern Ihre Zuhörer an.
6. Wenn Sie mehrere Medien verwenden, laufen Sie nicht hektisch zwischen ihnen hin und her.

3.3 Durchführung und Präsentationsverhalten

3.3.1 Eröffnung des Vortrags

Fast jeder Redner kennt das Lampenfieber zu Beginn seines Vortrags. Es lässt sich nicht völlig vermeiden, Sie werden sich jedoch sicherer fühlen, wenn Sie gut vorbereitet sind, vor Beginn Ihres Vortrags nochmals alle Hilfsmittel und Materialien überprüfen und ganz bewusst Blickkontakt mit Ihren Zuhörern aufnehmen, bevor Sie zu sprechen beginnen.

Mit der Eröffnung Ihres Vortrags versuchen Sie, eine Beziehung zu Ihren Zuhörern herzustellen, ihre Aufmerksamkeit zu wecken und sie zum Thema hinzuführen. Verwenden Sie dazu z. B. einen Fall aus der Praxis, eine Pressemeldung oder aktuelle Zahlen. Sie können auch eine Frage aufwerfen und/oder an die Erfahrungen der Zuhörer anknüpfen. Eine heitere Bemerkung zu Beginn kann die Atmosphäre auflockern.

Teilen Sie anschließend die Gliederung Ihres Vortrags mit. Meistens ist eine Visualisierung des Aufbaus sinnvoll (z. B. auf Flipchart), weil Sie im Verlauf Ihres Vortrags immer wieder auf diesen „roten Faden“ hinweisen können. Informieren Sie Ihre Zuhörer auch darüber, ob Sie Materialien ausgeben werden. In der Regel ist ein Verteilen der Unterlagen erst nach dem Vortrag sinnvoll, damit das Studium der Papiere die Zuhörer nicht von Ihrem Vortrag ablenkt. Stellen Sie ebenfalls klar, wann Sie Fragen zu Ihrem Vortrag beantworten möchten.

3.3.2 Hauptteil des Vortrags

Haben Sie die Eröffnungshürde Ihres Vortrags überwunden, so kommt es für das weitere Gelingen nun entscheidend darauf an, wie Sie die von Ihnen ausgewählten und aufbereiteten Inhalte an Ihre Zuhörer vermitteln. Bilden Sie kurze und verständliche Sätze, das erleichtert das Verständnis. Achten Sie darauf, dass Sie Fachbegriffe in Abhängigkeit von den Vorkenntnissen Ihrer Zuhörer verwenden. Lesen Sie dem Publikum nicht wortwörtlich Ihr Manuskript vor. Bereiten Sie stattdessen eine Mindmap oder Karteikarten mit Stichpunkten zu Ihrem Vortrag vor, auf die Sie hin und wieder schauen, damit Sie nichts vergessen. Sprechen Sie ansonsten frei und stellen Sie immer wieder Blickkontakt zu Ihren Zuhörern her. Indem Sie auf die Reaktionen Ihrer Zuhörer achten, können Sie feststellen, ob Ihr Vortrag verstanden wird.
Betonen Sie wichtige Punkte oder Überleitungen, indem Sie das Sprechtempo und Ihre Stimmlage verändern und gezielt Pausen einsetzen. Auch mit Ihrer Körpersprache können Sie Ihren verbalen Vortrag unterstützen, etwa indem Sie Ihre Gestik (Reden mit den Händen), Mimik (Gesichtsausdruck) und Körperhaltung einsetzen. So signalisiert z. B. der gehobene Zeigefinger „Achtung – wichtige Information“, hochgezogene Augenbrauen drücken Erstaunen aus, und vor der Brust verschränkte Arme vermitteln Unsicherheit und Abgrenzungsbemühen des Redners.

3.3.3 Ende des Vortrags

Beenden Sie Ihren Vortrag gezielt (indem Sie den Schluss ankündigen, z. B. mit Formulierungen wie „Abschließend ...“ oder „Zum Schluss ...“), nicht abrupt („Das war’s“). Sie erhöhen damit nochmals kurz die Aufmerksamkeit Ihrer Zuhörer und können das von Ihnen Vorgetragene mit einer kurzen Zusammenfassung oder einem Ausblick auf mögliche zukünftige Entwicklungen abrunden.
Bitte erproben Sie dies nun anhand von Aufgabe 9 auf Seite 23.

Aufgaben

1. Überprüfen Sie bitte Ihre Lern- und Arbeitsunterlagen im Hinblick auf Ihr Ordnungssystem und bessern Sie bei jeder „Nein-Antwort“ nach.
   a) Verfügen Sie über einen haltbaren, gut beschrifteten Ordner?
   b) Haben Sie die Materialien in Ihrem Ordner gut strukturiert? Ist ein Register vorhanden?
   c) Sind Ihre Unterlagen im Register richtig abgelegt, vollständig und leserlich (evtl. andere Lerner oder Lehrer um Hilfe bitten)?
   d) Sind Ihre übrigen Arbeitsmittel vollständig und am Arbeitsplatz griffbereit?

2. Bitte überprüfen Sie Ihren Arbeitsplatz und überlegen Sie, wie Sie Ihre Arbeitsbedingungen optimieren können.
a) Ist Ihre Arbeitsfläche groß genug?
b) Ist Ihr Arbeitsplatz ausreichend beleuchtet?
c) Lüften Sie an Ihrem Arbeitsplatz oft genug?
d) Räumen Sie vor Arbeitsbeginn ablenkende Gegenstände weg?
e) Schalten Sie bei anspruchsvollen Aufgaben die Musik aus?

3. Erstellen Sie für eine typische Arbeitswoche eine Zeitanalyse nach unten gezeigtem Schema. Markieren Sie für jeden Tag berufliche Aktivitäten mit einem blauen, schulische Aktivitäten mit einem grünen und private Aktivitäten mit einem roten Textmarker. Überprüfen Sie kritisch, ob Ihre beruflichen und schulischen Aktivitäten in gesundem Verhältnis zu „Was habe ich gelernt?" stehen. Kontrollieren Sie schließlich anhand der Erläuterungen in Abschnitt 1.1.3, ob und inwieweit sich eine langfristige Tages- und Wochenplanung von Ihren tatsächlichen Wochenaktivitäten unterscheiden müsste, da Sie mehr Zeit fürs Lernen aufbringen müssen. Stellen Sie einen entsprechenden Plan auf.

Tag:

Zeit	Aktivität (beruflich/ schulisch/privat)	Was habe ich gelernt?
8–9 Uhr		
9–10 Uhr		
10–11 Uhr		
11–12 Uhr		
13–14 Uhr		
...		
...		

4. LERNTYPEN-TEST
Im Folgenden finden Sie verschiedene LERNWEGE. Tragen Sie mit Bleistift in die zugehörigen Kästchen rechts eine ③ ein, wenn Sie auf dem jeweiligen Lernweg viel behalten; eine ②, wenn Sie einiges behalten, und eine ①, wenn Sie wenig behalten. Berechnen Sie anschließend für die unten angegebenen Lerntypen „Auditiv", „Visuell" und „Kinästhetisch" die entsprechenden Zahlenwerte.

LERNWEGE

a	Ich erstelle mir zu einem Sachtext eine Tabelle.	☐
b	Der Lehrer hält einen Vortrag zum Unterrichtsthema.	☐
c	Ich sammle für das Thema Marketing Werbeanzeigen von Speditionen.	☐
d	Wir sehen in ‚Wirtschafts- und Sozialprozesse' einen Zeichentrickfilm zum Thema Arbeitslosigkeit (ohne Kommentar) an.	☐
e	Eine Mitschülerin liest einen Text aus dem Schulbuch vor.	☐

f	Ich schaue mir die Bilder und Zeichnungen im Schulbuch an.	☐
g	Ich fertige mir zu einem Lernstoff eine Zeichnung an.	☐
h	Ich höre mir eine Diskussion zum Thema Kündigungsschutz auf CD an.	☐
i	Der Lehrer zeigt uns Folien zum Thema Handelsregister.	☐
j	Der Lehrer erklärt mir, wie der Betriebsrat gewählt wird.	☐
k	Ich schreibe mir zur Vorbereitung auf die AWL-Arbeit einen Spickzettel.	☐
l	Ich schaue mir im Zollmuseum eine Ausstellung an.	☐
m	Ich lese mir einen Text im Schulbuch durch.	☐
n	Eine Mitschülerin trägt das Ergebnis ihrer Arbeitsgruppe vor.	☐
o	Ich führe im Unterricht eine Umfrage zum Thema Nachfrage durch.	☐
p	Ich höre im Radio eine Reportage zum Thema Einkommensteuer.	☐
q	Ich schaue mir in einem Bildband Geldscheine aus der Zeit der Großen Depression an.	☐
r	Ich schreibe mir zu einem Text das Wichtigste heraus.	☐

☞ Addieren Sie die oben eingetragenen Ziffern.

- ♦ Lerntyp Auditiv: Ziffern (b) + (e) + (h) + (j) + (n) + (p) = ________
- ♦ Lerntyp Visuell: Ziffern (d) + (f) + (i) + (l) + (m) + (q) = ________
- ♦ Lerntyp Kinästhetisch: Ziffern (a) + (c) + (g) + (k) + (o) + (r) = ________

Aufgabe:
Welche Möglichkeiten schlägt der Lösungsschlüssel für Ihren Lerntyp vor, um am lernwirksamsten Informationen zu beschaffen und aufzubereiten?

5. Warum ist es sinnvoll, sich im WSP-Unterricht über den Kaufvertrag zu informieren? Führen Sie Beispiele aus Ihrem privaten und beruflichen Lebensumfeld an.

6. Üben Sie nun „richtiges Lesen", indem Sie den Abschnitt 2.3 nach der SQ3R-Methode lesen.

7. Entwickeln Sie eine Mindmap zum Thema „Vorbereitung unserer Klassenfahrt". Ergänzen Sie Ihre Mindmap ggf. mit Ideen Ihrer Mitschüler.

8. Legen Sie eine Lernkartei zum Thema „Lern- und Arbeitstechniken" an. Benutzen Sie dazu fünf Karteikarten mit folgenden Oberbegriffen:

1. Aktives Zuhören
2. Mitschreiben
3. Richtig lesen
4. Markieren und Exzerpieren
5. Visualisieren

9. Präsentieren Sie Ihre Mindmap zum Thema „Vorbereitung unserer Klassenfahrt" im Plenum.

1 Die Berufsausbildung mitgestalten

Im Verlauf seiner Entwicklung hat der Mensch stets versucht, seine Arbeit durch technische Hilfsmittel und organisatorische Maßnahmen produktiver zu gestalten.

Die Erfindung neuer Maschinen und Produktionsverfahren ermöglichte im 19. Jahrhundert den Übergang von den handwerklichen zu den industriellen Herstellungsverfahren und leitete den tief greifenden Wandel von einer Agrar- in eine **Industriegesellschaft** ein. Fabriken in den Städten ersetzten die alten Handwerksbetriebe. Die notwendigen Arbeitskräfte fanden sich in der vom Land in die Städte strömenden arbeitslosen Bevölkerung.

Die **Maschinisierung und Mechanisierung der Arbeitswelt** führten nicht nur zu einer grundlegenden Veränderung der traditionellen Arbeits- und Produktionsverfahren, sondern auch zu einer hochgradig arbeitsteiligen Wirtschaft mit industrieller Massenproduktion. Hierbei ist der Mensch der technischen Apparatur zugeordnet, er bedient die Maschine und stellt sich auf ihren Takt ein. Bei der **Fließbandarbeit** verrichtet er am vorbeilaufenden Werkstück bestimmte Handgriffe, meist nach vorgegebener Zeiteinteilung. Durch diese Produktionsweise wurde eine erhebliche Steigerung der Arbeitsproduktivität erreicht.

In der zweiten Hälfte des 20. Jahrhunderts stand die Entwicklung der industriellen Produktion im Zeichen der **Automatisierung des Arbeitsprozesses**. Unter der Automation versteht man technische Verfahren, die darauf abzielen, die Produktion von selbstständig arbeitenden Maschinen durchführen zu lassen. Menschliche Arbeit wird dadurch nicht überflüssig, aber sie ändert sich in ihrer Qualität und Quantität. Dem Menschen kommt vorrangig die Aufgabe der Planung, Lenkung und Kontrolle des Produktionsprozesses zu. Die aufgrund der Automation freigesetzten Arbeitskräfte finden zunehmend Beschäftigung im **Dienstleistungsbereich** der Wirtschaft.

Der Wandel in der Arbeitswelt blieb und bleibt nicht ohne Folgen für die soziale Situation des Menschen. Das anfängliche Fehlen sozialen Schutzes führte im 19. Jahrhundert zu gesellschaftlichen Missständen:

- mangelnde Fürsorge bei Krankheit und Arbeitslosigkeit
- keine Alterssicherung
- niedrige Masseneinkommen
- Kinderarbeit
- unzureichende Ernährung
- schlechte Wohnverhältnisse

Ausgehend von Zusammenschlüssen der Arbeiterschaft bildeten sich Mitte des 19. Jahrhunderts die **Gewerkschaften** und **politischen Parteien**, die eine Verbesserung der Arbeits- und Lebensbedingungen forderten.
Mithilfe einer entsprechenden Gesetzgebung gelang es nach und nach, die negativen Begleiterscheinungen und Fehlentwicklungen der Industrialisierung zu korrigieren. Einzelne Arbeitnehmer wurden und werden heute durch eine umfangreiche **Arbeits- und Sozialgesetzgebung** geschützt.
Seit Ende des 20. und zu Beginn des 21. Jahrhunderts verändert sich die Arbeitswelt dahin gehend, dass

- die Industriegesellschaft sich immer mehr zur Wissens- und Dienstleistungsgesellschaft wandelt.
- die Dienstleistungen Industrieprodukten immer mehr vorgeschaltet und nachgelagert werden bzw. sie diese immer mehr begleiten.
- die Globalisierung der Wirtschaft zu einem immer stärkeren Austausch von Gütern und Dienstleistungen auf internationaler Ebene und zu immer stärkeren Verzahnungen der Wirtschaften verschiedener Länder führt (Logistik).
- die Digitalisierung industrielle Prozesse zur Bewältigung der technischen, wirtschaftlichen, organisatorischen und sozialen Herausforderungen der Unternehmen neue Wertschöpfungsketten und Geschäftsmodelle national und global ermöglicht (Industrie 4.0).
- die Gesellschaft zunehmend pluralisiert wird. Gleichzeitig wird die Individualisierung im privaten und beruflichen Bereich zunehmen. Dies führt zu neuen Wertmaßstäben und zu Änderungen der sozialen Beziehungen.
- sich aufgrund des Geburtenrückgangs zwangsläufig die Altersstruktur in den Unternehmen ändern wird. Auch weibliche und ausländische Mitarbeiter werden neue Zielgruppen für die Arbeitgeber.

Beispiele

- *Heute ist es bereits normal, dass die Bestellung der Pizza z. B. über ein Callcenter in Indien erfolgt. Von dort wird die Bestellung an den örtlichen Lieferanten in Deutschland weitergeleitet.*
- *Callcenter aus der Ukraine befragen in Deutschland im Auftrag eines deutschen Unternehmens Kunden nach ihrer Kundenzufriedenheit.*

1 Berufsausbildung

Einstiegssituation

Die 17-jährige Auszubildende Sabrina Maler möchte nach dem Besuch der Höheren Handelsschule eine Berufsausbildung als Kauffrau für Spedition und Logistikdienstleistung bei der Kühne & Nagel AG & Co. beginnen. Der Berufsausbildungsvertrag, ein Formular der zuständigen Industrie- und Handelskammer (IHK), wird

- von dem Ausbildungsbetrieb, der Kühne & Nagel AG & Co.,
- der Auszubildenden, Sabrina Maler und
- dem gesetzlichen Vertreter der Auszubildenden, ihren Eltern Ludwig und Lotti Maler, unterzeichnet.

Beurteilen Sie folgende Sachverhalte:

1. *Nach Ablauf der Probezeit möchte die Auszubildende das Ausbildungsverhältnis auflösen, um einen anderen Beruf zu erlernen. Klären*

Sie die rechtlichen Voraussetzungen für die Auflösung des Ausbildungsverhältnisses aus der Sicht der Auszubildenden und des Ausbildenden.

2. *Die Auszubildende berichtet in ihrem Freundeskreis über die schleppende Zahlungsweise gegenüber Lieferanten und die ständigen Überziehungen des laufenden Bankkontos ihres Ausbildenden. Dieser erlangt Kenntnis von den Aussagen seiner Auszubildenden. Welche Möglichkeiten stehen dem Ausbildenden zur Verfügung, das Verhalten der Auszubildenden zu sanktionieren?*
3. *Der Ausbildungsvertrag endet laut Vertrag am 31.07.20.. . Die schriftliche Prüfung findet am 22. und 23.04.20.. und die mündliche Prüfung am 29.06.20.. statt. Um 17:00 Uhr des 29.06.20.. teilt der Prüfungsvorsitzende des Prüfungsausschusses der Auszubildenden das hervorragende Prüfungsergebnis mit und überreicht eine vorläufige Bescheinigung. Am 10.07.20.. wird in einer Feierstunde offiziell das Prüfungszeugnis überreicht. Klären Sie, ab welchem Tag Anspruch auf das Gehalt als Angestellte besteht.*
4. *Laut Tarifvertrag gilt für die Auszubildende eine wöchentliche Arbeitszeit von 37 Stunden; montags bis donnerstags je acht Stunden, freitags fünf Stunden. Der Arbeitsbeginn ist 08:00 Uhr. Die Auszubildende arbeitet nach dem Berufsschulunterricht (dienstags 08:00 bis 13:00 Uhr) nach Rückkehr in den Ausbildungsbetrieb und Inanspruchnahme der Mittagspause von 30 Minuten von 14:00 bis 18:00 Uhr. Prüfen Sie, ob der Auszubildenden eine Mehrarbeitsvergütung vom Ausbildenden zusteht.*

1.1 Duale Ausbildung

In Mitteleuropa entwickelte sich seit dem Mittelalter eine durch Zünfte und Innungen streng überwachte Ausbildung in den Betrieben für handwerkliche Berufe. Der Meister führte den Lehrling durch Mitarbeit und Anschauung in die Gewerbekunst ein.

Mit der ersten industriellen Revolution entstanden größere Produktions-, Handels- und Dienstleistungsbetriebe, die einer zweckmäßigen Organisation und Verwaltung bedurften. Erfahrene Kaufleute nahmen junge kaufmännische Lehrlinge nach dem Muster der handwerklichen Ausbildung auf.

Im Gegensatz dazu bestanden seit dem 18. Jahrhundert in einigen europäischen Ländern rein private Schulen, die die kaufmännischen Lehrfächer vermittelten. Erst nach erfolgreichem Abschluss nahmen die schulisch vorgebildeten Jugendlichen eine Arbeitstätigkeit auf. Noch heute erfolgt die kaufmännische Ausbildung in vielen Ländern so *(z. B. England, Frankreich, Spanien, USA)*.

Dagegen hat sich in Deutschland seit über 150 Jahren eine duale[1] Berufsausbildung entwickelt.

---

[1] *Lat. duo = zwei*

Definition

Berufsbildung *umfasst die Berufsausbildung, die berufliche Fortbildung und Umschulung. Es gelten die normalen arbeitsrechtlichen Regelungen, soweit das Berufsbildungsgesetz (BBiG) keine abweichenden Vorschriften beinhaltet.*

Berufsbildung (*§ 1 BBiG*)			
Berufsausbildungs-vorbereitung	**Berufsausbildung**	**Berufliche Fortbildung**	**Berufliche Umschulung**
Heranführung an eine Berufsausbildung durch Vermittlung von Grundlagen zum Erwerb beruflicher Handlungskompetenz	• berufliche Grundbildung • Erwerb von Berufserfahrung sowie fachlichen Fertigkeiten und Kenntnissen	Erhaltung und Erweiterung beruflicher Kenntnisse und Fertigkeiten	Befähigung zu einer anderen beruflichen Tätigkeit
	Lernort: Betrieb/ Berufsschule[1]		

Definition

Die Berufsausbildung in Deutschland erfolgt im **dualen Ausbildungssystem**. *Die praktische Ausbildung wird im Ausbildungsbetrieb durchgeführt. Parallel dazu erfolgt die Vermittlung der theoretischen Kenntnisse in der Berufsschule in Form von Teilzeit- oder Blockunterricht.*

1.2 Rechtsgrundlagen der Berufsausbildung

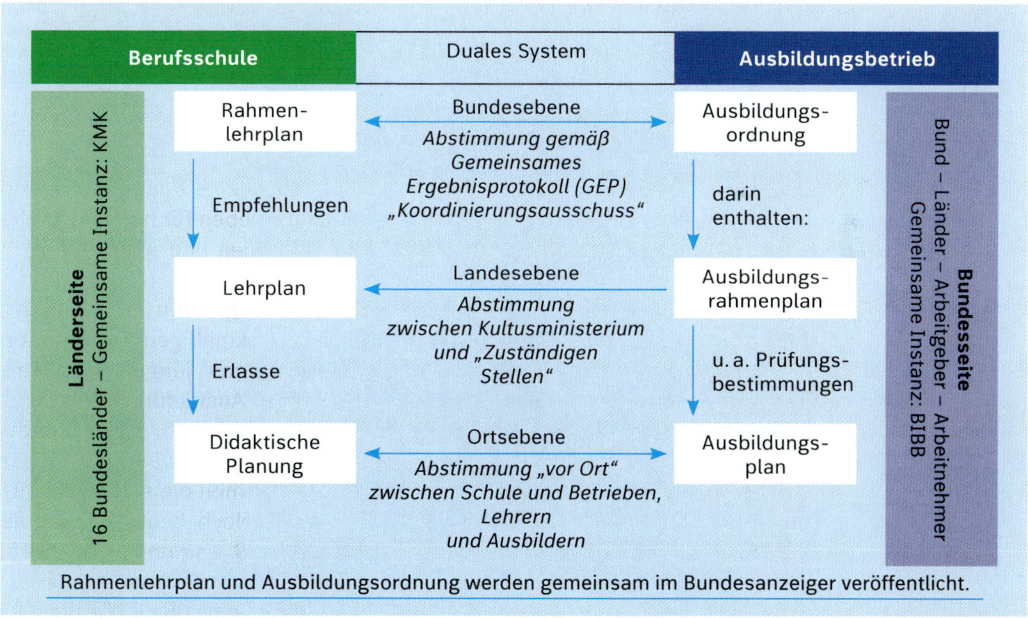
Berufsschule
Duales System
Ausbildungsbetrieb
Länderseite
16 Bundesländer – Gemeinsame Instanz: KMK
Rahmenlehrplan
Empfehlungen
Lehrplan
Erlasse
Didaktische Planung
Bundesebene
Abstimmung gemäß Gemeinsames Ergebnisprotokoll (GEP) „Koordinierungsausschuss“
Landesebene
Abstimmung zwischen Kultusministerium und „Zuständigen Stellen“
Ortsebene
Abstimmung „vor Ort“ zwischen Schule und Betrieben, Lehrern und Ausbildern
Ausbildungsordnung
darin enthalten:
Ausbildungsrahmenplan
u. a. Prüfungsbestimmungen
Ausbildungsplan
Bundesseite
Bund – Länder – Arbeitgeber – Arbeitnehmer
Gemeinsame Instanz: BIBB
Rahmenlehrplan und Ausbildungsordnung werden gemeinsam im Bundesanzeiger veröffentlicht.

[1] *In NRW seit 1998 „Berufskolleg“; nachfolgend wird vereinfachend von „Berufsschule“ gesprochen.*

Rechtliche Grundlagen für die Berufsausbildung zum/zur Kaufmann/Kauffrau für Spedition und Logistikdienstleistung sind:

- Gesetze

Beispiele

Berufsbildungsgesetz (BBiG), Bürgerliches Gesetzbuch (BGB), Jugendarbeitsschutzgesetz (JArbSchG), Arbeitszeitgesetz (ArbZG), Bundesurlaubsgesetz (BUrlG), Entgeltfortzahlungsgesetz (EntgFG), Mutterschutzgesetz (MuSchG), Bundeselterngeld- und Elternzeitgesetz (BEEG), Tarifvertragsgesetz (TVG), Arbeitsgerichtsgesetz (ArbGG), Betriebsverfassungsgesetz (BetrVG), Sozialgesetzbuch (SGB)

- Rechtsverordnungen

Beispiele

Ausbildungsverordnungen (§ 4 BBiG), Erprobungsverordnungen (§ 6 BBiG), Ausbildereignungsverordnungen (§ 30 Abs. 5 BBiG), Rechtsverordnungen für Fortbildungsprüfungen (§ 53 BBiG)

- Kammerrecht

Beispiele

Prüfungsordnungen (§ 47 BBiG), Rechtsvorschriften für die Prüfung von Zusatzqualifikationen für Auszubildende (§ 9 BBiG)

- Sonstige Rechtsquellen

Beispiele

Berufsausbildungsvertrag, Tarifverträge, Betriebsvereinbarungen, betriebliche Übungen, der Gleichbehandlungsgrundsatz, das Direktionsrecht, das Richterrecht

Berufsbildungsgesetz

Das Berufsbildungsgesetz bildet die gesetzliche Grundlage für die Ausbildung im **Dualen System**. Die Einzelvorschriften konkretisieren die Eignung der Ausbildungsstätte, die persönliche und fachliche Eignung der Ausbilder, die Entstehung und die Inhalte des Berufsausbildungsvertrages, die Ordnung der Berufsausbildung, das Prüfungswesen und die Regelung sowie die Überwachung der Berufsausbildung.
Insbesondere regelt das BBiG 2005 gegenüber dem BBiG 1969 die Verpflichtung zur Lernortkooperation, die „gestreckte“ Abschlussprüfung, die Antragsmöglichkeit zum zusätzlichen Ausweis der berufsschulischen Leistungsfeststellungen auf dem Zeugnis für die abgelegte Abschlussprüfung, einen Rechtsanspruch auf Zulassung zur Abschlussprüfung nach dem Besuch einer Vollzeitschule und Erleichterungen bei der Abnahme der Berufsabschlussprüfung sowie der Schaffung von Ausbildungsverbünden.

Ausbildungsordnung

Die Ausbildungsordnung regelt Dauer und Inhalt der Ausbildung sowie die Prüfungsanforderungen. Sie wird von den Ministerien erlassen und durch die zuständigen Kammern überwacht.

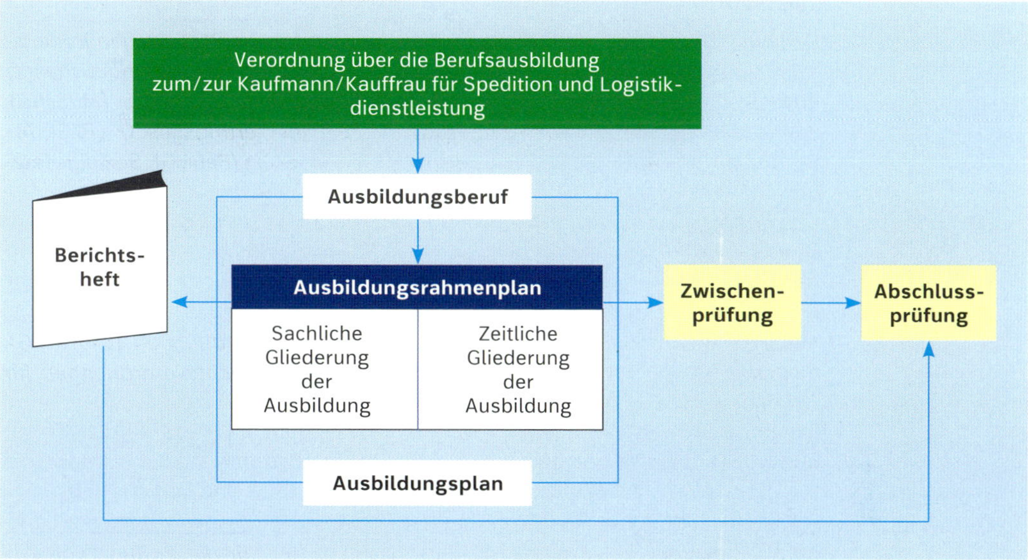
Verordnung über die Berufsausbildung zum/zur Kaufmann/Kauffrau für Spedition und Logistikdienstleistung
Ausbildungsberuf
Berichts-heft
Ausbildungsrahmenplan
Sachliche Gliederung der Ausbildung
Zeitliche Gliederung der Ausbildung
Zwischen-prüfung
Abschluss-prüfung
Ausbildungsplan

Nach dem **Ausbildungsberufsbild** sind für den Ausbildungsberuf Kaufmann/Kauffrau für Spedition und Logistikdienstleistung folgende Kenntnisse und Fertigkeiten Gegenstand der Berufsausbildung:

1 Der Ausbildungsbetrieb:
- 1.1 Stellung, Rechtsform und Struktur
- 1.2 Berufsbildung
- 1.3 Personalwirtschaft, arbeits-, sozial- und tarifrechtliche Vorschriften
- 1.4 Sicherheit und Gesundheitsschutz bei der Arbeit
- 1.5 Umweltschutz

2 Arbeitsorganisation, Information und Kommunikation:
- 2.1 Arbeitsorganisation
- 2.2 Teamarbeit und Kommunikation
- 2.3 Informations- und Kommunikationssysteme
- 2.4 Datenschutz und Datensicherheit

3 Anwenden der englischen Sprache bei Fachaufgaben

4 Prozessorientierte Leistungserstellung in Spedition und Logistik

5 Speditionelle und logistische Leistungen:
- 5.1 Güterversendung und Transport
- 5.2 Lagerlogistik
- 5.3 Sammelgut- und Systemverkehre
- 5.4 Internationale Spedition
- 5.5 Logistische Dienstleistungen

6 Verträge, Haftung und Versicherungen

7 Marketing

8 Gefahrgut, Schutz und Sicherheit

9 Kaufmännische Steuerung und Kontrolle:
- 9.1 Zahlungsverkehr und Buchführung
- 9.2 Kosten- und Leistungsrechnung, Controlling
- 9.3 Qualitätsmanagement

Der Ausbildende hat unter Zugrundelegung des Ausbildungsrahmenplanes für die/den Auszubildende(n) einen **Ausbildungsplan** zu erstellen.
Außerdem ist vom Auszubildenden ein **Berichtsheft** in Form eines Ausbildungsnachweises zu führen.
In der Mitte des zweiten Ausbildungsjahres wird eine schriftliche **Zwischenprüfung** anhand praxisbezogener Fälle oder Aufgaben in einer Prüfungsdauer von höchstens 180 Minuten in den Prüfungsgebieten

- betriebliche Leistungserstellung,
- Rechnungswesen und
- Wirtschafts- und Sozialkunde

durchgeführt. Sie erstreckt sich auf die im Ausbildungsrahmenplan für das erste Ausbildungsjahr aufgeführten Kenntnisse und Fertigkeiten sowie auf den im Berufsschulunterricht entsprechend dem Rahmenplan zu vermittelnden Lehrstoff, soweit er für die Berufsausbildung wesentlich ist. Das Ergebnis der Zwischenprüfung hat keinen Einfluss auf die Dauer der Ausbildung. Die Zwischenprüfung dient allein der Ermittlung des Ausbildungsstandes und soll dem Auszubildenden sowie dem Ausbildenden Gelegenheit geben, festgestellte Mängel bis zur Abschlussprüfung zu beseitigen.

Am Ende der Ausbildungszeit legt der/die Auszubildende vor dem Prüfungsausschuss der zuständigen IHK die **Abschlussprüfung** ab, die sich auf alle im Ausbildungsrahmenplan angegebenen Kenntnisse und Fertigkeiten sowie auf die im Berufsschulunterricht für die Berufsausbildung notwendigen Lerninhalte bezieht.
Die **Zulassung** zur Abschlussprüfung setzt voraus:

- absolvierte Ausbildungszeit oder eine nicht später als zwei Monate nach dem Prüfungstermin endende Ausbildungszeit
- Teilnahme an der Zwischenprüfung
- geführtes Berichtsheft (Ausbildungsnachweis)
- eingetragenes Berufsausbildungsverhältnis

Die **schriftliche Abschlussprüfung** erstreckt sich auf folgende Prüfungsfächer:

- Leistungserstellung in Spedition und Logistik (Bearbeitungszeit höchstens 180 Minuten)
- Kaufmännische Steuerung und Kontrolle (Bearbeitungszeit höchstens 90 Minuten)
- Wirtschafts- und Sozialkunde (Bearbeitungszeit höchstens 90 Minuten)

Im **mündlichen Prüfungsfach** „Fallbezogenes Fachgespräch“ mit einer Dauer von höchstens 30 Minuten soll der Prüfling auf der Grundlage einer (von zwei) ihm zur Wahl gestellten Aufgabe aus dem Gebiet „Speditionelle und logistische Leistungen“ zeigen, dass er betriebliche und wirtschaftliche Zusammenhänge versteht sowie speditionelle Problemstellungen lösen kann. Dabei soll der Prüfling auch beweisen, dass er in der Lage ist, Gespräche mit Kunden systematisch und situationsbezogen vorzubereiten und zu führen. Hierbei sind die betrieblichen Ausbildungsschwerpunkte zugrunde zu legen. Dem Prüfling ist eine Vorbereitungszeit von höchstens 20 Minuten einzuräumen.

Ergänzungsprüfung: Sind in der schriftlichen Prüfung die Prüfungsleistungen in bis zu zwei Prüfungsfächern mit „mangelhaft“ und in den weiteren Prüfungsfächern mit mindestens „ausreichend“ bewertet worden, so ist auf Antrag des Prüflings oder nach Ermessen des Prüfungsausschusses in einem der mit „mangelhaft“ bewerteten Prüfungsfächer die schriftliche Prüfung durch eine mündliche Prüfung von etwa 15 Minuten zu ergänzen, wenn diese für das Bestehen der Prüfung den Ausschlag geben kann. Das Prüfungsfach ist vom Prüfling zu bestimmen. Bei der Ermittlung des Ergebnisses für dieses Prüfungsfach sind die Ergebnisse der schriftlichen Arbeit und der mündlichen Ergänzungsprüfung im Verhältnis 2 : 1 zu gewichten.
Zum Bestehen der Abschlussprüfung müssen im Gesamtergebnis sowie in mindestens drei Prüfungsbereichen, darunter dem Prüfungsbereich Leistungserstellung in Spedition und Logistik, ausreichende Leistungen erbracht werden. Werden die Prüfungsleistungen in einem Prüfungsfach mit „ungenügend“ bewertet, so ist die Prüfung nicht bestanden.

1.3 Berufsausbildungsvertrag

Ein **Berufsausbildungsverhältnis** als privatrechtliches Verhältnis zwischen dem Auszubildenden (bei Minderjährigen dem gesetzlichen Vertreter: Vater, Mutter, Vormund) und dem Ausbildenden wird durch Vertrag begründet *(§ 10 Abs. 1 BBiG)*. Der **Berufsausbildungsvertrag** kommt durch die Einigung der Vertragsparteien zustande und ist in **schriftlicher** Form abzufassen *(§ 11 Abs. 1 BBiG)*.
Ausbildender ist derjenige, der einen anderen zur Berufsausbildung einstellt. Vom Ausbildenden ist derjenige zu unterscheiden, der die Ausbildung durchführt. Das kann der Ausbildende selbst oder ein von ihm beauftragter **Ausbilder** sein. Der **Auszubildende** ist derjenige, der ausgebildet wird.
Als **Mindestangaben** muss der Berufsausbildungsvertrag folgende Angaben enthalten *(§ 11 Abs. 1 S. 2 BBiG)*:

- Art, sachliche und zeitliche Gliederung sowie Ziel der Berufsausbildung, insbesondere die Berufstätigkeit, für die ausgebildet werden soll
- Beginn und Dauer der Berufsausbildung
- Ausbildungsmaßnahmen außerhalb der Ausbildungsstätte (Besuch der Berufsschule)
- Dauer der regelmäßigen täglichen Ausbildungszeit
- Dauer der Probezeit, mindestens 1 Monat, maximal 4 Monate *(§ 20 BBiG)*
- Zahlung und Höhe der Vergütung *(§§ 17–19 BBiG)*
- Dauer des Urlaubs
- Voraussetzungen, unter denen der Berufsausbildungsvertrag schriftlich gekündigt werden kann:
  - Kündigung in der Probezeit *(§ 22 Abs. 1 BBiG)*
  - Kündigung nach der Probezeit
    1. aus wichtigem Grund *(§ 22 Abs. 2 Nr. 1 und Abs. 4 BBiG)*
    2. durch Aufgabe **dieser** Berufsausbildung mit einer Kündigungszeit von vier Wochen *(§ 22 Abs. 2 Nr. 2 BBiG)*
    3. durch einen in allgemeiner Form gehaltenen Hinweis auf die Tarifverträge, Betriebs- und Dienstvereinbarungen, die auf das Berufsausbildungsverhältnis anzuwenden sind

Die Beteiligten (Ausbildender, Auszubildender, Erziehungsberechtigte) übernehmen mit dem Abschluss des Berufsausbildungsvertrages **Pflichten**, die gleichzeitig die **Rechte** des anderen Vertragspartners sind *(§§ 13–19, 27–33 BBiG).*
Die **Ausbildungsdauer** beträgt grundsätzlich drei Jahre. Verkürzungsmöglichkeiten nach dem BBiG bleiben jedoch hiervon unberührt.

Pflichten der Vertragsparteien	
Auszubildender	Dienstleistungspflicht, Gehorsamspflicht, Sorgfaltspflicht, Schweige- und Treuepflicht, Berufsschulpflicht, Lernpflicht, Führung des Berichtsheftes, Teilnahmepflicht an Ausbildungsmaßnahmen, Folgeleisten von Weisungen, Beachtung der Betriebsordnung, Bewahrungspflicht, Haftungspflicht, Pflicht der Krankmeldung im Krankheitsfall
Ausbildender	ordnungsgemäße Ausbildung sowie kostenlose Bereitstellung der zur Ausbildung erforderlichen Arbeitsmittel (*§ 14 BBiG*), Zahlung einer angemessenen Vergütung (*§§ 17, 18 BBiG*), Pflicht der Entgeltfortzahlung, z. B. im Krankheitsfall (*§ 19 BBiG*), Fürsorgepflicht (*§ 15 BBiG, §§ 9, 10 JArbSchG*), Sorgfaltspflicht, Freistellung zum Besuch der Berufsschule bzw. des Berufskollegs sowie Freistellung für Prüfungen (*§ 15 BBiG, §§ 9, 10 JArbSchG*), Gewährung von Urlaub (*§ 11 BBiG, § 19 JArbSchG*), Ausstellung von Arbeitszeugnissen (*§ 16 BBiG*)
Erziehungsberechtigte	Unterstützungspflicht, evtl. Haftpflicht

Die Ausbildungszeit soll zwei Jahre nicht unterschreiten. Der Auszubildende kann nach Anhörung des Ausbildenden und der Berufsschule **vor Ablauf** seiner Ausbildungszeit zur Abschlussprüfung zugelassen werden, wenn seine Leistungen dies rechtfertigen.
Andererseits ist auf Antrag des Auszubildenden die Ausbildungsdauer zu **verlängern**, wenn die Verlängerung erforderlich ist, um das Ausbildungsziel zu erreichen.
Die **Ausbildungsdauer endet**

- mit Ablauf der vereinbarten Ausbildungszeit oder
- mit dem Tage der Feststellung des Prüfungsergebnisses (kann vor oder nach dem Ablauf der vereinbarten Ausbildungszeit liegen).

Besteht der Auszubildende die Abschlussprüfung nicht, **so verlängert** sich das Ausbildungsverhältnis auf sein Verlangen bis zur nächstmöglichen Wiederholungsprüfung, im Falle des Nichtbestehens der Wiederholungsprüfung bis zu einer evtl. zulässigen erneuten Wiederholungsprüfung, höchstens jedoch um ein Jahr.

1.4 Berufsausübung

Die beruflichen **Tätigkeitsbereiche** von Kaufmännern/-frauen für Spedition und Logistikdienstleistung umfassen im Wesentlichen die kaufmännischen Aufgabenbereiche der Speditions- und Transportwirtschaft.

Die Aufgaben des/der Kaufmanns/-frau für Spedition und Logistikdienstleistung erfordern selbstständige und kundenorientierte Sachbearbeitung in Form funktionsübergreifender und zum Teil komplexer Fall- bzw. Vorgangsbearbeitung sowie Team- und Gruppenarbeit. Dabei werden die modernen Informations- und Kommunikationstechniken im Rahmen computergesteuerter und computergestützter Sachbearbeitung aufgabengerecht genutzt. Wegen des Angebots internationaler Dienstleistungen ist die Beherrschung fachspezifischer fremdsprachlicher Termini unerlässlich.
Traditionell wurde unter dem Begriff **Qualifikation** die Gesamtheit der Kenntnisse, Fähigkeiten, Fertigkeiten und Werthaltungen verstanden, über die Speditionskaufleute für die Ausübung der beruflichen Tätigkeiten verfügen müssen. Heute wird Qualifikation sehr viel weiter definiert – nämlich als Voraussetzung für eine ausreichende Breite in der beruflichen Einsetzbarkeit. Die Akzentverschiebung geht dabei deutlich in Richtung Schlüsselqualifikation.

Schlüsselqualifikationen in der Spedition	
• Eigenaktivität/Selbstverantwortung • Persönliche Leistungsfähigkeit • Unternehmerisches Denken • Teamfähigkeit	• Flexibilität/Kreativität • Kommunikations-/Kooperationsfähigkeit • Persönliches Erscheinungsbild • Problemlöse-/Entscheidungsfähigkeit

1.5 Fort- und Weiterbildung

Möglichkeiten beruflicher Fort- und Weiterbildung von Kaufleuten für Spedition und Logistikdienstleistung

Für die Mitarbeiter in Speditions- und Logistikunternehmen gilt heute mehr denn je die Forderung nach lebenslangem Lernen. Berufliche Fortbildung und die damit erworbenen Qualifikationen bestimmen wesentlich die Aufstiegschancen. Im Folgenden wird ein Überblick über die Möglichkeiten der fachbezogenen beruflichen Fortbildung von Kaufleuten für Spedition und Logistikdienstleistung gegeben. Für die einzelnen Bildungsangebote werden Studienziel, Studienaufbau und Zulassungsvoraussetzungen dargestellt.

1. Geprüfter Fachwirt für Güterverkehr und Logistik und Geprüfter Fachwirt für Personenverkehr und Mobilität

Diese beiden Abschlüsse sollen dazu befähigen, eigenständig und konzeptionell in Unternehmen des Güterverkehrs, des Personenverkehrs oder der Verkehrsinfrastruktur mitzuarbeiten. Verkehrsfachwirte planen und realisieren Verkehrsdienstleistungen mit betriebswirtschaftlichen und personalwirtschaftlichen Steuerungsinstrumenten und sind in dieser Eigenschaft Dienstleister für Geschäftspartner und Kunden.
Voraussetzung für diesen Studiengang ist eine Ausbildung in einem Beruf der Verkehrswirtschaft und eine mindestens einjährige Berufspraxis oder ein Berufsabschluss in einem anderen kaufmännischen Beruf mit anschließender mindestens zweijähriger Berufspraxis oder eine fünfjährige Berufspraxis.

Die Lehrgänge zum Fachwirt werden von den Industrie- und Handelskammern und von freien Fortbildungsunternehmen durchgeführt.
Der Inhalt bestimmt sich nach der „Verordnung über die Prüfung zum anerkannten Fortbildungsabschluss Geprüfter Fachwirt für Güterverkehr und Logistik und Geprüfte Fachwirtin für Güterverkehr und Logistik" und der entsprechenden Verordnung für den Fachwirt Personenverkehr und Mobilität. Die Prüfung (schriftliche Prüfung von max. 600 Min. und mündliche Prüfung in Form einer Präsentation und eines Fachgespräches) findet vor der IHK statt.

2. Staatlich geprüfter Betriebswirt, Fachrichtung „Internationales Logistikmanagement", DAV Bremen
Mit Mittlerer Reife oder Abitur und einem Berufsabschluss mit mindestens einjähriger Berufspraxis kann man in Vollzeit (4 Sem.) oder Teilzeit (6 Sem.) das Studium in Bremen aufnehmen. Erweiterte Fachkompetenz, betriebswirtschaftliches Denken, Teamorientierung und Sozialkompetenz sowie verschiedene Fremdsprachen sollen die Absolventen für Führungsaufgaben in der Verkehrswirtschaft vorbereiten.
Mit der Prüfung, die vor der IHK Bremen abgelegt wird, erlangen die Absolventen die Möglichkeit, bei britischen Universitäten binnen zwölf Monaten den Bachelor oder den Master zu erwerben.

3. Studiengang Verkehrsbetriebswirtschaft und Logikstik, Hochschule Heilbronn
Die Hochschule Heilbronn bietet neben technischen Disziplinen mehrere betriebswirtschaftliche Masterstudiengänge, wie z. B. Verkehrsbetriebswirtschaft und Logistik (VP) und Verkehrsbetriebswirtschaft und Personenverkehr (VB-PV) oder den *Masterstudiengang Business Administration in Transport and Logistics* (MTL), an.

4. Studiengang Transportwesen/Logistik, Hochschule Bremerhaven
Die Hochschule Bremerhaven bietet neben anderen logistikaffinen Studiengängen ein sechssemestriges Hochschulstudium mit dem Bachelor-Studiengang Transportwesen/Logistik und ein viersemestriges Masterstudium Logistics Engineering and Management an.
Grundlegend für die Gestaltung der Studiengänge war die Einsicht, dass Transportketten technisch-organisatorische Systeme sind. Das erstellte Studienkonzept beinhaltet deshalb ganz bewusst die simultane Ausbildung in den relevanten technischen, ökonomischen und rechtlichen Fachbereichen. Dadurch wird das in diesem weiten Berufsfeld geforderte Denken sowohl in technischen als auch in ökonomischen Kategorien von Anfang an im Studium erlebte Realität.

5. Bachelor und Masterstudiengänge in Logistik, Transportwesen und Betriebslogistik, Fontys Fachhochschule für Logistik, Venlo
Die integrierten Studiengänge in deutscher Sprache umfassen neben dem theoretischen Teil mehrere Praktika und Team-Projekte. Die Studenten erwerben entweder den mehr kaufmännisch orientierten Studienabschluss Bachelor of Logistics Management oder den mehr technisch ausgerichteten Studienabschluss Bachelor of Logistics Engineering. Als Masterstudiengang wird der Master of Science in International Logistics/Procurement/Supply Chain Management angeboten.

Adressen

Interessierten Firmen, Instituten, Schulen, Verbänden und Nachwuchskräften stehen die genannten Institute unter folgenden Adressen für nähere Angaben zur Verfügung:

Deutsche Außenhandels- und Verkehrsakademie (DAV)
BVL Campus gGmbH
Universitätsallee 18
28359 Bremen
www.bvl-camus.de
dav@bvl-campus.de

Deutscher Industrie- und Handelskammertag (DIHK)
Breite Straße 29
10178 Berlin

Staatliche Fachschule für Bau, Wirtschaft und Verkehr Gotha
Trützscherplatz 1
99867 Gotha
www.fs-gotha.de

Hochschule Heilbronn
Max-Planck-Str. 39
74081 Heilbronn
www.hs-heilbronn.de
info@hs-heilbronn.de

Hochschule Bremerhaven
An der Karlstadt 8
27568 Bremerhaven
www.hs-bremerhaven.de

Berufsbildungswerk des DGB GmbH
Schimmelbuschstraße 55
40699 Erkrath
kontakt@bfw.de

Deutscher Speditions- und Logistikverband (DSLV)
Weberstraße 77
53113 Bonn
www.dslv.org
info@dslvspediteure.de

Bildungswerk der DAG e. V.
Deutsche Angestellten-akademie e. V.
– Zentrale –
Holstenwall 5
20355 Hamburg

Fontys Fachhochschule für Logistik
Hulsterweg 2–6
NL-5803 AA Venlo

Aufgaben

1. Der 19-jährige Paul Simon beginnt am 01.08.20.. bei der Rauhe GmbH, Internationale Spedition, Bachstr. 12, 50858 Köln, eine Ausbildung zum Kaufmann für Spedition und Logistikdienstleistung. Als verantwortliche Ausbilderin hat die Rauhe GmbH Maria Probst benannt. Die Ausbildungszeit beträgt drei Jahre, eine Verkürzung ist nicht vorgesehen. Die Anmeldung bei der IHK zu Köln erfolgte am 20.04.20... Die regelmäßige tägliche Ausbildungszeit beträgt 7,5 Stunden.

a) Welches Gesetz regelt das Ausbildungsverhältnis?

b) Wie kommt der Ausbildungsvertrag zustande?

c) Wer sind die Beteiligten an diesem Ausbildungsverhältnis und wie lauten die gesetzlichen Bezeichnungen?

d) Die Rauhe GmbH möchte eine Probezeit von sechs Monaten vereinbaren. Klären Sie die Zulässigkeit. Begründen Sie Ihre Aussage.

e) Welche Aufgaben übernimmt die IHK zu Köln im Rahmen dieses Ausbildungsverhältnisses?

f) Was bedeutet „duales System" der Berufsausbildung und wie ist die Aufgabenteilung geregelt?

g) Nennen Sie für dieses Ausbildungsverhältnis wichtige Inhalte der Ausbildungsordnung.

h) Im Frühjahr nächsten Jahres erhält Paul Simon unerwartet die Zusage für einen Studienplatz im Fach Betriebswirtschaftslehre. Unter welchen Bedingungen könnte er das Berufsausbildungsverhältnis kündigen?

i) Gesetzt den Fall, Paul Simon hätte sein Berufsausbildungsverhältnis ordnungsgemäß fortgesetzt: Wann würde es enden?

j) Unter welchen Voraussetzungen kann Paul Simon während der Ausbildung gekündigt werden?

k) Paul leidet unter großer Prüfungsangst und möchte vorsorglich wissen, ob und wie oft er die Abschlussprüfung wiederholen darf. Informieren Sie ihn mithilfe des BBiG.

2. Legen Sie eine Lernkarte zum Thema „Berufsausbildung" an. Benutzen Sie dazu fünf Karteikarten mit den Überschriften „Rechte und Pflichten des Auszubildenden/Ausbildenden", „Inhalte des Berufsausbildungsvertrages", „Beendigung des Berufsausbildungsverhältnisses", „Duales System" und „Sonderbestimmungen nach dem Jugendarbeitsschutzgesetz".

2 Arbeitsschutz und Arbeitssicherheit

Einstiegssituation

Juliane Klatt ist Mitarbeiterin der Speditrans e. K., Bielefeld. Ihre Arbeitszeit beträgt 40 Stunden pro Woche und acht Stunden täglich. Wegen des erhöhten Arbeitsanfalls im November und Dezember durch Arbeitsunfähigkeit ihrer Arbeitskollegin soll Frau Klatt in der Woche eine Stunde pro Tag länger arbeiten und an drei aufeinanderfolgenden Wochenenden ebenfalls samstags und sonntags je fünf Stunden zusätzlich arbeiten. Am 20.12. teilt sie dem Arbeitgeber mit, dass sie schwanger ist und voraussichtlich laut ärztlichem Attest am 15.06. des nächsten Jahres entbindet. Frau Klatt erkundigt sich vorsorglich über die Möglichkeit der Erziehungszeitmodelle nach der Mutterschaftszeit, den finanziellen Folgen und dem Kündigungsschutz.

Nehmen Sie ausführlich Stellung zu dem dargestellten Sachverhalt und machen Sie Vorschläge, wie sich Frau Klatt

1. wegen der Mehrarbeit,
2. während der Schwangerschaft,
3. während der Mutterschaftszeit,
4. während der Erziehungszeit und
5. während der nachgeordneten Beschäftigungsaufnahme

gegenüber dem Arbeitgeber verhalten soll, um eine ausreichende finanzielle Absicherung zu erhalten.

Die Industrialisierung im ausgehenden 19. Jahrhundert brachte eine neue gesellschaftliche Klasse, die Lohnarbeiter, hervor. Sie mussten in den Fabriken unter katastrophalen Bedingungen arbeiten.

Auf die Lohnarbeiter und ihr Streben nach Verbesserung der Lebens- und Beschäftigungsverhältnisse geht der moderne Arbeits- und Gesundheitsschutz sowie Unfallschutz (Arbeitssicherheit) zurück.

Heute wird von allen Unternehmen erwartet, dass dem Arbeitsschutz und der Unfallverhütung ein hoher Stellenwert eingeräumt wird. Der Gesetzgeber schützt deshalb durch umfangreiche Arbeits- und Sozialgesetze den Arbeitnehmer vor unzumutbaren Arbeitsbedingungen am Arbeitsplatz.

Die ***Arbeitsbedingungen*** *umfassen die Arbeitsgestaltung und die Humanbeziehungen (zwischenmenschliche Beziehungen) im Unternehmen.* **Definition**

Arbeitsbedingungen	
Arbeitsgestaltung	**Humanbeziehungen**
• Arbeitsort • Arbeitsplatz- und Arbeitsumgebung • Arbeitsbeginn, Arbeitsende, Arbeitszeit, Höchstarbeitszeiten, Mindestruhezeiten • Arbeitsabläufe, Beschreibung der zu leistenden Arbeit • Arbeitssicherheit und Hygiene am Arbeitsplatz • Schutzmaßnahmen • Gleichbehandlung • altersgerechte Arbeitsbedingungen (z. B. in *Krankenhäusern und Altenheimen)* • Arbeitsentgelt, Urlaubsdauer, Kündigungsfristen, Hinweis auf Tarifvertrag, evtl. Betriebsvereinbarungen	• Führungsstil • Sozialleistungen, sozialer Kontakt • Betriebsklima • Mitbestimmung • Entlohnung • Anerkennung, Einfluss, Erfolgsbeteiligung • Selbstverwirklichungsmöglichkeiten

Die Leistung des einzelnen Mitarbeiters hängt zum einen ab von den **objektiven Bedingungen,** also der Arbeitsorganisation und Arbeitsplatzgestaltung, und zum anderen von den **subjektiven Bedingungen,** also von den Kenntnissen, Fertigkeiten und der Leistungsbereitschaft (Motivation) des Mitarbeiters selbst. Gerade die **Bestimmungsgründe der Motivation** wie Lob, Verantwortung, Erfolgserlebnis, leistungsgerechte Entlohnung und berufliches Vorwärtskommen wirken sich positiv auf die Zufriedenheit eines Mitarbeiters am Arbeitsplatz aus. Sie bilden die Grundlage für ein besseres Betriebsklima.

Belastung am Arbeitsplatz

Aus wirtschaftlichen Überlegungen können Unternehmen geneigt sein, technische und soziale Arbeitsbedingungen zum Nachteil der Mitarbeiter zu verändern. Um dem zu begegnen, gibt es in Deutschland eine Vielzahl besonderer Arbeitsschutzvorschriften.

Mit der Anmeldung eines Gewerbebetriebes oder einer freiberuflichen Tätigkeit erfolgt automatisch die Anmeldung bei der für die jeweilige Branche zuständigen Berufsgenossenschaft (BG).

Jeder Arbeitgeber ist für den Arbeits- und Gesundheitsschutz der Mitarbeiter/-innen verantwortlich.

Der betriebliche Arbeitsschutz verfolgt das Ziel, Sicherheit und Gesundheitsschutz der Beschäftigten bei der Arbeit zu gewährleisten und zu verbessern.

Definition

***Arbeitsschutzbestimmungen** dienen dem Schutz von Arbeitnehmern, um eine nachteilige Gestaltung der Arbeitsbedingungen für Mitarbeiter zu vermeiden.*

Arbeitsschutz

sozialer Arbeitsschutz	technischer Arbeitsschutz
schützt den Arbeitnehmer in seinen Rechten gegenüber dem Arbeitgeber ***Beispiele:*** • *Überwachung von Arbeitgebern nach dem Arbeitszeitrecht mit seinen Regelungen zu den täglichen Arbeits- und Pausenzeiten sowie zu Ausnahmen für Arbeiten an Sonn- und Feiertagen* • *Überwachung der Vorschriften zum Kinder- und Jugendarbeitsschutz*	schützt den Arbeitnehmer vor Gesundheitsgefährdungen am Arbeitsplatz ***Beispiele:*** • *Beratung und Überwachung von Industrie, Gewerbe und Verwaltung in arbeitsschutzrechtlichen Fragen* • *Erteilen von Erlaubnissen und die Überwachung von gefährlichen Anlagen (z. B. Aufzüge)* • *Beratung und Überwachung von Unternehmen in Fragen des Umgangs mit Gefahrstoffen* • *Stellungnahme zu Bauvorhaben auf Grundlage der Arbeitsstättenverordnung*

Arbeitsschutz beruht in Deutschland auf zwei **Säulen**:

- dem staatlichen Arbeitsschutz sowie EU-Normen zum Arbeitsschutz
- dem Arbeitsschutz der gesetzlichen Unfallversicherungsträger

Zu unterscheiden sind deshalb:

- nationalstaatliche und europäische Arbeitsschutzvorschriften
- die Unfallverhütungsvorschriften der Berufsgenossenschaften als Träger der gesetzlichen Unfallversicherung

Die Arbeitsschutzvorschriften beinhalten Gebote und Verbote, zu deren Beachtung der Arbeitgeber verpflichtet ist. Die wichtigsten Vorschriften sind den Mitarbeitern in den betroffenen Betrieben durch Auslegung oder Aushang zugänglich zu machen.

Gesetzliche Arbeitsschutzvorschriften

Allgemeine Schutzvorschriften	Sonderschutzvorschriften	Überwachungsorgane
• Bürgerliches Gesetzbuch • Arbeitsschutzgesetz • Arbeitszeitgesetz • Bundesurlaubsgesetz • Kündigungsschutzgesetz • Gewerbeordnung • Sozialgesetzbuch XII • Betriebsverfassungsgesetz • Gleichbehandlungsgesetz	• für Jugendliche *(JArbSchG)* • für Mütter *(MuSchG, BEEG)* • für Schwerbehinderte *(SchwbG)* • für langjährig Beschäftigte • für Feuerwehr- und Wehrdienstleistende *(FWG, ArbPlSchG)*[2]	• Staatliche Überwachung – Gewerbeaufsichtsämter[1] – Umweltamt – Ämter für Arbeitsschutz – Integrationsämter • Berufsgenossenschaften

---

[1] *Soweit regional das Staatliche Amt für Arbeitsschutz und das Staatliche Umweltamt als Nachfolgeinstitutionen für das Gewerbeaufsichtsamt eingerichtet sind, übernimmt als Überwachungsorgan das Staatliche Amt für Arbeitsschutz die Aufgaben.*

[2] *Seit dem 01.07.2011 ist die Pflicht zur Ableistung des Grundwehrdienstes in Deutschland ausgesetzt. Es besteht nun die Möglichkeit eines freiwilligen Wehrdienstes.*

2.1 Sozialer Arbeitsschutz

2.1.1 Arbeitszeitgesetz

Die Grundnormen des *ArbZG* sind immer nur Mindestregelungen. In Tarifverträgen und Betriebsvereinbarungen sind in der Regel zugunsten der Arbeitnehmer günstigere Arbeitszeitregelungen vorgesehen.

Schutzbestimmungen nach dem Arbeitszeitgesetz *(ArbZG)*	
• **gilt für alle Arbeitnehmer über 18 Jahre in Betrieben und Verwaltungen** *Ausnahmen: Jugendliche (unter 18 Jahre), Auszubildende, leitende Angestellte, z. B. bestimmtes Personal in der Luftfahrt und Schifffahrt, Konditoreien und Fahrer[1], Arbeitnehmer des öffentlichen Dienstes mit hoheitlichen Aufgaben* • **Arbeitszeit ist die Zeit vom Beginn bis zum Ende der Arbeit ohne Ruhepause** *(§ 2 Abs. 1 ArbZG)*	
Tägliche Arbeitszeit	**Sonn- und Feiertagsarbeit**
• höchstens 8 Stunden *(§ 3 S. 1 ArbZG)* *Ausnahme:* Die tägliche Arbeitszeit kann bis auf 10 Stunden verlängert werden, wenn die Verlängerung innerhalb eines Ausgleichszeitraums von 6 Monaten auf durchschnittlich 8 Stunden ausgeglichen wird *(§ 3 S. 2 ArbZG)*. • wöchentliche Arbeitszeit nicht über 48 Stunden • ununterbrochene Mindestruhezeit von 11 Stunden nach Beendigung der täglichen Arbeitszeit *(§ 5 Abs. 1 ArbZG)* *Ausnahmen:* Fälle des *§ 5 Abs. 2–4 ArbZG* • Ruhepausen: – mindestens 30 Minuten bei einer Arbeitszeit von über 6 bis 9 Stunden *(§ 4 ArbZG)* – mindestens 45 Minuten bei einer Arbeitszeit über 9 Stunden • Eine Aufteilung der Ruhezeiten in jeweils 15 Minuten ist möglich.	• grundsätzlich für alle Beschäftigungsbereiche verboten *(§ 9 Abs. 1 ArbZG)* • *16 Ausnahmetatbestände* insbesondere in folgenden Fällen *(§§ 9, 10, 13, 14 ArbZG)*: – technische Erfordernisse machen eine ununterbrochene Produktion erforderlich – internationale Konkurrenz zwingt nachweislich zur Produktion auch an Sonn- und Feiertagen, damit die Arbeitsplätze gesichert bleiben – im Dienstleistungsbereich wie Gaststätten, Hotels, Krankenhäuser, Pflegeeinrichtungen, Verkehrsbetrieben Für die betroffenen Arbeitnehmer gilt: – mindestens 15 Sonntage im Jahr beschäftigungsfrei – für jeden arbeitspflichtigen Sonn- und Feiertag zwingend ein Ersatzruhetag – mindestens einmal wöchentlich zusammenhängend 35 Stunden Ruhezeit – Arbeitszeit maximal 8 Stunden (verlängerbar auf 10 Stunden, wenn innerhalb von 6 Monaten ein Ausgleich erfolgt) Hiervon können nach *§ 12 ArbZG* im Tarifvertrag oder in Betriebsvereinbarungen Abweichungen vereinbart werden.

Die früheren **Beschäftigungsverbote** und -beschränkungen für **Frauen** sind mit Ausnahme des Beschäftigungsverbots für Frauen im Bergbau unter Tage **aufgehoben** worden. Damit können nun Frauen alle anerkannten Ausbildungsberufe erlernen und ausüben.

Zum Schutz und zur Vorsorge bei gesundheitlichen Belastungen gelten die gesetzlich normierten Regelungen gleichermaßen für Frauen und Männer:
- arbeitsmedizinische Untersuchungen
- Umsetzungsanspruch auf einen Tagesarbeitsplatz bei gesundheitlicher Gefährdung sowie bei Betreuung von Kindern unter zwölf Jahren und schwerpflegebedürftigen Angehörigen im Rahmen der betrieblichen Möglichkeiten

[1] *Für Fahrer gelten Ausnahmen (§ 21a ArbZG): Die Woche dauert sieben Tage. Die erlaubte wöchentliche Arbeitszeit von 48 Stunden darf auf bis zu 60 Stunden verlängert werden, wenn innerhalb von vier Kalendermonaten oder 16 Wochen im Durchschnitt 48 Stunden wöchentlich nicht überschritten werden.*

Werktage i. S. des *ArbZG* sind alle Tage von Montag bis einschließlich Samstag (6-Tage-Woche).
Weitere Arbeitszeitvorschriften sind zu finden im Ladenschlussgesetz *(LadSchlG)*, im Jugendarbeitsschutzgesetz *(JArbSchG)*, in Sozialvorschriften über den Straßenverkehr *(AETR, GüKG)*, im Fahrpersonalgesetz *(FPersG)* und in der Fahrpersonalverordnung *(FPersV)*.

2.1.2 Jugendarbeitsschutz

Beispiel

Der 17-jährige Auszubildende Gabriel Frey soll wegen des erhöhten Arbeitsanfalls ab dem 01.10. täglich zehn Stunden arbeiten.

Der Jugendliche ist wegen der noch nicht abgeschlossenen körperlich-geistig-seelischen Entwicklung nur begrenzt leistungsfähig. Deshalb gewährt ihm das **Jugendarbeitsschutzgesetz** *(JArbSchG)* einen besonderen Schutz und will den Einstieg in die Arbeitswelt erleichtern. Die Gewerbeaufsichtsämter sind für die Überwachung der Einhaltung des *JArbSchG* zuständig.

Schutzbestimmungen des Jugendarbeitsschutzgesetzes (JArbSchG)	
Geltungsbereich ***(§ 1 JArbSchG)***	• Das *JArbSchG* gilt für alle Arbeitgeber, die Jugendliche beschäftigen, soweit sie mindestens 15 Jahre, aber noch keine 18 Jahre alt sind (Auszubildende, Arbeiter, Angestellte). • Die Beschäftigung Jugendlicher im Familienhaushalt sowie geringfügige Hilfeleistungen fallen nicht unter das *JArbSchG*.
Arbeitszeit ***(§§ 4, 8, 12 JArbSchG)***	• höchstens 8 Std. täglich, 40 Std. wöchentlich bei einer verbindlichen 5-Tage-Woche *Ausnahme:* 8,5 Std. täglich, wenn freitags nur 6 Stunden gearbeitet wird. Soweit Tarifverträge längere Arbeitszeiten vereinbaren, muss innerhalb von zwei Monaten ein Ausgleich erfolgen. • samstags: keine Beschäftigung *Ausnahme:* Betriebe mit Samstagsarbeit, jedoch Ausgleich an einem Wochentag; zwei Samstage sollen mindestens im Monat beschäftigungsfrei bleiben. • an Sonn- u. Feiertagen: grundsätzlich Beschäftigungsverbot *Ausnahme:* Wie samstags, jedoch müssen mindestens zwei Sonntage im Monat beschäftigungsfrei bleiben.
Arbeitsbeginn/ -ende **Freizeit, Ruhepausen** ***(§§ 4, 5, 8, 12 JArbSchG)***	• keine Beschäftigung vor 06:00 Uhr und nach 20:00 Uhr *Ausnahme:* über 16-Jährige in Bäckereien, Gastronomie-, Landwirtschafts-, Schichtbetrieben • mindestens 12 Std. täglich Freizeit • bei 4,5 bis 6 Std. Arbeitszeit: mindestens 30 Minuten Pause • bei mehr als 6 Arbeitsstunden: mindestens 60 Minuten Pause • nach 4,5 Std. spätestens erste Pause • Mindestdauer je Pause: 15 Minuten
Bezahlter Urlaub ***(§ 19 JArbSchG)***	• Alter des Jugendlichen zu Beginn des Kalenderjahres – unter 16 Jahre: 30 Werktage – unter 17 Jahre: 27 Werktage – unter 18 Jahre: 25 Werktage

Schutzbestimmungen des Jugendarbeitsschutzgesetzes (JArbSchG)	
Beschäftigungsverbot ***(§§ 2, 5, 7, 16, 17 JArbSchG)***	• Arbeiten, die objektiv die physische und psychische Leistungsfähigkeit übersteigen *(z. B. Akkord- und Fließbandarbeit mit vorgegebenem Arbeitstempo)* • gefährliche Arbeiten (Gefahrstoffe, biologische Arbeitsstoffe) *Ausnahme:* zulässig bei Jugendlichen über 16 Jahren zu Ausbildungszwecken • Beschäftigung Minderjähriger bis zur Vollendung des 15. Lebensjahres und Vollzeitschulpflichtiger (Kinderarbeitsverbot) *Ausnahme:* die nicht mehr der Vollzeitschulpflicht unterliegenden Jugendlichen 7 Std. pro Tag und 35 Std. in der Woche • ein Arbeitstag vor der schriftlichen Abschlussprüfung
Berufsschulbesuch ***(§ 9 Abs. 1–2 JArbSchG, § 15 BBiG)***	• Anrechnung der Berufsschulzeit auf Ausbildungs- und Arbeitszeit • Freistellung für den Berufsschulunterricht *Für Jugendliche unter 18 Jahre gilt ein Beschäftigungsverbot:* – soweit der Unterricht vor 09:00 Uhr beginnt (dies gilt auch für volljährige berufsschulpflichtige Personen) – an einem Berufsschultag pro Woche mit mehr als 5 Unterrichtsstunden (≈ 8 Std./Tag) – in Berufsschulwochen mit mindestens 25 Std. planmäßigem **Blockunterricht** an mindestens 5 Tagen (≈ 40 Std./Woche)
Berufsschulbesuch ***(§ 9 Abs. 1–2 JArbSchG, § 15 BBiG)***	• Volljährige Berufsschulpflichtige[1] müssen im **Anschluss** an den Berufsschulunterricht – auch bei Blockunterricht – auf Verlangen des Arbeitgebers wieder in den Betrieb. Überschreitet die Dauer des Berufsschulunterrichts die an diesem Tag zu leistende Ausbildungszeit im Betrieb, so ist bei Volljährigen die darüber hinaus aufgewendete Zeit für den Berufsschulunterricht **nicht** auf die wöchentliche Ausbildungszeit anzurechnen.
Prüfung ***(§ 10 JArbSchG, § 15 BBiG)***	Der Arbeitgeber hat jugendliche Auszubildende • für die Teilnahme an Prüfungen und Ausbildungsmaßnahmen und • an dem Arbeitstag unmittelbar vor dem Tag der schriftlichen Abschlussprüfung freizustellen. Diese Zeiten gelten als Arbeitszeit und sind zu vergüten.
Ärztliche Untersuchung ***(§§ 32–46 JArbSchG)***	• erste Untersuchung frühestens 14 Monate vor Beginn der Beschäftigung • Nachuntersuchung in den letzten 3 Monaten des ersten Ausbildungsjahres

2.1.3 Schutzbestimmungen für weibliche Arbeitnehmer

Für **weibliche Arbeitnehmer** gelten besondere Vorschriften, um einen höheren Schutz während der Arbeitszeit und der Ausübung eingeschränkter Beschäftigungsarbeiten/-formen während der Schwangerschaft und für die Zeit nach der Geburt eines Kindes zu gewährleisten. *Art. 6 GG* garantiert jeder Mutter den Anspruch auf den Schutz und die Fürsorge der Gemeinschaft.

[1] *Die Berufsschulpflicht Volljähriger ist nicht bundeseinheitlich geregelt, sondern unterliegt höchst unterschiedlichen landesgesetzlichen Bestimmungen. Zum Beispiel dauert in NRW die Berufsschulpflicht so lange, wie ein Berufsausbildungsverhältnis besteht, das vor Beginn des 21. Lebensjahres begonnen wurde (§ 38 SchulG NRW).*

Dazu gehören Frauen:

- in einem Arbeitsverhältnis
- in betrieblicher Ausbildung sowie Praktikantinnen
- mit Behinderung
- als Entwicklungshelferinnen
- als Freiwillige nach dem Bundesfreiwilligendienstgesetz
- als Mitglieder einer geistigen Genossenschaft sowie Diakonissen
- in Heimarbeit
- als Studentinnen oder Schülerinnen

Dem tragen das **Mutterschutzgesetz** *(MuSchG)* und das **Bundeselterngeld- und Elternzeitgesetz** *(BEEG)* Rechnung.

Schutzvorschriften				
Kündigungsschutz	**Beschäftigungsverbot**	**Gefahrenschutz**	**Mutterschaftshilfe**	**Urlaubsanspruch**
• keine Kündigung während der Schwangerschaft und 4 Monate nach der Geburt *(§ 9 MuSchG)* • Kündigungsschutz während der Elternzeit *(§ 18 BEEG)*	• Beschäftigungsverbot[2] während der Mutterschutzfrist von insgesamt 14 Wochen: 6 Wochen vor und 8 Wochen (bei Früh- und Mehrlingsgeburten sowie Behinderung des Kindes 12 Wochen) nach der Geburt. Nicht beanspruchte Fristen vor der Geburt werden nach der Geburt hinzugerechnet *(§§ 3 Abs. 2, 6 MuSchG)* • bei Gefahr von Berufskrankheiten (§ 4 Abs. 2 MuSchG) • Verbot schwerer körperlicher Arbeit *(§ 4 Abs. 1 MuSchG)* • Verbot der Mehrarbeit, Sonntags- und Nachtarbeit nicht gegen den Willen der Schwangeren *(§ 8 Abs. 3, 4, 6 MuSchG)* • Einführung eines behördlichen Genehmigungsverfahrens für Arbeiten zwischen 20:00–22:00 Uhr.	• keine Arbeiten, die das Leben und die Gesundheit der Mutter und ihres Kindes gefährden *(§ 3 Abs. 1 MuSchG)* • Vorschriften für die Arbeitsplatzgestaltung von Schwangeren und stillenden Müttern *(§ 2 MuSchG)*	• Anspruch auf ärztliche Betreuung und Hebammenhilfe • Anspruch auf Mutterschaftsgeld während der Schutzfrist in Höhe des bisherigen Nettoeinkommens *(§ 11 MuSchG)* • Anspruch auf Elternzeit und Elterngeld	• Mutterschutzfristen und Zeiten mit Beschäftigungsverbot für schwangere Frauen und Mütter sind bei der Berechnung des Jahresurlaubes wie Beschäftigungszeiten zu berücksichtigen *(§ 17 MuSchG)* • ein Resturlaub kann auf das Jahr, in dem die Mutterschaftsfrist endet, oder auf das nächstfolgende Urlaubsjahr übertragen werden

Mutterschutz	
Rechtsgrundlagen	• Grundgesetz *(Art. 6 Abs. 4 GG)* • Gesetz zum Schutz der erwerbstätigen Mutter *(MuSchG)* • Bundeselterngeld- und Elternzeitgesetz *(BEEG)*
Beginn des Schutzes	• Ab Tag der Kenntnisnahme über die Schwangerschaft durch den Arbeitgeber; der Arbeitgeber kann auf seine Kosten ein schriftliches Attest verlangen. • Die Beschäftigung einer werdenden Mutter ist dem Gewerbeaufsichtsamt mitzuteilen.

---

[1] *Auf ausdrücklichen Wunsch der Mutter ist eine Beschäftigung möglich (§ 3 Abs. 2 MuSchG).*

Mutterschutz	
Gestaltung des Arbeitsplatzes	• Bei der Einrichtung des Arbeitsplatzes sind alle Vorkehrungen und Maßnahmen zum Schutz von Leben und Gesundheit der werdenden Mutter zu treffen *(§ 2 Abs. 1 MuSchG)*. • Bei stehenden oder sitzenden Tätigkeiten ist der Arbeitnehmerin eine Sitzgelegenheit zum kurzen Ausruhen bereitzustellen *(§ 2 Abs. 2 MuSchG)*. Bei ständig sitzender Tätigkeit muss eine Gelegenheit zu kurzen Unterbrechungen ihrer Arbeit gegeben werden.
Beschäftigungs-verbote	Schwangere dürfen nicht beschäftigt werden, wenn • nach ärztlichem Zeugnis bei Fortführung der Arbeit Leben oder Gesundheit von Mutter und/oder Kind gefährdet sind *(§ 3 Abs. 1 MuSchG)*, • diese schweren körperlichen Arbeiten, Arbeiten mit gesundheitsgefährdenden Stoffen, Strahlen, Staub oder Dämpfen, Arbeiten in Hitze, Kälte oder Nässe, Erschütterungen oder Lärm ausgesetzt sind *(§ 4 Abs. 1 MuSchG)*, soweit unverantwortbare Gefährdungen vorliegen, • Arbeiten mit einem erhöhten Unfallrisiko oder der Gefahr von Berufserkrankungen vorliegen *(§ 4 Abs. 2 MuSchG)*.
Arbeitszeit-beschränkungen	• keine Nachtarbeit (zwischen 22:00 Uhr und 6:00 Uhr) , soweit keine behördliche Genehmigung vorliegt, auch nicht zwischen 20:00–22:00 Uhr • keine Mehrarbeit (max. 8,5 Std. je Tag, 90 Stunden in 2 Wochen) • Freistellung in den letzten 6 Wochen vor der voraussichtlichen Entbindung *(§ 3 Abs. 2 MuSchG)* • Freistellung zur Durchführung der notwendigen ärztlichen Untersuchungen *(§ 16 MuSchG)*
Schutz vor und nach der Entbindung	• 6 Wochen **vor** dem wahrscheinlichen Geburtstermin sind werdende Mütter freizustellen, sie können freiwillig während dieser Zeit weiterarbeiten. • Für mindestens 8 Wochen **nach** der Entbindung besteht ein Beschäftigungsverbot, dieses wird für Früh- oder Mehrlingsgeburten sowie bei Behinderung des Kindes auf 12 Wochen verlängert. Für Frauen nach Frühgeburten ist die Schutzfrist um den Zeitraum zu verlängern, um den sich die Mutterschutzfrist vor der Frühgeburt verkürzt hat.
Lohnfortzahlung	• Bei Beschäftigungsverbot oder Beschränkungen der Arbeitszeit nach den Vorschriften des MuSchG ist vor Beginn oder nach Ende der Mutterschutzfristen der volle Lohn zu zahlen *(§ 11 MuSchG)*. • Der Mutterschutzlohn richtet sich nach dem Durchschnittsverdienst der letzten 13 Wochen oder letzten 3 Monate vor Beginn der Schwangerschaft.
Mutterschaftsgeld	• Ab Beginn der Schutzfrist (6 Wochen vor der mutmaßlichen Entbindung) wird Mutterschaftsgeld bei Arbeitnehmerinnen in Höhe von 13,00 € je Tag (Monat = 30 Tage) gezahlt; ist der kalender-mäßige Nettoverdienst höher als 13,00 € je Tag, so muss der Arbeitgeber den Unterschiedsbetrag zahlen. • Mutterschaftsgeld ist einkommensteuerfrei *(§ 3 Abs. 1 d EStG)*, allerdings unterliegen die Bezüge dem Progressionsvorbehalt *(§§ 13, 14 MuSchG)*.
Urlaubsanspruch	• Mutterschutzfristen und Zeiten mit Beschäftigungsverbot für schwangere Frauen und Mütter sind bei der Berechnung des Jahresurlaubes wie Beschäftigungszeiten zu berücksichtigen *(§ 17 MuSchG)*. • Ein Resturlaub kann auf das Jahr, in dem die Mutterschaftsfrist endet, oder auf das nächstfolgende Urlaubsjahr übertragen werden.
Kündigung	• Die Kündigung einer Arbeitnehmerin ist während der Schwangerschaft und bis zu 4 Monate nach der Entbindung unzulässig, wenn dem Arbeitgeber die Schwangerschaft oder Entbindung bekannt war oder innerhalb von 2 Wochen nach Kündigung mitgeteilt wird *(§ 9 Abs. 1 S. 1 MuSchG)*. • Einer werdenden Mutter kann in dem Zeitraum von 280 Tagen vor dem ärztlich festgestellten voraussichtlichen Geburtstermin nicht gekündigt werden *(BAG vom 07.05.1998)*. • Eine Kündigung während der Elternzeit ist unzulässig *(§ 18 BEEG)*. • Ausnahmsweise kann aus besonderen Gründen, die nicht anlässlich der Schwangerschaft oder der Entbindung entstanden sind, gekündigt werden *(§ 9 MuSchG, § 18 BEEG)*. • Zum Ende der Elternzeit kann die Arbeitnehmerin das Arbeitsverhältnis nur unter Einhaltung einer Kündigungsfrist von 3 Monaten kündigen *(§ 19 BEEG)*.

2.1.4 Elterngeld, Elternzeit, Kinderbetreuungskosten und Betreuungsgeld

Im Rahmen der Förderung von Familien werden neben dem Kindergeld gewährt:
- Elternzeit
- Elterngeld[1]
- Kinderbetreuungskosten
- Betreuungsgeld (in Bayern)

Elternzeit

Elternzeit ist ein Zeitraum unbezahlter Freistellung von der Arbeit nach der Geburt eines Kindes. Hierauf haben einen Rechtsanspruch
- die Eltern, wenn sie mit ihrem Kind
- die Großeltern, wenn sie mit dem Enkelkind

in einem Haushalt leben und das Kind selbst betreuen und erziehen *(§ 15 Abs. 1a BEEG).*
Ein Anspruch auf Elternzeit besteht bis zur Vollendung des dritten Lebensjahres des Kindes. Ein Anteil von bis zu zwölf Monaten ist auf die Zeit bis zur Vollendung des achten Lebensjahres des Kindes übertragbar, wenn dem keine zwingenden dienstlichen Gründe entgegenstehen. Die Elternzeit steht beiden Elternteilen ganz oder teilweise jeweils alleine oder gemeinsam zu. Die Elternzeit soll sieben Wochen vor Beginn schriftlich beim Arbeitgeber beantragt werden. Während der Elternzeit ist das Arbeitsverhältnis unkündbar. Gesetzlich Krankenversicherte bleiben während der Elternzeit Mitglieder der gesetzlichen Kranken- und Pflegeversicherung. In der Rentenversicherung werden für jedes Kind bei dem Elternteil, bei dem das Kind erzogen wird, die ersten 36 Monate nach Ablauf des Monats der Geburt des Kindes als rentenbegründende und rentensteigernde Versicherungszeiten angerechnet.

Elterngeld
Anspruch auf Elterngeld haben nach *§ 1 Abs. 1 BEEG* Mütter und Väter, die
- ihre Kinder nach der Geburt selbst betreuen und erziehen,
- keine oder keine volle Erwerbstätigkeit (nicht mehr als 30 Stunden in der Woche) ausüben,
- mit ihren Kindern in einem Haushalt leben und
- einen Wohnsitz oder ihren gewöhnlichen Aufenthalt in Deutschland haben.

---
[1] *www.familien-wegweiser.de/Elterngeldrechner, (§ 15 BEEG)*

Antrag	Das Elterngeld ist schriftlich bei der zuständigen Elterngeldstelle zu beantragen *(§ 7 BEEG)*.
Höhe des Elterngeldes	• Die Höhe des Elterngeldes richtet sich nach der Höhe des monatlich verfügbaren Nettoeinkommens, welches der betreuende Elternteil vor der Geburt des Kindes hatte und welches nach der Geburt wegfällt. Es soll das entfallende Einkommen mit einer Ersatzrate ausgleichen, die nach der Höhe des Einkommens vor der Geburt des Kindes gestaffelt ist. Das entfallende Einkommen wird bei einem maßgeblichen Nettoeinkommen vor der Geburt von 1 240,00 € und mehr zu 65 %, von 1 220,00 € zu 66 %, zwischen 1 000,00 € und 1 200,00 € zu 67 % ersetzt *(§ 2 BEEG)*. • Das Elterngeld beträgt mindestens 300,00 € und höchstens 1 800,00 € *(§ 2 Abs. 3 BEEG)*. • Elterngeld wird als Einkommen auf das Arbeitslosengeld II, auf Sozialhilfe nach dem SGB XII sowie auf den Kinderzuschlag angerechnet, d. h., es entfällt für Empfänger von Sozialhilfeleistungen und Hartz-IV-Bezieher, weil diese kein Erwerbseinkommen erzielen. Aufgrund des Elterngeldfreibetrages von 300,00 € bleibt das Elterngeld bis zu diesem Betrag anrechnungsfrei *(§ 10 Abs. 5 BEEG)*. • Arbeiten Mutter/Vater des neugeborenen Kindes *nach der Geburt* mehr als 30 Stunden in der Woche, wird kein Elterngeld gezahlt *(§ 1 Abs. 6 BEEG)*. • Das Elterngeld entfällt bei Verheirateten mit einem Einkommen von mehr als 500 000,00 € im Jahr, bei Ledigen mit einem Einkommen von mehr als 250 000,00 € im Jahr *(§ 1 Abs. 8 BEEG)*.
Geschwister-bonus	Lebt die berechtigte Person in einem Haushalt mit zwei Kindern, die noch nicht 3 Jahre alt sind, oder drei und mehr Kindern, die noch nicht 6 Jahre alt sind, wird das Elterngeld um 10 %, mindestens jedoch um 75,00 € erhöht. (Geschwisterbonus *§ 2 a Abs. 1 BEEG*).
Anrechnung	Das Mutterschaftsgeld einschließlich des Arbeitgeberzuschusses nach der Geburt wird auf das Elterngeld voll angerechnet *(§ 3 Abs. 1 BEEG)*.
Dauer der Zahlungen	Elterngeld wird als steuerfreier und sozialversicherungsfreier Lohnersatz für 12 Monate gezahlt, zuzüglich zwei „Vätermonate", wenn die Mutter für diesen Zeitraum an ihren Arbeitsplatz zurückkehrt. Alleinerziehende erhalten das Elterngeld für max. 14 Monate. Elterngeld kann in der Zeit vom Tag der Geburt bis zur Vollendung des 14. Lebensmonats des Kindes bezogen werden *(§ 4 BEEG)*. Während der Gesamtdauer der Elternzeit besteht • das Arbeitsverhältnis fort *(§ 18 BEEG)* und • Kündigungsschutz *(§ 19 BEEG)*.
Wahlrecht	• Die Bezugsdauer von Elterngeld kann einmalig geändert werden. • Der Bezugszeitraum kann zwischen den Eltern aufgeteilt werden.
Einkommensteuer, Sozialversiche-rung	• Das Elterngeld ist zunächst einkommensteuerfrei, unterliegt aber bei weiteren Bezügen dem steuerlichen Progressionsvorbehalt. • Vom Elterngeld werden keine Sozialversicherungsbeiträge erhoben.

Ab 01.07.2015 verdoppelt sich mit dem **Elterngeld-Plus** die Bezugsdauer (ein Elterngeldmonat wird zu zwei Elterngeld-Plus-Monaten), wenn die Eltern in der Elternzeit wieder Teilzeit arbeiten wollen. Zusätzlich wird ein Partnerschaftsbonus für vier Elterngeld-Plus-Monate gewährt, wenn Vater und Mutter sich die Betreuung ihres Kindes teilen und parallel für mindestens vier Monate zwischen 25 und 30 Wochenstunden arbeiten.

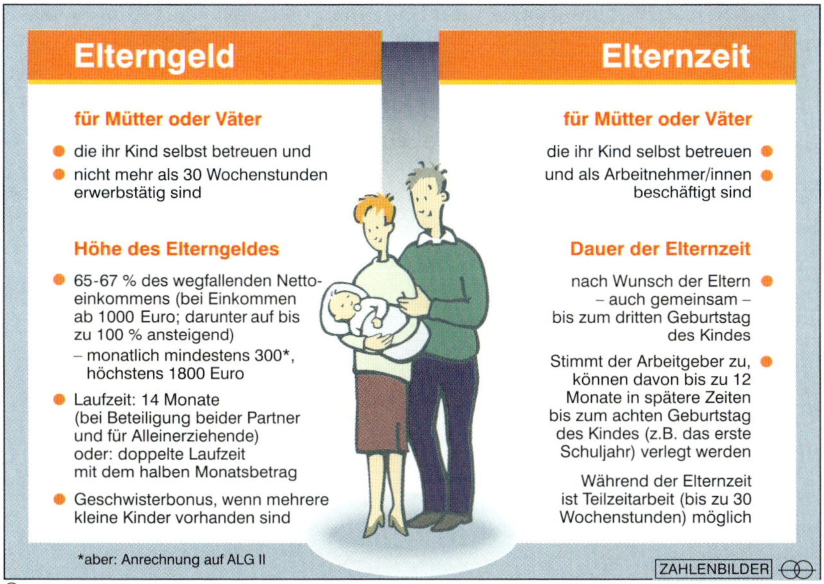
Elterngeld
für Mütter oder Väter
die ihr Kind selbst betreuen und
nicht mehr als 30 Wochenstunden erwerbstätig sind
Höhe des Elterngeldes
65-67 % des wegfallenden Nettoeinkommens (bei Einkommen ab 1000 Euro; darunter auf bis zu 100 % ansteigend)
– monatlich mindestens 300*, höchstens 1800 Euro
Laufzeit: 14 Monate (bei Beteiligung beider Partner und für Alleinerziehende) oder: doppelte Laufzeit mit dem halben Monatsbetrag
Geschwisterbonus, wenn mehrere kleine Kinder vorhanden sind
*aber: Anrechnung auf ALG II
Elternzeit
für Mütter oder Väter
die ihr Kind selbst betreuen
und als Arbeitnehmer/innen beschäftigt sind
Dauer der Elternzeit
nach Wunsch der Eltern – auch gemeinsam – bis zum dritten Geburtstag des Kindes
Stimmt der Arbeitgeber zu, können davon bis zu 12 Monate in spätere Zeiten bis zum achten Geburtstag des Kindes (z.B. das erste Schuljahr) verlegt werden
Während der Elternzeit ist Teilzeitarbeit (bis zu 30 Wochenstunden) möglich
ZAHLENBILDER
 141 214

■ Kinderbetreuungskosten

Kinderbetreuungskosten sind Aufwendungen für Dienstleistungen, die Alleinerziehende oder berufstätige (angestellte und selbstständige) Eltern für die Betreuung ihres zum Haushalt gehörenden Kindes bezahlen.
Für die steuerliche Anerkennung gilt bei

- Kindern, die das 14. Lebensjahr noch nicht vollendet haben, und
- Kindern, die wegen einer vor Vollendung des 25. Lebensjahres eingetretenen körperlichen oder seelischen Behinderung außerstande sind, sich selbst zu unterhalten:

2/3 der Kinderbetreuungskosten, höchstens 4 000,00 € pro Kind und Jahr, können als Sonderausgaben vom Gesamtbetrag der Einkünfte abgezogen werden (*§ 10 Abs. 1 Nr. 5 EStG*).

Beispiel:

Kinderbetreuungskosten sind

- *die Unterbringung in Kindergärten, Kindertagesstätten, Kinderhorten und Kinderkrippen sowie bei Tagesmüttern,*
- *die Beschäftigung von Kinderpflegerinnen und Erzieherinnen, die Beschäftigung von Hilfen im Haushalt, soweit sie ein Kind betreuen,*
- *die Beaufsichtigung des Kindes bei der Erledigung seiner häuslichen Schulaufgaben.*

Kinderbetreuungskosten werden steuerlich anerkannt, wenn sie auf Verlangen der Finanzbehörden nachgewiesen werden durch Vorlage einer Rechnung oder Nachweis der Überweisung an den Erbringer der Betreuungsleistung.

2.1.5 Freiwillige Wehrdienstleistende

Arbeitnehmer, die freiwillig Wehrdienst leisten, sind während der freiwilligen **Wehrdienstzeit**, d. h. von der Zustellung des Bescheids bis zur Beendigung des Wehrdienstes, nicht kündbar *(§§ 2; 16 VII ArbPlSchG)*. Davon ausgenommen sind die fristlose Kündigung aus wichtigem Grund und die Kleinbetriebe mit weniger als sechs Arbeitnehmern (ohne Auszubildende). Diese können eine ordentliche Kündigung aussprechen, da für sie die freiwillige Wehrdienstzeit des Arbeitnehmers einen wichtigen Grund zur Kündigung darstellt.

2.1.6 Schwerbehinderte

Schwerbehinderte bedürfen eines **besonderen Schutzes im Arbeitsleben**, weil sie sich in der Regel nicht wie Gesunde im Wettbewerb um einen Arbeitsplatz behaupten können. Insoweit setzt das *SGB IX* das ausdrückliche **Diskriminierungsverbot** des Grundgesetzes um.

SCHWERBEHINDERTE
Personen mit wenigstens 50%iger Behinderung sowie die ihnen gleichgestellten Personen
Umfang der Beschäftigungspflicht
• Verpflichtung aller öffentlichen und privaten Arbeitgeber ab 20 Arbeitnehmern zur Einstellung einer Mindestzahl von Behinderten
• bei Verstoß: abnehmend gestaffelte monatliche Ausgleichszahlung je nicht besetzter Stelle
Kündigungsschutz
Kündigung durch Arbeitgeber nur mit Zustimmung des Integrationsamtes
Fürsorge/Förderung
• behindertengerechte Arbeitsplätze
• Zusatzurlaub 5 Tage/Jahr
• bevorzugte Berücksichtigung bei innerbetrieblichen Bildungsmaßnahmen

2.2 Technischer Arbeitsschutz

2.2.1 Unfallschutz

In Betrieben erfolgt der Unfallschutz im Rahmen des Arbeitsschutzes durch die gesetzlich vorgesehenen Sicherheitsbeauftragten und -ingenieure, ferner im Rahmen der gesetzlichen Unfallversicherung[1] durch die technischen Aufsichtsbehörden der Berufsgenossenschaften *(z. B. Berufsgenossenschaft für Fahrzeughaltungen)* und durch die Beauftragten der Gewerbeaufsichtsämter bzw. des Staatlichen Amtes für Arbeitsschutz oder des Staatlichen Umweltamtes.

[1] *Vgl. zur gesetzlichen Unfallversicherung Seite 136 ff.*

Satzung der Berufsgenossenschaft für Fahrzeughaltungen

Die Vertreterversammlung der Berufsgenossenschaft für Fahrzeughaltungen hat aufgrund des § 34 Abs. 1 Satz 1 Sozialgesetzbuch (IV. Buch) die folgende Satzung beschlossen:

Abschnitt I
Name, Sitz, Rechtsstellung, Aufgabe, Zuständigkeit, Bezirksverwaltungen

§ 1
Name, Sitz, Rechtsstellung

(1) Die Berufsgenossenschaft führt den Namen Berufsgenossenschaft für Fahrzeughaltungen und hat ihren Sitz in Hamburg.

(2) Sie ist eine bundesunmittelbare Körperschaft des öffentlichen Rechts mit Selbstverwaltung; sie ist befugt, den Bundesadler im Dienstsiegel zu führen.

§ 2
Aufgaben

(1) Die Berufsgenossenschaft ist Träger der gesetzlichen Unfallversicherung.

(2) Aufgabe der Berufsgenossenschaft ist es,

1. mit allen geeigneten Mitteln Arbeitsunfälle und Berufskrankheiten sowie arbeitsbedingte Gesundheitsgefahren zu verhüten,
2. nach Eintritt von Arbeitsunfällen oder Berufskrankheiten die Gesundheit und die Leistungsfähigkeit der Versicherten mit allen geeigneten Mitteln, insbesondere durch die Wiederherstellung der Erwerbsfähigkeit und berufsfördernde Leistungen zur Rehabilitation, wiederherzustellen und sie oder ihre Hinterbliebenen durch Geldleistungen zu entschädigen.

§ 3
Sachliche Zuständigkeit

(1) Die Berufsgenossenschaft ist sachlich zuständig für Unternehmen folgender Gewerbezweige:

1. das gesamte straßengebundene Verkehrsgewerbe mit seinen Einrichtungen,
2. den Flugverkehr mit seinen Einrichtungen

und die jeweils artverwandten Unternehmen.

...

Unfallverhütungsvorschriften

Unfallverhütungsvorschriften sind Mindestnormen für eine unfallsichere Einrichtung der Betriebe und Betriebsanlagen sowie ein unfallsicheres Verhalten. Die Berufsgenossenschaften erlassen genehmigungspflichtige Unfallverhütungsvorschriften

- zu Maßnahmen der Unternehmer und dem Verhalten der Versicherten zur Verhütung von Arbeitsunfällen und
- zur ärztlichen Untersuchung besonders gefährdeter Arbeitnehmer.

Bei allen Unfallverhütungsmaßnahmen ist der Betriebsrat mitbestimmungsberechtigt. Er kann über die gesetzlichen Vorschriften hinausgehende Betriebsvereinbarungen abschließen und ist verpflichtet, sich für die Durchsetzung der Unfallverhütungsvorschriften einzusetzen *(§§ 87–89 BetrVG)*.

Unfallverhütungsvorschriften (Auszug)

...

§ 14 Die Versicherten haben alle der Arbeitssicherheit dienenden Maßnahmen zu unterstützen. Sie sind verpflichtet, Weisungen des Unternehmers zum Zwecke der Unfallverhütung zu befolgen, es sei denn, es handelt sich um Weisungen, die offensichtlich unbegründet sind. Sie haben die zur Verfügung gestellten persönlichen Schutzausrüstungen zu benutzen. Die Versicherten dürfen sicherheitswidrige Weisungen nicht befolgen.

§ 15 Die Versicherten dürfen Einrichtungen nur zu dem Zweck verwenden, der vom Unternehmer bestimmt oder üblich ist.

§ 16 (1) Stellt ein Versicherter fest, dass eine Einrichtung sicherheitstechnisch nicht einwandfrei ist, so hat er diesen Mangel unverzüglich zu beseitigen. Gehört dies nicht zu seiner Arbeitsaufgabe oder verfügt er nicht über Sachkunde, so hat er den Mangel dem Vorgesetzten zu melden.

...

2.2.2 Sicherheits- und Gesundheitsschutzkennzeichnung

Auf Gefahren und Risiken, die trotz sicherheitstechnischer (GS-Zeichen = geprüfte Sicherheit) oder sicherheitsorganisatorischer Maßnahmen *(z. B. Tragen von Sicherheitsschuhen)* verbleiben, ist am Arbeitsplatz durch auffällige Sicherheitskennzeichnung hinzuweisen.

Des Weiteren besteht die Kennzeichnungspflicht bei allgemeinen Sicherheitsrisiken auf dem Betriebsgelände und bei der Beförderung gefährlicher Güter zu Lande, zu Wasser und in der Luft.

Beispiele:

Verbotszeichen

Keine offene Flamme; Feuer, offene Zündquelle und Rauchen verboten

Warnzeichen

Warnung vor elektrischer Spannung

Gebotszeichen

Fußschutz benutzen

Rettungszeichen

Erste Hilfe

Richtungsangabe zu Erste-Hilfe-Einrichtungen, Rettungsweg/ Notausgang

Aufgaben

1. Jana Becker (17 Jahre) hat ihre Ausbildung zur Kauffrau für Spedition und Logistikdienstleistung begonnen. Ihre Berufsschultage sind Dienstag und Donnerstag. Gleich am ersten Tag in der Spedition wird sie mit den Arbeitsbedingungen vertraut gemacht. Ihre Arbeitszeit ist täglich (sofern sie nicht Berufsschulunterricht hat) von 07:30 bis 17:00 Uhr.

Gegen 09:00 Uhr hat sie eine Zehn-Minuten-Pause. Die Mittagspause wird um 14:00 Uhr eingelegt, da vorher ein hoher Arbeitsanfall zu verzeichnen ist. Dienstags beginnt der Berufsschulunterricht erst zur zweiten Stunde (um 09:00 Uhr). Daher soll Jana vorher bis 08:30 Uhr in der Spedition arbeiten. Sie kann dann noch rechtzeitig in der Schule sein. Einmal monatlich beginnt sie mittwochs später mit ihrer Arbeit, da sie bis 21:00 Uhr arbeiten soll. Da sie in der Berufsschule an beiden Tagen jeweils sechs Unterrichtsstunden hat, werden ihr diese wie Arbeitszeit bezahlt. Im Anschluss an den Berufsschulunterricht soll sie von 14:00 bis 17:00 Uhr im Betrieb arbeiten. Sie erhält während der Ausbildung einen Jahresurlaub von 22 Werktagen.
Klären Sie mithilfe des JArbSchG, ob die geschilderten Bedingungen rechtlich zulässig sind.

2. Monika Schultheiss, 26 Jahre, arbeitet im Lager eines Versandhauses, wo sie im Akkord Pakete packt. Anfang Februar erfährt sie von ihrem Arzt, dass sie schwanger ist.
Nehmen Sie zu den folgenden Punkten unabhängig voneinander Stellung.
   a) Welche Pflicht hat sie gegenüber ihrem Arbeitgeber nach dem Mutterschutzgesetz?
   b) Welche Rechte hat Monika vor bzw. nach der Entbindung gegenüber ihrem Arbeitgeber?
   c) Da ihr die Arbeit zu schwer wird und sie nicht dauernd stehen kann, möchte sie ab dem vierten Monat in der Betriebskantine arbeiten.
   d) Sie möchte auf eigenen Wunsch bis drei Wochen vor der Entbindung arbeiten.
   e) Vier Wochen nach der Geburt erhält sie die Kündigung. Begründung: Die Stelle kann nicht weiterhin freigehalten werden, da sonst zu viel Arbeit liegen bleibt.

3. Erläutern Sie anhand des Sozialgesetzbuches IX, warum Schutzbestimmungen für Schwerbehinderte wie ein Bumerang wirken können.

4. Erstellen Sie Folien in einem Präsentationsprogramm, anhand derer Sie den technischen Arbeitsschutz in Ihrem Ausbildungsbetrieb vorstellen.

3 Mitwirkung und Mitbestimmung der Arbeitnehmer

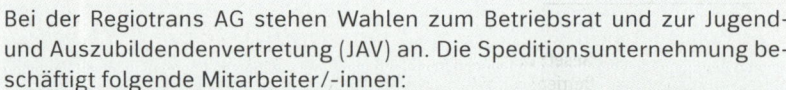

Einstiegssituation

Bei der Regiotrans AG stehen Wahlen zum Betriebsrat und zur Jugend- und Auszubildendenvertretung (JAV) an. Die Speditionsunternehmung beschäftigt folgende Mitarbeiter/-innen:

Auszubildende		Angestellte	
Alter	**Anzahl**	**Alter**	**Anzahl**
16 Jahre	5	17 Jahre	4
17 Jahre	4	18–24 Jahre	35
18 Jahre	10	ab 25 Jahre	190
19–20 Jahre	15		
25 Jahre	1		

Alle Arbeitnehmer gehören der Regiotrans AG mehr als sechs Monate an.

1. *Erläutern Sie die Begriffe „aktives“ und „passives Wahlrecht“.*
2. *Stellen Sie fest, wie viele Personen das aktive Wahlrecht*
   a) für den Betriebsrat,
   b) für die JAV
   besitzen.
3. *Stellen Sie fest, wie viele Personen das passive Wahlrecht*
   a) für den Betriebsrat,
   b) für die JAV
   besitzen.
4. *Stellen Sie fest, wie viele Mitglieder die JAV aufweisen muss.*
5. *In der nächsten Sitzung des Betriebsrates sollen u. a. folgende Tagesordnungspunkte behandelt werden:*
   a) Festlegung neuer Kernarbeitszeiten innerhalb der Gleitzeit
   b) Gestaltung eines Aufenthaltsraumes für die Belegschaft
   c) Gestaltung eines regelmäßigen „Azubi-Info-Nachmittags“
   Stellen Sie jeweils fest, ob ein Mitglied oder mehrere Mitglieder der JAV bei der Behandlung dieser Punkte teilnahme- bzw. stimmberechtigt ist/sind.

3.1 Gesetzliche Grundlagen

Die Forderung nach Mitwirkung und Mitbestimmung der Arbeitnehmer beruht auf der Erkenntnis, dass die Produktionsfaktoren Arbeit und Kapital für die Erstellung der betrieblichen Leistungen erforderlich sind. Daraus wird abgeleitet, dass neben den Eigentümern des Unternehmens auch die **Arbeitnehmer Anspruch auf Mitwirkung und Mitbestimmung** bei betrieblichen Entscheidungsprozessen haben.

Mitwirkung und Mitbestimmung der Arbeitnehmer		
auf der Ebene des Arbeitsplatzes Beteiligungsrechte durch den Arbeitnehmer	**auf der Ebene des Betriebes** Beteiligungsrechte durch den Betriebsrat	**auf der Ebene der Unternehmensleitung** Kontrolle durch Sitze im Aufsichtsrat bei Kapitalgesellschaften
Rechtsgrundlagen		
Gesetz über europäische Betriebsräte *(EBRG)* Betriebsverfassungsgesetz *(BetrVG)* von 1972 und 2001		Drittelbeteiligungsgesetz *(DrittelBG) von 2004* Mitbestimmungsgesetz *(MitbestG)* von 1976 Montan-Mitbestimmungsgesetz *(Montan-MitbestG)* von 1951

3.2 Beteiligungsrechte auf der Ebene des Arbeitsplatzes

Dem Arbeitnehmer stehen auf der Ebene des Arbeitsplatzes individuelle **Mitwirkungs- und Beschwerderechte** *(§§ 81–86 a BetrVG)* zu:

- auf Unterrichtung über Aufgaben (Tätigkeit, Verantwortung) seines Arbeitsbereiches
- auf Unterrichtung über Gesundheits- und Unfallgefahren an seinem Arbeitsplatz
- auf Anhörung, soweit er persönlich in betrieblichen Angelegenheiten betroffen ist
- auf Erörterung seiner Leistungsbeurteilung
- auf Einsicht in seine Personalakte
- zur Beschwerde wegen Benachteiligung durch Arbeitgeber oder Arbeitskollegen
- zum Vorschlag von Beratungsthemen an den Betriebsrat

3.3 Beteiligungsrechte auf der Ebene des Betriebes

Das Betriebsverfassungsgesetz regelt auf der Betriebsebene die Zusammenarbeit zwischen Arbeitgeber und Arbeitnehmern. Zum Zwecke des gerechten Interessenausgleichs kann in Unternehmen mit mindestens fünf wahlberechtigten und mindestens drei wählbaren Arbeitnehmern ein Betriebsrat mit einer Amtszeit von vier Jahren gewählt werden.
Der Betriebsrat ist geschlechterspezifisch im zahlenmäßigen Verhältnis der Belegschaft zu besetzen, wenn der Betriebsrat aus mehr als drei Personen besteht.
Auf einer ersten **Wahlversammlung** wird ein Wahlvorstand gewählt. Eine Woche später wird auf einer zweiten Wahlversammlung der Betriebsrat geheim und unmittelbar gewählt (zweistufiges Wahlverfahren). Wahlberechtigt sind alle volljährigen Arbeitnehmer, außerdem Leiharbeiter, die länger als drei Monate im Betrieb eingesetzt werden. Wählbar sind alle Wahlberechtigten mit einer Betriebszugehörigkeit von mindestens sechs Monaten.

Definition *Der Betriebsrat übt als gesetzliche Vertretungsmacht im Rahmen der betrieblichen Mitbestimmung für die Arbeitnehmer eines Betriebes Beteiligungsrechte aus.*

Stellung des Betriebsrates nach dem BetrVG

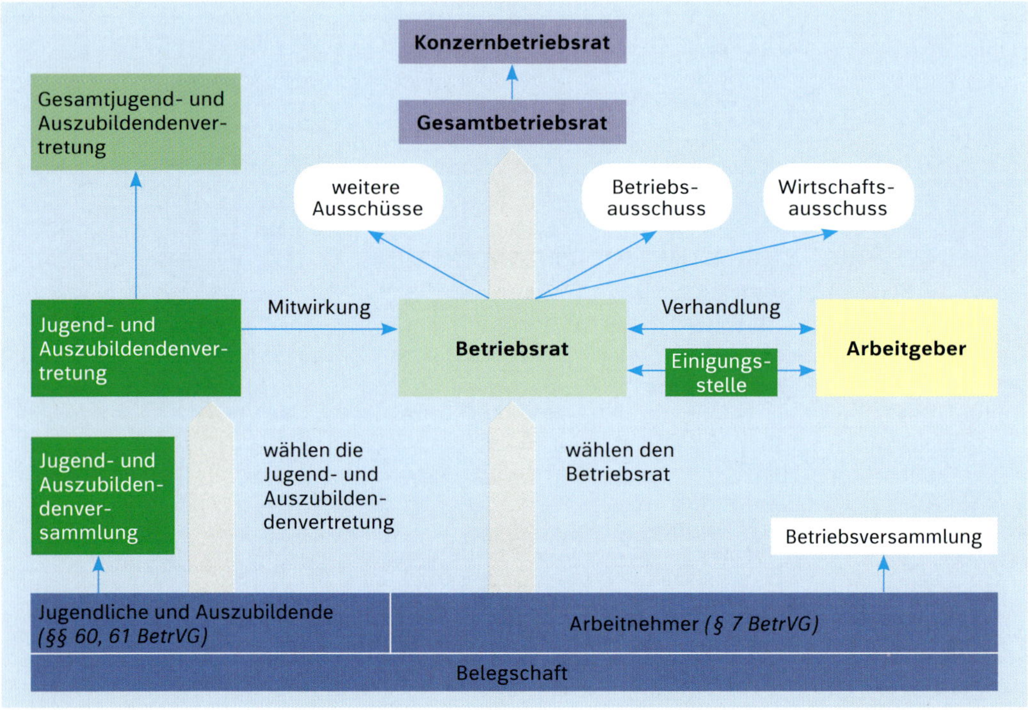
Konzernbetriebsrat
Gesamtbetriebsrat
Gesamtjugend- und Auszubildendenvertretung
weitere Ausschüsse
Betriebsausschuss
Wirtschaftsausschuss
Jugend- und Auszubildendenvertretung
Mitwirkung
Betriebsrat
Verhandlung
Einigungsstelle
Arbeitgeber
Jugend- und Auszubildendenversammlung
wählen die Jugend- und Auszubildendenvertretung
wählen den Betriebsrat
Betriebsversammlung
Jugendliche und Auszubildende (§§ 60, 61 BetrVG)
Arbeitnehmer (§ 7 BetrVG)
Belegschaft

Zusammensetzung des Betriebsrates		
Wahlberechtigte	**Betriebsratsmitglieder**	
5– 20	ein Betriebsobmann	Bei über 9 000 Wahlberechtigten kommen je angefangene 3 000 zwei Betriebsratsmitglieder hinzu. Der Betriebsrat bildet ab 9 Mitgliedern einen **Betriebsausschuss,** der die Geschäfte des Betriebsrates führt. Bei Betrieben mit mehr als 100 Arbeitnehmern können nach Maßgabe einer mit dem Arbeitgeber zu treffenden **Rahmenvereinbarung** Aufgaben auf **Arbeitsgruppen** übertragen werden.
21– 50	3 Mitglieder	
51– 100	5 Mitglieder	
101– 200	7 Mitglieder	
201– 400	9 Mitglieder	
401– 700	11 Mitglieder	
701–1 000	13 Mitglieder	
1 001–1 500	15 Mitglieder	
1 501–2 000	17 Mitglieder	
2 001–2 500	19 Mitglieder	
2 501–3 000	21 Mitglieder	
3 001–3 500	23 Mitglieder	
3 501–4 000	25 Mitglieder	
4 001–4 500	27 Mitglieder	
4 501–5 000	29 Mitglieder	
5 001–6 000	31 Mitglieder	
6 001–7 000	33 Mitglieder	
7 000–9 000	35 Mitglieder	

<table>
<tr><th colspan="5">Aufgaben des Betriebsrates</th></tr>
<tr><th>Sozialer Bereich</th><th colspan="2">Personeller Bereich</th><th colspan="2">Wirtschaftlicher Bereich</th></tr>
<tr><th rowspan="2">Mitbestimmung</th><th colspan="4">Mitwirkung</th></tr>
<tr><th colspan="2">Widerspruchsrecht</th><th>Beratungsrecht</th><th>Informationsrecht</th></tr>
<tr>
<td>• Soziale Angelegenheiten (§ 87 BetrVG)
– Betriebsordnung
– Urlaubsregelung
– Beginn und Ende der Arbeitszeit
– Zeit, Ort, Art der Entgeltzahlung
– Entlohnungsgrundsätze
– Akkord- u. Prämiensätze
– Vorschlagwesen
– Pausenregelung
– Soziale Einrichtungen, Kantine, Aufenthaltsraum, sanitäre Anlagen, Überstunden
• betriebliche Bildungsmaßnahmen (§ 98 BetrVG)
• Sozialplan bei Betriebsveränderung
• (§§ 112, 112 a BetrVG)
• betrieblicher Umweltschutz (§ 89 BetrVG)
• Fremdenfeindlichkeitsfragen (§ 99 Abs. 2 Nr. 6 BetrVG)</td>
<td colspan="2">• Personelle Einzelmaßnahmen (§ 99 BetrVG)
– Versetzung
– Ein- und Umgruppierungen
– Kurzarbeit
– Einstellungen (bei Betrieben mit mehr als 20 Arbeitnehmern)
• Kündigungen (§ 102 BetrVG)</td>
<td>• Arbeitsplatzgestaltung (§ 90 BetrVG)
– Baumaßnahmen
– technische Anlagen
– Arbeitsablauf, Arbeitsverfahren
• Personalplanung, Förderung betrieblicher Bildung (§ 92 ff. BetrVG)
• Wirtschaftsausschuss, Betriebsänderungen, Stillegung, Aufstellung eines Sozialplanes (§§ 106, 111–113 BetrVG)</td>
<td>• Einstellung leitender Angestellter (§ 105 BetrVG)
• Einsichtnahme in die Personalakte einzelner Mitarbeiter (§ 83 BetrVG)
• Wirtschaftliche Angelegenheiten (§ 106 BetrVG)
– wirtschaftliche und finanzielle Lage
– Produktions- und Absatzlage
– Einführung neuer Arbeits- und Rationalisierungsmethoden</td>
</tr>
<tr>
<td>wenn der Betriebsrat nicht zustimmt:</td>
<td>wenn der Betriebsrat nicht angehört wird:</td>
<td>der Betriebsrat muss angehört werden, aber wenn er widerspricht:</td>
<td>mit Beratung, aber ohne Zustimmung des Betriebsrates:</td>
<td>ohne Zustimmung des Betriebsrates:</td>
</tr>
<tr><th colspan="3">unwirksam</th><th colspan="2">wirksam</th></tr>
</table>

Zusammenarbeit

Betriebsversammlung
(§ 42 ff. BetrVG)

- Einberufung jedes Quartal mit Einladung an die Arbeitgeberseite
- Gewerkschaft und Arbeitgeberverband können beratend teilnehmen
- einmal jährlich Bericht des Arbeitgebers über die wirtschaftliche Lage des Unternehmens

Einigungsstelle
(§ 76 BetrVG)

- bei Bedarf oder auf Dauer eingerichtete Stelle mit einer vom Arbeitgeber und Betriebsrat bestellten gleichen Anzahl von Mitgliedern sowie einem unparteiischen Vorsitzenden zur Beilegung von Meinungsverschiedenheiten
- Die Möglichkeit einer Klage vor dem Arbeitsgericht bleibt unberührt.

Wirtschaftsausschuss
(§ 106 BetrVG)

- Beratung von wirtschaftlichen Angelegenheiten zwischen Ausschuss und Arbeitgeber mit anschließender Unterrichtung des Betriebsrates
- Besetzung bei mehr als 100 Beschäftigten mit drei, maximal sieben sachverständigen Personen, von denen mindestens eine Person Betriebsratsmitglied sein muss

Jugend- und Auszubildendenvertretung

Zusammensetzung

- **aktives Wahlrecht:**
  Wahl alle 2 Jahre zwischen dem 1. Okt. und 30. Nov. durch alle Jugendlichen, die das 18. Lebensjahr, und Auszubildenden, die das 25. Lebensjahr noch nicht vollendet haben.
- **passives Wahlrecht:**
  Wählbar sind alle Arbeitnehmer, die das 25. Lebensjahr noch nicht vollendet haben.
- **Besetzung**
  - hängt ab von Mitarbeiteranzahl dieser Personengruppe
  - mindestens ein Vertreter, höchstens 15 Vertreter

Mitwirkung

- Maßnahmen in Fragen der Berufsbildung und der Übernahme in ein Arbeitsverhältnis sowie der tatsächlichen Gleichstellung beim Betriebsrat
- Überwachung der Einhaltung der zum Schutz der Jugendlichen und Auszubildenden dienenden Gesetze
- Weiterleitung der von Jugendlichen und Auszubildenden gegebenen Anregungen
- Entsendung eines Jugend- und Auszubildendenvertreters zu Betriebsratssitzungen
- Teilnahme der gesamten JAV an Betriebsratssitzungen und Stimmrecht, wenn es um Angelegenheiten Jugendlicher und Auszubildender geht
- Abhaltung von Sprechstunden (Betriebsratsmitglied kann beratend teilnehmen)

Besonderer Schutz von Betriebsratsmitgliedern und Mitgliedern des Wahlvorstandes nach dem BetrVG:

- Unkündbarkeit bis einschließlich ein Jahr nach ihrer Tätigkeit als Betriebsratsmitglied oder als Mitglied des Wahlvorstands (nur außerordentlich kündbar mit Zustimmung des Betriebsrates oder des Arbeitsgerichts, *§ 15 KSchG*)
- Weiterzahlung des Arbeitsentgelts bei der Interessenvertretung
- Betriebsratskosten trägt der Arbeitgeber: *Wahlkosten (§ 20 Abs. 3 BetrVG), Kosten und Sachaufwand für Tätigkeit und Sprechstunden (§ 40 BetrVG), Kosten der Einigungsstelle (§ 76 a BetrVG)*

- Recht der Betriebsratsmitglieder auf dreiwöchigen bezahlten Bildungsurlaub
- Schutz vor Versetzung, wenn dies zum Verlust des Mandats oder der Wählbarkeit führen würde

Gesamtbetriebsrat

Bestehen in einem Unternehmen mehrere Betriebsräte, so ist ein Gesamtbetriebsrat zu errichten, in den jeder Betriebsrat mit bis zu drei Mitgliedern eines seiner Mitglieder entsendet. Jeder Betriebsrat mit mehr als drei Mitgliedern entsendet zwei seiner Mitglieder *(§ 47 BetrVG)*. Der Gesamtbetriebsrat ist zuständig für die Behandlung von Angelegenheiten, die das Gesamtunternehmen oder mehrere Betriebe betreffen. Seine Zuständigkeit erstreckt sich insoweit auch auf Betriebe ohne Betriebsrat *(§ 50 BetrVG)*.

Konzernbetriebsrat

In Konzernen kann durch Beschlüsse der einzelnen Gesamtbetriebsräte ein Konzernbetriebsrat gebildet werden *(§ 54 BetrVG)*. Er ist zuständig für die Behandlung von Angelegenheiten, die den Konzern oder mehrere Konzernunternehmen betreffen und die nicht durch die einzelnen Gesamtbetriebsräte innerhalb eines Unternehmens geregelt werden können *(§ 58 BetrVG)*.

Europäischer Betriebsrat

Nach dem Gesetz über europäische Betriebsräte *(EBRG)* sind in größeren gemeinschaftsweit tätigen Unternehmen mit Sitz in Deutschland europäische Betriebsräte zur Unterrichtung und Anhörung zu vereinbaren. Kommt es nicht zu einer Vereinbarung, wird ein europäischer Betriebsrat kraft Gesetzes errichtet. Die Unterrichtung und die Anhörung sollen grundsätzlich bei Planungen, Entscheidungen oder sonstigen wichtigen Maßnahmen erfolgen, wenn die Arbeitnehmer in mindestens zwei Mitgliedstaaten betroffen sind oder wenn diese Maßnahmen in einem Mitgliedstaat getroffen werden und sich in einem anderen Mitgliedstaat auswirken. Ein Unternehmen ist **gemeinschaftsweit** tätig, wenn es mindestens 1 000 Arbeitnehmer in den Mitgliedstaaten der europäischen Union und davon jeweils mindestens 150 Arbeitnehmer in mindestens zwei dieser Staaten beschäftigt *(§ 3 EBRG)*.

3.4 Beteiligungsrechte auf der Ebene der Unternehmensleitung

Die Arbeitnehmer haben nach dem Betriebsverfassungsgesetz **Mitbestimmungsrechte durch Beteiligung im Aufsichtsrat** (Unternehmensmitbestimmung). Die auch als **wirtschaftliche Mitbestimmung** bezeichnete Unternehmensmitbestimmung erfährt ihre Rechtfertigungsgründe in dem
- Schutz der Persönlichkeit der Mitarbeiter,
- Interessenausgleich zwischen „Arbeit" und „Kapital" und „der Kontrolle unternehmerischer Macht",
- Demokratisierungsprinzip im Unternehmensbereich.

Mitbestimmung nach dem Drittelbeteiligungsgesetz (frühere Bezeichnung BetrVG von 1972)

Nach dem *DrittelBG* wird der Einfluss der Arbeitnehmer neben der allgemeinen Mitbestimmung durch den Betriebsrat (bei Gesellschaften mit beschränkter Haftung mit mehr als 500 Arbeitnehmern) durch die Entsendung von Arbeitnehmern in den Aufsichtsrat von Kapitalgesellschaften allgemein geregelt. Wegen des Aufteilungsverhältnisses zwischen den Sitzen der Anteilseigner und der Arbeitnehmervertreter im Aufsichtsrat spricht man von einer **„Drittelparität“**.

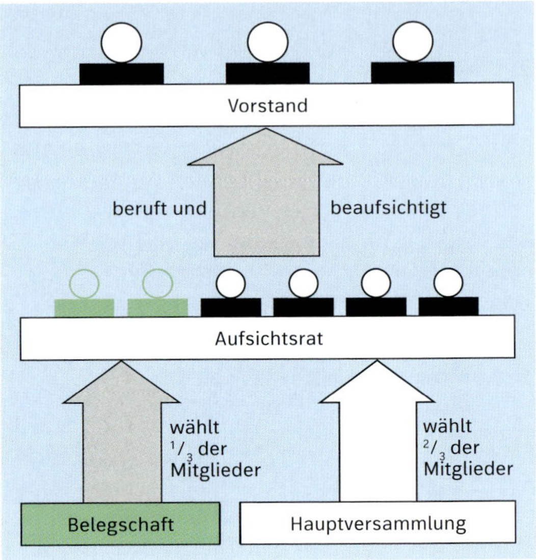
Vorstand
beruft und
beaufsichtigt
Aufsichtsrat
wählt
1/3 der
Mitglieder
wählt
2/3 der
Mitglieder
Belegschaft
Hauptversammlung

Mitbestimmung nach dem Mitbestimmungsgesetz von 1976

Nach dem *MitbestG* setzt sich der Aufsichtsrat in mitbestimmten Unternehmen (Kapitalgesellschaften mit mehr als 2000 Arbeitnehmern) **paritätisch** aus der gleichen Zahl von Mitgliedern der Anteilseigner und der Arbeitnehmer zusammen.

Es herrscht trotzdem kein **völliger Kräfteausgleich**, weil
- die Stimme des Aufsichtsratsvorsitzenden bei Abstimmungen mit Stimmengleichheit nach dem zweiten Wahlgang den Ausschlag gibt,
- den Arbeitnehmervertretern zwingend ein leitender Angestellter angehören muss (sachliche Nähe seines Tätigkeitsbereiches zur Unternehmensleitung),
- die Anteilseigner auch gegen den Willen der Arbeitnehmer den Aufsichtsratsvorsitzenden bestimmen können.

Mitbestimmung nach dem Montan-Mitbestimmungsgesetz von 1951

Die Montan-Mitbestimmung für Unternehmen des Bergbaus sowie der Eisen und Stahl verarbeitenden Industrie lässt sich als **gleichgewichtige Mitbestimmung** bezeichnen. Der Aufsichtsrat ist **paritätisch** besetzt.
Die Anteilseigner können ihre Ziele im Gegensatz zum *MitbestG* nicht ohne die Zustimmung mindestens eines Teils der Gegenseite oder des **„neutralen Mannes“** durchsetzen. Das Gleiche gilt für die Zielsetzung der Arbeitnehmerseite. Ein **Kräftegleichgewicht** ist vollzogen.

Der neutrale Mann wird auf Vorschlag der übrigen Aufsichtsratsmitglieder mit Mehrheit aller Aufsichtsratsvertreter gewählt; es bedarf jedoch der Zustimmung von mindestens je drei Arbeitnehmer- und Anteilseignervertretern.

Mitbestimmung in deutschen Unternehmen:
Wer sitzt im Aufsichtsrat?
Montan-Mitbestimmung (paritätische Mitbestimmung)
in Unternehmen im Bergbau und in der Eisen- und Stahlindustrie
mit mehr als 1 000 Beschäftigten
nach dem Montan-Mitbestimmungsgesetz von 1951
Arbeitnehmerseite
2 Betriebsangehörige
2 Gewerkschaftsvertreter
1 weiteres Mitglied
Neutral
11. Mitglied
von beiden Seiten gewählt,
in Pattsituationen ausschlaggebend!
Kapitalseite
4 Vertreter der Anteilseigner
1 weiteres Mitglied
Mitbestimmung in großen Kapitalgesellschaften
mit über 2 000 Mitarbeitern (hier: bis 10 000 Mitarbeiter)
nach dem Mitbestimmungsgesetz von 1976
Arbeitnehmerseite
4 Betriebsangehörige
(darunter 1 leitender Angestellter)
2 Gewerkschaftsvertreter
2. Stimme des Aufsichtsrats-vorsitzenden,
in Pattsituationen ausschlaggebend!
Kapitalseite
6 Vertreter der Anteilseigner
(darunter 1 Aufsichtsrats-vorsitzender mit zusätzlicher
2. Stimme in Pattsituationen)
Stand 2014
© Globus 6671
Quelle: Hans-Böckler-Stiftung

Kosten der Mitbestimmung

Als größte Einzelposten in Unternehmen sind die Ausgaben für die Tätigkeit des Betriebsrates und für die Durchführung von Sozialplänen zu vermerken.

Betriebsrat größter Einzelposten

Die gesetzliche Mitbestimmung in den Unternehmen hat ihren Preis: Nach Berechnungen des Instituts der deutschen Wirtschaft (iw) entstanden im Zeitraum eines Jahres den Unternehmen rund 20 Mrd. € Kosten. Im Jahr 2004 entstanden den Unternehmen durch die Umsetzung des Betriebsverfassungsgesetzes bereits jährlich nachfolgend aufgelistete Aufwendungen je Mitarbeiter in Euro:

	Insgesamt	650
für	Betriebsrattätigkeit darunter: vollständige Freistellung von der Arbeit	187
	Betriebsversammlung	147
	Einigungsstelle	60
	Gesamtbetriebsrat	25
	Betriebsratswahl	19
	Betriebsräteversammlung	12
	Wirtschaftsausschuss	12
	Jugend- und Auszubildendenvertretung	10
	Konzernbetriebsrat	8

Quelle: IW Köln 2004, Befragung von 338 Unternehmen

Aufgaben

1. Anika Sell ist sauer! Schon wieder Stau auf dem Kölner Autobahnring und jetzt macht auch noch ihre Ausbilderin Frau Nowak Stress, weil Anika schon zum dritten Mal in diesem Monat zu spät im Betrieb erscheint: „Das gibt eine Eintragung in Ihre Personalakte, und wenn Sie nicht aufpassen, ist Ihre Lehrstelle in Gefahr!" In der Mittagspause klagt Anika ihrem Kollegen Hans Weyer ihr Leid: „Ich möchte ja bloß mal wissen, was die Nowak sonst noch alles in meine Personalakte geschrieben hat!" – „Dann sieh doch nach", rät ihr Hans.

a) Warum darf man Anika die Einsicht in ihre Personalakte nicht verweigern?
b) Welche Mitwirkungs- und Beschwerderechte stehen Arbeitnehmern gemäß §§ 81–85 BetrVG außerdem zu?

2. Sie arbeiten für die Schubert & Müller Kurier GmbH. Dort sind zurzeit fünf Auszubildende tätig, davon ein Auszubildender im Alter von 17 Jahren, die übrigen zwischen 18 und 20 Jahren. Von den 30 weiteren Arbeitnehmern sind sechs teilzeitbeschäftigt und vier sind zwischen 18 und 25 Jahre alt. Alle Mitarbeiter sind mindestens seit Juli letzten Jahres im Unternehmen tätig.

a) Klären Sie die Möglichkeit der Betriebsratsgründung.
b) Welche Mitarbeiter sind zur Wahl eines Betriebsrates berechtigt und welche Mitarbeiter können Mitglied des Betriebsrates werden?
c) Wie muss sich dieser Betriebsrat zusammensetzen?
d) Inwieweit genießen die Mitglieder des Betriebsrates besonderen Schutz, sodass sie Ihre Interessen wirksamer vertreten können?
e) In welchen Angelegenheiten unterstützt Sie der Betriebsrat?
f) Mit welchen anderen Gremien arbeitet der Betriebsrat zusammen?
g) Über welches Gremium wird der Informationsfluss zur Belegschaft gewährleistet?
h) Ist es ebenfalls möglich, in der Schubert & Müller Kurier GmbH eine Jugend- und Auszubildendenvertretung (JAV) zu bilden?
i) Welche Personen sind hier wahlberechtigt bzw. können gewählt werden?
j) Genießen auch diese Mitarbeiter einen besonderen Schutz?
k) Welche Aufgaben hat die JAV?

3. Ergänzen Sie Ihre Lernkarte um fünf Karteikarten mit den Überschriften:

- „Beteiligungsrechte auf der Ebene des Arbeitsplatzes"
- „Wahl, Zusammensetzung und besonderer Schutz des Betriebsrates"
- „Wahl, Zusammensetzung, besonderer Schutz und Aufgaben der JAV"
- „Mitwirkungs- und Mitbestimmungsrechte des Betriebsrates"
- „Modelle zur Mitbestimmung auf Unternehmensebene"

Im Speditionsbetrieb mitarbeiten 2

1 Grundlagen der Organisation

Einstiegssituation

Als Mitarbeiter der International Express GmbH sind Sie in der Abteilung Organisation beschäftigt. Frau Schubert, die Geschäftsführerin, hat zu einer Besprechung eingeladen. Einziger Tagesordnungspunkt ist die Organisationsstruktur Ihres Unternehmens.

Frau Schubert teilt Folgendes mit:
„In der letzten Zeit sind verschiedene Mitarbeiter an mich herangetreten, die mich auf folgende organisatorische Probleme innerhalb unseres Unternehmens aufmerksam gemacht haben:

1. Im Bereich **Fuhrpark** kommt es zu Unstimmigkeiten zwischen Herrn Klinkhard und Frau Tietge. Tourenpläne werden unabhängig voneinander aufgestellt, sodass z. B. günstige Konditionen mit Frachtführern nicht als Rahmenverträge ausgehandelt werden. Zudem finden viele Fahrten als Leerfahrten statt.
2. Im Bereich **Auslandsverkehr** treten weitere Probleme auf. Die notwendigen Kenntnisse, die die Sachbearbeiter im osteuropäischen Transportgeschäft haben müssen, sind sehr umfangreich geworden. Der Abteilungsleiter, Herr Hanke, hat in der letzten Zeit auf gravierende Fachkenntnislücken aufmerksam gemacht, die zu Fehlentscheidungen und nicht ordnungsgemäßen Frachtunterlagen geführt haben.
3. Im Bereich **Luftfracht** sind die Sachbearbeiter verunsichert, da sie des Öfteren von den Regionalstandorten Hamburg und Berlin unterschiedliche Vorgaben erhalten.

Aufgrund der Expansion unseres Unternehmens ist auch mein Aufgabenbereich sehr umfangreich geworden. Oftmals muss ich Entscheidungen ohne ausreichende Vorbereitung und unter Zeitdruck treffen. Das trifft vor allem für folgende Bereiche zu:

4. Im Rahmen der **Umweltpolitik** sind die rechtlichen Rahmenbedingungen kaum überschaubar.

5. Im Zuge der Marktorientierung müssen wir umgehend auf die von den Kunden stärker geforderten **Qualitätssicherungssysteme** (Zeitmanagement, Gefahrgut) reagieren.

Ein letzter Punkt, den ich anbringen möchte, betrifft den Wettbewerbsdruck, dem wir ausgesetzt sind:

6. Permanenter Wettbewerbsdruck bedeutet auch für uns, Kosten senken zu müssen, um auf dem Markt zu überleben. Eine schlanke **Organisationsstruktur** (Abbau von Hierarchien) und erhöhte Auslastung der Kapazitäten führten zur Senkung von Personalkosten und Transportkosten."

Nachdem Frau Schubert ihren Vortrag beendet hat, folgt eine lebhafte Diskussion. Als Mitarbeiter der Abteilung Organisation erhalten Sie den Auftrag, innerhalb Ihres Teams umgehend einen Lösungsvorschlag für eine Veränderung der Organisationsstruktur zu erarbeiten.

1. *Bevor Sie den von Frau Schubert erteilten Arbeitsauftrag bearbeiten, ist es notwendig, dass Sie sich über die Möglichkeiten des Aufbaus von Organisationssystemen informieren. Halten Sie die wichtigsten Ergebnisse in einer Checkliste fest.*
2. *Erarbeiten Sie auf der Grundlage Ihrer gewonnenen Informationen ein Organigramm, das die beschriebenen Probleme berücksichtigt, und setzen Sie die Ergebnisse mit PowerPoint in ein präsentationsfähiges Dokument um.*
3. *Bereiten Sie sich darauf vor, Erläuterungen und Begründungen für die von Ihnen vorgeschlagene Organisationsstruktur zu geben.*

1.1 Organisationsbegriff

Wenn zwei oder mehrere Personen gemeinsam an einer Aufgabe arbeiten, bedarf es festgelegter Regeln, um die Zusammenarbeit und das Zusammenwirken im Hinblick auf die Aufgabenführung zu sichern.

Definition

Organisation *ist die planmäßige räumliche und zeitliche Zuordnung von Aufgabenträgern (Menschen und Sachmittel) zur bestmöglichen Erreichung der gesetzten Ziele.*

- Im Rahmen der **Aufbauorganisation** werden Aufgaben und Kompetenzen auf einzelne Mitarbeiter verteilt und diese in ein Beziehungsgefüge von Stellen und Abteilungen eingeordnet. Die Aufbauorganisation stellt den „Betrieb in Bereitschaft" dar.
- Im Rahmen der **Ablauforganisation** werden die sich innerhalb des Betriebes vollziehenden Arbeitsprozesse hinsichtlich ihres funktionalen, zeitlichen und räumlichen Ablaufs geregelt. Die Ablauforganisation stellt den „Betrieb in Aktion" dar.

1.2 Verfahren der Aufbauorganisation

1.2.1 Aufgabenanalyse

Am Beginn jeglicher organisatorischer Tätigkeit steht eine sorgfältige **Aufgabenanalyse**, d.h. eine Zerlegung der Gesamtaufgabe in ihre Teilaufgaben.

Die Gesamtaufgabe eines Speditionsbetriebes lässt sich nach verschiedenen Kriterien untergliedern. Das Ausmaß der Gliederungstiefe hängt von der Größe der Spedition und dem Grad der Arbeitsteilung ab.
Dieses Gliederungsprinzip findet hauptsächlich in größeren Speditionen Anwendung.

Aufgabengliederung nach der Art der zu erstellenden Leistungen

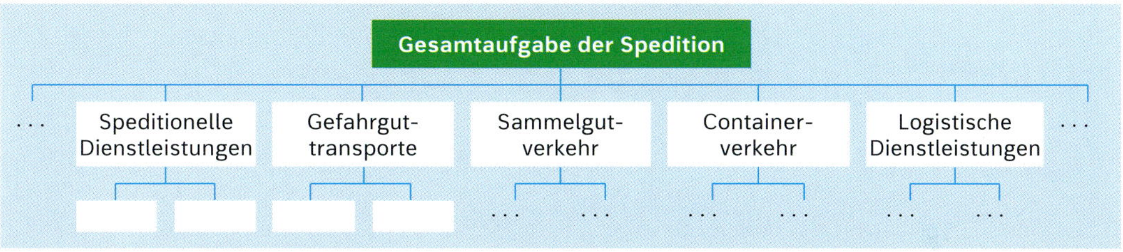
Gesamtaufgabe der Spedition
...
Speditionelle Dienstleistungen
Gefahrgut-transporte
Sammelgut-verkehr
Container-verkehr
Logistische Dienstleistungen
...

1.2.2 Aufgabensynthese

Nach der Analyse der Gesamtaufgabe werden die Teilaufgaben zu **Stellen** zusammengefasst.

Definition

Die Stelle ist die kleinste organisatorische Einheit innerhalb der Spedition. Sie enthält so viele Teilaufgaben, wie ein Mitarbeiter bei normaler Arbeitsleistung bewältigen kann.

Die notwendigen fachlichen und persönlichen Anforderungen und Qualifikationen lassen sich für jede Stelle in einer **Stellenbeschreibung** (siehe folgende Seite) festlegen.

Die Zusammenfassung von sachlich zusammengehörigen Stellen führt zur Bildung einer Abteilung. Dabei stellt jede Abteilung innerhalb des Speditionsbetriebes einen einheitlichen und von anderen Abteilungen deutlich abgegrenzten Aufgabenkomplex dar.
Stellen mit Entscheidungs- und Anordnungsbefugnis heißen **Instanzen**, sie nehmen Führungsaufgaben (Leiten und Kontrollieren) wahr.
Dabei ist die **Instanzentiefe** (Zahl der Stufen der Betriebshierarchie) von der **Instanzenbreite** (Zahl der Instanzen auf einer Stufe der Betriebshierarchie) zu unterscheiden.
Die Unterstellungsverhältnisse und die Aufgabenverteilung innerhalb der Spedition lassen sich mithilfe eines Schaubildes, einem Organigramm, darstellen.
Ein **Organigramm** zeigt die
- Stellengliederung und ihre Zusammenfassung zu Abteilungen,
- Rangordnung der Instanzen.

Stellenbeschreibung

☐ Angestellter ☐ Arbeiter	**Stellenbeschreibung**		Name/Datum
Abteilung/Betrieb		Rangstufe	
Tarifgruppe		Gehalt/Lohn	
Einzelvertrag			
Stellenbezeichnung			
Der Stelleninhaber wird vertreten von:			
Der Stelleninhaber vertritt:			
Der Stelleninhaber berichtet direkt an:			
Der Stelleninhaber erhält direkt Bericht von:			
Der Stelleninhaber arbeitet laufend zusammen mit:			
Direkter Vorgesetzter des Stelleninhabers:			
Untergebene Personen bzw. Abteilungen des Stelleninhabers:			
Die Stelle verlangt: 1. Schulausbildung			
2. Berufsausbildung			
3. Berufserfahrung			
4. Spezialkenntnisse			
5. Körperliche Eigenschaften			
Persönliche Eigenschaften z. B. äußere Erscheinung, Umgangsformen, Sprachgewandtheit, Intelligenz, Zielstrebigkeit, Belastbarkeit, Kontaktfähigkeit, Führungseigenschaften, Genauigkeit, Verantwortungsbewusstsein, Teamwork usw.			
Einarbeitungszeit			
Probezeit			
Der Arbeitsauftrag umfasst: (kurze Zusammenfassung des Aufgabengebietes, Aufzählung der Haupttätigkeiten)			

Beispiel

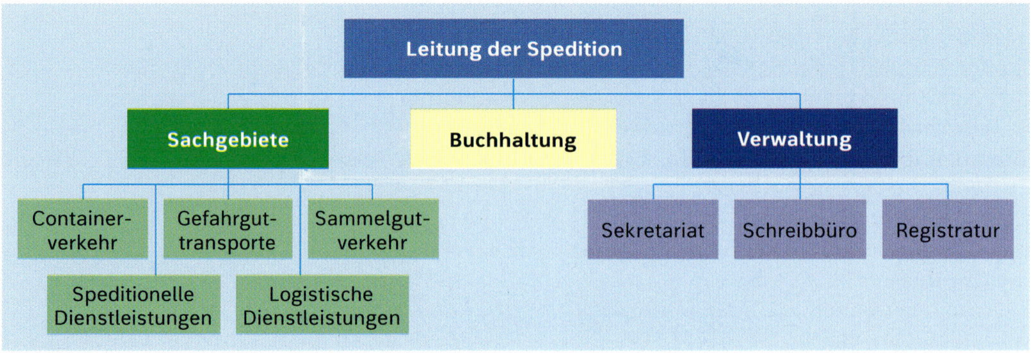
Leitung der Spedition
Sachgebiete
Buchhaltung
Verwaltung
Container-verkehr
Gefahrgut-transporte
Sammelgut-verkehr
Speditionelle Dienstleistungen
Logistische Dienstleistungen
Sekretariat
Schreibbüro
Registratur

1.2.3 Betriebshierarchie

Die Stellung des Mitarbeiters zeigt, wie der Einzelne in der **betrieblichen Rangordnung**, der **Hierarchie**, eingebunden ist. Entscheidendes Kriterium für eine Beurteilung der Stellung im Unternehmen ist die Frage nach der **Anordnungsbefugnis**.

Aufgaben	Betriebshierarchieebenen	Stelle	Führungsaufgabencharakter
Grundsatzentscheidungen	oberes Management (TOP)	Unternehmungsleitung	hoch
Umsetzung der Grundsatzentscheidungen in den Abteilungen	mittleres Management (MIDDLE)	Abteilungsleiter	mittel
Verantwortliche Durchführung und Steuerung	unteres Management (LOWER)	Gruppenleiter/Teamleiter • Verteilung der Tagesaufgaben an die Sachbearbeiter • Kontrolle der Bestellungen vom Vortag	niedrig
Ausführung	Ausführungsebene	Sachbearbeiter	–

Heutige Betriebshierarchien kommen mit immer **weniger** Hierarchiestufen (Instanzen) aus. Die Gründe liegen in konkreten Rationalisierungserfolgen, einer höheren und schneller zur Verfügung stehenden Informationsdichte sowie besseren Kommunikationstechniken. Ein Nachteil für die Mitarbeiter sind die drastisch reduzierten Aufstiegsmöglichkeiten.

1.2.4 Leitungssysteme

Im Rahmen der Organisation ist festzulegen, wer Anordnungen an die einzelnen Mitarbeiter erteilen kann. Je nach **Anordnungsbeziehung** lassen sich folgende Leitungssysteme unterscheiden:

Einliniensystem

Das Einliniensystem ist straff organisiert. Von der obersten bis zur untersten Stelle besteht eine eindeutige Linie der Auftragserteilung und Verantwortung. Dadurch soll verhindert werden, dass eine untergeordnete Stelle Anweisungen von verschiedenen Stellen erhält. Instanzen auf gleicher Ebene können nicht direkt miteinander verkehren, sondern nur über die nächste gemeinsame übergeordnete Stelle.

Das Einliniensystem ist besonders für kleinere Speditionen zweckmäßig, da es eindeutige Zuständigkeitsbereiche schafft. In größeren Speditionen kann ein derartiger Aufbau durch eine zu große Instanzentiefe (Entfernung der obersten von der untersten Stelle) zu Schwerfälligkeit führen.

Vorteile	Nachteile
• klare Anordnungs- und Entscheidungsbefugnisse • keine Kompetenzschwierigkeiten • gute Kontrollmöglichkeiten	• ggf. schwerfälliger Dienstweg • Arbeitskonzentration an der Unternehmensspitze • keine Spezialisierung der Vorgesetzten • fachliche Überforderung der Leitung

■ Stabliniensystem

Das Stabliniensystem entspricht in seinem Aufbau dem Einliniensystem, d. h., jedem Mitarbeiter ist nur ein direkter Vorgesetzter übergeordnet. Der oberen Führungsebene sind jedoch zu ihrer Entlastung **Stabsstellen** zugeordnet, die für die jeweilige Führungsstelle Beratungs- und Unterstützungsaufgaben wahrnehmen. Die Stabsstellen selbst haben keine Weisungskompetenz gegenüber den Linienstellen.

■ Mehrliniensystem

Beim Einliniensystem hat jede nachgeordnete Instanz nur eine übergeordnete Instanz.

Definition

*Beim **Mehrliniensystem** gibt es für eine untergeordnete Instanz mehrere übergeordnete Instanzen.*

Das Mehrliniensystem erfordert eine enge Zusammenarbeit und gute Abstimmung der jeweiligen weisungsberechtigten Stellen. Die Gefahr von Kompetenzüberschneidungen ist jedoch groß und kann sich leicht leistungshemmend auf die ausführenden Mitarbeiter auswirken. Der Vorteil dieses Systems liegt hauptsächlich in dem kurzen und schnellen Instanzenweg. Dafür wird aber der Grundsatz der Einheit der Auftragserteilung geopfert, und es kann zu Abstimmungsproblemen zwischen den Instanzen kommen.

Vorteile	Nachteile
• Spezialwissen wird gefördert • bewusste Arbeitsteilung • kurzer Instanzenweg	• Kompetenzschwierigkeiten • mangelnde Koordination der anweisenden Stellen • keine alleinverantwortliche Stelle • mangelnde Information nach oben

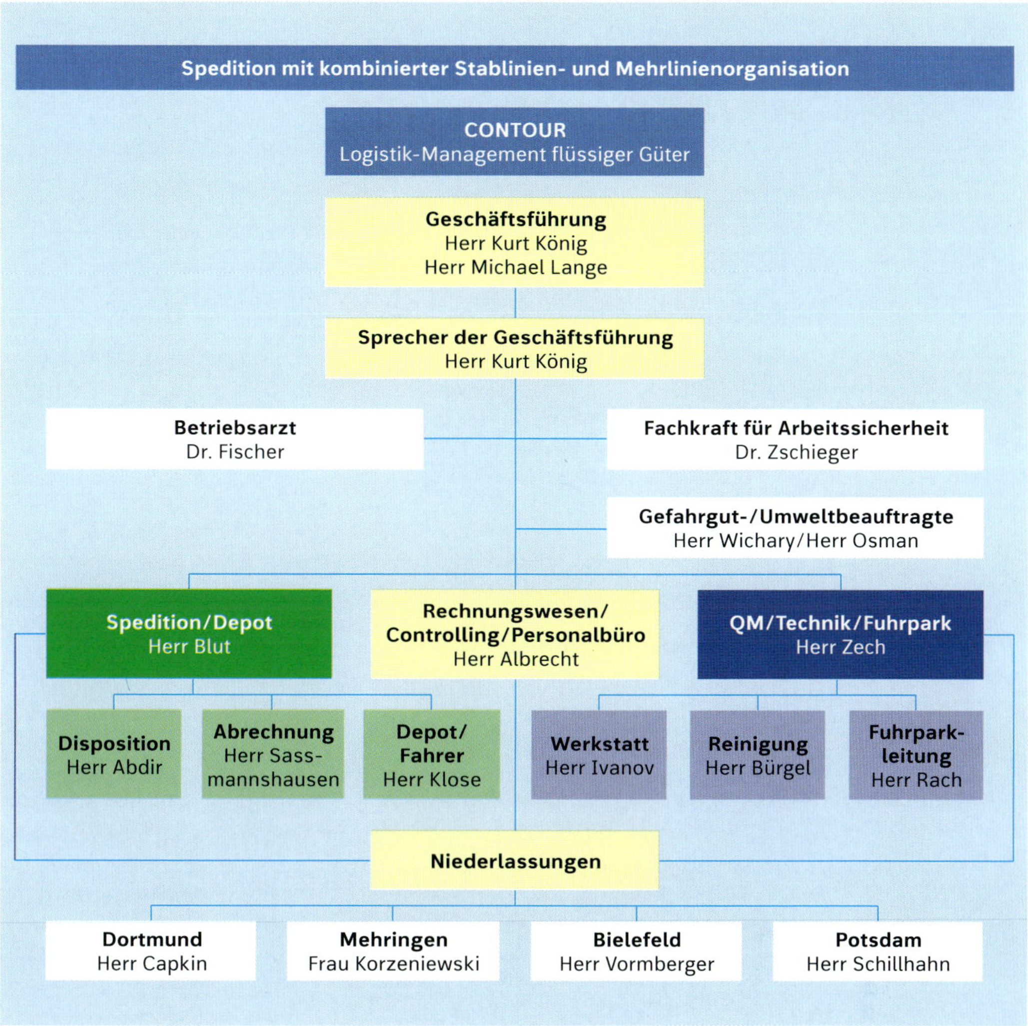
Spedition mit kombinierter Stablinien- und Mehrlinienorganisation
CONTOUR
Logistik-Management flüssiger Güter
Geschäftsführung
Herr Kurt König
Herr Michael Lange
Sprecher der Geschäftsführung
Herr Kurt König
Betriebsarzt
Dr. Fischer
Fachkraft für Arbeitssicherheit
Dr. Zschieger
Gefahrgut-/Umweltbeauftragte
Herr Wichary/Herr Osman
Spedition/Depot
Herr Blut
Rechnungswesen/
Controlling/Personalbüro
Herr Albrecht
QM/Technik/Fuhrpark
Herr Zech
Disposition
Herr Abdir
Abrechnung
Herr Sass-
mannshausen
Depot/
Fahrer
Herr Klose
Werkstatt
Herr Ivanov
Reinigung
Herr Bürgel
Fuhrpark-
leitung
Herr Rach
Niederlassungen
Dortmund
Herr Capkin
Mehringen
Frau Korzeniewski
Bielefeld
Herr Vormberger
Potsdam
Herr Schillhahn

■ Spartensystem (Divisionalisierung)

In den Unternehmen wird versucht, nicht mehr nach Funktionen, sondern nach **Objekten,** also Produkten oder Produktgruppen, zu gliedern. Die so zusammengefassten Produktgruppen werden **Sparten** oder **Divisionen** genannt. Daneben können funktionsorientierte Zentralbereiche existieren.

Die Divisionalisierung eignet sich für große und auch mittlere Unternehmen. Durch die Aufgliederung in wirtschaftlich selbstständige Unternehmensbereiche, die ihrerseits über alle notwendigen Abteilungen verfügen, wird die Ausrichtung auf bestimmte Produktziele ermöglicht. Der Spartenleiter verfügt über alle notwendigen Kompetenzen und ist verantwortlich für die Erreichung des Unternehmensziels. Dies betrifft vor allem das Budget und die Erreichung der geplanten Gewinne (Profit-Center).

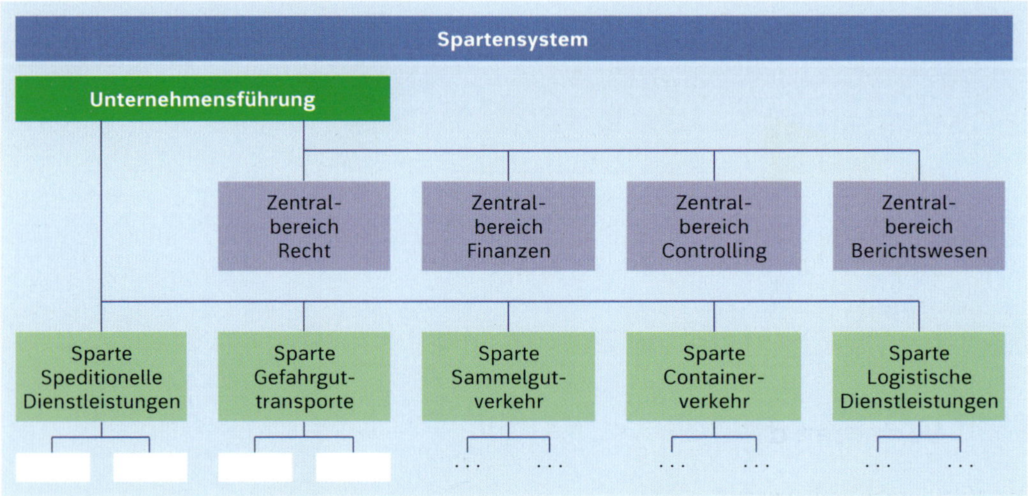
Spartensystem
Unternehmensführung
Zentral-
bereich
Recht
Zentral-
bereich
Finanzen
Zentral-
bereich
Controlling
Zentral-
bereich
Berichtswesen
Sparte
Speditionelle
Dienstleistungen
Sparte
Gefahrgut-
transporte
Sparte
Sammelgut-
verkehr
Sparte
Container-
verkehr
Sparte
Logistische
Dienstleistungen
...
...
...
...
...
...

Divisionalisierung	
Pro	**Kontra**
• Die Struktur des Gesamtunternehmens wird deutlich. • Die Unternehmensleitung kann sich auf strategische Fragen konzentrieren, weil das operative Geschäft in den Sparten betrieben wird. • gute Erfolgskontrolle der Spartenleiter • schnelle Informationsprozesse, da alle beteiligten Instanzen in der Sparte angesiedelt sind • hohe Flexibilität und Anpassungsfähigkeit an sich verändernde Marktbedingungen • Entscheidungsfindung nach technologischen und marktseitigen Besonderheiten der Produktgruppen • Ansammlung und Anwendung von produktbezogenem Spezialwissen • Erhöhung der Wirtschaftlichkeit durch produktspezifischen Einsatz der Produktionsfaktoren	• Die Divisionsmanager verfolgen vornehmlich die Ziele ihrer Sparten, was u. U. zulasten des Unternehmensziels geht. • Es kommt zu einem Konkurrenzverhalten zwischen den Sparten *(z. B. bei der Beschaffung von Investitionsmitteln oder bei Aktivitäten auf gemeinsamen Beschaffungs- und Absatzmärkten)*. • Da Sparteninteresse über dem Gesamtinteresse steht, besteht die Gefahr einer verzerrten Informationsübermittlung aus den einzelnen Sparten. • Wenn zwischen den Sparten Leistungsbeziehungen bestehen *(z. B. gemeinsame Nutzung von Fahrzeugen, Maschinen oder Gebäuden)*, ist die Ermittlung der Verrechnungspreise problematisch. • Jobwechsel im Unternehmen wird erschwert • unnötiger Doppelaufwand, wenn bestimmte gleichartige Aufgaben in mehreren Sparten ausgeführt werden

Hauptproblem der Spartenorganisation ist das Koordinationsproblem. In der Theorie und in der Praxis wurde dazu eine Anzahl von Kontroll- und Steuerungsinstrumenten entwickelt. Sie sollen helfen, die mangelnde Übereinstimmung zwischen der kurzfristigen Gewinnerwartung der Spartenmanager und den langfristigen Gewinn- und Rentabilitätszielen des zentralen Managements zu überwinden.

■ Teamsystem

Teamorganisation ist die **dauerhafte** Bildung von **Teams auf allen Ebenen der Betriebshierarchie**. In der Praxis ist sie in vielen Teilbereichen anzutreffen, in Reinform für das Gesamtunternehmen jedoch eher selten.

Teamsystem bei überlappenden Teams
Topmanagement
Lower-
management
Aus-
führungs-
schema

1.3 Verfahren der Ablauforganisation

Die Ablauforganisation will eine optimale Gestaltung des Arbeitsablaufes in einem Speditionsbetrieb erzielen. Hierzu werden zunächst alle anfallenden Arbeiten in ihrem Ablauf analysiert. Die **Analyse** eines Arbeitsvorgangs kann sich auf die Bestimmung und zweckmäßige Reihenfolge der einzelnen Arbeitsschritte (Funktionen) oder auf deren zeitliche oder räumliche Zuordnung konzentrieren. Die **Arbeitssynthese** beinhaltet sodann die Festlegung des Ablaufs der analysierten Arbeitsvorgänge.

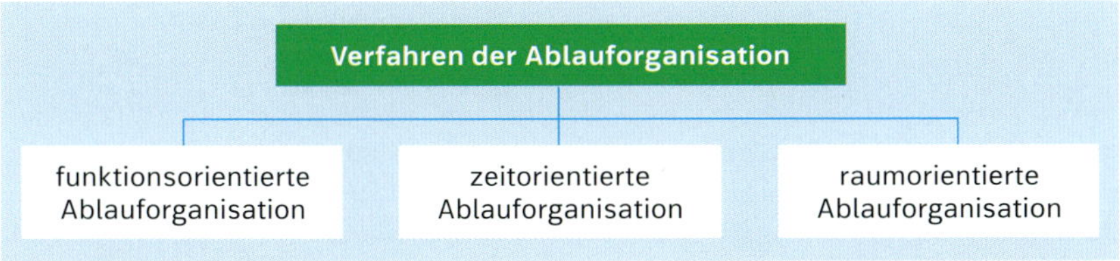
Verfahren der Ablauforganisation
funktionsorientierte
Ablauforganisation
zeitorientierte
Ablauforganisation
raumorientierte
Ablauforganisation

Die **Funktionsorientierung** lässt sich als **Arbeitsablaufdiagramm** bildlich darstellen. Eine Aufgabe wird in die einzelnen Arbeitsschritte zerlegt. Die Ablauforganisation hat nunmehr zu regeln, welche Arbeiten in welcher Reihenfolge auszuführen sind.

Die **Zeitorientierung** kann grafisch durch ein **Balkendiagramm** dargestellt werden. Der Ablauf eines Vorgangs wird als waagerechter Balken aufgezeichnet, die Länge des Balkens entspricht der Zeitdauer des Vorgangs.

Urlaubsplan für das erste Quartal des Jahres

Mitarbeiter	Wochen												
	1.	2.	3.	4.	5.	6.	7.	8.	9.	10.	11.	12.	13.
GF Müller										■	■		
Abteilungsleiter Justus						■	■						
Teamleiter Paul								■	■				
Vertriebssachbearbeiter Stein													
Vertriebssachbearbeiter Buntz													
Azubi Klein									■				

Die **raumorientierte** Ablauforganisation bildet die Grundlage für die Arbeitsraum- und Arbeitsplatzgestaltung in dem Speditionsbetrieb.

Aufgabe

Die Spedition Witte GmbH ist eine in Hamburg ansässige internationale Spedition für Luft- und Seefracht. Sie ist gegliedert in Geschäftsleitung, Hauptabteilungen, Abteilungen und Stellen. Das Unternehmen wird vom Geschäftsführer Witte geleitet, der von seinem persönlichen Assistenten Fritsch und der Fachkraft für Arbeitssicherheit, Frau Van der Brugge, unterstützt wird.
Herrn Witte unterstehen die Hauptabteilungen Luftfracht (geleitet von Frau Fabiani), Seefracht (geleitet von Herrn Gräser), Verwaltung (geleitet von Frau Bertram) und Technik/Fuhrpark (geleitet von Frau Kesting).
Frau Fabianis Zuständigkeitsbereich umfasst die Abteilungen Luftfracht-Import (geleitet von Herrn Nenner) und Luftfracht-Export (geleitet von Herrn Klink). Herr Nenner ist der Vorgesetzte der Sachbearbeiter Frau Klinger und Herr Weise. Herr Klink ist der Vorgesetzte der Sachbearbeiter Herr Wassberg und Herr Petzold. Herrn Gräser sind die Abteilungen Seefracht-Import unter Leitung von Frau Singer und Seefracht-Export unter Leitung von Frau Trautmann unterstellt. Frau Singer unterstehen die Sachbearbeiter Frau Bachmann und Frau Schiller. Frau Trautmann ist gegenüber den Sachbearbeitern Herr Zeisig, Herr Jessen und Herr Grassmann weisungsberechtigt. Sowohl Frau Fabiani als auch Herr Gräser sind dem Abteilungsleiter Lager Herrn Fischer (mit den ihm unterstellten Fachlageristen Krieger, Theuerkauf und Pelzig) gegenüber weisungsbefugt. Zu Frau Bertrams Verantwortungsbereich gehören die Abteilungen Personalwesen (geleitet von Frau Steiger) und Buchhaltung (geleitet von Frau Leismann). Frau Steiger ist die Vorgesetzte des Sachbearbeiters Herrn Bach; der Sachbearbeiter Herr Rissmann erhält seine Anweisungen von Frau Leismann. Frau Kesting unterstellt sind die Werkstatt (geleitet von Herrn Lindholm) und die Fuhrparkleitung (durch Herrn Hartung). Dem Werkstattleiter Lindholm unterstehen die Mechatroniker Biermann und Winkler, Herr Hartung ist gegenüber den Sachbearbeitern Herr Hansmann und Frau Siebert weisungsberechtigt.

a) Zeichnen Sie das Organigramm der Spedition Witte GmbH.
b) Welche Elemente verschiedener Leitungssysteme weist das Organigramm auf? Begründen Sie deren Verwendung.
c) Obwohl die Abteilung Werkstatt alle anfallenden Wartungsarbeiten und Reparaturen an Lkw und Pkw der Spedition zügig erledigt, waren Dienstwagen nicht rechtzeitig repariert, um die nötigen Fahrten zum Zoll etc. vorzunehmen. Nachforschungen haben ergeben, dass die Ursache im Genehmigungsverfahren liegt.
   ca) Beschreiben Sie den Dienstweg, den ein Reparaturauftrag von einer Stelle in der Abteilung Luftfracht-Export bis zur Werkstatt nimmt.
   cb) Machen Sie Vorschläge, wie das Genehmigungsverfahren beschleunigt werden kann. Welche Auswirkungen haben Ihre Vorschläge?
   cc) Welche andere Möglichkeit hat das Unternehmen, den Bedarf an Wartungs- und Reparaturarbeiten in den Abteilungen zu decken?

2 Grundlagen des Personalwesens

Einstiegssituation

Auf Ihren Vorschlag hin und in Absprache mit dem Personalchef werden zwei vorausgewählte Bewerber von der Transport Conzept GmbH zu einem Vorstellungsgespräch eingeladen.

1. *Führen Sie das Bewerbungsgespräch durch. Dazu übernimmt ein Schüler der Klasse die Rolle des Personalchefs, ein weiterer die Rolle des Assistenten des Personalchefs, der auch beim Vorstellungsgespräch anwesend sein wird. Zwei weitere Schüler spielen die Rollen der eingeladenen Bewerber. Die restlichen Schüler beobachten und beurteilen die dargestellten Szenen.*
2. *Im Anschluss an das Vorstellungsgespräch sollen der Personalchef und sein Assistent eine Entscheidung für einen Bewerber treffen.*
3. *Welche Bedeutung kommt dem Betriebsrat bei dieser Entscheidung zu?*
4. *Beurteilen Sie abschließend nach Durchführung des obigen Personalauswahlverfahrens die Vorteile der internen und externen Personalbeschaffung.*
5. *Welche Gründe sprechen für die Aufstellung eines Einarbeitungsplanes für den neuen Mitarbeiter? Nennen Sie mögliche Bestandteile eines Einarbeitungsplanes.*
6. *Ziehen Sie Erkundigungen darüber ein, wie Personalbeschaffung und Personalauswahl in Ihrem Ausbildungsbetrieb durchgeführt werden.*
7. *Wie werden neue Mitarbeiter in Ihrem Ausbildungsbetrieb eingearbeitet?*

Das Personalwesen ist die konkrete Organisationseinheit der Personalwirtschaft und umfasst folgende **Aufgabenbereiche:**

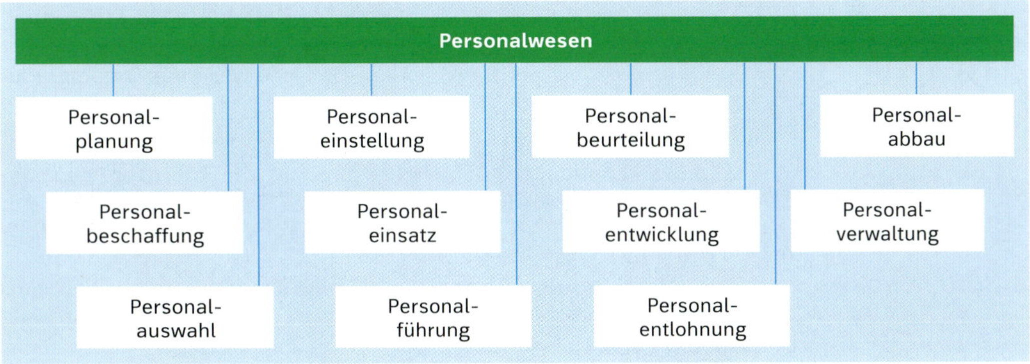
Personalwesen
Personal-planung
Personal-beschaffung
Personal-auswahl
Personal-einstellung
Personal-einsatz
Personal-führung
Personal-beurteilung
Personal-entwicklung
Personal-entlohnung
Personal-abbau
Personal-verwaltung

In der Unternehmenspraxis hat es sich nicht als sinnvoll erwiesen, Personal- und Sozialwesen voneinander zu trennen. Beide Aufgabenbereiche sind miteinander verknüpft. Im Mittelpunkt der gesamten Personalwirtschaft stehen damit **ökonomische** und **soziale Ziele**.

Ziele	
ökonomische Ziele • optimierter Einsatz des Faktors „menschliche Arbeit" und effektivste Kombination mit den übrigen Einsatzfaktoren • Kostenminimierung aller Einsatzfaktoren • Steuerung der menschlichen Arbeitsleistung • Nutzung der Mitarbeiterkreativität und -erfahrung	**soziale Ziele** • Arbeitszufriedenheit • Leistungsmotivation • Identifikation mit dem Unternehmen • humanitäre Ziele in Abhängigkeit von: – Arbeitsplatzgestaltung – Arbeitsschutz – Arbeitszeitgestaltung – Entlohnung – Führung – Mitarbeiterentwicklung

Die sozialen Ziele stehen teilweise im Widerspruch zu den ökonomischen Zielen.

Heute erfordert die Globalisierung der Märkte Kenntnisse und Einsichten, über die der einzelne Verantwortliche nicht mehr allein verfügen kann. Das betrifft im Wesentlichen die gegenseitigen Abhängigkeiten von Marktdaten, aber auch das Zusammentreffen weltweit unterschiedlicher Wirtschaftsmentalitäten. Die verstärkte Einführung von Projekt- und Teamstrukturen mit gleichzeitigem Abbau uneffektiv gewordener Hierarchiestufen ist die organisatorische Antwort auf diese Entwicklungen (lean production).

2.1 Personalplanung

Die Personalplanung wird immer mehr zum wesentlichen Bestandteil moderner Personalarbeit.

Ziel der Personalplanung ist es,
- für zukünftige Aufgaben
- das notwendige Personal
- mit der richtigen Qualifikation
- in der notwendigen Anzahl
- zum richtigen Zeitpunkt und
- am richtigen Ort

bereitzustellen.

Die Personalplanung verstetigt Entwicklungen und lindert Härten, beseitigt aber nicht das Arbeitsplatzrisiko, sondern gibt dem Mitarbeiter mittel- und langfristig die Sicherheit, nicht willkürlich unbeeinflussbaren Veränderungen ausgeliefert zu sein.

Gründe für eine Personalplanung ergeben sich aus der Notwendigkeit
- einer kontinuierlichen Personalbesetzung,
- eines veränderten Arbeitskräfteangebotes,
- einer höheren Qualifikation der Mitarbeiter,
- der Anpassung an gesetzliche und tarifliche Bestimmungen,
- der Personalkostenminimierung,

um für den ständigen technologischen Wandel personell gerüstet zu sein.

Die Personalplanung beschäftigt sich mit verschiedenen Teilaspekten.

Teilbereiche der Personalplanung
Personalplanung
Personal-bedarfsplanung
Wie viele Mitarbeiter welcher Qualifikation werden wann und wo benötigt?
Personal-abbauplanung
Wie können überzählige Mitarbeiter mit möglichst geringen sozialen Härten abgebaut werden?
Personal-beschaffungsplanung
Wie können die erforderlichen Mitarbeiter gewonnen werden?
Personal-kostenplanung
Welche Kosten ergeben sich aus den geplanten personellen Maßnahmen?
Personal-einsatzplanung
Wie können die vorhandenen Mitarbeiter optimal eingesetzt werden?

Die Teilbereiche der Personalplanung sind so weit wie möglich aufeinander abzustimmen, da sie vielfältige Überschneidungen und Abhängigkeiten aufweisen.

2.2 Personalbeschaffung

Das **Ziel** der Personalbeschaffung besteht allgemein darin, rechtzeitig die erforderlichen Mitarbeiter zur Abdeckung festgestellter personeller Unterdeckungen zu gewinnen. Im weiteren Sinne beschäftigt sich der Funktionsbereich Personalbeschaffung nicht nur mit der Anwerbung geeigneter Mitarbeiter, sondern es werden auch die Teilfunktionen **Mitarbeiterauswahl**, **-einstellung** und **-einführung** einbezogen.

Der Personalbeschaffung ist insofern besondere Bedeutung beizumessen, als in Zeiten rückläufiger Bevölkerungsentwicklung sowie großen Spezialistenbedarfs nicht jederzeit qualifizierte Mitarbeiter in ausreichender Anzahl an beliebigen Orten zur Verfügung stehen. Außerdem ist zu beachten, dass sich potenzielle Kandidaten für eine zu besetzende Stelle nicht mehr ausschließlich an materiellen Werten orientieren, sondern zunehmend andere Kriterien *(z. B. Unternehmenskultur und -image, Entwicklungsmöglichkeiten sowie Sozialleistungen, Wohnmöglichkeiten, Kulturangebot)* für ihre Entscheidung heranziehen. Vor diesem Hintergrund wurden **Personalmarketingkonzepte** entwickelt, bei denen man davon ausgeht, dass sich das Unternehmen als Anbieter von Arbeitsplätzen regelrecht vermarkten muss. Dabei geht es im weiteren Sinne auch darum, die bereits Beschäftigten durch ein nach innen gerichtetes Marketing zu erhalten und an das Unternehmen zu binden.

Definition **Personalmarketing *ist* bewerberorientiertes Denken und Handeln.**

Beschaffungsrelevante Vorüberlegungen

Die Einleitung von Personalbeschaffungsaktivitäten setzt voraus, dass der entsprechende Personalbedarf in quantitativer, qualitativer, zeitlicher und örtlicher Hinsicht als **Nettopersonalbedarf** vorgegeben ist.

Innerbetriebliche und außerbetriebliche Möglichkeiten der Personalbeschaffung

Wenn die benötigten Mitarbeiter **innerbetrieblich** beschafft werden sollen, ergeben sich zahlreiche Möglichkeiten der Ausgestaltung.

Innerbetriebliche Personalbeschaffung

ohne Änderung bestehender Arbeitsverhältnisse	mit Änderung bestehender Arbeitsverhältnisse
• Anpassungsfortbildungen • Urlaubsverschiebungen • flexible Arbeitszeitgestaltung • Mehrarbeit • Erhöhung der Arbeitsintensität	• Umwandlung von Teilzeit- in Vollzeitarbeitsverhältnisse • Umwandlung von befristeten in unbefristete Arbeitsverhältnisse • horizontale Versetzungen • vertikale Versetzungen • Übernahme von Auszubildenden

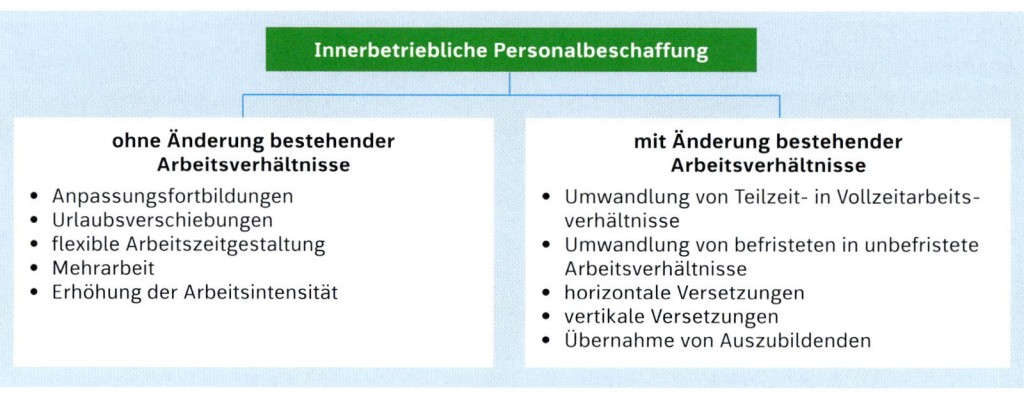

Im Rahmen der **außerbetrieblichen** Personalbeschaffung kommen als grundsätzliche Möglichkeiten die **Neueinstellung** von Mitarbeitern durch Arbeitsverträge sowie die Personalgewinnung im Rahmen von Leiharbeitsverhältnissen als **Personalleasing** in Betracht. Daneben gibt es auch noch die Möglichkeit, erforderlichen Personalbedarf durch den Abschluss von **Werkverträgen** zu decken.

Neueinstellungen

Bei der Neueinstellung von Mitarbeitern durch Arbeitsverträge können die gleichen arbeitsrechtlichen Differenzierungen vorgenommen werden wie bei den innerbetrieblichen Möglichkeiten. Im Zusammenhang mit **Teilzeitarbeitsverträgen** entsteht häufig das Problem, dass der Personalbedarf nur auf einen **Vollarbeitsplatz** ausgelegt ist. Hier ist beispielsweise zu prüfen, ob nicht durch Arbeitsplatzteilung *(Jobsharing)* die Anreizwirkung für potenzielle Kandidaten erhöht werden kann.

Personalleasing

Die Möglichkeit des Personalleasings, auch **Leiharbeit**, **Arbeitnehmerüberlassung** oder **Zeitarbeit** genannt, kann ähnlich wie das Aushilfsarbeitsverhältnis zur Überbrückung vorübergehender personeller Engpässe genutzt werden. Dies könnte beispielsweise bei saisonalen Beschäftigungsspitzen oder im Zusammenhang von Krankheits- bzw. Urlaubsvertretungen der Fall sein. Neben der seltener vorkommenden **echten Leiharbeit**, bei der Mitarbeiter vorübergehend und mit deren Zustimmung einem geschäftlich verbundenen Unternehmen überlassen werden, spielt in der Praxis die im Arbeitnehmerüberlassungsgesetz *(AÜG)* geregelte **gewerbsmäßige Arbeitnehmerüberlassung** die entscheidende Rolle.

Werkverträge

Der Bedarf an Personal kann letztlich auch dadurch gedeckt werden, dass die zu leistende Arbeit in Form von Werkverträgen an **Fremdfirmen** *(z. B. Subunternehmen)* vergeben wird.
In diesem Zusammenhang ist auf die zunehmende Praxis hinzuweisen, im Rahmen von **Outsourcing**-Maßnahmen Mitarbeiter durch Vertragsänderungen zu selbstständigen Unternehmern zu machen. Hier ist trotz vorhandener Kostenvorteile *(z. B. durch Einsparung sämtlicher Sozialleistungen)* zu bedenken, dass solche „Mitarbeiter" jeglicher Personalführung entzogen sind und damit letztlich die kontinuierliche Entwicklung einer langfristig wirkenden Unternehmenskultur verhindert wird. Des Weiteren ist dabei die Frage der Scheinselbstständigkeit zu klären.

2.3 Personaleinsatz

Personaleinsatz ist als Planaufgabe zu verstehen, die weitgehend mit Daten arbeitet, also mit Vorgaben aus der Organisationsstruktur der Unternehmung, den vorliegenden Arbeitsverträgen und den rechtlichen Bestimmungen. Ein flexibler Personaleinsatz erfordert in einer dynamischen Wirtschaft eine Überarbeitung der Anforderungen an eine Stelle unter Beachtung der Fähigkeiten und Erwartungen der Mitarbeiter.

Arbeitszeitregelungen sind unter Beachtung des *ArbZG*, der *GewO*, des *JArbSchG* und des *MuSchG* zu treffen. Wenn die Arbeitszeit hinsichtlich des Zeitpunktes der Leistungsabgabe festliegt, spricht man von **starren Arbeitszeiten**. Andererseits gibt es eine Fülle von **Variationsmodellen**.

Arbeitszeitmodelle

Vollarbeitszeit	**Teilzeitarbeit**
• Gleitzeitregelungen mit Kernarbeitszeit • Bandbreitenmodell mit Arbeitszeitkonto • verkürzte Arbeitswoche	• festgelegte Arbeitszeiten • gleitende Arbeitswoche • kapazitätsorientierter Personaleinsatz • Jobsharing

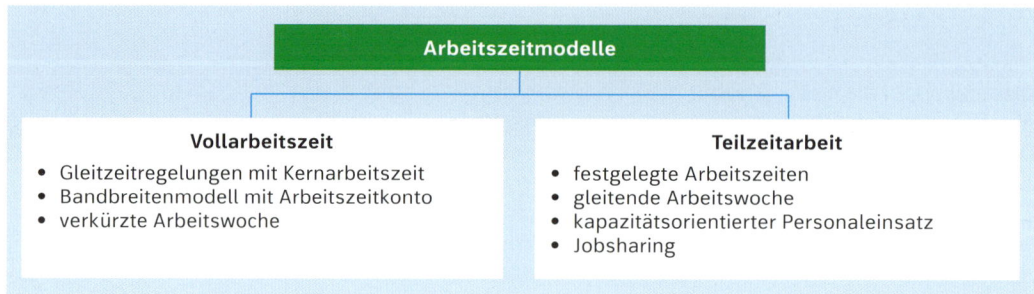

Zur Flexibilisierung des Arbeitseinsatzes gehört die Einrichtung von **Arbeitszeitkonten**. Die geleistete Arbeit, die ein ausrechenbares Wochensoll (vereinbarte Arbeitszeit abzüglich Feiertage und anrechenbare Freistellungen) übersteigt, wird dem Mitarbeiter gutgeschrieben. Ist die effektive Arbeitszeit geringer als die Soll-Vorgabe, wird das Arbeitszeitkonto belastet. Zum Kontenausgleich existieren vielfältige Möglichkeiten.

Beispiele

Bis Monatsende ist „abzufeiern" oder „aufzuholen"; Ausgleich am Jahresende; Guthaben bis Ende seines Arbeitslebens ansparen und dafür früher aus dem Erwerbsleben ausscheiden; ab einer bestimmten Höhe das Guthaben als Überstunden auszahlen lassen.

Um eine kontinuierliche Auslastung von Betriebsmitteln, Maschinen oder Fahrzeugen zu erreichen, sind **Schichtsysteme** möglich. Beim Drei-Schicht-Modell gibt es die Frühschicht, Spätschicht und Nachtschicht mit den üblichen Schichtwechselzeiten 06:00, 14:00 und 22:00 Uhr. Besondere Regelungen gelten beim Einsatz von Kraftfahrern im Transportgewerbe (Lenkzeiten, Ruhezeiten, Schichtsysteme).

2.4 Personalführung

Der Personalführung werden umfangreiche Aufgaben zugeschrieben. Weil der motivierte und qualifizierte Mitarbeiter für die Zielerreichung eines Unternehmens ein entscheidender Faktor ist, wird die **Qualität der Personalführung** zum strategischen Wettbewerbsfaktor.

Die Bedeutung der Personalführung ist auf verschiedene **Entwicklungen** zurückzuführen:

- verkürzte „Halbwertzeit" der Informationen
- sich rasch wandelnde Informationstechniken
- komplexere und funktionsübergreifendere Aufgabenstruktur
- nachhaltiger Trend zur Globalisierung der Wirtschaftsbeziehungen mit der daraus entstehenden Verpflichtung interkultureller Zusammenarbeit
- differenziertere Bildungsstände der qualifizierten Mitarbeiter
- Wandel der Wertorientierungen und Lebensstile

2.4.1 Führungstechniken

Ausgehend von dem kooperativen Führungsstil sind eine Reihe von Methoden und Konzepten (Techniken) des Führungsverhaltens entwickelt worden, die sich danach unterscheiden, welche der **Führungsfunktionen** die Planung, Zielfindung, Entscheidung, Realisierung und Kontrolle im Führungsprozess besonders herausstellen. Statt Führungstechniken wird vielfach der Begriff der **Managementtechniken, -methoden** oder **-konzeptionen** verwendet.

Merkmale der Managementtechniken				
	Vorgesetzter	**Mitarbeiter**	**Hauptprobleme**	**Hauptkritik**
Management by exception	greift nur in Ausnahmesituationen ein	entscheidet und handelt selbstständig in Normalfällen	Festlegung von Normal- und Ausnahmesituationen	keine besondere Managementtechnik, Gefahr des Management by surprise
Management by objectives	Vorgesetzter und Mitarbeiter vereinbaren gemeinsam Ziele für den Mitarbeiter, der den Weg der Zielerreichung vollkommen selbstständig bestimmen kann.		Vereinbarung exakter, angemessener und realistischer Ziele	bei sachgemäßer Anwendung leistungsfähige Managementtechnik
Management by delegation	delegiert Aufgaben an den Mitarbeiter	übernimmt Aufgaben in eigener Entscheidungs- und Handlungsverantwortung	Klärung der Instrumente, Festlegung des Kontrollsystems	Allgemeinplatz ohne wirksames Konzept zur Umsetzung in die Wirklichkeit

2.4.2 Führungsstil

Das tatsächliche **Führungsverhalten** ist geprägt durch Verhaltensmuster, die in der Person angelegt und nur durch längerfristige Entwicklungen veränderbar sind. Dabei wird das Führungsverhalten, also die vorherrschende Verhaltensweise des Führenden zur Durchsetzung seiner Ziele gegenüber dem Geführten, in Grundmuster eingeteilt. Diese werden als **Führungsstile** bezeichnet.
Beim **autoritären** Führungsstil trifft der Vorgesetzte die Entscheidungen ohne Mitwirkung der untergeordneten Mitarbeiter; sie haben die Beschlüsse nur hinzunehmen und umzusetzen. Der **kooperative** Führungsstil als anderes Extrem bezieht die betroffenen Mitarbeiter als Gruppe in die Entscheidungsfindung ein. Der Vorgesetzte ist Koordinator nach innen und außen *(z. B. Leitung der Gruppendiskussion, vertritt die Entscheidungen gegenüber vorgesetzten Stellen)*.

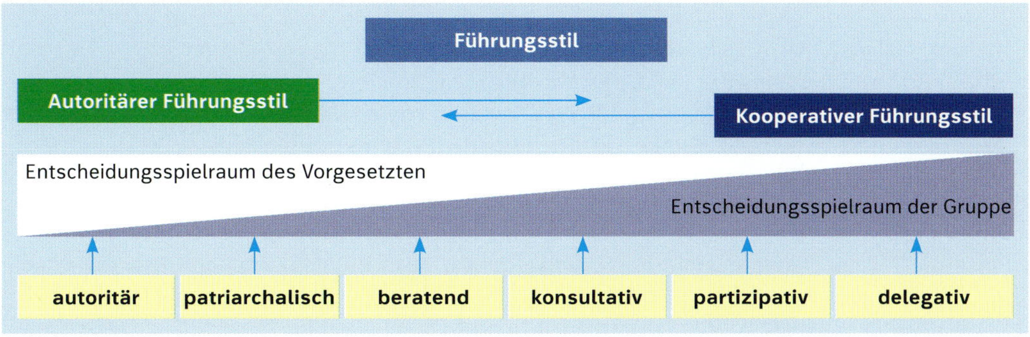
Führungsstil
Autoritärer Führungsstil
Kooperativer Führungsstil
Entscheidungsspielraum des Vorgesetzten
Entscheidungsspielraum der Gruppe
autoritär
patriarchalisch
beratend
konsultativ
partizipativ
delegativ

Nach heutigen Maßstäben wird ein **Vorgesetzter** gesucht, der durch
- vorbildliches Verhalten,
- authentischen Umgang mit anderen und
- kommunikative Kompetenz

selbstbewusste Spezialisten zu koordinieren weiß,
- sie gleichzeitig fördert,
- ihnen Perspektiven aufzeigt und
- sie dadurch motiviert und qualifiziert.

2.4.3 Mitarbeitermotivation

Um Energie dafür aufzubringen, mit Initiative und Interesse die betrieblichen Aufgaben zu erfüllen und regelmäßig am Arbeitsplatz zu erscheinen, muss der Mensch motiviert sein. Je stärker seine Motive sind, desto intensiver ist seine Bereitschaft, Kenntnisse, Fähigkeiten und Potenziale zur Zielerreichung einzusetzen. Die **Motivation** erfolgt durch Vorbilder, gute Arbeitsbedingungen und gutes Betriebsklima, aber hauptsächlich durch eine gute Bezahlung, die als angemessen empfunden wird.

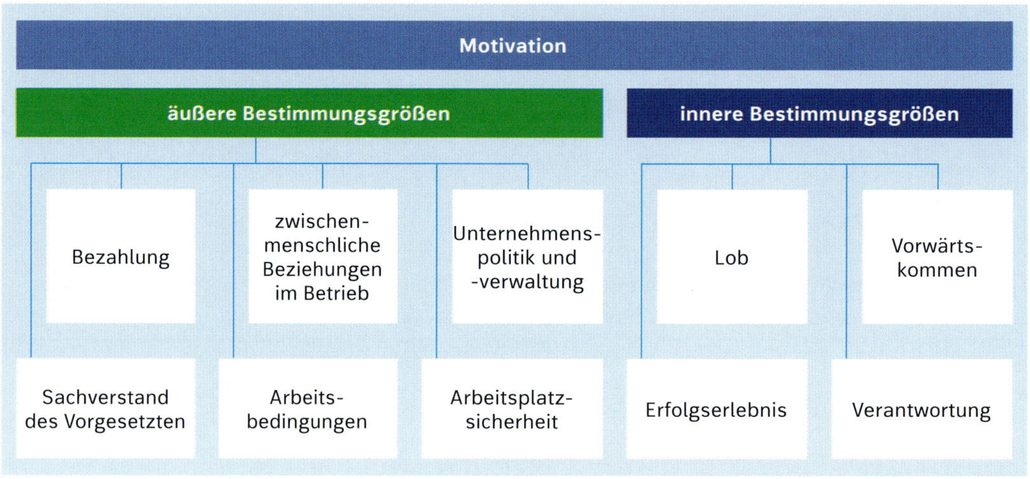
Motivation
äußere Bestimmungsgrößen
innere Bestimmungsgrößen
Bezahlung
zwischen-menschliche Beziehungen im Betrieb
Unternehmens-politik und -verwaltung
Lob
Vorwärts-kommen
Sachverstand des Vorgesetzten
Arbeits-bedingungen
Arbeitsplatz-sicherheit
Erfolgserlebnis
Verantwortung

Unzufrieden werden Mitarbeiter, wenn sich die **Grundfaktoren**, also die äußeren Bestimmungsgrößen der Motivation, verschlechtern.

Die **Aufgaben** des **Vorgesetzten** bestehen darin,
- Wege zur Leistungserstellung aufzuzeigen,
- Mittel bereitzustellen und Hindernisse auf dem Weg zum Ziel zu beseitigen,
- die Erwartungen durch Informationen zu beeinflussen,
- die Ziele zu formulieren und
- bei Zielerreichung die Anstrengungen zu belohnen.

Dahinter steht der Grundgedanke, dass Handeln und sich Bewähren auch dann möglich und wertvoll sind, wenn ein vorgegebenes Ziel einmal nicht erreicht wird.

2.5 Personalbeurteilung

*Die **Zielsetzung** der Personalbeurteilung liegt darin, Aussagen darüber zu treffen, ob Mitarbeiter hinsichtlich Leistung und Eignung den Unternehmensanforderungen entsprechen und welche Konsequenzen daraus zu ziehen sind.*

Definition

Mit den vielfältigen Zwecken der Personalbeurteilung verbinden sich unterschiedliche **Ansprüche:**

- Der **Beurteiler** repräsentiert überwiegend das unternehmerische Interesse, was sich auf Standardisierung mit guter Verwertbarkeit für planerische Zwecke unter rein ökonomischen Gesichtspunkten bezieht.
- Der **Beurteilte** in der Mitarbeiterrolle hat ein Interesse an einem seiner Individualität gerecht werdenden Verfahren unter Beachtung seiner Persönlichkeitsrechte.

■ Beurteilungskriterien

Ansatzpunkt für die Beurteilung ist die **individuelle Leistung** des Mitarbeiters. Die individuelle Leistung des Mitarbeiters wird beeinflusst durch die Größen *Leistungsfähigkeit, Leistungsbereitschaft, Anforderungen* und *Leistungsbedingungen*. Weil Leistung an sich nicht fassbar ist, muss zwangsläufig bei der Personalbeurteilung auf Indikatoren zurückgegriffen werden, die in einem funktionalen Verhältnis zur Leistung stehen.

■ Verfahren der Personalbeurteilung

Um die Personalbeurteilung durchzuführen, sind die personellen Zuständigkeiten festzulegen, die Beurteilungsmerkmale aufzustellen und die Beobachtungen zu sammeln, zu dokumentieren und zu bewerten.
Methodisch unterscheidet man bei der Personalbeurteilung die *freie Beurteilungsform* und die *gebundene Beurteilung*.

Freie Beurteilungsform

Der Beurteiler muss seine Einschätzungen mit eigenen Worten nach selbst gewählten und gewichteten Kriterien in **freier Gutachterform** formulieren. Dieses ist grundsätzlich ohne jegliche Vorgaben möglich.

Gebundene Beurteilungsform

Der Beurteiler wird durch **feste Vorgaben** so gelenkt, dass er weitgehend nur noch anzukreuzen braucht. Die traditionellen **Grundformen** (standardisierte Verfahren genannt) werden unterschieden nach *Kennzeichnungsverfahren, Rangordnungsverfahren* und *Einstufungsverfahren*. Die Praxis verwendet fast ausschließlich Einstufungsverfahren mit frei zu formulierenden Teilen (Anmerkungen, Besonderheiten, Zielvereinbarungen, Entwicklungsmaßnahmen).

Weiterentwickelte Personalbeurteilungsverfahren beziehen sich auf verhaltensbezogene Merkmale *(z. B. Assessment-Center-Verfahren)* oder persönlichkeitsbezogene Merkmale *(z. B. biografische Fragebögen, psychobiologische Verfahren).*

Verhaltenssteuernde Wirkung entfaltet die Personalbeurteilung erst durch die Diskussion über die Soll-Ist-Abweichungen einschließlich etwaiger Ursachen zwischen Mitarbeiter und Vorgesetztem in einem **Beurteilungsgespräch**.

Inhalte von Beurteilungsgesprächen und ihre Funktionen

- Selbsteinschätzung des Mitarbeiters
- Besprechen von Kooperation und Kommunikation
- Aufzeigen von Stärken und Schwächen
- Anerkennung von Leistungen
- Abklären weiterer Ziele und Aufgaben
- Erörtern beruflicher Wünsche und Ziele des Mitarbeiters
- Besprechen möglicher Personalentwicklungsmaßnahmen
- Überlegungen zur Gehaltsentwicklung

→

Zweiseitige Informationsfunktion

Motivationsfunktion

Soziale Funktion

Beratungsfunktion

Entwicklungsfunktion

Gesprächsleitfaden für Beurteilungs- bzw. Qualifikationsgespräche

1. **Vorbereitung**

1.1 Information des Mitarbeiters
1.2 evtl. Räumlichkeiten reservieren
1.3 voraussichtliche Störungen verhindern
1.4 erforderliche Unterlagen bereitstellen
- Qualifikationsblatt
- evtl. weitere Angaben zur Person
- Arbeitsprogramme
- Stichworte für das Gespräch

1.5 Rücksprache mit dem nächsthöheren Vorgesetzten
1.6 Konzentration auf den Gesprächspartner

2. **Das eigentliche Qualifikationsgespräch**

2.1 Gesprächseröffnung
- durch den Vorgesetzten
- Klärung, ob der Untergebene über die Ziele und Merkmale des Qualifikationssystems informiert ist
- Gesprächsziele festlegen
- Vorgehen klären
- Aktivierung des Gesprächspartners

2.2 Gesprächskern
- klare Strukturierung
- Konzentration auf das Wesentliche
- Beurteilungsresultate begründen
- schrittweises Vorgehen: Möglichkeiten und Zeit für Fragen und Entgegnungen einräumen

2.3 Gesprächszusammenfassung
- durch den Vorgesetzten
- Einverständnis des Untergebenen
- Dank

3. **Die Auswertung des Qualifikationsgesprächs**

3.1 Ergänzung des Beurteilungsformulars
3.2 Überprüfung der eigenen Gesprächsführung

Jede Beurteilung erfordert eine **schriftliche Dokumentation**, wobei der Vorgesetzte als Beurteiler wie auch der Mitarbeiter als Beurteilter eine Ausfertigung erhalten (weitere Stellen erhalten bei Bedarf Kopien). **Konsequenzen** aus der Personalbeurteilung können personaleinsatz-, stellen- sowie personalentwicklungsbezogen sein. Sie schlagen sich nieder in *Stellenbeschreibungen, Laufbahn-* bzw. *Nachfolgeplänen* und *Personal-Portfolios*. Häufig ergeben sich **Probleme** bei der praktischen Anwendung von Personalbeurteilungen, was sich in Akzeptanz- und Kompetenzproblemen, Beobachtungs- und Beurteilungsfehlern äußert. Nicht umsonst stehen bei Personalbeurteilungen **betriebsverfassungsrechtliche Beteiligungsrechte** dem Beurteilten und dem Betriebsrat zu.

Aufgaben

1. Die Spedition Traber, Köln, möchte eine weitere Niederlassung in Berlin errichten. Fritz Geiger soll Niederlassungsleiter werden und die Niederlassung aufbauen. Sie sind Mitglied in dem Team, das diese Aufgabe erfüllen soll.

a) Welche Überlegungen müssen hinsichtlich der Personalplanung angestellt werden?

b) Sie überlegen im Team, ob das Personal für die Niederlassung Berlin innerbetrieblich oder außerbetrieblich beschafft werden soll. Was spricht für die innerbetriebliche Personalbeschaffung?

c) Einige Teammitglieder halten die Einführung von Arbeitszeitkonten in der Niederlassung Berlin für sinnvoll. Was spricht aus Ihrer Sicht dafür?

d) Zwischen Fritz Geiger und seinem Vorgesetzten wurden bestimmte Ziele wie zukünftige Tätigkeitsfelder der Niederlassung, Kosten des Aufbaus der Niederlassung, Standort der Niederlassung, Qualitätsstandards usw. vereinbart. Der weitere Aufbau der Niederlassung bleibt Fritz Geiger und seinem Team überlassen.

da) Um welche Managementtechnik handelt es sich hierbei? Begründen Sie Ihre Aussage.

db) Welchen Führungsstil wendet der Vorgesetzte von Fritz Geiger an? Welche Vorteile sind damit verbunden?

2. Stellen Sie fest, welche Führungstechnik den folgenden Speditionen zuzuordnen ist.

a) Spedition A: Führungsanweisung für Verkaufsleiter Breitner:
Der Stelleninhaber hat im Rahmen der allgemeinen Regelungen den Verkauf Seefracht durchzuführen. Dem Stelleninhaber werden

monatlich Vergleichswerte über den durchschnittlichen Absatz der verschiedenen Abteilungen innerhalb der Spedition übermittelt. Bei einer Unterschreitung von mehr als 10 % dieser Durchschnittswerte hat der Stelleninhaber diese Abweichungen innerhalb von acht Tagen schriftlich gegenüber seinem direkten Vorgesetzten zu begründen.

b) Spedition B: Führungsanweisung für Verkaufsleiter Baldur:
Nach den mit Ihnen geführten Unterredungen legen wir die für das nächste Geschäftsjahr anzustrebende Umsatzsteigerung im gegenseitigen Einverständnis auf +5 % gegenüber dem Ist-Umsatz des laufenden Jahres fest.

c) Spedition C: Führungsanweisung für Verkaufsleiter Späth:
Der Stelleninhaber hat die Verkaufsgespräche selbstständig in eigener Verantwortung nach den allgemeinen Richtlinien für Verkaufsgespräche durchzuführen.

3. Nennen Sie Vor- und Nachteile dieser drei Führungstechniken.

4. Diskutieren Sie Ihre eigenen Erfahrungen mit der Personalbeurteilung hinsichtlich:
a) Form und Verfahren der Beurteilung
b) Aussagekraft der Beurteilung

5. Ergänzen Sie Ihre Lernkartei um sechs Karteikarten mit den Überschriften „Personalplanung", „Personalbeschaffung", „Personaleinsatz", „Personalführung" und „Personalbeurteilung". Sammeln Sie unter diesen Überschriften die Ihrer Meinung nach wichtigsten Informationen.

3 Aufgaben und Grundlagen des Arbeitsrechts

Einstiegssituation

Die 38-jährige Kauffrau für Spedition und Logistikdienstleistung Gesine Beck wickelt seit vielen Jahren selbstständig Lkw-Verkehre mit Spanien ab. Nach Umsetzung der Harmonisierungsbestimmungen im europäischen Frachtverkehr und eines Arbeitsablaufs nach modernen DV-gestützten Workflow-Gesichtspunkten sollen die verbleibenden Tätigkeiten durch eine halbtags beschäftigte Mitarbeiterin erledigt werden. Der Arbeitgeber kündigt das Arbeitsverhältnis und beabsichtigt, eine Kauffrau für Spedition und Logistikdienstleistung einzustellen, die gerade ihre Berufsausbildung abgeschlossen hat. Frau Beck wehrt sich gegen die Kündigung und behauptet, die Kündigung sei sozial ungerechtfertigt, verstoße gegen das Kündigungsschutzgesetz und verletze die Grundprinzipien des Arbeitsrechts. Außerdem sei ihre Arbeit, nicht wie vom Arbeitgeber behauptet, schludrig ausgeführt worden.

Beurteilen Sie, welche Möglichkeiten Frau Beck hat, gegen die Kündigung vorzugehen. Der bestehende Betriebsrat des Speditionsunternehmens wird zusätzlich zur Stellungnahme aufgefordert.

Definition

Das* Arbeitsrecht *umfasst alle Rechtsnormen, die sich auf eine in persönlicher Abhängigkeit geleistete Arbeit beziehen.
Das* Arbeitsrecht *gewährt dem Arbeitnehmer Schutz und sichert ihm die Wahrnehmung seiner Interessen gegenüber dem Arbeitgeber.

Arbeitsverträge *(§ 611 ff. BGB)*
zwischen Arbeitnehmer und Arbeitgeber
(individualrechtliche Vereinbarungen)

Betriebsvereinbarungen *(§ 88 BetrVG)*
zwischen Betriebsrat und Arbeitgeber

Tarifverträge *(TVG)*
zwischen Gewerkschaft und Arbeitgeber bzw. Arbeitgeberverband

Einzelgesetze
BGB, HGB, Gewerbeordnung, Kündigungs-, Mutter- und Jugendarbeitsschutzgesetz, Berufsbildungsgesetz, Schwerbehindertengesetz, Arbeitszeitgesetz, Bundesurlaubsgesetz, Tarifvertragsgesetz, Betriebsverfassungs-, Mitbestimmungs- und Montan-Mitbestimmungsgesetz

Verfassungsbestimmungen *(GG)*
Anspruch auf Unantastbarkeit der menschlichen Würde, freie Entfaltung, Gleichberechtigung von Mann und Frau, Meinungsfreiheit, Koalitionsfreiheit, freie Wahl von Beruf, Arbeitsplatz und Ausbildungsstätte

EU-Recht
EU-Vertrag, EU-Verordnungen, EU-Richtlinien

Arbeitgeber(innen) sind Personen, die
- Arbeitnehmer(innen) beschäftigen (einschließlich der zu ihrer Berufsbildung Beschäftigten),
- Arbeitsleistung von Arbeitnehmerinnen und Arbeitnehmern aufgrund des Arbeitsvertrages fordern,
- Arbeitnehmerinnen und Arbeitnehmern das Arbeitsentgelt schulden,
- Arbeitgeberinnen und Arbeitgebern gleichgestellt sind und in sonstiger Weise selbstständig tätig werden.

Arbeitnehmer(innen) im arbeitsrechtlichen Sinn sind Personen, die aufgrund eines privatrechtlichen Vertrages verpflichtet sind, ihre Arbeitskraft weisungsgebunden und abhängig gegen Entgelt zur Verfügung zu stellen *(§ 611 ff. BGB)*.

Steuerrechtlich und sozialversicherungsrechtlich sind zum Teil andere Definitionen möglich.

Als **arbeitnehmerähnlich** *(§ 12a TVG)* gelten Personen, auf die Teile des Arbeitsrechts anzuwenden sind. Hierzu zählen insbesondere Heimarbeiter(innen) und ihnen Gleichgestellte. Die Unterscheidung in Arbeiter(in) und Angestellte(r) hat heute rechtlich kaum noch Bedeutung.

Eine Einordnung als **leitende(r) Angestellte(r)** nach *§ 5 Abs. 3 BetrVG* erfolgt insbesondere
- nach der Befugnis der selbstständigen Einstellung und Entlassung von Arbeitnehmerinnen und Arbeitnehmern,
- nach der Wahrnehmung unternehmerisch bedeutsamer Aufgaben in eigener Verantwortung,
- aufgrund weitgehender Vollmachten (z. B. Generalvollmacht, Prokura).

Für leitende Angestellte
- ist grundsätzlich das Betriebsverfassungsgesetz nicht anwendbar *(§ 5 Abs. 3 BetrVG)*,
- muss in Betrieben mit mindestens zehn leitenden Angestellten ein Sprecherausschuss errichtet werden *(§ 1 SprAuG)*,
- gilt nicht das Arbeitszeitgesetz *(§ 18 Abs. 1 Nr. 1 ArbZG)*,
- muss mindestens ein(e) leitende(r) Angestellte(r) dem Aufsichtsrat einer mitbestimmten Gesellschaft angehören,
- gilt u. U. ein verminderter Kündigungsschutz *(§ 14 Abs. 2 KSchG)*.

Vom Arbeitnehmer sind zu unterscheiden
- Beamte, Richter, Soldaten,
- Familienangehörige *(§§ 1619, 1360 BGB)*,
- Gesellschafter von Personengesellschaften,
- Organmitglieder von juristischen Personen,
- Strafgefangene.

Definition

Für die Berufserstausbildung, berufliche Fortbildung, berufliche Umschulung gelten die normalen arbeitsrechtlichen Regeln, soweit das Berufsbildungsgesetz (BBiG) keine abweichenden Vorschriften beinhaltet (§ 10 Abs. 2 BBiG).

Das **Arbeitsrecht** ist in keinem umfassenden Arbeitsgesetzbuch geregelt, sondern ergibt sich aus einer **Vielzahl von Einzelgesetzen**.

Individualarbeitsrecht	Kollektivarbeitsrecht	Arbeitsschutzrecht
Regelung der Beziehungen zwischen dem Arbeitgeber und dem einzelnen Arbeitnehmer: • Arbeitsvertragsrecht • Kündigungsschutzrecht	Regelung der Beziehungen zwischen dem Arbeitgeber und der Gesamtheit der Belegschaft bzw. den Arbeitgeberverbänden und Gewerkschaften: • Koalitionsrecht • Tarifvertragsrecht • Betriebsverfassungsrecht • Arbeitskampf-/Schlichtungsrecht • Unternehmensmitbestimmungsrecht • Arbeitsgerichtsbarkeit	Dient dem Schutz von Arbeitnehmern vor bestimmten Gefahren des Arbeitslebens. Es werden öffentlich-rechtliche Pflichten begründet, um die dem einzelnen Arbeitnehmer bei der Arbeit drohenden Gefahren zu verhindern oder zu beseitigen.

3.1 Individualarbeitsrecht

3.1.1 Arbeitsvertragsrecht

Definition

*Der **Arbeitsvertrag** (Einzelarbeitsvertrag) bildet die Rechtsgrundlage für ein individuell geschlossenes Arbeitsverhältnis zwischen dem einzelnen Arbeitnehmer und dem Arbeitgeber.*

Der **Arbeitsvertrag ist ein Dienstvertrag** im Sinne des *§ 611 BGB*. **Arbeitnehmer** ist damit, wer aufgrund eines privatrechtlichen Vertrages für einen Arbeitgeber weisungsgebunden und fremdbestimmt Dienste leistet *(§ 611 ff. BGB)*. Das Arbeitsverhältnis selbst stellt rechtlich gesehen ein auf Austausch von Arbeitsleistung und Vergütung gerichtetes Dauerschuldverhältnis zwischen Arbeitnehmer und Arbeitgeber dar.

Prinzipiell gilt für das Arbeitsvertragsrecht der **Grundsatz der Vertragsfreiheit** *(Art. 12 GG)* und die inhaltliche **Gestaltungsfreiheit**, die jedoch durch Arbeitsrechtsvorschriften eingeschränkt wird. Obwohl **Formfreiheit** für arbeitsrechtliche Vertragsabschlüsse besteht, war aus Beweisgründen allgemein die Schriftform üblich. Nach dem *„Gesetz über den Nachweis der für ein Arbeitsverhältnis geltenden wesentlichen Bedingungen – Nachweisgesetz"* haben grundsätzlich alle Arbeitnehmer einen **Anspruch** auf eine in Schriftform gehaltene Vertragsausfertigung. Der Arbeitgeber hat spätestens einen Monat nach dem vereinbarten Beginn des Arbeitsverhältnisses die wesentlichen Vertragsbedingungen schriftlich niederzulegen, die Niederschrift zu unterzeichnen und dem Arbeitnehmer auszuhändigen *(§ 2 Abs. 1 S. 1 Nachweisgesetz)*. Verstößt der Arbeitgeber gegen diese Schriftformerfordernis, wird der Arbeitsvertrag allerdings nicht unwirksam, er ist auch ohne Einhaltung der Schriftform gültig. Der Arbeitnehmer kann allerdings seinen Arbeitgeber auf Fertigung und Herausgabe einer Niederschrift **verklagen**.

Bei Arbeitsverträgen mit Minderjährigen ist die Zustimmung des gesetzlichen Vertreters notwendig.

Mindestpflichten für den Arbeitgeber

In die **Niederschrift** muss der Arbeitgeber mindestens aufnehmen:

- Name und Anschrift der Vertragsparteien
- den Zeitpunkt des Beginns des Arbeitsverhältnisses
- bei befristeten Arbeitsverhältnissen die vorhersehbare Dauer
- den Arbeitsort oder, falls der Arbeitnehmer nicht nur an einem bestimmten Arbeitsort tätig sein soll, einen Hinweis darauf, dass der Arbeitnehmer an verschiedenen Orten beschäftigt werden kann
- die Bezeichnung oder allgemeine Beschreibung der vom Arbeitnehmer zu leistenden Tätigkeit
- die Zusammensetzung und die Höhe des Arbeitsentgeltes einschließlich der Zuschläge, der Zulagen, Prämien und Sonderzahlungen sowie anderer Bestandteile des Arbeitsentgeltes und deren Fälligkeit
- die vereinbarte Arbeitszeit
- die Dauer des jährlichen Erholungsurlaubs

- die Fristen für die Kündigung des Arbeitsverhältnisses
- einen in allgemeiner Form gehaltenen Hinweis auf die Tarifverträge, Betriebs- oder Dienstvereinbarung, die auf das Arbeitsverhältnis anzuwenden sind

Bestehende Arbeitsverträge
Für bereits bestehende, mündliche Arbeitsverträge gilt das Nachweisgesetz nur bedingt. Nur dann, wenn der Arbeitnehmer ausdrücklich eine Niederschrift, also einen schriftlichen Arbeitsvertrag, verlangt, ist der Arbeitgeber verpflichtet, innerhalb von zwei Monaten eine solche Niederschrift, die im Wesentlichen einem Arbeitsvertrag gleicht, dem Arbeitnehmer auszuhändigen.

Ausnahmen
Arbeitet der Arbeitnehmer nur bis zu 400 Stunden im Jahr als vorübergehende Aushilfe oder ist er ausschließlich im Familienhaushalt tätig (Haushaltshilfe, Pflegehilfe), so ist ein schriftlicher Arbeitsvertrag nicht notwendig. Voraussetzung hierfür ist aber, dass nur geringfügig gearbeitet wird. Nur in diesen Fällen darf auch weiterhin auf mündlicher Vertragsbasis gearbeitet werden.

Der Arbeitgeber wird durch den Arbeitsvertrag **erheblich gebunden**. Aus diesem Grund steht dem Arbeitgeber ein **Fragerecht** zu. Der Arbeitnehmer hat zulässige Fragen zu seiner Ausbildung, seinen Fähigkeiten, seinen früheren Arbeitsverhältnissen, seiner Ableistung von Wehr- oder Zivildienst und zu seinem Gesundheitszustand zu beantworten.
Das Fragerecht des Arbeitgebers bestimmt sich nach dem Umfang und den Grenzen des Aufgabenkreises, der dem Arbeitnehmer übertragen werden soll.

Beispiel

Die Frage nach einer bestehenden Schwangerschaft ist grundsätzlich unzulässig und braucht deswegen nicht beantwortet zu werden.

Als Gegenleistung kann der Arbeitnehmer umfassend Auskunft über Pflichten und Rechte seitens des Arbeitgebers erwarten. Der **Betriebsrat** hat Mitwirkungs- und Mitbestimmungsrechte vor und bei der Begründung des Arbeitsverhältnisses.

Mitwirkung des Betriebsrates bei Einstellungen

Unternehmen mit über 20 wahlberechtigten Arbeitnehmern

Von der geplanten Einstellung muss der Arbeitgeber den Betriebsrat unterrichten und seine Zustimmung einholen *(§ 99 Abs. 1 BetrVG)*. Der Arbeitgeber hat dem Betriebsrat

- die Bewerbungsunterlagen aller Bewerber vorzulegen und darüber Auskunft zu geben,
- über die Auswirkung der Einstellung zu informieren,
- den möglichen Arbeitsplatz und die vorgesehene Eingruppierung mitzuteilen.

Fehlt die Unterrichtung, dann ist der Vertrag wirksam, es besteht jedoch ein Beschäftigungsverbot; der Betriebsrat kann über § 101 BetrVG die tatsächliche Beschäftigung verhindern.

Der Betriebsrat kann die Zustimmung schriftlich verweigern *(§ 99 Abs. 3 BetrVG)*. Dieses Recht steht ihm

- innerhalb einer Woche ab Unterrichtung
- aus den in *§ 99 Abs. 2 BetrVG* genannten sechs Gründen zu.

Der Betriebsrat hat zugestimmt oder nicht ordnungsgemäß widersprochen: Der Arbeitgeber kann den Bewerber einstellen.

Grundsatz: Die Einstellung soll vorerst unterbleiben.

Der Arbeitgeber kann beim Arbeitsgericht beantragen, die Zustimmung zu ersetzen *(§ 99 Abs. 4 BetrVG)*.

Ausnahme: Einstellung in Eilfällen *(§ 100 BetrVG)*

Das Arbeitsgericht lehnt den Antrag ab.

Das Gericht gibt dem Antrag statt.

Der Betriebsrat kann protestieren *(§ 100 Abs. 2 S. 2 BetrVG)*.

Der Arbeitgeber darf den Bewerber nicht einstellen.

Der Bewerber kann eingestellt werden.

Der Arbeitgeber will die Einstellung trotzdem vorläufig aufrechterhalten. Dann muss er binnen 3 Tagen beim Arbeitsgericht die in *§ 100 Abs. 2 S. 3 BetrVG* genannten Anträge stellen.

Das Arbeitsgericht ersetzt die Zustimmung nicht.

Das Arbeitsgericht bestätigt die vorläufige Einstellung.

Die vorläufige Einstellung endet mit Ablauf von 2 Wochen nach Rechtskraft der Entscheidung *(§ 100 Abs. 3 BetrVG)*.

3.1.2 Pflichten und Rechte aus dem Arbeitsverhältnis

Die Pflichten und Rechte des Arbeitnehmers und Arbeitgebers ergeben sich inhaltlich aus den Arbeitsrechtsbestimmungen, es sei denn, im Arbeitsvertrag werden zulässige Abweichungen vereinbart. Aus den Pflichten des Arbeitgebers ergeben sich einerseits die Rechte des Arbeitnehmers und aus den Rechten des Arbeitgebers die Pflichten des Arbeitnehmers.

Pflichten des Arbeitgebers = Rechte des Arbeitnehmers
Vergütungspflicht *(§§ 612, 614, § 616 BGB, § 64 HGB)* • Pünktliche Zahlung des Lohnes bzw. Gehaltes unter der Voraussetzung, dass die Arbeitsleistung tatsächlich erbracht wurde. • Unverschuldete Verhinderung berechtigt nicht zur Kürzung der Entgeltzahlung *(z. B. Lohnfortzahlung im Krankheitsfall bis 6 Wochen, Ladung als Zeuge vor Gericht).*
Fürsorgepflicht *(§ 617 ff. BGB, § 62 HGB)* • Anmeldung des Arbeitnehmers bei der Krankenkasse und Abführung der Sozialversicherungsbeiträge • Schutz der Gesundheit des Arbeitnehmers sowie Beachtung der Unfallverhütungsvorschriften und der Arbeitsgesetze • Gleichbehandlungspflicht von Frauen und Männern, Teilzeit- und Vollzeitbeschäftigten
Urlaub *(§ 19 JArbSchG, § 3 ff. BUrlG)* • Gewährung bezahlten Urlaubs unter Beachtung der Mindestbestimmungen des *JArbSchG* und des Bundesurlaubsgesetzes, soweit der Arbeitnehmer dem Betrieb mindestens 6 Monate angehört.
Informations- und Anhörungspflicht *(§§ 81–85 BetrVG)* • Unterrichtung über Aufgaben und Gestaltung des Arbeitsplatzes • Unterrichtung über Gesundheits- und Unfallgefahren am Arbeitsplatz • Erörterung der Leistungsbeurteilung und Einsicht in die Personalakte • Beschwerderecht bei ungerechter Behandlung oder Benachteiligung
Zeugnispflicht *(§ 630 BGB, § 109 GewO)* • Ausstellung eines Zeugnisses über Art und Dauer der Beschäftigung; auf Wunsch des Arbeitnehmers sind Angaben über Führung und Leistung aufzunehmen. • Inhaltlich muss das Zeugnis wahrheitsgemäß, aber wohlwollend sein; gute Leistungen sind zu erwähnen, schlechte nur, wenn sie schwerwiegend und wesentlich für die Tätigkeit sind.
Pflichten des Arbeitnehmers = Rechte des Arbeitgebers
Pflicht zur Arbeitsleistung *(§ 611 Abs. 1 BGB)* • Verrichtung der nach dem Arbeitsvertrag vereinbarten Arbeiten. Die Arbeit ist nach bestem Wissen und Gewissen zu erbringen. Bei schuldhafter Pflichtverletzung ist der Arbeitnehmer schadenersatzpflichtig.
Gehorsamspflicht *(lt. BVerfG Bestandteil eines Arbeitsvertrages)* • Der Arbeitnehmer hat die Weisungen des Arbeitgebers zu befolgen. Dem Arbeitgeber steht ein Weisungsrecht/Direktionsrecht zu.
Treue- und Verschwiegenheitspflicht *(lt. BVerfG Bestandteil eines Arbeitsvertrages)* • Wahrnehmung und Vertretung der Interessen des Arbeitgebers • Verbot der Weitergabe von Geschäfts- und Firmengeheimnissen • Verbot der Annahme von Zahlungen zum eigenen Vorteil (Schmiergeldzahlungen) • Schadenersatzpflicht bei Pflichtverletzung, Möglichkeit der fristlosen Kündigung oder ggf. strafrechtliche Verfolgung
Pflicht zur Beachtung des Wettbewerbsverbots *(§§ 60, 61 HGB, § 133 f. GewO)* • Verbot der Geschäfte auf eigene oder fremde Rechnung im gleichen Geschäftszweig des Arbeitgebers (Ausnahme: Der Arbeitgeber gibt die Einwilligung.) • Verbot eigener Geschäfte durch kaufmännische Angestellte in einem beliebigen Geschäftszweig. Die „Konkurrenzklausel" im Arbeitsvertrag erlaubt für eine gewisse Zeit nach dem Ausscheiden aus dem Arbeitsverhältnis ein Wettbewerbsverbot (bei kaufmännischen Angestellten maximal zwei Jahre). Pflichtverletzungen können Schadenersatzforderungen nach sich ziehen.

3.1.3 Beendigung des Arbeitsverhältnisses

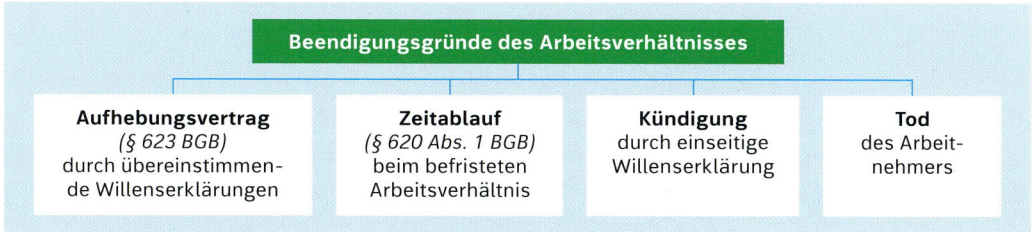

Beendigungsgründe des Arbeitsverhältnisses

Aufhebungsvertrag	Zeitablauf	Kündigung	Tod
Aufhebungsvertrag *(§ 623 BGB)* durch übereinstimmende Willenserklärungen	**Zeitablauf** *(§ 620 Abs. 1 BGB)* beim befristeten Arbeitsverhältnis	**Kündigung** durch einseitige Willenserklärung	**Tod** des Arbeitnehmers

■ Aufhebungsvertrag

Arbeitgeber und Arbeitnehmer vereinbaren in einem Aufhebungsvertrag, dass das **auf unbestimmte Zeit** vereinbarte Arbeitsverhältnis zu einem bestimmten Zeitpunkt enden soll *(§§ 305, 623 BGB)*. Während eine Kündigung eine einseitige Erklärung ist und daher auch dann wirkt, wenn der Gekündigte mit ihr nicht einverstanden ist, ist ein Aufhebungsvertrag nur dann wirksam, wenn beide Vertragsparteien zustimmen.

Der Aufhebungsvertrag muss gemäß *§ 623 BGB* zwingend in **schriftlicher Form** erfolgen.

Bietet der Arbeitgeber dem Arbeitnehmer einen Aufhebungsvertrag an, muss er den Arbeitnehmer darauf hinweisen, dass möglicherweise eine Sperrfrist für den Bezug von Arbeitslosengeld besteht. Unterlässt der Arbeitgeber diese Aufklärung, könnte dieser dazu verpflichtet werden, dem Arbeitnehmer das dadurch entgangene Arbeitslosengeld zu ersetzen.

Aus steuerlichen und/oder sozialversicherungsrechtlichen Gründen sollten der vereinbarte Beendigungszeitpunkt und der Anlass für die Beendigung eindeutig im Vertrag genannt werden. Weiterhin sollten Vertragsbestandteile sein:

- Höhe und Fälligkeit der Abfindung für noch ausstehende Zahlungen (Provisionen, Überstundenausgleich, Reisekosten etc.)
- Abreden bezüglich des Resturlaubs
- etwaige Freistellung von der Arbeit bis zum Ende des Arbeitsverhältnisses
- Verschwiegenheitspflicht des Arbeitnehmers, insbesondere wenn dieser bereits eine neue Arbeitsstelle in Aussicht hat
- die Rückgabe von Firmeneigentum (Firmenhandys, Notebooks, Firmenfahrzeug)
- Abreden über Erfindungen des Arbeitnehmers

Das Widerrufsrecht der *§§ 312g, 355 BGB* findet auf Aufhebungsverträge keine Anwendung.

Befristetes Arbeitsverhältnis

Ein befristeter Arbeitsvertrag muss schriftlich vereinbart werden. Fehlt die Schriftform, ist die Befristung unwirksam und der Arbeitsvertrag gilt als unbefristet abgeschlossen.
Die Zulässigkeit befristeter Arbeitsverträge ist im Teilzeit- und Befristungsgesetz *(TzBfG)* geregelt. Nach *§ 3 Abs. 1 TzBfG* ist ein Arbeitnehmer befristet beschäftigt, wenn ein Arbeitsvertrag auf bestimmte Zeit geschlossen wurde, d. h. die Dauer des Arbeitsvertrages ist kalendermäßig bestimmt (kalendermäßig befristeter Arbeitsvertrag) oder ergibt sich aus Art, Zweck oder Beschaffenheit der Arbeitsleistung (zweckbefristeter Arbeitsvertrag).
Die Befristung eines Arbeitsverhältnisses ist grundsätzlich nur dann zulässig, wenn es dafür eine sachliche Rechtfertigung nach *§ 14 Abs. 1 TzBfG* gibt.

Ein **sachlicher Grund** liegt insbesondere vor, wenn
- der betriebliche Bedarf an der Arbeitsleistung nur vorübergehend besteht (Saisonarbeiten, zeitlich begrenzte Arbeitsaufgaben),
- die Befristung im Anschluss an eine Ausbildung oder ein Studium erfolgt, um den Übergang des Arbeitnehmers in eine Anschlussbeschäftigung zu erleichtern,
- der Arbeitnehmer zur Vertretung eines anderen Arbeitnehmers beschäftigt wird,

Beispiele:

Vertretung bei Elternzeit, Mutterschutz, Krankheit von Arbeitnehmer(inne)n

- die Eigenart der Arbeitsleistung die Befristung rechtfertigt,
- die Befristung zur Erprobung erfolgt,
- in der Person des Arbeitnehmers liegende Gründe die Befristung rechtfertigen,
- der Arbeitnehmer aus Haushaltsmitteln vergütet wird, die haushaltsrechtlich für eine befristete Beschäftigung bestimmt sind, und er entsprechend beschäftigt wird oder
- die Befristung auf einem gerichtlichen Vergleich beruht.

Ohne sachlichen Grund ist die Befristung eines Arbeitsvertrages nur bei einer Neueinstellung in folgenden Fällen zulässig:
- Befristung bis zu einer Dauer von zwei Jahren *(§ 14 Abs. 2 TzBfG)*
  - Während der Gesamtdauer von zwei Jahren kann die Befristung insgesamt dreimal verlängert werden.
  - Auszubildende können nach Abschluss ihrer Ausbildung beim gleichen Arbeitgeber nur mit sachlichem Grund befristet weiterbeschäftigt werden, weil bereits ein befristetes Arbeitsverhältnis zu diesem Arbeitgeber bestanden hat.
- Befristung bei Neugründung eines Unternehmens bis zu einer Dauer von vier Jahren mit mehrfacher Verlängerungsmöglichkeit in der vierjährigen Gesamtdauer *(§ 14 Abs. 2 a TzBfG)*.
- Befristung bis zu einer Dauer von fünf Jahren bei Arbeitnehmern, die das 52. Lebensjahr[1] vollendet haben *(§ 14 Abs. 3 TzBfG)*. Innerhalb der Gesamtdauer ist eine mehrfache Verlängerung des Arbeitsvertrages zulässig.

---

[1] *Aus dem Lebensalter dürfen sich nach dem EUGH-Urteil vom 22.11.2005 keine Diskriminierungen für Arbeitgeber ergeben.*

Kündigung

Die Kündigung ist eine einseitige empfangsbedürftige Willenserklärung eines Vertragspartners, dass er das Arbeitsverhältnis lösen will. Sie wird wirksam, wenn sie dem anderen Vertragspartner **zugegangen** ist, sie muss nicht angenommen werden. Zugang verlangt, dass die Willenserklärung so in den Empfangsbereich des Empfängers gelangt, dass dieser unter regelmäßigen Umständen davon hätte Kenntnis erlangen müssen.
Die Kündigungserklärung muss eindeutig und unmissverständlich sein; sie braucht den Kündigungsgrund nicht unbedingt zu enthalten. Bei Kündigung von Berufsausbildungsverhältnissen nach der Probezeit ist der Kündigungsgrund jedoch stets anzugeben.
Die Kündigung bedarf der **Schriftform** *(§ 623 BGB)* **und der eigenhändigen Unterschrift** (eine unter Beachtung des Signaturgesetzes gegebene *elektronische Unterschrift ist nicht zulässig*). Die Nichtbeachtung der Schriftform bedeutet die Unwirksamkeit der Kündigung *(§§ 123, 623 BGB)*.

Beispiele:

- *Einwurf in den Briefkasten*
- *persönliche Übergabe*
- *Übergabeschreiben (mit der Aushändigung durch den Postboten bzw. Abholung bei der Post)*

Der Zugangszeitpunkt ist bedeutsam für den Lauf weiterer Fristen, wie z. B. für

- die Kündigungsfristen nach *§ 622 BGB*,
- die Frist nach *§ 4 KSchG* zur Klageerhebung,
- Mitteilungen, die eine besondere Kündigungsfrist zur Folge haben (z.B. Schwerbehinderung, Schwangerschaft).

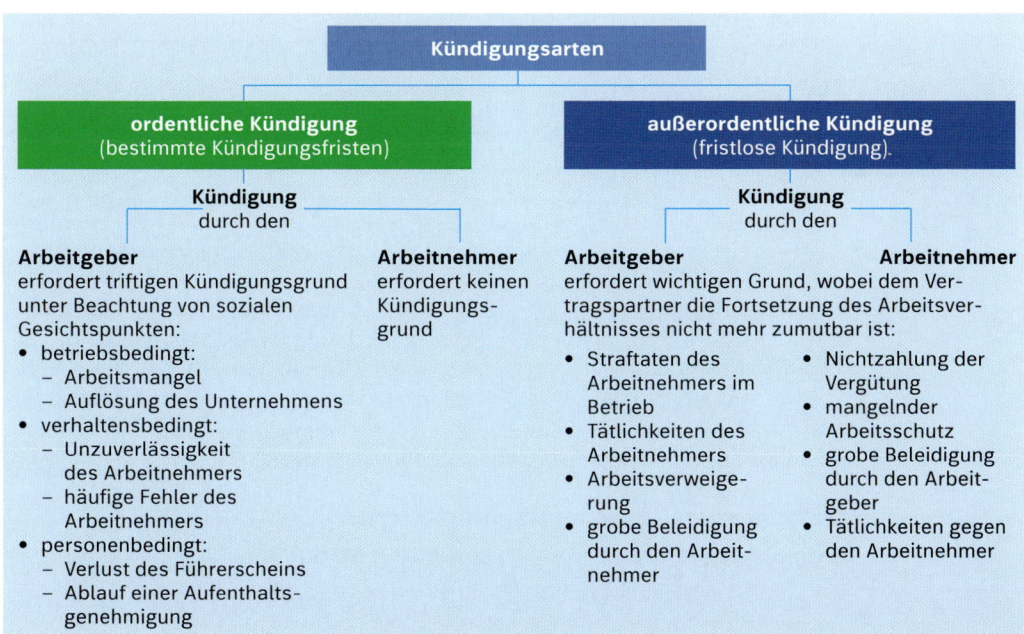

Kündigungsarten

ordentliche Kündigung
(bestimmte Kündigungsfristen)

Kündigung
durch den

Arbeitgeber
erfordert triftigen Kündigungsgrund unter Beachtung von sozialen Gesichtspunkten:

- betriebsbedingt:
  - Arbeitsmangel
  - Auflösung des Unternehmens
- verhaltensbedingt:
  - Unzuverlässigkeit des Arbeitnehmers
  - häufige Fehler des Arbeitnehmers
- personenbedingt:
  - Verlust des Führerscheins
  - Ablauf einer Aufenthaltsgenehmigung

Arbeitnehmer
erfordert keinen Kündigungsgrund

außerordentliche Kündigung
(fristlose Kündigung)

Kündigung
durch den

Arbeitgeber / **Arbeitnehmer**
erfordert wichtigen Grund, wobei dem Vertragspartner die Fortsetzung des Arbeitsverhältnisses nicht mehr zumutbar ist:

- Straftaten des Arbeitnehmers im Betrieb
- Tätlichkeiten des Arbeitnehmers
- Arbeitsverweigerung
- grobe Beleidigung durch den Arbeitnehmer

- Nichtzahlung der Vergütung
- mangelnder Arbeitsschutz
- grobe Beleidigung durch den Arbeitgeber
- Tätlichkeiten gegen den Arbeitnehmer

Kündigungsfristen

Kündigungsfristen sind bei einer ordentlichen Kündigung nach dem Gesetz, dem Tarifvertrag oder Arbeitsvertrag einzuhalten.

Kündigungsfristen

gesetzlich	**tarifvertraglich**	**einzelvertraglich**
(§ 622 Abs. 1–3 BGB)	*(§ 622 Abs. 4 BGB)*	*(§ 622 Abs. 5 BGB)*

Die gesetzlichen Kündigungsfristen
jeweils zum Monatsende bei einer ordentlichen Kündigung durch den Arbeitgeber
Betriebszugehörigkeit des Arbeitnehmers
Kündigungsfrist
unter 2 Jahre
4 Wochen*
ab 2 Jahren
1 Monat**
ab 5 Jahren
2 Monate
ab 8 Jahren
3 Monate
ab 10 Jahren
4 Monate
ab 12 Jahren
5 Monate
ab 15 Jahren
6 Monate
ab 20 Jahren
7 Monate
§
Die Kündigungsfrist während einer vereinbarten Probezeit (max. sechs Monate) beträgt zwei Wochen.
*zum 15. oder zum Monatsende **Kalendermonat
Stand 2015
Quelle: BGB
© Globus 10442

Die gesetzlichen Mindestfristen bei Kündigungen durch Arbeitgeber sind nach der Dauer der Betriebszugehörigkeit gestaffelt.

Kündigungsfristen sind bei einer ordentlichen Kündigung nach dem Gesetz, dem Tarifvertrag oder Arbeitsvertrag einzuhalten. Rechtsgrundlage ist insbesondere der *§ 622 BGB*. Dass bei der Berechnung der Beschäftigungsdauer Zeiten, die **vor der Vollendung des 25. Lebensjahres** des Arbeitnehmers liegen, nicht zu berücksichtigen sind *(§ 622 Abs. 2 BGB)*, widerspricht dem EU-Recht *(Richtlinie 2000/78 EG, EUGH v. 19.01.2010)*. Die Vorschrift aus *§ 622 Abs. 2 BGB* darf deswegen von deutschen Gerichten nicht mehr angewendet werden. Während einer Probezeit von bis zu längstens sechs Monaten kann das Arbeitsverhältnis mit einer Frist von zwei Wochen gekündigt werden. Bei einer längeren Probezeit gelten die gesetzlichen Kündigungsfristen nach *§ 622 BGB*.

Tarifvertragliche Kündigungsfristen

Tarifverträge können abweichende Regelungen vorsehen. Im Geltungsbereich eines solchen Tarifvertrages besitzen die abweichenden tarifvertraglichen Bestimmungen zwischen nichttarifgebundenen Arbeitgebern und Arbeitnehmern Gültigkeit, wenn ihre Anwendung zwischen ihnen vereinbart ist.

Einzelvertragliche Kündigungsfristen

Einzelvertraglich ist eine kürzere Kündigungsfrist nur vereinbar, wenn

- ein Arbeitnehmer zur vorübergehenden Aushilfe eingestellt ist; das gilt nicht, wenn das Arbeitsverhältnis über die Zeit von drei Monaten hinaus fortgesetzt wird;

- der Arbeitgeber in der Regel nicht mehr als 20 Arbeitnehmer (ohne Auszubildende) beschäftigt und die Kündigungsfrist vier Wochen nicht unterschreitet. Bei der Feststellung der Zahl der beschäftigten Arbeitnehmer sind nur Arbeitnehmer zu berücksichtigen, deren regelmäßige Arbeitszeit wöchentlich zehn Stunden oder monatlich 45 Stunden übersteigt.

Tarif- und einzelvertragliche Vereinbarungen, die längere Kündigungsfristen festlegen, bleiben unberührt.

Kündigungsschutz

Allgemeiner Kündigungsschutz

Die Kündigung eines Arbeitnehmers ist rechtsunwirksam, wenn das Arbeitsverhältnis in demselben Betrieb oder Unternehmen **länger als sechs Monate bestand und sozial ungerechtfertigt** ist *(§§ 1 Abs. 1, 23 KSchG)*[1].

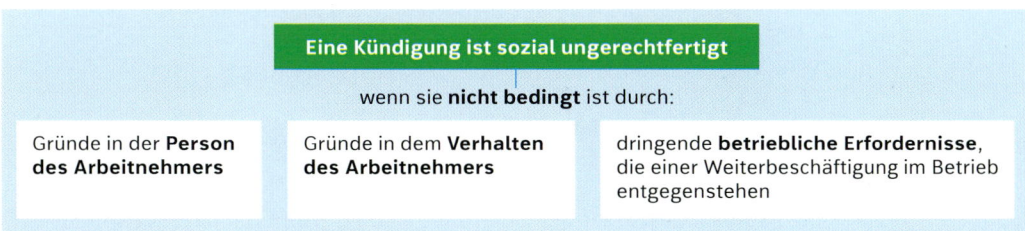

Eine Kündigung ist sozial ungerechtfertigt

wenn sie **nicht bedingt** ist durch:

Gründe in der **Person des Arbeitnehmers**	Gründe in dem **Verhalten des Arbeitnehmers**	dringende **betriebliche Erfordernisse**, die einer Weiterbeschäftigung im Betrieb entgegenstehen

Zulässige Kündigungsgründe

- **Gründe in der Person des Arbeitnehmers**
  Beispiele:
  mangelnde körperliche und geistige Leistung; mangelnde Ausbildung; mangelnde Fähigkeit, sich die erforderlichen Kenntnisse anzueignen; lang dauernde Erkrankung ohne Erkennbarkeit der baldigen Genesung
- **Verhaltensbedingte Gründe**
  Beispiele:
  wiederholte Unpünktlichkeit; Schlechtarbeit; Verstöße gegen Gehorsams- und Verschwiegenheitspflicht
- **Dringende betriebliche Erfordernisse**
  Beispiele:
  Absatzschwierigkeiten, Produktionseinschränkungen, Stilllegung einzelner Abteilungen, Änderung von Produktionsmethoden

---

[1] *Teilzeitbeschäftigte Arbeitnehmer werden bis zu 30 Wochenstunden nur mit einem Faktor von 0,75; bis 20 Wochenstunden mit einem Faktor von 0,5 berücksichtigt.*

Punktetabelle

Das Bundesarbeitsgericht hat eine „Punktetabelle" aufgestellt, nach der auch heute noch bei Kündigungen verfahren wird, um eine „erste Auswahl" zu treffen:

Punkteschema für die Gewichtung der Kriterien

1. je Dienstjahr Betriebszugehörigkeit: 1 Punkt,
   ab dem 11. Dienstjahr je Dienstjahr: 2 Punkte,
   bis max. zum 55. Lebensjahr, d. h. max. 70 Punkte
2. Lebensalter für jedes volle Lebensjahr: 1 Punkt,
   bis max. zum 55. Lebensjahr, d. h. max. 55 Punkte
3. je unterhaltsberechtigtem Kind: 4 Punkte,
   verheiratet: 8 Punkte
4. Schwerbehinderung bis 50 %: 5 Punkte,
   über 50 % je 10 %: 1 Punkt

Je höher die Punktzahl, desto stärker der Kündigungsschutz.

Verstößt die Kündigung gegen eine **gerechtfertigte soziale Auswahl** *(§ 1 Abs. 3 KSchG, § 95 BetrVG)*, bei der es auf

- die Dauer der Betriebszugehörigkeit,
- das Lebensalter,
- Unterhaltspflichten,
- eine Schwerbehinderung

ankommt, oder wird die Umsetzungsmöglichkeit innerhalb des Unternehmens oder Betriebsteiles nicht berücksichtigt, steht dem Betriebsrat ein Widerspruchsrecht zu.

Abmahnung

Bevor eine ordentliche Kündigung ausgesprochen wird, verlangt die ständige Rechtsprechung des BAG eine Abmahnung des Arbeitgebers an den Arbeitnehmer.

Die **Abmahnung**

- ist eine Warnung des Arbeitgebers an den Arbeitnehmer; der Arbeitgeber weist den Arbeitnehmer darauf hin, dass dieser seine arbeitsvertraglichen Pflichten nicht oder nicht vollständig erfüllt (genaue Beschreibung des einzelnen Fehlverhaltens, Nennung des konkreten **Fehlverhaltens** unter Angabe von Ort, Datum und Uhrzeit),
- muss den Hinweis enthalten, dass im Wiederholungsfall der Bestand des Arbeitsverhältnisses gefährdet ist,
- fordert den Arbeitnehmer auf, sich in **Zukunft vertragsgetreu** zu verhalten, und droht für den Fall der erneuten Pflichtverletzung mit arbeitsrechtlichen Konsequenzen,
- hat **keine gesetzliche Grundlage** (sie ist aus Richterrecht entstanden),
- kann **formlos** erteilt werden; sie sollte aber aus Beweisgründen schriftlich erfolgen und der **Zugang nachweisbar** sein,
- muss den abgemahnten **Lebenssachverhalt** detailliert **beschreiben**.

Beispiele:

- *„Sie sind im letzten Monat fünfmal zu spät am Arbeitsplatz erschienen."*
- *„Sie führten täglich während der Arbeitszeit private Telefongespräche."*
- *„Sie benutzten den PC an Ihrem Arbeitsplatz für Computerspiele."*
- *„Sie haben Dienstgeheimnisse weitergegeben."*
- *„Sie verletzten die Anzeigepflicht bei Krankheit."*

Voraussetzung für eine verhaltensbedingte Kündigung ist eine zuvor wirksam erteilte Abmahnung, weil dem Arbeitnehmer durch eine Abmahnung die Gelegenheit gegeben werden soll, die Arbeitsleistung bzw. sein Verhalten zu ändern.
Nach der **Rechtsprechung** des Bundesarbeitsgerichtes seit dem Jahre 1997 erfordern auch Störungen im Vertrauensbereich des Arbeitsverhältnisses eine Abmahnung, es sei denn, der Vertrauensbereich ist erheblich gestört. In diesen Fällen kann die Kündigung ohne den vorherigen Ausspruch einer Abmahnung erteilt werden. Die verhaltensbedingte Kündigung aufgrund von Störungen im betrieblichen Bereich sowie die personen- und betriebsbedingten Kündigungsgründe erfordern keine Abmahnung.
Es gibt keine **zeitliche Grenze**, innerhalb derer die Abmahnung ausgesprochen werden muss. Eine längere Zeitspanne von einigen Monaten, in welcher der Arbeitgeber das Verhalten akzeptiert zu haben scheint, verwirkt allerdings das Recht zur Abmahnung. Wenn der Arbeitnehmer sich nach einer berechtigten Abmahnung längere Zeit vertragstreu verhält, verwirkt das Recht aus der Abmahnung. Wann dieser Zeitpunkt gekommen ist, hängt von der Art und Schwere des Vorwurfs ab *(OLG Hamm 2 Jahre, BVG 3–5 Jahre)*.
In Kleinbetrieben und während der ersten sechs Monate der Beschäftigung kann die Abmahnung entfallen.

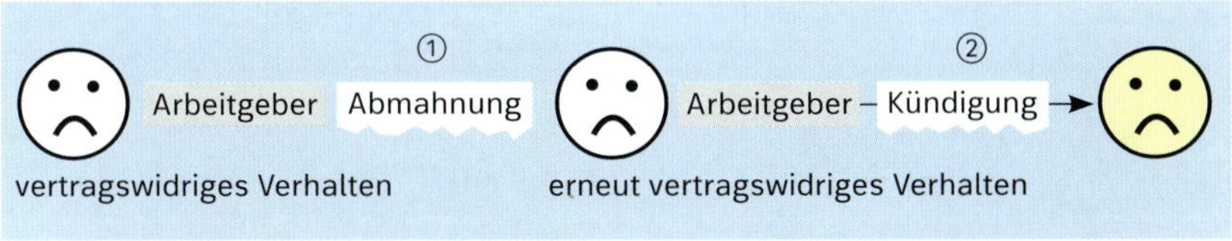
①
Arbeitgeber
Abmahnung
vertragswidriges Verhalten
②
Arbeitgeber – Kündigung
erneut vertragswidriges Verhalten

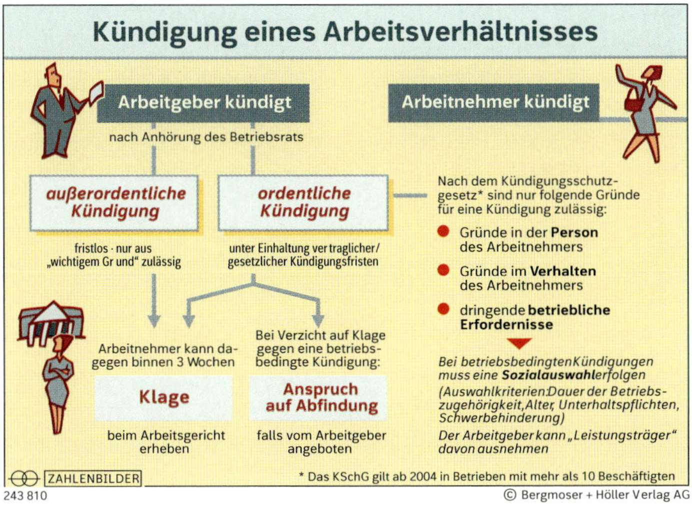
Kündigung eines Arbeitsverhältnisses
Arbeitgeber kündigt
Arbeitnehmer kündigt
nach Anhörung des Betriebsrats
außerordentliche Kündigung
ordentliche Kündigung
fristlos · nur aus „wichtigem Grund" zulässig
unter Einhaltung vertraglicher/gesetzlicher Kündigungsfristen
Nach dem Kündigungsschutzgesetz* sind nur folgende Gründe für eine Kündigung zulässig:
Gründe in der Person des Arbeitnehmers
Gründe im Verhalten des Arbeitnehmers
dringende betriebliche Erfordernisse
Bei betriebsbedingten Kündigungen muss eine Sozialauswahl erfolgen (Auswahlkriterien: Dauer der Betriebszugehörigkeit, Alter, Unterhaltspflichten, Schwerbehinderung)
Der Arbeitgeber kann „Leistungsträger" davon ausnehmen
Arbeitnehmer kann dagegen binnen 3 Wochen
Klage
beim Arbeitsgericht erheben
Bei Verzicht auf Klage gegen eine betriebsbedingte Kündigung:
Anspruch auf Abfindung
falls vom Arbeitgeber angeboten
ZAHLENBILDER
* Das KSchG gilt ab 2004 in Betrieben mit mehr als 10 Beschäftigten
243 810

Besonderer Kündigungsschutz	
Auszubildende	• **In der Probezeit:** Das Berufsausbildungsverhältnis kann innerhalb der vertraglich vereinbarten Probezeit (mindestens 1 Monat, maximal 4 Monate) jederzeit vom Arbeitgeber oder vom Auszubildenden ohne Einhaltung einer Frist zu jedem beliebigen Termin gekündigt werden *(§ 22 Abs. 1 BBiG)*. Die Kündigung muss schriftlich erfolgen *(§ 22 Abs. 3 BBIG)*; Kündigungsgründe müssen nicht angegeben werden. • **Nach der Probezeit:** 1. Der Arbeitgeber kann nur kündigen, wenn er einen wichtigen Grund hat. Die Kündigung muss innerhalb von 2 Wochen nach Bekanntwerden des Kündigungsgrundes ohne Einhaltung einer Frist erfolgen *(§ 22 Abs. 2 und 4 BBiG)*. 2. Der Auszubildende kann kündigen, wenn er – einen wichtigen Grund hat; die Kündigung muss innerhalb von 2 Wochen nach Eintritt des Kündigungsgrundes ohne Einhaltung einer Frist erfolgen *(§ 22 Abs. 2 und 4 BBiG)*. – die Berufsausbildung beenden will oder sich für eine andere Berufstätigkeit ausbilden lassen will. In diesen Fällen hat der Auszubildende eine Kündigungsfrist von 4 Wochen einzuhalten *(§ 22 Abs. 2 Nr. 2 BBiG)*.
Probearbeitsverhältnisse	Während einer Probezeit von bis zu 6 Monaten kann das Arbeitsverhältnis mit einer Frist von 2 Wochen gekündigt werden. Bei einer längeren Probezeit gelten die regulären Kündigungsfristen nach *§ 622 BGB*.
Aushilfen	Bei Aushilfsarbeitsverhältnissen, die bis zu 3 Monaten dauern, kann nach *§ 622 Abs. 5 BGB* durch Vereinbarung im Arbeitsvertrag die Kündigungsfrist verkürzt werden.
Betriebsratsmitglieder/Jugend- und Auszubildendenvertreter	Der Arbeitgeber kann nur aus wichtigem Grund kündigen *(§ 15 KSchG)*. Die in Berufsausbildung stehenden Betriebsratsmitglieder und Jugend- und Auszubildendenvertreter sind in ein unbefristetes Arbeitsverhältnis zu übernehmen, wenn der Ausbildungsbetrieb nicht 3 Monate vor Ausbildungsabschluss schriftlich kündigt *(§ 78 a BetrVG)*.
Schwerbehinderte	Kündigung nur mit Zustimmung des Integrationsamtes, Kündigungsfrist mindestens 4 Wochen, ab 20 Beschäftigten sind 5 % bzw. 6 %[1] der Arbeitsplätze mit Schwerbehinderten zu besetzen, sonst hat der Arbeitgeber eine abnehmend gestaffelte Ausgleichsabgabe je nicht besetzter Stelle im Monat zu zahlen *(§ 71 ff. SGB IX)*.
Werdende Mütter	Kündigung während der Schwangerschaft und bis zum Ablauf von 4 Monaten nach der Entbindung ist unzulässig, die Arbeitnehmerin kann jedoch während der Schwangerschaft und der Schutzfrist ohne Einhaltung einer Frist zum Ende der Schutzfrist nach der Entbindung kündigen *(§ 10 MuSchG)*.
Freiwillige Wehr- und Zivildienstleistende	Kündigung während der freiwilligen Wehr- bzw. Zivildienstzeit ist nicht zulässig, das Beschäftigungsverhältnis ruht nur *(§ 2 ArbPlSchG)*.
Junge Mütter/Väter	Kündigung während der Elternzeit unzulässig *(§ 18 BEEG)*; Arbeitnehmer, die erziehungsberechtigt sind, können nach *§ 19 BEEG* das Arbeitsverhältnis zum Ende der Elternzeit mit einer Frist von 3 Monaten kündigen.
Kleinunternehmen	Unternehmen mit nicht mehr als 20 Arbeitnehmern (ohne Azubis) können die Grundkündigungsfrist von 4 Wochen einzelvertraglich auf jeden beliebigen Zeitpunkt vereinbaren (Abweichung von der Grundregel: Ende der Kündigungsfrist auf den 15. oder zum Monatsende).
Geltung des Kündigungsschutzgesetzes	Der gesetzliche Kündigungsschutz nach dem Kündigungsschutzgesetz gilt erst in Betrieben, die mehr als 10 Mitarbeiter beschäftigen *(§ 23 KSchG)*.

[1] *Die anzuwendende Quote ist abhängig von der festgestellten Zahl arbeitsloser Schwerbehinderter.*

Kündigungsschutzverfahren

Hält der Arbeitnehmer eine Kündigung für ungerechtfertigt, hat er folgende Möglichkeiten:

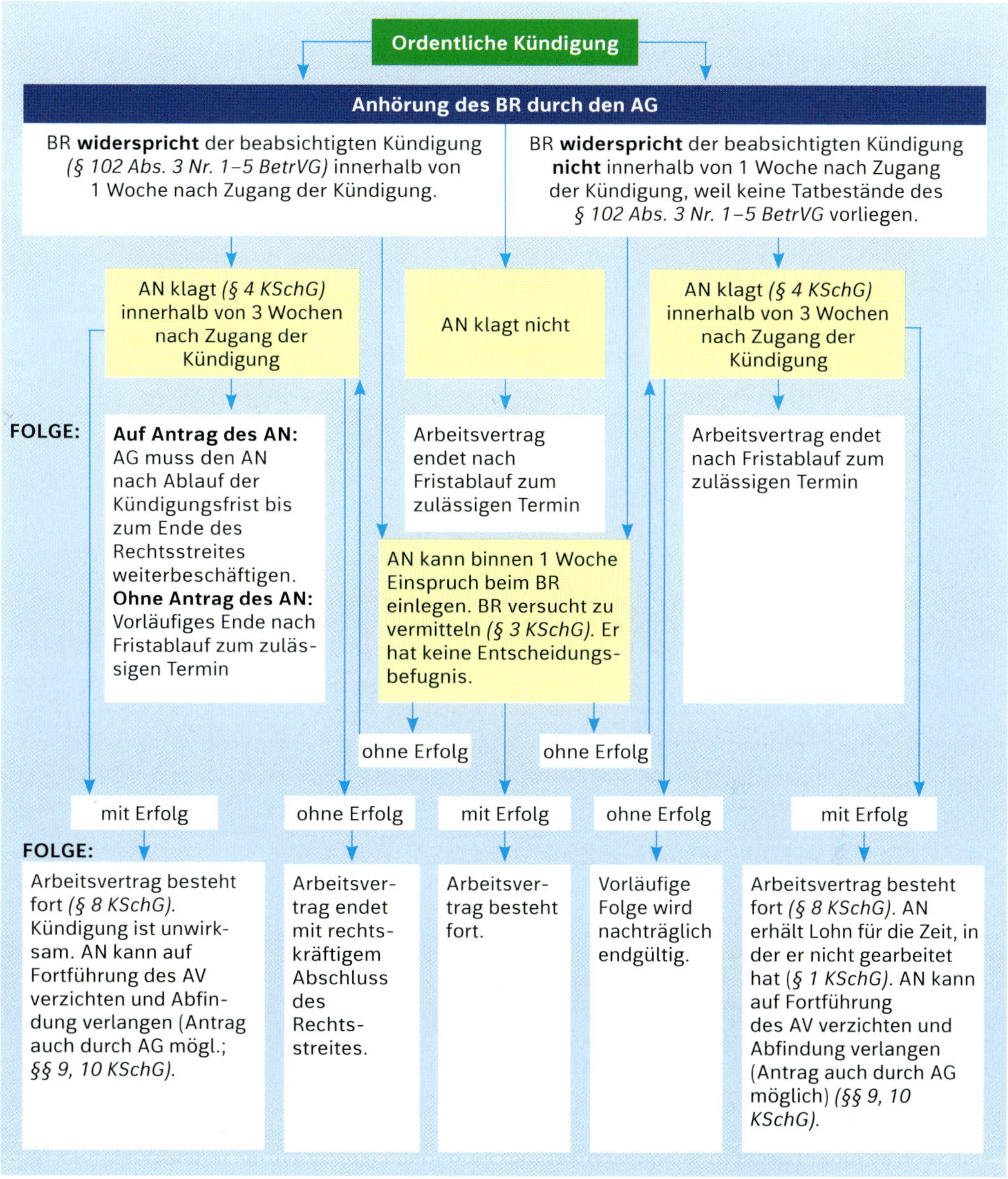

Ordentliche Kündigung
Anhörung des BR durch den AG
BR **widerspricht** der beabsichtigten Kündigung *(§ 102 Abs. 3 Nr. 1–5 BetrVG)* innerhalb von 1 Woche nach Zugang der Kündigung.
BR **widerspricht** der beabsichtigten Kündigung **nicht** innerhalb von 1 Woche nach Zugang der Kündigung, weil keine Tatbestände des *§ 102 Abs. 3 Nr. 1–5 BetrVG* vorliegen.
AN klagt *(§ 4 KSchG)* innerhalb von 3 Wochen nach Zugang der Kündigung
AN klagt nicht
AN klagt *(§ 4 KSchG)* innerhalb von 3 Wochen nach Zugang der Kündigung
FOLGE:
Auf Antrag des AN: AG muss den AN nach Ablauf der Kündigungsfrist bis zum Ende des Rechtsstreites weiterbeschäftigen.
Ohne Antrag des AN: Vorläufiges Ende nach Fristablauf zum zulässigen Termin
Arbeitsvertrag endet nach Fristablauf zum zulässigen Termin
Arbeitsvertrag endet nach Fristablauf zum zulässigen Termin
AN kann binnen 1 Woche Einspruch beim BR einlegen. BR versucht zu vermitteln *(§ 3 KSchG)*. Er hat keine Entscheidungsbefugnis.
ohne Erfolg
ohne Erfolg
mit Erfolg
ohne Erfolg
mit Erfolg
ohne Erfolg
mit Erfolg
FOLGE:
Arbeitsvertrag besteht fort *(§ 8 KSchG)*. Kündigung ist unwirksam. AN kann auf Fortführung des AV verzichten und Abfindung verlangen (Antrag auch durch AG mögl.; *§§ 9, 10 KSchG)*.
Arbeitsvertrag endet mit rechtskräftigem Abschluss des Rechtsstreites.
Arbeitsvertrag besteht fort.
Vorläufige Folge wird nachträglich endgültig.
Arbeitsvertrag besteht fort *(§ 8 KSchG)*. AN erhält Lohn für die Zeit, in der er nicht gearbeitet hat (*§ 1 KSchG)*. AN kann auf Fortführung des AV verzichten und Abfindung verlangen (Antrag auch durch AG möglich) *(§§ 9, 10 KSchG)*.

Das Kündigungsschutzverfahren ist bei einer **außerordentlichen Kündigung** bis auf die nicht bestehende Kündigungsfrist seitens des Arbeitgebers und die nur bestehende dreitägige Widerspruchsfrist des Betriebsrates identisch.

Arbeitszeugnis[1]

Bei Beendigung des Arbeitsverhältnisses hat der Arbeitnehmer Anspruch auf Ausstellung eines Zeugnisses *(§ 630 BGB, § 109 GewO)*. Die elektronische Form ist nicht zulässig.

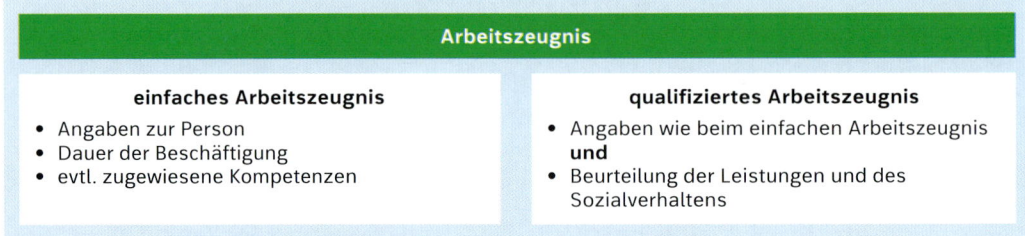

Arbeitszeugnis	
einfaches Arbeitszeugnis	**qualifiziertes Arbeitszeugnis**
• Angaben zur Person • Dauer der Beschäftigung • evtl. zugewiesene Kompetenzen	• Angaben wie beim einfachen Arbeitszeugnis **und** • Beurteilung der Leistungen und des Sozialverhaltens

3.1.4 Besondere Formen des Arbeitsverhältnisses

Formen

- **Berufsausbildungsverhältnis**
- **Teilzeitarbeits-/ Aushilfsarbeitsverhältnis**
- **Leiharbeitsverhältnis**

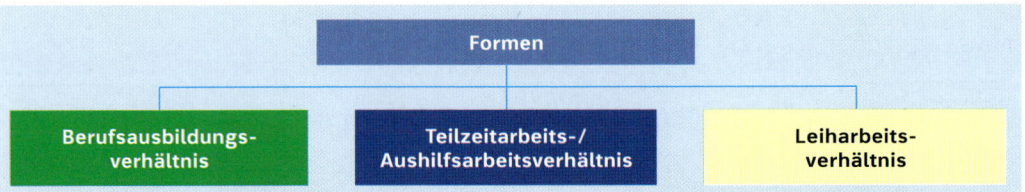

Berufsausbildung ist nach dem *BBiG* eine breit angelegte berufliche Grundbildung in einem staatlich anerkannten Ausbildungsberuf.[2]
Beim **Teilzeitarbeitsverhältnis**[3] liegt in der Regel eine kürzere Arbeitszeit vor als bei einer vergleichbaren Vollbeschäftigung. Arbeitsrechtlich entspricht die Absicherung der einer Vollbeschäftigung.
Bei einem echten **Leiharbeitsverhältnis** wird der Arbeitnehmer mit seiner Zustimmung vorübergehend in dem Betrieb eines Dritten eingesetzt, während bei einem unechten Leiharbeitsverhältnis der Arbeitnehmer von vornherein zur Arbeitsleistung bei einem Dritten eingestellt wird. Die entsprechenden Vorschriften des Arbeitnehmerüberlassungsgesetzes sind zu beachten.
Liegt eine **Arbeitsplatzteilung** (Jobsharing) vor, wird die vorhandene Arbeitsaufgabe eines Arbeitsplatzes unter Abstimmung von zwei Arbeitnehmern gemeinschaftlich erfüllt.
Eine **Aushilfsbeschäftigung** wird angenommen, wenn die Beschäftigung nur in regelmäßig geringem Umfang oder kurzfristig unregelmäßig stattfindet.

Exkurs: Geringfügige Beschäftigungsverhältnisse (Minijobs)

Das zweite Gesetz für moderne Dienstleistungen am Arbeitsmarkt (Hartz II) regelt **geringfügige Beschäftigungsverhältnisse (Minijobs).**

---

1 *Vgl. Seite 88.*
2 *Vgl. Seite 27 ff.*
3 *Der Arbeitnehmer hat einen Rechtsanspruch auf die Verringerung seiner vertraglich vereinbarten Arbeitszeit, soweit bei dem Arbeitgeber mehr als 15 Arbeitnehmer beschäftigt sind (§ 8 TzBfG).*

Die Eckpunkte sind:

- Die **Verdienstgrenze für geringfügig Beschäftigte** *(§8 Abs. 1 Nr. 1 SGB IV)* bzw. geringfügig Beschäftigte in Privathaushalten *(§8 a SGB IV)* beträgt monatlich **450,00 €**. Entrichtet der Arbeitgeber hierfür **pauschale Sozialabgaben**[1] (in 2017 KV 13%, RV 15%; Umlage U1 0,90%, Umlage U2 0,24%, Insolvenzgeldumlage (auch U3 genannt) 0,06%), kann er für das Arbeitsentgelt unter Verzicht auf die Vorlage einer Lohnsteuerkarte die Lohnsteuer einschließlich Solidaritätszuschlag und Kirchensteuer mit einem einheitlichen **Pauschalsteuersatz** in Höhe von insgesamt 2% erheben *(§40 a Abs. 2 EStG)*.
  In diesen Fällen sind die pauschalen Sozialabgaben und die pauschale Steuer vom Arbeitgeber an die Bundesknappschaft zu entrichten *(§40 a Abs. 6 EStG)*.
- Für die Sozialabgaben wurde bei einem monatlichen Arbeitsentgelt zwischen **450,01 € bis zu einer Grenze von 850,00 €** eine sogenannte **Gleitzone** eingeführt. Oberhalb von Arbeitsentgelten von 450,00 € besteht danach Versicherungspflicht in allen Zweigen der Sozialversicherung. Der **Arbeitgeber** muss in diesem Fall den **vollen** Arbeitgeberanteil zur Sozialversicherung für das gesamte Arbeitsentgelt entrichten. Beim Arbeitnehmer hingegen steigen die Beiträge linear bis zum vollen Arbeitnehmeranteil an.
  In steuerlicher Hinsicht erfolgt ab einem Arbeitsentgelt von 450,01 € die individuelle Besteuerung, eine Pauschalierung ist nicht möglich.

Der Niedriglohnsektor auf einen Blick

		Arbeitnehmer	Arbeitgeber
Minijobs *(früher 400,00 €)* *auch als Nebenjob wieder möglich*	**bis 450,00 €**	– steuer- und abgabenfrei	**Pauschalabgabe** **31,20%** *davon 13% Krankenversicherung, 15% Rentenversicherung, 2% Steuer, zzgl. ca. 1,20% Umlage*[2]
haushaltsnahe Minijobs[3] *auch als Nebenjob wieder möglich*	**bis 450,00 €**	– steuer- und abgabenfrei	**Pauschalabgabe** **14,80%** *davon 5% Krankenversicherung, 5% Rentenversicherung, 2% zzgl. 1,20% Umlagen und 1,6% Unfallversicherung*
erweiterter Niedriglohn-Sektor *(Gleitzone)*	**450,01 € bis 850,00 €**	– Sozialbeiträge steigen stufenweise von 12,5% auf ca. 20,2% – Steuer wie bisher	**Sozialbeiträge** **20,2%** *inkl. Umlagen*
Dienstmädchen-Privileg	– Privathaushalte können Kosten eines sozialversicherungspflichtigen Angestellten bis 20% der Aufwendungen, max. 4000,00 €, steuerlich von der tariflichen ESt absetzen *(§35a Abs. 2 EStG)*.		

---

1 Vgl. *§§8, 8 a SGB IV, §249 b SGB V, §168 Abs. 1 b SGB VI* mit der Annahme einer **generellen RV-Pflicht** durch **Aufstockung** von 3,6% durch den AN. Eine ausdrückliche **Erklärung** des AN zur **Nichtteilnahme** muss dem AG bei Aufnahme des Arbeitsverhältnisses vorgelegt werden.

2 0,90% Umlage 1 (U1), 0,24% Umlage 2 (U2), 0,06% Insolvenzgeldumlage (U3).

3 Steuerlich absetzbar von der tariflichen ESt sind 20% der in Privathaushalten entstandenen Kosten, maximal 510,00 € *(§35 a Abs. 1 EStG)*. Bei Einschaltung einer Dienstleistungsagentur: 20% steuerlich absetzbar, bis max. 4000,00 € *(§ 35 a Abs. 2 EStG)*.

Deutschland ist das 22. EU-Land mit Mindestlohn

Seit dem 01.01.2015 gilt in Deutschland erstmals ein flächendeckender gesetzlicher Mindestlohn von 8,50 € pro Stunde. Damit ist Deutschland das 22. Land der EU, das einen Mindestlohn einführte. Seit 2017 ist der Mindestlohn auf 8,84 € erhöht. Im Jahr 2018 berät die Mindestlohn-Kommission über eine erneute Anhebung und gibt eine Empfehlung an die Bundesregierung, die durch Verordnung den neuen Mindestlohn festlegen kann. Den höchsten Mindestlohn hatte im Jahr 2014 Luxemburg mit über elf Euro pro Stunde. Es folgten Frankreich, die Niederlande und Belgien mit jeweils gut neun Euro. Auch viele osteuropäische Länder kennen einen Mindestlohn; dort liegt er aber umgerechnet oft unter zwei Euro pro Stunde. Insgesamt werden nach Angaben der Bundesregierung rund vier Millionen Menschen in Deutschland von der neuen Regelung profitieren. Allerdings gibt es auch einige Ausnahmen.

Quelle: dpa Picture-Alliance (Hrsg.): Globus-Grafik 10043, 70. Jahrgang, veröff. am 23.01.2015 (Text vom Autor aktualisiert)

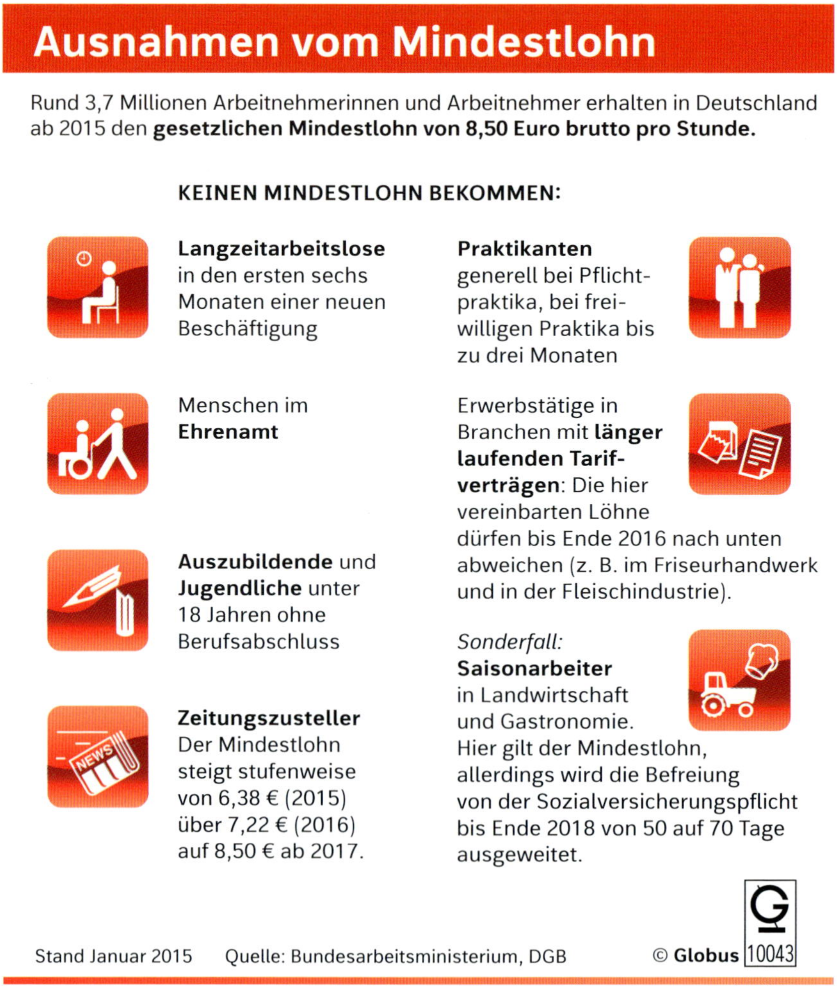
Ausnahmen vom Mindestlohn
Rund 3,7 Millionen Arbeitnehmerinnen und Arbeitnehmer erhalten in Deutschland ab 2015 den gesetzlichen Mindestlohn von 8,50 Euro brutto pro Stunde.
KEINEN MINDESTLOHN BEKOMMEN:
Langzeitarbeitslose in den ersten sechs Monaten einer neuen Beschäftigung
Menschen im Ehrenamt
Auszubildende und Jugendliche unter 18 Jahren ohne Berufsabschluss
Zeitungszusteller Der Mindestlohn steigt stufenweise von 6,38 € (2015) über 7,22 € (2016) auf 8,50 € ab 2017.
NEWS
Praktikanten generell bei Pflichtpraktika, bei freiwilligen Praktika bis zu drei Monaten
Erwerbstätige in Branchen mit länger laufenden Tarifverträgen: Die hier vereinbarten Löhne dürfen bis Ende 2016 nach unten abweichen (z. B. im Friseurhandwerk und in der Fleischindustrie).
Sonderfall: Saisonarbeiter in Landwirtschaft und Gastronomie. Hier gilt der Mindestlohn, allerdings wird die Befreiung von der Sozialversicherungspflicht bis Ende 2018 von 50 auf 70 Tage ausgeweitet.
Stand Januar 2015
Quelle: Bundesarbeitsministerium, DGB
© Globus 10043

3.2 Kollektivarbeitsrecht

Arbeitnehmer und Arbeitgeber haben das Recht, sich in Organisationen zusammenzuschließen, um einen sozialen Ausgleich zwischen den unterschiedlichen Interessenlagen der Vertragsparteien herbeizuführen. Dieses Recht auf **Koalitionsfreiheit** ist verfassungsrechtlich garantiert *(Art. 9 Abs. 3 GG)*.
Die Arbeitnehmer organisieren sich in **Gewerkschaften**, die Arbeitgeber gleicher Wirtschaftszweige in **Arbeitgeberverbänden** (Fachverbänden) mit der Dachorganisation Bundesverband der Deutschen Arbeitgeberverbände (BDA als tarifrechtlicher Zusammenschluss). Sie werden als **Tarifvertragsparteien**, **Tarifpartner oder Sozialpartner** bezeichnet.

■ Aufgaben der Gewerkschaften

Allgemeine Aufgaben

- Verbesserung der sozialen und wirtschaftlichen Lage der Mitglieder durch Wochenarbeitszeitverkürzung, Verlängerung der Urlaubsdauer, Anhebung der Löhne und Gehälter
- Intensivierung der beruflichen Aus- und Weiterbildung
- Verstärkung des Schutzes vor Arbeitslosigkeit, bei Arbeitsunfällen, Insolvenz des Arbeitgebers

Rechtliche Aufgaben

- Tarifvertragsabschluss
- Durchführung von Arbeitskämpfen
- Mitgliedervertretung vor Arbeitsgerichten
- Mitwirkung bei Erstellung von Ausbildungsordnungen
- Mitwirkung bei Besetzung von Prüfungsausschüssen

Wirtschaftspolitische Aufgaben

- Einkommens- und Vermögensumverteilung zugunsten der Mitglieder
- Mitwirkung bei wirtschaftspolitischen Entscheidungen im Gesetzgebungsverfahren wie Wirtschafts- und Steuergesetze
- Mitbestimmungserweiterung in den Unternehmen

■ Aufgaben der Arbeitgebervereinigungen

Eine intensive Unterstützung gewähren die öffentlich-rechtlichen Arbeitgebervereinigungen ihren zugehörigen Unternehmen (Mitgliedern). Es finden vielfältige Kooperationen zwischen Kammern, Gewerkschaften, Behörden, privatrechtlichen Arbeitgebervereinigungen und Ausbildungsbetrieben statt.

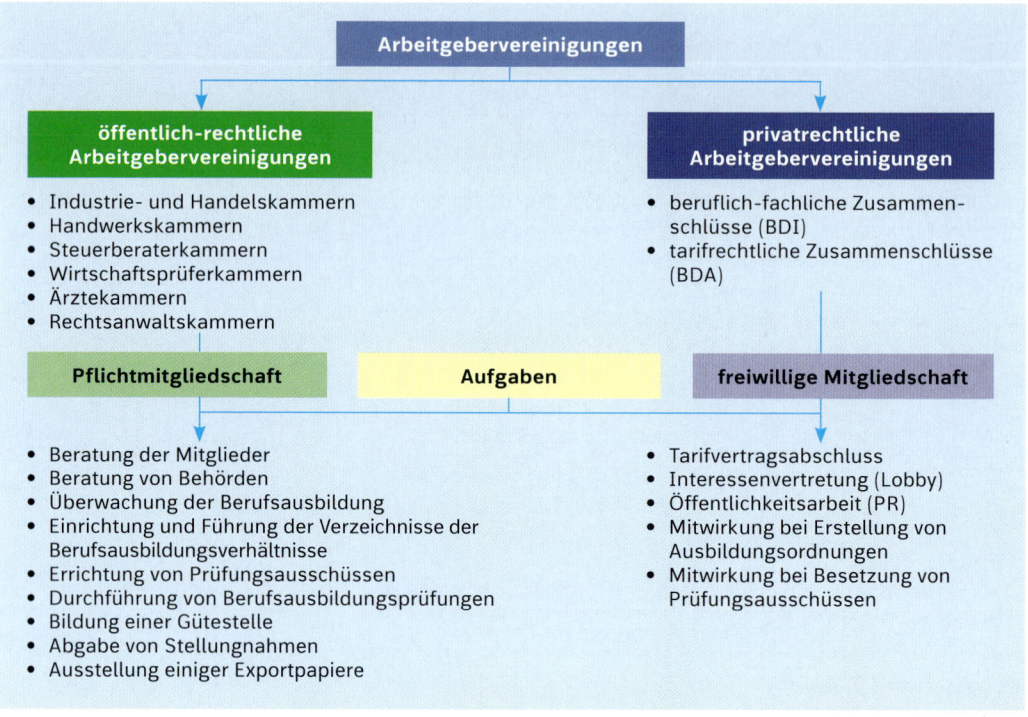

Arbeitgebervereinigungen

öffentlich-rechtliche Arbeitgebervereinigungen

- Industrie- und Handelskammern
- Handwerkskammern
- Steuerberaterkammern
- Wirtschaftsprüferkammern
- Ärztekammern
- Rechtsanwaltskammern

Pflichtmitgliedschaft

privatrechtliche Arbeitgebervereinigungen

- beruflich-fachliche Zusammenschlüsse (BDI)
- tarifrechtliche Zusammenschlüsse (BDA)

freiwillige Mitgliedschaft

Aufgaben

Pflichtmitgliedschaft:

- Beratung der Mitglieder
- Beratung von Behörden
- Überwachung der Berufsausbildung
- Einrichtung und Führung der Verzeichnisse der Berufsausbildungsverhältnisse
- Errichtung von Prüfungsausschüssen
- Durchführung von Berufsausbildungsprüfungen
- Bildung einer Gütestelle
- Abgabe von Stellungnahmen
- Ausstellung einiger Exportpapiere

Freiwillige Mitgliedschaft:

- Tarifvertragsabschluss
- Interessenvertretung (Lobby)
- Öffentlichkeitsarbeit (PR)
- Mitwirkung bei Erstellung von Ausbildungsordnungen
- Mitwirkung bei Besetzung von Prüfungsausschüssen

3.2.1 Tarifverträge

Gewerkschaften und Arbeitgeberverbände bzw. die einzelnen Arbeitgeber haben nach dem **Tarifvertragsgesetz** *(TVG)* das Recht, **Tarifverträge** (privatrechtliche Verträge) abzuschließen.

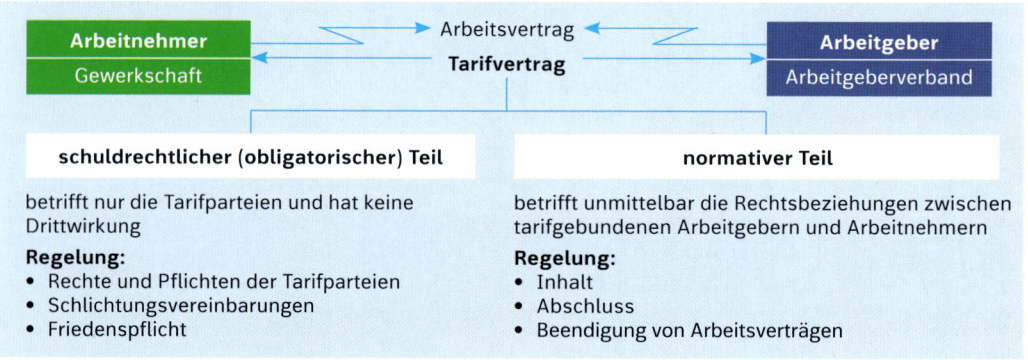

Arbeitnehmer / Gewerkschaft ⟷ Arbeitsvertrag / **Tarifvertrag** ⟷ **Arbeitgeber** / Arbeitgeberverband

schuldrechtlicher (obligatorischer) Teil

betrifft nur die Tarifparteien und hat keine Drittwirkung

Regelung:

- Rechte und Pflichten der Tarifparteien
- Schlichtungsvereinbarungen
- Friedenspflicht

normativer Teil

betrifft unmittelbar die Rechtsbeziehungen zwischen tarifgebundenen Arbeitgebern und Arbeitnehmern

Regelung:

- Inhalt
- Abschluss
- Beendigung von Arbeitsverträgen

Definition *Tarifverträge sind für alle angeschlossenen Mitglieder verbindliche (kollektive) Arbeitsverträge, in denen Abmachungen über Löhne, Gehälter und andere arbeitsrechtliche Regelungen enthalten sind. Sie bedürfen der* **Schriftform** *und sind im vom Bundesminister für Arbeit und Sozialordnung geführten* **Tarifregister** *einzutragen.*

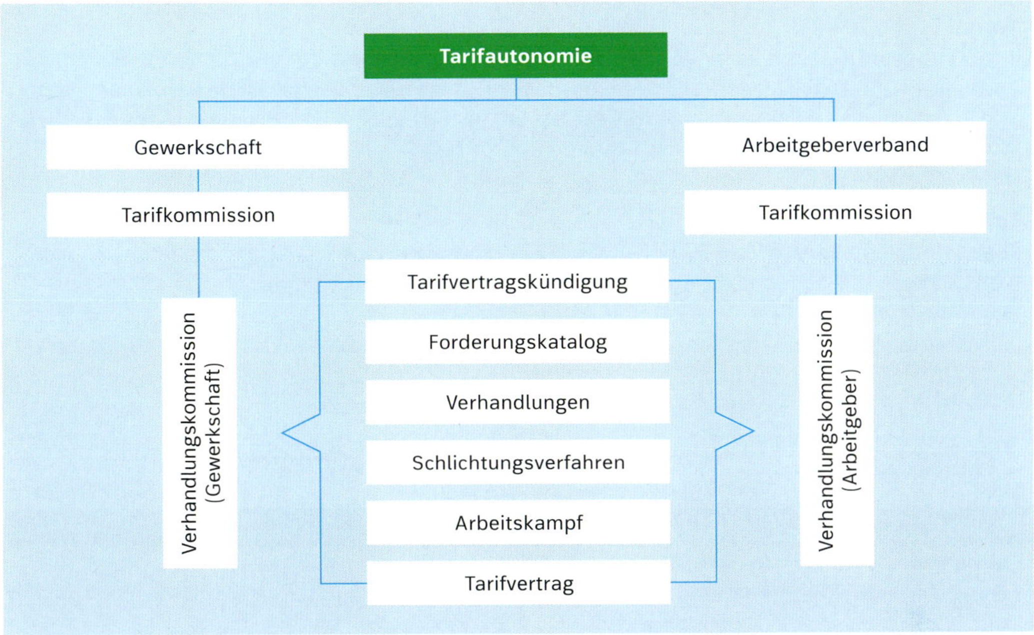
Tarifautonomie
Gewerkschaft
Tarifkommission
Arbeitgeberverband
Tarifkommission
Verhandlungskommission (Gewerkschaft)
Tarifvertragskündigung
Forderungskatalog
Verhandlungen
Schlichtungsverfahren
Arbeitskampf
Tarifvertrag
Verhandlungskommission (Arbeitgeber)

Bei **Haustarifverträgen** schließen einzelne Arbeitgeber den Tarifvertrag ab.

Weil die Tarifvertragsparteien die Tarifverträge in eigener Verantwortung schließen, spricht man von **Tarifautonomie**. Die Tarifautonomie ist das im Grundgesetz verankerte Recht, Tarifverträge frei von staatlichen Eingriffen abzuschließen.

Tarifvertragsarten

Manteltarifverträge beinhalten grundlegende Vereinbarungen, die über einen Zeitraum von mehreren Jahren Gültigkeit behalten. So regelt der Manteltarifvertrag für das Speditionsgewerbe z. B.:

- Arbeitszeit
- Gehaltszahlungstermine
- Arbeitsversäumnisse
- Jahressonderzahlung
- Vergütung für Mehrarbeit
- Gehaltsfortzahlung
- Urlaub
- Kündigung

Gehalts- bzw. Lohntarifverträge laufen normalerweise ein bis zwei Jahre und regeln die Gehalts- bzw. Lohngruppen[1] und die Gehalts- bzw. Lohnhöhe.

---

[1] *Gehalts- und Lohngruppen werden in manchen Branchen im Manteltarifvertrag geregelt.*

Gehaltsgruppe III
Tätigkeiten, die nach allgemeiner Anweisung überwiegend selbstständig ausgeführt werden und Kenntnisse und Fähigkeit voraussetzen, die in der Regel eine abgeschlossene Berufsausbildung – insbesondere als Kaufmann/Kauffrau für Spedition und Logistikdienstleistung – voraussetzen. Meistertätigkeiten, die eine abgeschlossene einschlägige Fachausbildung oder gleichwertiges Berufskönnen voraussetzen.

Typische Beispiele:
- selbstständiges Bearbeiten speditioneller Vorgänge und der damit verbundenen Abrechnungen
- Akquisition mit Angebotserstellung bei begrenzter Abschlussbefugnis
- Erledigen von qualifizierten Sekretariatsarbeiten
- Übersetzen, stenografisches Aufzeichnen und Übertragen von fremdsprachlichen Texten
- qualifizierte Buchhaltungstätigkeiten
- Bedienen von Datenverarbeitungsgeräten mit Auswerten von Programmen
- Programmieren einfacher Vorgänge

Geltungsbereiche von Tarifverträgen	
Tarifbereiche	• Bundes-, Landes-, Bezirks- und Ortstarifverträge • Werktarifverträge
Tarifpartner	• Verbandstarifvertrag (Normalfall) – eine Gewerkschaft und ein Arbeitgeberverband • Haustarifvertrag (Firmentarif) – eine Gewerkschaft und ein Arbeitgeber • Branchentarifvertrag (je Wirtschaftszweig) – eine Gewerkschaft und die Vertreter einer Branche
Gültigkeit	• fachlich – nach Produktionsgebieten eines Industriezweiges • personalbezogen – nach Angestellten und Arbeitern • räumlich – Bundes-/Landesebene oder -region • zeitlich – ein-/zwei- oder mehrjährig
Bindung	• Normalfall: – Mitglieder der tarifschließenden Gewerkschaft (in der Praxis: Anwendung meist auf alle Mitarbeiter) – Arbeitgeber, die Mitglieder des tarifabschließenden Arbeitgeberverbandes sind – Arbeitgeber mit Abschluss eines Firmentarifvertrages • Möglichkeit nach dem Tarifvertragsgesetz: **Allgemeinverbindlichkeitserklärung** Die Erklärung erfolgt nach dem im *TVG* geregelten Verfahren durch den Bundesminister für Arbeit und Sozialordnung. Nach Eintragung im Tarifregister und Veröffentlichung im Bundesanzeiger gelten die Rechtsnormen des Tarifvertrages auch für bisher nicht tarifgebundene Arbeitgeber des Tarifbezirkes.

Tarifvertragliche Wirkungen

Vorteile	Nachteile
• Richtlinienfunktion: klare Regelung von Pflichten und Rechten • Friedenspflicht: sozialer Friede der Tarifpartner und Gleichbehandlung während der Laufzeit • kalkulierbare Lohnkosten bei den Arbeitgebern • Vereinfachung bei Arbeitsvertragsabschluss • Sicherheit bei den Arbeitnehmern (Mindestlohn, Mindestarbeitsbedingungen, soziale Gesichtspunkte)	• Gefahr von Machtkonzentrationen bei ungenügender Kontrolle • starrer Lohn nach unten

3.2.2 Betriebsvereinbarungen

Eine Betriebsvereinbarung ist ein Vertrag nach BGB zwischen Arbeitgeber und Betriebsrat, der Rechte und Pflichten für alle Arbeitnehmer eines Unternehmens formuliert *(§ 77 Abs. 4 S. 2 BetrVG)*.

Regelung durch Betriebsvereinbarung

Bindungen	Regelungsmöglichkeiten
• Schriftform *(§ 77 Abs. 2 BetrVG)* • Der Betriebsrat muss in einem ordentlichen Beschluss über den Inhalt und Abschluss der Betriebsvereinbarung, die das Ergebnis der Verhandlung darstellt, abstimmen. Dieser Beschluss ist die Willenserklärung des Betriebsrats, aus der dann zusammen mit der übereinstimmenden Willenserklärung des Arbeitgebers der Vertrag „Betriebsvereinbarung" entsteht. • Der Betriebsrat muss einen Beschluss fassen, mit dem er den Betriebsratsvorsitzenden ermächtigt, stellvertretend für den Betriebsrat die Betriebsvereinbarung abzuschließen. • Die Einigung zwischen Arbeitgeber und Betriebsrat muss jeweils von einer vertretungsberechtigten Person der beiden Parteien – beim Betriebsrat i. d. R. dem Betriebsratsvorsitzenden – unterschrieben werden. • Offenlegung im Unternehmen • keine Schlechterstellung als der Tarifvertrag; nur Ergänzung • keine Geltung für leitende Angestellte	Gegenstand einer Betriebsvereinbarung können alle Fragen sein, bei denen dem Betriebsrat ein gesetzliches Mitbestimmungsrecht zusteht. **Regelungsmöglichkeiten** • soziale Angelegenheiten: – Beginn und Ende der täglichen Arbeitszeit – Pausenregelungen – Zeit, Ort und Zahlung des Lohnes – Aufstellung allgemeiner Urlaubsgrundsätze – Fragen der betrieblichen Lohngestaltung – Förderung der Vermögensbildung – Sonderfall: Sozialplan • personelle Angelegenheiten: – Personalplanung – Vorschläge zur Sicherung und Förderung der Beschäftigung – Personalfragebögen – Beurteilungsgrundsätze – Förderung der Berufsbildung • wirtschaftliche Angelegenheiten bei Betrieben mit mehr als 100 ständig Beschäftigten, Unterrichtung über: – wirtschaftliche und finanzielle Lage des Unternehmens – Absatzlage – Rationalisierungsmaßnahmen

Wurden durch Einzelvereinbarungen für den Arbeitnehmer günstigere Regelungen vereinbart, gehen diese der Betriebsvereinbarung vor. Jeder Vertragspartner kann eine bestehende Betriebsvereinbarung nach *§ 77 Abs. 5 BetrVG* mit einer Frist von drei Monaten kündigen. Abweichende Kündigungsfristen können vereinbart werden.

3.2.3 Tarifkonflikte

Die Parteien eines Tarifvertrages unterliegen der **Friedenspflicht**. Während der Vertragsdauer haben sie alle Maßnahmen des Arbeitskampfes zu unterlassen.

Tarifverträge enden entweder nach der vereinbarten Zeit oder durch Kündigung eines Tarifpartners. Jeder Tarifpartner ernennt Vertreter für die Tarifkommission, in der die Forderungen vorgetragen und beraten werden. In den **Tarifverhandlungen** begründet jede Partei ihre wirtschaftliche Lage und erläutert, worauf es ihr bei dem Verhandlungsergebnis ankommt.
Kommt keine Einigung zustande, versuchen die Gewerkschaften durch Demonstrationen, Streikdrohungen, Betriebsversammlungen und Warnstreiks Druck auf die Arbeitgeber auszuüben. In den meisten Wirtschaftsbereichen können die Tarifparteien frei vereinbaren, wie sie Tarifverhandlungen führen. Dabei beantragt oft nach Scheitern der Tarifverhandlungen eine Partei die **Schlichtung**, um den Arbeitsfrieden zu erhalten. Die aus Vertretern der Tarifparteien zu bildende Kommission kann einen unparteiischen Schlichter heranziehen, dem die schwierige Aufgabe zukommt, die gescheiterten Tarifverhandlungen zu einem guten Ende zu bringen.
Gibt es keine Einigung, kommt es zum Arbeitskampf. Zulässige Kampfmittel sind **Streik** auf der Arbeitnehmerseite und **Aussperrung** auf der Arbeitgeberseite.

Ablauf eines Tarifkonflikts
Arbeitgeber (-verband)
Arbeitnehmer (Gewerkschaft)
neutraler Schlichter
Ein Tarifvertrag läuft aus oder wird gekündigt
Damit endet die Friedenspflicht
Verhandlungen der Tarifparteien über einen neuen Tarifvertrag scheitern
evtl. anschließendes Schlichtungsverfahren
Wird die Einigungsempfehlung des Schlichters von einer Seite abgelehnt ...
Urabstimmung der Gewerkschaftsmitglieder
Einem Streik müssen mindestens 75 % zustimmen
Das zuständige Gewerkschaftsgremium beschließt einen Streik zur Erzwingung eines Tarifvertrags
STREIK
Wiederaufnahme der Tarifverhandlungen
Urabstimmung über das Verhandlungsergebnis
Stimmen mindestens 25 % zu: Ende des Tarifkonflikts
ZAHLENBILDER
244 108 © Bergmoser + Höller Verlag AG

■ Streik

Definition

*Der **Streik** (Ausstand) ist eine kollektive Arbeitsniederlegung mit dem Ziel, Forderungen nach höheren Löhnen oder besseren Arbeitsbedingungen gegenüber dem Arbeitgeber durchzusetzen, um danach die Arbeit wieder aufzunehmen.*

Das **Streikrecht** ist ein aus *Art. 9 Abs. 3 GG* abgeleitetes erlaubtes Mittel des Arbeitskampfes.

Ein Streik gilt nur als genehmigt, wenn mindestens 75 %[1] der gewerkschaftlich organisierten Arbeitnehmer in der vom Gewerkschaftsvorstand eingeleiteten **Urabstimmung** dem Streik zustimmen. Die von der **Streikleitung** ernannten **Streikposten** sollen **Streikbrecher** beeinflussen und Streikende von strafbaren Handlungen abhalten.
Das Arbeitsverhältnis wird durch den Streik nicht gelöst.
Alle Arbeitnehmer (auch Nichtorganisierte) sind streikberechtigt. Streikgeldzahlungen erhalten nur Gewerkschaftsmitglieder.
Ein **Streikende** ist dann beschlossen, wenn sich in einer erneuten Urabstimmung mindestens 25 % der Gewerkschaftsmitglieder dafür aussprechen.

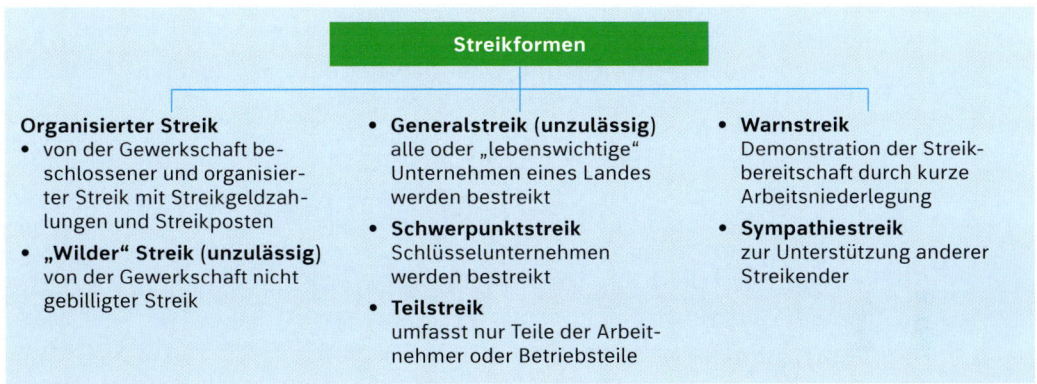

Streikformen

Organisierter Streik
- von der Gewerkschaft beschlossener und organisierter Streik mit Streikgeldzahlungen und Streikposten
- **„Wilder" Streik (unzulässig)**
  von der Gewerkschaft nicht gebilligter Streik

- **Generalstreik (unzulässig)**
  alle oder „lebenswichtige" Unternehmen eines Landes werden bestreikt
- **Schwerpunktstreik**
  Schlüsselunternehmen werden bestreikt
- **Teilstreik**
  umfasst nur Teile der Arbeitnehmer oder Betriebsteile

- **Warnstreik**
  Demonstration der Streikbereitschaft durch kurze Arbeitsniederlegung
- **Sympathiestreik**
  zur Unterstützung anderer Streikender

Aussperrung

Im Arbeitskampf gilt der **Grundsatz der Verhältnismäßigkeit der Mittel**. Aus diesem Grund steht dem Arbeitgeber das Kampfmittel der Aussperrung zu.

Die* Aussperrung *ist der Ausschluss der Arbeitnehmer von der Arbeit bei gleichzeitiger Verweigerung der Lohn- und Gehaltszahlung. **Definition**

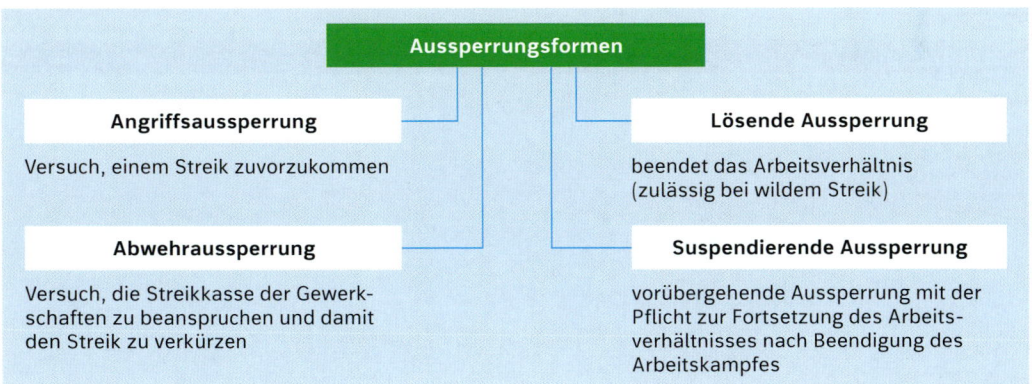

Aussperrungsformen

Angriffsaussperrung
Versuch, einem Streik zuvorzukommen

Abwehraussperrung
Versuch, die Streikkasse der Gewerkschaften zu beanspruchen und damit den Streik zu verkürzen

Lösende Aussperrung
beendet das Arbeitsverhältnis (zulässig bei wildem Streik)

Suspendierende Aussperrung
vorübergehende Aussperrung mit der Pflicht zur Fortsetzung des Arbeitsverhältnisses nach Beendigung des Arbeitskampfes

---
[1] *Die Gewerkschaftssatzung kann abweichende Regelungen vorsehen.*

Auswirkungen von Arbeitskämpfen

Der Arbeitskampf sollte immer das letzte Mittel in einem Tarifkonflikt darstellen. Er erfordert von beiden Tarifparteien großen Einsatz und hohe Kosten.
Für den Arbeitgeber:
- Produktionsausfall
- Gewinneinbußen

Für die Gewerkschaften:
- Streikgeldzahlungen
- Einkommenseinbußen bei den Arbeitnehmern
- Sympathieverlust bei der vom Streik mittelbar betroffenen Öffentlichkeit

Für die **Bundesagentur für Arbeit** gilt das **Neutralitätsgebot** *(§ 146 SGB III)*. Arbeitskämpfe dürfen durch Arbeitslosen- und Kurzarbeitergeldzahlungen an unmittelbar vom Arbeitskampf betroffene Arbeitnehmer nicht unterlaufen werden. Soweit eine mittelbare Beteiligung von Arbeitnehmern vorliegt, regelt das *„Gesetz zur Sicherung der Neutralität der Bundesagentur für Arbeit bei Arbeitskämpfen"* den Leistungsanspruch. Mittelbar ist ein Arbeitnehmer eines Betriebes betroffen, wenn der Betrieb weder bestreikt noch er selbst ausgesperrt ist, aber wegen eines Arbeitskampfes seine Tätigkeit einstellen muss.

Beispiel

Zulieferungen an Industriebetriebe bleiben wegen eines Streiks der Lkw-Fahrer aus.

Ein **Leistungsanspruch** auf Arbeitslosen- und Kurzarbeitergeld liegt heute nur noch bei mittelbar vom Arbeitskampf betroffenen Arbeitnehmern vor, wenn der Betrieb außerhalb des räumlichen und fachlichen Geltungsbereichs des umkämpften Tarifbereichs liegt.

Aufgaben

1. Welche Rechte und Pflichten ergeben sich für Arbeitnehmer und Arbeitgeber aus dem Arbeitsverhältnis?

2. Welche grundsätzlichen Möglichkeiten gibt es zur Beendigung eines Arbeitsverhältnisses?

3. Lösen Sie die folgenden Fälle mithilfe des *§ 622 BGB*.
   a) Aus dringenden betrieblichen Gründen ist dem Angestellten Ben Raiter am 16.09.20.. gekündigt worden. Er ist seit 23 Monaten Mitarbeiter der Unternehmung.
      aa) An welchem Tag endet gemäß den gesetzlichen Vorschriften das Arbeitsverhältnis?
      ab) Wie wäre zu entscheiden, wenn Ben Mitglied des Betriebsrates oder Personalrates wäre?

b) Für die Kündigung der folgenden Arbeitsverhältnisse gelten die gesetzlichen Kündigungsfristen. Entscheiden Sie, zu welchem Zeitpunkt das Arbeitsverhältnis erlischt. Unterstellen Sie, dass eine begründete ordentliche Kündigung durch den Arbeitgeber ausgesprochen wird.
   ba) Zugang der Kündigung am 13.08.2017; der 45-jährige Angestellte gehörte dem Betrieb ununterbrochen seit dem 02.01.2015 an.
   bb) Zugang der Kündigung am 12.03.2017; der 40-jährige Angestellte gehörte dem Betrieb ununterbrochen seit dem 01.04.2006 an.
   bc) Zugang der Kündigung am 14.10.2017; der 28-jährige Angestellte gehörte dem Betrieb ununterbrochen seit dem 01.07.2012 an.

c) Beurteilen Sie die folgenden Aussagen zur Kündigung von Arbeits- bzw. Berufsausbildungsverhältnissen vor dem Hintergrund der gesetzlichen Bestimmungen zum Arbeitsrecht.
   Tragen Sie ein
   (1) wenn sich die Aussage nur auf Arbeitsverhältnisse,
   (2) wenn sich die Aussage nur auf Berufsausbildungsverhältnisse,
   (3) wenn sich die Aussage sowohl auf Arbeits- als auch auf Berufsausbildungsverhältnisse,
   (4) wenn sich die Aussage weder auf Arbeits- noch auf Berufsausbildungsverhältnisse
   bezieht.

   Aussagen:
   a) Bei Kündigungen durch den Arbeitgeber existieren verlängerte Kündigungsfristen. ☐
   b) Bei Vorliegen eines wichtigen Grundes ist eine fristlose Kündigung möglich. ☐
   c) Unter bestimmten Voraussetzungen können Gekündigte sich darauf berufen, dass die Kündigung sozial ungerechtfertigt ist. ☐
   d) Es existiert eine vierwöchige Kündigungsfrist; diese Frist bezieht sich jedoch nicht auf Kündigungen durch den Arbeitgeber. ☐

d) Stellen Sie fest, ob bei den aufgeführten Sachverhalten das Ausbildungs- bzw. Arbeitsverhältnis
   (1) durch Vereinbarung beendet wird,
   (2) durch einseitige Willenserklärung beendet wird,
   (3) kraft Gesetzes beendet wird,
   (4) nicht beendet wird.

   Sachverhalte:
   a) Der Mitarbeiter hat fristgemäß gekündigt. ☐
   b) Der Mitarbeiter ist gestorben. ☐
   c) Der Arbeitgeber (Einzelunternehmung) ist gestorben. ☐
   d) Über die Unternehmung ist das Insolvenzverfahren eröffnet worden. ☐
   e) Im Aufhebungsvertrag wird u. a. für den Mitarbeiter eine Abfindung festgelegt. ☐
   f) Die Unternehmung wird verkauft. ☐
   g) Der Auszubildende hat vor Ablauf der vereinbarten Ausbildungszeit seine Abschlussprüfung bestanden. ☐

4. Zwischen der Schubert & Müller Kurier GmbH, Köln, vertreten durch Frau Clara Schubert, Geschäftsführerin, und Frau Ute König, geboren am 16.10.1998 in Dortmund, wohnhaft in Brühl, Freiherr-vom-Stein-Str. 1, wurde folgender Arbeitsvertrag geschlossen (Auszug):

a) Frau Ute König tritt am 01.07.20.. als Kauffrau für Spedition und Logistikdienstleistung in die Schubert & Müller Kurier GmbH ein.

b) Sie wird als Kauffrau für Spedition und Logistikdienstleistung in der Abteilung Disposition beschäftigt. Eine zeitweilige Verwendung in anderen Tätigkeitsbereichen ist zulässig.

c) Die monatliche Vergütung bestimmt sich nach Gehaltsgruppe III des Gehaltstarifvertrags für kaufmännische und technische Angestellte in der Speditions-, Logistik- und Transportwirtschaft Nordrhein-Westfalen.

d) Während der Probezeit kann das Arbeitsverhältnis mit einer Kündigungsfrist von zwei Monaten aufgelöst werden, danach kommen die im Manteltarifvertrag für das private Güterverkehrsgewerbe enthaltenen Kündigungsfristen zur Anwendung.

e) Hinsichtlich der Zahlung weiterer Zulagen sowie im Bezug auf die Arbeitszeit, den Urlaubsanspruch und die Arbeitsgestaltung gelten ebenfalls die Bestimmungen des Manteltarifvertrags für das private Güterverkehrsgewerbe.

Beantworten Sie mithilfe der *§§ 1–5 TVG* die folgenden Fragen.

(1) Welche Inhalte des obigen Arbeitsvertrags sind tarifvertraglich, welche individuell geregelt?

(2) Welches Gesetz ist maßgebend für den Abschluss von Tarifverträgen?

(3) Was regeln Verträge allgemein? Was regeln Tarifverträge?

(4) Aus welchem Grund unterliegen Tarifverträge einer Formvorschrift?

(5) Wer darf Tarifverträge abschließen und wer ist an sie gebunden?

(6) Aus welchem Grund dürfen individuelle Regelungen von den tarifvertraglichen abweichen?

(7) Welche Vorteile haben Kollektivverträge gegenüber Individualverträgen?

5. Ergänzen Sie Ihre Lernkartei um fünf Karteikarten mit den Überschriften „Rechte und Pflichten aus dem Arbeitsvertrag“, „Beendigung des Arbeitsverhältnisses (inkl. ordentliche und außerordentliche Kündigung)“, „Tarifverträge“, „Betriebsvereinbarungen“ und „Tarifkonflikte“. Stellen Sie unter diesen Überschriften die Ihrer Ansicht nach wichtigsten Informationen zusammen.

4 Soziale Sicherung

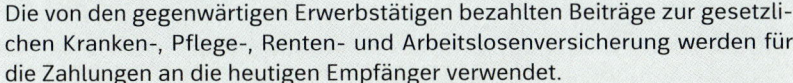

Einstiegssituation

Die von den gegenwärtigen Erwerbstätigen bezahlten Beiträge zur gesetzlichen Kranken-, Pflege-, Renten- und Arbeitslosenversicherung werden für die Zahlungen an die heutigen Empfänger verwendet.

1. *Verschaffen Sie sich zunächst einen Überblick über die* ***Beteiligten*** *an den gesetzlichen Sozialversicherungssystemen, die* ***Leistungsgewährung*** *und die* ***Einnahmen*** *der Sozialversicherungsträger.*
2. *Überlegen Sie in diesem Zusammenhang, warum durch anhaltende Arbeitslosigkeit, Geburtenrückgang und längere Lebenserwartung* ***zukünftig geringere Leistungen*** *aus den Sozialversicherungssystemen zu erwarten sind.*
3. *Machen Sie* ***Vorschläge*** *und liefern Sie* ***Argumente****, welche Maßnahmen aus der Sicht der Bevölkerung, der Erwerbstätigen, der Unternehmer und des Staates dazu beitragen, eine Linderung der finanziell angespannten Situation der Sozialversicherungssysteme herbeizuführen.*
4. *Zeigen Sie perspektivisch auf, welche Möglichkeiten existieren, zukünftig ein ausgewogenes Verhältnis der* ***finanziellen Belastungen*** *der einzelnen Sozialversicherungsteilnehmer sicherzustellen.*

4.1 Entwicklung der Sozialpolitik

Das im Grundgesetz verankerte **Sozialstaatsprinzip** *(Art. 20 und 28 GG)* verpflichtet den Staat, für soziale Sicherheit und Gerechtigkeit innerhalb der Gesellschaft zu sorgen. Mit dem Sozialstaatsprinzip wird der Staat in seinem Verhältnis zur Gesellschaft auf eine aktive Rolle als Sozialstaat verpflichtet. Das Ziel der Gesetzgebung ist die Herstellung sozialer Gerechtigkeit im Rahmen der rechtsstaatlichen Ordnung und die Gesetzesauslegung nach dem sozialstaatlichen Auftrag.

Historisch betrachtet führte die Idee der Aufklärung in Verbindung mit dem Liberalismus zu der Vorstellung, dass der Einzelne in der Gesellschaft seine persönlichen Angelegenheiten selbst regeln könne. Der Staat hatte die notwendigen Freiräume für die freie individuelle Entwicklung zu schaffen und sich nur auf die äußeren Sicherheitsbedürfnisse zu konzentrieren. Die Wirtschaftsordnung war nach den Grundsätzen der **freien Marktwirtschaft** gestaltet.

Diese Entwicklung führte jedoch zu sozialen Ungerechtigkeiten. Der Staat sah sich zum Handeln gezwungen. Rechtliche Voraussetzung der Maßnahmen des Staates war eine umfassende **Sozialgesetzgebung**, welche die Gewährung von Sozialleistungen regelt und die Grundlage zahlreicher Schutzbestimmungen sowie der Rechte der Arbeitnehmer im Betrieb bildet.

Die **Sozialpolitik** des Staates zielt insbesondere darauf ab,

- ein **System der sozialen Sicherung** in der Grundversorgung zu schaffen, das der Schutzbedürftigkeit des Einzelnen bei Krankheit, Unfall, Invalidität, Arbeitslosigkeit, Ausscheiden aus dem Erwerbsleben Rechnung trägt sowie wirtschaftlich benachteiligte oder schwächere Bevölkerungskreise finanziell unterstützt,
- soziale Nachteile auszugleichen und für **Chancengleichheit** in Aus- und Fortbildung zu sorgen,
- menschengerechte **Lebens- und Arbeitsbedingungen** anzustreben,
- eine angemessene **betriebliche Mitbestimmung** der Arbeitnehmer zu verwirklichen,
- eine ausgewogene **Einkommens- und Vermögensverteilung** unter den großen sozialen Gruppen herbeizuführen.

Neben diesen sozialpolitischen Maßnahmen des Staates zur Grundsicherung der Bevölkerung werden heute verstärkt individuelle vorbeugende Maßnahmen des Einzelnen notwendig, um eine ausreichende Gesamtversorgung sicherzustellen.

Beispiel:

1957: drei Arbeitnehmer finanzieren einen Rentner
2035: ein Arbeitnehmer finanziert einen Rentner

4.2 Zweige der sozialen Sicherung

Definition

***Die Sozialversicherung** ist eine gesetzliche Versicherung (Zwangsversicherung) für große Bevölkerungsgruppen zur Absicherung ihres Ruhestandes, ihrer Hinterbliebenen und finanzieller Notsituationen wie Krankheit, Erwerbsminderung, Arbeitslosigkeit, Pflegebedürftigkeit und Unfall.*

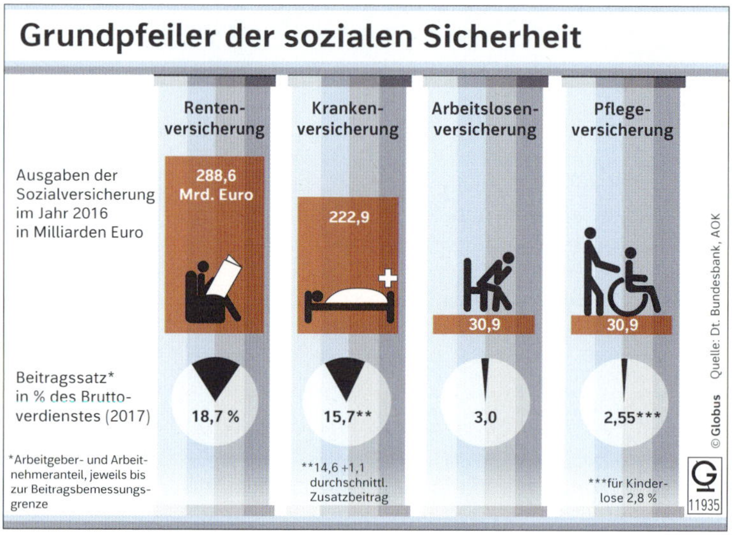
Grundpfeiler der sozialen Sicherheit
Renten-versicherung
Kranken-versicherung
Arbeitslosen-versicherung
Pflege-versicherung
Ausgaben der Sozialversicherung im Jahr 2016 in Milliarden Euro
288,6 Mrd. Euro
222,9
30,9
30,9
Beitragssatz* in % des Bruttoverdienstes (2017)
18,7 %
15,7**
3,0
2,55***
*Arbeitgeber- und Arbeitnehmeranteil, jeweils bis zur Beitragsbemessungsgrenze
**14,6 +1,1 durchschnittl. Zusatzbeitrag
***für Kinderlose 2,8 %
© Globus Quelle: Dt. Bundesbank, AOK
11935

Freiwillig würden sich viele Menschen nicht gegen Krankheit, Unfall und Arbeitslosigkeit versichern. Auch wäre die Mehrzahl der Arbeitnehmer nicht in der Lage, für sich und ihre Angehörigen eine geeignete Alters- oder Pflegevorsorge aufzubauen. Das Bestehen einer **Versicherungspflicht** ist deswegen unumgänglich.

Die fünf Säulen der Sozialversicherung

	Krankenversicherung	Rentenversicherung	Arbeitslosenversicherung	Pflegeversicherung	Unfallversicherung
Versicherungsträger	• Allgemeine Ortskrankenkassen • Betriebskrankenkassen • Innungskrankenkassen • Ersatzkassen • Bundesknappschaft • Seekrankenkasse • Landwirtschaftliche Krankenkassen	• Deutsche Rentenversicherung Bund (Berlin) mit den jeweiligen regionalen Trägern (früher LVA) • Deutsche Rentenversicherung Knappschaft-Bahn-See (Bochum)	• Bundesagentur für Arbeit (BA)	• Pflegekassen bei den gesetzlichen Krankenkassen • Verband der privaten Krankenversicherung e. V. *(§ 75 SGB XI)*	• Gewerbliche Berufsgenossenschaften • Landwirtschaftliche Berufsgenossenschaften • Unfallversicherungsträger der öffentlichen Hand
Rechtsgrundlage	4. und 5. Buch Sozialgesetzbuch	4. und 6. Buch Sozialgesetzbuch	4. und 3. Buch Sozialgesetzbuch	4. und 11. Buch Sozialgesetzbuch	4. und 7. Buch Sozialgesetzbuch
Aufgaben	Erhaltung und Wiederherstellung der Gesundheit des Einzelnen und seiner Familie • Krankenhilfe • Vorsorgeuntersuchungen • Mutterschaftshilfe • Familienhilfe	Sicherung der Arbeitnehmer und ihrer Familien bei Erwerbsminderung, Alter und Tod • Rentenzahlungen • Rehabilitation • Zahlung von Beiträgen an die Krankenkasse für die Rentner	Sicherung der Beschäftigung des Einzelnen und der Beschäftigungslage innerhalb der Wirtschaft sowie finanzieller Schutz bei Arbeitslosigkeit • Arbeitslosenunterstützung • Sicherung von Arbeitsplätzen • Arbeitsförderung	Kostenübernahme für Pflegeleistungen an jene Menschen, die zu alltäglichen Verrichtungen ohne fremde Hilfe nicht mehr fähig sind und der regelmäßigen Pflege bedürfen • häusliche Pflege • stationäre Pflege in Form von – Geldleistungen – Sachleistungen	Schutz weiter Bevölkerungskreise vor Unfallgefahren und den wirtschaftlichen Folgen bei Unfällen • Unfallverhütung • Milderung bzw. Beseitigung der Unfallfolgen
Beitragshöhe	14,6 % Gesamtbeitragssatz des Bruttoarbeitsentgeltes, höchstens von der Beitragsbemessungsgrenze[1] für KV	18,6 % des Bruttoarbeitsentgeltes, höchstens von der Beitragsbemessungsgrenze[1] für RV	3,0 % des Bruttoarbeitsentgeltes, höchstens von der Beitragsbemessungsgrenze[1] für RV	2,55 % des Bruttoarbeitsentgeltes, höchstens von der Beitragsbemessungsgrenze[1, 2, 3] für KV	Beitragshöhe richtet sich nach der jeweiligen betrieblichen Gefahrenklasse
Beitragsaufbringung	AN 50 % v. Beitragssatz + 0,0–1,6 % Zusatzbeitrag AG 50 % v. Beitragssatz	Arbeitnehmer und Arbeitgeber tragen den Beitrag je zur Hälfte; bei geringfügigen Beschäftigungsverhältnissen gelten Sonderregelungen			Beitrag wird in voller Höhe vom Arbeitgeber aufgebracht

[1] Die Beitragsbemessungsgrenze gibt den monatlichen Einkommenshöchstbetrag an, von dem Beiträge berechnet werden. In der Rentenversicherung und der Arbeitslosenversicherung beträgt die Beitragsbemessungsgrenze 6 500,00 € (neue Länder: 5 800,00 €), in der Krankenversicherung und in der Pflegeversicherung 4 425,00 €.

[2] Als Ausgleich für den Arbeitgeberanteil: Verzicht auf einen gesetzlichen Feiertag durch die Arbeitnehmer oder je nach Landesentscheidungen andere Kompensationsmöglichkeiten zur Arbeitgeberentlastung; in Sachsen jedoch Beibehaltung des Buß- und Bettags und dadurch veränderte Beiträge: Arbeitnehmer 1,775 %, Arbeitgeber 0,775 %.

[3] Für Kinderlose erhöht sich der Beitragssatz auf 2,80 %, wobei der Versicherungsnehmer den Erhöhungsbetrag von 0,25 % allein zahlen muss.

[4] Einkommensabhängiger individueller Zusatzbeitrag, den der Arbeitnehmer selbst zu tragen hat (§ 242 SGB V). Die meisten Krankenkassen erheben einen Zusatzbeitrag zwischen 1,0–1,2 %.

4.2.1 Gesetzliche Krankenversicherung

Die Krankenversicherung tritt in erster Linie ein, wenn es darum geht, die Gesundheit des Einzelnen und seiner Familie zu erhalten und wiederherzustellen.

Träger der Krankenkassen in Deutschland

Träger der Gesetzlichen Krankenversicherung (GKV)

Primärkassen

ca. 44,7 Mio. Versicherte

Beispiele
- AOK
- Betriebskrankenkassen
- Innungskrankenkassen IKK
- Landwirtschafliche Krankenkassen
- Seekrankenkassen
- Bundesknappschaft

Ersatzkassen

ca. 26,7 Mio. Versicherte

Beispiele
- Barmer-GEK
- Deutsche Angestellten Krankenkasse DAK
- Technikerkrankenkasse TK
- Kaufmännische Krankenkasse KKH

Träger außerhalb der GKV

Besondere Kostenträger

Beispiele
- Sozialhilfeempfänger
- Beihilfestellen von Bund, Ländern und Gemeinden
- Berufsgenossenschaften

Private Krankenversicherung

Private Versicherer

ca. 8,7 Mio. Versicherte

Beispiele
- Deutsche Krankenversicherung DKV
- Allianz
- Central
- HUK-Coburg
- Barmenia
- Debeka
- Europa
- Nürnberger
- Volksfürsorge

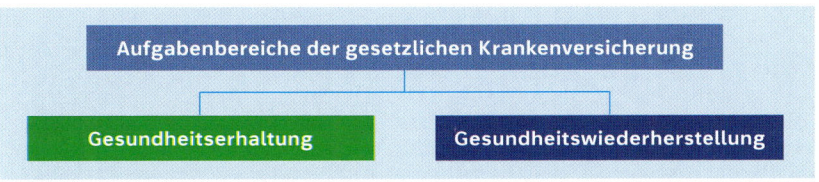

Aufgabenbereiche der gesetzlichen Krankenversicherung

- Gesundheitserhaltung
- Gesundheitswiederherstellung

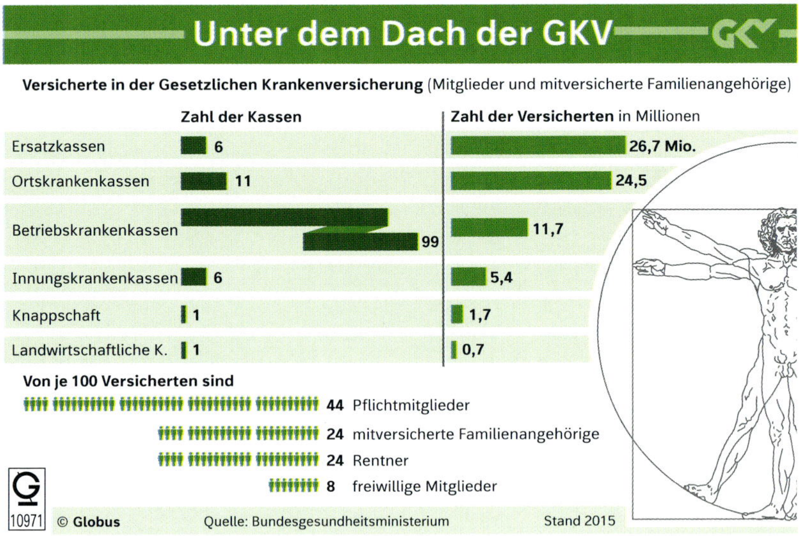
Unter dem Dach der GKV
Versicherte in der Gesetzlichen Krankenversicherung (Mitglieder und mitversicherte Familienangehörige)
Zahl der Kassen
Zahl der Versicherten in Millionen
Ersatzkassen 6 26,7 Mio.
Ortskrankenkassen 11 24,5
Betriebskrankenkassen 99 11,7
Innungskrankenkassen 6 5,4
Knappschaft 1 1,7
Landwirtschaftliche K. 1 0,7
Von je 100 Versicherten sind
44 Pflichtmitglieder
24 mitversicherte Familienangehörige
24 Rentner
8 freiwillige Mitglieder
10971
© Globus
Quelle: Bundesgesundheitsministerium
Stand 2015

Versicherte

In der gesetzlichen Krankenversicherung unterscheidet man zwei Arten der Mitgliedschaft:

Versicherte

Pflichtversicherte[1]

- **Arbeiter und Angestellte**[2], deren Einkommen die Jahresarbeitsentgeltgrenze von monatlich 4 950,00 € im Jahresdurchschnitt des letzten Jahres nicht übersteigt
- **Rentner**
- **Auszubildende, Praktikanten und Studenten**
- **einige Selbstständige** *(z. B. Hausgewerbetreibende, Artisten, Krankenpfleger, Hebammen)* sofern ihr durchschnittliches Einkommen die o. a. Grenzen nicht übersteigt (Gründungszuschussempfänger sind nur in dem Sozialversicherungszweig der Rentenversicherung versicherungspflichtig.)
- **Landwirte**
- **Arbeitslose** mit Anspruch auf Arbeitslosengeld
- **Rehabilitanden**
- **Sozialhilfeempfänger**

Familienversicherte

Ehegatten, Kinder und Lebenspartner einer eingetragenen Lebenspartnerschaft sind beitragsfrei mitversichert.

- Diese Personen
  - dürfen nicht selbstständiges Mitglied einer GKV oder PKV sein,
  - müssen in Deutschland leben.
- Das Gesamteinkommen des Familienversicherten muss unter 1/7 der monatlichen Bezugsgröße liegen.
- Kinder sind mitversichert, wenn sie
  - unter 18 Jahre alt sind,
  - unter 23 Jahre alt und nicht erwerbstätig sind,
  - unter 25 Jahre alt und noch in der Schulausbildung sind.

Freiwillig Versicherte

Diese Personen sind nicht pflichtversichert, haben sich aber freiwillig einer GKV angeschlossen:

- Personen, die nicht mehr pflichtversichert sind und mindestens 24 Monate in den letzten 5 Jahren oder mindestens 12 Monate ununterbrochen und unmittelbar vor dem Ausscheiden Mitglied in der GKV waren,
- Familienmitglieder, die mindestens 24 Monate in den letzten 5 Jahren oder mindestens 12 Monate ununterbrochen und unmittelbar vor dem Ausscheiden Mitglied in der GKV waren,
- Personen, die sofort mit der ersten Beschäftigung die Jahresarbeitsentgeltgrenze überschreiten,
- Schwerbehinderte,
- Arbeitnehmer, die innerhalb von 2 Monaten nach Rückkehr aus dem Ausland eine Beschäftigung aufnehmen,
- Beihilfeberechtigte.

Die Versicherten dürfen ihre **Krankenkasse frei wählen.**

---

[1] *Ca. 87 % der Bevölkerung sind pflichtversichert; mtl. Bemessungsgrenze für Pflichtversicherte: 4 425,00 €.*

[2] *Beschäftigte bis zu einer Jahresarbeitsentgeltgrenze von 59 400,00 € (mtl. 4 950,00 €) sind krankenversicherungspflichtig. Wer dauerhaft mindestens ein Jahr lang mehr verdient, kann sich freiwillig in der gesetzlichen Krankenkasse oder privat krankenversichern. Versicherungspflichtgrenze und Beitragsbemessungsgrenze (mtl. 4 425,00 €) fallen also auseinander.*
Wer älter als 55 Jahre und privat versichert ist, aber z. B. durch Arbeitslosigkeit, Vorruhestand, Teilzeitarbeit nicht mehr als die Jahresarbeitsentgeltgrenze verdient, kann nur noch in die gesetzliche Krankenversicherung unter ganz engen besonderen Voraussetzungen wechseln. Zur Kompensation müssen die privaten Krankenversicherungen seit 2009 diesem Personenkreis einen Standardtarif – ohne gesundheitliche Vorprüfung – anbieten, der ungefähr dem Leistungsumfang der gesetzlichen Krankenversicherungen entspricht (Kontrahierungszwang). Die Beiträge dürfen nicht die Höchstsätze der gesetzlichen Versicherung übersteigen.

Leistungen

Nimmt der Versicherte eine ärztliche Behandlung in Anspruch, muss er seine **Krankenversicherungskarte** vorlegen, die ausschließlich folgende Angaben enthält:

- Bezeichnung der ausstellenden Krankenkasse
- Familien- und Vorname des Versicherten
- Geburtsdatum
- Anschrift
- Krankenversicherungsnummer (die Rentenversicherungsnummer ist hierfür nicht mehr zu verwenden)
- Versicherungsstatus
- Tag des Beginns des Versicherungsschutzes
- bei ihrer befristeten Gültigkeit das Datum des Fristablaufs
- Unterschrift des Versicherten (auf der Rückseite der Karte)

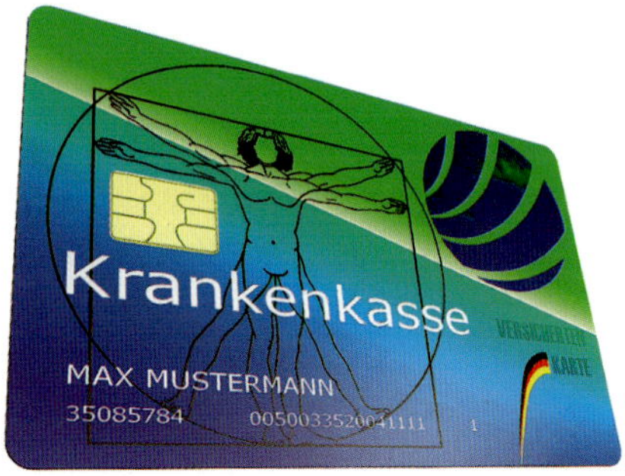
Krankenkasse
MAX MUSTERMANN
35085784

Zwischen den Ärzten, Krankenhäusern und Krankenkassen bestehen Verträge, welche den Umfang der ärztlichen Versorgung und somit die Leistungserbringung regeln.

Finanzierung der Krankenkassen

Jede gesetzliche Krankenkasse kann die Höhe des **Zusatzbeitrages** selbst festlegen. Für 2017 wird er auf durchschnittlich **1,1 %** geschätzt.

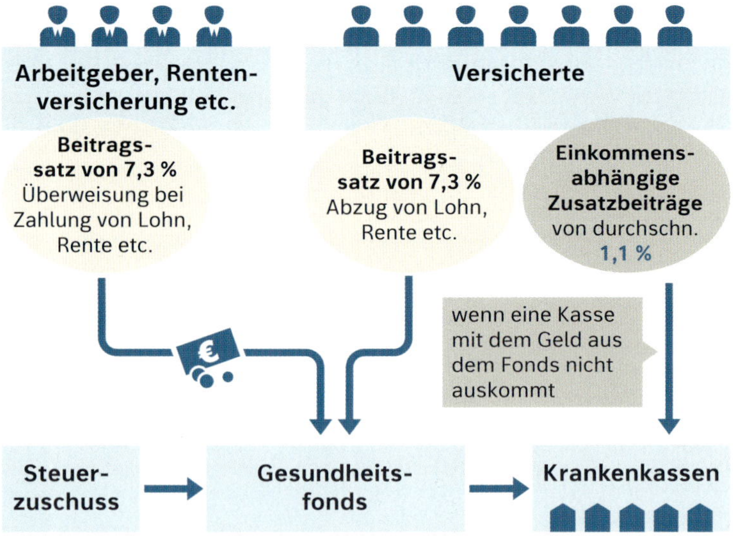
Arbeitgeber, Rentenversicherung etc.
Versicherte
Beitragssatz von 7,3 % Überweisung bei Zahlung von Lohn, Rente etc.
Beitragssatz von 7,3 % Abzug von Lohn, Rente etc.
Einkommensabhängige Zusatzbeiträge von durchschn. 1,1 %
€
wenn eine Kasse mit dem Geld aus dem Fonds nicht auskommt
Steuerzuschuss
Gesundheitsfonds
Krankenkassen

dpa•24807 Quelle: Bundesversicherungsamt, Bundesgesundheitsministerium

Leistungen

Regelleistungen	**Mehrleistungen**

Sachleistungen *(z. B. ärztliche Behandlung)*
Geldleistungen *(z. B. Zahlung von Krankengeld)*

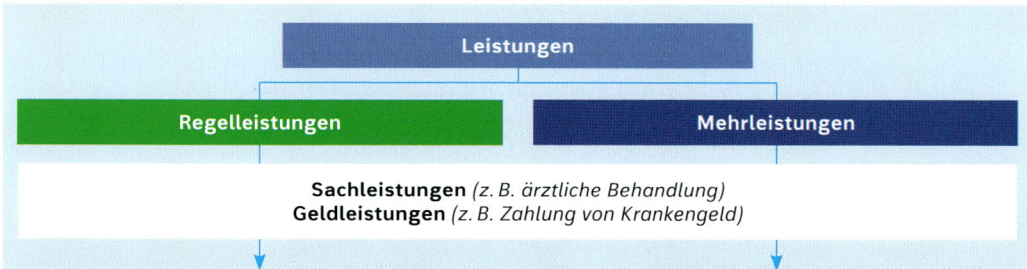

Regelleistungen sind durch Gesetz vorgeschrieben; es handelt sich um Mindestleistungen, die von allen Krankenkassen in gleichem Umfang gewährt werden:

- **Krankenbehandlung**[1]
  ärztliche/zahnärztliche Behandlung, Arznei-, Verband-, Heil-, Hilfsmittel, Zuschuss zum Zahnersatz, häusliche Krankenpflege und -Pflegehilfe[2], Krankenhausbehandlung, Hauspflege, Kinderpflege, Krankengeld[3], Haushaltshilfe, Fahrtkosten, Rehabilitation, Belastungserprobung, Arbeitstherapie
- **Gesundheitsuntersuchungen**
  Früherkennungsuntersuchungen für Kinder bis zum 6. Lebensjahr, Krebsvorsorgeuntersuchungen für Frauen ab dem 20., für Männer ab dem 45. Lebensjahr. Gesundheits-Check-up und Hautkrebs-Screening für Männer und Frauen alle 2 Jahre ab dem 35. Lebensjahr, zweimal jährlich Vorsorgeuntersuchungen zur Erhaltung gesunder Zähne.
- **Mutterschaftshilfe**
  Ärztliche Behandlung, Entbindungskostenbeitrag, Hebammenhilfe, Arzneimittel, Krankenhausbehandlung und -aufenthalt bei Schwangerschaft und Niederkunft; Arbeitnehmerinnen, Arbeitslose und andere Versicherte mit Krankengeldanspruch erhalten grundsätzlich für die Zeit der Mutterschutzfrist (6 Wochen vor der Geburt bis 8 Wochen nach der Geburt) ihr Arbeitsentgelt weiter (Familienversicherte erhalten einen einmaligen Festbetrag).
- **Familienhilfe**
  Mitversichert sind ohne besonderen Beitrag die Familienangehörigen des Versicherten, soweit deren Einkommen eine bestimmte Grenze nicht überschreitet bzw. diese nicht anderweitig abgesichert sind.

Mehrleistungen gehen über die gesetzlichen Mindestleistungen hinaus:

- Kuraufenthalte[1]
- Härtefallregelungen durch volle oder teilweise Übernahme des Versicherteneigenanteils bei
  - Zahnersatz
  - Fahrtkosten
  - Rezeptkosten
- Erweiterung der häuslichen Krankenpflege, Haushaltshilfe, Rehabilitationsmaßnahmen
- sonstige Vorsorgemaßnahmen, z. B. Kostenübernahme zur Teilnahme an Gesundheitskursen von zertifizierten externen Dienstleistern

---

[1] *Zum Teil sind Versicherteneigenanteile vorgeschrieben; Leistungskürzungen sind bis zum vollständigen Ausschluss bei nicht zwingender medizinischer Notwendigkeit möglich.*

[2] *Weitgehende Übernahme durch die gesetzliche Pflegeversicherung.*

[3] *Im Krankheitsfall ist der Arbeitgeber nach dem Entgeltfortzahlungsgesetz verpflichtet, nach einer Wartezeit von 4 Wochen nach Aufnahme einer neuen Beschäftigung mindestens 6 Wochen lang den vollen Lohn unter Berücksichtigung der regelmäßig geleisteten Überstunden und Sonderzahlungen für Arbeitnehmer (Arbeiter, Angestellte, Auszubildende) weiterzuzahlen. Ab der 7. Krankheitswoche erfolgt die Zahlung des Krankengeldes an Pflichtversicherte für längstens 78 Wochen wegen derselben Krankheit in Höhe von ca. 70 % des Bruttoarbeitsverdienstes, max. jedoch in Höhe des 90%igen Nettoarbeitsverdienstes abzüglich des Arbeitnehmeranteils zur Renten- und Arbeitslosenversicherung. Freiwillig Versicherte können seit 2009 eine Absicherung im Krankheitsfall wie Pflichtversicherte gegen einen 0,6%igen Zuschlag zum verminderten Beitragssatz in der gesetzlichen Krankenversicherung vereinbaren.*

Umlageverfahren

Nach dem **Aufwendungsausgleichsgesetz** *(AAG)* haben Arbeitgeber, die nicht mehr als 30 Arbeitnehmer beschäftigen, einen Ausgleichsanspruch an die jeweilige Krankenkasse des Arbeitnehmers. Dafür entrichtet der Arbeitgeber für alle Mitarbeiter eine Umlage (U1 = Arbeitgeberaufwendungen für Entgeltfortzahlung im Krankheitsfall und U2 = Arbeitgeberaufwendungen für Mutterschaftsleistungen). Die Höhe des Beitragssatzes U1 richtet sich nach dem prozentualen Ausgleichsanspruch (zwischen 40 % und 80 %) und wird von der jeweiligen Krankenkasse autonom festgesetzt.
Der Beitragssatz U2 bezieht sich immer auf eine Erstattungsleistung von 100 % für **Mutterschaftsleistungen**. Alle Unternehmen nehmen unabhängig von der Anzahl der Mitarbeiter am Umlageverfahren U2 teil.
Die **Insolvenzgeldumlage** (U3 = Arbeitgeberaufwendungen) in Höhe von 0,15 % ist durch die monatlichen Beitragsnachweise an die jeweilige Krankenkasse, bei der der Arbeitnehmer versichert ist, mit aufzuführen und zu entrichten. Die Einzugsstellen leiten die Umlage an die Bundesagentur für Arbeit weiter. Anspruch auf Insolvenzgeld haben alle Beschäftigten, d. h. sozialversicherungspflichtige Arbeitnehmer einschließlich geringfügig Beschäftigte.

Meldewesen

Sozialversicherungsbeiträge und Insolvenzgeldumlagen (ohne Berufsgenossenschaftsbeiträge) sind spätestens fünf Bankwerktage vor dem letzten des Kalendermonats an die Krankenkassen zu melden, damit die Zahlung drei Bankwerktage vor Monatsende durch Lastschriftverfahren/Überweisung/Scheck (valutagenau) sichergestellt ist.

Finanzierungsprobleme

Die Ausgaben der gesetzlichen Krankenversicherung werden finanziert über die Beiträge der Mitglieder (Arbeitgeber zahlen 50 % des gekürzten Beitragssatzes, Arbeitnehmer 50 % des gekürzten Beitragssatzes zuzüglich 0,9 %) und der Rentner. Da die sogenannte Rentnerlastquote oder Rentnerdichte in den einzelnen Kassen unterschiedlich hoch ist, wird ein Finanzierungsausgleich über alle gesetzlichen Krankenkassen, also einschließlich der Ersatzkassen und Betriebskrankenkassen, durchgeführt, um die Kosten gleichmäßig zu verteilen. Dennoch steigen die Leistungsausgaben ständig. Nicht häufigere oder länger andauernde Krankheiten sind Ursache der ausufernden Finanzierungsprobleme, sondern

- das Leistungsangebot durch immer mehr Ärzte und Krankenhäuser,
- hochwertigere und teurere Ausstattungen der Arztpraxen und Krankenhäuser,
- Ausweitung des Arzneimittelbedarfs,
- geringere Einnahmen durch mehr Arbeitslose und Frührentner/Vorruheständler.

Um die Krankheitskosten auf ein vertretbares Maß zu verringern, sehen Gesetze des Gesundheitswesens Sach- und Geldleistungskürzungen der Krankenkassen vor sowie Zuzahlungen/Selbstbeteiligungen der Versicherten, eine Deckelung der Krankenkassenausgaben und die Budgetierung der Arztpraxen.

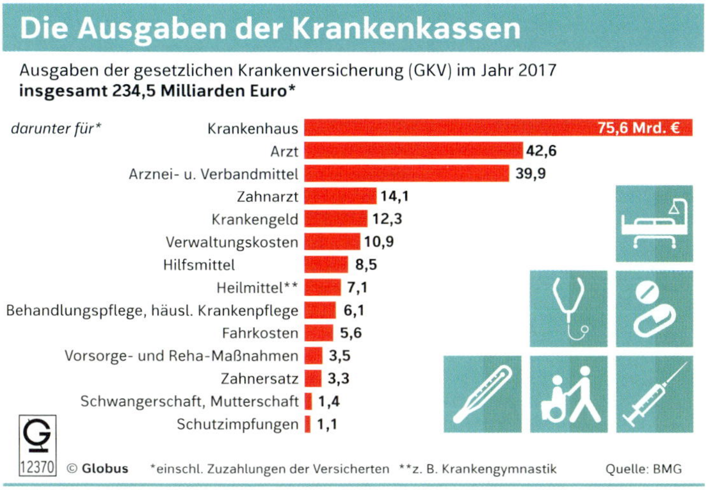
Die Ausgaben der Krankenkassen
Ausgaben der gesetzlichen Krankenversicherung (GKV) im Jahr 2017
insgesamt 234,5 Milliarden Euro*
darunter für*
Krankenhaus 75,6 Mrd. €
Arzt 42,6
Arznei- u. Verbandmittel 39,9
Zahnarzt 14,1
Krankengeld 12,3
Verwaltungskosten 10,9
Hilfsmittel 8,5
Heilmittel** 7,1
Behandlungspflege, häusl. Krankenpflege 6,1
Fahrkosten 5,6
Vorsorge- und Reha-Maßnahmen 3,5
Zahnersatz 3,3
Schwangerschaft, Mutterschaft 1,4
Schutzimpfungen 1,1
12370 © Globus
*einschl. Zuzahlungen der Versicherten **z. B. Krankengymnastik
Quelle: BMG

4.2.2 Gesetzliche Rentenversicherung

Aufgabe der gesetzlichen Rentenversicherung ist die finanzielle Sicherung der Arbeitnehmer und ihrer Familie bei Berufs- und Erwerbsunfähigkeit, Alter und Tod.

■ Versicherte

Die gesetzliche Rentenversicherung unterscheidet ebenso wie die gesetzliche Krankenversicherung zwischen Pflichtversicherten und freiwillig Versicherten.

Versicherte

Pflichtversicherte	freiwillig Versicherte
• **Arbeiter, Angestellte** • **Auszubildende** • **Studenten** bei Einkommen über der Geringfügigkeitsgrenze von 450,00 € • **Behinderte** in anerkannten Werkstätten • einige **Selbstständige** *(z. B. Hausgewerbetreibende, Künstler[1], Publizisten, Existenzgründungszuschussempfänger)* • **Bezieher von Krankengeld, Arbeitslosengeld, Vorruhestandsgeld** • **Wehr- und Zivildienstleistende** • **Mütter oder Väter** während der max. 3-jährigen Elternzeit nach der Geburt eines Kindes	**Jedermann**, der der Rentenversicherung nicht schon als Pflichtmitglied angehört, kann **für Zeiten von der Vollendung des 16. Lebensjahres an die freiwillige Mitgliedschaft** beantragen *(z. B. Selbstständige)*.

[1] *Die Träger der Deutschen Rentenversicherung haben die Befugnis, Abgabepflicht, Höhe und Vorauszahlungen nach dem Künstlersozialversicherungsgesetz (KSVG) festzustellen.*

Leistungen

Leistungen aus der Rentenversicherung werden nur gewährt, wenn der Versicherte ihr eine Mindestanzahl von Versicherungsjahren angehört hat. Diese sog. **Wartezeit** schwankt je nach Art der beantragten Rente zwischen 5 und 15 Jahren.

Witwen und **Witwer** erhalten ohne Rücksicht auf Alter und Erwerbsfähigkeit 60 % des Gesamtrentenanspruchs des Versicherten. Die Höhe der Renten wird Jahr für Jahr der allgemeinen Einkommensentwicklung angepasst. Höhere Verdienste der Arbeitnehmer ziehen daher auch eine Erhöhung der Renten nach sich (Dynamisierung der Renten).

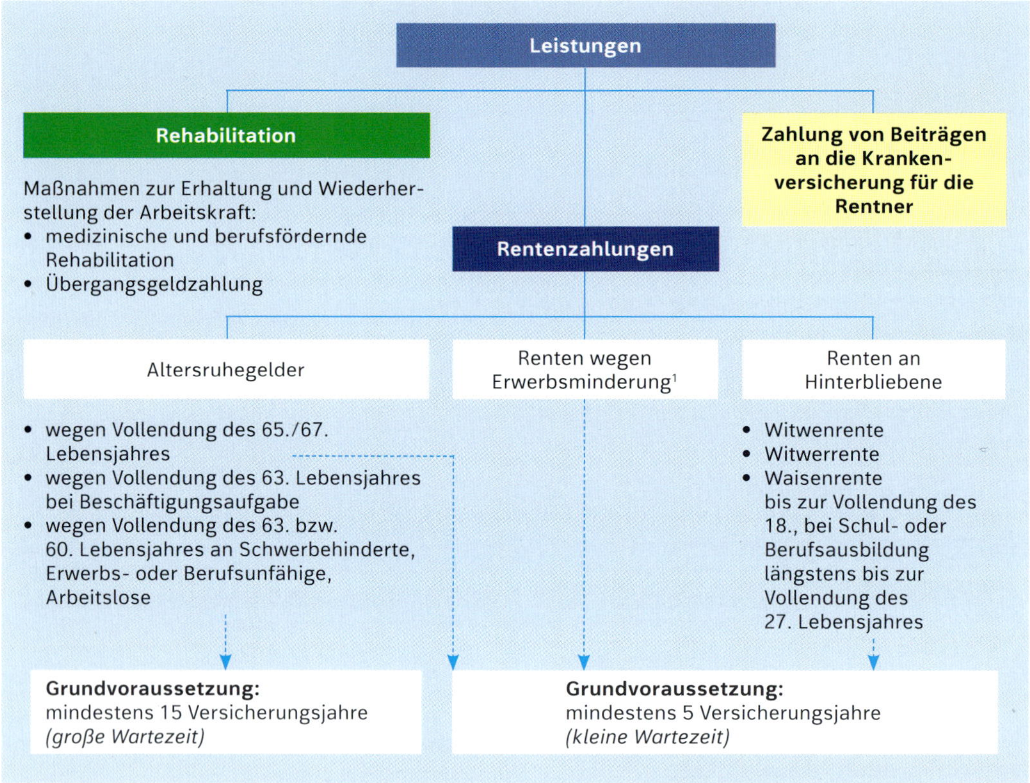
Leistungen
Rehabilitation
Maßnahmen zur Erhaltung und Wiederherstellung der Arbeitskraft:
• medizinische und berufsfördernde Rehabilitation
• Übergangsgeldzahlung
Zahlung von Beiträgen an die Krankenversicherung für die Rentner
Rentenzahlungen
Altersruhegelder
Renten wegen Erwerbsminderung[1]
Renten an Hinterbliebene
• wegen Vollendung des 65./67. Lebensjahres
• wegen Vollendung des 63. Lebensjahres bei Beschäftigungsaufgabe
• wegen Vollendung des 63. bzw. 60. Lebensjahres an Schwerbehinderte, Erwerbs- oder Berufsunfähige, Arbeitslose
• Witwenrente
• Witwerrente
• Waisenrente bis zur Vollendung des 18., bei Schul- oder Berufsausbildung längstens bis zur Vollendung des 27. Lebensjahres
Grundvoraussetzung: mindestens 15 Versicherungsjahre (große Wartezeit)
Grundvoraussetzung: mindestens 5 Versicherungsjahre (kleine Wartezeit)

Die Regelaltersgrenze von 65/67 Jahren ist aber nicht bindend. Versicherte können bis zu drei Jahre vor der jeweils maßgebenden Altersgrenze in Rente gehen. Ihre Rente fällt dann für jedes vorzeitige Jahr des Rentenbezugs um 3,6 % des jeweiligen Rentenanspruches geringer aus.
Ab dem 01.07.2014 ist die abschlagfreie Rente mit 63 Jahren möglich, wenn 45 Versicherungsjahre einschließlich Arbeitslosenzeiten vorliegen.

---

[1] *Erwerbsminderungsrenten in zwei Stufen: abhängig davon, ob ein Erkrankter nicht mehr als 3 Stunden täglich (dann volle Erwerbsminderungsrente) oder mehr als 3 Stunden bis 6 Stunden täglich (dann halber Anspruch) arbeiten kann*

Wie verändert sich das Renteneintrittsalter?

Geburtsjahr	Einstiegsalter	Jahr des Renteneintritts
1947	65 Jahre + 1 Monat	02/2012 bis 01/2013
1948	65 Jahre + 2 Monate	03/2013 bis 02/2014
1949	65 Jahre + 3 Monate	04/2014 bis 03/2015
1950	65 Jahre + 4 Monate	05/2015 bis 04/2016
1951	65 Jahre + 5 Monate	06/2016 bis 05/2017
1952	65 Jahre + 6 Monate	07/2017 bis 06/2018
1953	65 Jahre + 7 Monate	08/2018 bis 07/2019
1954	65 Jahre + 8 Monate	09/2019 bis 08/2020
1955	65 Jahre + 9 Monate	10/2020 bis 09/2021
1956	65 Jahre + 10 Monate	11/2021 bis 10/2022
1957	65 Jahre + 11 Monate	12/2022 bis 11/2023
1958	66 Jahre	01/2024 bis 12/2024
1959	66 Jahre + 2 Monate	03/2025 bis 02/2026
1960	66 Jahre + 4 Monate	05/2026 bis 04/2027
1961	66 Jahre + 6 Monate	07/2027 bis 06/2028
1962	66 Jahre + 8 Monate	09/2028 bis 08/2029
1963	66 Jahre + 10 Monate	11/2029 bis 10/2030
1964	67 Jahre	01/2031 bis 12/2031

Ein Beispiel: Wer im Januar 1956 geboren ist, dessen Renteneinstiegsalter liegt nun bei 65 Jahren und zehn Monaten. Er wird nach der neuen Regelung also im November 2021 in Rente gehen. Wer im Dezember 1956 geboren ist, erreicht das neue Renteneintrittsalter nun im Oktober 2022.
Außerdem kann die Altersrente ab dem 63. Lebensjahr als **Altersteilrente** von 1/3, 1/2 oder 2/3 der Vollrente bezogen werden. Dadurch wird ein Hineingleiten in den Ruhestand ermöglicht, denn ein Hinzuverdienst ist in bestimmten Grenzen zulässig (§ 42 SGB VI).
Eine weitere Möglichkeit des Hineingleitens in den Ruhestand ist die Wahrnehmung von **Altersteilzeitmodellen**.

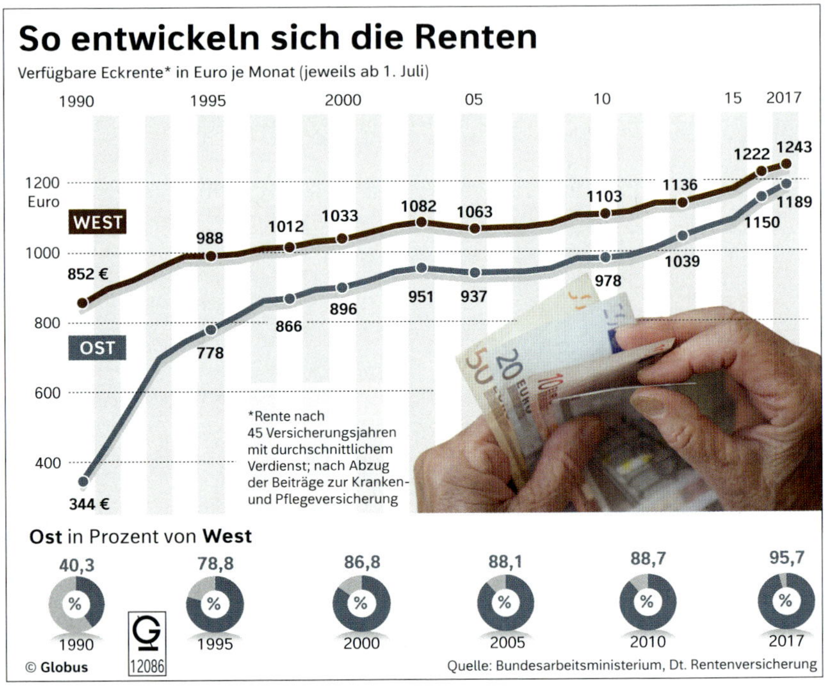
So entwickeln sich die Renten
Verfügbare Eckrente* in Euro je Monat (jeweils ab 1. Juli)
1990
1995
2000
05
10
15
2017
1200 Euro
1000
800
600
400
WEST
852 €
988
1012
1033
1082
1063
1103
1136
1222
1243
OST
344 €
778
866
896
951
937
978
1039
1150
1189
*Rente nach 45 Versicherungsjahren mit durchschnittlichem Verdienst; nach Abzug der Beiträge zur Kranken- und Pflegeversicherung
Ost in Prozent von West
40,3
78,8
86,8
88,1
88,7
95,7
%
1990
1995
2000
2005
2010
2017
© Globus
12086
Quelle: Bundesarbeitsministerium, Dt. Rentenversicherung

Finanzierungsprobleme

Die zur Hälfte von Arbeitnehmern und Arbeitgebern getragenen Beiträge zur gesetzlichen Rentenversicherung finanzieren ca. 80 % der Gesamtausgaben der Rentenversicherungsträger. Den restlichen Teil von ca. 20 % decken Zuschüsse des Bundes.

Die Beitragsentrichtungen durch die jetzt arbeitende Generation führen zu Rentenzahlungen an die nicht mehr erwerbstätige Generation. Es gilt der **Generationen-Vertrag.**

Durch die zunehmende **Überalterung** der Bevölkerung ergeben sich Probleme für den Vertrag zwischen den Generationen. Die Frührentner und das Lebensalter der Rentner nehmen ständig zu, die Erwerbstätigen aufgrund des Geburtenrückganges jedoch ab. Die so zunehmende Alterslast für die Erwerbstätigen führt automatisch zu sozialen Spannungen bei der Lösung der Finanzierung.

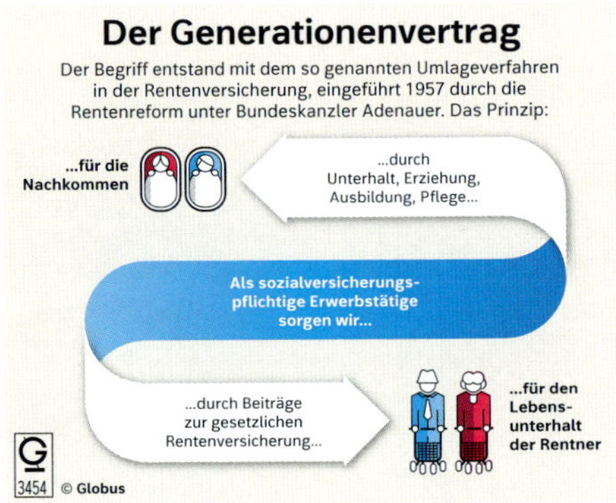
Der Generationenvertrag
Der Begriff entstand mit dem so genannten Umlageverfahren in der Rentenversicherung, eingeführt 1957 durch die Rentenreform unter Bundeskanzler Adenauer. Das Prinzip:
...für die Nachkommen
...durch Unterhalt, Erziehung, Ausbildung, Pflege...
Als sozialversicherungspflichtige Erwerbstätige sorgen wir...
...durch Beiträge zur gesetzlichen Rentenversicherung...
...für den Lebensunterhalt der Rentner
3454
© Globus

Maßnahmen und diskutierte **Vorschläge** zur Lösung sind:

- Erhöhung der Versicherungsbeiträge
- Senkung des Rentenniveaus
- stufenweise Anhebung der Altersgrenze von 65 Jahre auf 67 Jahre
- Zahlung einer Grundrente nach Aufbau einer eigenveranlassten Vorsorge (Dreisäulen-System durch Grundrente, Betriebsrente, private Altersvorsorge durch Lebensversicherung[1] oder Sparguthaben, Immobilien usw.)
- Bundeszuschusserhöhung/-festschreibung/-kreditaufnahme, Vermögensveräußerungen
- steuerfinanzierte anstatt beitragsfinanzierte Rente *(z. B. „Riester-Rente")*
- private oder tariflich abgesicherte Vorsorge mit und ohne staatliche Zuschüsse oder Freibetragsgewährung

1957 finanzierten drei Arbeitnehmer einen Rentner. 2035 wird ein Arbeitnehmer einen Rentner finanzieren. Durch diese Entwicklung wird die staatliche Rente an Bedeutung verlieren und die private Altersvorsorge an Bedeutung gewinnen.

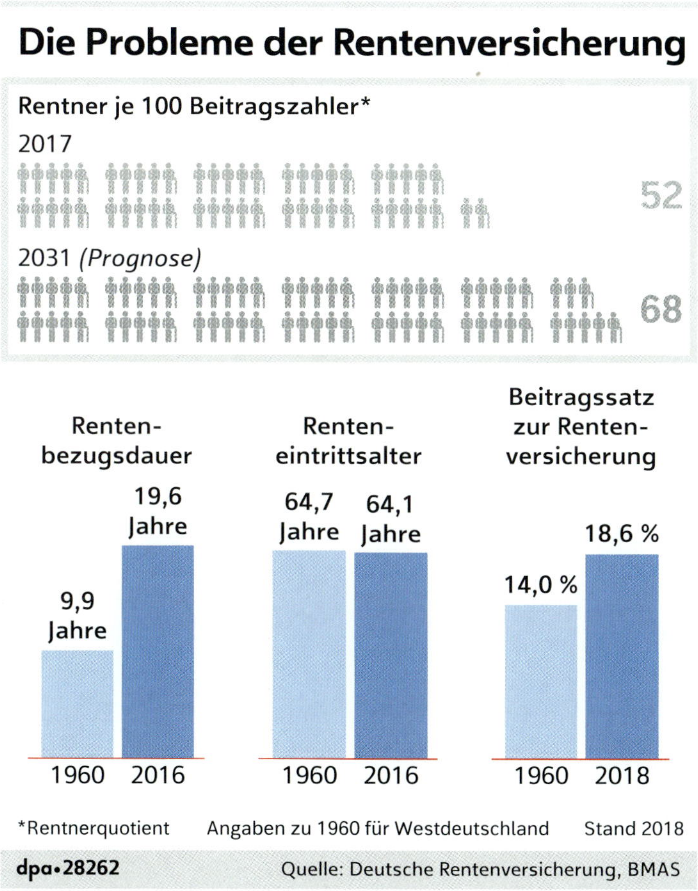
Die Probleme der Rentenversicherung
Rentner je 100 Beitragszahler*
2017
52
2031 (Prognose)
68
Renten-bezugsdauer
9,9 Jahre
19,6 Jahre
1960
2016
Renten-eintrittsalter
64,7 Jahre
64,1 Jahre
1960
2016
Beitragssatz zur Renten-versicherung
14,0 %
18,6 %
1960
2018
*Rentnerquotient
Angaben zu 1960 für Westdeutschland
Stand 2018
dpa•28262
Quelle: Deutsche Rentenversicherung, BMAS

[1] *Vgl. Seite 150.*

Die Altersvorsorge sollte in drei Schichten aufgebaut werden:

<table>
<tr><td>1. Schicht:
Basisversorgung</td><td>Gesetzliche Rentenversicherung</td><td>Berufsständische Altersversorgung</td><td>Versorgung der Landwirtschaftlichen Altersklassen</td><td>Private kapitalgedeckte Leibrentenversicherung (Rürup-Rente)</td><td></td><td rowspan="3">Private kapitalgedeckte Altersversorgung (Riester-Rente)</td></tr>
<tr><td rowspan="2">2. Schicht:
staatlich geförderte Zusatzversorgung</td><td colspan="5">Betriebliche Altersversorgung</td></tr>
<tr><td>Pensionszusage</td><td>Unterstützungskasse</td><td>Pensionskasse</td><td>Pensionsfonds</td><td>Direktversicherung</td></tr>
<tr><td>3. Schicht:
private Kapitalanlage</td><td colspan="6">rein privat finanzierte Altersvorsorge durch private Kapitalansammlung
Beispiele: Kapitallebensversicherungen, private Rentenversicherungen mit Kapitalwahlrecht, Anlage in Bundesschatzbriefen, Investmentfonds, Aktien, Ratensparverträge, Immobilien</td></tr>
</table>

4.2.3 Arbeitslosenversicherung

Träger der Arbeitslosenversicherung ist die **Bundesagentur für Arbeit** (Zentrale) mit Sitz in Nürnberg. Sie erfüllt für die Bürgerinnen und Bürger sowie für Unternehmen und Institutionen umfassende Dienstleistungsaufgaben für den Arbeits- und Ausbildungsmarkt. Zur Erfüllung dieser Dienstleistungsaufgaben steht bundesweit ein flächendeckendes Netz von Arbeitsagenturen und Geschäftsstellen zur Verfügung. Außerdem unternimmt die Bundesagentur für Arbeit Arbeitsmarkt- und Berufsforschung, Arbeitsmarktbeobachtung und -berichterstattung und führt Arbeitsmarktstatistiken. Ferner zahlt sie – als Familienkasse – das Kindergeld. Ihr sind auch Ordnungsaufgaben zur Bekämpfung des Leistungsmissbrauchs übertragen.

Leistungen der Bundesagentur für Arbeit

an Arbeitnehmerinnen/Arbeitnehmer

- Ausbildungs- und Arbeitsvermittlung
- Arbeitsberatung
- Arbeitsmarktbeobachtung
- Arbeitsmarkt- und Berufsforschung
- Bekämpfung der illegalen Beschäftigung
- Berufsberatung
- Entgeltsicherung für ältere Arbeitnehmer
- Erteilung von Arbeitserlaubnissen an Ausländer
- Förderung
  - der beruflichen Weiterbildung
    a) Unterhaltsgeld
    b) Bildungsgutscheine
    c) Weiterbildungskosten
  - der Teilhabe behinderter Menschen am Arbeitsleben
- Leistungen der aktiven Arbeitsförderung
  - Strukturanpassungsmaßnahmen
  - Personal-Service-Agenturen
  - Zahlung von Lohnkostenzuschüssen
  - Zuschüsse für Eingliederungen
  - Mobilitätshilfen
  - Gründungszuschüsse
- Leistungen zur Förderung der ganzjährigen Beschäftigung in der Bauwirtschaft
- Rehabilitationsleistungen
- Verwaltung der Beiträge der Arbeitslosenversicherung
- Zahlung von Kindergeld (als Familienkasse)
- Zahlung von Lohnersatzleistungen
  - Arbeitslosengeld I (früher Arbeitslosengeld)
  - Arbeitslosengeld II (früher Arbeitslosenhilfe)
  - Zahlung von Saisonkurzarbeiter-, Kurzarbeiter-, Insolvenzgeld

Über bestimmte Träger erfolgt zusätzlich die Förderung

- der Berufsausbildung durch z. B. ausbildungsbegleitende Maßnahmen,
- von Einrichtungen der beruflichen Aus- und Weiterbildung,
- von Jugendwohnheimen,
- von Arbeitsbeschaffungsmaßnahmen,
- von Eingliederungsmaßnahmen.

an Arbeitgeberinnen/Arbeitgeber

- Arbeitsberatung
- Einstellungszuschuss bei Neugründungen
- Eingliederungszuschüsse
- Förderung der beruflichen Weiterbildung durch Zuschüsse zum Arbeitsentgelt für Ungelernte, Zuschüsse zum Arbeitsentgelt für bedrohte Arbeitnehmer
- Förderung der Teilhabe behinderter Menschen am Arbeitsleben
- Leistungen zur beruflichen Eingliederung schwerbehinderter Personen
- Kurzarbeitergeld
- Förderung der ganzjährigen Beschäftigung in der Bauwirtschaft
- Leistungen nach dem Altersteilzeitgesetz
- Zuschüsse zu Sozialplanmaßnahmen
- Zuschüsse zu Infrastrukturmaßnahmen

Versicherte

Die Arbeitslosenversicherung kennt ausschließlich Pflichtversicherte.

Versicherte

- Arbeiter
- Angestellte
- Auszubildende

Nicht von der Arbeitslosenversicherung erfasst werden Selbstständige, Beamte, Studierende und Beschäftigte in einem geringfügigen Beschäftigungsverhältnis.

Finanzielle Leistungen an Arbeitslose

Die finanzielle Sicherung in Zeiten der Arbeitslosigkeit ist eine unabdingbare Voraussetzung, um den unverschuldet arbeitslos gewordenen Arbeitnehmer und seine Familie nicht in wirtschaftliche Not geraten zu lassen.

Arbeitslosengeld

Arbeitslosengeld I (ALG I) (Versicherungsleistung)

Anspruch auf **Arbeitslosengeld I** hat, wer
- unfreiwillig arbeitslos ist, eine neue Beschäftigung sucht und arbeitsbereit ist,
- sich persönlich bei der Agentur für Arbeit arbeitslos gemeldet hat,
- die Anwartschaftszeit erfüllt,
- das 65. Lebensjahr noch nicht vollendet hat,
- Arbeitslosengeld **beantragt** hat *(§§ 117–122 SGB III)*.

Anspruchsdauer *(§ 127 SGB III)*:
Die Anspruchsdauer auf Arbeitslosengeld richtet sich nach der vorhergehenden versicherungspflichtigen Beschäftigungsdauer, der Rahmenfrist, dem vollendeten Lebensjahr (max. 12–24 Monate).

Höhe
Die Höhe richtet sich nach dem versicherungspflichtigen Bruttoarbeitsentgelt, das in den letzten 52 Wochen vor der Arbeitslosigkeit erzielt wurde. Von diesem durchschnittlichen Bruttoarbeitsentgelt werden pauschaliert gesetzliche Abzüge (Steuern nach Steuerklasse, SV-Beiträge) abgezogen.
Von dem ermittelten Nettobezug beträgt das Arbeitslosengeld 60 % bzw. 67 % für Arbeitslose mit mindestens einem Kind *(§§ 129–130 SGB III)*.

Vorhandenes Vermögen hat keinen Einfluss auf die Höhe von Arbeitslosengeld I, weil es sich um eine versicherungsähnliche Leistung handelt, die aus den Beiträgen finanziert wird.

Pflichten von Arbeitslosengeldbeziehern:
- Meldepflichten
- Hinterlegung des Sozialversicherungsausweises
- Mitwirkungspflicht
- Erstattungspflicht für zu Unrecht erhaltene Leistungen

Wer vom Arbeitslosengeld I zum Arbeitslosengeld II wechseln muss, kann für eine Übergangszeit einen Zuschlag beantragen.

Arbeitslosengeld II (ALG II = Hartz IV) + evtl. Sozialgeld (Fürsorgeleistung)

Anspruch auf **Arbeitslosengeld II** hat, wer
- arbeitslos gemeldet ist,
- bei Beantragung von Arbeitslosengeld II den Anspruch auf Arbeitslosengeld I ausgeschöpft hat,
- hilfebedürftig ist, d. h. bestimmte Vermögens- und Einkommensgrenzen – auch des Ehegatten – dürfen nicht überschritten werden,
- zwischen 15 und 65 Jahre alt ist,
- erwerbsfähig ist und täglich mindestens 3 Stunden arbeiten kann,
- in Deutschland den gewöhnlichen Aufenthalt hat,
- als ausländischer Arbeitnehmer eine Arbeitserlaubnis hat,
- einen **Antrag** auf Arbeitslosengeld II gestellt hat, zusätzlich sind Formulare für Unterkunfts- und Heizungskosten, für Einkommenserklärungen, zur Vermögensfeststellung und für weitere Angehörige auszufüllen.

Sozialgeld erhalten nicht erwerbsfähige Mitglieder, die in einer Bedarfsgemeinschaft mit dem Empfänger von ALG II leben.
Zu einer Bedarfsgemeinschaft zählen
- erwerbsfähige Hilfsbedürftige,
- im Haushalt lebende Eltern,
- Alleinerziehende von Minderjährigen,
- Ehepartner, Partner in eheähnlicher Gemeinschaft,
- minderjährige, unverheiratete bedürftige Kinder, die im Haushalt leben.

Anspruchsdauer
Das Arbeitslosengeld II wird zeitlich unbegrenzt gewährt, wenn die Anspruchsvoraussetzungen dauerhaft erfüllt sind. Die Leistungen werden für ca. sechs Monate bewilligt. Die Hilfsbedürftigkeit wird fortlaufend überprüft.

Höhe
Die Höhe richtet sich nach dem Bedarf des Empfängers. Eigenes Vermögen und Einkommen der im Haushalt lebenden Angehörigen werden in die Berechnung einbezogen. Vermögensgegenstände zur Alterssicherung bleiben i. d. R. unberücksichtigt.

Arbeitslosengeld I ist eine Entgelt- oder Lohnersatzleistung, die über die Arbeitslosenversicherung abgedeckt wird *(SGB III)*.

Arbeitslosengeld II ist eine Grundsicherung für erwerbsfähige, hilfsbedürftige Arbeitssuchende *(SGB II)*. Träger des Arbeitslosengeldes II ist der Bund.

- **Erwerbsfähige Hilfsbedürftige**

Die Leistungen umfassen:
- **Regelleistung**

Regelleistung Arbeitslosengeld II/Sozialgeld			
• Alleinstehende • Alleinerziehende • Personen mit minderjährigem Partner	• Partner ab Beginn des 19. Lebensjahres	• Kinder ab Beginn des 15. Lebensjahres bis Vollendung des 18. Lebensjahres	• Kinder bis zur Vollendung des 14. Lebensjahres
100 %	90 %	80 %	60 %

- evtl. **Mehrbedarf** für z. B. werdende Mütter ab der 13. Schwangerschaftswoche, Behinderte
- Leistungen für angemessenen Unterhalt und Heizung
- Leistungen in Notfällen als Darlehen
- einmalige Leistungen z. B. für mehrtägige Klassenfahrten

Bezieher von Arbeitslosengeld II sind kranken-, pflege- und rentenversichert. Die Beiträge zahlt i. d. R. der Bund pauschal.

- **Nicht erwerbsfähige Hilfsbedürftige**

Nicht erwerbsfähige Mitglieder der Bedarfsgemeinschaft von Arbeitslosengeld-II-Empfängern (z. B. minderjährige Kinder, Eltern) erhalten **Sozialgeld** von der Gemeinde/Stadt, wenn sie keinen Anspruch auf Leistungen nach dem *SGB XII* haben.
Das Sozialgeld soll
- den Lebensunterhalt sichern,
- einen eventuellen Mehrbedarf ausgleichen,
- die angemessene Unterkunft und Heizung ermöglichen.

- **Rechte und Pflichten der Empfänger von Arbeitslosengeld II**

Empfänger von Arbeitslosengeld II erhalten bei der Suche nach einem Arbeitsplatz einen persönlichen Ansprechpartner bzw. einen „Fallmanager". Im Ermessen der Agentur für Arbeit können Arbeitssuchende folgende Leistungen erhalten:
- Erstattung von Bewerbungs- und Reisekosten für Vorstellungsgespräche
- Kosten für Teilnahme an Trainingsseminaren
- Umzugshilfen
- Eingliederungszuschüsse
- Weiterbildung
- Vermittlungsgutscheine
- Unterstützung bei Betreuung von Kindern und pflegebedürftigen Angehörigen

Empfänger von Arbeitslosengeld II müssen jede zumutbare Arbeitsstelle annehmen, die ihnen von der Agentur für Arbeit vermittelt wird. Angebotene Jobs können nur abgelehnt werden, wenn nachgewiesen wird, dass der Arbeitssuchende seelisch, körperlich und geistig nicht in der Lage ist, diese Tätigkeit auszuüben. Zumutbar sind auch sogenannte Arbeitsangelegenheiten der Gemeinden/Städte.
Es muss mit der Agentur für Arbeit eine Eingliederungsvereinbarung getroffen werden. Pflichtverletzungen führen zu Kürzungen des Arbeitslosengeldes II.

Beispiele

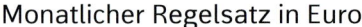

Wiederholte Weigerung, eine Arbeit anzunehmen
Regelverstöße

Die Hartz-IV-Regelsätze

Monatlicher Regelsatz in Euro

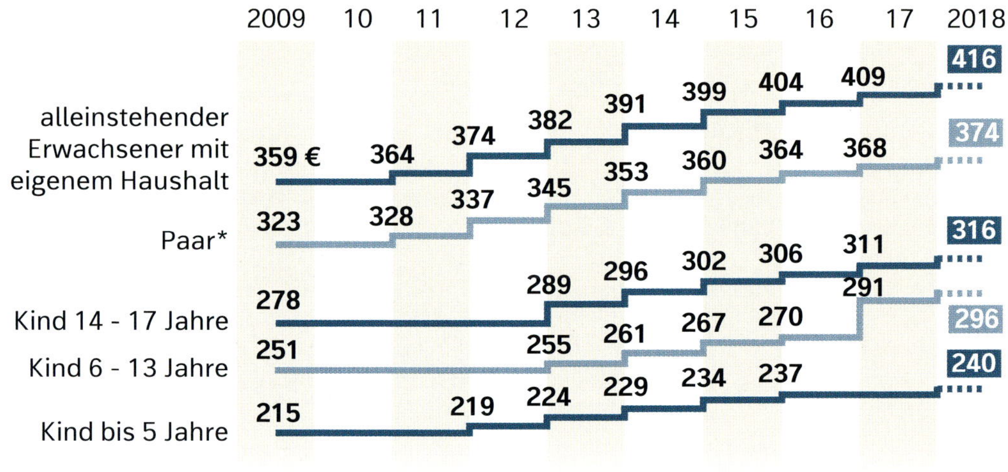
2009 10 11 12 13 14 15 16 17 2018
alleinstehender Erwachsener mit eigenem Haushalt
359 € 364 374 382 391 399 404 409 416
Paar*
323 328 337 345 353 360 364 368 374
Kind 14 - 17 Jahre
278 289 296 302 306 311 316
Kind 6 - 13 Jahre
251 255 261 267 270 291 296
Kind bis 5 Jahre
215 219 224 229 234 237 240

*für jeden der beiden Partner Quelle: BMAS, Bundesregierung **dpa•27168**

Sicherung von Arbeitsplätzen

Die Maßnahmen zur Arbeitsplatzsicherung sollen dazu dienen, bestehende Arbeitsverhältnisse auch in ungünstigen Wirtschaftslagen und während vorübergehender Arbeitsausfälle zu erhalten. Daneben können solche Unternehmen Zuschüsse erhalten, die für Arbeitslose und ältere Arbeitnehmer zusätzlich Arbeitsplätze schaffen.

Maßnahmen zur Arbeitsplatzsicherung

Kurzarbeitergeld	Saison-Kurzarbeitergeld (früher Winterausfallgeld)	Maßnahmen zur Arbeitsbeschaffung
Zahlungen an Arbeitnehmer (ohne Auszubildende und geringfügig Beschäftigte) bis max. 24 Monate, die infolge von unvermeidbaren Arbeitsausfällen keinen oder nur einen gekürzten Lohn erhalten.	Um die Entlassung von Mitarbeitern des Baugewerbes, der Gerüstbauer, der Dachdecker und der Garten- und Landschaftsbauer aus witterungsbedingten Gründen in der Zeit vom 01.12 bis zum 31.03. des Folgejahres zu vermeiden, wird ein Saison-Kurzarbeitergeld bezahlt (*§ 175 Abs. 3 SGB III*). Es tritt an die Stelle des früheren Winterausfallgeldes und wird aus der Arbeitslosenversicherung finanziert. Zum Saison-Kurzarbeitergeld gibt es ergänzende Leistungen (Mehraufwand-Wintergeld, Zuschuss-Wintergeld), die zusätzliche Anreize für eine durchgehende Beschäftigung in den Wintermonaten schaffen soll (*§ 175a SGB III*).	Zuschüsse zur Einrichtung von Arbeitsplätzen für Arbeitslose und ältere Arbeitnehmer bis maximal 90 % des Tariflohnes

↓

Ziel: Verhinderung von Entlassungen

Sofortmeldung für schwarzarbeitträchtige Branchen

Der Arbeitgeber ist verpflichtet, noch vor der Aufnahme eines Beschäftigungsverhältnisses der Datenstelle der Deutschen Rentenversicherung eine **Sofortmeldung** zu erstatten, wenn die Beschäftigung in einem der folgenden neun besonders schwarzarbeitträchtigen **Branchen** stattfindet:

- Baugewerbe
- Gaststätten- und Beherbergungsgewerbe
- Personenbeförderungsgewerbe Speditions-, Transport- und damit verbundenes Logistikgewerbe
- Schaustellergewerbe
- Unternehmen der Forstwirtschaft
- Gebäudereinigungsgewerbe
- Unternehmen, die sich am Auf- und Abbau von Messen und Ausstellungen beteiligen
- Fleischwirtschaft

Sofort – und unabhängig von der Monatsabrechnung – ist im Wege des bestehenden DEÜV-Meldeverfahrens zu melden:

- Familien- und Vorname
- Versicherungsnummer (soweit bekannt)
- Betriebsnummer des Arbeitgebers
- Tag der Beschäftigungsaufnahme

Auf die gemeldeten Daten können neben den mit der Bekämpfung der Schwarzarbeit betrauten Ermittlungsbehörden und den Prüfdiensten der Rentenversicherungsträger auch die Unfallversicherungsträger zugreifen. Letztere können so überprüfen, ob ein Arbeitnehmer während des Bezugs von Leistungen aufgrund eines Arbeitsunfalls Schwarzarbeit leistet, und den Unternehmer in Regress nehmen.

Das Gesetz sieht in den genannten Branchen außerdem eine bußgeldbewährte Verpflichtung für Arbeitgeber vor, Arbeitnehmer nachweislich und schriftlich darauf hinzuweisen, dass diese bei ihrer Tätigkeit auch einen Pass, Personalausweis oder Ausweisersatz mitzuführen haben *(§ 2a SchwarzArbG)*.

Finanzierung

Die Bundesagentur für Arbeit finanziert sich aus den Beiträgen aus der Arbeitslosenversicherung und aus Zahlungen des Bundes *(§ 363 SGB III)*. Der Bund garantiert die Zahlungsfähigkeit der Bundesagentur für Arbeit. Aus den Beiträgen werden die Kernaufgaben und die Versicherungsleistungen (Arbeitsvermittlung, Arbeitsberatung und Arbeitslosengeld getragen. Der Bund erstattet außerdem der BA die Kosten, welche aus den zusätzlich übertragenen Aufgaben entstehen, z. B. Kindergeld, Aufwendungen der Grundsicherung *(§ 363 SGB III, § 46 SGB II)*.

Nach § 364 SGB III ist der Bund verpflichtet, Liquiditätshilfen als zinsloses Darlehen zu leisten, wenn die Mittel der BA nicht zur Erfüllung ihrer Zahlungsverpflichtungen ausreichen. Darlehen sind dann zurückzuzahlen, sobald die Einnahmen eines Monats die Ausgaben übersteigen. Können Darlehen durch die BA bis zum Ende des Haushaltsjahres nicht zurückgezahlt werden, so wird aus dem die gesetzlich vorgeschriebene Rücklage übersteigenden Darlehen ein Zuschuss.

4.2.4 Gesetzliche Pflegeversicherung

Definition

Aufgabe der ***gesetzlichen Pflegeversicherung*** *ist die* ***finanzielle Sicherung der Pflegeleistungen*** *für jene Menschen, die bei den alltäglichen Verrichtungen ständige Hilfe benötigen.*

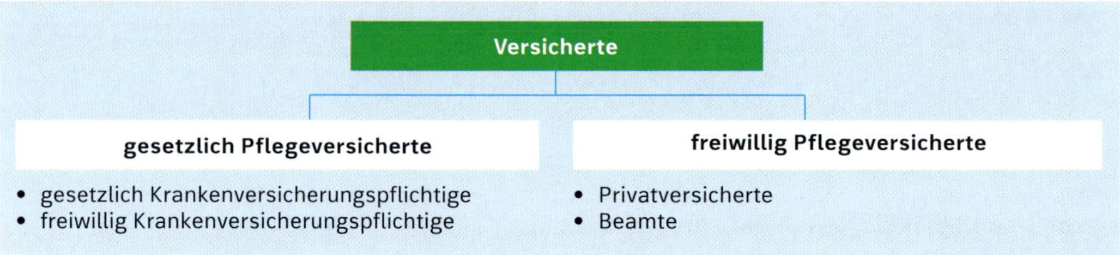
Versicherte
gesetzlich Pflegeversicherte
• gesetzlich Krankenversicherungspflichtige
• freiwillig Krankenversicherungspflichtige
freiwillig Pflegeversicherte
• Privatversicherte
• Beamte

Die **Leistungen** richten sich nach einem dreistufigen Grad der Bedürftigkeit.

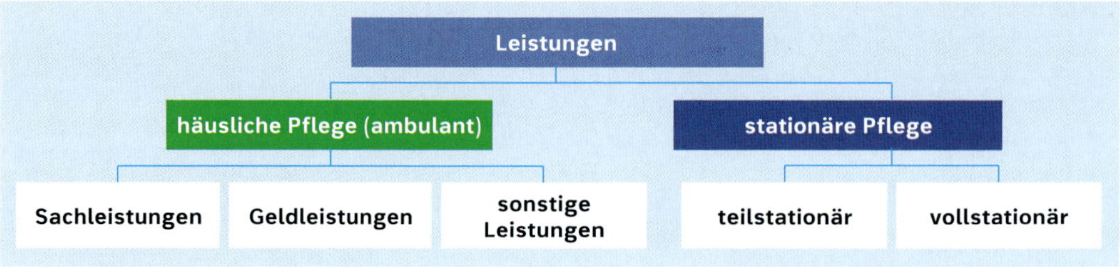
Leistungen
häusliche Pflege (ambulant)
stationäre Pflege
Sachleistungen
Geldleistungen
sonstige Leistungen
teilstationär
vollstationär

Pflegestärkungsgesetz[1]

Der Gesetzgeber hat mit dem Zweiten Gesetz zur Stärkung der pflegerischen Versorgung und zur Änderung weiterer Vorschriften *(Zweites Pflegestärkungsgesetz – PSG II)* am 01.01.2016 eine grundsätzliche Überarbeitung und Neustrukturierung der Pflegeversicherung vorgenommen. Ein neues Begutachtungsverfahren und eine Umstellung von Pflegestufe auf Pflegegrad ist seit dem 01.01.2017 wirksam. Das neue Gesetz setzt den neuen Pflegebedürftigkeitsbegriff um. Damit erhalten erstmals alle Pflegebedürftigen gleichberechtigten Zugang zu den Leistungen der Pflegeversicherung, unabhängig davon, ob sie von körperlichen oder psychischen Einschränkungen betroffen sind. Das Jahr 2016 diente in der Praxis der Vorbereitung des neuen Begutachtungsverfahrens und der Umstellung auf die fünf Pflegegrade und Leistungsbeträge bis zum 01.01.2017. Seit 2016 sind folgende Regelungen in Kraft:

- Beratung: Pflegende Angehörige erhalten einen eigenen Anspruch auf Pflegeberatung. Wer Leistungen bei der Pflegeversicherung beantragt, erhält zudem automatisch das Angebot für eine Pflegeberatung.
- Anpassung der Rahmenverträge: Die Rahmenverträge über die pflegerische Versorgung in den Ländern sind von den beteiligten Partnern der Selbstverwaltung an den neuen Pflegebedürftigkeitsbegriff anzupassen. Dazu gehören auch die Vorgaben zur Personalausstattung.
- Pflegesätze und Personalschlüssel: Vor Einführung der neuen Pflegegrade mussten Träger der Pflegeeinrichtungen, Sozialhilfeträger und Pflegekassen die Personalstruktur und die Personalschlüssel der Einrichtungen prüfen und bei Bedarf anpassen. Bis Mitte 2020 soll ein wissenschaftlich gesichertes Verfahren zur Personalbedarfsbemessung entwickelt werden.

Bereits das erste Pflegestärkungsgesetz, das am 01.01.2015 in Kraft getreten ist, gewährt Leistungsverbesserungen, die mit dem neuen Pflegebedürftigkeitsbegriff gewollt waren: eine bessere Berücksichtigung der individuellen Situation von Pflegebedürftigen und ihren Angehörigen und einen Abbau von Unterschieden im Umgang mit körperlichen und geistigen Einschränkungen. Mit dem Zweiten Pflegestärkungsgesetz folgten nun weitere Verbesserungen. Insgesamt stehen ab 2017 jährlich fünf Milliarden Euro zusätzlich für die Pflege zur Verfügung.

Rund 2,7 Millionen Pflegebedürftige wurden zum 01.01.2017 automatisch in einen der neuen Pflegegrade übergeleitet. Menschen mit körperlichen Beeinträchtigungen wurden automatisch von ihrer Pflegestufe in den nächst höheren Pflegegrad übernommen. Menschen, bei denen eine dauerhafte erhebliche Einschränkung der Alltagskompetenz festgestellt wurde, erhielten den übernächsten Pflegegrad.

Zudem erhielten alle Pflegebedürftigen einen Anspruch auf zusätzliche Betreuungsangebote in voll- und teilstationären Pflegeeinrichtungen.

Die Finanzierung erfolgt durch die soziale Pflegeversicherung.

---

[1] *Vgl. www.bmg.bund.de/themen/pflege/pflegestaerkungsgesetze/pflegestaerkungsgesetz-ii.html*

Die soziale Absicherung von pflegenden Angehörigen wurde verbessert. Die Pflegeversicherung wird für deutlich mehr pflegende Angehörige Rentenbeiträge entrichten. Dabei kommt es darauf an, in welchem Umfang die Pflege durch Pflegepersonen erbracht wird und in welchen Pflegegrad der Pflegebedürftige eingestuft ist. Auch die soziale Sicherung der Pflegepersonen im Bereich der Arbeitslosen- und der Unfallversicherung wurde verbessert.

Pflegegrade

Seit 2017 werden körperliche, geistige und psychische Einschränkungen gleichermaßen erfasst und in die Einstufung einbezogen. Mit der Begutachtung wird der Grad der Selbstständigkeit in sechs verschiedenen Bereichen gemessen und – mit unterschiedlicher Gewichtung – zu einer Gesamtbewertung zusammengeführt. Daraus ergibt sich die Einstufung in einen Pflegegrad. Die sechs Bereiche sind:

1. Mobilität
2. Kognitive und kommunikative Fähigkeiten
3. Verhaltensweisen und psychische Problemlagen
4. Selbstversorgung
5. Bewältigung von und selbstständiger Umgang mit krankheits- oder therapiebedingten Anforderungen und Belastungen
6. Gestaltung des Alltagslebens und sozialer Kontakte

Bei der Festlegung des Pflegegrades fließen die zuvor genannten Module in unterschiedlicher Wertigkeit bzw. in unterschiedlichen Prozentsätzen ein.

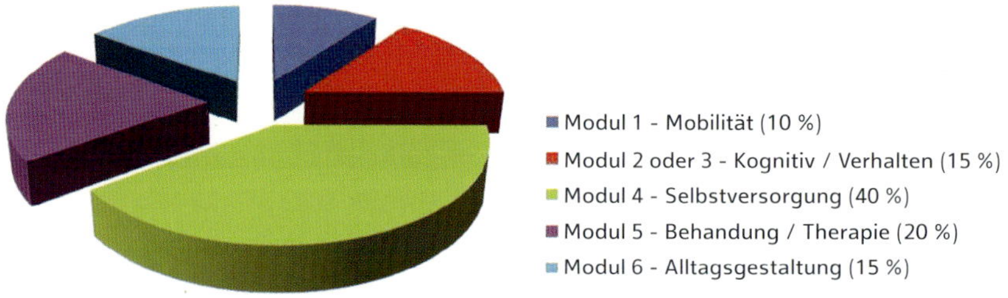
Modul 1 - Mobilität (10 %)
Modul 2 oder 3 - Kognitiv / Verhalten (15 %)
Modul 4 - Selbstversorgung (40 %)
Modul 5 - Behandung / Therapie (20 %)
Modul 6 - Alltagsgestaltung (15 %)

Quelle: KV-media: Gewichtung der Module bei der Feststellung des Pflegegrades, Zugriff am 05.12.2017 unter: www.kv-media.de/pflegegrade-2017.php

Zur Ermittlung eines Pflegegrades werden die bei der Begutachtung festgestellten Einzelpunkte in jedem Modul addiert und – unterschiedlich gewichtet – in Form einer Gesamtpunktzahl abgebildet. Diese Gesamtpunkte ergeben die Zuordnung zum maßgeblichen Pflegegrad *(§ 15 SGB XI)*.

Der Pflegegrad wird mithilfe eines pflegefachlich begründeten Begutachtungsinstruments ermittelt:

- Pflegegrad 1: geringe Beeinträchtigung der Selbstständigkeit (ab 12,5 bis unter 27 Gesamtpunkte)
- Pflegegrad 2: erhebliche Beeinträchtigung der Selbstständigkeit (ab 27 bis unter 47,5 Gesamtpunkte)
- Pflegegrad 3: schwere Beeinträchtigung der Selbstständigkeit (ab 47,5 bis unter 70 Gesamtpunkte)

- Pflegegrad 4: schwerste Beeinträchtigung der Selbstständigkeit (ab 70 bis unter 90 Gesamtpunkte)
- Pflegegrad 5: schwerste Beeinträchtigung der Selbstständigkeit mit besonderen Anforderungen an die pflegerische Versorgung (ab 90 bis 100 Gesamtpunkte)

Die alten Pflegestufen werden den neuen Pflegegraden zugeordnet.

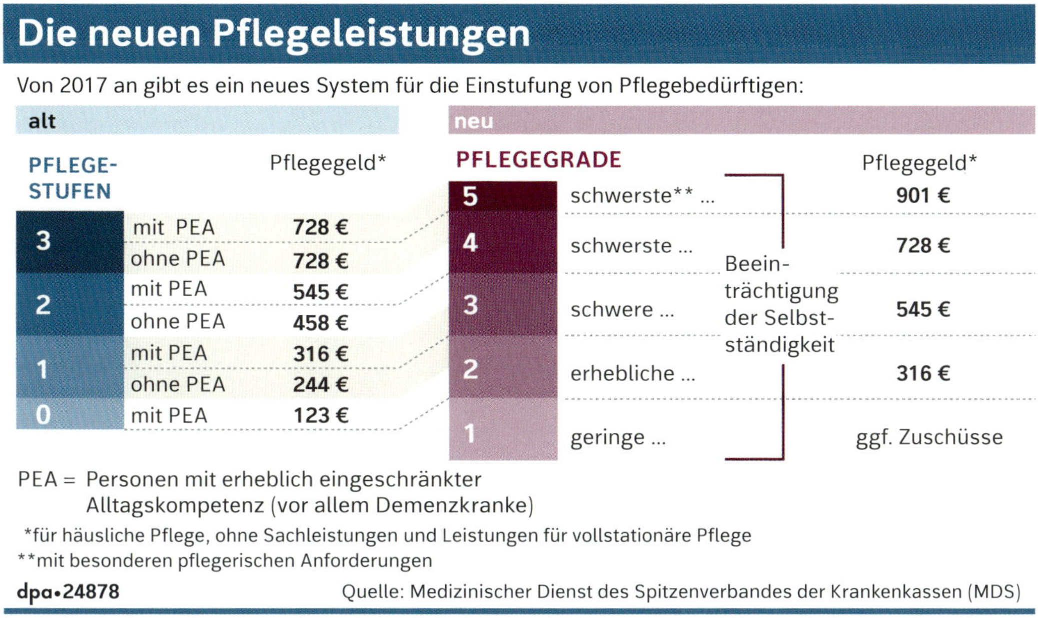
Die neuen Pflegeleistungen
Von 2017 an gibt es ein neues System für die Einstufung von Pflegebedürftigen:
alt
neu
PFLEGE-STUFEN
Pflegegeld*
3 mit PEA 728 €
ohne PEA 728 €
2 mit PEA 545 €
ohne PEA 458 €
1 mit PEA 316 €
ohne PEA 244 €
0 mit PEA 123 €
PFLEGEGRADE
Pflegegeld*
5 schwerste** ... 901 €
4 schwerste ... 728 €
3 schwere ... 545 €
2 erhebliche ... 316 €
1 geringe ... ggf. Zuschüsse
Beeinträchtigung der Selbstständigkeit
PEA = Personen mit erheblich eingeschränkter Alltagskompetenz (vor allem Demenzkranke)
*für häusliche Pflege, ohne Sachleistungen und Leistungen für vollstationäre Pflege
**mit besonderen pflegerischen Anforderungen
dpa•24878
Quelle: Medizinischer Dienst des Spitzenverbandes der Krankenkassen (MDS)

Leistungen

Leistungen nach Pflegegrad (PG) in Euro	PG1*	PG2	PG3	PG4	PG5
Geldleistung ambulant		316,00	545,00	728,00	901,00
Sachleistung ambulant		689,00	1 298,00	1 612,00	1 995,00
Entlastungsbetrag ambulant (zweckgebunden)	125,00	125,00	125,00	125,00	125,00
Leistungsbetrag stationär	125,00	770,00	1 262,00	1 775,00	2 005,00
bundesdurchschnittlicher pflegebedingter Eigenanteil		580,00	580,00	580,00	580,00

Quelle: vgl. www.kv-media.de/pflegereform-2016-2017.php

Familienpflegezeitgesetz

Am 01.01.2015 ist das Gesetz zur Vereinbarkeit von Job und Pflege von Ange hörigen *(Gesetz zur besseren Vereinbarkeit von Familie, Pflege und Beruf)* in Kraft getreten. Neben der sechsmonatigen Pflegezeit nach dem *PflegeZG* sollen pflegende Angehörige nun die Möglichkeit haben, in einem Zeitraum von bis zu zwei Jahren zur häuslichen Pflege von nahen Angehörigen mit reduzierter Stundenzahl im Beruf weiterzuarbeiten.

	Kurzzeitige pflegebedingte Arbeitsverhinderung	Pflegezeit (nach dem Pflegezeitgesetz)	Familienpflegezeit[1]
Ankündigungsfrist	keine	zehn Arbeitstage	acht Wochen
Gilt für welche Unternehmen?	alle Unternehmen	Unternehmen mit mehr als 15 Beschäftigten	Unternehmen mit mehr als 25 Beschäftigten, Auszubildende zählen dabei nicht mit
Gilt für welche Arbeitnehmer?	alle Arbeitnehmer, auch befristet Beschäftigte und Minijobber		
Gilt für welche Angehörigen?	Ehegatten, Lebenspartner, Partner einer eheähnlichen Gemeinschaft, Großeltern, Eltern, Geschwister, Kinder, Adoptiv- und Pflegekinder, Enkelkinder sowie Schwiegereltern. Schwiegerkinder, Stiefeltern, Schwäger und Schwägerinnen und homosexuelle Partner, auch wenn keine eingetragene Lebenspartnerschaft besteht.		
Gilt für welche Grade von Pflegebedürftigkeit?	„voraussichtliche Pflegebedürftigkeit" (nach ärztlicher Bescheinigung)	mindestens Pflegestufe 1 (gilt nicht für Pflegestufe „Null")	
Dauer	bis zu zehn Arbeitstage	bis zu sechs Monate	bis zu 24 Monate (einschließlich der Pflegezeit)
Arbeitszeit	Auszeit vom Job	wahlweise Auszeit oder Teilzeit	nur Teilzeit mit mindestens 15 Wochenarbeitsstunden
Finanzieller Ausgleich	ja, Pflegeunterstützungsgeld	rückzahlbares zinsloses Darlehen, durch das die Einkommensminderung teilweise ausgeglichen wird	
Kündigungsschutz	ja, von der Ankündigung bis zur Beendigung der Arbeitsverhinderung	ja, von der Ankündigung bis zur Beendigung der Pflegezeit	ja, von der Ankündigung bis zur Beendigung der Familienpflegezeit

Quelle: IG BCE Industriegewerkschaft Bergbau, Chemie, Energie: Übersicht: Die (neuen) gesetzlichen Instrumente zur Vereinbarkeit von Job und Pflege von Angehörigen, Zugriff am 03.07.2018 unter: www.igbce.de/vanity/renderDownloadLink/68446/92542

[1] *Das FPfZG enthält keine Regelungen über die steuerliche Behandlung der einzelnen Phasen der Familienpflegezeit. Während der Familienpflegezeit erhalten Arbeitnehmer eine Entgeltaufstockung in Höhe der Hälfte der Differenz zwischen dem bisherigen Arbeitsentgelt und dem Arbeitsentgelt, das sich infolge der Reduzierung der Arbeitszeit ergibt (bspw. Entgeltaufstockung auf 75 % des letzten Bruttoeinkommens, wenn ein Vollzeitbeschäftigter seine Arbeitszeit auf 50 % reduziert). Zum Ausgleich wird dem Arbeitnehmer später bei voller Arbeitszeit weiterhin nur das reduzierte Gehalt (bspw. Entgelt in Höhe von 75 % des letzten Bruttoeinkommens bei 100 % Arbeitszeit) gewährt, bis ein Ausgleich des „negativen" Wertguthabens erfolgt ist. Die Summe aus dem verringerten (regulären) Arbeitsentgelt und der Entgeltaufstockung des Arbeitgebers nach § 3 Abs. 1 Nr. 1b FPfZG bildet den steuerpflichtigen Arbeitslohn (vgl. BMF vom 23.05.2012, Az: IV C 5 - S 1901/11/10005).*

Finanzierung

Die Finanzierung erfolgt durch anteilige Beiträge der Arbeitnehmer (AN) und der Arbeitgeber (AG). Bei Rentnern gilt der gleiche Prozentsatz wie bei Erwerbstätigen (Hälfte Rentner selbst, Hälfte RV). Leistungsbezieher der Agentur für Arbeit erhalten die kompletten Beiträge von der Bundesagentur für Arbeit. Der Beitragsanteil zur gesetzlichen PV beträgt bis zur Beitragsbemessungsgrenze der KV für:

				Sachsen
Arbeitnehmer, die ihre Elternschaft gegenüber dem Arbeitgeber nachweisen; Arbeitnehmer bis zum Ablauf des Monats, in dem sie das 23. Lebensjahr vollendet haben; Arbeitnehmer, die vor dem 01.01.1940 geboren wurden; Teilnehmer/-innen am Bundesfreiwilligendienst.		Anteil AN	1,275 %	1,775 %
	+	Anteil AG	1,275 %	0,775 %
	=	Gesamtanteil	2,550 %	2,550 %
Kinderlose Arbeitnehmer, die nicht unter die vorgenannten Gruppen fallen.		Anteil AN	1,525 %	2,025 %
	+	Anteil AG	1,275 %	0,775 %
	=	Gesamtanteil	2,800 %	2,800 %

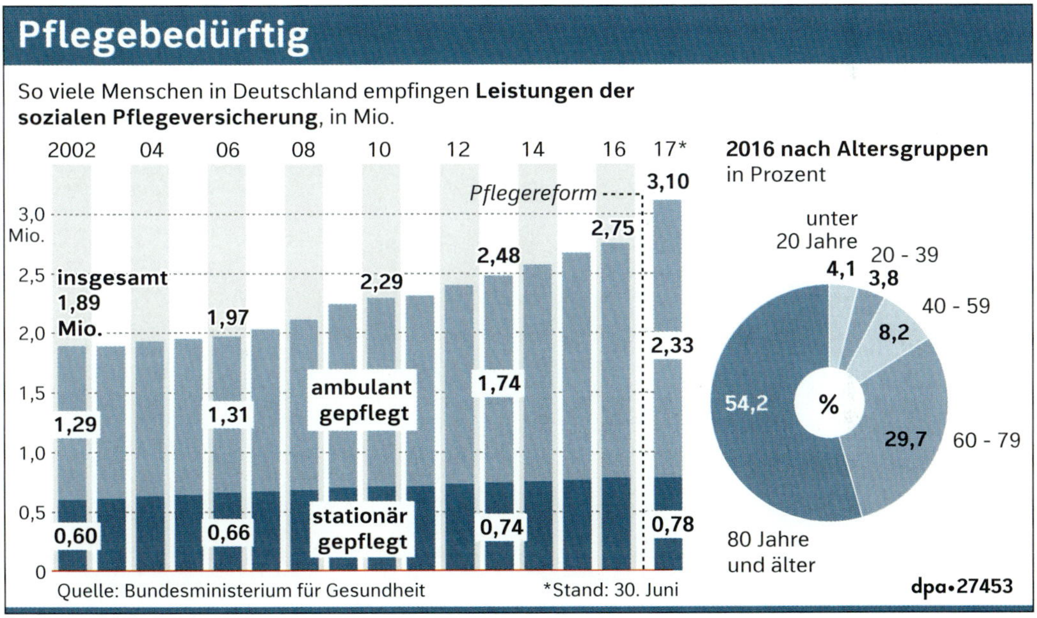
Pflegebedürftig
So viele Menschen in Deutschland empfingen **Leistungen der sozialen Pflegeversicherung**, in Mio.
2002
04
06
08
10
12
14
16
17*
3,0 Mio.
2,5
2,0
1,5
1,0
0,5
0
insgesamt 1,89 Mio.
1,97
2,29
2,48
2,75
3,10
Pflegereform
ambulant gepflegt
1,29
1,31
1,74
2,33
stationär gepflegt
0,60
0,66
0,74
0,78
2016 nach Altersgruppen in Prozent
unter 20 Jahre
4,1
20 - 39
3,8
40 - 59
8,2
60 - 79
29,7
80 Jahre und älter
54,2
%
Quelle: Bundesministerium für Gesundheit
*Stand: 30. Juni
dpa•27453

4.2.5 Gesetzliche Unfallversicherung

Die gesetzliche Unfallversicherung[1] umfasst zwei Aufgabenbereiche.

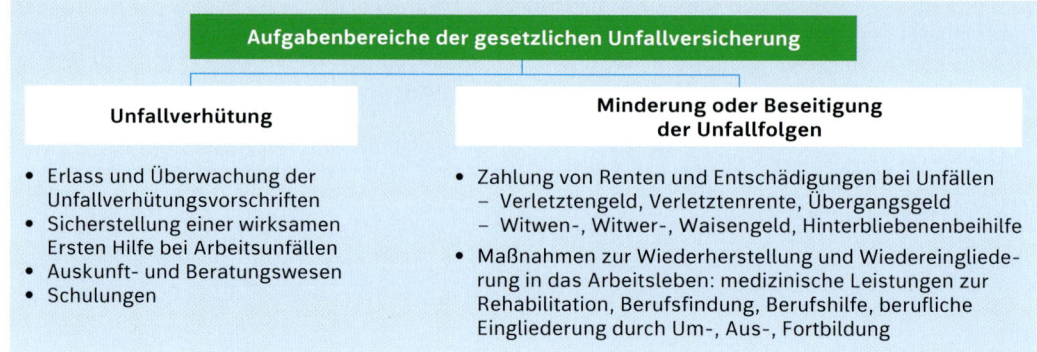

Aufgabenbereiche der gesetzlichen Unfallversicherung

Unfallverhütung

- Erlass und Überwachung der Unfallverhütungsvorschriften
- Sicherstellung einer wirksamen Ersten Hilfe bei Arbeitsunfällen
- Auskunft- und Beratungswesen
- Schulungen

Minderung oder Beseitigung der Unfallfolgen

- Zahlung von Renten und Entschädigungen bei Unfällen
  - Verletztengeld, Verletztenrente, Übergangsgeld
  - Witwen-, Witwer-, Waisengeld, Hinterbliebenenbeihilfe
- Maßnahmen zur Wiederherstellung und Wiedereingliederung in das Arbeitsleben: medizinische Leistungen zur Rehabilitation, Berufsfindung, Berufshilfe, berufliche Eingliederung durch Um-, Aus-, Fortbildung

Versicherte

Die gesetzliche Unfallversicherung unterscheidet zwischen Pflichtversicherten und freiwillig Versicherten.

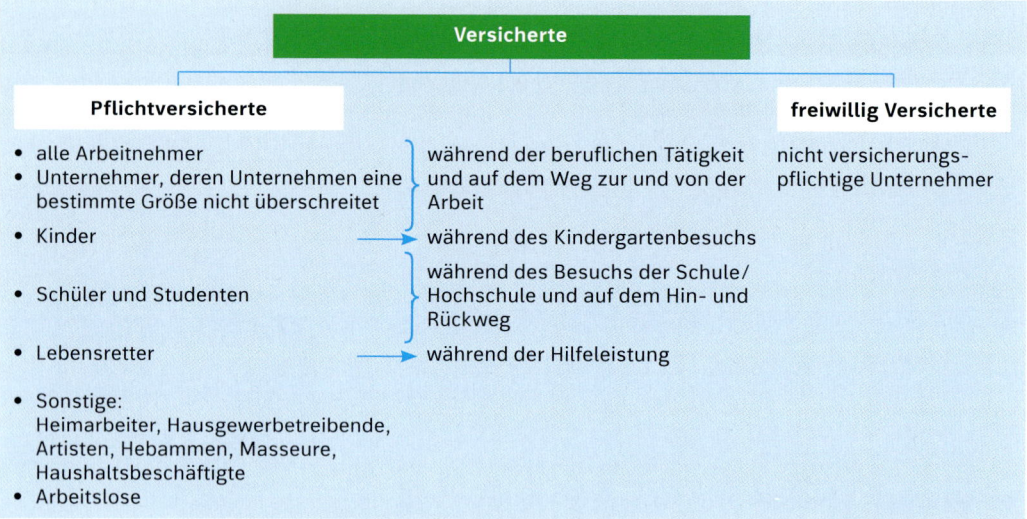

Versicherte

Pflichtversicherte

• alle Arbeitnehmer • Unternehmer, deren Unternehmen eine bestimmte Größe nicht überschreitet	während der beruflichen Tätigkeit und auf dem Weg zur und von der Arbeit
• Kinder	→ während des Kindergartenbesuchs
• Schüler und Studenten	während des Besuchs der Schule/Hochschule und auf dem Hin- und Rückweg
• Lebensretter	→ während der Hilfeleistung
• Sonstige: Heimarbeiter, Hausgewerbetreibende, Artisten, Hebammen, Masseure, Haushaltsbeschäftigte • Arbeitslose	

freiwillig Versicherte

nicht versicherungspflichtige Unternehmer

Nahezu die gesamte Bevölkerung ist in der gesetzlichen Unfallversicherung pflichtversichert. Nur einige Personengruppen, die anderweitig abgesichert sind *(z. B. Beamte)*, fallen nicht unter die Zwangsmitgliedschaft.

Maßnahmen im Bereich der Unfallverhütung

Die Unfallverhütung ist ein Schwerpunkt der Unfallversicherung. Zu diesem Zweck werden von den **Berufsgenossenschaften** (Unfallversicherungsträger) Unfallverhütungsvorschriften erlassen, die für die betroffenen Unternehmen verbindlich und den Arbeitnehmern bekannt zu geben sind. Ziel der Vorschriften sind der Schutz der Arbeitnehmer vor Unfällen und Berufskrankheiten und die

[1] *Vgl. Seite 48 ff.*

ordnungsgemäße Einrichtung und Erhaltung der Betriebsstätten, Maschinen und Gerätschaften.
Die Berufsgenossenschaften überwachen die Einhaltung der Vorschriften. Bei Verstößen können hohe Bußgelder (bis 10000,00 €) verhängt werden.

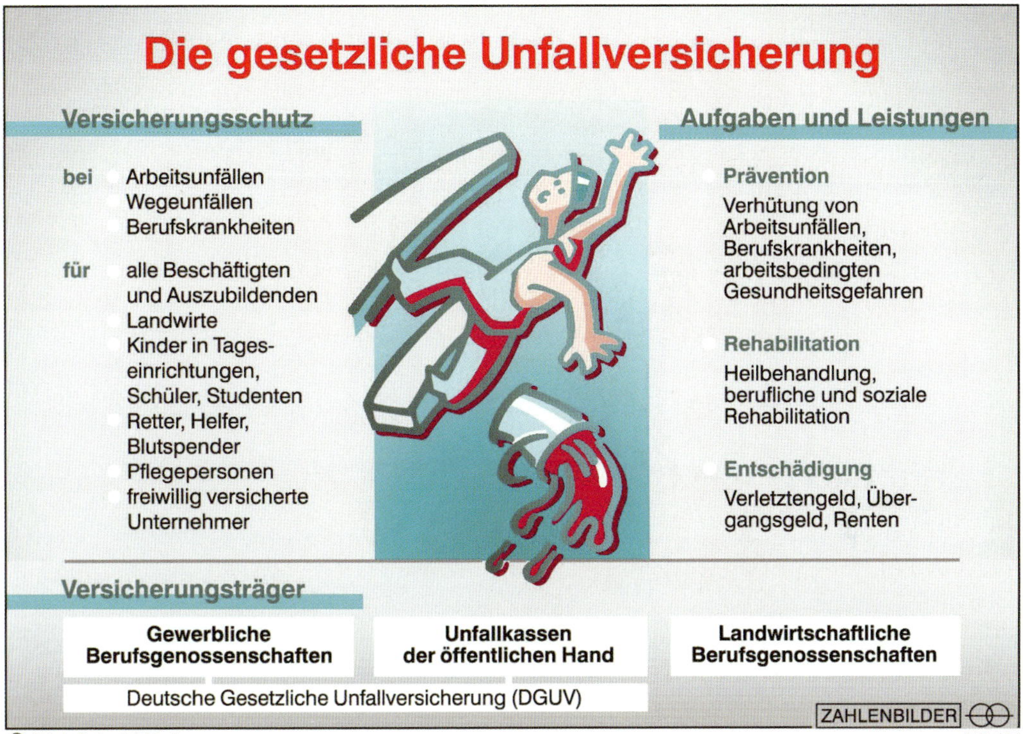
Die gesetzliche Unfallversicherung
Versicherungsschutz
bei
Arbeitsunfällen
Wegeunfällen
Berufskrankheiten
für
alle Beschäftigten und Auszubildenden
Landwirte
Kinder in Tageseinrichtungen, Schüler, Studenten
Retter, Helfer, Blutspender
Pflegepersonen
freiwillig versicherte Unternehmer
Aufgaben und Leistungen
Prävention
Verhütung von Arbeitsunfällen, Berufskrankheiten, arbeitsbedingten Gesundheitsgefahren
Rehabilitation
Heilbehandlung, berufliche und soziale Rehabilitation
Entschädigung
Verletztengeld, Übergangsgeld, Renten
Versicherungsträger
Gewerbliche Berufsgenossenschaften
Unfallkassen der öffentlichen Hand
Landwirtschaftliche Berufsgenossenschaften
Deutsche Gesetzliche Unfallversicherung (DGUV)
ZAHLENBILDER

© Erich Schmidt Verlag 147 114

■ Maßnahmen zur Milderung und Beseitigung der Unfallfolgen

Der Unternehmer ist verpflichtet, jeden Unfall unverzüglich zu melden. In einem anschließenden Untersuchungsverfahren werden Art, Umfang und Ursache der Schädigung festgestellt. Gleichzeitig wird geklärt, ob und in welcher Form die Erwerbsfähigkeit des Versicherten wiederhergestellt werden kann bzw. in welcher Höhe bei bleibenden Unfallfolgen oder bei Tod des Versicherten Rente zu zahlen ist.

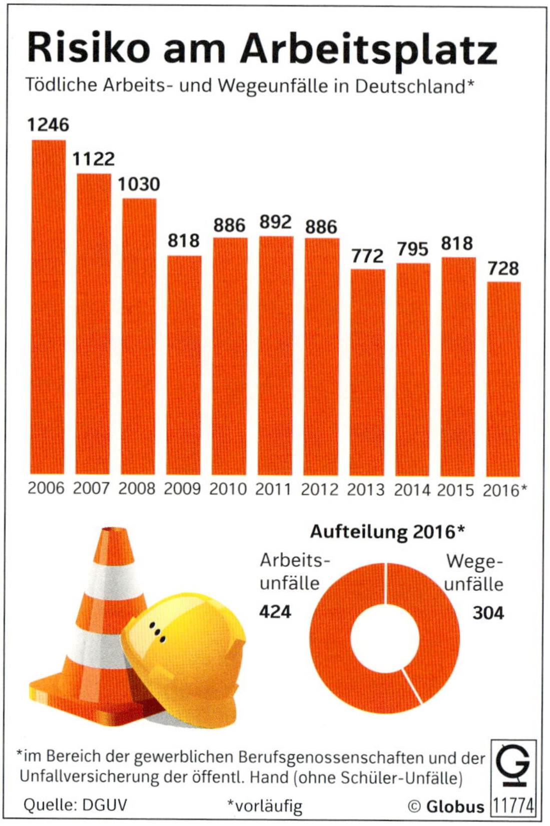
Risiko am Arbeitsplatz
Tödliche Arbeits- und Wegeunfälle in Deutschland*
1246
1122
1030
818
886
892
886
772
795
818
728
2006 2007 2008 2009 2010 2011 2012 2013 2014 2015 2016*
Aufteilung 2016*
Arbeits-unfälle
424
Wege-unfälle
304
*im Bereich der gewerblichen Berufsgenossenschaften und der Unfallversicherung der öffentl. Hand (ohne Schüler-Unfälle)
Quelle: DGUV
*vorläufig
© Globus 11774

Leistungsansprüche entstehen durch:

- Arbeitsunfälle
- Wegeunfälle
- Berufskrankheiten

Der Versicherte bzw. seine Hinterbliebenen können folgende **Leistungen** erhalten:

- **Heilbehandlung**
- **Übergangsgeld** für die Dauer der unfallbedingten Arbeitsunfähigkeit, sofern der Versicherte keinen Arbeitsverdienst oder Krankengeld erhält
- **Berufshilfe** zur Wiedereingliederung in das Arbeitsleben; kann der Versicherte seine bisherige Berufstätigkeit nicht wieder aufnehmen, so werden ggf. die Ausbildungskosten für einen anderen Beruf übernommen.
- **Verletztenrente**, wenn die Unfallfolgen eine Erwerbsminderung von mindestens 20 % verursachen
- **Sterbegeld**
- **Hinterbliebenenrente**, wenn der Versicherte an den Unfallfolgen oder einer Berufskrankheit gestorben ist (Anspruchsberechtigte sind Witwer, Witwen, Eltern und Kinder)
- **Abfindungszahlungen** anstelle von Verletztenrenten bzw. Hinterbliebenenrenten

Erweitertes Meldeverfahren

Bisher hatten die Unternehmer nach Ablauf eines jeden Kalenderjahres den sogenannten **Lohnnachweis** an den Unfallversicherungsträger in Papierform oder online zu melden. Die Löhne und Gehälter der Beschäftigten wurden dabei je nach Art der Tätigkeit unter den verschiedenen Gefahrtarifstellen nachgewiesen. Ab 2018 entfällt der Lohnnachweis.

Bei kleinen und mittleren Unternehmen erfolgt die Beitragsüberwachung der Unfallversicherung zusammen mit der Prüfung des Gesamtsozialversicherungsbeitrages durch den Prüfdienst der Deutschen Rentenversicherung. Dabei soll jede Prüfung mit

- einer einheitlichen Informationsgrundlage über den Betrieb,
- gleichen Planungsdaten für die Prüfungsdauer,
- einheitlichen fachlichen und inhaltlichen Informationen und
- gleichartiger technischer Unterstützung durchgeführt werden.

Der Prüfdienst der Deutschen Rentenversicherung stellt u. a. fest, ob die Unternehmer die zur Berechnung der Beiträge zu berücksichtigenden Arbeitsentgelte der Beschäftigten ordnungsgemäß angegeben und den jeweiligen **Gefahrtarifstellen** richtig zugeordnet haben. Um den Mittelstand hinsichtlich der Bürokratie zu entlasten, sollte die Finanzverwaltung die LSt-Prüfung mit dem Prüfdienst der Rentenversicherung abstimmen und einheitliche Prüfungstermine vereinbaren.

Finanzierung

Die gesetzliche Unfallversicherung wird über ein **Umlageverfahren** allein durch die **Beiträge der Unternehmen** finanziert. Die Lohnsumme, gestaffelt nach Gefahrenklassen, gilt als Bemessungsgrundlage für die Beitragshöhe. Den Unternehmen, die geringere Unfallquoten und -kosten als vergleichbare Betriebe aufweisen, werden Beitragsnachlässe oder auch Prämien für den Ausbau der betrieblichen Sicherheit gewährt. Trotz der rückläufigen Zahl der Unfälle und Rentenempfänger steigen die Leistungen und damit die Ausgaben. Auch für die Zukunft ist mit einem weiteren Ausgabenanstieg zu rechnen.
Trotz der sinkenden Unfallhäufigkeit ergeben sich aus den persönlichen Schicksalen der Unfallopfer und deren Hinterbliebenen Probleme, weil die Versorgung aus der gesetzlichen Unfallversicherung oft nicht mehr zur Aufrechterhaltung des früheren Lebensstandards ausreicht, auch wenn diese Leistungen vielfach über denen der übrigen gesetzlichen Sozialversicherungsträger liegen.

4.3 Risiken im Netz der sozialen Sicherheit

Alle sozialen Leistungen des Staates zusammen bilden das **„Netz der sozialen Sicherheit“**.
Es wird zunehmend diskutiert, ob das System der sozialen Sicherung ausreichend an die wirtschaftlichen und gesellschaftlichen Veränderungen angepasst wird und ob die Übersichtlichkeit des Systems noch gegeben ist.

	Abhängigkeit der Sozialleistungen von veränderten Wachstumsbedingungen
Ursache	Verlangsamtes wirtschaftliches Wachstum führt zu geringerem Zuwachs bei den Arbeitsentgelten, Einkommenseinbußen, erhöhter Arbeitslosigkeit und damit zur Verringerung der Beiträge und Einnahmen der Träger der sozialen Einrichtungen unter gleichzeitiger Zunahme der Sozialausgaben an die Leistungsempfänger.
Maßnahmen	Überprüfung der sozialen Leistungen, Absicherung einer notwendigen Grundversorgung, Auswertung des Beitragspotenzials, Einschränkung der Sozialausgaben

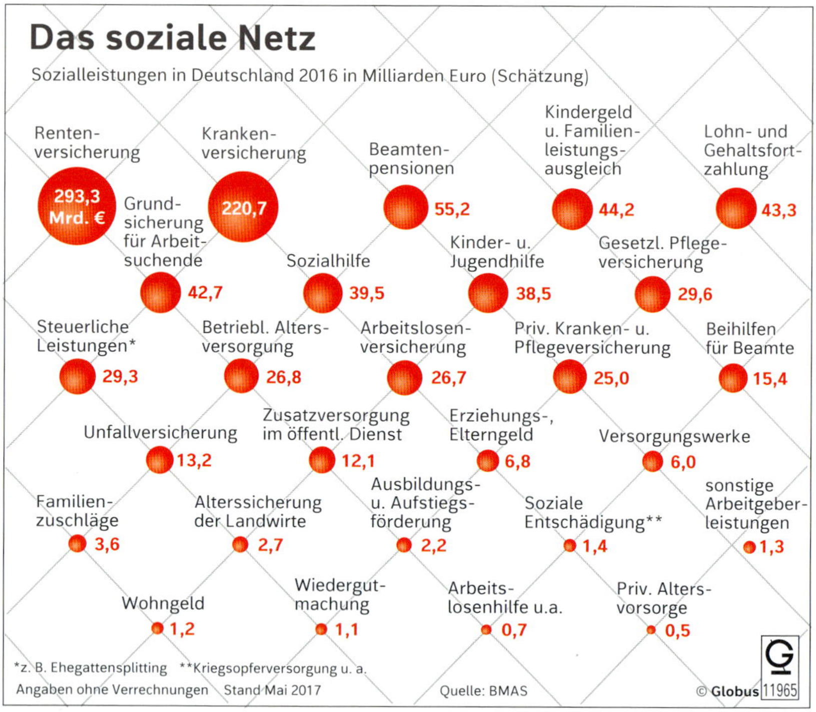
Das soziale Netz
Sozialleistungen in Deutschland 2016 in Milliarden Euro (Schätzung)
Renten-versicherung 293,3 Mrd. €
Kranken-versicherung 220,7
Beamten-pensionen 55,2
Kindergeld u. Familien-leistungs-ausgleich 44,2
Lohn- und Gehaltsfort-zahlung 43,3
Grund-sicherung für Arbeit-suchende 42,7
Sozialhilfe 39,5
Kinder- u. Jugendhilfe 38,5
Gesetzl. Pflege-versicherung 29,6
Steuerliche Leistungen* 29,3
Betriebl. Alters-versorgung 26,8
Arbeitslosen-versicherung 26,7
Priv. Kranken- u. Pflegeversicherung 25,0
Beihilfen für Beamte 15,4
Unfallversicherung 13,2
Zusatzversorgung im öffentl. Dienst 12,1
Erziehungs-, Elterngeld 6,8
Versorgungswerke 6,0
Familien-zuschläge 3,6
Alterssicherung der Landwirte 2,7
Ausbildungs- u. Aufstiegs-förderung 2,2
Soziale Entschädigung** 1,4
sonstige Arbeitgeber-leistungen 1,3
Wohngeld 1,2
Wiedergut-machung 1,1
Arbeits-losenhilfe u.a. 0,7
Priv. Alters-vorsorge 0,5
*z. B. Ehegattensplitting **Kriegsopferversorgung u. a.
Angaben ohne Verrechnungen Stand Mai 2017
Quelle: BMAS
© Globus 11965

Obwohl von einer ausgezeichneten wirtschaftlichen Entwicklung seit dem Zweiten Weltkrieg für die Bundesrepublik Deutschland gesprochen werden kann, ist die Beschäftigungspolitik nicht immer in der Lage, Arbeitslosigkeit und ihre Folgen zu verhindern.
Betroffen von den veränderten Arbeitsmarktbedingungen sind insbesondere die Arbeitnehmer mit geringen oder fehlenden Ausbildungsqualifikationen und mit gesundheitlichen Einschränkungen sowie ältere Arbeitnehmer. Der Sozialpolitik obliegt dabei die Aufgabe, abgestimmt auf die jeweilige Situation, die **Defizite der Beschäftigungspolitik** auszugleichen.

Aufgaben

1. In welchen der unten stehenden Fälle werden die Leistungen von
   (1) der Deutschen Rentenversicherung (Bund),
   (2) einer Krankenkasse,
   (3) der Bundesagentur für Arbeit,
   (4) einer Berufsgenossenschaft,
   (5) der Schrader GmbH
   gewährt?

   Fälle:
   a) Der Lagerarbeiter Max Gruber erhält nach einem Betriebsunfall eine Rente.
   b) Die Angestellte Ina Raabe erhält anlässlich der Geburt ihres Sohnes Mutterschaftsgeld.
   c) Der Disponent Martin Blau erhält 500,00 € Urlaubsgeld.
   d) Die Schrader GmbH musste den Mitarbeiter Hauke Haag wegen deutlichen Auftragsrückgangs entlassen. Hauke Haag bezieht jetzt Arbeitslosengeld.
   e) Der Sachbearbeiter Marc Sass erhält nach langer schwerer Erkrankung (angeborene Herzkrankheit) eine Erwerbsminderungsrente.

2. Auf welche der folgenden Zweige der Sozialversicherung beziehen sich die unten stehenden Regelungen?
   Zweige der Sozialversicherung:
   (1) Krankenversicherung
   (2) Rentenversicherung
   (3) Arbeitslosenversicherung
   (4) Unfallversicherung
   (5) Pflegeversicherung

   Regelungen:
   a) Für unterhaltspflichtige Familienangehörige besteht grundsätzlich ein gesetzlicher Anspruch auf Vorsorgeuntersuchungen.
   b) Die Finanzierung erfolgt ausschließlich durch Beiträge der Arbeitgeber.
   c) Die Mitarbeiter einer Unternehmung erhalten Kurzarbeitergeld.
   d) Nach Erreichen der Altersgrenze wird auf Antrag Altersruhegeld gezahlt.
   e) Ein Jugendlicher erhält nach dem Tod seines Vaters Waisenrente.
   f) Nach langjähriger Tätigkeit verliert ein Disponent aus betrieblichen Gründen seinen Arbeitsplatz. Er findet in den nächsten drei Monaten keine neue Tätigkeit.
   g) Nach einem Arbeitsunfall muss sich ein Lagerarbeiter zur Wiederherstellung seiner Arbeitskraft einer Heilbehandlung in einer Klinik unterziehen.
   h) Eine 88-jährige allein lebende Rentnerin mit erheblichen Bewegungseinschränkungen muss zweimal täglich durch Mitarbeiter einer Sozialstation betreut werden.

5 Eigeninitiative zur Absicherung von Lebensrisiken

Einstiegssituation

Christian May ist verheiratet und Vater einer einjährigen Tochter. Das Einkommen der jungen Familie beläuft sich auf 80 000,00 € pro Jahr. Marlies May hat wegen des Erziehungsurlaubs zurzeit keine eigenen Einnahmen.

Wegen der günstigen Einkommenssituation überlegt die junge Familie, ein Einfamilienhaus zu bauen oder zu erwerben. Andererseits ist Christian May bestrebt, sich gegen nachteilige wirtschaftliche Folgen abzusichern. Die gesetzlichen Sozialversicherungssysteme scheinen ihm für die Absicherung nicht ausreichend und sind für bestimmte Gefahrenvorsorgen gar nicht vorgesehen.

1. *Welche persönlichen Vorsorgemaßnahmen kann Christian May treffen?*
2. *Beschreiben Sie Versicherungen, die aufgrund gesetzlicher Regelungen außerhalb der gesetzlichen Sozialversicherung abzuschließen sind, um Gefahren von den Mitmenschen im Schadensfall abzuwenden.*
3. *Durch den Erwerb von Wohnungseigentum entstehen für die Familie längerfristige finanzielle Belastungen. Welche Möglichkeiten stehen der Familie May zur Verfügung, sich gegen sachliche, persönliche und vermögensmäßige Risiken abzusichern?*

Gefahren vieler Art begegnen dem Menschen auf seinem ganzen Lebensweg.

Beispiele

Unfälle, Krankheit, Arbeitslosigkeit, Diebstahl, Pflegebedürftigkeit

Der Mensch wünscht Sicherheit nicht nur vor dem Eintritt der Gefahr, sondern Sicherheit auch vor den wirtschaftlichen Folgen nachteiliger Ereignisse, wie sie sich trotz aller vorbeugenden Maßnahmen unvermeidlich immer wieder ereignen.
Eine solche Vorsorge ermöglicht die Versicherung. Ihr Grundgedanke liegt darin, dass viele, die von einer gleichartigen Gefahr bedroht sind, sich zu einer Gefahrengemeinschaft zusammenschließen.

Beispiel

Alle Kfz-Halter müssen Mitglied einer Kfz-Haftpflichtversicherung sein. Damit soll erreicht werden, dass bei selbstverschuldeten Unfällen die Schadenforderungen auf alle Fälle gedeckt sind. Das Einkommen der Autofahrer würde in der Regel nicht ausreichen, um die bei schweren Unfällen entstehenden finanziellen Verpflichtungen tragen zu können.

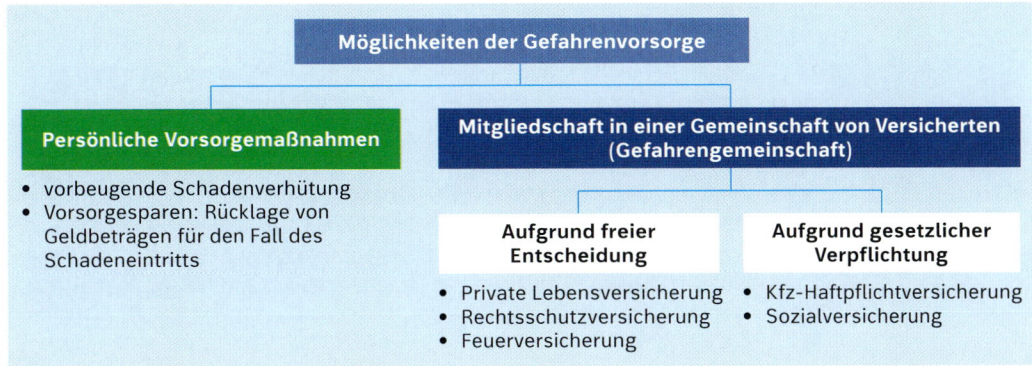

Möglichkeiten der Gefahrenvorsorge

- **Persönliche Vorsorgemaßnahmen**
  - vorbeugende Schadenverhütung
  - Vorsorgesparen: Rücklage von Geldbeträgen für den Fall des Schadeneintritts
- **Mitgliedschaft in einer Gemeinschaft von Versicherten (Gefahrengemeinschaft)**
  - **Aufgrund freier Entscheidung**
    - Private Lebensversicherung
    - Rechtsschutzversicherung
    - Feuerversicherung
  - **Aufgrund gesetzlicher Verpflichtung**
    - Kfz-Haftpflichtversicherung
    - Sozialversicherung

Überblick über das Versicherungswesen

Das Versicherungswesen unterscheidet die Bereiche **Individualversicherung** und **Sozialversicherung**; beide Bereiche sind in mehrere Versicherungszweige untergliedert.

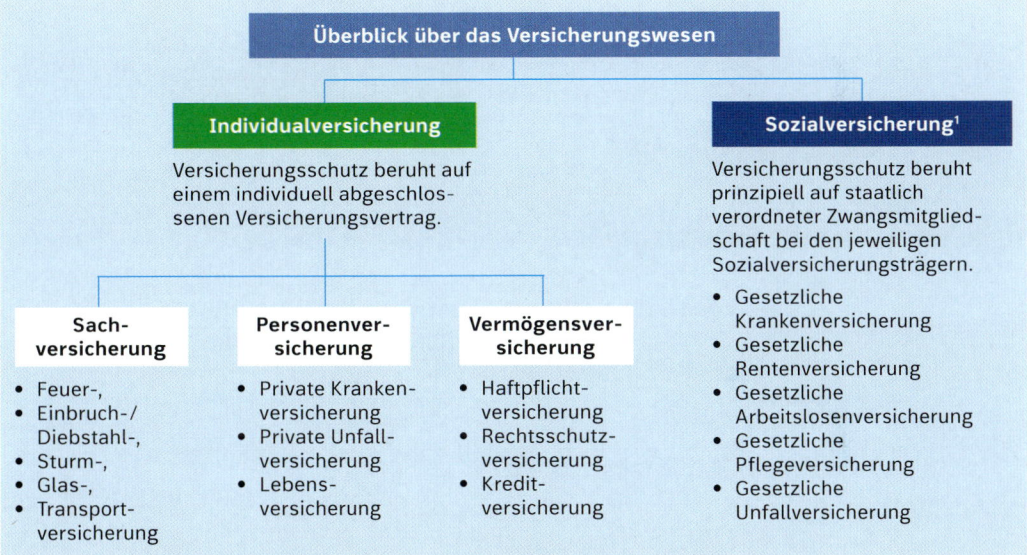

Überblick über das Versicherungswesen

- **Individualversicherung**
  Versicherungsschutz beruht auf einem individuell abgeschlossenen Versicherungsvertrag.
  - **Sachversicherung**
    - Feuer-,
    - Einbruch-/Diebstahl-,
    - Sturm-,
    - Glas-,
    - Transportversicherung
  - **Personenversicherung**
    - Private Krankenversicherung
    - Private Unfallversicherung
    - Lebensversicherung
  - **Vermögensversicherung**
    - Haftpflichtversicherung
    - Rechtsschutzversicherung
    - Kreditversicherung
- **Sozialversicherung**[1]
  Versicherungsschutz beruht prinzipiell auf staatlich verordneter Zwangsmitgliedschaft bei den jeweiligen Sozialversicherungsträgern.
  - Gesetzliche Krankenversicherung
  - Gesetzliche Rentenversicherung
  - Gesetzliche Arbeitslosenversicherung
  - Gesetzliche Pflegeversicherung
  - Gesetzliche Unfallversicherung

5.1 Private Krankenversicherung/Pflegeversicherung

Ziel der privaten **Krankenversicherung** als Personenversicherung ist es, Versicherten einen an ihre Bedarfssituation angepassten Versicherungsschutz zu bieten. Nach Einführung der gesetzlichen **Pflegeversicherung** kann der Versicherungsschutz auch als Teilleistung über die private Krankenversicherung mit abgedeckt werden. Es gilt der Grundsatz „Pflegeversicherung folgt Krankenversicherung".

---

[1] *Vgl. Seite 111.*

Alle **Personen**, die in der gesetzlichen Krankenversicherung versicherungsfrei sind oder eine Zusatzversicherung neben der gesetzlichen Krankenversicherung abschließen wollen, haben die Möglichkeit eines Versicherungsabschlusses bei einer der privaten Krankenversicherungsgesellschaften.

Beispiele

Selbstständige, Beamte, Freiberufler; geringfügig Beschäftigte; Arbeitnehmer mit einem Arbeitsentgelt über der Jahresarbeitsentgeltgrenze in der gesetzlichen Krankenversicherung; alle versicherungspflichtigen Personen in der gesetzlichen Krankenversicherung, um zusätzlich Gesundheitsrisiken abzusichern.

Eine **Risikoprüfung** auf der Grundlage der Antragstellerangaben zu den Gesundheitsfragen ist wesentlicher Bestandteil dafür, ob ein Antragsteller in die Versicherungsgemeinschaft aufgenommen werden kann und ob Risikozuschläge/Leistungsausschlüsse/Wartezeiten zu vereinbaren sind oder sogar die Antragsablehnung erfolgt. Unabhängig davon bieten die privaten Krankenkassen für bestimmte Personengruppen einen besonderen „Standardtarif“ an[1].

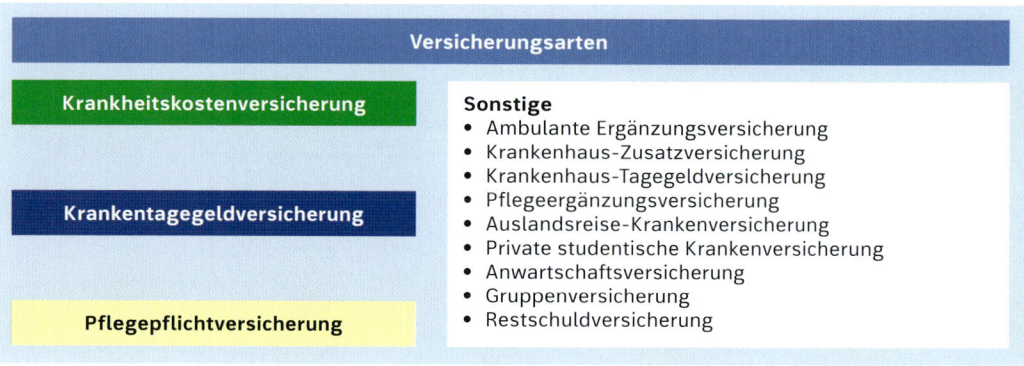

Versicherungsarten

Krankheitskostenversicherung

Krankentagegeldversicherung

Pflegepflichtversicherung

Sonstige
- Ambulante Ergänzungsversicherung
- Krankenhaus-Zusatzversicherung
- Krankenhaus-Tagegeldversicherung
- Pflegeergänzungsversicherung
- Auslandsreise-Krankenversicherung
- Private studentische Krankenversicherung
- Anwartschaftsversicherung
- Gruppenversicherung
- Restschuldversicherung

5.2 Altersvorsorge

Das gesetzliche Rentensystem funktioniert nach dem Umlagesystem auf der Grundlage des Generationenvertrages. Die Erwerbstätigen bezahlen mit ihren Beiträgen weitestgehend die Renten der Rentner.
Die **gesamte Altersvorsorge** sollte neben der **gesetzlichen** Rentenversicherung auch die **private** und **betriebliche** Altersvorsorge umfassen.

[1] *Vgl. Seite 115, Fußnote 2.*

Private Altersvorsorge

Zur Sicherung des Lebensstandards im Alter fördert der Staat eine stärkere eigenständige Altersvorsorge nach dem sogenannten **Drei-Schichten-Modell**.[1,2]

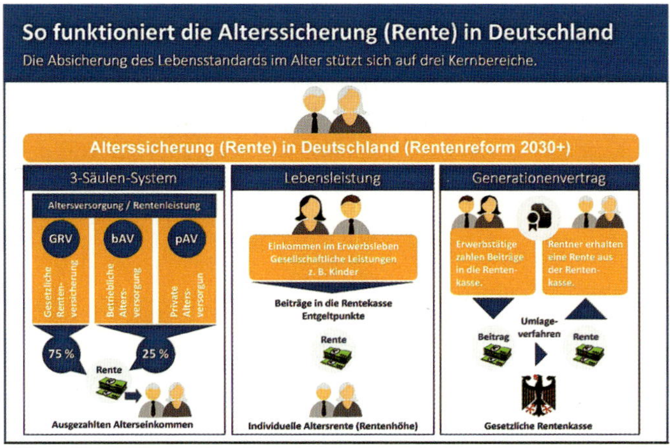
So funktioniert die Alterssicherung (Rente) in Deutschland
Die Absicherung des Lebensstandards im Alter stützt sich auf drei Kernbereiche.
Alterssicherung (Rente) in Deutschland (Rentenreform 2030+)
3-Säulen-System
Altersversorgung / Rentenleistung
GRV
bAV
pAV
Gesetzliche Renten-versicherung
Betriebliche Alters-versorgung
Private Alters-versorgun
75 %
25 %
Rente
Ausgezahlten Alterseinkommen
Lebensleistung
Einkommen im Erwerbsleben Gesellschaftliche Leistungen z. B. Kinder
Beiträge in die Rentekasse Entgeltpunkte
Rente
Individuelle Altersrente (Rentenhöhe)
Generationenvertrag
Erwerbstätige zahlen Beiträge in die Renten-kasse.
Rentner erhalten eine Rente aus der Renten-kasse.
Beitrag
Umlage-verfahren
Rente
Gesetzliche Rentenkasse

Die private Vorsorge baut sich nach dem Prinzip der Kapitaldeckung auf, d.h. die Versicherten zahlen Beiträge ein und erhalten im Alter diese angesparten Kapitalerträge (vermehrt um Zinsen und vermindert um Verwaltungsaufwendungen) als Rente ausgezahlt. Die Bundesanstalt für Finanzdienstleistungsaufsicht (**BaFin**) kontrolliert und zertifiziert, ob die am Markt angebotenen Produkte den gesetzlichen Vorgaben entsprechen.
Die **Basis-Rente** (auch **„Rürup-Rente“** genannt) ist eine steuerlich geförderte Altersvorsorge im Rahmen einer freiwilligen, privaten kapitalgedeckten Rentenversicherung. Die Basis-Rente ist insbesondere für Freiberufler und Selbstständige interessant, die in der Regel nicht in die gesetzliche Rentenversicherung einzahlen. Die Beiträge zum Aufbau einer Basis-Rente sind im Rahmen der gesetzlichen Höchstbeträge als Sonderausgaben **absetzbar**, wenn

- der Versicherungsvertrag nur die Zahlung einer monatlichen lebenslangen Leibrente vorsieht,
- die Rente erst nach Vollendung des 60. Lebensjahres beginnt,
- die Ansprüche aus dem Versicherungsvertrag weder vererbt, beliehen, veräußert noch kapitalisiert werden können.

Steuerlich begünstigte zertifizierte Vertragstypen sind:

- Riester-Rente
- Private Rentenversicherungsverträge
- Investmentfonds-Sparpläne
- Banksparpläne

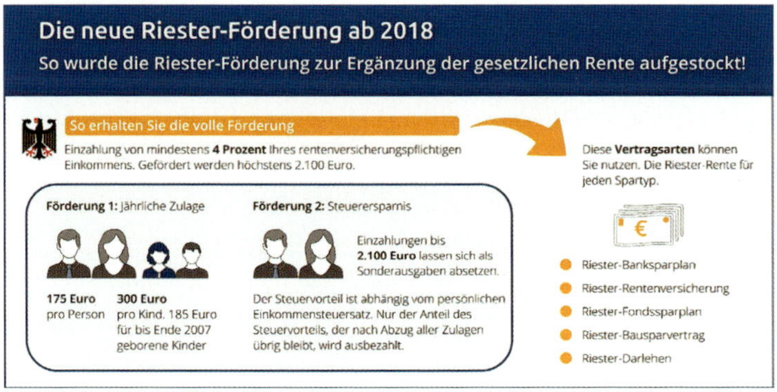
Die neue Riester-Förderung ab 2018
So wurde die Riester-Förderung zur Ergänzung der gesetzlichen Rente aufgestockt!
So erhalten Sie die volle Förderung
Einzahlung von mindestens 4 Prozent Ihres rentenversicherungspflichtigen Einkommens. Gefördert werden höchstens 2.100 Euro.
Förderung 1: Jährliche Zulage
175 Euro pro Person
300 Euro pro Kind. 185 Euro für bis Ende 2007 geborene Kinder
Förderung 2: Steuerersparnis
Einzahlungen bis 2.100 Euro lassen sich als Sonderausgaben absetzen.
Der Steuervorteil ist abhängig vom persönlichen Einkommensteuersatz. Nur der Anteil des Steuervorteils, der nach Abzug aller Zulagen übrig bleibt, wird ausbezahlt.
Diese Vertragsarten können Sie nutzen. Die Riester-Rente für jeden Spartyp.
€
Riester-Banksparplan
Riester-Rentenversicherung
Riester-Fondssparplan
Riester-Bausparvertrag
Riester-Darlehen

[1] *Vgl. auch Seite 124.*
[2] *Neben dem normalen Staatszuschuss erhalten junge Leute, die bei Vertragsabschluss nicht älter als 25 Jahre sind, einmalig 200,00 €.*

Nach *§ 82 Abs. 4 AVmG* scheiden solche Aufwendungen aus der zusätzlichen Förderung aus, wenn für die Aufwendungen

- eine Arbeitnehmersparzulage nach dem *5. VermBG* gewährt wird,
- eine Wohnungsbauprämie gezahlt wird oder
- ein Sonderausgabenabzug nach *§ 10 EStG* möglich ist.

Betriebliche Altersvorsorge nach dem Betriebsrentengesetz (BetrAVG)

Man spricht von betrieblicher Altersversorgung *(§ 1 BetrAVG)*, wenn der Arbeitgeber Arbeitnehmern aufgrund eines Arbeitsverhältnisses Versorgungsleistungen bei Alter, Invalidität oder Tod zusagt. Die Finanzierung kann durch den Arbeitgeber und/oder den Arbeitnehmer (**Entgeltumwandlung**) erfolgen.

Für die Abwicklung stehen mehrere Möglichkeiten zur Verfügung:

- Direktversicherung, berufsständische Versorgungswerke, öffentliche rechtliche Versorgungswerke *(§ 3 Nr. 62 EStG)*
- Pensionsfonds, Pensionskassen und Direktversicherungen *(§ 3 Nr. 63 EStG)*
- Unterstützungskassen *(§ 4 d EStG)*
- Pensionsfonds *(§ 4 e EStG)*
- Direktzusagen *(§ 6 a EStG)*
- bestimmte Pensionsfonds, Pensionskassen und Direktversicherungen *(§ 10 a EStG)*
- Pensionskassen *(§ 40 b EStG)*

Steuer- und sozialversicherungsrechtliche Auswirkungen

In diesem Zusammenhang ist neben den finanziellen und verwaltungsmäßigen Belastungen der einzelnen Durchführungswege auch deren steuer- und sozialversicherungsrechtliche Behandlung von Bedeutung.
Begünstigte Arbeitnehmer im Rahmen der „Riester-Rente" sind: alle Arbeitnehmer in einem abhängigen Beschäftigungsverhältnis, Versicherte während einer anzurechnenden Kindererziehungszeit bis drei Jahre, Bundesfreiwilligendienstleistende, geringfügig Beschäftigte (soweit sie auf die Rentenversicherungsfreiheit verzichtet haben), Bezieher von Lohnersatzleistungen *(z. B. Kranken- und Arbeitslosengeldbezieher)*, Bezieher von Erwerbsminderungsrenten sowie rentenversicherungspflichtige Selbstständige.
Die Einzahlungen erfolgen auf der Grundlage eines betrieblichen **Altersvorsorgevertrages** *(§§ 10 a Abs. 1, 82 EStG)*, der vom Bundesbeaufsichtigungsamt für das Versicherungswesen nach dem **Altersvorsorgeverträge-Zertifizierungsgesetz** genehmigt ist. Die Verträge müssen folgende **Bedingungen** erfüllen:

- Während der Ansparphase sind laufend Beiträge zu leisten.
- Die Auszahlung erfolgt nicht vor Erreichen des 63. Lebensjahres oder vor Beginn einer verminderten Rente.
- Für das eingezahlte Kapital ist eine Einlagensicherung vorgesehen.
- Der Anbieter des Altersvorsorgevertrages muss mit Vertragsbeginn zusichern, dass
  - zu Beginn der Auszahlungsphase mindestens die eingezahlten Beiträge vorhanden sind,

  - die Auszahlung bis zur Vollendung des 85. Lebensjahres in Form einer gleichbleibenden oder steigenden monatlichen Leistung erbracht werden kann,
  - zu Beginn der Auszahlungsphase ein Teil des Kapitals in eine Rentenversicherung eingezahlt wird, damit nach dem 85. Lebensjahr eine lebenslange Rente gezahlt wird.
- Der Altersvorsorgevertrag muss die Möglichkeit bieten,
  - den Vertrag ruhen zu lassen oder
  - mit einer Frist von drei Monaten zum Ende des Kalenderjahres zu kündigen, um das bisher gebildete Kapital auf einen anderen Altersvorsorgevertrag eines anderen Anbieters zu übertragen,
- Die Abtretung oder Übertragung von Forderungen oder Eigentumsrechten aus dem Altersvorsorgevertrag an Dritte muss ausgeschlossen sein.

Der zertifizierte Altersvorsorgevertrag berechtigt zu einer **Altersvorsorgezulage** (Grund- und Kinderzulage) oder zum Abzug der Sparleistung als **Sonderausgabe** von der Einkommensteuer, wenn die Beiträge zur Altersvorsorge aus dem versteuerten Arbeitslohn des Arbeitnehmers geleistet werden *(§§ 10a, 79–99 EStG).*
Im Rahmen der Einkommensteuerveranlagung ist zu prüfen, welcher Weg für den Steuerpflichtigen günstiger ist. Die gewährten Zulagen werden dabei als eigene Zahlungen angesetzt. Belässt der Arbeitgeber die Altersversorgungsbeträge steuer- und sozialversicherungsfrei (echte Entgeltumwandlung oder Zuzahlung), entfällt zunächst der Anspruch auf Zulage bzw. Sonderausgabenabzug.
Stellt der Arbeitnehmer dennoch einen Antrag auf Zulage bzw. Sonderausgabenabzug, weil dadurch die Förderung höher ist, wird eine Nacherhebung von Lohnsteuer und Sozialversicherung vorgenommen.
Eine **betriebliche** Altersvorsorge **eignet** sich für Arbeiter, Angestellte, Geschäftsführer, Vorstände; sie gilt nicht für Beamte, Selbstständige und Freiberufler.

Bei der betrieblichen Altersversorgung (bAV) gilt zu beachten:
- Der Arbeitgeber übernimmt für seine Mitarbeiter die Zahlung der Beiträge in Versorgungseinrichtungen, aus denen die Mitarbeiter/Hinterbliebenen später eine Rente erhalten.
- Teile des Bruttolohnes des Mitarbeiters werden in Vorsorgebeiträge umgewandelt.

Direktversicherung, Pensionskasse, Unterstützungskasse und Pensionsfonds werden nicht in der Unternehmensbilanz berücksichtigt. Die Direktzusage führt zur Bildung von Pensionsrückstellungen.

Bei **Insolvenz** des Arbeitgebers
- kann bei betrieblicher Altersversorgung in Form der Direktversicherung oder Pensionskasse der Arbeitnehmer die Versicherung privat weiterführen,
- erfolgt bei betrieblicher Altersversorgung in Form der Unterstützungskasse, der Direktzusage und des Pensionsfonds eine Absicherung über den Pensionsversicherungsverein.

keine tarifvertragliche Regelung erforderlich (auch bereits bestehende Versorgungen)	tarifvertragliche Regelung notwendig (Sozialpartnermodell ab 01.01.2018)
• Erhöhung des Förderrahmens • verpflichtende Weitergabe der SV-Ersparnis bei Entgeltumwandlung • verbesserte Riesterförderung • Förderrente • Nachzahlungsmöglichkeit • Wegfall KVdR insbesondere für Riester-Renten	• reine Beitragszusage • verpflichtende Weitergabe der SV-Ersparnis bei Entgeltumwandlung • Garantieverbot • Opting-out • ausschließlich Rentenleistungen • erweiterte Informationsverpflichtungen

Quelle: BVV Versicherungsverein des Bankgewerbes a.G.: Das Betriebsrentenstärkungsgesetz, Zugriff am 19.02.2018 unter: www.bvv.de/unternehmen/betriebsrentenstaerkungsgesetz.html

Betriebsrentenstärkungsgesetz: Sozialpartnermodell bringt bAV ohne Garantien ab 2018

Das Gesetz zur Stärkung der betrieblichen Altersversorgung (Betriebsrentenstärkungsgesetz), in Kraft seit 01.01.2018, soll den Verbreitungsgrad der betrieblichen Altersversorgung erhöhen und insbesondere Geringverdienern eine attraktive Betriebsrente ermöglichen. [...]

Kernstück des neuen Gesetzes ist die Möglichkeit, eine betriebliche Altersversorgung per Tarifvertrag im Unternehmen einzuführen (Sozialpartnermodell). Weitere Änderungen betreffen die Verbesserung der Rahmenbedingungen der bAV auch in den bisherigen Durchführungswegen der bAV. Das sind insbesondere die Anhebung des steuerfreien Höchstbetrags in der kapitalgedeckten bAV, ein verpflichtender Arbeitgeberzuschuss bei Entgeltumwandlung durch Weitergabe der ersparten Sozialversicherungsbeiträge an die Beschäftigten und die Möglichkeit, durch Tarifvertrag die automatische Teilnahme an der bAV zu vereinbaren (Opting-out). [...]

Um die bAV aus ihrer Nebenrolle bei der Altersversorgung herauszuholen, setzt das neue Betriebsrentenstärkungsgesetz vor allem auf die Tarifpartner. Die sollen, so die Idee des sogenannten Sozial- oder Tarifpartnermodells, künftig auf tariflicher Grundlage reine Beitragszusagen einführen dürfen. Der Arbeitgeber ist lediglich verpflichtet, den vereinbarten Beitrag an die Versorgungseinrichtung zu bezahlen. Dabei sind Mindest- oder Garantieleistungen für Arbeitnehmer verboten. Im Gegenzug werden Arbeitgeber von der Haftung befreit („pay and forget").

Erstmals kann so eine bAV angeboten werden, für deren dauerhaftes Leistungsniveau der Arbeitgeber nicht haften muss. Der Arbeitgeber steht lediglich für die sogenannte Zielrente, eine vorab definierte Betriebsrente entsprechend der eingebrachten Beiträge ein, nicht für deren Rendite. [...]

Nichttarifgebundene Arbeitgeber und Beschäftigte können vereinbaren, dass die einschlägigen Tarifverträge auch für sie gelten sollen. [...] Eine gesetzliche Pflicht für Arbeitgeber, die Tarifrente anbieten zu müssen, gibt es nicht. [...]

Die neue Betriebsrente wird von der Bundesanstalt für Finanzdienstleistungsaufsicht auf der Grundlage spezifischer neuer Aufsichtsvorschriften überwacht. Daneben ist es Sache der Sozialpartner, zusammen mit den Versorgungseinrichtungen möglichst effiziente und sichere Betriebsrentensysteme einzuführen, [...].

Über das Sozialpartnermodell hinaus bringt das Betriebsrentenstärkungsgesetz auch für die bisherigen Durchführungswege Direktversicherung, Pensionskasse, Pensionsfonds, U-Kasse und Direktzusage Neuerungen. Am wichtigsten: Der steuerfreie Höchstbetrag der Entgeltumwandlung wird von vier auf acht Prozent der Beitragsbemessungsgrenze der Rentenversicherung (West) angehoben; der sozialversicherungsfreie Höchstbetrag bleibt aber bei vier Prozent. [...]

Soweit der Arbeitgeber Sozialversicherungsbeiträge spart, ist er künftig dazu verpflichtet, den von ihm ersparten Arbeitgeberanteil an den Sozialversicherungsbeiträgen in pauschalierter Form (15 % des Umwandlungsbeitrags) zugunsten seines Beschäftigten an die durchführende Versorgungseinrichtung weiterzuleiten. Diese Regelung gilt für alle ab 2019 abgeschlossenen Entgeltumwandlungsvereinbarungen. Für vorher abgeschlossene oder bereits bestehende Entgeltumwandlungsvereinbarungen ist der Zuschuss erst ab 2022 zu zahlen.

Betroffen sind die Durchführungswege Pensionskasse, Pensionsfonds und Direktversicherung. Anders als der gesetzlich verpflichtende Arbeitgeberzuschuss bei einer reinen Beitragszusage ist dieser Zuschuss tarifdispositiv. Im Sozialpartnermodell ist der Zuschuss jedoch immer zu zahlen. [...]

Um Geringverdiener stärker als bisher zu fördern, werden im Betriebsrentenstärkungsgesetz neue Anreize für den Auf- und Ausbau einer betrieblichen Altersversorgung gesetzt. Als Geringverdiener gelten Beschäftigte bis 2 200,00 €. Zahlt der Arbeitgeber mindestens 240,00 € als zusätzlichen Arbeitgeberbeitrag zur bAV eines Geringverdieners ein, so kann er 30 %von der Lohnsteuer des Arbeitnehmers einbehalten, die im Wege der Verrechnung mit der vom Arbeitgeber abzuführenden Lohnsteuer ausgezahlt wird. Für Beiträge von mindestens 240,00 € bis 480,00 € im Kalenderjahr beträgt der Förderbetrag für den Arbeitgeber somit 72,00 € bis maximal 144,00 € im Kalenderjahr.

Der zusätzliche Arbeitgeberbetrag bleibt für Geringverdiener steuerfrei, [...]

Quelle: Haufe Online Redaktion: Betriebsrentenstärkungsgesetz: Sozialpartnermodell bringt bAV ohne Garantien ab 2018, veröff. am 09.01.2018, Zugriff am 03.07.2018 unter: www.haufe.de/personal/arbeitsrecht/betriebsrentenstaerkungsgesetz-tarifrente-ohne-garantien_76_413220.html

Insgesamt bleibt als Fazit nach diesem Gesetz die allgemeine Feststellung: Haupthindernis einer erfolgreichen bAV ist die Unübersichtlichkeit.

<table>
<tr><th>bAV</th><th>Neuregelungen</th><th>Neue bAV Möglichkeit ab 01.01.2018</th></tr>
<tr><td>Direktversicherung/ Pensionskasse/ Pensionsfonds

• Beitragsbelastung der Leistung zur GKV/ GPfiV bleibt</td><td rowspan="2">• § 3 Nr. 63 EStG → 8 % BBG davon SV-beitragsfrei weiterhin 4 %, Aufstockung 1 800,00 € entfallen und keine Blockade durch § 40 b EStG mehr
• Vervielfältiger 4 % × Dienstjahre (max. zehn DJ): 2017 wären das max. 30 480,00 €); keine Anrechnung der Vorjahre mehr
• Nachträgliches Schließen von Beitragslücken bei ruhendem ersten Dienstverhältnis (max. zehn Jahre × 8 % – in 2017 wären das max. 60 960,00 €)
• Förderbeitrag Geringverdiener 240,00 € – 480,00 € AG-Beitrag jährlich im ersten Dienstverhältnis < 2 200,00 € Brutto/ Monat AN → max. 30 % staatlicher Zuschuss für AG über Lohnsteuererstattung im Folgemonat in einem ungezillmerten Tarif
• Verpflichtender 15 % AG -Zuschuss zur EU bei DV, PK, PF (wenn SV-Ersparnis) ab 2019 für neue EUV, für Bestand ab 2022 bei EUV vor 01.01.2019
• Riester-bAV: Beseitigung Doppelverbeitragung GKV/GPfiV
• Riester: Erhöhung von 154,00 € auf 175,00 €
• Grundsicherungsfreibetrag aus bAV, Riester, Basisrenten (max. rund 200,00 €)</td><td>Neu: Sozialpartnerrente
• exklusiv für Tarifpartner und ggf. nichttarifgebundene AG durch Tariföffnungsklauseln
• reine Beitragszusage → keine AG-Haftung („pay and forget")
• lebenslange Leibrenten ohne Kapitalwahlrecht
• keine Garantien erlaubt in Anwartschafts- und Rentenphase
• Zielrente „atmet" je nach Anlageerfolg
• alles sofort unverfallbar; alle Finanzierungsformen
• 15 % AG-Zuschuss auf EU (wenn SV-Ersparnis) ab 2018
• VAG: Spezialregeln (kein Solvency II), Vermögensanlage, Deckungsrückstellung, Kapitaldeckungsgrad, Risikomanagement/-berichte</td></tr>
<tr><td>Unterstützungskasse/ Pensionszusage

• RDV-Mitgabe bei Insolvenz anstelle PSV-Leistung möglich

• Heubeck § 6 a EStG weiter mit 6 %</td><td>Steuerung, Durchführung und Festlegungen durch Sozialpartner
• Opting-out (automatische EU) „kann"
• AG-Sicherungsbeitrag „soll"
• Kostengünstige Verwaltung durch Kollektiv, einfache Parlabilität innerhalb der neuen bAV.Gestaltungsspielräume
Sonstiges:
• Bei DV kann VN = gemeinsame Versorgungseinrichtung sein
• GRV soll anbieter-/produktneutral beauskunften</td></tr>
</table>

5.3 Lebensversicherung

Je nach **Versicherungsart** lassen sich bei der Lebensversicherung als Personenversicherung verschiedene Versicherungsfälle unterscheiden:
- versicherte Person stirbt während der Vertragslaufzeit
- versicherte Person erlebt einen im Voraus vereinbarten Zeitpunkt
- Ereignisse, die an die versicherte oder mitversicherte Person gebunden sind, treten während der Vertragslaufzeit ein (Berufsunfähigkeit, Krankheit, Pflegebedürftigkeit, Heirat)

Die angestrebten **Ziele** zum Abschluss einer Lebensversicherung sind:
- Altersversorgung
- Hinterbliebenenversorgung
- Versorgung bei vorzeitiger Berufsunfähigkeit/Krankheit/Pflegebedürftigkeit
- Vermögens-/Kapitalbildung
- Darlehenssicherung/-tilgung

Die Ziele sind einzeln oder in Kombination der versicherten Risiken zu erreichen, wobei **Steuerersparnisaspekte**[1] eine wichtige Rolle spielen.
Die wichtigsten Arten von Lebensversicherungen sind die **kapitalbildende Lebensversicherung**, die **Risikolebensversicherung** und die **private Rentenversicherung**.
Die **Hauptgründe** für den Abschluss einer Lebensversicherung liegen in der Vorsorge für das eigene Rentenalter und der finanziellen Absicherung der Familie. Wenn nach Eintritt des Versorgungsfalles die Leistungen aus der gesetzlichen Rentenversicherung, betrieblichen Altersversorgung, aus Miet-, Zins- und Dividendeneinnahmen oder anderen Einnahmequellen nicht ausreichen, um den gewohnten Lebensstandard zu sichern, soll die Versorgungslücke geschlossen werden.
Vor Antragsannahme erfolgt wie bei der privaten Krankenversicherung eine **Risikoprüfung**.

5.4 Private Unfallversicherung

Die private Unfallversicherung bietet auf der Grundlage freier Vertragsgestaltung einen an die persönlichen Bedürfnisse angepassten Versicherungsschutz gegen die wirtschaftlichen Folgen körperlicher Unfälle.

Definition

Ein Unfall liegt vor, wenn der Versicherte durch ein plötzlich von außen auf seinen Körper wirkendes Ereignis (Unfallereignis) unfreiwillig eine Gesundheitsschädigung erleidet.

Die private Unfallversicherung ergänzt die gesetzliche Unfallversicherung und richtet sich zusätzlich an Personen, die durch die gesetzliche Unfallversi-

[1] *Sind als Vorsorgeaufwendungen im Rahmen der Höchstbeträge abzugsfähig, vgl. Seite 161.*

cherung nicht erfasst werden (Gewerbetreibende, Freiberufler, Hausfrauen). Versichert sind alle **Unfälle** des täglichen Lebens **rund um die Uhr auf der ganzen Welt.**

Unfallversicherungen finden sich in vielfältigen **Formen** und Ausprägungen:
- Deckung des individuellen Bedarfs an Unfallversicherungsschutz (private Unfallversicherung)
- Unfallversicherungsschutz im Bereich der Kfz-Versicherung (Insassen-Unfallversicherung)
- Ergänzung der Lebensversicherung (Unfalltod-Zusatzversicherung)

5.5 Haftpflichtversicherung

Aufgabe der Haftpflichtversicherung als Sachversicherung ist die **Freistellung** der Versicherten von Ansprüchen aus Schäden, die er Dritten privat, beruflich oder geschäftlich zugefügt hat.

Die Haftpflichtversicherung deckt den konkreten Bedarf im **Schadenfall** (Schadenversicherung) und übernimmt den Schutz des gesamten jeweiligen Vermögens des Versicherten (Vermögensschadenversicherung).

Schadenfall		
generell versichert	Tod, Verletzung und Gesundheitsschädigung, Sachsubstanz- und Gebrauchsbeeinträchtigung inklusive jeweilige Vermögensfolgeschäden = unechte Vermögensschäden	**Personen- und Sachschaden**
nur aufgrund einer besonderen Vereinbarung mitversichert	weder durch einen Personen- noch durch Sachschaden entstanden	**Vermögensschaden**
	unfreiwilliger Besitzverlust einer Sache, die noch unversehrt vorhanden und auch grundsätzlich wiedererlangbar ist	**Abhandenkommen von Sachen**

In der Haftpflichtversicherung gibt es eine ganze Reihe spezieller Haftpflichtversicherungen, deren **Gefahrenbereiche** im Vertrag genau zu bezeichnen sind.

Beispiele

Kraftverkehrs-HV, Privat-HV, Berufs-HV, Betriebs-HV

Aufgaben

1. a) Welche Individualversicherungen haben Sie abgeschlossen?
   b) Nennen Sie die Versicherungszweige, denen diese Versicherungen zuzuordnen sind.

2. Unterscheiden Sie die Individual- und die Sozialversicherung hinsichtlich
   a) der Mitgliedschaft in der jeweiligen Versicherung und
   b) der Beitragsermittlung.

3. Diskutieren Sie die Aussage, dass es nur dann sinnvoll sei, eine Individualversicherung abzuschließen, wenn der Versicherte mindestens so hohe Schäden anmelden kann, wie er Beiträge eingezahlt hat.
4. Unterscheiden Sie die private und die gesetzliche Krankenversicherung hinsichtlich der Aufnahme des Antragstellers in die entsprechende Krankenversicherung.
5. Beate Kämmer schließt eine Lebensversicherung ab. Es wird in dem Vertrag vereinbart, dass die Versicherungsleistung bei Tod oder mit Vollendung des 60. Lebensjahres fällig wird.
   Um welche Grundform der Lebensversicherung handelt es sich?
6. Welche Schadenfälle sind mit einer privaten Haftpflichtversicherung generell abgesichert?

6 Vergütung und Abrechnung der Arbeitsleistung

Einstiegssituation

Der 21-jährige Jan Plaut, ledig, wohnhaft in 40219 Düsseldorf, Friedensplatz 2, bewirbt sich nach erfolgreichem Abschluss einer Ausbildung als Kaufmann für Spedition und Logistikdienstleistung auf die folgende Stelle:

BMG – Buschkropper Logistik GmbH
Domstraße 24, 50668 Köln

Wir sind ein großes, international tätiges Unternehmen und suchen für unseren Hauptsitz in Köln eine(n) qualifizierte(n)

Finanzbuchhalter/-in

In Kooperation mit der Leitung Finance und Controlling betreuen Sie unseren gesamten Kreditorenbereich.
Wir bieten bei einer 40-Stunden-Woche eine unbefristete Tätigkeit an einem attraktiven Arbeitsplatz, ein hohes Gehalt, Urlaubs-, Weihnachtsgeld und Vermögenswirksame Leistungen.
Wenn Sie über eine kaufmännische Ausbildung, gute Englischkenntnisse und Erfahrung im Umgang mit einschlägigen Computerprogrammen (MS Office usw.) verfügen, sind Sie bei uns genau richtig!
Bewerben Sie sich bei ...

Nach dem Vorstellungsgespräch erhält Herr Plaut zum 01.01.2015 die Stelle. Sein Arbeitgeber zahlt ein Bruttogehalt von 2 400,00 € zuzüglich 40,00 € vermögenswirksame Leistungen (VL).

1. *Formulieren Sie die Mindestinhalte, die in den Arbeitsvertrag aufgrund der Bestimmungen des „Gesetzes über den Nachweis der für ein Arbeitsverhältnis geltenden wesentlichen Bedingungen – Nachweisgesetz“ aufzunehmen sind (fehlende Angaben nach Ihrer Wahl).*
2. *Stellen Sie fest, ob Herr Plaut mit einer staatlichen Förderung nach dem Fünften Vermögensbildungsgesetz (Arbeitnehmer-Sparzulage) rechnen kann.*
3. *Am 01.10.2015 teilt die Geschäftsführerin der BMG Herrn Plaut mit, dass der gesamte Bereich Finance und Controlling und die mit diesem Bereich kooperierenden Stellen zukünftig von der Niederlassung in Paris übernommen werden. Trotz guter Leistungen müsse Herr Plaut daher bedauerlicherweise das Unternehmen zum Jahresende verlassen.*
   a) *Herr Plaut ist der Meinung, dass seine Kündigung „sozial ungerechtfertigt“ ist. Prüfen Sie den Sachverhalt. Welche Informationen sind ggf. noch einzuholen?*
   b) *An wen müsste Herr Plaut sich wenden, wenn er sich auf das Vorliegen einer „sozial ungerechtfertigten Kündigung“ berufen würde?*
   c) *Erläutern Sie zwei Folgen, die sich aufgrund einer erfolgreichen Klage gegen die Kündigung für Herrn Plaut ergeben können.*

6.1 Entlohnung der Arbeit

Weil es objektive Kriterien für eine absolute Lohngerechtigkeit nicht gibt, ist die Frage nach einer möglichst **gerechten Entlohnung** seit jeher das zentrale Thema der Tarifpolitik und der betrieblichen Lohngestaltung. Für Arbeitnehmer ist entscheidend, dass sie einen Lohn bekommen, der den Anforderungen und Leistungen an ihrem Arbeitsplatz entspricht. Dazu gehört auch, dass sie ihr eigenes Einkommen im Verhältnis zu dem der Kollegen, die höher- oder minderwertigere Tätigkeiten verrichten, als angemessen empfinden.

6.1.1 Entlohnungsformen

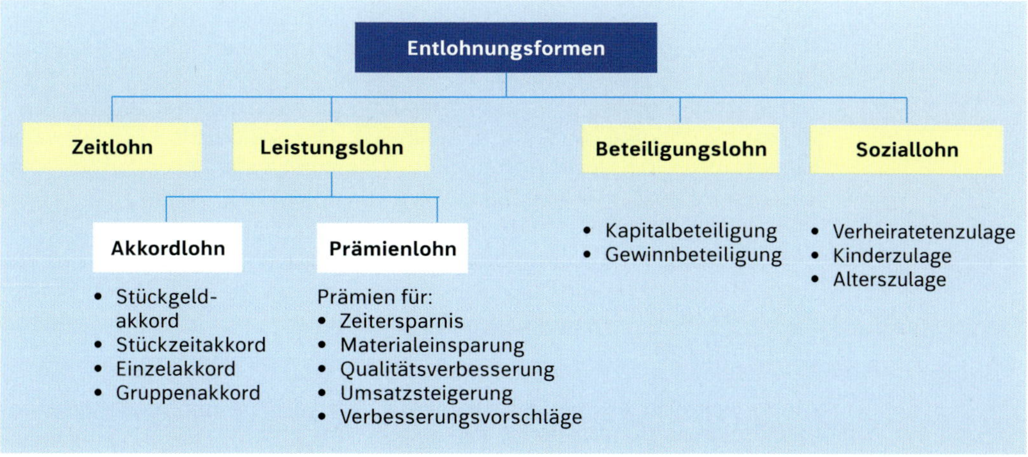
Entlohnungsformen
Zeitlohn
Leistungslohn
Beteiligungslohn
Soziallohn
Akkordlohn
Prämienlohn
• Stückgeld-akkord
• Stückzeitakkord
• Einzelakkord
• Gruppenakkord
Prämien für:
• Zeitersparnis
• Materialeinsparung
• Qualitätsverbesserung
• Umsatzsteigerung
• Verbesserungsvorschläge
• Kapitalbeteiligung
• Gewinnbeteiligung
• Verheiratetenzulage
• Kinderzulage
• Alterszulage

Der Lohn wird im Regelfall als **Geldlohn** gewährt, in Ausnahmefällen als **Naturallohn** *(z. B. Sachbezüge, Vorteilszuwendungen)*. Der Geldlohn ist ein **Nominallohn** und wird im Idealfall durch Lohnerhöhungen der Inflationsrate einschließlich Produktionsfortschritt angepasst, um den **Reallohn** nicht absinken zu lassen.

■ Zeitlohn

Beim Zeitlohn besteht **keine direkte Verbindung** zwischen Lohn und Leistung. Der Zeitlohn kann als reiner Zeitlohn oder als Zeitlohn mit Leistungszulagen (*z. B. Qualitäts-, Mengen-, Anwesenheitsprämien*) gezahlt werden.

Zeitlohn

Vorteile

Betrieb

- einfache Lohnberechnung
- keine besonderen Organisationsanforderungen
- umfassend anwendbar
- keine Vergütung von Mehrarbeit
- Zeit für Einarbeitung

Arbeitnehmer

- gutes Betriebsklima
- Verringerung der Unfallgefahr
- keine Arbeit unter Zeitdruck
- wenig Stress
- Sicherheit des Einkommens
- keine Zeitkontrolle
- Lohn ist nachvollziehbar

Nachteile

Betrieb

- fehlende Motivation
- kein Leistungsanreiz
- Risiko der Minderleistung
- schlechte Nutzung der Betriebsmittel
- Leerlaufzeiten werden nicht sinnvoll genutzt
- Schwachstellen werden gar nicht oder spät erkannt

Arbeitnehmer

- ungerechte Entlohnung
- keine Anerkennung
- keine Möglichkeit der Verdienstbeeinflussung
- keine Möglichkeit der Stundenverdiensterhöhung

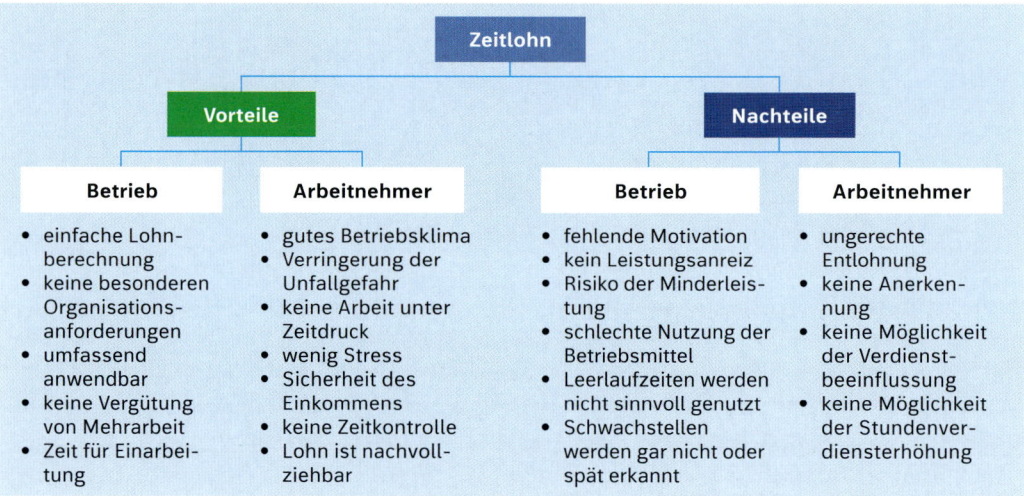

Die Berechnung erfolgt auf der Grundlage:

Bruttolohn = Stundenzahl · Stundenlohn

■ Leistungslohn

Beim Leistungslohn besteht **ein direkter Zusammenhang** zwischen Leistung und Lohn.

Der **Akkordlohn** besteht aus Mindestlohn plus Akkordzuschlag. Der Mindestlohn (Zeitlohn) ist tariflich garantiert. Der Akkordzuschlag schwankt zwischen 10–30 % des Mindestlohnes. Mindestlohn und Akkordzuschlag bilden zusammen den **Akkordrichtsatz**.

Beispiel

Tariflohn (= Mindestlohn)	*15,00 €*
+ 25 % Akkordzuschlag	*3,75 €*
Akkordrichtsatz	*18,75 €*

Die fortschreitende Automatisierung der Fertigung bedingt häufig eine Abkoppelung der Lohnbemessung von der mengenmäßigen Ausbringungsmenge. Der Akkordlohn wird ersetzt durch den **Prämienlohn**.

Prämienlohn: Bruttolohn = Grundlohn + Prämienzuschlag

Überschreitet der Mitarbeiter die Normalleistung, so erhält er eine **Einzelprämie** oder eine **Gruppenprämie**.

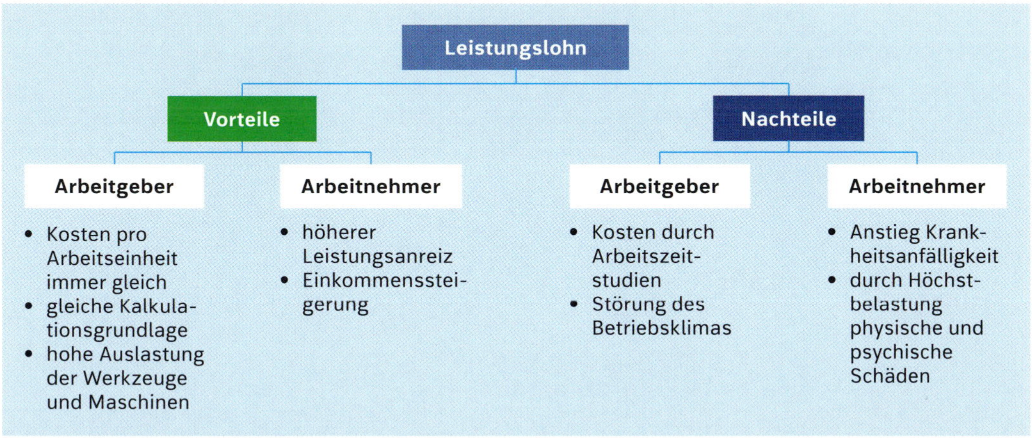
Leistungslohn
Vorteile
Nachteile
Arbeitgeber
Arbeitnehmer
Arbeitgeber
Arbeitnehmer
• Kosten pro Arbeitseinheit immer gleich
• gleiche Kalkulationsgrundlage
• hohe Auslastung der Werkzeuge und Maschinen
• höherer Leistungsanreiz
• Einkommenssteigerung
• Kosten durch Arbeitszeitstudien
• Störung des Betriebsklimas
• Anstieg Krankheitsanfälligkeit
• durch Höchstbelastung physische und psychische Schäden

Die Bezahlung von Kraftfahrern im Transportgewerbe nach dem Leistungslohnprinzip ist aus Sicherheitsgründen grundsätzlich verboten.

■ Beteiligungslohn

Der **Beteiligungslohn** in Form der **Erfolgsbeteiligung** ist ein zusätzlicher Leistungsanreiz im Rahmen der Entlohnungsformen.

Gestaltungsmöglichkeiten
- nach den **beteiligten Mitarbeitern**:
  - alle Arbeitnehmer
  - ausgewählte Arbeitnehmergruppen

Beispiele

Tantieme für leitende Angestellte, Vorzugsaktien für Mitarbeiter (Investivlohn)

- nach der **Bezugsgröße** der Beteiligung:
  - Ertragsbeteiligung (Wertschöpfung, Umsatz)
  - Gewinnbeteiligung (Bilanzgewinn, korrigierter Bilanzgewinn)
  - Leistungsbeteiligung (Produktivität, Produktionsmenge)
- nach der **Auszahlungsweise** der Erfolgsanteile:
  - Barauszahlung
  - Vermögensbildung
    indirekte Beteiligung (Fond für das Mitarbeiterkapital)
    direkte Beteiligung:

- durch Eigenkapital (Belegschaftsaktie, GmbH-Anteil, stiller Gesellschafter, Kommanditist)
- durch Fremdkapital (Schuldverschreibung, Darlehen)

- nach dem **Aufteilungsschlüssel:**
  - gleiche Anteile
  - Staffelung nach Betriebszugehörigkeit, Lohnhöhe oder Lebensalter

Soziallohn

Der **Soziallohn** ist ein Arbeitsentgelt, bei dem nicht allein die Leistung des Arbeitnehmers im Vordergrund steht, sondern seine gesellschaftliche Stellung oder Leistung.

Beispiele

Der „gerechte Lohn" für das ständisch geordnete mittelalterliche Zunftwesen, die volkswirtschaftliche Leistung des Bergarbeiters, die bevölkerungspolitische Leistung der Kinderreichen

Personalzusatzkosten

Personalzusatzkosten sind alle Kosten des Arbeitgebers, die zusätzlich zum reinen Arbeitslohn vom Arbeitgeber gezahlt werden.
Je nach Branche können diese Personalzusatzkosten noch einmal bis zu 100 % des reinen Arbeitslohnes zusätzlich ausmachen.

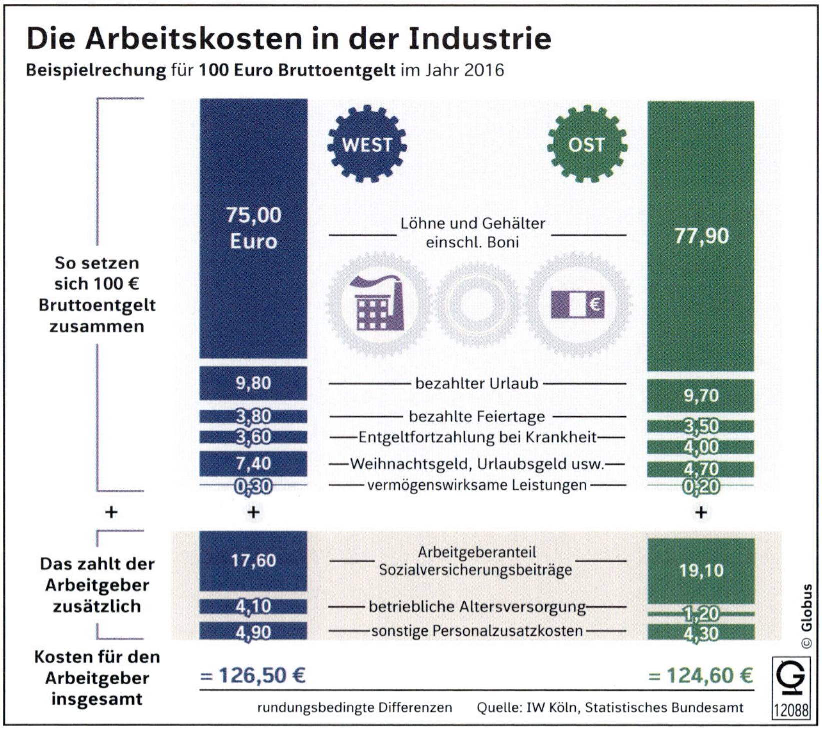
Die Arbeitskosten in der Industrie
Beispielrechnung für 100 Euro Bruttoentgelt im Jahr 2016
WEST
OST
So setzen sich 100 € Bruttoentgelt zusammen
75,00 Euro
Löhne und Gehälter einschl. Boni
77,90
9,80
bezahlter Urlaub
9,70
3,80
bezahlte Feiertage
3,50
3,60
Entgeltfortzahlung bei Krankheit
4,00
7,40
Weihnachtsgeld, Urlaubsgeld usw.
4,70
0,30
vermögenswirksame Leistungen
0,20
+
Das zahlt der Arbeitgeber zusätzlich
17,60
Arbeitgeberanteil Sozialversicherungsbeiträge
19,10
4,10
betriebliche Altersversorgung
1,20
4,90
sonstige Personalzusatzkosten
4,30
Kosten für den Arbeitgeber insgesamt
= 126,50 €
= 124,60 €
rundungsbedingte Differenzen
Quelle: IW Köln, Statistisches Bundesamt
© Globus
12088

Die meisten Arbeitnehmer wissen genau, wie viel sie verdienen – aber nur wenige wissen, wie viel sie tatsächlich kosten. Denn die Lohnkostenrechnung, die ein Unternehmen aufstellt, sieht anders aus als die simple Formel „Arbeitszeit mal Stundenlohn“. Über das Direktentgelt für geleistete Arbeit hinaus müssen die Unternehmungen ja auch an Feiertagen, im Urlaub und bei Krankheit weiterzahlen. Hinzu kommen Zusatzleistungen wie Weihnachtsgeld oder Urlaubsgeld. Außerdem müssen Arbeitgeberanteile zur Sozialversicherung abgeführt werden. All dies zusammengenommen ergibt den „zweiten Lohn“, die Personalzusatzkosten.

Personalzusatzkosten können...	
... **gesetzlich** vorgeschrieben sein.	***Beispiele:*** • *Arbeitgeberanteil zu den Sozialversicherungen; Umlagen U1, U2, U3 (InsO)* • *Beiträge zur Berufsgenossenschaft* • *bezahlte Feiertage und sonstige Ausfallzeiten* • *Entgeltsfortzahlung im Krankheitsfall, bei Arztbesuch, Heirat, Urlaub* • *Aufwendungen aufgrund des Mutterschaftsschutzgesetzes* • *Aufwendungen aufgrund des Schwerbehindertengesetzes* • *Aufwendungen nach dem Betriebsverfassungsgesetz*
... aufgrund des **Tarifvertrages** verbindlich sein.	***Beispiele:*** • *Zahlung von Urlaubsgeld* • *Zahlung von zusätzlichen Monatsgehältern (z. B. Weihnachtsgeld)* • *betriebliche Altersversorgung* • *Zahlung der vermögenswirksamen Leistungen*
... **freiwillig** gewährt werden.	***Beispiele:*** • *Kosten für Aus-, Weiter- und Fortbildung* • *Aufwendungen für betriebliche Einrichtungen, wie z. B. Kindergärten, Erholungsheime, Sportanlagen, Kantinen* • *Familienbeihilfen* • *Fahrtkostenzuschüsse* • *Erholungsheime* • *Vermögensbildung* • *Zahlung von Weihnachtsgeld/Urlaubsgeld* • *Altersvorsorge und Aufwendungen für Pensionssicherungsfonds* • *Betriebskindergarten*
... ohne **Gegenleistung** gewährt werden.	***Beispiele:*** • *gesetzliche Feiertage* • *persönliche Gründe, wie z. B. Arztbesuch, Heirat* • *Lohnfortzahlung bei Krankheit, Mutterschaft* • *Urlaubsgeld* • *Weihnachtsgeld*
... nicht **leistungsbezogen** sein.	***Beispiele:*** • *Zulagen* • *Zuschläge* • *Prämien*

6.1.2 Vermögensbildung in Arbeitnehmerhand

<table>
<tr><td>Rechtsgrundlagen</td><td>• Fünftes Vermögensbildungsgesetz (Fünftes VermBG)
• Gesetz über vermögenswirksame Leistungen
• Wohnungsbau-Prämiengesetz
• Vermögensbeteiligungsgesetz
• § 19 a EStG</td></tr>
<tr><td>Ziel</td><td>Förderung der Vermögensbildung und Kapitalbeteiligung in Arbeitnehmerhand (§ 1 Abs. 5 Fünftes VermBG). Die Leistungen unterliegen einer gesetzlichen Sperrfrist von 7 Jahren.</td></tr>
<tr><td>Begünstigter Personenkreis</td><td>• Arbeiter, Angestellte, Beamte, Richter, Soldaten auf Zeit, Berufssoldaten
• Arbeitnehmer-Ehegatten mit einem steuerlich anerkannten Arbeitsverhältnis
• bestimmte Teilzeitbeschäftigte
• Auszubildende, Praktikanten (§ 1 VermBG)</td></tr>
<tr><td>Voraussetzungen</td><td>Einkünfte aus nichtselbstständiger Arbeit nach § 19 Abs. 1 EStG</td></tr>
<tr><td>Anspruch auf Sparzulage</td><td>Eine Sparzulage wird nur gewährt, wenn eine Sparform nach § 2 Abs. 1 Nr. 1 i. V. m. Abs. 2 bis 4 VermBG gegeben ist.
Einkommensgrenzen
a) Bausparen (§ 2 a WoPG)
für unbeschränkt einkommensteuerpflichtige Arbeitnehmer mit einem zu versteuernden Einkommen für: Alleinstehende 25 600,00 € Zusammenveranlagte 51 200,00 €
zuzüglich Kinderfreibeträge
b) vermögenswirksame Leistungen (§ 13 VermBG)
für unbeschränkt einkommensteuerpflichtige Arbeitnehmer mit einem zu versteuernden Einkommen für: Alleinstehende 20 000,00 € Zusammenveranlagte 40 000,00 €
zuzüglich Kinderfreibeträge
Die Verwaltung der Sparzulage obliegt den Finanzämtern (§ 14 Abs. 1 VermBG).</td></tr>
<tr><td>Geförderte Sparformen, Sparzulage</td><td><table>
<tr><td></td><td>Höchstsparbetrag im Kalenderjahr €</td><td>Sparzulage im Kalenderjahr in %</td><td>in €</td></tr>
<tr><td>1. Bausparen nach WoPG
Zusätzlich können angelegt werden:</td><td>bis 470,00</td><td>9</td><td>max. 42,30</td></tr>
<tr><td>2. Beteiligungen am Produktivvermögen</td><td>bis 400,00</td><td>20</td><td>max. 80,00</td></tr>
<tr><td>a) Sparverträge über Wertpapiere</td><td>§ 2 Abs. 1 Nr. 1, § 5 Fünftes VermBG</td><td></td><td></td></tr>
<tr><td>b) Andere Vermögensbeteiligungen</td><td>§ 2 Abs. 1 Nr. 1, § 4 Fünftes VermBG</td><td></td><td></td></tr>
</table>
Aktien, Wandel-, Gewinn-, Namensschuldverschreibungen, Anteilscheine, Genussscheine, Genossenschaftsanteile, GmbH-Anteile, andere Anlageformen
c) Anlagen aufgrund von Wertpapier-Kaufverträgen (§ 2 Abs. 1 Nr. 2, § 5 Fünftes VermBG)
b) Anlagen aufgrund Beteiligungs- und Kaufverträgen
Bausparen und vermögenswirksame Anlageformen können gleichzeitig von den Arbeitnehmerinnen und Arbeitnehmern gewählt und für beide Sparformen eine Sparzulage beantragt werden.</td></tr>
<tr><td>Einkommensteuerlicher Ansatz</td><td>Vermögenswirksame Leistungen des Arbeitgebers an den Arbeitnehmer sind Bestandteil des Lohnes oder Gehaltes (§ 2 Abs. 7 VermBG).
Die Arbeitnehmer-Sparzulage auf vermögenswirksame Leistungen bis zu 470,00 € ist steuer- und sozialabgabenfrei (§ 13 Abs. 1 u. 3 Fünftes VermBG).
Die Arbeitnehmer-Sparzulage wird auf Antrag des Arbeitnehmers jährlich vom Finanzamt festgesetzt. Dieser Antrag ist jährlich mit der ESt-Erklärung zu stellen.
Die Sparzulage wird erst nach Ablauf der jeweiligen Sperrfrist oder bei Zuteilung des Bausparvertrages ausgezahlt (§ 7 Abs. 2 VermBG).</td></tr>
</table>

6.2 Gehaltsabrechnung

6.2.1 Gehaltsermittlung

Der Bruttoverdienst wird in der Regel für einen Monat ermittelt. Grundlage für die Höhe des Verdienstes ist die Einstufung in den Lohn- oder Gehaltsgruppenkatalog des entsprechenden Tarifvertrages.
Neben der eigentlichen Grundvergütung werden noch Zulagen und Zuschläge vergütet sowie Abzüge und Zuzahlungen vorgenommen.

Schema zur Ermittlung des Auszahlungsbetrages	
Gesamt-Bruttogehalt – sozialversicherungsfreie Bezüge = **Sozialvers. Brutto** – Steuerfreibeträge laut Steuerkarte	⇒ **Bemessungsgrundlage für die Sozialversicherungen bis zur Beitragsbemessungsgrenze**
= **steuerpflichtiges Entgelt** – LSt, KiSt, SolZ – 50 % Anteil der Beiträge zur RV, AV, KV[1], PV[1]	⇒ **Bemessungsgrundlage für die Lohnsteuer** Besonderheit: Sachsen PV
= **Nettoentgelt** – Abzüge für verrechnete Kosten – Gesamtbetrag der vermögenswirksamen Leistungen	*z. B. Miete, Zinsen, Tilgungen*
= **Auszahlungsbetrag**	

6.2.2 Lohnsteuer

Bei Einkünften aus **nicht selbstständiger Arbeit** wird die Einkommensteuer durch Abzug vom Arbeitslohn erhoben. Diese im **Steuerabzugsverfahren** einbehaltene ESt wird als **Lohnsteuer** (LSt) bezeichnet.
Der Arbeitgeber hat die Lohnsteuer, die ja keine eigene Steuerart, sondern nur eine besondere Erhebungsform der ESt darstellt, **für Rechnung des Arbeitnehmers** bei jeder Lohnzahlung vom Arbeitslohn einzubehalten und an das Finanzamt abzuführen.

■ Lohnsteuerklassen

Rechtsgrundlage: *§ 38 b EStG*
Die Steuerklasse wird elektronisch an den Arbeitgeber auf dessen Anfrage hin übermittelt (*ELSTAM-Verfahren*). Aufgrund der übermittelten Daten werden alle Arbeitnehmer nach sozialen Gesichtspunkten in verschiedene Steuerklassen eingruppiert. Die Steuerklasse richtet sich nach dem Familienstand, der Anzahl der Kinder und dem Alter des Arbeitnehmers. Die Steuerklasse entscheidet unter anderem mit, wie viel Lohnsteuer zu zahlen ist.

[1] *Vgl. Seite 113.*

Beim Ehegatten-Splitting können Ehegatten bei der Einkommensteuer die gemeinsame Veranlagung wählen. Dann wird zur Berechnung der Steuerschuld das Splittingverfahren angewendet. Die Einkommen der Eheleute werden zusammengezählt, durch zwei geteilt und anschließend die darauf errechnete Steuer verdoppelt. Dadurch soll erreicht werden, dass die Steuerbelastung immer gleich hoch ist, egal, wie sich das Einkommen auf die Eheleute verteilt.

Die Lohnsteuerklasse wird in Worten angegeben, an diese wird die Zahl der Kinderfreibeträge angehängt.

Steuerklasse	Personenkreis
I	nicht verheiratete Arbeitnehmer verheiratete, verwitwete oder geschiedene Arbeitnehmer, bei denen die Voraussetzungen für Steuerklasse III und IV nicht erfüllt sind
II	Arbeitnehmer wie Steuerklasse I, wenn bei ihnen der Entlastungsbetrag für Alleinerziehende (§ 24b EStG) zu berücksichtigen ist.
III	Verheiratete Arbeitnehmer, die nicht dauernd getrennt leben: a) ein Ehegatte ist Arbeitnehmer in der Steuerklasse III, der andere Ehegatte bezieht keinen Arbeitslohn; b) beide Ehegatten sind Arbeitnehmer: – der wesentlich höher Verdienende wählt Steuerklasse III und – der andere Ehegatte mit der niedrigeren Vergütung erhält die Steuerklasse V.
IV	Verheiratete, die nicht dauernd getrennt leben; beide Ehegatten sind Arbeitnehmer. Empfehlenswert, wenn die Vergütungsunterschiede gering sind.
V	Verheiratete Ehepartner, aber ein Ehepartner erhält auf Antrag beider Ehepartner die Steuerklasse V.
VI	Arbeitnehmer, die nebeneinander von mehreren Arbeitgebern Vergütung beziehen.

Beispiel

zwei/0,5 = Arbeitnehmer mit der Steuerklasse 2, im Haushalt des Steuerpflichtigen lebt 1 Kind.

Nach dem **Faktorverfahren** können seit dem 01.01.2010 Arbeitnehmer-Ehegatten anstelle der Steuerklasse III/IV die Steuerklassenkombination IV/IV jeweils in Verbindung mit einem Faktor wählen. Mit Anwendung des Faktorverfahrens verschiebt sich die zugunsten des Ehegatten mit vorheriger Steuerklasse V auf den Ehegatten mit vorheriger Steuerklasse III.
Entsprechend der Steuerklasse wird die Lohnsteuer (LSt) für eine bestimmte steuerpflichtige Vergütung mittels Lohnprogrammen rechnergestützt nach dem ESt-Tarif des *§ 32a EStG* unter Berücksichtigung der an die jeweiligen Steuerklassen anknüpfenden Freibeträge des *§ 38 c EStG* berechnet.
Die Lohnsteuer ist unabhängig von der Kinderzahl immer gleich hoch. Kinderfreibeträge werden nur beim Solidaritätszuschlag und bei der Kirchensteuer berücksichtigt.
Der Arbeitgeber hat spätestens am 10. Tag nach Ablauf des LSt-Anmeldungszeitraums eine **LSt-Anmeldung** beim zuständigen Finanzamt (Betriebsstättenfinanzamt) abzugeben und die LSt zu entrichten *(§ 41 a Abs. 1 EStG)*.

6.2.3 Sozialversicherung[1]

Die Sozialversicherungsbeiträge sind vom Arbeitnehmer und Arbeitgeber bis zur Höhe der Beitragsbemessungsgrenze grundsätzlich zur Hälfte zu tragen. Sie sind abhängig vom sozialversicherungspflichtigen Bruttoentgelt.
Durch einen monatlichen Beitragsnachweis meldet der Arbeitgeber bei den jeweiligen Krankenkassen, bei denen die Arbeitnehmer versichert sind, die Gesamtbeiträge (Arbeitnehmer- und Arbeitgeberanteil) für alle Zweige der Sozialversicherung (außer Unfallversicherung) an und nimmt die Zahlung vor. Die Weiterleitung der Zahlungen an die Rentenversicherung usw. obliegt dann den Krankenkassen.

6.2.4 Abrechnung

Beispiel

Monatliche Gehaltsabrechnung eines Arbeitnehmers, verheiratet, Lohnsteuerklasse III[2], ev, ein Kind:

Bruttogehalt	**Lohnsteuer**	**Solidaritätszuschlag**	**Kirchensteuer**	**Sozialversicherung**	**Summe der Abzüge**	**Nettogehalt**
4 000,00 €	*395,50 €*	*13,02 €*	*21,31 €*	*815,00 €*	*1 224,83 €*	*2 755,17 €*

Für die Sozialversicherung sind folgende Beiträge zu entrichten:

14,6 % des Bruttogehalts für die Krankenversicherung (+ 1,0 % als einkommensabhängiger kassenindividueller Zusatzbeitrag): ...	*624,00 €*
18,6 % des Bruttogehalts für die Rentenversicherung: ...	*744,00 €*
3,0 % des Bruttogehalts für die Arbeitslosenversicherung: ...	*120,00 €*
2,55 % des Bruttogehalts für die Pflegeversicherung: ...	*102,00 €*
	1 590,00 €

Davon tragen Arbeitnehmer und Arbeitgeber jeweils die Hälfte, außer für die Krankenversicherung[3] (Ab 7,3 %, AN 8,3 % = halber Beitragssatz + kassenindividueller Zusatzbeitrag):

der Arbeitgeber zahlt ...	*775,00 €*
der Arbeitnehmer zahlt ...	*815,00 €*
	1 590,00 €

Der Beitrag zur Unfallversicherung wird vom Arbeitgeber in voller Höhe allein aufgebracht.

6.3 Einkommensteuererklärung der Arbeitnehmer

Der soziale Rechtsstaat, der nicht nur die rechtliche Ordnung garantieren, sondern auch die soziale Ordnung durch Fürsorge, Vorsorge und Umverteilung gestalten will, ist zur Erfüllung seiner Aufgaben darauf angewiesen, von seinen Bürgern einen erheblichen Anteil des von ihnen erwirtschafteten

---

[1] *Vgl. Seite 112 ff.*
[2] *keine Wahl des Faktorverfahrens*
[3] *Vgl. Seite 113, hier: Der Arbeitgeber zahlt 7,3 %, der Arbeitnehmer 8,4 % = halber Beitragssatz + einkommensabhängiger individueller Zusatzbeitrag 1,1 %.*

Sozialproduktes einzubehalten. Das geschieht durch die **Besteuerung**, indem Teile des Wirtschaftsergebnisses von Privatpersonen und privaten Unternehmern auf die steuerberechtigten Körperschaften (Bund, Länder und Gemeinden) übertragen werden.
Je weniger sich ein Staat auf die Selbsthilfe seiner Bürger verlässt und zu einem sogar für die Freizeit seiner Bürger sorgenden Sozialstaat wird, umso mehr muss er durch **Steuern** einnehmen. Der Staat kann nur geben, was er vorher eingenommen hat.

■ Rechtsgrundlagen

Das **Steuerrecht** ist dem **öffentlichen Recht** zuzuordnen. Die **Abgabenordnung** *(AO)* ist nach dem **Grundgesetz** *(GG)* die oberste Rechtsnorm für das Steuerrecht.

Arten der Steuergesetze

Allgemeine Steuergesetze	Spezielle Steuergesetze
• Abgabenordnung *(AO)* • Bewertungsgesetz *(BewG)*	• Einkommensteuergesetz *(EStG)* • Körperschaftsteuergesetz *(KStG)* • Umsatzsteuergesetz *(UStG)* • Grunderwerbsteuergesetz *(GrEStG)* • Erbschaftsteuergesetz *(ErbStG)*

■ Einkommensteuer

Definition

Die **Einkommensteuer (ESt)** *ist die Steuer auf das Einkommen steuerpflichtiger natürlicher Personen.*

Die Einkommensteuer stellt die wesentlichste Einnahmequelle des Staates dar und bietet im Rahmen der konjunktur- und sozialpolitischen Maßnahmen durch Steuerent- und -belastungen ein geeignetes **Instrument wirtschaftspolitischer Feinsteuerung.**

Rechtsgrundlagen	
Gesetze	Einkommensteuergesetz *(EStG)* und Nebengesetze
Rechtsverordnungen	Einkommensteuerdurchführungsverordnung *(EStDV)*, Lohnsteuerdurchführungsverordnung *(LStDV)*
Verwaltungsvorschriften	Einkommensteuerrichtlinien *(EStR)*, Lohnsteuerrichtlinien *(LStR)*

Dabei ist zu beachten, dass die **Lohnsteuer,** die **Abgeltungssteuer** und die **Kapitalertragsteuer** nur besondere Erhebungsformen der Einkommensteuer, also ein besonderes **Steuerabzugsverfahren** (= Quellenabzug) darstellen.

6.3.1 Steuerpflicht

Die Einkommensteuer entsteht nur, soweit die persönliche Steuerpflicht gegeben ist und eine sachliche Steuerpflicht in Form des Einkommens vorliegt.

Persönliche Steuerpflicht

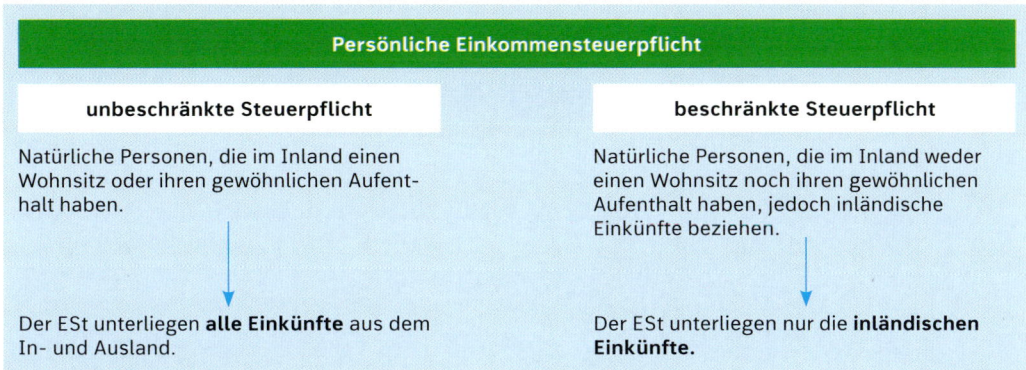

Persönliche Einkommensteuerpflicht	
unbeschränkte Steuerpflicht	**beschränkte Steuerpflicht**
Natürliche Personen, die im Inland einen Wohnsitz oder ihren gewöhnlichen Aufenthalt haben.	Natürliche Personen, die im Inland weder einen Wohnsitz noch ihren gewöhnlichen Aufenthalt haben, jedoch inländische Einkünfte beziehen.
↓	↓
Der ESt unterliegen **alle Einkünfte** aus dem In- und Ausland.	Der ESt unterliegen nur die **inländischen Einkünfte.**

Sachliche Steuerpflicht

Die sachliche Steuerpflicht knüpft an das tatsächliche Einkommen des Steuerpflichtigen an.
Einkommen ist technisch nach dem *EStG* „nur“ (abschließende Aufzählung) der

- **Gesamtbetrag der Einkünfte** aus den folgenden sieben Einkunftsarten:

1. Einkünfte aus Land- und Forstwirtschaft	**Gewinneinkünfte**
2. Einkünfte aus Gewerbebetrieb *(z. B. Kaufleute, Handwerker)*	**Gewinneinkünfte**
3. Einkünfte aus selbstständiger Arbeit *(Freiberufler, wie z. B. Rechtsanwälte, Notare, Ärzte, Architekten)*	**Gewinneinkünfte**
4. Einkünfte aus nicht selbstständiger Arbeit *(Arbeitnehmer)*	**Überschusseinkünfte**
5. Einkünfte aus Kapitalvermögen *(z. B. Zinsen, Dividenden, private Wertpapier-Veräußerungsgeschäfte)*	**Überschusseinkünfte**
6. Einkünfte aus Vermietung und Verpachtung *(z. B. Wohnungs-, Hausvermietung)*	**Überschusseinkünfte**
7. Sonstige Einkünfte i. S. d. *§ 22 EStG* *(z. B. Renten aus der gesetzlichen Rentenversicherung, Spekulationsgewinne)*	**Überschusseinkünfte**

- nach **Ausgleich der Verluste**, die sich aus einzelnen Einkunftsarten ergeben
- nach **Abzug der Sonderausgaben**
- nach **Abzug der außergewöhnlichen Belastungen**

6.3.2 Einkunftsermittlung

Einkünfte sind **Reineinkünfte** (Gewinn oder Überschuss aus der Gegenüberstellung von [Roh-]Einnahmen über die Ausgaben/Werbungskosten). Die Ermittlung folgt also dem sogenannten **Nettoprinzip.**

Ermittlung der Einkünfte

Gewinneinkünfte	Überschusseinkünfte
Betriebseinnahmen	Einnahmen
– Betriebsausgaben	– Werbungskosten
= **Einkünfte**	= **Einkünfte**

Ergibt sich ein positiver Betrag, spricht man von **Gewinn** oder **Überschuss**, liegt ein negativer Betrag vor, von **Verlust**. Einkünfte liegen jedoch nur vor, sofern das wirtschaftliche Ziel dahin geht, auf längere Sicht Gewinn oder Überschuss zu erzielen. Trifft das nicht zu, liegt steuerlich „Liebhaberei" (Hobby) vor.

Beispiele

Rennställe, Privatjagd, Kunstmalerei

6.3.3 Ermittlung des zu versteuernden Einkommens

Die Einkommensteuer bemisst sich nach dem Einkommen des Kalenderjahres *(§ 2 Abs. 1 EStG)*. Diese Formulierung ist irreführend. *§ 2 Abs. 1 EStG* will nur ausdrücken, dass die sachliche Steuerpflicht an das Einkommen anknüpft. Die **Steuerbemessungsgrundlage** (das zu versteuernde Einkommen) ist vielmehr das um Kinder-/Betreuungsfreibetrag(/-beträge)[1] verminderte Einkommen.
Die Besonderheiten des Einflusses der **ehelichen Lebensgemeinschaft** auf die steuerliche Leistungsfähigkeit will das sogenannte **Splitting** berücksichtigen. Dabei werden der Gesamtbetrag der Einkünfte, das Einkommen, das zu versteuernde Einkommen und die tarifliche Einkommensteuer für beide Ehegatten gemeinschaftlich ermittelt.

---

[1] *Vgl. Fußnote Seite 165.*

Berechnung des Gesamtbetrages der Einkünfte

	Einkünfte aus Land- und Forstwirtschaft
+	Einkünfte aus Gewerbebetrieb
+	Einkünfte aus selbstständiger Arbeit
+	Einkünfte aus nicht selbstständiger Arbeit
+	Einkünfte aus Kapitalvermögen
+	Einkünfte aus Vermietung und Verpachtung
+	Sonstige Einkünfte
=	**Summe der Einkünfte**
–	Altersentlastungsbetrag
–	Entlastungsbetrag für Alleinerziehende
=	**Gesamtbetrag der Einkünfte**
–	Verlustabzug nach *§ 10 d EStG*
–	Sonderausgaben
–	außergewöhnliche Belastungen
=	**Einkommen**
–	Kinder-/Betreuungsfreibetrag(/-beträge)[1]
=	**zu versteuerndes Einkommen** *(§ 2 Abs. 5 EStG)*

Bei näherer Betrachtung der Einkunftsarten lässt sich feststellen, dass Einkünfte nur durch Arbeit oder Kapitaleinsatz oder durch kombinierten Einsatz von Arbeit und Kapital erzielt werden. Die Einkunftsarten 1 bis 4 setzen voraus, dass der wirtschaftliche Erfolg wesentlich auf einer **Arbeitstätigkeit** beruht. Bei den Einkunftsarten 5 und 6 dominiert hingegen der Kapitaleinsatz.

§ 2 Abs. 4 EStG unterscheidet im Gegensatz dazu zwischen:

- **unternehmerischen Einkünften:** Einkünfte aus:
  - Land- und Forstwirtschaft
  - Gewerbebetrieb
  - selbstständiger Tätigkeit

  Ergebnis ist ein: → **Gewinn**

und

- **nicht unternehmerischen Einkünften:** Einkünfte aus:
  - nicht selbstständiger Arbeit
  - Kapitalvermögen
  - Vermietung und Verpachtung
  - Sonstige Einkünfte

  Ergebnis ist ein: → **Überschuss**

Bei der Ermittlung der unternehmerischen Einkünfte sind die Betriebseinnahmen um die Betriebsausgaben zu kürzen.

Definition

***Betriebseinnahmen** sind dabei alle Güter in Geld oder Geldeswert, die dem Steuerpflichtigen im Rahmen der 1. bis 3. Einkunftsart zufließen.*
***Betriebsausgaben** sind alle durch den Betrieb veranlassten Aufwendungen. Sie sind grundsätzlich abziehbar, soweit das EStG keine genau umschriebene Einschränkung vorsieht.*

[1] *Es besteht ein Wahlrecht, Kinderfreibeträge oder Kindergeld in Anspruch zu nehmen. Von Amts wegen muss das Finanzamt bei der Veranlagung prüfen, ob das Kindergeld oder die Kinderfreibeträge für den Steuerpflichtigen günstiger sind.*

Bei der Ermittlung der nichtunternehmerischen Einkünfte sind die **Einnahmen um die Werbungskosten zu kürzen**.

Definition

***Einnahmen** sind wiederum alle Güter in Geld oder Geldeswert, die dem Steuerpflichtigen im Rahmen der 4. bis 7. Einkunftsart zufließen.*
***Werbungskosten** sind Aufwendungen, die zur Erzielung, Sicherung und Erhaltung der Einnahmen notwendig sind.*

Beispiele

- *Werbungskosten im Zusammenhang mit Einkünften aus **nicht selbstständiger Arbeit**:*
  - *Fahrtkosten für ein Bewerbungsgespräch*
  - *Aufwendungen für Wege zwischen Wohnung und Arbeitsstätte als Entfernungspauschale 0,30 €, höchstens jedoch 4 500,00 € im Kalenderjahr. Ein höherer Betrag ist zulässig, wenn ein eigener oder zur Nutzung überlassener Kraftwagen benutzt wird.*
  - *Aufwendungen für Fachliteratur und Fachzeitschriften*
  - *Aufwendungen für Fortbildung im ausgeübten Beruf*
  - *Aufwendungen für ein Zweitstudium (gilt als Fortbildung)*
  - *Beiträge zu Arbeitnehmerorganisationen (Gewerkschafts- oder Verbandsbeiträge)*
  - *Aufwendungen für beruflich verursachte Reisen, soweit diese Aufwendungen nicht erstattet werden*
  - *Aufwendungen für doppelte Haushaltsführung*
  - *Steuerberatungskosten*
- *Werbungskosten im Zusammenhang mit Einkünften aus **Kapitalvermögen**: Soweit die Abgeltungsteuer zzgl. Solidaritätszuschlag bei Einnahmen aus Kapitalvermögen einbehalten wird, **entfällt** der Werbungskostenabzug. Sollte die individuelle Besteuerung geringer als die 25%ige Abgeltungsteuer sein, kann die Einkommensbesteuerung unter Anrechnung der Abgeltungsteuer nach den normalen Regelungen des EStG durchgeführt werden.*
- *Einkünfte aus **Vermietung und Verpachtung**:*
  - *Schuldzinsen, Renten, dauernde Lasten*
  - *Aufwendungen für kleinere und größere Instandhaltungen*
  - *Grundsteuer, Gebühren für Müllabfuhr, Wasser, Kanalbenutzung, Straßenreinigung, Schornsteinfeger, Hausbeleuchtung*
  - *Kosten für Heizung und Warmwasser*
  - *Hausversicherungen*
  - *Ausgaben für Hausverwaltung*
  - *Absetzung für Abnutzung*
  - *Steuerberatungskosten*
- ***Sonstige** Einkünfte:*
  - *Honorar für Rentenberatung*
  - *Steuerberatungskosten*
  - *Prozesskosten bei Sozialgerichtsstreitigkeiten*

Stehen dagegen die Ausgaben mit der **privaten Lebensführung** in Verbindung, sind diese **grundsätzlich nicht abzugsfähig**, es sei denn, sie stellen **abziehbare Sonderausgaben** oder **außergewöhnliche Belastungen** dar. Bei keinem oder geringem Nachweis werden Werbungskosten **pauschal** anerkannt.

Bei Einkünften

- aus **nicht selbstständiger Arbeit**:
  Arbeitnehmer-Pauschbetrag 1 000,00 €
- aus **Kapitalvermögen**: Sparer-Pauschbetrag 801,00/1 602,00 €
- aus **sonstigen Einkünften**, soweit es sich im Wesentlichen um Leibrenten oder Altersversorgungsleistungen handelt:
  Pauschalbetrag insgesamt 102,00 €

Älteren Steuerpflichtigen, die ihre Alterssicherung aus nicht begünstigten Einkunftsarten bestreiten müssen, gewährt das *EStG* einen zusätzlichen in absoluter Höhe begrenzten **Altersentlastungsbetrag,** der von der Summe der Einkünfte abzuziehen ist. Des Weiteren ist an dieser Stelle der Entlastungsbetrag für Alleinerziehende in Höhe von 1908,00 € (für jedes weitere Kind zusätzlich 240,00 €) im Kalenderjahr abzusetzen, wenn zum Haushalt des alleinstehenden Steuerpflichtigen mindestens ein Kind gehört und ihm Kindergeld bzw. ein Kinderfreibetrag zusteht. Das Ergebnis nach Abzug der möglichen Freibeträge stellt den Gesamtbetrag der Einkünfte dar.

Berechnung des Einkommens

§ 12 EStG stellt klar, dass über die im Gesetz bestimmten Ausnahmen hinaus private Aufwendungen (Aufwendungen für die Lebensführung) nicht abgezogen werden dürfen. Dieser Grundsatz wird durchbrochen durch die Möglichkeit des Abzuges von **Sonderausgaben und außergewöhnlichen Belastungen**. Die genannten Größen stellen nicht Einkommen dar, sondern betreffen die Einkommensverwendung.

Sonderausgaben

Der Begriff der Sonderausgaben wird im *EStG* nicht definiert. Nur die in den *§§ 10–10i EStG* abschließend aufgezählten Aufwendungen sind als Sonderausgaben abzugsfähig:

Sonderausgaben	
Sonderausgaben, die keine Vorsorgeaufwendungen sind	**Vorsorgeaufwendungen**
unbegrenzt abzugsfähig: • Versorgungsleistungen im Zusammenhang mit der Übertragung von Anteilen an Betrieben, Teilbetrieben oder Wohnteilen bei Land- und Forstwirtschaft • Kirchensteuer[1] **begrenzt abzugsfähig:** • Unterhaltsleistungen (Realsplitting) • Berufsausbildungskosten • Spenden • Kinderbetreuungskosten	**begrenzt abzugsfähig:** • Altersvorsorgeaufwendungen (gesetzliche Rentenversicherungen, landwirtschaftliche Alterskassen, kapitalgedeckte private Leibrentenversicherungen, berufsständische Versorgungseinrichtungen wie Versorgungswerke für Steuerberater, Rechtsanwälte, Ärzte) • sonstige Vorsorgeaufwendungen wie Erwerbs- und Berufsunfähigkeitsversicherungen, Kranken-[2], Pflege-[2], Unfall- und Haftpflichtversicherungen, Risikoversicherungen, abgeschlossene Kapital-LV bis 2004, die nur eine Leistung für den Todesfall vorsehen (88 % abzugsfähig), Versicherung gegen Arbeitslosigkeit

[1] *Der Staat zieht die Kirchensteuer im Auftrag der Kirchen ein und leitet das Kirchensteueraufkommen nach Abzug der Verwaltungskosten an die Kirchen weiter.*

[2] *Krankenversicherungen sind in der Basisversicherung in jedem Falle abzugsfähig, Wahlleistungen im Rahmen der Pauschalbeträge. Pflegeversicherungen sind ebenfalls komplett abzugsfähig.*

Beispiel

Ein lediger Angestellter ohne Kinder erzielte im Jahr 2017 einen Bruttoarbeitslohn in Höhe von 30 000,00 €. Folgende Vorsorgeaufwendungen werden geltend gemacht:

• *AN-Anteil zur RV (9,30 %)*	*2 790,00 €*
• *AN-Anteil zur KV (8,3 %)*	*2 490,00 €*
• *AN-Anteil zur PV (1,525 %)*	*457,50 €*
• *AN-Anteil zur ALV (1,5 %)*	*450,00 €*
• *zusätzliche private Krankenversicherung (12 · 70,00 € =)*	*885,00 €*
• *Pkw-Haftpflichtversicherung*	*455,50 €*
• *Kapitallebensversicherung (Vertragsabschluss im Dezember 2004); 300,00 · 12 =*	*3 600,00 €*
	11 128,00 €

Ermittlungsschema bei **Vorsorgeaufwendungen seit 2005** unter Berücksichtigung der Rechtslage 2018:

Zeile				
1	Rentenversicherungen 86 %			
2	Sozialversicherung (AG + AN-Anteil) RV · 86 %			4 798,80 €
3	– steuerfreier AG-Anteil gesetzliche RV			2 790,00 €
4	Summe:			2 008,80 €
5	übrige Vorsorgeaufwendungen (Kapitallebensversicherung 88 %)		7 906,00 €	
6	darin enthaltene KV-Beiträge	2 490,00 €		
7	4 % Abschlag wegen Krankengeldanspruch	– 99,60 €		
8	+ PV-Versicherung	457,50 €		
9	Summe	2 847,90 €		
10	Höchstbetrag, soweit KV/PV nicht höher	1 900,00 €		
11	mindestens ansetzbar: höherer Betrag aus Zeile 9 + 10			2 847,90 €
12	= **Vorsorgeaufwendungen ab 2018**			4 856,70 €

Ermittlungsschema für die Höchstbetragsberechnung bei **Vorsorgeaufwendungen bis einschließlich 2004**:

Zeile	Zeile				
1	Beiträge zu Kranken-, Pflege-, Renten-, Arbeitslosen-, Unfall-, Haftpflichtversicherungen			7 528,00 €	
2	+ bestimmte Kapitallebensversicherungen (88 %)			3 168,00 €	
3	Summe Versicherungsbeiträge			10 696,00 €	
4	– Vorwegabzug:				
	Alleinstehende	600,00 €[1]	600,00 €		
	Ehegatten	1 200,00 €			
	– 16 % des Bruttolohnes (max. Beitragsbemessungs-				
5	grenze)	30 000,00 €	– 4 800,00 €	0,00 €	
6	verbleiben			10 696,00 €	
7	Übertrag: der niedrigste Betrag aus den Zeilen 3 und 5 ist zu übertragen				0,00 €
8	– Grundhöchstbetrag: Alleinstehende 1 334,00 €/Ehegatten 2 668,00 €			1 334,00 €	
9	verbleiben			9 362,00 €	
10	der niedrigere Betrag aus den Zeilen 6 und 8 ist anzusetzen				1 334,00 €
11	– halber Höchstbetrag: 50 % des verbleibenden Betrages aus Zeile 9 höchstens 50 % des Grundhöchstbetrages aus Zeile 8 (der niedrigere Betrag ist anzusetzen)				667,00 €
12	= **Vorsorgeaufwendungen bis 2004**				2 001,00 €

Im Rahmen der **Günstigerprüfung** *(§ 10 Abs. 4a EStG)* sind nur 2 001,00 € nach altem Recht als Vorsorgeaufwendungen abziehbar. Nach neuem Recht kann der Angestellte die höheren 4 856,70 € als Vorsorgeaufwendungen für 2017 ansetzen.

Außergewöhnliche Belastungen

Eine außergewöhnliche Belastung liegt vor, wenn einem Steuerpflichtigen **zwangsläufig größere Aufwendungen** als der überwiegenden Mehrzahl der Steuerpflichtigen gleicher Einkommensverhältnisse, gleicher Vermögensverhältnisse und gleichen Familienstandes erwachsen *(§ 33 Abs. 1 EStG)*.

Beispiele

- *Kosten für eine teure Krankenhausbehandlung, die nicht von einem Dritten erstattet wird*
- *Kosten für eine Kur, soweit nicht Sozialversicherungsträger Kostenanteile übernehmen*
- *Kosten infolge eines Todesfalles, soweit die Aufwendungen nicht durch eine Versicherung abgedeckt sind*
- *nicht versicherte Unwetterschäden*
- *Zivilprozesskosten, wenn sie die wirtschaftliche Existenz in erheblichem Maße gefährden*

[1] *Abschmelzender Betrag, 2018 = 600,00 €*

Aufwendungen im Sinne des § 33 EStG
– erhaltene Erstattungen

= außergewöhnliche Belastung
– zumutbare Belastung

= ansetzbare außergewöhnliche Belastung

Die zumutbare Belastung beträgt bei einem Gesamtbetrag der Einkünfte	**bis 15 340,00 €**	**über 15 340,00 bis 31 130,00 €**	**über 51 130,00 €**
I. Steuerpflichtige ohne Kinder			
a) Alleinstehende	5 %	6 %	7 %
b) Ehegatten	5 %	5 %	6 %
II. Steuerpflichtige mit			
a) ein oder zwei Kindern	2 %	3 %	4 %
b) drei und mehr Kindern	1 %	1 %	2 %
	vom Gesamtbetrag der Einkünfte		

Die Höhe der **zumutbaren Belastung** richtet sich im Wesentlichen nach dem Gesamtbetrag der Einkünfte, dem Familienstand und der Anzahl der Kinder. Dabei ist die prozentuale Belastung auf jeder Stufe bis zum Gesamtbetrag der Einkünfte zu berechnen.

Beispiel

Eheleute, zwei Kinder, mit einem Gesamtbetrag der Einkünfte von 25 000,00 €: Aufwendungen für eine Kur lt. Belege 6 000,00 €, die Rentenversicherung erstattet 4 000,00 €.

Aufwendungen	*6 000,00 €*
– Erstattungen	*4 000,00 €*
= außergewöhnliche Belastung	*2 000,00 €*
– zumutbare Belastung (= 2 % von 15 340,00 € + 3 % von 9 660,00 €)	*596,60 €*
= ansetzbare außergewöhnliche Belastung	***1 403,40 €***

Bei den außergewöhnlichen Belastungen werden in besonderen Fällen die Aufwendungen nur bis zu einem bestimmten **Höchstbetrag** oder als Pauschbetrag anerkannt. Als Ausgleich entfällt jedoch die Kürzung der zumutbaren Belastung *(§§ 33 a–33 b EStG)*.

Beispiele

Unterhaltsaufwendungen, Freibeträge für den Sonderbedarf von in Berufsausbildung befindlichen volljährigen und auswärtig untergebrachten Kindern, Beschäftigung einer Hilfe im Haushalt, Pauschbetrag für Körperbehinderte und Hinterbliebene

Berechnung des zu versteuernden Einkommens

Das ermittelte Einkommen wird noch gekürzt um mögliche Kinder-[1] und Sonderfreibeträge.
Soweit das gezahlte Kindergeld für den Steuerpflichtigen nicht günstiger ist, wird für jedes berücksichtigungsfähige Kind der volle Kinderfreibetrag in Höhe von mtl. 399,00 € und ein Betreuungsfreibetrag von mtl. 220,00 € gewährt. Bei dauernd getrennt lebenden oder geschiedenen Eltern oder Eltern nicht ehelicher Kinder halbiert sich der jeweilige Kinderfreibetrag, sodass jedem Elternteil ein halber Kinderfreibetrag in Höhe von mtl. 200,00 € bzw. Betreuungsfreibetrag von 110,00 € zusteht.

Beispiel:

Der Inhaber der chemischen Fabrik Dr. Frenzius, Bielefeld, 54 Jahre, verwitwet, erzielt einen Gewinn aus der betrieblichen Tätigkeit von 142 148,00 €. Aus der Vermietung eines Mehrfamilienhauses weist Dr. Frenzius Mieteinnahmen von 25 000,00 € und Werbungskosten von 23 000,00 € nach. Außerdem sind zu berücksichtigen abzugsfähige Sonderausgaben von 4 500,00 € und eine berücksichtigungsfähige außergewöhnliche Belastung von 3 500,00 €. Dr. Frenzius hat zwei Kinder im Alter von 15 und 16 Jahren.

Einkünfte aus Gewerbebetrieb		*142 148,00 €*
Einkünfte aus Vermietung und Verpachtung		
Einnahmen	*25 000,00 €*	
– Werbungskosten	*23 000,00 €*	
= Überschuss		*2 000,00 €*
Summe der Einkünfte		***144 148,00 €***
– Altersentlastungsbetrag		*0,00 €*
– Entlastungsbetrag für Alleinerziehende (1 908,00 € + 240,00 €)		*2 148,00 €*
Gesamtbetrag der Einkünfte		***142 000,00 €***
– Sonderausgaben (abzugsfähig)	*4 500,00 €*	
– außergewöhnliche Belastung (abzugsfähig)	*3 500,00 €*	*8 000,00 €*
Einkommen		***134 000,00 €***
– Kinderfreibetrag (2 Kinder je 4 788,00 €)	*9 576,00 €*	
– Betreuungsfreibetrag (2 Kinder je 2 640,00 €)	*5 280,00 €*	*14 856,00 €*
zu versteuerndes Einkommen		***119 144,00 €***

6.3.4 Ermittlung der Einkommensteuerschuld

Auf das zu versteuernde Einkommen wird der **Einkommensteuertarif** angewendet. Der daraus errechnete Betrag ergibt die **Einkommensteuerschuld**.
Sie vermindert sich um etwaige Prozente in der Höhe begrenzter Abzugsbeträge für hausnahe Beschäftigungsverhältnisse.

[1] *Vgl. Seite 165.*

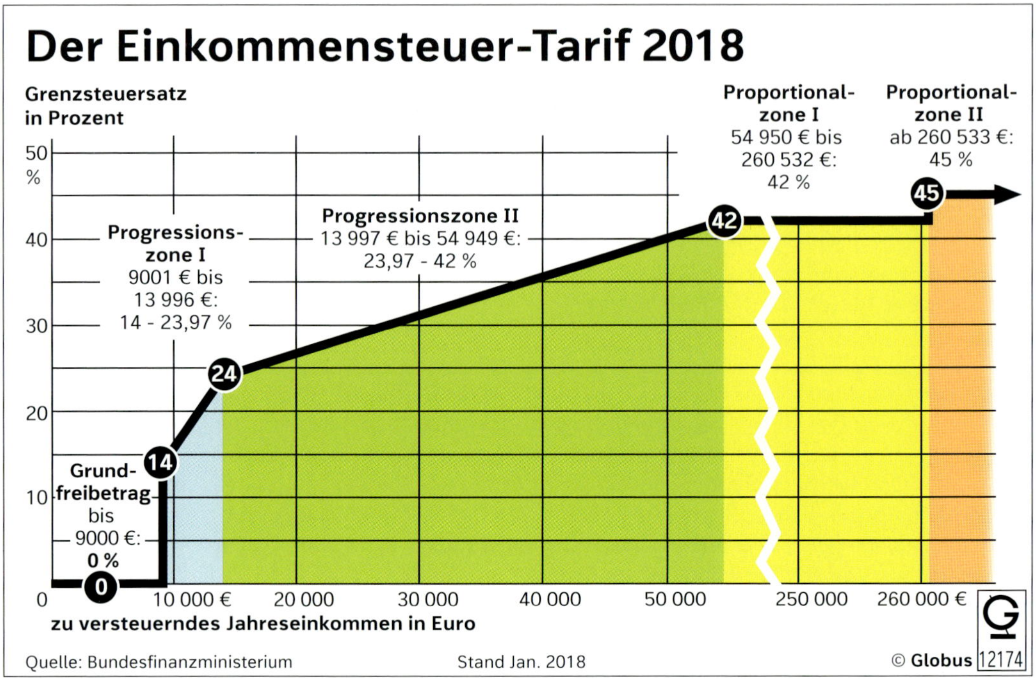
Der Einkommensteuer-Tarif 2018
Grenzsteuersatz in Prozent
50 %
40
30
20
10
0
Progressions- zone I
9001 € bis 13 996 €: 14 - 23,97 %
Progressionszone II
13 997 € bis 54 949 €: 23,97 - 42 %
Proportional- zone I
54 950 € bis 260 532 €: 42 %
Proportional- zone II
ab 260 533 €: 45 %
Grund- freibetrag bis 9000 €: 0 %
0
14
24
42
45
10 000 €
20 000
30 000
40 000
50 000
250 000
260 000 €
zu versteuerndes Jahreseinkommen in Euro
Quelle: Bundesfinanzministerium
Stand Jan. 2018
© Globus 12174

Beispiele

Dienstwagen, Pflege- und Betreuungsleistungen, Heimunterbringungsaufwendungen sowie Handwerkerleistungen

Wenn die Einkommensteuerschuld höher ist als etwaige **Vorauszahlungen**, so ist der Restbetrag innerhalb eines Monats nach Bekanntgabe des Einkommensteuerbescheides an das Finanzamt zu zahlen. Sind die Vorauszahlungen höher als die Einkommensteuerschuld, erstattet das Finanzamt den Differenzbetrag.

6.3.5 Antragsveranlagung

Arbeitnehmern, die nicht zur ESt veranlagt werden, wird die für das abgelaufene Kalenderjahr (Ausgleichsjahr) einbehaltene LSt durch **Antragsveranlagung** insoweit erstattet, als sie die auf den Jahresarbeitslohn entfallende Jahreslohnsteuer (= ESt) übersteigt. Gründe für zu viel einbehaltene LSt können zurückzuführen sein auf tatsächlich aufgewendete Werbungskosten, Sonderausgaben und außergewöhnliche Belastungen.

Die Antragsveranlagung *(§ 46 Abs. 2 Nr. 8 EStG)* wird nach Ablauf des Kalenderjahres auf Antrag des Arbeitnehmers vom Finanzamt durchgeführt (soweit der Lohnsteuer-Jahresausgleich nicht vom Arbeitgeber vorgenommen wurde).

Beispiel

Der alleinstehende halbtagsbeschäftigte Arbeitnehmer Klein mit einem erwachsenen Kind, Steuerklasse I, erzielt einen Jahreslohn in 2018 von 16 000,00 €, weitere Einkünfte hat er nicht. Der Arbeitnehmer ist sozialversicherungspflichtig. Die Beiträge zur Sozialversicherung betragen zur Krankenversicherung 7,3 % + 1,0 % Zusatzbeitrag, Rentenversicherung 9,30 %, Arbeitslosenversicherung 1,5 % und Pflegeversicherung 1,275 % (nur Arbeitnehmeranteil zur gesetzlichen Sozialversicherung). Der Kirchensteuersatz beträgt 9 %.

Werbungskosten:

Fahrten zur Arbeitsstätte mit dem Pkw:	
220 Tage, einfache Entfernung 10 km	
Arbeitsmittel	*984,00 €*
Beitrag an einen Berufsverband	*90,00 €*
Kontoführungsgebühr (pauschal)	*16,00 €*

Sonderausgaben:

• *Krankenversicherung (Basisversicherung KV mit – 4 % berücksichtigen)*	*1 328,00 €*
• *Rentenversicherung*	*1 488,00 €*
• *Arbeitslosenversicherung*	*240,00 €*
• *Pflegeversicherung*	*204,00 €*
• *Kapitallebensversicherung als 88%igen Anteil*	*216,00 €*
• *Unfallversicherung*	*200,00 €*
• *Kraftfahrzeug-Haftpflichtversicherung*	*240,00 €*
• *Private Haftpflichtversicherung*	*84,00 €*
Spenden an politische Parteien lt. Beleg	*190,00 €*
gezahlte Kirchensteuer lt. Lohnsteuerkarte	*46,00 €*

Außergewöhnliche Belastung:

lt. Beleg	*550,00 €*

Lohnsteuer/Solidaritätszuschlag:

einbehalten lt. LSt-Karte	*508,00 €*
einbehalten SoZu lt. LSt-Karte	*0,00 €*

Erläuterungen:

Berechnung der Werbungskosten:

• *Fahrten mit dem Pkw zur Arbeitsstätte: 220 Tage · 10 km · 0,30 € je Entfernungskilometer*	*660,00 €*
• *Arbeitsmittel lt. Belege*	*984,00 €*
• *Beiträge an Berufsverbände*	*90,00 €*
• *Kontoführungsgebühr (pauschal)*	*16,00 €*
= ***Summe der Werbungskosten***	***1 750,00 €***

Berechnung der berücksichtigungsfähigen außergewöhnlichen Belastung:

Aufwendungen lt. Beleg	*550,00 €*
– zumutbare Belastung: 14 250,00 € · 5 %	*712,50 €*
= ***abzugsfähig***	***0,00 €***

Verkürztes Schema zur Berechnung der Einkommensteuer

Zeile				(Alle Beträge sind auf volle Euro aufzurunden) Ehemann	Ehefrau	
1	Bruttoarbeitslohn			16 000 €	______ €	
2	– Werbungskosten			1 750 €	______ €	
3	= Einkünfte aus nichtselbstständiger Arbeit[1]					14 250 €
4	Sonderausgaben:					
5	gezahlte Kirchensteuer				46 €	
6	Steuerberatungskosten				+ ______ €	
7	Summe aus Zeilen 5 + 6, mind. 36 €/ bei Eheleuten 72 €					– 46 €
8						
9	*Prüfung nach Recht bis einschließlich 2004*					
10	*Vorsorgeaufwendungen*					
11	Summe aus Versicherungsbeiträgen zur RV, KV, PV, AV, UV best. Lebens-, Haftpflichtversicherung			4 000 €		
12	– Vorwegabzug	600 €	1 200 € (Eheleute)			
13	– 16 % der Einnahmen =	– 2 560 €	______ €			
14	verbleiben	0 €	______ €	0 €		
15	Übertrag: der niedr. Betrag aus Zeilen 11 oder 14				0 €	
16	Differenz aus Zeile 11 + 14			4 000 €		
17	Höchstbetrag 1 334 €/bei Ehel. 2 668 €			– 1 334 €		
18	Übertrag: der niedrige Betrag aus Zeile 16 oder 17				+1 334 €	
19	Differenz aus Zeile 16 + 17			= 2 666 €		
20	– 50 % aus Zeile 19					
21	höchstens 667 €/bei Ehel. 1 334 €					
22	Übertrag: der niedrige Betrag von Zeile 20 + 21				+ 667 €	
23	Summe:				= 2 001 €	
24	*Vorsorgepauschale*[1]*:*					
25	*Bruttoarbeitslohn (= Steuerpflichtige/-r)*		*16 000 €*			
	(= Ehegatte/-gattin)		*+ 0 €*			
26	*Summe:*		*= 16 000 €*			
27	*RV AN-Anteil · 40 %*			*595 €*		
28	*KV ermäßigter Beitragssatz (14,0 % · 0,5) + 1,0 % v. 16 000 €*			*1 280 €*		
29	*PV-AN-Anteil*			*204 €*		
30	*Summe:*			*= 2 079 €*		
31	*Prüfung nach Recht ab 2005 unter Berücksichtigung der Rechtslage 2018*					
32	RV-Anteil (AN + AG) · 86 %			2 559 €		
33	– steuerfreier AG-Anteil			1 488 €	1 071 €	

[1] *In diesem Fall identisch mit „Summe der Einkünfte" und dem „Gesamtbetrag der Einkünfte".*

34	übrige Vorsorgeaufwendungen	2 512 €			
35	mindestens Basis-KV 96 % v. 1 328,00 + PV 204,00	1 479 €			
36	Höchstbetrag (mindestens Zeile 35)		1 900 €		
37	Summe (Zeile 33 und 36)		2 971 €		
38	abzugsfähig				
39	*Prüfung*				
40	Abziehbare Vorsorgeaufwendungen:				
41	Vorsorgeaufwendungen aus Zeile 23		2 001 €		
42	Vorsorgeaufwendungen aus Zeile 37		2 971 €		
43	Ansatz des höheren Betrages			–	2 971 €
44	– außergewöhnliche Belastungen			–	0 €
45	– Kinderfreibetrag			–	0 €
46	– Betreuungsfreibetrag			–	0 €
47	= zu versteuerndes Einkommen			=	11 233 €
48	= Lohnsteuer (ESt lt. Grundtabelle)				362 €
49	– Steuerermäßigung für Spenden an politische Parteien (50 % des Spendenbetrages)			–	95 €
50	= festzusetzende Lohnsteuer				267 €
51	– gezahlte Lohnsteuer			–	508 €
52	= Erstattung (LSt)				241 €

Annahme: 1. Arbeitnehmer ist rentenversicherungspflichtig, 2. Arbeitnehmer bezieht keine Versorgungsbezüge, 3. alle übrigen Einkünfte bleiben unberücksichtigt.

Feststellung der Lohnsteuer:

1. Bei Alleinstehenden ist die Lohnsteuer aus der ESt-Grundtabelle zu ermitteln.
2. Bei Eheleuten ist die Lohnsteuer aus der ESt-Splittingtabelle zu entnehmen oder das zu versteuernde Einkommen wird durch zwei dividiert, für diesen Betrag wird die Lohnsteuer (ESt) aus der Grundtabelle entnommen und anschließend mit zwei multipliziert.

6.3.6 Steuergerechtigkeit

Ein Steuerrecht, das vielen Bürgern einen umfangreichen Teil ihres erwirtschafteten Einkommens durch Steuern nimmt, muss in hohem Maße auf Gerechtigkeit bedacht sein. Ein wesentlicher Aspekt der Gerechtigkeit ist in der Gegenwart daher der der **Steuergerechtigkeit**.

Die Ausweitung des Steuer- und Sozialstaats zwingt dazu, die Rechtfertigung von Steuern neu zu thematisieren. Die Senkung der Steuerlasten und der Subventionsabbau sind nach nahezu einhelliger Meinung notwendige **Sanierungsmaßnahmen**.

---

[1] *Die Vorsorgepauschale wurde seit 2010 nur noch ermittelt, um die Vorsorgeaufwendungen im Lohnsteuerabzugsverfahren zu berücksichtigen (§ 39b Abs. 2 Satz 5 Nr. 3 EStG). Die Vorsorgepauschale scheidet damit bei der Günstigerprüfung im Rahmen des Einkommensteuer-Veranlagungsverfahren seit 2010 aus.*

Die Umverteilung geschieht heute in der Hauptsache nicht mehr zwischen Reich und Arm, zwischen wirtschaftlich Leistungsfähigen und wirtschaftlich Bedürftigen, sondern zwischen den Angehörigen einer breiten, sozial abgesicherten Mittelschicht. Den bedeutendsten Teil der Steuerlasten tragen die Lohnsteuerzahler.

Dem Nehmen des Staates nach dem **Leistungsfähigkeitsprinzip** hat das Geben des Staates nach dem Bedürfnisprinzip und dem Verdienstprinzip zu entsprechen. Für die Bevölkerungsgruppe der gering verdienenden Arbeitnehmer haben die Politiker in erster Linie das sog. Netz der sozialen Sicherung geknüpft.

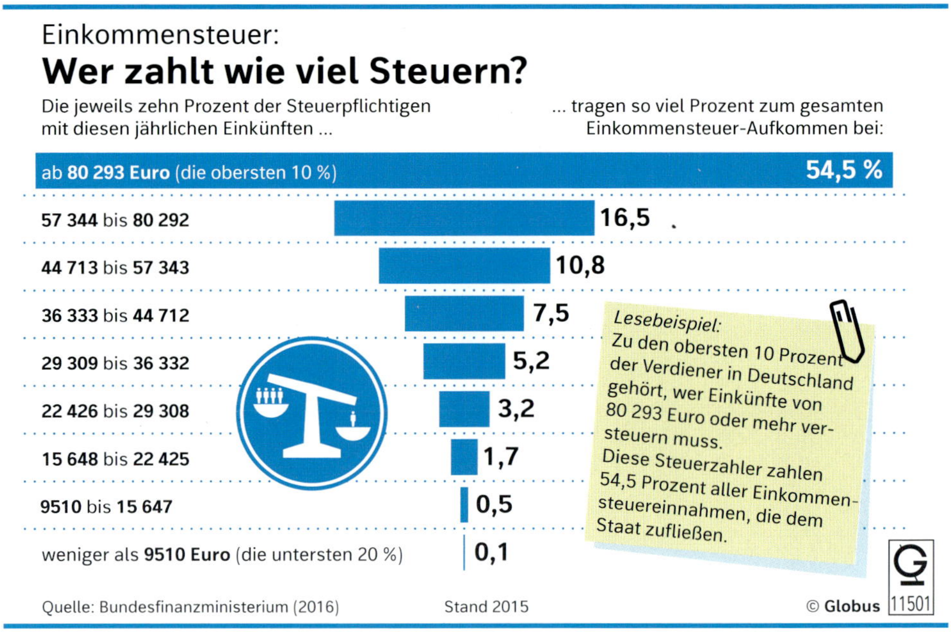
Einkommensteuer:
Wer zahlt wie viel Steuern?
Die jeweils zehn Prozent der Steuerpflichtigen mit diesen jährlichen Einkünften ...
... tragen so viel Prozent zum gesamten Einkommensteuer-Aufkommen bei:
ab 80 293 Euro (die obersten 10 %)
54,5 %
57 344 bis 80 292
16,5
44 713 bis 57 343
10,8
36 333 bis 44 712
7,5
29 309 bis 36 332
5,2
22 426 bis 29 308
3,2
15 648 bis 22 425
1,7
9510 bis 15 647
0,5
weniger als 9510 Euro (die untersten 20 %)
0,1
Lesebeispiel:
Zu den obersten 10 Prozent der Verdiener in Deutschland gehört, wer Einkünfte von 80 293 Euro oder mehr versteuern muss.
Diese Steuerzahler zahlen 54,5 Prozent aller Einkommensteuereinnahmen, die dem Staat zufließen.
Quelle: Bundesfinanzministerium (2016)
Stand 2015
© Globus
11501

Wer wenig verdient, zahlt wenig Steuern, wer viel verdient, wird vom Fiskus stärker zur Kasse gebeten. So ist das Steuersystem in Deutschland aufgebaut. Es berücksichtigt die sogenannte Leistungsfähigkeit der Steuerzahler; das führt zu einer progressiv wachsenden Steuerbelastung. Denn mit den Einkünften steigen auch die Steuersätze bis zu einem Höchstsatz von derzeit 42 % (für Einkommen über 260 532,00 € sind es einschließlich der Reichensteuer 45 %). So ist es nicht verwunderlich, dass die Spitzenverdiener deutlich mehr zum Einkommensteuer-Aufkommen in Deutschland beitragen als die Verdiener mit kleinem Portemonnaie. So zahlen die Steuerzahler mit bis zu 25 250,00 € Jahreseinkommen nur gut 6 % der gesamten Einkommensteuer; die oberen 10 % schultern über die Hälfte des Steueraufkommens.

Aufgaben

1. Ermitteln Sie die Positionen der Gehaltsabrechnung für die Mitarbeiter Walker und Daniels der Gessling GmbH.

   Denis Walker (30 Jahre, römisch-katholisch, ledig und kinderlos, Gehaltsgruppe III) ist im sechsten Beschäftigungsjahr als ausgebildeter Kaufmann für Spedition und Logistikdienstleistung und erhält vom Arbeitgeber eine monatliche Leistungszulage von 47,00 €. Er ist bei der AOK Rheinland krankenversichert, die einen Zusatzbeitrag für Arbeitnehmer von 1,4 Prozentpunkten erhebt.

   Dirk Daniels leitet die Spedition. Er ist evangelisch, verheiratet und hat ein Kind (sieben Jahre). Seine Ehefrau ist nicht berufstätig. Sein Monatsgehalt beträgt 3 740,00 € zuzüglich einer Gewinnbeteiligung von 1 067,35 €. Er ist bei der Techniker Krankenkasse versichert, die einen Zusatzbeitrag für Arbeitnehmer von 0,9 Prozentpunkten erhebt.

   Beide erhalten laut Tarifvertrag einen monatlichen Zuschuss des Arbeitgebers zu den vermögenswirksamen Leistungen von je 6,65 €. Mit einer Bausparkasse haben beide Mitarbeiter einen Sparvertrag für die VL über monatlich je 39,88 € abgeschlossen. Zusätzlich hat Walker ein Arbeitgeberdarlehen erhalten, das monatlich mit 250,00 € bei der Gehaltszahlung verrechnet wird. Daniels hat einen Lohnsteuerjahresfreibetrag von 540,00 €.

Gehaltstabelle für die Speditions-, Logistik- und Transportwirtschaft NRW gültig seit 01.11.2017

	Gruppe III
nach vollendetem 20. Lebensjahr	
Im 1. und 2. Beschäftigungsjahr in der Gruppe	2 184,00 €
Im 3. und 4. Beschäftigungsjahr in der Gruppe	2 348,00 €
Im 5. und 6. Beschäftigungsjahr in der Gruppe	2 529,00 €
Im 7. und 8. Beschäftigungsjahr in der Gruppe	2 698,00 €
ab 9. Beschäftigungsjahr in der Gruppe	2 879,00 €

Gehaltsgruppe III

Tätigkeiten, die nach allgemeiner Anweisung vorwiegend selbstständig ausgeführt werden und Kenntnisse und Fähigkeiten voraussetzen, die in der Regel eine abgeschlossene einschlägige Berufsausbildung – insbesondere als Kaufmann/-frau für Spedition und Logistikdienstleistung – voraussetzen. Meistertätigkeiten, die eine abgeschlossene einschlägige Fachausbildung oder gleichwertiges Berufskönnen voraussetzen.

Typische Beispiele:
- Selbstständiges Bearbeiten speditioneller Vorgänge und der damit verbundenen Abrechnungen
- Akquisition mit Angebotserstellung bei begrenzter Abschlussbefugnis
- Erledigen von qualifizierten Sekretariatsarbeiten
- Übersetzen von fremdsprachlichen Texten
- qualifizierte Buchhaltungstätigkeiten
- Projektbetreuung in der Kontaktlogistik
- Programmieren einfacher Vorgänge

Daten	Walker	Daniels
Monatsgehalt		
+ Zulagen/Gewinnbeteiligung		
+ VL (vermögenswirksame Leistungen) des Arbeitgebers		
Bruttogehalt		
sozialversicherungspflichtiges Entgelt		
u. U. Lohnsteuerfreibetrag		
= steuerpflichtiges Entgelt		
Steuern:		
Lohnsteuerklasse		
– Lohnsteuerabzug lt. Monatslohnsteuertabelle		
– Solidaritätszuschlag		
– Kirchensteuer 9 %		
Sozialversicherungen: (vom sozialversicherungspflichtigen Entgelt berechnen)		
– Rentenversicherung 18,6 %		
– Arbeitslosenversicherung 3,0 %		
– Krankenversicherung 14,6 % (AN: 7,3 % + u. U. Zusatzbeitrag, AG: 7,3 %)		
– Pflegeversicherung 2,55 % (+ evtl. Kinderlosenzuschlag 0,25 % für AN allein)		
= Nettogehalt		
– VL (lt. Sparvertrag)		
– Verrechnung Arbeitgeberdarlehen		
Auszahlung an den Arbeitnehmer:		
An das Finanzamt abzuführender Gesamtbetrag:		
An die Sozialversicherungsträger abzuführender Gesamtbetrag (ohne Unfallversicherung)		
Summe Personalkosten		

Steuertabellen zu Aufgabe 1

Lohn/ Gehalt bis €*	Abzüge an Lohnsteuer, Solidaritätszuschlag (SolZ) und Kirchensteuer (8%, 9%) in den Steuerklassen																								
	I – VI					I, II, III, IV																			
			ohne Kinderfreibeträge					mit Zahl der Kinderfreibeträge . . .																	
								0,5			1			1,5			2			2,5			3**		
		LSt	SolZ	8%	9%		LSt	SolZ	8%	9%	SolZ	8%	9%	SolZ	8%	9%	SolZ	8%	9%	SolZ	8%	9%	SolZ	8%	9%
2 576,99	I,IV	319,75	17,58	25,58	28,77	I	319,75	12,82	18,65	20,98	8,34	12,13	13,64	—	6,02	6,77	—	1,09	1,22	—	—	—	—	—	—
	II	274,66	15,10	21,97	24,71	II	274,66	10,48	15,25	17,15	6,14	8,94	10,05	—	3,26	3,66	—	—	—	—	—	—	—	—	—
	III	98,83	—	7,90	8,89	III	98,83	—	3,21	3,61	—	—	—	—	—	—	—	—	—	—	—	—	—	—	—
	V	598,66	32,92	47,89	53,87	IV	319,75	15,17	22,06	24,82	12,82	18,65	20,98	10,55	15,34	17,26	8,34	12,13	13,64	6,20	9,02	10,15	—	6,02	6,77
	VI	633,33	34,83	50,66	56,99																				
2 579,99	I,IV	320,50	17,62	25,64	28,84	I	320,50	12,86	18,70	21,04	8,37	12,18	13,70	—	6,06	6,82	—	1,12	1,26	—	—	—	—	—	—
	II	275,33	15,14	22,02	24,77	II	275,33	10,52	15,30	17,21	6,18	8,99	10,11	—	3,30	3,71	—	—	—	—	—	—	—	—	—
	III	99,33	—	7,94	8,93	III	99,33	—	3,24	3,64	—	—	—	—	—	—	—	—	—	—	—	—	—	—	—
	V	599,50	32,97	47,96	53,95	IV	320,50	15,21	22,12	24,89	12,86	18,70	21,04	10,58	15,39	17,31	8,37	12,18	13,70	6,23	9,07	10,20	—	6,06	6,82
	VI	634,33	34,88	50,74	57,08																				
2 582,99	I,IV	321,25	17,66	25,70	28,91	I	321,25	12,90	18,76	21,11	8,41	12,23	13,76	—	6,11	6,87	—	1,16	1,30	—	—	—	—	—	—
	II	276,08	15,18	22,08	24,84	II	276,08	10,56	15,36	17,28	6,21	9,04	10,17	—	3,34	3,75	—	—	—	—	—	—	—	—	—
	III	99,83	—	7,98	8,98	III	99,83	—	3,28	3,69	—	—	—	—	—	—	—	—	—	—	—	—	—	—	—
	V	600,50	33,02	48,04	54,04	IV	321,25	15,24	22,18	24,95	12,90	18,76	21,11	10,61	15,44	17,37	8,41	12,23	13,76	6,27	9,12	10,26	—	6,11	6,87
	VI	635,33	34,94	50,82	57,17																				
2 585,99	I,IV	321,91	17,70	25,75	28,97	I	321,91	12,93	18,82	21,17	8,44	12,28	13,82	—	6,16	6,93	—	1,19	1,34	—	—	—	—	—	—
	II	276,75	15,22	22,14	24,90	II	276,75	10,59	15,41	17,33	6,24	9,08	10,22	—	3,38	3,80	—	—	—	—	—	—	—	—	—
	III	100,50	—	8,04	9,04	III	100,50	—	3,32	3,73	—	—	—	—	—	—	—	—	—	—	—	—	—	—	—
	V	601,50	33,08	48,12	54,13	IV	321,91	15,28	22,23	25,01	12,93	18,82	21,17	10,65	15,50	17,43	8,44	12,28	13,82	6,30	9,17	10,31	—	6,16	6,93
	VI	636,33	34,99	50,90	57,26																				
2 588,99	I,IV	322,66	17,74	25,81	29,03	I	322,66	12,97	18,87	21,23	8,48	12,34	13,88	—	6,20	6,98	—	1,22	1,37	—	—	—	—	—	—
	II	277,50	15,26	22,20	24,97	II	277,50	10,63	15,46	17,39	6,28	9,14	10,28	—	3,42	3,84	—	—	—	—	—	—	—	—	—
	III	101,—	—	8,08	9,09	III	101,—	—	3,36	3,78	—	—	—	—	—	—	—	—	—	—	—	—	—	—	—
	V	602,50	33,13	48,20	54,22	IV	322,66	15,32	22,29	25,07	12,97	18,87	21,23	10,69	15,55	17,49	8,48	12,34	13,88	6,34	9,22	10,37	—	6,20	6,98
	VI	637,33	35,05	50,98	57,35																				
4 763,99	I,IV	950,25	52,26	76,02	85,52	I	950,25	45,81	66,64	74,97	39,65	57,68	64,89	33,77	49,12	55,26	28,16	40,96	46,08	22,82	33,20	37,35	17,77	25,86	29,09
	II	889,41	48,91	71,15	80,04	II	889,41	42,61	61,98	69,73	36,59	53,23	59,88	30,85	44,88	50,49	25,38	36,92	41,54	20,20	29,38	33,05	15,29	22,24	25,02
	III	579,66	31,88	46,37	52,16	III	579,66	27,14	39,48	44,41	22,55	32,80	36,90	18,08	26,30	29,59	13,76	20,02	22,52	2,46	13,94	15,68	—	8,29	9,32
	V	1 381,25	75,96	110,50	124,31	IV	950,25	49,—	71,28	80,19	45,81	66,64	74,97	42,70	62,11	69,87	39,65	57,68	64,89	36,67	53,34	60,01	33,77	49,12	55,26
	VI	1 417,50	77,96	113,40	127,57																				
4 766,99	I,IV	951,25	52,31	76,10	85,61	I	951,25	45,87	66,72	75,06	39,71	57,76	64,98	33,82	49,19	55,34	28,21	41,03	46,16	22,87	33,27	37,43	17,82	25,92	29,16
	II	890,41	48,97	71,23	80,13	II	890,41	42,67	62,06	69,82	36,64	53,30	59,96	30,90	44,94	50,56	25,43	37,—	41,62	20,24	29,44	33,12	15,33	22,30	25,09
	III	580,50	31,92	46,44	52,24	III	580,50	27,18	39,54	44,48	22,58	32,85	36,95	18,13	26,37	29,66	13,80	20,08	22,59	2,60	14,—	15,75	—	8,33	9,37
	V	1 382,41	76,03	110,59	124,41	IV	951,25	49,06	71,36	80,28	45,87	66,72	75,06	42,75	62,19	69,96	39,71	57,76	64,98	36,73	53,42	60,10	33,82	49,19	55,34
	VI	1 418,66	78,02	113,49	127,67																				
4 769,99	I,IV	952,41	52,38	76,19	85,71	I	952,41	45,93	66,81	75,16	39,76	57,84	65,07	33,87	49,26	55,42	28,26	41,10	46,24	22,92	33,34	37,51	17,87	25,99	29,24
	II	891,50	49,03	71,32	80,23	II	891,50	42,73	62,15	69,92	36,70	53,38	60,05	30,95	45,02	50,65	25,48	37,06	41,69	20,29	29,52	33,21	15,38	22,37	25,16
	III	581,33	31,97	46,50	52,31	III	581,33	27,22	39,60	44,55	22,63	32,92	37,03	18,16	26,42	29,72	13,84	20,13	22,64	2,73	14,05	15,80	—	8,38	9,43
	V	1 383,58	76,09	110,68	124,52	IV	952,41	49,12	71,45	80,38	45,93	66,81	75,16	42,81	62,27	70,05	39,76	57,84	65,07	36,78	53,50	60,18	33,87	49,26	55,42
	VI	1 419,83	78,09	113,58	127,78																				
4 772,99	I,IV	953,41	52,43	76,27	85,80	I	953,41	45,98	66,89	75,25	39,81	57,91	65,15	33,92	49,34	55,51	28,30	41,17	46,31	22,97	33,41	37,58	17,91	26,05	29,30
	II	892,58	49,09	71,40	80,33	II	892,58	42,78	62,23	70,01	36,75	53,46	60,14	31,—	45,10	50,73	25,53	37,14	41,78	20,33	29,58	33,27	15,42	22,43	25,23
	III	582,—	32,01	46,56	52,38	III	582,—	27,27	39,66	44,62	22,66	32,97	37,09	18,20	26,48	29,79	13,88	20,20	22,72	2,86	14,10	15,86	—	8,42	9,47
	V	1 384,75	76,16	110,78	124,62	IV	953,41	49,17	71,53	80,47	45,98	66,89	75,25	42,86	62,35	70,14	39,81	57,91	65,15	36,83	53,58	60,27	33,92	49,34	55,51
	VI	1 421,—	78,15	113,68	127,89																				
4 775,99	I,IV	954,58	52,50	76,36	85,91	I	954,58	46,04	66,98	75,35	39,87	57,99	65,24	33,97	49,42	55,59	28,35	41,24	46,40	23,01	33,48	37,66	17,95	26,12	29,38
	II	893,66	49,15	71,49	80,42	II	893,66	42,84	62,31	70,10	36,80	53,54	60,23	31,05	45,17	50,81	25,57	37,20	41,85	20,38	29,64	33,35	15,46	22,49	25,30
	III	582,83	32,05	46,62	52,45	III	582,83	27,31	39,73	44,69	22,71	33,04	37,17	18,25	26,54	29,86	13,92	20,25	22,78	3,—	14,16	15,93	—	8,48	9,54
	V	1 385,91	76,22	110,87	124,73	IV	954,58	49,23	71,62	80,57	46,04	66,98	75,35	42,92	62,43	70,23	39,87	57,99	65,24	36,89	53,66	60,36	33,97	49,42	55,59
	VI	1 422,16	78,21	113,77	127,99																				

Quelle: Auszug aus Stollfuß Tabellen, Gesamtabzug 2018, Monat, Allgemeine Tabelle, 105. Auflage, Stollfuß Medien, Bonn 2018, S. T38; T83.

2. Bei welchen der unten stehenden Ausgaben eines bei der Schubert & Müller Kurier GmbH angestellten Kaufmanns für Spedition und Logistikdienstleistung handelt es sich steuerrechtlich um

1) Werbungskosten?
2) Vorsorgeaufwendungen?
3) übrige Sonderausgaben?
4) außergewöhnliche Belastungen?
5) nicht abzugsfähige Ausgaben?

Ausgaben:

a) Spende an eine gemeinnützige Einrichtung
b) Aufwendungen für die Weiterbildung zum Verkehrsfachwirt
c) Zuzahlung bei ärztlicher Leistung, soweit sie den zumutbaren Selbstbehalt überschreitet
d) Gewerkschaftsbeitrag

e) Gezahlte Kirchensteuer
f) Mitgliedsbeitrag im Tennisklub
g) Beitrag zur privaten Haftpflichtversicherung
h) Beitrag zur Krankenkasse

3. Fügen Sie Ihrer Lernkartei das Schema für die Gehaltsabrechnung hinzu.

4. Ergänzen Sie Ihre Lernkartei um eine Sammlung von Beispielen für Werbungskosten, Sonderausgaben als Vorsorgeaufwendungen, übrige Sonderausgaben, außergewöhnliche Belastungen.

7 Grundlagen des Handelsrechts

Einstiegssituation

Dieses Buch „Wirtschafts- und Sozialprozesse – Kaufleute für Spedition und Logistikdienstleistung", haben Sie sich im Rahmen Ihrer Ausbildung zum/zur Kaufmann/-frau für Spedition und Logistikdienstleistung angeschafft. Nach Bestehen Ihrer Abschlussprüfung erhalten Sie aber ein Zertifikat, das Sie nicht als Kaufmann/-frau für Spedition und Logistikdienstleistung, sondern als Kaufmannsgehilfe ausweist. Was fehlt Ihnen noch zum Kaufmann oder zur Kauffrau?
Kann ein Friseur mit einem gutgehenden Friseursalon oder ein Starkoch mit einem florierenden Edelrestaurant Kaufmann sein, ohne je eine kaufmännische Ausbildung absolviert zu haben?
Ist der Inhaber eines kleinen Kiosks Kaufmann, weil er Zeitungen, Süßigkeiten und Getränke möglichst günstig einkauft, um sie sodann wieder zu verkaufen?

Das Handelsgesetzbuch gibt auf diese Fragen eine Antwort. Darüber hinaus enthält es organisatorische Regelungen, die das Handeln der Kaufleute erleichtern, vereinfachen und beschleunigen und der Öffentlichkeit einen Vertrauensschutz gewährleisten.

7.1 Überblick über das Handelsrecht

Für Unternehmungen hat der Gesetzgeber ein spezielles Wirtschaftsrecht geschaffen. Es baut auf den allgemeinen Rechtsnormen des Bürgerlichen Gesetzbuches *(BGB)* auf und dient der **Sicherheit**, **Vereinfachung** und **Beschleunigung** des Geschäftsverkehrs innerhalb der Wirtschaft.
Wichtigste Gesetzesgrundlage ist das **Handelsgesetzbuch** *(HGB)*.
Statt von Unternehmen wird im *HGB* von Kaufleuten gesprochen.
Kaufleute können sein:
- natürliche Personen
- juristische Personen
- Personenhandelsgesellschaften

Handelsgesetzbuch

Aufgaben	Inhalte
• Sicherstellung eines geordneten Ablaufs kaufmännischer Geschäfte • Schaffung von Rechtssicherheit im Geschäftsverkehr der Kaufleute untereinander und der Kaufleute mit Dritten	• Handelsstand *(§§ 1–104)* • Handelsgesellschaften und stille Gesellschaft *(§§ 105–237)* • Handelsbücher *(§§ 238–342a)* • Handelsgeschäfte *(§§ 343–475h)* • Seehandel *(§§ 476–905)*

Das *HGB* wird durch eine Vielzahl von Spezialgesetzen ergänzt. Das Spezialrecht für Unternehmungen kann sich auf bestimmte Unternehmensrechtsformen oder auf bestimmte kaufmännische Geschäfte beziehen.

Hierbei gilt stets der Grundsatz:
Spezialrecht („lex specialis") hat **Vorrang** vor dem **allgemeinen Recht** („lex generalis").

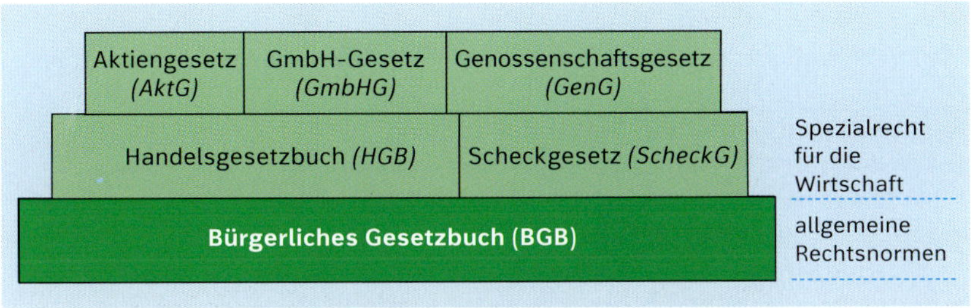
Aktiengesetz (AktG)
GmbH-Gesetz (GmbHG)
Genossenschaftsgesetz (GenG)
Handelsgesetzbuch (HGB)
Scheckgesetz (ScheckG)
Bürgerliches Gesetzbuch (BGB)
Spezialrecht für die Wirtschaft
allgemeine Rechtsnormen

Die **Bedeutung des Handelsrechts für das Steuerrecht** zeigt sich u. a. darin, dass die steuerliche Gewinnermittlung von Kaufleuten nach den handelsrechtlichen Grundsätzen ordnungsgemäßer Buchführung erfolgen muss (Grundsatz der Maßgeblichkeit der Handelsbilanz für die Steuerbilanz).

Das **Maßgeblichkeitsprinzip** bedeutet, dass bei buchführenden Gewerbetreibenden für den Schluss des Wirtschaftsjahres das Betriebsvermögen anzusetzen ist, das sich nach den handelsrechtlichen Grundsätzen ordnungsgemäßer Buchführung ermittelt *(§ 5 Abs. 1 EStG)*.

Handelsrechtliche Bilanzierungs- und Bewertungsvorschriften sind somit für die Steuerbilanz verbindlich, sofern nicht besondere steuerliche Vorschriften eine andere Behandlung erfordern.

7.2 Gründung und Anmeldung der Unternehmung

In unserer Marktwirtschaft kann grundsätzlich jedermann eine Unternehmung gründen. Die **Gewerbefreiheit** ist Voraussetzung für den Wettbewerb innerhalb der Wirtschaft. Die Unternehmungen müssen bei ihrer Geschäftstätigkeit jedoch die gesetzlichen Rahmenbedingungen beachten, die der Gesetzgeber im Interesse der Allgemeinheit festgelegt hat.

Die Unternehmensgründung setzt umfangreiche wirtschaftliche und rechtliche Überlegungen voraus. Aus übergeordneten Interessen und zum Schutz der Allgemeinheit ist in besonderen Fällen die Aufnahme des Geschäftsbetriebs von der Erfüllung bestimmter Voraussetzungen abhängig oder nur aufgrund einer staatlichen Konzession zulässig.

Beispiele

Apotheken, Versicherungsgesellschaften, gewerbliche Güterkraftverkehrsunternehmen

Die Unternehmensgründung muss bei der zuständigen Ordnungsbehörde durch eine Gewerbeanmeldung angezeigt werden *(§ 14 GewO)*.

Die zuständige Ordnungsbehörde übermittelt Daten aus der Gewerbeanzeige an:

- die Industrie- und Handelskammer
- die Handwerkskammer
- die für den Immissionsschutz zuständige Landesbehörde
- die für den technischen und sozialen Arbeitsschutz, einschließlich den Entgeltschutz nach dem Heimarbeitsgesetz zuständige Landesbehörde
- das Eichamt
- die Bundesagentur für Arbeit
- den Hauptverband der gewerblichen Berufsgenossenschaften
- das Finanzamt
- das statistische Landesamt

Außerdem muss das neue Unternehmen bei der zuständigen Berufsgenossenschaft *(§ 192 SGB VII)* und gegebenenfalls beim Registergericht angemeldet werden.

7.3 Kaufmannseigenschaft

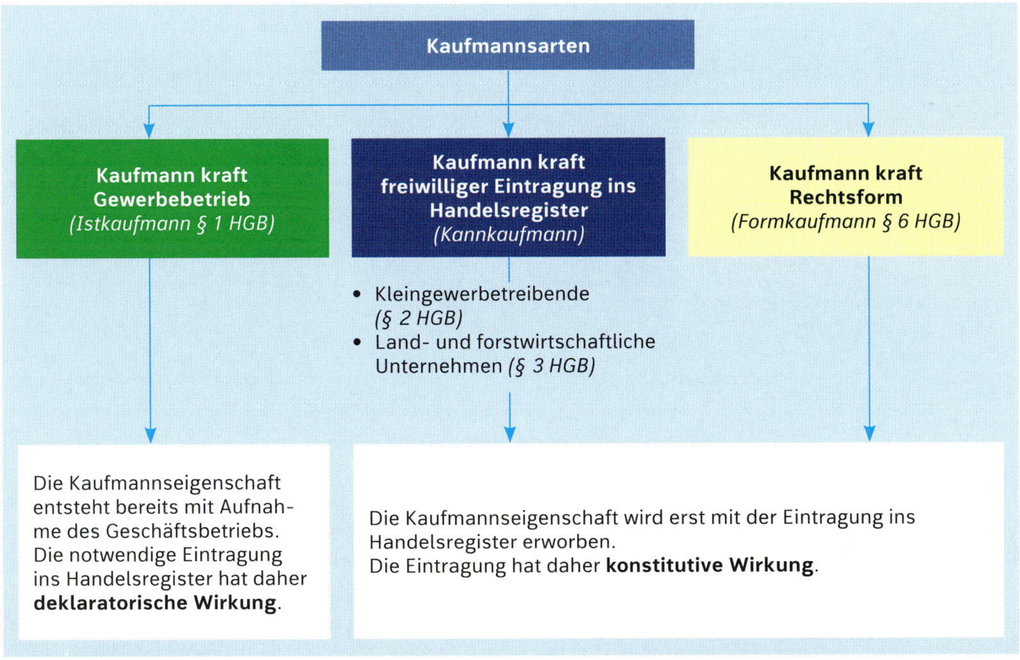
Kaufmannsarten
Kaufmann kraft Gewerbebetrieb (Istkaufmann § 1 HGB)
Kaufmann kraft freiwilliger Eintragung ins Handelsregister (Kannkaufmann)
Kaufmann kraft Rechtsform (Formkaufmann § 6 HGB)
• Kleingewerbetreibende (§ 2 HGB)
• Land- und forstwirtschaftliche Unternehmen (§ 3 HGB)
Die Kaufmannseigenschaft entsteht bereits mit Aufnahme des Geschäftsbetriebs. Die notwendige Eintragung ins Handelsregister hat daher deklaratorische Wirkung.
Die Kaufmannseigenschaft wird erst mit der Eintragung ins Handelsregister erworben. Die Eintragung hat daher konstitutive Wirkung.

■ Istkaufmann

Definition

***Kaufmann** ist, wer ein Handelsgewerbe betreibt.*
*Als **Handelsgewerbe** gilt **jeder Gewerbebetrieb**, es sei denn, dass das Unternehmen nach Art und Umfang einen in kaufmännischer Weise eingerichteten Geschäftsbetrieb nicht erfordert (§ 1 HGB).*

Typische Merkmale eines Handelsgewerbes sind
- eine **selbstständige**,
- auf **Dauer** angelegte,
- nach **außen** in Erscheinung tretende Tätigkeit
- mit der Absicht, **Gewinn** zu erzielen.

Die *pflichtgemäße* Eintragung ins Handelsregister hat lediglich **rechtsbekundende** (= deklaratorische) Wirkung.
Gelegentliche Erwerbsgeschäfte begründen kein Handelsgewerbe.

Nicht als Gewerbe gilt die Tätigkeit der **Freien Berufe,** wie z. B. Steuerberater, Wirtschaftsprüfer, Rechtsanwälte, Notare, Ärzte, Künstler usw. Diese Personen sind keine Kaufleute, obwohl sie am Wirtschaftsleben in der Regel wie Kaufleute teilnehmen. Ihnen wird nicht die Gewinnerzielungsabsicht als primäres Motiv ihrer Tätigkeit unterstellt.
Wenn Angehörige eines Freien Berufs ihre Tätigkeit in der Rechtsform einer GmbH oder AG ausüben, so ist die Gesellschaft Kaufmann kraft Rechtsform (**Formkaufmann**).

Kannkaufmann

Definition

***Kannkaufleute** sind Kaufleute kraft freiwilliger Eintragung ins Handelsregister.*

> **Kleingewerbetreibende** sind Unternehmen, die aufgrund der Art und des Umfangs ihrer Geschäfte einen in kaufmännischer Weise eingerichteten Geschäftsbetrieb nicht benötigen. Sie haben jedoch die Möglichkeit zum Erwerb der Kaufmannseigenschaft, indem sie sich freiwillig als Kaufmann ins Handelsregister eintragen lassen können *(§ 2 HGB)*.

Beispiele

kleine Gaststätten, kleine Ladengeschäfte, kleine Bäckereien

Scheinkaufmann: Wer mit seiner Firma im Handelsregister eingetragen ist oder sich im Wirtschaftsleben den Anschein eines Kaufmanns gibt, muss sich wie ein Kaufmann behandeln lassen *(§ 5 HGB)*.

Land- und forstwirtschaftliche Unternehmen oder damit verbundene Nebengewerbe, die nach Art und Umfang einen in kaufmännischer Weise eingerichteten Geschäftsbetrieb erfordern, sind berechtigt, aber nicht verpflichtet, sich ins Handelsregister eintragen zu lassen *(§ 3 HGB)*.

Beispiele

- *land- und forstwirtschaftliche Unternehmen: Gutshöfe, Weingüter, Baumschulen*
- *land- und forstwirtschaftliche Nebengewerbe: Molkereien, Mühlen, Sägewerke*

Die *freiwillige* Eintragung ins Handelsregister hat **rechtserzeugende** Wirkung und begründet die Kaufmannseigenschaft.

Formkaufmann

Definition

***Formkaufleute** sind Unternehmen, die bereits aufgrund der von ihnen gewählten Rechtsform die Kaufmannseigenschaft erlangen (§ 6 HGB).*

Alle **Kapitalgesellschaften** und **Genossenschaften** sind Formkaufleute, unabhängig davon, ob sie eine gewerbliche Tätigkeit ausüben oder nicht:
- Gesellschaften mit beschränkter Haftung *(§ 13 Abs. 3 GmbHG)*
- Aktiengesellschaften *(§ 3 AktG)*
- eingetragene Genossenschaften *(§ 17 Abs. 2 GenG)*

Personenhandelsgesellschaften, also offene Handelsgesellschaften und Kommanditgesellschaften, sind dagegen Kaufleute kraft ihres Gewerbes:
Sie erlangen die Kaufmannseigenschaft entweder mit Aufnahme des Geschäftsbetriebes oder kraft Eintragung ins Handelsregister *(§§ 105,123 HGB)*.

Alle Kaufleute haben die Pflicht
- zur Führung einer Firma unter Hinzufügung eines der Rechtsform der Unternehmung kennzeichnenden Zusatzes,
- zur Angabe der Firma, des Rechtsformzusatzes, des Ortes ihrer Niederlassung, des Registergerichts und der Nummer, unter der sie im Handelsregister eingetragen sind, in allen Geschäftsbriefen jedweder Art, die an einen bestimmten Empfänger gerichtet sind,
- zur Führung von Handelsbüchern entsprechend den Grundsätzen ordnungsgemäßer Buchführung,
- bei Übernahme einer Bürgschaft selbstschuldnerisch zu bürgen, d.h., ihnen steht die „Einrede der Vorausklage" nicht zu.

Alle Kaufleute haben die Möglichkeit zur
- Abgabe von *mündlichen* Bürgschaftserklärungen,
- Festsetzung eines vom Kalenderjahr abweichenden Geschäftsjahres,
- Erteilung von Handlungsvollmacht und Prokura.

7.4 Firmenrecht

*Die **Firma** ist der Name eines Kaufmanns, unter dem er seine Geschäfte betreibt, unterschreibt, klagen und verklagt werden kann (§ 17 HGB).* **Definition**

Die Firma muss zur Kennzeichnung des Kaufmanns geeignet sein und Unterscheidungskraft besitzen.

Firmenarten			
Personenfirma	**Sachfirma**	**Fantasiefirma**	**Gemischte Firma**
Die Firma besteht aus einem oder mehreren bürgerlichen Namen. ***Beispiele:*** • *Willi Wacker e. K.* • *Müller & Müller OHG* • *Wohlfahrt GmbH & Co. KG*	Die Firma beinhaltet den Gegenstand des Unternehmens. ***Beispiele:*** • *Internationale Spedition KG* • *Logistik Service GmbH*	Die Firma ist ein Fantasieprodukt. ***Beispiele:*** • *Kölner Flitzer GmbH & Co. KG* • *Toys „R" Us GmbH* • *Metro AG*	Die Firma besteht aus Elementen der Personen-, Sach- und Fantasiefirma. ***Beispiele:*** • *Express Schmitz GmbH* • *Pekunia Consulting GmbH*

Firmenschutz

Die Eintragung begründet den *Schutz der Firma*. Das Recht auf die Firma ist ein absolutes Recht und wirkt gegenüber jedermann.
Wer eine ihm nicht zustehende Firma führt, kann von den Vertretern der bereits existierenden Firma auf Unterlassung und ggf. Schadenersatz verklagt und vom Registergericht mit einem Ordnungsgeld belegt werden *(§ 37 HGB, § 16 UWG)*.

Firmengrundsätze	
Firmen-öffentlichkeit *(§ 29 HGB)*	Die Firma muss zur Eintragung in das Handelsregister angemeldet, eingetragen und bekannt gemacht werden.
Firmenwahrheit und -klarheit *(§ 18 HGB)*	Die Firma darf keine Angaben enthalten, die geeignet sind, über geschäftliche Verhältnisse, die für die angesprochenen Verkehrskreise wesentlich sind, irrezuführen. ***Beispiel:*** *Eine kleine Speditionsgesellschaft darf sich nicht „Europäisches Logistic Centrum GmbH" nennen.*
Firmen-beständigkeit *(§§ 21, 22 HGB)*	Eine einmal existierende Firma darf bei einem Inhaberwechsel, ggf. unter Beifügung eines Zusatzes, der auf das Nachfolgeverhältnis hinweist, weitergeführt werden. Voraussetzung hierfür ist die ausdrückliche Einwilligung des bisherigen Inhabers bzw. seiner Erben. Firmenbeständigkeit hat Vorrang vor Firmenwahrheit. ***Beispiel:*** *Ubier-Transporte Alois Schlingel, Inhaber Gunther Frei e. K.*
Firmen-ausschließlichkeit *(§ 30 HGB)*	Die gewählte Firma muss sich von allen anderen Firmen am selben Ort deutlich unterscheiden. ***Beispiele:*** • *Peter Schmitz, Transportgesellschaft mbH* • *Spedition Peter Schmitz e. K.*

■ Notwendige Bestandteile der Firma

Die Firma kann nicht ohne das Handelsgeschäft, für welches sie geführt wird, veräußert werden.

Die notwendigen Bestandteile der Firma richten sich nach der jeweiligen Rechtsform der Unternehmung.

Die Firma eines Kaufmanns muss bei der Gründung die Bezeichnung der Rechtsform der Unternehmung oder eine allgemein verständliche Abkürzung dieser Bezeichnung enthalten.

Rechtsform	Die Firma muss enthalten ...	Rechtsquellen
Einzelunternehmung (e. Kfm., e. Kffr., e. K.)	einen Personennamen oder eine Sach- oder Fantasiebezeichnung mit dem Zusatz „eingetragene Kauffrau/eingetragener Kaufmann". Allgemein verständliche Abkürzungen wie e. K., e. Kffr., e. Kfm. sind zulässig.	*§ 19 Abs. 1 Nr. 1 HGB*
Offene Handels-gesellschaft (OHG)	Personennamen oder eine Sach- oder Fantasiebezeichnung mit dem Zusatz „offene Handelsgesellschaft" oder OHG. Zusätzlich müssen evtl. Haftungsbeschränkungen herausgestellt werden *(z. B. GmbH ist Gesellschafter der OHG).*	*§ 19 Abs. 1 Nr. 2 HGB* *§ 19 Abs. 2 HGB*
Kommandit-gesellschaft (KG)	Personennamen oder eine Sach- oder Fantasiebezeichnung mit dem Zusatz „Kommanditgesellschaft" oder KG. Zusätzlich müssen evtl. Haftungsbeschränkungen herausgestellt werden *(z. B. Komplementär-GmbH).* Die Namensnennung von Kommanditisten ist gerichtlich erlaubt, aber juristisch umstritten.	*§ 19 Abs. 1 Nr. 3 HGB* *§ 19 Abs. 2 HGB*
Gesellschaft mit beschränkter Haftung (GmbH) **Unternehmergesellschaft (haftungsbeschränkt)**	mindestens einen Personennamen oder eine Sach- oder Fantasiebezeichnung mit dem Zusatz „Gesellschaft mit beschränkter Haftung" oder GmbH. Möglich ist auch „UG (haftungsbeschränkt)"; eine weitere Abkürzung ist nicht zulässig.	*§ 4 GmbHG* *§ 5a GmbHG*
Aktiengesellschaft (AG)	Personennamen oder eine Sach- oder Fantasiebezeichnung mit dem Zusatz „Aktiengesellschaft" oder AG.	*§ 4 AktG*
eingetragene Genossenschaft (eG)	Sachbezeichnung mit dem Zusatz „eingetragene Genossenschaft" oder eG.	*§ 3 GenG*

Auf allen **Geschäftsbriefen** des Kaufmanns - egal welcher Form -, die an einen bestimmten Empfänger gerichtet werden, müssen seine Firma, der Rechtsformzusatz, der Ort seiner Handelsniederlassung und die Nummer, unter der die Firma in das Handelsregister eingetragen ist, angegeben werden *(§ 37a HGB)*.

■ Firmenwert

Für renommierte Unternehmen mit hohem Bekanntheitsgrad bedeutet die Firma oft einen erheblichen Wert; insoweit handelt es sich um ein **immaterielles Wirtschaftsgut**. Ihr Wert ist vor allem bestimmt durch den guten Ruf **(Goodwill)**, über den die Unternehmung bei ihren Kunden, Lieferanten und in der übrigen Öffentlichkeit verfügt.
Der Firmenwert kann betragsmäßig bestimmt werden: Es ist der Betrag, den ein Käufer im Rahmen der Übernahme einer Unternehmung als Ganzes über den Wert der einzelnen Vermögensgegenstände hinaus zu zahlen bereit ist.
Der entgeltlich erworbene derivative Firmenwert ist handelsrechtlich *(§ 246 I, 4 HGB)* und steuerrechtlich *(§ 7 III EStG)* zu aktivieren und entsprechend seiner Nutzungsdauer abzuschreiben.

7.5 Öffentliche Register

7.5.1 Handelsregister und Unternehmensregister

Unter www.unternehmensregister.de gibt es eine vom Bundesminister der Justiz geführte zentrale Internetseite, über die alle wesentlichen Unternehmensdaten, deren Offenlegung von der Rechtsordnung vorgesehen ist, aus dem In- und Ausland eingesehen werden können *(§ 8 b HGB)*. Dazu gehört u.a. der Zugang zu den Handels-, Genossenschafts- und Partnerschaftsregistern und zu den veröffentlichten Jahresabschlüssen. Da das Unternehmensregister elektronisch geführt wird, übermitteln die Zulieferungspflichtigen (die Landesjustizverwaltungen, die veröffentlichungspflichtigen Unternehmen oder die von diesen Beauftragten sowie der Betreiber des elektronischen Bundesanzeigers) die Daten an das Unternehmensregister elektronisch.
Das Handelsregister ist das elektronisch geführte amtliche Verzeichnis aller Kaufleute eines oder mehrerer Amtsgerichtsbezirke. Es unterrichtet die Öffentlichkeit über die grundlegenden Rechtsverhältnisse der Unternehmungen und wird vom Amtsgericht geführt.
Anmeldungen zur Eintragung sind elektronisch in öffentlich beglaubigter Form mit einer qualifizierten elektronischen Signatur nach dem Signaturgesetz einzureichen.[1]
Eintragungen in das Handelsregister werden wirksam, sobald sie gespeichert und auf Dauer inhaltlich unverändert in lesbarer Form wiedergegeben werden können *(§ 8 a HGB)*.

■ Öffentlichkeit des Handelsregisters

Jedem ist die Einsicht in das Handelsregister über verschiedene Internetportale (z. B. www.handelsregister.de, www.e-bundesanzeiger.de) gestattet. Die Recherche von Firmen und der Abruf von Veröffentlichungen sind kostenfrei. Für alle übrigen Abrufe fallen Kosten an.

■ Öffentlicher Glaube der Eintragungen

Jede **Eintragung** erzeugt die Vermutung der Richtigkeit und rechtlichen Zulässigkeit *(§ 15 HGB)*.
Positive Publizität: Eingetragene und bekannt gemachte Tatsachen muss ein Dritter gegen sich gelten lassen; dies gilt nicht bei Rechtshandlungen, die innerhalb von 15 Tagen nach der Bekanntmachung vorgenommen werden, sofern der Dritte beweist, dass er die Tatsache weder kannte noch kennen musste.

Beispiel

Aufgrund häufiger Fehler wird einem Mitarbeiter die Prokura entzogen. Der Widerruf wird ordnungsgemäß eingetragen und bekannt gemacht. Drei Wochen nach der Bekanntmachung verkauft der Ex-Prokurist aus Enttäuschung über den Prokuraentzug die gesamte EDV-Einrichtung der Unternehmung.
Das Rechtsgeschäft ist für die Unternehmung nicht bindend.

Negative Publizität: Solange eine einzutragende Tatsache nicht eingetragen und bekannt gemacht wurde, kann sie einem Dritten nicht entgegengesetzt werden, es sei denn, dass sie diesem bekannt war.

Beispiel

Einem Prokuristen wird gekündigt, das Erlöschen der Prokura wird jedoch versehentlich nicht zur Eintragung angemeldet. Aus Verärgerung über die Entlassung verkauft der Ex-Prokurist unberechtigterweise seinen Dienstwagen zu einem günstigen Preis an einen Geschäftsfreund, der von dem Entzug der Prokura nichts wusste.

Konstitutive Eintragungen	Deklaratorische Eintragungen
Die Eintragung erzeugt den beabsichtigten Rechtszustand.	Die Eintragung bekundet einen bereits bestehenden Rechtszustand.
Beispiele: • *Entstehung von GmbH und AG und Erlangung der Rechtsfähigkeit (§ 7 GmbHG, § 36 AktG)* • *Herabsetzung der Einlage eines Kommanditisten (§ 174 HGB)* • *Eintragung eines Kleingewerbetreibenden oder eines land- oder forstwirtschaftlichen Betriebes (§ 2 f. HGB)*	***Beispiele:*** • *Erteilung und Widerruf einer Prokura (§ 48 HGB)* • *Eintritt eines neuen Gesellschafters in eine OHG (§ 107 HGB)* • *Gesamtvertretung der Gesellschafter einer OHG (§ 125 HGB)*

Das Rechtsgeschäft ist für die Unternehmung bindend.
Wurde eine einzutragende Tatsache **unrichtig** bekannt gemacht, so kann sich ein gutgläubiger Dritter auf den Inhalt der Bekanntmachung berufen.

Eine Eintragung kann **rechtserzeugend** *(konstitutiv)* oder **rechtsbekundend** *(deklaratorisch)* wirken.

Kaufhof Köln Hohe Straße GmbH

(vormals: GALERIA Immobilienservice GmbH)

Köln

Offenlegung gemäß § 264 Abs. 3 Nr. 1 und 2 i. V. m. § 325 HGB

Mitteilung gemäß § 264 Abs. 3 Nr. 4 lit. b) HGB

Die Gesellschafterversammlung hat am 03.03.2016 einstimmig beschlossen, der Befreiung von der Verpflichtung, den Jahresabschluss der Gesellschaft offen zu legen, für das Rumpfgeschäftsjahr vom 01.10.2015 bis 31.01.2016 zuzustimmen und ferner auf die Aufstellung von Anhang und Lagebericht für das Rumpfgeschäftsjahr vom 01.10.2015 bis 31.01.2016 zu verzichten.

Zwischen der Kaufhof Köln Hohe Straße GmbH und der GALERIA Holding GmbH besteht ein Gewinn- bzw. Ergebnisabführungsvertrag. Damit liegt eine geschlossene Kette von Gewinn- bzw. Ergebnisabführungsverträgen bis zur HBS Global Properties Germany GmbH als Konzernabschluss aufstellendes Mutterunternehmen vor.

Es wird gemäß § 264 Abs. 3 Nr. 4 lit. b) HGB mitgeteilt, dass die Kaufhof Köln Hohe Straße GmbH von den Verpflichtungen, den Jahresabschluss der Gesellschaft für das Rumpfgeschäftsjahr vom 01.10.2015 bis 31.01.2016 offen zu legen und einen Anhang und Lagebericht für das Rumpfgeschäftsjahr vom 01.10.2015 bis 31.01.2016 aufzustellen, befreit ist. Die Gesellschaft wird in den Konzernabschluss zum 31.01.2016 ihres obersten Mutterunternehmens, der HBS Global Properties Germany GmbH einbezogen.

Köln, im März 2016 ***Die Geschäftsführung***

Aufbau des Handelsregisters	
Abteilung A (HRA)	**Abteilung B (HRB)**
Einzelunternehmungen Personenhandelsgesellschaften • offene Handelsgesellschaften • Kommanditgesellschaften	Kapitalgesellschaften • Aktiengesellschaften • Gesellschaften mit beschränkter Haftung
Inhalt der Eintragungen	
Firma und Sitz der Unternehmung *bei der KG:* die Einlagen der Kommanditisten	Firma, Sitz und Gegenstand der Unternehmung *bei der GmbH:* das Stammkapital *bei der AG:* das Grundkapital
bei der Einzelunternehmung: der Geschäftsinhaber *bei der OHG und KG:* die Gesellschafter ggf. Prokuristen Art der Vertretung (Einzel-/Gesamtvertretung)	*bei der GmbH:* der/die Geschäftsführer *bei der AG:* der Vorstand ggf. Prokuristen Art der Vertretung (Einzel-/Gesamtvertretung)
• Eintragungsfähig und -pflichtig sind nur die gesetzlich zulässigen und vorgesehenen Tatbestände. • Die Anmeldung zur Eintragung ist elektronisch in öffentlich beglaubigter Form einzureichen *(§ 10 f. HGB)*; sie kann ggf. durch Ordnungsgeld erzwungen werden. • Die Eintragungen werden durch Veröffentlichung im elektronischen Bundesanzeiger bekannt gemacht *(§§ 10, 11 HGB)*.	

7.5.2 Partnerschafts- und Genossenschaftsregister

Partnerschaftsregister	
• Inhalt:	Rechtsverhältnisse der Partnerschaftsgesellschaften (PG)
• Eintragungstatbestände:	Name und Sitz der Partnerschaft, Name und Vorname sowie der in der Partnerschaft ausgeübte Beruf und der Wohnort jedes Partners *(§§ 3, 4, 5 PartGG)*
• öffentlicher Glaube:	positive und negative Publizität *(§ 5 PartGG i. V. m. § 15 HGB)*
• Einsichtnahme:	jedermann
Genossenschaftsregister	
• Inhalt:	Rechtsverhältnisse der eingetragenen Genossenschaften (eG)
• Eintragungstatbestände:	Firma, Sitz, Statut, Vorstand
• öffentlicher Glaube:	positive Publizität (eingetragene Tatsachen gelten gutgläubigen Dritten gegenüber als richtig) und negative Publizität (nicht eingetragene Tatsachen gelten als nicht bestehend)
• Einsichtnahme:	jedermann

7.5.3 Andere öffentliche Register

Schiffsregister	
• Inhalt:	Rechtsverhältnisse des eingetragenen Schiffes
• Eintragungstatbestände:	Name, Sitz, Eigentumsverhältnisse, Lasten und Beschränkungen
• öffentlicher Glaube:	positive und negative Publizität
• Einsichtnahme:	berechtigtes Interesse muss nachgewiesen werden bzw. Einwilligung des Schiffseigentümers
Vereinsregister	
• Inhalt:	Rechtsverhältnisse der eingetragenen Vereine (e. V.)
• Eintragungstatbestände:	Name, Sitz, Satzung, Vorstand
• öffentlicher Glaube:	nur negative Publizität *(§ 68 BGB)*
• Einsichtnahme:	jedermann
Güterrechtsregister	
• Eintragungstatbestände:	Abweichungen vom gesetzlichen Güterstand der Ehe und Eheverträge (nur auf Antrag)
• öffentlicher Glaube:	nur negative Publizität *(§ 1 412 BGB)*
• Einsichtnahme:	jedermann
Grundbuch	
• Inhalt:	Rechtsverhältnisse der im Amtsgerichtsbezirk gelegenen Grundstücke
• Eintragungstatbestände:	u. a. Eigentumsverhältnisse, Lasten und Beschränkungen, Grundpfandrechte
• öffentlicher Glaube:	positive und negative Publizität *(§ 892 BGB)*
• Einsichtnahme:	berechtigtes Interesse muss nachgewiesen werden bzw. Einwilligung des Grundstückseigentümers

7.6 Vollmachten

7.6.1 Handlungsvollmacht

Definition

Die allgemeine **Handlungsvollmacht** *berechtigt zu allen Geschäften und Rechtshandlungen, die der Betrieb dieses Handelsgewerbes gewöhnlich mit sich bringt (§ 54 HGB).*

Nicht erlaubt sind dem Handlungsbevollmächtigten folglich alle für dieses Handelsgewerbe *außergewöhnlichen* Geschäfte und Rechtshandlungen.
Eine ausdrückliche **Sondervollmacht** ist notwendig für die Veräußerung und Belastung von Grundstücken, Eingehung von Wechselverbindlichkeiten, Aufnahme von Darlehen und die Prozessführung.

Der Umfang der Handlungsvollmacht kann vom Vollmachtgeber auf einzelne oder eine bestimmte Art von Geschäften und Rechtshandlungen beschränkt werden.

Sondervollmacht	Artvollmacht
Sondervollmacht (Spezialvollmacht) zur Erledigung eines bestimmten Rechtsgeschäftes ***Beispiel:*** *Vollmacht zur Führung eines Prozesses*	*auf Dauer* erteilte Vollmacht zur Erledigung einer bestimmten Art wiederkehrender Geschäfte ***Beispiele:*** • *Kontovollmacht* • *Einkaufsvollmacht*

Die Vertretungsvollmacht kann darüber hinaus in der Weise beschränkt werden, dass der Handlungsbevollmächtigte nur im Zusammenwirken mit einer anderen Person *(z. B. mit einem Prokuristen)* zeichnungsberechtigt ist.

Einzelvertretungsvollmacht	Gesamtvertretungsvollmacht
Vollmachtausübung *ohne* Zusammenwirken mit einer anderen Person	Vollmachtausübung nur im Zusammenwirken *mit* einer anderen vertretungsberechtigten Person

Erteilung	Die Erteilung kann erfolgen durch • Kaufleute, • den Vorstand einer AG, • den/die Geschäftsführer einer GmbH, • Prokuristen, und zwar formlos • schriftlich, • mündlich, • stillschweigend (konkludentes Handeln).
Eintragung ins Handelsregister	nicht eintragungsfähig
Unterschrift (Zeichnung) *(§ 57 HGB)*	Der Handlungsbevollmächtigte muss unter der Firma mit einem das Vollmachtverhältnis andeutenden Zusatz unterschreiben. • Handlungsvollmacht: i. V. • Artvollmacht: i. V. • Sondervollmacht: i. A. ***Beispiele:*** *Firmenbezeichnung:* Modeboutique Elvira Ellis GmbH *i. V. (in Vertretung) Name:* i. V. Meier *i. A. (im Auftrag) Name:* i. A. Thöler
Erlöschen	Die Handlungsvollmacht erlischt • durch Widerruf, • mit Beendigung des Dienstvertrages, • mit Erledigung des Auftrages (bei Sondervollmacht), • mit Auflösung der Unternehmung.

7.6.2 Prokura

Definition

***Die Prokura** ermächtigt zu allen Arten von gerichtlichen und außergerichtlichen Geschäften und Rechtshandlungen, die der Betrieb (irgend)eines Handelsgewerbes mit sich bringt (§§ 48–53 HGB).*

Zur Veräußerung und Belastung von Grundstücken sind eine Erweiterung der Prokura mit entsprechender Handelsregistereintragung (Immobiliarprokura) oder die Erteilung einer Art- oder Sondervollmacht notwendig.

Nicht erlaubt ist dem Prokuristen

- die Erteilung und der Entzug einer Prokura,
- die Anmeldung von Eintragungen ins Handelsregister,
- die Unterzeichnung der Bilanz und der Steuererklärungen,
- die Aufnahme neuer Gesellschafter,
- der Verkauf der Unternehmung,
- die Beantragung der Eröffnung eines Insolvenzverfahrens der Unternehmung.

Die Prokura ist nicht übertragbar.
Sie erlischt nicht durch den Tod des Inhabers des Handelsgeschäfts.

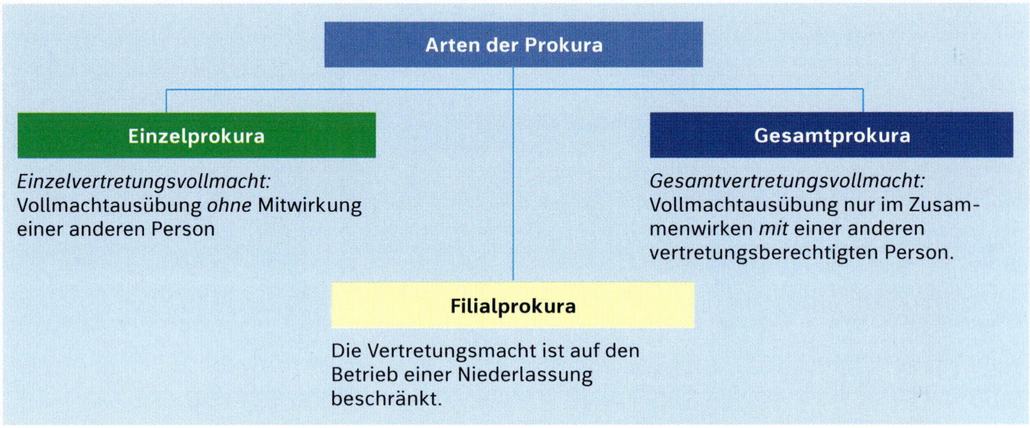
Arten der Prokura
Einzelprokura
Einzelvertretungsvollmacht: Vollmachtausübung ohne Mitwirkung einer anderen Person
Gesamtprokura
Gesamtvertretungsvollmacht: Vollmachtausübung nur im Zusammenwirken mit einer anderen vertretungsberechtigten Person.
Filialprokura
Die Vertretungsmacht ist auf den Betrieb einer Niederlassung beschränkt.

Im **Außenverhältnis**, d. h. im Verhältnis zwischen dem Prokuristen und den Geschäftspartnern des Arbeitgebers, ist die Vertretungsmacht des Prokuristen darüber hinaus nicht weiter beschränkbar *(§ 50 HGB)*.
Anders verhält es sich im **Innenverhältnis**, d. h. im Verhältnis zwischen dem Prokuristen und seinem Arbeitgeber. Hier ist in der Regel dem Prokuristen ein bestimmtes Ressort zugeteilt, für das er als leitender Angestellter zuständig ist. Den ihm zugewiesenen Kompetenzrahmen darf er nicht überschreiten.

Beispiel

Frau Ingrid Bodsch ist Personalchefin der Wolfram Spedition GmbH. Ihr ist Einzelprokura erteilt worden. Im Innenverhältnis darf sie ihren Arbeitgeber nur in Personalangelegenheiten vertreten. Im Außenverhältnis gilt diese Beschränkung nicht, d. h., sie könnte ihren Arbeitgeber auch in allen anderen Geschäften (mit Ausnahme der ihr gesetzlich nicht erlaubten) rechtswirksam vertreten.

Erteilung *(§ 48 HGB)*	Die Prokura kann nur erteilt werden von • dem Inhaber des Handelsgeschäftes oder • dem gesetzlichen Vertreter und zwar • ausdrücklich • schriftlich oder mündlich.
Eintragung ins Handelsregister *(§ 53 HGB)*	eintragungspflichtig (deklaratorische Wirkung)
Unterschrift (Zeichnung) *(§ 51 HGB)*	Der Prokurist muss unter der Firma mit einem die Prokura andeutenden Zusatz unterschreiben. ***Beispiel:*** *Firmenbezeichnung:* Wolfram Spedition GmbH *pp. oder ppa. (per procura) Name:* ppa. Ingrid Bodsch
Erlöschen	Die Prokura erlischt durch • Widerruf, • Beendigung des Dienstvertrages, • Auflösung der Unternehmung.

7.6.3 Generalvollmacht

Diese Vollmacht, die weder im HGB noch im BGB ausdrücklich erwähnt wird, lässt sich aus dem *§ 167 BGB* ableiten.
Die Generalvollmacht ist die **umfassendste** aller Vollmachten. Sie berechtigt den Bevollmächtigten grundsätzlich zu allen Geschäften,

- bei denen eine Vertretung möglich ist
- und die sich nicht gegen den Willen des Vollmachtgebers richten.

Die Erteilung ist formfrei. Die Generalvollmacht erlischt durch Kündigung, Zeitablauf sowie bei Auflösung oder Veräußerung des Unternehmens.

Aufgaben

1. Beurteilen Sie die folgenden Fälle hinsichtlich der Kaufmannseigenschaft.

a) Katja Frank eröffnete vor Kurzem einen kleinen Kiosk, den sie vollkommen allein führt. Ihr Eigenkapital bei der Errichtung betrug 10 000,00 €. Ihr Gewerbebetrieb steht nicht im Handelsregister.
Erläutern Sie, ob Katja Kauffrau im Sinne des HGB ist.

b) Michael und sein Freund Carsten beschließen, eine GmbH in der Mikroelektronikbranche zu gründen.
Ab welchem Zeitpunkt erwirbt die Unternehmung die Eigenschaft eines Kaufmanns und um welche Art von Kaufmann handelt es sich?

c) Herr Wilde hatte schon immer den Traum, ein eigenes Unternehmen zu haben, das auf die Herstellung von Holzmöbeln spezialisiert ist. Durch eine Erbschaft und zusätzlich angespartes Geld kann er selbst ein Startkapital von ca. 32 000,00 € aufbringen. Gewerberäume sind bereits gemietet. Er und vier Angestellte fangen am 01.12. mit der Arbeit an. Erst am 20.12. findet Herr Wilde Zeit, einige Behördengänge zu erledigen, und lässt seine Firma ins Handelsregister eintragen.

Ab welchem Zeitpunkt ist Herr Wilde Kaufmann und welche Art von Kaufmann ist er?

d) Wie Fall 1, jedoch hat Katja den Kiosk vor zwei Wochen ins Handelsregister eintragen lassen.
Ist sie nun Kauffrau im Sinne des HGB und wenn ja, um welche Art von Kauffrau handelt es sich?

e) Baumschule Sherwood e.K., geführt von Inhaber Robin Waldner, wirft jährlich einen Gewinn von ca. 25 000,00 € ab. Der Gewerbebetrieb steht im Handelsregister.
Ab welchem Zeitpunkt ist Herr Waldner Kaufmann und welche Art von Kaufmann ist er?

2. Zwei befreundete Kaufleute für Spedition und Logistikdienstleistung wollen gemeinsam eine Speditionsunternehmung in der Rechtsform der GmbH gründen. Welche der folgenden Aussagen über Firmengrundsätze ist in diesem Zusammenhang zutreffend?

(1) Firmenausschließlichkeit heißt, dass die beiden Unternehmensgründer keine Firma wählen dürfen, die am selben Ort bereits geführt wird.
(2) Firmenwahrheit bedeutet, dass bei einem späteren Wechsel der Eigentümer die Firma um den Zusatz „Nachfolger“ zu ergänzen ist.
(3) Firmenklarheit besagt, dass beide Gründer mit ihren ausgeschriebenen Vornamen in der Firma ihrer Unternehmung erscheinen müssen.
(4) Firmenbeständigkeit verlangt, dass die gewählte Firma nicht geändert werden kann.

3. Die Schubert & Müller Kurier GmbH arbeitet mit den unten aufgeführten Geschäftspartnern zusammen. Bei welchen dieser Partner handelt es sich um eine

(1) Sachfirma?
(2) Fantasiefirma?
(3) gemischte Firma?

Geschäftspartner:

a) Kölner Rapido KG
b) Reinhard Computerservice OHG
c) Road Transports International GmbH
d) Meiering Unternehmensberatungsgesellschaft mbH
e) Elektronik Im- und Export AG

4. Die Prokura erlischt durch:

a) Tod des Inhabers eines Handelsgeschäftes
b) Umwandlung der Rechtsform des Unternehmens
c) Verkauf des Unternehmens
d) Widerruf durch den Vollmachtgeber
e) Tod des Prokuristen

5. Welcher Bevollmächtigte ist – ohne besondere Befugnis – zu der genannten Tätigkeit berechtigt?

(1) Handlungsbevollmächtigter
(2) Prokurist

(3) Beide
(4) Keiner von beiden

Tätigkeiten:
a) Abschluss von Kaufverträgen
b) Aufnahme von Darlehen und Krediten
c) Aufnahme von Gesellschaftern
d) Belastung oder Verkauf von Grundstücken
e) Entlassung von Arbeitskräften
f) Führung von Prozessen für das Unternehmen, in dem er tätig ist

6. Ergänzen Sie Ihre Lernkartei, indem Sie wichtige Inhalte zu den Kartenüberschriften
- „Kaufmann“,
- „Firma“,
- „Register“,
- „Handlungsvollmacht“,
- „Prokura“

zusammenstellen.

8 Unternehmensformen

Einstiegssituation

Dietz & Potthoff bald als AG

Die Dietz & Potthoff Speditions GmbH hat in den letzten Jahren ein jeweils zweistelliges Wachstumstempo vorgelegt. Das vor neun Jahren in Gummersbach von den beiden gelernten Kaufleuten für Spedition und Logistikdienstleistung Michael Dietz und David Potthoff gegründete Unternehmen hatte sich zunächst darauf spezialisiert, für Automobilzulieferer komplette Transportlogistikkonzepte zu entwickeln und zu realisieren. Mit den Niederlassungen in Stuttgart, München, Wolfsburg und Leipzig ist das Unternehmen an den wichtigsten deutschen Automobilstandorten präsent. Inzwischen hat sich die Dietz & Potthoff Speditions GmbH ein zweites Standbein zugelegt und verantwortet die gesamte innerdeutsche Ersatzteildistribution eines koreanischen Automobilproduzenten. Die bisherige Expansion wurde überwiegend über Bankkredite finanziert, sodass das Unternehmen für Übernahmen anfällig ist.

Nach Angaben der geschäftsführenden Gesellschafter Michael Dietz und David Potthoff soll eine Übernahme auf jeden Fall verhindert werden. Deswegen ist eine Umwandlung in eine AG zum 01.01.20.. beschlossene Sache. Dietz und Potthoff werden jeweils 25,5 % der Aktien halten, die restlichen 49 % sollen breit gestreut werden. Mit dem frischen Kapital soll die Abhängigkeit von den Banken verringert und gleichzeitig der weitere Expansionskurs finanziert werden. Michael Dietz und David Potthoff werden das neue Unternehmen als gleichberechtigte Vorstände führen.

Unternehmen können von natürlichen und/oder juristischen Personen gegründet werden.

Beispiele

- *Volkswagen AG: An diesem privatrechtlichen Unternehmen sind natürliche Personen, juristische Personen des Privatrechts (z. B. Porsche SE) und juristische Personen des öffentlichen Rechts (z. B. das Land Niedersachsen) beteiligt.*
- *Stadtwerke Bonn GmbH: Alleinige Eigentümerin dieses privatrechtlichen Unternehmens ist die Gebietskörperschaft Stadt Bonn.*

■ Gründe für die Wahl der Unternehmensform

Die Frage, welche Rechtsform für ein Unternehmen gewählt werden soll, stellt sich, wenn

- ein Unternehmen gegründet wird,
- sich für das Unternehmen wesentliche persönliche, rechtliche, wirtschaftliche oder steuerliche Faktoren ändern.

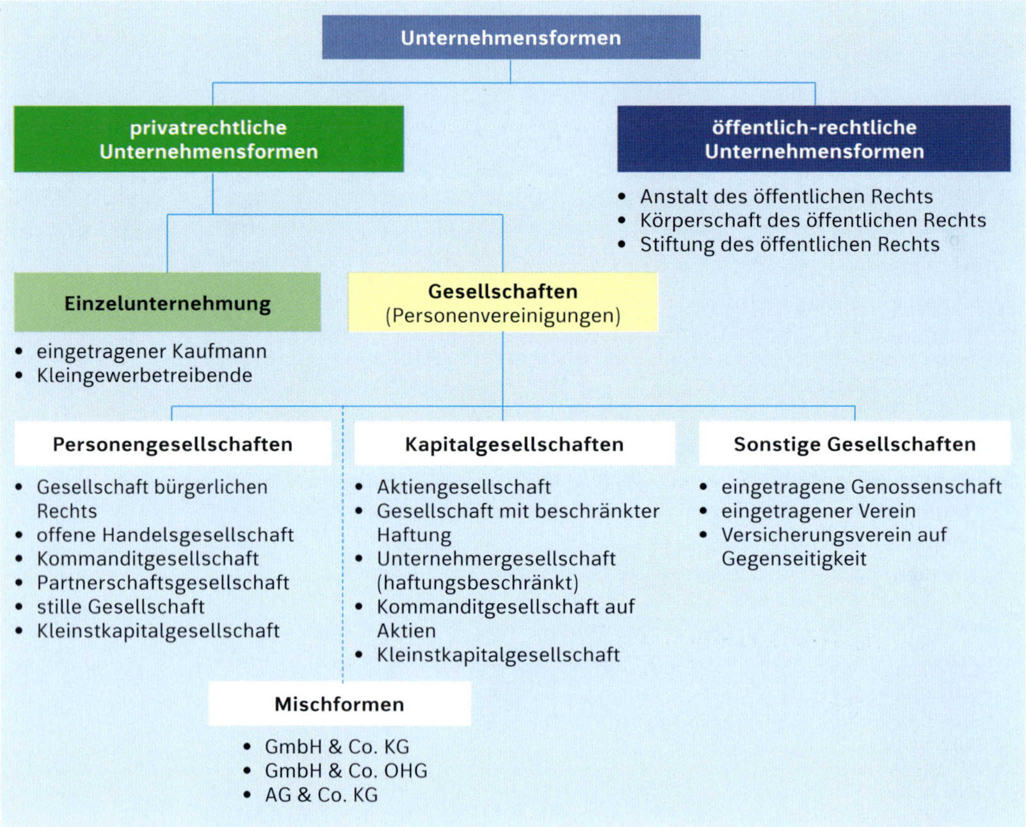
Unternehmensformen
privatrechtliche Unternehmensformen
öffentlich-rechtliche Unternehmensformen
• Anstalt des öffentlichen Rechts
• Körperschaft des öffentlichen Rechts
• Stiftung des öffentlichen Rechts
Einzelunternehmung
• eingetragener Kaufmann
• Kleingewerbetreibende
Gesellschaften (Personenvereinigungen)
Personengesellschaften
• Gesellschaft bürgerlichen Rechts
• offene Handelsgesellschaft
• Kommanditgesellschaft
• Partnerschaftsgesellschaft
• stille Gesellschaft
• Kleinstkapitalgesellschaft
Kapitalgesellschaften
• Aktiengesellschaft
• Gesellschaft mit beschränkter Haftung
• Unternehmergesellschaft (haftungsbeschränkt)
• Kommanditgesellschaft auf Aktien
• Kleinstkapitalgesellschaft
Sonstige Gesellschaften
• eingetragene Genossenschaft
• eingetragener Verein
• Versicherungsverein auf Gegenseitigkeit
Mischformen
• GmbH & Co. KG
• GmbH & Co. OHG
• AG & Co. KG

Beispiele

- *persönliche Faktoren: Die Geschäftsführung soll Angestellten übertragen werden.*
- *rechtliche Faktoren: Die Haftung der Gesellschafter soll beschränkt werden.*

- *wirtschaftliche Faktoren: Die Kapitalbeschaffung soll erleichtert werden.*
- *steuerliche Faktoren: Eine GmbH soll in eine KG umgewandelt werden, um Erbschaftsteuer zu sparen.*

Es kommt im Wirtschaftsleben auch vor, dass ein einzelner persönlicher Grund zu einer Umwandlung der Unternehmensform führt.

Beispiel

Ein großes deutsches Handelsunternehmen wird in der Unternehmensform der GmbH geführt. Die Gesellschafter legen großen Wert auf Geheimhaltung aller Angaben über den Jahresabschluss. Mit Einführung des „Gesetzes über die Rechnungslegung von bestimmten Unternehmen und Konzernen" (Publizitätsgesetz) muss der Jahresabschluss der GmbH veröffentlicht werden. Die Gesellschafter beschließen, die GmbH in eine KG umzuwandeln, weil für diese Unternehmensform das Publizitätsgesetz (noch) nicht gilt.

Entscheidungskriterien für die Wahl der Unternehmensform

betriebswirtschaftliche Gründe

Finanzierung des Unternehmens[1]
- Kapitalbeschaffung
- Höhe des Haftungskapitals
- Entnahme- und Einlagerechte
- Beteiligung am Vermögen, insbesondere an den stillen Reserven und am Firmenwert
- Gewinn- und Verlustbeteiligung
- Anzahl der Gesellschafter
- Gründungsaufwand

Führung des Unternehmens
- Leitung
- Willensbildung
- Mitbestimmung
- Prüfungspflichten
- Publizität
- Art, Umfang und Kosten der Rechnungslegung

Standort des Unternehmens[1]

zivilrechtliche Gründe

- Rechtsstatus
- Geschäftsführung
- Vertretungsbefugnis
- Kapitalausstattung
- Haftungsbeschränkung
- Änderungen der Beteiligungsverhältnisse
- Unternehmensnachfolge, Nachlassregelung
- Art und Umfang des Handelsgewerbes
- Form und Inhalt des Gesellschaftsvertrages
- Anzahl der Gesellschafter

handels- und steuerrechtliche Gründe

- lokale, regionale und nationale Steuern und Steuertarife
- Unterschiede in der Besteuerung der Personen- und Kapitalgesellschaften bei ertragsabhängigen Steuern *(ESt, KSt, KiSt, GewSt)*
- steuerliche Belastungen bei Umwandlungen
- Unterschiede in der Belastung durch Erbschaft- und Schenkungsteuer
- Kosten der Abschlussprüfer, evtl. des Notars, Gerichtskosten
- Publizitätskosten
- steuerliche Gesamtbelastung

persönliche Gründe

- persönliche Präferenzen
- Image der Rechtsform
- Publizität
- Rechnungslegung
- Offenlegung der Rechnungslegung
- Umfang, Form und Kosten der Gründung
- Registerkosten
- Beurkundungskosten
- Sicherung des Unternehmens
- Sicherung der Unternehmernachfolge
- Alterssicherung der Gesellschafter

---

[1] *Vgl. Seite 401 f.*

Um im Einzelfall die richtige Wahl der Unternehmensform zu treffen, sollte ein Katalog von **Entscheidungskriterien** zusammengestellt, vergleichend gegenübergestellt und gewertet werden. Eine Reihe von Entscheidungsfaktoren beeinflusst sich gegenseitig.

Beispiel

Je stärker die Haftungsbeschränkung, desto schwieriger ist die Fremdkapitalbeschaffung.

8.1 Einzelunternehmung *(§§ 1–104 HGB; BGB; GewO)*

■ Kennzeichen und Bedeutung

Bei der **Einzelunternehmung** ist eine einzelne natürliche Person – der/die Einzelunternehmer/-in – selbstständig

- gewerblich oder
- land- oder forstwirtschaftlich tätig.

Eine einzelne Person ist **Eigentümer** und **Inhaber** der Unternehmung. Diese trägt allein das unternehmerische Risiko und übernimmt allein die Verantwortung und Entscheidungsbefugnis. Träger von Rechten und Pflichten ist nur der Einzelunternehmer.
Der Einzelunternehmer kann Kaufmann oder Kleingewerbetreibender sein.
Die Einzelunternehmung ist die häufigste Unternehmensrechtsform in Deutschland.

■ Firma

Ist der Einzelunternehmer als eingetragener Kaufmann tätig, ist er verpflichtet, eine Firma anzunehmen.
Die Firma muss die Bezeichnung **„eingetragener Kaufmann“**, **„eingetragene Kauffrau“** oder eine allgemein verständliche Abkürzung dieser Bezeichnung, insbesondere **„e. K.“**, **„e. Kfm.“** oder **„e. Kffr.“** enthalten *(§ 18 HGB)*.

Beispiel

Fit Net Cologne e.K.

Nicht eingetragene Kleingewerbetreibende führen **keine** Firma.

■ Kapital

Ein Mindestkapital ist nicht vorgeschrieben. Einlagen und Entnahmen werden über das Privatkonto, ein Unterkonto des Eigenkapitalkontos, gebucht.

■ Geschäftsführung und Vertretung

Geschäftsführung und Vertretung liegen **allein** beim Einzelunternehmer. Folglich kann nur der Inhaber Prokura und Handlungsvollmacht erteilen *(§§ 48–58 HGB)*.

Haftung

Der Einzelunternehmer haftet für alle Verbindlichkeiten des Unternehmens
- **alleine**,
- **persönlich** und
- **unbeschränkt**

mit seinem Geschäfts- und Privatvermögen.

Beim Verkauf des Unternehmens unter Fortführung der Firma haftet er für Verbindlichkeiten im Zeitpunkt des Ausscheidens, wenn die bis dahin begründeten Verbindlichkeiten vor Ablauf von fünf Jahren nach Ausscheiden fällig und daraus Ansprüche gegen ihn gerichtlich geltend gemacht worden sind; bei öffentlich-rechtlichen Verbindlichkeiten genügt der Erlass eines Verwaltungsaktes. Die Frist beginnt mit dem Ende des Tages, an dem das Ausscheiden in das Handelsregister eingetragen worden ist *(§ 25f. HGB)*.

Einzelunternehmung

Vorteile	Nachteile
• alleinige, freie Entscheidungsbefugnis • dadurch schnelle Entscheidungs- und Reaktionsmöglichkeiten • Der Gewinn steht allein dem Unternehmer zu. • Gründung ist billig und unkompliziert • kein Mindestkapital erforderlich	• alleinige, persönliche Haftung des Unternehmers mit seinem Geschäfts- und Privatvermögen • ihre Existenz ist an die Person des Unternehmers gebunden • begrenzte, vom Vermögen und der Kreditwürdigkeit des Unternehmers abhängige Kapitalaufbringungsmöglichkeit • Gefahr von Fehlentscheidungen • Abhängigkeit von der Persönlichkeit des Einzelunternehmers • keine Vertretung bei längerer Abwesenheit

Bei einer **Einzelunternehmung** ...
- ist eine einzelne natürliche Person alleiniger Inhaber,
- übernimmt der Einzelunternehmer Geschäftsführung und Vertretung,
- haftet der Einzelunternehmer persönlich und unbeschränkt,
- muss – sofern kein Kleingewerbe vorliegt – eine Eintragung ins Handelsregister, Abteilung A, erfolgen,
- muss – sofern eine Handelsregistereintragung erfolgt – eine Firma mit dem Zusatz „e. K.“, „e. Kfm.“ oder „e. Kffr.“ geführt werden,
- gelten die Vorschriften des HGB in vollem Umfang.

Unternehmenskategorie	Zahl der Mitarbeiter	Umsatz oder	Bilanzsumme
mittelgroß	unter 250	höchstens 50 Mio. €	höchstens 43 Mio. €
klein	unter 50	höchstens 10 Mio. €	höchstens 10 Mio. €
mikro	unter 10	höchstens 2 Mio. €	höchstens 2 Mio. €

8.2 Personengesellschaften

Definition

***Personengesellschaften** entstehen durch einen Vertrag zwischen mindestens zwei Personen, die sich zur Erfüllung eines gemeinsamen Zwecks zusammenschließen.*

Die beteiligten Personen sind zugleich die Gesellschafter und die Eigentümer des Unternehmens. Ihre Einlagen bilden das Gesellschaftsvermögen.

Anlässe zur Gründung einer Gesellschaft können sein:
- Verbreiterung der Eigenkapitalbasis
- Ausweitung der Kreditaufnahmemöglichkeiten infolge der Erhöhung des Eigenkapitals und der Aufnahme neuer Gesellschafter
- Verteilung des unternehmerischen Risikos und des Arbeitsanfalls auf mehrere Personen
- Bindung von Führungspersönlichkeiten und Fachleuten an das Unternehmen
- Ausnutzung steuerlicher Vorteile *(z. B. durch Gründung von Familiengesellschaften)*
- Absicherung der Existenz des Unternehmens über den Tod des Einzelunternehmers hinaus
- persönliche Gründe des einzelnen Unternehmers *(z. B. Altersabsicherung, Alter, Krankheit, Tod)*
- Erhöhung der Wettbewerbsfähigkeit durch Zusammenschluss mit anderen Unternehmen
- Beteiligung von Mitarbeitern

8.2.1 Personenvereinigungen nach dem BGB

Gesellschaft bürgerlichen Rechts[1] (GbR) *(§§ 705–740 BGB)*	**Eingetragener Verein (e. V.)** *(§§ 21–79 BGB)*
• **Rechtsgrundlage:** *formfreier Gesellschaftsvertrag* • dient der Erreichung ökonomischer oder außerökonomischer Ziele • ist an die Person der Gesellschafter gebunden; Auflösung grundsätzlich bei Tod, Insolvenz, Kündigung eines Gesellschafters oder automatisch nach Erreichung des vereinbarten Zieles („Gelegenheitsgesellschaft") • besitzt Rechts- und Parteifähigkeit im Zivilprozess • eintragungsfähig in das Handelsregister, es gelten dann die Vorschriften über die OHG oder KG • führt keinen eigenen Namen; Verträge werden im Namen der Gesellschafter abgeschlossen • Gesellschaftsvermögen gehört den Gesellschaftern zur gesamten Hand; diese haften gegenüber den Gläubigern der Gesellschaft persönlich und gesamtschuldnerisch • Geschäftsführung und Vertretung der Gesellschaft gegenüber Dritten geschieht durch die Gesellschafter gemeinschaftlich, soweit nichts anderes vertraglich vereinbart wurde	• **Rechtsgrundlage:** *schriftliche Satzung* • dient der Erreichung außerökonomischer („ideeller") Ziele[2] • ist auf längere Dauer angelegt und vom Wechsel seiner Mitglieder (Mindestzahl bei der Gründung: 7) unabhängig; Auflösung: Mitgliederzahl sinkt unter 3 Personen • besitzt eigene Rechtsfähigkeit (= ist juristische Person); diese wird durch Eintragung ins Vereinsregister erlangt • führt einen Vereinsnamen; Verträge werden im Namen des Vereins abgeschlossen • Vereinsvermögen gehört dem Verein; nur dieser haftet gegenüber den Gläubigern des Vereins (keine persönliche Haftung der Vereinsmitglieder) • Geschäftsführung und Vertretung des Vereins gegenüber Dritten geschieht durch den Vorstand (= gesetzlicher Vertreter); die Mitgliederversammlung wählt den Vorstand, überwacht ihn und entscheidet nur über Fragen besonderer Wichtigkeit

[1] *Gleichbedeutend: BGB-Gesellschaft*
[2] *Ausnahme: wirtschaftlicher Verein (§ 22 BGB)*

Gesellschaft bürgerlichen Rechts[1] (GbR) *(§§ 705–740 BGB)*	**Eingetragener Verein (e. V.)** *(§§ 21–79 BGB)*
Beispiele: • *Lottogemeinschaft* • *Kreditkonsortium* • *Arbeitsgemeinschaft (ARGE) mehrerer Speditionen*	***Beispiele:*** • *1. FC Köln e. V.* • *ADAC e. V.* • *Verband Spedition und Logistik Nordrhein e. V.*
Aus der GbR sind abgeleitet: • **o**ffene **H**andels**g**esellschaft **(OHG)** • **K**ommandit**g**esellschaft **(KG)** • **P**artnerschafts**g**esellschaft **(PG)** • Stille Gesellschaft	Aus dem e. V. sind abgeleitet: • **A**ktien**g**esellschaft **(AG)** • **G**esellschaft **m**it **b**eschränkter **H**aftung **(GmbH)** • **e**ingetragene **G**enossenschaft **(eG)**

8.2.2 Offene Handelsgesellschaft *(§§ 105–160 HGB)*

Kennzeichen und Bedeutung

Definition

Die OHG ist eine ***Personenhandelsgesellschaft*** *(§ 105 Abs. 1 HGB),*
- *ihr Zweck ist auf den Betrieb eines Handelsgewerbes unter gemeinschaftlicher Firma gerichtet,*
- *ihre Gesellschafter haften unbeschränkt mit ihrem Geschäfts- und Privatvermögen gegenüber den Gesellschaftsgläubigern.*

Die Gesellschafter der OHG sind gleichberechtigte, gleichverpflichtete, risikobereite Personen, die sich gegenseitig vertrauen müssen. Die OHG ist für jeden Geschäftszweig vorstellbar. Infolge der unbegrenzten Haftung der Gesellschafter gilt sie als besonders kreditwürdig.

Gründung

Innenverhältnis

Die OHG entsteht durch einen formfreien **Gesellschaftsvertrag** zwischen mindestens zwei Personen. Gesellschafter können natürliche und/oder juristische Personen sein.
Eine notarielle Beurkundung des Gesellschaftsvertrages ist erforderlich, wenn ein Gesellschafter ein Grundstück als Einlage einbringt *(§ 311b BGB)*.

Außenverhältnis

Die OHG entsteht nach außen bereits mit **Aufnahme** der Geschäftstätigkeit. Die nachfolgende, pflichtgemäße **Eintragung** ins Handelsregister, Abteilung A, hat nur noch *deklaratorische* Wirkung. Auch **Kleingewerbetreibende** können sich zu einer OHG zusammenschließen. Die Kaufmannseigenschaft entsteht in diesem Fall erst mit der Eintragung ins Handelsregister.

Die Anmeldung muss enthalten:
- Namen, Vornamen, Geburtsdatum und Wohnort jedes Gesellschafters
- die Firma der Gesellschaft und den Ort, wo sie ihren Sitz hat
- die Vertretungsmacht der Gesellschafter *(§ 106 HGB)*

Rechtliche Stellung

Die OHG ist **quasi juristische Person**, d. h. sie hat zwar keine eigene Rechtspersönlichkeit, sie ist ihr aber angenähert *(§ 124 HGB)*. Somit kann die OHG unter ihrer Firma Eigentum erwerben, Verträge abschließen und Verbindlichkeiten eingehen.

Die Firma muss die Bezeichnung **„offene Handelsgesellschaft"** oder eine allgemein verständliche Abkürzung dieser Bezeichnung, insbesondere **„OHG"** enthalten *(§ 19 Abs. 1 HGB)*.

Kapital

Für jeden Gesellschafter ist mindestens ein **Kapitalkonto** zu führen; eine Mindesteinlage ist dabei nicht vorgeschrieben.
Kapitalerhöhungen sind möglich durch Erhöhung der Kapitaleinlagen der Gesellschafter, Aufnahme neuer Gesellschafter oder durch Gewinnthesaurierung, d. h. Ansammlung von Gewinnen auf den Kapitalkonten.
Das Gesellschaftsvermögen der OHG ist **Gesamthandsvermögen** aller Gesellschafter, d. h., die Gesellschafter sind anteilig am Vermögen der OHG beteiligt und können nur gemeinschaftlich über das Vermögen verfügen.

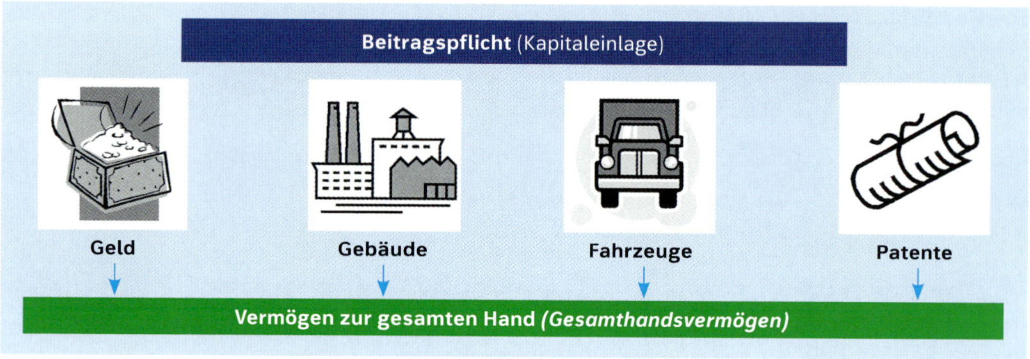

Beitragspflicht (Kapitaleinlage)
Geld
Gebäude
Fahrzeuge
Patente
Vermögen zur gesamten Hand (Gesamthandsvermögen)

Geschäftsführung

Die Geschäftsführung bezieht sich auf das **Innenverhältnis.**
Hierzu sind, soweit **vertraglich** nichts anderes bestimmt ist, **alle Gesellschafter** berechtigt und verpflichtet *(§ 114 Abs. 1 HGB)*. Jeder einzelne Gesellschafter kann alleine tätig werden *(§ 115 Abs. 1 HGB)*, wenn es um Handlungen geht, die der gewöhnliche Betrieb des Handelsgewerbes mit sich bringt *(§ 116 Abs. 1 HGB)*. Durch diese Regelung wird die OHG im täglichen Geschäftsleben beweglich, es kann schnell entschieden und gehandelt werden. Geschäfte, die ungewöhnlich sind und die Grundlage und den Kernbereich der Gesellschaft betreffen, können nur von allen Gesellschaftern gemeinsam beschlossen werden *(§§ 116 Abs. 2, 119 Abs. 1 HGB)*.

Beispiele

- *Der Kauf eines neuen Grundstücks verlangt die Mitwirkung aller Gesellschafter.*

- *Der Reparaturauftrag für einen Lkw kann von einem Gesellschafter allein erteilt werden.*

Wettbewerbsverbot

Ein Gesellschafter darf ohne Einwilligung der anderen Gesellschafter
- weder sich als persönlich haftender Gesellschafter an einer anderen OHG beteiligen,
- noch in der Branche der OHG Geschäfte auf eigene Rechnung tätigen *(§ 112 Abs. 1 HGB).*

Der **Bestellung eines Prokuristen** müssen *alle* geschäftsführenden Gesellschafter zustimmen. Der Widerruf der Prokura kann dagegen durch einen der geschäftsführenden Gesellschafter erfolgen *(§ 116 Abs. 3 HGB).*

■ Vertretung

Zur Vertretung der Gesellschaft nach außen ist **jeder einzelne Gesellschafter** allein berechtigt (Grundsatz der Einzelvertretung), wenn dies nicht durch den Gesellschaftsvertrag ausgeschlossen *(§ 125 Abs. 1 HGB)* oder eingeschränkt worden ist.
Abweichungen von der Einzelvertretung müssen im Handelsregister eingetragen werden. Die Eintragung hat deklaratorische Wirkung *(§ 15 HGB).*
Der Gesellschaftsvertrag kann abweichend bestimmen, dass
- alle Gesellschafter/mehrere Gesellschafter (Gesamtvertretungsmacht, § 125 Abs. 2 HGB) oder
- ein/mehrere Gesellschafter nur gemeinsam mit einem Prokuristen (unechte Gesamtvertretungsmacht, § 125 Abs. 3 HGB)

zur Vertretung der OHG ermächtigt ist/sind.

Vertretung

Einzelvertretungsbefugnis (Grundsatz)	Abweichungen (sind im HR einzutragen)
• jeder Gesellschafter allein gegenüber Dritten • Vertragsabschlüsse durch einen Gesellschafter binden die OHG.	• Gesellschafter dürfen die OHG nur gemeinschaftlich vertreten. • Ein Gesellschafter darf nur mit einem Prokuristen zusammen die OHG vertreten. • Ein Gesellschafter ist von der Vertretung ausgeschlossen.

> Der **Umfang der Vertretungsmacht** kann zum Schutz unternehmensfremder Personen (Dritter) **nicht eingeschränkt** werden *(§ 126 Abs. 1 HGB).*

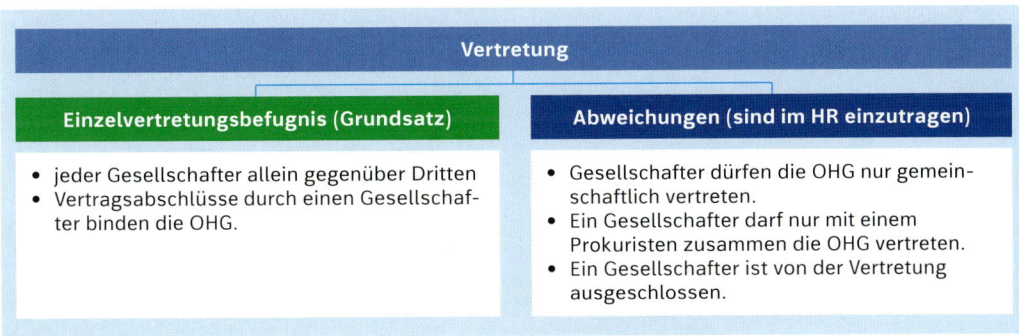

Die Vertretungsmacht der Gesellschafter erstreckt sich auf alle gerichtlichen und außergerichtlichen Geschäfte und Rechtshandlungen *(§ 126 Abs. 1 HGB).*
Die Vertretungsmacht kann auf eine oder mehrere Niederlassungen vertraglich beschränkt werden *(§ 126 Abs. 3 i. V. m. § 50 Abs. 3 HGB).*

Gewinn- und Verlustverteilung

Vom Jahresgewinn erhält jeder Gesellschafter 4 % auf seinen Kapitalanteil; der Rest wird nach Köpfen auf die Gesellschafter verteilt. Reicht der Jahresgewinn hierzu nicht aus, so bestimmt sich der Anteil nach einem entsprechend niedrigeren Satz *(§ 121 Satz 1 HGB)*.

Beispiel

Gesellschafter der Strelitz OHG sind Heinz und Paul Strelitz. Der Jahresgewinn beträgt 264 000,00 €. Heinz Strelitz hat monatlich 7 000,00 € und Paul Strelitz hat monatlich 10 500,00 € Gewinn vorab entnommen.

Gesell-schafter	Kapitalanteile (alt)	4 % Zinsen	Restgewinn	Gesamt-gewinn	Privat-entnahmen	Kapitalanteil (neu)
Heinz Strelitz	300 000,00 €	12 000,00 €	120 600,00 €	132 600,00 €	84 000,00 €	348 600,00 €
Paul Strelitz	270 000,00 €	10 800,00 €	120 600,00 €	131 400,00 €	126 000,00 €	275 400,00 €
	570 000,00 €	22 800,00 €	241 200,00 €	264 000,00 €	210 000,00 €	624 000,00 €

Die gesetzliche Regelung der Gewinnverteilung wird im Geschäftsleben überwiegend durch **vertragliche Regelungen** ersetzt.

Der Verlust wird unter die Gesellschafter nach Köpfen verteilt *(§ 121 Abs. 3 HGB)*.

Recht auf Entnahme

Jeder Gesellschafter kann bis zu 4 % des Kapitalanteils des Vorjahres und – soweit dies nicht der Gesellschaft schadet – die übrigen Gewinnanteile entnehmen. Den Kapitalanteil kann ein Gesellschafter nur mit Einwilligung der anderen Gesellschafter vermindern *(§ 122 HGB)*.
Das Entnahmerecht wird i. d. R. im Gesellschaftsvertrag gesondert geregelt.

Beschlüsse

Beschlüsse bedürfen der Zustimmung aller zur Mitwirkung bei der Beschlussfassung berufenen Gesellschafter, d. h. es wird Einstimmigkeit gefordert. Mehrheitsbeschlüsse sind zulässig, wenn dies im Gesellschaftsvertrag bestimmt ist *(§ 119 HGB)*.

Haftung

Die Gesellschafter haften den Gläubigern für alle Verbindlichkeiten der Gesellschaft als **Gesamtschuldner** persönlich. Eine entgegenstehende Vereinbarung ist Dritten gegenüber unwirksam *(§ 128 HGB)*.

Auswirkungen der Haftung:
- Jeder Gesellschafter haftet **persönlich** und **unbeschränkt** mit seinem Gesamtvermögen.
- Ein Gläubiger kann **unmittelbar** von jedem Gesellschafter die Befriedigung seiner gesamten Ansprüche verlangen.

- Alle Gesellschafter haften **gesamtschuldnerisch** *(solidarisch)*, d.h. ein Gläubiger kann die Schuld nach seinem Belieben von jedem Gesellschafter ganz oder zu einem Teil fordern.

Gesetzliche Auflösungsgründe sind *(§ 131 Abs. 1 HGB)*:
- Zeitablauf
- Beschluss der Gesellschafter
- Eröffnung des Insolvenzverfahrens über die OHG

Ansprüche gegen einen Gesellschafter verjähren spätestens fünf Jahre nach Auflösung der Gesellschaft *(§ 159 HGB)*.

Folgende Gründe führen mangels abweichender vertraglicher Bestimmung zum **Ausscheiden eines Gesellschafters:**
- Tod des Gesellschafters
- Eröffnung des Insolvenzverfahrens über das Vermögen des Gesellschafters
- Kündigung des Gesellschafters *(§ 131 Abs. 2 HGB)*

Ausscheidende Gesellschafter haften bis fünf Jahre nach ihrem Ausscheiden für Verbindlichkeiten der Gesellschaft *(§ 160 HGB)*.

Vorteile	Nachteile
• Gründung ohne Mindestkapital • differenzierte Kenntnisse der Gesellschafter verbessern die Geschäftsführung • erhöhte Kreditwürdigkeit durch die Vollhaftung der Gesellschafter • großes Interesse der Gesellschafter an der Geschäftsführung und dem Unternehmensbestand durch die gesamthänderische Haftung und Kapitalbildung • Verteilung des Unternehmensrisikos • leichte Umwandlung von einer Einzelunternehmung in eine OHG durch Aufnahme von Gesellschaftern • Eignung für kleinere und mittlere Unternehmungen	• Meinungsverschiedenheiten der Gesellschafter (Kündigung, Abfindungsansprüche) • zu geringe Kapitalausstattung • finanzielle Grenzen bei Unternehmenswachstum (Kreditsicherheiten betrieblicher und privater Art reichen für weitere Kreditzusagen nicht aus) • direkte, unbeschränkte, gesamtschuldnerische Haftung • fehlende Kontrollorgane • Aushöhlung des Haftungsvolumens durch aufwendige Lebensführung der Gesellschafter

8.2.3 Kommanditgesellschaft *(§§ 105–177a HGB)*

■ Kennzeichen und Bedeutung

Definition

Die KG ist eine ***Personenhandelsgesellschaft,***
- *deren Zweck auf den Betrieb eines Handelsgewerbes unter gemeinschaftlicher Firma gerichtet ist,*
- *wobei bei einem oder mehreren Gesellschaftern, den* ***Kommanditisten,*** *die Haftung gegenüber den Gesellschaftsgläubigern auf ihre Vermögenseinlage beschränkt ist,*
- *während bei dem anderen Teil der Gesellschafter, den* ***Komplementären,*** *die Haftung unbeschränkt ist (§ 161 HGB).*

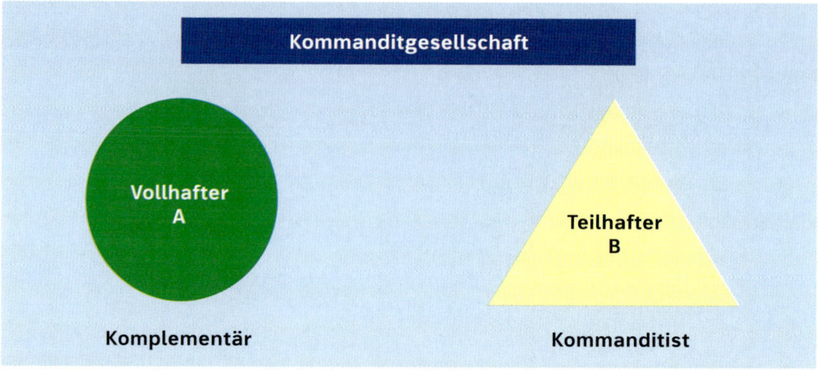
Kommanditgesellschaft
Vollhafter
A
Teilhafter
B
Komplementär
Kommanditist

Die KG ist sehr beliebt und bei kleineren und mittleren Unternehmen verbreitet. Die KG bietet die Möglichkeit, die Eigenkapitalbasis zu erweitern, ohne gleichzeitig Geschäftsführung und Vertretung erweitern zu müssen. Das Publizitätsgesetz gilt für die KG nicht.
Soweit in den *§§ 161–177a HGB* nichts anderes bestimmt ist, gelten für die KG die Rechtsvorschriften des HGB.

■ Gründung

Die KG entsteht im **Innenverhältnis** durch einen formfreien **Gesellschaftsvertrag** zwischen mindestens zwei Personen. Dies können natürliche und/ oder juristische Personen, eine OHG oder eine KG sein.

Außenverhältnis

Die KG entsteht nach **außen** bereits mit Aufnahme der Geschäftstätigkeit. Bis zur Eintragung ins Handelsregister haften die Kommanditisten für alle Verbindlichkeiten wie Gesellschafter der OHG, es sei denn, dem Gläubiger ist die Beteiligung als Kommanditist bekannt *(§ 176 HGB)*.
Auch **Kleingewerbetreibende** können sich zu einer KG zusammenschließen. Die Kaufmannseigenschaft entsteht in diesem Fall erst mit der Eintragung ins Handelsregister.

■ Rechtliche Stellung

Die KG ist

- wie die OHG **quasi juristische Person**, d. h., sie hat zwar keine eigene Rechtspersönlichkeit, ist ihr aber angenähert. Dies hat zur Folge, dass die KG unter ihrer Firma
  - Rechte erwerben und veräußern,
  - Verträge abschließen,
  - Verbindlichkeiten eingehen,
  - Eigentum erwerben und übertragen kann,
- **deliktsfähig** *(§ 31 BGB analog, § 1 UWG)*,
- **grundbuchfähig**, d. h. sie kann unter ihrer Firma Eigentum an Grundstücken erwerben,
- **scheck- und wechselfähig**.

Handelsregister

Die KG ist unverzüglich zur Eintragung ins Handelsregister, Abteilung A, anzumelden *(§ 162 HGB)*.
Die **Anmeldung** muss enthalten:
- Namen, Vornamen, Geburtsdatum und Wohnort jedes Gesellschafters
- die Firma der Gesellschaft und den Ort, wo sie ihren Sitz hat
- den Zeitpunkt, mit welchem die Gesellschaft begonnen hat
- die Bezeichnung der Kommanditisten
- den Betrag der Einlage eines jeden Kommanditisten

Die Firma muss die Bezeichnung **„Kommanditgesellschaft“** oder eine allgemein verständliche Abkürzung dieser Bezeichnung, insbesondere **„KG“** enthalten *(§ 19 Abs. 1 HGB)*.

Kapital

Auf die *Komplementäre* treffen die gleichen Regelungen zu wie auf die Gesellschafter der OHG.
Für die *Kommanditisten* sind zunächst feste Kapitalkonten in Höhe des Haftungskapitals, das im Handelsregister eingetragen ist, zu führen. Daneben weist die KG variable „Kapital“-Konten als Darlehens- oder Verrechnungskonten aus, auf denen die ausgeschütteten Gewinne und Entnahmen der Kommanditisten erfasst werden, die aus der Sicht der KG Verbindlichkeitscharakter haben.
Ein eventueller Verlust vermindert die Kapitaleinlagen.

Geschäftsführung

Zur Geschäftsführung der KG sind nur die *Komplementäre* berechtigt und verpflichtet *(§ 164 i. V. m. § 114 Abs. 1 HGB)*. Für sie bestehen die gleichen Gestaltungsmöglichkeiten wie für die Gesellschafter der OHG. Der Gesetzgeber unterstellt, dass diese Gesellschafter ihre Arbeitskraft der KG voll zur Verfügung stellen.
Die *Kommanditisten* sind von der Geschäftsführung ausgeschlossen (dispositiv). Geschäfte jedoch, die ungewöhnlich sind und die Grundlage und den Kernbereich der Gesellschaft betreffen, bedürfen der Zustimmung der Kommanditisten *(§ 164 HGB)*.

Vertretung

Zur Vertretung der Gesellschaft nach außen ist jeder einzelne geschäftsführende *Komplementär* allein berechtigt (Einzelvertretung). Gesetzliche und vertragliche Regelungen gelten für die Komplementäre analog den Bestimmungen über die OHG.

Pflichten der Gesellschafter

Aufgrund fehlender gesetzlicher Vorschriften gelten die Pflichten der Gesellschafter der OHG weitgehend auch für die Gesellschafter der KG. Besonderheiten ergeben sich nur für die Kommanditisten.

Kommanditisten unterliegen nicht dem Wettbewerbsverbot *(§ 165 HGB)*, weil sie grundsätzlich von der Geschäftsführung ausgeschlossen sind und somit keine betriebsinternen Daten weiterverwerten können.
Der Verlust eines Wirtschaftsjahres wird angemessen verteilt *(§ 168 HGB)*, wenn keine andere vertragliche Regelung vereinbart ist. Der *Kommanditist* nimmt aber am Verlust nur bis zur Höhe seines Kapitalanteils und seiner noch rückständigen Einlage teil *(§ 167 Abs. 3 HGB)*.

Rechte der Gesellschafter

Die *Komplementäre* werden wie die Gesellschafter der OHG behandelt. Besonderheiten ergeben sich nur für die *Kommanditisten*.

Gewinnverteilung

Beispiel

Der Jahresgewinn der Spedition Boting KG beträgt 64 000,00 €.
Komplementär ist Horst Boting, Kommanditistin ist Ute Thalfang.

Gesellschafter	Kapitalanteile	4 % Zinsen	Anteil Restgewinn	Gewinn
Horst Boting	90 000,00 €	3 600,00 €	54 000,00 €	57 600,00 €
Ute Thalfang	10 000,00 €	400,00 €	6 000,00 €	6 400,00 €
	100 000,00 €	**4 000,00 €**	**60 000,00 €**	**64 000,00 €**

Vom Jahresgewinn erhält jeder Gesellschafter zunächst 4 % Zinsen auf seinen Kapitalanteil, der Restgewinn wird in angemessenem Verhältnis auf die Gesellschafter verteilt *(§ 168 HGB)*. Sollte eine Verzinsung von 4 % nicht möglich sein, ist eine niedrigere Verzinsung anzusetzen.
Die gesetzliche Gewinnverteilung wird im Geschäftsleben überwiegend durch vertragliche Regelungen ersetzt.
Die zurechenbaren Gewinnanteile eines *Kommanditisten* dürfen seinem Kapitalkonto nur so lange gutgeschrieben werden, bis die vereinbarte Kapitaleinlage erreicht ist. Ist die Kapitaleinlage bereits vollständig eingezahlt, so ist der Gewinnanteil dem Darlehenskonto bzw. Verrechnungskonto des Kommanditisten gutzuschreiben. Wird das Kapitalkonto eines Kommanditisten durch Verluste gekürzt, muss dieses Konto in der Zukunft durch Gewinngutschriften wieder aufgefüllt werden. An einem Verlust nimmt der Kommanditist nur bis zum Betrage seines Kapitalanteils und seiner noch rückständigen Einlage teil *(§ 167 Abs. 3 HGB)*.

Kontrollrecht der Kommanditisten

Den Kommanditisten steht nur das Recht zu,

- Abschriften des Jahresabschlusses, d. h. der Handels- und Steuerbilanz sowie der Gewinn-und-Verlust-Rechnung, zu verlangen *(§ 242 Abs. 1, 2 HGB)*,
- Einsichtnahme in Handelsbücher und -papiere zu nehmen, wenn dies zum Verständnis der Angaben im Jahresabschluss notwendig ist *(§ 166 Abs. 3 HGB)*.

Bei Vorliegen eines wichtigen Grundes *(z. B. Verdacht der nicht ordnungsgemäßen Buchführung oder erhebliches Misstrauen gegenüber der Geschäftsführung)* kann auf Antrag eines Kommanditisten das Gericht das Kontrollrecht erweitern *(§ 166 Abs. 3 HGB)*.

Widerspruchsrecht des Kommanditisten

Die Kommanditisten können einer Handlung der Komplementäre nicht widersprechen, es sei denn, dass die Handlung über den gewöhnlichen Geschäftsbetrieb hinausgeht *(§ 164 HGB)*.

Rechtsverhältnisse		
	Rechte	**Pflichten**
Komplementäre	wie bei der OHG	wie bei der OHG
Kommanditisten	• Gewinnanteilsrecht (4 % + Rest im angemessenen Verhältnis) • Kontrollrecht • Widerspruchsrecht • Kündigungsrecht (wie OHG)	• Kapitaleinlagepflicht • Verlustbeteiligung (im angemessenen Verhältnis bis zur Höhe der übernommenen Einlageverpflichtung) • Haftung bis zur Höhe der Einlage (unmittelbar) • Haftungsausschluss nach Erbringung der Einlage

■ Haftung

Die Haftung der **Komplementäre** ist entsprechend den Bestimmungen über die Gesellschafter der OHG geregelt.

Definition

Der ***Kommanditist*** *haftet bis zur Höhe seiner Einlage (Haftsumme). Seine Haftung entfällt, wenn er seine Einlage geleistet hat (§ 171 f. HGB).*

Beispiel

Die vereinbarte Einlage des Kommanditisten Wein beträgt 50 000,00 €. Eingezahlt wurden im Jahr 01 30 000,00 €. Im Jahre 02 erfolgte eine Zuschreibung aus Gewinnanteilen von 5 000,00 €, d. h. Herr Wein hat bisher nur 35 000,00 € an Einlagen erbracht, dennoch haftet er unabhängig davon für die volle Haftungssumme von 50 000,00 €.

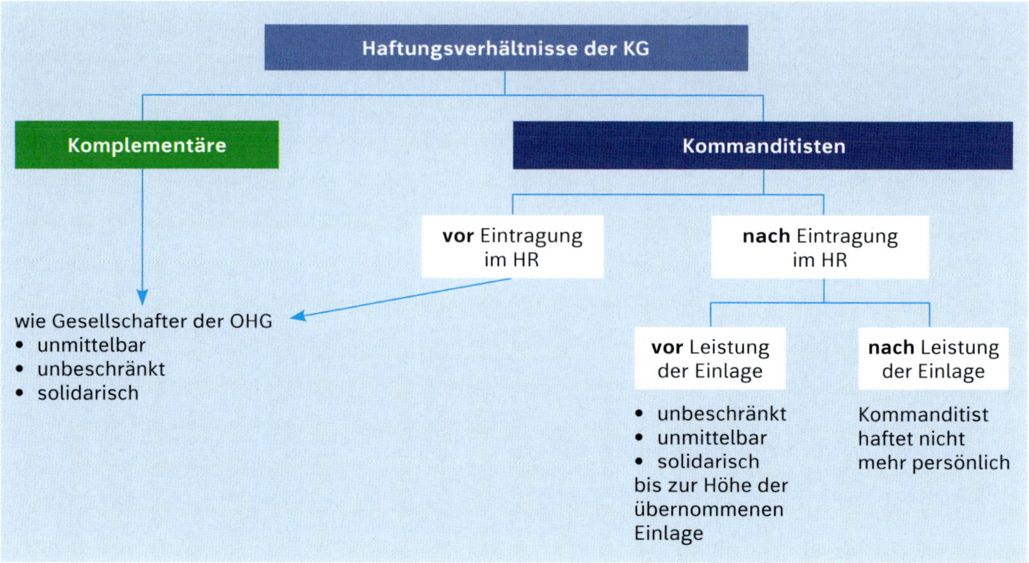
Haftungsverhältnisse der KG
Komplementäre
Kommanditisten
vor Eintragung im HR
nach Eintragung im HR
wie Gesellschafter der OHG
• unmittelbar
• unbeschränkt
• solidarisch
vor Leistung der Einlage
nach Leistung der Einlage
• unbeschränkt
• unmittelbar
• solidarisch
bis zur Höhe der übernommenen Einlage
Kommanditist haftet nicht mehr persönlich

■ Wechsel der Gesellschafter/Auflösung der Gesellschaft/Auseinandersetzung

Es gelten die gleichen Bestimmungen wie für die Gesellschafter der OHG. Die Auseinandersetzung beim Ausscheiden eines Kommanditisten bzw. bei der Liquidation entspricht den Regelungen für einen Komplementär.

Vorteile der KG	Nachteile der KG
zusätzlich zu den Vorteilen wie bei der OHG: • Beteiligungsmöglichkeit ohne Mitarbeitsverpflichtung (Teilhafter) • Haftungsbegrenzung auf die Höhe der Einlage (Teilhafter) • Erweiterung der Kapitalbasis durch Kommanditeinlagen ohne die Herrschaftsrechte der Komplementäre einzuschränken • besonders geeignet für Familienunternehmen, die ihre Geschäftsführungs- und Vertretungsbefugnisse nicht aufteilen wollen	zusätzlich zu den Nachteilen wie bei der OHG: • je geringer die Haftungssubstanz der Komplementäre bei Volleinzahlung der Kommanditeinlagen, desto kreditunwürdiger die KG • nur Kontrollrecht und eingeschränktes Widerspruchsrecht (Teilhafter)

8.2.4 Stille Gesellschaft *(§§ 230–236 HGB)*

Kennzeichen der stillen Gesellschaft sind:

- Beteiligung eines Kapitalgebers (natürliche oder juristische Person) am Handelsgewerbe eines Kaufmannes (Einzelunternehmung oder Handelsgesellschaft)
- Gesellschaftsverhältnis zwischen dem stillen Gesellschafter („Stiller") und Kaufmann tritt nach außen nicht in Erscheinung; es erfolgt **keine Eintragung ins Handelsregister**.

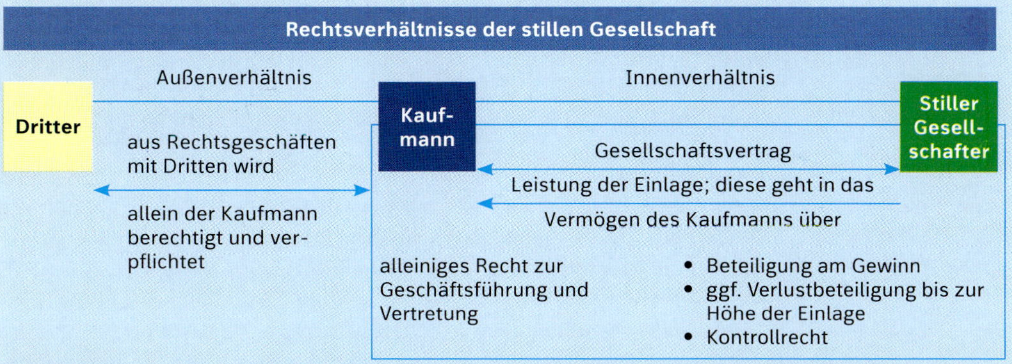
Rechtsverhältnisse der stillen Gesellschaft
Außenverhältnis
Innenverhältnis
Dritter
Kauf-mann
Stiller Gesell-schafter
aus Rechtsgeschäften mit Dritten wird
allein der Kaufmann berechtigt und ver-pflichtet
Gesellschaftsvertrag
Leistung der Einlage; diese geht in das
Vermögen des Kaufmanns über
alleiniges Recht zur Geschäftsführung und Vertretung
• Beteiligung am Gewinn
• ggf. Verlustbeteiligung bis zur Höhe der Einlage
• Kontrollrecht

Bedeutung:
Möglichkeit eines Kaufmanns, das Eigenkapital seiner Unternehmung zu erhöhen, ohne dass die Aufnahme des stillen Gesellschafters für Außenstehende erkennbar ist und die Herrschaftsverhältnisse in der Unternehmung verändert werden. Durch den Tod des stillen Gesellschafters wird die stille Gesellschaft nicht aufgelöst.

8.3 Kapitalgesellschaften

8.3.1 Gesellschaft mit beschränkter Haftung *(GmbHG)*

■ Kennzeichen und Bedeutung

Die **GmbH** ist eine Gesellschaft mit **eigener Rechtspersönlichkeit**:

- Die Gesellschafter haften für die Verbindlichkeiten der Gesellschaft nicht persönlich. Ihr Risiko ist auf die Höhe der vertraglich vereinbarten Geschäftsanteile begrenzt.
- Für die Verbindlichkeiten der Gesellschaft haftet den Gläubigern nur das Gesellschaftsvermögen *(§ 13 GmbHG)*.
- Sie gilt als Handelsgesellschaft und ist damit Formkaufmann. Sie kann zu jedem gesetzlich zulässigen Zweck durch eine oder mehrere Personen gegründet werden *(§§ 1, 13 GmbHG)*.

■ Entstehung der GmbH

Die Gründung erfolgt durch notariell beurkundeten Gesellschaftsvertrag, der von allen Gesellschaftern zu unterzeichnen ist (*§ 2f. GmbHG*).
Daneben gibt es eine vereinfachte Gründungsvariante mit einem standardisierten Musterprotokoll, das als Anlage zum GmbHG zur Verfügung gestellt wird. Einschränkend schreibt das GmbHG vor, dass es sich hier um eine Bargründung mit höchstens drei Gesellschaftern handeln muss.

Die juristische Person, die Körperschaft „GmbH", entsteht mit dem Tag der **Eintragung** ins Handelsregister, Abteilung B *(§ 11 Abs. 1 GmbHG)*.

Der **Anmeldung zum Handelsregister**, die in elektronischer Form (*§ 12 Abs. 2 HGB*) zu erfolgen hat, müssen beigefügt werden (*§ 8 GmbHG*):

- der Gesellschaftsvertrag

- die Legitimation der Geschäftsführer, wenn diese nicht im Gesellschaftsvertrag bestellt sind
- eine Liste aller Gesellschafter mit ihren Unterschriften und Angabe von Namen und Vornamen, Geburtsdatum und Wohnort sowie die Nennbeträge und die laufenden Nummern der von einem jeden Gesellschafter übernommenen Geschäftsanteile
- bei Sacheinlagen:
  - die Verträge über die Sacheinlage sowie der Sachgründungsbericht
  - Unterlagen darüber, dass der Wert der Sacheinlagen den Nennbetrag der dafür übernommenen Geschäftsanteile erreicht *(§ 8 Abs. 1 Nr. 1–6 GmbHG)*
- erforderlichenfalls die staatliche Genehmigungsurkunde (z. B. bei Kreditinstituten, Steuerberatungs-, Wirtschaftsprüfungsgesellschaften) oder der Antrag auf Genehmigung
- die Versicherung, dass die in *§ 7 Abs. 2 und Abs. 3* bezeichneten Leistungen auf die Geschäftsanteile bewirkt worden sind und dass der Gegenstand der Leistungen sich endgültig in der freien Verfügung der Geschäftsführer befindet
- eine Versicherung der Geschäftsführer, dass ihnen die Ausübung des Gewerbes nicht gerichtlich oder behördlich verboten ist und sie nicht wegen vorsätzlich begangener schwerer Wirtschaftsstraftaten (z. B. Insolvenzstraftaten *nach den §§ 283–283 d StGB)* verurteilt worden sind und dass sie über ihre unbeschränkte Auskunftspflicht gegenüber dem Gericht belehrt worden sind
- die Angabe von Art und Umfang der Vertretungsbefugnis der Geschäftsführer und ihre Unterschriftenprobe
- die Angabe einer inländischen Geschäftsanschrift

■ Angaben im Geschäftsbrief

Alle Geschäftsbriefe und dergleichen müssen enthalten *(§ 35 a GmbHG, 37 a HGB)*:

- die Firma, Rechtsformbezeichnung und den Sitz der GmbH
- das zuständige Registergericht und die Handelsregisternummer, unter der die GmbH eingetragen ist
- die Namen der Geschäftsführer
- ggf. den Namen und Vornamen des Aufsichtsratsvorsitzenden

■ Firma

Die Firma muss die Bezeichnung **„Gesellschaft mit beschränkter Haftung“** oder eine allgemein verständliche Abkürzung dieser Bezeichnung, insbesondere **„GmbH“**, enthalten. Wenn die Gesellschaft ausschließlich und unmittelbar steuerbegünstigte Zwecke verfolgt, kann die Abkürzung gGmbH lauten *(§ 4 GmbHG)*.

Kapital

Das Stammkapital beträgt mindestens 25 000,00 €.
Die Kapitaleinlage eines jeden Gesellschafters wird Geschäftsanteil (Stammeinlage) genannt. Die Summe der Nennbeträge aller Geschäftsanteile muss mit dem **Stammkapital** übereinstimmen.
Die einzelnen Geschäftsanteile können unterschiedlich hoch sein. Sie müssen auf volle Euro lauten. Ein Gesellschafter kann bei der Errichtung der Gesellschaft mehrere Geschäftsanteile übernehmen.
Das Stammkapital ist in der Bilanz als **gezeichnetes Kapital** aufzuführen *(§ 272 HGB)*. Ausstehende Einlagen sind auf der Aktivseite der Bilanz gesondert als *ausstehende Einlagen auf das gezeichnete Kapital* auszuweisen.

Sonderform der GmbH: „Unternehmergesellschaft (haftungsbeschränkt)"
(§ 5a GmbHG)

Diese Variante der GmbH kann theoretisch bereits mit 1,00 € Stammkapital gegründet werden. Sacheinlagen sind unzulässig. Die Anmeldung zur Eintragung in das Handelsregister kann erst nach vollständiger Einzahlung des Stammkapitals erfolgen.

Die Firma muss die Bezeichnung „Unternehmergesellschaft (haftungsgeschränkt)" oder „UG (haftungsbeschränkt)" führen. Eine Abkürzung des Begriffes „haftungsbeschränkt" ist nicht zulässig.

In der Bilanz der Unternehmergesellschaft ist eine gesetzliche Rücklage zu bilden, in die jeweils ein Viertel des Jahresüberschusses einzustellen ist, bis ein Stammkapital von 25 000,00 € erreicht ist (Pflichtthesaurierung).

Nach Erreichen dieser Summe hat die Unternehmergesellschaft das Recht, aber nicht die Pflicht, umzufirmieren in GmbH.

Die Abtretung von Geschäftsanteilen erfordert notarielle Beurkundung.

Organe der GmbH

Die **Gesellschafterversammlung** ist oberstes Gesellschaftsorgan. Ihr Aufgabenkreis umfasst *(§ 46 GmbHG)*:

- Grundsatzentscheidungen
- Beschluss über die Festsetzung des Jahresabschlusses und die Verwendung des Ergebnisses
- jederzeitige Bestellung und Abberufung von Geschäftsführern
- Änderungen des Gesellschafter-Geschäftsführer-Dienstvertrages
- Aufstellung von Regeln zur Prüfung und Überwachung der Geschäftsführung,
- Beschluss über die Einforderung der Einlage
- Bestellung von Prokuristen und Handlungsbevollmächtigten

Beschlüsse erfordern die Mehrheit der abgegebenen Stimmen. Jeder Euro eines Geschäftsanteils gewährt eine Stimme *(§ 47 GmbHG)*. Beschlüsse, die zur **Änderung des Gesellschaftsvertrages** führen *(z. B. Erhöhung der Geschäftseinlagen)*, erfordern eine 3/4(= **qualifizierte**)-Mehrheit und notarielle Beurkundung *(§§ 53, 60 GmbHG)*.

Ein **Aufsichtsrat**
- **kann** bis 500 Arbeitnehmern unter Beachtung aktienrechtlicher Vorschriften bestellt werden *(§ 52 GmbHG)*,
- **muss** bei mehr als 500 Arbeitnehmern bestellt werden und zu 1/3 aus Arbeitnehmervertretern bestehen *(§ 1 DrittelbG)*,
- **muss** bei mehr als 2000 Arbeitnehmern bestellt werden und zur Hälfte aus Arbeitnehmervertretern bestehen *(§ 1 MitbestG)*.

Geschäftsführung und Vertretung

Geschäftsführung und Vertretung werden vom **Geschäftsführer** ausgeübt. Es können auch mehrere Geschäftsführer bestellt werden. Der Geschäftsführer handelt mit Wirkung für und gegen die GmbH. Durch ihn wird die GmbH handlungsfähig.
Möglich sind
- angestellte Geschäftsführer, die nicht gleichzeitig Gesellschafter sind,
- Geschäftsführer, die gleichzeitig Gesellschafter sind (Gesellschafter-Geschäftsführer).

Der Geschäftsführer wird **bestellt**
- im Gesellschaftsvertrag *(§ 6 Abs. 2 GmbHG)* oder
- durch Beschluss der Gesellschafter *(§ 35 ff. GmbHG)*.

Jede Bestellung oder Abberufung eines Geschäftsführers ist zur Eintragung ins Handelsregister anzumelden *(§ 39 GmbHG)*. Die Geschäftsführung und Vertretung können ausgeübt werden
- bei Einzelgeschäftsführung durch einen Geschäftsführer allein,
- bei Gesamtgeschäftsführung durch mehrere Geschäftsführer gemeinsam.

Fehlen Vereinbarungen über die Vertretung der Gesellschaft, so gilt Gesamtvertretungsmacht.
Die Geschäftsführung kann im Innenverhältnis beschränkt werden.
Die **Aufgaben** der Geschäftsführer werden festgelegt durch Dienstvertrag, *GmbHG* und Gesellschafterbeschlüsse. Der Geschäftsführer ist Angestellter der GmbH und erhält ein Gehalt, das als Betriebsausgabe absetzbar ist.

Aufgaben der Geschäftsführer als Leitungsorgane der GmbH

Geschäftsführung im Innenverhältnis	Vertretung im Außenverhältnis
• Wahrnehmung der Managementfunktionen • Organisation und Überwachung des Geschäftsbetriebs • Vorbereitung und Erstellung des Jahresabschlusses • Durchführung der Gesellschafterbeschlüsse • Erteilung von Auskünften auf Verlangen der Gesellschafter	• Vertretung der GmbH gegenüber Dritten in allen gerichtlichen und außergerichtlichen Angelegenheiten *(§ 35 Abs. 1 GmbHG)* • Der Umfang der Vertretungsmacht ist unbeschränkt und unbeschränkbar.

Die Geschäftsführer haben insbesondere die **Pflicht**,
- die Geschäftsführung entsprechend den Weisungen der Gesellschafter und unter Beachtung des Gesellschaftsvertrages auszuüben,
- die Mitarbeiter auszuwählen und zu überwachen,
- für eine ordnungsgemäße Buchführung und Bilanzierung zu sorgen *(§§ 41, 42 GmbHG)*,
- die Gesellschafterversammlung einzuberufen *(§ 49 GmbHG)*,
- unverzüglich nach Wirksamwerden jeder Veränderung in den Personen der Gesellschafter oder des Umfangs ihrer Beteiligung eine von ihnen unterschriebene Liste der Gesellschafter zum Handelsregister einzureichen, aus welcher Name, Vorname, Geburtsdatum und Wohnort der letzteren sowie die Nennbeträge und die laufenden Nummern der von einem jeden derselben übernommenen Geschäftsanteile zu entnehmen sind,
- die Steuererklärungen der GmbH abzugeben *(§ 34 AO)*.

Für Geschäftsführer besteht ein **Wettbewerbsverbot**, das aber vertraglich aufgehoben werden kann.

Haftung

Gegenüber Dritten haftet grundsätzlich nur das Vermögen der GmbH, d.h., die Haftung der GmbH umfasst nur das Gesellschaftsvermögen.

Rechte der Gesellschafter

- Teilnahme an der Gesellschafterversammlung und Stimmrecht *(§ 45ff. GmbHG)*
- Auskunfts- und Einsichtsrecht *(§ 51a GmbHG)*
- Anfechtung von Gesellschafterbeschlüssen
- Anspruch auf Gewinnanteil *(§ 29 GmbHG)*
- Anspruch auf Anteil am Liquidationserlös *(§ 72 GmbHG)*

Pflichten der Gesellschafter

- Leistung der vereinbarten Einlage *(§ 14 GmbHG)*
- Zahlung von Verzugszinsen bei verspäteter Einzahlung *(§ 20ff. GmbHG)*
- Nachschusspflicht bei vertraglicher Vereinbarung *(§ 26 GmbHG)*
- Weitere Pflichten können vertraglich begründet werden, z.B:
  - Gewährung eines Darlehens an die GmbH
  - Nutzungsüberlassung von Rechten und Sachen
  - Übernahme von Geschäftsführertätigkeiten

Gewinnverteilung

Der **Jahresüberschuss** ist im Verhältnis der Gesellschaftsanteile zu verteilen *(§ 29 Abs. 1 und 3 GmbHG)*. Im Gesellschaftsvertrag können andere Regelungen vereinbart werden.

Der/die Geschäftsführer der GmbH hat/haben den Jahresabschluss und den Lagebericht für die GmbH zu erstellen und der Gesellschafterversammlung vorzulegen.

Vorteile	Nachteile
• unkomplizierte Gründung mit geringem Kapital und geringen Gründungskosten • Risiko ist auf Geschäftsanteile beschränkt • Gesellschafter haben weitgehendes Mitverwaltungsrecht • abgestufte Publizitäts- und Rechnungslegungspflichten • geeignet für kleinere und mittlere Unternehmungen sowie Familiengesellschaften oder als Ein-Mann-GmbH zur Begrenzung des Haftungsrisikos • Vergütungen an Geschäftsführer (i. d. R. gleichzeitig Gesellschafter) sind steuerlich abziehbare Betriebsausgaben	• geringe Kreditwürdigkeit (Kreditinstitute verlangen häufig die persönliche Haftungsübernahme durch die Gesellschafter bei Kreditzusagen) • ggf. Nachschusspflicht • Gesellschaftsanteile sind nicht über die Börse handelbar • fehlendes Kontrollorgan bei nicht zwingend mitbestimmungspflichtigen Gesellschaften

8.3.2 Aktiengesellschaft *(AktG)*

Kennzeichen und Bedeutung

Definition

*Die **Aktiengesellschaft** ist eine Gesellschaft mit eigener Rechtspersönlichkeit.*
- *Für die Verbindlichkeiten der AG haftet den Gläubigern nur das Gesellschaftsvermögen.*
- *Die Gesellschafter (= Aktionäre) sind mit Einlagen auf das in Aktien zerlegte Grundkapital beteiligt, ohne für die Verbindlichkeiten der AG zu haften (§ 1 AktG).*

Bei der AG erfolgt eine Trennung zwischen Kapitalgebern, den Aktionären (Eigentümern), und der Unternehmensleitung. Die Zerlegung des Grundkapitals in kleine Beträge ermöglicht es der AG, sich über den Kapitalmarkt große Geldbeträge zu beschaffen. Daher ist die AG besonders für Großunternehmen mit einem hohen Kapitalbedarf geeignet.
Zu unterscheiden sind börsennotierte und nicht börsennotierte Aktiengesellschaften.

Die Gründung der AG ist in den *§§ 23–53 AktG* genau vorgeschrieben. Sie hat in zwei Stufen zu erfolgen.

Angaben in Geschäftsbriefen

In den Geschäftsbriefen und in E-Mails der AG müssen aufgeführt werden:
- die Firma und der Sitz der AG,
- das zuständige Registergericht und die Nummer, unter der die AG ins Handelsregister eingetragen ist,
- alle Vorstandsmitglieder sowie der Vorsitzende des Aufsichtsrates mit dem Familiennamen und mindestens einem ausgeschriebenen Vornamen. Der Vorstandsvorsitzende muss als solcher bezeichnet werden.

Firma

Die Firma muss die Bezeichnung **„Aktiengesellschaft“** oder eine allgemein verständliche Abkürzung dieser Bezeichnung, insbesondere **„AG“**, enthalten. Sie ist stets **Formkaufmann**, auch wenn sie kein Handelsgewerbe betreibt.

Kapital

Das Grundkapital (**gezeichnetes Kapital**) entspricht der Summe der auf die einzelnen Stückaktien entfallenden Beträge bzw. der Nennwerte aller ausgegebenen Nennbetragsaktien.
Das Mindestgrundkapital beträgt 50 000,00 € *(§ 7 AktG)*.

Aktien

<table>
<tr><th>Nennbetragsaktien</th><th>Stückaktien</th></tr>
<tr><td>Die Aktien lauten auf mindestens 1,00 €. Höhere Nennbeträge müssen auf volle Euro lauten.

Beispiel: Das Grundkapital einer AG beträgt 550 000,00 € und ist in 550 000 Aktien aufgeteilt.</td><td>Die Aktien lauten auf keinen Nennbetrag, sondern verkörpern einen Bruchteil am Kapital der Gesellschaft. Der rechnerische Wert einer Aktie muss mindestens 1,00 € betragen.
Beispiel: Das Grundkapital einer AG beträgt 550 000,00 € und ist in 300 000 Aktien aufgeteilt.</td></tr>
<tr><th>Stammaktie</th><th>Vorzugsaktie</th></tr>
<tr><td>Die Aktie gewährt alle satzungsmäßigen und gesetzlichen Aktionärsrechte:
• Recht auf Gewinnbeteiligung (Dividende)
• Teilnahme an der Hauptversammlung
• Stimmrecht in der Hauptversammlung
• Bezugsrecht bei der Ausgabe junger Aktien
• Anspruch auf Auskunft durch den Vorstand
• Anspruch auf Anteil am Liquidationserlös</td><td>Die Aktie ist mit einem besonderen Vorrecht ausgestattet. Von Bedeutung ist in Deutschland die kumulative, stimmrechtslose Vorzugsaktie. Die AG beschafft sich hierdurch neues Eigenkapital, ohne dass sich die Stimmrechtsverhältnisse in der Hauptversammlung ändern.
• Es wird ein Vorrecht in Form eines nachzuzahlenden Dividendenvorzugs (Mehr- oder Mindestdividende) gewährt.
• Bevor die Stammaktionäre eine Dividende erhalten, muss zunächst die Zahlung des Dividendenvorzugs gesichert sein.
• Wenn die Ertragsverhältnisse der AG eine Ausschüttung in der versprochenen Höhe nicht zulassen, ist der Dividendenvorzug im nächsten Jahr nachzuzahlen.
• Falls die Nachzahlung nicht möglich ist, haben die Aktionäre das Stimmrecht, bis alle Rückstände der vergangenen Jahre nachgezahlt sind.</td></tr>
<tr><th>Namensaktie</th><th>Inhaberaktie</th></tr>
<tr><td>Die Übertragung der Aktie (Orderpapier) erfolgt durch Einigung und Übergabe der indossierten Aktie. I. d. R. wird Indossament durch Blanko-Zessionserklärung ersetzt. Zusätzlich muss der Aktionär in das Aktienregister der Gesellschaft eingetragen werden.
Vorteile:
• Verbesserung der Investor Relations durch namentliche Kenntnis der Aktionäre
• Stärkung der Bindung des Aktionärs an die Gesellschaft
• frühzeitiges Erkennen feindlicher Übernahmeversuche durch die Gesellschaft
• leichte Identifizierbarkeit von Insidergeschäften durch die Börsenaufsicht
• international übliche Aktienart</td><td>Die Übertragung der Aktie erfolgt durch Einigung und Übergabe der Aktie.
Vorteile:
• leichte Übertragbarkeit der Aktie
• Anonymität des Aktionärs gegenüber der Gesellschaft</td></tr>
<tr><td colspan="2">In den meisten Fällen existieren heute Aktien nicht mehr in physischen Einzelurkunden. Stattdessen sind die Rechte der Aktionäre in einer Globalurkunde zusammengefasst, die bei einer Wertpapiersammelbank hinterlegt ist. Der einzelne Aktionär erlangt ein Miteigentumsrecht nach Bruchteilen an dem auf diese Weise zusammengefassten Wertpapiersammelbestand. Bei einer Eigentumsübertragung tritt anstelle der Übergabe der Aktie die Umschreibung im Depotbuch der Wertpapiersammelbank.</td></tr>
</table>

■ Organe der AG

Vorstand

Der Vorstand leitet die AG aus eigener Verantwortung. Der Vorstand wird vom Aufsichtsrat für fünf Jahre bestellt; weitere Bestellungen für jeweils höchstens fünf Jahre sind zulässig *(§ 84 Abs. 1 AktG)*. Werden mehrere Personen zum Vorstand berufen, so kann der Aufsichtsrat eine Person zum Vorstandsvorsitzenden ernennen *(§ 84 Abs. 2 AktG)*.

Pflichten des Vorstandes
- Geschäftsführung und Vertretung *(§ 76 AktG)*
- regelmäßige, mindestens vierteljährliche Berichterstattung an den Aufsichtsrat über die geschäftliche Lage der AG *(§ 90 AktG)*
- Aufstellung des Jahresabschlusses und Lageberichtes
- Vorlage des Jahresabschlusses, Lageberichtes und Prüfungsberichtes sowie eines Vorschlages an den Aufsichtsrat für die Verwendung des Bilanzgewinns, über den die Hauptversammlung beschließen soll *(§ 170 AktG)*
- Offenlegung des Jahresabschlusses mit Bestätigungsvermerk durch Einreichung beim Handelsregister innerhalb von neun Monaten nach Ende des Geschäftsjahres *(§ 325 ff. HGB)*
- Einberufung der ordentlichen Hauptversammlung in den ersten acht Monaten des Geschäftsjahres *(§ 175 AktG)*
- Sorgfaltspflicht und Wettbewerbsverbot *(§§ 88, 93 AktG)*

Die Vorstandsmitglieder sind Angestellte der AG. Ihre Bezüge bestehen in der Regel aus einem Festgehalt und einer erfolgsabhängigen Komponente.

Mit dem **Deutschen Corporate Governance Kodex** sollen die in Deutschland geltenden Regeln für Unternehmensleitung und -überwachung für nationale wie internationale Investoren, Kunden, Mitarbeiter/-innen und die Öffentlichkeit transparent gemacht werden, um so das Vertrauen in die Unternehmensführung deutscher Gesellschaften zu stärken. Der Kodex berührt alle wesentlichen Kritikpunkte an deutschen Unternehmen, nämlich:
- mangelhafte Ausrichtung auf Aktionärsinteressen
- die duale Unternehmensverfassung mit Vorstand und Aufsichtsrat
- mangelnde Transparenz deutscher Unternehmensführung
- mangelnde Unabhängigkeit deutscher Aufsichtsräte
- eingeschränkte Unabhängigkeit der Abschlussprüfer

Börsennotierte Unternehmen haben nach *§ 161 AktG* jährlich zu erklären, dass den Verhaltensempfehlungen des Kodex entsprochen wurde und wird.

■ Aufsichtsrat

Der Aufsichtsrat besteht aus mindestens drei, höchstens 21 Mitgliedern *(§ 95 AktG)*. Die Anzahl der Aufsichtsratsmitglieder muss durch drei teilbar sei, wenn dies zur Erfüllung mitbestimmungsrechtlicher Vorgaben erforderlich ist. Der Aufsichtsrat wird von der Hauptversammlung für vier Jahre gewählt, soweit diese nicht als Aufsichtsratsmitglieder der Arbeitnehmer *(§ 101 AktG, DrittelbG, MitbestG, MontanMitbestG)* zu wählen sind.

Ein Aufsichtsratsmitglied kann nicht zugleich Vorstandsmitglied, Stellvertreter eines Vorstandsmitgliedes, Prokurist oder Generalbevollmächtigter der AG sein *(§ 105 AktG)*. Mitglied des Aufsichtsrats kann nicht sein, wer in den letzten zwei Jahren Vorstandsmitglied derselben börsennotierten Gesellschaft war. Eine Ausnahme von dieser Vorschrift ist möglich, wenn die Wahl auf Vorschlag von Aktionären kommt, die mehr als 25 % der Stimmrechte halten (§ 100 Abs. 3 Nr. 4 AktG).

Aufgaben des Aufsichtsrates
- Bestellung des Vorstandes *(§ 84 AktG)*
- Überwachung der Geschäftsführung des Vorstandes *(§ 111 Abs. 1 AktG)*
- Abberufung des Vorstandes aus wichtigem Grund *(§ 84 Abs. 3 AktG)*
- Einsichtnahme und Prüfung der Bücher, Schriften und Vermögensgegenstände *(§ 111 Abs. 2 AktG)*
- Prüfung des Jahresabschlusses, des Lageberichtes und des Vorschlages zur Verwendung des Bilanzgewinns und der Berichterstattung über das Ergebnis der Prüfung an die Hauptversammlung *(§ 171 AktG)*
- Einberufung einer außerordentlichen Hauptversammlung, wenn es das Wohl der Gesellschaft erfordert *(§ 111 Abs. 3 AktG)*
- Vertretung der Gesellschaft in gerichtlichen und außergerichtlichen Angelegenheiten gegen die Vorstandsmitglieder *(§ 112 AktG)*
- Leitung der Hauptversammlung

■ Hauptversammlung

Die Hauptversammlung ist die Interessenvertretung der Aktionäre der AG und zugleich das oberste Beschlussorgan der Gesellschaft.
Die Hauptversammlung **beschließt** über *(§ 119 AktG)*:
- die Bestellung der Aktionärsvertreter für den Aufsichtsrat
- die Verwendung des Bilanzgewinns
- die Entlastung des Vorstandes und des Aufsichtsrates
- Satzungsänderungen
- Kapitalerhöhungen bzw. -herabsetzungen
- Auflösung der Gesellschaft

Die Hauptversammlung kann über die Billigung des Vergütungssystems der Vorstandsmitglieder beschließen (§ 120 AktG). Der Beschluss hat aber keine bindende Wirkung für die weiterhin beim Aufsichtsrat liegenden Vergütungsentscheidungen (§ 87 AktG). Die Aktionäre üben ihr Stimmrecht nach Aktiennennbeträgen oder nach Anzahl der Aktien des in der Hauptversammlung vertretenen (anwesenden) Kapitals aus. Gewöhnliche Beschlüsse der Hauptversammlung bedürfen der **einfachen Mehrheit**, satzungsändernde Beschlüsse einer **qualifizierten Mehrheit** *(§ 133 Abs. 1 AktG)*. Jeder Beschluss der Hauptversammlung ist durch eine notariell aufgenommene Niederschrift zu beurkunden *(§ 130 AktG)*.

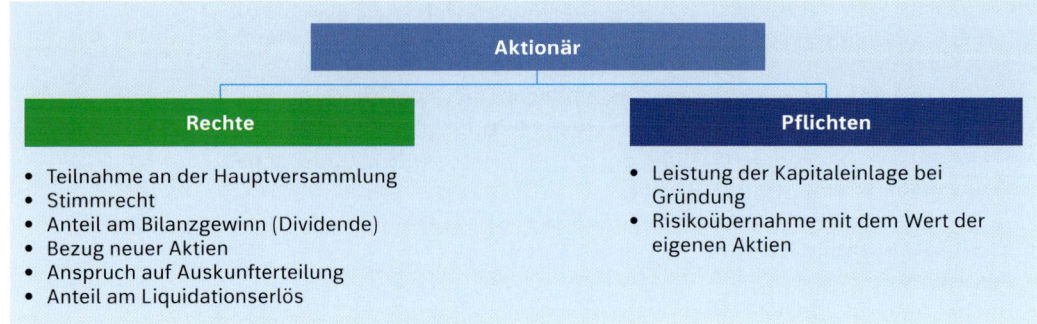

Aktionär

Rechte

- Teilnahme an der Hauptversammlung
- Stimmrecht
- Anteil am Bilanzgewinn (Dividende)
- Bezug neuer Aktien
- Anspruch auf Auskunfterteilung
- Anteil am Liquidationserlös

Pflichten

- Leistung der Kapitaleinlage bei Gründung
- Risikoübernahme mit dem Wert der eigenen Aktien

Gewinnverwendung

Der Bilanzgewinn ist der nach Abzug eines etwaigen Verlustvortrages und nach Dotierung der gesetzlichen Rücklage und anderer Rücklagen verbleibende Teil des **Jahresüberschusses**.

Gesetzliche Rücklagen

5 % des um einen etwaigen Verlustvortrag geminderten Jahresüberschusses müssen so lange der gesetzlichen Rücklage zugeführt werden, bis die gesetzliche Rücklage und die Kapitalrücklagen zusammen 10 % des Grundkapitals erreichen *(§ 150 Abs. 2 AktG)*.

Freiwillige Rücklage

Vorstand und Aufsichtsrat können bis zur Hälfte des Jahresüberschusses in die freiwilligen Rücklagen einstellen, wenn die Satzung es vorsieht *(§ 58 Abs. 2 AktG)*.

Bilanzgewinn

Der verbleibende Restgewinn wird gemäß des Beschlusses der Hauptversammlung in weitere freiwillige Rücklagen eingestellt, an die Aktionäre als Dividende ausgeschüttet und/oder als Gewinn auf das nächste Jahr vorgetragen *(§ 58 Abs. 3 AktG)*.
Billigt der Aufsichtsrat den Jahresabschluss, so ist er **festgestellt**, sofern nicht Vorstand und Aufsichtsrat beschließen, die Feststellung des Jahresabschlusses der Hauptversammlung zu überlassen *(§ 172 AktG)*.
Die Hauptversammlung beschließt über die Verwendung des Bilanzgewinns *(§ 174 AktG)*. Die Anteile der Aktionäre am Bilanzgewinn bestimmen sich nach dem Verhältnis der Aktien; den auf die einzelne Aktie entfallenden Gewinnteil bezeichnet man als **Dividende**.
Der Jahresabschluss der AG ist durch einen Wirtschaftsprüfer oder eine Wirtschaftsprüfungsgesellschaft zu prüfen *(§ 319 Abs. 1 HGB)*.
Hat der Abschlussprüfer keine Einwendungen gegen das Ergebnis des Jahresabschlusses, so erteilt der Abschlussprüfer den **Bestätigungsvermerk**, sein Testat *(§ 322 HGB)*.

Weitere Merkmale der AG sind:
- Gesellschaft mit eigener Rechtspersönlichkeit
- Eintragung ins Handelsregister, Abteilung B
- gilt unabhängig von ihrem Gegenstand als Handelsgesellschaft
- als juristische Person selbstständiges Steuersubjekt
- Aktionäre können natürliche Personen, Personengesellschaften und juristische Personen sein.
- Der Gesellschaftsvertrag wird Satzung genannt.
- Eine bestehende Firma kann unter Hinzufügung des Zusatzes „AG“ fortgeführt werden.
- Inhaberaktien können frei übertragen werden.
- Es gelten erweiterte Vorschriften für die Rechnungslegung, Prüfung und Offenlegung (gemäß *§§ 264–335 HGB*).
- Mehrheitsaktionäre mit einem Anteil ab 95 % dürfen Kleinaktionäre per Barabfindung aus dem Unternehmen herausdrängen (Squeeze out).

Vorteile	Nachteile
• große Risikostreuung • geringes Haftungsrisiko für Aktionäre • leichte Veräußerbarkeit der Kapitalbeteiligung (Aktie) • einfache Kapitalbeschaffung durch Ausgabe „junger“ Aktien oder Fremdkapitalaufnahme als emissionsfähiges Unternehmen über die Börse • keine persönliche Bindung zwischen Teilhabern (Aktionären) und Gesellschaft • Trennung von Unternehmensleitung und Kapital • breite Streuung des Eigentums an Produktionsmitteln durch Stückelung des Kapitals in viele kleine Kapitalanteile • starke Marktstellung ermöglicht hohe soziale Leistungen und überdurchschnittliche Investitionen in Forschung und Entwicklung • geeignet für große Unternehmen mit hohem Kapitalbedarf	• hohe formale und sachliche Anforderungen bei der Gründung der Unternehmung • hohe Publizitätspflichten • ausgeweitete Rechnungslegungs- und Prüfungsvorschriften • weitreichende Mitbestimmungsmöglichkeiten der Arbeitnehmer

Kleine Aktiengesellschaft

Die Vereinfachung des Aktienrechtes hatte das Ziel, mittelständischen Unternehmungen die Eigenkapitalbeschaffung zu erleichtern, die Chancen für die Sicherung der Unternehmenskontinuität zu erhöhen und gleichzeitig die Vorteile sowohl der GmbH als auch der börsennotierten AG in einer Rechtsform zu vereinen.
Die wichtigsten Vorteile der Kleinen AG liegen in Kosten- und Zeitersparnissen:
- Zur Gründung genügt eine Person. Damit ist eine Gleichstellung mit der GmbH-Gründung gegeben.
- Die Gewinnverwendung kann sehr flexibel erfolgen, wenn die Satzung entsprechende Ermächtigungen an Vorstand und Aufsichtsrat vorsieht.
- Die Hauptversammlung kann in vereinfachtem Verfahren einberufen werden und eine notarielle Beurkundung der Beschlüsse ist grundsätzlich nicht mehr erforderlich.
- Bei bis zu 500 Beschäftigten ist keine drittelparitätische Arbeitnehmervertretung vorgeschrieben.

8.3.3 Europäische Aktiengesellschaft – Societas Europaea (SE)

Die SE ist eine neue Rechtsform für Unternehmen, die in verschiedenen Mitgliedstaaten der Europäischen Union tätig sind oder tätig werden wollen. Sie erleichtert erheblich die grenzüberschreitende Kooperation: Es müssen nicht mehr jeweils in verschiedenen Staaten Tochtergesellschaften nach unterschiedlichem Recht gegründet werden. Alle in der SE vereinigten Unternehmensteile haben einen einheitlichen rechtlichen Mantel. Ohne Auflösung und Neugründung ist die Verlegung des Unternehmenssitzes in einen anderen Staat des Europäischen Wirtschaftsraumes möglich.
Rechtsgrundlage ist die EU-Verordnung über das Statut der Europäischen Gesellschaft und EU-Richtlinie über die Rechte der Arbeitnehmer der SE, ergänzt um jeweilige nationale Gesetze zur Umsetzung der Richtlinie. In Deutschland wurde dazu das SE-Ausführungsgesetz *(SEAG)* erlassen. Daneben bleiben auf alle nicht ausdrücklich geregelten Situationen die allgemeinen Vorschriften des *AktG* und des *HGB* anwendbar. Aus der Anwendung des europäischen und nationalen Rechts folgt, dass die SE je nach Staat in durchaus verschiedenen Ausprägungen existiert.

■ Gründung

Nur bestehende Aktiengesellschaften und Gesellschaften mit beschränkter Haftung mit ausländischer Tochter oder ausländischem Kooperationspartner sowie bestehende Europäische Aktiengesellschaften können SE gründen, aber nicht natürliche Personen.

■ Firma und Eintragung

Die Gesellschaft muss den Zusatz **SE** tragen. Sie wird in das für Aktiengesellschaften geltende Register des Mitgliedstaates eingetragen, in dem sie ihren satzungsmäßig bestimmten Sitz hat. Dieser Sitz muss dem Ort ihrer Hauptverwaltung entsprechen. Zusätzlich wird die Eintragung im Amtsblatt der Europäischen Gemeinschaften veröffentlicht.

Beispiele

Allianz SE (München), Porsche Automobil Holding SE (Stuttgart)

■ Kapital

Das gezeichnete Kapital muss mindestens 120 000,00 € betragen.

■ Organe

Die Satzung einer SE sieht neben der Hauptversammlung der Aktionäre entweder ein Leitungs- und ein Aufsichtsorgan (dualistisches System) oder einen Verwaltungsrat (monistisches System) vor.

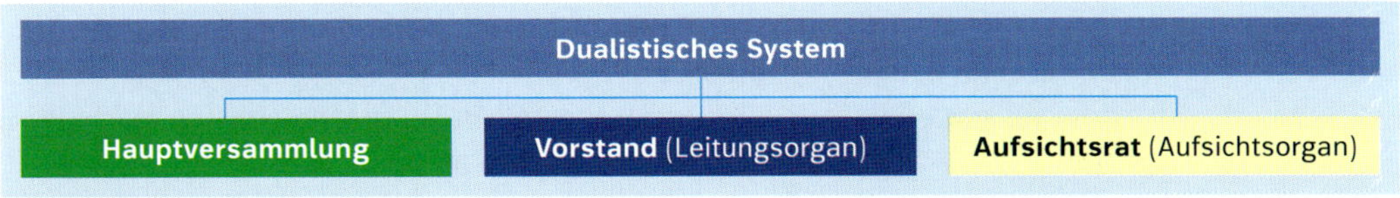
Dualistisches System
Hauptversammlung
Vorstand (Leitungsorgan)
Aufsichtsrat (Aufsichtsorgan)

Im dualistischen System muss das Leitungsorgan bei einem Grundkapital der SE von mehr als 3 Mio. € mindestens aus zwei Personen bestehen. Sofern es sich nicht um eine mitbestimmte Gesellschaft handelt, kann die Satzung ansonsten auch vorsehen, dass nur eine einzige Person die SE leitet. Die Überwachung der Geschäftsführung des Leitungsorgans obliegt dem Aufsichtsorgan. Seine Größe richtet sich nach der Höhe des Grundkapitals. Bei einer mitbestimmten SE setzen sich seine Mitglieder aus Aktionärs- und Arbeitnehmervertretern zusammen.

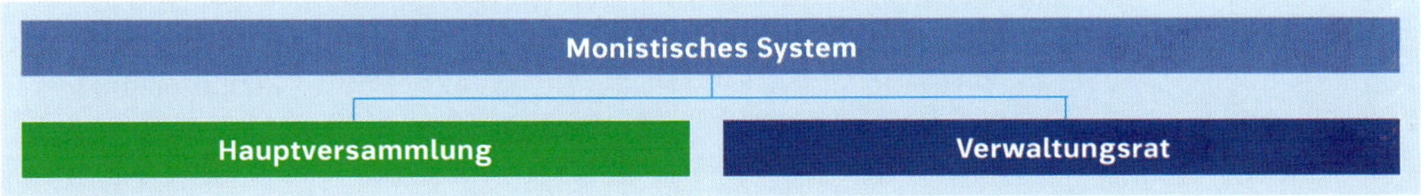
Monistisches System
Hauptversammlung
Verwaltungsrat

Bei der monistischen Struktur liegen die Leitung und Überwachung beim Verwaltungsrat.
Er besteht aus drei Mitgliedern, sofern die Satzung nichts anderes bestimmt. SEs mit einem Grundkapital von mehr als 3 Mio. € müssen allerdings mindestens einen dreiköpfigen Verwaltungsrat haben. Abhängig vom Grundkapital legt das Gesetz auch die Höchstzahl der Verwaltungsratsmitglieder fest.
Die Vertretung der SE und die Geschäftsführung nach außen obliegen im monistischen System den sog. geschäftsführenden Direktoren, die vom Verwaltungsrat bestellt und abberufen werden. Anders als der Vorstand einer AG, der die Gesellschaft eigenverantwortlich leitet, sind die geschäftsführenden Direktoren weisungsgebunden und können jederzeit abberufen werden. Ihre Stellung ist insoweit mit der eines GmbH-Geschäftsführers vergleichbar. Die Direktoren können, müssen aber nicht dem Verwaltungsrat angehören. Um der Überwachungsfunktion des Verwaltungsrats gerecht zu werden, muss die Mehrheit der Verwaltungsratsmitglieder allerdings aus Nicht-Direktoren bestehen. Wird eine mitbestimmte Gesellschaft im monistischen System gegründet, gehören die Arbeitnehmervertreter unmittelbar dem Verwaltungsrat an.

8.3.4 Kleinstkapitalgesellschaften *(§ 267a HGB)*

Eine GmbH oder eine AG (oder eine OHG oder KG nach § 264a HGB) ist eine Kleinstkapitalgesellschaft, wenn zwei der folgenden drei Merkmale in zwei aufeinanderfolgenden Geschäftsjahren nicht überschritten werden: Bilanzsumme 350 000,00 €, Umsatzerlöse 700 000,00 € und Arbeitnehmerzahl im Jahresdurchschnitt 10. Kleinstkapitalgesellschaften genießen wesentliche Vereinfachungen für die Bilanz, die Gewinn-und-Verlust-Rechnung, den Anhang zum Jahresabschluss und den Offenlegungspflichten.

8.3.5 GmbH & Co. KG *(§§ 161–177a HGB; GmbHG)*

Im Gesellschaftsrecht können die Parteien die Rechtsverhältnisse selbstständig gestalten, soweit keine zwingenden Rechtsvorschriften vorhanden sind. Das ist vom Gesetzgeber beabsichtigt, damit die rechtlichen, wirtschaftlichen und sonstigen Gegebenheiten des Einzelfalles berücksichtigt werden können.
Infolge der zum Teil erheblichen Unterschiede im Haftungs- und Steuerrecht sind in der Praxis **Kombinationen** aus Personengesellschaften und Kapitalgesellschaften entstanden.

Definition

Die GmbH & Co. KG ist eine ***Personenhandelsgesellschaft****. Komplementär (Vollhafter) dieser KG ist eine GmbH.*

Gründe für die Wahl dieser Rechtsform können sein:
- Haftungsbeschränkung der Gesellschafter
- Verbindung der steuerlichen Vorteile von Personen- und Kapitalgesellschaften
- Sicherung des Bestandes des Unternehmens für den Fall des Todes des Unternehmers unter weitgehender Erhaltung der Firma
- Ausnutzung der Möglichkeit, einen fachlich kompetenten Geschäftsführer als leitenden Angestellten einzustellen
- Erleichterung der Kapitalbeschaffung, wenn die Gesellschafter bereit sind, weitere Einlagen in Form von Kommanditeinlagen zu leisten

In der Rechtsprechung wird die GmbH & Co. KG immer mehr den Kapitalgesellschaften angenähert, weil einerseits die persönliche Haftung fehlt und andererseits die Haftungsmasse begrenzt wird.

■ Gründung

Die GmbH & Co. KG ist eine **Kommanditgesellschaft**; aus diesem Grund sind zu ihrer Gründung zwei Gesellschafter notwendig:
- der Komplementär und
- der Kommanditist.

Eine oder mehrere Personen gründen eine GmbH. Nach Eintragung in das Handelsregister gründet die GmbH zusammen mit denselben Personen und ggf. weiteren Personen eine Kommanditgesellschaft.

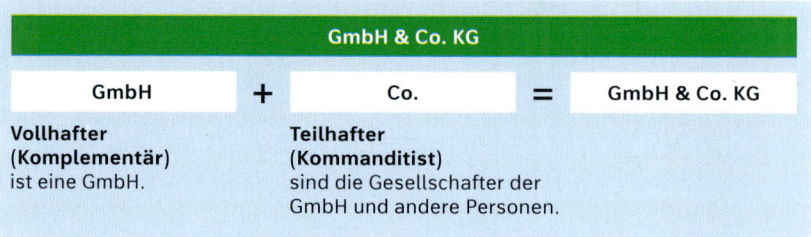

GmbH & Co. KG				
GmbH	+	**Co.**	=	**GmbH & Co. KG**
Vollhafter (Komplementär) ist eine GmbH.		**Teilhafter (Kommanditist)** sind die Gesellschafter der GmbH und andere Personen.		

Gesellschafter

Gesellschafter der GmbH & Co. KG sind:
- die juristische Person „GmbH“ als Komplementär und
- andere Personen als Kommanditisten.

Kommanditisten können natürliche Personen oder juristische Personen sein. Kommanditisten und Gesellschafter der Komplementär-GmbH können verschiedene Personen sein oder es kann Personenidentität bestehen.
Zur Gründung ist mindestens eine natürliche oder juristische Person notwendig.

Gesellschaftsvertrag

Es ist zu erstellen:
- der Gesellschaftsvertrag der GmbH-Gesellschafter
- der Gesellschaftsvertrag der KG-Gesellschafter

Der Gesellschaftsvertrag der GmbH muss notariell beurkundet werden *(§ 2 GmbHG)*, der Gesellschaftsvertrag der KG ist dagegen formfrei.

Handelsregister

- Die **GmbH** ist ins Handelsregister, *Abteilung B,* einzutragen.
- Die Personenhandelsgesellschaft **GmbH & Co. KG** ist ins Handelsregister, *Abteilung A,* einzutragen.

Wenn in einer KG keine natürliche Person (persönlich) haftet, muss die Firma eine Bezeichnung enthalten, welche die Haftungsbeschränkung kennzeichnet *(§ 19 Abs. 2 HGB)*.

Beispiel

Komplementär:	*Kurier GmbH*
Kommanditist:	*Manfred Meise*
mögliche Firma:	*Kurier GmbH & Co. KG*

Geschäftsführung

Das Recht zur Geschäftsführung steht nur den persönlich haftenden Gesellschaftern zu *(§ 114 HGB)*, in diesem Fall den **Komplementären**. Komplementär ist die GmbH, die Geschäftsführung übt innerhalb der GmbH deren Geschäftsführer aus, demnach muss dieser die Geschäfte der KG führen.

Vertretung

Die Vertretung der GmbH & Co. KG ist Aufgabe der/des Geschäftsführer(s) der GmbH.

Haftung

Die Komplementäre haften unbeschränkt für die Verbindlichkeiten der GmbH & Co. KG. Für die Komplementär-GmbH als juristische Person bedeutet dies, dass die GmbH nur mit ihrem Gesellschaftsvermögen haftet. Somit haftet die **Komplementär-GmbH** umfangmäßig unbegrenzt bis zur Höhe ihres Vermögens.
Die Haftung des **Kommanditisten** ist auf die Höhe seiner Einlage begrenzt.

Gewinnverteilung

Sie erfolgt entsprechend den im Gesellschaftsvertrag getroffenen **Vereinbarungen**; im Zweifel gelten die Vorschriften der KG *(§ 168 HGB)*.
Aufsichtsrats- und Beiratsvergütungen, die eine GmbH & Co. KG an diese Organe zahlt, sind nur dann Betriebsausgaben, wenn diese Personen nicht Mitunternehmer der GmbH & Co. KG sind.

	Vergleich	
	GmbH	**GmbH & Co. KG**
Haftung	Grundsätzlich keine Unterschiede	
Geschäftsführergehälter	Der Geschäftsführer (i. d. R. ein Gesellschafter) erhält ein nicht sozialversicherungspflichtiges, aber lohnsteuerpflichtiges Gehalt und häufig auch eine Zusage zur Altersvorsorge. Das Gehalt und die Rückstellungen für die Altersvorsorge vermindern das zu versteuernde Einkommen der GmbH.	Zahlungen an den Unternehmer sind steuerlich nicht abzugsfähig.
Gewerbesteuer	Weil das Geschäftsführergehalt das Einkommen der GmbH senkt, kommt es zu einer Ergebnisminderung für die Gewerbesteuer.	Bei der Gewerbesteuer gibt es einen hohen Freibetrag und die Kommanditisten können anfallende Gewerbesteuer teilweise auf ihre Einkommensteuer anrechnen.
Steuersätze	Die Steuersätze sind, wenn die Gewinne im Unternehmen verbleiben, wesentlich günstiger.	Wenn die Gewinne entnommen werden, sind die Steuersätze wesentlich günstiger.
Verlustverrechnung mit anderen Einkünften	Nicht möglich	Möglich, solange das Kapitalkonto des Kommanditisten nicht negativ wird und es sich nicht um geschlossene Fonds handelt
Kauf und Verkauf	Kauf einer GmbH führt nicht zu Abschreibungspotenzial	Kauf einer GmbH & Co. KG führt zu Abschreibungspotenzial
Erbschaft- und Schenkungsteuer	Ungünstigere Berechnungsverfahren	Meist günstiger, da wegen hoher Freibeträge für das Betriebsvermögen geminderte Wertansätze zugrunde gelegt werden

	Einzelunternehmung	Gesellschaft bürgerlichen Rechts (BGB-Gesellschaft/GbR)	Offene Handelsgesellschaft (OHG)	Kommanditgesellschaft (KG)	Gesellschaft mit beschränkter Haftung (GmbH); alternativ: Unternehmergesellschaft (haftungsbeschränkt)	Aktiengesellschaft (AG)
Rechtsgrundlagen	Allgemeine Vorschriften im BGB, *§ 1 ff. HGB*	*§§ 705–740 BGB*	*§§ 105–160 HGB*	*§§ 161–177 HGB*	*GmbH-Gesetz (GmbHG)*	*Aktiengesetz (AktG)*
Allgemeine Merkmale	• Einzelkaufmann • Kleingewerbetreibender	• Personengesellschaft nach BGB • zu jedem beliebigen Zweck errichtbar	• Personenhandelsgesellschaft • Betrieb eines Handelsgewerbes	• Personenhandelsgesellschaft • Betrieb eines Handelsgewerbes	• Kapitalgesellschaft • zu jedem beliebigen Zweck errichtbar	• Kapitalgesellschaft • zu jedem beliebigen Zweck errichtbar
	unbeschränkte Haftung	unbeschränkte Haftung aller Gesellschafter oder Haftung auf das Gesellschaftsvermögen beschränkt	unbeschränkte Haftung aller Gesellschafter	unbeschränkte Haftung bei mindestens einem Gesellschafter (= Komplementär) beschränkte Haftung bei mindestens einem Gesellschafter (= Kommanditist)	GmbH-Gesellschafter sind entsprechend ihren Geschäftsanteilen an der GmbH beteiligt; ihr Risiko ist auf die Höhe ihrer Geschäftsanteile beschränkt.	Aktionäre sind entsprechend ihren Aktienanteilen an der AG beteiligt; ihre Haftung ist auf die Höhe ihrer Aktieneinlagen beschränkt.
	natürliche Person	–	quasi juristische Person	quasi juristische Person	juristische Person	juristische Person
Gründung	formfrei	formfreier Gesellschaftsvertrag	formfreier Gesellschaftsvertrag	formfreier Gesellschaftsvertrag	notarielle Beurkundung des Gesellschaftsvertrages oder des Musterprotokolls	notarielle Beurkundung der Satzung
	1 Person	2 und mehr Personen	2 und mehr Personen	2 und mehr Personen	1 und mehr Personen	1 und mehr Personen
	Entstehung mit der Aufnahme der werbenden Tätigkeit nach außen		Entstehung nach außen mit dem Zeitpunkt der Geschäftsaufnahme, spätestens mit der Eintragung ins Handelsregister	wie bei OHG	Entstehung mit der Eintragung ins Handelsregister	Entstehung mit der Eintragung ins Handelsregister
Mindestkapital	keine Vorschriften	keine Vorschriften	keine Vorschriften	keine Vorschriften	• Stammkapital (Gezeichnetes Kapital) mind. 25 000,00 € • Mindestgeschäftsanteil je Gesellschafter: 1,00 €; höhere Geschäftsanteile müssen durch 1,00 € teilbar sein • Mindesteinzahlung auf jeden Geschäftsanteil 25 %, insgesamt mind. 12 500,00 € • bei UG (haftungsbeschränkt) mind. 1,00 €	• Grundkapital (Gezeichnetes Kapital) mind. 50 000,00 € • Mindestnennwert je Aktie: 1,00 €; höhere Aktiennennwerte müssen auf volle Euro lauten oder nennwertlose Stückaktien • Mindesteinzahlung auf jede Aktie 25 % des Nennwerts; bei Überpariemission: volle Einzahlung des Überparibetrages
Firma (Mindestinhalt)	Soweit im Handelsregister eingetragen mit Zusatz: e. K.; e. Kfm.; e. Kffr.	keine	Zusatz: OHG	Zusatz: KG	Zusatz: GmbH alter Zusatz: UG (haftungsbeschränkt)	Zusatz: AG
Gesetzliche Regelung der Geschäftsführerbefugnis (betrifft das Innenverhältnis und ist vertraglich änderbar)	Inhaber zur Geschäftsführung berechtigt und verpflichtet	• alle Gesellschafter gemeinschaftlich • Widerspruchsrecht des einzelnen Gesellschafters	• jeder Geschäftsführer alleine (Einzelgeschäftsführerbefugnis) • Widerspruchsrecht des einzelnen Gesellschafters • bei außergewöhnlichen Geschäften: Zustimmung aller Gesellschafter	• jeder Komplementär alleine (Einzelgeschäftsführungsbefugnis) • Kontrollrecht des Kommanditisten • Widerspruchsrecht des einzelnen Komplementärs • bei außergewöhnlichen Geschäften: Zustimmung aller Komplementäre, Widerspruchsrecht der Kommanditisten	der Geschäftsführer bzw. die Geschäftsführer gemeinsam (Gesamtgeschäftsführungsbefugnis)	alle Vorstandsmitglieder gemeinsam (Gesamtgeschäftsführungsbefugnis)

	Einzelunternehmung	Gesellschaft bürgerlichen Rechts (BGB-Gesellschaft/GbR)	Offene Handelsgesellschaft (OHG)	Kommanditgesellschaft (KG)	Gesellschaft mit beschränkter Haftung (GmbH); alternativ: Unternehmergesellschaft (haftungsbeschränkt)	Aktiengesellschaft (AG)
Gesetzliche Regelung der Vertretungsbefugnis (betrifft das Außenverhältnis und ist vertraglich änderbar; in diesem Fall eintragungspflichtig; ihr Umfang ist jedoch unbeschränkt und unbeschränkbar)	Inhaber zur Vertretung berechtigt und verpflichtet	alle Gesellschafter gemeinschaftlich	jeder Gesellschafter allein	jeder Komplementär allein Prokuraerteilung an Kommanditisten möglich	der Geschäftsführer bzw. die Geschäftsführer gemeinsam	alle Vorstandsmitglieder gemeinsam
Haftung	• Betriebs- und Privatvermögen • unbeschränkt	• Gesellschaftsvermögen und Privatvermögen der Gesellschafter • Gesellschafter haften unbeschränkt, unmittelbar und solidarisch • Gesellschaftsvermögen, wenn die Haftung beschränkt wird	• Gesellschaftsvermögen und Privatvermögen der Gesellschafter • Gesellschafter haften unbeschränkt, unmittelbar und solidarisch	• Gesellschaftsvermögen und Privatvermögen der Komplementäre • Komplementäre haften wie OHG-Gesellschafter (Kommanditisten haften in Höhe ihrer Kommanditeinlage)	Gesellschaftsvermögen (Gesellschafter tragen Risiko in Höhe ihrer Geschäftsanteile)	Gesellschaftsvermögen (Aktionäre tragen Risiko in Höhe ihrer Aktieneinlage)
Gesetzliche Regelung der Gewinnverteilung (vertraglich änderbar)	insgesamt	gleiche Anteile am Gewinn und Verlust	• 4 % auf die Kapitaleinlage • Rest nach Köpfen • Verlust nach Köpfen	• 4 % auf die Kapitaleinlage • Rest in angemessenem Verhältnis • Verlust in angemessenem Verhältnis	im Verhältnis der Geschäftsanteile	im Verhältnis der Aktiennennbeträge
Auflösungsgründe	• Entscheidung des Inhabers • Insolvenzeröffnung	• Gesellschafterbeschluss • Vertragsablauf • Erreichung/Nichterreichung des Gesellschaftszweckes • Insolvenzeröffnung über das Vermögen eines Gesellschafters, Tod oder Kündigung eines Gesellschafters (soweit nichts anderes vereinbart ist)	• Gesellschafterbeschluss • Vertragsablauf • Insolvenzeröffnung über das Vermögen der OHG	• wie bei OHG	• Gesellschafterbeschluss (75 % der abgegebenen Stimmen) • Vertragsablauf lt. Gesellschaftsvertrag • Insolvenzeröffnung über das Vermögen der Gesellschaft	• Hauptversammlungsbeschluss (75 % der abgegebenen Stimmen) • Vertragsablauf lt. Satzung • Insolvenzeröffnung über das Vermögen der Gesellschaft
Organe	keine	keine	keine	keine	Geschäftsführer • geschäftsführendes Organ (= gesetzl. Vertreter) • 1 oder mehrere Geschäftsführer • Bestellung durch die Gesellschafter	Vorstand geschäftsführendes Organ (= gesetzl. Vertreter) • 1 oder mehrere Mitglieder • Bestellung durch den Aufsichtsrat
					Aufsichtsrat (bei mehr als 500 Arbeitnehmern zwingend) • überwachendes Organ • mind. 3 Mitglieder	Aufsichtsrat • überwachendes Organ • mind. 3 Mitglieder
					Für die Wahl und Zusammensetzung des Aufsichtsrates gelten ergänzend die Bestimmungen des Drittelbeteiligungsgesetzes, des Mitbestimmungsgesetzes und des Montan-Mitbestimmungsgesetzes	
					Gesellschafterversammlung • beschlussfassendes Organ (Interessenvertretung der Gesellschafter) • 1,00 € Geschäftsanteil = 1 Stimme	Hauptversammlung • beschlussfassendes Organ (Interessenvertretung der Aktionäre) • 1 Aktie = 1 Stimme

Aufgaben

1. Angerer, Freisinger und Preuss sind die Gesellschafter der Spedition Angerer OHG. Die Gesellschaft erzielte 20.. einen Gewinn von 120 000,00 €. Dieser Gewinn ist nach den gesetzlichen Vorschriften zu verteilen. Die Gesellschafter hatten vereinbart, während des Geschäftsjahres Einlagen und Entnahmen tätigen zu können. Im Jahr 20.. waren dies:

Angerer: Entnahme von 10 000,00 € am 30.06.20..
Freisinger: Einlage von 10 000,00 € am 30.09.20..
Preuss: Einlage von 20 000,00 € am 31.03.20..
Entnahme von 10 000,00 € am 30.09.20..

Erstellen Sie eine Tabelle nach unten stehendem Muster und ermitteln Sie zum Jahresende 20..

a) den Kapitalanteil von Preuss vor Verteilung des Gewinns,
b) die Zinsen für das Anfangskapital von Freisinger,
c) die Zinsen für die Einlage von Preuss,
d) den Zinsabzug für die Entnahme von Angerer,
e) den Restgewinn je Gesellschafter.

Gesellschaftsdaten in Euro für 20..:

Gesellschafter	Angerer	Freisinger	Preuss	Summe
Kapitalanteile am Jahresanfang (Anfangskapital)	100 000,00	70 000,00	60 000,00	
Einlage während des Jahres				
Entnahme während des Jahres				
Verzinsung des Anfangskapitals (4 %)				
Zinsgutschrift für Einlagen (4 %)				
Zinsabzug für Entnahmen (4 %)				
Gewinn aus Verzinsung (insgesamt)				
Restgewinn (nach Köpfen)				

2. Ergänzen Sie Ihre Lernkartei, indem Sie die Unternehmensformen

- OHG,
- KG,
- GmbH,
- AG,
- GmbH & Co. KG

jeweils hinsichtlich der Kriterien „Gründung", „Kapitalaufbringung", „Geschäftsführung", „Vertretungsbefugnis", „Haftung", „Gewinnverteilung" und „Auflösung" beschreiben.

3. Visualisieren Sie in einem Schaubild Unterschiede und Gemeinsamkeiten

a) von GmbH und AG,
b) von OHG und KG.

9 Finanzkrisen und Auflösung der Unternehmung

Einstiegssituation

Möbelwerke Westfalen melden Insolvenz an

Die Möbelwerke Westfalen AG, Arbeitgeberin für 13 000 Menschen – hat Insolvenz angemeldet. Die Verhandlungen mit Land, Bund und Banken sollen aber weitergehen.
Nach Angaben eines Gerichtssprechers wurde der Insolvenzantrag am Freitagmorgen beim Amtsgericht Paderborn eingereicht. Die Verhandlungen zur Rettung des Unternehmens sollen aber weitergehen. Wie der Konzern in einer Ad-hoc-Mitteilung bekannt gab, seien sie nicht gescheitert. Angesichts der Dauer der bisher fruchtlosen Verhandlungen sei der Vorstand aus rechtlichen Gründen zum Insolvenz-Antrag gezwungen gewesen.
Mit dem nordrhein-westfälischen Ministerpräsidenten sei aber vereinbart worden, die Verhandlungen fortzuführen, um doch noch zu einer Lösung zu gelangen. In einem solchen Fall könnten die Möbelwerke den Insolvenzantrag noch rechtzeitig zurückziehen, sodass für die Gesellschaft keine nachteiligen Entwicklungen einträten.
Bei den Möbelwerken Westfalen bangen weltweit rund 13 000 Beschäftigte um ihren Job, davon in Deutschland mehr als 1 800. Zuletzt hatten der Bund und das Land Nordrhein-Westfalen Bürgschaften angeboten, die fast die Hälfte des Finanzbedarfs abdecken. Der Rettungsplan umfasst 400 Mio. €.
Die Bundesregierung ist bereit, zur Rettung des Konzerns neue Bundesbürgschaften einzuräumen. Der Bund sei wegen der ohnehin hohen Arbeitslosigkeit in Ostwestfalen am Erhalt des Unternehmens interessiert. Von der Berliner Zeitung wurde die Bundesbürgschaft am Donnerstag auf eine Höhe von 200 Mio. € beziffert.

Quelle: (FS)

Ein Betrieb, der sich in einer Krise befindet, wird als „notleidende Unternehmung" bezeichnet. Folgen sind **Zahlungsschwierigkeiten** (vorübergehender Mangel an flüssigen Mitteln) oder **Zahlungsunfähigkeit** (dauernder Mangel an flüssigen Mitteln).

Es gibt deutliche Kennzeichen, die auf eine Krise hinweisen.

Beispiel

Umsatz- und Gewinnrückgang, Verlust, Eigenkapitalrückgang, Verschuldungszunahme, Liquiditätsprobleme

Inner- und außerbetriebliche Faktoren können für die Krise einer Unternehmung verantwortlich sein. Die folgende Tabelle stellt mögliche Ursachen dar.

	innerbetriebliche Ursachen	außerbetriebliche Ursachen
Umsatzeinbußen	• schleppende Auftragsabwicklung • häufige Produktmängel • veraltete Produkte	• Nachfragerückgang im In- und/oder Ausland • Billigimporte, Konkurrenzdruck • Bedarfsverschiebung (Mode, Marktsättigung)

	innerbetriebliche Ursachen	außerbetriebliche Ursachen
Kostenanstieg	• Personalüberhang • erhebliche Fluktuation • veraltete Produktionsanlagen • zu hoher oder zu geringer Lagerbestand • Fehlinvestitionen	• Anstieg der Kreditzinsen • Lohnsteigerungen • Verteuerung des Wareneinsatzes • Bindung an wenige Großlieferanten • ineffektive Werbestrategien
Liquiditätseinschränkungen	• geringe Eigenkapitalausstattung • falsche Kapitalverwendung • Unterdeckung bei Versicherungsschäden • überhöhte Privatentnahmen	• Reduzierung der Kreditlinien durch Kreditinstitute • Forderungsausfälle • Verlängerung der Zahlungsziele an Kunden • höhere Anzahlungsverpflichtungen
Geschäftsführungsmängel/ fehlendes Controlling	• Fehlentscheidungen des Managements • geringe Aussagefähigkeit des Rechnungswesens und der Kostenrechnung • schlechte Organisation • zögerliche Entscheidungen von Aufsichtsgremien • mangelnde juristische Qualifikation	• kein aktuelles Auskunftswesen • falsche externe Beratung • Fehlanalysen durch Forschungsinstitute • mangelnde Überwachung durch Prüfungsunternehmen

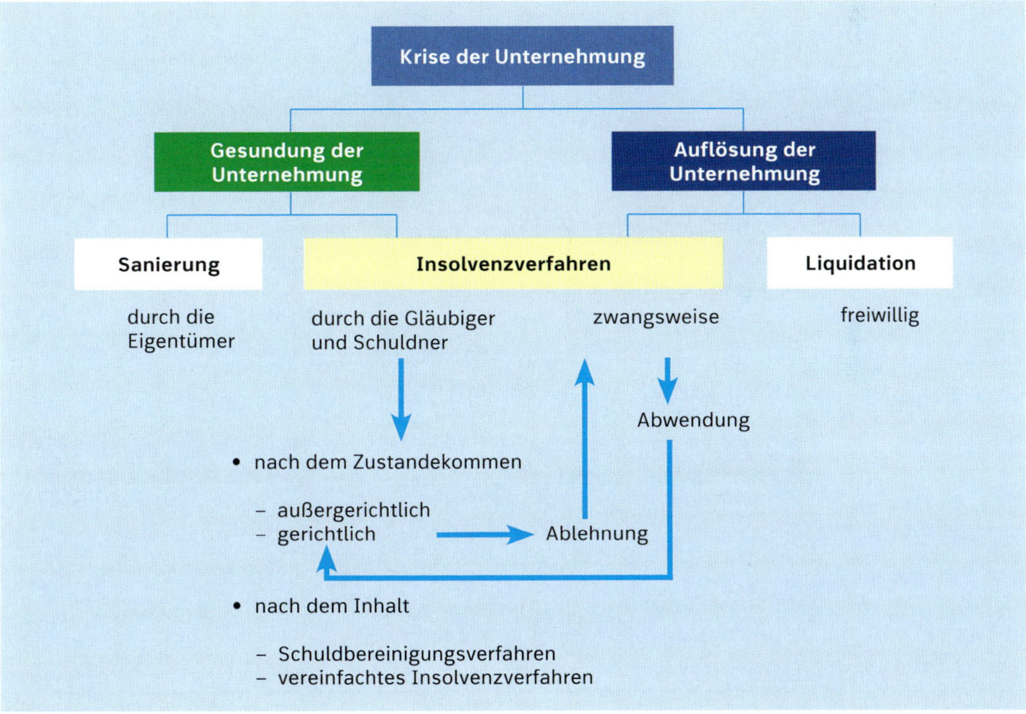
Krise der Unternehmung
Gesundung der Unternehmung
Auflösung der Unternehmung
Sanierung
Insolvenzverfahren
Liquidation
durch die Eigentümer
durch die Gläubiger und Schuldner
zwangsweise
freiwillig
Abwendung
• nach dem Zustandekommen
– außergerichtlich
– gerichtlich
Ablehnung
• nach dem Inhalt
– Schuldbereinigungsverfahren
– vereinfachtes Insolvenzverfahren

9.1 Sanierung

Die **Sanierung** beinhaltet alle Maßnahmen organisatorischer und finanzieller Art, die geeignet sind, dem Unternehmen eine neue Grundlage für die Weiterführung ohne Mithilfe der Gläubiger zu geben.

Voraussetzungen für das rechtzeitige Erkennen der Störungen sind
- Kontrolle aller wichtigen Teilbereiche,
- Bilanzanalysen,
- Betriebsvergleiche.

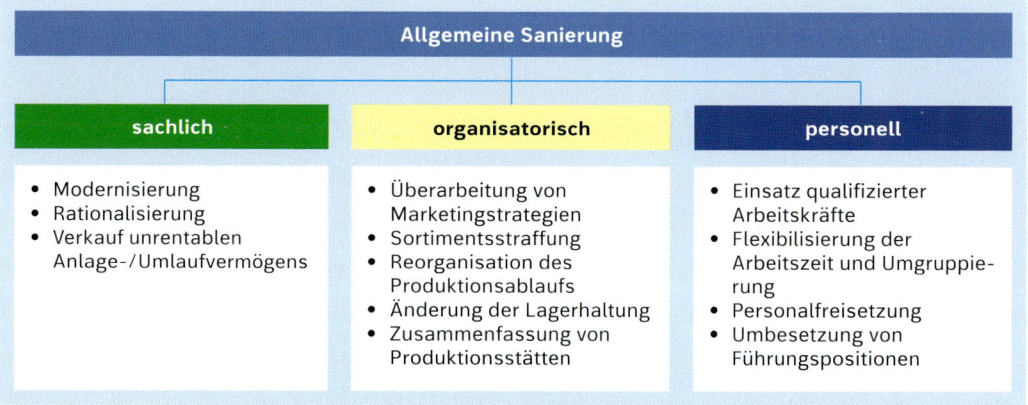

Allgemeine Sanierung

sachlich	organisatorisch	personell
• Modernisierung • Rationalisierung • Verkauf unrentablen Anlage-/Umlaufvermögens	• Überarbeitung von Marketingstrategien • Sortimentsstraffung • Reorganisation des Produktionsablaufs • Änderung der Lagerhaltung • Zusammenfassung von Produktionsstätten	• Einsatz qualifizierter Arbeitskräfte • Flexibilisierung der Arbeitszeit und Umgruppierung • Personalfreisetzung • Umbesetzung von Führungspositionen

Kapitalmäßige Sanierung

Die kapitalmäßige Sanierung im engeren Sinne wird auch als finanzielle Sanierung bezeichnet. Sie vollzieht sich durch Veränderung des Eigenkapitals oder Fremdkapitals.

Eigenkapitaländerung

nominelle (reine) Sanierung	effektive Sanierung

Nominelle Sanierung

Die **nominelle Sanierung** beseitigt eine Unterbilanz durch Anpassung des Eigenkapitals an das Vermögen durch:

- **Rücklagenauflösung**
  Der erwirtschaftete Verlust darf bei Kapitalgesellschaften nicht über das Grundkapital/Stammkapital ausgebucht werden. Der saldierte Verlust erscheint auf der Aktivseite der Bilanz, wenn der Fehlbetrag höher ist als das Kapital (= Unterbilanz). Die Auflösung der Rücklagen erfolgt in Höhe des Verlustvortrages.

- **Kapitalherabsetzung**
  Die Minderung des Grundkapitals/Stammkapitals wird erreicht durch Herabstempelung der Aktiennennwerte (max. bis zum Mindestnennbetrag 1,00 €). Aufkauf und Vernichtung von eigenen Aktien sind dabei möglich.

- **Zusammenlegung von Anteilen**
  Zusammenlegung von Anteilen in einem bestimmten Verhältnis, sodass sich nach Auflösung der Unterbilanz die Möglichkeit für die Bildung einer kleinen Kapitalrücklage ergibt.

Die genannten Maßnahmen haben gemeinsam, dass dem Unternehmen keine neuen Mittel zur Verfügung gestellt werden.

Effektive Sanierung

Die **effektive Sanierung** geht von der Zuführung neuer Eigenkapitalmittel oder der Auszahlung von Entschädigungen aus.

Effektive Sanierung	
neue Finanzmittelzufuhr	**Entschädigungsauszahlung**
• Zuzahlung durch Gesellschafter • Einforderung von Nachschüssen	• Einziehung von Anteilen • Erwerb eigener Aktien; Differenz zwischen Kurs- und Nennwert dient zum Ausgleich des Bilanzverlustes

9.2 Insolvenzverfahren

Definition

Das ***Insolvenzverfahren*** *dient dazu, die Gläubiger des Schuldners gemeinschaftlich zu befriedigen,*
- *indem das Vermögen des Schuldners zur gemeinschaftlichen Befriedigung der Gläubiger verwertet wird (Liquidation des Unternehmens),*
- *indem eine andere Regelung getroffen wird, die den Erhalt des Unternehmens sichert.*

Dem redlichen Schuldner wird Gelegenheit gegeben, sich von seinen restlichen Verbindlichkeiten zu befreien (§ 1 InsO).

Ein Insolvenzverfahren kann bei **Zahlungsunfähigkeit** des Schuldners über das Vermögen jeder natürlichen oder juristischen Person eröffnet werden. Bei juristischen Personen ist neben der Zahlungsunfähigkeit auch die **Überschuldung** Eröffnungsgrund *(§ 11 ff. InsO)*. Das Insolvenzverfahren wird beim Amtsgericht (Insolvenzgericht) eröffnet, sofern das Vermögen des Schuldners mindestens die Kosten des Verfahrens deckt. Andernfalls erfolgt eine Abweisung mangels Masse.

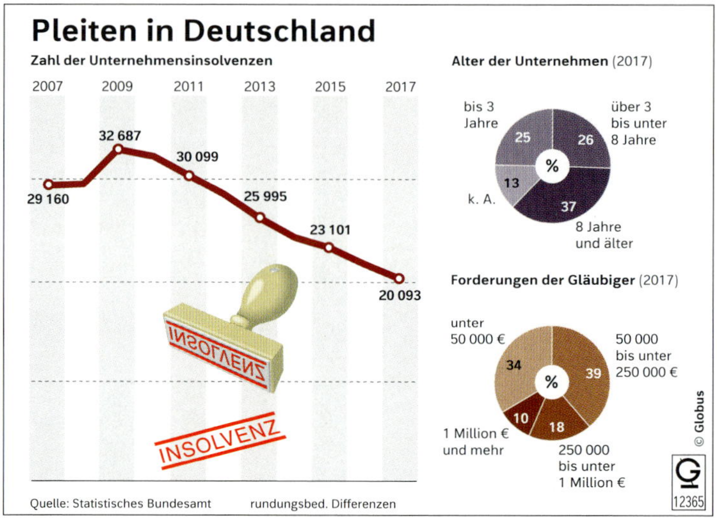
Pleiten in Deutschland
Zahl der Unternehmensinsolvenzen
2007
2009
2011
2013
2015
2017
29 160
32 687
30 099
25 995
23 101
20 093
INSOLVENZ
INSOLVENZ
Alter der Unternehmen (2017)
bis 3 Jahre
über 3 bis unter 8 Jahre
25
26
%
13
37
k. A.
8 Jahre und älter
Forderungen der Gläubiger (2017)
unter 50 000 €
50 000 bis unter 250 000 €
34
39
%
10
18
1 Million € und mehr
250 000 bis unter 1 Million €
Quelle: Statistisches Bundesamt
rundungsbed. Differenzen
© Globus
12365

Wirkung der Insolvenzeröffnung *(§ 80 ff. InsO)*

- Mit der Insolvenzeröffnung verliert der Schuldner die Verfügungsgewalt über sein Vermögen. Ein vom Insolvenzgericht bestellter **Insolvenzverwalter** übernimmt die Verwaltung des Schuldnervermögens.
- Die Gläubiger werden aufgefordert, ihre Forderungen innerhalb einer bestimmten Frist anzumelden.
- Die Eröffnung des Verfahrens wird in das Handelsregister eingetragen.

Einberufung einer Gläubigerversammlung *(§§ 29, 74 InsO)*

- Die Gläubigerversammlung beschließt auf der Grundlage eines Berichts des Insolvenzverwalters über den Fortgang des Verfahrens:
  - Aufstellung eines Insolvenzplans oder
  - Verwertung und Verteilung der Insolvenzmasse:
- Ein Beschluss kommt zustande, wenn die zustimmenden Gläubiger mehr als die Hälfte der Forderungen repräsentieren *(§ 76 InsO)*.

Insolvenzplan *(§ 217 ff. InsO)*

- Ein Insolvenzplan kann vom Insolvenzverwalter oder vom Schuldner vorgelegt werden.
- Er kann eine Erhaltung oder eine Verwertung des Unternehmens vorsehen.
- **Durch Stundungsvereinbarungen und einen Forderungsverzicht (Vergleich) wird in der Regel die Sanierung und damit die Erhaltung des Unternehmens angestrebt.**
- Die Absonderungsrechte *(z. B. Pfandrechte)* der Gläubiger werden, sofern im Insolvenzplan nichts anderes bestimmt ist, vom Plan nicht berührt *(§ 223 InsO)*.
- Zur Annahme des Insolvenzplanes sind folgende Mehrheiten erforderlich *(§ 244 InsO)*:
  - Zustimmung der Mehrheit der Gläubiger („Köpfe“),
  - die mehr als die Hälfte der Forderungen repräsentieren.
- Zusätzlich sind die Zustimmung der Schuldner und die Bestätigung des Insolvenzgerichtes notwendig *(§§ 247, 248 InsO)*.
- Bei einer Annahme ist der Insolvenzplan für alle Gläubiger bindend.

Liquidation des Unternehmens nach InsO

Fremdes Eigentum	
1. Aussonderung *(§ 47 InsO)* Gegenstände, die nicht dem Insolvenzschuldner gehören.	Der Eigentümer des Gegenstandes kann die Herausgabe vom Insolvenzverwalter verlangen. ***Beispiele:*** *Mietsachen, unter Eigentumsvorbehalt gelieferte Waren*
Vermögen (Insolvenzmasse) des insolventen Unternehmers	**Forderungen** gegen das insolvente Unternehmen
2. Absonderung *(§§ 49–52 InsO)* Gegenstände und Rechte, die durch • ein Pfandrecht, • eine Sicherungsübereignung, • eine Sicherungsabtretung belastet sind.	**Gläubiger mit gesicherten Forderungen** Der Insolvenzverwalter verwertet die Gegenstände bzw. Rechte getrennt zur Befriedigung der zugrunde liegenden Forderung *(§ 166 InsO)*.
3. Aufrechnung *(§ 94 InsO)* Forderungen, denen Verbindlichkeiten des Gläubigers gegenüberstehen.	Der Gläubiger kann seine Forderung mit seiner Verbindlichkeit gegenüber dem Insolvenzschuldner aufrechnen.
4. Restliche Insolvenzmasse	Kosten des Insolvenzverfahrens *(§§ 53, 54 InsO)*: • Gerichtskosten • Vergütung des Insolvenzverwalters
	Sonstige Masseschulden *(§ 55 InsO)*, vom Insolvenzverwalter eingegangene Verpflichtungen
	Insolvenzgläubiger ohne Absonderungsrechte *(§ 38 InsO)* ***Beispiele:*** • Forderungen aus Warenlieferungen • nicht gesicherte Kredite
• durch das Vermögen des Insolvenzschuldners nicht gedeckte Forderungen • Forderungsausfall	Nachrangige Insolvenzgläubiger *(§ 39 InsO)* ***Beispiele:*** • Zinsen seit Eröffnung des Insolvenzverfahrens • Verfahrenskosten der Gläubiger

Beispiel

Bei der Germantrans GmbH verbleibt nach der Befriedigung vorrangiger Verbindlichkeiten eine restliche Insolvenzmasse von 150 000,00 €. Folgende weiteren Forderungen wurden angemeldet.

Insolvenzgläubiger ohne Absonderungsrechte:	*750 000,00 €*
Nachrangige Insolvenzgläubiger:	*35 000,00 €*
Von der Bonafide GmbH wurden angemeldet:	
Forderungen aus Warenlieferungen:	*12 500,00 €*
Zinsforderungen seit Insolvenzeröffnung:	*100,00 €*

Insolvenzquote für nicht bevorrechtigte Insolvenzgläubiger $\frac{150\,000{,}00 \cdot 100}{750\,000{,}00} = \underline{\underline{20\ \%}}$

Der Insolvenzverwalter überweist 2 500,00 € (= 20 % von 12 500,00 €) an die Bonafide GmbH. Die nachrangige Forderung wird nicht bedient.

9.3 Freiwillige Liquidation

Definition

Die* Liquidation *ist eine freiwillige Auflösung eines Unternehmens durch den Inhaber, indem alle Vermögensteile in Geld, also in liquide (flüssige) Mittel umgewandelt werden.

Auflösungsgründe

persönliche	sachliche
• Alter des Inhabers • Streitigkeiten der Gesellschafter untereinander • Austritt eines Gesellschafters • Tod des Inhabers • ungeklärte Unternehmensnachfolge • Erbauseinandersetzung	• schlechte Ertragslage • Erreichen/Fortfall des Unternehmenszieles/-zweckes • Erschöpfung der nötigen Rohstoffe

Ablauf des Liquidationsverfahrens

Der Unternehmer/bisherige Gesellschafter/Geschäftsführer/Vorstand, auch **Liquidator** genannt, führt regelmäßig selbst die **Abwicklung** der Unternehmung durch. Auch andere Personen können zum Liquidator bestellt werden.

Aus Gründen des Gläubigerschutzes ist folgendes Verfahren einzuhalten:
- Veröffentlichung des Auflösungsbeschlusses und Eintragung ins Handelsregister
- die Firmenbezeichnung erhält auf allen Geschäftsbriefen den Zusatz „i. L." (in Liquidation)
- Bestellung eines Liquidators *(§ 146 HGB)*
- Veräußerung der Vermögensgegenstände (Maschinen, Grundstücke, Vorräte) gem. *§ 149 HGB*
- Verteilung des verbleibenden Vermögens
- Löschung der Firma im Handelsregister
- Gesellschafter von Personengesellschaften haften noch fünf Jahre ab Eintragung des Löschungsbeschlusses ins Handelsregister (soweit eine Anspruchsverjährung nicht vorher eintritt).

- Geschäftsbücher sind zehn Jahre aufzubewahren (bei Kapitalgesellschaften und Genossenschaften bestimmt das Gericht den Ort der Aufbewahrung).

Auswirkungen

- Arbeitnehmer verlieren Arbeitsplatz
- Kunden benötigen neuen Zulieferer
- Förderung der Unternehmenskonzentration

Der Inhaber entschließt sich nur dann zur **Liquidation**, wenn der **Unternehmensverkauf im Ganzen für ihn nicht vorteilhafter** ist.

So erkennen Sie schwierige Kunden
- schwache Marktposition des Unternehmers
- hohe Anzahl an Sonderangeboten und Rabatten
- Belieferung nicht auf Rechnung, sondern nur gegen Barzahlung
- Anfragen nach Ratenfinanzierungen
- volle Ausnutzung bzw. Überziehung von eingeräumten Zahlungszielen
- hohe Preise werden akzeptiert
- viele Reklamationen Kleinigkeiten betreffend
- nicht eingelöste Schecks
- Wechsel der Bankverbindung
- häufige Wechsel der Geschäftsführung
- Ansprechpartner sind nie zu erreichen

Checkliste für betriebsinterne Vorsorge

✓ keine branchenunüblichen Zahlungsziele einräumen
✓ Skonto gewähren
✓ Bonitätsprüfung
✓ Sperrliste/Warnliste erstellen
✓ Sicherheiten vereinbaren
✓ schnelle exakte Rechnungsstellung
✓ Überwachung der Zahlungseingänge

Aufgaben

1. Welche inner- und außerbetrieblichen Ursachen können für Zahlungsschwierigkeiten eines Speditionsunternehmens maßgeblich sein?
2. Woran kann ein Lieferant möglicherweise schon sehr früh erkennen, dass ein Kunde in finanzieller Bedrängnis steht?
3. Die Spedition Späth GmbH ist zahlungsunfähig. Schildern Sie den Ablauf des Insolvenzverfahrens.
4. Unterscheiden Sie zwischen Aussonderung und Absonderung.
5. Nennen Sie Gründe für eine freiwillige Liquidation eines Speditionsunternehmens.
6. Beschreiben und beurteilen Sie die Möglichkeiten, Forderungen gegen eine im Insolvenzverfahren befindliche GmbH durchzusetzen.

8 Betriebliche Beschaffungsvorgänge planen, steuern, kontrollieren

1 Rechtsgrundlagen

Einstiegssituation

Bei der Luftfrachtspedition BNT AG sind nachts wiederholt Computerteile und Handys aus dem Umschlagslager gestohlen worden. Der angerichtete Schaden beträgt über 100 000,00 €. Nachdem die Geschäftsleitung in Zusammenarbeit mit der Versicherung und der Polizei einige Köder auslegt, kann eine fünfköpfige Bande gefasst werden. Einer der Täter ist Mitarbeiter der Spedition. Die Bande hatte ihr Diebesgut über's Internet, über Flohmärkte und in Gaststätten vertrieben. Bei der nachfolgenden Gerichtsverhandlung macht der Richter deutlich, dass es sich um kein Kavaliersdelikt handelt. Das Strafmaß soll Nachahmer abschrecken und die Täter von Wiederholungstaten abhalten. Er verurteilt die Männer zu langen Haftstrafen und zur Wiedergutmachung des Schadens.
Die Frage nach den arbeitsrechtlichen Konsequenzen für den ungetreuen Mitarbeiter und die Frage, ob die Käufer der gestohlenen Ware jetzt rechtmäßige Eigentümer sind, werden bei der Gerichtsverhandlung nicht angesprochen.

1.1 Die Rechtsordnung als Bestandteil der Gesellschaftsordnung

Jede „lebensfähige“ menschliche Gemeinschaft ist nur auf der Grundlage einer allgemeinen Ordnung möglich, welche die „Spielregeln“ für das Zusammenleben festlegt. Dies gilt für sämtliche Bereiche des Zusammenlebens, ob innerhalb der Familie, des Betriebes oder der Gesellschaft. Werden diese Spielregeln innerhalb einer Gesellschaft auf Dauer von den Gruppenmitgliedern nicht eingehalten, so wird die Gruppe zwangsläufig auseinanderbrechen. Immer wenn Menschen in einer Gemeinschaft zusammenleben, stoßen unvermeidlich gegensätzliche Interessen aufeinander. Es entstehen Interessenkonflikte. Um die Gemeinschaft aufrechtzuerhalten und ein geordnetes Zusammenleben überhaupt erst zu ermöglichen, muss daher geklärt werden,

- auf welche Weise verschiedenartige Interessen miteinander in Einklang gebracht werden sollen,
- wann sich der Einzelne mit seinen Interessen dem Interesse der Gemeinschaft unterzuordnen hat,
- in welchen Fällen das persönliche Interesse des Einzelnen Vorrang vor den Interessen anderer hat.

Definition

Die Gesamtheit aller Verhaltensregeln, denen der Einzelne unterworfen ist, bezeichnet man als **Gesellschaftsordnung**.

Diese Ordnung ist keineswegs ausschließlich durch Verfassung, Gesetzesvorschriften und vertragliche Vereinbarungen festgelegt. Es bestimmen vielmehr auch *Sitten, Brauchtümer* und *kulturelles Erbe* die Ordnung, innerhalb derer sich das gesellschaftliche Leben vollzieht. Allerdings sind die wichtigsten Grundsätze der Gesellschaftsordnung in Form von **Rechtsnormen** allgemeinverbindlich geregelt.

Insgesamt stellt die Gesellschaftsordnung die Zusammenfassung vielfältig verflochtener, ineinandergreifender Regeln dar. Gedanklich lassen sich innerhalb der Gesellschaftsordnung vier verschiedene Teilbereiche unterscheiden:
- Die **Rechtsordnung** beinhaltet die Gesamtheit sämtlicher Rechtsvorschriften innerhalb der Gesellschaft.
- Die **politische Ordnung** spiegelt die politischen Herrschafts- und Machtverhältnisse innerhalb der Gesellschaft wider.
- Die **Sozialordnung** regelt den Schutz der sozial Schwachen und Benachteiligten sowie den Schutz vor wirtschaftlichen Folgen von Krankheit, Arbeitslosigkeit, Erwerbsunfähigkeit usw.
- Die **Wirtschaftsordnung** legt die Rahmenbedingungen fest, die für das wirtschaftliche Handeln der Wirtschaftssubjekte gelten.

Alle vier Bereiche sind voneinander abhängig und sie bedingen sich teilweise gegenseitig: Geänderte Auffassungen innerhalb der politischen Führung über die Sozialordnung schlagen sich in einer entsprechenden Sozialgesetzgebung nieder. Hieraus können wiederum Rückwirkungen auf die Wirtschaftsordnung entstehen. Umgekehrt bleibt der wirtschaftliche Wandel nicht ohne Auswirkungen auf die Wirtschafts- und Sozialordnung.

1.2 Rechtsquellen und Rechtsnormen

Rechtsnormen können
- sich durch ständige allgemeine Praxis und Rechtsanschauungen entwickeln *(= Gewohnheitsrecht)*,
- durch individuelle Vereinbarungen zwischen einzelnen Personen entstehen *(= Vertragsrecht)*,
- ausdrücklich vom Gesetzgeber (Legislative) geschaffen werden *(= Gesetzesrecht, „kodifiziertes Recht")*.

Während Gewohnheitsrecht und Gesetzesrecht für die Allgemeinheit verbindlich sind, gelten vertragliche Vereinbarungen nur für die beteiligten Parteien.

Gewohnheitsrecht	Gesetzesrecht	Vertragsrecht
Ungeschriebene Rechtsnormen, die sich durch langjährige, stetige Gewohnheiten und Rechtsanschauungen innerhalb einer Gesellschaft entwickelt haben; sie sind mit dem Gesetzesrecht gleichrangig. Gegenüber dem Gesetzesrecht bestehen heute nur noch wenige Rechtsnormen, die ausschließlich gewohnheitsrechtlich abgesichert sind. ***Beispiel:*** *Nicht im Grundbuch eingetragene, aber aufgrund langjähriger Gewöhnung bestehende Wegerechte*	Geschriebene Rechtsnormen, die in einem förmlichen Verfahren von den dafür zuständigen Organen erlassen werden. • **Gesetze** werden von den Trägern der gesetzgebenden Gewalt, den Parlamenten (Legislative), erlassen. • **Rechtsverordnungen** werden von einer Behörde, die der Gesetzgeber eigens ermächtigt hat, erlassen; sie sind an ein bestimmtes Gesetz gebunden und dienen zur Ergänzung des Gesetzes. Inhalt, Zweck und Ausmaß der Ermächtigung zum Erlass einer Rechtsverordnung sind im betreffenden Gesetz festgelegt. ***Beispiele:*** • *Güterkraftverkehrsgesetz* • *Straßenverkehrsordnung* • *Verordnung über die Berufsausbildung zum Kaufmann/-frau für Spedition und Logistikdienstleistung* • **Autonome Satzungen** sind von bestimmten Körperschaften des öffentlichen Rechts (z. B. Städte, Kreise, Universitäten) zur Regelung ihrer eigenen Angelegenheiten aufgestellte Rechtsvorschriften.	Geschriebene und ungeschriebene Rechtsnormen, die aufgrund individueller Absprachen zwischen den Rechtssubjekten entstehen. • Der **Grundsatz der Vertragsfreiheit** bedeutet Abschluss- und Inhaltfreiheit: Es steht den Beteiligten frei, Verträge mit wem auch immer und beliebigen Inhalts zu schließen. Die Vertragsfreiheit findet dort ihre Grenzen, wo gegen bestehende Gesetze und die Rechte Dritter verstoßen wird. • Der **Grundsatz von „Treu und Glauben"** bedeutet, dass Verträge so auszulegen und zu erfüllen sind, wie es den allgemeinen Verkehrssitten entspricht *(§§ 157, 242 BGB)*. • Der **Grundsatz der Vertragstreue** verpflichtet die Vertragspartner zur Erfüllung der eingegangenen Verpflichtungen. Eine schuldhafte Verletzung der Vertragspflichten löst ggf. Schadenersatzpflicht aus. ***Beispiel:*** *Wer eine Rechnung über 100,00 € mit 100 Überweisungen bezahlt, verstößt gegen den Grundsatz von „Treu und Glauben".*

■ Privatrecht und öffentliches Recht

Rechtsnormen können privatrechtlicher oder öffentlich-rechtlicher Natur sein.

Definition

Das ***Privatrecht*** *regelt auf der Basis der Gleichberechtigung die rechtlichen Beziehungen der Privatpersonen und privaten Einrichtungen untereinander. Wichtigste Gesetzesgrundlage ist das* ***Bürgerliche Gesetzbuch*** *(BGB).*

Privatrechtliche Beziehungen werden in erster Linie durch **Verträge** gestaltet. Niemand kann zum Abschluss eines Vertrages gezwungen werden; die Vertragspartner können im Rahmen der bestehenden Gesetze ihre Verträge beliebig ausgestalten (dispositives Recht). Auch öffentlich-rechtliche Institutionen können privatrechtliche Beziehungen eingehen.

Beispiel

Die Volkswagen AG erteilt einer Spedition einen Speditionsauftrag.

Definition

Das ***öffentliche Recht*** *regelt auf der Basis der Über-/Unterordnung die rechtlichen Beziehungen zwischen dem Staat und den übrigen Trägern der öffentlichen Gewalt auf der einen Seite und den Privatpersonen und privaten Einrichtungen auf der anderen Seite.*

Öffentlich-rechtliches Handeln vollzieht sich durch Verwaltungsakte. **Verwaltungsakte** sind hoheitliche Maßnahmen, die eine Behörde zur Regelung eines Einzelfalles trifft und denen der Betroffene, wenn kein Rechtsbehelf mehr möglich ist, sich nicht entziehen kann.

Beispiele

- *Steuerbescheid des Finanzamtes*
- *Bußgeldbescheid wegen Nichteinhaltung der Gefahrgutvorschriften.*

Privatrecht (Zivilrecht)	Öffentliches Recht
• regelt die Rechtsbeziehungen der Privatpersonen und privaten Einrichtungen untereinander • dient dem Individualinteresse	• regelt die Rechtsbeziehungen der Privatpersonen und privaten Einrichtungen zu den öffentlichen Einrichtungen (Staat, Gemeinden usw.) und der öffentlichen Einrichtungen untereinander • dient dem öffentlichen Interesse
Die im Gesetz stehenden Rechtsnormen können durch individuelle vertragliche Abmachungen geändert werden. Die gesetzlichen Regelungen gelten nur insoweit, als keine anderweitigen vertraglichen Vereinbarungen getroffen wurden.	Die im Gesetz stehenden Rechtsnormen sind für die Bürger bzw. die betroffenen öffentlichen Einrichtungen zwingend. Bei Straftatsbeständen muss der Staat – vertreten durch den Staatsanwalt – Klage bei Gericht erheben.
Grundsätze: • Gleichberechtigung der Beteiligten • Vertragsfreiheit • Vertragstreue	**Grundsatz:** Über- bzw. Unterordnung
Rechtsgebiete: • *Bürgerliches Recht* • *Handelsrecht* • *Arbeitsrecht* • *Eherecht* • *Transportrecht* • *Betriebsverfassungsrecht*	***Rechtsgebiete:*** • *Verfassungsrecht* • *Verwaltungsrecht* • *Strafrecht* • *Prozessrecht* • *Steuerrecht* • *Schulrecht*

Dispositives und zwingendes Recht

Dispositives Recht (nachgiebiges Recht) erlaubt, dass geltende allgemeine Rechtsvorschriften durch die Beteiligten abgeändert oder ausgeschlossen werden.
Unter **zwingendem Recht** sind Rechtsvorschriften zu verstehen, deren Abänderung oder Ausschluss gesetzlich verboten (= unabdingbar) sind.

Beispiele

Dispositives Recht: *Die Haftungsobergrenzen des Frachtführers können innerhalb einer Bandbreite geändert werden (§ 449 Abs. 2 HGB).*

Zwingendes Recht: *Übernimmt der Spediteur die Beförderung des Gutes selbst – im Selbsteintritt (§§ 458, 460 HGB) oder als Sammelladung –, so haftet er hinsichtlich der Beförderung wie ein Frachtführer.*

1.3 Rechtsprechung

Die **Rechtsprechung** (Judikative) geschieht durch die Gerichte. Die Richter sind unabhängig und nur dem Gesetz verpflichtet *(Art. 97 GG)*. Sie haben die Aufgabe, in einem geregelten Verfahren (Prozess) das vorhandene Recht auf den Einzelfall anzuwenden und darüber zu entscheiden, wie in Streitfällen Gesetze bzw. Verträge auszulegen sind, d. h. was bei konkreten Sachverhalten rechtens ist.

Beispiel

Die Finanzgerichte (FG) als spezielle Verwaltungsgerichte sind zuständig für abgabenrechtliche Streitigkeiten zwischen Steuerpflichtigen und Finanzbehörden

Ständige Rechtsprechung liegt vor, wenn die Gerichte in einer bestimmten Rechtsfrage wiederholt im gleichen Sinn entscheiden. Eine bestimmte Rechtsanschauung kann auf diese Weise zum Gewohnheitsrecht erstarken.
Höchstrichterliche Rechtsprechung erfolgt durch die höchsten Gerichte.

Beispiele

Es sind zuständig:
- *der **Europäische Gerichtshof** (EuGH) für europäische und überstaatliche Angelegenheiten der Gemeinschaftsmitglieder*
- *das **Bundesverfassungsgericht** (BVerG) für Verfassungsstreitigkeiten*
- *der **Bundesgerichtshof** (BGH) für Zivil- und Strafsachen*
- *der **Bundesfinanzhof** (BFH) für Streitigkeiten über Abgabenangelegenheiten*

Die Endurteile der höchsten deutschen Gerichte sind zwar endgültig für den betreffenden Fall, binden aber in einem neuen Fall weder die höchsten Gerichte selbst noch die untergeordneten Gerichte.
Hiervon ausgenommen sind nur die Entscheidungen des Bundesverfassungsgerichts: Sie binden die Verfassungsorgane des Bundes und der Länder und haben grundsätzlich Gesetzeskraft.

■ Arbeitsgerichtsbarkeit

Das **Arbeitsgericht** ist **sachlich zuständig** für alle Streitigkeiten aus:
- dem Arbeitsvertrag
- dem Tarifvertrag
- den Betriebsvereinbarungen
- den Bestimmungen des Betriebsverfassungsgesetzes *(BetrVG)*
- den Bestimmungen des Mitbestimmungsgesetzes *(MitbestG)*

Beispiel

Sonja Stern ist davon überzeugt, dass die fristgerechte Kündigung zum 30.06. nicht nach sozialen Gesichtspunkten erfolgte. Auch das Gespräch mit ihrem Arbeitgeber, der Spedition Schnell GmbH, führte nicht zur Zurücknahme der Kündigung. Frau Stern will gerichtlich gegen die Kündigung vorgehen.

Örtlich ist das Arbeitsgericht zuständig, in dessen Bezirk sich der Erfüllungsort für das Arbeitsverhältnis (Niederlassung, Zweigniederlassung des Arbeitgebers) befindet.
Vor Beginn des Prozesses findet eine **Güteverhandlung** mit dem Vorsitzenden Richter statt, um die Parteien zu einer Klagerücknahme, -anerkennung oder zu einem Vergleich zu bewegen, um ohne Urteilsspruch das Gerichtsverfahren abzukürzen sowie Gerichtskosten und Arbeit zu sparen.

Instanzen der Arbeitsgerichte

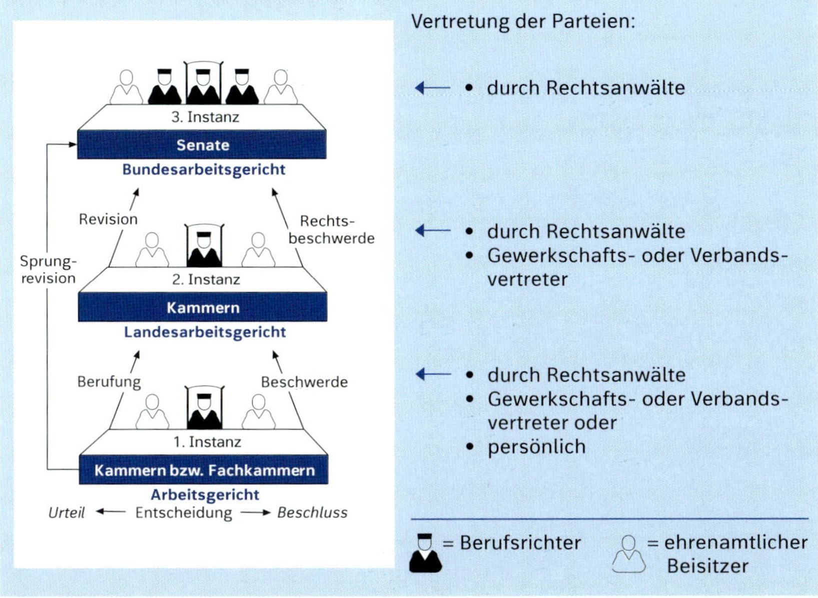
3. Instanz
Senate
Bundesarbeitsgericht
Revision
Rechts-
beschwerde
Sprung-
revision
2. Instanz
Kammern
Landesarbeitsgericht
Berufung
Beschwerde
1. Instanz
Kammern bzw. Fachkammern
Arbeitsgericht
Urteil
Entscheidung
Beschluss
Vertretung der Parteien:
• durch Rechtsanwälte
• durch Rechtsanwälte
• Gewerkschafts- oder Verbands-
vertreter
• durch Rechtsanwälte
• Gewerkschafts- oder Verbands-
vertreter oder
• persönlich
= Berufsrichter
= ehrenamtlicher
Beisitzer

Im **ersten Rechtszug** entscheidet das **Arbeitsgericht** nach mündlicher Verhandlung durch Urteil (oder Vergleich), in Angelegenheiten des *BetrVG* und *MitbestG* durch *Beschluss*. Sofern der Streitwert 600,00 € übersteigt, ist die *Berufung* gegen Urteile und die *Beschwerde* gegen Beschlüsse beim **Landesarbeitsgericht** möglich. Gegen das Urteil des Landesarbeitsgerichts ist die *Revision* bzw. gegen einen Beschluss die *Rechtsbeschwerde* beim **Bundesarbeitsgericht** in Erfurt als höchste Instanz möglich, soweit die Vorinstanz das Rechtsmittel wegen grundsätzlicher Bedeutung der Rechtssache zugelassen hat.
Die Parteien müssen alle Tatsachen vorbringen und Beweismittel beibringen, auf deren Grundlage das Gericht ohne eigene Nachforschungen einen Vergleich herbeiführt oder ein Urteil verkündet. Im **Beschlussverfahren** stellt das Gericht von sich aus Ermittlungen an und klärt den Sachverhalt. Bei der **Berufung** wird der gesamte Streitfall erneut geprüft, bei der **Revision** jedoch nur die richtige Rechtsanwendung der Vorinstanzen.

■ Sozialgerichtsbarkeit

Das Sozialgericht ist sachlich zuständig für Streitigkeiten aus der Sozialversicherung und dem übrigen Sozialrecht (z. B. Kriegsopferversorgung).
Die Dreigliedrigkeit des Instanzenweges ist wie bei der Arbeitsgerichtsbarkeit durch **Sozialgericht, Landessozialgericht und Bundessozialgericht** gegeben. Das Verfahren unterscheidet sich nur insofern von der Arbeitsgerichtsbarkeit, dass mit wenigen Ausnahmen ein **Vorverfahren** durchgeführt wird. Dabei entscheidet die bei dem Versicherungsträger eingerichtete Widerspruchsstelle über einen gegen einen Verwaltungsakt (Bescheid) gerichteten **Widerspruch** durch **Widerspruchsbescheid.**

Instanzen der Sozialgerichte

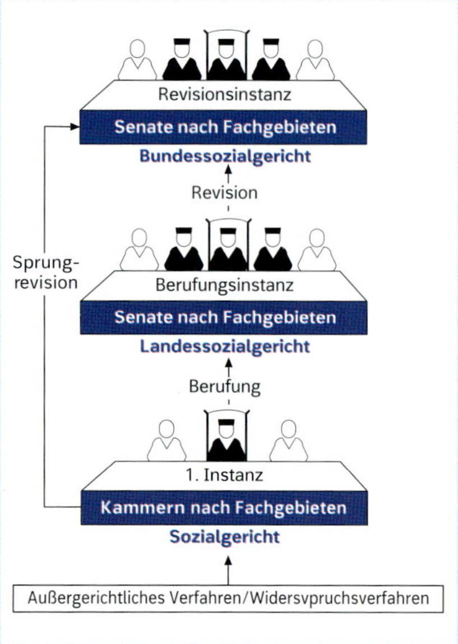
Revisionsinstanz
Senate nach Fachgebieten
Bundessozialgericht
Revision
Sprung-
revision
Berufungsinstanz
Senate nach Fachgebieten
Landessozialgericht
Berufung
1. Instanz
Kammern nach Fachgebieten
Sozialgericht
Außergerichtliches Verfahren/Widersvpruchsverfahren

Streitigkeiten wie in 1. Instanz	Vertretung der Parteien: • durch Rechtsanwälte oder • Verbandsvertreter
Streitigkeiten wie in 1. Instanz	• persönlich oder • durch Rechtsanwälte oder • durch Verbandsvertreter
Streitigkeiten aus der Sozialversicherung, Bundesagentur für Arbeit, Kassenarztrecht, Kriegsopferversorgung	• persönlich oder • durch Rechtsanwälte oder • durch Verbandsvertreter

Außergerichtliches Vorverfahren (Widerspruchsverfahren)

= Berufsrichter

= ehrenamtlicher Beisitzer

■ Finanzgerichtsbarkeit

Das Finanzgericht ist zuständig für Streitigkeiten gegen Finanzbehörden. Allerdings müssen vor einer Klage die außergerichtlichen Schritte zur Beilegung des Streits gegangen werden.

Bei einer Klage ist das Finanzgericht am Ort der beklagten Behörde zuständig. Es besteht kein Vertretungszwang. In der ersten Instanz wird in der Regel nach mündlicher Verhandlung durch die mit drei Berufs- und zwei ehrenamtlichen Richtern besetzten Senate entschieden. Da es im Gegensatz zu den anderen Gerichtszweigen keine Berufungsinstanz gibt, kann nur eine Revision beim Bundesfinanzhof eingelegt werden. Das Finanzgericht wird eine Revision zulassen, wenn die Sache von grundsätzlicher Bedeutung ist oder die Entscheidung der Rechtsfortbildung oder einer einheitlichen Rechtsprechung dient. Der BFH entscheidet mit fünf Berufsrichtern; über Beschwerden gegen Finanzgerichte mit drei Berufsrichtern. Der Kläger muss sich vor dem BFH durch einen Rechtsanwalt, einen Steuerberater oder einen Wirtschaftsprüfer vertreten lassen.

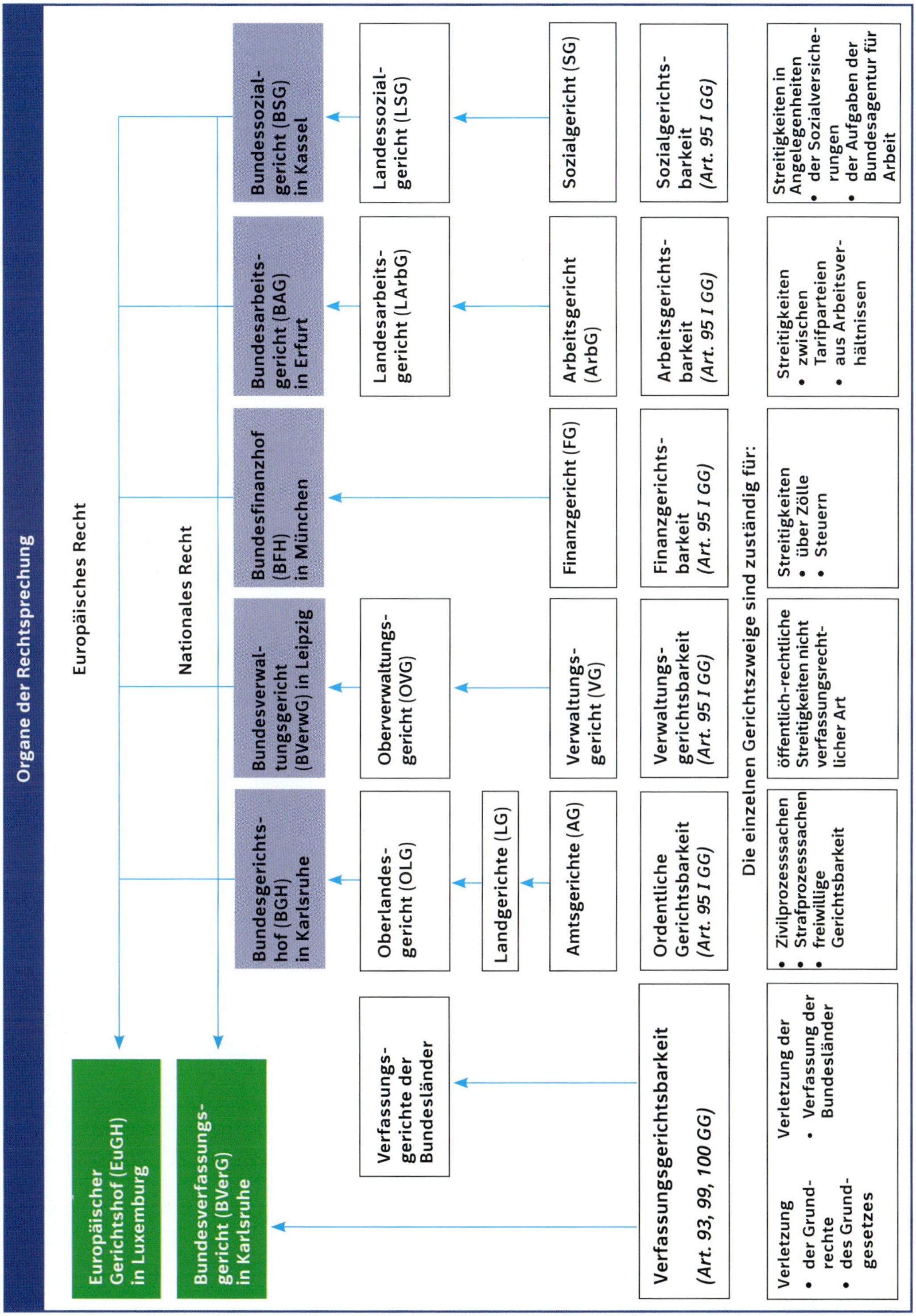
Organe der Rechtsprechung
Europäisches Recht
Nationales Recht
Europäischer Gerichtshof (EuGH) in Luxemburg
Bundesverfassungsgericht (BVerG) in Karlsruhe
Bundesgerichtshof (BGH) in Karlsruhe
Bundesverwaltungsgericht (BVerwG) in Leipzig
Bundesfinanzhof (BFH) in München
Bundesarbeitsgericht (BAG) in Erfurt
Bundessozialgericht (BSG) in Kassel
Verfassungsgerichte der Bundesländer
Oberlandesgericht (OLG)
Landgerichte (LG)
Amtsgerichte (AG)
Oberverwaltungsgericht (OVG)
Verwaltungsgericht (VG)
Finanzgericht (FG)
Landesarbeitsgericht (LArbG)
Arbeitsgericht (ArbG)
Landessozialgericht (LSG)
Sozialgericht (SG)
Verfassungsgerichtsbarkeit (Art. 93, 99, 100 GG)
Ordentliche Gerichtsbarkeit (Art. 95 I GG)
Verwaltungsgerichtsbarkeit (Art. 95 I GG)
Finanzgerichtsbarkeit (Art. 95 I GG)
Arbeitsgerichtsbarkeit (Art. 95 I GG)
Sozialgerichtsbarkeit (Art. 95 I GG)
Die einzelnen Gerichtszweige sind zuständig für:
Verletzung • der Grundrechte • des Grundgesetzes
Verletzung der • Verfassung der Bundesländer
• Zivilprozesssachen • Strafprozesssachen • freiwillige Gerichtsbarkeit
öffentlich-rechtliche Streitigkeiten nicht verfassungsrechtlicher Art
Streitigkeiten • über Zölle • Steuern
Streitigkeiten • zwischen Tarifparteien • aus Arbeitsverhältnissen
Streitigkeiten in Angelegenheiten • der Sozialversicherungen • der Aufgaben der Bundesagentur für Arbeit

Aufgaben

1. Welche Institutionen sind für die Schaffung von Rechtsnormen zuständig?

2. Nennen Sie die in den folgenden Fällen zuständigen Gerichtszweige.
   a) Ein Frauenverband möchte gleichen Lohn bei gleicher Arbeit für Männer und Frauen bundesweit für verbindlich erklären lassen.
   b) Ein Handlungsbevollmächtigter klagt auf Entfernung einer Abmahnung aus seiner Personalakte.
   c) Eine Aktiengesellschaft wendet sich im Zusammenhang mit einer Auseinandersetzung um Abschreibungssätze an das zuständige Gericht.
   d) Ein Transportunternehmer sucht gerichtliche Hilfe, da er einen Bußgeldbescheid des Bundesamtes für Güterverkehr dem Grunde und der Höhe nach für nicht gerechtfertigt hält.
   e) Nachdem sein Widerspruch gegen die Anrechnung seines Aktienvermögens auf das Arbeitslosengeld II gescheitert ist, wendet sich ein Arbeitsloser an das Gericht.
   f) Ein Möbelhaus verklagt nach fruchtlosem Ablauf des Mahnverfahrens einen Kunden auf Zahlung der vereinbarten Restsumme von 3 500,00 €.

3. Erklären Sie mithilfe von Beispielen den Unterschied zwischen
   a) Privatrecht und öffentlichem Recht,
   b) dispositivem und zwingendem Recht.

4. Generalklauseln sind wertausfüllungsbedürftige Rechtsbegriffe. Sie werden z. B. im BGB und im Strafrecht verwendet. Durch den bewussten Verzicht auf Detailregelungen und stattdessen allgemein gehaltene Formulierungen sollen möglichst viele Tatbestände erfasst werden. Schlagen Sie die unten stehenden Paragrafen nach, notieren Sie die dort getroffenen Regelungen und nennen Sie jeweils ein Beispiel.
   a) § 138 BGB
   b) § 826 BGB
   c) § 157 BGB
   d) § 242 BGB
   e) § 626 BGB

2 Rechtssubjekte und Rechtsobjekte

Einstiegssituation

Während der Frühstückspause kommt es wegen dieser Schlagzeile in einem Boulevardblatt zu einer erregten Diskussion zwischen drei Kollegen. Sebastian Schmidtmann ist davon überzeugt, dass eine Ente erben kann. Er weist dabei auf den § 90a BGB hin, in dem die Rechte der Tiere ausdrücklich geregelt seien. Sigi Schlau kann sich darüber vor Lachen kaum halten und meint, dass eine Ente nur das Recht hat, so lange gefüttert zu werden, bis das Schlachtgewicht erreicht ist. Fritz Müller gibt seinen beiden Kollegen im Prinzip recht, aber er wendet ein, dass ein Tier vor Übertragung der Erbschaft erst eine eigene Rechtspersönlichkeit erlangen und dann ein Betreuer eingesetzt werden müsse.

Wer von den dreien liegt Ihrer Meinung nach mit seiner Auffassung richtig?

Quelle: (FS)

2.1 Rechtssubjekte

Definition

Rechtssubjekte sind die natürlichen und juristischen Personen. Rechtsfähigkeit ist die Fähigkeit der Rechtssubjekte, Träger von Rechten und Pflichten zu sein.

Natürliche Personen sind die Menschen. Die Rechtsfähigkeit natürlicher Personen beginnt mit Vollendung der Geburt und endet mit Eintritt des Todes *(§ 1 BGB).*

Beispiel

Ein Säugling kann Eigentümer einer Sache werden.

Juristische Personen sind Personenvereinigungen oder Vermögensmassen mit eigener Rechtspersönlichkeit. Man unterscheidet zwischen juristischen Personen des privaten Rechts und juristischen Personen des öffentlichen Rechts. Die Rechtsfähigkeit juristischer Personen beginnt und endet mit einem Rechtsakt.

Beispiel

Eintragung einer GmbH ins Handelsregister

Natürliche und juristische Personen sind **parteifähig**, d.h., sie können in einem Zivilprozess klagen oder beklagt werden.

Juristische Personen des ...	
... Privatrechts	**... öffentlichen Rechts**
• rechtsfähige Vereine ohne wirtschaftliche Ziele (z. B. Brieftaubenzüchterverein) oder mit Gewinnerzielungsabsicht (z. B. Funktaxizentrale) nach BGB • wirtschaftliche Vereine nach handelsrechtlichen Vorschriften (z. B. GmbH und AG) • Stiftungen (z. B. Stiftung Volkswagenwerk)	• Körperschaften des öffentlichen Rechts (z. B. Bundesrepublik Deutschland, IHK Berlin) • Anstalten des öffentlichen Rechts (z. B. WDR) • Stiftungen des öffentlichen Rechts (z. B. Studienstiftung des Deutschen Volkes)

Definition

Verbraucher ist jede natürliche Person, die ein Rechtsgeschäft zu Zwecken abschließt, die überwiegend weder ihrer gewerblichen noch ihrer selbstständigen beruflichen Tätigkeit zugeordnet werden können (§ 13 BGB).

Definition

Unternehmer ist jede natürliche oder juristische Person oder eine Personengesellschaft, die bei Abschluss eines Rechtsgeschäftes in Ausübung ihrer gewerblichen oder selbstständigen beruflichen Tätigkeit handelt (§ 14 BGB).

Nichtrechtsfähige Personenvereinigungen sind:
- nicht eingetragene Vereine *(§ 54 BGB)*
- Erbengemeinschaften *(§ 2032 ff. BGB)*

Träger der Rechte und Pflichten ist in diesem Fall nicht die Personenvereinigung selbst, sondern vielmehr die Gesamtheit ihrer Mitglieder.

Quasi juristische Personen sind die Personenhandelsgesellschaften OHG und KG sowie die Partnerschaftsgesellschaft und die BGB-Gesellschaft. Sie werden weitgehend wie juristische Personen behandelt.

Beispiele

- *Personenhandelsgesellschaften führen eine Firma.*
- *Personenhandelsgesellschaften können unter ihrer Firma klagen und beklagt werden.*

2.1.1 Geschäftsfähigkeit

Definition

Geschäftsfähigkeit ***ist die Fähigkeit, durch eigenes Handeln wirksam Rechtsgeschäfte abzuschließen.***

Geschäftsfähigkeit natürlicher Personen

Bei natürlichen Personen richtet sich die Geschäftsfähigkeit nach dem Lebensalter:

Geburt Geschäftsunfähigkeit	Vollendung 7. Lebensjahr Beschränkte Geschäftsfähigkeit	Vollendung 18. Lebensjahr — Tod Unbeschränkte Geschäftsfähigkeit
Geschäftsunfähig ist, • wer das 7. Lebensjahr noch nicht vollendet hat, • wer sich in einem dauernden Zustand einer krankhaften Störung der Geistestätigkeit befindet *(§ 104 BGB)*.	**Beschränkt geschäftsfähig** sind Minderjährige zwischen dem vollendeten 7. Lebensjahr und dem vollendeten 18. Lebensjahr *(§ 106 BGB)*.	**Unbeschränkt geschäftsfähig** ist man mit Vollendung des 18. Lebensjahres *(§ 2 BGB)*. Die Geschäftsfähigkeit endet mit dem Tod.
Willenserklärungen sind grundsätzlich nichtig *(§ 105 f. BGB)*.	**Willenserklärungen bedürfen grundsätzlich der Einwilligung der gesetzlichen Vertreter** *(§§ 107 bis 113 BGB)*.	**Willenserklärungen sind uneingeschränkt rechtswirksam.**

Geschäftsunfähigkeit

Definition

Geschäftsunfähig sind Personen, die das siebente Lebensjahr noch nicht vollendet oder die sich in einem dauernden, die freie Willensbildung ausschließenden Zustand krankhafter Störung der Geistestätigkeit befinden (§ 104 BGB).

Willenserklärungen, die eine geschäftsunfähige Person binden, können grundsätzlich nur durch den gesetzlichen Vertreter erfolgen. Andernfalls sind sie nichtig.

Gesetzlicher Vertreter für Minderjährige sind grundsätzlich die Eltern gemeinsam. **Definition**

Beispiel

Der fünfjährige Klaus soll von seinem Onkel Max ein Skateboard geschenkt bekommen. Die Schenkung wird erst wirksam, wenn Klaus' Eltern stellvertretend für ihren Sohn das Geschenk annehmen.

Die *elterliche Sorge* umfasst die Sorge für die Person und das Vermögen des Kindes sowie die Vertretung des Kindes. Die Eltern vertreten das Kind *gemeinschaftlich (§§ 1626, 1629 BGB).*

Sind die Eltern verstorben, so wird für das Kind *(Mündel)* vom *Vormundschaftsgericht* eine andere Person zum **Vormund** bestellt. Der Vormund hat das Recht und die Pflicht, für die Person und das Vermögen des Mündels zu sorgen, insbesondere das Mündel zu vertreten *(§§ 1773, 1793 BGB).* Willenserklärungen gegenüber einem Geschäftsunfähigen sind erst wirksam, wenn sie dem gesetzlichen Vertreter zugehen *(§ 131 BGB).*

Beispiel

Der zweijährige Benedikt hat ein Mehrfamilienhaus geerbt. Die Kündigung durch einen Mieter ist nur wirksam, wenn sie Benedikts Eltern übermittelt wird.

Für die Erledigung von Botengängen spielt die Frage der Geschäftsfähigkeit keine Rolle. Der **Bote** gibt keine eigene Willenserklärung ab, sondern übermittelt nur die bereits fertige Willenserklärung seines Auftraggebers. Der Bote kann somit auch geschäftsunfähig sein.

Beispiel

Der fünfjährige Christian soll für seinen Vater eine bestimmte Programmzeitschrift kaufen. Er gibt selbst keine Willenserklärung ab, sondern übermittelt nur die Willenserklärung seines Vaters.

Nicht in allen Fällen können die Eltern bzw. der Vormund allein Rechtsgeschäfte im Namen des Kindes abschließen. Zum Schutz des Kindes bedürfen vielmehr bestimmte „gefährliche" Rechtsgeschäfte zusätzlich der Genehmigung des Familien- oder Vormundschaftsgerichts *(§§ 1643, 1821).*

Beispiele

Grundstücksgeschäfte oder Bürgschaften im Namen des Kindes

■ Beschränkte Geschäftsfähigkeit

Willenserklärungen beschränkt geschäftsfähiger Personen sind* schwebend unwirksam. *Sie sind wirksam, wenn der gesetzliche Vertreter seine* Zustimmung *(vorherige Einwilligung* oder *nachträgliche Genehmigung, § 182 ff. BGB)* erteilt *(§ 107 f. BGB). **Definition**

Beispiel

Der 16-jährige Alex kauft mit Erlaubnis seiner Eltern ein Mountainbike zum Preis von 1 200,00 €.

Wird die Zustimmung erteilt, ist die Willenserklärung von Anfang an wirksam, wird sie verweigert, ist die Willenserklärung von Anfang an unwirksam.

In **vier Ausnahmefällen** können beschränkt geschäftsfähige Personen auch ohne Zustimmung ihres gesetzlichen Vertreters wirksam Rechtsgeschäfte abschließen:

Ausnahme 1: Rechtliche Vorteilsgeschäfte
Rechtsgeschäfte, die dem beschränkt Geschäftsfähigen lediglich einen rechtlichen Vorteil bringen *(§ 107 BGB)*, aber keine Gegenpflichten auferlegen.

Beispiel

Die elfjährige Jasmin bekommt von ihrer Tante ein Armband geschenkt. Weil die Eltern das Armband geschmacklos finden und darüber hinaus die Tante nicht leiden können, sind sie gegen das Geschenk. Jasmin freut sich jedoch darüber. Die Schenkung ist wirksam, wenn Jasmin das Armband annimmt.

Ausnahme 2: „Taschengeldgeschäfte"
Rechtsgeschäfte, die der beschränkt Geschäftsfähige mit Mitteln bewirkt, die ihm von seinem gesetzlichen Vertreter oder mit dessen Zustimmung von einem Dritten zur freien Verfügung überlassen worden sind („Taschengeldparagraf", *§ 110 BGB*).

Beispiel

Der elfjährige Micha kauft sich von seinem Taschengeld eine Taschenlampe.

Ausnahme 3: Selbstständiger Geschäftsbetrieb
Rechtsgeschäfte, die der beschränkt Geschäftsfähige im Rahmen eines Geschäftsbetriebes abschließt, zu dessen selbstständiger Leitung er von seinem gesetzlichen Vertreter mit Genehmigung des Vormundschaftsgerichts ermächtigt worden ist *(§ 112 BGB)*.

Beispiel

Der 17-jährige Claudio soll die Leitung der elterlichen Spedition übernehmen, da sein Vater krank geworden ist. Nachdem die Genehmigung des Vormundschaftsgerichts vorliegt, kann er alle Rechtsgeschäfte selbstständig abschließen, die den Betrieb betreffen.

Ausnahme 4: Dienst-/Arbeitsverhältnis
Rechtsgeschäfte im Rahmen eines Dienst- oder Arbeitsverhältnisses, das der beschränkt Geschäftsfähige mit Einwilligung seines gesetzlichen Vertreters eingegangen ist *(§ 113 BGB)*.

Beispiel

Die 16-jährige Lena hat mit Einwilligung ihrer Eltern eine Stelle als Lagerarbeiterin angetreten. Sie kann daraufhin selbstständig bei einem Kreditinstitut ein Girokonto eröffnen, auf das ihr Gehalt überwiesen werden soll.

Ein **Ausbildungsverhältnis** ist nach herrschender Meinung kein Dienst-/Arbeitsverhältnis im Sinne des *§ 113 BGB*.

Beispiel

Der 17-jährige Andy beginnt am 01.09. eine Ausbildung zum Kaufmann für Spedition und Logistikdienstleistung. Zur Kontoeröffnung für die Überweisung seiner Ausbildungsvergütung ist die Zustimmung der gesetzlichen Vertreter notwendig.

Einseitige Rechtsgeschäfte Minderjähriger

Definition

Bei einseitigen Rechtsgeschäften, wie z. B. Kündigung, Widerruf, Anfechtung oder Rücktritt, benötigt der Minderjährige die Einwilligung gesetzlicher Vertreter. Bei fehlender oder nachträglicher Zustimmung ist das Rechtsgeschäft unwirksam (§ 111 BGB).

Betreuung

Kann ein **Volljähriger** aufgrund einer psychischen Krankheit oder einer körperlichen, geistigen oder seelischen Behinderung seine Angelegenheiten ganz oder teilweise nicht besorgen, kommt die Bestellung eines *Betreuers* durch das *Vormundschaftsgericht* in Betracht.

- Die Geschäftsfähigkeit des Betroffenen wird dadurch nicht aufgehoben. Im Einzelfall kann das Gericht aber die Teilnahme des Betreuten am Rechtsverkehr einschränken *(§ 1896 BGB)*.
- Ein Betreuer darf nur für Aufgabenkreise bestellt werden, in denen eine Betreuung erforderlich ist.

Geschäftsfähigkeit juristischer Personen

Definition

Juristische Personen erlangen mit dem Erwerb der Rechtsfähigkeit gleichzeitig auch die unbeschränkte Geschäftsfähigkeit.

Sie werden Dritten gegenüber vertreten durch:

- das **kraft Gesetz** hierzu bestimmte Organ (= gesetzlicher Vertreter)

  Beispiel

  - *Vorstand des eingetragenen Vereins*
  - *Geschäftsführer der GmbH*
  - *Vorstand der AG*

oder

- die **kraft Vollmacht** hierzu bestimmten Personen (= rechtsgeschäftliche Vertreter)

  Beispiel

  - *Handlungsbevollmächtigte*
  - *Prokuristen*
  - *Generalbevollmächtigte*

2.1.2 Deliktfähigkeit *(§ 827 ff. BGB)*

Deliktfähig ist, wer für einen von ihm durch eine unerlaubte Handlung angerichteten Schaden zur Haftung herangezogen werden kann.

Die Deliktfähigkeit beginnt grundsätzlich mit dem vollendeten 7. Lebensjahr.

Beispiel

Der sechsjährige Heiner und der siebenjährige Johannes spielen in einem unverschlossenen Lagerhaus. Mit herumliegenden Papierresten machen sie ein kleines Feuer, das schließlich das gesamte Gebäude in Schutt und Asche legt. Der Sachschaden beträgt 10 Mio. €.

Nicht verantwortlich für eine unerlaubte Handlung sind
- beschränkt geschäftsfähige Minderjährige, wenn bei der Begehung der Tat die notwendige Einsicht gefehlt hat,
- Personen, die im Zustand nicht selbst verschuldeter Bewusstlosigkeit (Alkoholmissbrauch) oder einer krankhaften Störung der Geistestätigkeit handeln.

Durch den „Millionärskinderparagrafen", *§ 829 BGB*, kann sich aber – obwohl Deliktfähigkeit fehlt und die Aufsichtspflicht nicht verletzt wurde – eine Ersatzpflicht aus Billigkeitsgründen ergeben.

Bei nicht vorsätzlich herbeigeführten Verkehrsunfällen beginnt die Deliktfähigkeit mit Vollendung des zehnten Lebensjahres.

Im Strafrecht gelten andere Regeln. Die Strafmündigkeit beginnt mit Vollendung des 14. Lebensjahres, und 18- bis 21-Jährige gelten als Heranwachsende, für die wiederum Sondervorschriften gelten.

2.2 Rechtsobjekte

Definition ***Rechtsobjekte sind Gegenstände (Sachen, Rechte, Tiere), die der Rechtsmacht der Rechtssubjekte unterliegen.***

Beispiel

Eine Spedition (= Rechtssubjekt) vermietet ein Lager (= Rechtsobjekt) an ein Versandhaus (= Rechtssubjekt).

2.2.1 Sachen

Definition ***Sachen sind nur körperliche Gegenstände (§ 90 BGB).***

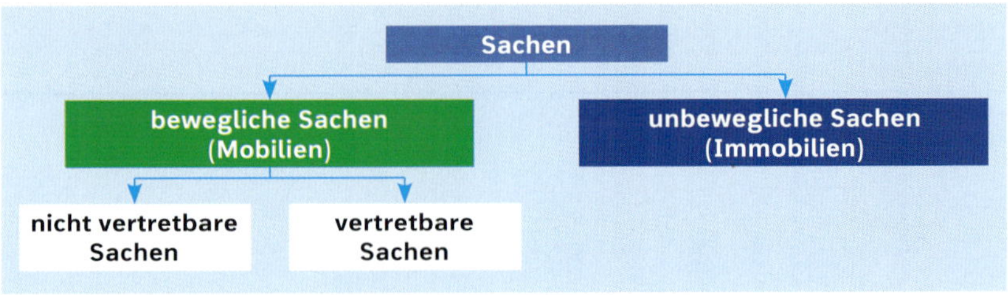
Sachen
bewegliche Sachen (Mobilien)
unbewegliche Sachen (Immobilien)
nicht vertretbare Sachen
vertretbare Sachen

Nicht vertretbare Sachen sind Einzelstücke mit individueller Prägung. Sie existieren in dieser Form nur einmal.

Beispiel

Eine spezielle Transportverpackung für ein Kunstwerk

Vertretbare Sachen sind bewegliche Gegenstände, die im Geschäftsleben nach Maß, Zahl oder Gewicht bestimmt werden (§ 91 BGB); sie sind untereinander austauschbar (fungibel). **Definition**

Beispiel

EURO-Paletten, Aktien der Deutsche Post AG

Unbewegliche Sachen sind die Grundstücke. **Definition**

Ein **Grundstück** ist ein abgegrenzter Teil der Erdoberfläche.
Wohnungseigentum und **Erbbaurechte**[1] sind grundstücksgleiche Rechte; sie werden wie Grundstücke behandelt.

Wesentliche Bestandteile sind solche Teile einer Sache, die voneinander nicht getrennt werden können, ohne dass der eine oder andere zerstört oder in seinem Wesen verändert wird (§ 93 BGB). **Definition**

Beispiel

Stationäre Krananlage auf dem Speditionsgelände, Zylinderkopfdichtung eines Motors.

Wesentliche Bestandteile einer Sache können nicht Gegenstand besonderer Rechte sein.

Beispiel

Der Eigentümer eines Grundstücks ist auch Eigentümer der darauf stehenden Lagerhalle.

Zubehör sind selbstständige bewegliche Sachen, die – ohne Bestandteil der Hauptsache zu sein – dem wirtschaftlichen Zweck der Hauptsache zu dienen bestimmt sind und zu ihr in einem dieser Bestimmung entsprechenden räumlichen Verhältnis stehen (§ 97 BGB). **Definition**

Für Hauptsache und Zubehör existiert häufig die gleiche Rechtslage, insbesondere besteht einheitliches Eigentum.

Beispiel

Gabelstapler auf dem Speditionsgelände; Inventar, das zu einer Gaststätte gehört; der zu einem Auto gehörende Ersatzreifen.

---

[1] *Der Erbbauberechtigte hat für eine bestimmte Zeit (i. d. R. 99 Jahre) das vererbliche und veräußerbare Recht, auf einem Grundstück ein Gebäude zu errichten und zu unterhalten.*

2.2.2 Rechte

Definition *Rechte sind unkörperliche (immaterielle) Gegenstände.*

Absolute Rechte bestehen gegenüber jedermann.
Sie betreffen die Beziehungen einer Person zu einer Sache. Man spricht daher auch von **dinglichen** Rechten (Sachenrechten).

Beispiel

Eigentumsrecht an einem Gebäude, Urheberrecht an einer Software.

Relative Rechte bestehen nur zwischen bestimmten Personen; sie resultieren aus Schuldverhältnissen. Man spricht daher auch von **schuldrechtlichen** Ansprüchen.

Beispiel

Ansprüche aus Kaufvertrag, Frachtvertrag oder Ausbildungsvertrag

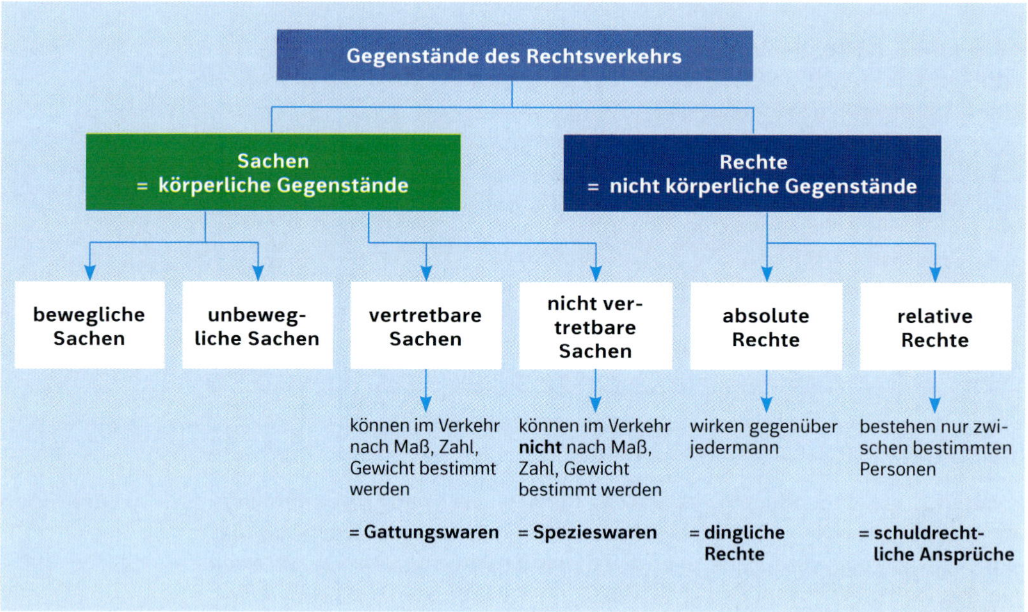
Gegenstände des Rechtsverkehrs
Sachen = körperliche Gegenstände
Rechte = nicht körperliche Gegenstände
bewegliche Sachen
unbewegliche Sachen
vertretbare Sachen
nicht vertretbare Sachen
absolute Rechte
relative Rechte
können im Verkehr nach Maß, Zahl, Gewicht bestimmt werden
können im Verkehr nicht nach Maß, Zahl, Gewicht bestimmt werden
wirken gegenüber jedermann
bestehen nur zwischen bestimmten Personen
= Gattungswaren
= Spezieswaren
= dingliche Rechte
= schuldrechtliche Ansprüche

2.2.3 Eigentum und Besitz

Eigentum ist die rechtliche Herrschaft über eine Sache. **Definition**

Der Eigentümer kann, soweit nicht das Gesetz oder Rechte Dritter entgegenstehen, mit der Sache nach Belieben verfahren *(§ 903 BGB).*

Besitz ist die tatsächliche Herrschaft über eine Sache (§ 854 BGB). **Definition**

Eigentümer und Besitzer können identische oder verschiedene Personen sein. Der Besitz wird durch Erlangung der tatsächlichen Gewalt über eine Sache erworben, einerlei, ob dies auf rechtmäßige Weise *(z. B. durch Leihe)* oder unrechtmäßige Weise *(z. B. durch Diebstahl)* geschieht.

Mittelbarer Besitzer ist, wer einem andern auf Zeit den unmittelbaren Besitz so überlassen hat, dass dieser Entleiher, Mieter, Pächter, Verwahrer, Nießbraucher oder Pfandgläubiger ist *(§ 868 BGB).*

2.2.4 Eigentumserwerb an beweglichen Sachen

Das Eigentum an beweglichen Sachen wird übertragen durch:

- **Einigung über den Eigentumsübergang und Übergabe der Sache**

  Beispiel

  Eine Spedition kauft Büromöbel. Mit der Übergabe der Möbel erwirbt die Spedition das Eigentum.

- **bloße Einigung über den Eigentumsübergang**, wenn sich die Sache bereits im Besitz des Erwerbers befindet

  Beispiel

  Eine Auszubildende entscheidet sich zum Kauf eines Radios, das ihr ein Versandhaus auf Probe zugesandt hatte.

- **Einigung über den Eigentumsübergang und Vereinbarung eines Besitzkonstitutes** *(z. B. Leih-, Miet-, Verwahrvertrag)*, wenn die Sache weiterhin im Besitz des Veräußerers bleiben soll

  Beispiel

  Zur Sicherung eines Kredits übereignet die Hunzinger Spedition GmbH einen Lkw an ihre Hausbank.

- **Einigung über den Eigentumsübergang und Abtretung des Herausgabeanspruchs**, wenn sich die Sache im Besitz eines Dritten befindet

  Beispiel

  Die Düngemittel AG hat bei der Spedition Intertrans GmbH 2 000 t Düngemittel eingelagert. 20 t werden an einen landwirtschaftlichen Betrieb verkauft. Durch einen Vermerk auf dem Lagerschein tritt die Düngemittel AG die verkaufte Menge an den landwirtschaftlichen Betrieb ab.

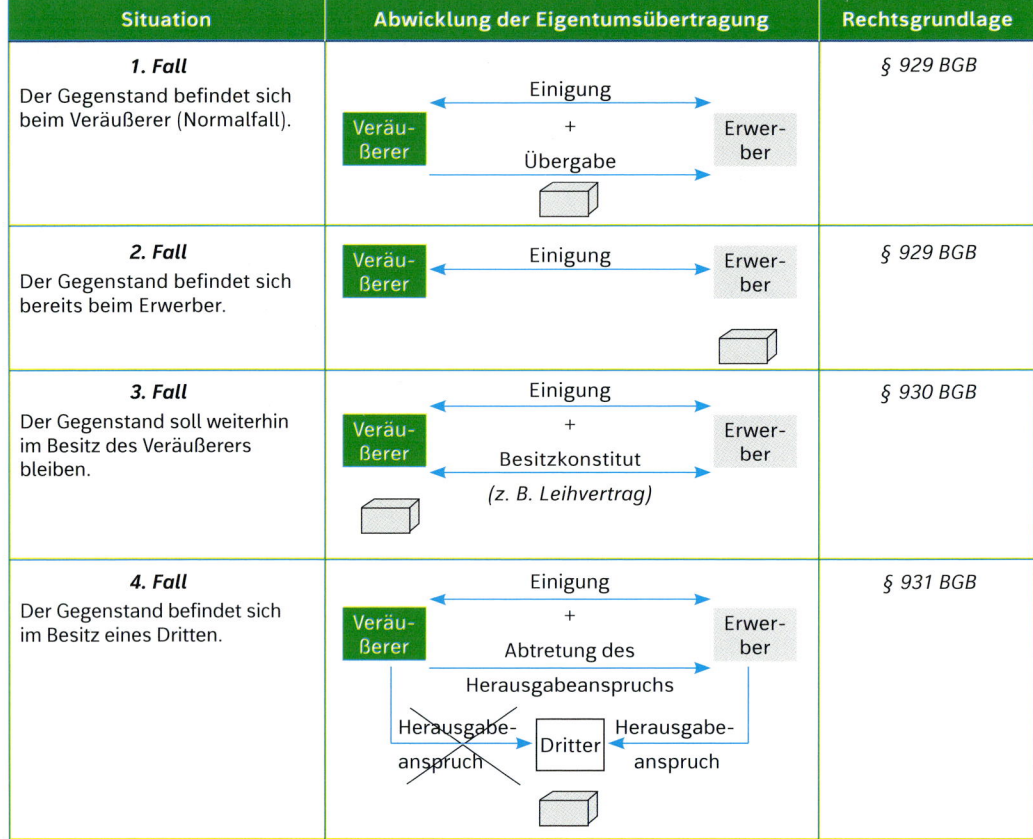

Situation	Abwicklung der Eigentumsübertragung	Rechtsgrundlage
1. Fall Der Gegenstand befindet sich beim Veräußerer (Normalfall).	Veräußerer – Einigung + Übergabe – Erwerber	*§ 929 BGB*
2. Fall Der Gegenstand befindet sich bereits beim Erwerber.	Veräußerer – Einigung – Erwerber	*§ 929 BGB*
3. Fall Der Gegenstand soll weiterhin im Besitz des Veräußerers bleiben.	Veräußerer – Einigung + Besitzkonstitut *(z. B. Leihvertrag)* – Erwerber	*§ 930 BGB*
4. Fall Der Gegenstand befindet sich im Besitz eines Dritten.	Veräußerer – Einigung + Abtretung des Herausgabeanspruchs – Erwerber ~~Herausgabeanspruch~~ (Veräußerer) – Dritter – Herausgabeanspruch (Erwerber)	*§ 931 BGB*

- **gutgläubigen Eigentumserwerb** *(§§ 932, 935 BGB)*
  Veräußert jemand eine Sache, die ihm nicht gehört, so wird der Erwerber unter folgenden drei Voraussetzungen dennoch Eigentümer:
  1. Die Sache darf nicht gestohlen, verloren gegangen oder sonst wie abhanden gekommen sein, d. h. der Veräußerer war rechtmäßiger Besitzer *(z. B. infolge Leihe, Miete)*.
     Ausnahme: Es handelt sich um Geld, Inhaberpapiere oder in einer öffentlichen Versteigerung erworbene Sachen.
  2. Der Erwerber muss den Veräußerer für den Eigentümer halten.
  3. Die Sache muss dem Erwerber vom Veräußerer übergeben werden.

2.2.5 Eigentumsübertragung von Grundstücken

Definition

Zur Übertragung des Eigentums an einem Grundstück ist zwischen dem Erwerber und dem Veräußerer des Grundstücks die Einigung über den Eintritt der Rechtsänderung und die Eintragung der Rechtsänderung in das Grundbuch erforderlich (§§ 873, 925 BGB).

Das Grundbuchamt führt für jedes Grundstück ein gesondertes Grundbuchblatt (bestehend aus mehreren Seiten), aus dem die Rechtsverhältnisse an dem Grundstück hervorgehen. In fast allen Bundesländern werden Grundbücher in elektronischer Form geführt.

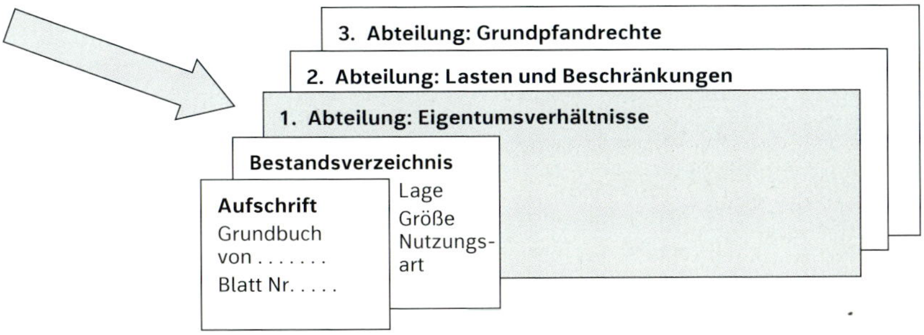
3. Abteilung: Grundpfandrechte
2. Abteilung: Lasten und Beschränkungen
1. Abteilung: Eigentumsverhältnisse
Bestandsverzeichnis
Lage
Größe
Nutzungs-art
Aufschrift
Grundbuch
von . . . .
Blatt Nr. . . . .

Die Einigung über den Eigentumsübergang (= Auflassung) muss bei gleichzeitiger Anwesenheit des Erwerbers und des Veräußerers vor einem Notar erklärt werden *(§ 925 BGB)*.
Der Notar weist die Auflassung nach und veranlasst aufgrund des Antrags des Erwerbers und der Bewilligung des Veräußerers die Eintragung des neuen Eigentümers in das Grundbuch. Der Eigentumsübergang ist erst dann vollzogen, wenn die Eintragung erfolgt ist. Die Eintragung hat somit **konstitutive** (= rechtserzeugende) Wirkung. Vor der Eintragung wird geprüft, ob der Käufer die Grunderwerbsteuer (je nach Bundesland 3,5 % bis 6,5 % vom Kaufpreis) entrichtet hat.

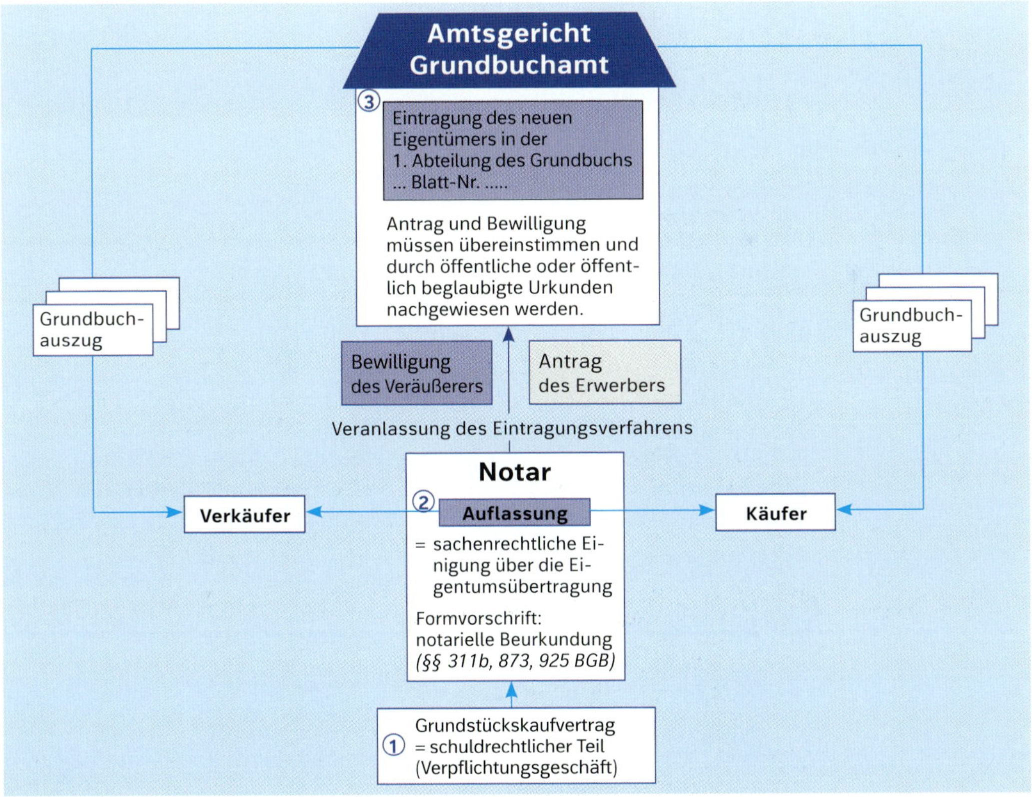
Amtsgericht
Grundbuchamt
③ Eintragung des neuen Eigentümers in der 1. Abteilung des Grundbuchs ... Blatt-Nr. .....
Antrag und Bewilligung müssen übereinstimmen und durch öffentliche oder öffentlich beglaubigte Urkunden nachgewiesen werden.
Grundbuch-auszug
Grundbuch-auszug
Bewilligung des Veräußerers
Antrag des Erwerbers
Veranlassung des Eintragungsverfahrens
Notar
Verkäufer
② Auflassung
Käufer
= sachenrechtliche Einigung über die Eigentumsübertragung
Formvorschrift: notarielle Beurkundung (§§ 311b, 873, 925 BGB)
① Grundstückskaufvertrag = schuldrechtlicher Teil (Verpflichtungsgeschäft)

Aufgaben

1. Beurteilen Sie die Rechtswirkung in folgenden Fällen:
a) Ein 17-Jähriger kauft am Kiosk die neue „Auto Bild".
b) Der 16-jährige Manuel möchte seine Freundin Julia F. überraschen und kauft zwei Flugtickets erster Klasse auf die Malediven, Preis: 4500,00 €.
c) Micha geht mit seiner vierjährigen Nichte Hanna im Park spazieren. In einem unbeobachteten Moment kauft sie am Kiosk Schokolade im Wert von 8,00 €. Obwohl die Nichte bereits drei Tafeln gegessen hat, verlangt Micha die Rückgabe des gesamten Kaufpreises vom Kioskverkäufer.
d) Opa Fritz vererbt sein gesamtes Vermögen an seinen Dackel Waldi.
e) Ein 17-Jähriger bekommt trotz Bedenken seiner Eltern ein Paar Inlineskates geschenkt.
f) Kerstin, 18 Jahre, abonniert die Zeitschrift „Fit for fun" für ein Jahr. Ihre Freundin Alex meint, das Rechtsgeschäft sei nicht voll wirksam. Welche Möglichkeit hat Kerstin?
g) Sarah, 17 Jahre, hat sich mit Einwilligung ihrer Eltern ein Zimmer in der Nähe des Zülpicher Platzes gemietet, Mietpreis pro Monat: 280,00 €. Weil es ihr dort aber zu laut ist, kündigt sie das Zimmer eigenständig und fristgerecht zum 1. des nächsten Monats. Ist ihre Kündigung rechtswirksam?

2. Zeichnen Sie unten stehendes Schaubild ab und tragen Sie in die grau unterlegten Felder 6 der 9 folgenden Positionen des Rechtsverkehrs ein.
1) Rechte
2) Forderungen, Patente, Lizenzen
3) Bewegliche Sachen
4) Maschinen
5) Waren
6) Grundstücke
7) vertretbare Sachen
8) nicht vertretbare Sachen
9) Gebäude

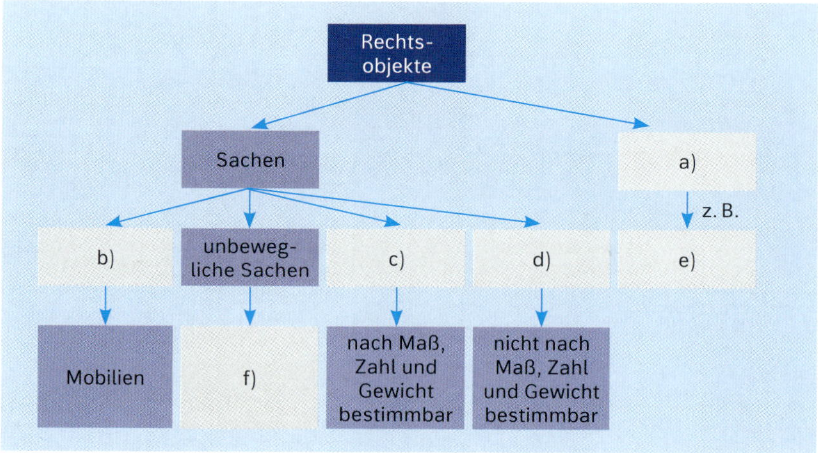
Rechts-
objekte
Sachen
a)
z. B.
b)
unbeweg-
liche Sachen
c)
d)
e)
Mobilien
f)
nach Maß,
Zahl und
Gewicht
bestimmbar
nicht nach
Maß, Zahl
und Gewicht
bestimmbar

3. Horst G. bringt seinen Motorroller zur Inspektion in die Werkstatt des Kfz-Meisters Manni K. Als Horst den Roller wie vereinbart zwei Tage später abholen will, gesteht Manni K. ihm, dass er das Fahrzeug inzwischen an Bodo B. verkauft hat. Horst ist entrüstet, wendet sich sofort an Bodo B. und verlangt seinen Roller zurück. Zu Recht? Begründen Sie Ihre Entscheidung.
   Wie wäre die Rechtslage, wenn Manni K. den Roller gestohlen hätte?

4. Ergänzen Sie Ihre Lernkartei, indem Sie sich mit Ihrem Nachbarn über sinnvolle Kartenüberschriften austauschen und die Karteikarten entsprechend ausfüllen.

3 Rechtsgeschäfte

Einstiegssituation

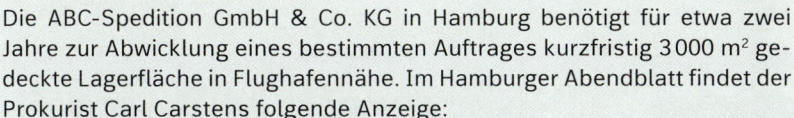

Die ABC-Spedition GmbH & Co. KG in Hamburg benötigt für etwa zwei Jahre zur Abwicklung eines bestimmten Auftrages kurzfristig 3000 m^2 gedeckte Lagerfläche in Flughafennähe. Im Hamburger Abendblatt findet der Prokurist Carl Carstens folgende Anzeige:

Hamburg-Flughafennähe,
moderne Speditionsanlage mit Gleis,
18 Rolltore und Kantine
3000 qm Halle, 480 qm Büro
14500 qm Grundstück
6,00 €/Halle
Vermietung: Eigentümer H. Woitzik,
Mönckebergstr. 5
20095 Hamburg
info@abclogo.de

Er trifft sich mit dem Vermieter, der von seinem volljährigen Sohn begleitet wird, am Objekt. Die Lage und die Konditionen sagen dem Prokuristen zu, und per Handschlag schließen die Parteien an Ort und Stelle einen Mietvertrag über zwei Jahre ab. Als der Prokurist in sein Büro zurückkehrt und dem Geschäftsführer von der Aktion berichtet, wird die Situation unübersichtlich. Der Kunde, für den die Lagerfläche benötigt wurde, ist insolvent geworden, der Auftrag ist damit hinfällig und die Lagerfläche wird nicht mehr benötigt. Der Geschäftsführer bittet seinen Prokuristen, die Anmietung der Lagerfläche rückgängig zu machen. Diese Aufgabe ist dem Prokuristen Carl Carstens sichtlich unangenehm.

Was würden Sie ihm raten, um sein Problem zu lösen?

3.1 Arten und Zustandekommen von Rechtsgeschäften

Definition

Rechtsgeschäfte entstehen aufgrund von Willenserklärungen, die in der Absicht abgegeben werden, eine bestimmte Rechtswirkung herbeizuführen.

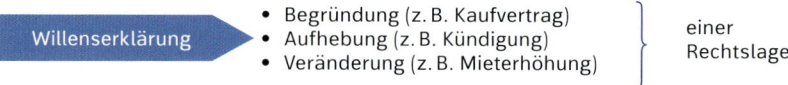

Willenserklärung →
- Begründung (z. B. Kaufvertrag)
- Aufhebung (z. B. Kündigung)
- Veränderung (z. B. Mieterhöhung)

} einer Rechtslage

Rechtsgeschäfte können unter verschiedenen Gesichtspunkten eingeteilt werden.

■ Rechtsgeschäfte nach den zu ihrer Wirksamkeit erforderlichen Willenserklärungen

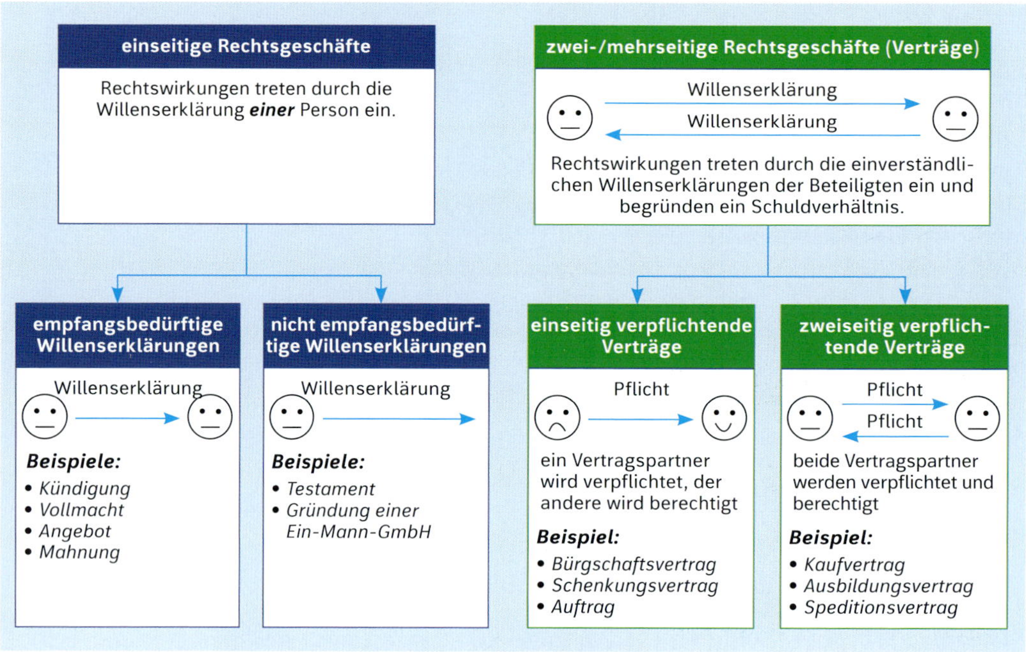
einseitige Rechtsgeschäfte
Rechtswirkungen treten durch die Willenserklärung *einer* Person ein.
zwei-/mehrseitige Rechtsgeschäfte (Verträge)
Willenserklärung
Willenserklärung
Rechtswirkungen treten durch die einverständlichen Willenserklärungen der Beteiligten ein und begründen ein Schuldverhältnis.
empfangsbedürftige Willenserklärungen
Willenserklärung
Beispiele:
• Kündigung
• Vollmacht
• Angebot
• Mahnung
nicht empfangsbedürftige Willenserklärungen
Willenserklärung
Beispiele:
• Testament
• Gründung einer Ein-Mann-GmbH
einseitig verpflichtende Verträge
Pflicht
ein Vertragspartner wird verpflichtet, der andere wird berechtigt
Beispiel:
• Bürgschaftsvertrag
• Schenkungsvertrag
• Auftrag
zweiseitig verpflichtende Verträge
Pflicht
Pflicht
beide Vertragspartner werden verpflichtet und berechtigt
Beispiel:
• Kaufvertrag
• Ausbildungsvertrag
• Speditionsvertrag

■ Empfangsbedürftige Willenserklärungen

Willenserklärungen *gegenüber* **Anwesenden** werden sofort mit der Abgabe der Willenserklärung wirksam.
Willenserklärungen *gegenüber* **Abwesenden** werden zu dem Zeitpunkt wirksam, zu dem sie dem Empfänger zugehen *(§ 130 BGB)*.

Beispiel

Die schriftliche Kündigung eines Mitarbeiters wird wirksam, sobald das Kündigungsschreiben in den Machtbereich des Empfängers (z. B. Einwurf in seinen Briefkasten) gelangt.

Nicht empfangsbedürftige Willenserklärungen

Sie werden zu dem Zeitpunkt wirksam, zu dem sie abgegeben werden.

Beispiel

Das handschriftliche Testament wird mit seiner Niederschrift und nachfolgender Unterschrift wirksam.

Rechtsgeschäfte nach der Art der erzielten Rechtswirkungen

Bei genauem Hinsehen wird sichtbar, dass bei vielen Verträgen zunächst eine Verpflichtung zwischen den Vertragspartnern eingegangen wird und die Verpflichtung erst zu einem späteren Zeitpunkt erfüllt wird.

Verpflichtungsgeschäfte		Erfüllungsgeschäfte (Verfügungsgeschäfte)
Der oder die Partner verpflichten sich zu einer Leistung, indem sie ein Schuldverhältnis eingehen.	➡	Der oder die Partner erfüllen ihre Pflicht und erbringen die geschuldete Leistung. Sie übertragen, verändern oder belasten unmittelbar das Recht an einem Gegenstand.
Beispiel: • *Möbelspedition verpflichtet sich am 22.10.2017 zur Durchführung eines Umzuges am 30.11.2017* • *Kunde verpflichtet sich zur vertragsgemäßen Zahlung*	➡	***Beispiel:*** • *Möbelspedition führt den Umzug ordnungsgemäß am 30.11.2017 durch* • *Kunde zahlt den Rechnungsbetrag*

Im täglichen Leben lässt sich die zeitliche Trennung zwischen Verpflichtungsgeschäft und Erfüllungsgeschäft, die man als Abstraktionsprinzip bezeichnet, meistens nicht feststellen, wie z. B. der Kauf einer Tageszeitung am Kiosk zeigt.

3.2 Form der Rechtsgeschäfte

Die Abgabe einer Willenserklärung kann **grundsätzlich** formlos erfolgen. Entscheidend ist nur, dass der Erklärende seinen Willen deutlich zum Ausdruck bringt.
Die Abgabe einer Willenserklärung kann erfolgen:

- **mündlich**
- **schriftlich**
- durch **konkludentes** (schlüssiges) Verhalten

Viele alltägliche Rechtsgeschäfte kommen durch konkludentes Verhalten zustande.

Beispiel

Tanken an SB-Tankstelle

Aus Beweissicherungsgründen empfiehlt sich in vielen Fällen – z. B. Speditionsauftrag, Gebrauchtwagenkauf, Verwandtendarlehen – die Schriftform.

<table>
<tr><th colspan="3">Formvorschriften nach BGB</th></tr>
<tr><th colspan="3">Textform (§ 126b BGB)</th></tr>
<tr><td colspan="2">Lesbare Erklärung in Papierform (Urkunde) ...
lesbare Erklärung auf einem dauerhaften Datenträger (E-Mail, Computerfax, USB-Stick, SMS, Festplatte, DVD usw.) ...
... und Nennung des Namens des Erklärenden. Dauerhafte Datenträger ermöglichen die Aufbewahrung einer Erklärung, machen sie für angemessene Zeit weiterhin zugänglich und lassen sich unverändert wiedergeben.</td><td>Beispiele:
• Widerruf bei Verbraucherverträgen (§ 355 BGB)
• Garantieerklärungen (§ 477 BGB)
• Änderungen des Zinssatzes bei Überziehungskrediten (§ 492 BGB)
• Mieterhöhungsverlangen (§ 558a BGB)</td></tr>
<tr><th>Schriftform (§ 126 BGB)</th><td rowspan="2">Optional: →
Die Schriftform kann bei allen privatrechtlichen Vorschriften durch die elektronische Form mit qualifizierter elektronischer Signatur[1] gem. Signaturgesetz ersetzt werden, wenn dies nicht gesetzlich ausgeschlossen ist.</td><th>Elektronische Form (§ 126a BGB)</th></tr>
<tr><td>Schriftliche Festlegung eines Sachverhalts in Papierform (Urkunde)
+
eigenhändige Unterschrift des Erklärenden oder seines Vertreters

Beispiele:
• Berufsausbildungsvertrag (§ 4 BBiG)
• Bürgschaftsvertrag (§ 766 BGB)
• Verbraucherdarlehensverträge (§ 492 BGB)
• Ratenlieferungsverträge (§ 510 II S. 1 BGB)
• Kündigung von Wohnraummietverhältnissen (§ 568 BGB) und Arbeitsverhältnissen (§ 623 BGB)
• eigenhändiges Testament (§§ 2231, 2247 BGB)</td><td>elektronisches Dokument mit schriftlicher Festlegung eines Sachverhalts
+
Name des Ausstellers
+
qualifizierte elektronische Signatur[1]

Nicht zulässig ist die elektronische Form, z. B. bei:
• Beendigung von Arbeitsverhältnissen (§ 623 BGB)
• Zeugniserteilung (§ 630 BGB, § 109 GewO)
• Bürgschaftsverträgen (§ 766 BGB)
• Verbraucherdarlehensverträgen (§ 492 BGB)</td></tr>
<tr><th colspan="3">Öffentliche Beglaubigung (§ 129 BGB)</th></tr>
<tr><td colspan="2">schriftliche Festlegung eines Sachverhalts in Papierform (Urkunde)
+
Eigenhändige Unterschrift des Erklärenden oder seines Vertreters
+
Beglaubigung der Echtheit der Unterschrift durch einen Notar (Identitätsnachweis)

Nicht ausreichend ist die „amtliche Beglaubigung“ durch eine siegelführende Stelle (Gemeindebehörde, Pfarramt o. Ä.).</td><td>Beispiele:
• Anmeldungen zur Eintragung in Handels-, Vereins- oder Güterrechtsregister (z. B. § 12 HGB)
• Ausschlagung einer Erbschaft (§ 1945 BGB)
• Bewilligung von Grundbucheintragungen (§ 29 Grundbuchordnung)</td></tr>
<tr><th colspan="3">Notarielle Beurkundung (§ 128 BGB)</th></tr>
<tr><td colspan="2">schriftliche Festlegung eines Sachverhalts in Papierform (Urkunde) durch einen Notar
+
eigenhändige Unterschrift des Erklärenden oder seines Vertreters
+
Bezeugung, dass z. B.
• die Beteiligten an einem bestimmten Tag vor dem Notar erschienen sind
• die Beteiligten die niedergelegten Erklärungen abgegeben haben
• der Inhalt den Beteiligten vorgelesen wurde
• die Beteiligten den Inhalt durch ihre Unterschriften genehmigt haben</td><td>Beispiele:
• Erbvertrag (§ 2276 BGB)
• Ehevertrag (§ 1410 BGB)
• Schenkungsversprechen (§ 516 BGB)
• Grundstückskaufvertrag und -belastung (§§ 311b, 873, 925 BGB)
• Gründungsverträge von juristischen Personen des privaten Rechts (AG, GmbH, e. V.)
• öffentliches Testament (alternativ zum eigenhändigen Testament, § 2231 BGB)</td></tr>
</table>

[1] *Vgl. Fußnote Seite 263.*

Formvorschriften
In einigen Fällen ist die Einhaltung einer bestimmten äußeren Form gesetzlich vorgeschrieben,
- um Zeitpunkt und Inhalt des Rechtsgeschäftes aus Beweisgründen festzuhalten und
- um vor übereilten Abschlüssen zu warnen und die Tragweite der Willenserklärung bewusst zu machen.

Grundsätzlich führt die Nichteinhaltung der Formvorschrift zur Nichtigkeit des Vertrages (z. B. wenn Grundstückskaufverträge oder Nebenabreden bei Grundstückskaufverträgen nicht beurkundet werden). Verschiedene Verträge gelten aber trotz Verletzung der Formvorschrift (z. B. verlängern sich Mietverträge über längere Zeit als ein Jahr bei Nichteinhaltung der Schriftform in unbefristete Mietverträge), und bei anderen Verträgen wird der Formmangel durch ordnungsgemäß vollzogene Leistung geheilt (z. B. ist ein Schenkungsversprechen notariell zu beurkunden, doch ist diese Vorschrift hinfällig, wenn die Schenkung bewirkt wurde).

Die jeweiligen Formvorschriften gelten auch dann als erfüllt, wenn eine höhere Formvorschrift (z. B. öffentliche Beglaubigung anstatt Schriftform) gewählt wird.

Unternehmen vereinbaren untereinander für Änderungen an bestehenden Verträgen häufig die Schriftform, obwohl sie gesetzlich nicht vorgeschrieben ist. Man spricht hier von einer **gewillkürten Schriftform**.

Beispiel

Ein Kaufvertrag enthält die Klausel: „Alle Nebenabreden bedürfen der Schriftform." Vorformulierte Verbraucherverträge, wie z. B. Energielieferverträge, Online-Verträge, Arbeitsverträge usw., die ab dem 1.10.2016 abgeschlossen wurden, unterliegen nach § 309 Nr. 13 BGB einer verbraucherfreundlichen Regelung: Für Vertragsänderungen (z. B. Anzeige eines Gewährleistungsanspruchs, Widerruf, Kündigung) darf keine strengere Form als die Textform vorgeschrieben werden. Anders lautende Klauseln in AGBs sind nichtig. Ausnahme: Arbeitsverträge sind nach § 623 BGB stets schriftlich zu kündigen.

---

[1] ***Verfahren der qualifizierten elektronischen Signatur***
Die Signatur beruht technisch auf der asymmetrischen Kryptografie mit Public-Key-Infrastruktur. Der Teilnehmer erhält ein ***digitales Schlüsselpaar****, das aus einem privaten und einem öffentlichen Schlüssel besteht. Der private und der öffentliche Schlüssel samt Zertifikat bilden zusammen die elektronische Identität des Benutzers. Der private Schlüssel ist geheim und kann nur von seinem Besitzer genutzt werden. Zurzeit wird dieser Schlüssel auf einer Chipkarte (ähnlich der EC-Karte) gespeichert. Zur Aktivierung ist eine persönliche Identifikationsnummer einzugeben. Der öffentliche Schlüssel eines Nutzers ist frei zugänglich und wird den Teilnehmern des Public-Key-Verfahrens für Signaturprüfungen bereitgestellt. Der gesamte Vorgang verläuft wie folgt: Der Signierwillige muss zunächst mit einem Zertifizierungsdienstanbieter einen Vertrag schließen, um sich ein qualifiziertes* ***Zertifikat*** *zu besorgen. Das zeitlich limitierte Zertifikat bestätigt die Zuordnung des Schlüsselpaares auf seine Person. Nach Erstellen des elektronischen Dokuments werden die Daten mit einem bestimmten technischen Verfahren komprimiert. Dieses Komprimat verknüpft der Aussteller mit seinem privaten Signaturschlüssel. Das unverschlüsselte elektronische Dokument mitsamt dem signierten* ***Komprimat*** *wird dem Empfänger übermittelt. Dieser kann das Komprimat mit einem öffentlichen Signaturprüfschlüssel bearbeiten. Hierbei wird kontrolliert, ob das eingegangene Dokument unverändert ist, indem wiederum ein Komprimat erzeugt und mit dem Absenderkomprimat verglichen wird. Den zu dem Signaturschlüssel des Ausstellers passenden Prüfschlüssel erhält der Empfänger entweder von dem Aussteller oder er kann ihn bei der Zertifizierungsdienststelle abrufen. Bei dieser Dienststelle („Trust-Center") kann er sich vor allem auch nach dem qualifizierten Zertifikat erkundigen, das mit Zustimmung des Signaturschlüssel-Inhabers abrufbar gehalten wird. Dieses Zertifikat weist nach, welcher Person der verwendete Schlüssel gehört. Die Identifikation des Absenders durch ein von dritter Seite ausgestelltes Zertifikat ist der „Clou" der ganzen Angelegenheit.*

3.3 Nichtigkeit und Anfechtbarkeit von Rechtsgeschäften

Nichtigkeit

Definition

Ein Rechtsgeschäft ist nichtig, wenn es so schwere Mängel aufweist, dass das Gesetz ihm von Anfang an keinerlei Rechtskraft zubilligt.

Nichtigkeit von Rechtsgeschäften	
Geschäftsunfähigkeit *(§ 105 BGB)*	Die Willenserklärung eines Geschäftsunfähigen ist nichtig. Nichtig ist auch eine Willenserklärung, die im Zustand der Bewusstlosigkeit oder der vorübergehenden Störung der Geistestätigkeit abgegeben wird. ***Beispiel:*** *Der 21-jährige Manuel hat seine Kaufmannsgehilfenprüfung zum Kaufmann für Spedition und Logistikdienstleistung bestanden. Als er am anderen Morgen einem Staubsaugervertreter die Tür öffnet, ist er noch vom übermäßigen Alkoholgenuss beduselt (mehr als 3 ‰) und kauft einen Staubsauger zum Preis von 300,00 €.*
Scherzgeschäft *(§ 118 BGB)*	Das Rechtsgeschäft wurde nur zum Scherz abgeschlossen. ***Beispiel:*** *Nach glücklich bestandener Abschlussprüfung ruft Thomas in einer Gastwirtschaft dem Kellner zu: „Ein Schappi, ein Bier“. Wenn der Kellner nicht erkennt, dass Thomas nur scherzen wollte, und eine geöffnete Dose Hundefutter bringt, muss Thomas nach § 122 BGB für den Schaden einstehen.*
Scheingeschäft *(§ 117 BGB)*	Das Rechtsgeschäft wurde nur zum Schein abgeschlossen. ***Beispiel:*** *Ein Bauherr schließt nachträglich einen Architektenvertrag ab, um Versicherungsschutz für Baumängel zu erlangen.*
Formmangel *(§ 125 BGB)*	Die für das Rechtsgeschäft gesetzlich vorgeschriebene oder vertraglich vereinbarte (gewillkürte) Form wurde nicht beachtet.
Gesetzliches Verbot *(§ 134 BGB)*	Das Rechtsgeschäft verstößt gegen ein gesetzliches Verbot. ***Beispiel:*** *Mehrere Unternehmen derselben Branche treffen eine Absprache über die Höhe ihrer Verkaufspreise. Es liegt in diesem Fall ein verbotenes Preiskartell vor (§ 1 GWB).*
Sittenwidrigkeit *(§ 138 BGB)*	Ein Rechtsgeschäft, das gegen die guten Sitten verstößt, ist nichtig. Ein Verstoß gegen die guten Sitten liegt vor, wenn das Rechtsgeschäft *„gegen das Anstandsgefühl aller billig und gerecht Denkenden“* verstößt. Nichtig ist insbesondere ein Rechtsgeschäft, das jemand unter Ausnutzung der Zwangslage, der Unerfahrenheit, des Mangels an Urteilsvermögen oder der erheblichen Willensschwäche eines anderen sich Vermögensvorteile versprechen lässt, die in einem auffälligen Missverhältnis zu der Leistung stehen. ***Beispiel:*** *Ein privater Kreditvermittler vereinbart mit seinem Kunden, der durch mehrere Abzahlungsgeschäfte völlig überschuldet ist, für die Gewährung eines Ratenkredites 5 % Zinsen pro Monat.*
Einigungsmangel (Dissens) *(§ 154 f. BGB)*	Der Vertrag gilt als nicht geschlossen, wenn sich die Partner noch nicht über alle wesentlichen Teile des Vertrages geeinigt haben (offener Einigungsmangel). Wenn die Willenserklärungen beider Parteien sich äußerlich decken, aber ein Begriff mehrere Bedeutungen hat und beide Parteien ihn unterschiedlich verstanden haben (versteckter Einigungsmangel), ist der Vertrag ebenfalls nichtig. ***Beispiel:*** *A möchte von B den Max (A meint den Jagdhund von B) abkaufen und bietet 100,00 €.* *B ist hocherfreut und stimmt gerne zu, seinen Max (er meint damit seinen gleichnamigen 14 Jahre alten Kater) zu 100,00 € an A zu verkaufen.*

Anfechtbarkeit

Definition

Eine Willenserklärung ist anfechtbar, wenn der Erklärende eine Erklärung dieses Inhalts nicht abgeben wollte, d. h. sein wirklicher Wille ein anderer war.

Die abgegebene Willenserklärung ist bis zur Anfechtung gültig und wird durch die Anfechtung grundsätzlich von Anfang an ungültig.

Anfechtbarkeit von Rechtsgeschäften	
Inhaltsirrtum *(§ 119, Abs. 1 BGB)*	Der Erklärende weiß, was er sagt, weiß aber nicht, was er damit sagt. ***Beispiel*** *Ein Spediteur bietet einem Kollegen ein Fahrzeug zur leihweisen Überlassung an, meint aber in Wirklichkeit Miete.*
Erklärungsirrtum *(§ 119, Abs. 1 BGB)*	Der Erklärende sagt durch Versprechen oder Verschreiben nicht, was er sagen will. ***Beispiel*** *In das Arbeitsvertragsformular für eine Aushilfe ist durch einen Schreibfehler anstatt 7,00 € ein Stundenlohn von 8,00 € eingetragen worden.*
Eigenschaftsirrtum *(§ 119, Abs. 2 BGB)*	Es fehlen verkehrswesentliche Eigenschaften der Person oder Sache. ***Beispiel*** *Ein Bundesligaverein gibt einem Spieler einen Vertrag, der aber später wegen Verwicklung in einen Bestechungsfall seine Lizenz verliert.*
Übermittlungsirrtum *(§ 120 BGB)*	Eine Person oder eine Anstalt übermittelt die Willenserklärung unrichtig. ***Beispiel*** *Ein Bote übermittelt eine Willenserklärung an den falschen Empfänger.*
	Die Anfechtung nach *§ 119 f. BGB* muss unverzüglich nach Kenntnis des Anfechtungsgrundes, aber spätestens nach zehn Jahren erfolgen. Der Anfechtungsberechtigte hat Schäden zu ersetzen, die andere dadurch erleiden, dass sie auf die Gültigkeit der Willenserklärung vertraut haben *(§ 121 BGB)*.
Arglistige Täuschung *(§ 123 BGB)*	***Beispiel*** *Der Verkäufer eines gebrauchten Kleintransporters verschweigt auf ausdrückliches Befragen einen Blechschaden.*
Widerrechtliche Drohung *(§ 123 BGB)*	***Beispiel*** *Ein Mitarbeiter droht dem Speditionsleiter, Dinge aus dessen Privatleben öffentlich zu machen, wenn er keine Gehaltserhöhung bekommt.*
	Wer durch arglistige Täuschung oder widerrechtliche Drohung zur Abgabe einer Willenserklärung gebracht worden ist, muss die Anfechtung binnen eines Jahres nach Entdeckung der Täuschung oder Wegfall der Zwangslage, aber spätestens nach zehn Jahren vorbringen *(§ 124 BGB)*.

Motivirrtum

Nicht anfechtbar sind Willenserklärungen, bei denen ein *Irrtum im Motiv* vorliegt.

Beispiel

Ein Spediteur hat von einem Kunden gehört, dass die Chemie-Aktien in der kommenden Woche ordentlich anziehen werden. Er kauft daraufhin über seine Hausbank 100 Aktien der Bayer AG. Als der Kurs seiner Aktien sich nicht wie erwartet entwickelt, sondern erheblich fällt, will er den Kauf rückgängig machen. Der Spediteur befand sich hier nur über die Kursentwicklung der Bayer-Aktie im Irrtum, nicht jedoch über den Inhalt seiner Willenserklärung beim Kauf der Aktien.

3.4 Zustandekommen eines Vertrages

Definition

Ein Vertrag kommt zustande durch zwei inhaltlich sich voll entsprechende Willenserklärungen (= Einigung), die in der Absicht abgegeben werden, einen bestimmten rechtlichen Erfolg zu erzielen.

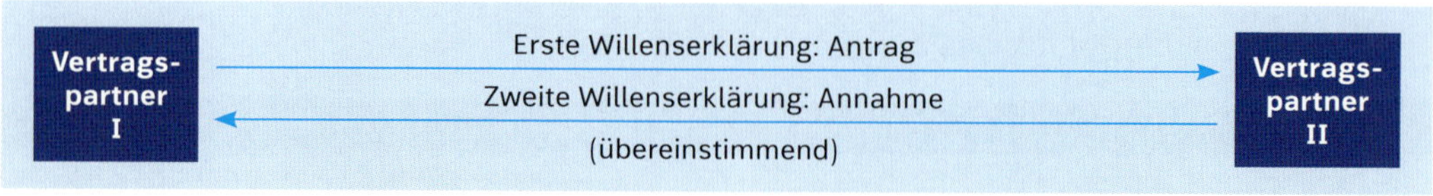
Vertrags-
partner
I
Erste Willenserklärung: Antrag
Zweite Willenserklärung: Annahme
(übereinstimmend)
Vertrags-
partner
II

Der **Antrag** muss an eine bestimmte Person gerichtet sein. Prospekte, Angebotslisten, Zeitungsanzeigen, Auslagen in Schaufenstern und Regalen und andere an die Allgemeinheit gerichtete Anpreisungen gelten nicht als Anträge, sondern als Aufforderungen zur Abgabe von Anträgen.

Der Antragsteller ist an seinen Antrag gebunden. Die Bindung erlischt, wenn
- die Gebundenheit ausdrücklich ausgeschlossen wird oder
- die Annahme des Antrags unter Anwesenden nicht sofort erfolgt (gilt auch für telefonische Anträge) oder
- die Annahme nicht in angemessener Zeit erfolgt oder
- die Annahme nach Fristablauf erfolgt oder
- der Antrag vorher oder gleichzeitig widerrufen wird.

Eine abgeänderte oder verspätete Annahme gilt als neuer Antrag.

3.5 Vertragstypen des BGB

Vertragstyp	Vertragspartner	Vertragsinhalt	Rechtsgrundlage	Beispiele
Kaufvertrag	Käufer Verkäufer	*Entgeltliche* Veräußerung von Sachen oder Rechten	*§§ 433–437 BGB*	*Verkauf eines Lkw*
Verbrauchsgüterkaufvertrag	Verbraucher Unternehmer	*Entgeltliche* Veräußerung von beweglichen Sachen oder Erbringung einer Dienstleistung vom Unternehmer an den Verbraucher	*§§ 474–479 BGB*	*Verkauf einer Einbauküche*
Schenkungsvertrag	Schenker Beschenkter	*Unentgeltliche* Veräußerung von Sachen oder Rechten	*§§ 516–534 BGB*	*Schenkung einer Armbanduhr*
Mietvertrag	Mieter Vermieter	*Entgeltliche* Überlassung von Sachen zum Gebrauch	*§§ 535–580 BGB*	*Vermietung einer Lagerhalle*
Pachtvertrag	Pächter Verpächter	*Entgeltliche* Überlassung von Sachen zum Gebrauch und Überlassung der bei ordnungsgemäßer Bewirtschaftung anfallenden Erträge	*§§ 581–597 BGB*	*Verpachtung einer Tankstelle oder eines Hotels*

Vertragstyp	Vertragspartner	Vertragsinhalt	Rechts-grundlage	Beispiele
Leihvertrag	Entleiher Verleiher	*Unentgeltliche* Überlassung von Sachen zum Gebrauch	*§§ 598–606 BGB*	*Entleihung von Büchern aus einer Bücherei*
Darlehens-vertrag	Darlehensgeber Darlehensnehmer	*Entgeltliche* Überlassung von Geld gegen Rückzahlungsverpflichtung	*§§ 488–505 BGB*	*Gewährung eines Kredites, Leistung einer Spareinlage*
Sachdar-lehensvertrag	Darlehensgeber Darlehensnehmer	*Entgeltliche* Überlassung von vertretbaren Sachen (aber nicht Geld) gegen die Verpflichtung zur Rückerstattung von Sachen in gleicher Art, Güte und Menge	*§§ 607–609 BGB*	*Mehrwegverpackun-gen wie Flaschen, Kisten, Paletten, Container*
Dienstvertrag	Dienstverpflichteter Dienstberechtigter	*Entgeltliche* Leistung von Diensten (ohne Erfolgsgarantie); verspricht jemand, unentgeltliche Dienste zu leisten, so liegt ein Auftragsverhältnis vor	*§§ 611–630 §§ 662–674 BGB*	*Anstellung eines Mitarbeiters*
Werkvertrag	Unternehmer Besteller	*Entgeltliche* immaterielle Leistungen oder Herstellung und Veränderung unbeweglicher Sachen oder andere erfolgreiche Erbringung von Dienstleis-tungen	*§§ 631–650 BGB*	*Entwicklung einer Abrechnungssoft-ware, Bau einer Lagerhalle, Frachtvertrag*
Geschäfts-besorgungs-vertrag	Auftraggeber Beauftragter	Selbstständige Tätigkeit auf wirtschaftli-chem oder rechtlichem Gebiet in fremdem Interesse	*§§ 675-675b BGB*	*Speditionsvertrag*
Gesellschafts-vertrag	Gesellschafter	Gegenseitige Verpflichtung der Gesellschafter, die Erreichung eines gemeinsamen Zwecks in der durch den Vertrag bestimmten Weise zu fördern	*§§ 705–740 BGB*	*Mehrere Speditionen gründen eine ARGE zur Durchführung eines Behördenum-zugs*
Verwahrungs-vertrag	Verwahrer Hinterleger	Aufbewahrung einer beweglichen Sache ggf. gegen *Entgelt*	*§§ 688–700 BGB*	*Einlagerung von Gütern bei einem Lagerhalter*

Aufgaben

1. In welchen der unten stehenden Fälle handelt es sich bei den Willenserklärungen um
(1) einen Antrag,
(2) eine Annahme des Antrags,
(3) weder um einen Antrag noch um eine Annahme des Antrags?

Fallbeispiele:
a) Der Verkäufer unterbreitet ein verbindliches Angebot.
b) Der Käufer bestellt aufgrund eines verbindlichen Angebots.
c) Der Käufer bestellt ohne vorausgegangenes Angebot.
d) Der Verkäufer sendet dem Käufer unbestellte Ware zu.
e) Der Verkäufer unterbreitet ein freibleibendes Angebot.
f) Der Käufer bestellt aufgrund eines freibleibenden Angebots.

2. In welchem der folgenden Fälle ist ein Kaufvertrag zustande gekommen?

Fallbeispiele:

a) Der Käufer bestellt, ohne vorher ein Angebot erhalten zu haben.
b) Der Käufer löst eine nicht bestellte Nachnahmesendung ein.
c) Der Käufer erhält ein verbindliches Angebot und ändert bei der Bestellung die Lieferbedingung „unfrei“ in „frei Haus“ ab.
d) Der Käufer erhält aufgrund seiner Anfrage ein verbindliches Angebot.
e) Der Käufer bestellt aufgrund eines Prospekts in der örtlichen Tageszeitung.

3. Welche der folgenden Formvorschriften sind bei den unten stehenden Willenserklärungen zu beachten?

Formvorschriften:

(1) Textform
(2) Schriftform
(3) Öffentliche Beglaubigung
(4) Notarielle Beurkundung

Tragen Sie eine (5) ein, wenn keine Formvorschrift zu beachten ist.

Willenserklärungen:

a) Ein Spediteur bestellt eine Grundschuld auf sein Bürogebäude.
b) Ein volljähriger Auszubildender erhält von seinem Vermieter die Mitteilung, dass seine monatliche Miete um 15,00 € steigen soll.
c) Thomas Schmidt schließt mit der Schubert & Müller Kurier GmbH einen Ausbildungsvertrag ab.
d) Ein Kurierdienst beantragt die Eintragung in das Handelsregister.
e) Harry Liebig übernimmt die Bürgschaft für einen Kredit seiner Tochter Anke über 20 000,00 €.
f) Die Schubert & Müller Kurier GmbH kauft neue Fahrzeuge im Wert von 85 000,00 €.
g) Die Schubert & Müller Kurier GmbH kauft ein Grundstück zum Bau eines neuen Lagers.
h) Ein Arbeitgeber trennt sich von einem Arbeitnehmer durch ordentliche Kündigung zum 31.10.

4. Bei welchem der unten aufgeführten Rechtsgeschäfte treten die Rechtswirkungen ein durch

(1) zwei übereinstimmende Willenserklärungen, die beide Partner verpflichten,
(2) zwei übereinstimmende Willenserklärungen, die nur einen Partner verpflichten,
(3) eine nicht empfangsbedürftige Willenserklärung,
(4) eine empfangsbedürftige Willenserklärung?

Rechtsgeschäfte:

a) Kaufvertrag
b) Schenkungsvertrag
c) Bürgschaft
d) Testament
e) Kündigung
f) Mietvertrag

5. Entscheiden Sie in den folgenden Fällen, ob es sich um ein
(1) gültiges,
(2) nichtiges oder
(3) anfechtbares
Rechtsgeschäft handelt.

Fallbeispiele:

a) Charly Sander sagt vor Zeugen zu seinem Bekannten Jürgen Gaudi: „Für einen Fünfhunderter fresse ich einen Besen!" Gaudi legt den Fünfhunderter auf den Tisch und besteht auf Vertragserfüllung.
b) Der 5-jährige Freddy verkauft dem 8-jährigen Jakob seine Brille.
c) Ein Einlagerer hat aufgrund eines Angebots, in dem ein Lagerentgelt von 2,30 €/t statt des kalkulierten Preises von 3,20 €/t angegeben war, einen Lagerauftrag erteilt.
d) Sonja Wilde bucht anlässlich der bevorstehenden Hochzeit mit Ed Birken eine Weltreise für 10 000,00 €. Kurz vor der Hochzeit löst Ed die Verbindung und verlobt sich mit Angelique Blondinett.
e) Markus Schmitz beauftragt seinen Freund Martin Strolch, den ständig bellenden Hund Kleffi seines Nachbarn für 100,00 € zu vergiften.
f) Einer Büroangestellten wurde von einem privaten Geldverleiher ein Kredit zu einem Zinssatz von 3,5 % pro Monat eingeräumt.
g) Bauer Holz verkauft dem Fabrikanten Kaiser sein Grundstück für 300 000,00 €. Der notariell beurkundete Kaufvertrag lautet auf 200 000,00 €, um Grunderwerbsteuer zu sparen.
h) Der 18-jährige Auszubildende Peter hat von seinem Arbeitskollegen ein Golf Cabriolet als „unfallfrei" gekauft; bei der nächsten Inspektion stellt sich heraus, dass bei dem Wagen bereits ein erheblicher Unfallschaden vorlag und der Verkäufer offensichtlich Kenntnis davon hatte.

6. Auf welche der folgenden Vertragsarten beziehen sich die unten stehenden Fallbeispiele?

Vertragsarten:
(1) Dienstvertrag
(2) Kaufvertrag
(3) Mietvertrag
(4) Werkvertrag
(5) Gesellschaftsvertrag

Fallbeispiele:

a) Ein Frachtführer befördert mit dem Lkw 15 t Granulat von Köln nach München.
b) Ein Speditionsunternehmer veräußert einen Gabelstapler gegen Entgelt.
c) Zwei Spediteure gründen eine Unternehmung und bestimmen vertraglich die Höhe ihrer Kapitalbeteiligungen.
d) Ein Frachtführer erweitert seinen Fuhrpark um drei Wechselbrücken auf Leasingbasis.
e) Ein Unternehmensberater ist als freier Mitarbeiter bei einer Reederei tätig.

7. Ergänzen Sie Ihre Lernkartei, indem Sie sich mit Ihrem Nachbarn über sinnvolle Kartenüberschriften austauschen und die Karteikarten entsprechend ausfüllen.

4 Der Kaufvertrag

Einstiegssituation

Die Biesterfeld Spedition GmbH, Bremen, bestellt für ihr neues Verwaltungsgebäude am 2. April des Jahres bei Baumann & Söhne Objekteinrichtung KG, Hannover, schriftlich 24 Schreibtische, 80 x 160, Kunststoff weiß, Gestell schwarz lackiert, drei Schubladenauszüge rechts, zwei Hängemappenauszüge links, Katalogseite 89. Als am 05.04. die Schreibtische angeliefert werden, verweigert die Biesterfeld Spedition GmbH die Annahme, da das neue Gebäude erst Anfang Juni bezugsfertig ist. Mit so einer schnellen Lieferung hatte man bei der Spedition ganz und gar nicht gerechnet, und außerdem hatte die Spedition vor, die Schreibtische bei Fertigstellung des Gebäudes von einem eigenen Fahrzeug aus Hannover mitbringen zu lassen. Ein Blick in die Bestellung zeigt, dass über den Lieferzeitpunkt und den Erfüllungsort nichts vereinbart wurde. Der Fahrer nimmt die Ware zurück nach Hannover. Am 02.06. d. J. nimmt ein Fahrzeug von Biesterfeld die Ware in Hannover auf und bringt sie nach Bremen.
Nachdem einen Tag später die ersten Mitarbeiter ihre neuen Schreibtische eingeräumt haben, wird festgestellt, dass die Auszüge aus Aluminium sind. Gewünscht, aber in der Bestellung nicht ausdrücklich aufgeführt, war die billigere Ausführung in Stahlblech. Keineswegs wollte man aber die sehr teuren Führungen aus Aluminium oder die billigen Führungen aus Kunststoff. Im Katalog waren alle drei Ausführungen beschrieben. Die Rechnung vom 04.06. d. J. weist einen Mehrpreis von 20,00 € je Schreibtisch für die Aluminiumauszüge auf sowie pauschal 200,00 € für den Rücktransport der Schreibtische von Bremen nach Hannover. Vier Wochen später überweist die Spedition den Rechnungsbetrag, aber nicht, ohne ihn vorher um den Mehrpreis für die Aluausführung, die 200,00 € für den Rücktransport sowie 3 % Skonto zu kürzen. In der Rechnung steht: Die Zahlung ist ohne Abzug bis zum 15.06. d. J. zu leisten.
Beide Parteien hätten sich den nun folgenden Ärger ersparen können. Sorgfältiges Vorbereiten von Kaufverträgen unter Beachtung der Regelungen des BGB gehört zum kleinen Einmaleins des Kaufmanns.

Für welche strittigen Punkte in dem Kaufvertrag gelten mangels vertraglicher Absprachen die gesetzlichen Regelungen?

4.1 Die Anbahnung des Kaufvertrages

In allen Unternehmen müssen laufend Güter, Dienstleistungen, Geldmittel und Informationen eingekauft werden, um einen reibungslosen betrieblichen Ablauf sicherzustellen. Die Betriebswirtschaftslehre spricht hier von Beschaffung und versteht darunter, die zur Leistungserstellung benötigten Güter kostengünstig in der erforderlichen Menge und Qualität zur richtigen Zeit am richtigen Ort bereitzustellen.

Voraussetzung für dieses Ziel sind umfangreiche Planungen und Entscheidungen über:

- Bestellmengen
- Bestellzeitpunkte
- Güterqualitäten
- Lagerhaltung
- Lieferantenauswahl
- Einkaufspreise

4.1.1 Beschaffungs- und Bedarfsplanung

Nicht selten fehlt in Unternehmen eine rationale Beschaffungsplanung. Einkaufsentscheidungen aus der jeweiligen Situation heraus können aber nicht als eine dauerhafte Lösung angesehen werden, denn „im Einkauf liegt der halbe Gewinn."

Beispiel

Ein deutscher Logistikkonzern wies 2017 folgende Zahlen auf:

- *Umsatzerlöse 2 705,5 Mio. €*
- *Materialkosten 980,0 Mio. €*
- *Jahresüberschuss 543,4 Mio. €*

Eine Senkung der Einkaufskosten um 15 % würde den Jahresüberschuss um 27 % erhöhen.

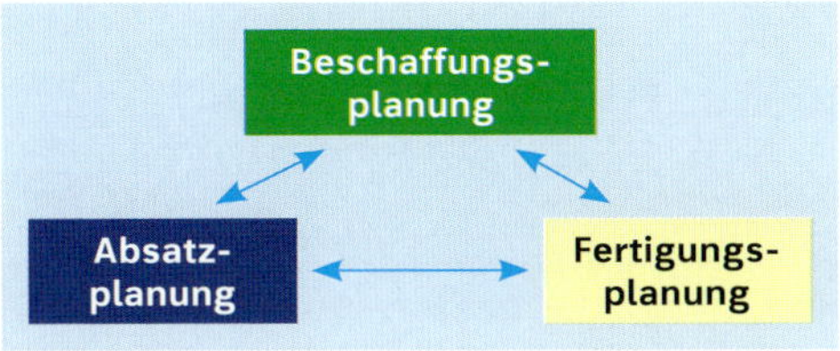
Beschaffungs-planung
Absatz-planung
Fertigungs-planung

Die Beschaffungsplanung ist eingebunden in die Fertigungsplanung und in die Absatzplanung und hängt darüber hinaus von den finanziellen Spielräumen ab. Die notwendigen Informationen für die Beschaffungs- und Bedarfsplanung beziehen sich auf Art, Qualität, Mengen, Bestell- und Lieferzeitpunkte sowie Preise der benötigten Güter.

■ Art, Qualität und Mengen der benötigten Güter

In vielen Industrieunternehmen mit festem Produktionsprogramm oder vorliegenden Bestellungen kommen diese Angaben aus der Arbeitsvorbereitung. Diese Abteilung erstellt Stücklisten, die alle benötigten Fertigungsteile mit Mengen, Güteangaben und Abmessungen enthalten. Bei anderen Industrieunternehmen sowie bei Handels- und Dienstleistungsunternehmen ist die Beschaffungsplanung unmittelbar vom erwarteten Absatz abhängig und basiert auf Vergangenheitswerten, aktuellen Kundenwünschen, Konkurrenzsituation, Lohn- und Preisentwicklung, Konjunktur, Modetrends und Zukunftserwartungen.

Durch hohe Bestellmengen können häufig Rabatte realisiert und durch die Verlängerung der Bestellzeiträume die Bestellkosten gesenkt werden. Hohe Lagerbestände bergen aber nicht nur die üblichen Lagerrisiken (Verderb und Schwund, Produktinnovationen, Änderungen des Nachfrageverhaltens und der Produktionsverfahren, Änderungen der Umweltschutzgesetzgebung, Entwicklung von Substitutionsgütern), sondern stellen totes Kapital dar, belasten die Liquidität und verursachen Lagerkosten (Zinsen für das gebundene Kapital, **Lagerraumkosten**, **Lagerpersonalkosten**, **Lager-Gemeinkosten**).

Die Bestellmenge soll so gering wie möglich und groß wie nötig sein, um einerseits die Produktions- und Lieferfähigkeit zu sichern und andererseits die Beschaffungs- und Lagerkosten möglichst gering zu halten.

Die optimale Bestellmenge
Die günstigste Beschaffungsmenge ist nicht die, bei der die geringsten Beschaffungskosten auf eine Mengeneinheit entfallen, sondern die, bei der die Summe der Beschaffungskosten und der Zins- und Lagerkosten möglichst gering ist.

Zeitplanung

Jedes Material muss rechtzeitig eingekauft werden, sodass die eigene Produktions- und Lieferbereitschaft nicht gefährdet wird. Für den Bestellzeitpunkt sind die Lieferzeit, die Häufigkeit des Warenumschlages, die Lagerfähigkeit der Ware, die Lagermöglichkeiten, der Zeitpunkt von Lieferantenangeboten, saisonale Einflüsse und die Preisentwicklung maßgeblich.
In der Praxis wird das Bestellpunktverfahren am häufigsten angewendet. Dieses Verfahren ist so konzipiert, dass bei Erreichen eines kritischen Lagerbestandes (Meldebestand) ein Bestellvorgang in einer bestimmten Höhe ausgelöst wird und ein Absinken unter den Mindestbestand (Eiserner Bestand) vermieden wird. Die Bestellung ist so bemessen, dass durch sie ein bestimmter Höchstbestand erreicht wird.
Der Meldebestand lässt sich als Formel darstellen.

Meldebestand = Mindestbestand + (Tagesverbrauch · Lieferzeit)

Der Mindestbestand soll im Prinzip niemals angegriffen werden, um unnötige Kosten durch eigene Liefer- und Produktionsengpässe zu vermeiden.

Beispiel

Ein Mindestbestand liegt bei 100 Stück. Der Tagesverbrauch beträgt 10 Stück, und die Lieferzeit beträgt 5 Tage. Wann ist in diesem Fall zu bestellen?
Der Meldebestand ist erreicht, wenn der Lagervorrat auf 150 Stück gesunken ist.
[100 Mindestbestand + (10 Stück · 5 Tage)]

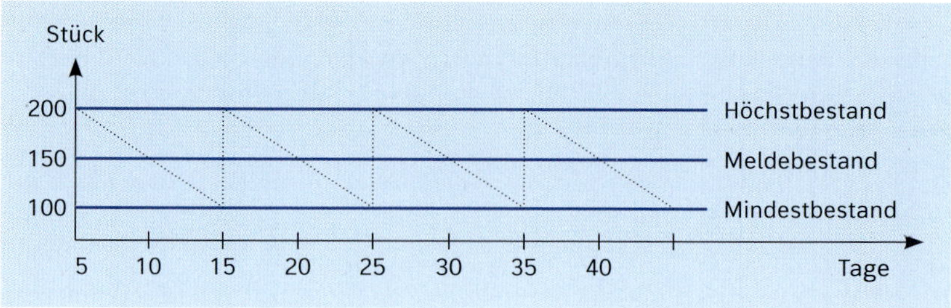
Stück
200
150
100
Höchstbestand
Meldebestand
Mindestbestand
5
10
15
20
25
30
35
40
Tage

4.1.2 Bezugsquellenermittlung

Nach Feststellung der benötigten Materialien müssen geeignete Lieferanten gesucht und ausgewählt werden.

Aus Bequemlichkeit und aus einem Sicherheitsstreben heraus wird man zunächst auf bekannte Lieferanten zurückgreifen. Üblicherweise sind diese Lieferanten mit allen relevanten Daten wie Produkte, Preise, Lieferungs- und Zahlungsbedingungen usw. in einer Bezugsquellendatei gespeichert und können nach unterschiedlichen Merkmalen aufgerufen werden.

Gute Lieferantenbeziehungen sind durchaus wünschenswert, aber sie können dazu führen, dass man Einkäufe bei Lieferanten vornimmt, die höhere Preise als die Konkurrenz fordern. Außerdem gibt es immer wieder Materialien und Dienstleistungen, die bei den bisherigen Lieferanten nicht erhältlich sind. Daraus ergibt sich die Notwendigkeit zur Marktbeobachtung, zu Vergleichsangeboten und zur Ermittlung neuer Bezugsquellen. Dies wird als Beschaffungsmarketing bezeichnet.

Möglichkeiten der Bezugsquellenermittlung	
• Zeitungen • Fachzeitschriften • Kataloge • Gelbe Seiten • Prospekte • Branchenverzeichnisse • Messekataloge • Wer liefert was? • ABC der deutschen Wirtschaft • Internet	• Messen • Hausausstellungen • Unterlagen von Vertreterbesuchen • Geschäftsfreunde • Industrie- und Handelskammern • Bundesagentur für Außenwirtschaft (bfai), Köln • Wirtschaftsabteilungen ausländischer Botschaften

4.1.3 Von der Anfrage zum Angebotsvergleich

Die Anfrage enthält in möglichst detaillierter Form die Beschaffungswünsche des Unternehmens. Auf diese Form der sehr präzisen, aber **rechtlich unverbindlichen** Informationsbeschaffung wird man vor allem dann zurückgreifen, wenn

- Güter erstmalig zu beschaffen sind,
- der Wert der zu beschaffenden Ware eine bestimmte Grenze, ab der die Einkaufsrichtlinien mehrere Angebote vorschreiben, überschreitet,
- der bisherige Lieferantenkreis ausgeweitet werden soll.

Durch einen Vergleich der eingeholten Angebote wird versucht, den günstigsten Anbieter zu bestimmen. Gegenstand des Vergleichs, der gut in Tabellenform dargestellt werden kann, sind in erster Linie:

- Preise
- Verpackungs- und Versandkosten
- Lieferungs- und Zahlungsbedingungen
- Lieferzeit

Mit der Auswahl des günstigsten Angebotes ist oft aber noch keine Entscheidung über den Lieferanten getroffen. Bei vielen Beschaffungsgütern treten die Einkaufsabteilungen jetzt in Verhandlungen ein, die das Ziel haben, einzelne Punkte des Angebotes nachzubessern. Diese mündlichen Verhandlungen sollen Annäherungen und schließlich Einigung über gegenseitige Zugeständnisse bringen, z. B. Gewährung eines besonderen Rabattes bei Abschluss eines längerfristigen Rahmenliefervertrages. Eine derartige Kompromissfindung ist aber nur in solchen Fällen möglich, in denen die Marktmacht nicht einseitig verteilt ist.

4.2 Inhalt des Kaufvertrages

Zur Vermeidung von späteren Schwierigkeiten werden in Kaufverträgen umfassende Vereinbarungen getroffen über:

- Art, Beschaffenheit und Güte der Ware
- Menge
- Preis und Preisvergünstigungen
- Verpackungskosten
- Versandkosten
- Lieferzeit
- Zahlungsbedingungen
- Erfüllungsort und Gerichtsstand

Viele Branchen und Unternehmen haben große Teile der Vertragsinhalte in Form von **allgemeinen Geschäftsbedingungen** (AGB) standardisiert[1], wobei Individualabreden aber Vorrang haben. Wenn über einen Sachverhalt weder die AGB noch eine Nebenabrede eine Regelung vorsehen, gelten die einschlägigen gesetzlichen Vorschriften. Soweit die ADSp vereinbart sind, gehen die Logistik-AGB vor, wenn sich einzelne Klauseln widersprechen sollten.

Arten des Kaufvertrags	
Stückkauf (Spezieskauf)	Der Kaufgegenstand ist eine von den Vertragspartnern individuell bestimmte Sache *(z. B. ein bestimmter Pkw Golf V)*. Sie kann objektiv vertretbar (bestimmter neuer Golf V) oder nicht vertretbar (bestimmter gebrauchter Golf V) sein.
Gattungskauf ***(§ 243 BGB)***	Der Kaufgegenstand ist nicht individuell, sondern nur der Gattung nach bestimmt. Eine Gattung bilden alle Gegenstände, die sich durch gemeinsame Merkmale, die von den Vertragspartnern festgelegt werden *(z. B. Typ, Sorte, Preis, Qualität)*, von Gegenständen anderer Art abheben. Meist handelt es sich um vertretbare Sachen *(z. B. Neuwagen)*. Aber auch nicht vertretbare Gegenstände können nach dem Willen der Vertragspartner eine Gattung bilden *(z. B. gebrauchte Pkws des Herstellers X, Typ Y, Baujahr Z)*. Bei Gattungsschulden sind Waren mittlerer Art und Güte zu liefern.
Gekauft wie gesehen	„Gekauft wie gesehen" bedeutet, dass jede Gewährleistung – außer für gegebene Zusicherungen über den Zustand der Ware oder für arglistig verschwiegene Mängel – ausgeschlossen wird. „Gekauft wie gesehen" ist grundsätzlich immer dann möglich, wenn es sich nicht um einen Verbrauchsgüterkauf handelt. Hier beträgt die gesetzliche Gewährleistungsfrist zwei Jahre und kann bei gebrauchten Gegenständen auf bis zu ein Jahr verkürzt werden.
Kauf zur Probe	Es wird eine kleine Menge gekauft, um die Eigenschaften der Ware kennenzulernen, was rechtlich nichts Besonderes ist.
Kauf nach Probe	Entschließt sich der Käufer, eine weitere Menge aufgrund der Probe oder eines übersandten Musters zu kaufen, so ist der Verkäufer an Qualität und Eigenschaften von Probe oder Muster gebunden *(§ 434 Abs.1 BGB)*.

[1] *Vgl. Seite 313.*

Arten des Kaufvertrags	
Kauf auf Probe (auf Besichtigung) ***(§ 454 f. BGB)***	Kaufvertrag mit Rücktrittsrecht innerhalb einer vereinbarten Billigungsfrist
Bestimmungskauf (Spezifikationskauf) ***(§ 375 HGB)***	Kauf einer bestimmten Menge Gattungswaren, bei dem der Käufer das Recht hat, Einzelheiten der Ware *(z. B. Farbe, Form)* erst später zu bestimmen (spezifizieren). Versäumt er dies in der vereinbarten Frist, so darf der Verkäufer die Spezifikation vornehmen, wenn er eine angemessene Nachfrist gesetzt hat und diese abgelaufen ist.
Kauf in Bausch und Bogen (en bloc, Ramschkauf)	Hier wird die Ware zu einem Pauschalpreis in „Bausch und Bogen" gekauft. Eine besondere Qualitätszusicherung für die einzelnen Teile wird nicht gegeben.
Fixkauf ***(§§ 323 Abs. 2 BGB, 376 HGB)***	Die Parteien vereinbaren, dass die Lieferung zu einem genau bestimmten Zeitpunkt oder innerhalb einer fest bestimmten Frist erfolgen muss. Der Kaufvertrag steht und fällt mit der Einhaltung des Termins bzw. der Frist. Der diesbezügliche Wille der Vertragspartner muss an einer eindeutigen Fixklausel oder stillschweigend erkennbar sein (relatives Fixgeschäft). ***Beispiele:*** *„Lieferung am 3. Mai 2016 fest" („fix", „exakt", „genau", „präzis", „prompt", „spätestens")* Eine verspätete Lieferung führt zur Unmöglichkeit der Leistung (absolutes Fixgeschäft) ***Beispiel:*** *Flugtickets werden nach Start des Flugzeuges geliefert.*
Kauf auf Abruf	Die Parteien vereinbaren eine Frist, innerhalb derer der Käufer Teilmengen zu ihm genehmen Zeitpunkten abrufen kann. *Vorteil für den Kunden:* Die Lagerung wird auf den Verkäufer abgewälzt. *Vorteil für den Lieferer:* Größere Aufträge werden gesichert, die Kapazität wird ausgelastet.
Teillieferungskauf	Die Lieferung erfolgt in Teilmengen: • entweder **auf Abruf** (siehe oben) • oder als **Fixkauf** („Lieferung fix Mitte jedes Monats") • oder **gegen Andienung** Der Verkäufer kann innerhalb einer bestimmten Frist die Lieferzeitpunkte wählen. Dies ist z. B. der Fall, wenn der Lieferer die Ware erst herstellen muss und fertiggestellte Teilmengen an den Kunden ausliefert. *Vorteil für den Kunden:* Zahlung erst nach vollständiger Lieferung *Vorteil für den Lieferer:* Lagerung beim Kunden

Art, Beschaffenheit und Güte der Ware

Die Art der Ware ist der handelsübliche Name der Ware.
Die Festlegung von Beschaffenheit und Güte hängt von der jeweiligen Ware ab und erfolgt durch:

- Muster
- Proben
- Abbildungen
- Kataloge
- technische Beschreibungen
- Normen
- Standards
- Handelsklassen
- Typen

Wenn über die Qualität keine Vereinbarung getroffen wird, ist die gesetzliche Regelung verbindlich. Bei Gattungsware ist mittlere Art und Güte zu liefern *(§ 243 Abs. 1 BGB, § 360 HGB)*.

Menge

Die Mengenangabe richtet sich nach:

- metrischen Einheiten (kg, m, m^2, m^3, Liter, Hektoliter)
- nicht-metrischen Einheiten (Barrel, Unze)
- handelsüblichen Bezeichnungen (Ballen, Sack, Dutzend, Festmeter)

Preis

Der Preis bezieht sich auf eine gebräuchliche Maßeinheit. Wenn nichts anderes vereinbart ist und der Preis sich auf das Warengewicht bezieht, ist bei der Preisberechnung die Verpackung (Tara) abzuziehen.

	Bruttogewicht
–	Verpackungswicht (Tara)
=	Nettogewicht

Die Regelung heißt dann „Preis netto“. Aus dem Vertrag oder dem Handelsbrauch des Erfüllungsortes kann sich aber auch ergeben, dass der Kaufpreis sich auf das Bruttogewicht bezieht *(§ 380 HGB)*. In diesem Fall heißt die Regelung „Preis brutto“.
Insbesondere bei Investitionsgütern sollte geklärt werden, ob Aufstellung, Montage und Einweisung im Preis enthalten sind.

Preisvergünstigungen

Vielfach ergibt sich die Möglichkeit zur Vereinbarung von Preisen, die unterhalb der allgemein angekündigten oder geforderten Preise liegen.

Preisvergünstigungen		
Rabatt	**Skonto**	**Bonus**
von vornherein vereinbarter Preisnachlass	Preisabzug bei vorzeitiger Zahlung	nachträglicher Preisnachlass, wenn eine bestimmte Jahresabnahmemenge erreicht wird

Rabatte

- **Mengenrabatt:** Es werden mehrere Stück oder größere Mengen verkauft.
- **Wiederverkäuferrabatt:** Die Waren oder Leistungen werden vom Käufer beruflich oder gewerblich genutzt.
- **Großverbraucherrabatt:** Der Käufer nimmt Waren in solchen Mengen ab, dass er als Großverbraucher anzusehen ist.
- **Personalrabatt:** Mitarbeiter erhalten diesen Rabatt für ihren Eigenbedarf.
- **Jubiläumsrabatt:** Nachlass zur Feier des Bestehens eines Unternehmens im selben Geschäftszweig.

Rabatte können nicht nur als Preisnachlass, sondern auch als **Naturalrabatt** gewährt werden. Bei der **Draufgabe** erhält der Kunde kostenlos eine Mengeneinheit zusätzlich, bei der **Dreingabe** erhält er eine Mengeneinheit der bestellten Menge kostenlos.

Eine besondere Form des Rabattes ist der **Barzahlungsrabatt.** Er kann bei unverzüglicher Zahlung nach Lieferung gewährt werden. Mit Sparmarken, Gutscheinen oder Rabattmarken wird der Barzahlungsrabatt zu einem **Treuerabatt,** da die Rückvergütung erst erfolgt, wenn eine gewisse Warenmenge gekauft wurde.

Skonto

Der Barzahlungsrabatt ist nicht mit **Skonto** zu verwechseln. Skonto ist ein vereinbarter **Preisabzug,** den der Käufer vornehmen darf, wenn er bis zu einem bestimmten Zeitpunkt vor Ablauf des Zahlungszieles bezahlt.

Beispiel

2 % Skonto bei Zahlung binnen 10 Tagen, 30 Tage rein netto Kasse

Betriebswirtschaftlich gesehen ist eine solche Klausel für die Vertragsparteien ein Kreditangebot: Der Lieferant kalkuliert den Skontosatz in seinen Verkaufspreis ein und stellt damit sicher, dass er bei Inanspruchnahme des Lieferantenkredites durch den Kunden eine entsprechende Verzinsung erhält. Wenn der Kunde nach Ablauf der Skontofrist bezahlt, nimmt er einen Lieferantenkredit in Anspruch und zahlt dafür – im obigen Beispiel – 2 % Zinsen vom Zieleinkaufspreis.

Verpackungskosten

Nach der gesetzlichen Regelung *(§ 448 BGB)* hat
- der Verkäufer die Kosten der Übergabe *(z. B. die Kosten der Verkaufspackung für Motorenöl)* und
- der Käufer die Kosten der Abnahme *(z. B. die Kosten der Versandverpackung)* und der Versendung nach einem anderen Ort als dem Erfüllungsort zu tragen.

Häufig werden abweichende Regelungen getroffen, z. B.:
- „netto einschließlich Verpackung“: Verpackung wird nicht berechnet
- „netto ausschließlich Verpackung“: Verpackung wird zum Selbstkostenpreis bereitgestellt, wobei ein Rückgaberecht besteht, oder Verpackung wird vermietet, oder Verpackung wird eingetauscht *(z. B. Pool-Paletten)*
- „brutto einschließlich Verpackung“, „brutto für netto“: die Verpackung wird zum gleichen Preis wie die Ware berechnet

Versandkosten

Obwohl nach der gesetzlichen Regelung *(§ 448 BGB)* der Verkäufer die Ware nur am Erfüllungsort bereitstellen muss und die Versandkosten dem Käufer auferlegt sind, gibt es darüber eine Vielzahl individueller Abmachungen und allgemeiner Geschäftsbedingungen. Sie regeln neben der eigentlichen Fracht die Lade- und Entladegebühren sowie die Anfuhr und Abfuhr. Am gebräuchlichsten sind die Klauseln
- „frei Haus“, bei der der Verkäufer alle Kosten trägt, und
- „ab Werk“, bei der der Käufer alle Kosten trägt.

Konzerne mit verschiedenen Fertigungsstätten nennen ihren Kunden häufig einen Ort als **Frachtbasis**. Unabhängig von der tatsächlichen Strecke wird von diesem Ort aus die Fracht berechnet. Umgekehrt vereinbaren Unternehmen mit mehreren Standorten mit ihren Lieferanten oft eine **Frachtparität**, also einen Ort, bis zu dem der Lieferant höchstens die Frachtkosten übernimmt.

Mögliche Versandkostenregelungen							
	Verkäufer	Versandstation		Empfangsstation			**Käufer**
		Rollgeld, Hausfracht	Ladegebühr	Fracht	Entladegebühr	Rollgeld, Hausfracht	
„ab Werk“	(gesetzliche Regelung beim Platzkauf)	Käufer trägt alle Kosten					
„ab Versandbahnhof“ „ab Versandstation“ „unfrei“	(gesetzliche Regelung beim Versendungskauf)	Verkäufer	Käufer				
„frei Waggon“ „frei Schiff“		Verkäufer		Käufer			
„frei Empfangsbahnhof“ „frei Empfangsstation“		Verkäufer			Käufer		
„frei Haus“		Verkäufer trägt alle Kosten					

■ Lieferzeit

Wenn die Vertragspartner über die Lieferzeit keine besondere Vereinbarung treffen, kann der Käufer die Lieferung sofort verlangen und der Verkäufer kann sie sofort bewirken (*§ 271 Abs. 1*).

■ Zahlungsbedingungen

Ohne besondere Vereinbarung ist **Zug um Zug** zu zahlen, d. h. der Lieferer kann sofortige Zahlung bei Übergabe der Ware verlangen *(Barkauf, § 271 BGB)*. Bei Verbrauchsgüterkäufen kann der Verkäufer, wenn nichts anderes vereinbart oder aus den Umständen zu entnehmen ist, nur unverzügliche Zahlung verlangen *(§ 474 III)*.
Die Formel lautet „netto“ oder „netto Kasse“. Beim Versendungskauf ist die Zahlung Zug um Zug durch **Nachnahmeerhebung** möglich *(Lieferung gegen Nachnahme):* Der Frachtführer darf die Ware dem Käufer nur gegen Zahlung des auf der Nachnahmepaketkarte bzw. auf dem Frachtpapier angegebenen Betrages ausliefern.
Andere **mögliche Vereinbarungen** hinsichtlich des Zahlungstermins sind:

Besondere Zahlungsbedingungen	
Vorauszahlung/Anzahlung	Der Käufer muss bereits vor der Lieferung den Kaufpreis ganz oder teilweise zahlen.
Zahlungsziel (Zielkauf)	Der Käufer braucht erst nach Ablauf einer bestimmten Zeit nach Lieferung den Kaufpreis zu zahlen. Falls der Käufer in einem solchen Fall vorzeitig zahlen möchte, wird ihm i. d. R. vom Verkäufer die Möglichkeit eines Preisabzuges (Skonto) eingeräumt.
Ratenzahlung	Der Käufer kann den Kaufpreis nach und nach in mehreren Teilbeträgen zahlen.

Incoterms®-Regeln

Im internationalen Warenverkehr nutzen Kaufleute häufig die von der Internationalen Handelskammer, Paris, erarbeiteten Incoterms (International Commercial Terms). Sofern sie im Kaufvertrag vereinbart wurden, regeln sie nicht nur die Kostenteilung und den Gefahrenübergang, sondern noch weitere für den internationalen Handel wesentliche Bereiche, wie z. B. Versicherungen und Transportdokumente. Incoterms sind die offiziellen Regeln der ICC Paris für die Auslegung von handelsüblichen Vertragsformeln. Sie werden weltweit von Gerichten und Behörden anerkannt. Ihre Einbeziehung in Kaufverträge verringert die Gefahr von Missverständnissen, die zu rechtlichen Schwierigkeiten führen könnten. Derzeit gelten die Incoterms® 2010[1].

■ Erfüllungsort

Der Erfüllungsort ist der Ort, an dem der Schuldner seine Leistung zu erbringen hat. Es ist nicht der politische Ortbegriff gemeint, sondern die tatsächliche Leistungsstelle, z.B. die Wohnung oder der Betrieb.

Wenn nichts anderes vereinbart wurde, gilt die Regelung über den **gesetzlichen Erfüllungsort** *(§ 269 BGB)*: **Erfüllungsort ist der Wohn- bzw. Geschäftssitz des Schuldners.**
Der **Warenschuldner** hat seine Leistung an seinem Sitz zu erbringen, indem er die Ware dort fristgerecht bereitstellt. Er hat lediglich die Kosten der Übergabe zu tragen. Die Kosten der Abnahme und der Versendung nach einem anderen Ort als dem Erfüllungsort trägt der Käufer *(§ 448 BGB). Warenschulden sind „Holschulden“.*
Mit der Übergabe der verkauften Sache am Erfüllungsort ist der **Gefahrübergang** des zufälligen Untergangs oder der zufälligen Verschlechterung auf den Käufer verbunden *(§ 446 BGB)*.

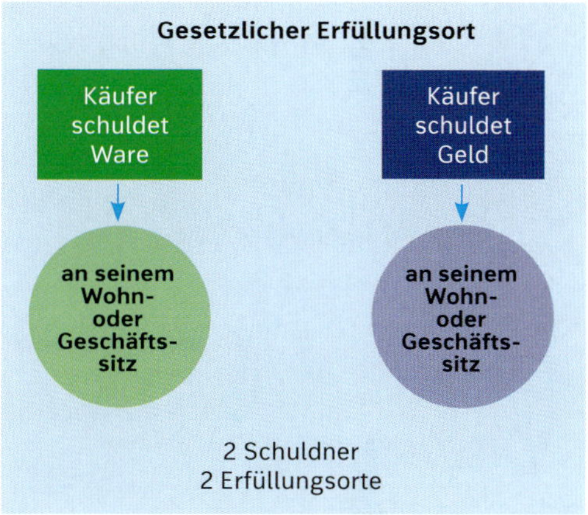
Gesetzlicher Erfüllungsort
Käufer schuldet Ware
Käufer schuldet Geld
an seinem Wohn- oder Geschäfts-sitz
an seinem Wohn- oder Geschäfts-sitz
2 Schuldner
2 Erfüllungsorte

Beispiel

Ein Handlungsbevollmächtigter hat bei einem Gebrauchtwagenhändler einen zwei Jahre alten, wie neu aussehenden Pkw gekauft. Als er zu seiner Freundin fährt, um den Wagen vorzuführen, gerät er in einen Hagelschauer, der auf dem Dach seines Autos einige Dellen hinterlässt. Den dadurch verursachten Schaden trägt der Handlungsbevollmächtigte oder seine Versicherung, da der Erfüllungsort der Sitz des Kfz-Händlers war.

---

[1] *Incoterms® ist ein eingetragenes Markenzeichen der International Chamber of Commerce (ICC). Weitere Informationen hierzu finden Sie unter www.icc-deutschland.de.*

Beim **Versendungskauf**, bei dem die Ware auf Verlangen des Käufers zu einem anderen Ort als dem Erfüllungsort versandt werden soll, geht die Gefahr mit der Übergabe an den Spediteur oder Frachtführer auf den Käufer über *(§ 447 BGB)*. Diese Regelung gilt für **Verbrauchsgüterkäufe** *(§ 474 BGB)* nur, wenn der Verbraucher einen Spediteur oder Frachtführer beauftragt, der nicht zuvor vom Verkäufer vorgeschlagen wurde (§ 474 Abs. 4).

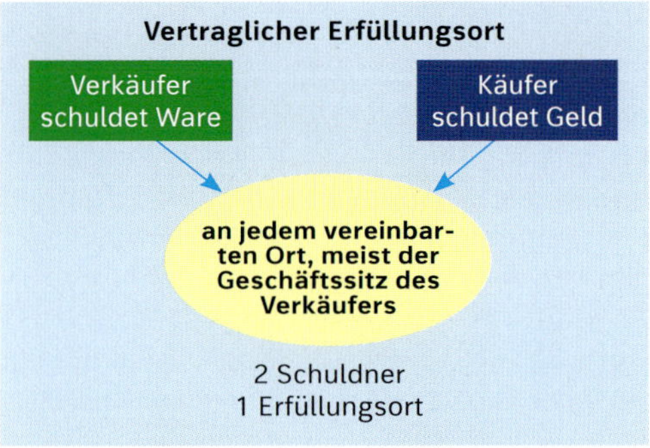
Vertraglicher Erfüllungsort
Verkäufer schuldet Ware
Käufer schuldet Geld
an jedem vereinbarten Ort, meist der Geschäftssitz des Verkäufers
2 Schuldner
1 Erfüllungsort

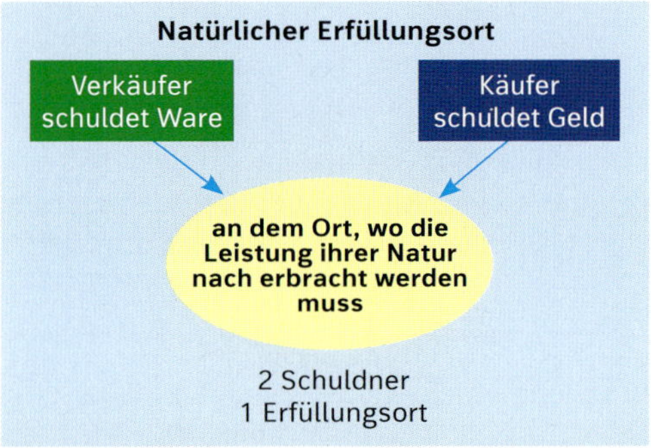
Natürlicher Erfüllungsort
Verkäufer schuldet Ware
Käufer schuldet Geld
an dem Ort, wo die Leistung ihrer Natur nach erbracht werden muss
2 Schuldner
1 Erfüllungsort

Obwohl der Erfüllungsort für die Geldschuld der Ort des Schuldners ist, hat der **Geldschuldner** seine Leistungspflicht erst erfüllt, wenn er das Geld auf seine Gefahr und Kosten an den Sitz des Gläubigers abschickt und das Geld **fristgerecht** in den Verfügungsbereich des Verkäufers gelangt ist *(der Europäische Gerichtshof hat diese Regelung in dem Urteil 306/06 getroffen und damit die § 269f. BGB teilweise unanwendbar gemacht). Geldschulden sind „Bringschulden“.*

Durch Vereinbarung kann jeder beliebige Ort zum **vertraglichen Erfüllungsort** werden. Der Vertragspartner mit der stärkeren Markt-Position wird versuchen, seinen Sitz als Erfüllungsort durchzusetzen.

Wenn sich aus der Natur der Sache ergibt, wo die Leistung zu erbringen ist, handelt es sich um einen **natürlichen Erfüllungsort** *(z. B. Dachreparatur oder Gartenpflege).*

■ Gerichtsstand

Ergeben sich zwischen den Vertragspartnern Streitigkeiten über die Auslegung und die Erfüllung der Vertragspflichten, so können sie die Hilfe des zuständigen Gerichts in Anspruch nehmen.

Der gesetzliche Erfüllungsort ist gleichzeitig **gesetzlicher Gerichtsstand,** sodass eine Warenklage am Sitz des Verkäufers, eine Zahlungsklage am Sitz des Käufers erfolgen muss. **Gesetzlicher Gerichtsstand** ist damit der Sitz des Gerichts, in dessen Bezirk der Beklagte seinen Sitz hat.

Beispiel

Zwischen der Biesterfeld Spedition GmbH, Bremen, und der Baumann & Söhne KG, Hannover, ist ein Kaufvertrag über die Lieferung von diversen Büromöbeln abgeschlossen worden.

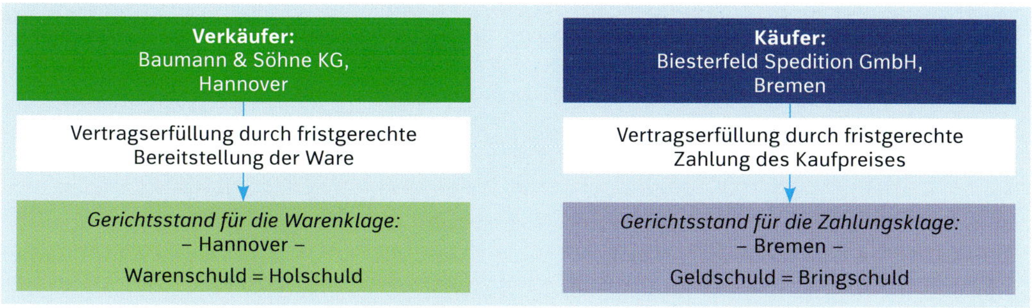
Verkäufer:
Baumann & Söhne KG,
Hannover
Vertragserfüllung durch fristgerechte Bereitstellung der Ware
Gerichtsstand für die Warenklage:
– Hannover –
Warenschuld = Holschuld
Käufer:
Biesterfeld Spedition GmbH,
Bremen
Vertragserfüllung durch fristgerechte Zahlung des Kaufpreises
Gerichtsstand für die Zahlungsklage:
– Bremen –
Geldschuld = Bringschuld

Kaufleute können einen Gerichtsstand frei vereinbaren.

Für Streitigkeiten ist das Gericht zuständig, in dessen Bezirk der Erfüllungsort liegt. Durch Vereinbarung eines Erfüllungsortes kann daher zugleich indirekt auch der Gerichtsstand bestimmt sein.

Beispiel

Zwischen der Sonic AG, Bonn, und der Syston GmbH, Cham, ist ein Kaufvertrag über ein EDV-System geschlossen worden.
Laut Vertrag (AGB der Syston GmbH) ist Erfüllungsort für beide Teile Cham.

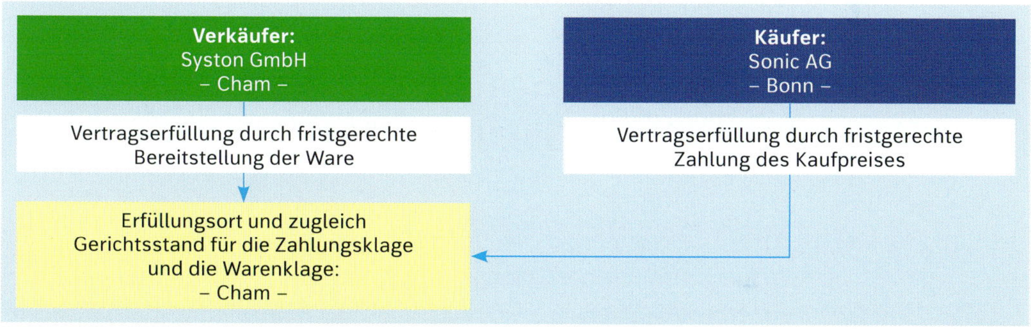
Verkäufer:
Syston GmbH
– Cham –
Vertragserfüllung durch fristgerechte Bereitstellung der Ware
Erfüllungsort und zugleich Gerichtsstand für die Zahlungsklage und die Warenklage:
– Cham –
Käufer:
Sonic AG
– Bonn –
Vertragserfüllung durch fristgerechte Zahlung des Kaufpreises

Kaufvertrag			
Inhalt		**Vereinbarungen**	**Gesetzliche Regelung**
Beschreibung des Kaufgegenstandes	**Art**	Angabe von • Artikelnamen • Artikelnummer • Identifikationsnummer • Markenbezeichnung	Eine der Gattung nach bestimmte Ware ist in mittlerer Art und Güte zu liefern *(§ 243 BGB, § 360 HGB)*. *= Gattungskauf (vertretbare Sachen)*
	Beschaffenheit und Güte	Festlegung durch • Muster, Probe, Besichtigung • Kataloge, Prospekte • Standards, Handelsklassen, Typen, Normen • Gütezeichen, Güteklassen, Warenzeichen • Herkunft, Jahrgang, Zusammensetzung, Oktanzahl	
Menge	**Einheit**	Angabe in • handelsüblichen Verpackungseinheiten • Maßeinheiten	Es gelten die Handelsbräuche oder das Reingewicht *(§ 380 HGB)*, soweit keine Vereinbarungen getroffen wurden.

Kaufvertrag			
Inhalt		**Vereinbarungen**	**Gesetzliche Regelung**
Preis	**Warenpreis**	Üblicherweise Preis pro Wareneinheit inkl. Verkaufsverpackung	
	Preisvergünstigungen	• Rabatt (Menge, Wiederverkäufer, Großverbraucher, Personal, Jubiläum, Barzahlung, Treue, besondere Anlässe) • Bonus • Skonto	
	Verpackungskosten	Festlegung, welcher Vertragspartner die Kosten tragen soll: • Verpackung frei • Verpackung zum Selbstkostenpreis • Verpackung leihweise • brutto für netto	Der Käufer trägt die Kosten der Versandverpackung *(§ 448 BGB)*. Das Nettogewicht ist in Rechnung zu stellen *(§ 380 HGB)*, sofern der Vertrag oder der Handelsbrauch nichts anderes bestimmt.
Lieferungsbedingungen	**Beförderungskosten**	Der Käufer trägt die Frachtkosten: • ab Werk, ab Lager Der Verkäufer trägt die Frachtkosten: • frei Haus, frei Lager Käufer/Verkäufer teilen sich die Frachtkosten: • ab Bahnhof, ab hier, unfrei • frachtfrei, Frachtbasis X, Frachtparität Y	Der Käufer trägt die Frachtkosten *(§ 448 BGB)*.
	Lieferzeit	Vereinbarungen: • Lieferung sofort, innerhalb 14 Tagen, Ende April • Lieferung am 20.05., fix, genau, fest • Lieferung auf Abruf	Der Käufer kann sofortige Lieferung verlangen, der Verkäufer kann sofort liefern *(§ 271 BGB)*. Verbrauchgüterkauf: Der Käufer kann unverzügliche Lieferung verlangen und der Verkäufer muss binnen 30 Tagen liefern.
Zahlungsbedingungen	**Zahlungstermin**	Zahlungsarten: • Vorauszahlung • Anzahlung • Zug um Zug • nach Lieferung in einer Summe • Ratenzahlung	Der Verkäufer kann sofortige Zahlung verlangen *(§ 271 BGB)*.
	Zahlungsart	bar, halbbar, unbar	Übernahme einer anderen Leistung an Erfüllung statt ist möglich *(§ 364 BGB)*.
Erfüllungsort und Gerichtsstand	**Erfüllungsort**	Bestimmung: • Wohnsitz/Geschäftssitz des Verkäufers • anderer Ort • für Lieferung/Zahlung verschiedene oder gemeinsame Orte	Erfüllungsort für Warenlieferung ist der Wohn- oder Geschäftssitz des Verkäufers. Der Käufer hat seine Geldschuld erfüllt, wenn das Geld fristgerecht beim Verkäufer eintrifft. Am natürlichen Erfüllungsort ist von der Natur der Sache her zu erfüllen.
	Gerichtsstand	• Der gesetzliche Gerichtsstand ist dort, wo der Erfüllungsort ist. • Nur Kaufleute untereinander können einen anderen Gerichtsstand vereinbaren.	Gerichtsort ist der Wohn- oder Geschäftssitz des Beklagten; soweit Kaufleute einen anderen Gerichtsort vereinbart haben, gilt dieser. Für Klagen aus Haustürgeschäften gegen den Verbraucher ist ausschließlich das Gericht, in dessen Bezirk er seinen Wohnsitz hat, zuständig *(§ 29c ZPO)*.

4.3 Zustandekommen eines Kaufvertrages

1. Fall: **Der Antrag zum Abschluss des Kaufvertrages geht vom Verkäufer aus.**

Der *Verkäufer* macht ein **Angebot** (= Vertragsantrag), der Käufer nimmt eine **Bestellung** vor (= Vertragsannahme).
Dem Angebot des Verkäufers kann eine rechtlich unverbindliche *Anfrage* des Käufers vorausgehen, der Bestellung des Käufers kann eine *Auftragsbestätigung* des Verkäufers folgen.
Durch das Angebot erklärt der Verkäufer, unter welchen Bedingungen er bereit ist, einen Kaufvertrag abzuschließen.
Seine Willenserklärung ist rechtlich bindend, wenn sie an eine bestimmte Person gerichtet ist und alle wesentlichen Vertragspunkte enthält: Art, Güte und Beschaffenheit der Ware, Menge der Ware, Preis der Ware.
Das Angebot muss so formuliert sein, dass es durch ein bloßes **„Ja"** des Käufers angenommen werden kann.

2. Fall: **Der Antrag zum Abschluss des Kaufvertrages geht vom Käufer aus.**

Der Käufer macht eine **Bestellung** (= Vertragsantrag), der Verkäufer erteilt eine **Auftragsbestätigung** (= Vertragsannahme).
Der Bestellung des Käufers kann ein rechtlich unverbindliches *Angebot* des Verkäufers *(z. B. durch Katalogangebot, Schaufensterauslage, Zeitungsinserat, Internetangebot)* oder eine rechtlich unverbindliche *Anfrage* beim Verkäufer vorausgehen.

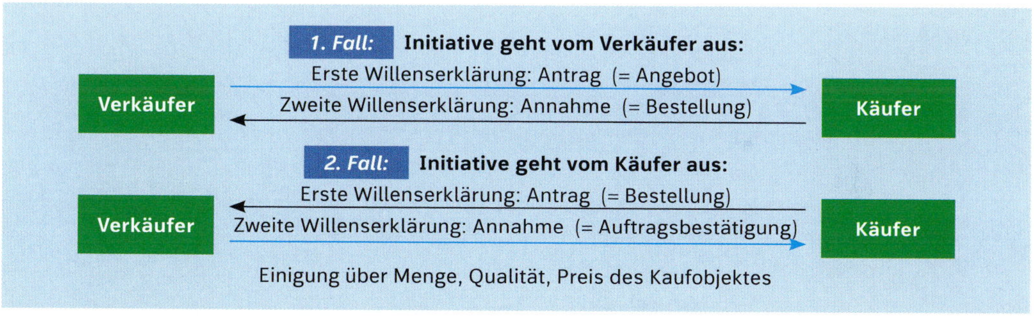
1. Fall: Initiative geht vom Verkäufer aus:
Verkäufer
Erste Willenserklärung: Antrag (= Angebot)
Zweite Willenserklärung: Annahme (= Bestellung)
Käufer
2. Fall: Initiative geht vom Käufer aus:
Verkäufer
Erste Willenserklärung: Antrag (= Bestellung)
Zweite Willenserklärung: Annahme (= Auftragsbestätigung)
Käufer
Einigung über Menge, Qualität, Preis des Kaufobjektes

Wer einem anderen die Schließung eines Vertrages anbietet, ist an den Antrag gebunden *(§ 145 BGB)*.
Es besteht **keine rechtliche** Bindung an den **Vertragsantrag**,

- wenn die Annahmeerklärung des Vertragspartners nicht rechtzeitig erfolgt *(§ 147 BGB)*,
- wenn ein rechtzeitiger Widerruf vonseiten des Antragstellers erfolgt *(§ 130 Abs. 1 BGB)*,
- wenn das im Antrag enthaltene Angebot zeitlich befristet war und die Frist abgelaufen ist *(§ 148 BGB)*,
- wenn der rechtliche Bindungswille vom Antragsteller durch eine Freizeichnungsklausel ausdrücklich eingeschränkt worden ist *(§ 145 BGB)*.

Beispiel

„unverbindliches Angebot", „freibleibend", „solange der Vorrat reicht"

Ein **mündlicher** oder **telefonischer Antrag** muss sofort angenommen werden. **Schweigen** gilt als Ablehnung *(§ 147 Abs. 1 BGB)*.
Ein **schriftlicher Antrag** gilt so lange, wie der Eingang einer Antwort unter gewöhnlichen Umständen erwartet werden darf *(§ 147 Abs. 2 BGB)*.
Die **verspätete Annahme** eines Antrages gilt als **neuer Antrag** *(§ 150 BGB)*.
Eine Annahme unter Erweiterungen, Einschränkungen oder sonstigen Änderungen gilt als Ablehnung des alten Antrags, verbunden mit einem neuen Antrag *(§ 150 BGB)*.
Die **Zusendung unbestellter Ware** gilt als Antrag, Schweigen als Ablehnung des Antrags, die Bezahlung des Kaufpreises als Annahme.
Aus der Lieferung unbestellter Sachen wird ein Anspruch gegen den Verbraucher nicht begründet *(§ 241a BGB)*. Wenn ein Unternehmer an einen Verbraucher ohne vorherige Bestellung bewegliche Sachen liefert oder sonstige Leistungen erbringt und es sich nicht um einen offensichtlichen Irrtum handelt (z. B. zwei gleichnamige Bewohner an einer Wohnadresse), erwirbt der Unternehmer keinerlei Ansprüche auf Gegenleistung, Rücksendung o. Ä. Von diesem Anspruchsausschluss darf nicht zum Nachteil des Verbrauchers abgewichen werden. Der Gesetzgeber nimmt in Kauf, dass auf diese Weise Eigentum und Besitz auf Dauer auseinanderfallen können. Der Empfänger kann die Ware in Besitz nehmen oder vernichten, ohne dass ihm daraus ein Nachteil entsteht. Dies gilt auch für bewusste Ersatzlieferungen von Leistungen gleicher Qualität. Wenn eine solche Ersatzlieferung aber den Hinweis auf kostenlose Rücksendemöglichkeit enthält, führt ein Verzicht auf die Rücksendung zur Vertragsannahme *(§ 241a Abs. 3 BGB)*. Bei einem Kaufmann, dessen Gewerbebetrieb die Besorgung von Geschäften für andere mit sich bringt, gilt das Schweigen auf einen solchen Antrag als Annahme *(§ 362 HGB)*.

Beispiel

Ein Spediteur erhält per E-Mail von einem Stammkunden einen Auftrag. Der Stammkunde darf davon ausgehen, dass der Auftrag ausgeführt wird, wenn der Spediteur nicht unverzüglich ablehnt.

Verpflichtungs- und Erfüllungsgeschäft (Abstraktionsprinzip)

Das durch den Abschluss des Kaufvertrages entstandene Schuldverhältnis erlischt, indem die Vertragspartner die jeweils eingegangenen Verpflichtungen erfüllen *(§ 362 BGB)*.

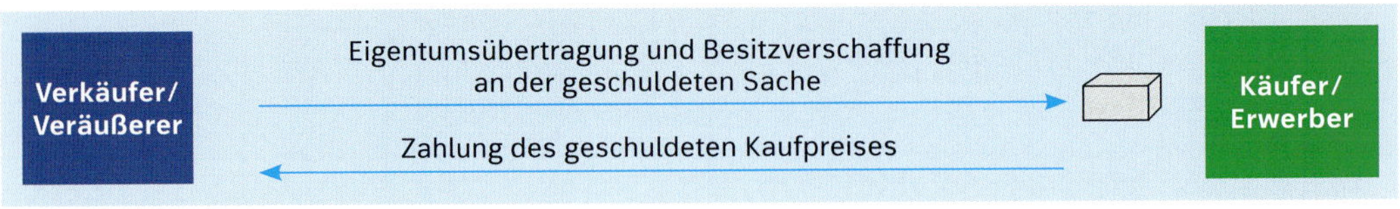
Verkäufer/
Veräußerer
Eigentumsübertragung und Besitzverschaffung
an der geschuldeten Sache
Zahlung des geschuldeten Kaufpreises
Käufer/
Erwerber

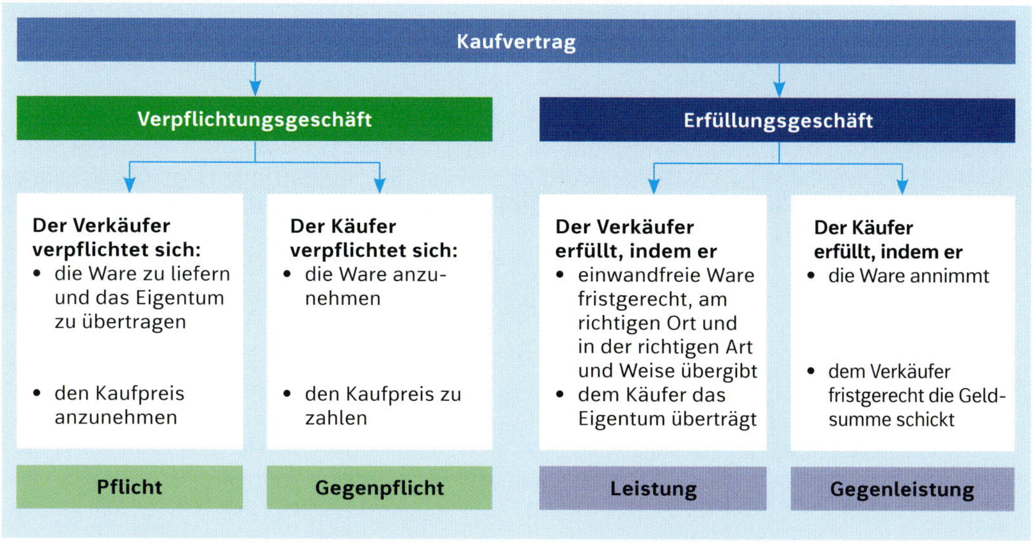
Kaufvertrag
Verpflichtungsgeschäft
Erfüllungsgeschäft
Der Verkäufer verpflichtet sich:
• die Ware zu liefern und das Eigentum zu übertragen
• den Kaufpreis anzunehmen
Der Käufer verpflichtet sich:
• die Ware anzunehmen
• den Kaufpreis zu zahlen
Der Verkäufer erfüllt, indem er
• einwandfreie Ware fristgerecht, am richtigen Ort und in der richtigen Art und Weise übergibt
• dem Käufer das Eigentum überträgt
Der Käufer erfüllt, indem er
• die Ware annimmt
• dem Verkäufer fristgerecht die Geldsumme schickt
Pflicht
Gegenpflicht
Leistung
Gegenleistung

Durch den Kaufvertrag werden beide Vertragspartner zu gegenseitigen Schuldnern. Durch ihre Leistung am Erfüllungsort werden sie von ihren jeweiligen Verpflichtungen befreit.

4.4 Störungen bei der Erfüllung des Kaufvertrages

Käufer und Verkäufer übernehmen beim Abschluss eines Kaufvertrages eine Reihe von Pflichten.
Der Verkäufer (Warenschuldner) wird verpflichtet, am rechten Ort zur rechten Zeit dem Käufer den Besitz an der Sache frei von Mängeln einzuräumen und ihm das Eigentum an der Sache zu verschaffen. Die Pflichten des Käufers (Geldschuldner) bestehen in der Zahlung des vereinbarten Kaufpreises und in der Abnahme der gekauften Sache.

Wenn eine Partei hinter ihrem Pflichtenprogramm zurückbleibt, wird von einer Pflichtverletzung gesprochen. Damit der Gläubiger seine Ansprüche geltend machen kann, muss der Schuldner die Pflichtverletzung zu vertreten haben. „Vertretenmüssen“ bedeutet aber nicht nur eigenes oder fremdes Verschulden, sondern auch unverschuldete Übernahme der Verantwortlichkeit.

Beispiel

Eine Spedition kauft bei einem Büromaschinenhändler ein Kopiergerät. Nach wenigen Tagen werden Mängel festgestellt. Der Händler hat den Fehler nicht verschuldet, dennoch kann die Spedition von ihm Abhilfe verlangen (§§ 434 Abs. 1, 437 BGB).

4.4.1 Pflichtverletzungen des Verkäufers

Schlechtleistung (Mangelhafte Lieferung)

Mängel an der Kaufsache können sehr unterschiedlicher Art sein.

Sachmängel bestehen, wenn die gelieferte Ware ...	Beispiele
... nicht die vereinbarte Beschaffenheit hat.	Der Käufer bestellt einen Neuwagen in der Farbe Track-Grau-Metallic und geliefert wird ein Fahrzeug in der Farbe Pirineos Grau.
... sich nicht für die vertraglich vorausgesetzte Verwendung eignet.	Der Käufer eines gebrauchten Pkw darf erwarten, dass das Fahrzeug zulassungsfähig ist.
... sich nicht für die gewöhnliche Verwendung eignet und eine Beschaffenheit aufweist, die bei solchen Sachen nicht üblich ist und die der Käufer auch nicht erwarten kann.	Ein hat Pkw wegen der unzulässigen Abschaltung der Abgasreinigung weder die vereinbarte noch die übliche Beschaffenheit und ist daher mangelhaft.
... nicht die vom Verkäufer und in der Werbung versprochenen Eigenschaften hat.	Der Hersteller eines Pkw macht fehlerhafte Angaben über den Kraftstoffverbrauch.
... durch den Verkäufer unsachgemäß montiert wurde oder eine falsche Montageanleitung zu einer fehlerhaften Montage geführt hat (Ikea-Klausel).	Der Verkäufer schließt eine Waschmaschine fehlerhaft an, wodurch Wasser in Teile der Maschine eindringt, die eigentlich trocken bleiben sollen. Der Aufbau eines Schranks scheitert aufgrund fehlerhafter Montageanleitung.
... eine ganz andere Ware ist (Falschlieferung).	Es wurden Druckerpatronen bestellt, aber es wird Toner für die Fotokopiergeräte geliefert.
... in einer zu geringen Menge geliefert wurde (Zuweniglieferung).	Anstatt der bestellten 20 Kartons Fliesen werden nur 17 Kartons geliefert.

Wenn der Käufer beim Gefahrenübergang Mängel entdeckt, kann er die Annahme der Ware verweigern. Andernfalls muss er die Mängel innerhalb der Gewährleistungsfrist (Verjährungsfrist) rügen. Allgemeine Angaben (z. B. „Die Schreibtische sind beschädigt.“) in der Mängelrüge reichen nicht aus. Die Mitteilung an den Verkäufer sollte eine detaillierte Beschreibung der Mängel enthalten, wobei sich aus Beweissicherungsgründen die schriftliche Form empfiehlt.

Der Gewährleistungsanspruch ist bei beweglichen Sachen binnen zwei Jahren geltend zu machen, da er sonst verjährt *(§ 438 BGB)*. Für Bauwerke und für Baumaterialien, die üblicherweise für ein Bauwerk verwendet werden, gilt eine Gewährleistungsfrist von fünf Jahren.

- Bei **Verbrauchsgüterkäufen** ist eine **Verkürzung** der Gewährleistungsfrist auf ein Jahr möglich, wenn es sich um gebrauchte Sachen handelt *(§ 475 BGB)*.
- Außerhalb des Verbrauchsgüterkaufs ist – ausgenommen die Haftung wegen Vorsatz – jede vertragliche **Verkürzung** der Gewährleistungsfrist möglich *(§ 202 Abs. 1 BGB)*.

- Wenn diese **Verkürzung** durch allgemeine Geschäftsbedingungen geregelt wird, beträgt bei neuen Sachen die Untergrenze ein Jahr *(§ 309 Nr. 8, bff. BGB)*.

Eine weitere Besonderheit bei Verbrauchsgüterkäufen ist das Prinzip der **Beweislastumkehr:** Zeigt sich bei Neuware innerhalb von sechs Monaten seit Gefahrübergang ein Sachmangel, so wird vermutet, dass die Sache bereits bei Gefahrübergang mangelhaft war, es sei denn, diese Vermutung ist mit der Art der Sache oder des Mangels unvereinbar.

Beispiel

Ein Kunde kauft am Samstag DVDs. Am Montag geht er in das Geschäft zurück und reklamiert, da sie nicht funktionieren. In diesem Fall kann der Verkäufer nicht behaupten, durch unsachgemäßen Gebrauch seien die DVDs fehlerhaft geworden. Wenn er die Reklamation nicht akzeptieren möchte, muss er beweisen, dass die DVDs bei Übergabe fehlerfrei waren, und dieser Beweis dürfte schwer zu erbringen sein.

Der Verkäufer haftet jedoch nicht,
- wenn er nicht zutreffende Aussagen des Herstellers über Eigenschaften der Kaufsache nicht kannte **und** auch nicht kennen musste oder wenn die Aussagen die Kaufentscheidung nicht beeinflusst haben *(§ 434, Abs. 2 BGB)*,
- wenn der Käufer den Mangel bei Vertragsabschluss kannte *(§ 442 BGB)*.

Bei einem **zweiseitigen Handelskauf** hat der Käufer abweichend von den BGB-Bestimmungen die Ware unverzüglich nach der Ablieferung durch den Verkäufer auf Ordnungsmäßgkeit zu untersuchen und, wenn sich ein Sachmangel zeigt, den Verkäufer unverzüglich zu informieren. Unverzüglich bedeutet nicht „sofort“, sondern „ohne schuldhafte Verzögerung“. Unterlässt der Käufer die Anzeige, so gilt die Ware als **genehmigt**, es sei denn, dass es sich um einen Mangel handelt, der bei der Untersuchung nicht erkennbar war *(§ 377 HGB)*.

Rügefristen			
Art des Mangels	**offen erkennbarer Mangel** *(bei Prüfung erkennbar, z. B. Beschädigung)*	**versteckter Mangel** *(nicht sofort erkennbar, z. B. Materialfehler)*	**arglistig verschwiegener Mangel** *(versteckter Mangel, den der Lieferer kannte und absichtlich verheimlichte)*
zweiseitiger Handelskauf (beide Vertragspartner sind Kaufleute)	unverzüglich *(§ 377 I HGB)*	unverzüglich nach Entdeckung, spätestens jedoch 24 Monate nach Lieferung *(§ 377 HGB, § 438 BGB)* bzw. innerhalb der vertraglich vereinbarten Gewährleistungsfrist	3 Jahre nach Schluss des Jahres, in dem die Sache übergeben oder abgeliefert wurde und der Käufer auch von dem Mangel Kenntnis erlangt oder ohne grobe Fahrlässigkeit erlangen müsste, aber spätestens nach 10 Jahren (§ 199 IV BGB). Damit wird der Gefahr begegnet, dass die Verjährung der Mängelansprüche zu laufen beginnt, obwohl der Käufer gerade wegen des arglistigen Handelns des Verkäufers den Mangel nicht zeitnah nach der Ablieferung der Sache entdecken kann.
Verbrauchsgüterkauf (Verkäufer einer beweglichen Sache ist Unternehmer, Käufer ist Verbraucher) **bürgerlicher Kauf** (beide Vertragspartner sind Privatleute) **einseitiger Handelskauf** (Verkäufer ist Unternehmer, Käufer ist Verbraucher oder umgekehrt)	innerhalb von 24 Monaten nach Gefahrübergang (Lieferung) *(§ 438 BGB)* bzw. innerhalb der vertraglich vereinbarten Gewährleistungsfrist		

Bei rechtzeitig erteilter Rüge entstehen folgende Rechtsansprüche *(§ 437 BGB)*:

- **Nacherfüllung** *(§ 439 BGB)*
  Der Käufer kann als Nacherfüllung nach seiner Wahl die **Nachbesserung** (Beseitigung des Mangels) oder die **Ersatzlieferung** (Lieferung einer mangelfreien Sache) verlangen. Der Verkäufer hat die zum Zweck der Nacherfüllung erforderlichen Aufwendungen *(z. B. Transport-, Materialkosten)* zu tragen *(§ 439 BGB)*. Eine Nachbesserung gilt im Allgemeinen nach dem erfolglosen zweiten Versuch als fehlgeschlagen *(§ 440 BGB)*. (Bei Werkverträgen nach § 637 BGB gelten zwei erfolglose Nachbesserungsversuche nicht als Fehlschlag!)
  Der Verkäufer kann die vom Käufer gewählte Art der Nacherfüllung verweigern, wenn sie nur mit unverhältnismäßigen Kosten möglich ist. Der Anspruch des Käufer beschränkt sich in diesem Fall auf die andere Art der Nacherfüllung.

  Beispiel

  Ein Neuwagenkäufer stellt bei der Übergabe des Fahrzeugs fest, dass das Glas des rechten Außenspiegels gesprungen ist. Er fordert Ersatzlieferung des Autos. Der Verkäufer muss nicht darauf eingehen, da es mit sehr einfachen Mitteln möglich ist, das Glas auszuwechseln. Eine Ersatzlieferung würde unverhältnismäßig hohe Aufwendungen verlangen.

- **Rücktritt vom Vertrag und Schadenersatz**
  Der Käufer kann bei mangelhafter Lieferung vom Vertrag zurücktreten, wenn er dem Verkäufer zuvor eine angemessene Frist zur Nacherfüllung eingeräumt hat.
  Eine Fristsetzung vor dem Vertragsrücktritt ist nicht erforderlich, wenn:
  - der Schuldner beide Arten der **Nacherfüllung verweigert** *(§ 440 BGB)*
  - die **Nacherfüllung fehlgeschlagen** ist *(§ 440 BGB)*, z. B. zwei erfolglose Nachbesserungen oder die Ersatzware weist den gleichen Fehler auf
  - die **Nacherfüllung für den Käufer unzumutbar** ist *(§ 440 III BGB)*, z. B. hat der Verkäufer den Käufer beleidigt oder arglistig getäuscht oder die Ware kann für einen Messeverkauf nicht rechtzeitig bereitgestellt werden
  - der Schuldner die **Leistung ernsthaft und endgültig verweigert** *(§ 323 II 1 BGB)*, z. B. tritt der Schuldner zurück und lässt keinen Zweifel daran, dass er nicht leisten wird
  - es ein **Fixgeschäft** ist *(§ 323 II 2 BGB)*, z. B. Klausel „Lieferung zum Verkauf für Weihnachten“ mit Datumsangabe oder Devisentermingeschäft
  - **besondere Umstände** den Rücktritt rechtfertigen *(§ 323 II 3 BGB)*, z. B. „just in time“ wird nicht eingehalten oder Saisonartikel sind unverkäuflich geworden

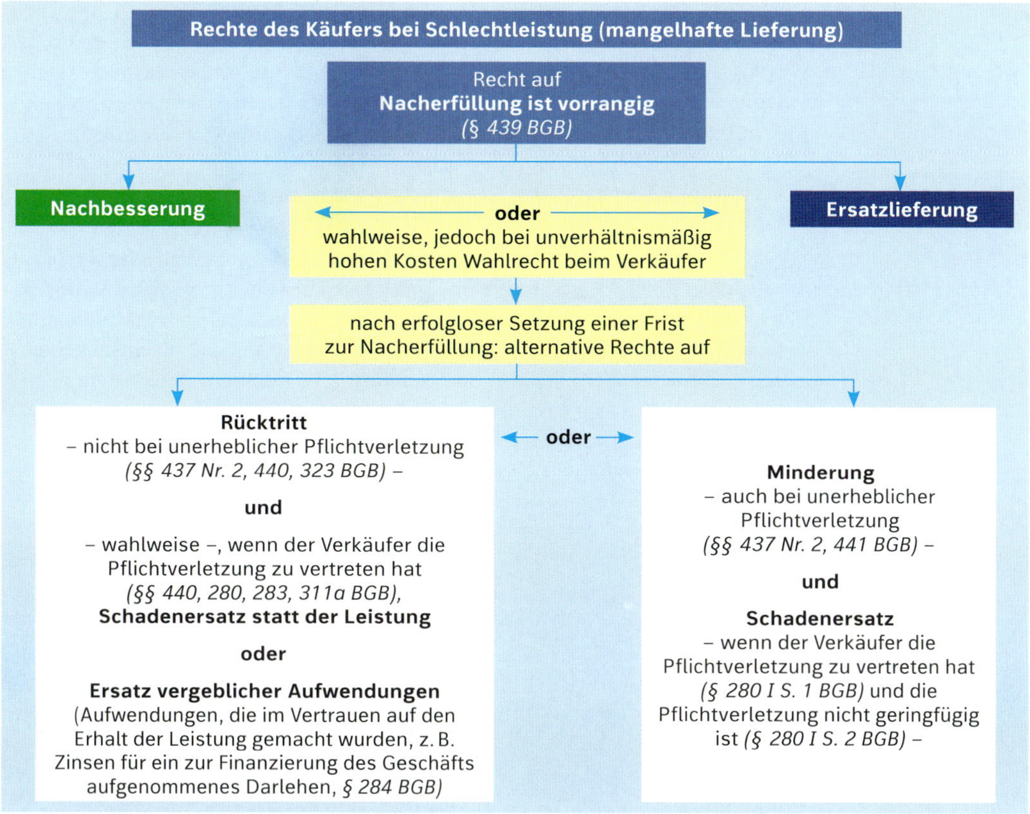
Rechte des Käufers bei Schlechtleistung (mangelhafte Lieferung)
Recht auf
Nacherfüllung ist vorrangig
(§ 439 BGB)
Nachbesserung
oder
wahlweise, jedoch bei unverhältnismäßig hohen Kosten Wahlrecht beim Verkäufer
Ersatzlieferung
nach erfolgloser Setzung einer Frist zur Nacherfüllung: alternative Rechte auf
Rücktritt
– nicht bei unerheblicher Pflichtverletzung (§§ 437 Nr. 2, 440, 323 BGB) –
und
– wahlweise –, wenn der Verkäufer die Pflichtverletzung zu vertreten hat (§§ 440, 280, 283, 311a BGB),
Schadenersatz statt der Leistung
oder
Ersatz vergeblicher Aufwendungen
(Aufwendungen, die im Vertrauen auf den Erhalt der Leistung gemacht wurden, z. B. Zinsen für ein zur Finanzierung des Geschäfts aufgenommenes Darlehen, § 284 BGB)
oder
Minderung
– auch bei unerheblicher Pflichtverletzung (§§ 437 Nr. 2, 441 BGB) –
und
Schadenersatz
– wenn der Verkäufer die Pflichtverletzung zu vertreten hat (§ 280 I S. 1 BGB) und die Pflichtverletzung nicht geringfügig ist (§ 280 I S. 2 BGB) –

- **Minderung des Kaufpreises**
  Anstatt vom Vertrag zurückzutreten, kann der Käufer eine Herabsetzung des Kaufpreises verlangen. Es gelten die gleichen Voraussetzungen wie beim Rücktritt vom Kaufvertrag. Sollten dem Käufer ein Schaden oder besondere Aufwendungen entstanden sein, ist der Verkäufer zum Ersatz *verpflichtet (§§ 280ff., 441 BGB).*

Auch die gesetzlich vorgesehenen Rechte können vertraglich abgeändert werden. Im Allgemeinen schränkt der Lieferer die Rechte des Käufers durch seine **allgemeinen Geschäftsbedingungen** (AGB) ein.
Will der Verwender der AGB die Rechte des Verbrauchers auf Nacherfüllung beschränken, so kann er dies nur, wenn er gleichzeitig und ausdrücklich das Recht einräumt, bei Fehlschlagen der Nacherfüllung wahlweise zu mindern oder – wenn es sich nicht um eine Bauleistung handelt – vom Vertrag zurückzutreten. Fehlt dieser Hinweis, so sind alle Einschränkungen unwirksam.
Bei **arglistig verschwiegenen Mängeln** sind vertraglich vereinbarte Gewährleistungsausschlüsse oder -einschränkungen nichtig *(§ 444 BGB).*

Für **zweiseitige Handelsgeschäfte** gilt außerdem:
- Die mangelhafte Ware darf nur beim Platzkauf zurückgeschickt werden. Ansonsten muss der Käufer für ihre einstweilige Aufbewahrung sorgen, bis

der Verkäufer Verfügungen trifft *(§ 379 HBG)*. Dies soll dem Verkäufer Kosten ersparen. Verderbliche Waren darf der Käufer, wenn Gefahr im Verzug ist, unter den gleichen Bedingungen wie beim Annahmeerzug versteigern lassen *(§§ 373, 379 HGB)*.

- Ist nur der Käufer Kaufmann, so lässt sich aus dem Grundsatz von Treu und Glauben *(§ 242 BGB)* schließen, dass für ihn die gleichen Pflichten gelten.

Garantie und Kulanz

Die **gesetzliche Gewährleistungspflicht** darf nicht mit der **Garantie** *(§ 443 BGB)* verwechselt werden, die Hersteller, Importeure und Händler auf Waren gewähren. Die Garantie beruht auf freiwilliger Basis und beschränkt sich meist auf einzelne Teile oder bestimmte Eigenschaften. Wenn das Garantieversprechen in der Werbung oder bei Abschluss des Kaufvertrages über die gesetzlichen Rechte aus der Mängelhaftung hinausgeht, stehen dem Kunden diese versprochenen Rechte (z. B. Geld-zurück-Garantie) auch im Garantiefall zu. Ihre Bedeutung für das Marketing ist nicht unbeträchtlich, weil mit ihr die Qualität der Ware belegt wird und damit die Absatzchancen im Wettbewerb verbessert werden.
Verbraucher können verlangen, dass Garantieerklärungen (z. B. Inhalt der Garantie, Voraussetzungen für Geltendmachung der Garantie, Dauer, räumlicher Geltungsbereich, Namen und Anschrift des Garantiegebers) in Textform abgegeben werden *(§ 477 BGB)*.

Kulanz ist ein freiwilliges Entgegenkommen des Verkäufers ohne vertragliche oder gesetzliche Verpflichtung und wird bisweilen sogar bei ungerechtfertigten Ansprüchen gewährt. So wird man einen Kunden mit hohem Umsatz wegen einer geringfügigen Reklamationsforderung nicht verärgern wollen. Man könnte ihn verlieren!
Das **Produkthaftungsgesetz** gibt dem Verbraucher bei Körper-, Gesundheits- und Sachschäden, die aufgrund eines fehlerhaften Produktes entstehen, einen **Schadenersatzanspruch** gegenüber dem Hersteller.

■ Nicht-Rechtzeitig-Lieferung (Lieferungsverzug)

Wenn die Lieferzeit nicht vertraglich vereinbart wurde, kann der Käufer sofortige Lieferung verlangen und der Verkäufer kann sofort liefern *(§ 271 BGB)*. Bei Ausbleiben der Lieferung kann der Kunde verschiedene Rechte wahrnehmen *(§ 280 BGB)*:

- Lieferung verlangen und Schadenersatz für die Verzögerung oder
- Schadenersatz statt der Lieferung oder
- Rücktritt vom Kaufvertrag

Welches Recht ein Käufer in Anspruch nimmt, hängt von den rechtlichen Bestimmungen und wirtschaftlichen Interessen des Einzelfalls ab. Deswegen muss der Käufer, bevor er reagiert, für sich grundsätzlich entscheiden, ob er auf Lieferung bestehen will oder nicht.

Ist der Käufer weiterhin an der Lieferung interessiert, so wird er auf Lieferung bestehen und ggf. Schadenersatz für die Verspätung fordern *(§§ 280, 286 BGB)*.

Beispiel

Eine Spedition kauft einen Gabelstapler. Da die Lieferung nicht fristgerecht erfolgt, entstehen Mietkosten für ein Ersatzfahrzeug.

Um den Verzögerungsschaden neben der eigentlichen Lieferung beanspruchen zu können, muss der Verkäufer **„in Verzug" gesetzt** werden.

Der Verkäufer **gerät in Verzug** *(§ 286 BGB)*, wenn
- **die Lieferung fällig ist und**
- **der Lieferer die Verzögerung zu vertreten hat und**
- **er vom Käufer nach Eintritt der Fälligkeit gemahnt wurde.**

Eine Mahnung ist u. a. entbehrlich,
- wenn das Lieferdatum kalendermäßig bestimmt wurde (z. B. Lieferung bis 15. Okt.) oder
- der Lieferung ein Ereignis vorauszugehen hat und sich der Liefertermin ab diesem Ereignis nach dem Kalender berechnen lässt (z. B. Lieferung vier Wochen nach Zugang der Einfuhrgenehmigung) oder
- der Lieferer seine Leistung ernsthaft und endgültig verweigert oder besondere Gründe vorliegen (z. B. nicht rechtzeitige Lieferung in einem Just-in-time-Vertrag [JIT-Vertrag]).

Mit dem Zugang der Mahnung, die in diesem Fall eine formfreie Aufforderung zur Lieferung ist, entsteht der Anspruch auf den Ersatz aller Schäden, die durch die Lieferungsverzögerung seit Verzugseintritt entstanden sind (z. B. entgangener Gewinn oder Schadenersatzansprüche von Drittkunden).

Ist der Käufer an der Lieferung nicht mehr interessiert, so wird er versuchen,
- **Schadenersatz statt der Leistung** *(§ 281 BGB)* zu beanspruchen oder
- **vom Vertrag zurückzutreten** *(§ 323 BGB)*.

Voraussetzung für **Schadenersatz statt der Leistung** ist, dass
- **trotz Fälligkeit nicht geliefert wurde und**
- **der Warenschuldner die Verzögerung zu vertreten hat und**
- **eine angemessene Nachfrist fruchtlos verstrichen ist.**

Mit der Nachfrist erhält der Lieferer eine „zweite Chance" zur Lieferung. Die Frist soll so bemessen sein, dass es dem Schuldner nicht ermöglicht wird, jetzt erst mit der Leistung zu beginnen, sondern dass er mit Anstrengung und schnellerem Handeln eine begonnene Leistung zu Ende bringen kann. Nach fruchtlosem Fristablauf kann der Käufer vom Vertrag zurücktreten und Schadenersatz wegen nicht erbrachter Leistung fordern.
Die Fristsetzung ist allerdings entbehrlich, wenn ihre Nutzlosigkeit von vornherein feststeht. Dies ist vor allem der Fall, wenn der Verkäufer seine Lieferung ernsthaft und endgültig verweigert oder besondere Umstände vorliegen, die einen Schadenersatzanspruch rechtfertigen (z. B. leistet der Schuldner nicht rechtzeitig bei einem JIT-Vertrag).

Durch den Schadenersatz ist der Käufer finanziell so zu stellen, wie er bei ordnungsgemäßer Lieferung gestanden hätte. Der klassische Fall für Schadenersatz statt der Leistung sind die Mehrkosten eines Deckungskaufs bei einem anderen Lieferanten oder der entgangene Gewinn.

Voraussetzungen für den **Rücktritt vom Kaufvertrag** sind
- **Fälligkeit der Lieferung und**
- **erfolglose Fristsetzung zur Lieferung.**

Entbehrlich ist eine Fristsetzung, wenn der Lieferer klipp und klar seine Leistung verweigert, wenn es sich um ein **Fixgeschäft** handelt oder wenn besondere Umstände den sofortigen Rücktritt rechtfertigen (z. B. verweigern die Kunden des Warengläubigers wegen der verspäteten Lieferung die Abnahme).

Mit dem Rücktritt sind bereits empfangene Leistungen zurückzugeben oder ihrem Wert nach zu ersetzen (§ 439 IV BGB). Bei Verbrauchsgüterkaufverträgen sind empfangene Nutzungen nicht herauszugeben oder wertmäßig zu ersetzen (§ 474 V BGB).

Rechte des Käufers bei Nicht-Rechtzeitig-Lieferung (Lieferungsverzug)

	Auf Lieferung bestehen und Schadenersatz wegen Verzögerung der Lieferung		Rücktritt und Schadenersatz statt der Lieferung	Rücktritt vom Kaufvertrag
Voraussetzungen	Fälligkeit	Verzug	Fälligkeit	Fälligkeit
	Vertretenmüssen		Vertretenmüssen	---
	Mahnung		---	---
	---		erfolglose Fristsetzung	erfolglose Fristsetzung
Entbehrlichkeit der Mahnung oder Fristsetzung	wenn ... 1. der Lieferer die Leistung verweigert oder 2. besondere Umstände vorliegen oder 3. der Lieferzeitpunkt kalendermäßig bestimmt ist		wenn ... 1. der Lieferer die Leistung verweigert oder 2. besondere Umstände vorliegen oder 3. der Lieferung ein Ereignis vorauszugehen hat und der Liefertermin sich ab diesem Ereignis nach dem Kalender berechnen lässt	wenn ... 1. der Lieferer die Leistung verweigert oder 2. besondere Umstände vorliegen oder 3. es ein Fixgeschäft ist

4.4.2 Pflichtverletzungen des Käufers

■ Annahmeverzug

Definition

Der Käufer gerät in **Annahmeverzug,** *wenn er die ordnungsgemäß (d. h. zur rechten Zeit, am rechten Ort, frei von Mängeln) gelieferte Ware nicht annimmt (§ 293 f. BGB).*

Durch den Annahmeverzug geht die Gefahr des zufälligen Untergangs oder der zufälligen Wertminderung der Ware auf den Käufer über. Der Verkäufer

hat während des Verzugs nur Vorsatz und grobe Fahrlässigkeit zu verantworten *(§ 300 BGB)*.
Der Annahmeverzug setzt kein Vertretenmüssen des Käufers voraus, sodass Entschuldigungsgründe wie Krankenhausaufenthalt, Streik der eigenen Mitarbeiter oder o. Ä. rechtlich wirkungslos sind.

Rechte des Verkäufers

Der Verkäufer hat verschiedene Rechte gegenüber dem Käufer. Je nach Art der Ware, dem Grund der Nicht-Annahme, dem Erfüllungsort, den bisherigen Erfahrungen mit dem Käufer usw. wird sich der Verkäufer, wenn eine gütliche Einigung nicht möglich ist, für eine der folgenden Möglichkeiten entscheiden.

- **Hinterlegung und Bestehen auf Annahme** *(§§ 373 HGB, 372 BGB)*
  Der Verkäufer kann die nicht angenommene Ware auf Kosten und Gefahr des Käufers in einem öffentlichen Lagerhaus oder in sonst sicherer Weise am Erfüllungsort einlagern und Abnahme verlangen. Dieses Abnahmeverlangen kann durch eine Klage auf Abnahme unterstützt werden, wobei das übliche Prozessrisiko, die Zeitdauer und das Kostenrisiko nicht außer Acht gelassen werden sollten.

- **Selbsthilfeverkauf** *(§§ 373 HBG, 383 ff. BGB)*
  Wenn eine Hinterlegung nicht möglich oder nicht angezeigt erscheint, kann der Verkäufer durch eine öffentliche Versteigerung versteigern lassen. Der Verkäufer muss dem Käufer zuvor eine Frist zur Abnahme der Ware einräumen und ihm die Versteigerung androhen. Ort der Aufbewahrung sowie Ort und Zeitpunkt des Selbsthilfeverkaufs sind dem Käufer mitzuteilen *(§§ 383, 384 BGB)*.
  Käufer und Verkäufer können bei der Versteigerung mitbieten, um einen möglichst hohen Preis zu erzielen.
  Die Kosten der Versteigerung sowie den (voraussichtlichen) Mindererlös trägt der Käufer. Ein Mehrerlös steht nach Abzug der Kosten dem Käufer zu.
  Notverkauf: Bei verderblicher Ware kann der Verkäufer sofort und ohne vorherige Androhung und Mitteilung die Ware auf Rechnung des Käufers verkaufen.

- **Rücktritt vom Kaufvertrag** *(§ 323 BGB)*
  Nach einer angemessenen Fristsetzung zur Annahme kann der Verkäufer vom Vertrag zurücktreten und die Ware anderweitig verkaufen.
  Die Fristsetzung kann unterbleiben, wenn der Kunde ohne Wenn und Aber seine Abnahmepflicht verweigert, wenn es sich um ein Fixgeschäft handelt oder wenn besondere Umstände den sofortigen Rücktritt rechtfertigen.
  Mit dem Rücktritt sind bereits empfangene Leistungen zurückzugeben oder ihrem Wert nach zu ersetzen (§ 439 Abs. 4 BGB). Bei Verbrauchsgüterkäufen sind empfangene Nutzungen nicht herauszugeben oder wertmäßig zu ersetzen (§ 474 Abs. 5 BGB).

Nicht-Rechtzeitig-Zahlung (Zahlungsverzug)

Für die verspätete Zahlung gelten die gleichen Regeln wie für die verspätete Lieferung, denn das BGB behandelt beide Fälle der Pflichtverletzung als Verzögerung der Leistung *(§§ 280, 286 BGB)*. So hat der Verkäufer das Recht auf

- Schadenersatz wegen verspäteter Zahlung oder
- Schadenersatz statt der Zahlung oder
- Rücktritt vom Kaufvertrag.

Am häufigsten kommt es zweifellos zu Forderungen auf Schadenersatz wegen verzögerter Zahlung, sodass auf die Darstellung der anderen beiden Rechte – bei denen die Ware dem Verkäufer zurückgegeben werden müsste – hier verzichtet wird.
Falls im Kaufvertrag keine andere Vereinbarung getroffen wurde, ist eine Forderung sofort und ohne Abzug fällig *(§ 271 BGB)*. In der Regel werden aber Zahlungsziele vereinbart. Ein Zahlungsziel von mehr als 60 Tagen ist Kaufleuten nur in besonderen Fällen erlaubt, und für öffentliche Auftraggeber beträgt das längstmögliche Zahlungsziel 60 Tage *(§ 271a BGB)*. Schadenersatz wegen verspäteter Zahlung kann der Gläubiger verlangen, wenn sich der Käufer in **Zahlungsverzug** befindet.

Voraussetzungen für die **Nicht-Rechtzeitig-Zahlung** (Zahlungsverzug) *(§ 286 BGB)* sind, dass

- die Zahlung fällig ist und
- der Käufer die Verzögerung zu vertreten hat und
- der Käufer nach Eintritt der Fälligkeit gemahnt wurde.

Fällig ist eine Leistung, sobald der Schuldner sie bewirken soll und der Gläubiger sie fordern darf. Die **Mahnung** ist eine frühestens bei Fälligkeit an den Schuldner gerichtete Aufforderung, die geschuldete Leistung zu erbringen.

Die Mahnung ist u. a. entbehrlich, wenn

- das Zahlungsdatum kalendermäßig bestimmt wurde (z. B. Zahlung bis 15. Okt.) oder
- der Lieferung ein Ereignis vorauszugehen hat und sich der Liefertermin ab diesem Ereignis nach dem Kalender berechnen lässt (z. B. Zahlung vier Wochen nach Entladung) oder
- der Käufer seine Zahlung ernsthaft und endgültig verweigert oder
- besondere Gründe vorliegen (z. B. vertraglicher Verzicht auf eine Mahnung).

Wenn nicht gemahnt wird und die Mahnung auch nicht entbehrlich ist, gerät der Käufer trotzdem in **Verzug, wenn er nicht spätestens innerhalb von 30 Tagen nach Fälligkeit der Forderung und Zugang der Rechnung** oder einer gleichwertigen Zahlungsaufstellung (z. B. ein Brief, in dem, eingeflochten in andere Aussagen, eine Entgeltforderung erstmalig geltend gemacht wird) bezahlt *(§ 286 Abs. 3 BGB)*. Es reicht nicht, wenn der Schuldner das Geld am letzten Tag der Frist auf den Weg bringt, sondern das Geld muss am Fristtag auf dem Empfängerkonto eingegangen sein (Urteil des EuGH 306/06).

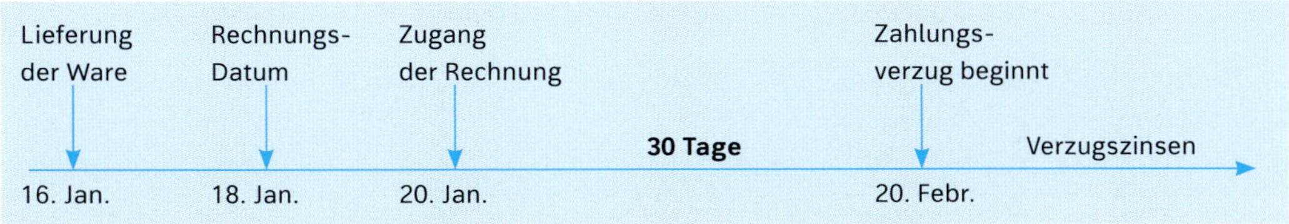
Lieferung der Ware
Rechnungs-Datum
Zugang der Rechnung
Zahlungs-verzug beginnt
30 Tage
Verzugszinsen
16. Jan.
18. Jan.
20. Jan.
20. Febr.

Diese Regelung ist dispositiv und kann vertraglich abgewandelt werden. Gegenüber Verbrauchern gilt die 30-Tage-Regelung nach *§ 286 BGB* nur, wenn in der Rechnung besonders auf die Folgen (Zahlungsverzug) hingewiesen wird. Eine Fristverkürzung durch AGB ist aber nicht möglich, da dies eine unangemessene Benachteiligung des Verbrauchers wäre *(§ 307 BGB)*.
„Arbeitet der Spediteur auf Grundlage der ADSp, so sind seine Rechnungen sofort zu begleichen“ *(ADSp Ziffer 18)*.

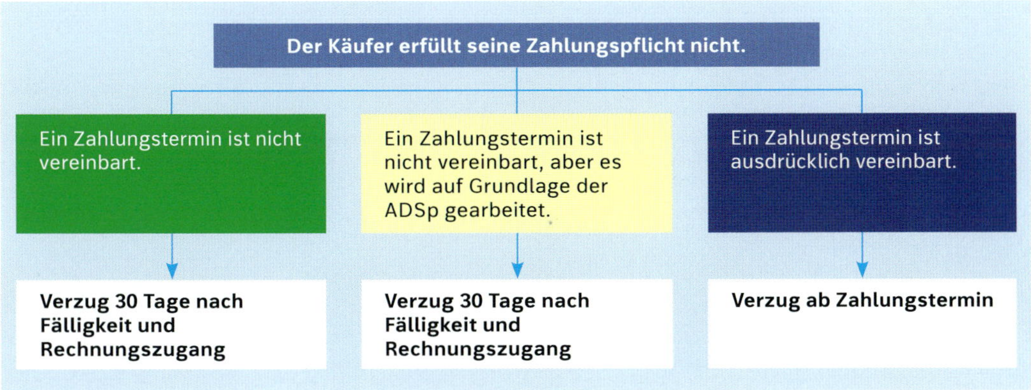
Der Käufer erfüllt seine Zahlungspflicht nicht.
Ein Zahlungstermin ist nicht vereinbart.
Ein Zahlungstermin ist nicht vereinbart, aber es wird auf Grundlage der ADSp gearbeitet.
Ein Zahlungstermin ist ausdrücklich vereinbart.
Verzug 30 Tage nach Fälligkeit und Rechnungszugang
Verzug 30 Tage nach Fälligkeit und Rechnungszugang
Verzug ab Zahlungstermin

Der Verkäufer kann dem Käufer zusätzlich zum Kaufpreis Verzugszinsen vom Tage des Verzugs an und alle mit der Eintreibung des Geldes angefallenen Kosten in Rechnung stellen.

Verzugszinsen *(§ 288 BGB)*	
Rechtsgeschäfte, bei denen Verbraucher beteiligt sind	5 Prozentpunkte über Basiszinssatz ab Verzug
Rechtsgeschäfte, bei denen ein Verbraucher nicht beteiligt ist	9 Prozentpunkte über Basiszinssatz ab Verzug zuzüglich einer Pauschale in Höhe von 40,00 €

Der Basiszinssatz wird in *§ 247 BGB* definiert von der EZB halbjährlich in aktualisierter Höhe bekannt gegeben.

Beispiel

Eine Spedition hat einen abgeschriebenen Firmen-Pkw an einen Gebrauchtwagenhändler verkauft. Die Übergabe des Fahrzeugs erfolgt am 20.06., die Rechnung über 6 250,00 € geht bei dem Händler am 22.06. ein. Am 16.08. geht das Geld auf dem Konto der Spedition ein.

Ab dem 23.07. befindet sich der Gebrauchtwagenhändler im Zahlungsverzug. Das Kreditinstitut kann ab diesem Tag Verzugszinsen für die Zeit vom 23.07. bis zum 16.08. einschließlich in Rechnung stellen.

Der aktuelle Basiszinssatz (§ 247 BGB) beträgt seit 01.07. d. J. 1,22 %.

Verzugszinsen: $\frac{6\,250{,}00 \cdot (9 + 1{,}22) \cdot 25}{100 \cdot 365} = 43{,}75\ €$

Hinweis: Mit der Effektivzinsmethode (ISMA-Rule), die mit der tatsächlichen Anzahl der Tage (Monat 28–31; Kalenderjahr 365) rechnet, haben weder Schuldner noch Gläubiger einen Vor- oder Nachteil. Kreditinstitute lassen bei der Berechnung der Zinstage den Tag der Einzahlung oder den Tag der Auszahlung unberücksichtigt.

Erfüllungsstörungen beim Kaufvertrag			
Pflichtverletzungen des Verkäufers		**Pflichtverletzungen des Käufers**	
Schlechtleistung (mangelhafte Lieferung; Mängel in Art, Menge, Qualität usw.)	**Nicht-Rechtzeitig-Lieferung** (Lieferungsverzug)	**Annahmeverzug**	**Nicht-Rechtzeitig-Zahlung** (Zahlungsverzug)
Voraussetzungen für die Geltendmachung von Rechtsansprüchen durch den Käufer		**Voraussetzungen für die Geltendmachung von Rechtsansprüchen durch den Verkäufer**	
Auftreten eines **Sachmangels** innerhalb der gesetzlichen oder der vereinbarten Gewährleistungsfrist *(§§ 434, 438 BGB)*	**Nichtlieferung** trotz • Fälligkeit • Mahnung bzw. • Nichteinhaltung des vereinbarten Liefertermins • Vertretenmüssen *(§§ 286, 323 BGB)*	**Ordnungsgemäße Lieferung** der bestellten Ware *(§§ 293, 294 BGB)*	**Nichtzahlung** trotz • Fälligkeit • Mahnung bzw. • Nichtzahlung am vereinbarten Zahlungstermin • Nichtzahlung des Kaufpreises innerhalb von 30 Tagen nach Fälligkeit und Zugang der Rechnung *(§ 286 BGB)*
Rechtsansprüche des Käufers		**Rechtsansprüche des Verkäufers**	
vorrangig • **Nacherfüllung (= Mangelbeseitigung oder Ersatzlieferung)** nachrangig nach angemessener Frist und Fristablauf bzw. ohne Frist, wenn der Verkäufer die Nacherfüllung verweigert oder die Nacherfüllung fehlgeschlagen bzw. unzumutbar ist: • **Rücktritt vom Vertrag und Schadenersatz oder Ersatz vergeblicher Aufwendungen** oder • **Minderung (= Herabsetzung des Kaufpreises) und Schadenersatz** *(§§ 437, 439, 440, 441, 280, 281, 284, 323, 325 BGB)*	• **Nachträgliche Lieferung und Schadenersatz wegen verzögerter Lieferung** • **Nach erfolgloser Fristsetzung Rücktritt vom Vertrag und ggf. Schadenersatz wegen nicht oder nicht wie geschuldet erbrachter Leistung** *(§§ 280, 281, 323 BGB)*	• **Hinterlegung** der Sache auf Kosten und Gefahr des Käufers und Klage auf Abnahme oder bei hinterlegungsunfähigen Sachen nach vorhergehender Androhung und Benachrichtigung: • **Selbsthilfeverkauf**, im Wege der öffentlichen Versteigerung. Ein Mindesterlös ist vom Käufer zu erstatten, ein Mehrerlös erhält der Käufer *(§§ 372, 383, 384 BGB; 373 HGB)* • **Notverkauf** bei verderblicher Ware sofort und ohne vorherige Benachrichtigung des Käufers • **Rücktritt** nach erfolgloser Fristsetzung *(§ 323 BGB)*	**Nachträgliche Zahlung zuzüglich Mahnkosten und Verzugszinsen** • Ein Verbraucher ist beteiligt: Basiszinssatz plus 5 Prozentpunkte • Ein Verbraucher ist nicht beteiligt: Basiszinssatz plus 9 Prozentpunkte *(§ 288 BGB)* • Ein Verbraucher ist nicht beteiligt: Neben Verzugszinsen und Schadenersatz hat der Gläubiger Anspruch auf Zahlung einer Pauschale von 40,00 €. Diese Pauschale ist nur dann auf den Schadenersatz anzurechnen, soweit dieser auf Kosten der Rechtsverfolgung begründet ist *(§ 288 Abs. 3 BGB)*. *Rücktritt vom Kaufvertrag möglich, aber nicht realistisch*

Eigentumsvorbehalt

Der Lieferant einer Ware gewährt seinem Abnehmer in der Regel ein Zahlungsziel, d. h., dieser braucht erst nach Ablauf eines vereinbarten Zeitraums die Rechnung zu bezahlen. Für den Fall, dass der Käufer nicht bezahlt, behält sich der Verkäufer ein Rücknahmerecht der Ware vor (Eigentumsvorbehalt). Durch den **Eigentumsvorbehalt** *(§ 449 BGB)* behält der Veräußerer bis zur vollständigen Bezahlung des Kaufpreises das Eigentum an der Ware; andererseits ist der Erwerber bereits berechtigt, die Sache in Besitz zu nehmen und zu benutzen, ggf. auch zu verwerten.
Ein solcher Vermerk im Angebot oder in der Bestellungsannahme bewirkt, dass der Käufer bei Übergabe der Ware lediglich Besitzer und nicht Eigentümer wird. Mit dem Eintritt der Bedingung (i. d. R. Zahlung der letzten Kaufpreisrate) geht das Eigentum automatisch auf den Erwerber über, ohne dass es einer nochmaligen Einigung bedarf.

Beispiel

Auszug aus einem Kaufvertrag mit Zahlungsziel: „Die Ware bleibt bis zur restlosen Bezahlung des Kaufpreises unser Eigentum."

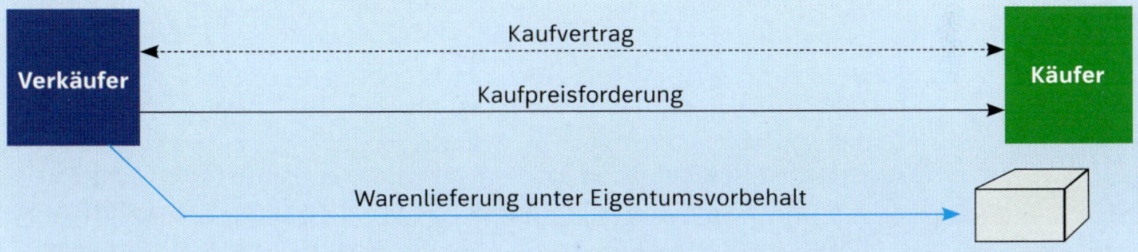
Verkäufer
Kaufvertrag
Kaufpreisforderung
Käufer
Warenlieferung unter Eigentumsvorbehalt

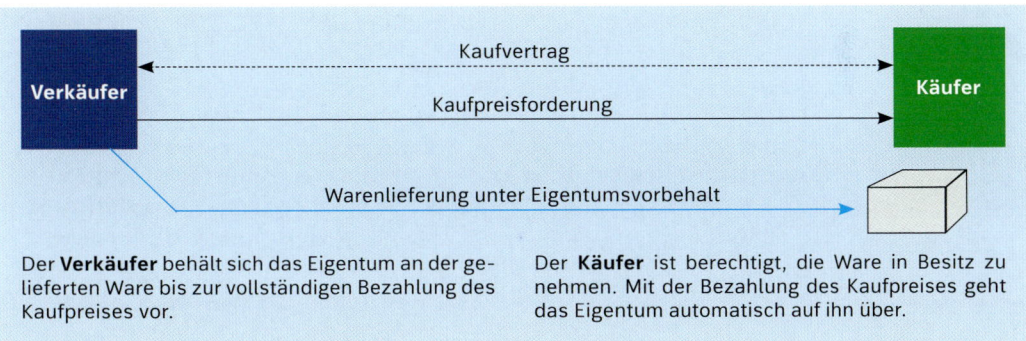

Der **Verkäufer** behält sich das Eigentum an der gelieferten Ware bis zur vollständigen Bezahlung des Kaufpreises vor.

Der **Käufer** ist berechtigt, die Ware in Besitz zu nehmen. Mit der Bezahlung des Kaufpreises geht das Eigentum automatisch auf ihn über.

4.5 Außergerichtliches und gerichtliches Mahnverfahren

Außergerichtliches Mahnverfahren

Durch die **Mahnung** erinnert der Gläubiger den Schuldner an die Fälligkeit seiner Verbindlichkeit.
Da die Gründe für den nicht erfolgten oder nicht erkennbaren Zahlungseingang nicht nur bei den Kunden liegen können *(z. B. Vergesslichkeit, chaotische Buchhaltung, Zahlungsunwilligkeit, Zahlungsunfähigkeit)*, sondern auch beim Lieferanten *(z. B. Rechnung nicht verschickt, Zahlungseingang nicht gebucht)* oder beim beauftragten Kreditinstitut *(z. B. Irrläufer)*, ist bei allen Mahnmaßnahmen Fingerspitzengefühl gefragt.

Üblich ist eine Abstufung der Mahnschreiben:

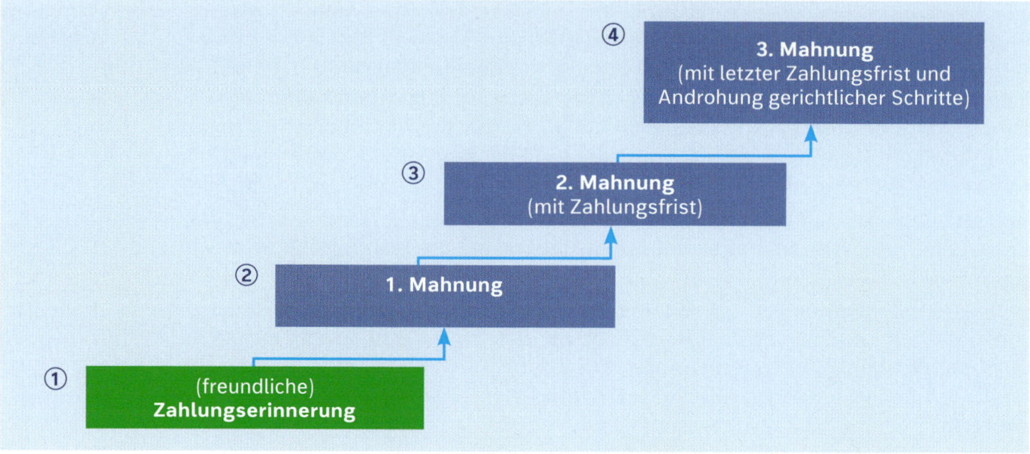
④
3. Mahnung
(mit letzter Zahlungsfrist und Androhung gerichtlicher Schritte)
③
2. Mahnung
(mit Zahlungsfrist)
②
1. Mahnung
①
(freundliche)
Zahlungserinnerung

■ Gerichtliches Mahnverfahren

Wenn der Schuldner seine Zahlungspflicht nicht erfüllt, kann der Gläubiger versuchen, im Wege des **gerichtlichen Mahnverfahrens** seine Forderung geltend zu machen.
Das gerichtliche Mahnverfahren wird durch einen *Antrag* auf Erlass eines Mahnbescheides eingeleitet.
Zuständig ist grundsätzlich das Amtsgericht, bei dem der Antragsteller seinen Sitz hat *(§ 689 ZPO)*. Die Höhe der Forderung spielt dabei keine Rolle.
In einigen Bundesländern werden Mahnsachen aus Rationalisierungsgründen bei *zentralen Amtsgerichten* EDV-mäßig bearbeitet. Anträge auf Erlass eines Mahnbescheides können hier im Wege des Datenträgeraustauschs oder online eingereicht werden.

Der **Mahnbescheid** enthält die Aufforderung an den Schuldner,

- innerhalb von zwei Wochen ab Zustellung des Mahnbescheides die behauptete Verbindlichkeit zu begleichen
  oder
- dem Gericht mitzuteilen, ob und in welchem Umfang dem Anspruch des Gläubigers widersprochen wird.

Der Mahnbescheid wird dem Antragsgegner zugestellt, ohne dass vom Gericht geprüft wird, ob der Anspruch tatsächlich berechtigt ist.
Das Mahnverfahren soll für einen möglicherweise nicht bestrittenen Anspruch rasch und ohne mündliche Verhandlung zu einem **Vollstreckungstitel** führen.

Der **Vollstreckungstitel** berechtigt den Gläubiger (= Antragsteller) zur Zwangsvollstreckung in das Vermögen des Schuldners (= Antragsgegner).

Ablauf des gerichtlichen Mahnverfahrens

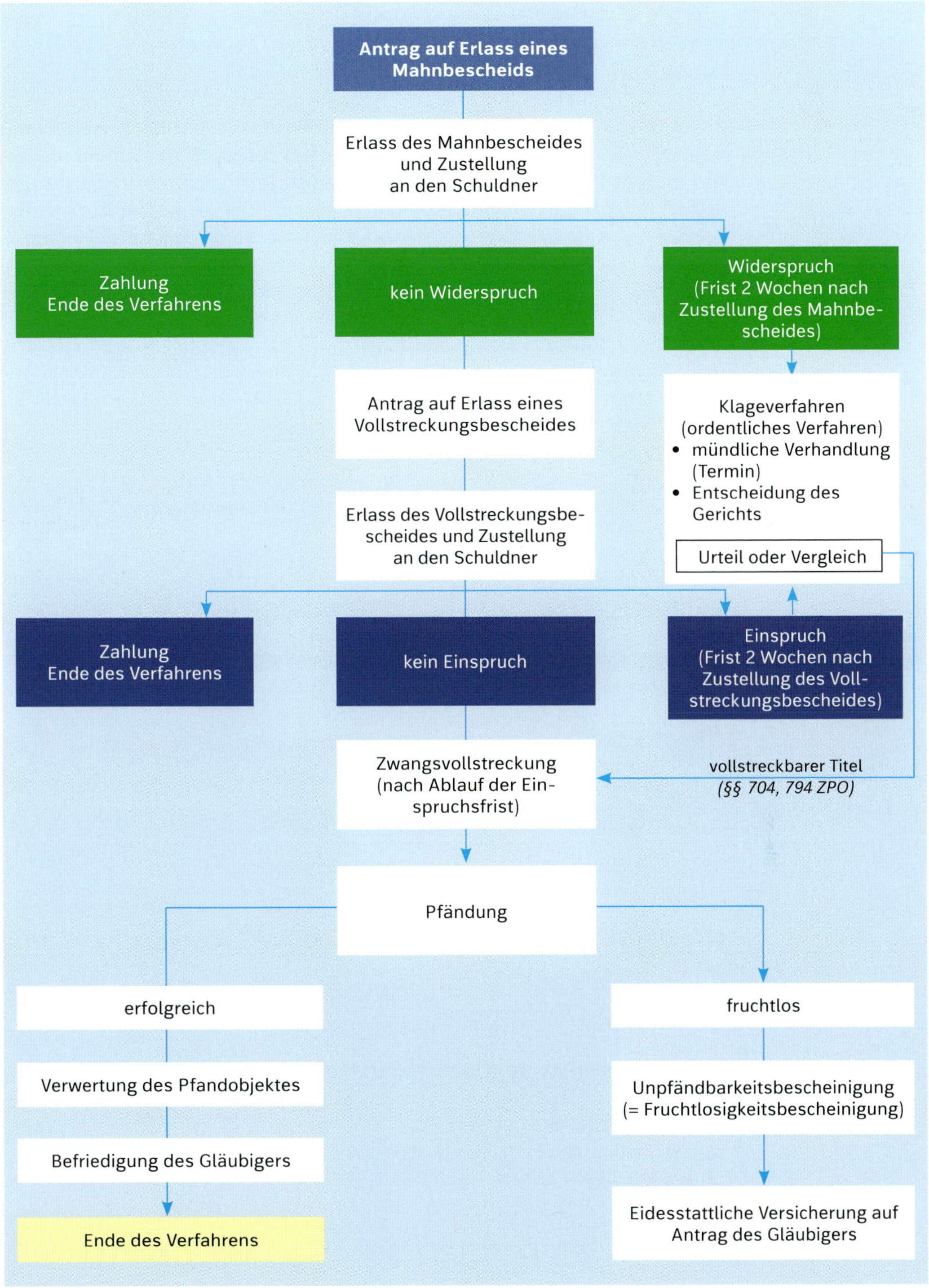
Antrag auf Erlass eines Mahnbescheids
Erlass des Mahnbescheides und Zustellung an den Schuldner
Zahlung Ende des Verfahrens
kein Widerspruch
Widerspruch (Frist 2 Wochen nach Zustellung des Mahnbescheides)
Antrag auf Erlass eines Vollstreckungsbescheides
Klageverfahren (ordentliches Verfahren)
• mündliche Verhandlung (Termin)
• Entscheidung des Gerichts
Urteil oder Vergleich
Erlass des Vollstreckungsbescheides und Zustellung an den Schuldner
Zahlung Ende des Verfahrens
kein Einspruch
Einspruch (Frist 2 Wochen nach Zustellung des Vollstreckungsbescheides)
Zwangsvollstreckung (nach Ablauf der Einspruchsfrist)
vollstreckbarer Titel
(§§ 704, 794 ZPO)
Pfändung
erfolgreich
Verwertung des Pfandobjektes
Befriedigung des Gläubigers
Ende des Verfahrens
fruchtlos
Unpfändbarkeitsbescheinigung (= Fruchtlosigkeitsbescheinigung)
Eidesstattliche Versicherung auf Antrag des Gläubigers

Die **Zwangsvollstreckung** geschieht durch Pfändung von Sachen *(z. B. Schmuck, Betriebsmittel, Teppiche)*, die dem Schuldner gehören, oder Forderungen *(z. B. Bank-/Sparguthaben)*, die der Schuldner an Dritte hat. Sie wird bei beweglichen Sachen vom Gerichtsvollzieher, bei Forderungen vom Vollstreckungsgericht vorgenommen.

Bei einer ergebnislosen Zwangsvollstreckung kann der Gläubiger beim Amtsgericht beantragen, dass der Schuldner eine **eidesstattliche Versicherung** abgeben muss. Der Schuldner wird gezwungen, ein genaues Verzeichnis seiner Vermögenswerte aufzustellen und dessen Richtigkeit an Eides statt zu versichern. Verweigert der Schuldner die Abgabe der eidesstattlichen Versicherung, kann der Gläubiger gegen den Schuldner einen **Haftbefehl** beantragen.

Nicht pfändbar sind bestimmte Teile des Arbeitseinkommens, die dem Lebensunterhalt des Schuldners dienen sollen, sowie Gegenstände, die zur Aufrechterhaltung eines angemessenen Existenzminimums notwendig sind.

Bei einem streitigen Verfahren (Widerspruch, Einspruch) ist das Gericht zuständig, bei dem der Antragsgegner seinen allgemeinen Gerichtsstand hat. Dies ist in der Regel das Gericht, in dessen Bezirk der Antragsgegner wohnt oder seinen Sitz hat.

Rechnet der Gläubiger von vornherein mit einem Widerspruch oder Einspruch des Schuldners, wird er zur Durchsetzung seiner Forderung sofort das Klageverfahren einleiten.

Zuständigkeit

sachlich

- **Amtsgericht:**
  Streitwert bis einschließlich 5 000,00 €
  (ohne Zinsen und Nebenkosten)
- **Landgericht:**
  Streitwert über 5 000,00 €

örtlich (Gerichtsstand)

Gericht des Erfüllungsortes

- **Grundsatz:**
  Wohnort bzw. Sitz des Schuldners
  (§ 29 Abs. 1 ZPO)
- **Ausnahme:**
  Eine Erfüllungsortvereinbarung mit Gerichtsstandsfolge ist nur möglich, wenn die Vertragspartner Kaufleute oder juristische Personen des öffentlichen Rechts sind und die Vereinbarung schriftlich erfolgt *(§§ 29, 38 ZPO)*.

4.6 Klageverfahren

Das Klageverfahren ist das ordentliche Verfahren der Gerichte zur Klärung von zivilen Rechtsstreitigkeiten und zur Durchsetzung von Rechtsansprüchen.

Die **Klageschrift** muss enthalten:

- **Bezeichnung der Parteien (Name des Klägers und des Beklagten)**
- **Klageantrag**

  Beispiel

  „... den Beklagten zu verurteilen, an den Kläger 15 000,00 € nebst 9,22 % Zinsen seit dem 15.01.20.. zu zahlen."

- **Klagegrund**

  Beispiel

  „... wegen einer Forderung in Höhe von 15 000,00 € aus dem Kaufvertrag zwischen Kläger und Beklagtem ...“

- **Unterschrift des Klägers bzw. seines Rechtsanwalts**
  In Zivilprozessen vor dem Landgericht, dem Oberlandesgericht und dem Bundesgerichtshof herrscht Anwaltszwang, d. h. die Parteien müssen sich durch einen beim betreffenden Gericht zugelassenen Rechtsanwalt vertreten lassen. In Zivilprozessen vor dem Amtsgericht besteht kein Anwaltszwang.

Ablauf des Klageverfahrens

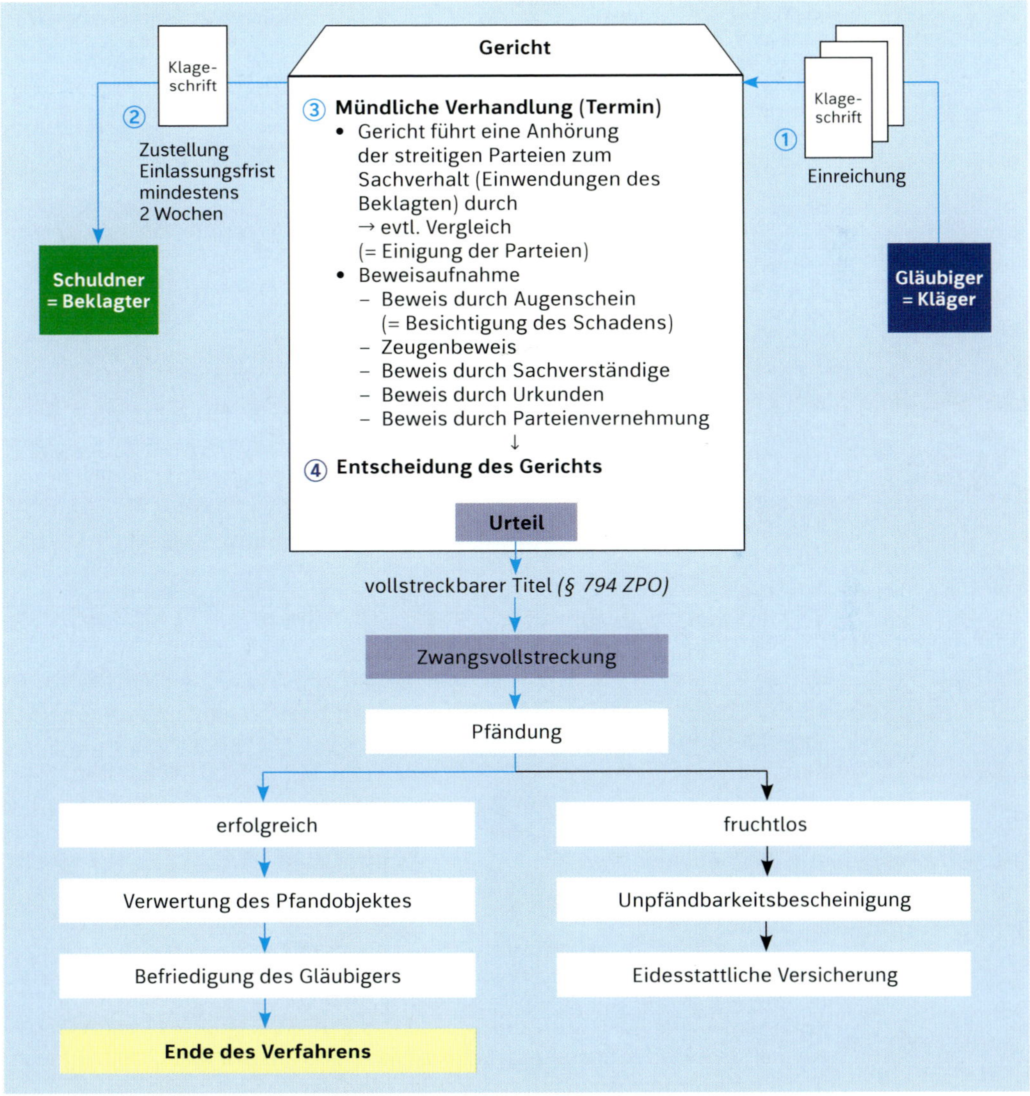
Gericht
Klageschrift
② Zustellung
Einlassungsfrist mindestens 2 Wochen
Schuldner = Beklagter
Klageschrift
① Einreichung
Gläubiger = Kläger
③ Mündliche Verhandlung (Termin)
• Gericht führt eine Anhörung der streitigen Parteien zum Sachverhalt (Einwendungen des Beklagten) durch
→ evtl. Vergleich (= Einigung der Parteien)
• Beweisaufnahme
– Beweis durch Augenschein (= Besichtigung des Schadens)
– Zeugenbeweis
– Beweis durch Sachverständige
– Beweis durch Urkunden
– Beweis durch Parteienvernehmung
④ Entscheidung des Gerichts
Urteil
vollstreckbarer Titel (§ 794 ZPO)
Zwangsvollstreckung
Pfändung
erfolgreich
Verwertung des Pfandobjektes
Befriedigung des Gläubigers
Ende des Verfahrens
fruchtlos
Unpfändbarkeitsbescheinigung
Eidesstattliche Versicherung

4.7 Verjährung

Der Schuldner muss einen Anspruch nicht mehr erfüllen, wenn die im Gesetz vorgeschriebene Verjährungsfrist abgelaufen ist. Er hat ein Leistungsverweigerungsrecht, indem er die „Einrede der Verjährung" geltend macht. Die Forderung besteht zwar weiterhin, aber sie lässt sich nicht mehr gerichtlich durchsetzen.

4.7.1 Verjährungsfristen

Regelmäßige Verjährungsfrist 3 Jahre *(§ 195 BGB)*	Besondere Verjährungsfristen	
	2 Jahre *(§§ 438, 634a, 651, 651g BGB)*	30 Jahre *(§ 197 BGB)*
Ansprüche		
Alle Ansprüche, die nicht ausdrücklich anderen Verjährungsfristen unterliegen ***Beispiel:*** *Darlehensforderungen, Zinsforderungen, Mietforderungen, Kaufpreisforderungen*	Mängel bei • Kaufverträgen • Werkverträgen • Reiseverträgen	• Herausgabeansprüche aus Eigentum und dinglichen Rechten • vollstreckbare Ansprüche aus Vergleichen, Urkunden und Insolvenzverfahren – Schadenersatzansprüche wegen vorsätzlicher Verletzung des Lebens, des Körpers, der Gesundheit, der Freiheit oder der sexuellen Selbstbestimmung
Beginn der Verjährungsfrist		
• **am Schluss des Jahres,** in dem der Anspruch entstanden ist, und • nach Kenntnisnahme des Gläubigers von der Person und den Umständen des Anspruchs *(§ 199 BGB)* (Wenn z. B. ein Kunde mittels SEPA-Lastschrift bezahlt und die Lastschrift mangels Deckung nicht eingelöst wird, beginnt die Verjährungsfrist erst, wenn der Verkäufer den Namen des Schuldners ermittelt hat.) ***Beispiel:*** *Fälligkeit einer Darlehensforderung: 20.05.2018* *Ende der Verjährungsfrist: 31.12.2021, 24:00 Uhr*	mit • Fälligkeit des Anspruchs • Lieferung der Sache • Abnahme des Werkes *(§ 200 BGB)* ***Beispiel:*** *Lieferung einer mangelhaften Ware am 16.11.2018* *Ende der Verjährungsfrist: 16.11.2020, 24:00 Uhr*	• mit Entstehung (Fälligkeit) des Anspruchs *(§ 200 f. BGB)* ***Beispiel:*** *Fälligkeit eines Anspruchs aus einer Urteilsverkündung: 12.06.2018* *Ende der Verjährungsfrist: 12.06.2048, 24:00 Uhr*
↓ **Nach Eintritt der Verjährung ist der Schuldner berechtigt, die Leistung zu verweigern.**		

Ansprüche aus dem Frachtvertrag verjähren in einem Jahr ab Ablieferung; bei Vorsatz oder Leichtfertigkeit beträgt die Verjährungsfrist drei Jahre. Neben den o. g. Verjährungsfristen gibt es weitere Verjährungsfristen, z. B. für Bauwerksmängel fünf Jahre, Steuerschulden fünf Jahre, Steuerbetrug zehn Jahre usw.

4.7.2 Hemmung und Neubeginn der Verjährung

Es gibt Ereignisse, die den Ablauf der Verjährungsfrist beeinflussen müssen. Dies ist dann der Fall, wenn der Schuldner durch sein eigenes Verhalten zu erkennen gibt, dass er den Anspruch als bestehend ansieht und nicht bestreitet. Die Verjährung darf auch dann nicht weiterlaufen, wenn der Gläubiger aus anerkennenswerten Gründen gehindert ist, den Anspruch geltend zu machen. Schließlich muss auch sichergestellt sein, dass ein Anspruch nicht verjährt, nachdem der Gläubiger angemessene und unmissverständliche Schritte zur Durchsetzung des Anspruchs ergriffen hat. Das Recht berücksichtigt diese Fälle durch:

- Hemmung (Nichteinrechnung bestimmter Zeiten in die Verjährungsfrist)
- Ablaufhemmung (die Verjährungsfrist läuft frühestens eine bestimmte Zeit nach Wegfall von Gründen ab, die der Geltendmachung des Anspruchs entgegenstehen)
- Neubeginn der Verjährung

Hemmung der Verjährung *(§ 203 ff. BGB)*

Der Zeitraum, während dessen die Verjährung gehemmt ist, wird in die Verjährungsfrist nicht eingerechnet *(§ 209 BGB)*.
Die Verjährungsfrist verlängert sich um die Dauer der Hemmung.

- **Hemmung der Verjährung, solange Schuldner und Gläubiger über den Anspruch verhandeln** *(§ 203 BGB)*
  Die Verjährung tritt frühestens 3 Monate nach Ende der Hemmung ein.
- **Hemmung der Verjährung durch Rechtsverfolgung** *(§ 204 BGB)*, u. a. durch:
  - Erhebung einer Klage auf Leistung
  - Zustellung des Mahnbescheids
  - Anmeldung des Anspruchs in Insolvenzverfahren

  Die Hemmung endet 6 Monate nach der rechtskräftigen Entscheidung oder anderweitigen Beendigung des Verfahrens.
- **Hemmung der Verjährung, solange der Schuldner vorübergehend ein Leistungsverweigerungsrecht hat** *(§ 205 BGB)*.
- **Hemmung der Verjährung bei höherer Gewalt** *(§ 206 BGB)*, d. h. der Gläubiger wurde in den letzten 6 Monaten der Verjährungsfrist durch höhere Gewalt an der Rechtsverfolgung gehindert.

Beispiel: **Hemmung der Verjährung durch Rechtsverfolgung**

	10.07.2018	Ein Käufer gerät mit einer Kaufpreisforderung in Verzug
	31.12.2018	Beginn der dreijährigen Verjährungsfrist
Beginn der Hemmung:	20.05.2019	Zustellung eines Mahnbescheids
	29.05.2019	Der Käufer erhebt Widerspruch, das Verfahren wird nicht weiter betrieben, es kommt zum „Stillstand“.
Ende der Hemmung:	29.11.2019	6 Monate nach „Stillstand“

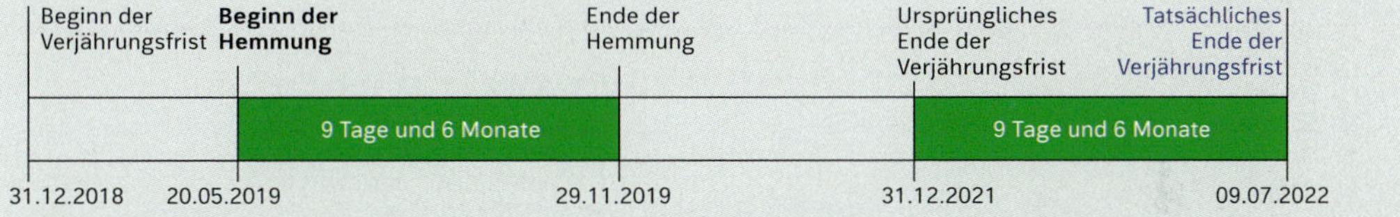
Beginn der Verjährungsfrist
Beginn der Hemmung
Ende der Hemmung
Ursprüngliches Ende der Verjährungsfrist
Tatsächliches Ende der Verjährungsfrist
9 Tage und 6 Monate
9 Tage und 6 Monate
31.12.2018
20.05.2019
29.11.2019
31.12.2021
09.07.2022

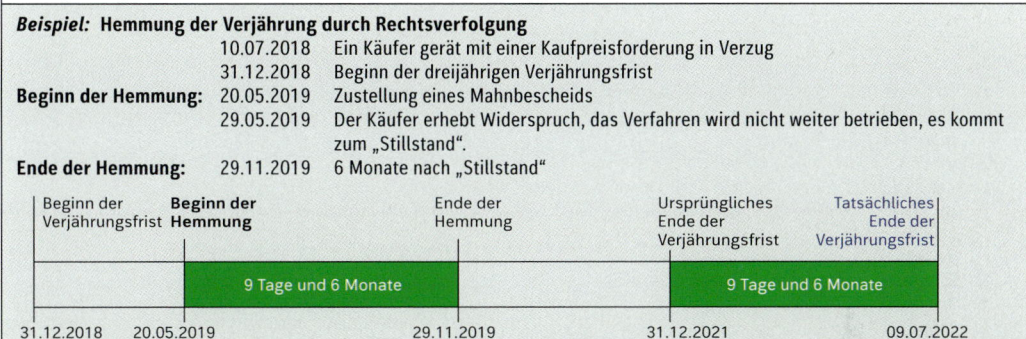

Neubeginn der Verjährung *(§ 212 BGB)*

Die bis zum Neubeginn der Verjährung verstrichene Zeit bleibt unberücksichtigt.
Die Verjährungsfrist beginnt von Neuem zu laufen.

- Der Schuldner erkennt die Schuld an, indem er z. B. eine Abschlagszahlung, Zinszahlung oder Sicherheitsleistung erbringt.
- Vornahme oder Beantragung einer gerichtlichen oder behördlichen Vollstreckungshandlung

Beispiel: *Eine am 16.04.2018 fällige Kaufpreisforderung mit dreijähriger Verjährungsfrist wird am 10.07.2018 durch eine Abschlagszahlung unterbrochen.*

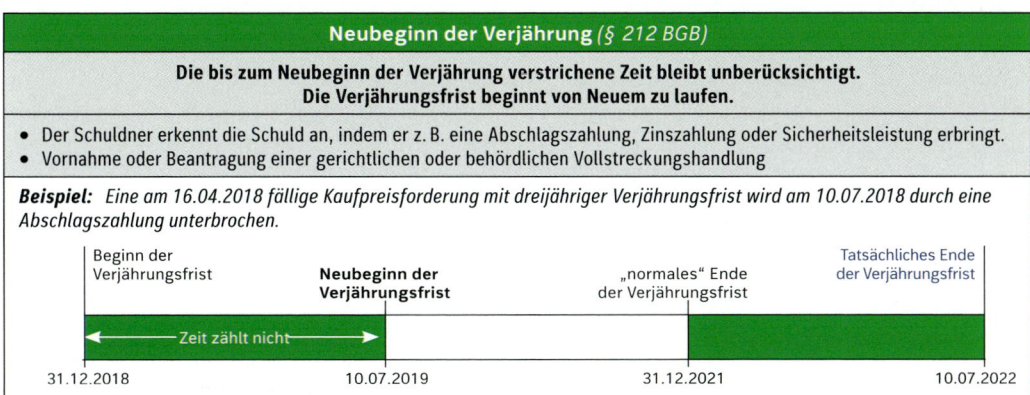

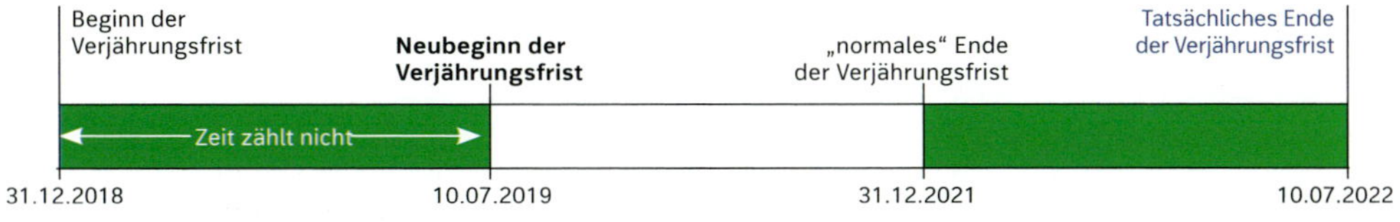
Beginn der Verjährungsfrist
Neubeginn der Verjährungsfrist
„normales“ Ende der Verjährungsfrist
Tatsächliches Ende der Verjährungsfrist
Zeit zählt nicht
31.12.2018
10.07.2019
31.12.2021
10.07.2022

Aufgaben

1. In welchem Fall ist ein Kaufvertrag zustande gekommen?

a) Herr A. bestellt schriftlich auf ein unverbindliches Angebot.

b) Frau F. entnimmt einem Regal in einem Selbstbedienungsladen Ware und zahlt an der Kasse den angegebenen Preis.

c) Herr C. fragt bei einem Hersteller an, ob ihm eine bestimmte Ware zum Höchstpreis von 50,00 € geliefert werden könne. In dem nachfolgenden schriftlichen Angebot erfährt er, dass die Ware sogleich für 45,00 € geliefert werden kann.

d) Herr B. bestellt am 15.06. nach einem schriftlichen Angebot Waren, die spätestens am 30.06. geliefert werden sollen. In dem Angebot vom 12.06. heißt es u. a. „Lieferzeit 4 Wochen".

e) Frau D. sieht im Schaufenster eines Textilgeschäfts einen Bademantel, geht in das Geschäft und sagt zu der Verkäuferin: „Ich möchte den Bademantel für 80,00 €, den Sie in Ihrem Schaufenster ausgestellt haben."

2. Welche der nachfolgenden Aussagen zum Verbrauchsgüterkaufvertrag sind falsch?

a) Wird eine mangelhafte bewegliche Sache geliefert, so hat der Käufer bei neuer Ware eine Gewährleistungsfrist von zwei Jahren. Die Frist beginnt mit Kenntnis des Mangels.

b) Tritt innerhalb der gesetzlichen Gewährleistungsfrist ein Mangel auf, so stehen dem Käufer bestimmte Rechtsansprüche zu.

c) Bei Auftreten eines Mangels innerhalb der gesetzlichen Gewährleistungsfrist hat der Käufer nach erfolgloser Fristsetzung das Recht auf Nacherfüllung.

d) Nacherfüllung bedeutet für den Käufer, dass er wahlweise Nachbesserung oder Ersatzlieferung verlangen kann.

e) Bei gebrauchten Sachen ist eine Verkürzung der Gewährleistungsfrist auf ein Jahr zugelassen.

3. Beim zweiseitigen Handelskauf muss die angelieferte Ware „unverzüglich" überprüft werden. Was versteht man darunter? Ordnen Sie eine

(1) zu, wenn die Aussage richtig ist,

(9) zu, wenn es sich um eine falsche Aussage zu diesem Begriff handelt.

a) Der Inhalt der Sendung muss sofort in Gegenwart des Lkw-Fahrers überprüft werden.

b) Die Überprüfung des Inhalts muss nicht sofort vorgenommen werden; es reicht die Überprüfung zu einem späteren Termin, wenn es erst dann in den ordentlichen Geschäftsgang passt.

c) Die Waren müssen nach der Quittierung der Sendung überprüft werden.

4. In welcher Frist muss bei einem zweiseitigen Handelskauf ein versteckter Mangel gerügt werden?

a) Innerhalb von sechs Monaten

b) Unverzüglich nach Entdeckung, jedoch innerhalb von 24 Monaten nach der Anlieferung der Ware

c) Unverzüglich nach der Anlieferung der Ware
d) Innerhalb von drei Jahren
e) Innerhalb von einem Jahr

5. Ein Lieferer liefert Rotwein statt Weißwein. Es handelt sich um
a) einen Sachmangel,
b) einen Qualitätsmangel,
c) einen Mangel in der Güte,
d) keinen Mangel.

6. Situation:
Sie arbeiten für die Schubert & Müller Kurier GmbH, Brüggener Str. 1, 50969 Köln, und benötigen 200 000 Blatt Kopierpapier.
Um diese zu beschaffen, haben Sie bereits bei vier verschiedenen Anbietern angefragt und inzwischen deren Angebote erhalten.
Ihr Frachtführer hat Ihnen schon Angebote über die Abholung der Sendung von den verschiedenen Lieferanten unterbreitet:
Stadtallendorf – Köln: 37,00 €; Gutenberg – Köln: 36,00 €; Lünen – Köln: 36,00 €; Pforzheim – Köln: 37,00 €.

Aufgabe:
Erstellen Sie ein Strukturraster nach unten stehendem Muster unter Ausnutzung aller Preisvergünstigungen. Ermitteln Sie den Bezugspreis aller vier Anbieter.

Bezugskalkulation / Anbieter	Karl Becker e. K.	Nova AG	Grosch AG	Schiefer OHG
Listeneinkaufspreis für 200 000 Blatt				
– Rabatt				
= Zieleinkaufspreis				
– Skonto				
= Bareinkaufspreis				
+ Bezugskosten (Versandkosten)				
= Bezugspreis für 200 000 Blatt				

Öko Papier Karl Becker e. K.

Tel.: 06429 774021
Fax: 06429 774021

Karl Becker e. K. * Rheinstr. 25 * 35260 Stadtallendorf

Schubert & Müller Kurier GmbH
Brüggener Str. 1
50969 Köln

Ihr Zeichen, Ihre Nachricht vom	Unser Zeichen, unsere Nachricht vom	Telefon, Name	Datum
	sk-ra	06429 774021 Bahlser	16.08.20..

Angebot 25-08

Sehr geehrte Damen und Herren,

wir danken Ihnen für Ihr Interesse an unserem Artikel. Wir können Ihnen folgendes Angebot unterbreiten:

Kopierpapier DIN A4, weiß, chlorfrei gebleicht, 80 g/qm
Art. Nr. 2919 zu je 1 000 Blatt: 4,99 €

Die Mindestabnahmemenge beträgt 10 000 Blatt. Ab 100 000 Blatt gewähren wir einen Mengenrabatt von 8 %. Die Zahlung ist innerhalb von 30 Tagen ohne Abzug zu leisten. Bei Zahlung innerhalb von 10 Tagen ab Rechnungsdatum gewähren wir 2 % Skonto.
Unsere Preise verstehen sich ab Werk.
Lieferzeit 20 Tage ab Bestelldatum.

Mit freundlichen Grüßen

Öko Papier Karl Becker e. K.

i. A. Bahlser

Geschäftsräume:	Handelsregister:	Bankverbindung:	USt-IdNr.:
Rheinstr. 25	Amtsgericht Hannover	Postbank Hannover	DE 234 567 890
35260 Stadtallendorf	HR A 34342	BLZ 250 100 30	St.-Nr.: 134/566/1715
		Konto-Nr. 42 378 145	

Nova AG
Schreibwarenfabrik

55595 Gutenberg
Blumenweg 118
Tel.: 06706 155656
Fax: 06706 155659

Nova AG * Blumenweg 118 * 55595 Gutenberg

Schubert & Müller Kurier GmbH
Brüggener Str. 1
50969 Köln

Ihr Zeichen, Ihre Nachricht vom	Unser Zeichen, unsere Nachricht vom	Telefon , Name	Datum
	he-sl	06706 155656 Hesse	15.08.20..

Angebot Nr. D-65

Sehr geehrte Damen und Herren,

für Ihre Anfrage besten Dank. Sie erhalten mit diesem Brief das gewünschte Angebot.

Kopierpapier DIN A4 weiß, 100 g/m²
Art. Nr. 6929 zu € 9,99 je 2 000 Blatt

Zahlung innerhalb von 30 Tagen ohne Abzug.
Lieferung ab Werk ist sofort nach Bestellung möglich.

Ihrer Bestellung sehen wir mit Freude entgegen und hoffen auf eine neue angenehme Geschäftsbeziehung.

Mit freundlichen Grüßen

Nova AG

i. V. Hesse

Bankverbindung:	Aufsichtsratsvorsitz:	Handelsregister:	USt-IdNr.:
Postbank Frankfurt	Walli Waltermann	Amtsgericht	DE 338 470 312
BLZ 500 100 60	Vorstand:	Gutenberg	St.-Nr.: 213/351/4580
Konto-Nr. 811 857	Ulrich Steeger, Kai Bö	HR B 34308	

GROSCH AG PAPIERWAREN
Nelkenweg 5 * 44532 Lünen * Tel.: 02306 285460 * Fax: 02306 285470

Grosch AG Nelkenweg 5 44532 Lünen

Schubert & Müller Kurier GmbH
Brüggener Str. 1
50969 Köln

Ihr Zeichen	Ihre Nachricht vom	Unser Zeichen	Unsere Nachricht vom	Telefon	Datum
		rd-jo		02306 285460	17.08.20..

Angebot 46-RA1

Sehr geehrte Damen und Herren,

für Ihre Zuschrift besten Dank. Hier ist das gewünschte Angebot:

Kopierpapier DIN A4, ohne Bleichung und Färbung, aus Recyclingpapier
Art. Nr. 8787 zu 2,99 € je 500 Blatt.

Aufgrund unserer langjährigen Geschäftsbeziehungen räumen wir Ihnen einen Treuerabatt von 5 % ein. Zusätzlich bieten wir Ihnen bei einer Abnahmemenge von 200 000 Blatt einen Mengenrabatt von weiteren 5 % auf den Listeneinkaufspreis. Die Zahlung ist innerhalb von 30 Tagen zu leisten. Bei Zahlung innerhalb von 10 Tagen gewähren wir 2,5 % Skonto. Lieferung ab Werk erfolgt 4 Tage nach Bestellung. Sollten Sie mit unserer Ware nicht zufrieden sein, garantieren wir sofortige Rücknahme.
Über Ihren Auftrag würden wir uns freuen.

Mit freundlichen Grüßen

GROSCH AG

i. V. Jobst

Bankverbindung	Aufsichtsratsvorsitz	Handelsregister	USt-IdNr.:
Sparkasse Lünen	Jürgen Hoppe	Amtsgericht Lünen	DE 473 196 250
BLZ 441 523 70	Vorstand	HR B 74009	St.-Nr.: 318/516/2306
Konto 441 008 264	Ralf Becker, Veronika Naedler		

Schreibwarenherstellung
Schiefer OHG
Bachstr. 38, 75180 Pforzheim

Schiefer OHG, Bachstr. 38, 75180 Pforzheim

Schubert & Müller Kurier GmbH
Brüggener Str. 1
50969 Köln

Ihr Zeichen, Ihre Nachricht vom	Unser Zeichen, unsere Nachricht vom	Telefon, Name	Datum
	pelz-dü	07231 2587 Pelzer Fax: 07231 2588	15.08.20..

Angebot 20-10

Sehr geehrte Damen und Herren,

wir bedanken uns für Ihr Interesse an unseren Artikeln. Gern erfüllen wir Ihren Wunsch und bieten Ihnen an:

Kopierpapier 80 g/qm
Art. Nr. 45225 zu 2,49 € je 500 Blatt
Der Rabatt für diesen Artikel beträgt 7,5 %.

Unsere Zahlungsbedingungen lauten: 30 Tage Ziel, bei Zahlung innerhalb von 10 Tagen 2 % Skonto.
Die Lieferung erfolgt ab Werk sofort nach Bestellungseingang.

Erteilen Sie uns Ihren Auftrag und Sie werden zufrieden sein.

Mit freundlichen Grüßen

Schiefer OHG

i. A. Pelzer

Bankverbindung:	Handelsregister:	USt-IdNr.:
Volksbank Pforzheim	AG Pforzheim	DE 123 456 789
BLZ 666 101 11	HR A 74010	St.-Nr.: 805/505/5555
Kto.-Nr. 100 110 345		

7. Von welchen anderen (qualitativen) Kriterien hängt die Lieferantenwahl noch ab?
Diskutieren Sie die vier Angebote nun unter Berücksichtigung qualitativer Kriterien in Partnerarbeit. Entscheiden Sie sich für die Ihrer Meinung nach beste Bezugsquelle und begründen Sie Ihre Entscheidung.

8. Bestimmen Sie in den folgenden Fällen das Ende der Verjährungsfrist:
a) Urteilsspruch vom 16.05.2017
b) Fälligkeit einer Handwerkerrechnung an die Familie Schmitz am 27.01.2017
c) Fälligkeit einer Zinszahlung wegen der Gewährung eines Darlehens am 15.05.2017
d) Fälligkeit eines Darlehens am 30.12.2017

9. Welche Auswirkungen hat das außergerichtliche Mahnverfahren auf die Verjährung?
a) Geben Sie je ein Beispiel für den Neubeginn und die Hemmung der Verjährung.
b) Welche Auswirkung hat der Neubeginn auf die Verjährungsfrist?
c) Welche Auswirkung hat die Hemmung auf die Verjährungsfrist?
d) Die Buchhaltung einer Spedition überweist einen Betrag in Höhe von 3456,00 €. Diese Verbindlichkeit war seit zwei Monaten verjährt. Als der Inhaber der Spedition dies bemerkt, fordert er eine Mitarbeiterin der Buchhaltung auf, diesen Betrag zurückzufordern. Ist eine Rückforderung der Zahlung rechtlich gedeckt?

10. Die Spedition Klein GmbH & Co. KG hat gegenüber ihrem Kunden Katz AG eine Forderung in Höhe von 1600,00 €, fällig am 13.03.2013
Fallbeispiel 1:
Am 01.02.2015 leistet die Katz AG eine Teilzahlung in Höhe von 500,00 € mit dem Versprechen, den Restbetrag in zwei Monaten zu zahlen.
Wann verjährt der Anspruch der Spedition Klein GmbH & Co. KG?
Fallbeispiel 2:
a) Nach einer erfolglosen Mahnung erklärt sich die Spedition Klein GmbH & Co. KG am 01.02.2015 bereit, ihre Forderung für einen Zeitraum von zwei Monaten zu stunden.
Wann verjährt der Anspruch der Spedition Klein GmbH & Co. KG?
b) Am 31.01.2017 bittet die Katz AG um nochmalige Stundung.
Wann verjährt der Anspruch der Spedition Klein GmbH & Co. KG nun?

11. Ergänzen Sie Ihre Lernkartei, indem Sie sich mit Ihrem Nachbarn über sinnvolle Kartenüberschriften austauschen und die Karteikarten entsprechend ausfüllen.

5 Verbraucherschutz

Einstiegssituation

Verbraucherschutz umfasst weit mehr als nur eine möglichst umfassende Qualitäts- und Herkunftssicherung von Lebensmitteln auf dem Weg von der landwirtschaftlichen oder industriellen Erzeugung bis zur Ladentheke. Er betrifft viele weitere Themen – angefangen vom Arzneimittelschutz über den Schutz vor schädlichen Chemikalien in Teppichen, Farben und Spielzeugen, die Preisauszeichnungspflicht und die Allgemeinen Geschäftsbedingungen bis hin zum Reiserecht, dem Internethandel und den Angeboten der Finanzdienstleister zur Vermögensbildung und Altersvorsorge. Gerade im Umgang mit Banken und Versicherungen haben die Verbraucher oft eine schwache Position, die ihnen viel Geld kosten kann.

Dem Auszubildenden Florian Ernst ging es so wie vor ihm vielen anderen Auszubildenden: Zu Beginn seiner Ausbildung traf er mehr oder weniger zufällig auf einen Bekannten, der sich mit Versicherungs- und Finanzvermittlung beschäftigte. Schnell kam das Gespräch auf allgemeine und spezielle Lebensrisiken und schon war ein Beratungstermin zum Thema Lebensversicherung vereinbart. Natürlich, so der Bekannte, sei die Beratung kostenlos. (Eine Selbstverständlichkeit, denn auch eine Blumenverkäuferin käme niemals auf die Idee, ein Honorar zu verlangen, wenn sie einem Kunden vorschwärmt, wie schön diese oder jene Rosen sind.)
Das Verkaufsgespräch ist für Florian Ernst aber nur kostenlos, solange er nicht abschließt. Wer abschließt, zahlt damit auch die Beratungskosten. Und zwar nicht nur die Kosten für das eigene Gespräch, sondern auch die Kosten der Verkaufsgespräche, bei denen kein Vertrag abgeschlossen wurde. In jedem Beitrag sind „Beratungskosten" einkalkuliert. Beratungskosten sind Teil der „Vertriebskosten".
Die Lebensversicherungs-Gesellschaft zahlt, wenn es zum Abschluss kommt, dem Bekannten von Florian Ernst eine Provision. Bei einer durchschnittlichen Lebensversicherung für eine ausreichende Altersversorgung (30 Jahre Laufzeit) sind das etwa 1 500,00 €. In Wirklichkeit zahlt nicht die Versicherungs-Gesellschaft die Provision, sondern der Kunde. Die Provision ist in die Versicherungsbeiträge eingerechnet und die Versicherung reicht die ersten Beiträge an den Vermittler weiter. So verliert Florian Ernst nicht nur 1 500,00 €, sondern auch die darauf entfallenden Zinsen und Zinseszinsen, was auf die Laufzeit gerechnet ca. 11 500,00 € sind.
Das ist aber noch nicht alles. Arbeitet der Vermittler nicht für eine der besten, das heißt kostengünstigen Gesellschaften, kommen weitere Kosten für die Kunden hinzu. Das können 2 500,00 €, 5 000,00 € oder mehr zusätzlich sein.
Obwohl die Versicherer verpflichtet sind, dem Kunden die einkalkulierten Abschlusskosten als einheitlichen Gesamtbetrag und die übrigen einkalkulierten Kosten als Anteil der Jahresprämie mitzuteilen, erfährt der Kunde nichts über die tatsächliche Höhe der Provision. Sie kann höher oder geringer sein (§ 2 VVG-Info V).

Der Vermittler hat ein Eigeninteresse am Abschluss einer Lebensversicherung und ob dies immer den Interessen der Kunden entspricht, ist äußerst fraglich.
Der Auszubildende Florian Ernst wäre jedenfalls gut beraten, wenn er sich vor Abschluss einer Lebensversicherung darüber informiert,
a) ob er überhaupt so eine Art von Versicherung benötigt,
b) welche Versicherung für ihn die günstigste ist.
Dazu sollte er Medien, Institutionen und Personen als Quellen nutzen, bei denen kein Eigeninteresse am Beratungsergebnis besteht.

Der **Verbraucherschutz** stärkt die Verbraucher, die naturgemäß gegenüber den Unternehmen eine vergleichsweise schwache Position haben.
Ursachen für die schwache Wettbewerbsposition der Verbraucher sind:

- mangelnde Markttransparenz für die Konsumenten
- mangelnde Kenntnis der Verbraucherrechte
- mangelnder Wettbewerb unter den Anbietern
- Nachfrage nach Kleinstmengen
- häufig irrationales Konsumverhalten

Um trotzdem die richtigen Entscheidungen zu treffen, sollten Verbraucher folgende Grundregeln beachten:

Grundregeln für vernünftiges Verbraucherverhalten

zuerst planen	• seine Bedürfnisse erkennen und nach der Dringlichkeit ordnen • das Einkommen berücksichtigen und einen monatlichen Haushaltsplan aufstellen • einen Einkaufsplan (Einkaufszettel) aufstellen • einen günstigen Einkaufszeitpunkt suchen *(z. B. Schlussverkauf)* • auf spontane Käufe verzichten
↓ **dann informieren**	• Preis und Qualität vergleichen (auch Garantie und Kundendienst) • Lieferbedingungen vergleichen *(z. B. Übernahme von Transport- oder Verpackungskosten durch den Lieferer)* • die Kennzeichnung von Waren kennen *(z. B. Textilkennzeichnung, Handelsklassen, Gütezeichen, Prüf- und Sicherheitszeichen, Umweltzeichen)* • Testzeitschriften lesen, Verbraucherberatung und -aufklärung in Anspruch nehmen
↓ **dann kaufen**	• Sonderangebote ausnutzen • größere Mengen kaufen und Rabatte aushandeln • sofort bezahlen und Skonto ausnutzen

Verbraucherinformation und -beratung

Verbraucherzentralen

Die Verbraucherzentralen bemühen sich um eine verbraucherorientierte Gesetzgebung und klären den Verbraucher durch Informationsveranstaltungen, Broschüren, Testzeitschriften und Beratungen auf. Sie unterhalten in vielen Städten Beratungsstellen, beraten aber auch telefonisch und geben Tipps. Sie sammeln Material, z. B. Reklamationen von ihren Mitgliedern, schreiben die betreffenden Firmen an und gewähren Rechtsschutz.

Mitglieder sind Verbände und Vereine ohne erwerbswirtschaftliche Ziele, aber auch einzelne Verbraucher. Die Verbraucherzentralen sind in der Arbeitsgemeinschaft der Verbraucherverbände (AGV), Bonn, zusammengeschlossen.

Stiftung Warentest (Berlin, gegründet 1964)

Sie lässt durch Fachinstitute vergleichende Tests von Waren und Dienstleistungen durchführen oder testet selbst. Die Ergebnisse werden monatlich in der Zeitschrift „test“ veröffentlicht und außerdem in Jahrbüchern zusammengefasst. Hinzu kommen zahlreiche Sonderpublikationen.

Paketdienste

Gewichtung	DHL	Hermes	GLS	UPS	DPD
Paketpreis Standard, 45 × 35 × 20 cm, 3,5kg / Kosten für Abholung (Euro)[1][2]	5.99 / 3,00	5,90/6,00	6,90/4,00	14,01/3,21	6,60/3,40
Paketpreis Express, 45 × 35 × 20 cm, 3,5 kg / Kosten für Abholung (Euro)[2][3]	31,80/6,00	Kein Angebot	Kein Angebot	51,07/3,21	34,99/Inklusive
Maximale Haftungssumme Standardpaket (Euro)[2]	500	500	750	510	520
Anzahl der Abgabestellen, Filialen, Shops ca.[2]	29 000	14 000	5 000	2 500	5 000
QUALITÄTSURTEIL 100%	**GUT (2,4)**	**GUT (2,4)**	**BEFRIEDIGEND (3,2)**	**BEFRIEDIGEND (3,2)**	**BEFRIEDIGEND (3,3)**
LIEFERQUALITÄT 40%	**gut** (1,9)	**befriedigend** (3,0)	**gut** (2,1)	**befriedigend** (2,6)	**befriedigend** (2,8)
Dauer des Versands	+	○	++	+	++
Unversehrtheit der Sendung	+	○	○	○	⊖
ABWICKLUNG 40%	**befriedigend** (2,9)	**gut** (1,7)	**ausreichend** (4,3)	**ausreichend** (3,6)	**befriedigend** (3,5)
Zuverlässigkeit bei Abwicklung und Terminen	⊖	++	⊖	○	○
Informationen bei Versand	○	○	○	⊖	+
Komfort bei Beauftragung, Zahlung, Sendungsverfolgung	+	++	–	⊖	⊖
WEBSITE 20%	**gut** (2,4)	**befriedigend** (2,8)	**befriedigend** (2,9)	**ausreichend** (3,7)	**ausreichend** (3,9)
Informationen, Übersichtlichkeit	+	+	+	–	⊖
Nutzungsmöglichkeiten	+	○	○	+	⊖
Umgang mit Nutzerdaten	○	○	○	○	⊖

Bewertungsschlüssel der Prüfergebnisse:
++ = Sehr gut (0,5–1,5). + = Gut (1,6–2,5).
○ = Befriedigend (2,6–3,5). ⊖ = Ausreichend (3,6–4,5).
– = Mangelhaft (4,6–5.5)

Bei gleichem Qualitätsurteil Reihenfolge nach Alphabet.
1) Onlinebeauftragung, ohne Vorgabe eines Zeitfensters.
2) In Deutschland. Angaben laut Anbieter.
3) Onlinebeauftragung, Zustellung bis 10 Uhr bzw. 10.30 Uhr.

Quelle: Stiftung Warentest, test Paketdienste – Schnell, aber ruppig, 12/2014, S. 79

5.1 Verbraucherschutzrechte

Zahlreiche Gesetze und Verordnungen sollen die Anbieter an einem wettbewerbswidrigen Verhalten hindern und die Stellung der Verbraucher auf dem Markt verbessern. Das BGB schützt den Verbraucher vor unangemessenen Benachteiligungen aufgrund **allgemeiner Geschäftsbedingungen**, indem es bestimmte Klauseln verbietet. Die Logistik-AGB und die ADSp finden keine Anwendung auf Verträge mit Verbrauchern.

Beispiele

Ausschluss oder Beschränkung der Haftung bei grobem Verschulden, Vereinbarung von Vertragsstrafen, Preiserhöhungsvorbehalte in kurzfristigen Verträgen, Ausschluss von Gewährleistungsansprüchen

Allgemeine Geschäftsbedingungen *(§§ 305–310 BGB)*

Definition	Bedeutung	Inhalte
• Alle für eine Vielzahl von Verträgen vorformulierten Vertragsbedingungen, • die eine Vertragspartei von der andern Vertragspartei einseitig verlangt, • ohne dass die Klauseln im Einzelnen verhandelt worden sind. ***Beispiele:*** – *AGB der Transportunternehmen* – *AGB der Banken* – *AGB der Reiseveranstalter* – *AGB des Einzel- und Großhandels*	• vereinfachen den Abschluss von Massenverträgen, • begrenzen das Risiko des Verkäufers durch die Einschränkung seiner Vertragspflichten, • stärken die Stellung des Verkäufers, • schränken die Rechte des Käufers ein.	***Beispiele:*** – *Zahlungsweise* – *Verpackungskosten* – *Beförderungskosten* – *Eigentumsvorbehalt* – *Erfüllungsort* – *Gerichtsstand* – *Gewährleistungsansprüche bei Mängeln* Vorschriften des *BGB*, die den Käufer schützen, können *nicht* durch Bestimmungen der AGB umgangen werden.

Schutz des Verbrauchers durch Allgemeine Schutzbestimmungen und Klauselverbote bei allgemeinen Geschäftsbedingungen

Allgemeine Schutzbestimmung

- Das Unternehmen („der Verwender") muss ausdrücklich auf die Einbeziehung der AGB in den Vertrag hinweisen.
- Der Kunde („die andere Vertragspartei") muss die AGB leicht erreichen und mühelos lesen können.
- Der Kunde muss mit der Geltung der AGB einverstanden sein.
- Individuelle Absprachen haben Vorrang vor abweichenden AGB.
- Überraschende und mehrdeutige Klauseln werden nicht Vertragsbestandteil.
- Die BGB-Bestimmungen finden auch Anwendung, wenn sie durch anderweitige Gestaltungen umgangen werden.

Klauselverbote bei Verbraucherverträgen

Unwirksam sind insbesondere ...

- Bestimmungen, durch die sich der Unternehmer eine unangemessen lange Frist für die Annahme oder Ablehnung eines Angebotes oder die Erbringung einer Leistung oder die Erfüllung einer Entgeltforderung vorbehält,
- Bestimmungen, welche kurzfristige Preiserhöhungen für Waren oder Dienstleistungen vorsehen, die innerhalb von vier Monaten nach Vertragsschluss geliefert oder erbracht werden sollen,
- eine Bestimmung, die vorsieht, dass eine Erklärung des Unternehmers von besonderer Bedeutung dem Verbraucher als zugegangen gilt,
- Bestimmungen, durch die ein Leistungsverweigerungsrecht des Verbrauchers ausgeschlossen oder eingeschränkt wird,
- eine Bestimmung, durch die dem Verbraucher für den Fall der Nichtabnahme oder verspäteten Abnahme der Leistung, des Zahlungsverzugs oder für den Fall, dass er sich vom Vertrag löst, die Zahlung einer Vertragsstrafe auferlegt wird,
- Bestimmungen, durch die dem Verbraucher die Befugnis einer Aufrechnung genommen wird,
- Bestimmungen, durch die der Unternehmer von der gesetzlichen Verpflichtung freigestellt wird, den Verbraucher zu mahnen oder ihm eine Frist für die Leistung oder Nacherfüllung zu setzen,
- der Ausschluss oder die Begrenzung der Haftung für Schäden aus der Verletzung des Lebens, des Körpers oder der Gesundheit und für sonstige Schäden, die auf einer grob fahrlässigen Pflichtverletzung des Unternehmers beruhen,
- eine Bestimmung, durch die bei Verträgen über Lieferungen neu hergestellter Sachen oder Werkleistungen die Ansprüche des Verbrauchers wegen eines Mangels insgesamt oder bezüglich einzelner Teile ausgeschlossen wird oder von der vorherigen gerichtlichen Inanspruchnahme Dritter abhängig gemacht wird,
- bei einem Dauerschuldverhältnis, das die regelmäßige Lieferung von Waren oder die regelmäßige Erbringung von Dienst- oder Werkleistungen zum Gegenstand hat, eine länger als zwei Jahre bindende Laufzeit.
- Bestimmungen, die für Erklärungen (z. B. Kündigungen) eine strengere Form als die Textform vorsehen.

GRUNDSATZ
Der Verbraucher darf durch allgemeine Geschäftsbedingungen nicht unangemessen benachteiligt werden.

5.1.1 Verbraucherdarlehensverträge

Die Bestimmungen zum **Verbraucherdarlehen** sollen sicherstellen, dass der Kreditnehmer umfassend über seine Kreditverpflichtungen informiert wird und vor einer übereilten Kreditaufnahme geschützt wird.

<table>
<tr><th colspan="2">Verbraucherdarlehensverträge (§§ 491–505 BGB)</th></tr>
<tr><td>Begriff
(§ 491 BGB)</td><td>Verbraucherdarlehen sind Kredite an Verbraucher über nicht weniger als 200 € und mit nicht weniger als drei Monaten Laufzeit oder Kredite zum Immobilienerwerb.</td></tr>
<tr><td>Formvorschrift Pflichtangaben
(§ 492 BGB und Art. 247 EGBGB i. V. m. § 6 I PAngV)</td><td>Der Darlehensvertrag bedarf der Schriftform und muss folgende Angaben enthalten:
1. den Namen und die Anschrift des Darlehensgebers,
2. die Art des Darlehens,
3. den effektiven Jahreszins (enthält alle Kosten) und eine Erläuterung anhand eines repräsentativen Beispiels,
4. den Nettodarlehensbetrag,
5. den Sollzinssatz (früherer Ausdruck: Nominalzinssatz),
6. die Vertragslaufzeit,
7. Betrag, Zahl und Fälligkeit der einzelnen Teilzahlungen,
8. den Gesamtbetrag,
9. die Auszahlungsbedingungen,
10. alle sonstigen Kosten, insbesondere im Zusammenhang mit der Auszahlung oder der Verwendung eines Zahlungsauthentifizierungsinstruments, mit dem sowohl Zahlungsvorgänge als auch Abhebungen getätigt werden können, sowie die Bedingungen, unter denen die Kosten angepasst werden können,
11. den Verzugszinssatz und die Art und Weise seiner etwaigen Anpassung sowie gegebenenfalls anfallende Verzugskosten,
12. einen Warnhinweis zu den Folgen ausbleibender Zahlungen,
13. das Bestehen oder Nichtbestehen eines Widerrufsrechts,
14. das Recht des Darlehensnehmers, das Darlehen vorzeitig zurückzuzahlen,
15. die für den Darlehensgeber zuständige Aufsichtsbehörde,
16. einen Hinweise darauf, dass der Darlehensnehmer einen Tilgungsplan verlangen kann,
17. das einzuhaltende Verfahren bei Kündigung des Vertrages,
16. sämtliche weiteren Vertragsbedingungen, wie z. B. den Hinweis darauf, dass der Darlehensnehmer anfallende Notarkosten zu tragen hat, die vom Darlehensgeber verlangten Sicherheiten und den etwaigen Anspruch auf Vorfälligkeitsentschädigung und die hierfür zugrunde liegende Berechnungsmethode.</td></tr>
<tr><td>Überziehungskredit und geduldete Überziehungen
(§ 504 f. BGB und Art. 247 § 16 f. EGBGB)</td><td>Bei Vereinbarung eines Überziehungskredites sind dem Darlehensnehmer folgende Angaben mitzuteilen:
• der genaue Zeitraum, auf den sich die Überziehung bezieht,
• Datum und Höhe der an den Darlehensnehmer ausbezahlten Beträge,
• Saldo und Datum der vorangegangenen Unterrichtung,
• der neue Saldo,
• Datum und Höhe der Rückzahlungen des Darlehensnehmers,
• der angewendete Sollzinssatz,
• die erhobenen Kosten und
• der gegebenenfalls zurückzuzahlende Mindestbetrag.

Bei geduldeten Überziehungen sind der Sollzinssatz sowie sämtliche Kosten mitzuteilen. Für geduldete Überziehungen, die über einen Monat hinaus bestehen, kommen weitere Angaben (z. B. über eventuelle Vertragsstrafen) hinzu.
Die Unterrichtung nach § 505 I BGB muss folgende Angaben enthalten:
1. den Sollzinssatz, die Bedingungen für seine Anwendung und, soweit vorhanden, Indizes oder Referenzzinssätze, auf die sich der Sollzinssatz bezieht,
2. sämtliche Kosten, die ab dem Zeitpunkt der Überziehung anfallen, sowie die Bedingungen, unter denen die Kosten angepasst werden können.</td></tr>
</table>

Verbraucherdarlehensverträge *(§§ 491–505 BGB)*	
Widerrufsrecht *(§§ 495, 355 BGB)*	Der Verbraucher kann seine Willenserklärung innerhalb von zwei Wochen widerrufen. Die Widerrufsfrist beginnt mit Vertragsabschluss.
Kündigungsrecht *(§§ 498 f., 500 II, 502 BGB)*	**Ordentliches Kündigungsrecht des Darlehensnehmers** Der Darlehensnehmer kann seine Verbindlichkeiten aus einem Verbraucherdarlehensvertrag – nicht aber bei Immobiliendarlehen – jederzeit ganz oder teilweise vorzeitig erfüllen. Falls der Bank hierdurch ein Schaden entsteht, kann sie eine Vorfälligkeitsentschädigung verlangen. **Außerordentliches Kündigungsrecht des Kreditinstituts** wenn • der Darlehensnehmer mit seinen Teilzahlungen in Verzug ist und • er eine Frist zur Zahlung des rückständigen Betrages verstreichen lässt.

5.1.2 Weitere Verbraucherverträge

Bei außerhalb von Geschäftsräumen abgeschlossenen Verträgen (frühere Bezeichnung „Haustürgeschäft") *(§ 312b BGB)* soll der Verbraucher vor unüberlegten Rechtsgeschäften geschützt werden. Die Gefahren werden darin gesehen, dass der geschäftsunerfahrene Verbraucher an Orten, an denen er nicht auf Vertragsverhandlungen vorbereitet ist, überraschend besucht oder angesprochen wird (**„Bedrängnissituation"**) und ohne gründliche Überlegung und Vergleichsangebote zum Vertragsabschluss überredet wird. Der Begriff „außerhalb von Geschäftsräumen" ist nicht ganz wörtlich zu nehmen, denn er meint z. B. neben Arbeitsplatz, Privatwohnung, Freizeitveranstaltungen *(z. B. Kaffeefahrten)*, Verkehrsmitteln, öffentlich zugänglichen Verkehrswegen auch die Situation, in der ein Verbraucher von außerhalb in Geschäftsräume hineingelockt wird.

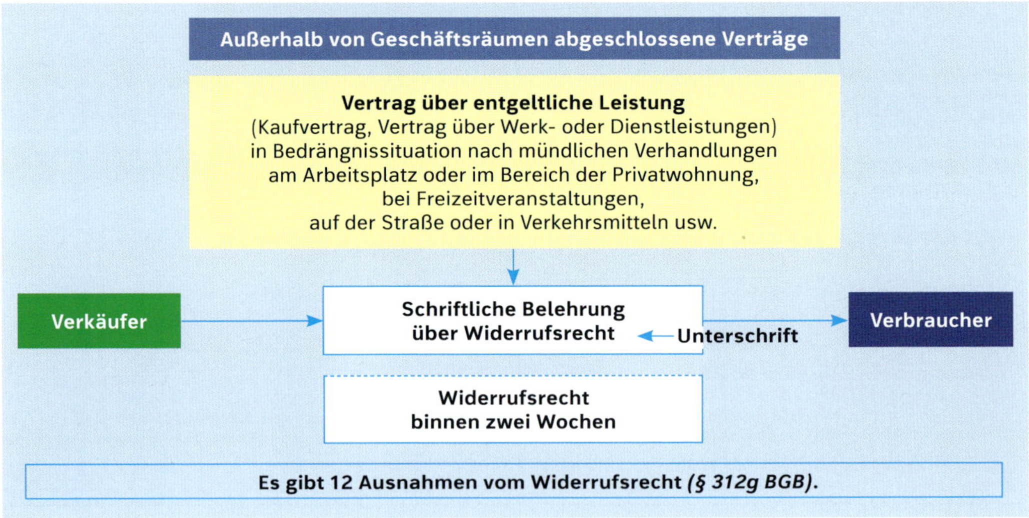
Außerhalb von Geschäftsräumen abgeschlossene Verträge
Vertrag über entgeltliche Leistung
(Kaufvertrag, Vertrag über Werk- oder Dienstleistungen)
in Bedrängnissituation nach mündlichen Verhandlungen
am Arbeitsplatz oder im Bereich der Privatwohnung,
bei Freizeitveranstaltungen,
auf der Straße oder in Verkehrsmitteln usw.
Verkäufer
Schriftliche Belehrung über Widerrufsrecht
Unterschrift
Verbraucher
Widerrufsrecht binnen zwei Wochen
Es gibt 12 Ausnahmen vom Widerrufsrecht (§ 312g BGB).

Ebenfalls besonders geschützt wird der Verbraucher bei Fernabsatzverträgen (*§ 312c BGB*). Fernabsatzverträge sind Verträge zwischen Unternehmer und Verbraucher, die mittels Fernkommunikationsmitteln wie z. B. Brief, Telefon, Fax, E-Mail oder SMS abgeschlossen werden.

Für außerhalb von Geschäftsräumen geschlossene Verträge und für Fernabsatzverträge gibt es eine Reihe gemeinsamer Schutzvorschriften:

1. Informationspflicht *(§ 312d BGB)* des Unternehmers über
   - wesentliche Eigenschaften der Ware oder Dienstleistung
   - eigene Identität mit Namen, Anschrift, Telefonnummer, E-Mail-Adresse usw.
   - Gesamtpreis und alle sonstigen Kosten
   - Zahlungs- und Lieferbedingungen
   - Bestehen der gesetzlichen Gewährleistungspflicht

   Wenn über Kosten nicht informiert wurde, kann der Unternehmer sie auch nicht verlangen *(§ 312e BGB).*
2. Abschriften und Bestätigungen des Vertrages mit Wiedergabe des Vertragsinhaltes
3. Widerrufsrecht

   Die Widerrufserklärung ist nicht formgebunden, sie kann auch telefonisch erfolgen. Eine Rücksendung der Ware ist kein Widerruf! Die Widerrufsfrist beträgt 14 Tage und beginnt mit dem Erhalt der Ware. Wenn der Verbraucher keine Widerspruchsbelehrung erhalten hat, erlischt das Widerrufsrecht spätestens zwölf Monate und 14 Tage nach Erhalt der Ware. Kein Widerrufsrecht besteht bei:
   - individuell angefertigten Waren
   - schnell verderblichen Waren und Waren mit nahem Verfallsdatum
   - Verträgen über Waren, die aus hygienischen Gründen versiegelt wurden, das Siegel aber entfernt wurde
   - Verträgen über Waren, die inzwischen mit anderen Waren untrennbar vermischt wurden
   - versiegelten Audio- und Videoaufnahmen und Software, deren Siegel nach Lieferung entfernt wurde
   - Verträgen über Beförderung von Waren, Autovermietung, Lieferung von Pizza, Dienstleistungen im Freizeitbereich, wenn der Vertrag einen bestimmten Termin vorsieht
   - Versteigerungen
   - wenn der Verbraucher den Handwerker zu bestimmten Reparaturarbeiten nach Hause bestellt
   - Wett- und Lotteriedienstleistungen
   - notariell beurkundeten Verträgen
4. Rücksendung
   - Nur wenn der Unternehmer bei Vertragsabschluss darüber informiert, hat der Verbraucher die Kosten der Rücksendung zu bezahlen.

Fernabsatzvertrag: Widerspruchsrecht auch bei Lieferung eines speziell konfigurierten PCs. Bei sogenannten Fernabsatzverträgen (Versandhandel, Internet) steht dem Verbraucher nach dem Gesetz ein Widerrufs- und Rückgaberecht zu (§ 312d BGB). Dies gilt jedoch dann nicht, wenn Waren geliefert werden, die nach Kundenspezifikation hergestellt wurden.

Eine derartige Anfertigung von Waren nach Vorgaben des Kunden liegt jedoch nicht vor, wenn die zu liefernde Ware aus vorgefertigten Standardbauteilen zusammengefügt wurde (hier Notebook), die mit verhältnismäßig geringem Aufwand ohne Beeinträchtigung ihrer Substanz oder Funktionsfähigkeit wieder getrennt werden können. Die Darlegung- und Beweislast für einen Ausschluss des Widerrufsrechts wegen einer Sonderanfertigung liegt bei dem Unternehmer, der sich auf den Ausnahmetatbestand beruft.

Urteil des BGH vom 19.03.2003 VIII ZR 295/01; MDR 2003, 732; BGHR 2003, 581

■ Preisangabenverordnung und Zahlungsdienstevertrag

Die **Preisangabenverordnung** verpflichtet Unternehmen, die Waren oder Dienstleistungen Endverbrauchern anbieten, ihre Preise einschließlich Umsatzsteuer und sonstiger Preisbestandteile (Bruttopreise) anzugeben bzw. auszuzeichnen.
Der Zahlungsdienstevertrag *(§ 675f. BGB)* schützt den Verbraucher vor unangemessen langen Überweisungszeiten und ungerechtfertigten Kosten.

■ Produkthaftungsgesetz

Ein Produkt gilt nach dem Gesetz als fehlerhaft, wenn es nicht die Sicherheit bietet, die unter Berücksichtigung aller Umstände berechtigterweise erwartet werden kann.

5.2 Verbraucherinsolvenzverfahren

Das Verbraucherinsolvenzverfahren findet Anwendung bei natürlichen Personen, die keine selbstständige Tätigkeit ausüben (Arbeitnehmer, Rentner, Sozialhilfeempfänger), und bei ehemalig Selbstständigen mit überschaubaren Vermögensverhältnissen (höchstens 19 Gläubiger und keine Forderungen aus einem früheren Arbeitsverhältnis gegen den Schuldner). Für andere Personen bleibt nur das Regelinsolvenzverfahren. Auch völlig mittellose Schuldner haben eine realistische Chance auf Entschuldung, da die Verfahrenskosten, die bis zu 5 % der Schulden betragen, bis zu vier Jahren gestundet werden können *(§ 4 Inso)*.
Das Verbraucherinsolvenzverfahren verläuft in vier Stufen:

1. Stufe: Versuch einer außergerichtlichen Einigung

- Der Schuldner muss zunächst auf der Grundlage eines Plans versuchen, mit seinen Gläubigern eine außergerichtliche Einigung (= Vergleich) über eine Schuldenbereinigung zu erzielen.
  Beispiele:
  Stundung, Teilerlass von Forderungen, Ratenzahlungen
- Er muss hierbei die Hilfe geeigneter Personen *(z. B. Schuldnerberatungsstellen, Rechtsanwälte, Steuerberater)* in Anspruch nehmen.
- Die Gläubiger entscheiden über die Annahme des Planes.

2. Stufe: Gerichtliches Verbraucherinsolvenzverfahren

Eröffnungsantrag des Schuldners *(§ 305 InsO)*

Gelingt trotz ernsthaften Bemühens keine Einigung mit den Gläubigern, kann bei Gericht die Eröffnung des Insolvenzverfahrens beantragt werden. Folgende Unterlagen sind vom Schuldner einzureichen:

- Antrag auf Eröffnung des Insolvenzverfahrens mittels eines einheitlichen 33-seitigen Formulars
- Bescheinigung über den erfolglosen außergerichtlichen Einigungsversuch
- Antrag auf Erteilung einer **Restschuldbefreiung**
- Verzeichnis über die Einkommens- und Vermögensverhältnisse
- Verzeichnis der Gläubiger und ihrer Forderungen

Insolvenzplanverfahren

Vor der Eröffnung des Insolvenzverfahrens findet ein zweiter Einigungsversuch statt. Im Unterschied zum außergerichtlichen Vergleich gibt es dazu genaue Vorschriften (§§ 305 I Nr. 4 , 305a InsO).

- **Schuldenbereinigungsplan:** Unter Berücksichtigung der Gläubigerinteressen sowie der Vermögens-, Einkommens- und Familienverhältnisse des Schuldners muss ein Schuldenbereinigungsplan vorgelegt werden, der geeignet ist, eine angemessene Schuldenbereinigung durch Stundung oder Teilerlass von Forderungen zu erreichen. In den Plan ist aufzunehmen, ob Bürgschaften, Pfandrechte und andere Sicherheiten der Gläubiger berührt werden sollen.
- **Ruhen des Verfahrens:** Das Insolvenzverfahren ruht bis zur Entscheidung über den Schuldenbereinigungsplan *(§ 306 InsO)*.

Entscheidung der Gläubiger

- Zustellung der Unterlagen an die Gläubiger
- Die Gläubiger werden aufgefordert, binnen eines Monats zu den Verzeichnissen und zu dem Schuldenbereinigungsplan Stellung zu nehmen *(§ 307 InsO)*.
- Hat kein Gläubiger Einwendungen gegen den Schuldenbereinigungsplan erhoben, gilt er als angenommen.
- Hat dem Schuldenbereinigungsplan mehr als die Hälfte der Gläubiger zugestimmt und beträgt die Summe der Forderungen mehr als die Hälfte aller Forderungen, so ersetzt das Insolvenzgericht die fehlende Zustimmung durch Gerichtsbeschluss. Der Schuldenbereinigungsplan ist für alle Gläubiger bindend *(§ 309 InsO)*.
  Ausnahmen:
  - Der Gläubiger wird in dem Schuldenbereinigungsplan im Verhältnis zu den anderen Gläubigern benachteiligt.
  - Der Gläubiger wird schlechter gestellt als bei Durchführung des Insolvenzverfahrens.

Rechtsfolgen

Annahme des Schuldenbereinigungsplans

Die Annahme hat die Wirkung eines Vergleichs *(§ 794 ZPO)*.

- Der Schuldenbereinigungsplan wird abgewickelt.
- Die Stundung und der Teilerlass der Forderungen sind rechtswirksam.
- Die Anträge auf Eröffnung des Insolvenzverfahrens und auf Erteilung der Restschuldbefreiung gelten als zurückgenommen *(§ 308 InsO)*.

Ablehnung des Schuldenbereinigungsplans
3. Stufe: Eröffnung eines vereinfachten Insolvenzverfahrens *(§ 311 ff. InsO)*

Vor Verfahrenseröffnung prüft das Gericht, ob der Schuldner die Verfahrenskosten (Gerichtskosten, Insolvenzverwalter) bezahlen kann. Diese Kosten können u. U. auch in Raten gezahlt oder vollständig erlassen werden.

- Ein vom Gericht bestellter **Insolvenzverwalter** verwertet den pfändbaren Teil des Schuldnervermögens (= Insolvenzmasse) zur gemeinschaftlichen Befriedigung der Gläubigeransprüche.
- Der Insolvenzverwalter ist nicht zur Verwertung von Gegenständen berechtigt, an denen Pfandrechte oder andere Absonderungsrechte (Sicherungsübereignung, Sicherungszession) bestehen. Das Verwertungsrecht steht dem Gläubiger zu.

4. Stufe: Restschuldbefreiung *(§ 286 ff. InsO)*

- Voraussetzung ist die Abtretung der Lohn- und Gehaltsansprüche während einer **„Wohlverhaltensperiode" von sechs Jahren** (Beginn: Eröffnung des gerichtlichen Insolvenzverfahrens) an den Insolvenzverwalter, der den pfändbaren Teil an die Gläubiger verteilt. In dieser Zeit sind Zwangsvollstreckungen in das Vermögen des Schuldners nicht möglich *(§ 294 InsO)*.
- Diese Frist verkürzt sich aber
  - auf drei Jahre *(§ 300 I Nr. 2 InsO)*, wenn es dem Schuldner gelingt, mindestens 35 % der Schulden, die Gläubiger angemeldet haben, sowie die gesamten Verfahrenskosten in diesem Zeitraum zu zahlen;
  - auf fünf Jahre *(§ 300 I Nr. 3 InsO)*, wenn es dem Schuldner innerhalb dieses Zeitraums zumindest gelingt, die gesamten Verfahrenskosten (im Regelfall ca. 1 500,00 – 3 000,00 €) abzutragen.
- Aus wichtigem Grund kann die Restschuldbefreiung versagt werden *(§ 290 InsO)*.

  Beispiel:
  „Mehrfachtäter": In den letzten fünf Jahren war schon eine Restschuldbefreiung beantragt worden; falsche Angaben des Schuldners über seine Vermögens- oder Einkommensverhältnisse
- Während der „Wohlverhaltensperiode" hat der Schuldner folgende Pflichten *(§ 295 InsO)*:
  - Er muss eine angemessene Erwerbstätigkeit ausüben bzw. sich darum bemühen.
  - Im Erbfall muss der Schuldner die Hälfte des Vermögens an den Treuhänder übergeben.
  - Er muss jeden Wohnsitz- und Beschäftigungswechsel unverzüglich dem Insolvenzgericht und dem Treuhänder mitteilen.
  - Zahlungen zur Befriedigung der Insolvenzgläubiger darf er nur an den Insolvenzverwalter leisten und keinem Insolvenzgläubiger einen Sondervorteil verschaffen.
- Das Insolvenzgericht erteilt nach Ablauf der „Wohlverhaltensperiode" die **Restschuldbefreiung** mit Wirkung gegen alle Insolvenzgläubiger, sofern der Schuldner seine Pflichten erfüllt *(§ 289 InsO)*.

Aufgaben

1. Mareike Hofer hat nach ihrer Ausbildung eine kleine Buchhandlung in gemieteten Geschäftsräumen eröffnet. Leider haben sich die Geschäfte nicht wie erwartet entwickelt. Nach einem Jahr muss sie das Geschäft wieder schließen. Mittlerweile haben sich Bankschulden einschließlich Zinsen von 45 000,00 €, Mietschulden von 4 500,00 €, Lieferantenverbindlichkeiten von 15 000,00 € (drei Lieferanten mit je 5 000,00 €) und Forderungen des Finanzamtes von 5 500,00 € angesammelt, insgesamt 70 000,00 €.
   Mareike hat auf einem Sparkonto noch 1 000,00 €. Sie geht jetzt einer Teilzeitarbeit nach. Das monatlich pfändbare Einkommen beträgt etwa 250,00 €.
   Mareike sieht, dass ihr die Schulden über den Kopf gewachsen sind. Sie sucht nach einer Möglichkeit, wie sie langfristig wieder schuldenfrei leben kann. Sie hat in der Zeitung gelesen, dass sie ihr Ziel durch ein Insolvenzverfahren erreichen könnte.

a) Mareike möchte von Ihnen wissen, wie sie vorgehen muss, um das Ziel zu erreichen. Informieren Sie Mareike darüber, was sie zunächst zu unternehmen hat.

b) Mareike arbeitet mit der Schuldnerberatungsstelle für ihre Gläubiger den folgenden Vorschlag zur monatlichen Schuldentilgung aus, wobei sie sich über die pfändbaren Teile des Lohns hinaus einschränken will: Die Bank erhält 150,00 €; der Vermieter 15,00 €; jeder Lieferant 40,00 €; das Finanzamt 35,00 €. Die Bank und die Lieferanten sollen zusätzlich einmalig je 500,00 € erhalten. Die monatlichen Leistungen sollen auf die Dauer von sieben Jahren begrenzt werden. Anschließend sollen die verbleibenden Verbindlichkeiten als erlassen gelten. Nur der Vermieter ist mit dem Vorschlag einverstanden. Eine Einigung kommt daher nicht zustande.
Was kann Mareike jetzt unternehmen?

c) Mareike leiht sich bei ihrem Freund Fritz 1 000,00 € und bietet davon zusätzlich zu dem vorherigen Vorschlag Einmalzahlungen an. Die Bank soll 500,00 €, die Lieferanten sollen je 100,00 €, der Vermieter 50,00 € und das Finanzamt 100,00 € erhalten. Das Gericht stellt den Gläubigern die erforderlichen Unterlagen zu und fordert sie auf, innerhalb eines Monats zu dem Schuldenbereinigungsplan Stellung zu nehmen. Von den Gläubigern lehnen die Lieferanten und die Bank den Schuldenbereinigungsplan ab.
Kann das Gericht die fehlende Zustimmung ersetzen und den Schuldenbereinigungsplan in Kraft setzen?

d) Mareike Hofer erhält vom Amtsgericht den Beschluss zugestellt, dass über ihr Vermögen das Insolvenzverfahren eröffnet worden ist. Es wird das schriftliche Verfahren angeordnet. Zur Insolvenzverwalterin wurde die Rechtsanwältin Dr. Schlau bestellt.
Welche Aufgaben hat die Insolvenzverwalterin?

2. a) Manfred Stefener hat bei seinem Autohändler einen Neuwagen gekauft. Die Lieferzeit beträgt drei Monate. Nach einem Monat teilt der Autohändler mit, dass sich der Preis für sein Auto um 10 % erhöht hat. Muss Manfred den erhöhten Preis bezahlen?

b) Lena Schwakenberg aus Berlin bestellt bei einem Versandhandel in Düsseldorf mehrere Bücher. In dem Prospekt steht, dass die Geschäftsbedingungen in den Geschäftsräumen in Düsseldorf zur Einsicht ausliegen. Bei der Lieferung findet sie die Geschäftsbedingungen auf der Rückseite der Rechnung abgedruckt.
Sind die Geschäftsbedingungen Vertragsbestandteil geworden?

c) Ein Fahrradhändler hat in seinen Geschäftsbedingungen Gewährleistungsansprüche gänzlich ausgeschlossen. Ist das rechtlich möglich?

3. Erika S. hat an einer Tagesfahrt mit dem Bus teilgenommen. Während einer Verkaufsveranstaltung in einem Gasthof hat sie eine Heizdecke im Tigerlook für 150,00 € gekauft.
Am nächsten Tag stellt sie fest, dass der Kauf zu teuer war. Kann sie den Kaufvertrag rückgängig machen?

6 Zahlungsverkehr

Einstiegssituation

Kriminelle gehen mit der Zeit

Neuere Formen der Bankbetrügereien

Es sieht so aus, als hätte der Bankräuber seine beste Zeit hinter sich. Seit fast 20 Jahren sinkt die Zahl der Raubüberfälle auf Geldhäuser und Postfilialen. Registrierte das Bundeskriminalamt 1993 noch 1 624 Banküberfälle in Deutschland, waren es im Jahr 2008 gerade mal 387. Warum das so ist? Wegen der Sicherungssysteme, sagen die Experten. Und außerdem liegt in den Kassen der Institute nicht mehr so viel Bargeld wie früher, da heute die Geldautomaten und der Siegeszug des Plastikgeldes viele Arbeitsplätze von Bankkassierern vernichtet haben. Der Anteil der Bargeldzahlungen im Einzelhandel ist in den letzten 15 Jahren von 80 % auf 60 % gesunken, und der durchschnittliche Zahlbetrag bei der Barzahlung beträgt 20,00 €. Es gibt also immer weniger zu holen. Und es lohnt sich immer weniger. Doch die modernen Bankräuber passen sich an. Ihr Geschäftsmodell ist heute nicht mehr der klassische Raub, sondern der raffinierte Betrug.

Um den Betrug am Geldautomaten zu erschweren, verfügen heute alle Debitkarten über einen Sicherheitschip, der das Kopieren der Daten unmöglich macht. Ganz sicher ist das Geldabheben damit aber noch nicht. Die Schwachstelle ist der Magnetstreifen, der für eine Reihe von Funktionen unverzichtbar bleibt.

Die Betrugsmethode heißt „Skimming“: Dabei bauen Betrüger vor den Schlitz an Geldautomaten eine Attrappe auf, in die der ahnungslose Kunde seine Debitkarte steckt. Die Attrappe liest die Daten vom Magnetstreifen ab, die Täter kopieren daraus eine Karte und heben im Ausland Geld ab. Die Schadensfälle durch Skimming sind zuletzt drastisch gestiegen. So hatten sich Kriminelle 2010 in Deutschland an über 1 800 Geldautomaten zu schaffen gemacht – doppelt so viel wie im Vorjahreszeitraum – und dabei mit Skimming über 40 Millionen € Schaden angerichtet. Der fälschungssichere EMV-Sicherheitschip kann den Betrug nun eindämmen. Ganz zufrieden ist das Bundeskriminalamt aber nicht. Es fordert die Einführung einer Debitkarte ohne Magnetstreifen. Das aber ist derzeit technisch noch nicht möglich, da der Chip nicht alle bisherigen Funktionen der Debitkarte ausführt. Mit ihm ist das Geldabheben und Bezahlen an Handelsterminals im Europäischen Wirtschaftsraum möglich. Das sind die Länder, die dem europäischen Bezahlsystem SEPA beigetreten sind. Außerhalb dieser Staaten, also auch in den Urlaubsländern Nordafrikas und in den USA, ist aber weiter der Magnetstreifen zum Geldabheben nötig. Auch das elektronische Lastschriftverfahren, also das Bezahlen im Handel mit Karte und Unterschrift, läuft ebenso wie das Drucken von Kontoauszügen nur über den Magnetstreifen.

Aus technischen Gründen wird sich der Magnetstreifen noch mindestens bis 2012 lang auf den Debitkarten befinden und damit besteht weiter das Risiko, dass Betrüger Daten ablesen. Das BKA schlägt den Banken auch vor, zwei getrennte Karten anzubieten – eine mit Chip für das Geldabheben in Europa, eine mit Magnetstreifen für das Abheben außerhalb Europas, für das elektronische Lastschriftverfahren und für Kontoauszugsdrucker. Die Bankenverbände halten diese Lösung aber für wenig praktikabel, weil die Verbraucher dann die Kosten für die zweite Karte tragen und sich auch zwei Geheimnummern merken müssten. Technisch wäre es auch möglich, dass ein Geldautomat nur noch Geld auszahlt, wenn sich auf einer Karte ein Sicherheitschip befindet. Der Nachteil dieser Lösung: Die Magnetkarte fällt dann auch als Notfalllösung aus. Als vor geraumer Zeit bei vielen Chips Programmierfehler auftraten, behalfen sich Banken, indem sie vorübergehend auf Auszahlung über Magnetkarte umstellten.
Eine eigene Lösung hat die Postbank. Ihre Karte mit dem neuen V-Pay-Verfahren enthält den Chip und ermöglicht sichere Geldauszahlungen in den 32 SEPA-Staaten. Sie hat noch einen Magnetstreifen für Lastschriften und Kontoauszugsdrucker, Geldabheben ist aber nur noch über den Chip möglich. Für Reisen ins nicht-europäische Ausland empfiehlt die Postbank ihren Kunden eine Kreditkarte.
Doch die Kriminellen lernen schnell dazu.
Die Cyberdiebe spähen mittels Phishing-Mails – die auch von Fachleuten kaum als Fake erkennbar sind – Kontodaten der Bürger aus und überweisen fremdes Geld auf eigene Konten.
Neuester Dreh der Betrüger ist der Ein-Cent-Trick. Sie überweisen einen Cent auf eine zufällig generierte Kontonummer. Kommt das Geld nicht zurück, wissen sie, dass es die Nummer gibt. Und schon ist die nächste Abbuchung einfach. Die Betrüger müssen nur bei ihrer Bank behaupten, sie hätten das Recht, per Lastschrift Beträge von dem fremden Konto einzuziehen. Die Prüfung, ob sie das tatsächlich dürfen, überlassen die Kreditinstitute den Kunden.

Quelle: (FS)

6.1 Zahlungsmittel – Zahlungsformen

■ Zahlungsmittel

Zahlungen können mithilfe von Bargeld, Buchgeld oder einem Geldersatzmittel *(z. B. Scheck)* erfolgen.

Bargeld

Münzen und **Banknoten** sind **gesetzliche Zahlungsmittel**. Die Zahlung mit Bargeld hat schuldbefreiende Wirkung. Jedermann, der eine Geldforderung geltend macht, ist verpflichtet, Bargeld zur Tilgung der Schuld anzunehmen.

Der Euro ist alleiniges gesetzliches Zahlungsmittel. Bei den Euro-Münzen besteht aber kein unbegrenzter Annahmezwang. Nach *§ 11* der *Euro-Verordnung* ist niemand verpflichtet, bei einer Zahlung mehr als 50 Münzen zu akzeptieren.

Buchgeld

Beim Buchgeld handelt es sich um **Sichtguthaben auf einem Konto** bei einem **Kreditinstitut**. Sichtguthaben sind **täglich fällig**, d. h. für den Kontoinhaber jederzeit durch Barabhebung, Überweisung, Lastschrift oder Scheckzahlung verfügbar.

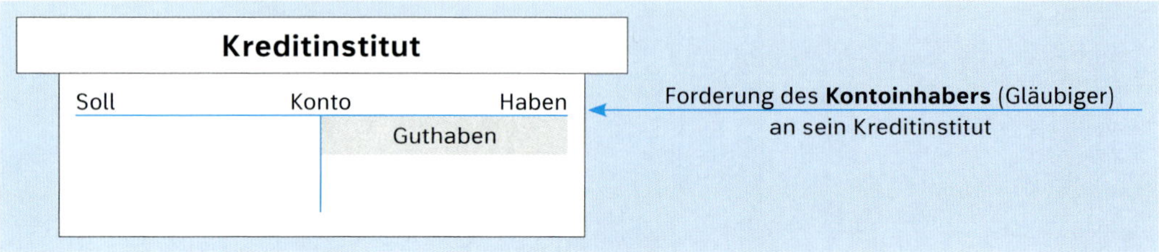
Kreditinstitut
Soll
Konto
Haben
Guthaben
Forderung des Kontoinhabers (Gläubiger)
an sein Kreditinstitut

Die Begleichung einer Verbindlichkeit durch Buchgeld erfolgt an **Erfüllung statt** *(§ 364 BGB)*. Das ursprüngliche Schuldverhältnis *(z. B. wegen einer Kaufpreisforderung)* erlischt. An seine Stelle tritt für den Zahlungsempfänger aufgrund der Kontogutschrift die Forderung gegen das Kreditinstitut.

Bitcoins – eine digitale Währung

Der Begriff „Bitcoin" bezeichnet sowohl die entsprechenden Einheiten als auch das Zahlungssystem. Das Bitcoin-Zahlungssystem ermöglicht die weltweite Übertragung von Bitcoin-Einheiten innerhalb kurzer Zeit. In der Vergangenheit war Bitcoin vor allem wegen des z. T. sehr stark schwankenden Kurses, aber auch wegen diverser Diebstähle bei Online-Verwahrern und dem Missbrauch durch Kriminelle, im Fokus der Öffentlichkeit.

Die Ausgabemenge von Bitcoins ist grundsätzlich beschränkt auf 21 Millionen Einheiten. Die „Herstellung" erfolgt nicht durch Zentral- oder Geschäftsbanken, sondern virtuell durch einen äußerst aufwendigen digitalen Mechanismus. Derzeit sind knapp 14 Millionen ausgegeben. Die Nutzung dieser Einheiten als Zahlungsmittel ist jedoch sehr gering: Tagtäglich werden nur ungefähr 80 000 bis 105 000 Transaktionen weltweit (zum Vergleich: in Deutschland arbeitstäglich über 25 Millionen Überweisungen in Euro) mit Bitcoin durchgeführt.

Bitcoins verkörpern nicht die Funktionen von Bar- oder Buchgeld:[1]

- Die Funktion als universelles Tauschmittel ist für Bitcoins nicht nutzbar, da es kaum Akzeptanzstellen gibt und niemand verpflichtet ist, Bitcoins als Zahlungsmittel anzunehmen.

---

[1] *Vgl. Seite 488 f.*

- Die Funktion als Wertaufbewahrungsmittel scheidet aus, da Bitcoins hohen Wertschwankungen unterliegen und sich deswegen eher als Spekulationsobjekt eignen.
- Die Funktion als Recheneinheit und Vergleichsmaßstab ist nicht gegeben, denn der Wert von Gütern wird in Euro oder anderen Geldeinheiten ausgedrückt.

Zahlungsformen

Barzahlung (ohne Konten)	Halbbare Zahlung (ein Konto)		Bargeldlose Zahlung (zwei Konten)
Bargeld • persönliche Übergabe • Übergabe durch Boten • Geldtransfer Minuten-Service (Postbank/ Western Union)	**Bareinzahlung** • Zahlschein • Nachnahme	**Barauszahlung** • Barscheck • Geldtransfer • Minuten-Service (Postbank/ Western Union) • Geldtransfer über Handy (voice cash)	**Buchgeld** • Überweisung • Dauerauftrag • Lastschrift • Verrechnungsscheck • Kreditkarte • electronic cash (Girocard mit PIN) • SEPA-Lastschriftverfahren • Girocard mit Geldkartenfunktion • Internetzahlungen • Smartphonezahlungen • Kontaktloses Bezahlen

6.2 Barzahlung

Bargeld kann man persönlich oder durch Boten übermitteln. Begleicht der Schuldner seine Verbindlichkeit, kann er vom Gläubiger eine Quittung verlangen.

*Eine **Quittung** ist eine schriftliche Bestätigung über den Empfang eines bestimmten Geldbetrages (§ 368 BGB).* **Definition**

Zahlung
Zahler = Schuldner
Quittung
Zahlungsempfänger = Gläubiger
Forderung

Als **Quittung** können dienen:
- Quittungsvordruck
- Kassenbon
- Aufdruck des Kassenstempels („Bezahlt“) auf der Rechnung

Bestandteile des Quittungsformulars sind:
- Betrag, ggf. gesonderter Ausweis der im Rechnungsbetrag enthaltenen Umsatzsteuer (Mehrwertsteuer)
- Name des Zahlers (Schuldner)
- Zahlungsgrund
- Zahlungsort und -datum
- Unterschrift des Zahlungsempfängers (Gläubiger), ggf. Aufdruck des Firmenstempels

Die Quittung hat drei **Funktionen:**
- Beweis für geleistete Zahlung
- Beleg für die Buchhaltung („Keine Buchung ohne Beleg")
- Nachweis für das Finanzamt

Die **Quittung** ist eine **Beweisurkunde**. Ist die gekaufte Sache mit einem Mangel behaftet, so ist die Quittung der Beweis für den Kauf in einem bestimmten Geschäft. Quittungen sind deshalb von Verbrauchern aus Beweisgründen drei Jahre lang sorgfältig aufzubewahren.

Die Barzahlung bringt eine Reihe von Risiken und Problemen mit sich. Durch die verschiedenen Einsatzmöglichkeiten der Girocard bzw. der Kreditkarte[1] ist heute der Gebrauch von Bargeld nur noch in wenigen Situationen für Zahler und Zahlungsempfänger die schnellere und praktischere Zahlungsmöglichkeit.

Vor- und Nachteile der Barzahlung

Vorteile	Nachteile
• schnell und praktisch bei kleinen Beträgen • Sicherung des Zahlungseingangs bei Problemkunden	• Zeitaufwand bei der Bargeldbeschaffung • Verlustrisiko • Irrtümer beim Zählen • Transportkosten • Lagerkosten • Diebstahlrisiko • fehlendes Wechselgeld

6.3 Bargeldloser Zahlungsverkehr

■ Konto

Der Zahlungsverkehr wird immer noch überwiegend durch Einschaltung von Kreditinstituten abgewickelt. Voraussetzung hierfür ist, dass mindestens eine Person (Zahler oder Zahlungsempfänger) über ein Konto verfügt.

Definition

*Das **Konto** ist eine chronologisch geführte Aufstellung über Forderungen und Verbindlichkeiten eines Kreditinstituts aus der Geschäftsbeziehung mit dem Kunden.*

Auf der Haben-Seite des Kontos werden alle Geldeingänge zugunsten des Kunden (Gutschriften), auf der Soll-Seite werden alle Geldausgänge zulasten des Kunden (Belastungen) gebucht.

[1] *Vgl. hierzu Seite 341 ff.*

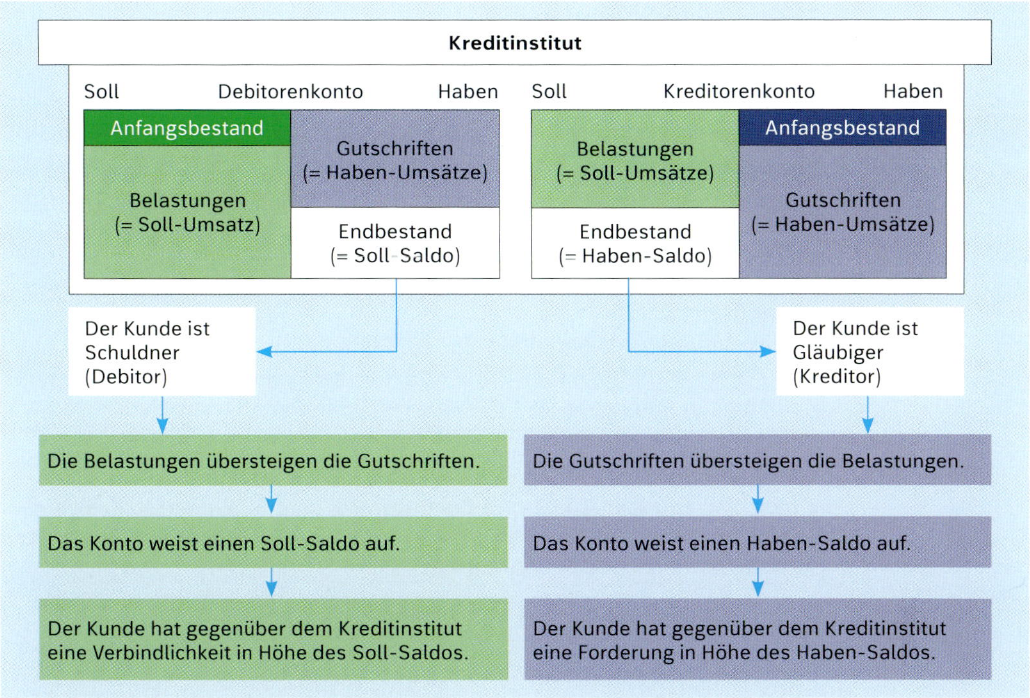
Kreditinstitut
Soll
Debitorenkonto
Haben
Anfangsbestand
Belastungen (= Soll-Umsatz)
Gutschriften (= Haben-Umsätze)
Endbestand (= Soll-Saldo)
Soll
Kreditorenkonto
Haben
Belastungen (= Soll-Umsätze)
Endbestand (= Haben-Saldo)
Anfangsbestand
Gutschriften (= Haben-Umsätze)
Der Kunde ist Schuldner (Debitor)
Der Kunde ist Gläubiger (Kreditor)
Die Belastungen übersteigen die Gutschriften.
Das Konto weist einen Soll-Saldo auf.
Der Kunde hat gegenüber dem Kreditinstitut eine Verbindlichkeit in Höhe des Soll-Saldos.
Die Gutschriften übersteigen die Belastungen.
Das Konto weist einen Haben-Saldo auf.
Der Kunde hat gegenüber dem Kreditinstitut eine Forderung in Höhe des Haben-Saldos.

Im Mittelpunkt der Geschäftsbeziehung zwischen Kreditinstitut und Kunde steht das **Konto**. Es dient der Abwicklung des bargeldlosen und halbbaren Zahlungsverkehrs. Bei ausreichender Bonität (Kreditwürdigkeit) ist der Kunde berechtigt, sein Konto bis zu einem bestimmten Betrag zu überziehen. Den auf diese Weise in Anspruch genommenen Kredit bezeichnet man als **Kontokorrentkredit**. Die Kontohaltung hat folgende **Vorteile** für den Kunden:

- Verminderung der Bargeldhaltung, dadurch sichere Aufbewahrung des Geldes
- bequeme Abwicklung des Zahlungsverkehrs vom Schreibtisch aus
- keine Gefahr des Verzählens
- jederzeitige Verfügbarkeit über das Konto an Bankautomaten (ec-Geldautomaten) im In- und Ausland
- ggf. Verzinsung des Kontoguthabens
- ggf. Inanspruchnahme eines Kontokorrentkredits

Auskunft über den jeweiligen Kontostand gibt der aktuelle Kontoauszug,

- der vom Kunden in der Geschäftsstelle abgeholt wird oder
- ihm brieflich zugestellt wird oder
- per Kontoauszugsdrucker in der Geschäftsstelle vom Kunden erstellt wird, wobei die Legitimation über eine Girocard erfolgt, oder
- beim Onlinebanking mit dem eigenen Drucker des Kunden erstellt wird.

6.3.1 SEPA-Überweisung

Mit SEPA (Single Euro Payments Area) wurde ein einheitliches Zahlungsverkehrsgebiet für Inlands- und grenzüberschreitende Transaktionen geschaffen (alle EU-Staaten sowie Norwegen, Island, Liechtenstein, Schweiz, Monaco, Mayotte, Saint-Pierre und Miquelon), in dem alle Überweisungen, Lastschriften und Kartenzahlungen schnell (max. ein Bankarbeitstag), einfach (über ein Konto), sicher und kostengünstig (Preise wie bei Inlandstransfers) abgewickelt werden können. Bei Überweisungen muss die IBAN (internationale Kontonummer) angegeben werden. Sie besteht in Deutschland aus 22 Stellen: Zweistellige Länderkennung, zweistellige Prüfsumme, achtstellige Bankleitzahl und der Kontoidentifikation. Um die Zahl 22 zu erreichen, sind fehlende Zahlen durch Nullen vor der Kontoidentifilation aufzufüllen. International zulässig ist eine maximal 34-stellige IBAN.

Definition

*Der **Überweisungsauftrag** ist der Auftrag des Kontoinhabers an sein Kreditinstitut, zulasten seines Zahlungskontos einen Geldbetrag bargeldlos zugunsten eines Zahlungsempfängers an den Zahlungsdienstleister des Zahlungsempfängers zu übermitteln.*

■ Auftragserteilung

Der Kunde kann einen Überweisungsauftrag erteilen:
- *schriftlich* auf einem vom Kreditinstitut bereitgestellten **Überweisungsformular**
- durch *manuelle* Eingabe der Überweisungsdaten an einem im Kreditinstitut installierten **Selbstbedienungsterminal** (SB-Terminal)
- mittels **Telefonbanking** (Direkt-Banking) durch *fernmündliche* Übermittlung der Überweisungsdaten
- mittels **Onlinebanking** durch *elektronische* Übermittlung der Überweisungsdaten mithilfe eines PC
- mittels Massenüberweisungen durch Übermittlung eines **elektronischen Datenträgers**, auf dem die Überweisungsdatensätze gespeichert sind

Das Überweisungsformular muss folgende Eintragungen enthalten:
- Name und Anschrift des Empfängers
- IBAN des Empfängers
- Verwendungszweck
- Überweisungsbetrag
- Währungsbezeichnung
- IBAN des Auftraggebers (Kontoinhabers)
- Name und Anschrift des Auftraggebers
- Datum und Unterschrift des Auftraggebers

Der Auftraggeber einer Überweisung legitimiert sich durch Unterschrift, TAN (Transaktionsnummer), Passwort o. Ä.
Mit der Annahme des Überweisungsauftrages durch das Kreditinstitut kommt ein **Zahlungsdienstevertrag** zustande *(§ 675f BGB)*. Das Kreditinstitut ist verpflichtet, den Auftrag gemäß den Weisungen des Kunden auszuführen.

Die Zahlungsabwicklung erfolgt **beleglos**.

Einstufige Überweisung

Unterhalten Auftraggeber und Empfänger bei demselben Kreditinstitut ein Konto, erfolgt die Auftragsausführung durch einfache Umbuchung.

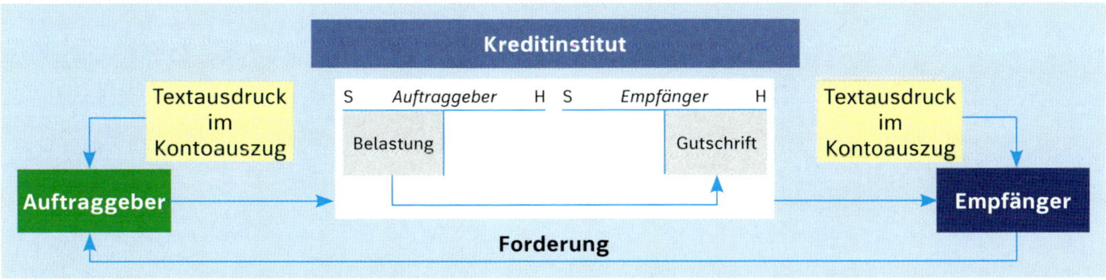
Kreditinstitut
Textausdruck im Kontoauszug
S Auftraggeber H
S Empfänger H
Belastung
Gutschrift
Textausdruck im Kontoauszug
Auftraggeber
Empfänger
Forderung

Mehrstufige Überweisung

In den meisten Fällen unterhalten Auftraggeber und Auftragnehmer ihr Konto bei verschiedenen Kreditinstituten. Die Einschaltung einer oder mehrerer Verrechnungsstellen ist notwendig.

Verrechnungsstellen können die Zentralen der jeweiligen Kreditinstitute oder die Hauptverwaltungen oder Betriebsstellen der Deutschen Bundesbank sein.

Beispiel

Die Auszubildende Vera Klein beauftragt die Sparkasse KölnBonn, zulasten ihres Girokontos 110,00 € an die Sonnenscheinreisen GmbH als Anzahlung für eine Ferienreise zu überweisen.
Bankverbindung der Sonnenscheinreisen GmbH: Commerzbank AG, Hamm, IBAN DE48 4804 0044 00038 4130 9. Die Sparkasse KölnBonn und die Commerzbank AG, Bonn, stehen nicht unmittelbar in Kontoverbindung. Beide Institute unterhalten jedoch bei der Betriebsstelle der Deutschen Bundesbank Köln ein Konto. Durch Einschaltung der Bbk als Verrechnungsstelle können Geldbeträge zwischen beiden Kreditinstituten übermittelt werden.

① *Das Original des Formulars ist der Überweisungsauftrag des Kunden an das Kreditinstitut; es enthält die rechtsverbindliche Unterschrift des Auftraggebers. Es dient bei der Sparkasse KölnBonn als Datenerfassungsbeleg für die maschinell-optische Beleglesung. Die Überweisungsdaten werden zu einem elektronischen Überweisungsdatensatz zusammengefasst und beleglos an das Kreditinstitut des Zahlungsempfängers weitergeleitet.*

② *Eine Durchschrift des Formulars bleibt als Beleg in den Händen des Auftraggebers.*

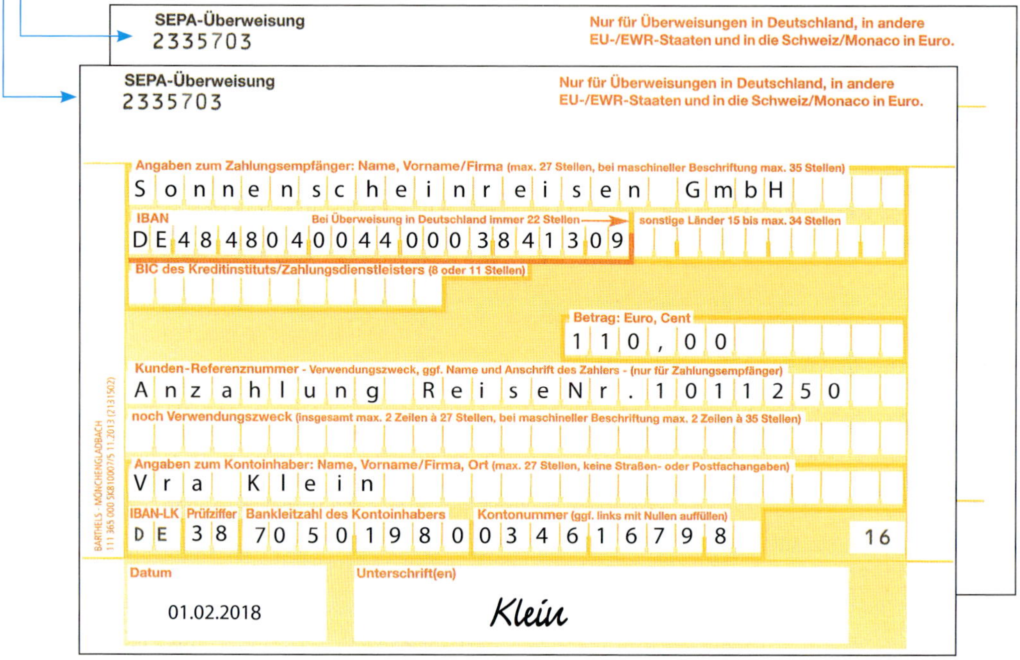
SEPA-Überweisung
2335703
Nur für Überweisungen in Deutschland, in andere EU-/EWR-Staaten und in die Schweiz/Monaco in Euro.
SEPA-Überweisung
2335703
Nur für Überweisungen in Deutschland, in andere EU-/EWR-Staaten und in die Schweiz/Monaco in Euro.
Angaben zum Zahlungsempfänger: Name, Vorname/Firma (max. 27 Stellen, bei maschineller Beschriftung max. 35 Stellen)
Sonnenscheinreisen GmbH
IBAN
Bei Überweisung in Deutschland immer 22 Stellen
sonstige Länder 15 bis max. 34 Stellen
DE48480400440003841309
BIC des Kreditinstituts/Zahlungsdienstleisters (8 oder 11 Stellen)
Betrag: Euro, Cent
110,00
Kunden-Referenznummer - Verwendungszweck, ggf. Name und Anschrift des Zahlers - (nur für Zahlungsempfänger)
Anzahlung ReiseNr. 1011250
noch Verwendungszweck (insgesamt max. 2 Zeilen à 27 Stellen, bei maschineller Beschriftung max. 2 Zeilen à 35 Stellen)
Angaben zum Kontoinhaber: Name, Vorname/Firma, Ort (max. 27 Stellen, keine Straßen- oder Postfachangaben)
Vra Klein
IBAN-LK
Prüfziffer
Bankleitzahl des Kontoinhabers
Kontonummer (ggf. links mit Nullen auffüllen)
DE 38 70501980 0346167 98
16
Datum
01.02.2018
Unterschrift(en)
Klein

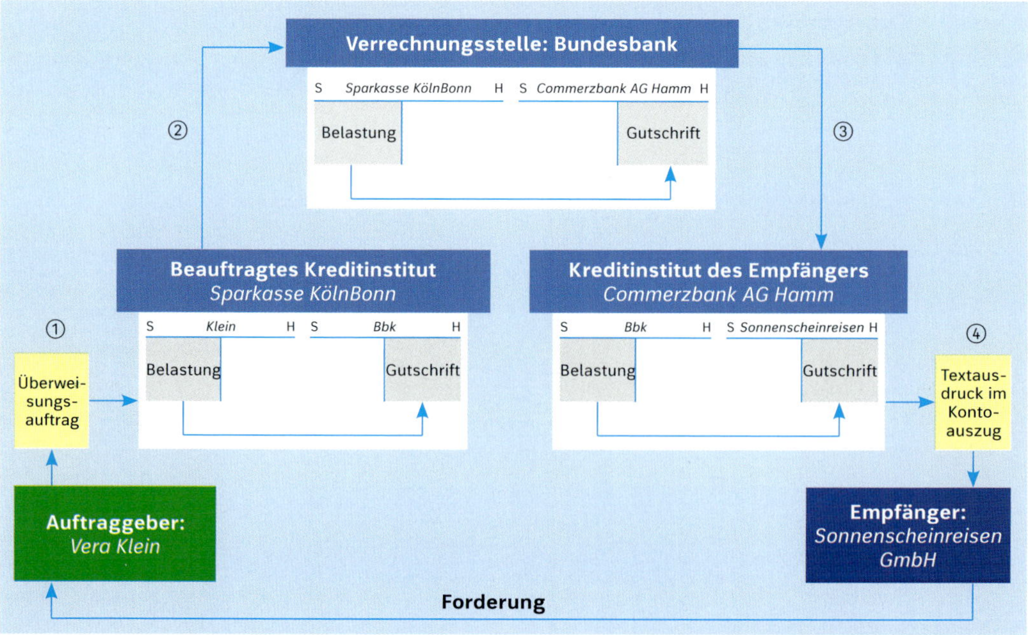
Verrechnungsstelle: Bundesbank
S Sparkasse KölnBonn H
S Commerzbank AG Hamm H
Belastung
Gutschrift
②
③
Beauftragtes Kreditinstitut
Sparkasse KölnBonn
S Klein H
S Bbk H
Belastung
Gutschrift
Kreditinstitut des Empfängers
Commerzbank AG Hamm
S Bbk H
S Sonnenscheinreisen H
Belastung
Gutschrift
①
Überweisungsauftrag
④
Textausdruck im Kontoauszug
Auftraggeber:
Vera Klein
Empfänger:
Sonnenscheinreisen GmbH
Forderung

Das kombinierte Formular **Zahlschein/Überweisungsauftrag** ist als Zahlschein *oder* zur Erteilung eines Überweisungsauftrages verwendbar. Es ist *institutsneutral,* d. h. es kann zur Bareinzahlung bei jedem Kreditinstitut oder – falls eine Kontoverbindung besteht – zur Auftragserteilung bei dem kontoführenden Kreditinstitut benutzt werden.
Dieses Formular wird vielfach zusammen mit Rechnungen, Spendenaufrufen o. Ä. versandt und enthält bereits die Empfängerangaben und den Verwendungszweck.

6.3.2 Zahlungsdienstevertrag *(§ 675ff. BGB)*

Das Gesetz beschneidet die Möglichkeiten der Kreditinstitute, sich mit Überweisungen Zeit zu lassen und das Geld zwischenzeitlich zinsbringend anzulegen. Es klärt vor allem vier häufige Streitpunkte bei der Ausführung von Überweisungen:

■ Kundeninformation *(§ 675d BGB)*

Der Kunde muss über die Dauer, die Entgelte, den zugrunde gelegten Wechselkurs und die sonstigen Kosten von Überweisungen informiert werden.

■ Fristen *(§ 675s)*

Überweisungsaufträge müssen in gesetzlich genau definierten Fristen ausgeführt werden.
Innerhalb des Europäischen Wirtschaftsraumes sind auf Euro lautende Überweisungen bis zum Ende des folgenden Geschäftstages auszuführen, auf Fremdwährung lautende Überweisungen binnen vier Geschäftstagen. Bei papierhaften Überweisungen verlängern sich beide Fristen um je einen Tag.

- Grenzüberschreitende Überweisungen innerhalb des Europäischen Wirtschaftsraums, die nicht auf Euro lauten, binnen vier Bankgeschäftstagen

Verspätete Überweisungen sind mit Strafzinsen in Höhe von 5 % über dem Basiszinssatz bewehrt.

■ Gebühren *(§ 675q)*

- Entgelte zwischengeschalteter Institute dürfen nicht vom Zahlungsbetrag abgezogen werden.

■ Haftung *(§ 675y, z)*

Der Zahlungsdienstleister muss für fehlerhafte oder nicht autorisierte Zahlungen zuzüglich Zinsen und Gebühren haften. Die Haftsumme kann, außer bei Vorsatz und grober Fahrlässigkeit, auf 12 500,00 € begrenzt werden.

6.3.3 Sonderformen der Überweisung

■ Sammelüberweisung

Aufgrund *eines* Auftrages werden durch die beauftragte Bank *mehrere* Überweisungen ausgeführt. Unternehmen, die täglich viele Überweisungen durchzuführen haben, nutzen diese Möglichkeit einer Sammelüberweisung vor allem wegen der Arbeitsersparnis. In einer Liste werden alle Überweisungen zusammengefasst, der Gesamtbetrag wird ermittelt, und es werden nur die Aufstellung der Zahlungsempfänger und die Summe an das Kreditinstitut übermittelt.

■ SEPA-Lastschriftverfahren

Im Gegensatz zur Überweisung wird beim SEPA-Lastschriftverfahren der Zahlungsvorgang vom Zahlungsempfänger ausgelöst. Im europäischen Wirtschaftsraum kann nur das SEPA-Lastschriftverfahren verwendet werden.

Definition

*Das **Lastschriftverfahren** ist ein Instrument des bargeldlosen Zahlungsverkehrs, mit dem der Zahlungsempfänger (Gläubiger) unter Einschaltung von Zahlungsdienstleistern fällige Forderungen vom Konto des Zahlungspflichtigen (Schuldner) einzieht.*

Die Abwicklung des Lastschriftverkehrs geschieht beleglos.
Das **Lastschriftverfahren** eignet sich insbesondere zum **Einzug von Forderungen**, die
- in regelmäßigen oder unregelmäßigen Zeitabständen,
- in gleicher oder wechselnder Höhe,
- in großen Massen,
- gegenüber einem bestimmten Kreis von Schuldnern

laufend entstehen.

Inhalte des SEPA-Basis-Lastschriftmandats

- Der Zahlungspflichtige erteilt dem Zahlungsempfänger ein **SEPA-Basis-Lastschriftmandat** mit folgenden Inhalten:
  - **Ermächtigung des Zahlungsempfängers,** Zahlungen vom Konto des Zahlungspflichtigen mittels Lastschrift einzuziehen
  - **Weisung an das Kreditinstitut** des Zahlungspflichtigen, die vom Zahlungsempfänger auf sein Konto gezogenen Lastschriften einzulösen
- Hinweis, dass der Zahlungspflichtige ohne Angabe von Gründen binnen einer Frist von acht Wochen ab dem Zeitpunkt der Kontobelastung eine Erstattung des belasteten Betrages verlangen kann
- Name und Anschrift des Zahlungsempfängers und des Zahlungspflichtigen
- IBAN und ggf. BIC des Zahlungspflichtigen
- Gläubiger-Identifikationsnummer
  Die **Gläubiger-Identifikationsnummer** (Gläubiger-ID) dient der Identifikation des Lastschrifteinreichers und kann bei der Deutschen Bundesbank im Internet beantragt werden.
- Mandatreferenz

Die **Mandatsreferenz** dient in Verbindung mit der Gläubiger-ID der Identifizierung des SEPA-Mandats. Sie wird vom Lastschrifteinreicher individuell für jedes Mandat vergeben.

- Unterschrift des Zahlungspflichtigen und Datum

Gültigkeit des SEPA-Basis-Lastschriftmandats

Das Mandat gilt unbefristet bis zum Widerruf. Der Zahlungspflichtige kann das SEPA-Mandat jederzeit durch Erklärung gegenüber dem Zahlungsempfänger oder gegenüber seinem Kreditinstitut – möglichst schriftlich – widerrufen. Bei einem Widerruf gegenüber dem Kreditinstitut sollte der Zahlungspflichtige jedoch zusätzlich den Zahlungsempfänger informieren, damit dieser keine weiteren Lastschriften mehr einzieht.
Werden jedoch binnen **36 Monaten** keine Lastschriften vorgelegt, benötigt der Zahlungsempfänger ein neues Mandat.

Aufbewahrung des SEPA-Basis-Lastschriftmandats

Der Zahlungsempfänger ist verpflichtet, das Mandat im Original aufzubewahren. Auf Anforderung muss er dem Kreditinstitut eine Kopie oder das Originalmandat zu Prüfzwecken zur Verfügung stellen. Nach Erlöschen des Mandats muss der Zahlungsempfänger das Mandat noch mindestens **14 Monate** aufbewahren.

Lastschrifteinreichung

- **Zahlungsavis** (Pre-Notification): Der Zahlungsempfänger ist verpflichtet, den Zahlungspflichtigen spätestens **14 Kalendertage** vor dem Lastschrifteinzug über Betrag und Datum des Einzugs zu informieren. Andere Fristen können die Beteiligten vertraglich vereinbaren. Bei wiederkehrenden Lastschriften mit gleichen Beträgen genügen eine einmalige Unterrichtung vor dem ersten Lastschrifteinzug und die Angabe der weiteren Fälligkeitstermine.
- Bei jeder Lastschrift sind die Gläubiger-ID und die Mandatsnummer anzugeben. Zahlungsempfänger, Zahlungspflichtiger sowie deren Kreditinstitute sind durch IBAN und BIC zu identifizieren.
- In der Lastschrift muss ein **Fälligkeitsdatum** angegeben sein, an dem das Konto des Zahlungspflichtigen belastet werden soll. Die Lastschriften müssen der Zahlstelle bei **Erst- und Einmallastschriften spätestens fünf Tage,** bei **wiederkehrenden Lastschriften spätestens zwei Tage** vor Fälligkeit vorliegen.

SEPA-Lastschriftmandat zum Einzug der Kraftfahrzeugsteuer

An das
Hauptzollamt Frankfurt (Oder)
Postfach 12 84
15202 Frankfurt (Oder)

Ich ermächtige die unten genannten Zahlungsempfängerin, Zahlungen von meinem Konto mittels Lastschrift einzuziehen. Zugleich weise ich mein Kreditinstitut an, die von der unten genannten Zahlungsempfängerin auf mein Konto gezogenen Lastschriften einzulösen.
Hinweis: Ich kann innerhalb von acht Wochen, beginnend mit dem Belastungsdatum, die Erstattung des belasteten Betrages verlangen. Es gelten dabei die mit meinem Kreditinstitut vereinbarten Bedingungen. Ich bin damit einverstanden, dass zur Erleichterung des Zahlungsverkehrs, die grundsätzlich 14-tägige Frist für die Information vor Einzug einer fälligen Zahlung auf einen Tag vor Belastung verkürzt wird.

Zudem gelten folgende Regelungen:
- Die Vorabinformation über den Einzug einer fälligen Zahlung erfolgt durch den an die/den Halter/in gerichteten Steuerbescheid. Hierbei werden Zahlungsbetrag, Zeitpunkt der Fälligkeit der Zahlung sowie die u.g. Gläubiger-Identifikationsnummern mitgeteilt. Die Mandatsreferenznummer wird im Steuerbescheid oder in einem gesonderten Schreiben mitgeteilt.
- In dem Falle, dass die/der Girokontoinhaber/in nicht identisch mit der/dem Halter/in ist, obliegt es der/dem Halter/in die/den Girokontoinhaber/in über die mitgeteilte Information in Kenntnis zu setzen.
- In dem Falle, dass der/die Girokontoinhaber/in identisch mit der/dem Halter/in ist, wird die u.g. Bankverbindung auch im Falle einer Steuererstattung verwendet.
  (Hinweis: Sofern Sie mit der vorstehenden Regelung zur Steuererstattung nicht einverstanden sind, wenden Sie sich bitte nach Erteilung des Steuerbescheids an Ihr zuständiges Hauptzollamt.)

Zahlungsempfänger S07
Bundeskasse Trier – Dienstsitz Kiel, Kronshagener Weg 105, 24116 Kiel
Gläubiger-Identifikationsnummer: DEO9ZZZ00000000001

Girokontoinhaber/in S01 Joseph Lückerath
Vorname und Nachname oder Firma

S02 Bonnstraße 4
Straße und Hausnummer

S03 50939 | Köln
Postleitzahl | Ort

S04 Deutschland
Land

Kontoverbindung Girokontoinhaber/in S05 DE39370501980048954222
IBAN (International Bank Account Number)
Hinweis: Die Angabe des BIC ist nicht erforderlich, wenn Ihre IBAN mit „DE" beginnt.

S06
BIC (Business Identifier Code) | Name der Bank

S13 Berlin | 02.02.2018 | Lückerath
Ort der Unterschrift | Datum der Unterschrift (Tag Monat Jahr) | Unterschrift Girokontoinhaber/in

Name der Halterin/des Halters S24 Joseph Lückerath
Vorname und Nachname oder Firma

Zulassungsdaten S25 K-OB1000 | 02.02.2018
Amtliches Kennzeichen | Datum der Zulassung (Tag Monat Jahr)

Erklärung der Halterin/des Halters

Ich werde die/den o.g. Girokontoinhaber/in nach Eingang des Steuerbescheides über die für den Einzug mitgeteilten Informationen in Kenntnis setzen.

Ich erkläre mich einverstanden, dass die o.g. Bankverbindung auch im Falle einer Steuererstattung verwendet werden kann. (**Hinweis**: Sofern Sie mit der vorstehenden Erklärung zur Steuererstattung nicht einverstanden sind, wenden Sie sich bitte nach Erteilung des Steuerbescheides an Ihr zuständiges Hauptzollamt.)

Lückerath

Unterschrift der Halterin/ des Halters (nur erforderlich, soweit Girokontoinhaber/in und Halter/in nicht identisch sind)

Quelle: BerlinOnline Stadtportal GmbH & Co. KG: SEPA-Lastschriftmandat (ausfüllbar), Zugriff am 05.12.2017 unter: www.berlin.de/formularverzeichnis/labo/kfz-zulassung/formverzform.604620.php.

Lastschriftrückgabe

- Bei mangelnder Kontodeckung oder einem Widerruf des Mandats durch den Kontoinhaber hat das Kreditinstitut das Recht, den Betrag dem Konto des Zahlungspflichtigen innerhalb von zwei Tagen nach der Belastung wieder gutzuschreiben.
- Der Kontoinhaber (Zahlungspflichtiger) kann bei einer autorisierten Zahlung binnen acht Wochen eine Erstattung des Lastschriftbetrages verlangen.
- Der Kontoinhaber kann bei einer nicht autorisierten Zahlung und bei einer fehlerhaften autorisierten Zahlung binnen 13 Monaten eine Erstattung des Lastschriftbetrages verlangen.

Beispiel

Eine Spedition wird vom Finanzamt mit der Kfz-Steuer belastet, obwohl das betreffende Fahrzeug bereits verkauft wurde. Der Kunde kann bei seinem Kreditinstitut Widerspruch gegen die Belastung erheben und erhält daraufhin den Betrag wieder gutgeschrieben.

SEPA-Firmenlastschriftverfahren

Wenn das SEPA-Lastschriftverfahren zwischen Unternehmen vereinbart wird, gibt es bei autorisierten Zahlungen keine Möglichkeit der Lastschriftrückgabe. Damit hat der Zahlungsempfänger eine hohe Zahlungssicherheit, denn der Zahlungspflichtige hat nach Einlösung der Lastschrift keinen Erstattungsanspruch.

Bedeutung des Lastschriftverkehrs	
für den Zahlungspflichtigen	**für den Zahlungsempfänger**
• keine Terminüberwachung • keine Anfertigung von Zahlungsbelegen • geringe Gebühren **Nachteil:** Einschränkung der finanziellen Dispositionsmöglichkeiten, da zu den Fälligkeitsterminen für Kontodeckung gesorgt bzw. Einlösung durch teure Kreditinanspruchnahme erkauft werden muss	• gute Dispositionsmöglichkeit der eigenen Liquidität, da der Zahlungsvorgang von ihm ausgelöst wird • Zinsvorteile durch pünktlichen Zahlungseingang in einer Summe • Entlastung der Debitorenbuchhaltung und Vereinfachung des Mahnwesens • kostengünstige Möglichkeit des Einzugs von Außenständen durch Einsatz der EDV *(insbesondere im Massenlastschriftverkehr)*

6.4 Scheck

Begriff des Schecks – Scheckarten

Definition

*Der **Scheck** ist die schriftliche Anweisung des Kontoinhabers (= Scheckaussteller) an sein Kreditinstitut (= Bezogener), an den Inhaber des Schecks einen bestimmten Geldbetrag zulasten seines Kontos zu zahlen.*

Scheckarten nach der Art der Einlösung

- **Barscheck**

  Der Scheck wird vom bezogenen Kreditinstitut auf Wunsch des Kunden bar eingelöst.

- **Verrechnungsscheck**

  Der Scheck darf vom bezogenen Kreditinstitut nur durch Gutschrift auf einem Konto eingelöst werden *(Art. 39 ScheckG)*. Er ist durch den quer auf der Vorderseite gesetzten Vermerk **„Nur zur Verrechnung"** zu kennzeichnen.
  Ein Scheckmissbrauch wird erschwert, weil leicht überprüfbar ist, auf wessen Konto die Gutschrift der Schecksumme erfolgt ist.

Scheckarten nach der Form der Weitergabe

Inhaberscheck

Der Scheck trägt die **Überbringerklausel**:
„Zahlen Sie an ... oder Überbringer"
Das bezogene Kreditinstitut ist berechtigt, die Schecksumme ohne Legitimationsprüfung an jeden Vorleger zu zahlen. Die Weitergabe des Schecks und damit die Übertragung der Rechte aus dem Scheck geschieht *formlos* durch Einigung und Übergabe des Schecks.
Anwendung: *im inländischen Scheckverkehr*

Orderscheck

Scheck trägt die **Orderklausel:**
„Zahlen Sie an ... oder Order"
Der Zahlungsempfänger ist eine bestimmte, namentlich bezeichnete Person. Zur Weitergabe des Schecks ist ein schriftlicher Übertragungsvermerk (Indossament) auf der Rückseite des Schecks erforderlich.
Das bezogene Kreditinstitut ist verpflichtet, vor der Einlösung des Schecks die Lückenlosigkeit der Indossamentenkette und die Legitimation des Vorlegers zu prüfen.
Das von deutschen Kreditinstituten ausgegebene Orderscheckformular ist äußerlich durch einen roten Randstreifen mit dem Aufdruck **„Orderscheck"** kenntlich gemacht.
Anwendung:
Im Scheckverkehr mit dem Ausland. Im inländischen Scheckverkehr nur auf ausdrücklichen Wunsch des Kunden.

Zahlungsabwicklung

Beispiel

Der Prokurist Diethelm Kleinstoll holt seinen Pkw bei der Autowerkstatt M. Benz GmbH ab. Er stellt über den Rechnungsbetrag in Höhe von 1 165,00 € einen Verrechnungsscheck aus. Herr Benz reicht den Verrechnungsscheck der Postbank AG Köln zum Einzug ein und erhält sofortige Gutschrift „Eingang vorbehalten" auf seinem Konto.

Zur automatischen Abwicklung des Scheckverkehrs enthält das Scheckformular auf seinem unteren Rand eine Codierzeile, die dem maschinellen Aufdruck der Belegdaten durch die beteiligten Kreditinstitute dient.

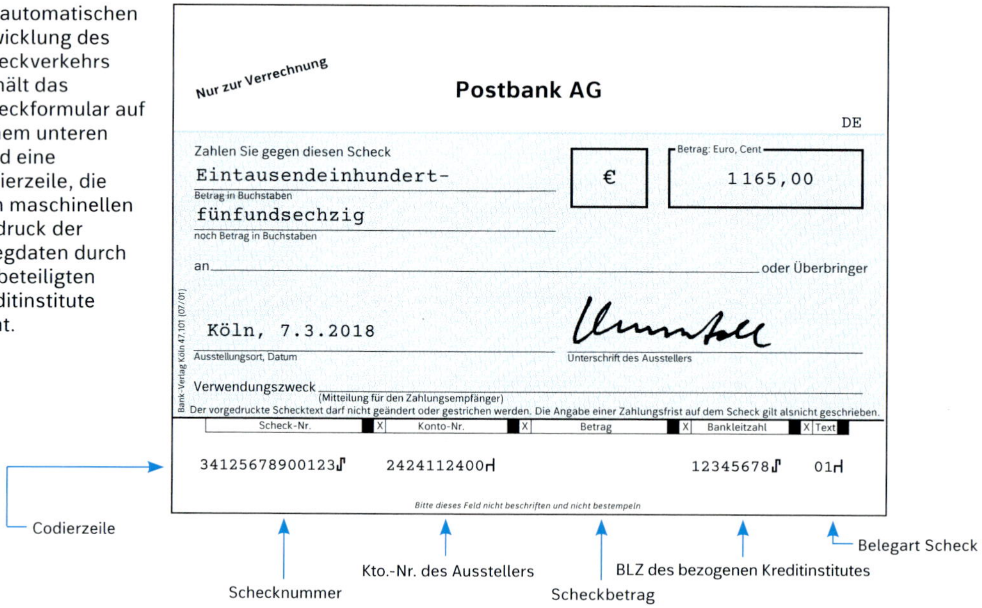
Nur zur Verrechnung
Postbank AG
DE
Zahlen Sie gegen diesen Scheck
Eintausendeinhundert-
Betrag in Buchstaben
fünfundsechzig
noch Betrag in Buchstaben
€
Betrag: Euro, Cent
1165,00
an ________ oder Überbringer
Köln, 7.3.2018
Ausstellungsort, Datum
Unterschrift des Ausstellers
Verwendungszweck
(Mitteilung für den Zahlungsempfänger)
Der vorgedruckte Schecktext darf nicht geändert oder gestrichen werden. Die Angabe einer Zahlungsfrist auf dem Scheck gilt alsnicht geschrieben.
Bank-Verlag Köln 47.101 (07/01)
Scheck-Nr. | X | Konto-Nr. | X | Betrag | X | Bankleitzahl | X | Text
34125678900123⑆ 2424112400⑈ 12345678⑆ 01⑈
Bitte dieses Feld nicht beschriften und nicht bestempeln
Codierzeile
Schecknummer
Kto.-Nr. des Ausstellers
Scheckbetrag
BLZ des bezogenen Kreditinstitutes
Belegart Scheck

Inhalt der Scheckurkunde

Die von den Kreditinstituten ausgegebenen Scheckvordrucke enthalten neben den gesetzlichen Bestandteilen zusätzliche Angaben, die der rationellen Abwicklung des Scheckverkehrs dienen. Diese kaufmännischen Bestandteile haben keinen Einfluss auf die Rechtsgültigkeit des Schecks.

Kontodeckung

Der Kontoinhaber muss in Höhe des Scheckbetrages über ein Kontoguthaben oder über eine unausgenutzte Kreditlinie verfügen.
Auch ungedeckte Schecks sind gültig. Wer in betrügerischer Absicht ungedeckte Schecks ausstellt, begeht Scheckbetrug und macht sich strafbar.

Gesetzliche Bestandteile des Schecks *(Art. 1 ScheckG)*	
1	**Bezeichnung als Scheck im Text der Urkunde** *in der Sprache, in der sie ausgestellt ist*
2	**Unbedingte Anweisung, eine bestimmte Geldsumme zu zahlen** *(Betrag und Währungsbezeichnung €). Die Zahlungsanweisung darf an keine Bedingungen geknüpft sein.*
3	**Name dessen, der zahlen soll** *(Bezogener). Kreditinstitut, auf das sich der Scheck bezieht.*
4	**Angabe des Zahlungsortes**
5	**Angabe des Tages und des Ortes der Ausstellung**
6	**Unterschrift des Ausstellers**

Der **Scheck** ist bei **Sicht** (Vorlage) beim Kreditinstitut **zahlbar** *(Art. 28 ScheckG)*.

Um zu verhindern, dass der Scheck für den Aussteller zu einem Kreditmittel wird, schreibt das *ScheckG* kurze Vorlegungsfristen vor.

Die **Vorlegungsfrist** ist der zeitliche Rahmen, innerhalb dessen der Scheck beim bezogenen Kreditinstitut vorzulegen ist. Sie beginnt mit dem Ausstellungstag und beträgt

- acht Tage für im Inland ausgestellte Schecks,
- 20 Tage für die im europäischen Ausland oder in einem an das Mittelmeer angrenzenden Land ausgestellten Schecks,
- 70 Tage für die in den übrigen Ländern ausgestellten Schecks *(Art. 29 ScheckG)*.

Bei der Berechnung der Fristen wird der Tag, an dem sie zu laufen beginnen, nicht mitgerechnet *(Art. 56 ScheckG)*.

Endet die Vorlegungsfrist an einem Samstag, Sonntag oder Feiertag, ist der nächste Werktag der letzte Vorlegungstag.

Beispiel

Ausstellungstag in Köln: Freitag, 06.10.20..
letzter Vorlegungstag beim bezogenen Kreditinstitut in Frankfurt: Montag, 16.10.20..

Die **Vordatierung** von Schecks (tatsächliches Datum der Scheckausstellung liegt *vor* dem angegebenen Ausstellungsdatum) **verlängert**, die **Nachdatierung** (tatsächliches Datum liegt *nach* dem angegebenen Ausstellungsdatum) **verkürzt** die **effektive Vorlegungsfrist**.

Merke: Auch ein vordatierter Scheck ist sofort fällig.

Der nicht eingelöste Scheck wird vom bezogenen Kreditinstitut auf dem üblichen Verrechnungsweg zurückgegeben und dem Konto des Scheckeinreichers belastet.
Der Scheckinhaber kann mittels der Scheckklage (besondere Form des Urkundenprozesses) oder mithilfe des Scheckmahnbescheides seine Ansprüche gegen den Aussteller geltend machen.
Die **Nichteinlösung** eines Schecks **aufgrund mangelnder Kontodeckung** hat für den Scheckaussteller nachteilige Folgen:

- Meldung an eine Kreditschutzorganisation der Wirtschaft *(z. B. SCHUFA = Schutzgemeinschaft für allgemeine Kreditsicherung)*
- Rufschädigung und im Wiederholungsfall Kündigung der Kontoverbindung durch das bezogene Kreditinstitut
- Kosten

6.5 Girocard

Die Girocard ist in den vergangenen Jahren zu einem multifunktionalen Electronic-Banking-Instrument weiterentwickelt worden.

■ Girocard als Zugangsmedium für Geldautomaten

Der Karteninhaber kann an allen Geldautomaten im Rahmen seines individuellen Verfügungsrahmens gegen Eingabe seiner persönlichen Geheimzahl (PIN = Persönliche Identifikations-Nummer) Barabhebungen (auch mehrmals täglich) vornehmen. Der Abhebungshöchstbetrag ist begrenzt. Wenn die Girocard das Maestro-Symbol aufweist, sind weltweite Abhebungen möglich, während das VPay-Symbol nur für die EU beschränkt ist. Die Auszahlung erfolgt in Landeswährung. Abhebungen werden aufgrund des bestehenden Online-Verbundes dem Konto des Kunden sofort belastet.

KORREKTUR
HILFE

■ Girocard als Zugangsmedium für das Electronic-Cash-System

Der Karteninhaber kann

- im Inland bei allen an das **Electronic-Cash-**System
- und, wenn die Girocard das Symbol aufweist, weltweit bei allen an das **Maestro-**System

angeschlossenen Unternehmen gegen Eingabe seiner PIN im Rahmen seines individuellen Verfügungsrahmens bargeldlos zahlen. Die Abwicklung der Autorisierung und des Zahlungsvorganges erfolgt online. Die Zahlungen sind durch das Karten ausgebende Institut garantiert und werden dem Konto des Kunden sofort belastet. Das Verfügungslimit ist im Inland abhängig vom Karten ausgebenden Kreditinstitut.

Beispiel

Hansi Köhl tankt bei der Speed-Tankstelle Bonn und zahlt mit seiner Girocard per Electronic Cash.

Zahlungsabwicklung im Electronic-Cash-System

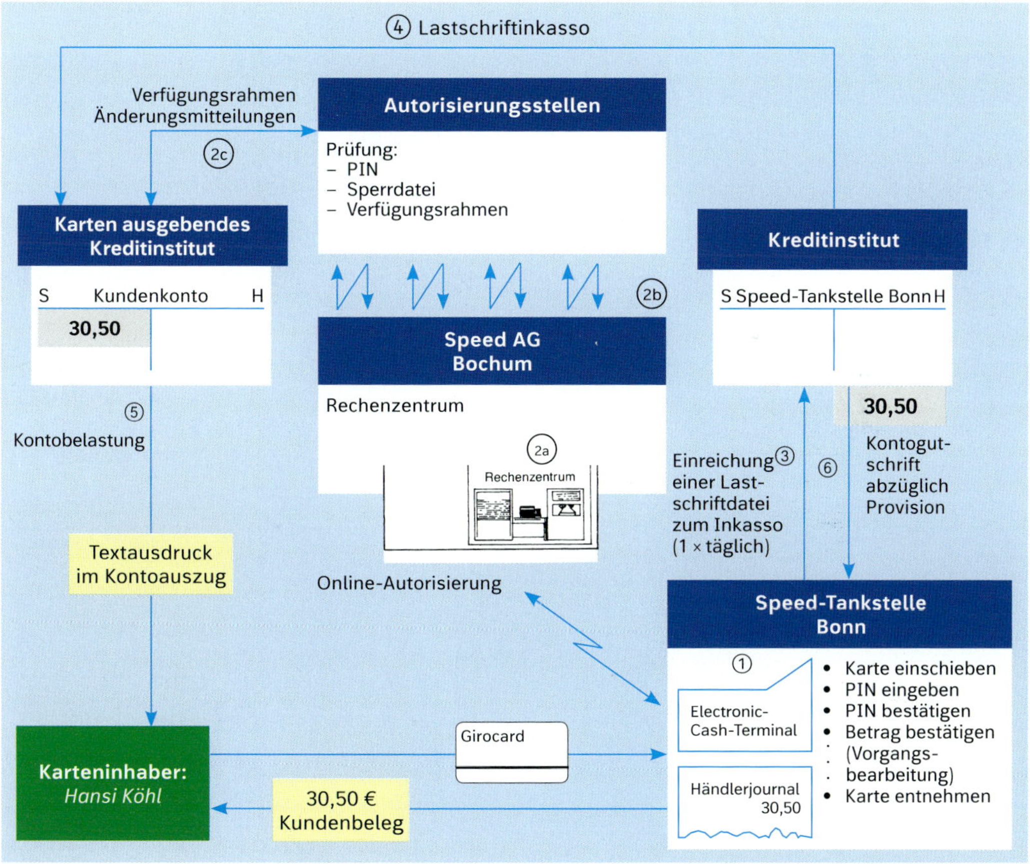
④ Lastschriftinkasso
Verfügungsrahmen Änderungsmitteilungen
2c
Autorisierungsstellen
Prüfung:
– PIN
– Sperrdatei
– Verfügungsrahmen
Karten ausgebendes Kreditinstitut
S Kundenkonto H
30,50
2b
Kreditinstitut
S Speed-Tankstelle Bonn H
30,50
Speed AG Bochum
Rechenzentrum
2a
Rechenzentrum
⑤ Kontobelastung
Textausdruck im Kontoauszug
Einreichung ③ einer Lastschriftdatei zum Inkasso (1 × täglich)
⑥
Kontogutschrift abzüglich Provision
Online-Autorisierung
Speed-Tankstelle Bonn
①
Electronic-Cash-Terminal
Händlerjournal 30,50
• Karte einschieben
• PIN eingeben
• PIN bestätigen
• Betrag bestätigen
(Vorgangsbearbeitung)
• Karte entnehmen
Girocard
Karteninhaber: Hansi Köhl
30,50 € Kundenbeleg

■ Girocard im SEPA-Lastschriftverfahren (SEPA-ELV)

Bei dieser Form der bargeldlosen Zahlung wird mittels der im Chip gespeicherten Daten eine Lastschrift erstellt, wobei lediglich die Gültigkeit der Karte geprüft wird. Indem der Kunde eine entsprechende Einzugsermächtigung unterschreibt, erlaubt er dem Verkäufer, den Umsatz durch Lastschrift vom Konto des Kunden einzuziehen. Im Gegensatz zu Electronic Cash wird der Betrag dem Händler nicht garantiert. Durch Unterschrift weist der Kunde das Karten ausgebende Kreditinstitut aber an, im Falle der Nichteinlösung seinen Namen und seine Adresse dem Zahlungsempfänger mitzuteilen.

■ Girocard mit GeldKarten-Funktion

Die Karte mit GeldKarten-Funktion und die GeldKarte sind Instrumente zur Abwicklung bargeldloser Zahlungen im Kleingeldbereich. Ohne PIN und ohne Unterschrift kann mit der GeldKarte als „elektronische Geldbörse" bundesweit an allen Kassen, die mit einem Geldkartenterminal ausgestattet sind, bezahlt werden. Der Kunde steckt seine Karte einfach in das Kassenterminal und bestätigt den im Display angezeigten Betrag. Der Betrag wird dann von der GeldKarte auf das Kassenterminal übertragen. Danach zeigt das Display, welches Guthaben auf der Karte noch zur Verfügung steht.

Kartenzahlungssysteme im Überblick

Merkmale	Electronic-Cash-System	SEPA-Lastschriftverfahren (SEPA-ELV)	Geldkartenzahlungen	Kreditkartenzahlungen
zugelassene Karten	• Girocard	• Girocard	• Girocard mit Geldkartenfunktion (Clipkarten)	• MasterCard • MasterCard Gold • Visa Card • American Express
Legitimation und Prüfungen bei der Zahlung	• Eingabe der PIN • Online-Prüfung: – der PIN – der Sperrdatei – des Verfügungsrahmens *(z. B. 1 000,00 € pro Tag)*	• Unterschrift und Erteilung einer Einzugsermächtigung • evtl. Vorlage Personalausweis • evtl. Sperrabfrage	keine Prüfung der Legitimation des Vorlegers	• Unterschrift auf Leistungsbeleg • in der Regel Online-Prüfung: – der Sperrdatei – des Verfügungsrahmens *(z. B. 5 000,00 € pro Monat)*
Zahlungsgarantie für den Händler	ja	nein Die Lastschrift kann mangels Kontodeckung oder wegen Widerspruchs zurückgegeben werden.	ja	ja
Belastung des Karteninhabers	nach jeder Zahlung	nach jeder Zahlung	beim Aufladen der Karte (max. 200,00 €)	mindestens einmal im Monat

Kartenzahlungssysteme im Überblick				
Risiko für den Karteninhaber	• Schäden vor der Sperranzeige: Risiko des Kontoinhabers max. 150,00 €, bei grober Fahrlässigkeit und Vorsatz unbeschränktes Risiko • Schäden nach Sperranzeige: kein Risiko des Kontoinhabers	Kein Risiko für den Karteninhaber, da er den Lastschriften widersprechen und sie zurückgeben kann.	• Der Karteninhaber trägt allein das Risiko beim Verlust der Karte. • Bei einem Datenverlust auf der Karte erstattet das Kreditinstitut den Wert.	• Schäden **vor** der Verlustanzeige: Haftung des Karteninhabers max. 150,00 € • Schäden **nach** der Verlustanzeige: keine Haftung des Karteninhabers
Kosten für den Händler	• Kosten für das Terminal • Provision des Karten ausgebenden Kreditinstitutes: 0,3 %, mind. 0,08 €	• Kosten für das Terminal	• Kosten für das Terminal • Provision des Karten ausgebenden Kreditinstitutes: 0,3 %, mind. 0,01 €	• Kosten für das Terminal • Kosten für die Online-Verbindung (erst ab bestimmten Beträgen notwendig) bis 0,3 % Abschlag vom Rechnungsbetrag (Disagio)

Beispiele

- *Käufe des täglichen Bedarfs in Einzelhandelsgeschäften, Kiosken usw.*
- *Bezahlung von Rechnungen in Gastronomiebetrieben*
- *Automatenkäufe (Ticketautomaten, Verkaufsautomaten)*
- *Kauf von Eintrittskarten für Kino, Theater, Schwimmbäder usw.*

Die GeldKarte ist mit einem „intelligenten“ Mikrochip ausgestattet, der es erlaubt,

- die GeldKarte an speziellen, bei den Kreditinstituten installierten GeldKarten-Ladeterminals bis zu einem Höchstbetrag aufzuladen,
- an GeldKarten-Händlerterminals Zahlungen bis zur Höhe des geladenen Betrages durchzuführen,
- die letzten 15 durchgeführten Transaktionen zu speichern und mithilfe eines Kartenlesers anzuzeigen.

Die Geldkarte hat bisher die Erwartungen nicht erfüllt und wird teilweise wieder vom Markt genommen.

6.6 Zahlung mit Kreditkarte

Definition

Kreditkarten *sind Ausweiskarten, die*

- ***von Kreditinstituten und großen Unternehmen (z. B. BMW) an bonitätsmäßig einwandfreie Kunden gegen eine Jahresgebühr ausgegeben werden und***
- ***diese berechtigen, innerhalb eines vereinbarten Rahmens weltweit bei Handels- und Dienstleistungsunternehmen, die vertraglich an die jeweilige Kreditkartenorganisation angeschlossen sind, Leistungen ohne Bargeldzahlung gegen Vorlage der Kreditkarte in Anspruch zu nehmen.***

Die Kreditkarte ist:

- **Zahlungsmittel**, da der Karteninhaber unter Vorlage seiner Kreditkarte und gegen Unterschriftsleistung weltweit bei den Vertragsunternehmen der Kreditkarten-Gesellschaft Rechnungen bezahlen kann.
- **Liquiditätsreserve**, da sich der Karteninhaber bei Kreditinstituten und anderen Akzeptanzstellen im Inland und im Ausland gegen eine Provision von 3 % bis 4 % Bargeld beschaffen kann.
- **Kreditmittel**, da der Karteninhaber erst mit einem Zeitverzug von bis zu vier Wochen von der Abrechnungsgesellschaft auf seinem Konto belastet wird.

Je nach Ausstattung bietet die Kreditkarte speziellen Reise-Versicherungsschutz und sonstige Leistungen, die unterwegs von Vorteil sein können.

Die **MasterCard** ist die in Deutschland am weitesten verbreitete Kreditkarte. Nach Abschluss eines Lizenzvertrages mit der EURO Kartensysteme GmbH können Kreditinstitute eigenverantwortlich mit eigenem Namen, Logo und Design MasterCards emittieren und den operativen Teil über ein Abrechnungsunternehmen ihrer Wahl abwickeln lassen. Die Gültigkeitsdauer der Kreditkarte beträgt bis zu fünf Jahre.

Beispiel

Der Spediteur Peter Meier hat einen internationalen Kongress in Antwerpen besucht und möchte die Hotelrechnung über 555,00 € mit der von der Stadtsparkasse Duisburg ausgegebenen MasterCard begleichen.

① *Er legt an der Rezeption des Hotels Nordzee die MasterCard vor. Die Hotelangestellte prüft die MasterCard und erstellt elektronisch oder mechanisch einen Leistungsbeleg mit Namen des Karteninhabers, Kartennummer, Verfalldatum, Rechnungsbetrag und Rechnungsdatum.*
Herr Meier prüft nun die Richtigkeit der Eintragung und leistet auf dem Leistungsbeleg seine Unterschrift; diese muss mit der Unterschrift auf der MasterCard übereinstimmen. Herr Meier erhält eine Durchschrift des Leistungsbeleges.

② *Das Hotel schickt alle innerhalb einer Woche erstellten Leistungsbelege an ein Abrechnungsunternehmen (z. B. ConCardis GmbH, Frankfurt), das den Gesamtbetrag abzüglich eines Disagios auf das Konto des Hotels überweist.*

③ *Herr Meier erhält monatlich eine Rechnungszusammenstellung von Abrechnungsunternehmen und sein Konto wird mit dem fälligen Betrag belastet.*

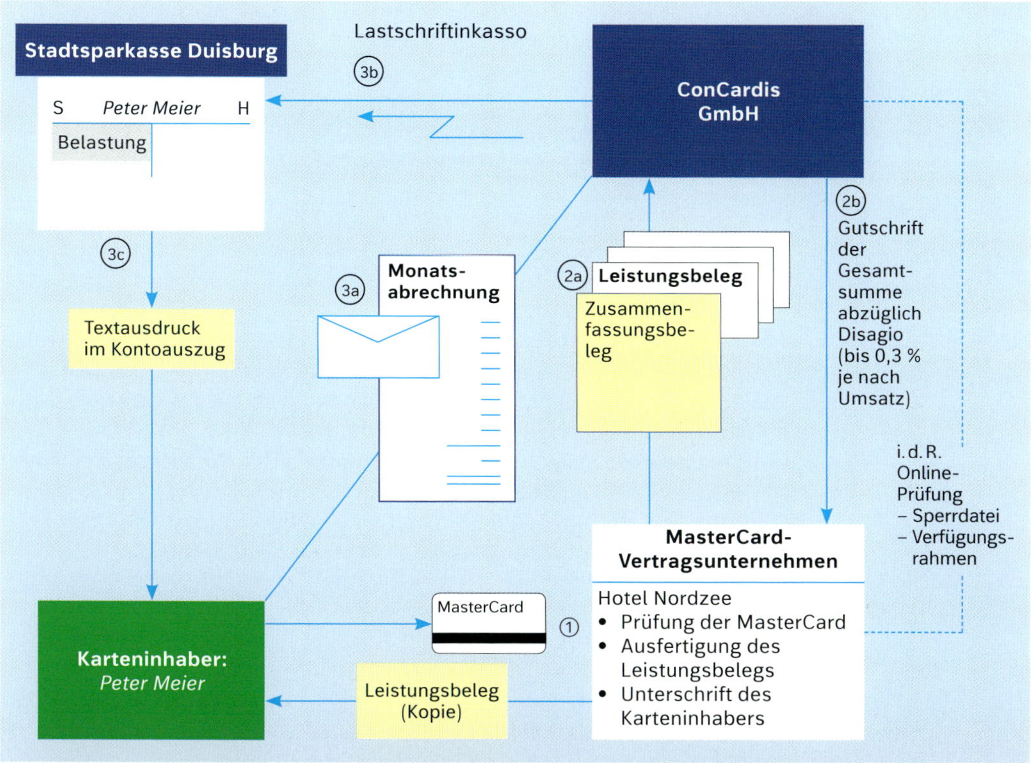
Stadtsparkasse Duisburg
S Peter Meier H
Belastung
Lastschriftinkasso
3b
ConCardis GmbH
3c
Textausdruck im Kontoauszug
3a
Monats-abrechnung
2a
Leistungsbeleg
Zusammen-fassungsbe-leg
2b
Gutschrift der Gesamt-summe abzüglich Disagio (bis 0,3 % je nach Umsatz)
i.d.R. Online-Prüfung
– Sperrdatei
– Verfügungs-rahmen
MasterCard-Vertragsunternehmen
Hotel Nordzee
• Prüfung der MasterCard
• Ausfertigung des Leistungsbelegs
• Unterschrift des Karteninhabers
MasterCard
1
Karteninhaber: Peter Meier
Leistungsbeleg (Kopie)

Aufgaben

1. Am Anfang des Kapitels Zahlungsverkehr (Seite 321 f.) finden Sie den Artikel „Kriminelle gehen mit der Zeit". Lesen Sie den Text und notieren Sie sich genau fünf einzelne Stichworte. Bereiten Sie anhand der Stichworte ein kurzes mündliches Statement über den Überweisungsbetrug und mögliche Gegenmaßnahmen vor.

2. Nennen Sie die gesetzlichen Vorlegungsfristen für folgende Schecks:
   a) Scheck über 330,00 €, ausgestellt in München
   b) Scheck über 1 200,00 US- $, ausgestellt in Dallas
   c) Scheck über 660,00 €, ausgestellt in Hammamet (Tunesien)

3. Bei der abendlichen Überprüfung der eingereichten Schecks werden von einem Spediteur Probleme festgestellt. Beurteilen Sie die Gültigkeit der Schecks.
   a) Bei dem ersten Scheck fehlt die Unterschrift des Ausstellers.
   b) Bei dem zweiten Scheck ist die Angabe des Betrages in Buchstaben höher als der Betrag in Ziffern.
   c) Bei dem dritten Scheck fehlt die Empfängerangabe.
   d) Bei dem vierten Scheck ist die Überbringerklausel gestrichen.
   e) Bei dem fünften Scheck ist das Ausstellungsdatum mit dem Jahr 2020 angegeben.
   f) Bei dem sechsten Scheck befindet sich an der rechten Seite ein roter Streifen mit dem Druck „Orderscheck".

4. Sind SEPA-Dauerüberweisungen sinnvoll zur Zahlung von
a) Einkommensteuervorauszahlungen,
b) gleichbleibenden Raten,
c) Reparaturkosten an privaten Pkws,
d) Telefonrechnungen,
e) dauernd zu zahlenden Transportkosten?

5. Welche der folgenden Aussagen ist richtig?
a) Ein Scheck, der auf das Datum 23.05. ausgestellt ist, wird von der Bank bei Vorlage vor diesem Tag nicht eingelöst, sondern erst ab dem Ausstellungsdatum.
b) Bei Abweichungen des Scheckbetrages in Ziffern und in Worten hat grundsätzlich nur die Angabe des niedrigeren Betrages Gültigkeit.
c) Aus jedem Barscheck kann ein Verrechnungsscheck gemacht werden, aber nicht umgekehrt.
d) Ein Barscheck sagt aus, dass der Aussteller die Schecksumme in bar an den Scheckinhaber zu leisten hat.

6. Um welche Zahlungsart handelt es sich in folgenden Fällen?
(1) Barzahlung
(2) halbbare Zahlung
(3) bargeldlose Zahlung

Fälle:
a) Die Schubert & Müller Kurier GmbH erhält einen Verrechnungsscheck.
b) Die Schubert & Müller Kurier GmbH bezahlt ihre Telefonrechnung per SEPA-Lastschrift.
c) Ein Frachtführer zahlt Bargeldeinzüge auf das Bankkonto ein.
d) Alfred Müller reicht bei der Bank einen Barscheck ein.
e) Alfred Müller händigt der Aushilfskraft Sandra Mann 50,00 € aus.

7. Welche der unten stehenden Fälle betreffen
(1) das Internetbanking?
(2) das Electronic-Cash-Verfahren?
(3) die Kreditkartenzahlung?
(4) das SEPA-Lastschriftverfahren (SEPA-ELV)?
Mehrfachnennungen sind möglich.
Fälle:
a) Der Akquisiteur der Schubert & Müller Kurier GmbH begleicht eine Hotelrechnung mit seiner Girocard und Unterschrift.
b) Die Schubert & Müller Kurier GmbH begleicht eine Frachtführerrechnung über ihre DV-Anlage.
c) Von den getätigten Umsätzen der Akzeptanzstelle wird eine Provision berechnet.
d) Der Geschäftsführer der Schubert & Müller Kurier GmbH begleicht eine Tankrechnung mit seiner Girocard und durch Eingabe seiner PIN.

8. Ergänzen Sie Ihre Lernkartei, indem Sie sich mit Ihrem Nachbarn über sinnvolle Kartenüberschriften austauschen und die Karteikarten entsprechend ausfüllen.

7 Investition und Finanzierung

Einstiegssituation

Michael Dietz und David Potthoff sind Vorstände und Hauptaktionäre der Dietz & Potthoff Speditions AG. Ihr Hauptkunde ist ein koreanischer Automobilhersteller, für den sie einen Teil der Ersatzteildistribution in Deutschland übernommen haben.

Bei einem Meeting mit dem Vertriebsleiter des koreanischen Kunden bekommen Dietz und Potthoff das Angebot, die Zusammenarbeit zu intensivieren. Sie sollen ein Konzept entwickeln, um zukünftig in einem Nachtservice die belgischen Vertragshändler von Deutschland aus mit Ersatzteilen zu bedienen.

Das Angebot ist sehr attraktiv. Dietz und Potthoff stellen folgende Grobplanung auf:

Um den Nachtservice aufzubauen, müssten
- zwei weitere Transporter angeschafft werden,
- vier Mitarbeiter eingestellt werden,
- ein Büroarbeitsplatz eingerichtet werden,
- die Lagerfläche um 50 % erweitert werden.

Überschlägig würden diese Maßnahmen anfänglich 130 000,00 € erfordern.

Michael Dietz gibt seinem Mitgesellschafter zu bedenken, dass die Eigenkapitaldecke sehr dünn und die Liquidität wie immer sehr angespannt sei. David Potthoff schlägt daraufhin vor, das Grundkapital, das zurzeit die gesetzlich vorgeschriebene Mindesthöhe nicht überschreitet, zu verdoppeln. Damit würde sich die Verhandlungssituation gegenüber den Banken erheblich verbessern.
Die beiden Gesellschafter diskutieren noch sehr lange und ausführlich über die beste Finanzierungsmöglichkeit.

Welchen Vorschlag zur Finanzierung der erforderlichen Investitionen würden Sie der Dietz & Potthoff Speditions AG machen?

7.1 Investition

Die betriebliche Leistungserstellung setzt voraus, dass finanzielle Mittel zur Verfügung stehen, die zur Anschaffung und Aufrechterhaltung der erforderlichen Betriebsausstattung und Beschaffung der benötigten Arbeitsmaterialien eingesetzt werden können.

Die Passivseite der Bilanz gibt Auskunft über die Quellen der Mittelbeschaffung, während die Aktivseite der Bilanz Aufschluss über die Verwendung dieser Mittel gibt.

Aktiva (Vermögen)	**Bilanz** **Passiva (Kapital)**
Anlagevermögen = langfristig gebundene Vermögensteile	**Eigenkapital**
Umlaufvermögen = kurzfristig gebundene Vermögensteile	**Fremdkapital** langfristig kurzfristig
Mittelverwendung = Investitionen	**Mittelbeschaffung** = Finanzierung

Definition

Unter **Investition** *versteht man die Verwendung finanzieller Mittel zur Beschaffung von Sach- und Finanzvermögen für unternehmerische Zwecke.*[1]

Sachinvestitionen sind Mittelverwendungen für betrieblich benötigte Produktionsmittel.

- **Anlageinvestitionen** dienen der Aufrechterhaltung, Erweiterung oder Modernisierung der Produktionskapazität; sie sind in der Bilanz dem *Anlagevermögen* zugeordnet.

  Beispiele

  Grundstücke und Gebäude, Betriebs- und Geschäftsausstattung

- **Vorratsinvestitionen** dienen der Bildung der nötigen Vorräte an Ausgangsmaterialien und Endprodukten; sie sind in der Bilanz dem *Umlaufvermögen* zugeordnet.

  Beispiel

  Kraftstoffe in der Betriebstankstelle

Finanzinvestitionen sind Mittelverwendungen für Finanzanlagen der Unternehmung; bilanziell können sie – je nach Kapitalbindungsdauer – dem Anlage- oder dem Umlaufvermögen zugeordnet sein.
Finanzinvestitionen dienen der

- rentablen Anlage vorübergehend nicht benötigter Geldmittel,
- langfristigen Beteiligung an anderen Unternehmen,
- Vorsorge gegen unternehmerische Risiken.

Beispiele

Festgeldanlagen, Wertpapieranlagen, Beteiligungen

---

[1] *Im Gegensatz hierzu ist der volkswirtschaftliche Investitionsbegriff enger gefasst. Vgl. hierzu Seite 427 f.*

Der Umfang und die Zusammensetzung der erforderlichen Investitionen hängen von der Größe und dem Gegenstand der Unternehmung ab.

Typisch sind für ...	Anlagevermögen	Umlaufvermögen
... Industrieunternehmungen	70 %	30 %
... Kreditinstitute	5 %	95 %

Eine Investition setzt immer eine Kapitalbeschaffungsmaßnahme voraus.

Unter ***Finanzierung*** *versteht man alle Maßnahmen zur Beschaffung der für die Unternehmung benötigten Geldmittel.*

Definition

Aufgabe der Finanzierung ist die Aufrechterhaltung des finanziellen Gleichgewichts der Unternehmung: **Finanzielles Gleichgewicht** liegt vor, wenn die betrieblichen Einzahlungs- und Auszahlungsströme in der Weise aufeinander abgestimmt sind, dass die Unternehmung jederzeit liquide ist, d. h. ihre fälligen Zahlungsverpflichtungen erfüllen kann.

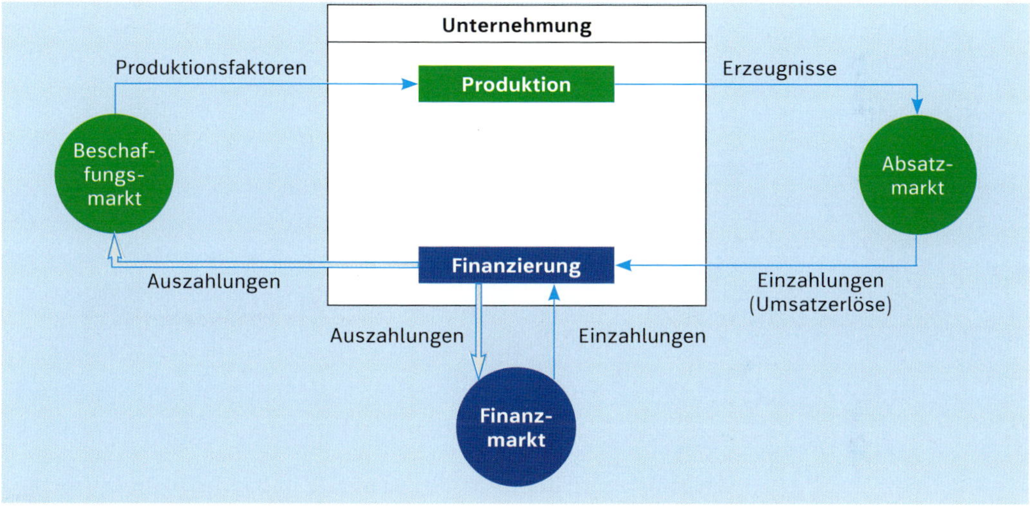
Unternehmung
Produktionsfaktoren
Produktion
Erzeugnisse
Beschaffungsmarkt
Absatzmarkt
Finanzierung
Auszahlungen
Einzahlungen
(Umsatzerlöse)
Auszahlungen
Einzahlungen
Finanzmarkt

Die Art der Finanzierung hängt eng mit der Art der Investition zusammen. Die **„Goldene Finanzierungsregel"** fordert die **Fristenkongruenz** von Mittelherkunft und Mittelverwendung:

Die Geldmittel müssen der Unternehmung mindestens so lange zur Verfügung stehen, wie sie im Vermögen gebunden sind. Die Kapitalbindungsdauer der Vermögenswerte soll nicht länger sein als die Fristigkeit der dazu eingesetzten Geldmittel.

Das bedeutet:
- Kurzfristig aufgenommenes Geld darf nur zur Finanzierung kurzfristig gebundener Vermögensgegenstände eingesetzt werden.
- Langfristig gebundene Vermögensgegenstände sind langfristig zu finanzieren.

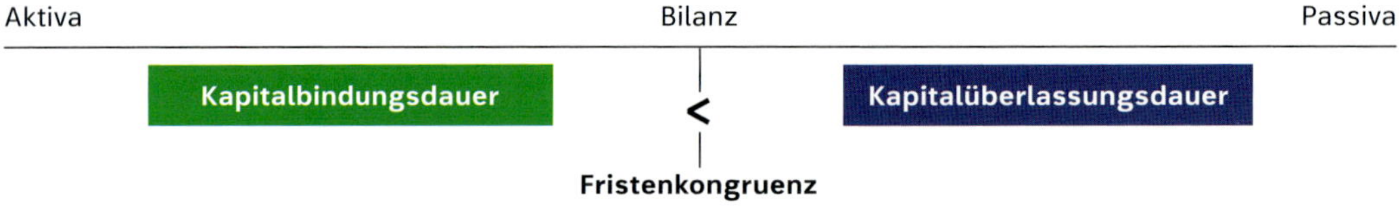
Aktiva
Bilanz
Passiva
Kapitalbindungsdauer
<
Kapitalüberlassungsdauer
Fristenkongruenz

Eine Verletzung dieses Finanzierungsgrundsatzes kann zur Illiquidität der Unternehmung führen.

Beispiel

Die Nutzungsdauer einer Maschine beträgt vier Jahre.
Zu ihrer Finanzierung wird Kapital benötigt, das der Unternehmung mindestens für diesen Zeitraum zur Verfügung steht. Es dauert vier Jahre, bis die Anschaffungskosten der Maschine über den Verkauf der damit hergestellten Produkte erwirtschaftet (hereingeholt) worden sind. Würde zur Finanzierung der Maschine ein Kredit mit einer Laufzeit von nur einem Jahr eingesetzt, so wäre die Finanzierung für die restlichen drei Jahre ungesichert.

7.2 Finanzierungsarten

Die Kapitalquellen können *außerhalb* oder *innerhalb* der Unternehmung liegen.

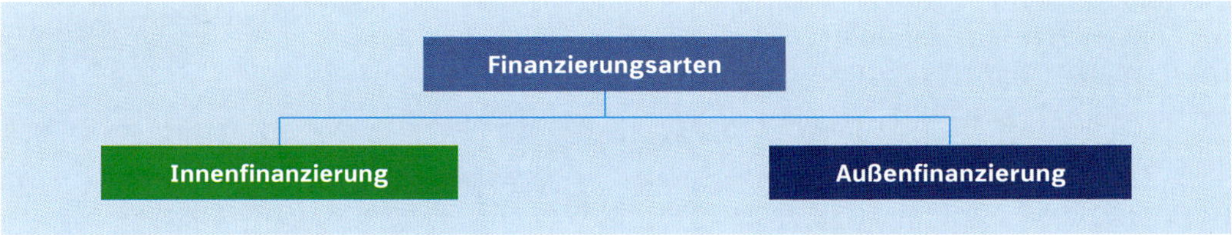
Finanzierungsarten
Innenfinanzierung
Außenfinanzierung

7.2.1 Innenfinanzierung

Bei der **Innenfinanzierung** wird das Kapital innerhalb der Unternehmung aufgrund der betrieblichen Leistungserstellung und Umsatztätigkeit gebildet. Die hierdurch bereitgestellten Geldmittel fließen indirekt von außen in die Unternehmung, da sie als Gewinne bzw. Kosten in die Preise einkalkuliert und somit in den erzielten Umsatzerlösen enthalten sind.
Man unterscheidet hierbei zwischen der Selbstfinanzierung, der Finanzierung aus Abschreibungserlösen und der Finanzierung durch Rückstellungen.

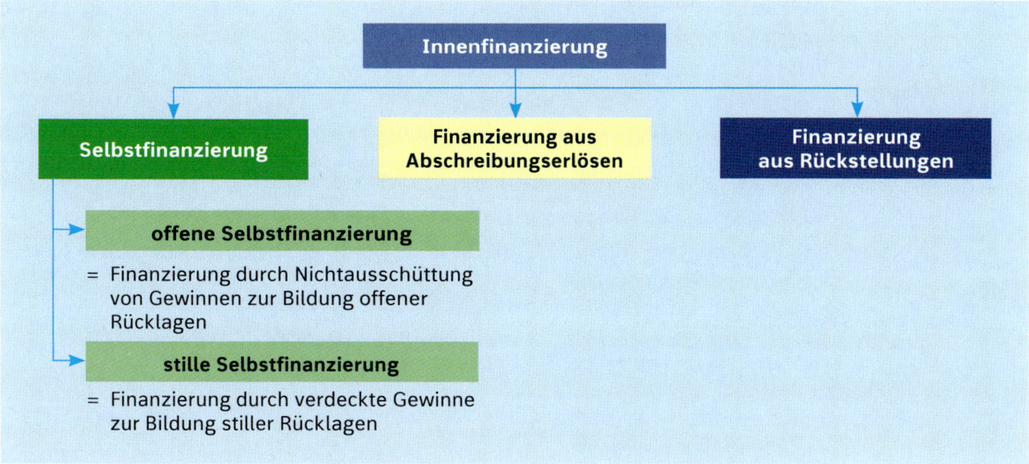
Innenfinanzierung
Selbstfinanzierung
Finanzierung aus Abschreibungserlösen
Finanzierung aus Rückstellungen
offene Selbstfinanzierung
= Finanzierung durch Nichtausschüttung von Gewinnen zur Bildung offener Rücklagen
stille Selbstfinanzierung
= Finanzierung durch verdeckte Gewinne zur Bildung stiller Rücklagen

■ Selbstfinanzierung

Bei der **offenen Selbstfinanzierung** wird auf die Ausschüttung der erwirtschafteten Gewinne ganz oder teilweise verzichtet. Die einbehaltenen Gewinne werden den **bilanziellen Rücklagen** der Unternehmung zugeführt und erhöhen die Eigenkapitalbasis.
Die Selbstfinanzierung ist – wie die Beteiligungsfinanzierung – eine Form der **Eigenfinanzierung**.
Aktiengesellschaften müssen so lange 5 % des Jahresüberschusses den Rücklagen zuführen, bis 10 % des Grundkapitals erreicht sind.

Beurteilung der Selbstfinanzierung

- Für kleine und mittlere Unternehmungen ist die Selbstfinanzierung häufig die einzige Möglichkeit der Eigenfinanzierung.
- Durch die Selbstfinanzierung gewinnt die Unternehmung dauerhaftes („ewiges") Kapital, das frei von Rückzahlungsverpflichtungen ist und auch keine laufenden Kapitalkosten verursacht.
- Durch die Selbstfinanzierung bleibt die Unternehmung unabhängig von anderen Kapitalgebern.
- Die Selbstfinanzierung erhöht die Kreditwürdigkeit der Unternehmung.

Aber:
Die Selbstfinanzierung ist steuerlich gesehen „teuer". Nicht ausgeschüttete Gewinne sind der Einkommen- bzw. Körperschaftsteuer unterworfen. Bei Einzelunternehmungen und Personengesellschaften richtet sich die Steuerbelastung nach dem individuellen ESt-Satz des Geschäftsinhabers bzw. der Gesellschafter, bei Kapitalgesellschaften werden (thesaurierte) Gewinne mit 15 % Körperschaftsteuer[1] belastet.

Die **stille (verdeckte) Selbstfinanzierung** erfolgt durch Bildung **stiller Rücklagen**, d. h. von solchen Rücklagen, die aus der Bilanz dem externen Betrachter nicht ersichtlich sind.
Während **offene Rücklagen** aus dem versteuerten Gewinn oder aus dem Agio (Unterschiedsbetrag zwischen Nennwert und Ausgabekurs junger Aktien) gebildet werden, erfolgt die Bildung stiller Rücklagen (stille Reserven) durch die Minderung des auszuweisenden Gewinns, indem **Aufwendungen**

[1] *Zusätzlich 5,5 % Solidaritätszuschlag in der Körperschaftsteuerbelastung.*

höher oder **Erträge geringer** ausgewiesen werden, als es den tatsächlichen Gegebenheiten entspricht.
Stille Rücklagen sind somit *versteckte Gewinne*, die erst bei Auflösung der betreffenden Bilanzposition offengelegt und auch erst dann versteuert werden. Die Bildung stiller Rücklagen führt zu einer Ertragssteuerstundung und bei den Substanzsteuern (Vermögensteuer, Gewerbekapitalsteuer) zu einer effektiven Steuerkürzung. Diese steuerlichen Effekte bedeuten einen Liquiditäts- und Zinsgewinn für die Unternehmung.
Stille Rücklagen können – soweit steuerlich bzw. handelsrechtlich zulässig – gebildet werden durch:

- **Unterbewertung von Vermögensgegenständen**

Beispiel

Es werden Abschreibungen verrechnet, die wesentlich über den tatsächlich vorliegenden Wertminderungen der Vermögensgegenstände liegen.

Anschaffungskosten einer Maschine:	*60 000,00 €*
tatsächliche Nutzungsdauer:	*10 Jahre*
tatsächliche jährliche Wertminderung:	*6 000,00 €*

Würde die Unternehmung die Maschine über einen Zeitraum von nur 5 Jahren abschreiben, so schlüge sie nach Ablauf dieser Zeit mit einem Erinnerungswert von 1,00 € zu Buche, obwohl sie tatsächlich noch einen Wert von 30 000,00 € hat.
Die Differenz zwischen dem Buchwert der Maschine und ihrem tatsächlichen Wert ist ein versteckter Gewinn.
Bei einem Verkauf der Maschine über ihrem Buchwert würde die stille Rücklage aufgedeckt und der entstehende Gewinn müsste versteuert werden.

- **Nichtaktivierung von Vermögensgegenständen**

Beispiel

Geringwertige Wirtschaftsgüter können im Jahr der Anschaffung in vollem Umfang als Aufwand erfasst werden, obwohl ihre Nutzungsdauer mehr als ein Jahr beträgt.

In beiden Fällen ist das tatsächliche Vermögen größer als das ausgewiesene Vermögen:

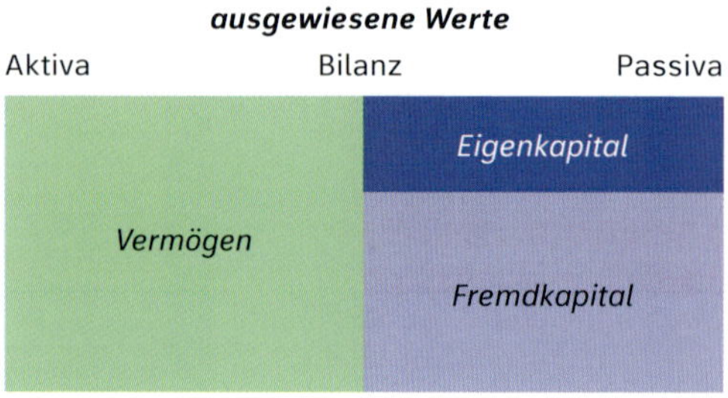
ausgewiesene Werte
Aktiva
Bilanz
Passiva
Vermögen
Eigenkapital
Fremdkapital

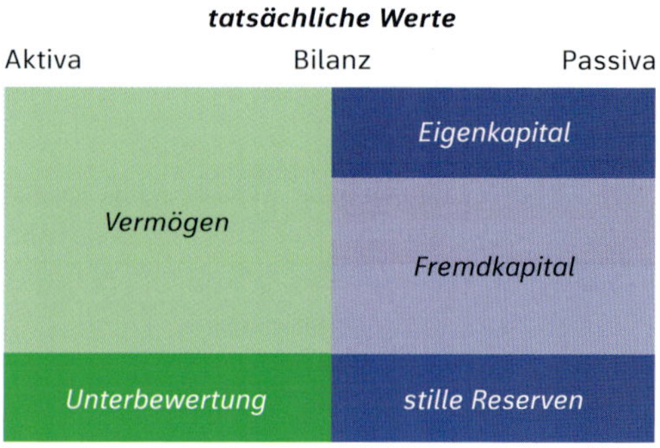
tatsächliche Werte
Aktiva
Bilanz
Passiva
Vermögen
Eigenkapital
Fremdkapital
Unterbewertung
stille Reserven

- **Überbewertung von Verbindlichkeiten**

Beispiel

Rückstellungen sind Verbindlichkeiten, deren Bestehen, Höhe und Fälligkeit ungewiss sind. Man unterscheidet u. a. Prozess-, Steuer-, Pensionsrückstellungen. Werden sie aus Gründen der Vorsicht höher angesetzt als ihre spätere tatsächliche Beanspruchung, entstehen ebenfalls stille Reserven.

In diesem Fall sind die tatsächlichen Verbindlichkeiten größer als die ausgewiesenen Verbindlichkeiten:

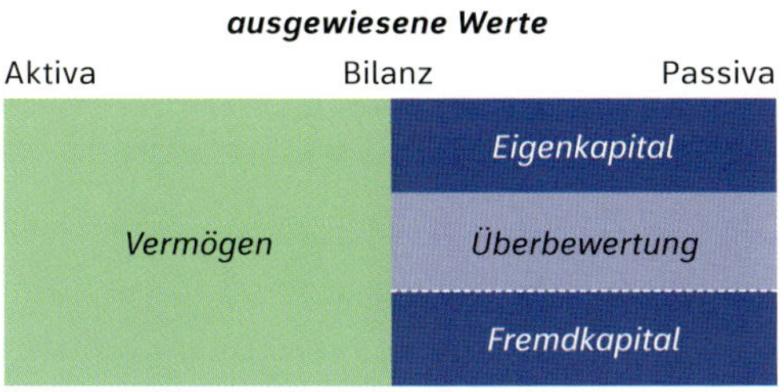
ausgewiesene Werte
Aktiva
Bilanz
Passiva
Vermögen
Eigenkapital
Überbewertung
Fremdkapital

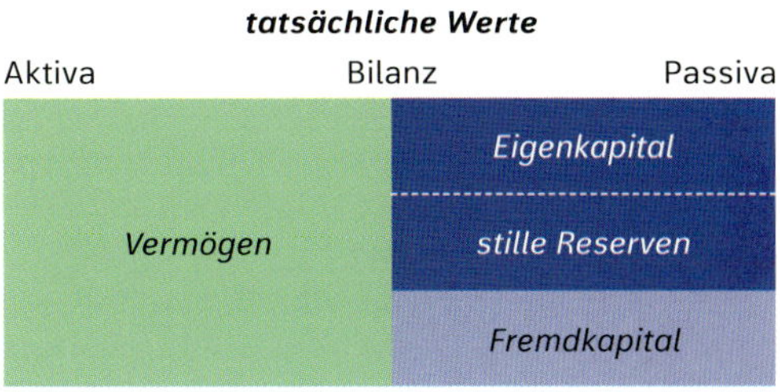
tatsächliche Werte
Aktiva
Bilanz
Passiva
Vermögen
Eigenkapital
stille Reserven
Fremdkapital

Finanzierung aus Abschreibungserlösen

Das Anlagevermögen einer Unternehmung besteht aus Vermögensteilen, die i. d. R. über einen mehrjährigen Zeitraum genutzt werden.
Der Wert dieser Sachanlagen nimmt durch die laufende Nutzung, aber auch durch ihre technische und wirtschaftliche Überholung allmählich ab. Die Nutzungsdauer von Sacheinlagen ist daher beschränkt. Die Unternehmung muss dafür Sorge tragen, dass nach Ablauf der Nutzungsdauer Geldmittel für die Durchführung einer Ersatzinvestition zur Verfügung stehen.
Die Wertminderungen der Sachanlagen werden in Form von **Abschreibungen als Aufwand** erfasst. Durch die Abschreibungen werden die Anschaffungskosten der Sachanlagen auf die Jahre ihrer Nutzung verteilt.
Bei einer sachgerechten Preiskalkulation werden daher auch die Abschreibungen als Kostenbestandteil miteinbezogen.
Die Abschreibungsgegenwerte fließen der Unternehmung somit laufend über die Umsatzerlöse zu und können bis zum Zeitpunkt der Ersatzbeschaffung angelegt oder für weitere Finanzierungszwecke verwendet werden.

Beispiel

Der Spediteur Helmut Sindermann hat einen Kran für 252 000,00 € angeschafft. Die Nutzungsdauer wird auf 21 Jahre veranschlagt, die jährliche Einsatzzeit beträgt 1 200 Stunden.
Die jährliche Abschreibung beträgt bei linearer Abschreibung 12 000,00 €. Herr Sindermann kalkuliert seinen Angebotspreis für eine Kranstunde:

Arbeitslohn (inkl. Lohnnebenkosten)	*70,00 €*
Abschreibungen (12 000 : 1 200)	*10,00 €*
sonstige Kosten	*15,00 €*
Gewinnzuschlag	*10,00 €*
Angebotspreis	*105,00 €*

Die Finanzierung aus Abschreibungserlösen wird auch als **Finanzierung durch Vermögensumschichtung** bezeichnet: Der Wert der Sachanlagen nimmt durch die Abschreibungen ab, während der Wert der Finanzaktiva durch den Eingang der Abschreibungserlöse zunimmt (Aktivtausch).

Finanzierung durch Rückstellungen

Definition

***Rückstellungen** sind Verbindlichkeiten der Unternehmung, die dem Grunde nach teilweise bekannt sind, deren Höhe und Fälligkeit zum Zeitpunkt des Wertansatzes jedoch ungewiss sind.*

Sie sind zu bilden für
- ungewisse Verbindlichkeiten wie schwebende Gerichts- oder Steuerstreitigkeiten,
- laufende Pensionen und Anwartschaften auf Pensionen,
- drohende Verluste aus schwebenden Geschäften,
- unterlassene Aufwendungen für Instandhaltung,
- Gewährleistungen,
- Reparatur-, Energie- und Telefonrechnungen aus dem vergangenen Jahr, die erst im neuen Jahr zugehen.

Durch die Bildung von Rückstellungen können Geldmittel an die Unternehmung gebunden und bis zur Auflösung der Rückstellung zu Finanzierungszwecken eingesetzt werden.

Da die Rückstellungen der Begleichung erst in Zukunft fälliger Verbindlichkeiten dienen, sind sie in der Bilanz dem Fremdkapital zuzuordnen. Man kann daher die Finanzierung durch Rückstellungen auch als innerbetriebliche Fremdfinanzierung ansehen.

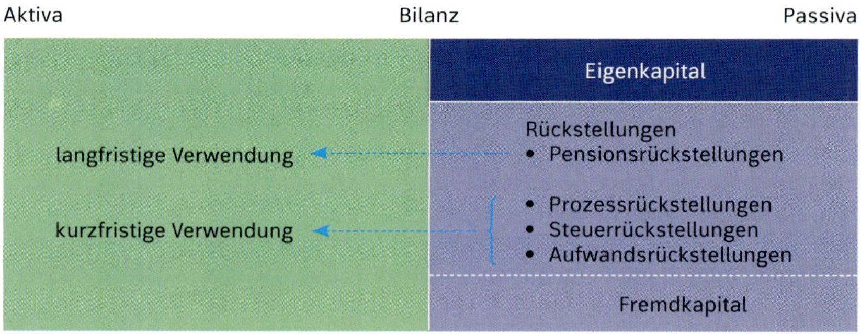
Aktiva
Bilanz
Passiva
Eigenkapital
Rückstellungen
• Pensionsrückstellungen
langfristige Verwendung
• Prozessrückstellungen
• Steuerrückstellungen
• Aufwandsrückstellungen
kurzfristige Verwendung
Fremdkapital

7.2.2 Außenfinanzierung

Bei der **Außenfinanzierung** wird das Kapital von außen in die Unternehmung eingebracht.
Man unterscheidet hierbei zwischen der Fremdfinanzierung und der Beteiligungsfinanzierung.

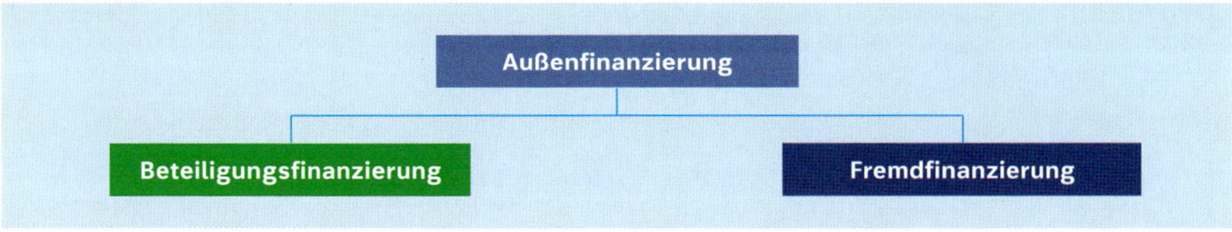
Außenfinanzierung
Beteiligungsfinanzierung
Fremdfinanzierung

Beteiligungsfinanzierung

Bei der Beteiligungsfinanzierung fließt der Unternehmung durch Erhöhung der Kapitaleinlagen der vorhandenen Gesellschafter oder durch Aufnahme neuer Gesellschafter zusätzliches **Eigenkapital** zu. Es handelt sich hierbei um eine Form der **Eigenfinanzierung**.

Die Art und Möglichkeit der Beteiligungsfinanzierung hängen von der Rechtsform der Unternehmung ab.

Beispiel

- *OHG: Aufnahme eines neuen Gesellschafters in eine bestehende OHG*
- *KG: Erhöhung der Einlage der/des Kommanditisten*
- *GmbH: Erhöhung des Stammkapitals durch den/die Gesellschafter*
- *AG: Kapitalerhöhung durch Ausgabe junger Aktien*

Fremdfinanzierung

Bei der **Fremdfinanzierung** stellen Kreditinstitute oder andere Geldgeber der Unternehmung **Fremdkapital** in Form von Krediten zur Verfügung. Man spricht daher auch von der *Kreditfinanzierung*.

Beispiel

- *Bankkredite*
- *Lieferantenkredite*
- *Anzahlungen von Abnehmern*
- *öffentliche Kredite*
- *Ausgabe von Schuldverschreibungen*

Das mögliche Ausmaß der Fremdfinanzierung hängt von der Kreditwürdigkeit (Bonität) der Unternehmung ab.

Beurteilung der Beteiligungsfinanzierung aus der ...
... Sicht des Kapitalgebers (Gläubigers)
Der Kapitalgeber ist Miteigentümer (Teilhaber) der Unternehmung und hat daher • ein Mitspracherecht bei der Leitung der Unternehmung, • einen Anspruch auf einen seiner Beteiligungsquote entsprechenden Anteil am Gewinn, • für den Fall der Auflösung der Unternehmung einen Anspruch auf einen seiner Beteiligungsquote entsprechenden Anteil am Liquidationserlös. **Aber:** Der Kapitalgeber trägt das unternehmerische Risiko und haftet mit seiner Kapitaleinlage, ggf. auch mit seinem Privatvermögen, für eventuell eintretende Verluste. Im Insolvenzfall erleidet er einen Totalverlust.

Beurteilung der Beteiligungsfinanzierung aus der ...
... Sicht des Kapitalnehmers (Schuldners)
• Das Eigenkapital steht der Unternehmung unbefristet zur Verfügung und eignet sich daher in besonderer Weise zur Finanzierung des Anlagevermögens. • Die Liquidität der Unternehmung wird nicht durch feste Zinszahlungen und Kapitalrückzahlungen belastet. • Zwar wird auch das Eigenkapital in Form von Gewinnausschüttungen „verzinst", doch wird die Höhe der Gewinnausschüttung von den Eigentümern bzw. der Geschäftsleitung der Unternehmung selbst bestimmt. • Eine hohe Eigenkapitalquote erhöht die Kreditwürdigkeit und erleichtert die Beschaffung von Fremdkapital. • Eine hohe Eigenkapitalquote macht die Unternehmung weniger krisenanfällig. **Aber:** • Durch die Aufnahme neuer Gesellschafter kommt es zu einer Änderung der Herrschaftsverhältnisse in der Unternehmung. • Der Gewinn der Unternehmung muss mit allen Gesellschaftern geteilt werden.

Beurteilung der Fremdfinanzierung aus der ...
... Sicht des Kapitalgebers (Gläubigers)
Der Kapitalgeber ist Gläubiger der Unternehmung. • Er hat einen festen Anspruch auf Zahlung der vereinbarten Zinsen und die Rückzahlung (Tilgung) des Kapitals. • Er haftet nicht für Verluste der Unternehmung. Sein Risiko ist auf die Leistung des Kapitaldienstes beschränkt. Im Insolvenzfall hat er einen Anspruch auf Anteil an der Insolvenzmasse bzw. ist bei Stellung einer Kreditsicherheit absonderungsberechtigt.
... Sicht des Kapitalnehmers (Schuldners)
• Sind die Fremdkapitalzinsen geringer als der durch die Investition erzielte Ertrag, so wird dadurch die Eigenkapitalrentabilität erhöht (positiver Leverage-Effekt). • Die zu zahlenden Zinsen können als Betriebsausgaben steuerlich geltend gemacht werden. • Kurzfristiges Fremdkapital eignet sich in besonderer Weise zur Finanzierung des Umlaufvermögens, langfristiges Fremdkapital kann zur Finanzierung des Anlagevermögens eingesetzt werden. • Die Herrschaftsverhältnisse innerhalb der Unternehmung werden nicht verändert. **Aber:** • Die zu zahlenden Zinsen sind Fixkosten und erhöhen den kostendeckenden Preis. • Die Liquidität der Unternehmung wird durch den laufenden Kapitaldienst belastet. • Sind die Fremdkapitalzinsen höher als der durch die Investition erzielte Ertrag, so wird dadurch die Eigenkapitalrentabilität verringert (negativer Leverage-Effekt).

7.2.3 Sonderformen der Finanzierung

■ Factoring

Definition

Factoring *ist der laufende Ankauf von kurzfristigen Forderungen aus Lieferungen und Leistungen durch eine Factoring-Gesellschaft.*

Der zwischen der Factoring-Gesellschaft (Factor) und ihrem Kunden (Klient) geschlossene Factoring-Vertrag ist ein typengemischter, auf Dauer angelegter Vertrag mit Elementen des Rechtskaufs *(§ 453 BGB)*, der entgeltlichen Geschäftsbesorgung *(§ 675 BGB)* und des Darlehens *(§ 488 BGB)*.
Factoring-Gesellschaften sind in der Regel Tochtergesellschaften von Kreditinstituten.
Factoring-Kunden (Klienten) sind meist mittelständische Unternehmungen, auf die das Factoring aufgrund seiner Funktionen besonders zugeschnitten ist.

Beispiel

Die Kirchner & Quack Textilhandel GmbH beliefert ca. 60 Modeboutiquen; sie räumt ihren Abnehmern jeweils ein Zahlungsziel von 60 Tagen ein; die Forderungsbeträge schwanken zwischen 1 500,00 € und 9 000,00 € pro Lieferung. Der Jahresumsatz der Kirchner & Quack GmbH beträgt 8 000 000,00 €.

Unternehmungen, die regelmäßig über einen großen Forderungsbestand verfügen, brauchen die Fälligkeit der Forderungen nicht abzuwarten, sondern können sich durch den Verkauf der Forderungen sofort Liquidität verschaffen.

Praxisüblich ist das **offene Factoring**:
Die Abnehmer des Factoring-Kunden (Debitoren) werden von der Forderungsabtretung informiert und können mit schuldbefreiender Wirkung nur noch an die Factoring-Gesellschaft zahlen.

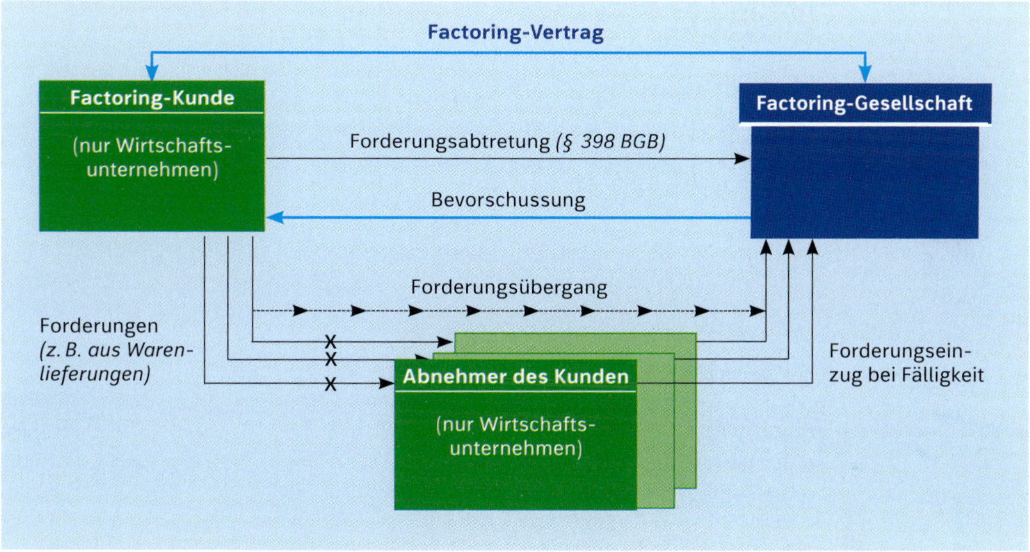
Factoring-Vertrag
Factoring-Kunde
(nur Wirtschafts-unternehmen)
Factoring-Gesellschaft
Forderungsabtretung (§ 398 BGB)
Bevorschussung
Forderungsübergang
Forderungen (z. B. aus Warenlieferungen)
Abnehmer des Kunden
(nur Wirtschafts-unternehmen)
Forderungseinzug bei Fälligkeit

Auszug aus einem Factoring-Vertrag

- Der Factor kauft im Rahmen der von ihm für die Abnehmer eingeräumten Limite alle ab Vertragsbeginn entstehenden Forderungen aus Lieferungen und Leistungen des Kunden an.
- Der Factor übernimmt im Rahmen der Delkrederevereinbarungen das Ausfallrisiko für die angekauften Forderungen.
- Der Factor führt unter Beachtung der allgemeinen kaufmännischen Grundsätze im Rahmen seiner Organisation die Debitorenbuchhaltung sowie das Inkasso- und Mahnwesen.
- Der Kaufpreis für die Forderungen wird dem Vorschusskonto des Kunden nach Rechnungsregulierung durch die Abnehmer gutgeschrieben; der Factor wird dem Kunden jedoch die Gegenwerte sofort nach Rechnungseinreichung unter Berechnung der vereinbarten Zinsen zur Verfügung stellen.

Je nach Ausgestaltung des Factoring-Vertrages erfüllt die Factoring-Gesellschaft folgende Funktionen:

- **Dienstleistungsfunktion**
  Übernahme der Debitorenbuchhaltung, des Mahnwesens und des Forderungsinkassos
- **Delkrederefunktion**
  Übernahme des Ausfallrisikos, indem der Factor darauf verzichtet, seinen Kunden solche Forderungen zurückzubelasten, bei denen der Debitor zahlungsunfähig wird. Die Haftung des Factors beschränkt sich ausschließlich auf die Bonität der Debitoren; sie schließt nicht die Haftung für den rechtlichen Bestand der Forderungen ein. Um zu verhindern, dass der Kunde ausschließlich zweifelhafte Forderungen veräußert, wird er verpflichtet, **alle** Forderungen an den Factor abzutreten. Dieser behält sich darüber hinaus das Recht vor, zweifelhafte Forderungen vom Ankauf auszuschließen.
- **Finanzierungsfunktion**
  Auf Wunsch des Kunden Bevorschussung der Forderungen (bis zu 90 %); der Kunde kann selbst entscheiden, zu welchem Zeitpunkt und in welchem Umfang er von der Bevorschussung Gebrauch machen will. Der Restbetrag dient der Sicherung für etwaige Gewährleistungsansprüche seitens der Debitoren (Mängelrügen, Fakturierungsfehler) und wird bei vollständiger Rechnungsregulierung durch die Debitoren bzw. bei Eintritt des Delkrederefalls dem Kunden vergütet.

Die **Kosten des Factorings** setzen sich aus der **Factoring-Gebühr** (1–2 % vom Umsatz) und den banküblichen **Zinsen** für Kontokorrentkredite zusammen.

Vorteile des Factorings für den Kunden:

- Kosteneinsparungen bei der Debitorenbuchhaltung sowie dem Inkasso- und Mahnwesen
- Vermeidung von Verlusten aus Insolvenzen der Abnehmer: Ersparung von Wertberichtigungen
- Verbesserte Liquiditätsausstattung: Kapitalfreisetzung durch Abbau der Außenstände
- Lieferantenverbindlichkeiten: Begleichen unter Abzug von Skonti möglich
- Erhöhung der Eigenkapitalquote durch Verkürzung der Bilanzsumme

Leasing

Definition

Leasing ***ist die mietähnliche Überlassung beweglicher oder unbeweglicher Wirtschaftsgüter des Anlagevermögens durch den Hersteller oder eine Leasing-Gesellschaft.***

Leasing ist eine Alternative zur Fremd- bzw. Eigenfinanzierung: Anstelle des fremd- oder eigenfinanzierten Kaufs tritt die Miete *(§ 535 ff. BGB)* des benötigten Objektes.

Leasing-Gesellschaften und Hersteller werben u. a. mit folgenden Argumenten: Leasing

- ermöglicht Investitionen unter „Schonung“ von Eigenkapital und Liquidität.
- verschafft dem Leasing-Nehmer aufgrund der festen Leasing-Raten eine sichere Kalkulationsgrundlage.
- ermöglicht eine schnelle Anpassung an den technischen Fortschritt.
- schafft Steuervorteile, da die Raten in voller Höhe als Betriebsausgaben steuerlich absetzbar sind.

Ob Leasing gegenüber dem fremdfinanzierten Kauf vorteilhafter ist, kann nur für den Einzelfall beurteilt werden. Für den Verbraucher ist Leasing i. d. R. nicht empfehlenswert.

Leasing-Grundtypen

Konsumgüter-Leasing
= Leasing-Objekt ist ein Konsumgut; Leasing-Nehmer ist eine Privatperson

Investitionsgüter-Leasing
= Leasing-Objekt ist ein Investitionsgut; Leasing-Nehmer ist eine Unternehmung

Equipment-Leasing
= Leasing-Vertrag bezieht sich auf einen einzelnen Gegenstand

Plant-Leasing
= Leasing-Vertrag bezieht sich auf eine komplette Industrieanlage

Direktes Leasing
= Leasing-Geber ist der Hersteller des Leasing-Objektes

Indirektes Leasing
= Leasing-Geber ist ein spezielles Finanzinstitut, eine Leasing-Gesellschaft

Operate Leasing
= Leasing-Vertrag ist kurzfristig bzw. kurzfristig kündbar; mit Objektwartung durch den Leasing-Geber

Finance Leasing
= Leasing-Vertrag ist während der Grundmietzeit unkündbar; ohne Objektwartung durch den Leasing-Geber

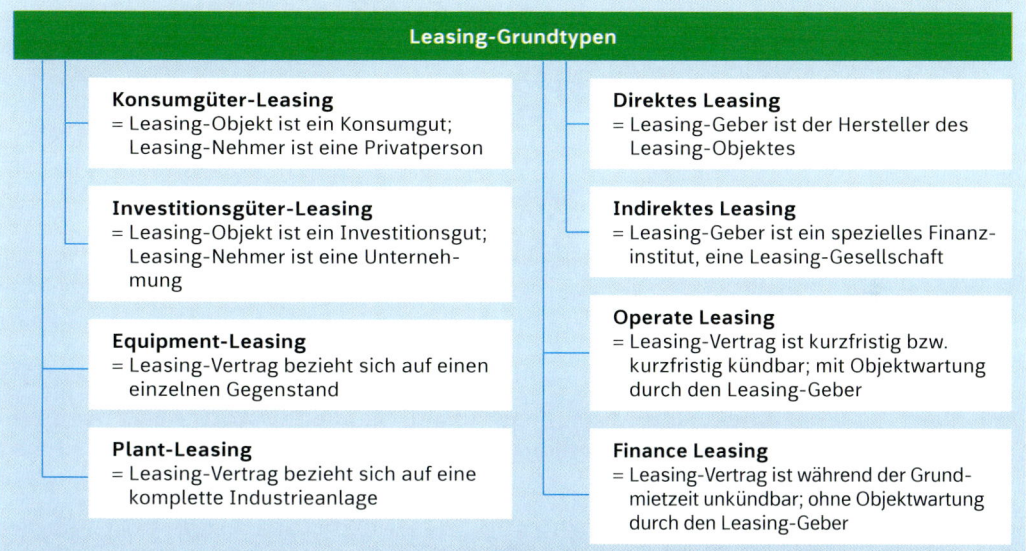

Operate Leasing	Finance Leasing
Das Leasing-Objekt ist ein Standardprodukt, für das i. d. R. ohne Schwierigkeiten ein Anschlussmieter gefunden werden kann. ***Beispiele:*** • *EDV-Systeme, Fotokopiergeräte, Berufskleidung* Das Vertragsverhältnis ist kurzfristig bzw. kurzfristig kündbar. Das Objekt wird bilanziell dem Leasing-Geber zugerechnet; die Leasing-Raten können vom Leasing-Nehmer als Betriebsausgaben abgesetzt werden. Der Leasing-Geber ist darauf angewiesen, das Objekt mehrmals zu vermieten, da die Leasing-Raten eines Leasing-Nehmers nicht zur Amortisation des Objekts ausreichen.	Das Leasing-Objekt wird nach den individuellen Wünschen des Leasing-Nehmers hergestellt bzw. von der Leasing-Gesellschaft gekauft. ***Beispiele:*** • *Kraftfahrzeuge, Verladeanlagen, Verwaltungsgebäude* Das Vertragsverhältnis ist während der Grundmietzeit unkündbar. Die Leasing-Raten können vom Leasing-Nehmer nur dann als Betriebsausgaben abgesetzt werden, wenn das Leasing-Objekt bilanziell dem Leasing-Geber zugerechnet wird. Die während der Grundmietzeit zu zahlenden Leasing-Raten sind so kalkuliert, dass der Leasing-Geber den überwiegenden Teil der Investitionskosten daraus amortisieren kann.
Das **Investitionsrisiko** trägt der **Leasing-Geber**.	Das **Investitionsrisiko** trägt der **Leasing-Nehmer**.

Vertragsgrundlagen Finance Leasing

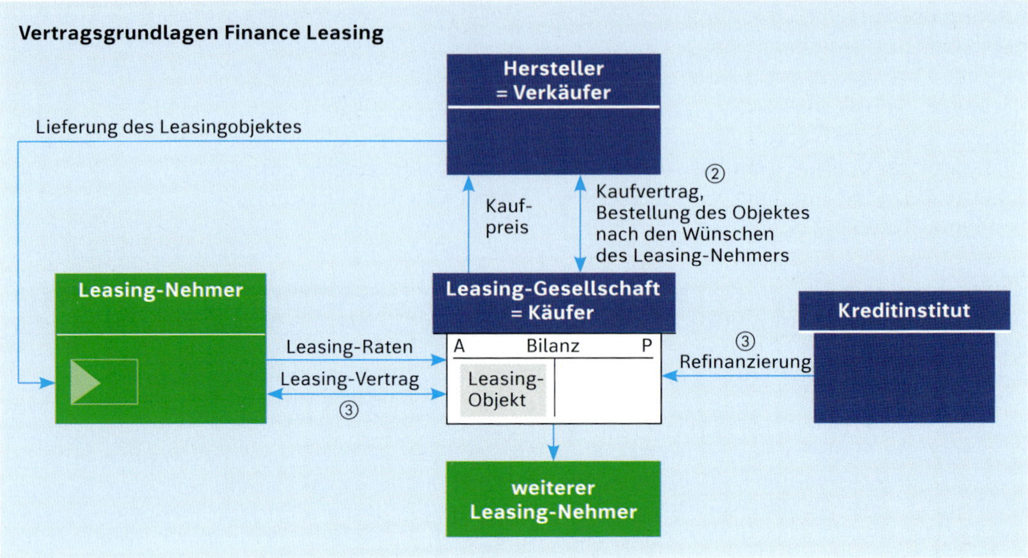
Vertragsgrundlagen Finance Leasing
Hersteller
= Verkäufer
Lieferung des Leasingobjektes
②
Kauf-
preis
Kaufvertrag,
Bestellung des Objektes
nach den Wünschen
des Leasing-Nehmers
Leasing-Nehmer
Leasing-Gesellschaft
= Käufer
Kreditinstitut
Leasing-Raten
Leasing-Vertrag
③
A
Bilanz
P
Leasing-
Objekt
③
Refinanzierung
weiterer
Leasing-Nehmer

7.3 Kredite

Definition

Ein ***Kredit*** *ist die befristete, entgeltliche Überlassung von Geld zur freien oder vertragsgebundenen Nutzung. Allgemeine Gesetzesgrundlage sind die Bestimmungen über den Darlehensvertrag (§ 488 ff. BGB).*

7.3.1 Kontokorrentkredite

Der Kontokorrentkredit ist die in der Praxis am weitesten verbreitete Form des kurzfristigen Kredits. Er wird über das **Kontokorrentkonto** *(§ 355 HGB)* abgewickelt.

Der Kreditnehmer ist berechtigt, sein **Kontokorrentkonto** bis zu einer vereinbarten **Kreditlinie** zu überziehen, d. h. debitorisch zu führen.

Der Kreditnehmer kann auf diese Weise die Kreditinanspruchnahme ganz auf seinen jeweiligen Kreditbedarf abstimmen.

Er verfügt damit über eine finanzielle Reserve, auf die er jederzeit zurückgreifen kann.

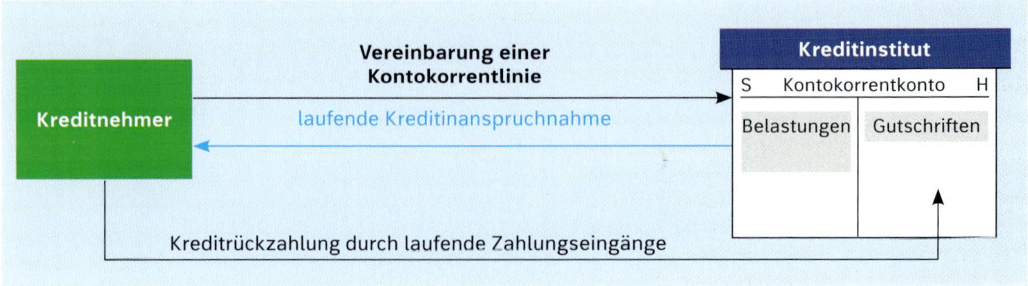
Vereinbarung einer
Kontokorrentlinie
Kreditinstitut
Kreditnehmer
laufende Kreditinanspruchnahme
S
Kontokorrentkonto
H
Belastungen
Gutschriften
Kreditrückzahlung durch laufende Zahlungseingänge

Der Kontokorrentkredit ist ein vergleichsweise teurer Kredit.
Am Ende eines Quartals erhält der Kunde eine Abschlussrechnung unter Aufführung der angefallenen Zinsen vom in Anspruch genommenen Betrag und der Kontoführungsgebühren.

Bei guter Bonität wird der Kontokorrentkredit als Blankokredit gewährt.
Der **Kontokorrentkredit** dient

- als Betriebsmittelkredit der Finanzierung des betrieblichen Umsatzprozesses,
- als Dispositionskredit der Konsumfinanzierung durch Kontoüberziehung in Höhe von zwei bis drei Monatsgehältern.

Beispiel

Die Kauffrau für Spedition und Logistikdienstleistung Monika Münch unterhält ihr Gehaltskonto bei der Postbank AG. Die Bank hat ihr mitgeteilt, dass sie ihr Konto bis zum Betrag von 5 000,00 € überziehen darf.

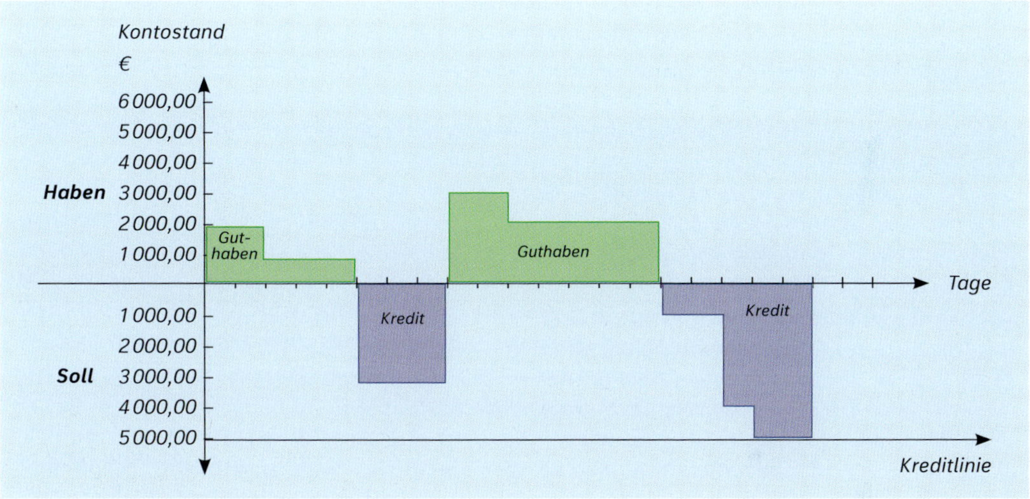
Kontostand
€
6 000,00
5 000,00
4 000,00
Haben
3 000,00
2 000,00
1 000,00
Gut-
haben
Guthaben
Tage
Kredit
Kredit
1 000,00
2 000,00
Soll
3 000,00
4 000,00
5 000,00
Kreditlinie

7.3.2 Ratenkredite

Definition

Der ***Ratenkredit*** *ist ein Kredit, der*

- *– privaten Haushalten und Kleingewerbetreibenden zur Finanzierung größerer Anschaffungen dient,*
- *– in einer Summe bereitgestellt und*
- *– über einen längeren Zeitraum entsprechend einem im Voraus festgelegten Tilgungsplan zurückgezahlt wird.*

Beispiel

Auto, Wohnungseinrichtung, EDV-Anlage

Merkmale	Merkmale des Ratenkredites
Verwendungszweck:	Finanzierung langlebiger Gebrauchsgüter
Darlehenssumme:	meist ab 5 000,00 €
Bereitstellung:	Auszahlung in einer Summe oder Bereitstellung auf dem laufenden Konto des Kunden

Merkmale	Merkmale des Ratenkredites
Laufzeit:	6 bis 72 Monate
Tilgung:	in festen Monatsraten; die einzelnen Raten setzen sich aus einem Tilgungs- und einem Zinsanteil zusammen
Besicherungsmöglichkeiten:	• Sicherungsübereignung • Sicherungsabtretung • Pfandrecht • Bürgschaft • Restschuldversicherung

Beispiel

Michael Klein beantragt bei seinem Kreditinstitut einen Ratenkredit zur Finanzierung eines neuen Pkw.

Kaufpreis	*40 000,00 €*
Erlös aus dem Verkauf seines alten Pkw	*5 000,00 €*
Einsatz eigener liquider Mittel	*15 000,00 €*
Beantragte Kreditsumme	*20 000,00 €*

Der Kredit soll in 48 Monatsraten getilgt werden.

Der Zinssatz beträgt 0,36 % p. m.

Kreditbetrag		*20 000,00 €*
0,36 % Zinsen pro Monat (200 · 0,36 · 48)		*3 456,00 €*
Gesamtschuld		*23 456,00 €*
Rückzahlung:	*48 Raten zu je*	*488,67 €*

Die effektiven Kreditkosten müssen dem Kreditnehmer vom Kreditinstitut mitgeteilt werden. Sie betragen 8,46 % p. a.

Michael Klein kann den von der Bank berechneten Effektivzins nachprüfen. Er verwendet die Uniformmethode, eine mathematisch vereinfachte Form der Effektivzinsberechnung …

$$\frac{\text{Gesamte Kreditkosten} \cdot 100 \cdot 12}{\text{Ursprünglicher Kreditbetrag} \cdot \text{mittlere Kreditlaufzeit}}$$

Hinweis: $\textit{Mittlere Laufzeit} = \frac{1\ \textit{(kürzeste Laufzeit)} + 48\ \textit{(längste Laufzeit)}}{2}$

… und kommt zum gleichen Ergebnis wie sein Kreditinstitut.

$$\frac{(200 \cdot 0{,}36 \cdot 48) \cdot 100 \cdot 12}{20\,000 \cdot 24{,}5} = \underline{\underline{8{,}46\,\%}}$$

7.3.3 Investitionskredite

Der **Investitionskredit** ist ein Kredit, der
- Unternehmen zur Finanzierung des Anlagevermögens dient,
- in einer Summe bereitgestellt wird,
- über einen längeren Zeitraum entsprechend einem im Voraus festgelegten Tilgungsplan zurückgezahlt wird.

Die Kreditlaufzeit sollte die erwartete Nutzungsdauer der finanzierten Gegenstände gemäß AfA-Tabellen des Bundesfinanzministeriums nicht überschreiten. Verfahrensmäßig entspricht der Investitionskredit grundsätzlich dem Ratenkredit. Allerdings sind beim Investitionskredit variable Zinsvereinbarungen – mit dem Risiko von Marktzinserhöhungen und der Chance von Marktzinssenkungen – möglich. Die Rückzahlung kann annuitätisch oder als Abzahlungsdarlehen erfolgen.

7.3.4 Immobilienkredite

Definition

***Immobilienkredite** sind durch Grundpfandrechte[1] abgesicherte, langfristige Kredite an Privatpersonen und Unternehmungen zur Finanzierung von Baumaßnahmen und zum Erwerb von Immobilien.*

Die Tilgung erfolgt entsprechend einem im Voraus festgelegten Tilgungsplan. Die Darlehensbedingungen für Realkredite umfassen u. a.
- die Festlegung des Zinssatzes und ggf. des Disagios,
- die Rückzahlungsmodalitäten (Tilgungshöhe und Tilgungsart).

Die effektiven Zinskosten werden bestimmt durch den Sollzins und den Auszahlungskurs.
- Der **Sollzins** ist der auf den nominellen Darlehensbetrag bezogene Zinssatz.
- Der **effektive Zinssatz** ist der auf den tatsächlichen Kreditbetrag bezogene Zinssatz; er schließt die durch das Damnum (Disagio) entstehenden Kosten und alle anderen Kosten mit ein.
- Das **Disagio** (Damnum, Abgeld) ist der Abschlag, der ggf. bei Auszahlung des Darlehens vorgenommen wird, also die Differenz zwischen dem nominellen Darlehensbetrag und dem Darlehensauszahlungsbetrag.

Das Disagio dient
- der Deckung der mit der Kreditbearbeitung beim Kreditinstitut entstehenden Kosten,
- der Feineinstellung der Effektivverzinsung auf das aktuelle Kapitalmarktzinsniveau,
- ggf. einer über die Nominalverzinsung hinausgehenden einmaligen Zinszahlung; ein hohes Disagio führt in diesem Fall zu einer geringeren nominellen Zinsbelastung, verlängert aber die Laufzeit des Darlehens.

---
[1] *Vgl. Seite 401.*

Steuerlich ist das Disagio das einmalige Kostenentgelt für die Geldbeschaffung. Der Kreditnehmer kann das Disagio ggf. als Werbungskosten bzw. als Betriebsausgaben steuermindernd geltend machen.

7.3.5 Zinsbindung und Rückzahlungsmodalitäten

- **Darlehen mit Festzinsvereinbarung**
  Der Zinssatz ist für einen im Voraus bestimmten Zeitraum der Darlehenslaufzeit *(z. B. 5 Jahre)* festgeschrieben. Nach Ablauf der Zinsbindung wird eine Bedingungsanpassung vorgenommen.
- **Darlehen ohne Zinsfestschreibung**
  Der Zinssatz ist variabel. Er wird während der Kreditlaufzeit der aktuellen Veränderung des Kapitalmarktzinssatzes angepasst.

Im Hinblick auf die **Rückzahlungsmodalitäten** unterscheidet man:

- **Annuitätendarlehen**
  Die jährliche Belastung, bestehend aus Tilgung und Zinsen, die **Annuität**, ist für die gesamte Laufzeit des Darlehens konstant. Der in der Annuität enthaltene Tilgungsanteil steigt von Jahr zu Jahr um die ersparten Zinsen.

Beispiel

Darlehensbetrag: *180 000,00 €*
Nominalzinssatz: *6 % p. a.*
Tilgungssatz: *1 % p. a. (anfänglich)*

Jahr	Darlehen	6 % Zinsen	anfängl. Tilgung 1%	Annuität
1	180 000,00 €	10 800,00 €	1 800,00 €	**12 600,00 €**
2	178 200,00 €	10 692,00 €	1 908,00 €	**12 600,00 €**
3	176 292,00 €	10 577,52 €	2 022,48 €	**12 600,00 €**
4	174 269,52 €	10 456,17 €	2 143,83 €	**12 600,00 €**
5	172 125,69 €	.	.	.
:	:	:	:	:

Das Darlehen ist nach ca. 33 Jahren getilgt.

- **Abzahlungsdarlehen**
  Die jährliche Belastung bestehend aus Tilgung und Zinsen sinkt von Jahr zu Jahr. Der in der Annuität enthaltene Tilgungsanteil bleibt über die gesamte Laufzeit des Darlehens konstant.

Beispiel

Darlehensbetrag: *180 000,00 €*
Nominalzinssatz: *6 % p. a.*
Tilgungssatz: *5 % p. a.*

Jahr	Darlehen	6 % Zinsen	5 % Tilgung	Annuität
1	180 000,00 €	10 800,00 €	9 000,00 €	**19 800,00 €**
2	171 000,00 €	10 260,00 €	9 000,00 €	**19 260,00 €**

Jahr	Darlehen	6 % Zinsen	5 % Tilgung	Annuität
3	162 000,00 €	9 720,00 €	9 000,00 €	**18 720,00 €**
4	153 000,00 €	9 180,00 €	9 000,00 €	**18 180,00 €**
5	144 000,00 €	.	.	.
:	:	:	:	:

Das Darlehen ist nach 20 Jahren getilgt.

- **Festdarlehen**
  Die jährliche Belastung besteht nur in Höhe der Zinsen. Die Darlehensrückzahlung erfolgt in einer Summe am Ende der Darlehenslaufzeit.

7.4 Kreditsicherungen

Die wichtigste Sicherung eines Kredits beruht auf der persönlichen Zuverlässigkeit und Vertragstreue des Kreditnehmers. Dennoch verlangt der Kreditgeber in der Regel eine zusätzliche Sicherheit, auf die er zurückgreifen kann, wenn der Kreditnehmer seine Zahlungsverpflichtungen aus dem Kreditvertrag nicht erfüllt.

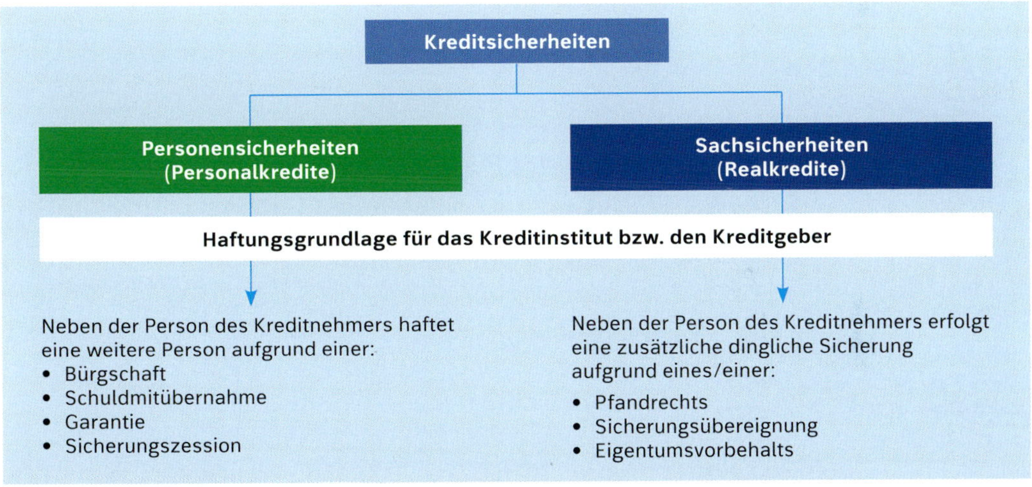
Kreditsicherheiten
Personensicherheiten (Personalkredite)
Sachsicherheiten (Realkredite)
Haftungsgrundlage für das Kreditinstitut bzw. den Kreditgeber
Neben der Person des Kreditnehmers haftet eine weitere Person aufgrund einer:
• Bürgschaft
• Schuldmitübernahme
• Garantie
• Sicherungszession
Neben der Person des Kreditnehmers erfolgt eine zusätzliche dingliche Sicherung aufgrund eines/einer:
• Pfandrechts
• Sicherungsübereignung
• Eigentumsvorbehalts

7.4.1 Bürgschaft

Definition

***Die Bürgschaft** ist die Verpflichtung des Bürgen gegenüber dem Gläubiger eines Dritten, für dessen Verbindlichkeiten einzustehen (§ 765 ff. BGB).*

Wer eine Bürgschaft zur Sicherung eines Bankkredits übernimmt, verpflichtet sich somit gegenüber dem Kreditinstitut, für die Verbindlichkeiten des Kreditnehmers aufzukommen, wenn dieser nicht zahlt.

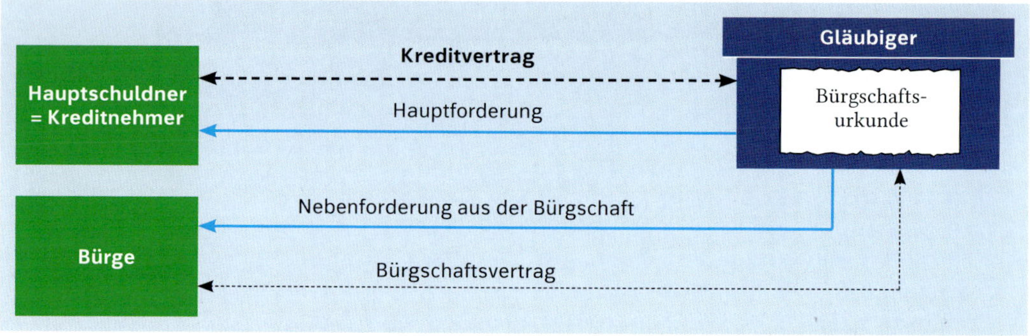
Gläubiger
Kreditvertrag
Hauptschuldner = Kreditnehmer
Hauptforderung
Bürgschafts-urkunde
Nebenforderung aus der Bürgschaft
Bürge
Bürgschaftsvertrag

Gewöhnliche Bürgschaft

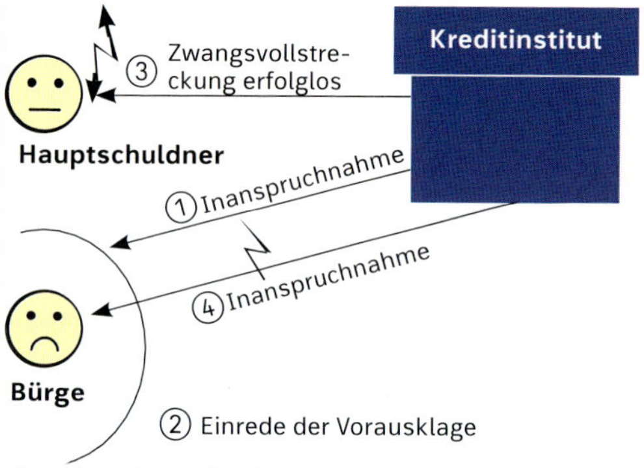
Kreditinstitut
③ Zwangsvollstre-ckung erfolglos
Hauptschuldner
① Inanspruchnahme
④ Inanspruchnahme
Bürge
② Einrede der Vorausklage

Der **Bürge kann die Einrede der Vorausklage geltend machen**; d. h. er kann die Zahlung verweigern, solange der Gläubiger nicht eine Zwangsvollstreckung in das **bewegliche Vermögen** des Hauptschuldners ohne Erfolg versucht hat *(§§ 771 f. BGB)*.

Macht der Bürge von der Einrede der Vorausklage ② Gebrauch, muss der Gläubiger zunächst die Zwangsvollstreckung ③ betreiben. Ist die Zwangsvollstreckung erfolglos, kann der Bürge endgültig in Anspruch genommen werden ④.

Selbstschuldnerische Bürgschaft

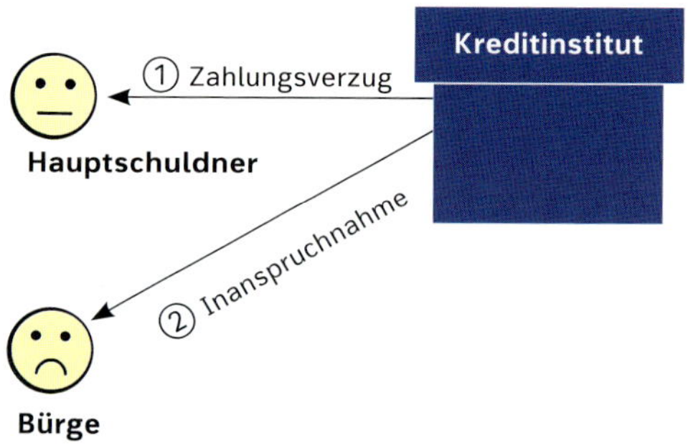
Kreditinstitut
① Zahlungsverzug
Hauptschuldner
② Inanspruchnahme
Bürge

Der **Bürge verzichtet auf die Einrede der Vorausklage.** Der Gläubiger kann sich bei Fälligkeit sofort an den Bürgen wenden (Selbstschuldnerische Bürgschaft kraft Vertrages, *§ 773 BGB*). Ist für den Bürgen die Bürgschaft ein Handelsgeschäft, so steht ihm die Einrede der Vorausklage nicht zu (Selbstschuldnerische Bürgschaft kraft Gesetzes, *§ 349 HGB*).

Die Bürgschaft ist ein **einseitig verpflichtender Vertrag**. Er bedarf grundsätzlich der **Schriftform** *(§ 766 BGB)*. Nur Kaufleute können sich auch mündlich verbürgen, wenn die Bürgschaft für sie ein Handelsgeschäft ist *(§ 350 HGB)*.
Die Bürgschaft ist **forderungsabhängig** (= akzessorisch), d. h. abhängig vom Bestand der zu sichernden Forderung (Hauptforderung).

Die beiden wichtigsten Bürgschaftsarten sind die „**Gewöhnliche Bürgschaft**" und die „**Selbstschuldnerische Bürgschaft**".

Erlöschen der Bürgschaft

Die **Bürgschaft erlischt,** wenn

- die Hauptverbindlichkeit erlischt,

- die Bürgschaft zeitlich befristet war, die Bürgschaftsfrist abgelaufen ist und der Gläubiger den Einzug der Forderung nicht unverzüglich betreibt,
- der Gläubiger ein die Hauptschuld sicherndes Recht ohne Zustimmung des Bürgen aufgibt *(§ 776 BGB)*,
- der Bürge von einem im Bürgschaftsvertrag vereinbarten Kündigungsrecht Gebrauch macht,
- die Verbindlichkeit des Hauptschuldners ohne Zustimmung des Bürgen von einem Dritten übernommen wird *(z. B. Geschäftsübernahme)*.

Die Bürgschaft **erlischt nicht mit dem Tod des Bürgen**. Die Bürgschaft gehört zu den Nachlassverbindlichkeiten.
Die Bürgschaft **erlischt nicht mit dem Tod des Hauptschuldners**. Die Haftung des Bürgen beschränkt sich auf die beim Tod des Hauptschuldners bestehende Schuld.

■ Ansprüche des Bürgen nach Befriedigung des Gläubigers

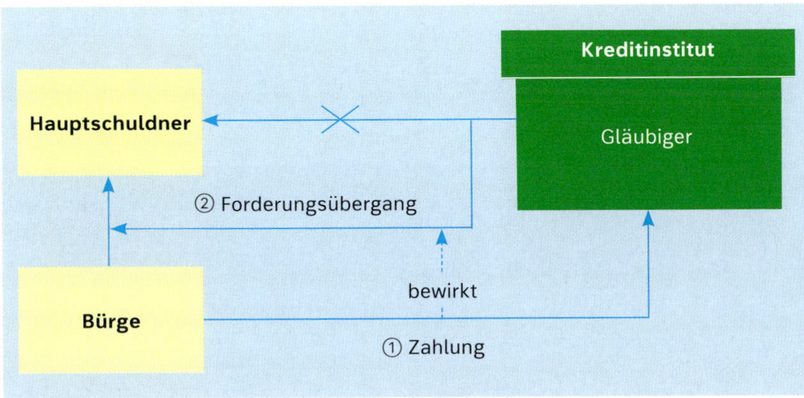
Kreditinstitut
Gläubiger
Hauptschuldner
② Forderungsübergang
bewirkt
Bürge
① Zahlung

Zahlt der Bürge an den Gläubiger, geht die Forderung gegen den Hauptschuldner auf den Bürgen über *(gesetzlicher Forderungsübergang, § 774 BGB)*.

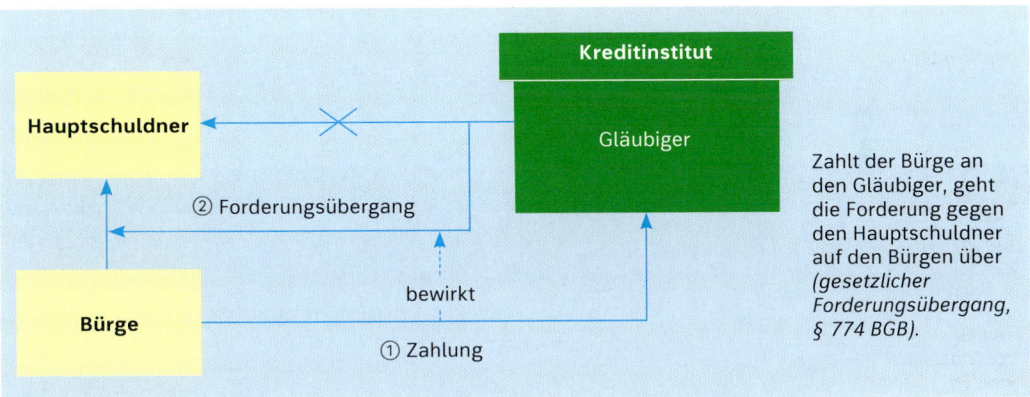

7.4.2 Pfandrecht

Definition

Das ***Pfandrecht*** *ist ein zur Sicherung einer Forderung bestelltes akzessorisches Recht an einer fremden Sache. Es räumt dem Pfandgläubiger das Recht ein, den Pfandgegenstand zu verwerten, falls der Schuldner seine Zahlungsverpflichtungen nicht erfüllt (§ 1204 ff. BGB).*

Der Verpfänder bleibt zwar Eigentümer des Pfandgegenstandes, er kann jedoch über ihn nicht mehr verfügen, da zur Rechtswirksamkeit der Pfandrechtsbestellung die Übergabe des Pfandes an den Pfandgläubiger notwendig ist. Die Übergabe des Pfandgegenstandes entfällt, wenn der Pfandgläubiger bereits in dessen Besitz ist.

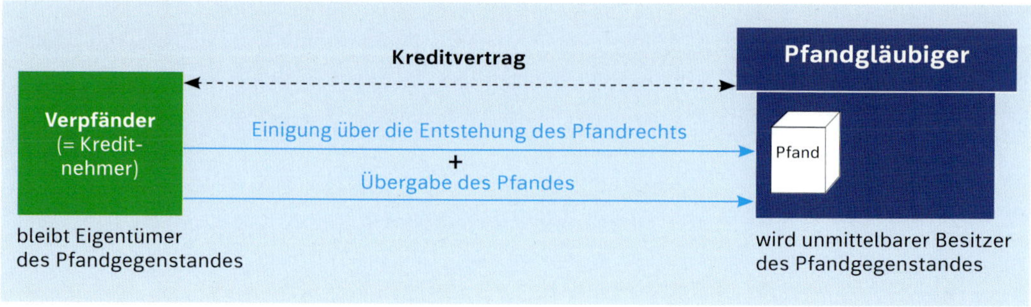
Kreditvertrag
Pfandgläubiger
Verpfänder (= Kredit-nehmer)
Einigung über die Entstehung des Pfandrechts
+
Übergabe des Pfandes
Pfand
bleibt Eigentümer des Pfandgegenstandes
wird unmittelbarer Besitzer des Pfandgegenstandes

Als Pfand eignen sich in der Praxis nur solche Wertgegenstände, die vom Pfandgläubiger problemlos verwertet werden können. Bevorzugt sind vor allem börsennotierte Wertpapiere.
Die vom Kreditnehmer angebotenen Pfandobjekte werden vom Kreditinstitut nicht mit ihrem vollen Wert beliehen. Bei Wertpapieren schwankt der Beleihungssatz zwischen 50 % und 90 % des aktuellen Marktwertes.
Ein durch die Verpfändung von beweglichen Sachen, insbesondere Wertpapieren, gesicherter Kredit wird als **Lombardkredit** bezeichnet.

Arten des Pfandrechts

Arten des Pfandrechts	
Vertragliches Pfandrecht	Das Pfandrecht entsteht durch **Vertrag** zwischen dem Verpfänder und dem Pfandgläubiger.
Gesetzliches Pfandrecht	Das Pfandrecht besteht kraft Gesetzes, ohne dass die beteiligten Parteien ausdrücklich eine Verpfändung vereinbart haben. ***Beispiele:*** • *Pfandrecht des Kommissionärs (§ 397 HGB)* • *Pfandrecht des Vermieters (§ 559 BGB)* • *Pfandrecht des Verpächters (§ 592 BGB)*
Pfändungspfandrecht	Das Pfandrecht entsteht im Wege der **Zwangsvollstreckung** in das Vermögen eines säumigen Schuldners *(§§ 803 f. ZPO)*. • Die **Pfändung** der im Gewahrsam des Schuldners befindlichen **beweglichen Sachen** erfolgt dadurch, dass der Gerichtsvollzieher diese Sachen in Besitz nimmt oder durch Anbringung des Pfandsiegels die Pfändung des Gegenstandes deutlich macht *(§ 808 ZPO)*. • Die **Pfändung von Forderungen** erfolgt durch Zustellung eines gerichtlichen Pfändungsbeschlusses *(§ 829 ZPO)*.

Die verschiedenen Pfandrechte gewähren dem jeweiligen Pfandgläubiger die gleichen Rechte *(§ 804 ZPO, § 1257 BGB)*.

Erlöschen des Pfandrechts

- Der Pfandgegenstand wurde nach Androhung der Pfandverwertung *(§ 1234 BGB)* und Ablauf einer Wartefrist *(§ 1234 BGB; 368 HGB)* rechtmäßig verwertet *(§ 1242 BGB)*.
- Die Forderung, für die das Pfandrecht bestellt wurde, besteht nicht mehr *(§ 1252 BGB)*.
- Der Pfandgläubiger gibt das Pfand dem Verpfänder zurück *(§ 1253 BGB)*.
- Der Pfandgläubiger verzichtet auf das Pfandrecht *(§ 1255 BGB)*.

7.4.3 Sicherungsübereignung

Die Verpfändung einer beweglichen Sache ist wegen der damit verbundenen Übergabe an den Pfandrechtsgläubiger nicht immer eine zweckmäßige Möglichkeit der Kreditsicherung. Privat oder betrieblich genutzte Gegenstände sind daher zur Verpfändung ungeeignet.

Wenn das Sicherungsobjekt vom Kreditnehmer genutzt wird und daher in seinem unmittelbaren Besitz bleiben soll, bietet sich die Sicherungsübereignung als Möglichkeit der Kreditsicherung an.

Definition

*Die **Sicherungsübereignung** ist eine Eigentumsübertragung mit der Vereinbarung, dass*
- ***der Kreditnehmer die zur Sicherung übereignete Sache in seinem Besitz behalten darf,***
- ***der Kreditgeber bei Nichterfüllung seiner Forderung berechtigt ist, die Herausgabe der Sache zu verlangen und sie anschließend zu verwerten.***

***Jede Eigentumsübertragung ist eine umsatzsteuerbare Leistung nach** § 1 Abs. 1 Nr. 1 UStG.*

Die Sicherungsübereignung ist gesetzlich nicht geregelt. Sie hat sich aus der Praxis entwickelt und ist von der Rechtsprechung als Instrument der Kreditsicherung anerkannt.
Die Sicherungsübereignung erfolgt nach den Vorschriften über die Eigentumsübertragung durch **Einigung und Vereinbarung eines Besitzkonstituts** *(§ 930 BGB)*.

Einigung	Besitzkonstitut
Die Vertragspartner einigen sich darüber, dass das Eigentum sicherungshalber vorübergehend auf das Kreditinstitut übergehen soll.	Die Übergabe des Sicherungsgutes wird durch einen Vertrag ersetzt, der den Kreditnehmer weiterhin zum unmittelbaren Besitz berechtigt *(z. B. Leihvertrag)*.

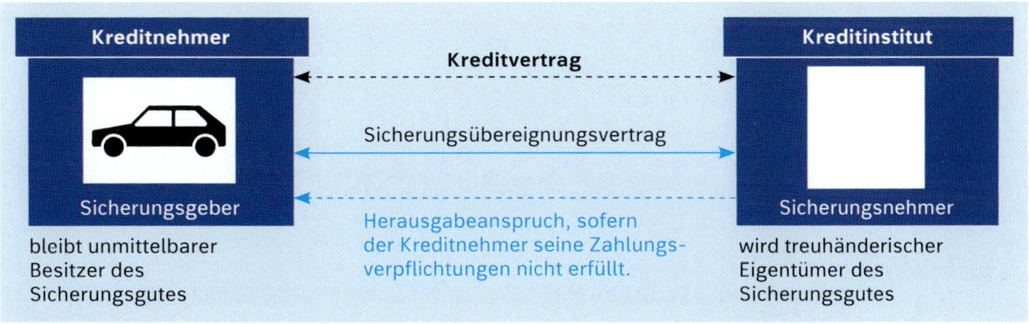
Kreditnehmer
Kreditinstitut
Kreditvertrag
Sicherungsübereignungsvertrag
Sicherungsgeber
Sicherungsnehmer
Herausgabeanspruch, sofern der Kreditnehmer seine Zahlungsverpflichtungen nicht erfüllt.
bleibt unmittelbarer Besitzer des Sicherungsgutes
wird treuhänderischer Eigentümer des Sicherungsgutes

Zur Sicherungsübereignung sind nur Vermögensteile geeignet, die sich aufgrund einer genauen Beschreibung oder Kennzeichnung von allen anderen Sachen des Kreditnehmers unterscheiden lassen:
- Kraftfahrzeuge
- Maschinen
- Waren (Rohstoffe, Fertigerzeugnisse)

Warenlager
- Lager mit festem Bestand
- Lager mit variablem Bestand

Bestimmung des Sicherungsgutes (Individualisierung)

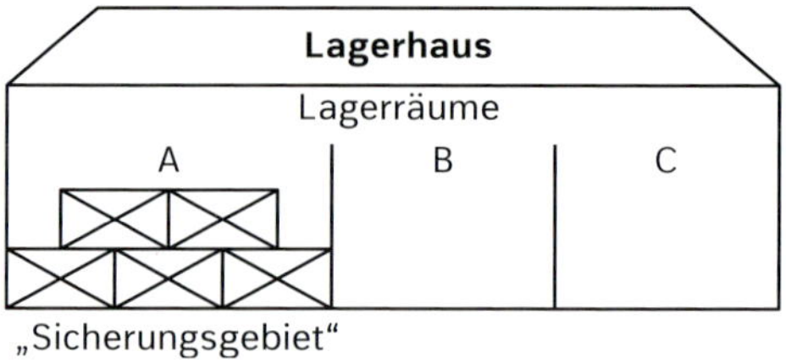
Lagerhaus
Lagerräume
A
B
C
„Sicherungsgebiet"

Die übereignete Ware wird räumlich bestimmt. Im Sicherungsvertrag wird der Lagerort evtl. unter Beifügung einer Lagerskizze beschrieben und vereinbart, dass sämtliche im „Sicherungsgebiet" eingelagerten Sachen als übereignet gelten sollen (Bassinvertrag/Raumsicherungsvertrag).

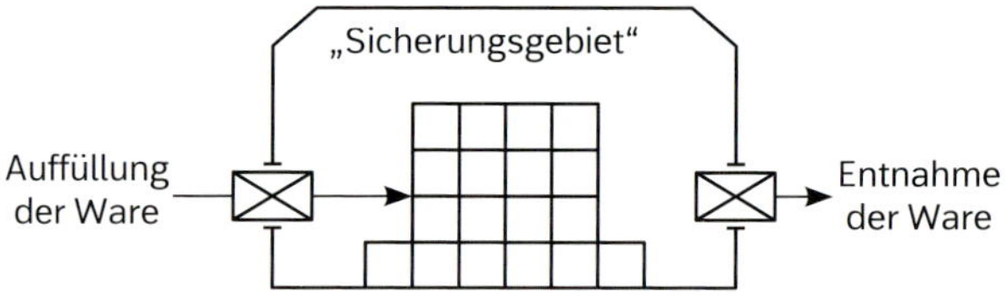
„Sicherungsgebiet"
Auffüllung der Ware
Entnahme der Ware

Bezieht sich der Sicherungsvertrag auf ein Warenlager mit wechselndem Bestand, verlangt das Kreditinstitut monatliche Bestandsmeldungen und die Einhaltung eines Mindestdeckungsbestandes.
Die Lagerführung wird vom Kreditinstitut in unregelmäßigen Zeitabständen überprüft. Im Sicherungsvertrag wird vereinbart, dass die im Rahmen der Lagerauffüllungen in das „Scherungsgebiet" eingebrachten Gegenstände automatisch Scherungsgut werden sollen.

Die Sicherungsübereignung ist für das Kreditinstitut als Sicherungsnehmer mit Risiken verbunden, die den Wert dieser Kreditsicherheit erheblich beeinträchtigen können.
- Das Sicherungsobjekt ist durch seine Nutzung beim Kreditnehmer einem natürlichen Verschleiß und damit einer Wertminderung ausgesetzt.
- Das Sicherungsobjekt könnte gestohlen, beschädigt oder zerstört werden.
- Das Sicherungsobjekt unterliegt bereits einem gesetzlichen Vermieter-/Verpächterpfandrecht.
- Das Sicherungsobjekt gehört bereits zum Zubehör eines mit einem Grundpfandrecht belasteten Grundstücks und fällt damit in die Zubehörhaftung.

	Pfandrecht	**Sicherungsübereignung**
Kreditnehmer	bleibt Eigentümer der verpfändeten Sache	bleibt unmittelbarer Besitzer der übereigneten Sache
Kreditgeber	wird unmittelbarer Besitzer der Sache (Pfandrechtsgläubiger)	wird treuhänderischer Eigentümer und mittelbarer Besitzer der Sache

7.4.4 Sicherungsabtretung

Zur Kreditsicherung können nicht nur dem Kreditnehmer gehörende *Sachen*, sondern auch *Forderungen* dienen, die der Kreditnehmer gegenüber Dritten hat.

Definition

Die ***Sicherungsabtretung*** *(Sicherungszession) ist die Übertragung einer Forderung des bisherigen Gläubigers (Kreditnehmer, Zedent) gegenüber einem Dritten (Drittschuldner) auf einen neuen Gläubiger (Kreditgeber, Zessionar) mit der Vereinbarung, dass*
- *die übertragene Forderung von diesem eingezogen und verwertet werden darf,*
- *wenn der Kreditnehmer seine Zahlungsverpflichtungen nicht erfüllt.*

Die Sicherungsabtretung ist gesetzlich nicht geregelt; sie hat sich aus der Praxis entwickelt und ist von der Rechtsprechung als Instrument der Kreditsicherung anerkannt; sie erfolgt nach den allgemeinen Bestimmungen des BGB über die Abtretung von Forderungen *(§ 398 BGB)*.

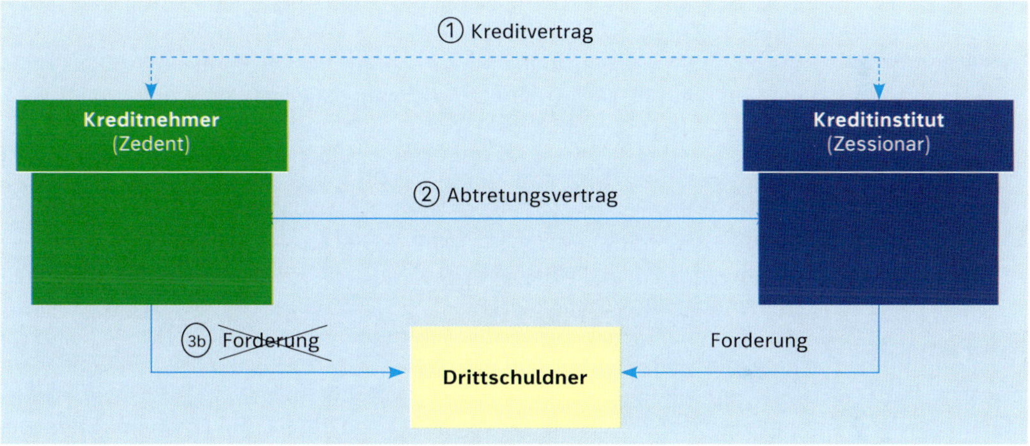
① Kreditvertrag
Kreditnehmer
(Zedent)
Kreditinstitut
(Zessionar)
② Abtretungsvertrag
3b Forderung
Forderung
Drittschuldner

Zur Sicherungsabtretung geeignete Forderungen sind:

Gehaltsforderungen
- Forderungen aus Warenlieferungen und Leistungen
- Forderungen aus Bauspar- und Versicherungsverträgen
- Sparforderungen

Beispiel

Die Eheleute Jean und Beate Joffe haben bei ihrem Kreditinstitut einen Ratenkredit zur Finanzierung ihrer neuen Wohnungseinrichtung beantragt.
Zur Kreditsicherung wird eine Gehaltsabtretung in Höhe von monatlich 250,00 € vereinbart.

Die Sicherungsabtretung kann **mit oder ohne Benachrichtigung** des Drittschuldners erfolgen.

■ Offene Zession

Die Sicherungsabtretung wird dem Drittschuldner angezeigt. Das hat zur Folge, dass dieser mit schuldbefreiender Wirkung nur noch an den Zessionar zahlen kann.

■ Stille Zession

Die Sicherungsabtretung wird dem Drittschuldner nicht mitgeteilt. Dieser leistet seine Zahlung mit schuldbefreiender Wirkung weiterhin an den Zedenten. Dieser ist jedoch verpflichtet, den eingehenden Betrag an den Zessionar weiterzuleiten. Die stille Zession setzt ein hohes Vertrauen des Kreditgebers gegenüber dem Kreditnehmer voraus.

Im Interesse des Kreditnehmers wird in der Praxis jedoch häufig auf die Offenlegung der Zession verzichtet, weil hierbei die Kreditaufnahme und die Forderungsabtretung dem Drittschuldner nicht bekannt werden.
Eine stille Zession kann jederzeit in eine offene Zession umgewandelt werden.
Die Sicherungsabtretung kann sich als **Einzelabtretung** auf eine **einzelne Forderung** oder als Rahmenabtretung auf ein **Bündel von Forderungen** beziehen.
Reicht nämlich eine einzelne Forderung zur Sicherung eines Kredites nicht aus, können ggf. auch mehrere Forderungen gleichzeitig abgetreten werden.
Insbesondere die Abtretung von Forderungen aus Warenlieferungen und Leistungen wird in Form einer **Rahmenabtretung** vorgenommen.

Eine Rahmenabtretung erfolgt in der Praxis in Form einer **Globalzession**. Der Kreditnehmer tritt alle gegenwärtigen und künftig entstehenden Forderungen gegenüber einem bestimmten Kreis von Drittschuldnern ab. Der Wert dieser Forderungen muss den im Kreditsicherungsvertrag vereinbarten Mindestdeckungsbestand erreichen. Die abgetretenen Forderungen werden in der Regel durch die Anfangsbuchstaben der Drittschuldner abgegrenzt. Der Forderungsübergang geschieht hier bereits zum Zeitpunkt der Entstehung der Forderungen.

7.4.5 Grundpfandrechte

In besonderem Maß wertbeständig sind Immobilien (Grundstücke und Gebäude). Bei der Vergabe langfristiger Kredite bevorzugen die Kreditinstitute daher eine Sicherung durch ein Grundpfandrecht.

Definition *Ein* ***Grundpfandrecht*** *ist die Belastung eines Grundstücks mit einer Hypothek oder Grundschuld, vornehmlich zum Zweck der Kreditsicherung.*

■ Bestellung eines Grundpfandrechtes

Definition *Die* ***Bestellung*** *eines Grundpfandrechtes erfolgt durch Einigung in notarieller beurkundeter Form und Eintragung ins Grundbuch (§ 873 BGB).*

Man unterscheidet Hypothek und Grundschuld.

Hypothek	Grundschuld
Eine Hypothek ist ein Pfandrecht an einem Grundstück zur Sicherung einer bestimmten Forderung *(§ 1113 ff. BGB).*	Eine Grundschuld ist die Belastung eines Grundstücks mit einer bestimmten Geldsumme *(§ 1191 ff. BGB).*
Die Hypothek ist **akzessorisch:** Es besteht ein untrennbarer rechtlicher Zusammenhang zwischen dem persönlichen Anspruch aus der Darlehensgewährung und dem dinglichen Anspruch aus der Hypothek. Der Anspruch aus der Hypothek wird durch den Umfang des persönlichen Anspruchs bestimmt.	Die Grundschuld ist **abstrakt:** Es besteht kein rechtlicher Zusammenhang zwischen dem persönlichen Anspruch aus der Darlehensgewährung und dem dinglichen Anspruch aus der Grundschuld. Der Anspruch aus der Grundschuld existiert unabhängig von dem persönlichen Anspruch.
Der **dingliche Haftungsanspruch** aus dem Grundpfandrecht erstreckt sich auf: • das **Grundstück** • die **wesentlichen Bestandteile des Grundstücks** ***Beispiele:*** *Gebäude, Pflanzen* • das **Zubehör**, soweit es dem Grundstückseigentümer gehört ***Beispiele:*** *Maschinen, Geräte, Vieh* • die **Grundstückserträge** ***Beispiel:*** *Mieteinnahmen*	

In der Praxis wird die Grundschuld gegenüber der Hypothek aufgrund ihrer Abstraktheit als Kreditsicherungsmittel bevorzugt:

- Die Grundschuld bleibt auch bei teilweiser oder völliger Kreditrückzahlung in voller Höhe bestehen.
  Sie kann deswegen auch zur Besicherung von Krediten mit wechselndem Kreditsaldo *(z. B. Kontokorrentkrediten)* herangezogen werden.
- Die Grundschuld kann auf den Namen des Grundstückseigentümers eingetragen werden (Eigentümergrundschuld).
  Durch Abtretung der Grundschuld und Übergabe des Grundschuldbriefes ist der Grundstückseigentümer jederzeit in der Lage, eine Kreditsicherheit stellen zu können.

Aufgaben

1. Die Schubert & Müller Kurier GmbH benötigt ein neues Fahrzeug. Die Geschäftsführerin Clara Schubert interessiert sich für einen Ford Transit. Als Alternative zur Kreditfinanzierung erwägt sie, den Wagen zu leasen. Sie wendet sich an die Alpha Leasing GmbH und erhält kurz darauf folgendes Leasing-Vertragsformular (s. Seite 371).

a) Stellen Sie die Schritte in einem Schaubild dar, die bei dieser Finanzierungsart zwischen dem Leasinggeber, dem Leasingnehmer und dem Händler von der Anbahnung des Geschäftes bis zur Zahlung der Leasingraten anfallen.

b) Berechnen Sie die Höhe der Gesamtausgaben, die bei der Finanzierung durch Leasing entstehen.

c) Welche Gründe könnten die Schubert & Müller Kurier GmbH veranlassen, das Leasingangebot anzunehmen?

d) Sie haben die Leasingbedingungen der Alpha Leasing GmbH erhalten. Welche Gründe könnten dagegen sprechen, das Leasingangebot anzunehmen?

Alpha Leasing GmbH

Leasingvertrag

Name und Anschrift des Leasingnehmers	Name und Anschrift des Leasinggebers
Schubert & Müller Kurier GmbH Brüggener Str. 1 50969 Köln	Alpha Leasing GmbH Neumarkt 2–6 50667 Köln

Bezeichnung des Leasingobjektes	Liefertermin	Preis	MwSt.
Ford Transit FT 260K 2,2l TDCI, 100 PS	01.07.20..	33 550 €	19 %

Restkaufpreis nach 36 Monaten:	6790,00 €
Unkündbare Leasingdauer:	36 Monate
Monatliche Leasingrate:	841,08 €
Leasingbeginn:	01.07.20..

(Alle Angaben zuzüglich Mehrwertsteuer)

Der Leasingnehmer bietet der Alpha Leasing GmbH den Abschluss eines Leasingvertrages zu oben und umseitig aufgeführten Bedingungen an. Der Leasingvertrag kommt mit schriftlicher Annahme der Alpha Leasing GmbH zustande. Der Leasingnehmer beauftragt die Alpha Leasing GmbH, das Leasingobjekt nach Zustandekommen des Leasingvertrages von dem Händler zu den Bedingungen käuflich zu erwerben, die der Leasingnehmer akzeptiert bzw. mit dem Händler ausgehandelt hat. Die Auswahl des Händlers und des Leasingobjektes erfolgt ausschließlich durch den Leasingnehmer. Die Alpha Leasing GmbH übernimmt daher keine Gewähr für die ordnungsgemäße und termingerechte Lieferung, die Mängelfreiheit und Nutzbarkeit des Leasingobjektes und die Bonität und Leistungsfähigkeit des Händlers.

Köln, ...

....

Alpha Leasing GmbH (Firmenstempel und Unterschrift des Leasingnehmers)

Leasingbedingungen

§ 1 Lieferung und Abnahme
Der Leasingnehmer ist zur Abnahme des mängelfrei gelieferten Leasingobjektes verpflichtet. Der Leasingnehmer trägt die Kosten und die Gefahr der Lieferung und der Montage sowie die Kosten der Behebung dabei verursachter Schäden.

§ 2 Versicherung
Der Leasingnehmer wird während der Leasingdauer auf eigene Kosten das Leasingobjekt gegen alle für das Leasingobjekt typischen Risiken zum Neuwert versichern und in seine übliche Betriebshaftpflichtversicherung einschließen.

§ 3 Inspektion und Reparatur
Der Leasingnehmer hat das Fahrzeug jährlich zu den Vertragswerkstätten zur Inspektion zu bringen. Reparaturen dürfen ebenfalls nur von Vertragswerkstätten durchgeführt werden.

§ 4 Sachgefahr
Der Leasingnehmer trägt die Gefahr des zufälligen Untergangs, des Abhandenkommens, des Totalschadens und des Wegfalls der Gebrauchsfähigkeit sowie der Verschlechterung des Leasingobjektes.

§ 5 Fristlose Kündigung
Der Leasinggeber kann den Leasingvertrag bei Vorliegen eines wichtigen Grundes fristlos kündigen, insbesondere wenn
- der Leasingnehmer mit einem Betrag von zwei Leasingraten im Verzug ist,
- der Leasingnehmer seine Zahlungen einstellt oder
- über sein Vermögen ein Vergleichs- oder Insolvenzverfahren eröffnet wird.

§ 6 Kauf- und Verlängerungsoption
Am Ende der Leasingdauer hat der Leasingnehmer nach seiner Wahl das Recht,
a) das Leasingobjekt von der Alpha Leasing GmbH zu kaufen (Kaufoption). Der Kaufpreis entspricht dem Buchwert des Leasingobjektes, der sich am Ende der Leasingdauer unter Anwendung der linearen AfA nach der amtlichen AfA-Tabelle ergibt, oder dessen niedrigerem gemeinen Wert. Ansonsten kann eine andere Vereinbarung im Leasingvertrag getroffen werden.
b) den Leasingvertrag zu verlängern (Verlängerungsoption). Die Verlängerungsdauer richtet sich nach dem Erhaltungszustand des Leasingobjektes. Die Leasingrate für die Verlängerungszeit errechnet sich aus dem Verhältnis des Buchwertes des Leasingobjektes, der sich am Ende der Leasingdauer unter Anwendung der linearen AfA nach der amtlichen AfA-Tabelle ergibt, oder dessen niedrigerem gemeinen Wert zu der Verlängerungsdauer.

§ 7 Rückgabepflicht des Leasingnehmers
Nach Beendigung des Leasingvertrages hat der Leasingnehmer das Leasingobjekt, sofern er es nicht kauft, auf seine Kosten und Gefahr transportversichert an dem von der Alpha Leasing GmbH bestimmten Ort innerhalb der Bundesrepublik Deutschland zurückzugeben.

2. Die Hausbank gewährt einer Speditionsunternehmung für die Anschaffung einer Umschlagsanlage einen Kredit in Höhe von 3,5 Mio. € zu folgenden Konditionen:

- einmalige Bereitstellungsgebühr von 0,5 % der Kreditsumme
- Zinssatz von 4,5 % p.a. berechnet von der jeweiligen Restschuld-Anfangstilgung (1. Tilgungsrate) 5,5 %
- Die gleich bleibenden Zahlungsraten (Annuitäten) für Zinsen und Tilgung sind halbjährlich nachträglich fällig.

Ermitteln Sie in Euro:

a) die regelmäßig halbjährliche Annuitätenzahlung,
b) die Restschuld zu Beginn des zweiten Halbjahres,
c) die Tilgung am Ende des zweiten Halbjahres.

3. Um welche der folgenden Finanzierungsarten handelt es sich bei den unten stehenden Möglichkeiten der Kapitalbeschaffung?

Finanzierungsarten:

(1) Selbstfinanzierung
(2) Fremdfinanzierung
(3) Beteiligungsfinanzierung

Möglichkeiten der Kapitalbeschaffung:

a) Erhöhung des gezeichneten Kapitals durch Ausgabe junger Aktien
b) Aufnahme eines Kommanditisten
c) Ausgabe von Schuldverschreibungen (Obligationen)
d) Eine AG führt nicht ausgeschüttete Gewinne der gesetzlichen Rücklage zu.
e) Finanzierung durch Bildung stiller Rücklagen
f) Inanspruchnahme längerer Zahlungsziele

4. Eine Speditionsunternehmung benötigt eine neue EDV-Anlage.
Welche der unten stehenden Aussagen zur Finanzierung dieser Anlage beziehen sich auf

(1) einen Leasingvertrag?
(2) einen Darlehensvertrag (Laufzeit 36 Monate)?
(3) eine andere Finanzierungsart?

a) Es fallen Überziehungszinsen an.
b) Die monatlichen Zahlungen sind in vollem Umfang Aufwendungen für die Speditionsunternehmung.
c) Der Vertragspartner der Speditionsunternehmung kann am Ende der Vertragslaufzeit die EDV-Anlage zurücknehmen.
d) Der Zinsanteil an den monatlichen Zahlungen wird im Zeitablauf kontinuierlich geringer.

5. a) Ermitteln Sie für ein vermietetes Geschäftshaus anhand der unten stehenden Angaben für das Jahr 20..

aa) den Zinsaufwand,
ab) die gesamten Aufwendungen für das Haus,
ac) die Gesamterträge aus dem Haus,
ad) die Verzinsung des Eigenkapitals (Einkommensteuer bleibt unberücksichtigt).

Die Anschaffungskosten des Hauses betragen 1800000,00 €, wovon 450000,00 € auf das Grundstück entfallen.

Zur Finanzierung dienen neben den Eigenmitteln eine 1. Hypothek von 300000,00 € zu 4,5 % Zinsen p. a. und eine 2. Hypothek von 100000,00 € zu 5 % Zinsen p. a.

Im Kalenderjahr 20.. betragen
- der Erhaltungsaufwand 10800,00 €,
- die Steuern und Abgaben vierteljährlich 4000,00 €,
- die Abschreibung 2 % (nur vom Gebäude),
- die monatlichen Mieteinnahmen 10600,00 €,
- die vierteljährliche Pachteinnahme für eine Parkfläche 680,00 €.

b) Welche der unten stehenden Aussagen sind in diesem Zusammenhang
(1) richtig?
(2) nicht richtig?
(3) wegen fehlender Informationen bezüglich ihrer Richtigkeit nicht zu beurteilen?

Aussagen:

ba) Beim Erwerb eines Grundstücks fällt i. d. R. Grundsteuer an.
bb) Die Eintragung der Hypotheken bedarf der notariellen Beurkundung.
bc) Die Hypotheken zählen zur Gruppe der Realkredite.
bd) Bei der Aufnahme der beiden Hypothekendarlehen war Disagio zu zahlen.
be) Eine Hypothek verleiht dem Darlehensschuldner mehr Flexibilität als die Eintragung einer Grundschuld.

6. Ergänzen Sie Ihre Lernkartei, indem Sie sich mit Ihrem Nachbarn über sinnvolle Kartenüberschriften austauschen und die Karteikarten entsprechend ausfüllen.

14 Marketingmaßnahmen entwickeln und durchführen

Einstiegssituation

Neulich in einer Spedition:

Auszubildender: „Herr Müller, ich hatte gerade einen Anruf von der Delta Elektronic GmbH. Die schicken ihre Sachen in alle Welt und fragen nach einem entsprechenden Angebot. Soll ich denen schon mal unsere Standardbroschüre schicken?"

Herr Müller: „Moment, so einfach geht das nicht. Da handelt es sich bestimmt um ein großes Auftragsvolumen und wir können nicht ‚mal schnell ein Angebot machen'. Bei einem solch' großen Unternehmen sollten wir uns erst mal mit unseren Marketing-Leuten zusammensetzen und uns eine Strategie überlegen, damit wir den Fisch an die Angel bekommen."

Auszubildender: „Ach so. Wofür ist denn die Marketing-Abteilung zuständig und was genau ist Marketing? Hat das nicht etwas mit Werbung zu tun?"

Das Tätigkeitsfeld einer Spedition wird hauptsächlich von vier verschiedenen Märkten bestimmt. Auf dem **Kapitalmarkt** (Banken) beschafft sie Kredite z. B. für neue Investitionen. Auf dem **Arbeitsmarkt** (Personal) wirbt das Unternehmen um neue Mitarbeiter. Der wichtigste aber ist wohl der **Absatzmarkt**, auf dem die Speditionen ihren Kunden ihre Logistikdienstleistungen anbieten. Dabei bedienen sie sich der Frachtführer auf dem **Beschaffungsmarkt**.

Der **Logistikmarkt** hat im Laufe der Jahrzehnte einen tief greifenden Wandel erfahren. Man trifft auf einen aggressiv umworbenen Käufermarkt, den die Unternehmen systematisch erschließen und pflegen, d. h. aktiv gestalten müssen.

1 Wozu brauchen Unternehmen Marketing?

Im Fachbegriff „Marketing“ steckt das Wort „Markt“. „Marketing“ bedeutet „Umgang mit Märkten" und umfasst alles, was den Absatz fördert. Es bezeichnet jedes unternehmerische Planen und Handeln, das sich am Markt orientiert. Vieles geschieht dabei mithilfe genauer Beobachtung und indem man versucht, sich in zukünftige Kunden hineinzuversetzen. Marketing muss sich daher bei allem, was im Unternehmen geschieht, mit zwei zentralen Fragen auseinandersetzen:
- Wo liegt der Nutzen für den Kunden?
- Wo liegt der Nutzen für das Unternehmen?

Marketing trägt dazu bei, die Produkte oder Dienstleistungen eines Unternehmens kundenorientiert zu gestalten, anzubieten und möglichst erfolgreicher als die Konkurrenz anzubieten. Gerade in Zeiten gesättigter Märkte ist es ein wichtiges Instrument, um Produkte und Dienstleistungen erfolgreich zu verkaufen. Marketing ermöglicht, erfolgreiche Produkte oder Dienstleistungen zu entwickeln und Chancen am Markt früher als andere zu erkennen.

Vielfach wird Marketing mit Werbung gleichgesetzt. Das ist falsch. Zwar gehört Werbung zum Marketing, doch erfolgreiches Marketing beginnt viel früher. Deshalb muss sich Marketing mit folgenden Fragen auseinandersetzen:
- Wie kann ein Unternehmen Kundenwünsche durch entsprechende Produkte oder Dienstleistungen erfüllen? Welche Eigenschaften muss das Produkt oder die Dienstleistung haben, um sich erfolgreich zu verkaufen?
- Mit welchen Marktbedingungen (Kunden, Konkurrenz) muss gerechnet werden? Die Produkte oder Dienstleistungen sollten anders (besser, günstiger) als das Angebot der Konkurrenz sein.
- Welcher Preis kann für das Produkt oder die Dienstleistung verlangt werden? Der Preis muss exakt auf das Produkt bzw. die Dienstleistung und auf den Kunden ausgerichtet sein.
- Wie soll das Produkt bzw. die Dienstleistung zum Kunden gelangen (Vertrieb bzw. Verkauf)? Der Vertrieb muss dem Kunden das Produkt leicht zugänglich machen. Kein Kunde wird auf Dauer kaufen, wenn es für ihn kompliziert ist, das Angebot wahrzunehmen.

Mit welchen Mitteln von Werbung/Kommunikation sollen den Kunden die Vorteile des Produktes bzw. der Dienstleistung vermittelt werden? Was der Kunde nicht kennt, kann er nicht kaufen. Nur wenn das Image des Angebotes und des Unternehmens positiv ist, kann eine langfristige Beziehung zum Kunden aufgebaut werden.
Die Logistikbranche sieht sich mit einem hart umkämpften Käufermarkt konfrontiert, das heißt, dass die Käufer Marktmacht haben. Der Logistikmarkt hat sich dabei u. a. mit folgenden Gegebenheiten auseinanderzusetzen:
Durch die Globalisierung der Produktion und des Wirtschaftsverkehrs kommt es zu immer größeren Transportdistanzen. Dabei tragen die Fortschritte in den Informations- und Kommunikationstechnologien zu einem immer einfacheren Ablauf des Wirtschaftsgeschehens bei.

Zudem verlagern Unternehmen ihre Wertschöpfungsketten in alle Welt, d. h. sie kaufen und produzieren weltweit dort, wo es am günstigsten ist. Eine der Begleiterscheinungen der Globalisierung ist neben der Verschärfung des weltwirtschaftlichen Wettbewerbs der steigende Bedarf an Transportleistungen. Logistik wird so zum Stellhebel für das Überleben und den Erfolg der Unternehmen im globalen Wettbewerb.

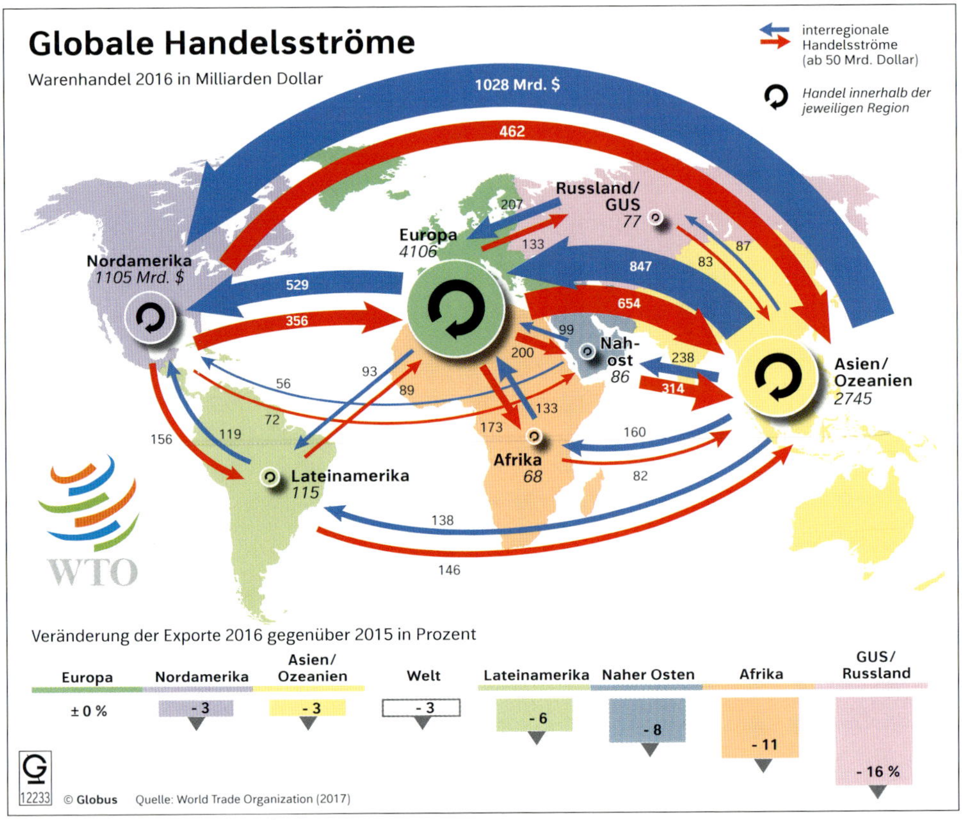
Globale Handelsströme
Warenhandel 2016 in Milliarden Dollar
interregionale Handelsströme (ab 50 Mrd. Dollar)
Handel innerhalb der jeweiligen Region
1028 Mrd. $
462
Russland/ GUS 77
207
133
Europa 4106
87
83
847
Nordamerika 1105 Mrd. $
529
356
654
99
Nah-ost 86
200
238
314
Asien/ Ozeanien 2745
56
93
89
72
133
156
119
173
160
Afrika 68
82
Lateinamerika 115
138
146
WTO
Veränderung der Exporte 2016 gegenüber 2015 in Prozent
Europa ± 0 %
Nordamerika - 3
Asien/ Ozeanien - 3
Welt - 3
Lateinamerika - 6
Naher Osten - 8
Afrika - 11
GUS/ Russland - 16 %
12233
© Globus
Quelle: World Trade Organization (2017)

Eine weitere Herausforderung sehen immer mehr Unternehmen in den differenzierten Kundenwünschen. Viele produzieren heute nur auf Bestellung, da Vorratshaltung immer Kapitalbindung und Absatzrisiko bedeutet. So entsteht eine Kette: Der Kunde bestellt beim Handel, dieser bei seinem Produzenten, der wiederum bei seinem Lieferanten, dieser bestellt wiederum Teile bei anderen Unterlieferanten. Die Kette funktioniert nur, wenn der Spediteur ganzheitlich, oft „just in time", bei allen Schnittstellen liefert. Während früher die Waren in den Markt „gepusht" wurden, werden sie jetzt aus dem Markt gezogen („pull"), das heißt, so wie der Kunde es wünscht.

Beispiel

Wer ein neues Auto oder neue Möbel bestellt, weiß, dass diese erst bei Bestellung produziert werden und mehrere Wochen Lieferzeit in Kauf zu nehmen sind.

Weiterhin kommt es durch die rasante technische Entwicklung zu immer kürzeren Produkt- und Technologiezyklen. Betrachtet man den Markt in der Halbleiterindustrie, so sind dort die Produkte nach ein bis zwei Jahren wieder veraltet. Auf dem Handymarkt lässt sich diese rasante Entwicklung gut beobachten.
Unternehmen sind gezwungen, bereits bei der Planung Voraussagen über mögliche Produktionszahlen zu machen. Einerseits besteht die Gefahr, dass das Produkt oder die Dienstleistung kein Markterfolg wird, andererseits kann nicht so schnell produziert werden, wie die Kunden es teilweise wünschen.
Die Logistikbranche reagiert auf diese Umstände, indem sie immer öfter kleinere Mengen schnell transportiert. Dies wird besonders am Aufschwung der Express-Dienstleister deutlich.
Ein weiterer Trend zeigt sich in der Logistikbranche darin, dass Politik und Öffentlichkeit immer mehr Druck auf die Unternehmen ausüben, umweltgerecht zu agieren. Der Güterkraftverkehr gilt in der breiten Bevölkerung immer noch als der größte Umweltverschmutzer – ein Grund für die Lkw-Maut und damit eine gewünschte Transportverlagerung von der Straße auf die Schiene. Hinzu kommt, dass der Transport nicht mit der Ablieferung der Ware endet, sondern Abfälle und Verpackungen wieder abgeholt werden müssen, um sie dem Recycling, der Wiederverwendung oder der Entsorgung zuzuführen.

2 Marketing in der Logistik

Die dargestellte Situation auf dem Logistikmarkt zeigt, dass Logistikanbieter heutzutage aktiv um ihre Kunden kämpfen müssen. Der Markt für Dienstleistungen erfordert im Vergleich zu Konsumgüter- oder Investitionsgütermärkten die Beachtung von Besonderheiten, denn

- die Leistung ist immateriell und von dieser Leistung ist der Kunde zu überzeugen,
- die Leistung ist eng mit den Personen verbunden, die sie erstellen,
- Produktion und Konsum des „Gutes“ fallen zusammen, weil Dienstleistungen nicht auf Vorrat produziert werden können,
- die Qualität der Ausführung kann einer hohen Schwankungsbreite unterliegen,
- Leistungen sind oft homogen.

Definition

In der klassischen Marketinginterpretation bedeutet Marketing: Planung, Koordination und Kontrolle aller auf die aktuellen und potenziellen Märkte ausgerichteten Unternehmensaktivitäten.

Logistikanbieter haben sich demnach mit der konsequenten Ausrichtung aller den Markt berührenden Entscheidungen an den Erfordernissen und Bedürfnissen der Kunden zu orientieren, um die Kundenwünsche optimal zu treffen und zu befriedigen. Neben dieser Kundenorientierung steht die Wettbewerbsorientierung. Über den Vergleich der eigenen Leistungen mit denen der Konkurrenz sind eigene Wettbewerbsvorteile zu pflegen und auszubauen.
Eine Maßnahme, sich von der Konkurrenz abzusetzen, ist die Preisgestaltung. Die Wettbewerbssituation auf dem Logistikmarkt zeigt allerdings, dass Speditionen oder Frachtführer kaum Spielraum haben, ihre Preise eigenständig zu gestalten und dadurch einen Vorsprung vor der Konkurrenz zu erlangen. Die

Logistikanbieter sind also gezwungen, sich über die angebotenen Produkte, ihre Qualität, Vertriebsformen u. a. von der Konkurrenz abzuheben. Bevor sie bestimmte Produkte anbieten, ist es aber notwendig, die Wünsche und Bedürfnisse der Kunden zu kennen und zu prüfen, ob dieses Produkt überhaupt angeboten werden kann. Notwendig dafür ist eine sehr gute Kommunikation mit den Kunden, um bedarfsgerechte, hoch individualisierte Lösungen anbieten zu können.
Zur Erreichung dieser Ziele bedienen sich Unternehmen der klassischen vier Marketinginstrumente: Preis-, Kommunikations-, Produkt- und Distributionspolitik. Die genannten Marketinginstrumente können niemals isoliert eingesetzt werden. Sie wirken wechselseitig und werden im sogenannten **Marketing-Mix** kombiniert.

Preispolitik
Zu welchem Preis sollen die Leistungen am Markt angeboten werden?
Kommunikationspolitik
Wo findet man potenzielle Kunden, welche Bedürfnisse bestehen, welche Informations- und Motivationsinstrumente sollen angewandt werden, um die Leistungen abzusetzen?
Marketing-Mix
Produktpolitik
Wie können Produkte geschaffen werden, die die Kunden wünschen, welche Problemlösungen bzw. Leistungen können konkret am Markt angeboten werden?
Distributionspolitik
Auf welchen Wegen sollen die Leistungen zu den Kunden gelangen?

Vor der Gestaltung der Marketinginstrumente sind die Marketingziele zu fixieren und darauf aufbauende Strategien zu formulieren. Je nach Wirtschaftszweig bzw. Aktionsfeldern ergeben sich notwendigerweise unterschiedliche Einsatzschwerpunkte der einzelnen Marketinginstrumente. Logistikanbieter produzieren Dienstleistungen, die sich vor allem durch folgende Eigenschaften auszeichnen:

- Ihre Dienstleistungen sind sehr individuell auf den Kunden bezogen.
- Ihre Dienstleistungen sind vielfach mit Sachleistungen kombiniert (z. B. Durchführung des Transportes mit eigenem Lkw).
- Die Produktion ihrer Dienstleistungen ist i. d. R. sehr personalintensiv.
- Die Qualität ihrer Dienstleistungen hängt sehr stark von der Qualität des Dienstleisters ab.

3 Preispolitik

Definition

Die Preispolitik muss darüber entscheiden, welche Preise und Konditionen sinnvoll sind, um das gewünschte Unternehmensziel zu erreichen.

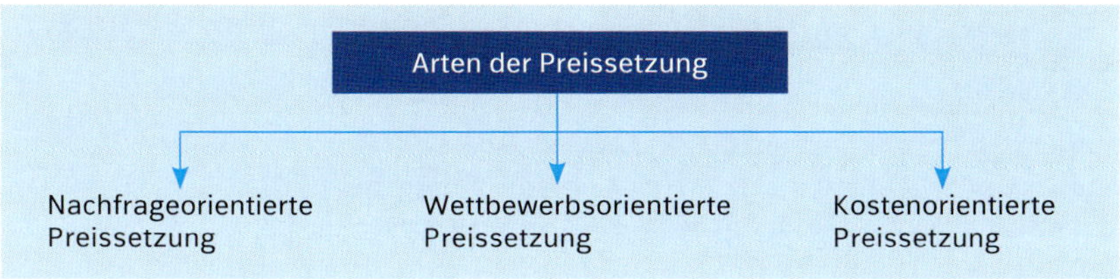
Arten der Preissetzung
Nachfrageorientierte Preissetzung
Wettbewerbsorientierte Preissetzung
Kostenorientierte Preissetzung

3.1 Nachfrageorientierte Preissetzung

Es geht hier um die Frage, welchen Preis die Kunden für eine Ware zu zahlen bereit sind. Wenn eine Spedition beispielsweise eine „Bis-Neun-Uhr-Zustellung“ anbietet und diese Leistung zu einem hohen Preis verkauft werden kann, wird sie diesen Preis auch fordern. Insbesondere bei neuen und konkurrenzlosen Produkten ist die nachfrageorientierte Preissetzung üblich.

3.2 Wettbewerbsorientierte Preissetzung

Durch die starke Konkurrenz im Speditionsgewerbe besteht der Zwang, die Preise an denen der Wettbewerber zu orientieren. Die wettbewerbsorientierte Preisbildung gibt den einzelnen Unternehmen nur wenig Spielraum zur Beeinflussung der Preise. Konkurrenzorientierte Preisbildung ist vor allem dann gegeben, wenn

- es wenige Anbieter gibt (sog. Oligopol),
- die Güter verhältnismäßig gleichartig (homogen) sind und
- die Nachfrager einen guten Marktüberblick haben (Markttransparenz).

3.3 Kostenorientierte Preissetzung

Grundsätzlich versucht der Anbieter von seinen Kunden den Preis zu verlangen, den er aufgrund seiner Kosten kalkuliert hat, d. h., das geforderte Entgelt soll die Voll- oder zumindest bestimmte Teilkosten decken. Grundsätzlich bilden die Kosten die Preisuntergrenze, d. h. den Preis, der mindestens gefordert werden muss. Die für die Preisgestaltung notwendigen Ausgangsinformationen werden dem betrieblichen Rechnungswesen entnommen.

3.4 Preispolitische Strategien

Der Preispolitik im Logistikbereich sind insbesondere beim Angebot von Standardleistungen enge Grenzen gesetzt, denn es ist ein Käufermarkt, auf dem die Nachfrager mit ihrem Preisdiktat den Ton angeben. Gründe dafür sind der scharfe Wettbewerb, die Austauschbarkeit der Leistungen und die hohe Markttransparenz.

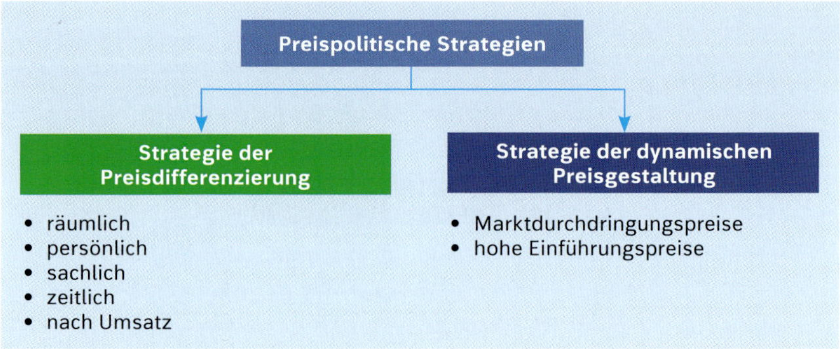
Preispolitische Strategien
Strategie der Preisdifferenzierung
• räumlich
• persönlich
• sachlich
• zeitlich
• nach Umsatz
Strategie der dynamischen Preisgestaltung
• Marktdurchdringungspreise
• hohe Einführungspreise

Mit verschiedenen preispolitischen Strategien kann dennoch versucht werden, eigene preispolitische Spielräume zu realisieren.

Strategie der Preisdifferenzierung

Die Preisdifferenzierung knüpft an der Erfahrung an, dass es unter den potenziellen und tatsächlichen Nachfragern Segmente gibt, die auf unterschiedliche Ausprägungen des Preises verschiedenartig reagieren. Folglich werden den jeweiligen Gruppen dabei verschieden hohe Preise abverlangt.

- **Räumliche Preisdifferenzierung**
  Als Kriterien der Preisdifferenzierung kommen z. B. Wirtschaftsräume, In- oder Ausland in Betracht. In der speditionellen Praxis zeigt sich, dass gleiche Verkehrsleistungen zu unterschiedlichen Preisen verschiedenen Kunden angeboten werden.

- **Persönliche Preisdifferenzierung**
  Hier erfolgt eine Einteilung nach Großkunden und Kleinkunden oder anderen persönlichen Kriterien.

- **Sachliche Preisdifferenzierung**
  Das gleiche Produkt wird in unterschiedlicher Aufmachung zu unterschiedlichen Preisen angeboten.

  Beispiel

  Eine Luftfrachtsendung von Köln nach New York kann als Sammel- oder als Direktladungsflug angeboten werden.

- **Zeitliche Preisdifferenzierung**
  Die zeitliche Preisdifferenzierung basiert auf unterschiedlichen Preisen zu verschiedenen Zeitpunkten.

  Beispiel

  KWZ (Kleinwasserzuschlag)

- **Differenzierung nach Umsatz**
  Bei der Differenzierung nach Umsatz werden unterschiedliche Preise bei unterschiedlichen Einkaufsumsätzen abverlangt, z. B. Mengenrabatte, Umsatzboni, Bonusmeilenprogramme im Luftverkehr.

Beispiel

TACT im Luftfrachtverkehr

Strategie der dynamischen Preisgestaltung

Maßnahmen der dynamischen Preisgestaltung sollen die Preise **flexibel** den Marktverhältnissen anpassen. Es bieten sich zwei Alternativen bei der Neuprodukteinführung an:

- **Penetrationsstrategie (Marktdurchdringungspreise)**
  Bei der Penetrationsstrategie sollen mit relativ niedrigen Preisen schnell Massenmärkte erschlossen und große Käuferschichten gewonnen werden.
- **Marktabschöpfungsstrategie (hohe Einführungspreise)**
  Bei der Abschöpfungspreispolitik wird in der Einführungsphase eines Neuproduktes ein relativ hoher Preis gefordert, der dann mit zunehmender Erschließung des Marktes und/oder aufkommendem Konkurrenzdruck sukzessive gesenkt wird.

4 Kommunikationspolitik

Für Speditionen ist eine besonders ausgeprägte Sensibilität gegenüber den Kunden und deren Wünschen vorrangig. Sie müssen nicht nur sehr genau die Kundenwünsche kennen und verstehen, sondern auch Botschaften entwickeln, die über Existenz, Merkmale und Vorteile eines Produktes informieren, und sie müssen diese Botschaften an die gewünschten Empfänger bringen.

Persönliche Kommunikation

Persönliche Kommunikation ist die direkte, von Person zu Person gerichtete Kommunikation, in der laufend Rückfragen und Dialoge entstehen. Die persönliche Kommunikation ist sehr effizient, und Unklarheiten können sofort behoben werden.

Massenkommunikation

Unter Massenkommunikation versteht man eine Kommunikation, deren Botschaften **öffentlich**, z. B. durch Fernsehen und Zeitungen, bei räumlicher und/oder zeitlicher Distanz der Kommunikationspartner vermittelt werden. Hierbei liegt kein begrenzter, personell definierter Empfängerkreis vor. Rückfragen sind nicht möglich und die Streuverluste sind sehr hoch, sodass die persönliche Kommunikation in ihrer Wirkung als effizienter angesehen werden muss.

Instrumente der Kommunikationspolitik			
Merkmal Kommunikations-instrument	**Primäre Zielsetzung**	**Zielgruppe**	**Wichtigste Kommunikationsträger**
Werbung	Positive Beeinflussung des Kaufverhaltens der Zielpersonen	Genau definierte Zielgruppen, Zielpersonen, Marktsegmente usw.	Zeitungen Zeitschriften Fernsehen Hörfunk

Instrumente der Kommunikationspolitik			
Verkaufsförderung (Salespromotion)	Förderung der Verkaufsaktivitäten der eigenen Verkaufsorganisation und des Handels	Eigene Verkaufsorganisation, Handel, Konsumenten	Messen, Ausstellungen, Verkäuferschulungen, Preisausschreiben, Verkaufswettbewerbe, Produktproben, Zeitschriften, Informationsmaterial
Öffentlichkeitsarbeit (Public Relations)	Aufbau und Pflege eines in der Öffentlichkeit positiv wirkenden Images	Gesamte Öffentlichkeit oder Teilöffentlichkeiten	Zeitungen, Zeitschriften, Fernsehen, Hörfunk, Personen, Veranstaltungen, Pressekonferenzen
Persönlicher Verkauf	Erzielung von Verkaufsabschlüssen, Information	Potenzielle Abnehmer, Kunden, Interessenten	Eigene Außendienstorganisation, Handelsvertreter

4.1 Werbung

Oft wird Werbung mit dem Begriff Marketing gleichgesetzt, aber sie ist nur ein Teil des Marketings.
Durch **Werbung** wird versucht, eine bestimmte Zielgruppe durch spezielle Kommunikationsmittel zu beeinflussen, damit das Werbeziel erreicht wird.

Beispiele:

Bekanntmachung des Produkts, Erhöhung des Bekanntheitsgrades des Unternehmens, Umsatzsteigerung, Behauptung der Marktstellung, Zurückgewinnung von Kunden.

Wenn beim Umworbenen eine Kaufhandlung ausgelöst werden soll, sollte sich der Informationsverarbeitungsprozess in vier Stufen abspielen. Diese Stufen lassen sich zugleich als psychologische Ziele der Werbung ansehen.

Wirkungsstufen der Werbung (= psychologische Werbeziele)	
1. Stufe Bekanntmachung des Produkts ⇩	Die Bekanntmachung ist die Vorstellung, die Nennung des Produktes. Sie ist notwendig, weil ein Produkt nur dann gekauft werden kann, wenn der Käufer von seiner Existenz weiß.
2. Stufe Information über das Produkt ⇩	Der potenzielle Käufer muss Produktinformationen erhalten, die über die reine Bekanntheit hinausgehen. Sie beziehen sich in erster Linie auf den Nutzen, den das Produkt bringt.
3. Stufe Schaffung eines positiven Produktimages ⇩	Die Werbung soll bewirken, dass die gesamte Vorstellung von dem Produkt überwiegend positiv ausgeprägt ist. Dies setzt eine positive Bewertung der Produktinformationen voraus.
4. Stufe Schaffung einer Kaufdisposition bzw. Auslösung der Kaufhandlung	Das positive Produktimage soll dazu führen, dass das Produkt dem Umworbenen als wünschenswert erscheint. Die Folge soll eine Kaufdisposition(-neigung) sein (d. h., das Produkt soll bei Bedarf gekauft werden) oder das direkte Auslösen der Kaufhandlung (z. B. Erteilung eines Auftrages, Aufsuchen eines Verkäufers).

Eine ähnliche Stufung findet sich in den Zielen der AIDA-Formel:

1. Aufmerksamkeit erregen	(**A**ttention)	**A**
2. Interesse am Produkt wecken	(**I**nterest)	**I**
3. Besitzwünsche wecken	(**D**esire)	**D**
4. Kaufhandlung auslösen	(**A**ction)	**A**

Werbemittel, Werbeelemente und Werbegrundsätze

Die Werbung versucht, ihre Ziele durch den Einsatz verschiedener Werbeelemente und Werbemittel zu erreichen, und hat dabei die Werbegrundsätze zu beachten.

Werbeelemente

- **Vergünstigungen**
  - Werbegeschenke
  - Preisvergünstigungen
  - Lieferungs- und Zahlungs- bedingungen
  - Kundendienst
- **Ton**
  - Hörfunkspot
  - Warenvorführung
  - Verkaufsgespräch
  - CD-Aufnahme
- **Schrift**
  - Werbebrief
  - Rundschreiben
  - Anzeige
  - Prospekt
  - Firmen- und Produktnamen auf Fahrzeugen
  - Internetanzeige
- **Ware**
  - Verkaufsraumauslagen
  - Messe- und Ausstellungsgegenstände
- **Bild**
  - Werbefilm, -video
  - Computerpräsentation
  - Plakat
  - Fernsehspot

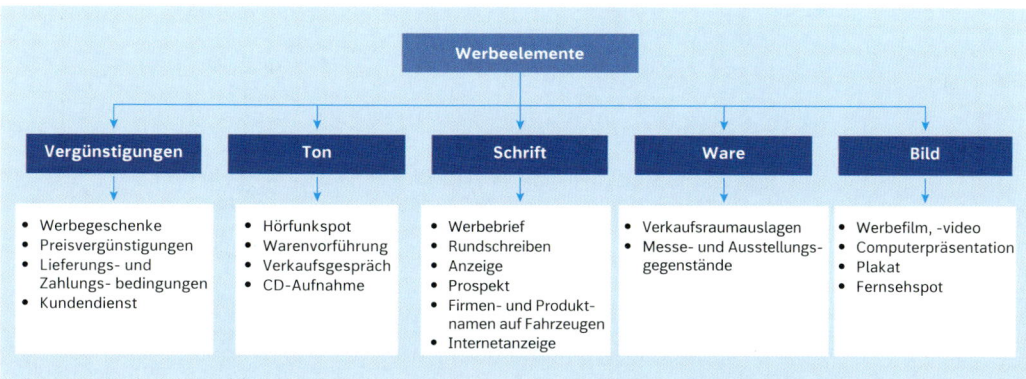

Grundsatz der Werbewirksamkeit

Wirksamkeit ist der oberste Werbegrundsatz. Er verlangt eine Beschaffenheit der Werbung, die zur **Verwirklichung der Werbeziele** führt. Aus diesem Grund muss die Werbung genau geplant werden. Die Planung muss folgende Elemente berücksichtigen:

Werbeziele:	Festlegung des Werbezwecks
Werbesubjekt:	Festlegung des Werbenden
Werbebudget:	Festlegung des Werbebetrages
Zielgruppe:	Festlegung des Umworbenen
Werbeobjekte:	Festlegung der Produkte
Streuzeit:	Festlegung der Werbetermine
Werbemittel und -medien:	Festlegung der Übermittlungsart
Streugebiet:	Festlegung der Werbeorte

Grundsatz der Wirtschaftlichkeit

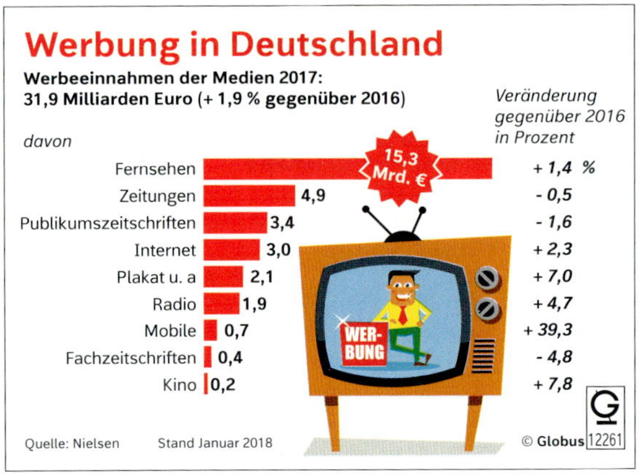
Werbung in Deutschland
Werbeeinnahmen der Medien 2017:
31,9 Milliarden Euro (+ 1,9 % gegenüber 2016)
Veränderung gegenüber 2016 in Prozent
davon
Fernsehen 15,3 Mrd. € + 1,4 %
Zeitungen 4,9 - 0,5
Publikumszeitschriften 3,4 - 1,6
Internet 3,0 + 2,3
Plakat u. a 2,1 + 7,0
Radio 1,9 + 4,7
Mobile 0,7 + 39,3
Fachzeitschriften 0,4 - 4,8
Kino 0,2 + 7,8
WER-BUNG
Quelle: Nielsen
Stand Januar 2018
© Globus 12261

Werbeerfolg und eingesetzte Geldmittel sollen in einem möglichst günstigen Verhältnis zueinander stehen. Auch aus diesem Grund ist eine genaue Planung der Werbung unerlässlich. Insbesondere ist die zeitliche Verteilung der Werbeausgaben zu berücksichtigen. Einerseits müssen Entscheidungen über pro- oder antizyklische bzw. pro- oder antisaisonale Werbung getroffen werden, andererseits darüber, ob es sich um einmalige, zeitlich begrenzte, kontinuierliche, zeitweilige Werbeaktionen oder eine Kombination der genannten Möglichkeiten handeln soll.

Grundsatz der Wahrheit

Die Erfahrung zeigt, dass falsche Werbeaussagen auf Dauer eine negative Wirkung erzielen, weil das Vertrauen der Umworbenen getäuscht wird. Deshalb sollen auch irreführende oder übertriebene Aussagen vermieden werden.

Beispiel:

„Die beste Spedition, die es je gab"

Die Werbung muss dabei nicht nur die Gesetze der jeweiligen Länder beachten, sondern soll auch mit den moralischen und ästhetischen Empfindungen im Einklang stehen.

Grundsatz der Klarheit

Zum einen müssen die Ziele der Werbung klar formuliert werden, damit keine ungeeigneten Werbemaßnahmen ergriffen werden. Zum anderen muss die Werbeaussage so klar formuliert bzw. dargestellt sein, dass keine Fehlinterpretationen durch potenzielle Kunden möglich sind. Ein möglicher Vertrauensschaden bei den Kunden würde den Werbeerfolg ins Gegenteil verkehren.

Werbedurchführung

Grundsätzlich bieten sich folgende Möglichkeiten der Werbedurchführung an:
- Die Werbung wird durch das werbende Unternehmen selbstständig durchgeführt.
- Das werbende Unternehmen übergibt die Werbedurchführung einer Werbeagentur.
- Die Werbung wird zum einen Teil durch die eigene Werbeabteilung, zum anderen Teil durch die Werbeagentur durchgeführt.

Nach der Anzahl der Werbenden unterscheidet man:

- **Einzelwerbung**
  Ein Unternehmen wirbt hier für seine Leistungen.

  Beispiel

  „Schubert & Müller Kurier GmbH – wir tun das, was wir am besten können: Logistik & Transporte"

- **Gemeinschaftswerbung**
  Mehrere Unternehmen werben gemeinsam, ohne dass das einzelne Unternehmen beim Namen genannt wird.

  Beispiel

  „Vertrauen Sie Ihre Güter deutschen Spediteuren an"

- **Sammelwerbung**
  Mehrere Unternehmen verschiedener Branchen führen eine gemeinsame Werbeaktion durch, wobei jeder Beteiligte in der Werbebotschaft namentlich genannt wird.

  Beispiel:

  Aktion zum Thema Gefahrguttransporte: „Mehr Sicherheit auf deutschen Straßen"

Werbeerfolgskontrolle

Der Werbeerfolg kann mithilfe von ökonomischen und außerökonomischen Indikatoren gemessen werden.
Zur Messung des **ökonomischen Werbeerfolges** werden folgende Kennziffern benutzt:

$$\text{Wirtschaftlichkeit der Werbung} = \frac{\text{Umsatzzuwachs}}{\text{Werbeaufwand}}$$

$$\text{Marktanteil} = \frac{\text{Umsatz}}{\text{Gesamtumsatz des Marktes}} \cdot 100$$

Die Messung des ökonomischen Werbeerfolges ist wichtig, aber in der Praxis überaus problematisch. Denn eine Steigerung des Umsatzes oder eine Erhöhung des Marktanteils hängt vom Einsatz aller Marketinginstrumente und außerdem von der Konjunktur, der Wirtschaftspolitik und weiteren Einflüssen ab. Auch kann eine Werbemaßnahme erfolgreich sein, obwohl Umsatz und Marktanteil sogar zurückgehen. Dann hat die Werbung vielleicht eine noch schlechtere Entwicklung verhindert. Einigermaßen zuverlässig lässt sich die ökonomische Werbeerfolgskontrolle nur auf einem Testmarkt durchführen.
Bei der Kontrolle des **außerökonomischen** Werbeerfolges geht es um den **kommunikativen Werbeerfolg**. Wegen der Mängel der ökonomischen Erfolgskontrolle hat man Kennziffern entwickelt, die sich an den psychologischen Werbezielen orientieren. Sie zielen darauf ab, das **Verhalten** der Umworbenen auszuwerten und festzustellen, wie die Werbung auf sie einwirkt. Dementsprechend kann man die **Wirksamkeit** der Werbemaßnahmen überprüfen und die Werbemaßnahmen ggf. variieren.

Beispiele:

$$\textbf{Attention} = \frac{\textit{Aufmerksame Adressaten}}{\textit{Gesamtzahl der Adressaten}}$$

$$\textbf{Interest} = \frac{\textit{Interessenten}}{\textit{Gesamtzahl der Adressaten}}$$

$$\textbf{Desire} = \frac{\textit{Überzeugte}}{\textit{Gesamtzahl der Adressaten}}$$

$$\textbf{Action} = \frac{\textit{Zusätzliche Käufer}}{\textit{Gesamtzahl der Adressaten}}$$

Um solche Messziffern zu erhalten, nimmt man Beobachtungen (z. B. mit Blickbewegungs-Registriergeräten) oder Tests (z. B. Wiedererkennungs- oder Erinnerungsverfahren) vor. Fehler lassen sich dabei nicht vermeiden: Wer sich erinnert, muss deshalb nicht positiv berührt sein. Wer sich nicht erinnert, kann trotzdem positiv beeinflusst sein.

4.2 Verkaufsförderung (Salespromotion)

Definition

Verkaufsförderung (Salespromotion) beinhaltet die primär kommunikativen Maßnahmen, die der Unterstützung und der Erhöhung der Effizienz der eigenen Absatzorgane, der Marketingtätigkeit der Absatzmittler und der Beeinflussung der Verwender bei der Beschaffung und Nutzung der Produkte dienen.

Salespromotion-Aktionen üben also zusätzliche und außergewöhnliche Anreize auf eine oder mehrere Zielgruppen aus.
Je nach Adressaten der Salespromotion unterscheidet man die Instrumente der Verkaufsförderung in:

- **Verbraucherpromotions**, z. B. Preisausschreiben, Preisnachlässe, Proben, Gutscheine, Angebot von Warenrücknahme
- **Außendienstpromotions**, z. B. Wettbewerbe, Schulungen, Informationsveranstaltungen, Bereitstellung von Verkaufshilfen
- **Händlerpromotions**, z. B. Kaufnachlass, Wiederverkaufsnachlass, kostenlose Güter, Merchandising, kooperative Werbung, Werbung am Point of Sale, Verkaufswettbewerbe, Händlerschulung

Während Werbung sich in erster Linie an die Letztverbraucher bzw. -verwender richtet, wendet sich die Verkaufsförderung schwerpunktmäßig vor allem an die **Verkaufsorgane**. Man könnte deshalb sagen:

Definition

Werbung ist die direkte Verbraucherbeeinflussung, **Verkaufsförderung** ist indirekte Verbraucherbeeinflussung.

4.3 Öffentlichkeitsarbeit (Public Relations)

Definition

Public Relations sind Vertrauenswerbung in der Öffentlichkeit. Sie ist die planmäßige, systematische und wirtschaftlich sinnvolle Gestaltung der Beziehung zwischen Unternehmen und einer nach Gruppen gegliederten Öffentlichkeit (z. B. Kunden, Aktionäre, Lieferanten, Arbeitnehmer, Institutionen, Staat) mit dem Ziel, Vertrauen und Verständnis zu gewinnen oder auszubauen.

Beispiel:

Eine Spedition könnte in der Öffentlichkeit Vertrauen gewinnen, indem sie sämtliche Fahrzeuge mit Rußfiltern ausrüstet und dadurch zeigt, dass sie besonders umweltfreundlich orientiert ist.

Wichtige Instrumente der Public Relations sind professionell aufgemachte Internetauftritte, Informationen für Journalisten, Pressekonferenzen, Public-Relations-Anzeigen, Public-Relations-Veranstaltungen (z. B. Vortragsveranstaltungen, Tage der offenen Tür, Jubiläumsfeiern), Errichtung von Stiftungen, Kultur-, Sozial- und Sportsponsoring.
Die Öffentlichkeitsarbeit ist **langfristig** angelegt und zielt auf **Vertrauensbildung**, die sich auf das gesamte Unternehmen bezieht.

4.4 Persönlicher Verkauf

Der persönliche Verkauf ist bei Speditionen von höchster Bedeutung, da das Kaufverhalten hier in besonderem Maße von **Beratungs-** und **Überzeugungsleistungen** der Verkäufer beeinflusst wird.
Ziel des persönlichen Verkaufs ist es, durch Verkaufsgespräche einen **Verkaufsabschluss** zu bewirken. Im Gegensatz zu den unpersönlichen Formen der Massenkommunikation wird durch den persönlichen Kontakt der Mitarbeiter mit dem Kunden nicht nur ein direktes Feedback hergestellt. Vielmehr ist der persönliche Verkauf zugleich auch ein flexibles Instrument der **Informationsgewinnung** und **Imagebildung**.

■ Formelle Verkaufsebene

Leider gibt es kein Patentrezept für den Verkauf speditioneller Dienstleistungen. In zunehmendem Maße wird diese Aufgabe jedoch einer bestimmten Stelle im Unternehmen zugewiesen. Dadurch wird sichergestellt, dass der Kunde einen festen Ansprechpartner hat. Ohne eine enge Kommunikation des Verkäufers mit den einzelnen Abteilungen wird der Verkäufer aber keinen Erfolg haben, denn die versprochenen Dienstleistungen müssen auch tatsächlich leistbar sein.

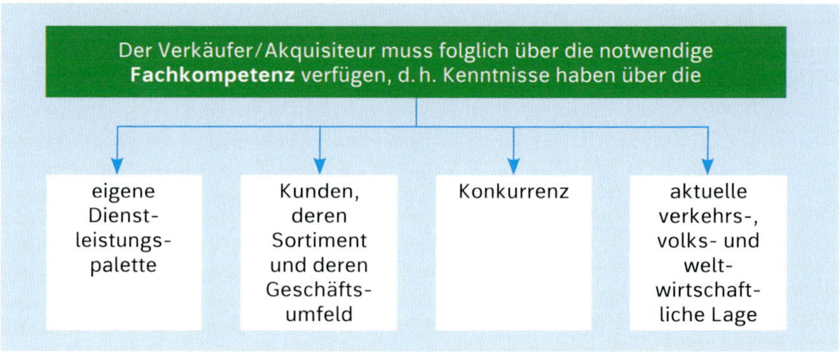
Der Verkäufer/Akquisiteur muss folglich über die notwendige **Fachkompetenz** verfügen, d. h. Kenntnisse haben über die
eigene Dienstleistungspalette
Kunden, deren Sortiment und deren Geschäftsumfeld
Konkurrenz
aktuelle verkehrs-, volks- und weltwirtschaftliche Lage

Darüber hinaus werden von ihm besondere kommunikative Kompetenzen gefordert. Umgangsformen, Kontaktfähigkeit und Teamgeist sollen ihn auszeichnen, und er sollte sich so mit dem Unternehmen identifizieren, dass er glaubwürdig auftreten kann. Hohes Engagement, Überzeugungskraft und Durchsetzungsfähigkeit ergänzen seine Kompetenzen.
Das eigentliche Verkaufsgespräch, das er zu führen hat, lässt sich dann in folgende Phasen untergliedern:

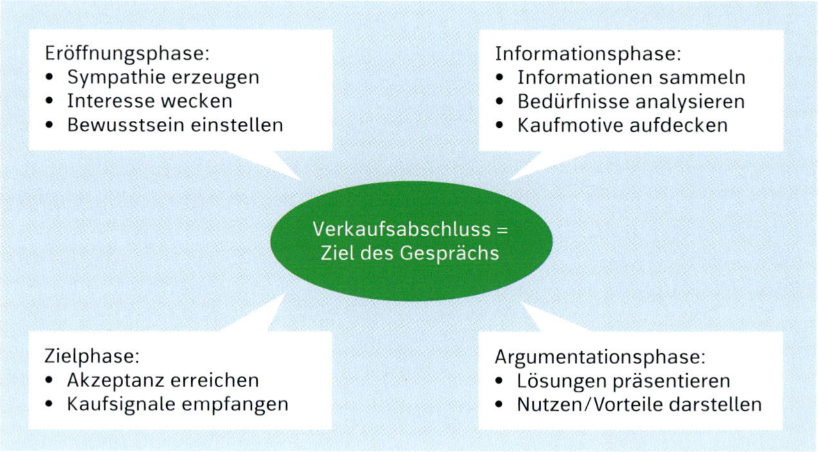
Eröffnungsphase:
• Sympathie erzeugen
• Interesse wecken
• Bewusstsein einstellen
Informationsphase:
• Informationen sammeln
• Bedürfnisse analysieren
• Kaufmotive aufdecken
Verkaufsabschluss = Ziel des Gesprächs
Zielphase:
• Akzeptanz erreichen
• Kaufsignale empfangen
Argumentationsphase:
• Lösungen präsentieren
• Nutzen/Vorteile darstellen

Informelle Verkaufsebene

Neben dem Verkäufer ist im Prinzip jeder Mitarbeiter des Unternehmens in der täglichen Arbeit auch Verkäufer. Da Anfragen, Aufträge, Reklamationen u. Ä. häufig telefonisch erfolgen, ist auch vom Personal Freundlichkeit und Fachkompetenz zu erwarten. Der Kunde darf niemals das Gefühl haben, sein Anliegen sei unerwünscht. Jeder Mitarbeiter des Spediteurs, der mit Kunden Kontakt hat, muss sich als Verkäufer fühlen. Defizite in der Kommunikationskompetenz können durch Personalschulung und Verhaltenstraining behoben werden.

Werbebrief

Wie bereits aufgezeigt, bieten sich der Logistikbranche verschiedene Möglichkeiten, auf sich aufmerksam zu machen. Es gibt Logistik-Dienstleister, die sich des Mediums Fernsehen bedienen (z. B. Deutsche Post, UPS), andere nutzen für ihre Anzeigen Fachzeitschriften oder -zeitungen, aber oft wird immer noch der persönliche Kontakt zum Kunden bevorzugt. Hierbei kann der Werbebrief eine wichtige Rolle spielen. Er hat die Aufgabe, Problemlösungen an den Kunden heranzuführen und eventuell den Besuch eines Außendienstmitarbeiters vorzubereiten. Die direkte Ansprache des Kunden ist besonders wirksam, weil man auf die speziellen Probleme eines bestimmten Kundenkreises eingehen kann.

Werbebriefe unterscheiden sich vom normalen kaufmännischen Brief, weil sie nicht von vornherein die Aufmerksamkeit des Briefempfängers finden. Viele der Angeschriebenen stehen der Werbung ablehnend gegenüber. Daher ist es erforderlich, die Aufmerksamkeit des Lesers zu wecken und ein Interesse an der angebotenen Leistung zu erzeugen.

Als Grundraster für den Entwurf eines Werbebriefes können die AIDA-Formel oder die folgende Aufzählung dienen:
- Headline (den Betreff) entwerfen
- Kundenproblem aus der Sicht des Kunden formulieren
- Problemlösungen aufzeigen, dabei immer Kundenvorteile herausstellen
- Kunden zu einer Handlung auffordern

Sprache und Inhalt von Werbebriefen sollten bestimmten Regeln folgen:

• **kurze Sätze, pro Satz ein Gedanke**	wenig Nebensätze, keine „dass-Sätze"
• **einfache Wörter**	statt „Informationen liefern" besser „informieren"
• **positiv schreiben**	statt „nicht teuer" besser „günstig"
• **Vorteile für den Kunden nennen**	sparen, gewinnen, gratis, sofort, neu, individuell, Erfolg, einfach, schnell, Service, Leistungen
• **aktive Verben (möglichst am Satzanfang)**	statt „Deshalb möchten wir Sie mit unserem neuen Produkt bekannt machen" „Lernen Sie unser neues Produkt kennen."
• **persönlich schreiben**	wenig „ich", „wir", dafür häufig „Sie", „Ihr", „Ihnen"
• **bildhafte Sprache**	„zuverlässig wie ein Uhrwerk"
• **übertreibende Adjektive und abgegriffene Phrasen vermeiden**	Superlative vermeiden, wie z. B. „die beste und zuverlässigste Spedition"
• **bei der Wahrheit bleiben**	Nahverkehrsunternehmen werben mit nationalen statt mit internationalen Transporten.
• **bei gewünschten Besuchsterminen einen Terminvorschlag machen**	z. B. einen konkreten Tag vorschlagen, dem Kunden aber die Wahl der Uhrzeit überlassen
• **Headline: kurz (3–7 Wörter)**	lebendig, positiv, ungewöhnlich

4.5 Kundenklassifizierung durch ABC-Analyse

Keine Spedition kann es sich erlauben, einen profitablen Kunden zu verlieren. Kundenpflege ist ein absolutes Muss. Daraus resultiert ein Erfolgsdruck für die Außendienstmitarbeiter, der auch dazu führen kann, dass z. B. bei einer zu weiten und zu häufigen Kundenbetreuung der Blick für das Wesentliche verloren geht. Oft werden von den Verkäufern vermeidbare Kosten produziert. Kunden müssen entsprechend ihrer Wichtigkeit betreut werden. Welche Kunden sind nun bedeutend für das Speditionsunternehmen?
Ein Instrument zur Bewertung der Kundschaft ist die ABC-Analyse. Die ABC-Analyse ist ein **Controlling-Instrument**, das auch als Steuerungsinstrument im Unternehmensbereich Marketing eingesetzt werden kann. Ein Hauptmerkmal der ABC-Analyse ist, dass letztlich in den meisten Speditionen mit 20 % der Kunden 80 % des Umsatzes erwirtschaftet werden. Dies sind die sogenannten **A-Kunden**. Die Kommunikation mit diesen Kunden ist durch das Key-Account-Management (Betreuung der Großkunden) des Speditionsunternehmens regelmäßig zu pflegen. Umgekehrt werden mit 80 % der Verladerschaft nur ca. 20 % Umsatz erreicht. Allgemein erhöhen die **B-Kunden** den Umsatz auf bis zu ca. 95 %. Wie oft z. B. der B-Kundenstamm besucht wird, gehört zur gezielten Einsatzplanung eines Außendienstes. Ferner muss die Akquisition für die **C-Kunden** (5 % des Umsatzes) bzw. die strategisch wichtigen Neukunden geregelt werden. Hierzu bietet es sich an, die individuelle Verkäuferleistung bei der Entlohnung der Außendienstmitarbeiter entsprechend zu berücksichtigen. So gesehen kann die ABC-Analyse ein nützliches Instrument für die **gezielte Kundenbetreuung** sein.

5 Produktpolitik

Definition

Die Produktpolitik der Spedition umfasst alle Entscheidungstatbestände, welche sich auf die marktgerechte Gestaltung des Leistungsprogramms beziehen.

Speditionelle Dienstleister bieten allerdings keine physischen Produkte im eigentlichen Sinne an, sondern Dienstleistungen. Das Produkt, das die Logistikbranche traditionellerweise anbietet, ist der Transport von Waren. Die meisten Speditionen leisten aber mehr als den reinen Transport von A nach B.

Beispiele:

- *Speditionen übernehmen für den Kunden Verpackung und Lagerung.*
- *Speditionen liefern nicht nur medizinische Geräte, sondern kümmern sich auch durch extra dafür geschultes Personal darum, dass diese Geräte aufgebaut, gewartet und repariert werden.*
- *Im EDV-Bereich sorgen sie für den mechanischen Aufbau von EDV-Anlagen, reparieren diese und tauschen Geräte aus.*
- *In der Automobilbranche werden von Speditionen die Autos entwachst und gesäubert, bevor sie zum Endkunden ausgeliefert werden.*

- *Weitere Leistungen wie Just-in-time-Anlieferungen (JIT-Anlieferungen) gehören für viele Speditionen bereits zum Standard.*

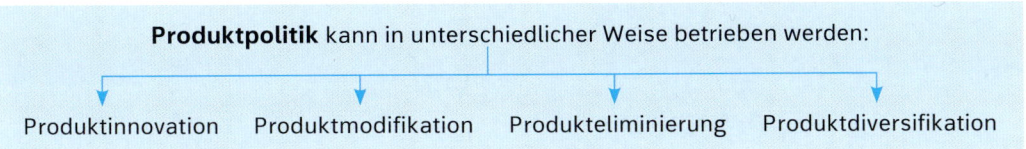

Produktpolitik kann in unterschiedlicher Weise betrieben werden:

- Produktinnovation
- Produktmodifikation
- Produkteliminierung
- Produktdiversifikation

Produktinnovation

Die Kreation und Markteinführung eines neuen Produktes zählen zu den zentralen Gegenständen der Produktpolitik.
Produktinnovationen umfassen die Entwicklung und Einführung neuer Produkte.

Produktmodifikation

Die Modifikationen bestehender Produkte können als **Produktvariation** und als **Produktdifferenzierung** erfolgen.
Bei der **Produktvariation** wird ein Produkt verändert, indem die Vorzüge des alten Produktes erhalten bleiben, aber durch neue physische oder funktionale bzw. ästhetische Eigenschaften oder durch die Änderung des Produktnamens Kaufanreize geschaffen werden.
Spediteure bieten ihren Kunden Just-in-time-Lieferungen an, sodass eine eigene Lagerhaltung weitgehend entbehrlich wird.
Während man bei einer Produktvariation davon ausgeht, dass der Wandel von Anforderungen und Rahmenbedingungen eine Modifikation des Produktes im Zeitablauf erfordert, soll die **Produktdifferenzierung** den unterschiedlichen Bedürfnissen verschiedener Marktsegmente zu einem bestimmten Zeitpunkt Rechnung tragen. Dies geschieht, indem – in Erweiterung der bisherigen Angebote – neue, zusätzliche Produkte auf den Markt gebracht werden, ohne dass hierdurch die Anzahl der insgesamt angebotenen Produktgruppen verändert wird.

Beispiele:

Neben dem Organisieren des Transportes von Seefrachtverkehren nach Fernost könnte der Spediteur die Zollabwicklung im Ausland als zusätzliche Dienstleistung übernehmen. Im Bereich Lagerung werden Kunstlager, Kühllager und Lebensmittellager angeboten.

Produkteliminierung

Produkteliminierung bedeutet, dass die **Herstellung** bestimmter Produkte **eingestellt** wird. Dies ist besonders bei Produkten mit einem negativen Deckungsbeitrag der Fall.

Beispiel:

Eine Spedition beschließt, bestimmte Relationen nach Osteuropa einzustellen, da sie mit den Dumpingpreisen von Mitbewerbern aus Polen und Ungarn nicht mithalten kann.

■ Produktdiversifikation

Sie stellt einen Sonderfall der Produktpolitik dar. Produktdiversifikation ist die Aufnahme neuer Produkte in das Programm, die insbesondere neuen Kundengruppen angeboten werden.

Beispiele:

Eine Spedition bietet nicht nur den Transport von T-Shirts aus Hongkong an, sondern gründet eine eigene Gesellschaft, um die T-Shirts einzufärben, zu etikettieren usw.

5.1 Einteilung nach Marktsegmenten

In der Logistikbranche lässt sich eine Produkteinteilung nach möglichen Marktsegmenten treffen:

I. „Bulk"- bzw. Punkt-Punkt-Ladungstransporte mit den Untersegmenten

1. nationale Massengutlogistik
2. nationaler allgemeiner Ladungsverkehr
3. Schwertransporte und Krandienste
4. nationale Tank- und Silotransporte
5. nationaler sonstiger Ladungsverkehr mit speziellem Equipment (Tiertransporte, Kühltransporte, Jumbofahrzeuge)

II. Stückguttransporte und sonstige handlingsbedürftige Güter mit den Untersegmenten

1. nationaler allgemeiner Stückgutverkehr
2. Konsumgüterdistribution und -kontraktlogistik (artikelbezogene, nicht einzeln an bestimmte Empfänger etikettierte Lagerung und Transport)
3. industrielle Kontraktlogistik, insbesondere industrielle Produktionsversorgung, Ersatzteildistribution und sonstige „Business-to-Business"-Kontraktlogistik
4. hängende Kleiderlogistik
5. Hightech-Güter, Messelogistik, Neumöbel- und Umzugstransporte
6. KEP – Paket-, echte Kurier- und spezialisierte Expressdienste
7. Terminaldienste, nicht integrierte Lagerei-, Umschlags- und sonstige logistische Zusatzleistungen

III. Internationale Transporte
1. grenzüberschreitende Transport- und Speditionsleistungen, Schwerpunkt Straße/Schiene
2. grenzüberschreitende Transport- und Speditionsleistungen, Schwerpunkt Seeschifffahrt/Seehafenspedition
3. grenzüberschreitende Aircargo-Carrier und Leistungen der Luftfrachtspedition

IV. sonstige
Mail-Postdienste der Drucksachen und Briefbeförderung

Beispiel:

Schenker schafft eigene Produkte für seine Produktpalette mit den Namen „Schenker logistics-outsourcing, Schenker logistics-extra, Schenker logistics-inside, Schenker logistics spare parts, Schenker automotive sourcing" u. Ä.

DLS Spedition baut intermodalen Verkehr nach Polen aus

09.01.2015 | **Ab Krefeld wird neben Warschau ab sofort auch Poznan angefahren. Die Spedition investierte dafür nach eigenen Angaben 2,6 Millionen Euro.**

Siek. Seit Jahresanfang bietet die DLS Land und See Speditionsgesellschaft in Siek neben dem intermodalen Verkehr Krefeld – Warschau – Krefeld (Kopernikus I) auch die Relation Krefeld – Poznan – Krefeld an. Das teilt das Unternehmen mit. Die Spedition investierte dafür nach eigenen Angaben 2,6 Millionen Euro in 100 neue bahnfähige Trailer und verfügt damit nun über mehr als 400 Einheiten.
Das Unternehmen bietet mit Kopernikus II drei Rundläufe in der Woche mit insgesamt sechs Zugbewegungen: jeweils montags, mittwochs und samstags ab Krefeld und dienstags, donnerstags und sonntags ab Poznan. Kopernikus II sei mit Doppeltaschen- und Containerwagen bestückt undkönne somit nicht nur Trailer, sondern auch Container befördern, heißt es.

Einer der ersten Kunden der neuen Relation ist laut DLS ein schwedisches Möbelhaus. Für die Spedition ist Kopernikus II „ein weiterer Meilenstein der Firmengeschichte", führt May-Britt Schrader aus, Leiterin Seehafen, Stückgut und Vertrieb der DLS Spedition aus. „Als damaliger reiner LKW-Frachtführer hätte ich es mir nie vorstellen können, mich auch einmal auf der Schiene wohl zu fühlen.", betont Schrader. Gründe für die strategische Ausrichtung des Unternehmens seien nach wie vor unter anderem die Einsparung von Kohlendioxid (CO_2), die Reduzierung von Straßenkilometern, der Mangel an Fahrpersonal sowie eine bessere Gewichtsauslastung.

Quelle: Hassa, Eva: DLS Spedition baut intermodalen Verkehr nach Polen aus; veröff. am 09.01.2015 unter: www.verkehrsrundschau.de/dls-spedition-baut-intermodalen-verkehr-nach-polen-aus-1578207.html

5.2 Produktlebenszyklus

Mit dem Produktlebenszykluskonzept wird versucht, die Lebensdauer eines Produktes in verschiedene charakteristische Phasen zu unterteilen. Lässt sich die Lebensphase für ein Produkt genau festlegen, kann man die marketingpolitischen Instrumente effektiver gestalten.

Das Modell des Produktlebenszyklus wird in fünf Phasen unterteilt: Einführung, Wachstum, Reife, Sättigung und Rückgang. Diese sind idealtypisch und können in der Realität ganz anders aussehen. Je nach Produkt kann der Lebenszyklus unterschiedlich lang sein; bei einem modischen Bekleidungsstück sehr kurz, bei einem Arzneimittel sehr lang.

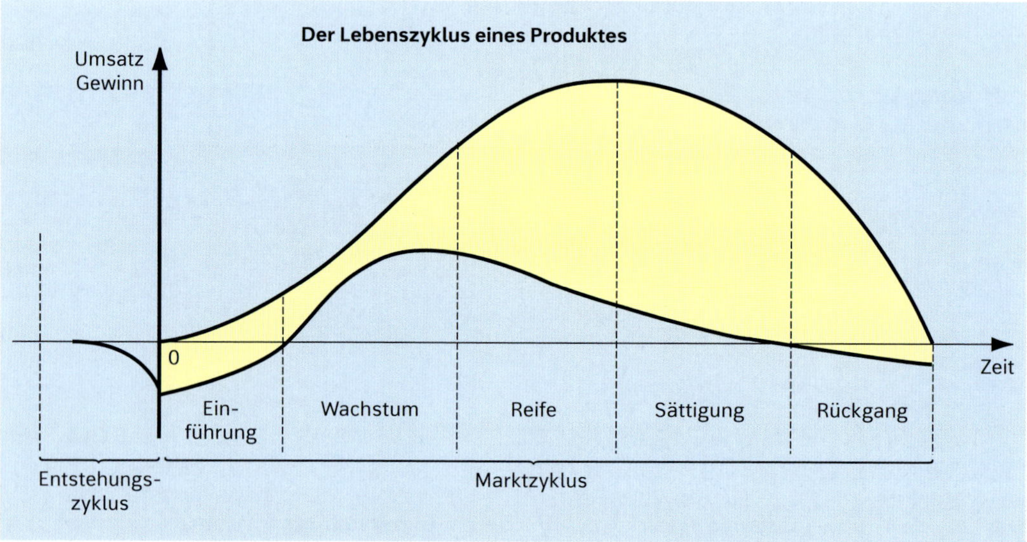
Der Lebenszyklus eines Produktes
Umsatz
Gewinn
0
Zeit
Ein-
führung
Wachstum
Reife
Sättigung
Rückgang
Entstehungs-
zyklus
Marktzyklus

Einführungsphase

In der Einführungsphase werden zunächst **geringe Umsätze** verzeichnet, da das **Produkt** dem Käufer erst **bekannt** gemacht werden muss. Erst mit zeitlicher Verzögerung fragt der Kunde das Produkt nach. Besonderer Wert wird auf **Kundendienst** gelegt, um noch auftretende Mängel am Produkt zu beheben („Kinderkrankheiten"). In der Produkteinführungsphase werden zunächst keine Gewinne erzielt, da am Anfang die Kosten höher sind als der Umsatz.

Wachstumsphase

Ist das Produkt ein Verkaufserfolg, tritt in der Wachstumsphase der **Umsatz- und Gewinnboom** ein. Das Produkt erreicht das **Gewinnmaximum**. Je nach verfolgter Preispolitik werden in dieser Phase die **Preise** sukzessive gesenkt bzw. erhöht. Hinzu kommt in dieser Phase eine starke **Konkurrenz** durch Nachahmer, die ähnliche Produkte anbieten. Diese starke Konkurrenz hat Auswirkungen auf die Preissituation.

Reifephase

In dieser Phase erreicht der **Umsatz** seinen **Höhepunkt**. Der immer größeren Konkurrenz kann das Unternehmen durch vermehrte **Werbung** oder **Kundendienstleistungen** entgegentreten. Die Produktpolitik hat in dieser Phase die Aufgabe, **Modifikationen** des bisherigen Produktes auf den Markt zu bringen und neue Anwendungsmöglichkeiten und damit neue Abnehmerkreise zu erschließen.

Sättigungsphase

Umsatz und **Gewinn** gehen in dieser Phase ständig **zurück**. Als Käufer treten nur noch Personen auf, die in ihrem Kaufverhalten konservativ, besonders markentreu oder sehr preisbewusst sind. Oft sind die Unternehmen in der Sättigungsphase zu starken **Preiszugeständnissen** gezwungen. Spätestens jetzt sollte das Unternehmen mit einem Nachfolgeprodukt, d. h. einer Produktinnovation, auf den Markt kommen.

Rückgangsphase

In der Rückgangsphase verfällt der Umsatz immer mehr. **Verluste** stellen sich ein. Das Produkt hat nur noch einen **Restmarkt**. Viele Kunden sind bereits auf **Konkurrenzprodukte** umgestiegen. Die Preispolitik versucht durch Anhebung der Preise die stark angestiegenen Kosten zumindest teilweise abzufangen; dadurch wird der Verfall des Marktes aber zusätzlich beschleunigt.

5.3 Analyseinstrument Portfolio-Analyse

Definition

Die Portfolio-Analyse hat die Planung eines ausgewogenen Produktprogramms zum Ziel, das die voraussichtliche zukünftige Ertragsentwicklung in finanzwirtschaftlicher sowie in produktions- und absatzwirtschaftlicher Hinsicht berücksichtigt.

In der ursprünglich von der US-Unternehmensberatungsgesellschaft Boston Consulting Group entwickelten Vier-Felder-Matrix werden als Schlüsselgrößen
- der **relative Marktanteil** (Quotient aus dem Marktanteil des Unternehmens und jenem des stärksten Konkurrenten) und
- das **Marktwachstum** erfasst.

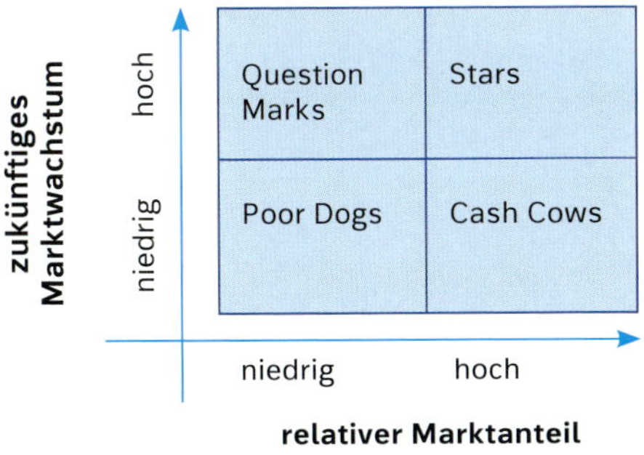
zukünftiges Marktwachstum
hoch
niedrig
Question Marks
Stars
Poor Dogs
Cash Cows
niedrig
hoch
relativer Marktanteil

Aus der Positionierung **strategischer Geschäftseinheiten** (SGE) in der Vier-Felder-Matrix lassen sich strategische Verhaltensweisen als sogenannte **„Normstrategien“** ableiten:
- Für die **„Stars“** empfiehlt sich eine Investitionsstrategie,
- für die **„Question Marks“** entweder eine Offensiv- oder Desinvestitionsstrategie (Verkauf oder Stilllegung),
- für die **„Cash Cows“** eine Abschöpfungsstrategie und
- für die **„Poor Dogs“** eine Desinvestitionsstrategie.

Zugleich wird die Verbindung zum Produktlebenszykluskonzept deutlich: Bei den „Question Marks“ handelt es sich um Produkte, die sich in der Einführungsphase des Produktlebenszyklus befinden. Sie versprechen u. U. ein starkes Wachstum, weisen aber noch einen geringen Marktanteil auf. Die „Stars“ bringen im Allgemeinen Gewinne hervor, die aber zur Sicherung und weiteren Verbesserung ihrer eigenen Marktposition reinvestiert werden müssen. Bei einem verlangsamten Wachstum oder bei einer Stagnation werden die „Stars“ zu „Cash Cows“. Hierbei handelt es sich um Produkte, die im Lebenszyklus die Reifephase erreicht haben. Die „Poor Dogs“ sind demgegenüber meistens der Sättigungs- bzw. Rückgangsphase zuzuordnen.

5.4 Qualitätsmanagement im Rahmen der Produktpolitik

Spediteure als logistische Dienstleister sind verantwortlich in Beschaffung, Produktion und Distribution von Industrie und Handel. Daher verlangen die Auftraggeber vermehrt, dass genau definierte Qualitätsstandards eingehalten werden, denn auch die Auftraggeber der Spediteure haben ihren jeweiligen Kunden eine bestimmte Qualität ihrer Produkte und Dienstleistungen zugesichert.
Das Deutsche Institut für Normung (DIN) hat in einer Norm (DIN 8402) festgelegt, was ganz allgemein unter „Qualität“ zu verstehen ist.

Definition

Qualität ist die Gesamtheit von Eigenschaften und Merkmalen eines Produkts oder einer Dienstleistung, die sich auf deren **Eignung** zur Erfüllung **festgelegter** oder **vorausgesetzter Erfordernisse** bezieht.

Aus dieser Definition wird sichtbar, dass Qualität nicht etwas ist, das man exakt aus einer Norm ablesen kann. Qualität liegt vor, wenn die erbrachte Dienstleistung mit den Qualitätsanforderungen der Kunden übereinstimmt. Welche Forderungen stellen Kunden (Versender) gewöhnlich an speditionelle Dienstleistungen? Hier sind die Dinge zu nennen, die aus der täglichen Speditionspraxis bekannt sind:

- Zuverlässigkeit
- Pünktlichkeit
- kurze Beförderungszeiten
- Vermeiden von Transportschäden
- schnelle Informationen über den Status einer Sendung (durch Sendungsverfolgungssysteme)
- schnelle, unbürokratische Reklamationsbearbeitung
- Umweltverträglichkeit

■ Qualitätsmanagement – Qualitätssicherung

Definition

Nach **DIN ISO 8402** umfasst der Begriff **Qualitätsmanagement** alle Tätigkeiten der Gesamtführungsaufgabe, welche die **Qualitätspolitik, Ziele** und **Verantwortung** festlegen sowie diese durch Mittel wie Qualitätsplanung, Qualitätslenkung, Qualitätssicherung und Qualitätsverbesserung im Rahmen des **Qualitätsmanagements** verwirklichen.

Qualitätsmanagement ist daher der Oberbegriff, Qualitätssicherung ist ein Mittel des Qualitätsmanagementsystems (QMS). Von **Total Quality Management** (TQM) spricht man, wenn die Unternehmensleitung anstrebt, alle Ziele des Qualitätsmanagements zu erreichen.

■ Nachweis der Qualitätssicherung

Bis in die 1970er-Jahre zeigte sich der Qualitätsruf eines Unternehmens („Hart wie Kruppstahl" oder „Made in Germany") an der Zuverlässigkeit des Endproduktes oder der erbrachten Dienstleistung. Danach trat ein völlig neuer Gedanke in den Vordergrund: Unternehmen mussten ihren Kunden nachweisen, dass sie bestimmte **Qualitätsanforderungen** (Zuverlässigkeit, Pünktlichkeit, Sicherheit) erfüllen können, und zwar nicht, indem sie erstklassige Produkte vorzeigten oder einige Probeaufträge zur Zufriedenheit erledigten, sondern durch eine **Dokumentation** über ein bestehendes Qualitätsmanagementsystem. In einheitlichen **Normen** wurde festgelegt, wie ein Qualitätsmanagementsystem aufzubauen und zu unterhalten ist.
Maßgebend sind das **DIN** – Deutsches Institut für Normung – und die **ISO** – International Organization for Standardization. Die DIN ISO 9000 ff. legen fest, welche Anforderungen an ein Qualitätsmanagement gestellt werden. System bedeutet an dieser Stelle, dass hier ein umfangreiches Anforderungsprofil entwickelt worden ist. Letztlich geht es darum, die Aufbau- und Ablauforganisation eines Unternehmens systematisch zu dokumentieren. Welche Abläufe zu dokumentieren sind, geht aus den DIN-Vorschriften hervor. Das Regelwerk besteht aus den Normen 9000 bis 9004. Wesentlich sind die Normen DIN ISO 9001 und 9002. Daher sollen ihre Bausteine (Elemente) näher betrachtet werden. Die Elemente zeigen die organisatorischen Bereiche, die in einem Qualitätsmanagementsystem sorgfältig analysiert und dokumentiert werden sollen, z. B. die Identifikation und Rückverfolgbarkeit von Produkten.

Die **DIN ISO 9001** besteht aus folgenden Bausteinen:

Bausteine DIN ISO 9001			
Nr.	**Text**	**Nr.**	**Text**
1	Verantwortung der obersten Leitung	10	Prüfungen
2	Qualitätssicherungssystem	11	Prüfmittel
3	Vertragsprüfung	12	Prüfstatus
4	Designlenkung (Entwicklung und Konstruktion)	13	Lenkung fehlerhafter Produkte
		14	Korrekturmaßnahmen
5	Lenkung der Dokumente	15	Handhabung, Lagerung, Verpackung und Versand
6	Beschaffung		
7	Vom Auftraggeber beigestellte Produkte	16	Qualitätsaufzeichnungen
		17	Interne Qualitätsaudits
8	Identifikation und Rückverfolgbarkeit von Produkten	18	Schulung
		19	Kundendienst
9	Prozesslenkung (in Produktion und Montage)	20	Statistische Methoden

Welche DIN-Norm eignet sich für eine Spedition? Die DIN ISO 9000 ff. sind für unterschiedlichste Unternehmen anwendbar. Die Wortwahl, z. B. „Konstruktion“, „Produktion“ und „Montage“, zeigt aber, dass bei der Formulierung der Normen der Industriebetrieb im Vordergrund stand. Da in Speditionen gewöhnlich keine Produkte im eigentlichen Sinne entwickelt werden, entscheiden sich Dienstleistungsunternehmen in der Regel für die DIN ISO 9002 und verzichten auf die Elemente 4 und 19. Speditionen, die aber z. B. als logistische Dienstleister maßgeschneiderte „Produkte“ entwickeln, verwenden auch die DIN ISO 9001.

Das QM-System wird auf drei Ebenen dokumentiert:

Ebene	Dokumentationsform	Bezug
1	Qualitätsmanagement-Handbuch	unternehmensbezogen
2	Verfahrensanweisungen	abteilungsbezogen
3	QM-Arbeitsanweisungen	arbeitsplatzbezogen

Inhalte des QM-Handbuches

Das Handbuch beschreibt das Qualitätsmanagementsystem eines Unternehmens, das von der Leitung entwickelt und in Kraft gesetzt und dessen praktische Anwendung laufend überwacht und angepasst wird. Es handelt sich dabei um ein Dokument mit Weisungscharakter. Es bezieht sich auf das Unternehmen als Ganzes und enthält gewöhnlich folgende Abschnitte:

- Beschreibung der Qualitätspolitik des Unternehmens
- Beschreibung des Unternehmens einschließlich Aufbau- und Ablauforganisation
- Aussagen über Zuständigkeiten und Verantwortung von Mitarbeitern mit qualitätswirksamen Tätigkeiten sowie deren Beziehungen untereinander
- Aussagen zur Überprüfung und Aktualisierung des Handbuches

Das QM-Handbuch gibt dem Leser einen schnellen Überblick über die Qualitätsziele des Unternehmens und die Funktionsweise des QM-Systems. Das Handbuch kann auch Kunden überlassen werden, weil es keine betriebsinternen Abläufe beschreibt.

Verfahrensanweisungen

In ihnen werden Grundzüge von **organisatorischen Abläufen** festgelegt. Sie richten sich an die Abteilungen eines Unternehmens. Mithilfe von Verfahrensanweisungen wird auch dem **einzelnen Mitarbeiter** das Unternehmen **transparent** gemacht. Er kann dadurch seinen Platz im Gesamtbetrieb erkennen und die Bedeutung seiner qualitätsgerechten Aufgabenerfüllung einschätzen.
Eine Verfahrensanweisung regelt in einer Spedition Beschaffungsvorgänge in allgemeiner Form. Besonderheiten, die bei der Beschaffung von Betriebsmitteln oder beim Einkauf fremder Dienstleistungen zu beachten sind, werden in Arbeitsanweisungen festgelegt.

Arbeitsanweisungen

Sie regeln detailliert, wie bestimmte **Arbeitsaufgaben** durchzuführen sind. Arbeitsanweisungen gelten für einen konkreten **Arbeitsplatz**. Arbeitsanweisungen sind ein Hilfswerkzeug für jeden Mitarbeiter, damit er seine Aufgaben qualitätsgerecht erfüllen kann. Die einzelnen Arbeitsschritte werden häufig in **Flussdiagrammen** festgehalten.

■ Zertifizierung

Bei der Zertifizierung handelt es sich um die **Begutachtung** eines Qualitätsmanagementsystems in einem speziellen Verfahren (externes **Qualitätsaudit**) durch einen unabhängigen Dritten, z. B. durch den TÜV. So wie bei einer Kfz-Hauptuntersuchung die Funktionsfähigkeit eines Fahrzeugs überprüft wird, stellt hierbei ein Team von Fachleuten fest, ob ein funktionsfähiges QM-System existiert. Dazu befragen die Fachleute (das sog. Audit-Team) die Unternehmensleitung, werten das QM-Handbuch aus und vergleichen in Stichproben die in Verfahrens- und Arbeitsanweisungen beschriebenen Abläufe mit den Vorgängen in der Praxis. Abweichungen zwischen den schriftlichen Unterlagen und der Realität werden protokolliert und müssen vom Unternehmen überarbeitet werden. Sind alle Korrekturen durchgeführt worden, wird ein Zertifikat für die Dauer von drei Jahren erteilt. Während dieser Zeit wird in Zwischenprüfungen festgestellt, ob der im Zertifikat bescheinigte Qualitätsstandard auch eingehalten wird.

5.5 SWOT-Analyse

Die SWOT-Analyse (engl. für Strengths (Stärken), Weaknesses (Schwächen), Opportunities (Chancen) und Threats (Risiken)) ist eine Analyse der Stärken, Schwächen, Chancen und Risiken von Unternehmen.
Mit dieser Methode werden sowohl innerbetriebliche Stärken und Schwächen als auch außerbetriebliche Chancen und Gefahren betrachtet, die das Unternehmen betreffen. Kombiniert man die Stärken-Schwächen-Analyse und die Chancen-Gefahren-Analyse, so kann man eine ganzheitliche Strategie für die weitere Ausrichtung der Unternehmensstrukturen und der Entwicklung der Geschäftsprozesse ableiten. Die Stärken und Schwächen der Unternehmung sind dabei stets im Vergleich mit denen der Konkurrenten zu beurteilen.
Innerhalb des Marketings lässt sich die SWOT-Analyse z. B. im Bereich der Produktpolitik, insbesondere für die Bestimmung des Produktlebenszyklus, nutzen.
Bei Haus-Haus-Verkehren mit mehreren Verkehrsträgern könnte sich z. B. folgende SWOT-Analyse ergeben:

Stärken:
- Kosteneinsparung in der gesamten Transportkette
- Verringerung der Verkehre und somit der Anzahl der Staus durch die effizientere Einbindung von Straße und Schiene
- Verringerter Energieverbrauch durch die bestmögliche Einbindung der Verkehrsträger

Schwächen:
- Komplexere Transportplanung aufgrund der Einbindung mehrerer Verkehrsträger
- Steigende Komplexität des Transportprozesses
- Erhöhtes Beschädigungs- und Sicherheitsrisiko beim Umschlag

Chancen:
- Ausnutzung der Massenleistungsfähigkeit von Binnenschiff oder Schiene, verbunden mit der starken Vernetzung, Schnelligkeit und Flexibilität des Lkw für den Vor- und Nachlauf

Risiken:
- Kapazitätsengpässe an Häfen oder Terminals

6 Distributionspolitik

Definition

Die Distributionspolitik im klassischen Marketing beschäftigt sich mit der Frage, wie und auf welchen Wegen die Produkte zu den Kunden gelangen.

Bei der Distributionsentscheidung geht es um folgende Entscheidungen:
- Wahl des Standortes der Unternehmung?
- Soll der Absatz mit einer unternehmenseigenen Organisation oder mithilfe selbstständiger Absatzbetriebe durchgeführt werden?
- Sollen Absatzmittler eingesetzt werden?
- Werden die Produkte zusätzlich auf Messen und Ausstellungen angeboten?

Der Spediteur ist mit der **physischen Distribution für andere** beschäftigt. Für Logistik-Dienstleister ist **Distributionspolitik gleichzeitig Produktpolitik**, denn das Erbringen von Transporten – die Distribution für den Auftraggeber – ist identisch mit der Produktion der eigenen speditionellen Dienstleistung.

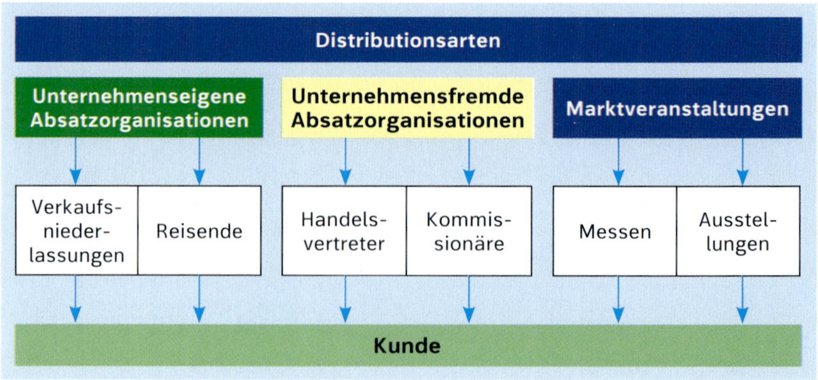
Distributionsarten
Unternehmenseigene Absatzorganisationen
Unternehmensfremde Absatzorganisationen
Marktveranstaltungen
Verkaufs-nieder-lassungen
Reisende
Handels-vertreter
Kommis-sionäre
Messen
Ausstel-lungen
Kunde

6.1 Unternehmenseigene Absatzorgane

■ Wahl des Standortes der Unternehmung

Hier muss ein geografischer Ort gefunden werden, an dem ein Unternehmen Produktionsfaktoren einsetzt, um Leistungen zu erbringen.

Beispiel:

Der Wirtschaftsstandort Köln verfügt für Speditionen über eine sehr gute Infrastruktur, da auf fast alle Verkehrsträger zugegriffen werden kann: Lkw (Autobahnring um die Stadt Köln), Binnenschiff (Rhein), Flugzeug (Konrad-Adenauer-Flughafen) und Bahn (GVZ Köln-Eifeltor).

■ Verkaufsniederlassungen

Große Unternehmen haben oft eigene Niederlassungen, um Kunden räumlich näher zu sein (schnellere, bessere Beratung, Kundendienstmöglichkeiten, unverzügliche Belieferung). Große Logistik-Dienstleister beschränken ihr Filialnetz dabei nicht nur auf das Inland – wobei durchaus innerhalb einer Stadt Filialen am Flughafen, an der Messe, am Hafen, am Güterbahnhof oder sogar bei Großkunden betrieben werden –, sondern errichten auch im Ausland Niederlassungen. Ein gut ausgebautes Niederlassungsnetz verursacht zwar hohe Kosten, wirkt sich aber image- und verkaufsfördernd aus und gewährleistet außerdem hohe Marktpräsenz.

■ Reisende

Der Reisende ist ein Absatzmittler des direkten Absatzweges. Er ist Angestellter der Unternehmung, der die Kunden in regelmäßigen Abständen aufsucht. Der Reisende ist an Weisungen der Unternehmung gebunden. Dafür erhält er neben einem festen Gehalt (Fixum) als zusätzlichen Leistungsanreiz eine umsatzabhängige Provision sowie Kostenersatz in Form von Spesen. Da der angestellte Reisende dem Arbeitgeber ganz zur Verfügung steht, kann er den Markt besser bearbeiten als der Handelsvertreter. Er konzentriert seine Arbeit auf den Absatz der Produkte eines Unternehmens.

■ Verkaufsabteilungen

In den Verkaufsabteilungen werden Verkaufsaktivitäten geplant, Entscheidungen hinsichtlich dieser Aktivitäten gefällt, Anordnungen zur Umsetzung getroffen und Kontrollen vorgenommen. Die Mitarbeiter in der Verkaufsabteilung können sich auf bestimmte Verkehrsträger konzentrieren (Luftfracht), bestimmte Gebiete bedienen oder ausgewählte Großkunden (Key-Accounts) betreuen.

6.2 Unternehmensfremde Absatzorgane

■ Handelsvertreter

Im Gegensatz zu Reisenden sind Handelsvertreter selbstständige Gewerbetreibende, die für mehrere Unternehmen Geschäfte vermitteln und abschließen. Sie erhalten für ihre Tätigkeit in der Regel eine umsatzabhängige Provision, die mit einem Fixum gekoppelt sein kann.

Kommissionäre

Während der Handelsvertreter in fremdem Namen und für fremde Rechnung arbeitet, übernimmt es der Kommissionär gewerblich, Waren oder Wertpapiere auf Rechnung eines anderen im eigenen Namen zu kaufen oder zu verkaufen. Die Vergütung besteht aus Provisionen und Kommissionen, die vom Umsatz abhängig sind.

6.3 Marktveranstaltungen

Messen sind Veranstaltungen, bei denen viele Unternehmen ein umfassendes Angebot aus einem oder mehreren Wirtschaftszweigen darbieten. Zutritt zu Messen haben i.d.R. nur Fachbesucher. Mit der Teilnahme an Messen streben die Aussteller vor allem folgende Ziele an:

- Kontakt zu neuen Kunden aufnehmen
- einem Fachpublikum das eigene Angebot vorstellen
- Bekanntheitsgrad erhöhen und Imagesteigerungen erzielen
- Verträge abschließen

Beispiel:

EuroCARGO, die internationale Fachmesse für Gütertransport, Logistik und Telematik

Ausstellungen sprechen, im Unterschied zu Messen, nicht nur Fachbesucher, sondern auch die Allgemeinheit an. Sinn und Zweck der Ausstellungen ist in erster Linie die öffentlichkeitswirksame Darstellung von Wirtschaftszweigen und von Produkten.

Aufgaben

1. Welche der genannten Entwicklungen auf dem Logistikmarkt können Sie in Ihrem eigenen Unternehmen beobachten und wie wirken sie sich aus?

2. Gibt es in Ihrem Unternehmen eine eigene Marketing-Abteilung? Erkundigen Sie sich gezielt, welche Aufgabengebiete Ihre Marketing-Abteilung wahrnimmt.

3. Auf welches Marketinginstrument legt Ihr Unternehmen den größten Wert und welche Maßnahmen werden ergriffen? Suchen Sie nach Gründen für diese Entscheidung.

4. Überlegen Sie, welche Werbemittel für eine Spedition geeignet sind. Begründen Sie Ihre Entscheidung.

5. Betreibt Ihr Unternehmen Maßnahmen zur Qualitätssicherung? Wenn ja, wie wirkt sich das auf Ihre Arbeit aus?

6. Ihr Unternehmen hat sich entschlossen, zukünftig Transporte von Köln nach Dublin anzubieten. Entwerfen Sie einen Werbebrief, in dem Sie auf Ihre Dienstleistung aufmerksam machen.

7. Durch welche Maßnahmen der Preis-, Kommunikations-, Produkt- und Distributionspolitik kann die Dienstleistung aus Aufgabe 6 unterstützt werden? Entwickeln Sie in Gruppen ein Marketing-Konzept.

8. Welche der folgenden Begriffe treffen auf die unten stehenden Erklärungen zu?
Tragen Sie die Ziffer vor dem jeweils zutreffenden Begriff ein.

Begriffe:
(1) Werbekosten
(2) Marketing
(3) Werbefaktoren
(4) Public Relations
(5) Werbeerfolgskontrolle
(6) Werbeetat

Erklärungen:
a) Selbstdarstellung einer Spedition, um Ansehen und Vertrauen in der Bevölkerung zu gewinnen
b) Maßnahmen, die der Vorbereitung des Verkaufs einer Transportleistung dienen
c) Feststellung der durch Werbung erzielten Umsatzsteigerung unter Berücksichtigung der Kosten
d) Verwendung von Schrift, Ton und Bild in Werbematerialien

9. Erstellen Sie aus den folgenden Umsatzdaten eine ABC-Analyse, aus der die Kundenkategorie hervorgeht.

Kunde	Umsatz in €
Möller, Peter	3 000
Branger GmbH	10 800
Lahn GmbH	43 130
Etak GmbH	9 600
Holz & Partner	1 100
Käster GmbH	43 550
Szybulski, Erna	9 800
Strauch & Söhne	49 040
Trapp & Sohn	51 800
B & S GmbH	7 350
Meier GmbH	1 016
Rast & Söhne	1 025

Kunde	Umsatz in €
Jansen AG	4 400
Fahrzeugtechnik Abts	3 200
Schiefer Elektro	5 000
Fassbender KG	31 600
Kunststoffe Bahr	6 700
Flock & Söhne OHG	1 800
Riepen GmbH	47 785
TS-Klebetechnik	8 400
Toss & Schuster	1 068
Elbak GmbH	7 900
Kahm, Michael	1 022
AST Industrie GmbH	5 300

Kunde	Umsatz in €
Fracht System	2 900
Becker GmbH	1 031
Maschinen Urs	46 900
Duve	2 900

Kunde	Umsatz in €
Klemm GmbH	971
C + D Edelstahl	989
Büser GmbH	44 470

Tragen Sie das Ergebnis Ihrer Berechnung in eine Tabelle ein:

Nr.	Kunde	Kunden-anteil in % kumuliert	Umsatz in €	Umsatz in %	Umsatz in % kumuliert	Kategorie A, B oder C
01	Trapp & Sohn	3,23	51 800,00	11,37	11,37	
02	Strauch & Söhne	6,45	49 040,00	10,77	22,14	
03	Riepen GmbH	9,68	47 785,00	...	...	...
...	... ...	...	...	...		
Summe	———		455 547,00			———

10. Welche der folgenden Marketing-Maßnahmen einer Spedition gehören zur

(1) Produktpolitik,
(2) Distributionspolitik,
(3) Preispolitik,
(4) Kommunikationspolitik?

Marketing-Maßnahmen:

a) In Stuttgart wird eine Niederlassung eröffnet.
b) Im Termindienst wird bei Nichteinhaltung eine „Geld zurück"-Garantie gegeben.
c) Für einen Bekleidungshersteller wird neben der Beförderung auch die Verpackung der Sendung übernommen.
d) Es wird bundesweit der Verladerschaft ein Garantieverkehr mit einer Laufzeit von maximal 24 Stunden angeboten.

11. Ergänzen Sie Ihre Lernkartei, indem Sie sich mit Ihrem Nachbarn über sinnvolle Kartenüberschriften austauschen und die Karteikarten entsprechend ausfüllen.

Speditionelle und logistische Geschäftsprozesse an wirtschaftlichen Rahmenbedingungen ausrichten

15

1 Ökonomisches Handeln und ökologische Verantwortung

Einstiegssituation

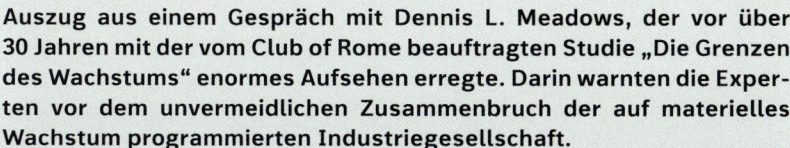

Auszug aus einem Gespräch mit Dennis L. Meadows, der vor über 30 Jahren mit der vom Club of Rome beauftragten Studie „Die Grenzen des Wachstums“ enormes Aufsehen erregte. Darin warnten die Experten vor dem unvermeidlichen Zusammenbruch der auf materielles Wachstum programmierten Industriegesellschaft.

MEADOWS: [...] Wir müssen ein ganz neues Konzept des Wirtschaftens entwickeln, eines, in dem die Menschen weniger daran interessiert sind, materielle Dinge anzuhäufen. Nur dann lässt sich nachhaltiges Wachstum erreichen.
ZEIT: Glauben Sie wirklich, dass Regierungen, die miteinander um Investoren konkurrieren, Schritte in diese Richtung unternehmen können?
MEADOWS: Kaum. Nachhaltiges Wachstum anzupeilen, beispielsweise mithilfe von Umweltstandards oder Ökosteuern, ist heute schwieriger als noch vor 30 Jahren. Deshalb halte ich die Integration der Weltwirtschaft, die Globalisierung, für einen äußerst negativen Trend. Der Weltmarkt zwingt alle Nationen auf den kleinsten gemeinsamen Nenner.
ZEIT: Sie bereiten gerade die dritte Auflage des Buches über die Grenzen des Wachstums vor. Haben Sie neue Erkenntnisse?
MEADOWS: Wir haben vor allem die Daten auf den neuesten Stand gebracht und damit unsere Computermodelle gefüttert.
ZEIT: Und?
MEADOWS: Die wichtigste Erkenntnis daraus ist, dass die Menschheit 30 Jahre verloren hat. Wenn wir in den 70er-Jahren begonnen hätten, Alternativen zum materiellen Wachstum zu entwickeln, könnten wir heute gelassener in die Zukunft blicken.
ZEIT: Immerhin wird mittlerweile allerorten von nachhaltiger Entwicklung geredet.

MEADOWS: Auch ich halte das für eine gute Vision. Aber viele, die den Begriff im Munde führen, tun genau das Gegenteil.
ZEIT: Was ist denn nachhaltig?
MEADOWS: Erstens dürfen nicht erneuerbare Ressourcen, beispielsweise die Ölvorräte in der Erdkruste, nicht schneller verbraucht werden, als sich erneuerbare Alternativen wie Sonnenenergie entwickeln. Zweitens dürfen Gewässer, Luft und Boden nicht dermaßen verschmutzt werden, dass sie sich nicht regenerieren können. Und drittens muss für mehr Gleichheit in der Welt gesorgt werden. Solange die Kluft zwischen Arm und Reich so immens ist wie heute, wird es keine nachhaltige Entwicklung geben.
ZEIT: Was muss geschehen?
MEADOWS: Das Wichtigste ist, den Zeithorizont von Politikern, Managern und Bürgern zu erweitern. Die Leute müssen die langfristigen Konsequenzen ihres Tuns und Lassens begreifen – so, wie es in den meisten Familien schon heute der Fall ist. Eltern bringen Opfer, damit ihre Kinder eine bessere Zukunft haben. Diese Einstellung muss in sämtlichen Lebensbereichen Platz greifen.
ZEIT: Indem ein wohlmeinender Diktator oder eine zentrale Planungsbehörde verordnet, was zu tun und zu lassen ist?
MEADOWS: Überhaupt nicht. Die Geschichte hat doch gezeigt, dass es so nicht funktioniert. Ich setze darauf, dass die Menschen sich vernünftig verhalten, wenn sie über die Konsequenzen ihrer Entscheidungen wirklich informiert sind [...]
ZEIT: [...] und deshalb beispielsweise weniger Auto fahren. Nur: Wie entstehen dann die dringend notwendigen Jobs?
MEADOWS: Es geht doch nicht um Jobs. Die Menschen wollen eine ordentliche Behausung haben, Nahrung, Wärme, Respekt, Unterhaltung und so weiter. Unglücklicherweise sind moderne Gesellschaften so organisiert, dass all das nur bekommt, wer einen hoch bezahlten Job hat. Das muss aber nicht so sein.
ZEIT: Also viel mehr Umverteilung als heute. In Wirklichkeit sind Sie doch ein Optimist, oder?
MEADOWS: Ich hoffe immer das Beste – und rechne mit dem Schlimmsten.

Quelle: Vorholz, Fritz: „Wir haben 30 Jahre verloren" veröff. am 31.12.2003 unter: www.zeit.de/2004/02/Meadows_Interview

1.1 Bedürfnisse und Güter

■ Bedürfnisse

Jeder Mensch empfindet eine Vielzahl von Wünschen, die in der Sprache der Wirtschaft Bedürfnisse genannt werden. Bedürfnisse entstehen gefühlsmäßig. Sie sind zwar individueller Natur, werden aber in hohem Maße durch die Umwelt beeinflusst, in der der einzelne Mensch lebt.

Definition

Ein ***Bedürfnis*** *ist das Gefühl des Mangels, verbunden mit dem Bestreben, diesen Mangel zu beseitigen.*

Beispiel

Das Bedürfnis nach Nahrungsaufnahme entsteht aus dem Empfinden eines Mangels, den wir als Hunger bezeichnen. Dieses Mangelempfinden löst Handlungen des Menschen aus, Nahrungsmittel zu beschaffen, um den Hunger zu stillen, d. h. den Mangel zu beseitigen.

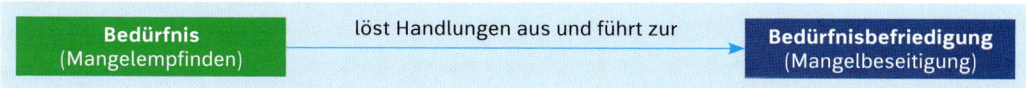

Bedürfnis (Mangelempfinden) → löst Handlungen aus und führt zur → **Bedürfnisbefriedigung** (Mangelbeseitigung)

Bedürfnisarten

Die Bedürfnisse des Menschen unterscheiden sich in ihrer Dringlichkeit. Da der Mensch mit den begrenzt vorhandenen Mitteln nicht alle seine Bedürfnisse zugleich befriedigen kann, wird er die Bedürfnisse entsprechend ihrer Dringlichkeit zu befriedigen suchen.
Nach der **Dringlichkeit der Bedürfnisse** unterscheidet man zwischen Existenz- und Wahlbedürfnissen.

Existenzbedürfnisse *(Grundbedürfnisse) sind Bedürfnisse, deren Befriedigung zur Sicherung der Lebensgrundlagen des Menschen notwendig ist.* **Definition**

Beispiel

Niemand kann auf Dauer ohne Unterkunft, Kleidung und ohne Grundnahrungsmittel wie Brot, Gemüse, Fett, Milch usw. leben.

Wahlbedürfnisse *sind die Kultur- und Luxusbedürfnisse.* **Definition**

Beispiel

Verfügt der Einzelne über mehr Geldmittel, als zum „nackten" Leben erforderlich sind, so kann er wählen, welche Bedürfnisse er darüber hinaus befriedigen will. Der eine legt besonderen Wert auf modische Kleidung, der andere besucht gerne Feinschmeckerlokale, ein Dritter erfüllt sich den Wunsch nach einer Weltreise.

Mit zunehmendem Wohlstand und fortschreitender kultureller und technischer Entwicklung treten die Wahlbedürfnisse in den Vordergrund.
Es ist nicht immer leicht, Existenz-, Kultur- und Luxusbedürfnisse voneinander abzugrenzen.

- Die unterschiedlichen Lebens- und Umweltbedingungen führen dazu, dass das Verlangen nach Pelzkleidung von den Eskimos als Existenzbedürfnis, in unseren Breitengraden dagegen als Luxusbedürfnis empfunden wird.
- Der Wunsch nach einem zuverlässigen Auto wird in seiner Dringlichkeit von einem Taxifahrer höher eingestuft als von jemandem, der das Auto nur zu Ausflugsfahrten benutzt.

Vielfach richtet sich das Streben der Menschen auf die Erlangung von Statussymbolen, um den eigenen Wohlstand und gesellschaftlichen Rang zu demonstrieren.

Nach der **Bewusstheit der Bedürfnisse** unterscheidet man zwischen offenen und latenten Bedürfnissen.

- **Offene Bedürfnisse** sind dem Menschen bewusst.
- **Latente Bedürfnisse** sind Wünsche, die erst durch die Umwelt geweckt werden müssen, bevor sie als Bedürfnis empfunden werden.

Beispiel

Die Werbung versucht, die Bedürfnisse der Menschen zu beeinflussen. Andererseits erforschen die Unternehmen die offenen und latenten Bedürfnisse der Verbraucher, um die gewünschten Produkte herzustellen und für sie einen Absatzmarkt zu finden.

Nach der **Art der Bedürfnisbefriedigung** unterscheidet man zwischen Individual- und Kollektivbedürfnissen:

- **Individualbedürfnisse** kann der Einzelne im Rahmen seiner finanziellen Möglichkeiten allein befriedigen.
- **Kollektivbedürfnisse** können nur von mehreren oder allen Mitgliedern der Gesellschaft gedeckt werden.

Beispiele

Straßen, Schulen, geordnete Rechtsprechung, saubere Umwelt

Einteilung der Bedürfnisse

nach der Dringlichkeit	nach der Bewusstheit	nach der Art der Befriedigung
• Existenzbedürfnisse • Wahlbedürfnisse	• offene Bedürfnisse • latente Bedürfnisse	• Individualbedürfnisse • Kollektivbedürfnisse

Art und Zahl der Bedürfnisse unterliegen im Verlauf der wirtschaftlichen, technischen und kulturellen Entwicklung einem ständigen Wandel.

Beispiel

Galt vor 40 Jahren ein Röhrenfernsehgerät als ausgesprochener Luxusartikel, den sich nur Besserverdienende „leisten" konnten, so ist heute der Flachbildschirm bereits zur Selbstverständlichkeit geworden.

Die Bedürfnisse des Menschen sind tendenziell unbegrenzt. Sie bilden den Ausgangspunkt wirtschaftlichen Handelns.

■ Bedarf

Nur ein Teil der Bedürfnisse kann befriedigt werden, denn das Ausmaß der Bedürfnisbefriedigung hängt davon ab, ob die hierzu notwendigen Geldmittel zur Verfügung stehen. Angesichts der begrenzten finanziellen Möglichkeiten des Einzelnen bleiben deshalb viele Bedürfnisse unerfüllt.

Zur sinnvollen Verwendung seiner Mittel wird der Mensch seine Bedürfnisse zunächst ihrer Dringlichkeit nach ordnen und sodann entscheiden, mit welchen Gütern er diese Bedürfnisse befriedigen will.

Definition

*Der **Bedarf** ist die Summe aller Bedürfnisse, die mit den vorhandenen Geldmitteln befriedigt werden sollen.*

Nachfrage

Der individuelle Bedarf tritt auf dem **Markt** als **Nachfrage** in Form von Kaufwünschen in Erscheinung.

Beispiel

Nach einem anstrengenden Berufsschultag hat die Auszubildende Lisa Röltgen Lust, ins Kino oder Theater zu gehen. Sie informiert sich über das Angebot, prüft, ob sie genügend Geld hat, und entscheidet sich für einen Kinobesuch. Sie löst an der Kinokasse eine Eintrittskarte zum Preis von 9,50 € für den Film „Star Wars".

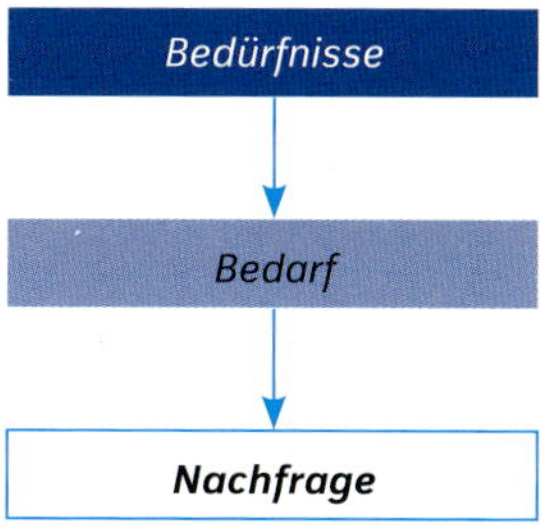
Bedürfnisse
Bedarf
Nachfrage

Güter

Definition

*Als **Güter** bezeichnet man die Mittel, die der Bedürfnisbefriedigung des Menschen dienen. Sie stiften einen Nutzen, indem sie helfen, die vorhandenen Bedürfnisse zu befriedigen.*

Nach der **Verfügbarkeit der Güter** unterscheidet man zwischen **freien** und **knappen** Gütern.
Freie Güter sind im Verhältnis zu den Bedürfnissen reichlich vorhanden und können ohne Einschränkungen von jedermann erlangt werden.
Nahezu alle Güter, die der Mensch benötigt, stellt die Natur entweder nicht in ausreichender Menge oder nicht in sofort verwertbarem Zustand zur Verfügung. Die Knappheit dieser Güter zwingt den Menschen, mit ihnen zu wirtschaften. Er muss versuchen, seine unbegrenzten Bedürfnisse mit den nur in begrenzter Menge vorhandenen Gütern durch sparsames und planvolles Handeln in Einklang zu bringen.
Nur die **knappen Güter** sind Gegenstand des Wirtschaftslebens. Man bezeichnet sie daher auch als **Wirtschaftsgüter**. Gradmesser für die Knappheit bzw. den Wert der Wirtschaftsgüter ist die Höhe des Preises, den man bezahlen muss, um in ihren Besitz zu gelangen.

Nach der **Beschaffenheit der Güter** lassen sich materielle und immaterielle Güter unterscheiden:
- **Materielle** (stoffliche) Güter sind Sachgüter.
- **Immaterielle** (stofflose) Güter sind Dienstleistungen und Rechte.

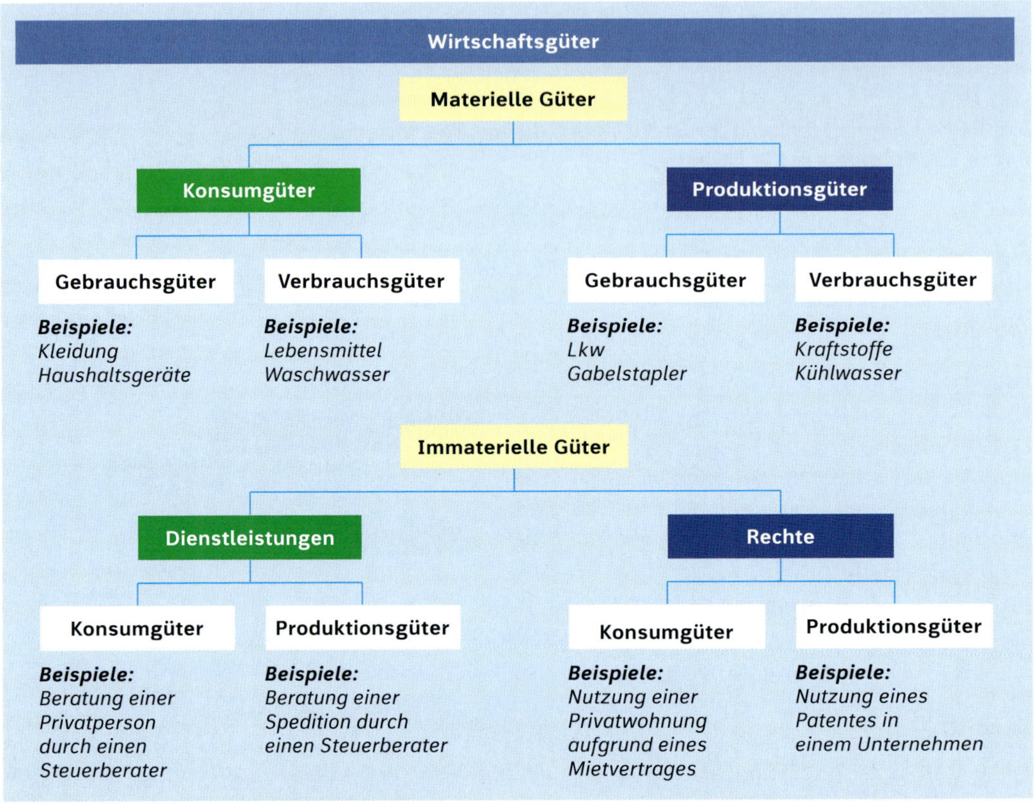
Wirtschaftsgüter
Materielle Güter
Konsumgüter
Produktionsgüter
Gebrauchsgüter
Verbrauchsgüter
Gebrauchsgüter
Verbrauchsgüter
Beispiele:
Kleidung
Haushaltsgeräte
Beispiele:
Lebensmittel
Waschwasser
Beispiele:
Lkw
Gabelstapler
Beispiele:
Kraftstoffe
Kühlwasser
Immaterielle Güter
Dienstleistungen
Rechte
Konsumgüter
Produktionsgüter
Konsumgüter
Produktionsgüter
Beispiele:
Beratung einer Privatperson durch einen Steuerberater
Beispiele:
Beratung einer Spedition durch einen Steuerberater
Beispiele:
Nutzung einer Privatwohnung aufgrund eines Mietvertrages
Beispiele:
Nutzung eines Patentes in einem Unternehmen

Nach der wirtschaftlichen **Verwendung der Güter** unterscheidet man zwischen Konsumgütern und Produktionsgütern.

- **Konsumgüter** dienen unmittelbar der Bedürfnisbefriedigung des Menschen.
- **Produktionsgüter** (Investitionsgüter) dienen dagegen nur mittelbar der Bedürfnisbefriedigung. Sie werden hergestellt und eingesetzt, um damit andere Güter zu produzieren.

Ein Gut kann sowohl als Produktions- als auch als Konsumgut verwendet werden.

Nach der **Nutzungsdauer der Güter** unterscheidet man schließlich zwischen Gebrauchs- und Verbrauchsgütern:

- **Gebrauchsgüter** können über einen längeren Zeitraum genutzt werden.
- **Verbrauchsgüter** können nur einmal verwendet werden.

1.2 Das ökonomische Prinzip

Zwischen der Knappheit der Güter auf der einen Seite und der tendenziellen Unbegrenztheit der menschlichen Bedürfnisse auf der anderen Seite besteht ein naturgegebenes Spannungsverhältnis, das die Menschen zwingt, mit den vorhandenen Mitteln zu wirtschaften.

Definition

***Wirtschaften** ist die planvolle Beschaffung und Verwendung knapper Güter zur bestmöglichen Befriedigung menschlicher Bedürfnisse.*

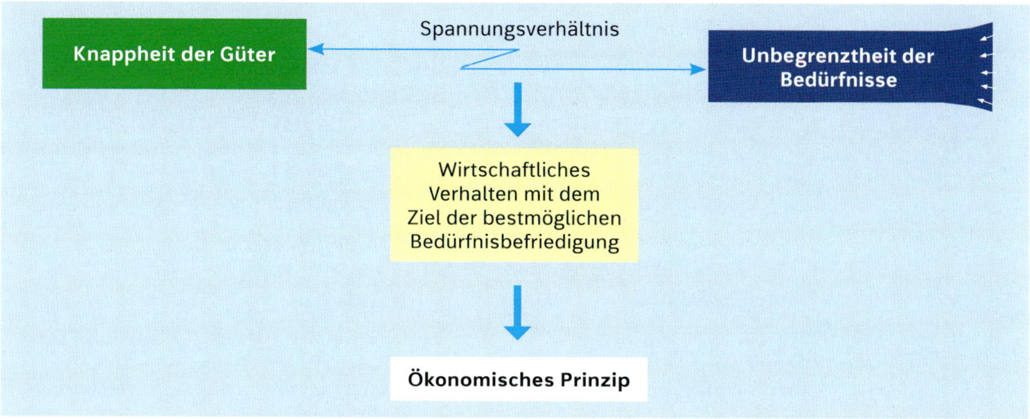
Knappheit der Güter
Spannungsverhältnis
Unbegrenztheit der Bedürfnisse
Wirtschaftliches Verhalten mit dem Ziel der bestmöglichen Bedürfnisbefriedigung
Ökonomisches Prinzip

Das ökonomische Prinzip (Rationalprinzip) kann als **Maximal-** oder **Minimalprinzip** formuliert werden. Es entspricht vernunftgemäßem Verhalten, wenn der Mensch versucht, mit den ihm gegebenen Mitteln einen möglichst großen Erfolg zu erzielen oder aber einen bestimmten Zweck mit einem möglichst geringen Einsatz von Mitteln zu erreichen.

Ökonomisches Prinzip	
Maximalprinzip	gegebener Mitteleinsatz → maximaler Erfolg ***Beispiele:*** • *Ein Sparer legt sein Kapital bei dem Kreditinstitut an, das ihm den höchsten Zins gewährt.* • *Ein Kaufmann ist bestrebt, seine Ware zu einem möglichst hohen Preis zu verkaufen.* • *Ein Auszubildender versucht im Rahmen der ihm zur Verfügung stehenden Zeit, ein möglichst großes Lernpensum zu bewältigen.*
Minimalprinzip	minimaler Mitteleinsatz → bestimmter Erfolg ***Beispiele:*** • *Ein Akkordarbeiter ist bestrebt, in möglichst kurzer Zeit seine Arbeitsziele zu erreichen.* • *Eine Schulklasse versucht, die Kosten für den geplanten Ausflug möglichst gering zu halten.* • *Ein Lkw-Fahrer macht die kürzeste Strecke ausfindig, um sein Fahrziel zu erreichen.*

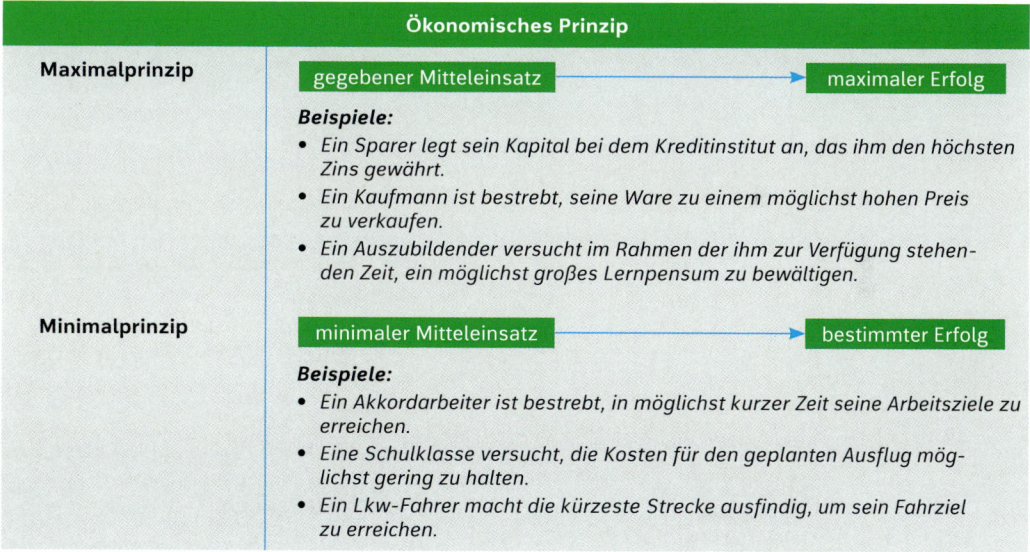

Die Beachtung des ökonomischen Prinzips ist aber häufig nur blasse Theorie. Dies wird deutlich, wenn sich Menschen bei ihren ökonomischen Entscheidungen beispielsweise von Gefühlen wie Neid oder Mitleid lenken lassen oder einfach nur aus Spaß das eine oder andere tun oder lassen.

1.3 Ziele der Wirtschaftssubjekte

Alle Teilnehmer am Wirtschaftsleben verfolgen mit ihrem wirtschaftlichen Handeln charakteristische Ziele.

Private Haushalte

Die privaten Haushalte versuchen, sich durch die Erzielung von Einkommen die Geldmittel für
- die Sicherung ihrer Existenz,
- ein angenehmes, finanziell sorgenfreies Leben und
- die Erlangung von Eigentum und Ansehen

zu beschaffen.

Dies hat zur Folge, dass die privaten Haushalte auf der einen Seite bestrebt sind, ein möglichst hohes Einkommen zu erzielen. Auf der anderen Seite versuchen sie, ihr Einkommen so zu verwenden, dass möglichst viele Bedürfnisse befriedigt werden, d. h., sie folgen dem Prinzip der **Nutzenmaximierung.**

Private Unternehmungen

Das langfristige Ziel der Unternehmen in der Marktwirtschaft besteht in der *Maximierung* des *Gewinns* (Erwerbs), d. h., sie versuchen, eine möglichst hohe Differenz zwischen den betrieblichen Erträgen und Aufwendungen zu erzielen und folgen somit dem **erwerbswirtschaftlichen Prinzip**. Um dieses Ziel zu erreichen, sind die Unternehmungen einerseits bestrebt, die Kosten der Produktion möglichst gering zu halten, andererseits aus dem Verkauf ihrer Produkte einen möglichst hohen Erlös zu erzielen.

Öffentliche Unternehmen und Versorgungsbetriebe

Öffentliche Unternehmen und Versorgungsbetriebe stehen im Dienste der Allgemeinheit. Für sie gilt das **Bedarfsdeckungsprinzip** nach Kostendeckungsgrundsätzen.

Beispiele

Krankenhäuser, Verkehrsbetriebe

Ihr Handeln ist in erster Linie auf die Deckung des öffentlichen Bedarfs ausgerichtet, d. h. sie versuchen, eine angemessene Versorgung der Bevölkerung sicherzustellen und gleichzeitig die Kosten der Produktion möglichst gering zu halten.
Wer die Dienstleistungen öffentlicher Versorgungsbetriebe in Anspruch nehmen möchte, muss zwar hierfür in aller Regel einen Beitrag leisten, doch reichen diese Beiträge gewöhnlich nicht aus, um die Kosten zu decken.
Wird die Kostendeckung nicht erreicht, sind Subventionen der öffentlichen Hand notwendig, um den Betrieb aufrechtzuerhalten.

Beispiel

Die Deutsche Bahn AG hat in den vergangenen Jahren versucht, durch die Aufgabe unrentabler Strecken ihre Kosten zu senken. Dieses Handeln ist am erwerbswirtschaftlichen Prinzip ausgerichtet.
Kritiker der Streckenstilllegungen fordern dagegen, dass die Deutsche Bahn AG ihr Handeln auch am Bedarfsdeckungsprinzip zu orientieren habe, d. h. so lange Beförderungsdienstleistungen anzubieten habe, wie ein entsprechender Bedarf existiert.

■ Öffentliche Haushalte und Verwaltungseinrichtungen

Diese und sonstige **staatliche Institutionen** sind notwendig, um die Volkswirtschaft funktionsfähig zu erhalten, die öffentliche Ordnung sicherzustellen sowie Rechtssicherheit zu gewährleisten. Ganz allgemein wird hier vom Prinzip der **Wohlfahrtsmaximierung** gesprochen.

Beispiele

Bund, Länder, Gemeinden

Sie erfüllen ihre Aufgaben aufgrund eines öffentlichen (= gesetzlichen) Auftrags.
Die notwendigen Geldmittel entstammen hauptsächlich dem Steueraufkommen. Der *Bundesrechnungshof* bzw. die *Landesrechnungshöfe* wachen darüber, dass die Kosten des Betriebs möglichst gering gehalten und keine unnötigen Ausgaben getätigt werden.

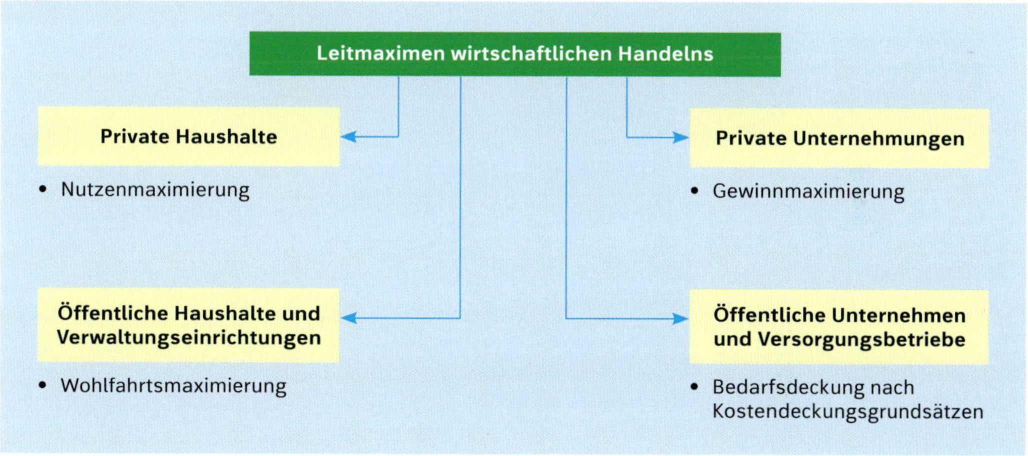
Leitmaximen wirtschaftlichen Handelns
Private Haushalte
• Nutzenmaximierung
Private Unternehmungen
• Gewinnmaximierung
Öffentliche Haushalte und Verwaltungseinrichtungen
• Wohlfahrtsmaximierung
Öffentliche Unternehmen und Versorgungsbetriebe
• Bedarfsdeckung nach Kostendeckungsgrundsätzen

1.4 Volkswirtschaftliche Arbeitsteilung

An der Bereitstellung des in seiner Fülle und Differenziertheit kaum noch überschaubaren Güterangebots sind verschiedene Bereiche der Wirtschaft beteiligt, die sich auf die Erstellung bestimmter Güter spezialisiert haben.

Eine Vielzahl von Unternehmen muss in der Regel zusammenwirken, um ein einzelnes Wirtschaftsgut zu produzieren.

Beispiel

Die vereinfachte Darstellung des Weges eines Möbelstückes durch seine Produktionsstufen, angefangen von der Gewinnung der Rohstoffe bis hin zur Belieferung des Konsumenten durch den Einzelhandel, vermittelt einen Eindruck von der Kooperation und Arbeitsteilung innerhalb der Wirtschaft.
Die Speditionen nehmen in dieser vereinfachten Übersicht eine besondere Stellung ein. Ihr Dienstleistungsangebot ist an allen mit einem Pfeil gekennzeichneten Verbindungspunkten gefragt.

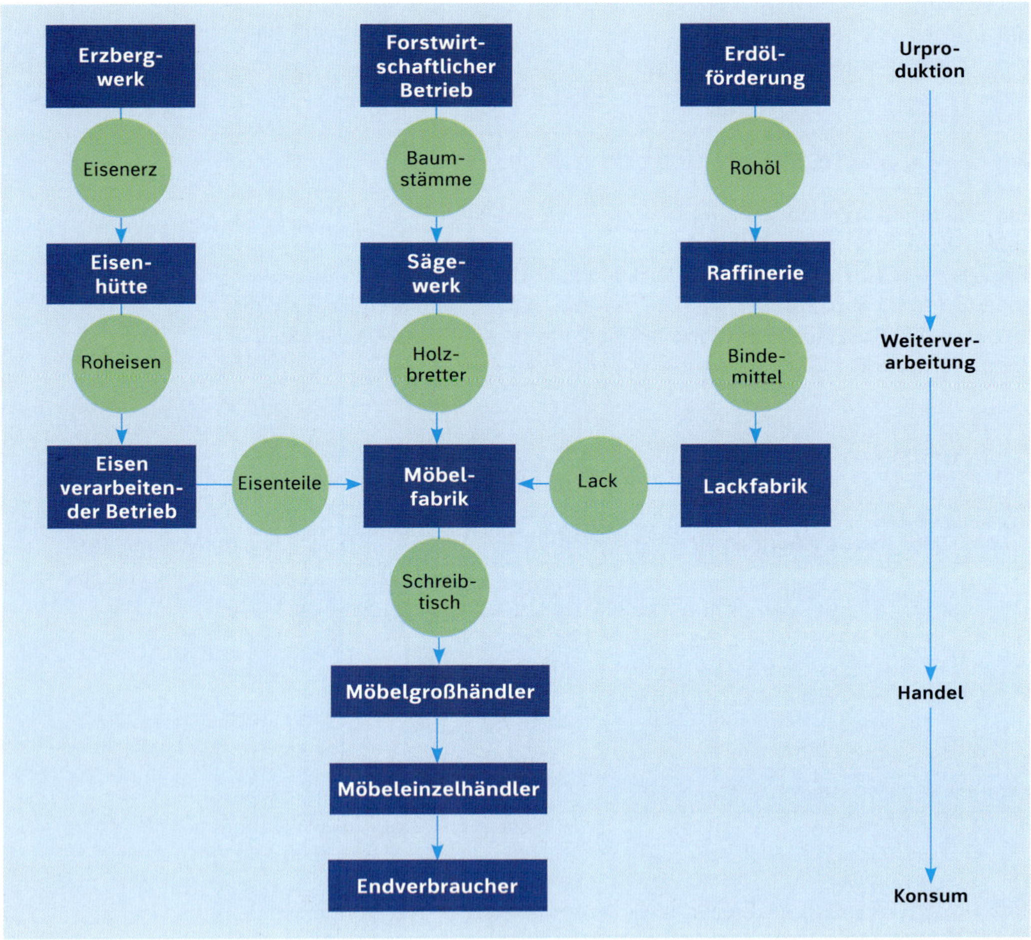
Erzbergwerk
Eisenerz
Eisenhütte
Roheisen
Eisen verarbeitender Betrieb
Eisenteile
Forstwirtschaftlicher Betrieb
Baumstämme
Sägewerk
Holzbretter
Möbelfabrik
Schreibtisch
Möbelgroßhändler
Möbeleinzelhändler
Endverbraucher
Erdölförderung
Rohöl
Raffinerie
Bindemittel
Lackfabrik
Lack
Urproduktion
Weiterverarbeitung
Handel
Konsum

Die Arbeitsteilung innerhalb der Wirtschaft, der wir unseren hohen Lebensstandard verdanken, nimmt mit dem technischen Fortschritt zu. Sie bewirkt aber auch, dass niemand mehr in der Lage ist, sich mit den zum Leben benötigten Wirtschaftsgütern selbst zu versorgen.

Definition

Unter der ***volkswirtschaftlichen Arbeitsteilung*** *versteht man die Spezialisierung der Unternehmen auf die Produktion bestimmter Güter und Dienstleistungen.*

Jede arbeitsteilige Volkswirtschaft weist drei **Wirtschaftsbereiche** auf:

Wirtschaftsbereiche		
Urproduktion ↓ **Primärer Sektor**	**Produzierendes Gewerbe** ↓ **Sekundärer Sektor**	**Dienstleistungen** ↓ **Tertiärer Sektor**
• Landwirtschaft • Forstwirtschaft • Fischerei	• Bergbau • Energieversorgung • Grundstoffindustrie • Investitionsgüterindustrie • Konsumgüterindustrie • Baugewerbe • Handwerk	• Handel • Gastgewerbe • Verkehr • Kreditinstitute, Versicherungen • Speditionen • sonstige Dienstleistungen

Entwicklung der Arbeitsteilung

Bereits in der frühen Menschheitsgeschichte gab es einfache Formen der Arbeitsteilung. Die Menschen lebten damals in **geschlossenen Hauswirtschaften**, die aus einem größeren Familienverbund, einer Sippe bestand. In einer solchen Gemeinschaft produzierte man in erster Linie für den eigenen Konsum. Ein Güteraustausch mit anderen Hauswirtschaften kam nur ausnahmsweise vor.

Die Arbeitsteilung blieb daher auf die Angehörigen einer solchen Hauswirtschaft beschränkt.

Beispiel

Der Mann jagte, die Frau nähte die Kleidung aus dem Fell der erlegten Tiere.

Aufgrund der besonderen Kenntnisse und Fähigkeiten, die von einigen Menschen im Laufe der Zeit erworben wurden, entstanden die ersten **Berufe**. Die Entstehung der Berufe und die damit verbundene Spezialisierung auf einen engeren Arbeitsbereich führte zur Notwendigkeit des **Tauschhandels**.

Beispiel

Jemand, der die Kunst der Metallerzeugung und -bearbeitung erlernt hatte, betätigte sich als Schmied. Die von ihm zum Leben benötigten Güter tauschte er gegen die von ihm hergestellten Güter ein.

Die Entstehung neuer Techniken und die Weiterentwicklung des beruflichen Wissens und Könnens führten im Laufe der Zeit zu einer weiteren **Spezialisierung** innerhalb eines Berufes.

Beispiel

Aus dem Beruf des Schmieds entstanden die Berufe des Waffenschmieds, des Hufschmieds usw.

Es zeigte sich bald, dass durch die Zerlegung eines Arbeitsvorgangs in einzelne Teilverrichtungen die Produktivität der menschlichen Arbeitsleistung noch weiter gesteigert werden konnte.

Beispiel

Bei der Fließbandarbeit ist der einzelne Arbeiter auf bestimmte Handgriffe spezialisiert. Er ist innerhalb des Produktionsprozesses nur für einen eng umrissenen Teilvorgang verantwortlich, nicht mehr jedoch für das ganze Endprodukt.

Die **Arbeitszerlegung** und der begleitende Einsatz hochwertiger Maschinen ermöglichen die **Massenproduktion**. Einfache Verrichtungen, die früher von den Menschen ausgeführt wurden, werden von hochtechnisierten Produktionsanlagen übernommen. Die Automation des Produktionsprozesses reduziert die Aufgabe des Menschen auf die Übernahme von Steuerungs- und Kontrollfunktionen.

Zwischenbetriebliche Arbeitsteilung

Heute werden nur noch selten Güter in ihrer Gesamtheit in einem einzigen Betrieb hergestellt. Die Aufteilung der Produktion entspricht dem der Arbeitsaufteilung auf viele Menschen und deren Spezialisierung auf bestimmte Arbeitsvorgänge.

Beispiel

Die Automobilproduzenten verlangen immer häufiger von ihren Zulieferern die Lieferung gesamter Systemkomponenten, z. B. die komplett montierte Vorder- oder Hinterachse, das mit den gesamten Instrumenten ausgestattete Armaturenbrett, den vollständig aufgebauten Sitz oder die mit Scheinwerfern bestückte Stoßstange.

Die auf spezialisierte Betriebe verlagerte Produktion wird als **Produktionsteilung** bezeichnet.

Internationale Arbeitsteilung

Neben der Arbeitsteilung zwischen den Unternehmen innerhalb einer Volkswirtschaft existiert auch eine **weltweite Arbeitsteilung** zwischen den Ländern.

Zwei Gründe sind hierfür vorhanden:

- Manche Güter sind aufgrund der natürlichen Gegebenheiten (Klima, geografische Lage) in einzelnen Ländern überhaupt nicht oder nur in sehr geringem Umfang verfügbar.

  Beispiele

  Bodenschätze, Pflanzen, Tiere

- Der Entwicklungsstand der einzelnen Volkswirtschaften ist unterschiedlich. Dies führt zu unterschiedlichen Produktionsergebnissen und -kosten.

Beispiele

Die Produktionskosten können im Ausland aufgrund des niedrigeren Lohnniveaus geringer als im Inland sein.
Entwicklung und Nutzung moderner Technologien bei der Produktion erfordern ein hohes Niveau beruflichen Wissens und Könnens, über das die Entwicklungsländer vielfach nicht verfügen.

Voraussetzung für die internationale Arbeitsteilung ist der ungehinderte *Import* und *Export* von Gütern.
Ein freier Welthandel sorgt für das Funktionieren des internationalen Güteraustauschs. Durch eine internationale Arbeitsteilung kann das Güterangebot in den einzelnen Volkswirtschaften zum Nutzen der dort lebenden Menschen verbessert und erhöht werden.
Die **Globalisierung** ist ein Ausdruck für die weltweite Öffnung der Märkte, das Entstehen multinational operierender Unternehmer („Global Player") und den freien Austausch von Gütern, Dienstleistungen und Informationen.

Wirtschaftliche Bedeutung der Arbeitsteilung

Durch die Arbeitsteilung ist es möglich, dass die menschliche Arbeitskraft in der Arbeitszeit mehr Güter produziert bzw. für die Gütermenge weniger Zeit zur Herstellung benötigt. Dieses Ergebnis verdanken die Menschen folgenden Gründen:

- Die Arbeitskraft jedes Einzelnen wird durch **Spezialisierung** intensiver genutzt.
- Die Produktion wird durch die **Verwendung von Maschinen** erleichtert oder sogar erst möglich.

Der Vorteil der **Rationalisierung** (Übernahme gefährlicher, körperlich anstrengender und monotoner Arbeiten durch Maschinen) hat aber auch arbeitsmarktpolitische Konsequenzen. Die menschliche Arbeitskraft. wird ersetzt durch Maschinen und führt zur Freisetzung von Arbeitskräften.

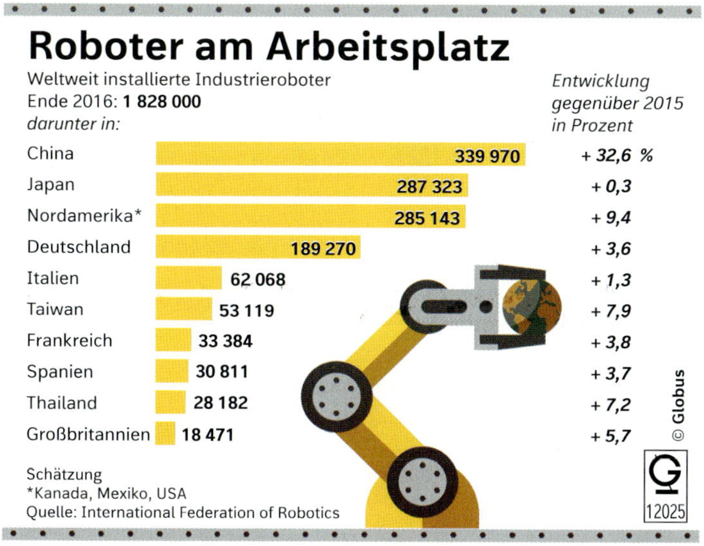
Roboter am Arbeitsplatz
Weltweit installierte Industrieroboter
Ende 2016: 1 828 000
darunter in:
Entwicklung gegenüber 2015 in Prozent
China 339 970 + 32,6 %
Japan 287 323 + 0,3
Nordamerika* 285 143 + 9,4
Deutschland 189 270 + 3,6
Italien 62 068 + 1,3
Taiwan 53 119 + 7,9
Frankreich 33 384 + 3,8
Spanien 30 811 + 3,7
Thailand 28 182 + 7,2
Großbritannien 18 471 + 5,7
Schätzung
*Kanada, Mexiko, USA
Quelle: International Federation of Robotics
© Globus
12025

Arbeitsteilung		
	Vorteile	**Nachteile**
für den einzelnen Wirtschaftsteilnehmer	• Einkommenssteigerung • Berücksichtigung individueller Fähigkeiten und Neigungen • Erhöhung des Lebensstandards • Arbeitszeitverkürzung • die Einrichtung behindertengerechter Arbeitsplätze wird erleichtert	• Spezialistentum spricht weite Bereiche der geistigen/schöpferischen und körperlichen Fähigkeiten des Menschen nicht mehr an • Maschinen fordern von den Menschen ungewöhnliches Arbeitstempo und einseitige, monotone Bewegungsabläufe • Verlust der Einsatzbereitschaft und des Zugehörigkeitsgefühls zum Unternehmen • Arbeitsplatzabbau durch Rationalisierung • Vermittelbarkeit auf dem Arbeitsmarkt bei spezialisierter Berufsausübung eingeschränkt
für die Gesamtwirtschaft	• Nachfrage höherwertiger Güter durch höheren Lebensstandard • Versorgung der Wirtschaft mit mehr Gütern • Erhöhung der Tauschfähigkeit mit ausländischen Gütern • Verbesserung der Ausschöpfung wirtschaftlicher Leistungsmöglichkeiten im in- und ausländischen Waren- und Leistungsverkehr	• Erhöhung der Abhängigkeiten innerhalb der Volkswirtschaft (Hemmung der Abläufe in der Gesamtwirtschaft bei Ausfall weniger Betriebe) • Erhöhung der Abhängigkeiten im internationalen Waren- und Dienstleistungsverkehr (Industrieländer von den rohstoffproduzierenden Ländern, rohstoffexportierende Länder von den Gütern der Industrieländer)

1.5 Nachhaltiges Wirtschaften – Sustainable Development

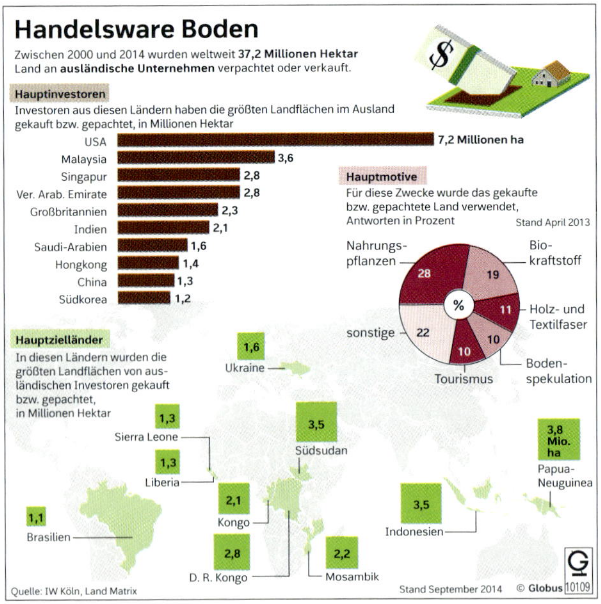
Handelsware Boden
Zwischen 2000 und 2014 wurden weltweit 37,2 Millionen Hektar Land an ausländische Unternehmen verpachtet oder verkauft.
Hauptinvestoren
Investoren aus diesen Ländern haben die größten Landflächen im Ausland gekauft bzw. gepachtet, in Millionen Hektar
USA 7,2 Millionen ha
Malaysia 3,6
Singapur 2,8
Ver. Arab. Emirate 2,8
Großbritannien 2,3
Indien 2,1
Saudi-Arabien 1,6
Hongkong 1,4
China 1,3
Südkorea 1,2
Hauptmotive
Für diese Zwecke wurde das gekaufte bzw. gepachtete Land verwendet, Antworten in Prozent
Stand April 2013
Nahrungs-pflanzen 28
Bio-kraftstoff 19
Holz- und Textilfaser 11
Boden-spekulation 10
Tourismus 10
sonstige 22
%
Hauptzielländer
In diesen Ländern wurden die größten Landflächen von ausländischen Investoren gekauft bzw. gepachtet, in Millionen Hektar
Ukraine 1,6
Sierra Leone 1,3
Liberia 1,3
Südsudan 3,5
Papua-Neuguinea 3,8 Mio. ha
Brasilien 1,1
Kongo 2,1
Indonesien 3,5
D. R. Kongo 2,8
Mosambik 2,2
Quelle: IW Köln, Land Matrix
Stand September 2014
© Globus 10109

Wirtschaft und Gesellschaft sind vor die Aufgabe gestellt, Ökonomie und Ökologie in Einklang zu bringen und gleichzeitig den sozialen Grundkonsens innerhalb der Gesellschaft zu erhalten.

Um zu einer Konfliktlösung zwischen den Zielen der Wohlstandsmehrung und Umwelterhaltung zu gelangen, ist im Jahr 1987 von der Weltkommission für Umwelt und Entwicklung in dem Abschlussbericht „Unsere gemeinsame Zukunft" (Brundland-Bericht) erstmals das Prinzip der Nachhaltigkeit als Leitvorstellung formuliert worden. Nachhaltige Entwicklung wird von dieser Kommission als „Sustainable Development" bezeichnet.

Definition

Unter **nachhaltigem Wirtschaften – Sustainable Development** *– versteht man eine wirtschaftliche Entwicklung, die die Bedürfnisse der Gegenwart befriedigt, ohne zu riskieren, dass künftige Generationen ihre eigenen Bedürfnisse nicht befriedigen können. Es ist der Versuch, wegzukommen von einer*

ausschließlich wachstumsorientierten Wirtschaft, die zumindest teilweise auf einem unwiederbringlichen Ressourcenabbau und einer starken Ungleichverteilung der verfügbaren Ressourcen basiert.

Diese Definition wird inzwischen allgemein verwendet. Gemeint ist ein Wirtschaftsprozess, der langfristig aufrechterhalten werden kann, ohne das „Ökosystem Erde" zu überlasten.

Das Prinzip der Nachhaltigkeit stammt ursprünglich aus der Forstwirtschaft, wo es seit vielen Jahren praktiziert wurde. Dort galt die Regel, dass der jährliche Holzeinschlag nicht größer sein durfte als die nachwachsende Holzmenge.

Umweltkonflikte entstehen immer dann, wenn Wirtschaftssubjekte zwischen alternativen Verhaltensweisen entscheiden können und ein ökologisch sinnvolles Verhalten zu scheinbaren ökonomischen Nachteilen führt.

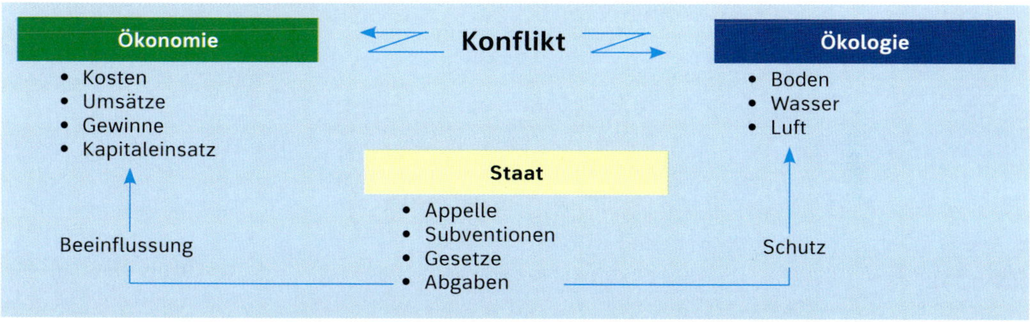
Ökonomie
Kosten
Umsätze
Gewinne
Kapitaleinsatz
Konflikt
Ökologie
Boden
Wasser
Luft
Staat
Appelle
Subventionen
Gesetze
Abgaben
Beeinflussung
Schutz

Die vorrangige Aufgabe besteht darin, Wege eines ökologisch verträglichen Wirtschaftens zu finden. Das bedeutet zunächst, ganzheitlich statt wachstumsorientiert zu denken und den effektiven Naturverbrauch und die erforderlichen Reparaturkosten des Ökosystems in die **wirtschaftliche Gesamtrechnung** einzubeziehen. Ein kurzfristiges Gewinn- und Erfolgsstreben verhindert langfristiges „nachhaltiges Wachstum" unter Einschluss vertretbarer **ökologischer Kosten**. Um nachhaltiges Wachstum zu erreichen, sind tief greifende Reformen des Energie-, Verkehrs- und Steuersystems und die Verbesserung der Umweltverträglichkeit der Güterproduktion und des Konsums vonnöten, denn vordergründig betrachtet

- sind umweltverträgliche Güter oft teurer,
- genügen umweltverträgliche Güter vielfach nicht den Qualitätsansprüchen *(z. B. Recyclingpapier)*,
- erfordern umweltverträgliche Fertigungsverfahren einen höheren Kapitaleinsatz,
- führen umweltverträgliche Produktionsmengen zu geringeren Absatzmengen und damit zu höheren Kosten pro Stück.

Mit der Lösung dieser Konflikte im Sinne der Umwelt sind die privaten Wirtschaftssubjekte oft überfordert. Hier greift der Staat mit mehr oder weniger scharfen Maßnahmen ein.

1.6 Umweltpolitik

Aufgabenbereiche der Umweltpolitik

Schutz der Natur vor nachteiligen Wirkungen menschlicher Eingriffe	Beseitigung bereits eingetretener Naturschäden

Handlungsbereiche der Umweltpolitik

- Luft- und Wasserreinhaltung
- Abfallwirtschaft/Recycling von Abfallstoffen
- Förderung umweltgerechter Energiequellen
- Lärmbekämpfung/Lärmschutz
- umweltgerechte Verkehrs- und Städteplanung
- Naturschutz und Landschaftspflege
- Altlastensanierung/Rekultivierung

Ziel: Sicherung einer lebenswerten Umwelt

■ Instrumente/Prinzipien der Umweltpolitik

Der Umweltpolitik steht ein breites Instrumentarium zur Verfügung. Diese Vielfalt ist notwendig, um die unterschiedlichen Aufgaben des Umweltschutzes erfüllen zu können. Die Auffassungen über die „richtigen" umweltpolitischen Konzepte sind kontrovers. Die einzelnen Instrumente können sich ergänzen. Einigkeit besteht allerdings darüber, dass Umweltpolitik nur im engen Zusammenwirken aller gesellschaftlichen Kräfte erfolgreich sein kann.

Vermeidungsprinzip

Das Vermeidungsprinzip zielt darauf ab, Umweltschäden vorbeugend zu vermeiden bzw. möglichst gering zu halten.
Voraussetzung hierfür ist, dass private Haushalte, Unternehmungen und staatliche Einrichtungen bei allen ihren Entscheidungen und Verhaltensweisen mögliche Umweltauswirkungen berücksichtigen. Dies wiederum setzt ein hohes Maß an Eigenverantwortung voraus und ist nur durch Schärfung des Umweltbewusstseins und Verankerung einer Umweltethik innerhalb der Bevölkerung zu erreichen.
Der Handel mit Emissionszertifikaten verbindet das Vermeidungs- und das Vermarktungsprinzip.

Verursacherprinzip

Das Verursacherprinzip zielt darauf ab, die Kosten zur Beseitigung und Verhinderung von Umweltbelastungen und -schäden dem Verursacher aufzubürden. Das bedeutet, dass diese Kosten in den Preis des Produktes eingerechnet werden müssen und auf diese Weise der jeweilige Verbraucher damit belastet wird.
Es ist jedoch häufig schwierig bzw. nahezu unmöglich, die tatsächlichen Kosten des Umweltschutzes und der Umweltschädigungen zu ermitteln.

Beispiel

Ein Autofahrer trägt tatsächlich nur den Kaufpreis für sein Auto, die Benzinkosten und die Kosten für die Kfz-Versicherung und Kfz-Steuer. Diese Kosten nennt man innere Kosten. Nicht abgedeckt sind die Kosten des Lärmschutzes, der Verpestung der Luft und der dadurch hervorgerufenen Gesundheitsschäden, des Waldsterbens, des Treibhauseffektes usw.

Voraussetzung einer verursachungsgerechten Umweltschutzpolitik sind die Sichtbarmachung und Erfassung der Umweltfolgen wirtschaftlichen Handelns, der sogenannten **externen Effekte**, ihre monetäre Bewertung und die Überwälzung der dadurch hervorgerufenen **externen Kosten**.

Definition

Externe Kosten *sind solche Kosten, die der Allgemeinheit durch Umweltbelastungen entstehen, jedoch im betrieblichen Rechnungswesen bzw. in der Wirtschaftsrechnung der privaten und öffentlichen Haushalte nicht berücksichtigt werden.*

Gemeinlastprinzip

Das Gemeinlastprinzip zielt darauf ab, die Kosten zur Beseitigung und Vermeidung von Umweltbelastungen und -schäden auf alle Bürger zu übertragen. Das bedeutet, dass diese Kosten in Form allgemeiner Steuern auf die Bevölkerung abgewälzt werden.

■ Finanzpolitische Maßnahmen

Der Staat kann versuchen, durch finanzpolitische Maßnahmen in Form spezieller Abgaben (Lkw-Maut, Ökosteuern) umweltschädliches Verhalten zu „bestrafen" oder in Form von Subventionen umweltfreundliches Verhalten zu „belohnen".

Definition

Umweltsteuern *sollen umweltschädigende Produkte bzw. Produktionsverfahren verteuern, um entsprechende Marktreaktionen bei den Unternehmen und Konsumenten auszulösen und um dadurch wiederum umweltverträgliche Alternativen lohnend zu machen.*

Die entsprechenden Steuersätze sind politisch festzulegen, da die externen Umweltkosten in der Regel nicht exakt genug quantifiziert werden können.

Allgemeine Verbote und Auflagen

Der Staat kann durch Verbote, Auflagen und Haftungsvorschriften versuchen, umweltverträgliches Verhalten zu erzwingen. Diese sind zwar schnell wirksam, haben jedoch den Nachteil, dass solche Produzenten bzw. Konsumenten, die keine Ausweichmöglichkeit haben, hart betroffen sind. Ein Fahrverbot für Dieselfahrzeuge würde der Autoindustrie Umsatzeinbußen bringen, Arbeitsplätze überflüssig machen und die Autos vieler Menschen wertlos machen.

Beispiele

Energieverordnung (ENEV), Stickoxid-Grenzwerte, Umgebungslärmrichtlinie

Das **Bundesimmissionsschutzgesetz** schützt vor schädlichen Umwelteinwirkungen durch Luftverunreinigungen, Lärm, Erschütterungen und ähnliche Vorgänge. Die betroffenen Unternehmen müssen sich einem Genehmigungsverfahren unterziehen.

Beispiele

Chemieanlagen, Müllverbrennungsanlagen, Eisen- und Stahlgießereien, Tankstellen, Autowaschanlagen, tierwirtschaftliche Anlagen

Das **Umwelthaftungsgesetz** regelt Schadenersatzansprüche bei Beeinträchtigungen von Luft und Boden durch den Betrieb einer gefahrgeneigten Anlage. Kerngedanke der Gefährdungshaftung im Umweltrecht ist, dass eine Schadenersatzpflicht des Verursachers auch dann eintritt, wenn ihm kein fahrlässiges oder vorsätzliches Verschulden nachzuweisen ist. Allein die Errichtung und Unterhaltung einer erhöhten Gefahrenquelle stellt eine Gefährdung dar, die zur Haftung führen kann.

1.6.1 Speditionen und Umweltschutz

Die Speditionen erzielen mit ihrem unternehmerischen Handeln interne und externe umweltbezogene Wirkungen. Ein dem Umweltgedanken sich verpflichtendes Speditionsunternehmen berücksichtigt neben den ökonomischen und sozialen Aspekten auch die ökologischen Aspekte seiner Geschäftstätigkeit.

■ Interne umweltbezogene Wirkungen des Speditionsgeschäftes

Definition

*Die **internen umweltbezogenen Wirkungen** des Speditionsgeschäftes beziehen sich auf den eigenen Ressourcenverbrauch und die durch das Speditionsunternehmen und seine Mitarbeiter verursachten Umweltbelastungen.*

Indikatoren der internen umweltbezogenen Wirkungen sind u. a.:

- Energieverbrauch
- Wasserverbrauch/Abwasserentsorgung
- Papierverbrauch
- Abfall
  - Vermeidung
  - Wiederverwendung
  - Recycling
  - Entsorgung
- Dienstreisen *(z. B. mit Pkw, Bahn, Flugzeug)*
- Bodenverunreinigungen in unternehmenseigenen Garagen, Kfz-Werkstätten und Tankstellen
- Energieverbrauch und Abgasreinigung der eigenen Fahrzeuge
- Einkaufsrichtlinien mit ökologischer Ausrichtung
- Betriebliches Vorschlagswesen mit Hinweis auf den Umweltschutz

Eine Umweltbilanz/Umweltberichterstattung hat den Zweck, den Ressourcenverbrauch des Unternehmens zu erfassen, zu analysieren und aus den ermittelten Umweltkennzahlen Ansatzpunkte zu einer Effizienzverbesserung des Ressourcenverbrauchs und der Reduzierung von Umweltbelastungen abzuleiten.

■ Externe umweltbezogene Wirkungen des Speditionsgeschäftes

Definition

*Die **externen umweltbezogenen Wirkungen** des Speditionsgeschäftes beziehen sich auf die durch das Leistungsprogramm der Spedition verursachten Umweltwirkungen.*

Indikatoren der externen umweltbezogenen Wirkungen sind u. a.:

- optimale Tourenplanung
- Konflikt Straße – Schiene
- Auswahl von Frachtführern, die ihrerseits ökologisch verantwortlich handeln
- Schadstoffemissionen der eingesetzten Verkehrsträger
- Lärmemissionen der eingesetzten Verkehrsträger
- Gefahrgut-Transporte
- Reinigungsverfahren für Silos
- Verpackungen

Die einzel- und gesamtwirtschaftlichen Aufwendungen zur Vermeidung und Beseitigung von Umweltschäden nehmen stetig zu. Damit steigt auch automatisch die Forderung der Öffentlichkeit an die Speditionen, ökologische Aspekte in Unternehmensentscheidungen einzubeziehen.

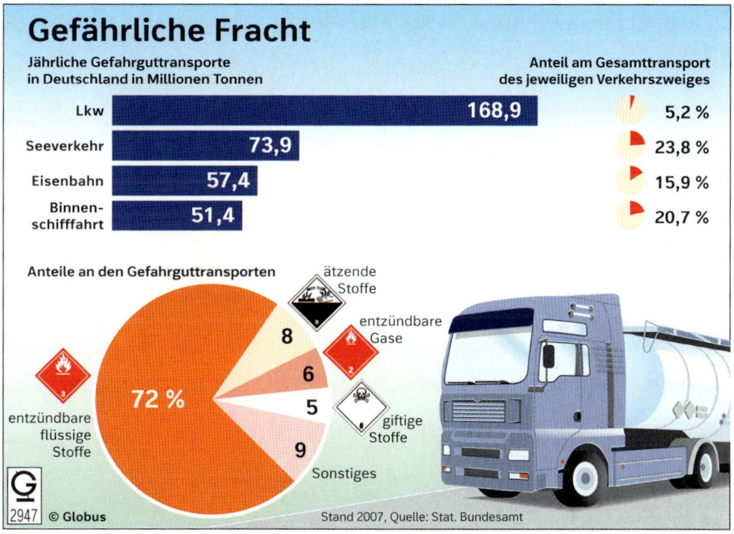
Gefährliche Fracht
Jährliche Gefahrguttransporte in Deutschland in Millionen Tonnen
Anteil am Gesamttransport des jeweiligen Verkehrszweiges
Lkw 168,9 5,2 %
Seeverkehr 73,9 23,8 %
Eisenbahn 57,4 15,9 %
Binnenschifffahrt 51,4 20,7 %
Anteile an den Gefahrguttransporten
72 %
entzündbare flüssige Stoffe
8
ätzende Stoffe
6
entzündbare Gase
5
giftige Stoffe
9
Sonstiges
2947
© Globus
Stand 2007, Quelle: Stat. Bundesamt

1.6.2 Umweltregeln

Durch die Festlegung von **Umweltregeln** für die Geschäftstätigkeit und das Mitarbeiterverhalten im Zusammenhang mit dem betrieblichen Ressourcenverbrauch kann das ökologische Bewusstsein der Mitarbeiter geschärft werden.
Vor der verbindlichen Festlegung von Umweltregeln muss eine Analyse sämtlicher Unternehmensbereiche stehen, in der unvoreingenommen untersucht wird, wo umweltrelevante Entscheidungen getroffen und umgesetzt werden.

Checkliste zur Erstellung von Umweltregeln

Management und Öffentlichkeitsarbeit

1. Wie bereitet sich das Unternehmen auf zukünftige Entwicklungen im Umweltschutz vor?
2. Wie ernst nimmt das Unternehmen seine eigenen ökologischen Maßnahmen?
3. Ist der Umweltschutzgedanke im Unternehmensleitbild verankert?
4. Bemerkt man im Unternehmen Änderungen im Umweltbewusstsein bei den Kunden und reagiert man darauf?
5. Nutzt das Unternehmen Methoden des Umweltmarketings oder des Umweltsponsorings?
6. Hat das Unternehmen eine(n) Umweltschutzbeauftragte(n)?
7. Gibt es ein Umwelt-Vorschlagswesen?
8. Hat das Unternehmen eine Umweltabteilung?
9. Verwendet man im Unternehmen umweltfreundliche Arbeitsmittel?

Technologie

1. Welche Rohstoffe werden verwendet? Aus welchen Lieferländern stammen sie?
2. Werden Material-, Energie- und Wassersparmaßnahmen ausgeschöpft?
3. Gibt es integrierte Produktionskreisläufe oder wird versucht, die Emissionen durch End-of-the-Pipe-Maßnahmen zu verringern?
4. Entstehen beim Produktionsprozess gefährliche Abfälle oder Abwässer?
5. Werden die Abfälle und Abwässer ordnungsgemäß entsorgt?
6. Besteht die Gefahr der Bodenverunreinigung und der Entstehung von ‚neuen' Altlasten?
7. Werden recyclingfähige Materialien verwendet?
8. Gibt es auch bei Dienstfahrten Umweltüberlegungen (Fahrrad, Pkw, Bahn, Flugzeug)?

Controlling und Planung

1. Erstellt das Unternehmen eine Öko-Bilanz oder führt es ein Umwelt-Audit durch?
2. Auf welchen Feldern ist das Unternehmen von den Bestimmungen der Umweltgesetzgebung betroffen?
3. Kann das Unternehmen notwendige Investitionen oder mögliche Sanktionen, die durch eine Verschärfung der Umweltgesetzgebung ausgelöst werden könnten, aus den Erlösen seiner üblichen Geschäftstätigkeit finanzieren?
4. Wie könnte ein innerbetriebliches Umweltinformationssystem aussehen und wer könnte es erstellen?

Absatzmarkt

1. Sind eventuelle Übergänge auf andere Produkte möglich?
2. Werden bei der Wahl der Verkehrsträger Alternativen offengehalten?
3. Woraus bestehen die Verpackungen?
4. Wird in Länder mit anders entwickelter Umweltgesetzgebung geliefert?
5. Sind die Abnehmer ihrerseits von Umweltschutzmaßnahmen betroffen?
6. Wie sieht die Auftragslage vor allem im Umwelttechnologie-Sektor aus?
7. Betreibt das Unternehmen aktive Öffentlichkeitsarbeit mit Umweltbezug? Stellt sich das Unternehmen in dieser Hinsicht glaubhaft dar?

Produktentwicklung

1. Betreibt das Unternehmen eine innovative Produktentwicklung?
2. Gibt es umweltfreundlichere Produktalternativen auf dem Markt?
3. Werden die Produkte mit Qualitätsgütesiegeln oder Umweltzeichen versehen?
4. Auf welchen Kriterien beruhen diese Auszeichnungen?
5. Bestehen möglicherweise Produkthaftungsrisiken mit Umweltrelevanz?

1.7 Unternehmensleitlinien – Corporate Identity

Das Zielsystem der Unternehmung findet seinen Ausdruck häufig in Unternehmensleitlinien.

Definition

Unternehmensleitlinien *sind schriftlich formulierte Grundsätze, die dazu dienen, gemeinsame Vorstellungen von Management und Mitarbeitern zu artikulieren und den unternehmerischen Kurs für die Zukunft festzulegen.*

Unternehmensleitlinien bieten Orientierungshilfen bei der Tätigkeit jedes einzelnen Mitarbeiters in der Weise, dass alle Beteiligten ihr Verhalten daraufhin überprüfen können, ob es mit den Unternehmensleitlinien übereinstimmt.

Die Umsetzung der Unternehmensleitlinien verleiht der Unternehmung eine spezielle **Corporate Identity**, also eine spezifische, möglichst unverwechselbare Identität. Die Unternehmensleitlinien werden – um akzeptiert zu werden – im Idealfall von Mitarbeitern und Management gemeinsam entwickelt. Nur so lässt sich die gewünschte Identifikation mit der Unternehmung und mit der von dem einzelnen Mitarbeiter jeweils übernommenen Aufgabe erreichen.

Unternehmensleitlinien prägen somit nicht nur das Selbstverständnis und die Unternehmenskultur nach innen, sondern auch das Erscheinungsbild der Unternehmung nach außen.

Die Verpflichtung der Mitarbeiter auf klar definierte Unternehmensleitlinien ist besonders dann wichtig, wenn
- Selbstständigkeit, Eigenverantwortung und Teambildung gefördert,
- Hierarchieebenen im Unternehmen abgebaut und
- Entscheidungskompetenzen delegiert

werden.

Nur so ist gewährleistet, dass die Unternehmung ihre klare Orientierung gegenüber den Marktpartnern behält.

Unternehmensleitlinien bedürfen von Zeit zu Zeit einer Überprüfung und gegebenenfalls einer Aktualisierung, um nicht ihre Leitbildfunktion zu verlieren.

1.8 Der Wirtschaftskreislauf

Durch die moderne Arbeitsteilung, in der
- die privaten Haushalte als Orte des Konsums,
- die Unternehmen als Einrichtungen der Produktion,
- der Staat als verwaltende und dienstleistende Instanz und
- das Ausland mit vielfältigen Wirtschaftsbeziehungen zum Inland

zusammenwirken, ist es für den ungeschulten Beobachter schwer möglich, den Überblick über das Funktionieren der Wirtschaft zu behalten und die Zusammenhänge zu verstehen. Eine Hilfe bietet das **Modell des Wirtschaftskreislaufes**. Es handelt sich dabei um eine typische Modellbetrachtung, wie wir sie aus vielen anderen Lebensbereichen kennen.

Die Idee des Wirtschaftskreislaufs
Der französische Arzt François Quesnay (1694–1774) hatte die Idee, das volkswirtschaftliche Geschehen als Kreislauf darzustellen. Er entwickelte erstmalig ein Kreislaufschema, das die Wirtschaft als ein wechselseitiges Geflecht von Geld- und Güterströmen zeigt.
Im 19. Jahrhundert geriet der Kreislaufgedanke fast in Vergessenheit.
Nach der Weltwirtschaftskrise in den 30er-Jahren des letzten Jahrhunderts wurde die Kreislaufbetrachtung wieder aufgegriffen. Man hatte erkannt, dass auch der Laie das komplexe und unübersichtliche Geschehen einer modernen Marktwirtschaft nur sehr schwer erfassen konnte. In der Tat ist es wirklich kaum zu verstehen, wie Zigmillionen von Menschen mehr oder weniger geordnet zusammenwirken und sich als Produzenten, Dienstleister, Mitarbeiter, Verkäufer, Käufer, Konsumenten usw. engagieren und zu einem vernünftigen Ergebnis kommen. Mit dem Kreislaufmodell, das auf viele Einzelheiten des Wirtschaftsgeschehens verzichtet und sich dafür auf die wesentlichen Strukturen und Beziehungen innerhalb der Wirtschaft beschränkt, wurde der Grundaufbau der Wirtschaft für jedermann verstehbar gemacht.

Beispiele

Eine Fahrradkarte „Schleswig-Holstein" konzentriert sich auf die Fahrradwege und vernachlässigt andere Verkehrswege.
Der Elektroinstallationsplan für einen Neubau zeigt nur die für den Elektromonteur wesentlichen Informationen.

Einfacher Wirtschaftskreislauf

Das Kreislaufmodell geht davon aus, dass
- die privaten Haushalte so viel sparen, wie die Unternehmungen für ihre Investitionen benötigen,
- die Unternehmungen so viele Konsumgüter produzieren, wie die privaten Haushalte kaufen wollen und können,
- der Staat in dem Umfang über Einnahmen verfügt, wie zur Bestreitung der Staatsausgaben erforderlich sind,
- der Austausch von Waren, Dienstleistungen und Kapital mit anderen Volkswirtschaften ausgeglichen ist.

Der Wirtschaftskreislauf besteht in seiner einfachsten Form aus zwei – meist gegenläufigen – Wertströmen: dem **Geldstrom** und dem **Güterstrom**.
Dies ist einfach dadurch begründet, dass auf der einen Seite die Einkommen die Gegenleistung der Unternehmungen für die Bereitstellung der Produktionsfaktoren durch die Haushalte, und auf der anderen Seite die Konsumausgaben die Gegenleistung der Haushalte für die bezogenen Konsumgüter

darstellen. Produktivgüterstrom und Einkommenstrom einerseits sowie Konsumgüterstrom und -ausgabenstrom andererseits stimmen folglich wertmäßig überein.
Da die Produktionsfaktoren in den Unternehmungen und die Konsumgüter in den Haushalten aufgebraucht, „verzehrt" werden, müssen sie immer wieder neu in den Güterkreislauf eingebracht werden.

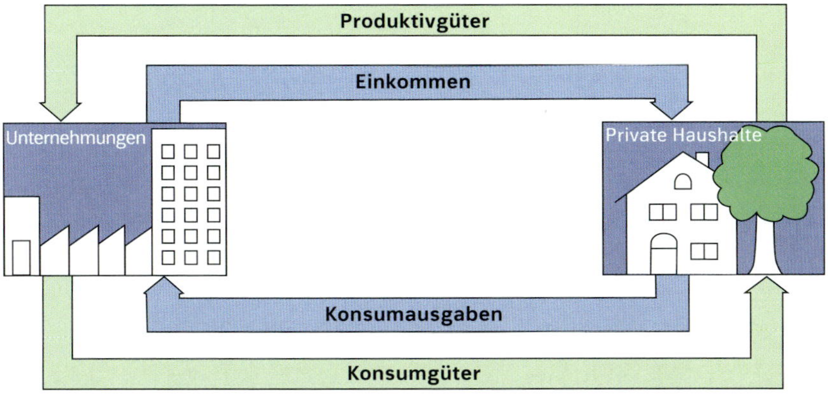
Produktivgüter
Einkommen
Unternehmungen
Private Haushalte
Konsumausgaben
Konsumgüter

Beispiele

- *Die Lkws einer Spedition haben nur eine begrenzte Lebensdauer und müssen daher in bestimmten Zeitabständen ersetzt werden.*
- *Die Mitarbeiter der Speditionen müssen ihre Arbeitskraft jeden Tag neu zur Verfügung stellen.*

Das Geld führt dagegen einen dauernden Kreislauf aus. Eine bestimmte Geldmenge reicht folglich aus, um den Wirtschaftskreislauf dauerhaft aufrechtzuerhalten.

Erweiterter Wirtschaftskreislauf

Im Modell des einfachen Wirtschaftskreislaufs ist unterstellt worden, dass die privaten Haushalte ihr gesamtes Einkommen für den Kauf von Konsumgütern ausgeben. Auch die Rolle des Staates wird in diesem Modell nicht berücksichtigt. Beides ist wirklichkeitsfremd.

Einbeziehung der Kreditinstitute

Sparen *ist der Verzicht darauf, einen Teil des Einkommens zu verbrauchen.* **Definition**

Die privaten Haushalte können frei entscheiden, ob sie ihr Einkommen konsumieren, also zum Kauf von Konsumgütern verwenden, oder ob sie einen Teil davon zurücklegen und sparen.

Dieser Konsumverzicht ist jedoch nur vorübergehend. Zu einem späteren Zeitpunkt, wenn das Sparziel erreicht ist, dienen die bei den **Kapitalsammelstellen** angesammelten Sparbeträge einem konsumtiven Zweck.
Die **Sparquote** gibt an, wie viel Prozent des verfügbaren Einkommens in einer Volkswirtschaft durchschnittlich gespart werden.

$$\textbf{Sparquote} = \frac{\text{private Ersparnis} \cdot 100}{\text{verfügbares Volkseinkommen}}$$

Definition

Investition *ist die Mittelverwendung für Unternehmenszwecke.*

Die Kreditinstitute vermitteln die bei ihnen angelegten Geldbeträge an die Unternehmungen weiter. Diese Geldmittel geben den Unternehmungen die Möglichkeit, Investitionen vorzunehmen.

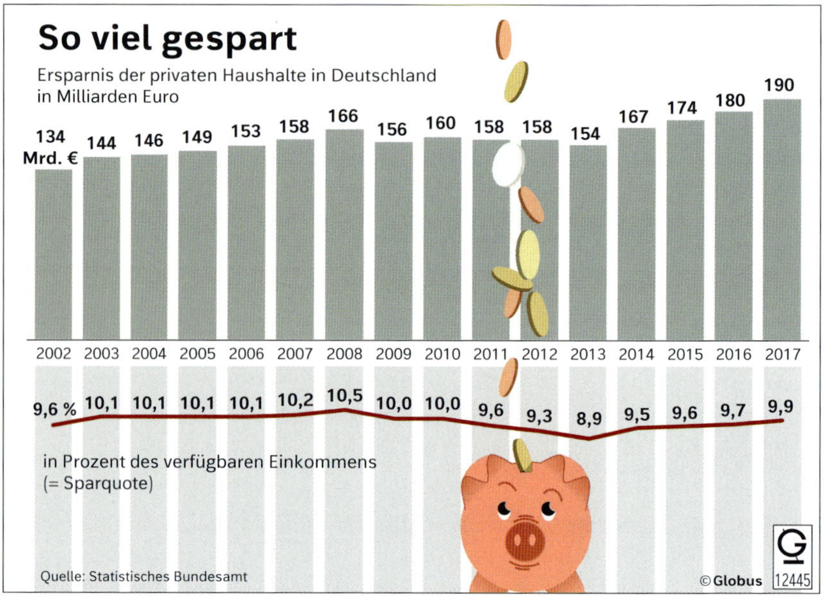
So viel gespart
Ersparnis der privaten Haushalte in Deutschland
in Milliarden Euro
134 Mrd. €
144
146
149
153
158
166
156
160
158
158
154
167
174
180
190
2002
2003
2004
2005
2006
2007
2008
2009
2010
2011
2012
2013
2014
2015
2016
2017
9,6 %
10,1
10,1
10,1
10,1
10,2
10,5
10,0
10,0
9,6
9,3
8,9
9,5
9,6
9,7
9,9
in Prozent des verfügbaren Einkommens
(= Sparquote)
Quelle: Statistisches Bundesamt
© Globus
12445

Die Investitionsvorhaben können durch langfristige Kredite oder durch Bereitstellung von zusätzlichem Eigenkapital finanziert werden.
Vorübergehend nicht benötigte Geldmittel können auf der anderen Seite von den Unternehmungen bei Kreditinstituten *(z. B. in Form von Termineinlagen)* verzinslich angelegt werden.

Beispiel

Die Spezialtransporte AG stellt eine zunehmende Nachfrage nach ihrer neuesten Dienstleistung, dem Transport von Betonfertigteilen, fest. Die vorhandenen Fahrzeugkapazitäten reichen nicht mehr aus, um alle Kundenwünsche fristgerecht erfüllen zu können.
Für weitere Investitionen werden 3 000 000,00 € benötigt.
Der Kapitalbedarf soll durch einen Investitionskredit und durch die Ausgabe zusätzlicher Aktien gedeckt werden.
Die Dresdner Bank gewährt den Investitionskredit und vermittelt die neuen Spezialtransporte AG-Aktien an ihre Kunden.

Voraussetzung für die Durchführung von Investitionen in den Unternehmungen ist eine entsprechende Ersparnisbildung der privaten Haushalte.
Im Kreislaufmodell wird deutlich, dass nur solche Geldbeträge für Investitionen zur Verfügung stehen, die bei Kreditinstituten angelegt werden. Geldbeträge, die stattdessen gehortet werden („im Sparstrumpf verschwinden"), werden dem Geldkreislauf vorübergehend entzogen und können deshalb nicht produktiv verwendet werden.

Einbeziehung des Staates

Zum Wirtschaftssektor Staat zählen:

- Bund, Länder und Gemeinden sowie andere Gebietskörperschaften
- die Deutsche Rentenversicherung
- die Bundesagentur für Arbeit
- die öffentlich-rechtlichen Krankenkassen
- die Pflegeversicherung
- die gesetzliche Unfallversicherung

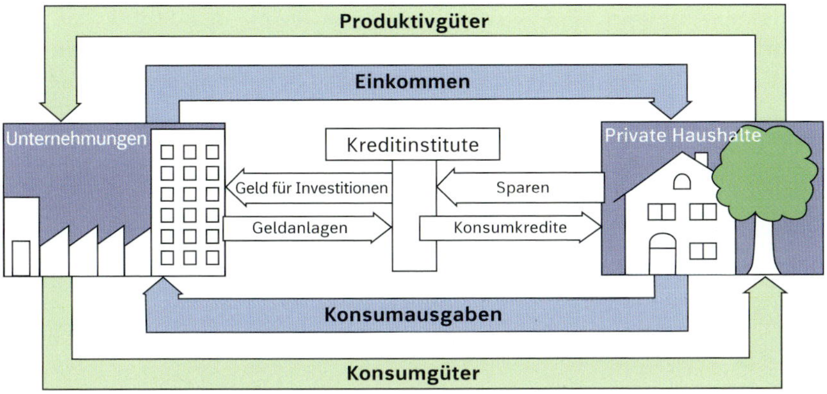
Produktivgüter
Einkommen
Unternehmungen
Kreditinstitute
Private Haushalte
Geld für Investitionen
Sparen
Geldanlagen
Konsumkredite
Konsumausgaben
Konsumgüter

Öffentliche Unternehmen sind nicht dem Sektor Staat, sondern dem Sektor Unternehmen zugeordnet.

Die Rolle des Staates ist aus den Volkswirtschaften der Gegenwart nicht mehr wegzudenken. Seine vielfältigen Aufgaben in den Bereichen der öffentlichen Verwaltung, der Rechtsprechung, der Landesverteidigung, des Zivilschutzes, des Umweltschutzes, im Gesundheits-, Bildungs- und Sozialwesen kann der Staat nur erfüllen, wenn er über entsprechende Einnahmen verfügt.

Nur über die finanziellen Anstrengungen der gesamten Bevölkerung können diese Aufgaben bewältigt werden.

Die **Staatseinnahmen** setzen sich zum überwiegenden Teil aus den verschiedenen **Steuern** zusammen, die der Staat zwangsweise bei den privaten Haushalten und Unternehmungen erhebt.

Daneben erzielt der Staat Einnahmen aufgrund von Gebühren und Beiträgen, die das Entgelt für die Inanspruchnahme staatlicher Leistungen darstellen.

Beispiele

Beiträge zur gesetzlichen Renten-, Kranken- und Arbeitslosenversicherung; Ausstellungsgebühr für einen neuen Reisepass

Schließlich finanziert der Staat einen Teil seiner Ausgaben durch die Aufnahme von Krediten, indem Schuldverschreibungen ausgegeben und durch die Vermittlung der Kreditinstitute an Kapitalanleger verkauft werden.

Beispiel

Ein Kapitalanleger kauft für 1 000 000 € Bundesobligationen, die mit 0,25 % p. a. verzinst werden und eine Laufzeit von fünf Jahren haben.

Als **Staatsausgaben** fließen die vereinnahmten Geldmittel des Staates wieder an die Unternehmungen und die privaten Haushalte zurück.
Der Geldstrom an die privaten Haushalte umfasst:

- Arbeitsentgelte für die Bediensteten des Staates
- Transferzahlungen

Definition

Transferzahlungen ***sind unentgeltliche Leistungen des Staates an anspruchsberechtigte Privatpersonen. Durch diese Ausgaben versucht der Staat, innerhalb der Volkswirtschaft für soziale Gerechtigkeit zu sorgen.***

Beispiele

Renten und Pensionen für aus dem Erwerbsleben ausgeschiedene Personen und deren Hinterbliebene;
Sozialleistungen wie Arbeitslosengeld, Wohngeld, Kindergeld usw.

Der Geldstrom an die Unternehmungen umfasst die Entgelte für Sachleistungen der Unternehmungen an den Staat und die Subventionen.

Beispiele

Das Land NRW plant die Errichtung einer achtspurigen Rheinbrücke. Nach Ablauf des öffentlichen Ausschreibungsverfahrens erhält die REGO Hochbau AG aufgrund ihres Angebotes über 35 000 000,00 € den Zuschlag;
die Schulmöbelfabrik ASS KG beliefert die Stadt Dresden mit 200 Schulbänken zur Ausstattung einer städtischen Berufsschule zum Preis von 25 000,00 €.

Definition

Subventionen ***sind unentgeltliche Zuwendungen des Staates an bestimmte Unternehmungen zu deren Unterstützung sowie zur Förderung einzelner Wirtschaftsregionen oder Wirtschaftsbranchen (direkte Subventionen).***
Die Gewährung von Subventionen kann auch in Form von Steuererleichterungen erfolgen (indirekte Subventionen).

Beispiele

Förderung der Grundlagenforschung zur Nutzung der Sonnenenergie; Unterstützung der Stahlindustrie zum Erhalt von Arbeitsplätzen

Einbeziehung des Auslandes

Der Wirtschaftssektor Ausland besteht aus der Zusammenfassung aller ausländischen Wirtschaftssubjekte.

Definition

*Der **Außenwirtschaftsverkehr** umfasst den Austausch von Waren, Dienstleistungen und Kapital mit fremden Volkswirtschaften.*

Für Deutschland spielen die Beziehungen zum Ausland eine besondere Rolle: Deutschland ist ein vergleichsweise rohstoffarmes Land und muss deshalb eine Vielzahl der zur Güterherstellung benötigten Produkte aus dem Ausland einführen. Auch können viele Dinge des täglichen Verbrauchs, die wir sehr schätzen *(z. B. bestimmte Lebensmittel)*, nur aus dem Ausland bezogen werden. Schließlich sind die Deutschen sehr reisefreudig und verbringen gerne ihren Urlaub im Ausland.

Das dazu benötigte Geld muss im Gegenzug durch entsprechende Wirtschaftsleistungen für das Ausland „verdient" werden.

Da über 30 % der bei uns erzeugten Produkte an das Ausland verkauft werden, ist eine Vielzahl von Arbeitsplätzen im Inland von der Nachfrage des Auslandes abhängig.

Voraussetzungen für möglichst ungehinderte Wirtschaftsbeziehungen mit ausländischen Volkswirtschaften sind
- geordnete wirtschaftliche und politische Verhältnisse im In- und Ausland,
- vergleichbare Rechtsordnungen,
- stabile Wechselkurse zwischen den Währungen und
- keine Handelsbarrieren.

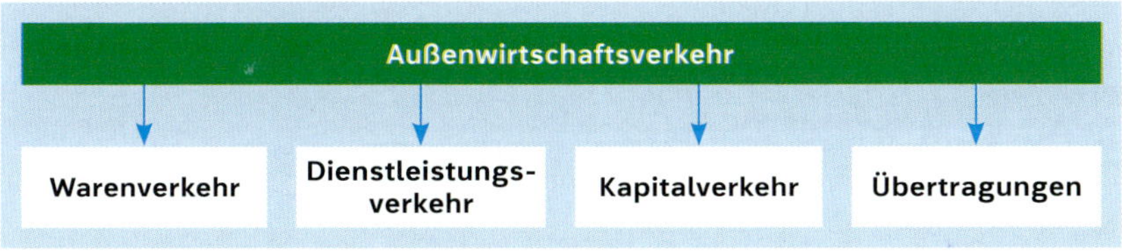
Außenwirtschaftsverkehr
Warenverkehr
Dienstleistungs-verkehr
Kapitalverkehr
Übertragungen

Unter Einbeziehung der Kreditinstitute, des Staates und des Auslandes ergibt sich der **erweiterte Wirtschaftskreislauf**.

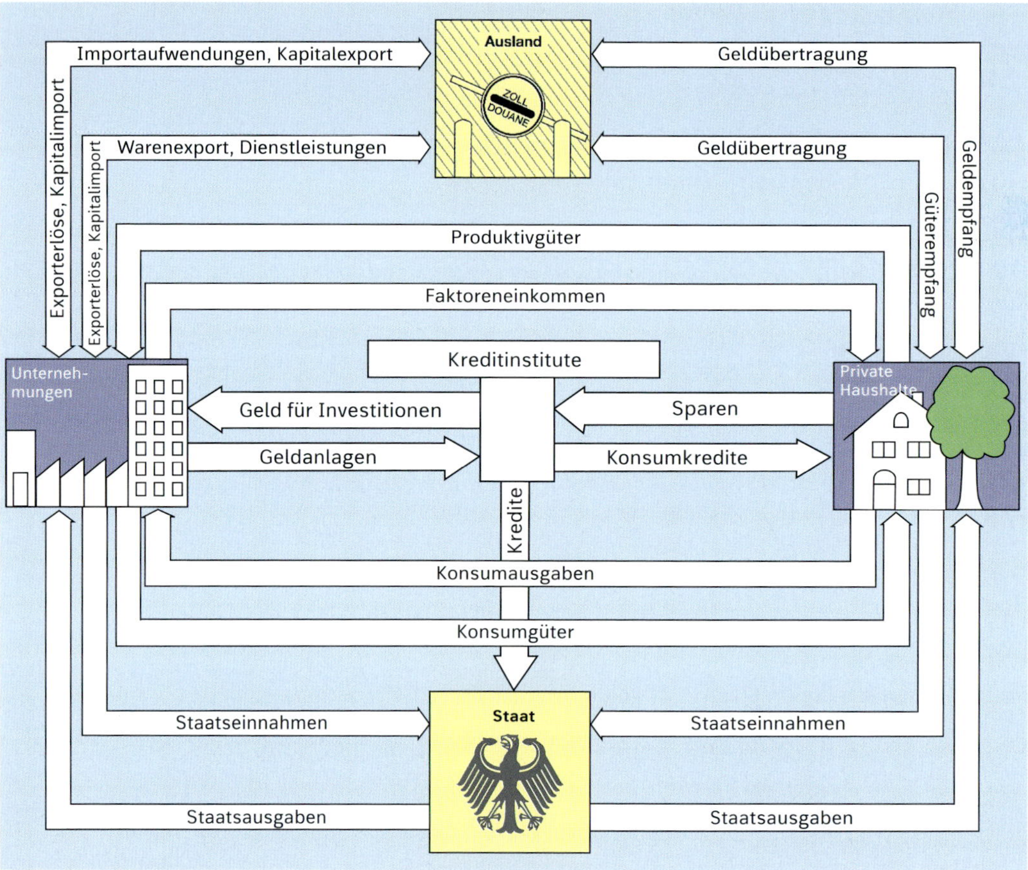
Ausland
ZOLL
DOUANE
Importaufwendungen, Kapitalexport
Geldübertragung
Warenexport, Dienstleistungen
Geldübertragung
Exporterlöse, Kapitalimport
Exporterlöse, Kapitalimport
Güterempfang
Geldempfang
Produktivgüter
Faktoreneinkommen
Kreditinstitute
Unterneh-
mungen
Private
Haushalte
Geld für Investitionen
Sparen
Geldanlagen
Konsumkredite
Kredite
Konsumausgaben
Konsumgüter
Staat
Staatseinnahmen
Staatseinnahmen
Staatsausgaben
Staatsausgaben

Aufgaben

1. Lesen Sie das Gespräch mit Dennis Meadows auf Seite 395 und schreiben Sie dazu fünf Fragen auf, die Sie sich anschließend von Ihrem Nachbarn beantworten lassen.

2. Der amerikanische Psychologe A. Maslow unterscheidet Bedürfnisse nach verschiedenen Ebenen und hat dazu die folgende Bedürfnispyramide entwickelt.

Entwick-
lungsbedürf-
nisse
Wertschätzungs-
bedürfnisse
Soziale Bedürfnisse
Sicherheitsbedürfnisse
Grundbedürfnisse

   a) Zeichnen Sie die Pyramide und ordnen Sie den einzelnen Hierarchieebenen die nachstehenden Bedürfnisse zu:
      (1) Wunsch nach Kontakten und Geselligkeit
      (2) Wunsch nach Anerkennung

(3) Wunsch nach erfülltem Leben
(4) Hunger
(5) Abschluss einer Lebensversicherung
(6) Teilnahme am Lottospiel
(7) Verlangen nach Schlaf
(8) Lebensglück
(9) Geborgenheit
(10) Eigene Selbstverwirklichung
(11) Designerkleidung
(12) Freundschaft
(13) Riester-Rente

b) Von welchen Überlegungen könnte Maslow ausgegangen sein, als er die Bedürfnisse in Ebenen hierarchisiert hat?

3. Skizzieren Sie die Wechselbeziehung zwischen Bedürfnissen und Produktion anhand von Beispielen.

4. Kopieren und vervollständigen Sie das Schaubild durch Zuordnung umseitig stehender Begriffe:

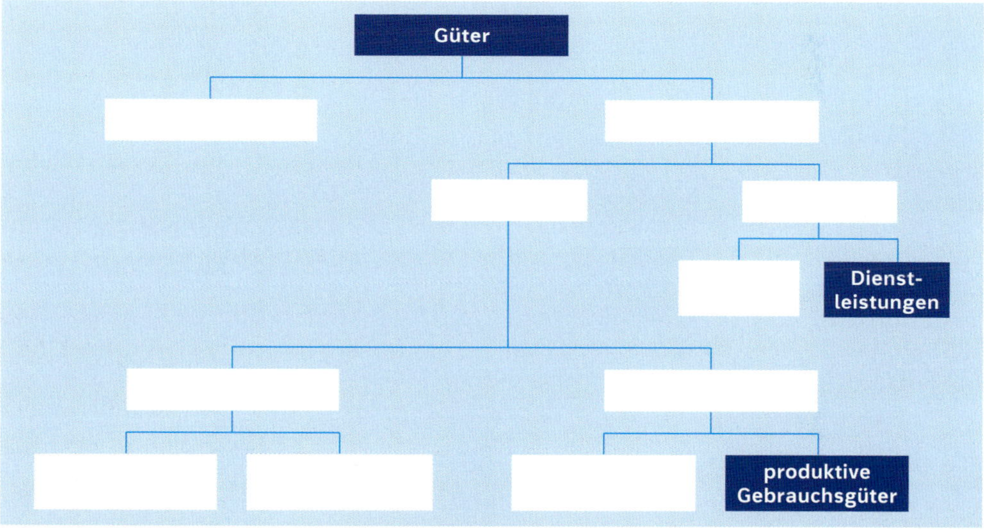
Güter
Dienst-
leistungen
produktive
Gebrauchsgüter

a) materielle Güter	f) Gebrauchsgüter
b) immaterielle Güter	g) knappe Güter
c) Investitionsgüter	h) Verbrauchsgüter
d) freie Güter	i) Konsumgüter
e) Rechte	j) konsumtive Verbrauchsgüter

5. In der Theorie handeln Menschen und Unternehmen nach dem ökonomischen Prinzip: Angenommen, ein Autokäufer zieht im direkten Vergleich den VW Golf einem Opel Astra vor; er findet den Opel im zweiten Vergleich jedoch besser als den Ford Focus.

a) Wie müsste der Autokäufer im dritten Vergleich den VW finden?
b) Handelt dieser Autokäufer nach dem ökonomischen Prinzip, wenn er den Ford kauft?

6. Die Wirtschaftssubjekte richten ihre Handlungen nach
(1) dem Minimalprinzip,
(2) dem Maximalprinzip,
(3) anderen Kriterien.
Ordnen Sie bitte die folgenden Fälle entsprechend zu.
Fallbeispiele:
a) Ein Unternehmen beabsichtigt, aus einer Reihe von Angeboten das preiswerteste auszuwählen.
b) Käufer boykottieren ein Unternehmen, das seine Produkte durch Kinder in Indien herstellen lässt.
c) Schiffbrüchige rationieren ihre Trinkwasservorräte.
d) Ein Taxiunternehmen sucht Fahrer, damit die Fahrzeuge möglichst 24 Stunden täglich unterwegs sein können.
e) Eine Spedition erlaubt, dass ihre volljährigen berufsschulpflichtigen Auszubildenden nach der Berufsschule nicht mehr in den Betrieb kommen. Die versäumte Arbeitszeit muss weder vor- noch nachgearbeitet werden.

7. a) Erstellen Sie einen Wirtschaftskreislauf mit den Sektoren private Haushalte, Unternehmen, Staat und Kreditinstitute. Zeichnen Sie die Geldströme ein (in Mio. Geldeinheiten).

1. Lohnzahlungen der Unternehmen	1 800 GE
2. Konsumausgaben	1 400 GE
3. Gehaltszahlungen des Staates	200 GE
4. Entgelte für empfangene Sachleistungen des Staates	320 GE
5. indirekte Steuern	60 GE
6. direkte Steuern und Sozialabgaben der Haushalte	280 GE
7. direkte Steuern und Sozialabgaben der Unternehmen	320 GE
8. Transferzahlungen	160 GE
9. Subventionen	120 GE

b) Wie viel Geldeinheiten können die privaten Haushalte den Kreditinstituten als Ersparnis überweisen?

8. Ergänzen Sie Ihre Lernkartei, indem Sie sich mit Ihrem Nachbarn über sinnvolle Kartenüberschriften austauschen und die Karteikarten entsprechend ausfüllen.

2 Produktionsfaktoren

Einstiegssituation

Die Leitung der Dietz & Potthoff Speditions AG ist mit dem Geschäftsergebnis nicht zufrieden. Das Umsatzziel wurde zwar erreicht, aber trotzdem hat es nur mit Ach und Krach zu einer schwarzen Null gereicht. Gegen verschiedene Bedenken holt sich die Spedition daraufhin eine Unternehmensberatung ins Haus, die Schwachpunkte aufdecken und Verbesserungsvorschläge vorlegen soll. Das Beratungsergebnis ist genau so, wie es der Betriebsrat befürchtet hatte. Bereits in der Einleitung des Beratungsprotokolls finden sich u. a. folgende Sätze:

- Das Unternehmen lebt von der Substanz.
- Die Personalkosten sind in Relation zu vergleichbaren Unternehmen zu hoch.
- In der Arbeitsproduktivität besteht ein Rückstand gegenüber dem Branchendurchschnitt.
- Die technische Ausstattung des Unternehmens ist nicht auf neuestem Stand.
- Der Produktionsfaktor Arbeit ist in einer noch zu vereinbarenden Anzahl von Fällen durch den Produktionsfaktor Kapital zu substituieren.
- Verschiedene Abteilungen (z. B. die betriebseigene Kfz-Werkstatt) sollten aufgelöst und outgesourct werden, um aus fixen Kosten variable Kosten zu machen.

Was meint die Unternehmensberatung mit dem Vorschlag, den Produktionsfaktor Arbeit in einer noch zu vereinbarenden Anzahl von Fällen durch den Produktionsfaktor Kapital zu substituieren? Auf welche rechtlichen und persönlichen Hindernisse stößt so ein Vorschlag im Unternehmen?

So wie die Güter in der Natur vorgefunden werden, stehen sie noch nicht für den Konsum bereit. Der Einsatz von Arbeit und Geräten ist notwendig, um die Güter konsumreif zu machen.

Beispiel

Das Obst muss geerntet, die Bäume müssen gefällt und zu Möbelstücken verarbeitet werden.

Grundlage der Gütererzeugung sind die Produktionsfaktoren: **Arbeit, Boden** *und* **Kapital.** **Definition**

2.1 Arbeit

Begriff und Arten der Arbeit

Ohne menschliche Arbeit ist jede wirtschaftliche Tätigkeit undenkbar. In den Produktionsfaktor Arbeit gehen die Fähigkeiten des Menschen in unterschiedlicher Weise ein.

Definition

Volkswirtschaftlich versteht man unter* Arbeit *auf Entgelterzielung gerichtete menschliche Tätigkeit.

Beispiele

Ein Disponent verrichtet exekutive Arbeit. Er erzielt Einkommen aus nicht selbstständiger Arbeit.
Der Geschäftsführer einer GmbH verrichtet dispositive Arbeit. Auch er erzielt als Arbeitnehmer Einkommen aus nicht selbstständiger Arbeit.

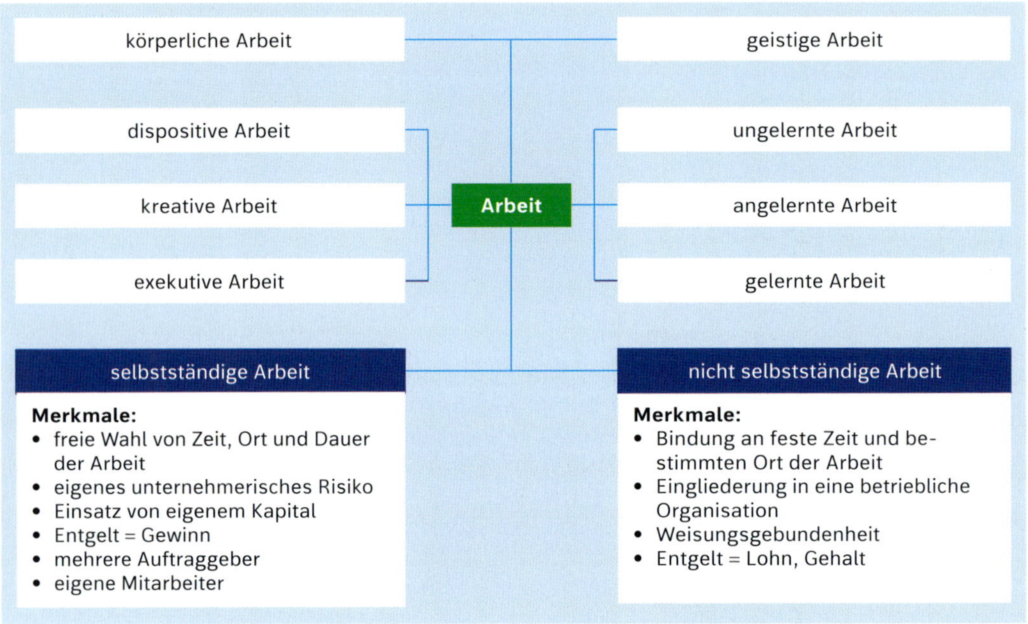
körperliche Arbeit
geistige Arbeit
dispositive Arbeit
kreative Arbeit
exekutive Arbeit
Arbeit
ungelernte Arbeit
angelernte Arbeit
gelernte Arbeit
selbstständige Arbeit
Merkmale:
• freie Wahl von Zeit, Ort und Dauer der Arbeit
• eigenes unternehmerisches Risiko
• Einsatz von eigenem Kapital
• Entgelt = Gewinn
• mehrere Auftraggeber
• eigene Mitarbeiter
nicht selbstständige Arbeit
Merkmale:
• Bindung an feste Zeit und bestimmten Ort der Arbeit
• Eingliederung in eine betriebliche Organisation
• Weisungsgebundenheit
• Entgelt = Lohn, Gehalt

Bestimmungsgrößen des volkswirtschaftlichen Arbeitspotenzials

Quantität und Qualität des Arbeitspotenzials einer Volkswirtschaft werden bestimmt durch:

- die Bevölkerungszahl
- die Bevölkerungsstruktur hinsichtlich Alter und Geschlecht
- die Erwerbsquote
- die Qualifikation der Erwerbspersonen
- die Arbeitsmentalität
- die Mobilität der Erwerbspersonen

$$\text{Erwerbsquote} = \frac{\text{Erwerbspersonen}}{\text{Wohnbevölkerung}} \cdot 100$$

Erwerbspersonen sind alle Personen zwischen 15 und 65 Jahren, die eine entgeltliche Tätigkeit ausüben oder suchen.
Die Leistungsfähigkeit des Produktionsfaktors Arbeit ist zunächst bestimmt durch die beruflichen Fertigkeiten und Kenntnisse, über die der Einzelne verfügt. Auf der anderen Seite ist sie abhängig vom Ausmaß der praktizierten

Arbeitsteilung, die eine Spezialisierung auf bestimmte Arbeitsbereiche erlaubt und eine Steigerung der **Arbeitsproduktivität** (= Produktionsmenge je Arbeitsstunde) ermöglicht.

2.2 Boden

Definition

*Der Produktionsfaktor **Boden** ist im weitesten Sinne die zu wirtschaftlichen Zwecken genutzte Natur; er umfasst alle natürlichen Ressourcen.*

Beispiele

Bodenschätze, Bodenfläche, Gewässer, Klima

Die zunehmende Bevölkerungsdichte und die wachsende Produktion haben den Produktionsfaktor Boden zu einem besonders knappen und wertvollen Gut gemacht. Gegenüber den anderen Produktionsfaktoren weist er die Besonderheit auf, dass er weder vermehrbar noch transportierbar ist. Sein Wert ist damit von seiner Lage und seiner natürlichen Beschaffenheit abhängig.

■ Anbauboden

Der Boden ist land- und forstwirtschaftliche Nutzfläche.

Beispiele

Getreide-, Gemüse-, Obstanbau, Weideland, Teichanlagen für die Fischzucht, Waldfläche

Der Boden kann hier dauernd genutzt werden, weil er sich selbstständig, ggf. durch geeignete Düngemethoden beschleunigt, regeneriert.

■ Abbauboden

Der Boden ist Quelle nicht regenerierbarer Rohstoffe.

Beispiele

Kohle- und Erzbergwerke, Öl- und Gasvorkommen, Steinbrüche, Kiesgruben

Die einmal abgebauten Rohstoffe sind nicht mehr regenerierbar. Diese „Einmaligkeit“ zeigt den Menschen die Grenzen eines auf der Ausbeutung der Natur begründeten Wirtschaftswachstums auf und verpflichtet sie gegenüber den nachfolgenden Generationen zum Schutz der Natur und zur weitgehenden Erhaltung der natürlichen Ressourcen.

■ Standortboden

Der Boden ist Grundfläche für Wirtschaftszwecke.

Beispiel

Der Boden ist Standort für die Produktionsstätten der Industrie, für Handelsbetriebe, Verkehrs- und Freizeitanlagen und nicht zuletzt für die Wohnungen und Häuser der Menschen.

Für jede Unternehmung muss genau überlegt werden, welcher Standort für sie der günstigste ist. Je nach dem Unternehmensgegenstand können bei der Wahl des geeigneten Standortes die einzelnen Standortfaktoren eine unterschiedliche Bedeutung haben.

Standortfaktoren

- Beschaffungsmöglichkeiten für die benötigten Rohstoffe
- Vorhandensein eines quantitativ und qualitativ ausreichenden Arbeitskräftereservoirs
- Absatzmöglichkeiten für die angebotenen Produkte bzw. Dienstleistungen
- Anbindung an Verkehrswege und -mittel
- steuerliche Gegebenheiten
- Energienähe
- Konkurrenznähe
- Tradition
- Grundstückskosten
- Subventionen
- Wohnungsmieten
- Kulturangebot

Für Speditionen sind bei der Standortwahl folgende Faktoren von besonderer Bedeutung:

- Verkehrswege (Autobahn, Hafen, Flughafen, Schiene)
- Wirtschaftsstruktur
- Kundennähe
- Kosten für geeignete Büro- und Lagerräume
- Parkmöglichkeiten
- Fördergelder
- Arbeitskosten
- Nähe Hub

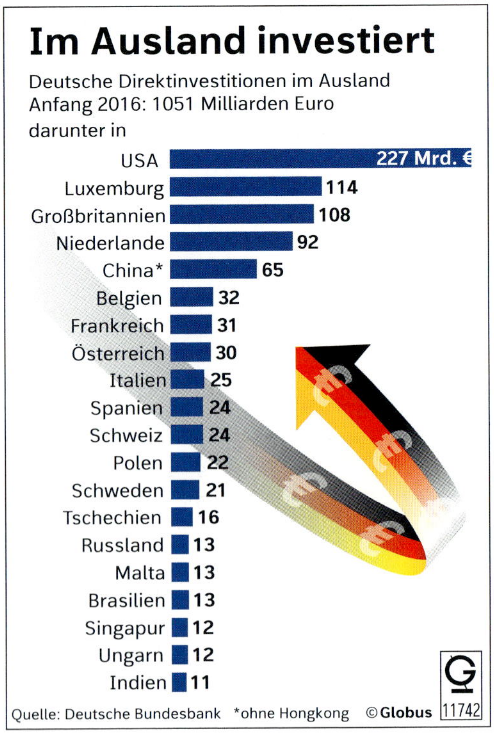
Im Ausland investiert
Deutsche Direktinvestitionen im Ausland
Anfang 2016: 1051 Milliarden Euro
darunter in
USA 227 Mrd. €
Luxemburg 114
Großbritannien 108
Niederlande 92
China* 65
Belgien 32
Frankreich 31
Österreich 30
Italien 25
Spanien 24
Schweiz 24
Polen 22
Schweden 21
Tschechien 16
Russland 13
Malta 13
Brasilien 13
Singapur 12
Ungarn 12
Indien 11
Quelle: Deutsche Bundesbank *ohne Hongkong ©Globus 11742

Internationale Standortfaktoren

Mit den politischen Umwälzungen in Mittel- und Osteuropa und mit der zunehmenden Konkurrenz durch die südostasiatischen Schwellenländer haben sich auch die Strukturen der internationalen Arbeitsteilung verändert.
Der zunehmende Wettbewerbsdruck aus dem Ausland hat in Deutschland eine Diskussion um die Attraktivität des Wirtschaftsstandortes Deutschland ausgelöst. Die Standortfaktoren im internationalen Wettbewerb um Investitionen sind quantitativer und qualitativer Natur.

Quantitative Standortfaktoren	Qualitative Standortfaktoren
• Kosten der Produktionsfaktoren (Personalkosten, Anlagen) • Arbeitsproduktivität • Wochenarbeitszeit • verlorene Arbeitstage durch Arbeitskämpfe • Steuerbelastung, Subventionen • Umweltschutzaufwand • Umsatzrentabilität • Währungsausgleich • Kommunikations- und Transportkosten	• Qualifikation der Arbeitskräfte • Produktqualität • Service • Rechtssicherheit • Infrastruktur • Lebensqualität • politische Stabilität • Kundennähe

2.3 Kapital

Arbeit und Boden werden als **ursprüngliche** (originäre) Produktionsfaktoren bezeichnet. Wäre der Mensch nur auf sie allein gestellt, könnte er seine Lebensbedingungen nur in geringem Umfang verbessern.
Durch seinen Erfindungsgeist angespornt, sucht der Mensch jedoch ständig nach Möglichkeiten, den Erfolg seiner Arbeit zu steigern. Durch die Herstellung und den Einsatz von Werkzeugen, Maschinen, Transportmitteln, Mikroprozessoren usw. wird die Produktivität, das Ergebnis der Arbeitsleistung, erheblich gesteigert.

*Der Produktionsfaktor **Kapital** umfasst alle Produktionsmittel, die bei der Gütererzeugung eingesetzt werden.* **Definition**

Kapital wird als **abgeleiteter** (derivativer) Produktionsfaktor bezeichnet, weil zu seiner Entstehung die Kombination von Arbeit und Boden notwendig ist.

Beispiel

Als Robinson Crusoe auf der einsamen Insel strandete, hatte er zunächst nur seine Arbeitskraft und die Natur mit ihren Pflanzen, Tieren und Bodenschätzen – so wie er sie vorfand – zur Verfügung, um sein Leben zu fristen.
Anfangs ernährte sich Robinson von Fischen, die er mit seinen bloßen Händen mühselig aus dem Wasser griff. Bald überlegte er, wie er seinen Fischfang verbessern könnte.
Er verbrauchte in den nächsten Tagen nicht seine gesamte Fischbeute, sondern legte so lange einen Teil der gefangenen Fische als Vorrat zurück, bis er eine ganze Tagesration „gespart“ hatte. Als er so weit war, konnte er einen Tag lang seine ganze Arbeitskraft in die Herstellung einer Angel stecken. Zur

Ernährung verbrauchte er seinen Fischvorrat. Mit der neu geschaffenen Angel gelang es ihm, in kurzer Zeit seinen Tagesbedarf an Fischen zu decken. In der gewonnenen Zeit stellte er als Nächstes eine Reuse, ein Netz und ein kleines Boot her. Jetzt konnte er nicht nur in noch kürzerer Zeit, sondern auch wesentlich bequemer seinen Bedarf an Fischen decken. Er wäre sogar in der Lage gewesen, weitaus mehr an Fischen zu fangen, als er selbst zu seinem eigenen Lebensunterhalt benötigte.
Bald darauf baute er Geräte und Werkzeuge, die ihn beim Bau einer Hütte, bei der Bestellung des Ackers und der Viehhaltung unterstützten.
Durch die Schaffung und den Einsatz des Produktionsfaktors Kapital gelang es Robinson, seine Lebensbedingungen im Laufe der Jahre immer weiter zu verbessern.

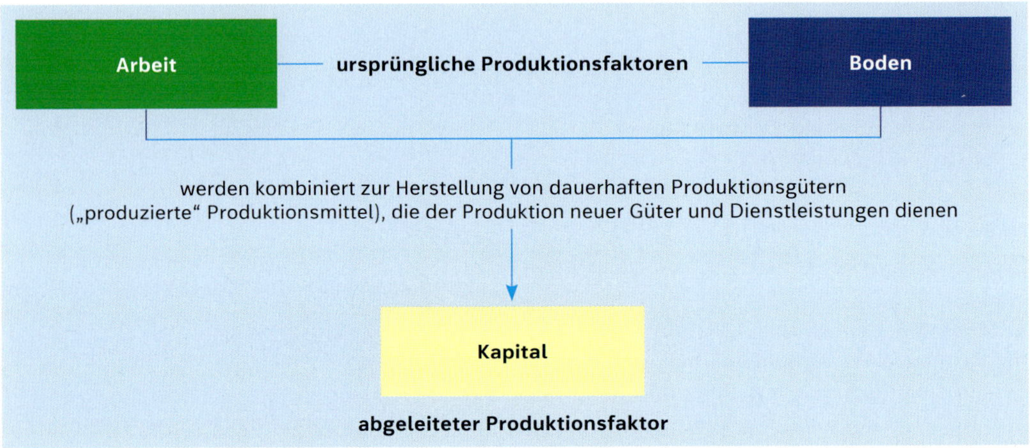
Arbeit
ursprüngliche Produktionsfaktoren
Boden
werden kombiniert zur Herstellung von dauerhaften Produktionsgütern („produzierte“ Produktionsmittel), die der Produktion neuer Güter und Dienstleistungen dienen
Kapital
abgeleiteter Produktionsfaktor

Sparen

Die Entstehung des Produktionsfaktors Kapital ist nur möglich, wenn der Mensch auf die konsumtive Verwendung eines Teils seines Einkommens verzichtet. Im obigen Beispiel wird das deutlich. Robinson musste zunächst seinen Fischkonsum einschränken und einen Vorrat anlegen.
In einer modernen Volkswirtschaft geschieht die Schaffung des Produktionsfaktors Kapital nicht mehr unmittelbar durch die Bildung eines Gütervorrates, sondern durch das Sparen von Geld.

Definition

Sparen ***bedeutet Konsumverzicht, der in der Regel zur Bildung von Geldkapital führt.***

Durch die Vermittlung von *Kapitalsammelstellen* (Kreditinstitute, Lebensversicherungen) wird dieses Geldkapital den Unternehmen zur Verfügung gestellt.
Die Unternehmen verwenden das Geldkapital für ihre Investitionen, d. h. zum Erwerb von Maschinen, Fabrikanlagen und Vorräten.
Voraussetzung für das Sparen innerhalb einer Volkswirtschaft sind *Sparfähigkeit* und *Sparwille* der Bevölkerung.
Kein Sparen im volkswirtschaftlichen Sinne ist das *Horten*, bei dem zwar auch Konsumverzicht geleistet wird, aber keine produktive Geldverwendung erfolgt („Strumpfsparen“). Das Geld wird dem Wirtschaftskreislauf entzogen.

Freiwilliges Sparen

Der Konsumverzicht wird aufgrund der freiwilligen Entscheidung der Sparer geleistet.
Die gesparten Geldmittel können in verschiedenen Formen angelegt werden.

Sparformen sind:
- Spar- und Termineinlagen
- Wertpapiere
- Bausparen
- Kapitallebensversicherungen

Sparmotive sind:
- Vorsorge für die Zukunft
- Erzielung von Kapitaleinkünften (Zinsen, Dividenden)
- Geldansammlung für konkrete Anschaffungen und größere Ausgaben *(z. B. Autokauf, Urlaubsreise)*

Auch Unternehmen können „sparen“, wenn auf die Ausschüttung eines Teils der erwirtschafteten Gewinne verzichtet wird. Diese Geldmittel stehen damit für weitere unternehmerische Zwecke zur Verfügung.

Zwangssparen

Der Konsumverzicht wird unfreiwillig geleistet, indem von den Einkommensbeziehern ein bestimmter Teil ihres Einkommens in Form von **Steuern** und **Sozialabgaben** (Renten-, Kranken-, Pflege-, Arbeitslosenversicherung) an den Staat bzw. die Sozialversicherungsträger abzuführen ist.
Das Steigen der Preise führt ebenfalls zu einem unfreiwilligen Konsumverzicht und bedeutet Zwangssparen: Die Inflation „verzehrt“ Einkommen, das für den Konsum hätte ausgegeben werden können.

■ Investieren

***Investieren** bedeutet die Verwendung von Geldkapital für Unternehmenszwecke.* **Definition**

Die der Unternehmung von ihren Kapitalgebern (Kreditinstituten, Eigentümern) zur Verfügung gestellten Geldmittel werden durch Investitionen in Realkapital (Sachkapital) umgewandelt.

Anlageinvestitionen

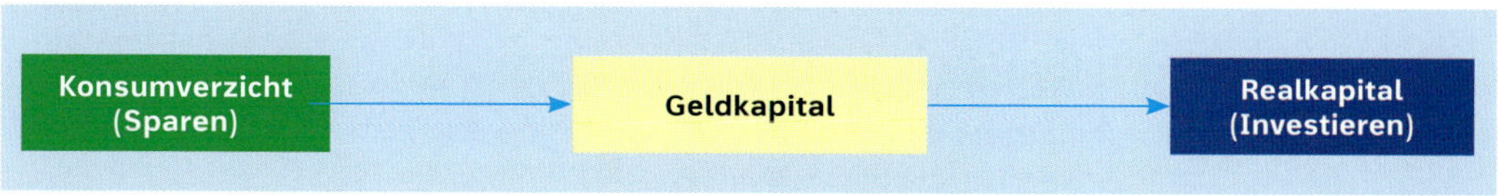
Konsumverzicht (Sparen)
Geldkapital
Realkapital (Investieren)

Das Geld wird für die Beschaffung von dauerhaft verwendbaren Produktionsmitteln verwendet.
Die Anlageinvestitionen umfassen *Ausrüstungen* und *Bauten*.

Beispiele

Ausrüstungen: Maschinen, Betriebsausstattungen, Geschäftseinrichtungen, Werkzeuge, Fahrzeuge
Bauten: Fabrikbauten, Lagerhallen, Verwaltungsgebäude, Leitungen

Ersatzinvestitionen (Reinvestitionen) dienen der Erhaltung des vorhandenen Anlagenbestandes (Kapitalerneuerung), indem abgenutzte oder veraltete Anlagen durch neue ersetzt werden. Die ursprüngliche Produktionskapazität bleibt gleich.

Erweiterungsinvestitionen dienen dem Wachstum der Unternehmung (Kapitalneubildung), indem zusätzliche Produktionsanlagen angeschafft werden. Die vorhandene Produktionskapazität wird erweitert (Nettoanlageinvestitionen).

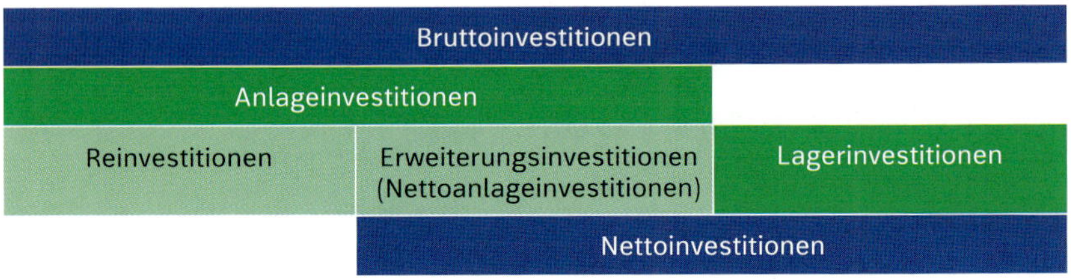
Bruttoinvestitionen
Anlageinvestitionen
Reinvestitionen
Erweiterungsinvestitionen (Nettoanlageinvestitionen)
Lagerinvestitionen
Nettoinvestitionen

Vorrats-/Lagerinvestitionen

Das Geld wird für die Beschaffung von Vorräten bzw. Warenlagern verwendet.

Beispiel

Roh-, Hilfs- und Betriebsstoffe, Fertigerzeugnisse

Die Unternehmensinvestitionen entscheiden über die Entwicklung und die Zukunft einer Volkswirtschaft.

Das Ausmaß der Investitionstätigkeit hängt ab von den
- Absatzmöglichkeiten für die erzeugten Produkte,
- Investitionskosten,
- allgemeinen Zukunftserwartungen (politische Stabilität, sozialer Friede, Höhe der Unternehmenssteuern).

Die Summe aus Vorrats- und Erweiterungsinvestitionen wird auch als Nettoinvestitionen bezeichnet.

Rationalisierungsinvestitionen dienen der Kostensenkung und der Steigerung der Produktivität. Häufig wird hierbei der Produktionsfaktor Arbeit durch den Produktionsfaktor Kapital ersetzt (substituiert).

Beispiel

Durch die Anschaffung einer computergesteuerten Paketverteilanlage werden weniger Arbeitskräfte benötigt.

2.4 Grundbegriffe betriebswirtschaftlicher und volkswirtschaftlicher Leistungsmessung

Betriebliche Kennzahlen sollen messen, in welchem Ausmaß die betrieblichen Ziele erreicht worden sind. Sie geben Aufschluss darüber, wie sich die Entscheidungen des Managements im Zeit- oder Branchenvergleich ausgewirkt haben. Sie dienen der Planung künftiger und der Kontrolle vergangener Maßnahmen.
Wichtige betriebliche Kennzahlen sind die **Produktivität**, die **Wirtschaftlichkeit** und die **Rentabilität**.

Produktivität

Unter der **Produktivität** *versteht man das Verhältnis zwischen mengenmäßigem Produktionsergebnis und dem Einsatz an Produktionsfaktoren.* **Definition**

Arbeitsproduktivität	Kapitalproduktivität	Bodenproduktivität
$\frac{\text{Ausbringungsmenge}}{\text{Arbeitseinsatz}}$	$\frac{\text{Ausbringungsmenge}}{\text{Kapitaleinsatz}}$	$\frac{\text{Ausbringungsmenge}}{\text{Bodeneinsatz}}$
Die Arbeitsproduktivität kann gemessen werden in Ausbringungsmenge je Arbeitsstunde oder Arbeitnehmer.	Die Kapitalproduktivität kann gemessen werden in Ausbringungsmenge je Maschinenstunde oder je Maschine.	Die Bodenproduktivität kann gemessen werden in Ausbringungsmenge je Bodeneinheit *(z. B. ha)*.

Beispiel

Die Arbeitsproduktivität einer Exportsachbearbeiterin wird durch die Anschaffung eines neuen DV-Systems gesteigert. Während vorher 50 Akkreditive pro Monat bearbeitet werden konnten, können bei gleicher Arbeitszeit jetzt 55 Akkreditive bearbeitet werden.

Um die Produktivität zwischen Volkswirtschaften vergleichen zu können, wird die gesamtwirtschaftliche Produktivität berechnet.

Die gesamtwirtschaftliche Produktivität wird als Quotient aus preisbereinigtem Bruttoinlandsprodukt und Erwerbstätigenstunden (Arbeitsvolumen) berechnet. **Definition**

$$\textbf{Gesamtwirtschaftliche Produktivität} = \frac{\text{reales Bruttoinlandsprodukt}}{\text{Arbeitsvolumen}}$$

Weil über den Wert der erzeugten Ausbringungsmenge, die Leistung, und den Wert des Faktoreinsatzes, die Kosten, nichts ausgesagt wird, lässt sich mit einer Produktivitätskennziffer auch keine Aussage über die Wirtschaftlichkeit oder die Rentabilität der Produktion treffen. So kann eine Produktivitätssteigerung durchaus unwirtschaftlich sein, wenn sie mit hohen Kosten verbunden ist oder wenn sie aus Absatzmangel nicht genutzt werden kann.

Wirtschaftlichkeit

Mit der Wirtschaftlichkeitskennziffer lässt sich rechnerisch darstellen, wie erfolgreich das ökonomische Prinzip umgesetzt wurde.

Definition

Die* Wirtschaftlichkeit *ist das wertmäßige Verhältnis von Leistung (= Wert der Produktion) und Kosten (= Wert der eingesetzten Produktionsfaktoren).

$$\textbf{Wirtschaftlichkeit} = \frac{\text{Erlöse}}{\text{Kosten}}$$

Beispiel

Von einer Exportsachbearbeiterin werden pro Monat 50 Akkreditive bearbeitet. Der Betriebserlös beträgt im Durchschnitt jeweils 125,00 €. Die monatlichen Kosten für Gehalt, Arbeitsmittel usw. betragen 5 500,00 €. Aufgrund der Anschaffung eines neuen DV-Systems könnte die Anzahl der bearbeiteten Akkreditive monatlich um 5 erhöht werden. Gleichzeitig steigen die monatlichen Kosten um 144,00 €.

$$W_1 = \frac{50 \text{ Stück} \cdot 125{,}00 \text{ €}}{5\,500{,}00 \text{ €}} = \underline{\underline{1{,}14}}$$

$$W_2 = \frac{55 \text{ Stück} \cdot 125{,}00 \text{ €}}{5\,644{,}00 \text{ €}} = \underline{\underline{1{,}22}}$$

Die Anschaffung des neuen DV-Systems ist wirtschaftlich, da mit jedem als Kosten eingesetztem Euro nach der Rationalisierungsmaßnahme 0,08 € mehr erwirtschaftet werden können.

Eine höhere Produktivität führt also nur dann auch zu einer Verbesserung der Wirtschaftlichkeit, wenn die Ausbringungsmenge in einem stärkeren Maß steigt als die Produktionskosten.

Rentabilität

Die Wirtschaftlichkeit ist die Leitmaxime für das Handeln nach dem ökonomischen Prinzip. Sie sagt jedoch nichts darüber aus, ob mithilfe des eingesetzten Kapitals ein Gewinn erwirtschaftet wird.

Definition

Die* Rentabilität *misst die Verzinsung des eingesetzten Kapitals.

Beispiele

Der Sparer legt sein Geld da an, wo er die höchsten Zinsen erhält. Der Unternehmer investiert da, wo er den höchsten Gewinn (= Verzinsung des eingesetzten Kapitals) erwartet.

Über die Rentabilität entscheidet letztlich der Markterfolg der Unternehmung, also die am Markt tatsächlich erzielten Umsatzerlöse.

Definition

Die* Eigenkapitalrentabilität *misst die Verzinsung des eingesetzten Eigenkapitals.

Beispiel

Die Bilanz der Münchener Flitzer GmbH weist ein Eigenkapital von 180 000,00 € aus.

$$\textbf{Eigenkapitalrentabilität} = \frac{\text{Gewinn}}{\text{eingesetztes Eigenkapital}} \cdot 100$$

Summe der jährlichen Erträge	*1 323 200,00 €*
Summe der jährlichen Aufwendungen	*1 280 000,00 €*
Jahresgewinn	*43 200,00 €*

$$\textit{Eigenkapitalrentabilität} = \frac{43\,200{,}00\,€ \cdot 100}{180\,000{,}00\,€} = 24\,\%\ \text{p. a.}$$

Definition

*Die **Gesamtkapitalrentabilität** (Unternehmungsrentabilität) gibt an, mit wie viel Prozent sich das gesamte eingesetzte Kapital, also die Summe aus Eigenkapital und Fremdkapital, verzinst hat.*

$$\textbf{Gesamtkapitalrentabilität} = \frac{\text{Gewinn} + \text{Fremdkapitalzinsen}}{\text{Eigenkapital} + \text{Fremdkapital}} \cdot 100$$

Durch einen Vergleich der Eigenkapitalrentabilität mit der Gesamtkapitalrentabilität lässt sich feststellen, wie sich der Einsatz von Fremdkapital auf die Eigenkapitalrentabilität ausgewirkt hat.

Definition

*Die **Umsatzrentabilität** gibt den Gewinn je 100,00 € Umsatz (= die prozentuale Gewinnspanne) an.*

$$\textbf{Umsatzrentabilität}\ \text{(Umsatzrendite)} = \frac{\text{Gewinn}}{\text{Umsatzerlöse}} \cdot 100$$

Die Umsatzrentabilität eignet sich besonders gut als Vergleichskennziffer und Erfolgsmaßstab für verschiedene Unternehmen derselben Branche. Eine Unternehmung mit einer im Branchenvergleich überdurchschnittlichen Umsatzrentabilität verfügt über eine gesicherte Marktposition. Sie kann Kostensteigerungen leichter verkraften und ist bei einer Verschärfung der Wettbewerbssituation eher zu Preiszugeständnissen in der Lage bzw. bei einem Preisrückgang vor Verlusten geschützt.

■ Lohnstückkosten

Häufig wird argumentiert, dass in Deutschland die Löhne zu hoch seien und deshalb die Produktion im Ausland günstiger sei. Diese auf den ersten Blick einleuchtende Aussage greift zu kurz, da sie nicht die Produktivitätsunterschiede zwischen In- und Ausland berücksichtigt. Man berechnet die Lohnstückkosten, weil sie das Verhältnis von Lohnkosten und Produktivität in einer Messgröße zusammenfassen.

Definition

Unter **Lohnstückkosten** *versteht man die Lohnkosten je produzierter Einheit.*

$$\textbf{Lohnstückkosten} = \frac{\text{Lohnkosten}}{\text{produzierte Stückzahl}}$$

Beispiel

Ein deutscher Automobilhersteller hat Lohnkosten von 40,00 € je Stunde, und für die Produktion eines Fahrzeuges werden 29 Arbeitsstunden benötigt. Ein ausländischer Mitbewerber hat nur 25,00 € Lohnkosten je Stunde, aber für ein vergleichbares Fahrzeug werden 45 Arbeitsstunden gebraucht. In diesem Fall betragen die Lohnstückkosten des deutschen Herstellers 1 000,00 € und die Lohnstückkosten des ausländischen Herstellers 1 125,00 €.

Aufgaben

1. Führen Sie diejenigen Standortfaktoren auf, die für Ihren Ausbildungsbetrieb zutreffend gewesen sein könnten.

2. Weisen Sie anhand eines Zahlenbeispiels nach, ob es möglich ist, dass die Produktivität bei abnehmender Produktion steigt.

3. Einem multinationalen Automobilkonzern liegen folgende Zahlen für das zurückliegende Jahr vor:
   Das Werk in Großbritannien beschäftigte 7 000 Mitarbeiter, die wöchentlich 40 Stunden arbeiteten (49 Arbeitswochen p. a.) und dabei 338 765 Fahrzeuge produzierten.
   Die vergleichbaren Zahlen für das Werk in Deutschland lauten: 12 500 Mitarbeiter, $38^1/_2$-Stundenwoche, 48 Arbeitswochen, 855 555 Fahrzeuge.
   Wie viel Prozent beträgt der Produktivitätsvorsprung des deutschen Werkes?

4. In einer Volkswirtschaft gibt es nur zwei Unternehmen.
   Die Schlussbilanzen des Jahres 1 und des Jahres 2 sowie die Gewinn- und Verlustrechnungen des Jahres 1 zeigen folgendes Bild.

Bilanz Unternehmen A

Aktiva	Jahr 1	Jahr 2	Passiva	Jahr 1	Jahr 2
BGA	1 000	1 010	EK	1 500	1 600
Lager	300	340			
Kasse	200	250			
	1 500	1 600		1 500	1 600

Bilanz Unternehmen B

Aktiva	Jahr 1	Jahr 2	Passiva	Jahr 1	Jahr 2
BGA	500	650	EK	800	1 000
Lager	200	200			
Kasse	100	150			
	800	1 000		800	1 000

GuV Unternehmen A

Aufwend.		Erträge	
Löhne	80	Umsatz	1 000
Material	750		
Abschreib.	70		
Gew.	100		
	1 000		1 000

GuV Unternehmen B

Aufwend.		Erträge	
Löhne	300	Umsatz	800
Material	170		
Abschreib.	130		
Gewinn	200		
	800		800

Bitte ermitteln Sie für diese Volkswirtschaft

a) die Höhe der Reinvestitionen,

b) die Höhe der Bruttoinvestitionen,

c) um wie viel Euro die Nettoinvestitionen von Unternehmen A hinter den Nettoinvestitionen von Unternehmen B lagen.

5. In einer kleineren Industrieunternehmung sind Maschinen im Wert von 3 000 000,00 € im Einsatz. Im Rahmen von Rationalisierungsmaßnahmen werden diese Maschinen für 2 500 000,00 € modernisiert.
Die Daten in der Tabelle kennzeichnen die Situation vor und nach Abschluss der Rationalisierungsmaßnahmen.

Produzierte und verkaufte Menge		Mitarbeiter	Preis/Stück	Kosten
vorher	10 000	21	450,00 €	3 900 000,00 €
nachher	11 000	15	380,00 €	3 300 000,00 €

Ermitteln Sie für die Zeit nach Abschluss der Rationalisierung

a) die Arbeitsproduktivität in Stück,

b) die Wirtschaftlichkeit,

c) den Gewinn (in Tausend €),

d) die Kapitalrentabilität,

e) die prozentuale Veränderung der Arbeitsproduktivität

(Ergebnisse ggf. auf 2 Stellen nach dem Komma runden).

6. Ergänzen Sie Ihre Lernkartei, indem Sie sich mit Ihrem Nachbarn über sinnvolle Kartenüberschriften austauschen und die Karteikarten entsprechend ausfüllen.

3 Markt und Preisbildung

Einstiegssituation

Die Reise geht in Richtung Oligopol

Studie der DVB Group zu Unternehmensübernahmen

Frankfurt/Main (hel)
Die Konzentrationstendenzen auf den internationalen Verkehrsmärkten werden sich unvermindert fortsetzen. Die Mehrzahl der Marktsegmente wird sich sehr langfristig zu engen Oligopolen mit drei bis fünf Anbietern oder zu weiten Oligopolen mit sechs bis zehn Anbietern entwickeln. Zu diesem Ergebnis kommt eine Studie der DVB Group (Deutsche VerkehrsBank AG) zum Thema Mergers & Acuisitions (M&A; Unternehmensübernahmen), die gestern in Frankfurt/Main vorgestellt wurde.

Treiber der Konzentrationstendenzen auf den Verkehrsmärkten ist die wachsende Unternehmenskonzentration in der verladenden Wirtschaft und die Globalisierung aufseiten der Verlader. Dadurch würden verstärkt kontinentale und weltweite Logistiknetzwerke nachgefragt. Gleichzeitig reduzieren die Verlader die Zahl ihrer Dienstleister.

Die DVB Group sieht bei den Unternehmensübernahmen zwei wichtige Stoßrichtungen:

- Zum einen kann ein Anstieg kontinentübergreifender M&A-Aktivitäten erwartet werden, die momentan noch in den Kinderschuhen stecken.
- Zum anderen werden vertikale Unternehmensübernahmen zunehmen. Damit sind Übernahmen gemeint, die dem Käufer ermöglichen, ganze Transportketten abzubilden – sie ermöglichen Angebote aus einer Hand.

Als gangbare Alternative zu Übernahmen sieht die DVB strategische Allianzen zwischen großen Anbietern.

Der Trend zu mehr Größe bedroht durchaus mittelständische Anbieter. Sie geraten in die Schere zwischen den Großen und Kleinbetrieben, die als Subunternehmer aktiv sind. Für den Mittelstand bleiben nach Ansicht der DVB Group zwei strategische Handlungsalternativen: entweder Nischenspezialist werden oder mit anderen Mittelständlern kooperieren.

Quelle: Helmke, Björn: Die Reise geht in Richtung Oligopol, in: Deutsche Verkehrs-Zeitung, 23.04.2002

■ Märkte

Definition

*Unter einem **Markt** versteht man jedes Zusammentreffen von Angebot und Nachfrage, gleichgültig, an welchem Ort, zu welcher Zeit und unter welchen Umständen dies geschieht.*

Aufgabe des Marktes ist der Ausgleich von Angebot und Nachfrage.

Man unterscheidet *organisierte* und *nicht organisierte* Märkte.

Bei einem **organisierten Markt** ist das Zusammentreffen von Angebot und Nachfrage lokalisiert und zeitlich begrenzt. Weil hier eine Vielzahl von konkurrierenden Anbietern und Nachfragern gleichzeitig auftreten und für alle Marktteilnehmer eine gute Markttransparenz (Marktübersicht) besteht, sind gute Voraussetzungen für einen intensiven Wettbewerb geschaffen.

Beispiele

Börsen, Messen, Wochenmärkte

Nach der Art der angebotenen und nachgefragten Güter unterscheidet man:

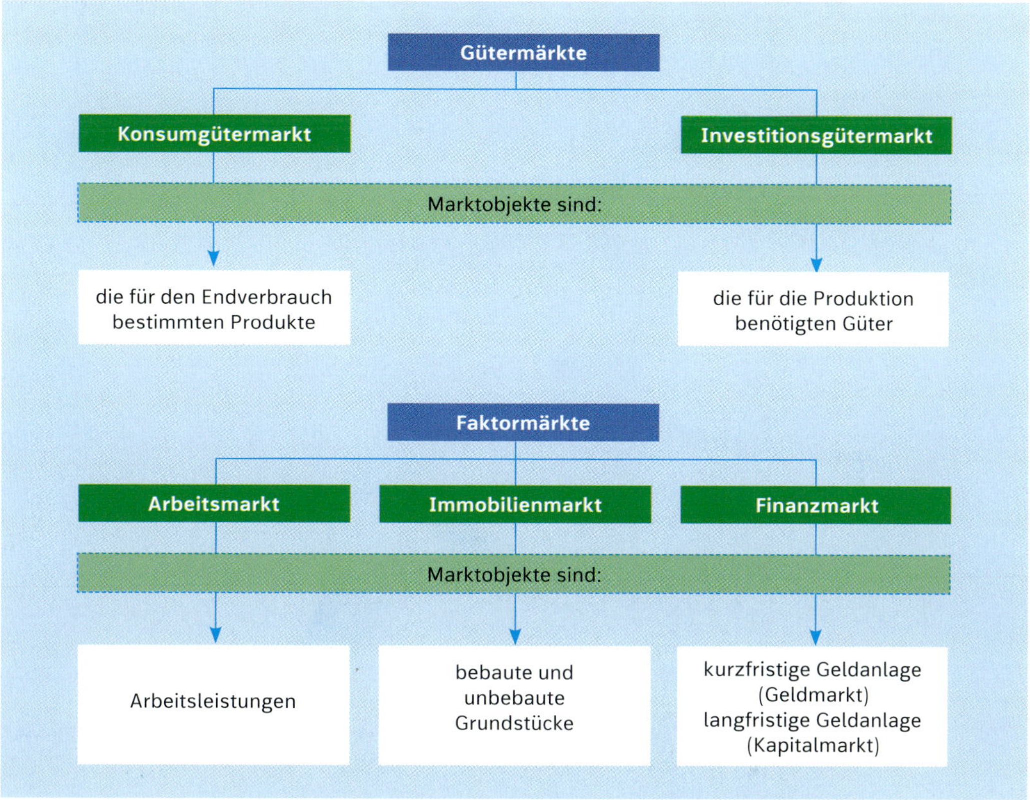
Gütermärkte
Konsumgütermarkt
Investitionsgütermarkt
Marktobjekte sind:
die für den Endverbrauch bestimmten Produkte
die für die Produktion benötigten Güter
Faktormärkte
Arbeitsmarkt
Immobilienmarkt
Finanzmarkt
Marktobjekte sind:
Arbeitsleistungen
bebaute und unbebaute Grundstücke
kurzfristige Geldanlage (Geldmarkt)
langfristige Geldanlage (Kapitalmarkt)

Einen Markt, der von einer starken Position der Anbieter geprägt ist, bezeichnet man als **Verkäufermarkt**. Umgekehrt spricht man von einem **Käufermarkt**, wenn die Nachfrager aufgrund ihrer Verhandlungsstärke auf den Preis und die Qualität des Angebots Einfluss nehmen können.

Beispiel

Im Winter ist während einer lang anhaltenden Kälteperiode die Position der Heizöl-Lieferanten relativ stark; der Marktpreis wird daher deutlich steigen. Im Sommer dagegen besteht für die Anbieter eine Absatzflaute. Die Position der Nachfrager ist dadurch relativ stark; sie können den Preis drücken und sich günstig einen Vorrat für den Winter anlegen.

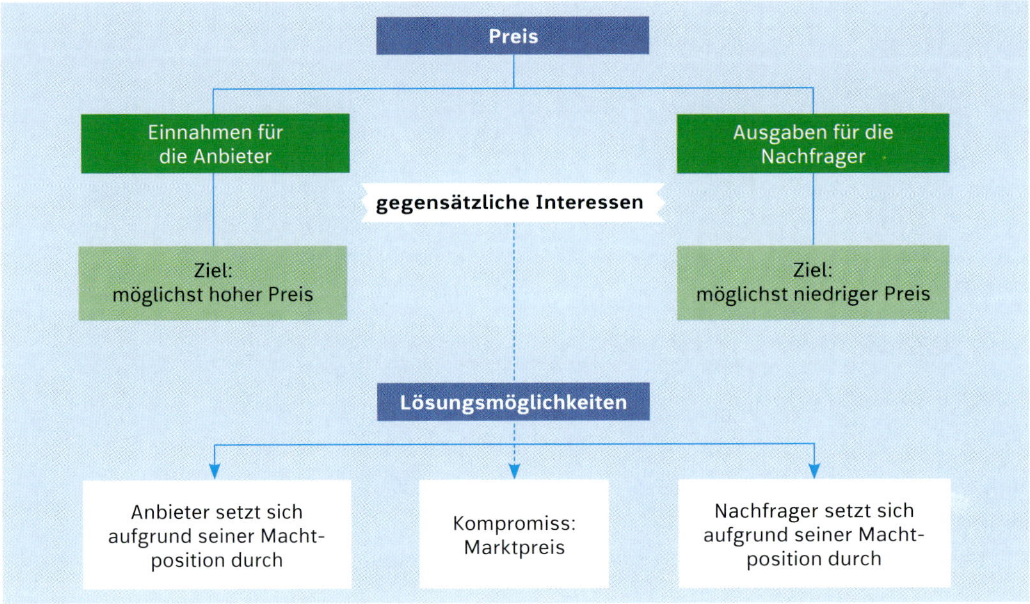
Preis
Einnahmen für die Anbieter
Ausgaben für die Nachfrager
gegensätzliche Interessen
Ziel: möglichst hoher Preis
Ziel: möglichst niedriger Preis
Lösungsmöglichkeiten
Anbieter setzt sich aufgrund seiner Machtposition durch
Kompromiss: Marktpreis
Nachfrager setzt sich aufgrund seiner Machtposition durch

Marktformen

Von zentraler Bedeutung für das Marktgeschehen ist, wie viele Anbieter und wie viele Nachfrager auf dem Markt auftreten.

Beispiel

Wenn ein Top-Profifußballspieler von einem Verein an einen anderen Verein verkauft wird, unterliegt dieser Vorgang anderen Marktgesetzmäßigkeiten, als wenn an einer Wertpapierbörse zwischen einer Vielzahl von Marktteilnehmern Aktien einer großen Chemie-AG gehandelt werden.

Je nach Anzahl und relativer Größe der Marktteilnehmer auf der Angebots- bzw. der Nachfrageseite lassen sich verschiedene Marktformen unterscheiden:

Anbieter / Nachfrager	viele (Polypol)	wenige (Oligopol)	einer (Monopol)
viele (Polypol)	Polypol	Angebotsoligopol (Oligopol)	Angebotsmonopol (Monopol)
wenige (Oligopol)	Nachfrageoligopol (Oligopson)	zweiseitiges Oligopol (bilaterales Oligopol)	beschränktes Angebotsmonopol (beschränktes Monopol)
einer (Monopol)	Nachfragemonopol (Monopson)	beschränktes Nachfragemonopol (beschränktes Monopson)	zweiseitiges Monopol (bilaterales Monopson)

Die Marktform und die Möglichkeit des Marktzutritts für neue Marktteilnehmer sind für das Ausmaß des Wettbewerbs von zentraler Bedeutung.

Beispiel

Der einzige Bäcker in einer kleinen, abgelegenen Ortschaft kann, vordergründig betrachtet, den Brötchenpreis weitgehend autonom festsetzen: Wer morgens unbedingt frische Brötchen haben möchte, hat keine Ausweichmöglichkeit. Auf der anderen Seite weiß der Bäcker, dass er als einziger Anbieter unmittelbar keine Konkurrenz zu fürchten hat. Würde der Bäcker jedoch seine Marktstellung zu sehr ausnutzen und einen völlig überzogenen Preis für seine – vielleicht auch noch schlechten – Brötchen verlangen, müsste er damit rechnen, dass sich schon bald ein anderer Bäcker niederlässt und ihm seinen Markt streitig macht.

Für die Beurteilung eines Marktes kommt es deshalb auch darauf an, ob es sich um einen *offenen* oder einen *geschlossenen* Markt handelt.
Während in einen **offenen Markt** jederzeit neue Anbieter bzw. Nachfrager eintreten können, ist bei einem **geschlossenen Markt** neuen Marktteilnehmern der Zugang durch gesetzliche, technische oder finanzielle Barrieren versperrt.

Beispiele

Die Trinkwasserversorgung erfolgt über einen örtlichen Wasserversorger. Anderen Marktteilnehmern ist der Marktzugang versperrt.
Zum Bau eines Kraftwerkes sind ein Kapitalbedarf in Milliardenhöhe und ein besonderes technisches Wissen erforderlich. Nur ein großes Energieversorgungsunternehmen verfügt über das entsprechende Know-how und ist in der Lage, das notwendige Kapital aufzubringen.

Steht der Marktmacht der einen Marktseite keine entsprechende Gegenmacht gegenüber, so besteht die Gefahr, dass der Wettbewerb eingeschränkt oder im Extremfall sogar aufgehoben wird.
Die relative Stärke eines Marktteilnehmers gegenüber der Marktgegenseite drückt sich in seiner Fähigkeit aus, den Marktpreis beeinflussen zu können.

Beispiel

Auf eine Erhöhung der Benzinpreise können die Verbraucher nur durch Umsteigen auf andere Verkehrsmittel reagieren; einen Einfluss auf die Preisgestaltung der Mineralölkonzerne haben sie nicht.

3.1 Bestimmungsgründe des Nachfrageverhaltens

In der Nachfrage der privaten Haushalte kommt der Wunsch der Konsumenten zum Ausdruck, eine bestimmte Menge von Gütern zu erwerben.
Der primäre Grund für die Nachfrage der privaten Haushalte ist darin zu sehen, dass jeder Mensch Bedürfnisse hat, die er mit den ihm gegebenen finanziellen Mitteln befriedigen muss bzw. möchte.

Im Einzelnen betrachtet wird man feststellen, dass die Nachfrage nach einem Gut von mehreren Faktoren abhängig ist.

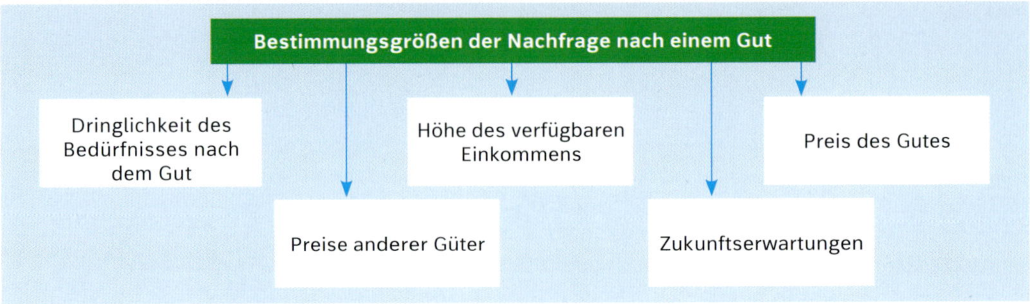
Bestimmungsgrößen der Nachfrage nach einem Gut
Dringlichkeit des Bedürfnisses nach dem Gut
Preise anderer Güter
Höhe des verfügbaren Einkommens
Zukunftserwartungen
Preis des Gutes

■ Dringlichkeit des Bedürfnisses nach dem Gut

Die Haushalte versuchen, zunächst die Güter nachzufragen, die sie am dringlichsten benötigen bzw. sich wünschen. Jeder private Haushalt entwickelt dabei unterschiedliche Bedürfnisse.

Beispiele

In dem einen Haushalt wird besonderer Wert auf Essen und Trinken gelegt, für den anderen Haushalt ist gute Kleidung besonders wichtig, für einen dritten Haushalt steht die jährliche Urlaubsreise im Vordergrund des Interesses.

Die **Bedürfnisskala** eines Menschen spiegelt die Reihenfolge der Bedürfnisse entsprechend ihrer individuell empfundenen Dringlichkeit wider. Das subjektive Mangelgefühl wird vielfach durch Werbung und das gesellschaftliche Umfeld, in dem der Einzelne lebt, beeinflusst oder sogar erst geweckt.
Je dringlicher der Wunsch nach einem bestimmten Gut empfunden wird, desto höher ist auch der Preis, den man zu zahlen bereit ist.

■ Höhe des verfügbaren Einkommens

Bei steigendem Einkommen kann man sich mehr Wünsche erfüllen. Dies bedeutet, dass man entweder von einem bestimmten Gut eine größere Menge kauft oder dass man auf höherwertige, teurere Güter umsteigt.

Beispiel

Es ist zu beobachten, dass bei steigendem Einkommen die Verbrauchsausgaben für Grundnahrungsmittel wie Brot und Kartoffeln sinken, während für teurere Lebensmittel wie exotische Obst- und Gemüsesorten mehr ausgegeben wird.

Ein steigendes Einkommen führt daher in der Regel zu einer Änderung der Bedürfnisskala. Die absolute Höhe des verfügbaren Haushaltseinkommens begrenzt die Möglichkeiten der Bedürfnisbefriedigung.
Die Haushalte versuchen, ihr Einkommen so aufzuteilen, dass mit den verfügbaren Mitteln möglichst viele Bedürfnisse befriedigt werden können.

Preis des Gutes

Wer sich etwas kaufen möchte, schaut zunächst auf den Preis.
Je höher der Preis eines Gutes, desto geringer wird im Normalfall die Nachfrage nach diesem Gut sein. Umgekehrt wird bei sinkendem Preis die Nachfrage nach dem Gut zunehmen.
Wenn die Nachfrager in dieser Weise auf Preisveränderungen bei einem Gut reagieren, spricht man von einer **preiselastischen Nachfrage**.

Beispiel

Bei stark sinkenden Flugpreisen steigt die Nachfrage nach Flugreisen.

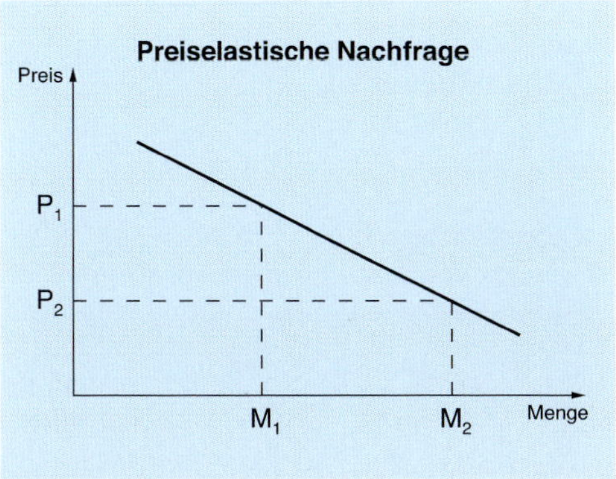
Preiselastische Nachfrage
Preis
P1
P2
M1
M2
Menge

Den Zusammenhang von Preis und nachgefragter Menge kann man in einer **Nachfragekurve** veranschaulichen. Sie macht deutlich, wie die Käufer auf Preisveränderungen der von ihnen nachgefragten Güter reagieren. In dieser Grafik führt eine Senkung des Preises von P_1 nach P_2 zu einer Ausweitung der nachgefragten Menge von M_1 nach M_2.

Preise anderer Güter

Die Nachfrage nach einem Gut kann steigen (oder sinken), wenn sich der Preis eines anderen Gutes verändert.

Beispiel

Bei Erhöhung der Dieselpreise sinkt die Nachfrage nach Dieselfahrzeugen, aber es steigt die Nachfrage nach Normalkraftstoff.

Zukunftserwartungen

Rechnen die Nachfrager damit, dass das Gut bald nicht mehr zu haben ist oder dass es in Zukunft zu einem Anstieg der Preise kommen wird, werden sie unter Umständen bereits heute das Gut kaufen.

Beispiel

Kauf von Aktien in Erwartung steigender Kurse

3.2 Bestimmungsgründe des Angebotsverhaltens

Primäre Antriebsfeder für das Anbieterverhalten von Unternehmungen in einer Marktwirtschaft ist die Gewinnerzielungsabsicht:
Die Unternehmungen versuchen auf der einen Seite, die Kosten der Produktion möglichst gering zu halten, und auf der anderen Seite, für die von ihnen erzeugten Produkte einen möglichst hohen Preis zu erzielen.

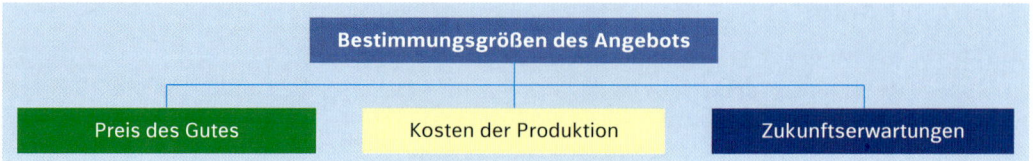

Bestimmungsgrößen des Angebots

- Preis des Gutes
- Kosten der Produktion
- Zukunftserwartungen

Preis des Gutes

Je höher der am Markt erzielbare Preis für ein Gut ist, desto mehr Unternehmer sind grundsätzlich bereit, dieses Gut zu produzieren. Umgekehrt wird bei sinkendem Preis die Anzahl der Unternehmen, die das Gut produzieren wollen, geringer.
Wenn die Unternehmungen in dieser Weise auf Preisänderungen reagieren, spricht man von einem **preiselastischen Angebot**.

Beispiel

Steigen aufgrund einer besonderen Nachfrage die Preise für handgefertigte Marzipanhasen, so führt dies dazu, dass Unternehmen, die diese Marktlücke erkennen, die sich bietenden Gewinnchancen wahrnehmen und ihre Produktion entsprechend ausweiten.

Kosten der Produktion

Die Kosten der Produktion sind für die Produktionsentscheidungen einer Unternehmung ebenso wichtig wie der am Markt erzielbare Preis, denn der Gewinn der Unternehmung ist die Differenz zwischen den Verkaufserlösen und den durch die Produktion verursachten Kosten.

Definition

*Unter **Kosten** versteht man jeglichen bewerteten Verzehr von Gütern und Dienstleistungen zur Erstellung betrieblicher Leistungen.*

Man unterscheidet zwischen **fixen** und **variablen** Kosten.

Fixe Kosten sind von der Beschäftigungslage der Unternehmung unabhängig. Man spricht daher auch von den Kosten der Betriebsbereitschaft.

Beispiel

Gehälter für die Mitarbeiter, zeitanteilige Abschreibungen für die Lkws, Mietkosten, Zinsaufwendungen

Variable Kosten sind von der Beschäftigungslage abhängig. Sie steigen (sinken) mit zunehmender (abnehmender) Produktionsmenge.

Beispiel

Kraftstoffkosten, Akkordzuschläge, Materialkosten
Addiert man die fixen und die variablen Kosten, so ergeben sich die Gesamtkosten der Unternehmung.

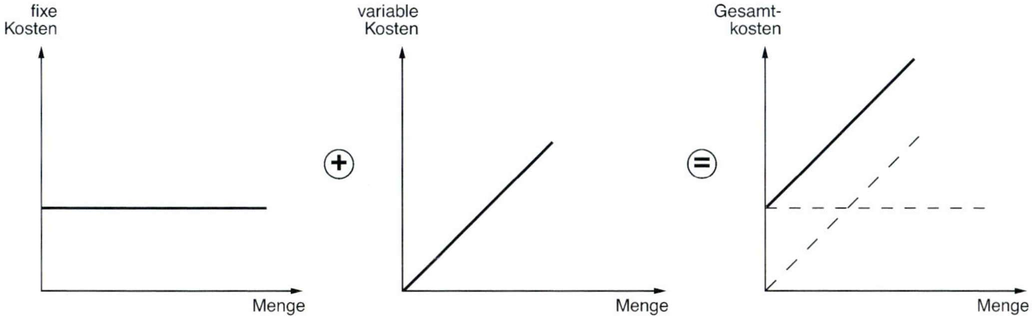
fixe Kosten
Menge
variable Kosten
Menge
Gesamtkosten
Menge

Bei Dienstleistungsbetrieben bestehen die Gesamtkosten überwiegend aus fixen Kosten.

Gesetz der Massenproduktion

Während die variablen Kosten pro Stück unabhängig von der Produktionsmenge konstant bleiben, nehmen die fixen Kosten pro Stück mit zunehmender Kapazitätsauslastung ab. Die Stückkosten sinken daher mit steigender Produktionsmenge (Stückkostendegression).

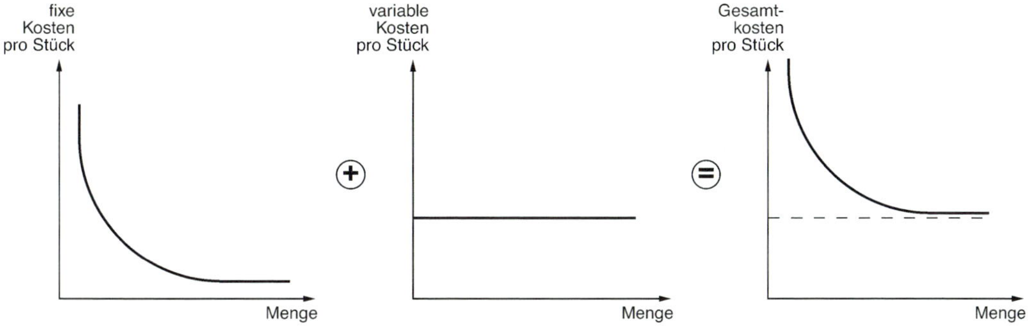
fixe Kosten pro Stück
Menge
variable Kosten pro Stück
Menge
Gesamtkosten pro Stück
Menge

$$\textbf{Stückkosten} = \frac{\text{fixe Kosten}}{\text{Produktionsmenge}} + \text{variable Kosten pro Stück}$$

Beispiel

Die fixen Kosten eines Spezialreifen-Produzenten betragen 600 000,00 € pro Jahr. Die variablen Kosten je Reifen betragen 80,00 €.
Die Produktionskapazität beträgt 15 000 Stück pro Jahr.

Produktionsmenge (Stück)	variable Kosten (€)	fixe Kosten pro Stück (€)	Stückkosten (€)
1	80,00	600 000,00	600 080,00
100	80,00	6 000,00	6 080,00
1 000	80,00	600,00	680,00
10 000	80,00	60,00	140,00
15 000	80,00	40,00	120,00

3.3 Vollkommener Markt

Definition

Das ideale Marktgeschehen spielt sich auf einem Markt ab, der frei von jeglichen Wettbewerbsbeschränkungen ist. Ein solcher Markt wird als* vollkommener Markt *bezeichnet.

Der vollkommene Markt ist kein Markt der Wirklichkeit, sondern nur ein theoretisches Modell, das für das Verständnis des Zusammenspiels von Angebot und Nachfrage sehr hilfreich ist.

Für einen vollkommenen Markt müssen folgende **Voraussetzungen** erfüllt sein:

- **rationale Verhaltensweisen der Marktteilnehmer**
  Die Marktteilnehmer handeln streng nach dem Rationalprinzip: Die *Anbieter* (Unternehmungen) streben *Gewinnmaximierung*, die *Nachfrager* (Konsumenten) *Nutzenmaximierung* an.

- **polypolistische Konkurrenz**
  Die Anzahl der Marktteilnehmer ist so groß bzw. die Marktmacht des einzelnen Marktteilnehmers so gering, dass niemand aus seiner Marktposition heraus in der Lage ist, den Marktpreis zu beeinflussen.

- **Homogenität der Güter**
  Die auf dem Markt gehandelten Güter sind in jeglicher Hinsicht gleichartig; d. h., sie weisen keinerlei Unterschiede hinsichtlich Qualität, Aussehen und Verpackung auf.

  Beispiel

  Europaletten verschiedener Hersteller

- **keine persönlichen Präferenzen**
  Käufer und Verkäufer dürfen sich nicht gegenseitig bevorzugen. Es kommt auf diesem Markt also nicht vor, dass jemand aufgrund einer besonders freundlichen Aquisiteurin eine bestimmte Spedition bevorzugt.

- **keine räumlichen Präferenzen**
  Angebot und Nachfrage treffen an einem bestimmten Ort zusammen. Zwischen Anbietern und Nachfragern bestehen keine räumlichen Unterschiede, d. h., es handelt sich um einen *Punktmarkt*.

  Beispiel

  Frachtenbörse

- **keine zeitlichen Präferenzen**
  Angebot und Nachfrage treffen zeitgleich aufeinander, d. h., es gibt z. B. keine unterschiedlichen Lieferfristen oder Öffnungszeiten.

- **vollständige Markttransparenz der Marktteilnehmer**
  Anbieter und Nachfrager verfügen über eine vollständige Marktübersicht: Die Anbieter sind darüber informiert, welche Mengen und zu welchen Preisen die Nachfrager kaufen wollen, umgekehrt wissen die Nachfrager, welche Mengen und zu welchen Preisen die Anbieter verkaufen wollen.

- **unendlich schnelle Reaktionsgeschwindigkeit der Marktteilnehmer**
  Anbieter und Nachfrager sind in der Lage, auf Preisänderungen sofort zu reagieren: Die Anbieter können ohne zeitlichen Verzug die Güterproduktion aufnehmen oder einstellen, d.h., es gibt hierbei keine produktionstechnischen Hemmnisse.

3.4 Preisbildung auf vollkommenen Märkten

Die Entstehung des Marktpreises ist das Ergebnis des Zusammentreffens von Angebot und Nachfrage.

Beispiel

Ausgangspunkt für die folgenden Überlegungen ist der Markt für Fahrräder.

Es wird unterstellt, dass die Bedingungen des vollkommenen Marktes erfüllt sind:

- *Die Marktteilnehmer handeln rational; sie haben weder zeitliche, räumliche noch persönliche Präferenzen und verfügen über eine vollständige Markttransparenz.*
- *Es existiert nur eine Art von Fahrrädern (Typ „Standard").*
- *Die Anzahl der Anbieter und Nachfrager ist so groß, dass es keine Rolle spielt, ob einer von ihnen ausscheidet oder hinzukommt; keiner der Marktteilnehmer kann von sich aus den Marktpreis beeinflussen.*

Die Gegenüberstellung zeigt, dass angebotene und nachgefragte Menge nur beim Preis von 300,00 € gleich groß sind. Der mengenmäßige Umsatz beträgt bei diesem Preis 40 000 Stück.

Preis (€)	**Angebot** **Menge** (Stück)	**Nachfrage** **Menge** (Stück)	**Marktumsatz** **Menge** (Stück)	**Angebotsüberhang** **Menge** (Stück)	**Nachfrageüberhang** **Menge** (Stück)
100,00	10 000	60 000	10 000	–	50 000
150,00	15 000	55 000	15 000	–	40 000
200,00	30 000	50 000	30 000	–	20 000
300,00	40 000	40 000	40 000		–
400,00	50 000	30 000	30 000	20 000	–
500,00	60 000	20 000	20 000	40 000	–
600,00	70 000	10 000	10 000	50 000	–

Definition

Beim ***Gleichgewichtspreis*** *(= Marktpreis) stimmen angebotene und nachgefragte Menge überein; die dazugehörige Menge heißt Gleichgewichtsmenge.*

Am vollkommenen Markt kann kein Anbieter und kein Nachfrager von sich aus den Marktpreis beeinflussen, weil alle in scharfem Wettbewerb miteinander stehen, die Zahl der Mitbewerber groß und der eigene Marktanteil sehr gering ist. Alle müssen sich dem Gleichgewichtspreis anpassen, der durch das Zusammenspiel von Angebot und Nachfrage entsteht.

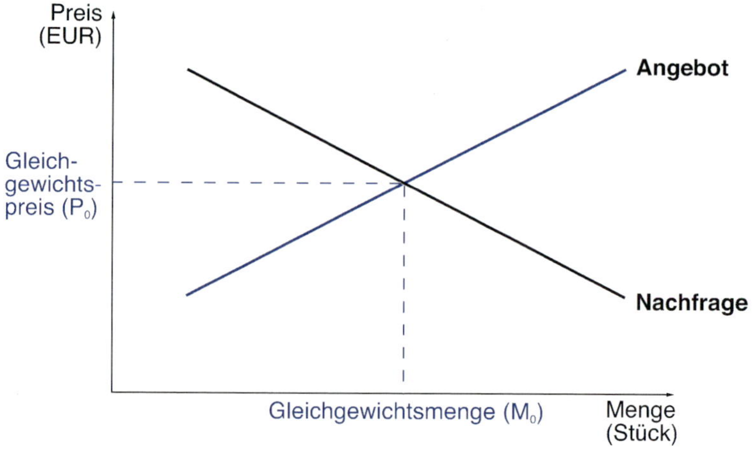
Preis
(EUR)
Angebot
Gleich-
gewichts-
preis (P_0)
Nachfrage
Gleichgewichtsmenge (M_0)
Menge
(Stück)

Bei allen Preisen über 300,00 € existiert ein **Angebotsüberhang**, der umso größer ist, je höher der Preis ist.

Beispiel

Angenommen, die Unternehmer glaubten, Fahrräder ließen sich zum Preis von 600,00 € absetzen. Das Marktangebot betrüge dann insgesamt 70 000 Stück. Die Fahrradhersteller würden jedoch bald feststellen, dass nur wenige Nachfrager bereit sind, diesen hohen Preis zu zahlen, und würden auf dem Großteil der Produktion, nämlich 60 000 Fahrrädern, „sitzen bleiben". Nur durch eine Preissenkung könnten sie ihre überteuerten Fahrräder verkaufen.
Je weiter der Preis fällt, desto mehr Unternehmer müssen die Produktion von Fahrrädern aufgeben.
Es bleiben schließlich nur solche Unternehmen übrig, die auf Dauer in der Lage sind, zum Preis von 300,00 € Fahrräder kostendeckend zu produzieren.

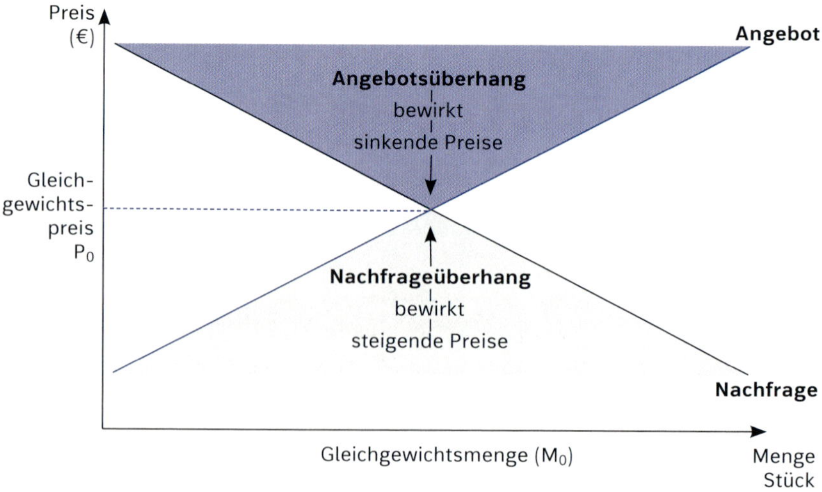
Preis
(€)
Angebot
Angebotsüberhang
bewirkt
sinkende Preise
Gleich-
gewichts-
preis
P_0
Nachfrageüberhang
bewirkt
steigende Preise
Nachfrage
Gleichgewichtsmenge (M_0)
Menge
Stück

Bei allen Preisen unter 300,00 € entsteht ein **Nachfrageüberhang**, der umso größer wird, je niedriger der Preis ist.

Beispiel

Angenommen, die Unternehmen glaubten, Fahrräder ließen sich nur zum Preis von 150,00 € absetzen. Das Marktangebot betrüge dann nur 15 000 Stück, da nur wenige, besonders kostengünstig arbeitende Unternehmen in der Lage sind, bei diesem Preis rentabel zu produzieren.
Die Hersteller würden jedoch sofort feststellen, dass ihnen bei diesem Preis die Fahrräder förmlich aus den Händen gerissen werden. Um ihre Gewinne zu erhöhen, würden sie schleunigst die Preise heraufsetzen. Dieser Preisanstieg lockt weitere Unternehmen in diesen Markt. Das Marktangebot würde zunehmen, je höher der Preis steigt. Der Nachfrageüberhang von 40 000 Stück würde so nach und nach abgebaut.

3.5 Unvollkommene Märkte

Definition

Ist nur eine der Voraussetzungen des vollkommenen Marktes nicht erfüllt, so liegt ein unvollkommener Markt vor.

Polypolistische Konkurrenz wird durch die Konzentrationsbewegungen auf den Märkten immer seltener. Durch Produktdifferenzierung, Preisdifferenzierung, variable Ladenöffnungszeiten, Schulung des Verkaufspersonals usw. versuchen Unternehmen, sich und ihren Produkten ein eigenes Profil zu geben. Markttransparenz wird durch schwer vergleichbare Prospekte und Preise oft von vornherein unmöglich gemacht. Daraus folgt eine entsprechend lange Reaktionsgeschwindigkeit auf Änderungen des Verhaltens anderer Marktteilnehmer. Punktmärkte sind höchstens noch in regionalen Marktsegmenten vorzufinden *(z. B. Viehmarkt in einer schleswig-holsteinischen Kleinstadt)*.

Definition

Die in der Wirklichkeit anzutreffenden Märkte sind **unvollkommene Märkte**.

Beispiele

Wegen der vermeintlich besseren Qualität bevorzugen manche Konsumenten ein ganz bestimmtes Waschmittel. Objektiv betrachtet weisen die Konkurrenzprodukte dieselben Wascheigenschaften auf.
Manche kaufen dieses Waschmittel im Supermarkt direkt um die Ecke, weil der Weg zum billigen Discounter zu weit ist, andere kaufen es dort nicht, weil sie nicht wissen, dass dort das Waschmittel billiger ist.
Wiederum ein anderer kauft das Waschmittel im Drogeriemarkt, weil er sich auf das Wiedersehen mit der netten Verkäuferin freut.
Ein Dritter kauft das Waschmittel um 22:00 Uhr im Bahnhofsgeschäft, weil er für einen Vorstellungstermin am nächsten Morgen noch sein Hemd waschen muss und er vergessen hat, sich das Waschmittel rechtzeitig zu besorgen.

In einem unvollkommenen Markt ist es den Anbietern möglich, innerhalb eines bestimmten Rahmens für ein und dasselbe Gut unterschiedliche Preise zu verlangen.

3.6 Funktionen des Marktpreises

Der Marktpreis erfüllt innerhalb der Volkswirtschaft wichtige Funktionen:

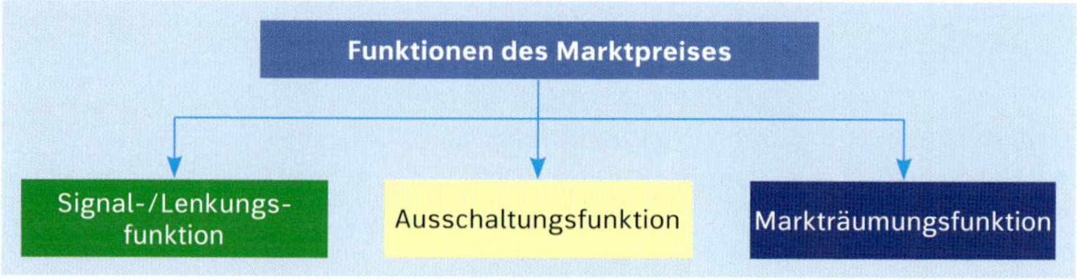
Funktionen des Marktpreises
Signal-/Lenkungs-funktion
Ausschaltungsfunktion
Markträumungsfunktion

■ Signal-/Lenkungsfunktion

Ein hoher Marktpreis signalisiert die Knappheit eines Gutes und regt die Unternehmen an, dieses Gut zu produzieren.

Die produktiven Kräfte innerhalb der Volkswirtschaft werden dorthin gelenkt, wo sie besonders rentabel (= gewinnbringend) eingesetzt werden können. Die jeweiligen Marktpreise geben ein Bild von der Situation auf den verschiedenen Märkten. Hohe Marktpreise signalisieren den Unternehmungen, wo sich Gewinnchancen bieten und Marktlücken existieren.

Produktionszweige, die aufgrund einer rückläufigen Nachfrage nicht mehr rentabel arbeiten, werden aufgegeben. Die dabei freigesetzten Produktionsfaktoren können jetzt bei der Herstellung solcher Güter eingesetzt werden, die besonders gefragt sind und Zukunft haben.

■ Ausschaltungsfunktion

Unternehmungen, die mit der technischen und wirtschaftlichen Entwicklung nicht Schritt halten können, weil sie im Preis von ihren Konkurrenten unterboten werden und in der Qualität ihrer Produkte hinter anderen Unternehmen zurückstehen, finden bald nicht mehr genügend Abnehmer und werden vom Markt verdrängt.

Der Druck der Konkurrenz lässt die Unternehmen ständig nach günstigeren Produktionsmethoden, nach technischen Neuerungen, nach verbesserten oder neuartigen Produkten suchen. Dies bewirkt einen Fortschritt in der Wirtschaft, der den allgemeinen Lebensstandard hebt und den Verbrauchern zugute kommt.

Definition

Grenzanbieter ***sind diejenigen Anbieter, die beim Marktpreis gerade noch bereit und in der Lage sind, das Produkt herzustellen. Bei einem Preisrückgang sind sie als Erste von der Ausschaltung bedroht.***

Anbieter dagegen, die aufgrund ihrer besonders kostengünstigen Produktionsweise auch unterhalb des Marktpreises anbieten könnten, erzielen einen Geldvorteil, die Produzentenrente.

Die **Produzentenrente** ist die Differenz zwischen dem Marktpreis des Gutes und dem Preis, zu dem der Unternehmer gerade noch bereit und in der Lage wäre, das Produkt anzubieten.
Die Produzentenrente ist gewissermaßen die „Belohnung" für besondere unternehmerische Tüchtigkeit.

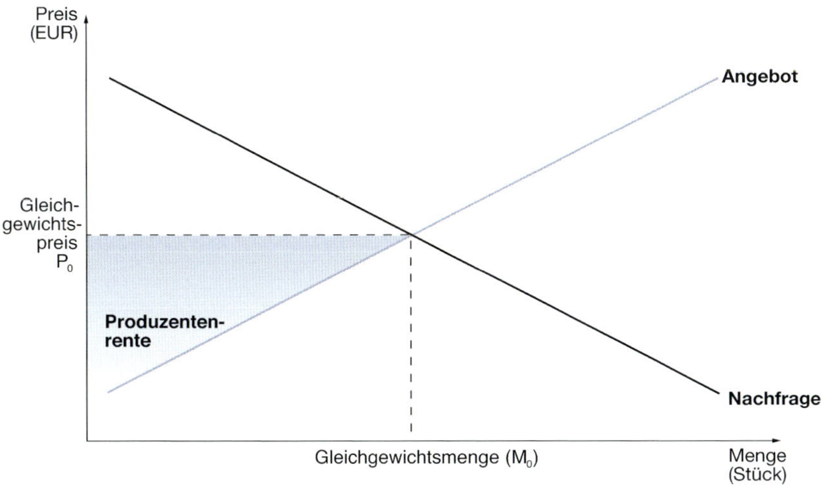
Preis (EUR)
Angebot
Gleich-gewichts-preis P_0
Produzenten-rente
Nachfrage
Gleichgewichtsmenge (M_0)
Menge (Stück)

Nachfrager dagegen, die aufgrund ihrer besonders hohen Nutzeneinschätzung für das Gut bereit und in der Lage wären, auch einen höheren Preis als den vorhandenen Marktpreis zu zahlen, erzielen ebenfalls einen Geldvorteil, die Konsumentenrente.
Die **Konsumentenrente** ist die Differenz zwischen dem Marktpreis und dem Preis, den der einzelne Nachfrager gerade noch zu zahlen bereit und in der Lage gewesen wäre.

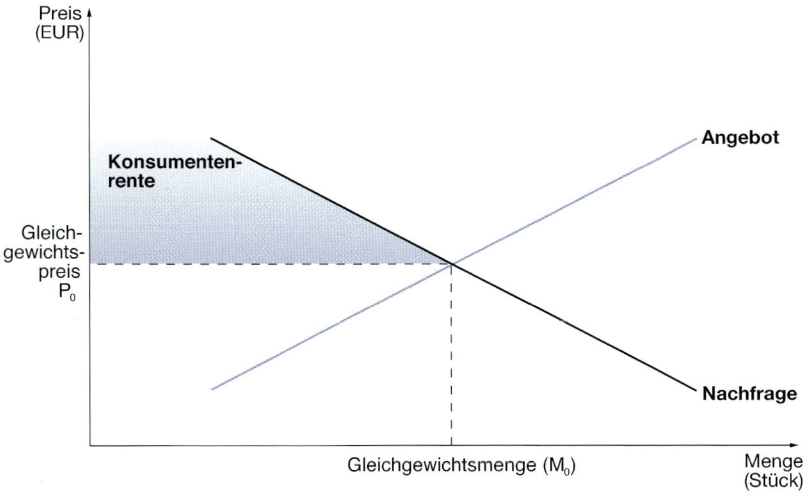
Preis (EUR)
Konsumenten-rente
Angebot
Gleich-gewichts-preis P_0
Nachfrage
Gleichgewichtsmenge (M_0)
Menge (Stück)

Markträumungsfunktion

Die Preisbildung sorgt dafür, dass angebotene und nachgefragte Menge einander entsprechen. Ein Angebotsüberhang wird durch sinkende Preise und verringerte Güterproduktion, ein Nachfrageüberhang durch steigende Preise und erhöhte Güterproduktion beseitigt.

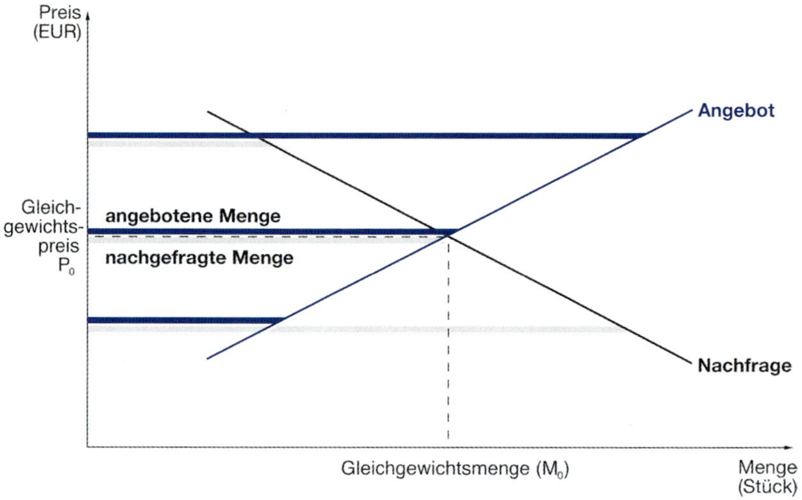
Preis (EUR)
Angebot
Gleichgewichtspreis P_0
angebotene Menge
nachgefragte Menge
Nachfrage
Gleichgewichtsmenge (M_0)
Menge (Stück)

3.7 Eingriffe des Staates in die Preisbildung

Im vollkommenen Markt bildet sich der Marktpreis durch das Zusammentreffen von Angebot und Nachfrage.
Wer als Unternehmer nicht zum Marktpreis anbieten will oder kann, wird von seinen Konkurrenten verdrängt. Wer als Konsument den Marktpreis nicht zahlen will oder kann, geht leer aus.
Marktpreise können aus sozialpolitischen Erwägungen zu hoch oder zu niedrig sein. Oftmals ist der Staat daran interessiert, den Preis für bestimmte Güter zu kontrollieren bzw. zu beeinflussen. Dies könnte ihn dazu veranlassen, in die Preisbildung einzugreifen.

Eingriffe des Staates in die Preisbildung

marktinkonforme Eingriffe	marktkonforme Eingriffe
Verordnung von • Höchstpreisen • Mindestpreisen • Margenpreisen • Festpreisen	Einführung und Änderung von • Subventionen • Transferzahlungen • Steuern • Zöllen

Definition

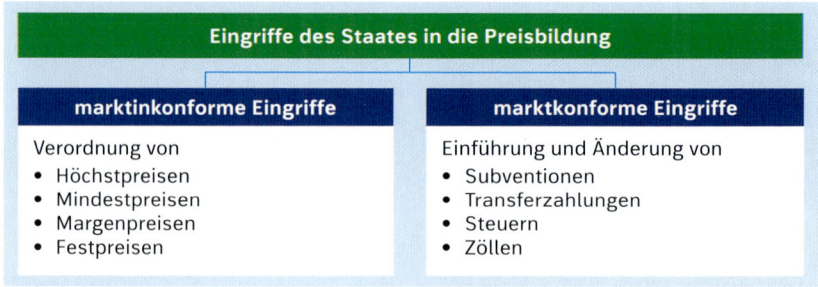

Durch marktinkonforme Eingriffe wird der Preisbildungsprozess außer Kraft gesetzt, während bei marktkonformen Eingriffen der Preisbildungsprozess im Prinzip erhalten bleibt.

Da die Volkswirtschaft der Bundesrepublik Deutschland eine Marktwirtschaft ist, sind die Eingriffe des Staates in den Preisbildungsprozess die Ausnahme. Sie sind nur dann berechtigt, wenn die marktwirtschaftliche Preisbildung unter sozialen Gesichtspunkten zu Ergebnissen führt, die mit dem im Grundgesetz verankerten **Sozialstaatsprinzip** nicht vereinbar sind.

Marktinkonforme (direkte) Eingriffe

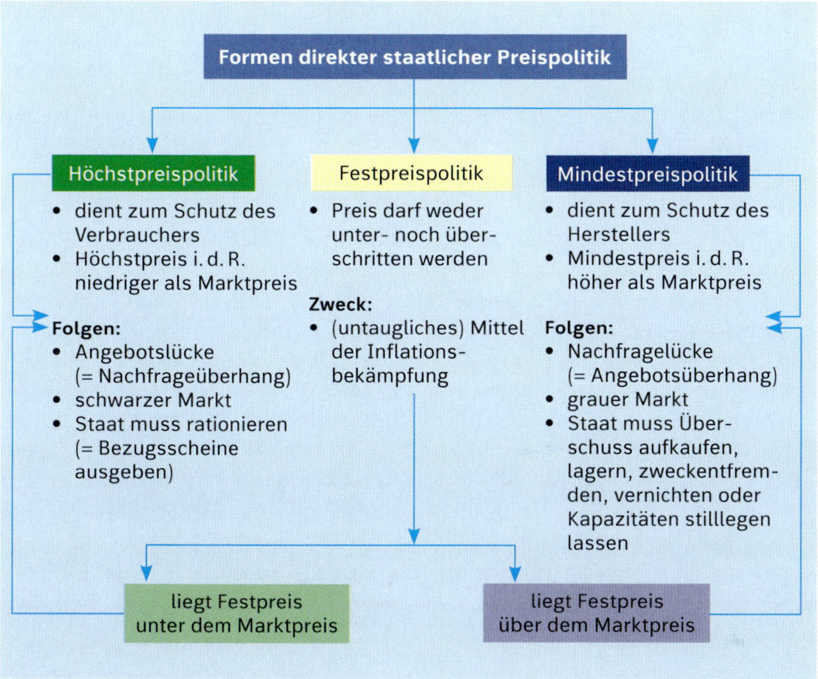
Formen direkter staatlicher Preispolitik
Höchstpreispolitik
• dient zum Schutz des Verbrauchers
• Höchstpreis i. d. R. niedriger als Marktpreis
Folgen:
• Angebotslücke (= Nachfrageüberhang)
• schwarzer Markt
• Staat muss rationieren (= Bezugsscheine ausgeben)
Festpreispolitik
• Preis darf weder unter- noch überschritten werden
Zweck:
• (untaugliches) Mittel der Inflationsbekämpfung
Mindestpreispolitik
• dient zum Schutz des Herstellers
• Mindestpreis i. d. R. höher als Marktpreis
Folgen:
• Nachfragelücke (= Angebotsüberhang)
• grauer Markt
• Staat muss Überschuss aufkaufen, lagern, zweckentfremden, vernichten oder Kapazitäten stilllegen lassen
liegt Festpreis unter dem Marktpreis
liegt Festpreis über dem Marktpreis

Höchstpreise

Höchstpreise *werden zum Schutz der Konsumenten vor zu hohen Preisen verordnet. Der Höchstpreis liegt immer unter dem Gleichgewichtspreis.* **Definition**

Beispiel

Im Zuge einer allgemeinen Lebensmittelknappheit setzt der Staat den Preis für 1 kg Brot auf 2,50 € fest, nachdem der Marktpreis auf 10,00 € gestiegen war und einkommensschwache Nachfrager bei diesem Preis nicht mehr ausreichend versorgt waren.

Es zeigt sich, dass der Höchstpreis zu einem Nachfrageüberhang führt. Die Angebotsmenge wird gegenüber der Gleichgewichtsmenge durch den Eingriff des Staates verringert, da eine Reihe von Anbietern nicht mehr in der Lage ist, bei diesem Preis noch kostendeckend zu produzieren. Eine Unterversorgung der Bevölkerung ist damit vorprogrammiert.

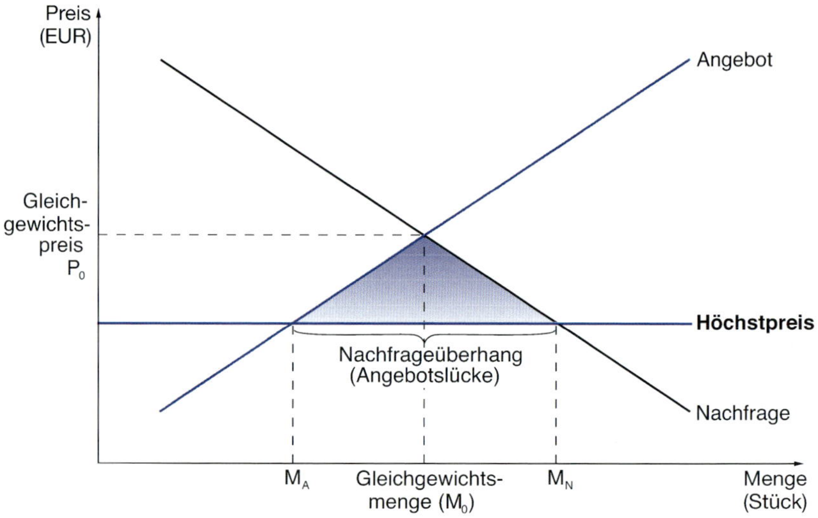
Preis (EUR)
Angebot
Gleich-gewichts-preis P_0
Höchstpreis
Nachfrageüberhang (Angebotslücke)
Nachfrage
M_A
Gleichgewichts-menge (M_0)
M_N
Menge (Stück)

Nur durch Rationierung des begrenzten Angebots *(z. B. mithilfe von Lebensmittelkarten)* kann der Staat eine gleichmäßige Verteilung des vorhandenen Angebots erreichen.
Warteschlangen vor den Geschäften und die Entstehung illegaler „Schwarzmärkte", auf denen Ware zu „Marktpreisen" gehandelt wird, sind die äußeren Folgen der Höchstpreisverordnung.

Mindestpreise

Definition

Mindestpreise ***werden festgelegt, um den Produzenten ein bestimmtes Mindesteinkommen zu sichern. Der Mindestpreis liegt immer über dem Gleichgewichtspreis.***

Beispiel

Zum Schutz der Landwirtschaft setzt der Staat für 1 Liter Milch einen Mindestpreis von 1,00 € fest, nachdem der Marktpreis im Zuge einer allgemeinen Produktivitätssteigerung bei der Milcherzeugung auf 0,50 € gefallen war und viele landwirtschaftliche Betriebe dadurch an den Rand ihrer Existenz gedrängt worden waren.

Es zeigt sich, dass der Mindestpreis zu einem Angebotsüberhang führt. Die Angebotsmenge wird gegenüber der Gleichgewichtsmenge durch den Eingriff des Staates erhöht, da nun auch solche Anbieter auf dem Markt auftreten können, die ansonsten dem marktwirtschaftlichen Ausleseprozess zum Opfer gefallen wären. Ein Überangebot ist damit vorprogrammiert.
Nur durch *Interventionskäufe* kann der Staat sein Ziel erreichen: In Höhe der vorhandenen Nachfragelücke müsste er selbst als Nachfrager auftreten und den Produzenten ihre Ware zum garantierten Mindestpreis abnehmen.
Überproduktion, überhöhte Preise und damit ebenfalls eine Unterversorgung der Konsumenten sind die äußeren Folgen der Mindestpreisverordnung.

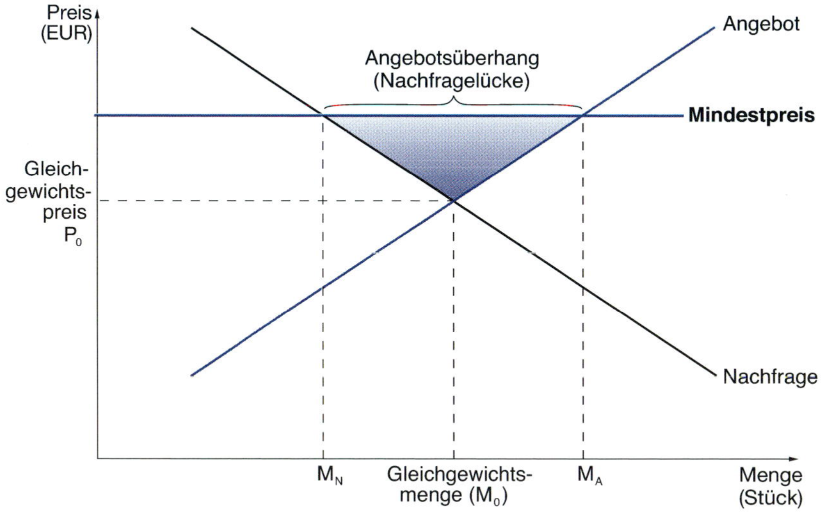
Preis (EUR)
Angebot
Angebotsüberhang (Nachfragelücke)
Mindestpreis
Gleichgewichtspreis P_0
Nachfrage
M_N
Gleichgewichtsmenge (M_0)
M_A
Menge (Stück)

Festpreise

Bei* Festpreisen *schreibt der Staat für ein Gut bzw. eine Dienstleistung einen bestimmten Preis vor, der weder über- noch unterschritten werden darf. **Definition**

Die Erfahrungen, die in der Vergangenheit mit marktinkonformen staatlichen Eingriffen gemacht wurden, sind unbefriedigend.
Sie zeigen, dass der Staat damit seine ursprüngliche Zielsetzung auf Dauer nicht erreichen kann und lediglich kurzfristig die äußeren Symptome, nicht jedoch die eigentlichen Ursachen einer wirtschaftlichen Fehlentwicklung bekämpfen kann.
Die Außerkraftsetzung der marktwirtschaftlichen Preisbildung führt vielmehr dazu, dass sich die „heilsamen" Funktionen des Marktpreises nicht mehr entfalten können. Ungleichgewichtigkeiten von Angebot und Nachfrage, Verschleuderung volkswirtschaftlicher Ressourcen, Verlust von Innovationsfähigkeit und Unzufriedenheit der Bevölkerung sind die langfristigen Folgen.

■ Marktkonforme Eingriffe

Die marktkonformen Eingriffe des Staates haben zur Folge, dass nicht mehr die Marktkräfte, sondern staatliche Stellen den Ausgleich von Angebot und Nachfrage regulieren.
Die relative Erfolglosigkeit derartiger Eingriffe hat dazu geführt, dass der Staat versucht, das Marktgeschehen durch marktkonforme Eingriffe zu lenken.

Bei* marktkonformen Eingriffen *bleiben die Funktionen der freien Marktpreisbildung erhalten. Die negativen sozialen Auswirkungen zu hoher oder zu niedriger Marktpreise werden durch Veränderung der Angebots- bzw. Nachfragebedingungen abgefedert. **Definition**

Maßnahme: Durch Transferzahlungen und Steuererleichterungen werden einkommensschwache Privathaushalte begünstigt.

Beispiel

Die Zahlung von Wohngeld ermöglicht Sozialhilfeempfängern den Bezug solcher Wohnungen, die sie sich normalerweise nicht leisten könnten. Der Vermieter erhält die übliche Marktmiete, sodass der Anreiz, Mietwohnungen zu bauen und zu unterhalten, bestehen bleibt. Würde der Staat stattdessen Miethöchstpreise vorschreiben, die nicht gewinnbringend oder sogar nicht kostendeckend sind, wäre eine Wohnungsnot die langfristige Folge.

Maßnahme: Um Arbeitsplätze zu erhalten bzw. um die Verbraucherpreise niedrig zu halten, werden an Unternehmen bestimmter Branchen Subventionen gezahlt.

Beispiel

Der Steinkohlenbergbau erhält Subventionen, damit die Kohle marktfähig bleibt und Arbeitsplätze erhalten bleiben.

Maßnahme: Durch Erhöhung bestimmter Verbrauchsteuern (Tabaksteuer, Branntweinsteuer, Mineralölsteuer usw.) sollen die Marktpreise der betroffenen Produkte künstlich verteuert werden.

Beispiel

Eine Erhöhung der Mineralölsteuer soll viele Autofahrer dazu bringen, auf öffentliche Verkehrsmittel umzusteigen.

Aufgaben

1. Ein Makler an einer Rohstoffbörse hat folgende Aufträge für einen bestimmten Rohstoff notiert. Sein Job ist es, den Kurs zu ermitteln, bei dem der höchste mengenmäßige Umsatz stattfindet. Für ihn persönlich ist die Aufgabe auch deshalb interessant, weil seine Courtage umsatzabhängig ist.

Kaufaufträge		Verkaufsaufträge	
Stück	**Limit**	**Stück**	**Limit**
50	110	20	122
25	112	30	120
35	114	30	118
40	116	30	116
30	118	20	114
50	120	80	112
50	122	40	110

Lösen Sie folgende Aufgaben mittels einer Excel-Tabelle nach unten stehendem Muster.

a) Stellen Sie eine Angebots- und eine Nachfragetabelle auf (Spalte 1 und 3).

b) Zeichnen Sie die ermittelten Werte in ein Koordinatensystem (x-Achse: Menge, Y-Achse: Preis) als Angebots- und Nachfragekurve und bestimmen Sie Gleichgewichtspreis und -menge.
c) Ermitteln Sie die möglichen Umsätze (Spalte 5).
d) Ermitteln Sie Angebots- und Nachfrageüberhang (Spalte 4 und 6).
e) Markieren Sie die Flächen des Angebots- und Nachfrageüberhangs in dem Koordinatensystem (Aufg. b) mit unterschiedlichen Farben.

1	2	3	4	5	6
Gesamtnachfrage	Preis	Gesamtangebot	Nachfrageüberhang	Umsatz	Angebotsüberhang
	122				
	120				
	118				
	116				
	114				
	112				
	110				

2. Auf dem Markt für Mini-Brennstoffzellen, mit denen Laptops netzunabhängig über Hunderte von Stunden betrieben werden können, stehen auf dem deutschen Markt ein japanischer, ein amerikanischer und ein deutscher Anbieter im Wettbewerb. Die Brennstoffzellen sind technisch gleichwertig und weisen nur Unterschiede im Design und einigen Details auf, die für den Normalkäufer aber nicht erkennbar sind.
Die Interbrain AG aus Erlangen bietet ihr Gerät zurzeit für 175,00 € an und hat damit einen Marktanteil von ca. 33 %. Die Fixkosten betragen 11,74 Mio. € und die variablen Kosten liegen bei 95,00 € je Brennstoffzelle.
Aus der Marktforschung wissen die Interbrain-Manager, dass das Marktvolumen derzeit bei etwa 1 500 000 Stück pro Jahr liegt. Außerdem erhalten sie von den Marktforschern eine Tabelle mit folgenden Werten:

Verkaufspreis in €	300	275	250	225	200	175	150
Mögliche absetzbare Menge	50 000	200 000	400 000	410 000	420 000	500 000	750 000

a) Bei welchem Verkaufspreis und bei welchem Marktanteil erreicht das Unternehmen – unter sonst gleichbleibenden Bedingungen – den höchsten Gewinn?
Lösen Sie diese Aufgabe mittels einer Excel-Tabelle, die Sie selbst entwickeln.
b) Erstellen Sie mit Excel ein Kurvendiagramm, in dem die Abhängigkeit der nachgefragten Menge vom Preis deutlich wird.

3. Die PillePalle AG in Esslingen tritt mit vollkommen neuen, solargetriebenen On-board-Units (OBU) auf den Markt. Diese digitalen Kontrollgeräte, die auch einen Port für die Mauterfassung haben, sind schnell zu installieren, wartungsfrei, sehr zuverlässig, leicht zu bedienen und verfügen zusätzlich über Sprachbedienung, GPS-Navigation und eine Reihe weiterer Funktionen. Bei der Preisfestsetzung besteht eine gewisse Unsicherheit, da ein derartiges Produkt bisher auf den Märkten nicht angeboten wurde. Gesicherte Kalkulationsdaten liegen nur über die variablen Stückkosten mit 70,00 € und über die fixen Kosten mit 3,6 Mio. € vor.
Eine Entscheidungshilfe für die Preiskalkulation bietet eine Marktforschungsstudie, die folgende Absatzmöglichkeiten prognostiziert:

Verkaufspreis je Stück in €	105	140	175	210	245	280	305
Mögliche Absatzmenge in 1 000 Stück	140	120	100	80	60	40	20

a) Zeichnen Sie die entsprechende Nachfragekurve.
b) Bestimmen Sie den Preis mit dem höchstmöglichen Gewinn. Begründen Sie Ihren Vorschlag mit einer Tabelle, die Sie am PC erstellen und die alle für die Entscheidung relevanten Daten nachvollziehbar enthält.

4. In der unten stehenden modellhaften Marktsituation ist die Gesamtnachfrage nach einem Gut dargestellt.
a) Vier Produzenten bieten jeweils 100 kg eines bestimmten Artikels am Markt an. Sie sind bereit, ihre gesamte Menge zu jedem beliebigen Preis anzubieten, sofern dieser mindestens 1 Geldeinheit (GE) je kg beträgt.
   aa) Welcher Gleichgewichtspreis in GE ergibt sich, wenn die Produzenten ihre Güter gleichzeitig und ohne den Versuch einer Preisdifferenzierung am Markt anbieten?
   ab) Welcher Umsatz in GE ergibt sich bei diesem Gleichgewichtspreis?
b) Nehmen Sie an, die Produzenten würden folgende Absprache treffen: Zwei reduzieren ihr Angebot um je 30 kg, die beiden anderen um je 20 kg. Welcher Gleichgewichtspreis in GE würde sich jetzt – unter sonst gleichen Annahmen – ergeben?

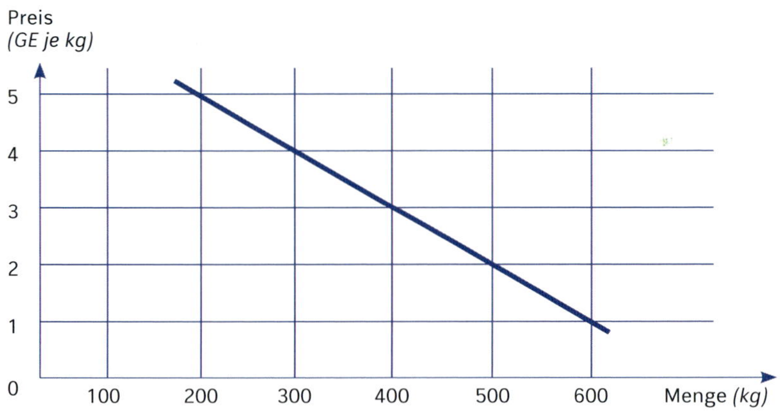
Preis
(GE je kg)
5
4
3
2
1
0
100
200
300
400
500
600
Menge *(kg)*

5. Die unten stehenden Angaben sind in der folgenden Zeichnung grafisch dargestellt. Ordnen Sie den Angaben die jeweils zutreffende Ziffer aus der Grafik zu.

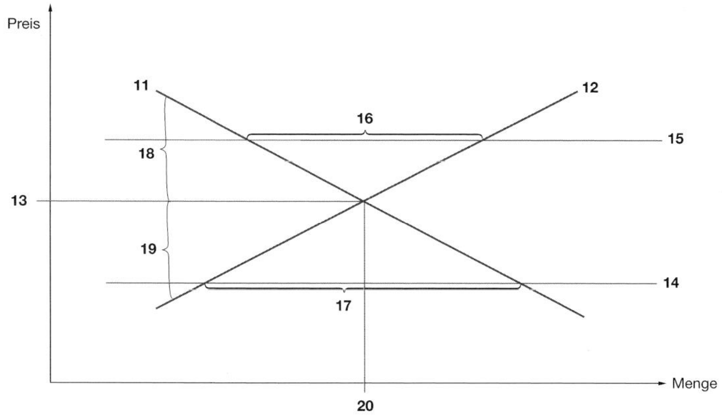
Preis
11
12
16
15
18
13
19
14
17
Menge
20

Angaben:
a) Kurve des Nachfrageverlaufs bei sich ändernden Preisen
b) Staatlich festgelegter Mindestpreis
c) Nachfrageüberhang
d) Produzentenrente
e) Staatlich festgelegter Preis zum Schutz der Nachfrager
f) Gleichgewichtspreis
g) Differenz aus geplantem Kaufpreis des Nachfragers und tatsächlich gezahltem Gleichgewichtspreis

6. Es gibt diverse staatliche Steuern, Vorschriften und Vorgaben, die dem Schutz der Umwelt dienen sollen:
Maßnahmen:
(1) Erhebung einer „Ausgleichsabgabe für Eingriffe in Natur und Landschaft“, wie z. B. in Baden-Württemberg seit 1973, die 1990 verzehnfacht wurde. Seit 1990 wird für die Entnahme von Boden (etwa in Steinbrüchen und Kiesgruben) ein Mengenentgelt erhoben (je Kubikmeter 0,50 € bis 1,50 €). Die Mittel fließen der baden-württembergischen Stiftung Naturschutz zu.
(2) Mögliche Einführung von „Öko-Produktsteuern“, z. B. für Batterien, Plastiktüten, tropisches Holz, Waschmittel und Streusalz
(3) Verbot umweltschädlicher Produkte (z. B. umweltschädliche Treibgase in Sprühdosen)
(4) Einführung von Öko-Abgaben in der Landwirtschaft für Pestizide, Massentierhaltung und Futtermittelimporte
(5) Erhebung von Müllvermeidungssteuern für Einwegflaschen, Getränkedosen, Kunststoffbehälter und -flaschen, Aluminiumfolien und für Werbezwecke verwendetes Papier
(6) Rücknahmeverpflichtung für umweltbelastende Produkte, nachdem ihre Nutzungsdauer abgelaufen ist (z. B. Kühlschränke, Autos)
(7) Vorgabe von Abgasgrenzwerten (z. B. für Kraftwerke, Autos)
(8) Handel mit Emissionszertifikaten

a) Begründen Sie, welche der genannten Maßnahmen als marktkonform und welche als marktkonträr zu bezeichnen sind.
b) Angebot und Nachfrage nach einem umweltschädlichen Gut A verhalten sich nach den Marktgesetzen. Das Gut A wird mit einer Ökosteuer belegt. Stellen Sie mithilfe der Angebots- und Nachfragekurve dar, wie sich Preis und Absatzmenge des Gutes A verändern.
c) Wie könnte sich die Ökosteuer auf das Produkt A auf die Nachfrage nach dem Substitutionsgut B auswirken?
d) Bilden Sie zwei eigene Beispiele für den unter c) beschriebenen Substitutionseffekt.

7. Ordnen Sie den nachfolgenden Aussagen a)–d) den zutreffenden Marktbegriff 1–6 zu.

1	„Schwarzmarkt“	4	Käufermarkt
2	vollkommener Markt	5	Verkäufermarkt
3	Faktormarkt	6	„Grauer Markt“

a) Hier wird zu Preisen gehandelt, die über dem staatlich verordneten Preis liegen.
b) Dieser Markt existiert nur als gedankliches Modell.
c) Es handelt sich um einen Sammelbegriff für Märkte, auf denen die Produktivkräfte einer Volkswirtschaft gehandelt werden.
d) Es besteht an diesem Markt aufgrund des Angebotsüberhangs die Tendenz zu Preissenkungen.

8. Ordnen Sie den nachfolgenden Aussagen a)–g) die zutreffende Charakterisierung von Höchst- und Mindestpreis 1–4 zu.

1	Höchstpreis trifft zu.
2	Mindestpreis trifft zu.
3	Höchstpreis und Mindestpreis treffen zu.
4	Weder Höchstpreis noch Mindestpreis treffen zu.

a) Staatliche Maßnahmen zur Mengenregulierung sind in der Regel die Folge dieses staatlichen Eingriffs.
b) Dieser staatliche Eingriff dient dem Schutz der Konsumenten.
c) Dieser staatliche Eingriff lässt die Notwendigkeit einer Rationierung entstehen.
d) Dieser staatliche Eingriff führt gewöhnlich zur Entstehung von Schwarzmärkten.
e) Die Ausschaltungsfunktion des Marktpreises wird durch diesen staatlichen Eingriff beeinträchtigt.
f) Es handelt sich um einen marktkonformen Eingriff des Staates.
g) Unrentabel arbeitende Unternehmen werden durch diesen staatlichen Eingriff geschützt.

9. Ergänzen Sie Ihre Lernkartei, indem Sie sich mit Ihrem Nachbarn über sinnvolle Kartenüberschriften austauschen und die Karteikarten entsprechend ausfüllen.

4 Wettbewerbspolitik

Einstiegssituation

Bundeskartellamt ist bei Strafen nicht zimperlich

Kampf gegen Preisabsprachen ist ein Schwerpunkt der Behörde

Bonn. Das Bundeskartellamt ist in jüngster Zeit mehr mit dem Aufdecken von Preisabsprachen beschäftigt als mit Fusionen, sagte der Präsident, der gestern seinen Tätigkeitsbericht in Bonn vorstellte.

Als besonders effektives Instrument hob er dabei die Kronzeugenregelung hervor. Die große Mehrheit der Kartelle wird über diese Regel entlarvt, denn die Täter, die sich beispielsweise in einem Flughafenhotel oder in einer Autobahnraststätte treffen, wissen nie, wer bereits mit dem Kartellamt in Kontakt steht und für den Nachmittag einen Termin mit dem Amt vereinbart hat. Das schafft Unsicherheit in früher fest geschlossenen Zirkeln. An derartigen Wettbewerbsverstößen beteiligte Unternehmen, die Absprachen anzeigen, bleiben von einer Strafverfolgung verschont. Größter Erfolg der Kronzeugen-Regel war die Zerschlagung des Zementkartells. Über viele Jahre hatten die größten deutschen Zementhersteller und -händler wettbewerbswidrig Gebiets- und Quotenabsprachen getroffen und den Wettbewerb lahmgelegt. Insgesamt über 1 Mrd. € Geldbuße mussten die ertappten Konzerne und Mittelständler in den letzten drei Jahren bezahlen. Die Bußgeldbemessung folgt in erster Linie dem tatbezogenen Umsatz sowie der Schwere und Dauer der Preisabsprache. Nach oben ist ein Bußgeld auf 10 % des Gesamtumsatzes gedeckelt. In der Regel klagen fast alle Unternehmen gegen das Bundeskartellamt auf Rücknahme des Bußgeldbescheides. Darauf ist das Kartellamt aber vorbereitet. Beschlagnahmte Beweismaterialien wie Aktenordner, Kalender, E-Mails und SMS werden sehr genau und ohne Zeitdruck ausgewertet. Im laufenden Missbrauchsaufsichtsverfahren gegen die Energiekonzerne wurde die Stromerzeugung der einzelnen Kraftwerke viertelstundengenau aufgezeichnet und so über 150 Millionen Daten gesammelt. Mit diesen Asservaten und Daten will das Kartellamt sich gegen eine gerichtliche Überprüfung seiner Beschlüsse wappnen. Nach Meinung des Präsidenten sollten Kartellabsprachen künftig Grund für die fristlose Kündigung von Topmanagern sein. Er forderte alle Unternehmen auf, in ihren Anstellungsverträgen für Führungskräfte eine entsprechende Klausel aufzunehmen, so wie es bei Siemens seit dem großen Schmiergeldskandal üblich ist.

Neben den Stahlherstellern und der Kautschukindustrie, Lebensmittel- und Energiekonzernen, Herstellern von Feuerwerkskörpern und der Pharmaindustrie, den Apotheken und den privaten Fernsehanbietern RTL und Pro Sieben Sat 1 stehen auch die Versicherungskonzerne unter Verdacht. Sie sollen ihre Preise für Industrie-Versicherungen abgesprochen haben. Kunden, die ihre Versicherung wechseln wollten, bekamen kein günstigeres Angebot von einem der neun Mitbewerber. Wie hoch dort mögliche Bußgelder ausfallen können, konnte gestern noch nicht gesagt werden.

Deutschlands oberster Kartellwächter rechnet allerdings damit, dass seine Fusionskontrolleure weniger Arbeit bekommen werden. Mit der rückläufigen Entwicklung der Weltwirtschaft sei eine Abschwächung der Fusionsaktivitäten zu erwarten, sagte er. Kapital, das nach einer guten Anlage suche, sei außerdem nicht mehr hinreichend vorhanden, was er auch auf die Zurückhaltung der Banken bei der Kreditvergabe zurückführte. Außerdem sei der für Konzerne steuerlich interessante Verkauf von Beteiligungen, die nicht zum Kerngeschäft zählen, so gut wie abgeschlossen.

Nach dem Tätigkeitsbericht sank in den beiden vergangenen Jahren die Zahl der angemeldeten Fusionsfälle um 10 %. Wie in den Vorjahren gab es die meisten Fusionen in der Bauwirtschaft, der Strom- und Gasbranche sowie der Chemie- und Pharmaindustrie.

Fusionen werden in den allermeisten Fällen genehmigt. Lediglich in einem der abgelehnten Fälle setzten die Antragsteller die Fusion dennoch per Ministererlaubnis durch. Die Ministererlaubnis hatte zur teilweisen Übernahme von Tengelmann durch Edeka geführt.

Der Präsident des Bundeskartellamtes sprach sich dennoch ausdrücklich für das Instrument Ministererlaubnis aus: Er machte klar, wann eine Fusion aus politischen Gründen gewünscht sei, wenn sie z. B. Arbeitsplätze schaffe, auch wenn sie wettbewerbsrechtlich bedenklich sei. In anderen Ländern, die keine nachträgliche Erlaubnis abgelehnter Fusionen kennen, werde häufig politisch Druck auf die Wettbewerbshüter ausgeübt.

Für die Kartellwächter selbst ist zurzeit die spannendste Frage, ob die Politik einer merklichen Aufstockung der Haushaltsmittel zustimmen wird. Im internationalen Vergleich ist das Bundeskartellamt in einigen Abteilungen trotz komplizierter und umfangreicher werdender Prüfverfahren personell schwächer ausgestattet als der Nachbar Holland, denn gerade einmal 320 Mitarbeiter sollen eine der größten Volkswirtschaften der Welt überwachen.

Quelle: (FS)

4.1 Unternehmenszusammenschlüsse

Die wirtschaftliche Realität zeigt, dass sich ein wirksamer Wettbewerb nicht von alleine einstellt und erhält, sondern dass auf der Unternehmensseite häufig die Tendenz besteht, sich dem Konkurrenzdruck durch den Zusammenschluss mit anderen Unternehmen zu entziehen.
Die Wettbewerbskonzentration führt dazu, dass die Anzahl der Wettbewerber abnimmt und sich die Anteile der am Markt verbleibenden Unternehmen auf immer weniger große Anbieter konzentrieren. Sie kann die Innovations-, Ausschaltungs- und Lenkungsfunktion des Wettbewerbs beeinträchtigen.

Arten der Zusammenschlüsse nach dem Unternehmensgegenstand

Unternehmenszusammenschlüsse, einerlei in welcher Form sie sich vollziehen, führen zur Konzentration wirtschaftlicher Kraft. Nach der Produktionsstufe lassen sich verschiedene **Arten der Unternehmenszusammenschlüsse** unterscheiden.

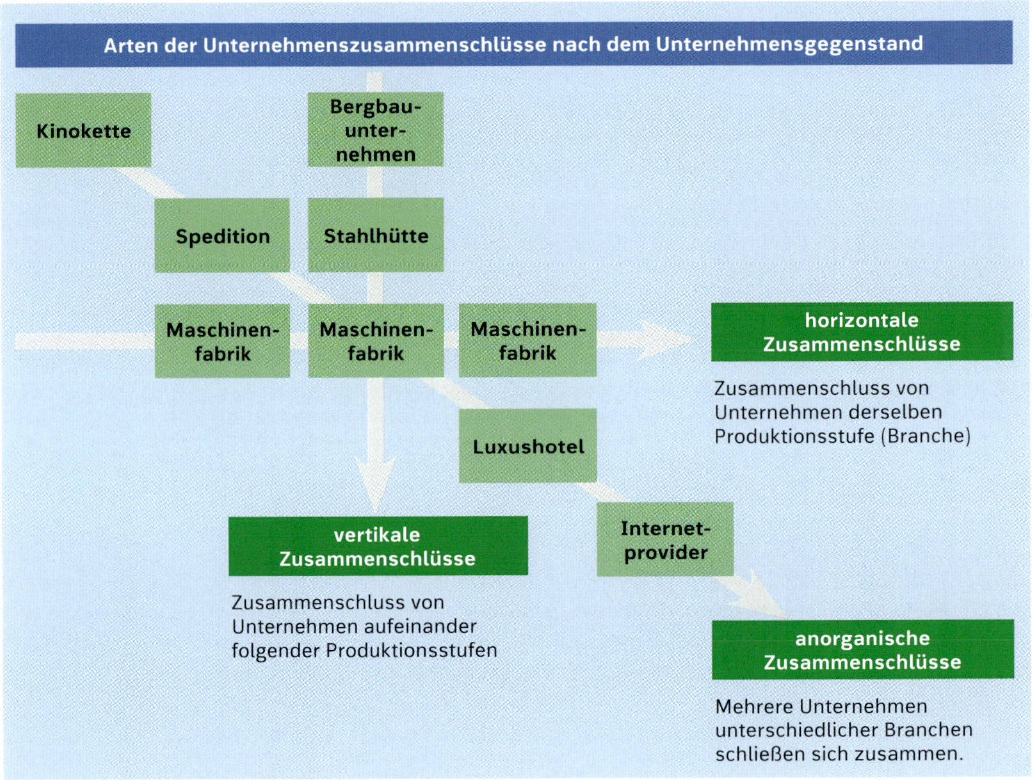
Arten der Unternehmenszusammenschlüsse nach dem Unternehmensgegenstand
Kinokette
Bergbauunternehmen
Spedition
Stahlhütte
Maschinenfabrik
Maschinenfabrik
Maschinenfabrik
horizontale Zusammenschlüsse
Zusammenschluss von Unternehmen derselben Produktionsstufe (Branche)
Luxushotel
vertikale Zusammenschlüsse
Zusammenschluss von Unternehmen aufeinander folgender Produktionsstufen
Internetprovider
anorganische Zusammenschlüsse
Mehrere Unternehmen unterschiedlicher Branchen schließen sich zusammen.

Ziele der Unternehmenszusammenschlüsse

Unternehmenszusammenschlüsse können unterschiedlich motiviert sein.
Es kann beabsichtigt sein:

- ein **Ausbau der Machtstellung** auf der Beschaffungsseite und/oder auf der Absatzseite
- eine **Kostensenkung** in den betrieblichen Teilbereichen: Zusammenschlüsse können von der Beschaffungs-, Produktions- oder Absatzseite ausgehen

Wirtschaftliche Zusammenschlüsse müssen sehr differenziert beurteilt werden. Eine einseitig negative Beurteilung wäre sachlich falsch:
- Oft entsteht erst durch Unternehmenszusammenschlüsse ein leistungsfähiges Unternehmen, das einerseits dem Druck der Konkurrenz standhalten kann, andererseits für etablierte Wettbewerber zu einem ernstzunehmenden Konkurrenten wird. Zusammenschlüsse können auf diese Weise die Wettbewerbsintensität sogar erhöhen.
- Die industriellen Zusammenschlüsse ermöglichen eine Produktion in großen Stückzahlen. Dadurch können die Stückkosten gesenkt werden (Gesetz der Massenproduktion). Diese Kostenvorteile kommen den Konsumenten in Form niedriger Preise zugute.
- Bestimmte Produkte *(z. B. Flugzeuge, Benzin, Industrieanlagen)* können aus Wirtschaftlichkeitsgründen und aufgrund technischer Gegebenheiten nur von Großunternehmen hergestellt werden.
- Unternehmenszusammenschlüsse führen zu einer größeren Kapitalkraft, die teure Investitionen und umfangreiche Ausgaben für Forschung und Entwicklung erst möglich macht.
- Diversifizierte Unternehmen (Mischkonzerne) sind weniger krisenanfällig, da sie die in einer Geschäftssparte gegebenenfalls entstehenden Verluste durch Gewinne in den anderen Geschäftssparten ausgleichen können; dies erhöht die Arbeitsplatzsicherheit.

Unternehmenszusammenschlüsse sind vor allem dann negativ zu beurteilen, wenn
- durch sie Wettbewerbsbeschränkungen entstehen, d. h. die Wettbewerbsintensität zum Nachteil der Konsumenten verringert wird,
- sie zur Erlangung von Marktmacht führen und
- Marktmacht missbräuchlich genutzt wird.

Unternehmen bzw. Unternehmenszusammenschlüsse mit großer Marktmacht sind zumindest der Versuchung ausgesetzt, ihre Marktmacht zu missbrauchen, d. h. Gewinne zu erzielen, die weniger auf ihrer eigentlichen Marktleistung als vielmehr auf ihrer marktbeherrschenden Stellung beruhen.
Wettbewerbsbeschränkungen können schon aufgrund von eher „lockeren“ Absprachen zwischen wirtschaftlich und rechtlich selbstständigen Unternehmen entstehen. Sie entstehen vor allem dann, wenn sich Unternehmen so zusammenschließen, dass sie gemeinsam eine marktbeherrschende Stellung erlangen.

4.1.1 Formen der Kooperation

Definition

***Kooperation** liegt vor, wenn die betreffenden Unternehmen ihre wirtschaftliche und rechtliche Selbstständigkeit behalten.*

Kartelle

Definition

Kartelle sind Absprachen und Verhaltensweisen von Unternehmen und Unternehmensverbänden zur gemeinsamen Beschränkung des Wettbewerbes.

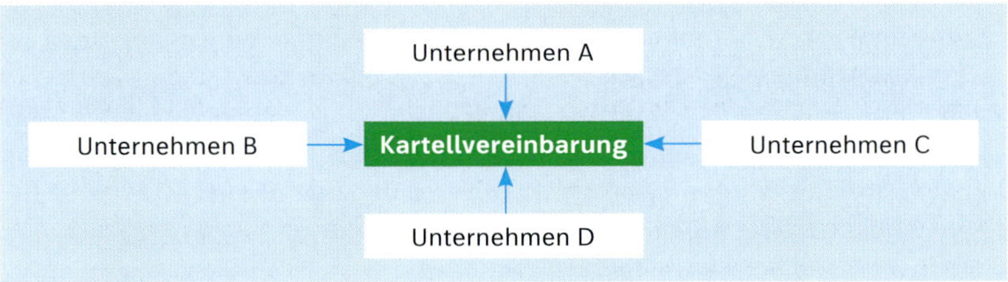
Unternehmen A
Unternehmen B
Kartellvereinbarung
Unternehmen C
Unternehmen D

Kartellverbot

Nach *§ 1* des **Gesetzes gegen Wettbewerbsbeschränkungen** *(GWB)* sind Kartelle verboten.

§ 1 GWB
Verbot wettbewerbsbeschränkender Vereinbarungen
Vereinbarungen zwischen Unternehmen, Beschlüsse von Unternehmensvereinigungen und aufeinander abgestimmte Verhaltensweisen, die eine Verhinderung, Einschränkung oder Verfälschung des Wettbewerbs bezwecken oder bewirken, sind verboten.

Beispiele für kartellrechtlich unzulässige Absprachen:

Preiskartell: *Wettbewerber A und Wettbewerber B vereinbaren, dass sie künftig ihre Produkte nicht unter einem bestimmten Mindestpreis anbieten werden.*
Quotenkartell: *Zwei Baustahlhändler kommen überein, dass innerhalb Bayerns Unternehmen A ausschließlich Kunden beliefern soll, die einen jährlichen Bedarf von mehr als 150 000 t Stahl haben. Kunden mit einem darunter liegenden Jahresbedarf sollen ausschließlich von Unternehmen B versorgt werden.*
Gebietskartell: *Vier Zementhersteller teilen sich Deutschland in vier Verkaufsgebiete auf und verpflichten sich, die Verkaufsgebiete der jeweils anderen drei Mitbewerber nicht zu beliefern.*
Submissionskartell: *Bauunternehmen sprechen ihre Preise bei der öffentlichen Ausschreibung einer Flughafenerweiterung ab.*

Welche Vereinbarungen im Einzelnen unter das Kartellverbot fallen, lässt das Gesetz offen.

Freistellung vom Kartellverbot

Es gilt die Generalklausel des *§ 2 GWB*. ***Danach ist eine Vereinbarung vom Kartellverbot freigestellt, wenn sie den Wettbewerb fördert und den Beteiligten keine unnötigen Beschränkungen auferlegt*** *(System der Legalausnahme)*. Unternehmen müssen daher in allen Fällen eigenverantwortlich selbst beurteilen, ob ihr Verhalten sich spürbar auf den Wettbewerb auswirkt und die Voraussetzungen für eine Freistellung erfüllt. Diese Selbsteinschätzung erfordert umfangreiche Kenntnisse des Wettbewerbsrechtes. Ein Anspruch gegenüber dem Kartellamt auf eine Auskunft über die rechtliche Zulässigkeit der geplanten Vereinbarung besteht nicht.

§ 2 GWB
Freigestellte Vereinbarungen

(1) Vom Verbot des § 1 freigestellt sind Vereinbarungen zwischen Unternehmen, Beschlüsse von Unternehmensvereinigungen oder aufeinander abgestimmte Verhaltensweisen, die unter angemessener Beteiligung der Verbraucher an dem entstehenden Gewinn zur Verbesserung der Warenerzeugung oder -verteilung oder zur Förderung des technischen oder wirtschaftlichen Fortschritts beitragen, ohne dass den beteiligten Unternehmen

1. Beschränkungen auferlegt werden, die für die Verwirklichung dieser Ziele nicht unerlässlich sind, oder
2. Möglichkeiten eröffnet werden, für einen wesentlichen Teil der betreffenden Waren den Wettbewerb auszuschalten.

(2) [...]

Mittelstandskartelle

Eine Ausnahme von der Freistellung kraft Gesetzes gilt für Vereinbarungen zwischen kleineren und mittleren Unternehmen (bis 250 Mitarbeiter, bis 50 Mio. € Umsatz, bis 43 Mio. € Bilanzsumme), die im Wettbewerb miteinander stehen. Ihnen ist die Bildung von Mittelstandskartellen nach *§ 3 GWB* gestattet. Um Klarheit über die Zulässigkeit ihrer Kartellbildung zu erlangen, haben sie einen Anspruch auf eine Entscheidung des Kartellamtes, dass kein Anlass zum Eingreifen besteht (Nichttätigkeitsbescheid).

§ 3 GWB
Mittelstandskartelle

Vereinbarungen zwischen miteinander im Wettbewerb stehenden Unternehmen und Beschlüsse von Unternehmensvereinigungen, die die Rationalisierung wirtschaftlicher Vorgänge durch zwischenbetriebliche Zusammenarbeit zum Gegenstand haben, erfüllen die Voraussetzungen des § 2 Abs. 1, wenn

1. dadurch der Wettbewerb auf dem Markt nicht wesentlich beeinträchtigt wird und
2. die Vereinbarung oder der Beschluss dazu dient, die Wettbewerbsfähigkeit kleiner oder mittlerer Unternehmen zu verbessern.

Beispiel

Mehrere Schreinereibetriebe gründen eine gemeinsame Gesellschaft zur Durchführung von Generalunternehmeraufträgen bei Großprojekten im Bereich von Schreinerausbaugewerken sowie Laden- und Geschäftsausstattungen. Die Gesellschafter haben sich auf unterschiedliche Bereiche des Bauschreinerhandwerks und benachbarter Bereiche spezialisiert, wie z. B. den Ladenbau einschließlich der Schlosserei, Kühltechnik, Gastronomieausbau, Türen- und Fensterbau, Treppenbau, Einbruchsicherung, Feuerschutz. Sie bringen ihre jeweiligen Fachkenntnisse in die Kooperation mit ein und bewirken so eine Rationalisierung der betrieblichen Abläufe bei allen Beteiligten; die gemeinsame Gesellschaft eröffnet ihnen bessere Möglichkeiten zur Vermarktung ihres Angebotes.

Syndikat

Definition

Ein Syndikat ist die Vereinbarung zwischen Wettbewerbern über die gemeinsame Beschaffung oder Vermarktung ihrer Produkte oder Dienstleistungen.

Mit der Errichtung einer zentralen Organisationseinheit – i. d. R. in Form einer GmbH – können die Beteiligten beträchtliche Einsparungen erzielen. Syndikate sind insbesondere dann verboten, wenn damit eine Festlegung der Preise für die gemeinsam verkauften Produkte verbunden ist. Vertriebssyndikate sind daher nur in äußerst seltenen Fällen kartellrechtlich zulässig. Erstrecken sich Vermarktungsvereinbarungen dagegen nicht auf die Festlegung von Preisen, sondern etwa nur auf den gegenseitigen Vertrieb der Produkte oder auf gemeinsame Werbung, kommt eine Freistellung nach *§ 2 GWB* in Betracht. Voraussetzung für eine Freistellung vom Verbot ist allerdings, dass mit der gemeinsamen Vermarktung angemessene Gewinnbeteiligungen für die Verbraucher oder besondere Leistungsgewinne für die beteiligten Unternehmen verbunden sind.

Beispiel

Vier Hersteller gründen ein Vertriebsunternehmen in der Rechtsform einer GmbH. Dieses soll die von den Gründern hergestellten Produkte auf dem Markt anbieten und die Preise dafür festlegen. Daneben dürfen die Gründer ihre Kunden nicht unabhängig von der Tätigkeit des Vertriebsunternehmens beliefern. Da mit der Gründung des Vertriebsunternehmens eine Preisfestsetzung verbunden ist und keine hinreichenden Leistungsgewinne erkennbar sind, verstößt die Vereinbarung gegen das Kartellverbot.

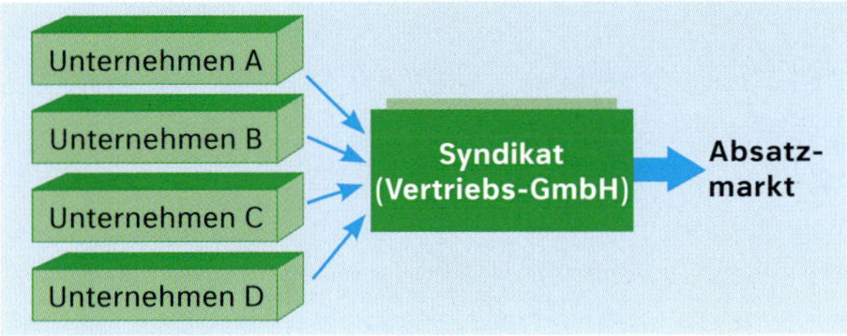
Unternehmen A
Unternehmen B
Unternehmen C
Unternehmen D
Syndikat (Vertriebs-GmbH)
Absatzmarkt

4.1.2 Formen der Konzentration

Definition

***Konzentration** liegt vor, wenn die betreffenden Unternehmen aufgrund einer Kapitalbeteiligung ihre rechtliche und/oder wirtschaftliche Selbstständigkeit verlieren.*

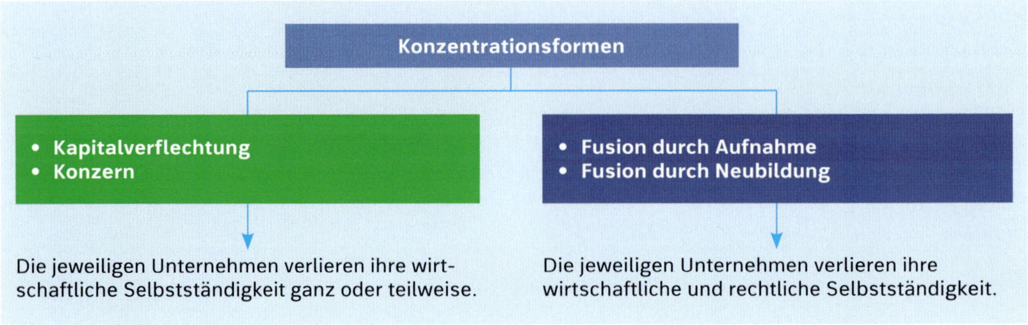
Konzentrationsformen
• Kapitalverflechtung
• Konzern
• Fusion durch Aufnahme
• Fusion durch Neubildung
Die jeweiligen Unternehmen verlieren ihre wirtschaftliche Selbstständigkeit ganz oder teilweise.
Die jeweiligen Unternehmen verlieren ihre wirtschaftliche und rechtliche Selbstständigkeit.

Kapitalverflechtung

Kapitalverflechtungen entstehen dadurch, dass sich ein Unternehmen an einem anderen Unternehmen kapitalmäßig beteiligt. Es gibt folgende Formen der Beteiligung:

- Minderheitsbeteiligungen
- Schachtelbeteiligungen (über 25 %)
- Mehrheitsbeteiligungen (über 50 %)
- indirekte Beteiligungen (mittelbar)

Die Beherrschung der Tochter erfolgt bei Aktiengesellschaften in drei Stufen:

- Mit 25 % Kapitalanteil (plus 1 Stimme) können Hauptversammlungsbeschlüsse verhindert werden, die eine Dreiviertelmehrheit erfordern **(Sperrminorität)**,
- mit 50 % Kapitalanteil (plus 1 Stimme) können die meisten Ziele eines Hauptaktionärs durchgesetzt werden (absolute Mehrheit), und
- mit 75 % Kapitalanteil können praktisch alle eigenen Vorstellungen in der Gesellschaft verwirklicht werden (satzungsändernde Mehrheit).

Konzern

Kapitalverflechtungen führen zur Entstehung eines ***Konzerns,*** *wenn ein herrschendes Unternehmen (Muttergesellschaft) über ein oder mehrere abhängige Unternehmen (Tochtergesellschaften) die einheitliche Leitung ausübt.*

Die einheitliche Leitung ermöglicht es, die wirtschaftlichen Interessen und Aufgaben der Konzernunternehmen aufeinander abzustimmen. Man unterscheidet zwischen Unterordnungskonzern und Gleichordnungskonzern.

Unterordnungskonzern

Ein Unternehmen kauft die Kapitalmehrheit an einem oder mehreren anderen Unternehmen auf. Durch die Kapitalverflechtung entsteht ein sogenanntes **Mutter-Tochter-Verhältnis**, das oft mit einem **Beherrschungsvertrag** (Leitung der Tochterunternehmung wird der Mutterunternehmung unterstellt) oder **Gewinnabführungsvertrag** (Gewinn der Tochter wird an die Mutter abgeführt) verbunden ist.

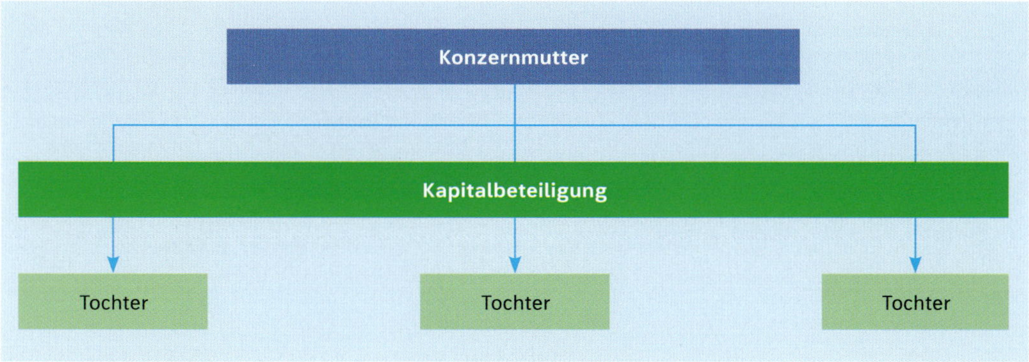
Konzernmutter
Kapitalbeteiligung
Tochter
Tochter
Tochter

Gleichordnungskonzern

Die Konzernunternehmungen tauschen ihre Kapitalbeteiligungen gleichmäßig aus. Dazu müssen die Unternehmen kein neues Kapital aufbringen. Aufgrund der Ausgewogenheit der Beteiligung besteht ein gleichgewichtiger, gegenseitiger Einfluss. Man spricht dann von **Schwestergesellschaften**. Die einheitliche Leitung entsteht hier durch gegenseitige Abstimmung.

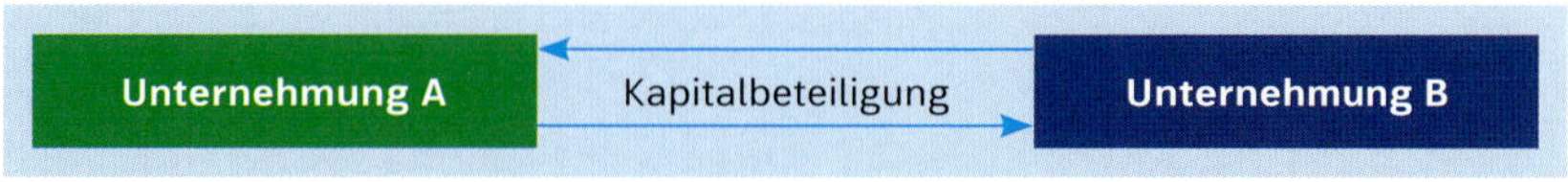
Unternehmung A
Kapitalbeteiligung
Unternehmung B

Holding

Als Dachgesellschaft stellt sie die Verwaltungsspitze eines Konzerns dar und beherrscht die angeschlossenen Gesellschaften. Sie ist in der Regel eine reine Verwaltungs- und Finanzierungsgesellschaft. Die beteiligten Unternehmen bleiben rechtlich selbstständig und eigenverantwortlich für das operative Geschäft.

Fusion

Definition

Es handelt sich um eine Fusion (Verschmelzung), wenn ein Unternehmen unter Aufgabe seiner rechtlichen und wirtschaftlichen Selbstständigkeit mit dem gesamten Vermögen in ein anderes Unternehmen eingegliedert wird.

Die aufzunehmende Unternehmung erlischt durch **Fusion** (Fusion durch Aufnahme). Es ist auch möglich, dass alle fusionierenden Firmen gelöscht werden. Sie übertragen dann ihr gesamtes Vermögen auf eine gemeinsam von ihnen gegründete neue Gesellschaft (Fusion durch Neugründung).

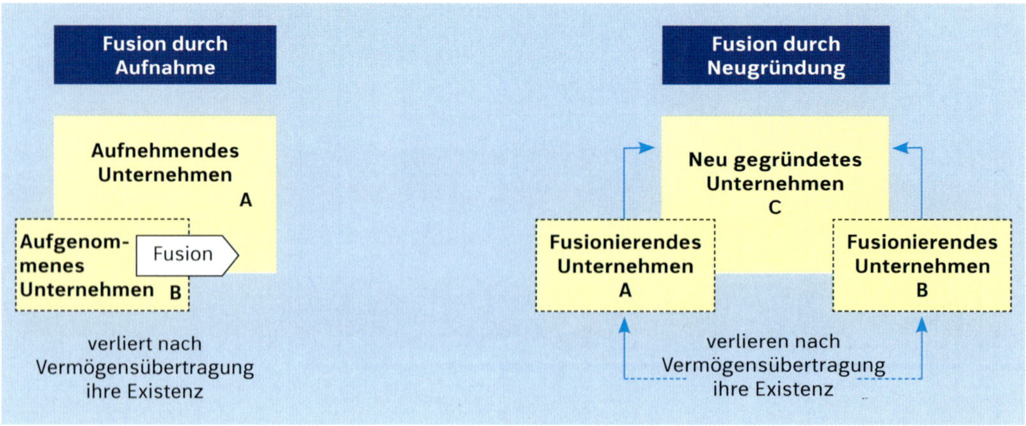
Fusion durch Aufnahme
Aufnehmendes Unternehmen A
Aufgenommenes Unternehmen B
Fusion
verliert nach Vermögensübertragung ihre Existenz
Fusion durch Neugründung
Neu gegründetes Unternehmen C
Fusionierendes Unternehmen A
Fusionierendes Unternehmen B
verlieren nach Vermögensübertragung ihre Existenz

Kapitalbeteiligungen und beabsichtigte Fusionen müssen dem Bundeskartellamt ab einer bestimmten Größenordnung angezeigt werden. Fusionsverbote können ausgesprochen werden, wenn durch den Zusammenschluss eine marktbeherrschende Stellung entstehen würde. Der Bundeswirtschaftsminister kann ein Fusionsverbot aufheben, wenn im Einzelfall die gesamtwirtschaftlichen Vorteile überwiegen oder ein überragendes Interesse der Allgemeinheit den Zusammenschluss rechtfertigt (Ministererlaubnis).

<table>
<tr><th colspan="2">Dr. Oetker – das klassische Beispiel für einen Mischkonzern mit über 400 Unternehmen</th></tr>
<tr><th colspan="2">Dr. August Oetker KG – Holding</th></tr>
<tr><td>I. Geschäftsbereich Nahrungsmittel (15 000 Mitarbeiter, Umsatz 3 Mrd. €)</td><td>II. Geschäftsbereich Bier und alkoholfreie Getränke (6 000 Mitarbeiter, Umsatz 2 Mrd. €)</td></tr>
<tr><td>Dr. Oetker GmbH
Dr. August Oetker Nahrungsmittel KG
Dr. Oetker Professional
Coppenrath und Wiese
Martin Braun Gruppe</td><td>Radeberger Gruppe KG
Radeberger International</td></tr>
<tr><td>III. Geschäftsbereich Sekt, Wein und Spirituosen (2 000 Mitarbeiter, Umsatz 0,7 Mrd. €)</td><td>IV. Geschäftsbereich Schifffahrt (6 000 Mitarbeiter, Umsatz 6 Mrd. €)</td></tr>
<tr><td>u. a.
Henkell & Co.-Gruppe, Wiesbaden
Deinhard KG, Koblenz
Gorbatschow Wodka KG, Berlin
Söhnlein Rheingold Sektkellerei GmbH, Wiesbaden
Fürst von Metternich Sektkellerei GmbH, Johannisberg
Kuemmerling KG, Bodenheim</td><td>Hamburg Süd Gruppe</td></tr>
<tr><td>V. Geschäftsbereich Weitere Interessen (2 500 Mitarbeiter, Umsatz 0,5 Mrd. €)</td><td>VI. Bank (670 Mitarbeiter, Geschäftsvolumen 3 Mrd. €)</td></tr>
<tr><td>Atlantic Forfaitierungs AG
Chemische Fabrik Budenheim KG
Handelsgesellschaft Sparrenberg mbH
Oetker Collection Masterpiece Hotels
Oetker Daten- und Informationsverarbeitung KG
Roland Transport KG</td><td>Bankhaus Lampe KG, Bielefeld</td></tr>
</table>

4.2 Ziele und Maßnahmen staatlicher Wettbewerbspolitik

Die **Wettbewerbspolitik** verfolgt zwei Zielrichtungen:

- Auf der einen Seite ist es Aufgabe der Wettbewerbspolitik, einen **funktionsfähigen Wettbewerb** zu erhalten und den Konsumenten vor Wettbewerbsbeschränkungen zu schützen.
- Auf der anderen Seite ist es die Aufgabe der Wettbewerbspolitik, **unlautere Wettbewerbspraktiken** zu verhindern, d. h. für einen fairen Wettbewerb zu sorgen.

Definition

Der ***Wettbewerb*** *ist* ***funktionsfähig****, wenn die Innovations-, Ausschaltungs- und Lenkungsfunktion des Wettbewerbs gesichert und die Erzielung von „Machtgewinnen" ausgeschlossen ist.*

Bundeskartellamt setzt klaren Maßstab für das Unter-Einstandspreis-Verbot

Das Bundeskartellamt hat mit Beschluss vom 25. Oktober festgestellt, dass das EDEKA-Tochterunternehmen Netto Marken-Discount gegen das Verbot des nicht nur gelegentlichen Verkaufs unter Einstandspreis verstoßen hat. Das Bundeskartellamt hat hier präzisiert, dass ein Verstoß gegen das „nicht nur gelegentliche" Anbieten zu Unter-Einstandspreisen immer dann vorliegt, wenn ein solches Angebot in mehr als in drei Kalenderwochen innerhalb eines halben Jahres angeboten wird.

Das Unternehmen hat im Dezember 2006 und im Januar und Februar 2007 verschiedene Milchprodukte unter den jeweiligen Einstandspreisen angeboten. Die Verkaufspreise lagen teilweise bis nahezu 40 % darunter. Netto Marken-Discount hat innerhalb eines Zeitraumes von zehn Wochen mindestens vier – jeweils einwöchige – Werbeaktionen in ihrem gesamten Verkaufsgebiet durchgeführt. Damit lagen keine „nur gelegentlichen" Einzelaktionen vor, sondern anhaltende Aktionen, die geeignet waren, kleine und mittlere Wettbewerber der EDEKA zu behindern. Auch kurzfristige Angebote fallen unter das Kriterium „nicht nur gelegentlich", wenn sie – mit Unterbrechungen – über einen längeren Zeitraum fortgeführt werden. Im Wiederholungsfall droht EDEKA nun ein Bußgeldverfahren.

Kartellamtspräsident Dr. Heitzer: „Dieser Fall zeigt einmal mehr, dass das Bundeskartellamt mit dem derzeit geltenden Instrumentarium in der Lage ist, das Ziel des Schutzes kleiner und mittlerer Unternehmen vor Verdrängung durch marktmächtige Unternehmen zu erreichen. Mit dem hier gesetzten klaren Maßstab wird einerseits für marktmächtige Unternehmen Rechtssicherheit geschaffen und andererseits die effektive und zügige Durchsetzung des Rechts zugunsten kleiner und mittlerer Unternehmen verbessert. Da nicht auf Dauer angelegte Werbeaktionen weiterhin möglich bleiben, kommt dies auch dem Verbraucher zugute."

Quelle: Bundeskartellamt: Bundeskartellamt setzt klaren Maßstab für das Unter-Einstandspreis-Verbot, veröff. am 30.10.2007 unter: www.bundeskartellamt.de/SharedDocs/Meldung/DE/Pressemitteilungen/2007/30_10_2007_EDEKA-Unter-Einstandspreis.html

Das **Gesetz gegen Wettbewerbsbeschränkungen** (*GWB*, kurz *Kartellgesetz* genannt) kann als das „Grundgesetz" der Marktwirtschaft bezeichnet werden. Sein Kerngedanke ist, dass ein funktionsfähiger Wettbewerb den größten Nutzeffekt für die Gesamtwirtschaft, insbesondere aber für die Konsumenten, gewährleistet. Das **Bundeskartellamt** mit Sitz in Bonn beobachtet die Wettbewerbssituation in Deutschland und kann mithilfe seiner wettbewerbspolitischen Instrumente gegen Wettbewerbsbeschränkungen vorgehen. Als „Hüter des Wettbewerbs" versucht das Bundeskartellamt, die künstliche Entstehung von Marktmacht und den Missbrauch bestehender Marktmacht zu verhindern *(§ 18 ff. GWB 305)*.

Wichtige Regelungsbereiche des Gesetzes gegen Wettbewerbsbeschränkungen (GWB) Aufgaben des Bundeskartellamtes		
Kartellrecht	**Zusammenschlusskontrolle**	**Missbrauchsaufsicht und Verhinderung von Marktmacht-missbrauch**
• Kartellverbot • Verbot abgestimmten Verhaltens • Legalausnahme zur Freistellung • Mittelstandskartelle	• abhängig von Umsatzerlösen und Marktanteilen • Verhinderung markt-beherrschender Stellung • Ministererlaubnis möglich	• Preisdiskriminierung • Auslistung nach Forderung unangemessener Konditionen • Lieferverweigerung • Verkauf unter Einstandspreis • unfaire Rabattsysteme
Ziel: Erhaltung des funktionsfähigen Wettbewerbs als Ordnungsprinzip der sozialen Marktwirtschaft		

Das **Gesetz gegen den unlauteren Wettbewerb** *(UWG)* soll dafür sorgen, dass der Wettbewerb unter den Anbietern fair, d. h. ausschließlich mit zulässigen Wettbewerbsinstrumenten (Preispolitik, Produktpolitik, Werbung, Vertriebspolitik), geführt wird. Es schützt Unternehmen und Verbraucher vor unlauteren (= unfairen) Wettbewerbspraktiken. Es ist den Herstellern z. B. verboten, dem Handel die Verkaufspreise vorzuschreiben (Preisbindung der 2. Hand), aber erlaubt sind sogenannte unverbindliche Preisempfehlungen (UVP).

Unlauterer Wettbewerb ist eine Verhaltensweise, durch die ein Anbieter für sich Vorteile gegenüber Konkurrenten erreichen will, die nicht auf seiner Leistung, sondern auf unfairen Wettbewerbspraktiken beruhen.

Wer im geschäftlichen Verkehr zu Zwecken des Wettbewerbs Handlungen vornimmt, die gegen die guten Sitten verstoßen, kann auf Unterlassung und Schadenersatz in Anspruch genommen werden *(§ 1 UWG)*.

BGH: Umgekehrte Versteigerung im Internet zulässig

Ein Autohändler veranstaltete im Internet eine sogenannte umgekehrte Auktion. Der Preis des angebotenen Gebrauchtwagens sank hierbei bis zu seinem Verkauf wöchentlich um 300 Mark (der Fall ereignete sich vor Einführung des Euro), bis ein Interessent durch entsprechende Mitteilung seines Kaufentschlusses die „Versteigerung" beendete.

Die Werbung mit einer „umgekehrten Versteigerung" für den Verkauf eines Gebrauchtfahrzeugs verstößt nicht gegen § 1 UWG. Diese Werbemethode führt angesichts der im Allgemeinen mit einem Gebrauchtwagenkauf verbundenen beträchtlichen Investition beim verständigen Verbraucher erfahrungsgemäß nicht dazu, dass er von einer Prüfung der Preiswürdigkeit des Angebots absieht und sich wegen des „Spiels" zu einem Kauf verleiten lässt. Eine solche Werbung stellt in der Regel keine unsachliche Beeinflussung des Kaufentschlusses dar.

Urteil des BGH vom 13.03.2003, I ZR 212/00; NJW 2003, 2096; MDR 2003, 1003

Unlautere und damit sittenwidrige Wettbewerbspraktiken sind:

- Anlocken von Kunden mit unzulässiger Werbung

  Beispiel

  Schleuderpreise, Lockvogelangebote

- irreführende Werbung

  Beispiel

  Unwahre oder täuschende Angaben über Beschaffenheit, Ursprung oder Herstellung einer Ware

- Firmen- und Markenzeichenmissbrauch
- Verleumdung (Diskriminierung) von Konkurrenten
- Bestechung von Geschäftspartnern durch Geschenke oder „Schmiergelder", um im Wettbewerb bevorzugt zu werden

4.3 Europäisches Wettbewerbsrecht

Definition

Aufgabe der Gemeinschaft ist es, durch die Errichtung eines gemeinsamen Marktes und die schrittweise Annäherung der Wirtschaftspolitik der Mitgliedsstaaten
- ***eine harmonische Entwicklung des Wirtschaftslebens innerhalb der Gemeinschaft,***
- ***eine beständige und ausgewogene Wirtschaftsausweitung,***
- ***eine größere Stabilität und eine beschleunigte Hebung der Lebenshaltung und***
- ***engere Beziehungen zwischen den Staaten***
- ***zu fördern, die in dieser Gemeinschaft***
- ***zusammengeschlossen sind (Art. 2 EGV).***

Im Verhältnis zwischen nationalem und europäischem Wettbewerbsrecht gilt das **Subsidiaritätsprinzip**: Die EU-Kommission als übergeordnete „Hüterin des Wettbewerbs" ist erst dann zuständig, wenn Konzentrationsvorgänge den gemeinschaftsweiten Wettbewerb beeinträchtigen.

■ Kartellverbot

Definition

Verboten sind alle Vereinbarungen zwischen Unternehmen und aufeinander abgestimmte Verhaltensweisen,
- ***die den zwischenstaatlichen Handel beeinträchtigen können,***
- ***die Wettbewerbsbeschränkungen bewirken oder bezwecken (Art. 85 EGV).***

Das Kartellverbot umfasst insbesondere Vereinbarungen, die
- die Aufteilung von Märkten oder Versorgungsquellen bezwecken,
- unterschiedliche Bedingungen bei gleichwertigen Gegenleistungen des Vertragspartners festsetzen,
- die Einschränkung oder Kontrolle der Erzeugung oder des Absatzes zum Ziel haben.

Ermittlungen der EU-Kommission gegen die ganz Großen der Logistikbranche

Der Vorwurf der Kommission richtet sich nach Angaben aus Brüssel gegen multinationale Logistikkonzerne, die den Transport der Waren organisieren und damit verbundene Dienstleistungen wie Zollabwicklung, Lagerung usw. anbieten.
Deutsche Post DHL, Schenker, Kühne & Nagel und Panalpina stehen unter dem Verdacht gravierender Kartellverstöße. Sie sollen bestimmte Zuschläge für Frachtraten auf Routen von Großbritannien an Orte außerhalb des Europäischen Wirtschaftsraums (EWR), von der EWR in die USA, von China in die EWR sowie von Südchina und Hongkong in die EWR abgesprochen haben.
In die Ermittlungen und Durchsuchungen, die bereits seit Oktober 2007 laufen, sind neben der Europäischen Kommission auch die schweizerische Wettbewerbskommission und das nicht als zimperlich bekannte US-Justizministerium beteiligt.
Sollten sich die Vorwürfe bestätigen, drohen im EU-Raum theoretisch Bußgelder bis zu 10 % des Jahresumsatzes, die allerdings in dieser Höhe bisher nicht ausgeschöpft wurden.
Die Post wird möglicherweise straffrei aus dem Verfahren hervorgehen. Sie hat sich gegenüber den Kartellbehörden zur Zusammenarbeit verpflichtet und könnte so in den Genuss der Kronzeugenregelung gelangen. Eine Immunitätsklausel sieht Straffreiheit für Unternehmen vor, die bei den Ermittlungen mit den Behörden zusammenarbeiten.

Brüssel, Februar 2010

Quelle: (FS)

Fusionskontrolle

Einerseits wird vom europäischen Binnenmarkt erwartet, dass die Unternehmen ihren Absatz gemeinschaftsweit ausweiten und aufgrund des erhöhten Wettbewerbsdrucks zum Vorteil der Verbraucher zu effizientem Handeln angeregt werden. Andererseits dürfen durch Unternehmenszusammenschlüsse keine Marktsituationen geschaffen werden, die den Wettbewerb dadurch entschärfen, dass ein Unternehmen zum Marktführer wird und dadurch der Wettbewerb beschränkt wird.

Definition

*Der **Fusionskontrolle** unterliegen Zusammenschlüsse von gemeinschaftsweiter Bedeutung, wenn*
- *alle beteiligten Unternehmen zusammen mehr als 5 Mrd. € weltweiten Umsatz und*
- *zumindest zwei Unternehmen mehr als 250 Mio. € gemeinschaftsweiten Umsatz aufweisen und*
- *nicht jeweils mehr als 2/3 ihres gemeinschaftsweiten Umsatzes in einem EU-Mitgliedstaat erzielen.*

Ein Zusammenschluss darf nicht vollzogen werden, bis er von der EU-Kommission für vereinbar mit dem gemeinsamen Markt erklärt worden ist *(Art. 7 EG-FusionskontrollVO)*.

Marktmachtmissbrauch

Definition

Verboten ist der ***Missbrauch*** *einer marktbeherrschenden Stellung (Art. 86 EGV).*

Als Missbrauch wird betrachtet:
- die Erzwingung unangemessener Geschäftsbedingungen
- die Einschränkung der Erzeugung, des Absatzes oder der technischen Entwicklung zum Schaden der Verbraucher
- die Anwendung unterschiedlicher Bedingungen bei gleichwertigen Leistungen gegenüber Handelspartnern
- alle anderen Formen der missbräuchlichen Ausnutzung einer beherrschenden Stellung im EU-Raum oder einem wesentlichen Teil davon, soweit sie zu einer Beeinträchtigung des zwischenstaatlichen Handels führen können

Aufgaben

1. Auf dem Markt für bestimmte elektronische Bauteile sind die Marktanteile wie folgt verteilt:

	Marktanteile in %	
	Deutscher Markt	EU-Markt
Unternehmen A aus Augsburg	35	15
Unternehmen B aus Paderborn	40	10
Mitbewerber aus Japan	5	45
Mitbewerber aus den USA	15	25
Andere	5	5

Die beiden deutschen Unternehmen, die mit etwa 80 Mio. € Umsatz gleichauf liegen, zeigen beim Bundeskartellamt an, dass sie fusionieren wollen.

a) Stellen Sie zunächst den Unterschied zwischen einem Kartell und einer Fusion heraus.

b) Welche Gründe könnten für die Fusionspläne der beteiligten Unternehmen maßgeblich sein?

c) Ist das Bundeskartellamt die richtige Adresse für die Anmeldung der Fusion?

d) Welcher Konflikt müsste bei der Entscheidung über den Fusionsantrag gelöst werden?

2. Nehmen Sie an, Sie wären in Ihrer Stadt der einzige Eigentümer einer Wasserquelle. Mit welchem Verhalten könnten Sie die staatlichen Wettbewerbshüter auf den Plan rufen?

3. Die Deutsche Bahn AG mit ihrem Gleisnetz und die Telekom mit ihrem Telefonnetz verfügen über riesige, in Jahrzehnten gewachsene Einrichtungen.

a) Wer hat das Gleisnetz und das Telefonnetz letztlich bezahlt?
b) Private Bahngesellschaften und private Telefongesellschaften drängen verstärkt auf freien Zugang zu den bestehenden Netzen. Sollten diese Unternehmen hierfür zur Kasse gebeten werden? Wenn ja, woran sollte sich die Preisgestaltung orientieren?
c) Welche Folgen einer vollkommenen Liberalisierung auf den genannten Märkten könnten Sie sich vorstellen für die beteiligten Unternehmen einerseits und die gesamte Volkswirtschaft andererseits?

4. In der Einstiegssituation auf Seite 461 geht es um die Arbeit des Bundeskartellamtes.
a) Es ist dort von einer Kronzeugen-Regel die Rede. Was ist mit der Regel gemeint und wie könnte sie möglicherweise wirken?
b) In welchen Branchen wurden in letzter Zeit Fusionsanträge abgelehnt?
c) Der Präsident des Bundeskartellamtes spricht sich in dem Artikel ausdrücklich für das Instrument der Ministererlaubnis aus. Damit unterstützt er die Erlaubnis von Fusionen, die sein Haus vorher verboten hat. Widerspricht sich der Leiter des Kartellamtes hiermit selbst?

5. Das Gesetz gegen den unlauteren Wettbewerb (UWG) will den Verbraucher schützen und unrechtmäßige Behinderung der Mitbewerber unterbinden. Welche Maßnahme fällt nicht unter das UWG?
a) Fernmündliches Anbieten von Waren oder Dienstleistungen
b) Vor- und Nachschieben von Waren bei Aus- und Räumungsverkäufen
c) Lockvogelangebote
d) Vergleichende Werbung
e) Durchführung von Saisonverkäufen außerhalb der gesetzlich festgelegten Zeiten
f) Werben von Kunden auf der Straße

6. Mit welchen wettbewerbspolitischen Instrumenten und Vorschriften kann unten genannten Verhaltensweisen begegnet werden?

Instrumente/Vorschriften:
(1) Kartellverbot
(2) Missbrauchsaufsicht
(3) Fusionskontrolle
(4) Verbot der Preisbindung der 2. Hand
(5) Ministerielles Verbot
(6) Verbot abgestimmten Verhaltens
(7) Mit keinen der genannten Instrumente und Vorschriften

Verhaltensweisen:
a) Vergleichende Werbung eines Billigfliegers
b) Aldi kürzt Lieferantenrechnungen pauschal um 5 % und begründet dies in einem Rundschreiben „mit dem gemeinsamen Wunsch nach Erhaltung der Arbeitsplätze".
c) Ford und VW teilen dem Bundeskartellamt ihre beabsichtigte Fusion mit.
d) Zementhersteller einigen sich darauf, die gegenseitigen Heimatregionen der Unternehmen nicht zu beliefern.

e) Ein bekannter Pralinenhersteller gibt dem Einzelhandel eine Kalkulationshilfe und versieht die Produkte bereits in der Fabrik mit einheitlichen Ladenverkaufspreisen.
f) Eine bekannte Sportartikelfabrik schließt einen Kunden von der Belieferung aus, da dieser es gewagt hat, die Produkte eines neuen, sehr aggressiv in den Markt drängenden amerikanischen Mitbewerbers in sein Sortiment aufzunehmen.
g) Mobilfunkkonzerne erhöhen ihre Preise nachweislich in Anlehnung an den Preisführer.

7. Schifffahrtskonferenzen sind fast immer international tätig und fallen damit nicht mehr unter deutsches, sondern unter europäisches Kartellrecht.
a) Um welche Art eines Kartells handelt es sich bei den Schifffahrtskonferenzen?
b) Worin könnte der Grund liegen, dass Schifffahrtskonferenzen bisher noch von der Anwendung des europäischen Kartellrechts freigestellt sind?

8. Stellen Sie tabellarisch die Vor- und Nachteile von Unternehmenszusammenschlüssen dar aus Sicht
a) der beteiligten und betroffenen Unternehmen,
b) von Gesellschaft und Politik,
c) der Verbraucher.

9. Ergänzen Sie Ihre Lernkartei, indem Sie sich mit Ihrem Nachbarn über sinnvolle Kartenüberschriften austauschen und die Karteikarten entsprechend ausfüllen.

5 Geld und Währung

Einstiegssituation

Geldumtausch in Köln

aus Anlaß der Währungsreform

An Alle

Das bisherige Geld – mit Ausnahme des Kleingeldes bis zu 1 RM, das vom 21.06.1948 ab mit 10% gewertet wird – ist vom 21.06.1948 ab ungültig. Um der Bevölkerung die ersten Zahlungsmittel in die Hand zu geben, erfolgt am Sonntag, dem 20.06.1948, ein Umtausch von Altgeld in Neugeld. Der Kopfbetrag in Neugeld ist einheitlich für jede Person auf 60,- DM. festgesetzt. Der Umtausch erfolgt im Verhältnis 1:1 gegen Abgabe von 60,- RM. Altgeld. Dieser Altgeldbetrag von 60,- RM. ist am 20.06.1948 in den Umtauschstellen voll einzuzahlen. Das Neugeld wird mit 40,- DM. am 20.06.1948 und mit 20,- DM. einen Monat später ausgezahlt. Wird ein geringerer Altgeld-Betrag als 60,- RM. eingezahlt, so hat der Einzahler nur Anspruch auf Neugeld in Höhe des eingezahlten Altgeldbetrages.

1. Zahlstellen:
In den einzelnen Stadtbezirken sind Zahlstellen (Umtauschstellen) eingerichtet, die
von 8–20 Uhr geöffnet
sind.

2. Ausweispapiere
Es sind folgenden Ausweispapiere beim Geldumtausch vorzulegen:
a. die Lebensmittelkarten der 115. Zuteilungsperiode für sämtliche zum Haushalt gehörenden Personen, und zwar nur die Karten 11-15, 21-25, 31-35 und 41-45; die Zulagekarten brauchen nicht vorgelegt zu werden;
b. der Haushaltsausweis
c. der Personalausweis derjenigen Person, welche den Umtausch vornimmt.

3. Umtauschberechtigte:
Der Kreis der Empfänger des Kopfbetrages ist derselbe wie der Kreis der Empfänger der Lebensmittelkarten. In den allgemeinen Umtauschstellen kann der Geldumtausch nur für solche umtauschberechtigten Personen vorgenommen werden, die im Besitz einer Lebensmittelkarte sind und ihren ständigen Wohnsitz in Köln haben.

4. Empfangsberechtigte:
Der Geldumtausch geschieht **haushaltsweise**. Empfangsberechtigt ist der Haushaltsvorstand, in Ausnahmefällen eine andere zum Haushalt gehörende erwachsene Person. Im Interesse einer beschleunigten Abfertigung in den Zahlstellen wird gebeten, für jeden Haushalt nur jeweils eine Person für sämtliche Haushaltsangehörige zur Zahlstelle zu entsenden.

Der Empfang der Kopfbeträge wird im allgemeinen in der Weise durchgeführt, wie sie beim Lebensmittelkartenempfang üblich ist, d.h. alle Gemeinschaften, für die nur ein Haushaltsausweis und nur eine Haushaltskarte besteht, müssen auch geschlossen durch eine beauftragte Person den Geldumtausch durchführen.

Zur besonderen Beachtung

Stelle an Hand des veröffentlichten Planes Deine richtige Zahlstelle fest!

Vergiß keines der erforderlichen Ausweispapiere!

Achte darauf, daß auf den Lebensmittelkarten der Name des rechtmäßigen Eigentümers angegeben ist!

Halte die vorgeschriebenen Ausweispapiere geordnet bereit!

Halte den Einzahlungsbetrag abgezählt – möglichst in großen Scheinen – bereit!

Halte Deine Umtauschzeit ein!

Wenn Du diese Verhaltensmaßregeln beachtest, dann trägst Du damit zur schnellen Abfertigung bei, ersparst Dir langes Warten vor den Schaltern und erleichterst dem Abfertigungspersonal die Arbeit!

Köln, den 19.06.1948

Der Oberstadtdirektor: Adenauer

Quelle: (FS)

5.1 Eigenschaften und Funktionen des Geldes

Geld ist eine jener Selbstverständlichkeiten des Lebens, die man normalerweise nicht erklären muss. Es spielt die zentrale Rolle in einer modernen Volkswirtschaft und ist aus dem Wirtschaftsleben nicht mehr wegzudenken. Kaum jemand kann auf das Geldverdienen verzichten, um seinen Lebensunterhalt und seine Zukunft abzusichern.

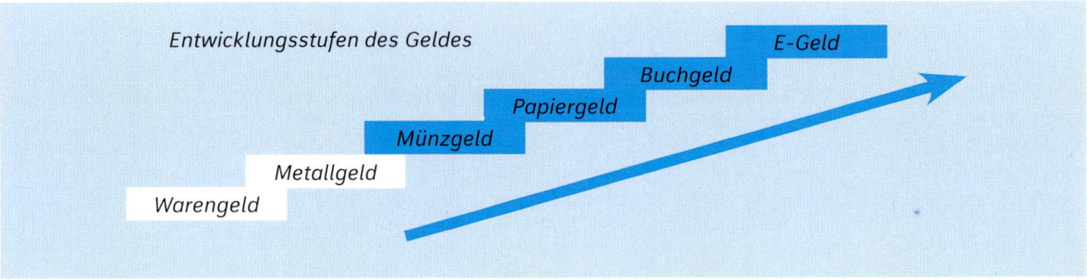
Entwicklungsstufen des Geldes
Warengeld
Metallgeld
Münzgeld
Papiergeld
Buchgeld
E-Geld

Um als Geld fungieren zu können, muss ein Gut über folgende **Eigenschaften** verfügen:

Es muss
- knapp, allgemein anerkannt und begehrt sein,
- ohne Wertverlust teilbar sein,
- sich als Wertaufbewahrungsmittel eignen, d.h., bei seiner Lagerung darf nicht das Risiko des Verderbs, der Wertminderung oder der Vernichtung bestehen,
- leicht transportierbar sein.

Das Geld erfüllt im Wirtschaftsleben vielfältige **Funktionen**:

- **Geld ist Zahlungsmittel (Tauschmittel).**

Geld kann zum Kauf von Gütern und zur Inanspruchnahme von Dienstleistungen benutzt werden. Diese Funktion ermöglicht die Arbeitsteilung innerhalb der Wirtschaft und die reibungslose Abwicklung der Tauschvorgänge auf den Märkten.

- **Geld ist Wertaufbewahrungsmittel.**

Geld kann gespart werden und damit zur zeitlichen Verschiebung der Konsumausgaben und zur Geldvermögensbildung verwendet werden. Solange die Menschen auf den Wert des Geldes vertrauen, werden sie zum Sparen bereit sein. Auf diese Weise werden die für die Investitionstätigkeit innerhalb der Wirtschaft notwendigen Geldmittel bereitgestellt.

- **Geld ist Rechenmittel.**

Der Wert aller Güter lässt sich in Geldeinheiten ausdrücken, sodass die Güter in ihrem Wert gemessen und verglichen werden können. Geld ist dadurch Grundlage einer geordneten Wirtschaftsführung in den Unternehmungen sowie in den privaten und öffentlichen Haushalten. Die Bilanz und die Gewinn- und Verlustrechnung einer Unternehmung, die Rentabilität einer Kapitalanlage und der Einnahmen-/Ausgabenplan eines Haushaltes werden in Geldeinheiten ausgedrückt. Die Beachtung des ökonomischen Prinzips wird dadurch erleichtert.

Das Geld kann diese Funktionen auf Dauer nur erfüllen, wenn der Wert des Geldes gesichert ist.

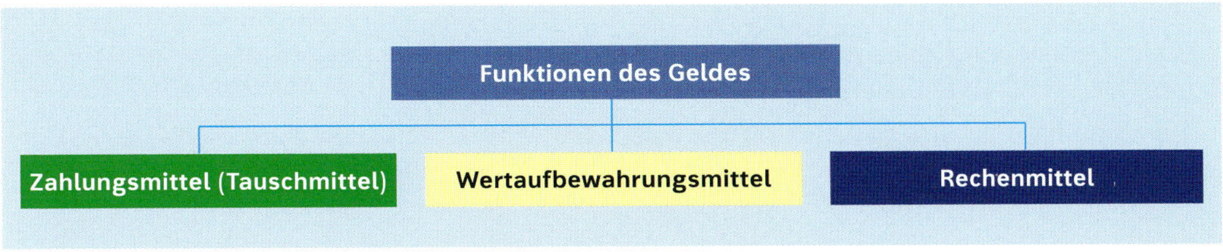
Funktionen des Geldes
Zahlungsmittel (Tauschmittel)
Wertaufbewahrungsmittel
Rechenmittel

5.2 Währungen

Das Geld ist – wie seine Entwicklungsgeschichte zeigt – aus dem Wunsch nach einem allgemein anerkannten Tauschmittel entstanden, das bei Geschäftsabschlüssen benutzt werden kann und den Warenhandel zwischen den Menschen erleichtern soll. Geld ist ursprünglich ein Gut, das sich als Tauschmittel bewährt hatte.
Die besondere Bedeutung des Geldes für das Wirtschaftsleben hat dazu geführt, dass schon bald die Träger politischer Macht (Könige, Regierungen) das Recht zur Regelung des Geldwesens für sich beanspruchten. Dies geschah ursprünglich zu dem Zweck, um verbindlich festzulegen, welche Münzen zur Bezahlung der Steuern verwendet werden mussten.
Es zeigte sich im Laufe der Zeit, dass das Vertrauen in das Geld und ein geordnetes Geldwesen die Grundvoraussetzungen für eine blühende Wirtschaft darstellen. Der Staat übernahm schließlich die Verantwortung und damit die Gewähr *(wortgeschichtlich: Werunge = Gewähr)* für die Funktionsfähigkeit des Geldwesens.

Definition

*Die **Währungsordnung** (Geldverfassung) ist die gesetzlich geregelte Ordnung des Geldwesens eines Staates.*

Durch die Währungsordnung sind festgelegt:
- die **Währungsbezeichnung** und **-einheiten**
- das **Münzregal** (= das Recht zur Prägung von Münzen)
- das **Notenprivileg** (= das Recht zur Ausgabe von Banknoten)
- die Art des **Währungssystems**
- die Art des **Wechselkurssystems**, d. h. die Regeln, nach denen der Außenwert (= der Wechselkurs) der Landeswährung gegenüber den Auslandswährungen festgelegt wird
- im weitesten Sinne **alle Gesetzesvorschriften, welche die Geschäftstätigkeit der Kreditinstitute sowie den Geld- und Kapitalverkehr regeln**

Währungssysteme

Gebundene Währungen	Freie (manipulierbare) Währungen
• Es besteht eine gesetzlich vorgeschriebene Wertbindung an ein Edelmetall. • Die vorhandene Geldmenge richtet sich nach dem vorhandenen Bestand an Währungsmetall. • Das Vertrauen gegenüber dem Geld beruht auf der Wertbeständigkeit des Währungsmetalls.	• Es besteht keine Bindung des Geldes an stoffliche Werte. • Die Geldmenge ist beliebig veränderbar und kann den jeweiligen wirtschaftlichen Gegebenheiten angepasst werden. • Das Vertrauen gegenüber dem Geld beruht ausschließlich auf seinem Tauschwert.

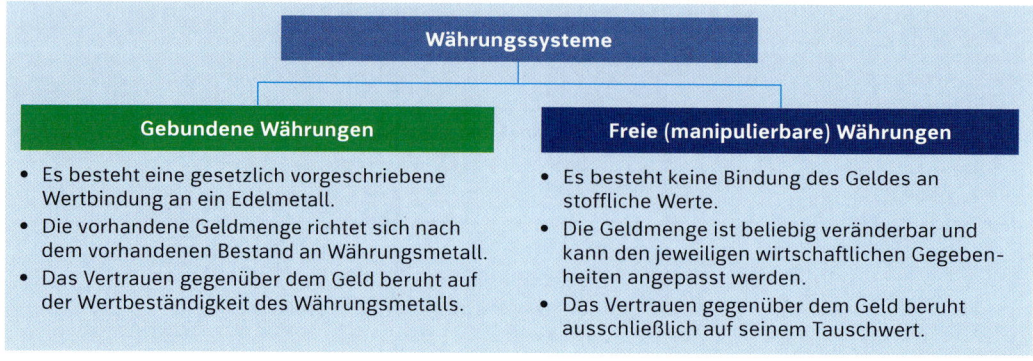

5.3 Binnenwert des Geldes

Definition

*Unter dem **Binnenwert** des Geldes versteht man den Geldwert im Inland.*

Da der **Stoffwert** des Geldes durch die Entwicklung der freien Währungen bedeutungslos geworden ist, stellt sich die Frage nach dem **Tauschwert** des Geldes.
Im Unterschied zum aufgedruckten Nennbetrag des Geldes, dem **Nominalwert**, gibt der Tauschwert des Geldes an, welche Gütermenge für eine Geldeinheit gekauft werden kann. Der Tauschwert des Geldes gegenüber den Gütern wird auch als **Realwert** bezeichnet.

Verbraucherpreisindex für Deutschland (VPI)

Für die Messung des Geldwertes ist in Deutschland das **Statistische Bundesamt** in Wiesbaden zuständig. Es beobachtet und dokumentiert ständig die Preisentwicklung wichtiger Güter und Wirtschaftsbereiche und veröffentlicht deren Entwicklung in Zeitreihen.

Der Verbraucherpreisindex
- ermöglicht Aussagen über die Veränderung der Kaufkraft der privaten Haushalte und damit des Lebensstandards der Bevölkerung,
- dient bei Tarifverhandlungen als wichtige Orientierungsgröße,
- dient als Indikator bei der Berechnung des realen Wirtschaftswachstums,
- leistet Hilfe bei Verträgen mit Wertsicherungsklauseln,
- dient als Indikator für wirtschaftspolitische Entscheidungen und
- ist Grundlage eines Konvergenzkriteriums für die EWWU.

Für die Bevölkerung ist vor allem die Entwicklung der Lebenshaltungskosten interessant.

Definition

*Die **Preisindizes für die Lebenshaltung** sollen zeigen, in welchem Maße sich die Lebenshaltung der Haushalte infolge von Preisänderungen, aber unbeeinflusst von Änderungen im Konsumverhalten sowie von Mengen- und Qualitätsänderungen, verteuert oder verbilligt hat.*

Sie werden deshalb wie die übrigen amtlichen Indizes auf der Basis einer konstanten Verbrauchsstruktur berechnet. Dabei wird nicht nur die Zusammensetzung des für die laufende Preisbeobachtung ausgewählten Bündels von Waren und Dienstleistungen im Zeitablauf konstant gehalten, sondern auch die „Indexgewichtung", mit der die unterschiedliche Ausgabenbedeutung der einzelnen Güter im Warenkorb für die Budgets der Haushalte berücksichtigt wird (Laspeyres-Index auf fester Basis). Die Indexberechnung unterstellt ein über mehrere Jahre hinweg konstantes Verbraucherverhalten. Da der für das Basisjahr festgelegte Warenkorb und die Indexgewichte im Laufe der Zeit veralten, wird der Warenkorb jedes Jahr wirklichkeitsfremder. Dieser Mangel wird durch eine regelmäßige Änderung der Basisjahre behoben.

Durch ständige Beobachtung der Entwicklung von ca. 350 000 Einzelpreisen in ausgewählten Geschäften in 188 Städten und Gemeinden kann Monat für Monat der Preis für den Warenkorb neu bestimmt werden. Es ist aber nicht möglich und auch nicht erforderlich, die Preise für alle angebotenen Güter und Dienstleistungen zu erheben. Es reicht aus, einige Hundert Waren auszuwählen, die stellvertretend den gesamten Verbrauch repräsentieren. Die Gesamtheit dieser Preisrepräsentanten bildet den Warenkorb, der etwa 700 Güter enthält.

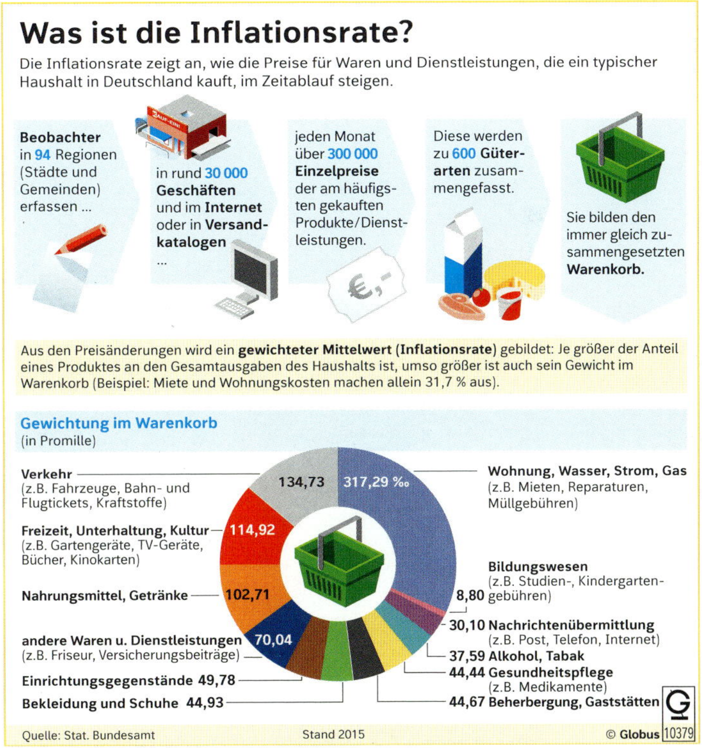
Was ist die Inflationsrate?
Die Inflationsrate zeigt an, wie die Preise für Waren und Dienstleistungen, die ein typischer Haushalt in Deutschland kauft, im Zeitablauf steigen.
Beobachter in 94 Regionen (Städte und Gemeinden) erfassen ...
in rund 30 000 Geschäften und im Internet oder in Versandkatalogen ...
jeden Monat über 300 000 Einzelpreise der am häufigsten gekauften Produkte/Dienstleistungen.
Diese werden zu 600 Güterarten zusammengefasst.
Sie bilden den immer gleich zusammengesetzten Warenkorb.
€,-
Aus den Preisänderungen wird ein gewichteter Mittelwert (Inflationsrate) gebildet: Je größer der Anteil eines Produktes an den Gesamtausgaben des Haushalts ist, umso größer ist auch sein Gewicht im Warenkorb (Beispiel: Miete und Wohnungskosten machen allein 31,7 % aus).
Gewichtung im Warenkorb
(in Promille)
317,29 ‰ Wohnung, Wasser, Strom, Gas (z.B. Mieten, Reparaturen, Müllgebühren)
8,80 Bildungswesen (z.B. Studien-, Kindergartengebühren)
30,10 Nachrichtenübermittlung (z.B. Post, Telefon, Internet)
37,59 Alkohol, Tabak
44,44 Gesundheitspflege (z.B. Medikamente)
44,67 Beherbergung, Gaststätten
134,73 Verkehr (z.B. Fahrzeuge, Bahn- und Flugtickets, Kraftstoffe)
114,92 Freizeit, Unterhaltung, Kultur (z.B. Gartengeräte, TV-Geräte, Bücher, Kinokarten)
102,71 Nahrungsmittel, Getränke
70,04 andere Waren u. Dienstleistungen (z.B. Friseur, Versicherungsbeiträge)
Einrichtungsgegenstände 49,78
Bekleidung und Schuhe 44,93
Quelle: Stat. Bundesamt
Stand 2015
© Globus 10379

Indexberechnung

Der Euro-Wert des Warenkorbes im Basisjahr wird mit 100 Prozentpunkten gleichgesetzt, und die Preisänderungen der Folgejahre werden ebenfalls in Prozentpunkten ausgedrückt.

Beispiele

Wert des Warenkorbes im Basisjahr 2015: 2 000,00 € = Preisindex 100 Prozentpunkte
Wert des Warenkorbes im Jahr 2016: 2 200,00 € = Preisindex 110 Prozentpunkte
Wert des Warenkorbes im Jahr 2017: 2 400,00 € = Preisindex 120 Prozentpunkte

Die prozentualen Preisänderungen werden nun berechnet, indem die Indexzahl des Vorjahres mit 100 % gleichgesetzt wird und auf dieser Basis der prozentuale Wert des aktuellen Jahres berechnet wird.

Auf oben genanntes Beispiel angewendet ergibt sich folgendes Bild:
2015 Preisindex 100 Prozentpunkte = 100,00 %
2016 Preisindex 110 Prozentpunkte = 110,00 % = **Preisanstieg 10,00 %**
2016 Preisindex 110 Prozentpunkte = 100,00 %
2017 Preisindex 120 Prozentpunkte = 109,09 % = **Preisanstieg 9,09 %**

Die Veränderung des Verbraucherpreisindexes lässt sich nach folgender Formel errechnen:

$$\textbf{Änderung des Preisniveaus} = \left(\frac{\text{Neuer Preisindex}}{\text{Alter Preisindex}}\right) \cdot 100 \quad - 100$$

Im Kapitel über die Geldwerttheorie wurde dargestellt, dass sich die Kaufkraft umgekehrt proportional zum Preisniveau entwickelt. Damit ergibt sich folgende Formel für die Kaufkraft:

$$\textbf{Änderung der Kaufkraft} = \left(\frac{\text{Alter Preisindex}}{\text{Neuer Preisindex}}\right) \cdot 100 \quad - 100$$

Der Verbraucherpreisindex hat sich seit 2010 wie folgt entwickelt:

Jahr	2010	2011	2012	2013	2014	2015	2016	2017
Preisindex	100,0	102,1	104,1	105,7	106,6	106,9	107,4	109,3
Veränderung des Preisniveaus gegenüber dem Vorjahr in %	1,1	2,1	2,0	1,5	0,9	0,3	0,5	1,8
Veränderung der Kaufkraft gegenüber dem Vorjahr in %	- 1,1	- 2,06	- 1,92	- 1,58	- 0,84	- 0,28	+1,7	

Beispiel

*Ein Kaufmann für Spedition und Logistikdienstleistung verdient jetzt nach einer Gehaltserhöhung um 3,3 % 2892,40 €, also 92,40 € mehr als im Vorjahr. Der Preisindex für die Lebenshaltung ist im gleichen Zeitraum von 107,7 Prozentpunkten auf 110,6 Prozentpunkte gestiegen. Nach der Formel **([Neuer Index : Alter Index] · 100) – 100** ergibt sich daraus eine Steigerung des Preisniveaus um 2,7 %.*
*Die Kaufkraftformel **([Alter Index : Neuer Index] · 100) – 100** zeigt dagegen, dass die Kaufkraft um 2,62 % gesunken ist.*
*Um zu ermitteln, wie sich nach der Gehaltserhöhung die **individuelle Kaufkraft** entwickelt hat, muss die Kaufkraft des alten Gehaltes mit der Kaufkraft des neuen Gehaltes verglichen werden.*

		Jahr 1	Jahr 2
Gehalt		2 800,00 €	2 892,40 €
Kaufkraft des Gehaltes	in %	100 %	97,38 %
Kaufkraft des Gehaltes	in €	2 800,00 €	2 816,62 €

Eine Steigerung des Preisniveaus führt zu einer Abnahme der Kaufkraft, da sich die Konsumenten weniger als zuvor für ihr Geld kaufen können. Diese Situation wird als üblich für eine moderne Volkswirtschaft angesehen. Nur zweimal gab es in der Bundesrepublik die umgekehrte Situation. 1986 kam es durch den Zusammenbruch des OPEC-Kartells und den gleichzeitigen Verfall des Wechselkurses für den USD zu einem Rückgang des Preisniveaus und im Sommer 2009 sorgten Preisrückgänge bei Energie- und Erzeugerpreisen für einen leicht rückläufigen Verbraucherpreisindex.

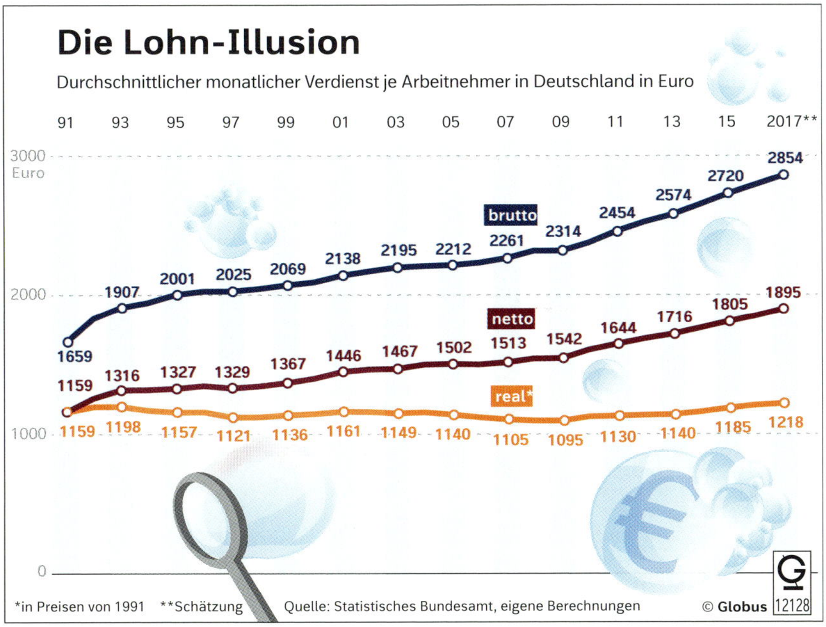
Die Lohn-Illusion
Durchschnittlicher monatlicher Verdienst je Arbeitnehmer in Deutschland in Euro
91 93 95 97 99 01 03 05 07 09 11 13 15 2017**
3000 Euro
2000
1000
0
brutto
1659 1907 2001 2025 2069 2138 2195 2212 2261 2314 2454 2574 2720 2854
netto
1159 1316 1327 1329 1367 1446 1467 1502 1513 1542 1644 1716 1805 1895
real*
1159 1198 1157 1121 1136 1161 1149 1140 1105 1095 1130 1140 1185 1218
*in Preisen von 1991 **Schätzung Quelle: Statistisches Bundesamt, eigene Berechnungen © Globus 12128

Der Harmonisierte Verbraucherpreisindex

Im Hinblick auf die EWWU wurde eine Harmonisierung der Preismessung für die Lebenshaltung auf europäischer Ebene entwickelt. Das **Statistische Amt der Europäischen Gemeinschaften (EUROSTAT)** veröffentlicht für den Zeitraum ab 1995 das Ergebnis dieser Preismessung als **Harmonisierten Verbraucherpreisindex (HVPI)**. Er ist als Kettenindex konstruiert und beruht auf den nationalen HVPIs, die in allen Staaten des Euro-Währungsgebietes nach einer einheitlichen Methode erstellt werden.

Beispiel

Die nationalen HVPIs werden nach dem Inland-Konzept erstellt. Um die Preisentwicklung in den einzelnen Staaten zu messen, werden Tourismusausgaben von Inländern im Ausland nicht mehr erfasst, dafür aber Tourismusausgaben von Ausländern im Inland.

5.4 Außenwert des Geldes

Schwacher Dollar keine Bedrohung

Die Rekorde bei Dollar und Rohöl lösen in der deutschen Wirtschaft keine große Aufregung aus. Das liegt vor allem daran, dass weniger Exportrechnungen in Dollar als früher ausgestellt werden.

So billig war der Dollar selten. Mehr als 1,30 Dollar müssen für einen Euro bezahlt werden. Doch die deutschen Exporteure bleiben gelassen.

Sie sehen überhaupt keinen Grund, in Panik auszubrechen, denn immerhin 85 % des gesamten deutschen Exports werden in Euro valutiert – und damit sind Wechselkursschwankungen kein Thema mehr. Unser größter Handelspartner mit ca. 10 % der deutschen Exporte ist Frankreich. Die USA dagegen kauften deutsche Güter und Dienstleistungen im Wert von gut 70 Milliarden Euro und kamen damit auf nicht einmal 8 % der deutschen Ausfuhren. Nimmt man noch China hinzu, deren Währung Renmimbi an den Dollar gebunden ist, so sind gerade mal 10 % der deutschen Exporte von der Dollarschwäche betroffen.

Hinzu kommt, dass viele deutsche Mittelständler und Großunternehmen im Dollarraum produzieren und beim weltweiten Verkauf ihrer Erzeugnisse von der Dollarabwertung profitieren.

Der teure Euro hat für unsere Volkswirtschaft auch noch andere willkommene Folgen.

Güter aus dem Dollarraum werden günstiger, da die Importeure weniger als je zuvor für einen Dollar bezahlen müssen. Das wirkt wie eine Bremse auf den rasanten Preisanstieg für Rohstoffe wie Rohöl, die traditionell in Dollar abgerechnet werden. Die Rohölpreise haben sich in der Ölwährung US-Dollar seit März 2004 um 342 % erhöht. In Euro gerechnet hat sich Rohöl um 292 % verteuert, nämlich von 31,13 € auf 90,90 € pro Fass.

Die Fahrt zur Tankstelle wäre also ohne die Dollarschwäche noch viel schmerzhafter. Es ist aber damit zu rechnen, dass die Benzinpreise trotz Dollarschwäche weiter steigen, denn die Kursnotierungen werden bei knapper werdenden Ressourcen stark durch spekulative Optionskäufe bestimmt und außerdem reagieren sie äußerst spontan auf weltpolitische und wirtschaftsbezogene Meldungen, insbesondere wenn diese die OPEC-Länder oder die großen Ölverbrauchsländer, wie USA oder China, betreffen.

Und irgendwann wird sich der Kurs des Dollars wieder erholen, z. B. wenn die EZB sich zu einer Zinssenkung durchringt.

Einem Teil der privaten Haushalte bietet der starke Euro aber positive Perspektiven: Touristen können entspannt zum Shopping nach New York reisen und sich ihre Markenjeans und ihr iPhone um über 30 % billiger als in der Heimat kaufen.

Quelle: (FS)

Wenn im Inland jemand etwas kaufen will, weiß er genau, dass der Euro als Zahlungsmittel akzeptiert wird. Er ist nicht nur gesetzliches Zahlungsmittel, sondern auch allgemein anerkannt und begehrt. Der Empfänger des Kaufpreises weiß genau, dass er seinerseits mit Euro bestimmte Mengen an Gütern und Dienstleistungen erwerben kann. Wie sieht es aber im Außenhandel aus?

Beispiele

Ein japanischer Automobil-Importeur möchte deutsche Autos kaufen. Der deutsche Autohersteller wird nur dann bereit sein, japanische Yen anzunehmen, wenn er sich damit etwas kaufen kann. Allerdings dürfte das in Deutschland schwierig sein, da deutsche Arbeiter, deutsche Finanzämter, deutsche Kreditgeber und deutsche Vorlieferanten eine Bezahlung ihrer Forderungen mit Yen ablehnen werden. Damit bleiben dem deutschen Autohersteller zwei Möglichkeiten: Er erwirbt in Japan Waren und bezahlt mit Yen, oder er verkauft die Yen an ein deutsches Kreditinstitut und erhält dafür Euro.

Eine andere Möglichkeit wäre, dass der japanische Automobil-Importeur von vornherein bei einem japanischen Kreditinstitut die benötigte Euro-Menge gegen Yen erwerben würde. Dies würde aber voraussetzen, dass das japanische Kreditinstitut auf dem Devisenmarkt die benötigten Euro erwerben könnte.

Das Beispiel macht auf die verschiedenen Schwierigkeiten aufmerksam, die entstehen, wenn sich unterschiedliche Währungen berühren. Eine problemlose Abwicklung ist nur dann möglich, wenn

- die Währungen untereinander frei austauschbar (**konvertibel**) sind.

  Beispiel

  Der deutsche Autohersteller wird nur dann Yen annehmen, wenn er bei einem deutschen Kreditinstitut oder der EZB dafür Euro erhält.

- es eine Leitwährung gibt, die international als Tauschmittel anerkannt und begehrt ist und es so ermöglicht, jede gewünschte Währung der Welt zu erwerben.

  Beispiel

  Wenn die japanische Notenbank nicht genügend Euro hätte, könnte sie sich diese gegen Dollar bei der EZB besorgen. Damit wäre es denkbar, das gesamte Geschäft sofort in Dollar zu fakturieren.

Wegen ihrer hohen Stabilität fungierten der US-Dollar und das britische Pfund nach dem Zweiten Weltkrieg als Leitwährungen. Für die DM galt von 1949 bis 1961 eine Relation von 4,20 DM/1,00 USD.

Eine Währung ist dann **konvertibel**, *wenn die nationale Zentralbank bereit ist, die eigene Währung gegen fremde Währungen anzukaufen.* **Definition**

Unter dem **Außenwert** *versteht man die Kaufkraft der inländischen Währung gegenüber ausländischen Währungen.* **Definition**

5.4.1 Wechselkurssysteme

Wechselkurssysteme		
Flexible Wechselkurse	**Mischsysteme**	**Feste (fixe, starre) Wechselkurse**
Der Wechselkurs bildet sich durch Angebot und Nachfrage auf dem Devisenmarkt. ***Beispiele:*** *Euro, US-Dollar*	Der Wechselkurs hat Elemente der fixen und der freien Wechselkurse und lässt Anpassungen des Leitkurses mit oder ohne Bandbreiten zu. ***Beispiele:*** *Dänemark, Schweiz, China Bi-/multilaterale Festlegung des Wechselkurses mit Interventionsverpflichtung zur Kursstützung.*	Der Staat legt das Austauschverhältnis seiner Währung zu einer Ankerwährung fest und verändert seine Geldmenge nur im Gleichlauf mit der Veränderung seiner Devisenreserven. Dieses System wird in seiner striktesten Form Currency-Board-Regime genannt. ***Beispiele:*** *Bulgarien, CFA-Franc-Zone*

In modernen Volkswirtschaften wird der Wechselkurs bestimmt durch Devisenangebot und -nachfrage. Nur eine geringe Menge der auf den Devisenmärkten gehandelten Devisen resultiert aus Export- und Importgeschäften. Der überwiegende Teil des Devisenhandels erfolgt spekulativ.

Wechselkurse nach der Art der Kursnotierung

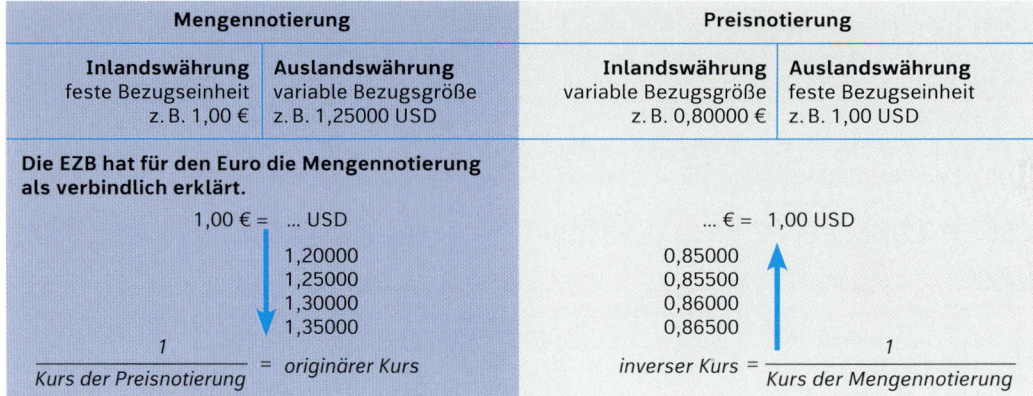

Mengennotierung		Preisnotierung	
Inlandswährung feste Bezugseinheit z. B. 1,00 €	**Auslandswährung** variable Bezugsgröße z. B. 1,25000 USD	**Inlandswährung** variable Bezugsgröße z. B. 0,80000 €	**Auslandswährung** feste Bezugseinheit z. B. 1,00 USD

Die EZB hat für den Euro die Mengennotierung als verbindlich erklärt.

1,00 € = ... USD
1,20000
1,25000
1,30000
1,35000

$\frac{1}{\text{Kurs der Preisnotierung}}$ = *originärer Kurs*

... € = 1,00 USD
0,85000
0,85500
0,86000
0,86500

inverser Kurs = $\frac{1}{\text{Kurs der Mengennotierung}}$

Bei der Mengennotierung bedeutet:
Geldkurs = Verkaufspreis der Fremdwährung aus Sicht der Kreditinstitute
Briefkurs = Ankaufspreis der Fremdwährung aus Sicht der Kreditinstitute

USD/€ 1,2670 – 1,2730
Geldkurs 1,2670 USD
Briefkurs 1,2730 USD

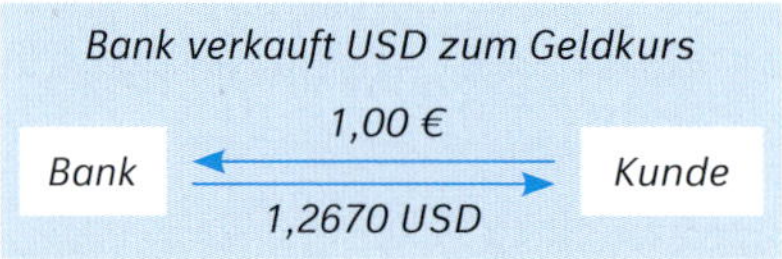
Bank verkauft USD zum Geldkurs
1,00 €
Bank
Kunde
1,2670 USD

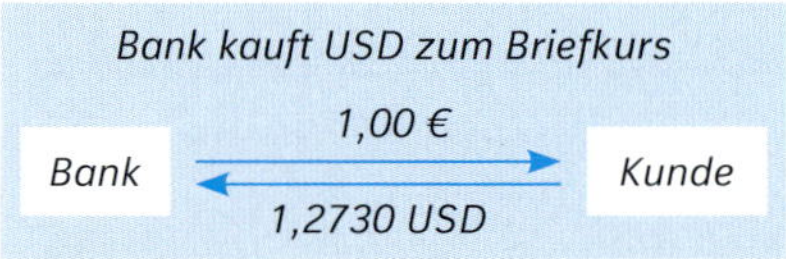
Bank kauft USD zum Briefkurs
1,00 €
Bank
Kunde
1,2730 USD

Devisen sind Zahlungsmittel in Form von Buchgeld (**z. B. Guthaben bei ausländischen Banken oder Schecks, die auf ausländische Währungen lauten**).
Sorten sind ausländische Banknoten und Münzen. Kreditinstitute handeln in der Regel nur mit Banknoten.

Freie Wechselkurse

Definition *Bei **freien Wechselkursen** bildet sich das Austauschverhältnis zwischen den Währungen durch Angebot und Nachfrage. Die Kurse floaten.*

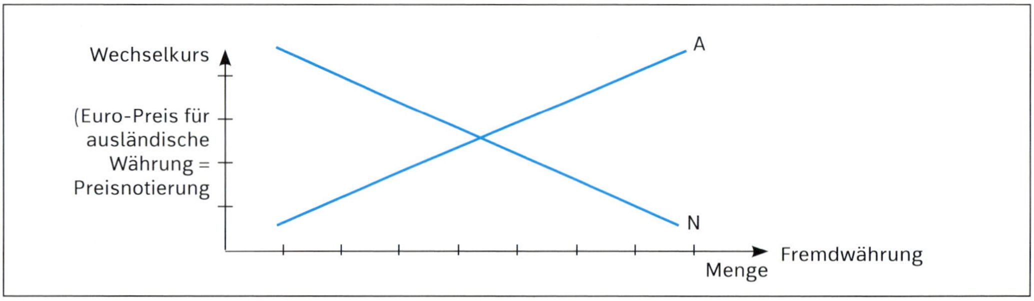
Wechselkurs
(Euro-Preis für ausländische Währung = Preisnotierung
A
N
Menge
Fremdwährung

Änderungen von Devisenangebot und Devisennachfrage werden hervorgerufen durch
- grenzüberschreitende Kapitalanlagen und Investitionen,
- Devisenspekulationen,
- Exporte und Importe,
- Auslandsreiseverkehr und
- unentgeltliche Übertragungen.

Eine Zunahme der Devisennachfrage führt zu einem Kursanstieg der Fremdwährung bzw. einem Kursrückgang des Euro.

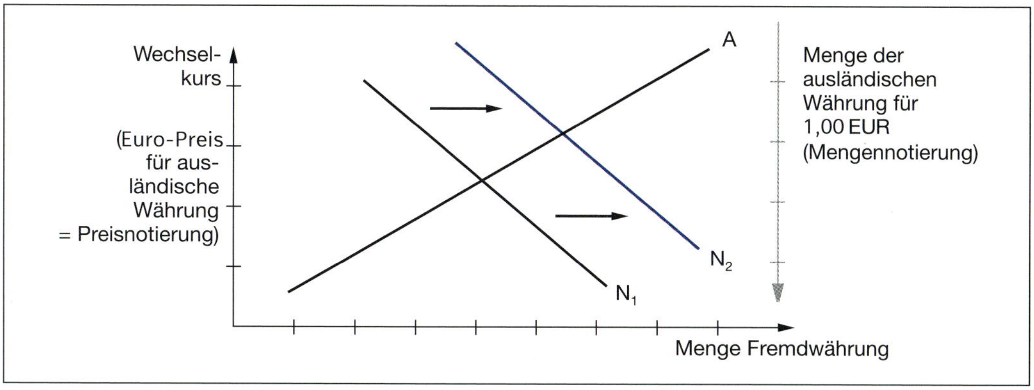
Wechsel-
kurs
(Euro-Preis
für aus-
ländische
Währung
= Preisnotierung)
A
N_2
N_1
Menge der
ausländischen
Währung für
1,00 EUR
(Mengennotierung)
Menge Fremdwährung

Eine Zunahme des Devisenangebotes führt zu einer Kurssenkung der Fremdwährung bzw. einem Kursanstieg des Euro.

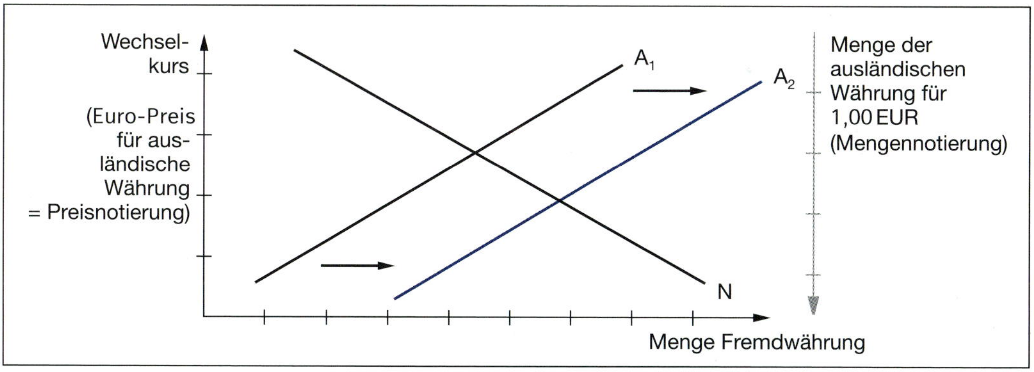
Wechsel-
kurs
(Euro-Preis
für aus-
ländische
Währung
= Preisnotierung)
A_1
A_2
N
Menge der
ausländischen
Währung für
1,00 EUR
(Mengennotierung)
Menge Fremdwährung

Vorteile freier Wechselkurse	Nachteile freier Wechselkurse
Freie Wechselkurse ... • begünstigen eine ausgeglichene Zahlungsbilanz, • fördern den internationalen Wettbewerb, • hemmen die Übertragung von Inflationstendenzen vom Ausland in das Inland und umgekehrt.	Freie Wechselkurse ... • erschweren die Kalkulation im Außenhandel, • behindern die internationale Integration.

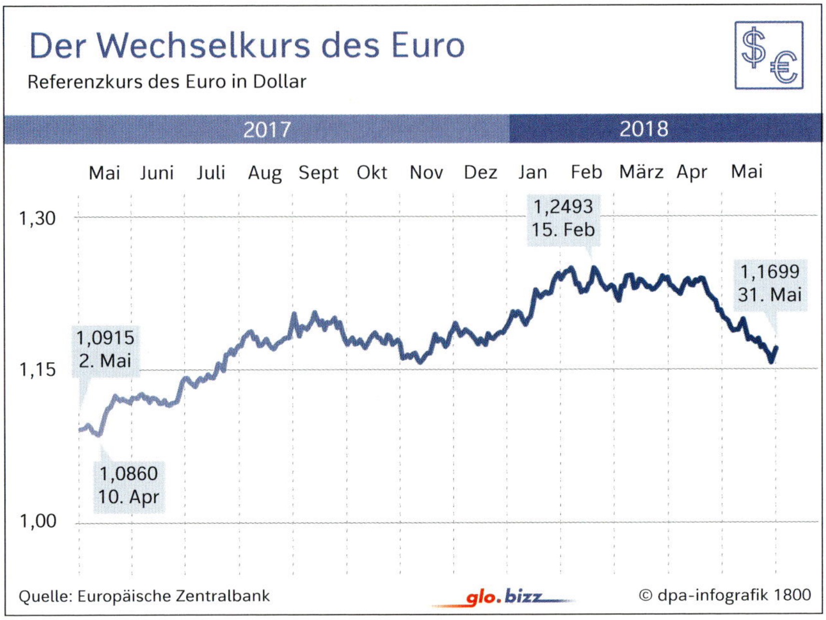
Der Wechselkurs des Euro
Referenzkurs des Euro in Dollar
2017
2018
Mai Juni Juli Aug Sept Okt Nov Dez Jan Feb März Apr Mai
1,30
1,15
1,00
1,2493
15. Feb
1,1699
31. Mai
1,0915
2. Mai
1,0860
10. Apr
Quelle: Europäische Zentralbank
glo.bizz
© dpa-infografik 1800

Feste Wechselkurse mit Bandbreiten

Definition

***Feste Wechselkurse mit Bandbreiten** basieren auf Übereinkunft zwischen den beteiligten Staaten. Sie vereinbaren einen Wechselkurs zwischen ihren Währungen, aber lassen Kursabweichungen durch die Kräfte des Marktes innerhalb definierter Bandbreiten zu.*

Die beteiligten Notenbanken haben zu intervenieren, wenn der Wechselkurs den oberen oder unteren Rand der Bandbreite (Interventionspunkt) zu erreichen droht.

Wenn bei einer beteiligten nationalen Zentralbank die starke Währung zum Interventionskurs nachgefragt wird, hat sie zu diesem Kurs zu verkaufen.

Wenn einer beteiligten nationalen Zentralbank die schwache Währung zum Grenzkurs angeboten wird, so muss die Notenbank zur Kursstützung diese Fremdwährung kaufen.

EU-Mitgliedstaaten müssen vor der Einführung des Euro feste Wechselkurse mit Bandbreiten einführen. Frühestens zwei Jahre nach einer spannungsarmen Teilnahme am europäischen Wechselkursmechanismus (WKMII) kommt für sie – nach Erfüllung der übrigen Konvergenzkriterien – die Aufnahme in die Währungsunion infrage.

Beispiel

Der Kurs des Euro gegenüber der Dänischen Krone bewegt sich auf den oberen Interventionspunkt zu. In diesem Fall sind alle nationalen Zentralbanken des Eurosystems verpflichtet, DKK gegen € zu kaufen. Der Kurs des Euro sinkt, die Situation entspannt sich und der Kurs bleibt innerhalb der vereinbarten Bandbreite.

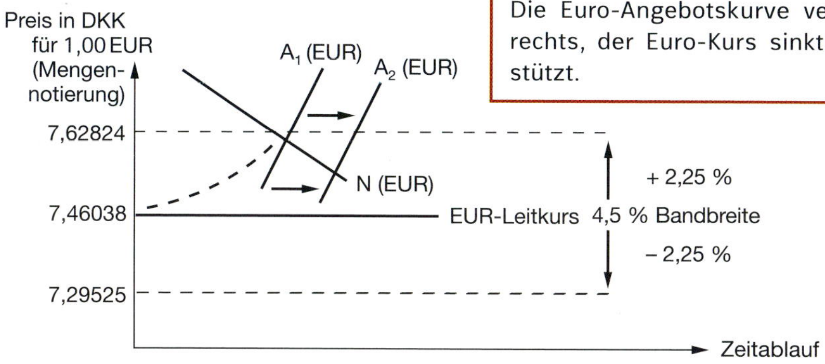
Preis in DKK
für 1,00 EUR
(Mengen-
notierung)
A1 (EUR)
A2 (EUR)
N (EUR)
7,62824
7,46038
7,29525
EUR-Leitkurs
4,5 % Bandbreite
+ 2,25 %
− 2,25 %
Zeitablauf

Deutsche Bundesbank kauft DKK gegen EUR
Die Euro-Angebotskurve verschiebt sich nach rechts, der Euro-Kurs sinkt, die DKK wird gestützt.

Für die am Außenhandel beteiligten Unternehmen liegt der entscheidende Vorteil fester Wechselkurse in der erhöhten Kalkulationssicherheit.
Dies gilt allerdings nur, wenn die Bandbreiten relativ eng gezogen sind.
Wenn sich ein Wechselkurs (Parität) als nicht marktgerecht erweist, indem er von den Marktteilnehmern immer wieder an die Interventionsgrenze herangeführt wird und damit allen Interventionsversuchen trotzt, sollte auf Ebene der Regierungschefs eine Neufestlegung der Paritäten vereinbart werden.
Dieser Vorgang, der **Realignment** genannt wird, kann entweder eine Heraufsetzung des Wechselkurses (Abwertung) oder eine Herabsetzung des Wechselkurses (Aufwertung) sein.[1]

Absolut starre Wechselkurse

Absolut starre Wechselkurse (feste Wechselkurse) werden administrativ, d. h. von einer staatlichen Stelle, festgelegt. **Definition**

Dieses Wechselkurssystem gilt heute noch für eine große Anzahl Staaten Schwarzafrikas und Mittelamerikas. Früher waren starre Wechselkurse in den sogenannten Staatshandelsländern Osteuropas üblich. Die Wechselkurse wurden i. d. R. unterhalb des Kurses, der sich am freien Markt gebildet hätte, fixiert. Die eigene Währung war überbewertet.

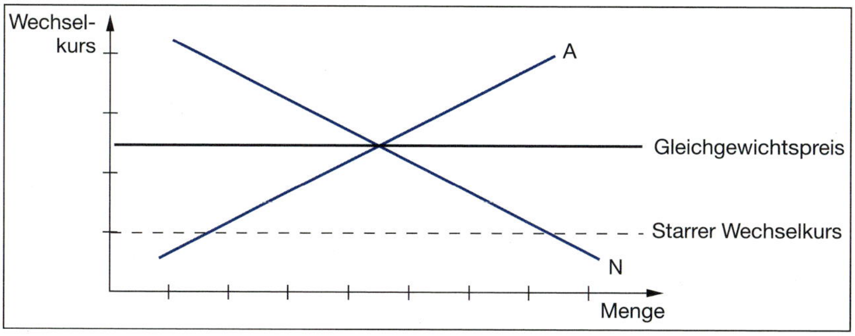
Wechsel-
kurs
A
Gleichgewichtspreis
Starrer Wechselkurs
N
Menge

[1] *Vgl. Seite 499 f.*

Da der Wechselkurs nicht den Marktverhältnissen entsprach, war die Währung für das Ausland uninteressant. Kein ausländischer Exporteur ist bereit, für seine Güter und Dienstleistungen die Währung anzunehmen. Die daraus folgende Devisenknappheit machte in dem entsprechenden Land eine Devisenbewirtschaftung notwendig. Inländische Exporteure mussten ihre Exporterlöse bei einer staatlichen Stelle gegen Inlandswährung verkaufen und inländische Importeure erhielten die benötigten Devisen von einer staatlichen Stelle zugeteilt. Diese Bewirtschaftung wurde flankiert durch das Verbot, die Landeswährung oberhalb bestimmter Freibeträge grenzüberschreitend zu transferieren.

Vorteile starrer Wechselkurse	Nachteile starrer Wechselkurse
• Kalkulations- und Planungssicherheit durch die Devisenbewirtschaftung • Inflexibilität bei Änderungen des Devisenbedarfs	• Hoher Aufwand an Bürokratie und Kosten für staatliche Devisenzuteilung

5.4.2 Auf- und Abwertung

Änderungen der Wechselkurse bedeuten immer gleichzeitig eine Auf- oder Abwertung, gleichgültig, ob es sich um feste, freie oder starre Wechselkurse handelt.

Beispiel

Die Aufwertung der einen Währung ist gleichzeitig eine Abwertung der anderen Währung. Es ist dabei unerheblich, ob die Änderung des Wechselkurses durch staatliche Neufestlegung des Kurses oder durch Angebots- und Nachfrageänderungen der Marktteilnehmer hervorgerufen wird.

Wechselkurs in Deutschland		*Wechselkurs in den USA*
1,00 €/1,10 USD		*1,00 USD/0,90909 €*
↓	*Wechselkursänderung*	↓
1,00 €/1,05 USD		*1,00 USD/0,95238 €*

Kursherabsetzung = Abwertung des €
Für die gleiche Menge der inländischen Währung erhält man nach der Wechselkursänderung weniger ausländische Währung.

Kursheraufsetzung = Aufwertung des USD
Für die gleiche Menge der ausländischen Währung erhält man nach der Wechselkursänderung mehr inländische Währung.

Die Folgen einer Aufwertung der inländischen Währung für den Außenhandel sind zweischneidig:
Der Importeur braucht zukünftig weniger eigene Währung für die ausländische Währung bezahlen und kann somit günstiger einkaufen. Der Exporteur erhält weniger eigene Währung bei Umtausch seiner auf Fremdwährung lautenden Exporterlöse.

Beispiel

Ein deutscher Luxusautomobilhersteller berechnet für einen Sportwagen, der nach Kalifornien exportiert wird, 100 000,00 USD. Bei einem Kurs von 1,05 USD/€ schreibt ihm sein Kreditinstitut beim Umtausch 95 238,10 € gut.

Nach einer Aufwertung des Euro auf 1,15 USD/€ beträgt der Exporterlös bei unverändertem Verkaufspreis nur noch 86 956,52 €.
Für den konkurrierenden amerikanischen Automobilhersteller, der ein vergleichbares Fahrzeug zu 95 238,10 € in Europa anbietet, stellt sich die Situation nach der Abwertung des USD von 0,95238 €/USD auf 0,86956 €/USD günstiger dar:
Vor der Wechselkursanpassung beträgt der Exporterlös 100 000,00 USD, nach der Abwertung des USD werden beim amerikanischen Exporteur 109 524,47 USD gutgeschrieben.
Da die exportierende Wirtschaft Aufwertungsverluste nur selten über Preiserhöhungen abwälzen kann, ziehen Aufwertungen tendenziell Rückgänge beim Export nach sich.

Bei Abwertungen verhält es sich umgekehrt. Eine Schwächung der eigenen Währung begünstigt den Export. Sie kann u. U. zu Preissenkungen und damit zu einer Stärkung der Position auf den Auslandsmärkten führen.
Gerüchte über bevorstehende Auf- oder Abwertungen können zu spekulationsbedingten Marktverzerrungen führen.

Beispiel

Bei einem Kurs von 1,10 USD/€ erwirbt ein Amerikaner Euro. Für 1 000 000,00 USD erhält er 909 090,91 €. Nach der Aufwertung des Euro auf 1,20 USD/€ (und Abwertung des USD von 0,90909 €/USD auf 0,83333 €/USD) verkauft er die erworbenen Euro und erhält 1 090 909,09 USD. Sein Spekulationsgewinn beträgt 90 909,09 USD.

Ein aufwertungsverdächtiges Land wird kurzfristiges ausländisches Geld anziehen. Dies hat eine Erhöhung des inländischen Geldumlaufs und einen Druck auf das inländische Zinsniveau zur Folge.

Aufwertung der Inlandswährung	Abwertung der Inlandswährung
Gründe: • Auslandspreisniveau höher als im Inland • spekulations- oder zinsniveaubedingte Geldzuflüsse aus dem Ausland Folgen: • Exportrückgang • Importzunahme	Gründe: • Preisniveau im Inland höher als im Ausland • zins- und spekulationsbedingte Geldabflüsse ins Ausland Folgen: • Exportzunahme • Importrückgang

Aufgaben

1. Die Arbeitnehmerverdienste haben sich von Jahr 1 bis Jahr 5 prozentual folgendermaßen entwickelt:

Jahr	1	2	3	4	5
nominal	+ 2,4	+ 3,1	0,0	+ 2,7	+ 3,4
real	+ 0,7	+ 2,6	- 0,4	+ 1,1	+ 2,3

a) Um wie viel Prozent sind die Verdienste von Jahr 1 bis Jahr 5 nominal gestiegen?

b) Um wie viel Prozent haben sich die realen Verdienste von Jahr 1 bis Jahr 5 verändert?

2. Das Einkommen einer Familie stieg im Januar eines Jahres auf 4000,00 € und lag damit genau 100,00 € über dem Vorjahresgehalt. Die Sparquote der Familie hat sich im gleichen Zeitraum von 8 % auf 7,5 % verringert. Der Verbraucherpreisindex betrug im Januar des Jahres 106,4 Prozentpunkte und damit 1,4 Prozentpunkte mehr als ein Jahr zuvor.

a) Um wie viel Euro hat sich die Sparleistung der Familie verändert?

b) Wie hat sich die Kaufkraft des verfügbaren Einkommens (in Euro und Prozent) verändert?

c) Wie viel Euro betrug der reale Konsum im Januar des Jahres?

3. Welche Funktion des Geldes geht in Zeiten zunehmender Geldentwertung zuerst und welche Funktion geht zuletzt verloren?

4. Worin liegt der Unterschied zwischen Binnenwert und Außenwert einer Währung?

5. Erklären Sie das Indexverfahren bei der Berechnung der Preisentwicklung für die privaten Haushalte.

6. Franz arbeitet in München und erhält ein Jahresgehalt von 20000,00 €. Im zweiten Jahr erhält er eine Gehaltserhöhung um 400,00 €.
Jean arbeitet in Paris und erhält ebenfalls ein Jahresgehalt von 20000,00 €. Im zweiten Jahr erhält er eine Gehaltserhöhung um 1000,00 €, doch sind die Lebenshaltungskosten in Frankreich um vier Prozent gestiegen.
Wer ist zufriedener? Geben Sie eine begründete Antwort.

7. Welche Chancen und Risiken ergeben sich aus freien Wechselkursen für eine deutsche Luftfrachtspedition, die mit ihren Überseekunden Rechnungen in Dollar vereinbart hat?

8. Ihr Chef bereitet eine Dienstreise nach Cincinnati vor. Er ist unschlüssig, ob er überhaupt Dollar in bar mitnehmen soll oder ob er sich ganz auf bargeldlose Kartenzahlung verlassen soll. Erklären Sie ihm in diesem Zusammenhang die Bedeutung folgender Übersicht auf der Wirtschaftsseite.

Devisen- und Sortenkurse für 1,00 €				
	Referenzkurs Euro FX (Devisenkurs) ①		*Preis am Bankschalter* (Sortenkurs) ②	
	Geld ③	Brief ④	Verkauf ⑤	Ankauf ⑥
USD	1,0782	1,0842	1,0530	1,1080

9. Ermitteln Sie die fehlenden Währungsbeträge und entscheiden Sie, ob es sich um Auf- oder Abwertungen handelt.

a) Ein deutscher Luxusautomobilhersteller berechnet für einen Sportwagen, der nach Kalifornien exportiert wird, 100 000,00 USD. Bei einem Kurs von 0,84 USD/€ schreibt ihm sein Kreditinstitut beim Umtausch .... € gut. Nach einer ....wertung auf 0,81 USD/€ beträgt der Exporterlös bei unverändertem Verkaufspreis .... €.

Für den konkurrierenden amerikanischen Automobilhersteller, der ein vergleichbares Fahrzeug zu 119 047,62 € in Europa anbietet, stellt sich die Situation nach der ....wertung des USD von 1,1905 €/USD auf .... €/USD ungünstiger dar: Vor der Wechselkursanpassung beträgt der Exporterlös 100 000,00 USD, nach der ....wertung des USD werden dem amerikanischen Exporteur ....USD gutgeschrieben.
Da die exportierende Wirtschaft ......wertungsverluste nur selten über Preiserhöhungen abwälzen kann, ziehen ....wertungen tendenziell Rückgänge beim Export nach sich.
Bei .....wertungen verhält es sich umgekehrt. Eine Schwächung der eigenen Währung begünstigt den Export. Sie kann u. U. zu Preissenkungen und damit zu einer Stärkung der Position auf den Auslandsmärkten führen.

b) Gerüchte über bevorstehende Auf- oder Abwertungen können zu spekulationsbedingten Marktverzerrungen führen. Ein ausländischer Spekulant wird also Euro erwerben und nach der Abwertung in den USA verkaufen.
Bei einem Kurs von 0,85 USD/€ erwirbt ein Amerikaner Euro. Für 4 000 000,00 USD erhält er .... €. Nach der ....wertung des Euro auf 0,9500 USD/€ (und ....wertung des USD von 1,1765 €/USD auf .... €/USD) verkauft er die erworbenen Euro und erhält .... USD. Sein Spekulationsgewinn beträgt .... USD.

10. Ergänzen Sie Ihre Lernkartei, indem Sie sich mit Ihrem Nachbarn über sinnvolle Kartenüberschriften austauschen und die Karteikarten entsprechend ausfüllen.

6 Konjunktur und Steuerungskonzepte

Einstiegssituation

In den Medien und in der Wirtschaftspolitik wird der Begriff Rezession häufig verwendet, ohne genau zu sagen, was damit gemeint ist.
Einige sprechen von Rezession, wenn sich die Wachstumsraten des BIP gegenüber dem Vorjahr verringern. Andere verstehen unter Rezession nicht nur sinkende Wachstumsraten des BIP, sondern einen Rückgang der gesamtwirtschaftlichen Leistung in zwei aufeinanderfolgenden Quartalen. Die Bundesbank hält diese zweite Auffassung für durchaus pragmatisch, aber doch sehr vereinfachend. Es ist für sie zu kurz gegriffen von Rezession zu reden, wenn das BIP zwei Quartale hintereinander schrumpft. Rezession könne präziser diagnostiziert werden. Erst wenn ein deutlicher Aktivitätsverlust über die ganze Breite der Sektoren Industrieproduktion, Umsätze im verarbeitenden Gewerbe und im Handel sowie in der Beschäftigung und bei den verfügbaren Einkommen erkennbar ist, könne man von Rezession reden.

Rezessionen in Deutschland
Bruttoinlandsprodukt, Veränderung gegenüber jeweiligem Vorquartal in Prozent

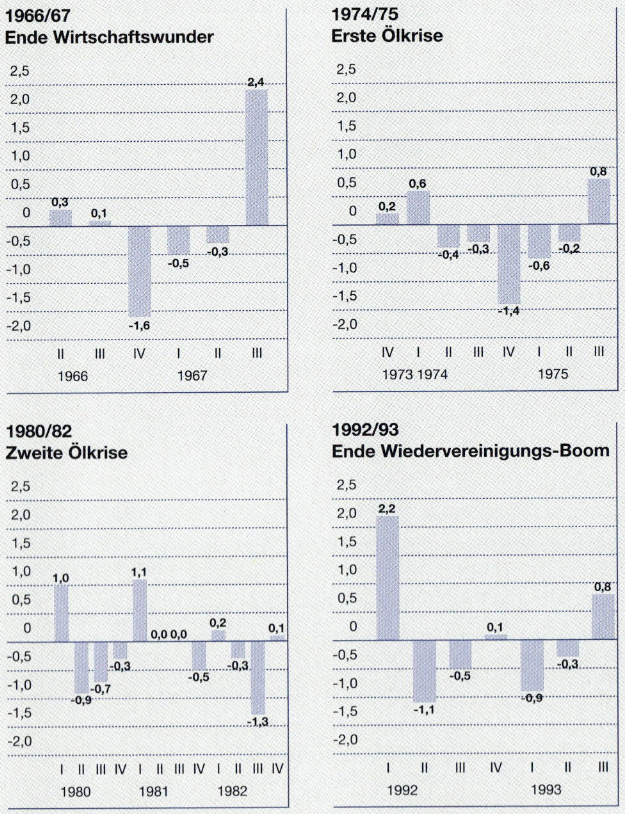
1966/67
Ende Wirtschaftswunder
2,5
2,0
1,5
1,0
0,5
0
-0,5
-1,0
-1,5
-2,0
0,3
0,1
-1,6
-0,5
-0,3
2,4
II III IV I II III
1966
1967
1974/75
Erste Ölkrise
0,2
0,6
-0,4
-0,3
-1,4
-0,6
-0,2
0,8
IV I II III IV I II III
1973 1974
1975
1980/82
Zweite Ölkrise
1,0
-0,9
-0,7
-0,3
1,1
0,0 0,0
-0,5
0,2
-0,3
-1,3
0,1
I II III IV I II III IV I II III IV
1980
1981
1982
1992/93
Ende Wiedervereinigungs-Boom
2,2
-1,1
-0,5
0,1
-0,9
-0,3
0,8
I II III IV I II III
1992
1993

Welcher Rezessionsbegriff wird in dieser Grafik deutlich, und welcher Rezessionsbegriff wird auf den nächsten Seiten dieses Buches erkennbar?

Eine völlig gleichmäßige wirtschaftliche Entwicklung ist unter den Bedingungen der Marktwirtschaft nicht zu erreichen.
Veränderte Wünsche der Konsumenten, technische Neuerungen, Kostensteigerungen, die außenwirtschaftliche Lage, aber auch die Zukunftserwartungen und das politische Klima beeinflussen die wirtschaftliche Aktivität innerhalb der Volkswirtschaft und lassen Auf- und Abwärtsbewegungen im Wirtschaftsablauf entstehen.

Definition

Unter ***Konjunktur*** *versteht man die sich wiederholenden Schwankungen der wirtschaftlichen Aktivität einer Volkswirtschaft und die dadurch hervorgerufenen Veränderungen der Beschäftigungslage, der Preisniveauentwicklung und des Wirtschaftswachstums.*

6.1 Konjunkturindikatoren

Um zu beurteilen, in welcher konjunkturellen Phase sich eine Volkswirtschaft befindet, bedient man sich bestimmter Messzahlen, der **Konjunkturindikatoren**. Sie sind Grundlage für die Einleitung konjunkturpolitischer Steuerungsmaßnahmen durch die Bundesregierung:
- **Frühindikatoren** zeigen die zukünftige Wirtschaftsentwicklung.
- **Präsensindikatoren** zeigen die aktuelle Konjunkturphase.
- **Spätindikatoren** beschreiben zeitverzögert die Konjunkturentwicklung.

Frühindikatoren

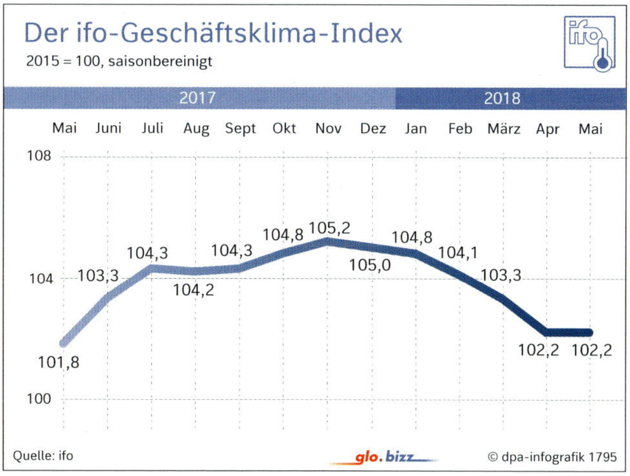
Der ifo-Geschäftsklima-Index
2015 = 100, saisonbereinigt
2017
2018
Mai Juni Juli Aug Sept Okt Nov Dez Jan Feb März Apr Mai
108
104
100
101,8
103,3
104,3
104,2
104,3
104,8
105,2
105,0
104,8
104,1
103,3
102,2
102,2
Quelle: ifo
glo.bizz
© dpa-infografik 1795

Zu den wichtigsten Frühindikatoren gehören die Indizes der Auftragseingänge. Diese wertmäßige Erfassung eingegangener und akzeptierter Bestellungen bei Unternehmen des verarbeitenden Gewerbes mit mehr als 20 Beschäftigten wird vom Statistischen Bundesamt monatlich veröffentlicht. Neben einem Gesamtindikator werden Indizes für einzelne Wirtschaftszweige sowie für den Außenhandel erstellt.
Frühindikatoren sind:
- Auftragseingang
- Geldmengenentwicklung
- Zukunftserwartungen der Unternehmen
- Nachfrage nach Zeitarbeitnehmern
- Ifo-Geschäftsklimaindex
- Einkaufsmanagerindex

Verschiedene überregionale Zeitungen lassen einen kumulierten „Frühindikator" berechnen, der auf gewichteten Einzelindikatoren basiert.

Präsensindikatoren

Die Präsensindikatoren informieren zeitnah über das gesamtwirtschaftliche Angebot und die gesamtwirtschaftliche Nachfrage.
Präsensindikatoren sind:
- reales BIP
- Industrieproduktion
- Kapazitätsauslastungsgrad
- Im- und Export

Spätindikatoren

Spätindikatoren sind:
- **Preise**
  Für das Nachhinken der Preise sind die „time lags" auf den verschiedenen Produktions- und Handelsstufen verantwortlich. Vom Anstieg der industriellen Erzeugerpreise bis zu einem Anstieg des Preisindex für die privaten Lebenshaltungskosten ist mit einer Verzögerung von eineinhalb bis zwei Jahren zu rechnen.
- **Löhne**
  Tariflaufzeiten lassen die Löhne erst mit einer Anpassungsdauer von einem halben bis einem Jahr reagieren.
- **Arbeitslosigkeit**
  Durch die Kündigungsschutzregelungen kommt es auch bei der Beschäftigung zu zeitverzögerten Reaktionen.

Die verzögert wirkenden Indikatoren dienen hauptsächlich der Kontrolle des Mitteleinsatzes, wobei Preisentwicklung und Beschäftigungsgrad zugleich Ziele der Konjunkturpolitik beschreiben.

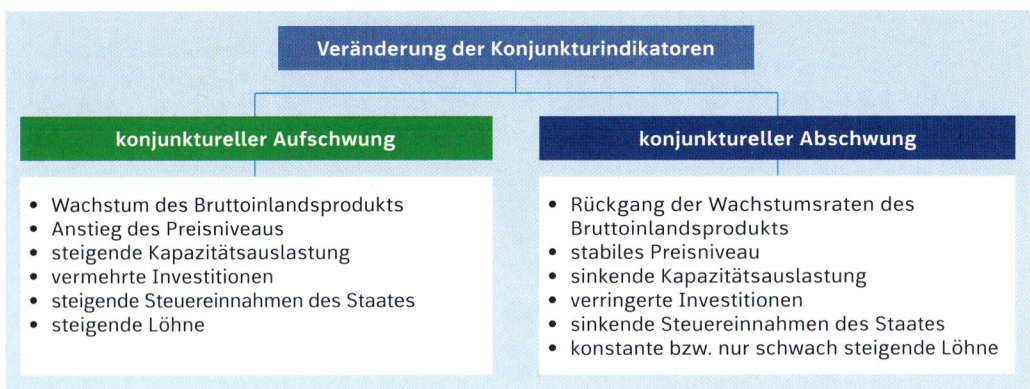

Veränderung der Konjunkturindikatoren

konjunktureller Aufschwung	konjunktureller Abschwung
• Wachstum des Bruttoinlandsprodukts • Anstieg des Preisniveaus • steigende Kapazitätsauslastung • vermehrte Investitionen • steigende Steuereinnahmen des Staates • steigende Löhne	• Rückgang der Wachstumsraten des Bruttoinlandsprodukts • stabiles Preisniveau • sinkende Kapazitätsauslastung • verringerte Investitionen • sinkende Steuereinnahmen des Staates • konstante bzw. nur schwach steigende Löhne

6.2 Darstellungsmöglichkeiten konjunktureller Schwankungen

In den Medien hat sich eine eindimensionale Darstellung des Konjunkturverlaufs durchgesetzt. Unter Außerachtlassung der übrigen Konjunkturindikatoren wird der Konjunkturverlauf auf die Wachstumsraten des Inlandsprodukts reduziert.

Von den **Konjunkturschwankungen** sind zu unterscheiden:

- **Saisonale Schwankungen**
  Saisonale Schwankungen sind jahreszeitlich bedingte Schwankungen der wirtschaftlichen Aktivität. Sie dauern wenige Wochen oder Monate und wirken sich oft nur auf einzelne Wirtschaftszweige aus.
  - *Der Einzelhandel erzielt im Dezember traditionsgemäß überdurchschnittlich hohe Umsätze.*
  - *Im Sommer geht die Produktion durch die Werksferien in der Automobilindustrie zurück.*

- **Trend**
  Der **Trend** ist eine langfristige Darstellung des Wirtschaftsverlaufs. Durch Glättung der Konjunkturschwankungen zeigt der Trend die Entwicklung einer Volkswirtschaft über mehrere Konjunkturzyklen. Dabei ist zu beachten, dass die Gründe für die Trendentwicklung von den spezifischen Konjunkturursachen abweichen. Sie liegen in wegweisenden Erfindungen, technologischen Umwälzungen sowie in gravierenden Veränderungen der politischen und wirtschaftlichen Ordnung.

6.3 Der Konjunkturzyklus und seine Merkmale

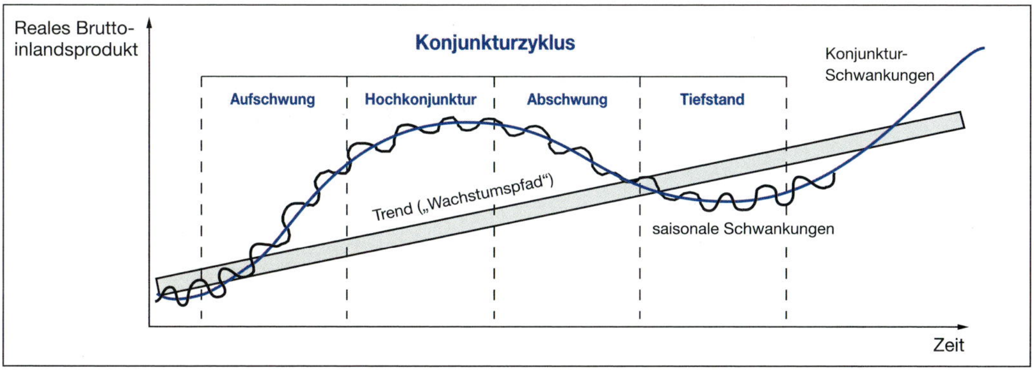
Reales Brutto-
inlandsprodukt
Konjunkturzyklus
Aufschwung
Hochkonjunktur
Abschwung
Tiefstand
Konjunktur-
Schwankungen
Trend („Wachstumspfad“)
saisonale Schwankungen
Zeit

Der idealtypische Konjunkturzyklus verläuft über die Phasen:

- **Aufschwung** (Prosperität)
- **Hochkonjunktur** (Boom)
- **Abschwung** (Rezession)
- **Talsohle** (Tiefstand, Depression)

Über die zeitliche Dauer eines Konjunkturzyklus lassen sich keine präzisen Aussagen treffen. Dies zeigen die Konjunkturzyklen der letzten 50 Jahre.
Bei einer Beschreibung der einzelnen Konjunkturphasen muss sehr vorsichtig verfahren werden, da die Phasen mit fließenden Übergängen versehen sind und innerhalb einer Phase durchaus widersprüchliche Konjunkturindikatoren erkennbar werden können.

Aufschwung

Eine abwartend positive Grundhaltung setzt sich durch. Die gesamtwirtschaftliche Produktion wird ausgeweitet und bei langsam zunehmender Kapazitätsauslastung steigen die Gewinne, obwohl die Preise zunächst noch stabil bleiben. Erst im späteren Aufschwung führen notwendige Erweiterungsinvestitionen zu Kostensteigerungen, die über die Preise abgewälzt werden. Falls der Staat nicht regulierend eingreift, kommt es gegen Ende der Aufschwungphase zu einer weiteren Steigerung der Nachfrage und zur Überhitzung. Unternehmen versuchen, Fachkräftemangel durch Abwerbung von Fachkräften zu beseitigen. Zu einem deutlichen Rückgang der Arbeitslosigkeit kommt es jedoch nicht (vgl. hierzu die Grafik auf Seite 524).

Hochkonjunktur

Es kommt zu einer Überhitzung an den Märkten. Durch zunehmende Krankmeldungen und steigende Anzahl von Kuranträgen verstärkt sich der Kostendruck in den Unternehmen. Die Nachfrage trifft auf ein unelastisches Angebot und ruft weitere Preissteigerungen hervor. Hohe Lohnforderungen werden mit den zurückliegenden Preissteigerungen und den gestiegenen Unternehmensgewinnen begründet. Die Lohnabschlüsse reichen jedoch nicht aus, um den Kaufkraftverlust auszugleichen. Die Beschäftigung in der Investitionsgüterindustrie geht zurück und führt zu stagnierenden oder sogar – bei Abbau von Überstunden – rückläufigen Einkommen. Die Konsumgüternachfrage ist zunächst noch ungebrochen, aber vonseiten der Unternehmer bestimmt allgemeine Skepsis das Bild.

Abschwung

Die auf den Beschäftigungsrückgang in der Investitionsgüterindustrie folgenden Einkommensrückgänge machen sich in der Nachfrage nach Konsumgütern bemerkbar. Eine rückläufige Kapazitätsauslastung zwingt die Unternehmen zur Kostensenkung. Die Arbeitslosenquote steigt. Schrumpfende Gewinne, Absatzprobleme, niedrige Lohnzuwächse und Preisdisziplin sind weitere Kennzeichen eines veränderten Nachfrageverhaltens. Die Stimmung der Wirtschaftssubjekte verschlechtert sich.

Tiefstand

Bei nachlassender Nachfrage, rückläufigem Kapazitätsauslastungsgrad und hohen Lagervorräten geraten Löhne und Preise unter Druck. Hohe Arbeitslosigkeit, sinkende Absatz- und Gewinnerwartungen und rückläufige Investitionstätigkeit führen zu einer Abwärtsspirale, die von zahlreichen Unternehmenszusammenbrüchen begleitet wird.

Gegen die eher mittelfristige Annahme der Konjunkturzyklen steht die wiederentdeckte Theorie des russischen Nationalökonomen **Nicolai Kondratjew** (1892–1930). Sie besagt, dass sich die Weltwirtschaft in jeweils etwa 48–60 Jahre währenden **Innovationszyklen** entwickelt. Die Industrialisierung begann mit den Basisinnovationen Dampfmaschine und Baumwolle. Eisenbahn und Stahl schlossen sich an, danach Elektrotechnik und Chemie und zuletzt Petrochemie und Automobil. Der „Fünfte Kondratjew" mit dem Schwerpunkt Informationstechnik sei zurzeit im Gange, und als Kandidaten für den nächsten „Kondratjew" werden Bio-Tech und Nanotechnologie genannt.

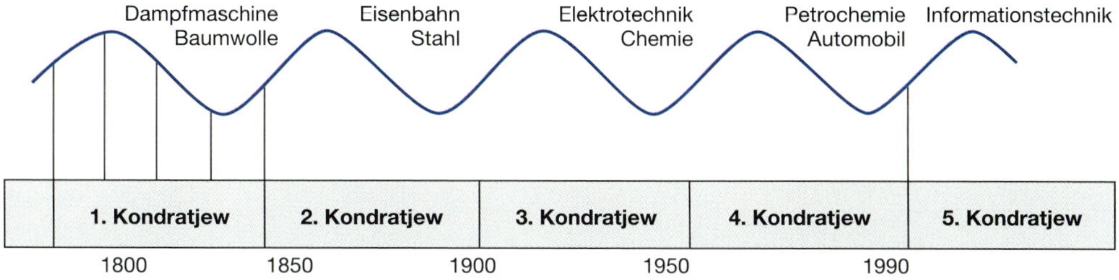
Dampfmaschine
Baumwolle
Eisenbahn
Stahl
Elektrotechnik
Chemie
Petrochemie
Automobil
Informationstechnik
1. Kondratjew
2. Kondratjew
3. Kondratjew
4. Kondratjew
5. Kondratjew
1800
1850
1900
1950
1990

Die langen Wellen der Konjunktur und die jewiligen Basisinnovationen zeigt diese Kurve.
Quelle: Nefiodow, Leo A., Der fünfte Kondratew. Strategien zum Strukturwandel in Wirtschaft und Gesellschaft, Gabler, Frankfurt/Wiesbaden, 1990.

Übersicht: Bestimmungsfaktoren der konjunkturellen Entwicklung

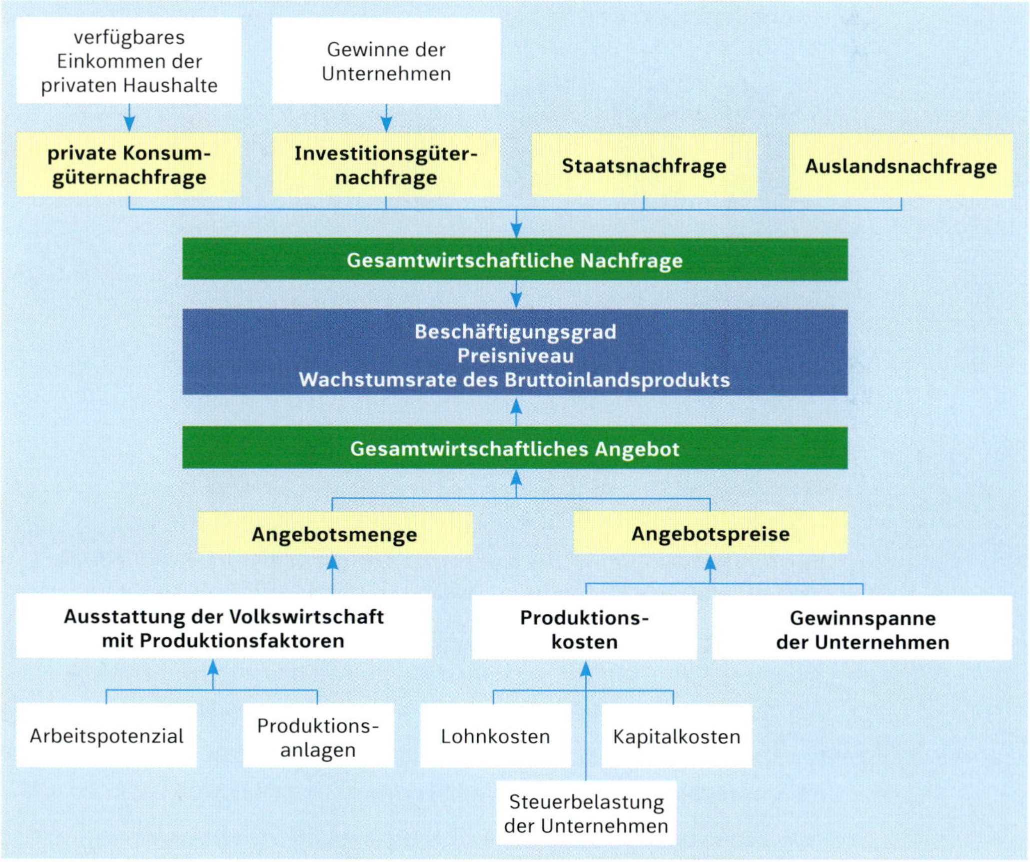
verfügbares Einkommen der privaten Haushalte
Gewinne der Unternehmen
private Konsumgüternachfrage
Investitionsgüternachfrage
Staatsnachfrage
Auslandsnachfrage
Gesamtwirtschaftliche Nachfrage
Beschäftigungsgrad
Preisniveau
Wachstumsrate des Bruttoinlandsprodukts
Gesamtwirtschaftliches Angebot
Angebotsmenge
Angebotspreise
Ausstattung der Volkswirtschaft mit Produktionsfaktoren
Produktionskosten
Gewinnspanne der Unternehmen
Arbeitspotenzial
Produktionsanlagen
Lohnkosten
Kapitalkosten
Steuerbelastung der Unternehmen

6.4 Staatshaushalt

Dreh- und Angelpunkt staatlicher Politik ist die finanzielle Situation der öffentlichen Haushalte. Nur wenige wirtschaftspolitische Maßnahmen des Staates bleiben ohne direkte oder indirekte Wirkung auf die staatlichen Einnahmen und Ausgaben.

Die **Einnahmen des Staates** resultieren aus

- Steuern,
- Abgaben, Gebühren und Beiträgen,
- öffentlichen Erwerbseinkünften,
- öffentlicher Kreditaufnahme.

Haupteinnahmequelle des Staates sind die Steuern.

Definition

***Steuern** sind „... Geldleistungen, die nicht eine Gegenleistung für eine besondere Leistung darstellen und von einem öffentlich-rechtlichen Gemeinwesen zur Erzielung von Einnahmen allen auferlegt werden, bei denen der Tatbestand zutrifft, an den das Gesetz die Leistungspflicht knüpft."*

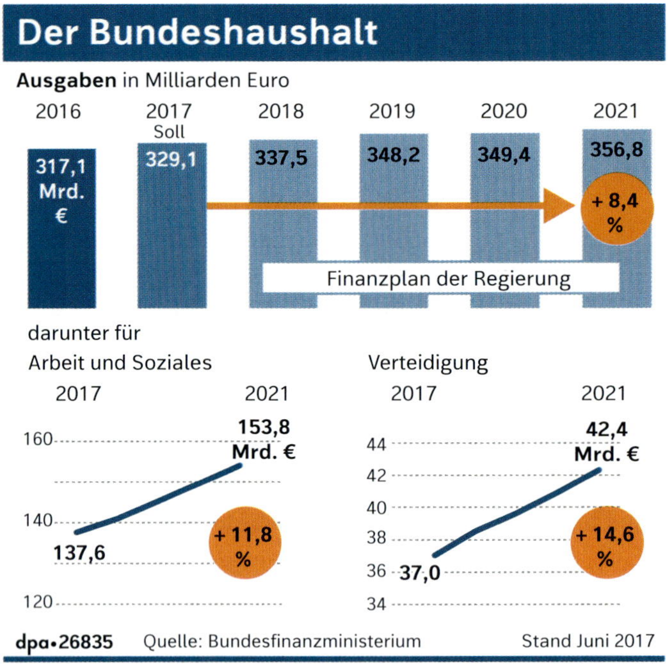
Der Bundeshaushalt
Ausgaben in Milliarden Euro
2016
2017
Soll
2018
2019
2020
2021
317,1 Mrd. €
329,1
337,5
348,2
349,4
356,8
+ 8,4 %
Finanzplan der Regierung
darunter für
Arbeit und Soziales
2017
2021
160
140
120
153,8 Mrd. €
137,6
+ 11,8 %
Verteidigung
2017
2021
44
42
40
38
36
34
42,4 Mrd. €
37,0
+ 14,6 %
dpa•26835
Quelle: Bundesfinanzministerium
Stand Juni 2017

Eine Vielzahl von Steuergesetzen regelt, in welchen Fällen welche Steuern zu zahlen sind. Die Abgabenordnung (AO) enthält das allgemeine Steuerrecht. Die etwa 40 Steuerarten lassen sich nach unterschiedlichen Kriterien kategorisieren.

Steuereinteilung nach der Steuerhoheit (Art. 106 GG)

- **Bundessteuern**
- **Ländersteuern**
- **Gemeinschaftsteuern**
- **Gemeindesteuern**

Steuereinteilung nach dem Steuergegenstand

- **Besitzsteuern**
  Es werden Besitz, Einkommen und Vermögen besteuert.
- **Verkehrsteuern**
  Es wird ein wirtschaftlich-rechtlicher Vorgang besteuert.
- **Verbrauchsteuern**

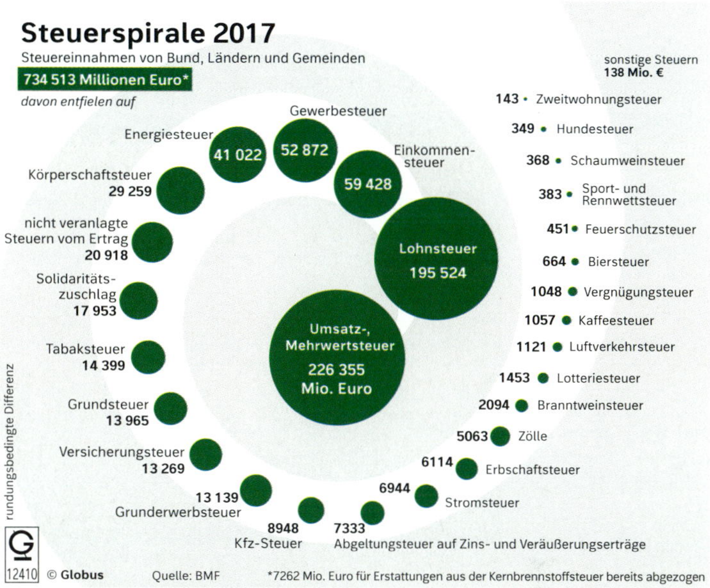
Steuerspirale 2017
Steuereinnahmen von Bund, Ländern und Gemeinden
734 513 Millionen Euro*
davon entfielen auf
Umsatz-, Mehrwertsteuer 226 355 Mio. Euro
Lohnsteuer 195 524
Einkommen-steuer 59 428
Gewerbesteuer 52 872
Energiesteuer 41 022
Körperschaftsteuer 29 259
nicht veranlagte Steuern vom Ertrag 20 918
Solidaritäts-zuschlag 17 953
Tabaksteuer 14 399
Grundsteuer 13 965
Versicherungsteuer 13 269
13 139 Grunderwerbsteuer
8948 Kfz-Steuer
7333 Abgeltungsteuer auf Zins- und Veräußerungserträge
6944 Stromsteuer
6114 Erbschaftsteuer
5063 Zölle
2094 Branntweinsteuer
1453 Lotteriesteuer
1121 Luftverkehrsteuer
1057 Kaffeesteuer
1048 Vergnügungsteuer
664 Biersteuer
451 Feuerschutzsteuer
383 Sport- und Rennwettsteuer
368 Schaumweinsteuer
349 Hundesteuer
143 Zweitwohnungsteuer
sonstige Steuern 138 Mio. €
rundungsbedingte Differenz
12410 © Globus
Quelle: BMF
*7262 Mio. Euro für Erstattungen aus der Kernbrennstoffsteuer bereits abgezogen

Steuereinteilung nach der Art der Erhebung

- **Direkte Steuern**
  Steuerträger und Steuerzahler sind identisch.
- **Indirekte Steuern**
  Steuerträger und Steuerzahler sind unterschiedliche Personen, d.h., die Steuerlast wird über den Verkaufspreis einer Ware auf den Konsumenten abgewälzt.

Steuer- und Aufgabenverteilung auf einen Blick (vereinfachte Darstellung)		
	Die wichtigsten Steuereinnahmen	**Wichtige Aufgaben**
Gemeinden	Gewerbesteuer, Grundsteuer, Vergnügungsteuer, Hundesteuer, Zweitwohnsteuer, Getränkesteuer	Müllabfuhr, Kanalisation, Sozialhilfe, Baugenehmigungen, Meldewesen, Kindergärten, Schulbau, Grünanlagen, öffentlicher Nahverkehr
Länder	Länderanteil an Lohn -und Einkommenssteuer, Erbschaft-/ Schenkungsteuer, Grunderwerbsteuer, Biersteuer, Rennwett/Lotteriesteuer, Spielbankabgabe, Feuerschutzsteuer	Schulen, Universitäten, Polizei, Rechtspflege, Gesundheitswesen, Kultur, Wohnungsbauförderung, Steuerverwaltung
Bund	Energiesteuer, Stromsteuer, Tabaksteuer, Kaffeesteuer, Branntweinsteuer, Kernbrennstoffsteuer, Versicherungssteuer, Kraftfahrzeugsteuer, Solidaritätszuschlag	Soziale Sicherung (Schwerpunkt Renten- und Arbeitslosenversicherung), Verteidigung, auswärtige Angelegenheiten, Verkehrswesen, Geldwesen, Wirtschaftsförderung, Forschung (Großforschungseinrichtungen)
Gemeinschaftssteuer	- Körperschaftsteuer Bund 50 %, Länder 50 % - Lohn- und Einkommensteuer Bund 42,5 %, Länder 42,5 %, Gemeinden 15 % - Umsatzsteuer Bund 53,9 %, Länder 44,1 %, Gemeinden 2 % - Abgeltungssteuer auf Zins- und Veräußerungserträge Bund 44 %, Länder 44 %, Gemeinden 12 %	

[1] *Die Gemeinden führen Teile ihres Gewerbesteueraufkommens in Form der Gewerbesteuerumlage an die Länder und den Bund ab.*

Problem der wachsenden Staatsverschuldung

Die Lücke zwischen geplanten Einnahmen und Ausgaben wird durch Kredite geschlossen. In Deutschland ist der Kreditbedarf in den letzten 20 Jahren fast ununterbrochen gewachsen.

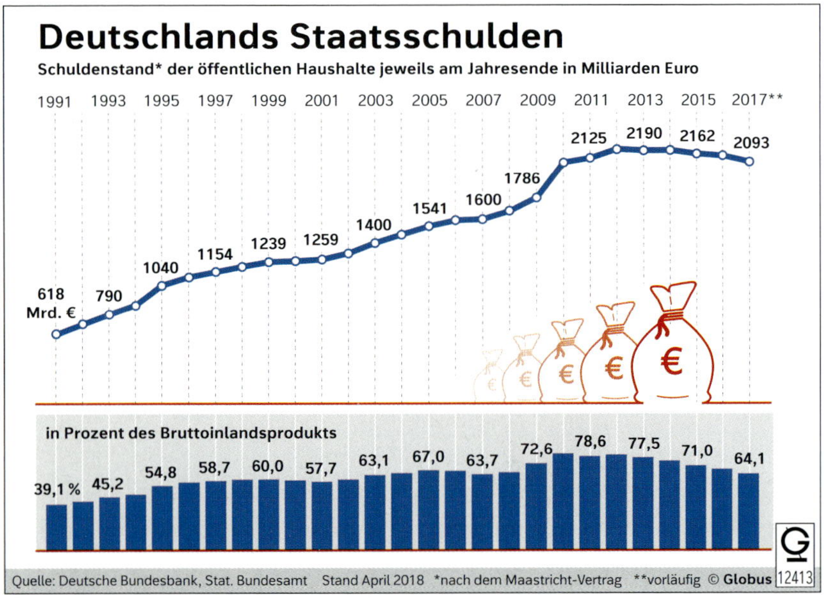
Deutschlands Staatsschulden
Schuldenstand* der öffentlichen Haushalte jeweils am Jahresende in Milliarden Euro
1991 1993 1995 1997 1999 2001 2003 2005 2007 2009 2011 2013 2015 2017**
618 Mrd. €
790
1040
1154
1239
1259
1400
1541
1600
1786
2125
2190
2162
2093
in Prozent des Bruttoinlandsprodukts
39,1 %
45,2
54,8
58,7
60,0
57,7
63,1
67,0
63,7
72,6
78,6
77,5
71,0
64,1
Quelle: Deutsche Bundesbank, Stat. Bundesamt Stand April 2018 *nach dem Maastricht-Vertrag **vorläufig © Globus 12413

Drei Ursachen sind hierfür verantwortlich:

- Das Wirtschaftswachstum in der langen Aufschwungphase von 1981 bis 1992 und seit 1994 wurde nicht durch Einrichtung neuer Arbeitsplätze, sondern durch Produktivitätsfortschritte erreicht. Dies führte zu verschärften Arbeitsmarktproblemen und einem rasanten Anstieg der Sozialausgaben bei gleichzeitig spärlich sprudelnden Steuerquellen und scharfem Rückgang der Einzahlungen in die Kassen der Sozialversicherung.
- Die Deutsche Einheit machte seit 1991 Transferzahlungen in Höhe von über 500 Mrd. € in die neuen Länder erforderlich.
- Durch Ausnutzung steuerlicher Gestaltungsmöglichkeiten hat sich die Entwicklung der veranlagten Einkommensteuer vom Wirtschaftswachstum abgekoppelt.

Die Finanzierung der Staatsschuld wird zu einem immer größeren Problem, da im Haushalt zunehmend höhere Summen für die Zinsen einzustellen sind. Schon jetzt können die Zinsen nur über neue Kredite bedient werden. Unter diesen Umständen scheint der Einsatz des „Deficitspending" ein zweifelhaftes Unterfangen zu sein.

Über kurz oder lang wird der Schuldendienst zulasten allgemeiner staatlicher Aufgaben gehen und damit auch auf Kosten der allgemeinen Wohlfahrt und zukünftiger Generationen. Die Wirtschaftspolitik steht vor einem Dilemma: Die hohe Arbeitslosigkeit belastet nicht nur die Kasse der Bundesagentur für Arbeit (und damit die Kasse des Bundes), sondern führt auch die Rentenversicherung an den Rand der Zahlungsfähigkeit.

6.5 Nachfrage- und angebotsorientierte Wirtschaftspolitik

Nachfrageorientierte Wirtschaftspolitik	Angebotsorientierte Wirtschaftspolitik
Fiskalismus (John Maynard Keynes, Großbritannien)	**Monetarismus** (Milton Friedman, USA)
Grundannahmen: • Marktwirtschaftliche Systeme sind instabil; sie haben keine eigengesteuerte Tendenz zum Gleichgewicht der beiden Seiten des Marktes. Daher ist antizyklisches Gegensteuern durch den Staat erforderlich. • Arbeitslosigkeit baut sich wegen nach unten starrer Löhne nicht von selbst ab. • Bei nach unten starren Nominallöhnen bedeutet Inflation eine Reallohnsenkung. • Privater Konsum hängt vom laufenden Einkommen ab. • Private Sparneigung ist relativ konstant. Daher führen Einkommensänderungen zu Nachfrageänderungen. • „Globalsteuerung" der gesamtwirtschaftlichen Nachfrage ist möglich.	**Grundannahmen:** • Die private Wirtschaft ist stabil, tendiert zum Gleichgewicht, reguliert sich über Preis- und Mengeneffekte selbst. • Antizyklische staatliche Eingriffe („stop and go") sind nicht Reaktion auf, sondern Ursache für Konjunkturschwankungen; sie bedeuten Unsicherheit für den privaten Sektor und führen zu Fehlentscheidungen. • Notwendige Strukturanpassungen der Wirtschaft werden u. a. durch Subventionen und staatliche Reglementierungen behindert. • Arbeitslosigkeit ist vorrangig strukturell bedingt. • Für Investitionen erforderliche Unternehmergewinne werden durch hohe Löhne, Lohnnebenkosten, Steuern und Abgaben geschmälert. • Konsum hängt vom auf Dauer erwarteten Einkommen ab.
Grundproblem: Zu schwache gesamtwirtschaftliche Nachfrage.	**Grundproblem:** Zu hohe Reallöhne.
Hauptinstrumente zur Konjunktursteuerung: • Staat soll in den Ablauf des Wirtschaftsgeschehens eingreifen (Ablaufpolitik). • Gezielte Veränderung von Staatseinnahmen und -ausgaben (Staatshaushalt); daher auch „Fiskalismus". • Finanzpolitik/Fiskalpolitik wirkt über Multiplikatorwirkungen auf die Nachfrage. • Im Abschwung müssen zusätzliche Staatsausgaben (Konjunktur- bzw. Beschäftigungsprogramme) durch Verschuldung finanziert werden: sogenanntes „Deficit-Spending".	**Hauptinstrumente zur Konjunktursteuerung:** • Staat soll Rahmenbedingungen verbessern (Ordnungspolitik), anstatt in die Abläufe einzugreifen. • Hauptsächliche Steuerungsgröße ist die Geldmenge; daher auch „Monetarismus", also insbesondere die Zinspolitik der EZB. • Verstetigung der Geld- und Fiskalpolitik. • Spreizung der Löhne und Gehälter nach Arbeitsproduktivität; Einzelvertragliche Entgeltvereinbarungen statt einheitlicher Tariflöhne. • Reduzierung der Staatsquote und Abbau der Staatsverschuldung. • Abbau staatlicher Vorschriften: Stichwort „Deregulierung". • Flexibilisierung der Arbeitszeit. • Senkung der Unternehmensabgaben.
Ziel: Erhöhung der Nachfrage nach Investitions- und Konsumgütern und dadurch Zunahme der Beschäftigung und des Wirtschaftswachstums	

Nachfrageorientierte Wirtschaftspolitik

Nachfrageorientierte Wirtschaftspolitik bedeutet, dass der Staat in den Wirtschaftsprozess eingreift, um Arbeitsplätze zu schaffen, Investitionen zu fördern und die Preise zu stabilisieren.

Steigerung/Senkung der gesamtwirtschaftlichen Nachfrage → Steigerung/Senkung der Produktion in den Unternehmungen → Beeinflussung
- der Beschäftigung
- des Preisniveaus
- des Wachstums

Zur gesamtwirtschaftlichen Nachfrage zählen neben der Nachfrage des Staates auch die Investitionsgüternachfrage von Unternehmen und die Konsumgüternachfrage der privaten Haushalte.

Konjunkturbelebung	Konjunkturdämpfung
• Verzicht auf Staatseinnahmen • Erhöhung der Staatsausgaben	• Erhöhung der Staatseinnahmen • Verminderung der Staatsausgaben

Der Politikeinsatz erfolgt **antizyklisch**, d. h., die Maßnahmen werden so getroffen, dass sie entgegengesetzt zu der jeweiligen Konjunkturphase wirken.

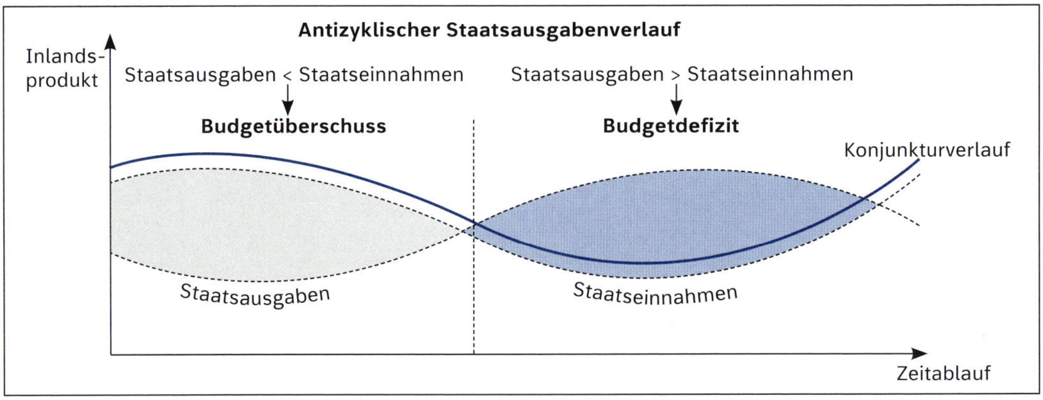
Antizyklischer Staatsausgabenverlauf
Inlands-produkt
Staatsausgaben < Staatseinnahmen
Budgetüberschuss
Staatsausgaben > Staatseinnahmen
Budgetdefizit
Konjunkturverlauf
Staatsausgaben
Staatseinnahmen
Zeitablauf

Beispiel

In der Hochkonjunktur wird über Steuererhöhungen eine Verringerung der gesamtwirtschaftlichen Nachfrage angestrebt. In der Rezession werden Steuern gesenkt, um die gesamtwirtschaftliche Nachfrage anzukurbeln.

Definition

Fiskalpolitik bedeutet die Gestaltung der staatlichen Einnahmen und Ausgaben mit der Absicht, die gesamtwirtschaftliche Nachfrage im Sinne der wirtschaftlichen Zielgrößen zu beeinflussen.

Ziel der antizyklischen Fiskalpolitik ist es, durch geeignete Maßnahmen eine Verstetigung des Konjunkturverlaufs herbeizuführen.

- Im **Konjunkturaufschwung** sollte der Staat seine eigene Nachfrage senken, um die konjunkturelle Aufwärtsbewegung und den damit verbundenen Preisniveauanstieg nicht zu verstärken.
- Im **Konjunkturabschwung** sollte der Staat dagegen seine eigene Nachfrage erhöhen, um die konjunkturelle Abwärtsbewegung und den damit verbundenen Beschäftigungsrückgang zu bremsen.

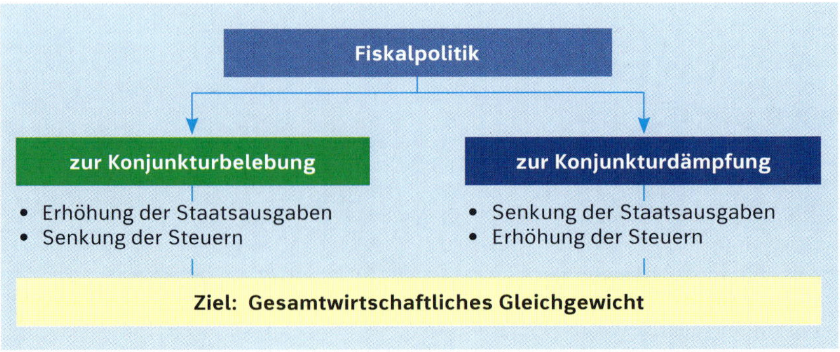
Fiskalpolitik
zur Konjunkturbelebung
• Erhöhung der Staatsausgaben
• Senkung der Steuern
zur Konjunkturdämpfung
• Senkung der Staatsausgaben
• Erhöhung der Steuern
Ziel: Gesamtwirtschaftliches Gleichgewicht

Das Stabilitätsgesetz (Gesetz zur Förderung der Stabilität und des Wachstums der Wirtschaft vom 08.06.1967) enthält ein reichhaltiges Instrumentarium, um den Wirtschaftsablauf zur bestmöglichen Verwirklichung des „Magischen Vierecks“ zu beeinflussen. Die Maßnahmen und Instrumente des Stabilitätsgesetzes gehören in die Kategorie „nachfrageorientierte Wirtschaftspolitik“.
Da sich die Kassen der öffentlichen Haushalte während eines konjunkturellen Aufschwungs aufgrund steigender Steuereinnahmen allmählich füllen, ist es für den Staat natürlich naheliegend (und verführerisch), diese Steuermehreinnahmen auch wieder auszugeben. Ein solches Verhalten würde allerdings die konjunkturelle Aufwärtsentwicklung noch verstärken, also prozyklisch wirken.

Definition

Das Konzept der antizyklischen Fiskalpolitik verlangt, dass der Staat seine Einnahmen- und Ausgabenpolitik in den einzelnen konjunkturellen Phasen genau entgegengesetzt zum Verhalten der übrigen Wirtschaftssubjekte (Unternehmen, private Haushalte), also antizyklisch, gestaltet.

Zum Konzept der nachfrageorientierten Wirtschaftspolitik gehört die Idee des **„Deficitspending“**. Notfalls soll der Staat seine Maßnahmen zur Ankurbelung der Konjunktur über Kreditaufnahmen finanzieren. Die Rückzahlung der Neuverschuldung soll über die Steuermehreinnahmen, die das erwartete zusätzliche Wirtschaftswachstum mit sich bringt, finanziert werden.

Gegen eine nachfrageorientierte Wirtschaftspolitik gibt es wichtige Einwände.

- Konjunkturprogramme führen nur zu Strohfeuereffekten.
- Die Steuereinnahmen steigen nicht im gewünschten Umfang, sodass die Staatsverschuldung steigt.
- Die staatliche Kreditaufnahme beansprucht den Kapitalmarkt so stark, dass Zinserhöhungen unausweichlich sind.
- Es kommt zu Mitnahmeeffekten, sodass die Wirksamkeit einzelner Maßnahmen schwer überprüfbar ist.

Beispiel

Die Bundesregierung kündigt eine befristete Investitionszulage in Höhe von 10 % ab dem 01.01. des kommenden Jahres an. Unternehmen werden ihre geplanten Investitionen auf das Folgejahr verschieben, um in den Genuss der Investitionszulage zu kommen.

- Eine Wirtschaftspolitik, in der von Fall zu Fall bestimmte Instrumente eingesetzt werden (Stop-and-go-Policy), ist unberechenbar und kann bei den betroffenen Wirtschaftssubjekten unerwartete Reaktionen hervorrufen.
- Die erhofften Wirkungen treten mit zeitlicher Verzögerung ein und entfalten sich unter Umständen zum „falschen“ Zeitpunkt, sodass sie prozyklisch wirken.

Angebotsorientierte Wirtschaftspolitik

Grundüberlegung dieser Strategie ist, dass die Beschäftigungslage und die Höhe des Volkseinkommens bestimmt werden durch die Rentabilität der Produktion.
Der Staat versucht daher, die Antriebskräfte der Marktwirtschaft zu stärken und die Anreize zum Investieren, zu Innovationen, zur Leistung und zur Anpassung an neue Umweltbedingungen zu verbessern.
Staatliche Auflagen, Gesetze und Subventionen, aber auch die Steuerbelastung sollen hierbei auf das Notwendigste beschränkt werden, um die Eigeninitiative und die schöpferischen Kräfte der Menschen als Triebfeder der Marktwirtschaft zu fördern und damit die wirtschaftliche Dynamik zu erhalten.
Durch Stärkung der Angebotsseite und Erleichterung der Angebotsbedingungen sollen Beschäftigung und Nachfrage verbessert werden:

- Privatisierung öffentlicher Unternehmen
- Senkung der Lohnnebenkosten
- Rückverlagerung von gemeinschaftlichen Risiken auf den Einzelnen
- Abbau von Arbeits- und Kündigungsschutzregelungen
- Stärkung der Subsidiarität (Selbstvorsorge)
- Abbau von Subventionen
- Öffnung öffentlicher Monopole
- potenzialorientierte Geldpolitik

Definition

*Die **Angebotssteuerung** der Volkswirtschaft beruht auf der Überlegung, dass die Verbesserung der Investitionsbedingungen für die Unternehmungen zu erhöhter Beschäftigung und mehr Wirtschaftswachstum führt.*

- Verbesserung des Investitionsklimas
- motivierendes Steuersystem
- weniger Staat, mehr Markt

→

- verbesserte Gewinnaussichten
- mehr Investitionen
- steigende Produktion

→

Steigerung
- des Wirtschaftswachstums
- der Beschäftigung

In Deutschland scheint sich in den letzten Jahren der Trend zur angebotsorientierten Wirtschaftspolitik zu verstärken. In einem der letzten Gutachten riet der Sachverständigenrat z. B.,

- die Sozialversicherungssysteme umzustellen,
- den Standort Deutschland durch Kostensenkungen attraktiv zu erhalten,
- direkte Steuern zulasten von indirekten Steuern umzuschichten,
- bei Lohnerhöhungen unter dem Produktivitätsfortschritt zu bleiben und
- die Investitionsbedingungen zu verbessern.

Aufgaben

1. Zeigen Sie, dass Sie wichtige volkswirtschaftliche Begriffe verstanden haben, und erklären Sie einige Begriffe aus dem nachfolgenden Textauszug.
   a) Worin besteht der Unterschied zwischen dem nominellen und dem realen BIP?
   b) Was ist unter einem saison- und kalenderbereinigtem Anstieg des BIP zu verstehen?

c) Beschreiben Sie das Verhältnis zwischen Preisanstieg und Kaufkraft.
d) Erläutern Sie den Begriff Sparquote und gehen Sie dann der Frage nach, ob die Sparquote auch negativ sein kann.
e) Welche Bedeutung haben Abschreibungsvergünstigungen für die Nachfrage nach Investitionsgütern?

Im vierten Quartal 2007 ist die deutsche Wirtschaft lediglich verhalten gewachsen ... Für das mäßige Expansionstempo war die Abschwächung der Binnennachfrage um saison- und kalenderbereinigt 0,5 % gegenüber dem Vorquartal ausschlaggebend.

Der private Konsum ist im Herbst aufgrund der kräftigen Teuerungsschübe bei Energie und Nahrungsmitteln spürbar zurückgefallen. Der Preisanstieg hat nicht nur direkt die Kaufkraft der Verbraucher belastet, sondern als Folge gestiegener Unsicherheit bezüglich der Preiserwartungen auch deren Anschaffungsneigung gedämpft. Dies zeigte sich nicht zuletzt daran, dass die Sparquote saisonbereinigt um einen halben Prozentpunkt auf 11,2 % stieg. Während die Bauinvestitionen ebenfalls rückläufig waren, haben die Unternehmen recht kräftig in Ausrüstungen investiert. Hierbei dürfte zum Teil eine Rolle gespielt haben, dass mit dem Inkrafttreten des neuen Unternehmensteuerrechts zum 01.01.2008 die temporär verbesserten Abschreibungsbedingungen für bewegliche Anlagegüter ausgelaufen sind.

Quelle: Deutsche Bundesbank: Monatsbericht März 2008, Jg. 2008, Nr. 3

2. In der Öffentlichkeit wird oft die Gleichung

Wachstum = Arbeitsplätze

aufgestellt.
a) Gehen Sie anhand des Schaubildes auf Seite 512 der Frage nach, ob diese Formel heute noch Gültigkeit hat.
b) Erstellen Sie eine aussagefähige Grafik, mit der Sie Ihre Antwort untermauern.
c) Welche Gründe könnten für die Entwicklung in den letzten 30 Jahren verantwortlich sein.

3. Der Konjunkturzyklus kann mit den Phasen
(1) Aufschwung, (3) Abschwung,
(2) Hochkonjunktur, (4) Depression
dargestellt werden.
a) Bestimmen Sie anhand unten stehender Konjunkturindikatoren, in welcher Konjunkturphase sich die Volkswirtschaft befand im
aa) Jahr 3? ab) Jahr 6? ac) Jahr 10? ad) Jahr 11?

Jahre:	**1**	2	**3**	4	5	**6**	7	8	9	**10**	**11**	12
Kapazitätsauslastungsgrad %	96	94	91	95	97	99	98	97	99	96	92	90
Arbeitslosenquote %	4,7	4,8	6,1	5,5	4,9	4,7	4,8	5,1	5,2	6,6	8,7	8,6
Inflationsrate %	3,3	3,5	1,7	1,7	1,9	3,4	5,3	5,9	6,9	6,5	6,0	4,5
Wachstum des BIP (real) %	5,5	2,5	**-1**	6,5	7,9	5,9	3,3	3,6	4,9	0,4	**-2**	5,1
Anteil der Staatsausgaben am BIP in %	14	14	15	14	13	13	13	13	13	113	15	14

b) Auf welche Konjunkturphase deuten folgende Sachverhalte hin?
   ba) Die Stückkosten sinken.
   bb) Eine steigende Sparquote weist auf die psychologische Verfassung vieler Konsumenten hin.
   bc) Während die Konsumgüternachfrage noch ungebrochen ist, schmelzen die Auftragspolster des Investitionsgütergewerbes zusammen und spätestens jetzt wird das Phänomen der „Preis-Lohn-Spirale" beobachtbar.
   bd) Diese Phase hat es in der Bundesrepublik bisher fünfmal gegeben.

4. Ergänzen Sie die unten stehenden Satzteile unter Verwendung der aufgeführten Zahlen zur Wirtschaftsentwicklung in Deutschland.

Jahr	1	2	3
Erwerbstätige in Mio.	33,4	33,7	34,4
Arbeitsvolumen (Gesamtzahl der geleisteten Arbeitsstunden, Basisjahr 0 = 100)	100,1	100,7	102,5
Produktivität (BIP in Preisen des Basisjahres 0 je geleisteter Arbeitsstunde)	107,3	110,8	113,7

a) Aus der Betrachtung von Erwerbstätigenzahlen und Arbeitsvolumen ergibt sich, dass im angegebenen Zeitraum die Arbeitszeit je Erwerbstätigem
   aa) gesunken, ab) gestiegen, ac) unverändert
   geblieben ist.
b) Das Zusammenwirken von Arbeitsvolumen und Produktivität führte in den Jahren 1 bis 3 insgesamt zu einer Erhöhung des realen BIP
   ba) zwischen 3–6 %, bb) über 6–9 %, bc) über 9–12 %.
c) Der Produktivitätsanstieg ist wesentlich zurückzuführen auf
   ca) Produktionssteigerung,
   cb) Arbeitszeitverlängerung,
   cc) bessere Kapitalausstattung der Arbeitsplätze,
   cd) Zunahme der Erwerbstätigenzahl.

5. In der Analyse der konjunkturellen Situation unterscheidet man verschiedene Indikatoren. Welche der unten stehenden Indikatoren werden als Frühindikatoren bezeichnet?
a) Arbeitslosenquote
b) Geschäftserwartungen
c) Offene Stellen
d) Auftragseingänge
e) Kapazitätsauslastung
f) Anzahl der Insolvenzen

6. Die konjunkturelle Lage kann man an verschiedenen Indikatoren ablesen.
a) Arbeitslosenquote
b) Preissteigerungen
c) Auftragsbestand

d) Umfang der Kreditnachfrage
e) Auslastung der Kapazitäten
In welcher Aussage ist die Entwicklung dieser Indikatoren richtig dargestellt, wenn sich die Konjunktur im Abschwung befindet?

	Zunahme	Abnahme
1	b)	a), c), d),e)
2	a)	b) bis e)
3	c) und e)	a) und d)
4	c) bis d)	a) und b)
5	a) und e)	b) bis d)

7. Erklären Sie, welchen Steuerungsgedanken die Abschaffung der Kfz-Steuer zugunsten einer Mineralölsteuererhöhung verfolgt und welcher Konflikt zwischen Bund und Ländern damit verbunden ist.

8. Verschaffen Sie sich über das Internet eine Übersicht über die Entwicklung der Staatschulden seit 1970. Entwickeln Sie sodann ein Szenario der Verschuldung (Schulden, Neuverschuldung, Zinslast) für die nächsten Jahre. Stellen Sie das Szenario grafisch mit einer von Excel zur Verfügung gestellten Vorlage dar.

9. In *Art. 115 GG* werden die Grenzen der staatlichen Kreditaufnahme gezogen. „Die Einnahmen aus Krediten dürfen die im Haushaltsplan veranschlagten Ausgaben für Investitionen nicht überschreiten; Ausnahmen sind nur zulässig zur Abwehr einer Störung des gesamtwirtschaftlichen Gleichgewichts." Der Begriff der Investitionen wird aber nicht definiert. Somit könnte man auch die Personalausgaben für Lehrer als Investitionen bezeichnen, da Aufwendungen für die Bildung die Zukunft der folgenden Generationen begünstigen. Ebenso wenig sagt das Grundgesetz, wann von einer Störung des gesamtwirtschaftlichen Gleichgewichts auszugehen ist. Folglich kann eine objektive Grenze über die Höhe der Staatsverschuldung aus dem Grundgesetz nicht abgeleitet werden.
So ist es allzu natürlich, dass die gegenwärtige Staatsverschuldung geteilte Meinungen hervorruft.
Es wird eingewendet, dass der staatliche Schuldendienst – Zinsen und Tilgung – einen zunehmenden Anteil am Staatsbudget ausmache. Dadurch werde die finanzpolitische Manövrierfähigkeit stark eingeengt, denn ohnehin basiere ein großer Teil der Staatsausgaben auf vertraglichen oder gesetzlichen Verpflichtungen. Da bei der EZB staatliche Kredite nicht aufgenommen werden dürften, bleibe nur die Kreditaufnahme bei privaten Unternehmen, z. B. Banken und Versicherungen sowie bei Privathaushalten. Damit treibe der Staat die Zinsen in die Höhe und bremse die private Kreditaufnahme, die Investitionstätigkeit und damit das Wirtschaftswachstum. Außerdem würden die zukünftigen Generationen in unzulässiger Höhe belastet, da sie die Schulden, die heute gemacht würden, zurückzuzahlen hätten.

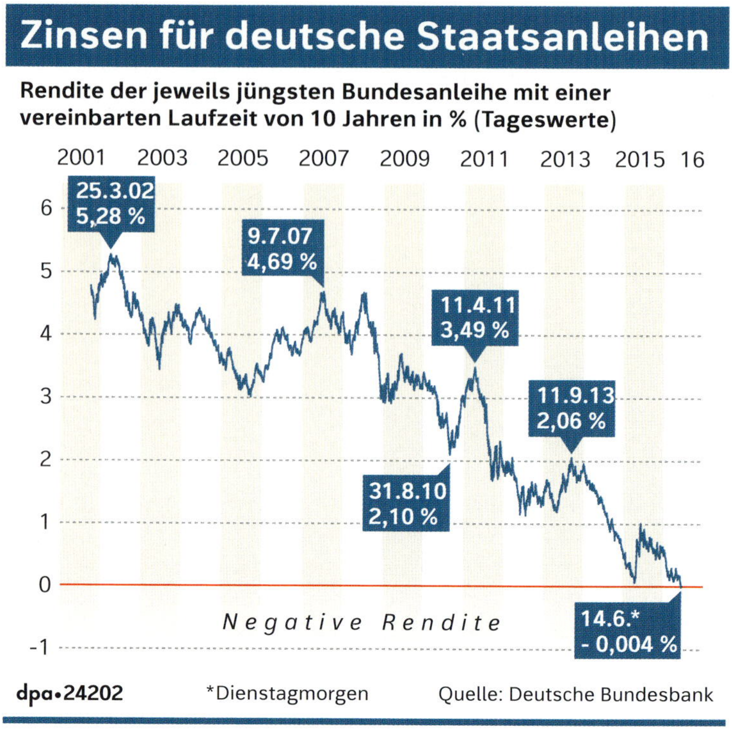
Zinsen für deutsche Staatsanleihen
Rendite der jeweils jüngsten Bundesanleihe mit einer vereinbarten Laufzeit von 10 Jahren in % (Tageswerte)
2001
2003
2005
2007
2009
2011
2013
2015
16
6
5
4
3
2
1
0
-1
25.3.02 5,28 %
9.7.07 4,69 %
11.4.11 3,49 %
11.9.13 2,06 %
31.8.10 2,10 %
Negative Rendite
14.6.* - 0,004 %
dpa•24202
*Dienstagmorgen
Quelle: Deutsche Bundesbank

Gegen diese Einwendungen wird aufgeführt, dass es sich nur um Vermutungen handele. Die EZB wache bei uns über die Zinshöhe und steuere sie. Staatliche Kreditaufnahme habe keinen Einfluss auf das Zinsniveau. Außerdem wisse jeder, der das Modell des Wirtschaftskreislaufs kenne, dass der Staat seine Kredite für zusätzliche Ausgaben verwende. Das Geld fließe somit wieder in die Wirtschaft zurück und führe dort zu Wachstum, Beschäftigung und Einkommen. Daraus folgten höhere Steuereinnahmen einerseits und andererseits verringerten sich die Aufwendungen für die Kassen der Bundesagentur für Arbeit und der Rentenversicherungsträger. Eine Ausweitung der Staatsausgaben sei geradezu geboten, denn sie mache eine spätere Rückführung des Schuldenstandes möglich.
Stellen Sie eine Tabelle mit den Pro- und Kontra-Argumenten zur Staatsverschuldung auf und fügen Sie eigene Argumente hinzu. Bewerten Sie die Argumente und formulieren Sie eine eigene Stellungnahme.

10. [...] Eine Politik, die angebotspolitische und nachfragepolitische Ansätze miteinander zu verbinden sucht, steht vor dem Problem, wie sich beide miteinander in einer konsistenten Strategie vereinbaren lassen. [...] Inkonsistent ist es, wenn der Gebrauch nachfragepolitischer Instrumente, weil nicht situationsgerecht, die Angebotsbedingungen beeinträchtigt. Dann bleibt nicht nur der erhoffte Erfolg aus; die Lage verschlechtert sich vielmehr noch. Negative Erfahrungen mit verfehlter Nachfragepolitik sind in der Vergangenheit in nicht wenigen Ländern gemacht worden. Wird bei nachfrageorientierter Politik mitbedacht, dass sie nicht zu ungünstigeren Angebotsbedingungen führen darf, so werden ihre Grenzen deutlich. Sie ist nicht geeignet – und hat bei richtigem Verständnis auch nicht das Ziel – Probleme zu lösen, die durch unflexible Strukturen und mangelnde Anpassungsfähigkeit an die Marktverhältnisse bedingt sind.

Angebotsorientierte Politik setzt bei den Voraussetzungen für die Schaffung von Arbeitsplätzen an. Dabei muss der dynamische Charakter des Prozesses gesehen werden, in dem durch Wettbewerb und Strukturwandel ständig Arbeitsplätze entstehen, aber auch immer wieder Arbeitsplätze aufgegeben werden müssen. Es geht also, will man die Arbeitslosigkeit reduzieren, nicht darum, die bestehenden Arbeitsplätze unbedingt zu erhalten und nur noch dafür zu sorgen, dass neue zur Beschäftigung der noch Arbeitslosen zustande kommen. Dass durch Wettbewerb und Strukturwandel ständig in erheblichem Umfang Arbeitsplätze entfallen, entspricht den Regeln einer dynamischen Wirtschaft. Soll mehr Beschäftigung geschaffen und damit die Arbeitslosigkeit abgebaut werden, so müssen in bestehenden und neu gegründeten Unternehmen mehr neue Arbeitsplätze gewonnen werden als an anderer Stelle verloren gehen.
Daraus ergibt sich, was eine auf Bekämpfung der Arbeitslosigkeit gerichtete Wirtschaftspolitik zu leisten hat: Sie hat bestmögliche Grundlagen dafür zu schaffen, dass die unternehmerische Aktivität zustande kommt, aus der sich die gewünschte Beschäftigungsdynamik entwickeln kann. Angebotsorientierte Wirtschaftspolitik, richtig verstanden, zielt darauf, dass auf lange Sicht verlässliche Rahmenbedingungen für unternehmerisches Wirtschaften hergestellt werden, die der Wahrnehmung von Marktchancen förderlich sind und die von der Aussicht auf Gewinnerzielung ausgehenden Anreize voll zur Wirkung kommen lassen, die einer flexiblen Anpassung auf sich wandelnde Marktbedingungen nicht entgegenstehen, dies alles jedoch, ohne in das durch den Wettbewerb bestimmte Marktgeschehen einzugreifen. Oberster Grundsatz muss sein, dass alle Unternehmen, kleine wie große, in gleicher Weise Erfolgschancen auf dem Markt wahrnehmen können, ebenso aber auch das Risiko von Fehlschlägen zu tragen haben; die Wirtschaftspolitik soll unternehmerische Investitionsentscheidungen nicht lenkend beeinflussen, aber auch nicht durch Subventionen die Folgen von Fehlentscheidungen abmildern. [...]

Quelle: Deutscher Bundestag: Drucksache 14/73 vom 20.11.1998, Zugriff am 05.12.2017 unter: http://dipbt.bundestag.de/dip21/btd/14/000/1400073.asc

Welche Möglichkeiten besitzt Ihrer Auffassung nach eine angebotsorientierte Wirtschaftspolitik, wenn es um die Schaffung neuer Arbeitsplätze und den Abbau der Arbeitslosigkeit geht?

11. Ergänzen Sie Ihre Lernkartei, indem Sie sich mit Ihrem Nachbarn über sinnvolle Kartenüberschriften austauschen und die Karteikarten entsprechend ausfüllen.

7 Hauptziele der Wirtschaftspolitik – das Magische Viereck

Einstiegssituation

Die Lage in Deutschland 1966/67

Zur Zeit der Entstehung des Stabilitätsgesetzes befand sich die Bundesrepublik Deutschland in der ersten Rezession der Nachkriegszeit. Im Jahr 1967 war das reale Bruttosozialprodukt nach 15 Jahren ständiger Wachstumsraten erstmalig gegenüber dem Vorjahr gesunken (–0,2 %). Die Anzahl der Arbeitslosen war von 161 000 Personen im Jahr 1966, was einer Arbeitslosenquote von 0,7 % entsprach, auf 459 000 Personen (2,1 %) nach oben geschnellt. Die Zahlen waren aus damaliger Sicht so dramatisch, dass es in Bonn zu einem Regierungswechsel kam. Nach nur drei Jahren musste Ludwig Erhard sein Amt als Bundeskanzler aufgeben. Er wurde von Kurt Georg Kiesinger abgelöst, der die SPD unter Willy Brandt mit in die Regierungsverantwortung hineinnahm und damit die erste und bis dahin einzige Große Koalition aus CDU/CSU und SPD in Bonn bildete.

Können Sie sich vorstellen, wie es in Deutschland aussähe, wenn die Arbeitslosenquote heute genauso hoch wäre wie am Ende der Ära Ludwig Erhard?

Die verantwortliche Rolle des Staates innerhalb der sozialen Marktwirtschaft hat zur Folge, dass die wirtschaftliche Entwicklung neben den Selbststeuerungskräften des Marktes abhängig und beeinflusst ist von den Zielen und Maßnahmen der staatlichen Wirtschaftspolitik.

Wirtschaftspolitik

Sozial- und Einkommenspolitik	Wettbewerbs- und Ordnungspolitik	Konjunkturpolitik	Strukturpolitik
globale und spezielle Maßnahmen zur Verbesserung der sozialen Gerechtigkeit und zur Erhaltung des sozialen Friedens	globale Maßnahmen zur Aufrechterhaltung der marktwirtschaftlichen Ordnung durch Förderung des Wettbewerbs und Beseitigung von Wettbewerbsbeschränkungen	globale Maßnahmen zur Beeinflussung des Konjunkturverlaufs durch Stimulierung der gesamtwirtschaftlichen Nachfrage und des gesamtwirtschaftlichen Angebots	spezielle Maßnahmen zur Unterstützung bestimmter Wirtschaftsregionen und -branchen, die aufgrund von Standortnachteilen oder aufgrund des wirtschaftlichen und technischen Wandels mit besonderen Anpassungsschwierigkeiten zu kämpfen haben

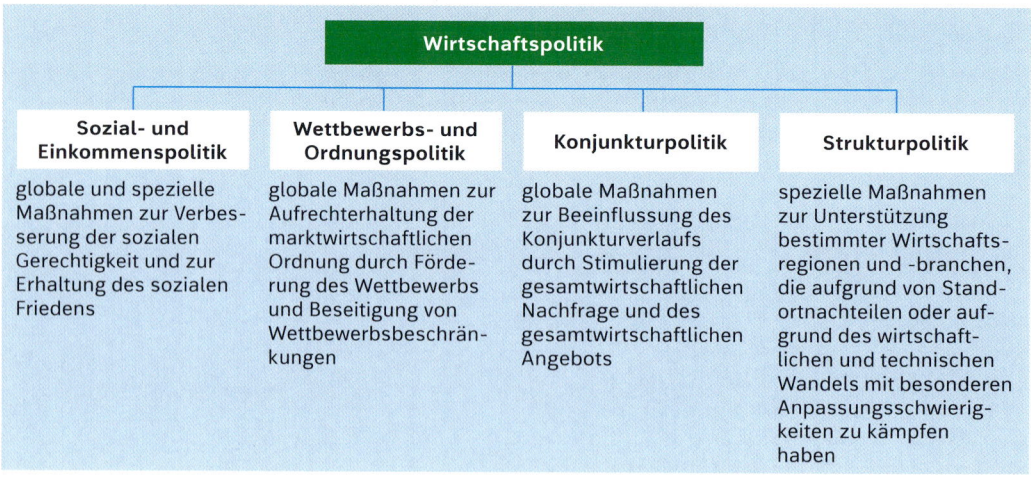

Im *„Gesetz zur Förderung der Stabilität und des Wachstums der Wirtschaft“* von 1967 wurden die gesamtwirtschaftlichen Ziele für die Bundesrepublik Deutschland erstmals gesetzlich verankert.

> Bund und Länder haben bei ihren wirtschafts- und finanzpolitischen Maßnahmen die Erfordernisse des gesamtwirtschaftlichen Gleichgewichts zu beachten. Die Maßnahmen sind so zu treffen, dass sie im Rahmen der marktwirtschaftlichen Ordnung gleichzeitig zur Stabilität des Preisniveaus, zu einem hohen Beschäftigungsstand und außenwirtschaftlichem Gleichgewicht bei stetigem und angemessenem Wirtschaftswachstum beitragen *(§ 1 StabG)*.

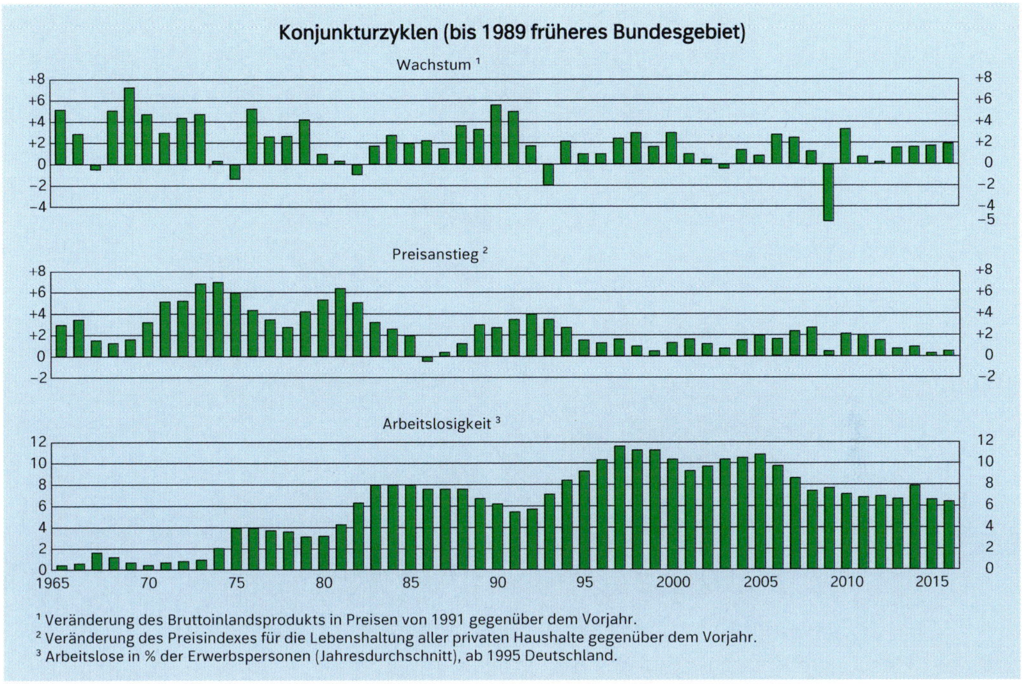
Konjunkturzyklen (bis 1989 früheres Bundesgebiet)
Wachstum ¹
+8
+6
+4
+2
0
−2
−4
−5
Preisanstieg ²
+8
+6
+4
+2
0
−2
Arbeitslosigkeit ³
12
10
8
6
4
2
0
1965
70
75
80
85
90
95
2000
2005
2010
2015
¹ Veränderung des Bruttoinlandsprodukts in Preisen von 1991 gegenüber dem Vorjahr.
² Veränderung des Preisindexes für die Lebenshaltung aller privaten Haushalte gegenüber dem Vorjahr.
³ Arbeitslose in % der Erwerbspersonen (Jahresdurchschnitt), ab 1995 Deutschland.

Quelle: Eigene Berechnungen nach Daten des Statistisches Bundesamtes

■ Gesamtwirtschaftliches Gleichgewicht

Der Begriff „Gesamtwirtschaftliches Gleichgewicht" ist bereits im Grundgesetz aufgeführt.

> Bund und Länder sind verpflichtet, bei allen wirtschafts- und finanzpolitischen Maßnahmen das gesamtwirtschaftliche Gleichgewicht zu beachten *(Art. 109 GG)*.

Eine Konkretisierung des gesamtwirtschaftlichen Gleichgewichts erfolgt durch die vier im Stabilitätsgesetz genannten Ziele

- **angemessenes und stetiges Wachstum,**
- **hoher Beschäftigungsstand,**
- **Stabilität des Preisniveaus,**
- **außenwirtschaftliches Gleichgewicht**,

ohne genau zu definieren, ab wann die Ziele als erreicht gelten. Die Offenheit lässt den Entscheidungsinstanzen politische Spielräume bei der Festlegung der Zielgrößen.

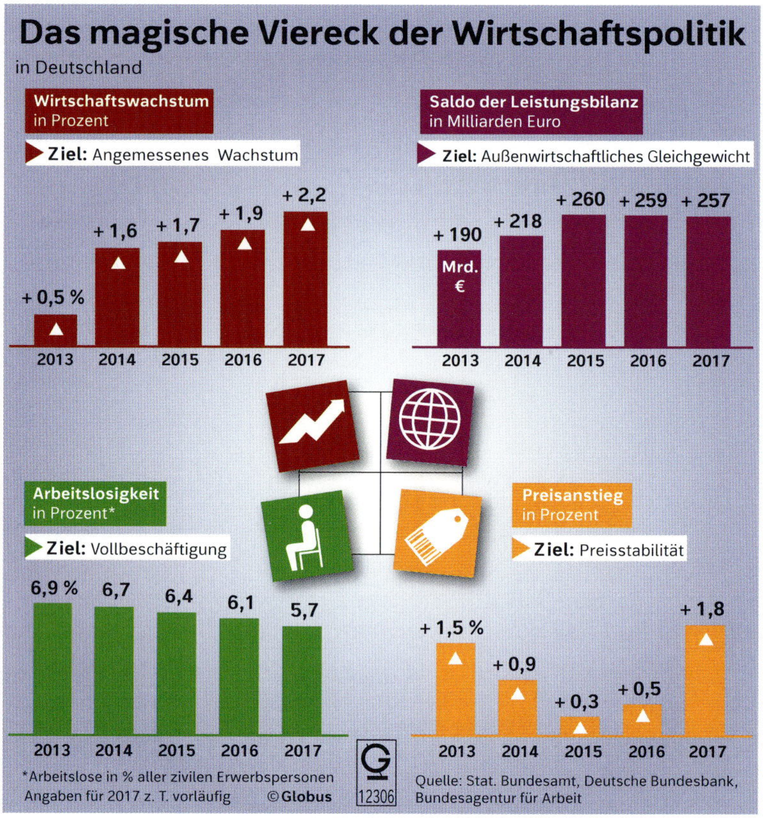
Das magische Viereck der Wirtschaftspolitik
in Deutschland
Wirtschaftswachstum
in Prozent
Ziel: Angemessenes Wachstum
+ 0,5 %
+ 1,6
+ 1,7
+ 1,9
+ 2,2
2013 2014 2015 2016 2017
Saldo der Leistungsbilanz
in Milliarden Euro
Ziel: Außenwirtschaftliches Gleichgewicht
+ 190
Mrd. €
+ 218
+ 260
+ 259
+ 257
2013 2014 2015 2016 2017
Arbeitslosigkeit
in Prozent*
Ziel: Vollbeschäftigung
6,9 %
6,7
6,4
6,1
5,7
2013 2014 2015 2016 2017
Preisanstieg
in Prozent
Ziel: Preisstabilität
+ 1,5 %
+ 0,9
+ 0,3
+ 0,5
+ 1,8
2013 2014 2015 2016 2017
*Arbeitslose in % aller zivilen Erwerbspersonen
Angaben für 2017 z. T. vorläufig
©Globus
12306
Quelle: Stat. Bundesamt, Deutsche Bundesbank, Bundesagentur für Arbeit

7.1 Preisniveaustabilität

In einem marktwirtschaftlichen System kommt es durch die Kräfte der Wirtschaft und die sich verändernden rechtlichen, politischen und sozialen Rahmenbedingungen zu ständigen Veränderungen des Geldwertes.

- Bei einer Verringerung des Geldwertes spricht man von **Inflation**.
- Bei einer Erhöhung des Geldwertes spricht man von **Deflation**.

7.1.1 Inflation

Die nach den beiden großen Inflationen in Deutschland tief verwurzelte Inflationsfurcht führt zu einer nicht immer ganz emotionsfreien Diskussion über dieses Phänomen.

Definition

Inflation *(lat. „inflare = aufblähen") ist ein fortgesetzter Anstieg des Preisniveaus.*

Inflationsarten

Formen der Inflation lassen sich unterscheiden nach der Erkennbarkeit des Geldentwertungsprozesses und nach der Geschwindigkeit, mit der die Preise steigen.

Inflation nach der äußeren Erscheinung der Geldentwertung

Sind die Preissteigerungen und damit der Kaufkraftverlust für jeden erkennbar, handelt es sich um eine **offene Inflation**.

Beispiele

Eigene Wahrnehmung der Preiserhöhungen beim Kauf von Gütern oder durch die Veröffentlichung des Verbraucherpreisindex

Bei der **verdeckten Inflation** wird durch einen allgemeinen Preis- und Lohnstopp oder durch Festsetzung von Höchstpreisen die Inflation zurückgestaut. Für breite Kreise der Bevölkerung erscheint dies als ein Erfolg versprechender Weg zur Inflationsverhinderung. Bei genauerem Hinsehen werden jedoch gewichtige Einwände sichtbar:

- Der Marktpreis verliert seine Signal- und Lenkungsfunktion.
- Es entsteht die Gefahr von Schwarzmärkten.
- Ein umfangreicher und kostenintensiver Kontrollapparat mit Gesetzen, Sanktionsvorschriften, Behörden und Personal muss errichtet werden.
- Steigende Importpreise müssen entweder von der Vorschrift ausgenommen werden oder sie gefährden die importierenden Wirtschaftszweige.
- Je länger und wirksamer die administrativen Maßnahmen greifen, desto stärker wird sich der Inflationsstau bei Aufhebung der Maßnahmen in Preissteigerungen niederschlagen.

Beispiel

In der DDR gab es einen Preisstopp bei den Wohnungsmieten. Nach der Wiedervereinigung kam es zu extremen Mietpreissteigerungen.

Inflation nach der Geschwindigkeit der Geldentwertung

Der Umfang des jährlichen Preisanstiegs wird mit

- schleichender,
- trabender oder
- galoppierender Inflation (Hyperinflation)

umschrieben. Eine Zuordnung von Prozentsätzen zur Kennzeichnung der Geschwindigkeit ist wegen der unterschiedlichen wirtschaftlichen Situation und Inflationsmentalität in den jeweiligen Volkswirtschaften nicht möglich.

Inflation - definiert als Kerninflation

Zur Berechnung von Kerninflationsraten werden Nahrungsmittel- und Energiepreise sowie kurzfristige Einflüsse wie z. B. Kalendereffekte (Urlaubsreisen, Schlußverkäufe) und Änderungen der indirekten Steuern aus dem HVPI herausgefiltert, um ein unverzerrtes Bild der Inflationsentwicklung zu erlangen

■ Ursachen und Erscheinungsformen der Inflation

Preissteigerungen können auf einer Vielzahl unterschiedlicher Ursachen beruhen. Da die Preissteigerungen an den Märkten entstehen, lässt sich die Inflation vom Markt und seinen Teilnehmern her erklären.

Ursachen der Inflation	
Nachfrageinduzierte Inflation	**Angebotsinduzierte Inflation**
• Konsuminflation • Investitionsinflation • Staatsinflation (Fiskalinflation) • importierte Inflation	• Kosteninflation – Kosten inländischer Produktionsfaktoren – durch Importe • Gewinninflation • Inflation durch staatlich administrierte Preise

Nachfrageinduzierte Inflation (demand pull inflation)

Wenn die gesamtwirtschaftliche Nachfrage bei konstantem gesamtwirtschaftlichen Angebot zunimmt, entsteht ein Nachfragesog, der die Preise nach oben zieht. Voraussetzung ist, dass das Angebot elastisch oder unelastisch reagiert und die Nachfrageerhöhung über eine zusätzliche Geldschöpfung finanziert wird. Wenn allerdings die Angebotsseite aufgrund unausgelasteter Kapazitäten vollkommen elastisch reagieren kann, bleiben die preissteigernden Effekte aus.

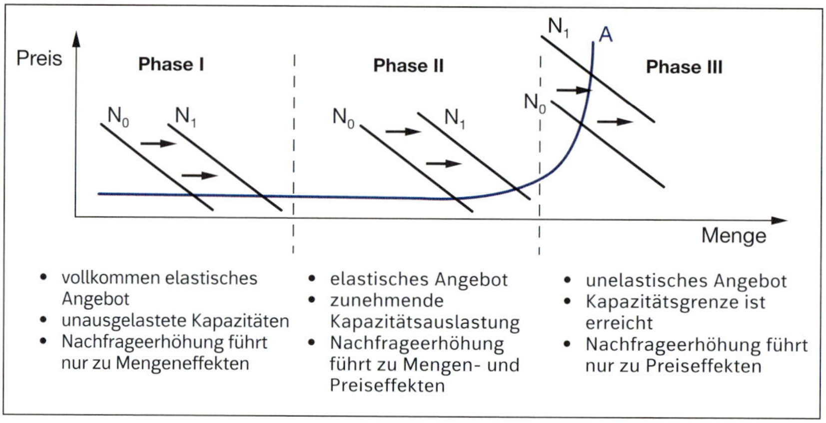
Preis
Phase I
Phase II
Phase III
N0
N1
N0
N1
N0
N1
A
Menge
• vollkommen elastisches Angebot
• unausgelastete Kapazitäten
• Nachfrageerhöhung führt nur zu Mengeneffekten
• elastisches Angebot
• zunehmende Kapazitätsauslastung
• Nachfrageerhöhung führt zu Mengen- und Preiseffekten
• unelastisches Angebot
• Kapazitätsgrenze ist erreicht
• Nachfrageerhöhung führt nur zu Preiseffekten

- **Konsuminflation**
  Die privaten Haushalte weiten ihre Nachfrage nach Konsumgütern aus und finanzieren ihre Nachfrageerhöhung aus Ersparnissen oder durch Kreditaufnahme. Wenn das Konsumgüterangebot nicht ausreicht, werden die Nachfrager bereit sein, höhere Preise zu bezahlen, und die Anbieter werden nicht nur mit steigenden Mengen, sondern auch mit Preiserhöhungen reagieren.

- **Investitionsinflation**
  Wenn die Unternehmen ihre über Kredite finanzierte Nachfrage nach Investitionsgütern erhöhen und auf ein nicht ausreichendes Investitionsgüterangebot treffen, kommt es ebenfalls zu einem Nachfragesog, der Preiserhöhungen nach sich zieht.

- **Staatsinflation**
  Wenn der Staat selbst als Nachfrager auftritt und dies über eine weitere, geldmengenwirksame Verschuldung finanziert, kann dies zu einem Nachfrageüberhang und damit zu inflatorischen Wirkungen führen.

Beispiel

Im Dritten Reich gründete die Regierung die Metallforschungs-GmbH. Diese Unternehmung hatte die Aufgabe, die vom Staat in Auftrag gegebenen Rüstungsgüter zu finanzieren. Die Zahlung erfolgte, indem die Metallforschungs-GmbH mit einer Reichsbankgarantie ausgestattete Drei-Monats-Wechsel der Rüstungsindustrie akzeptierte. Bei Fälligkeit wurde die Wechsellaufzeit auf fünf Jahre verlängert. Die Industrie wollte aber nicht so lange auf ihr Geld warten und verkaufte die Wechsel an die Geschäftsbanken, die wegen der Reichsbankgarantie die Wechsel hereinnahmen. Als die Wechsel schließlich fällig wurden, prolongierte der Staat noch einmal, da für die Einlösung der Wechsel kein Geld vorhanden war.
Erst später verzichtete der Staat auf den Finanzierungsumweg und nahm direkt bei der Reichsbank Kredite auf. Da nicht mehr auf die Geldmittel, die der Kapitalmarkt bereithielt, zurückgegriffen wurde, kam es damit zu einer zusätzlichen Geldschöpfung.
Der Geldmantel wurde immer weiter, während das Angebot an Investitionsgütern und Konsumgütern ständig zugunsten der volkswirtschaftlich nutzlosen Rüstungsgüterproduktion abnahm. Durch einen Lohn- und Preisstopp wurde der Geldentwertungsprozess verdeckt. Der Bargeldumlauf hatte 1935 6,3 Mrd. Reichsmark betragen und lag im Mai 1945 bei 73 Mrd. Reichsmark und stieg schließlich bis 1948 auf ca. 100 Mrd. Reichsmark. Der Geldwert war somit vollends zerrüttet und veranlasste die Alliierten zur Einführung eines neuen Zahlungsmittels, der Deutschen Mark.

- **Importierte Inflation**
  Wenn bei festen Wechselkursen die Exporte die Importe übersteigen, kommt es im Inland zu einer Abnahme der Gütermenge. Gleichzeitig bläht sich die Geldmenge auf, da die Exporterlöse bei der Notenbank in Inlandswährung umgetauscht werden.
  Es entsteht ein Ungleichgewicht zwischen Güter- und Geldmenge und damit die Gefahr einer importierten Inflation. Ursächlich für die Exportüberschüsse und die daraus resultierende inländische Güterlücke sind bei gegebenen Wechselkursen vor allem die unterschiedlichen Inflationsraten der beteiligten Länder und die Dringlichkeit der Importnachfrage.

- **Angebotsinduzierte Inflation**
  Bei der angebotsinduzierten Inflation versuchen die Anbieter, über Preiserhöhungen eine Verschlechterung ihrer Kostensituation auszugleichen oder eine Verbesserung ihrer Gewinnsituation herbeizuführen.

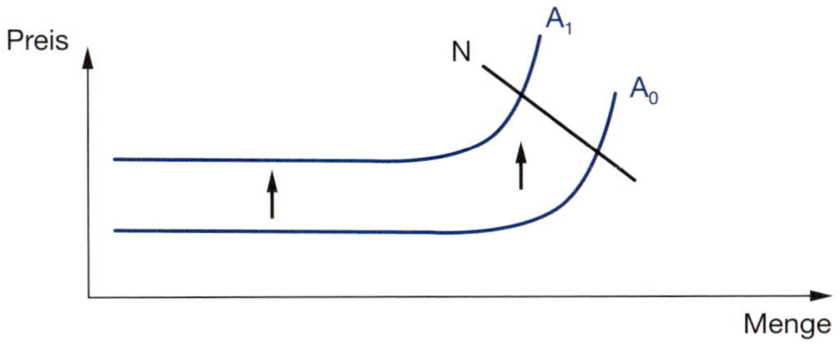
Preis
N
A_1
A_0
Menge

- **Kosteninflation (cost push inflation)**
  Die Unternehmen geben gestiegene Kosten über die Preise weiter, sofern sie den Kostendruck nicht über Produktivitätssteigerungen kompensieren können oder bereit sind, Gewinneinbußen hinzunehmen.

- **Lohn-Preis-Spirale oder Preis-Lohn-Spirale**
  Wenn die Lohnstückkosten steigen – wofür nicht nur Tariferhöhungen, sondern auch Lohnnebenkosten verantwortlich sein können –, kann es zu Preissteigerungen kommen. Bei der nächsten Tarifrunde werden die Gewerkschaften einen Lohnausgleich durchsetzen, der wiederum den Unternehmen als Motiv für weitere Preissteigerungen dient. Je nach politischem Standpunkt wird dieser Prozess Lohn-Preis-Spirale oder Preis-Lohn-Spirale genannt.
  In diesem Zusammenhang wird auch von einer Anspruchsinflation gesprochen, da hier die Ansprüche der gesellschaftlichen Gruppen an der Verteilung des Volkseinkommens zur Förderung der Inflation beitragen.

- **Importierte Inflation**
  Wenn die Kostensteigerungen aus dem Import ausländischer Produkte resultieren, erfolgt eine Abwälzung der gestiegenen Importkosten auf die Verkaufspreise im Inland. Weil diese Verteuerungen von Entwicklungen im Ausland ausgehen, wird auch hier von importierter Inflation gesprochen.

- **Gewinninflation**
  Wenn Unternehmen ohne ökonomische Notwendigkeit Preiserhöhungen durchsetzen, kann dies eine Gewinninflation verursachen. Diese Form des missbräuchlichen Ausnutzens von Marktmacht droht am häufigsten auf oligopolistischen Märkten und bei Angebotsmonopolen.

- **Inflation durch staatlich administrierte Preise**
  Bei vielen Gütern und Dienstleistungen bestimmt der Staat mittelbar oder unmittelbar den Preis und trägt durch Preiserhöhungen zur Inflation bei.
  Auf den ersten Blick scheint es paradox, wenn der Staat, der Preisniveaustabilität zum wirtschaftspolitischen Ziel erklärt, die Inflation anheizt, indem die staatlich administrierten Preise stärker als die anderen Preise ansteigen. Die Erklärung für diese Situation ist einfach: Wenn die Staatseinnahmen durch Steuerausfälle sinken, kann der Staat nicht im gleichen Maße seine Ausgaben kürzen, da ein Großteil seiner Aufgaben gesetzlich vorgeschrieben ist. Folglich erhöht er Steuern, Gebühren und Abgaben, um seinen Verpflichtungen weiter nachkommen zu können.

Folgen der Inflation

Bei einer Inflation gibt es Gewinner und Verlierer.

Inflationsgewinner sind:

- **Schuldner**
  Sie haben „gutes Geld" erhalten und zahlen schlechtes Geld zurück.

Beispiel

Bei Bauherren, die langfristige Darlehen mit Festzinsvereinbarung aufnehmen, verringert sich von Jahr zu Jahr der prozentuale Anteil ihrer Belastung am Einkommen, da das Einkommen inflationsbedingt steigt, aber die monatliche Belastung konstant bleibt. Außerdem haben Bauherren den Vorteil, dass der Wert ihrer kreditfinanzierten Immobilie steigt.

- **der Staat**
  Einerseits entwerten sich die Staatsschulden, andererseits nehmen inflationsbedingt und strukturell bedingt (Steuerprogression) die Staatseinnahmen zu.

- **vermögende Personen**
  Da sie ihr Vermögen häufig in Sachwerten (vor allem in Immobilien) angelegt haben, steigt der Nominalwert ihres Vermögens.

Inflationsverlierer sind:

- **Bezieher fester Einkommen** (Arbeiter, Angestellte, Beamte, Rentner)
  Erst mit Verzögerung kommt es zu Einkommenserhöhungen und damit zum Kaufkraftausgleich. Bei Rentnern ist die Verzögerung durch das System der nettolohnbezogenen Rentenanpassungen noch ausgeprägter. Sie erhalten immer erst dann einen Kaufkraftausgleich, wenn die Inflation schon fortgeschritten ist.

- **Empfänger von Unterhaltsleistungen und Studenten**
  Transferzahlungen und Freibeträge werden oft in sehr langem zeitlichen Abstand erhöht.

  Beispiele

  Kindergeld, Elternfreibeträge beim BAföG

- **Gläubiger, Sparer und andere Geldanleger**
  Die Zinserträge werden durch die Geldentwertung real geschmälert, sodass die Kaufkraft des Gesparten nur wenig steigt oder gar abnimmt.

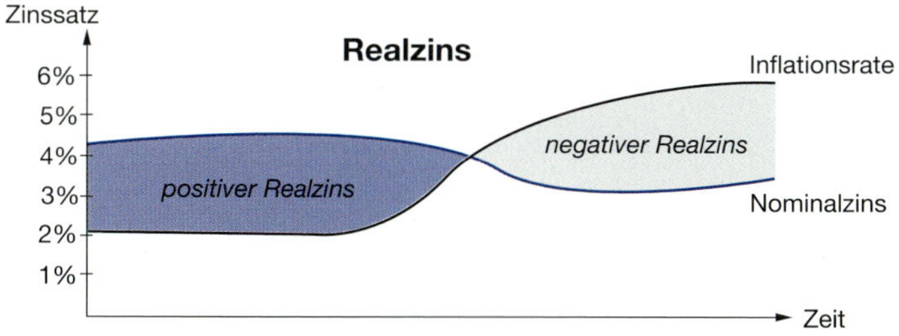
Zinssatz
Realzins
Inflationsrate
6%
5%
4%
3%
2%
1%
negativer Realzins
positiver Realzins
Nominalzins
Zeit

Bei drohender Inflation erhalten Personen mit erheblichem Geldvermögen meistens über den Anlageberater bei ihrem Kreditinstitut oder ihren Steuerberater Hinweise zur „Flucht in die Sachwerte". Für Kleinanleger ergibt sich dieser Weg nicht, da ihnen häufig entsprechende Informationen fehlen und ihr Geldvermögen für die Flucht in die Sachwerte nicht ausreicht. Sie gehen in ihren Überlegungen vom **Nominalzins** aus und beachten nicht den **Realzins**.
Die Inflation hat negative Folgen für die soziale Symmetrie in der Bevölkerung. Es kommt zu einer Gefährdung der sozialen Sicherheit und zu Wohlstandseinbußen. Länder mit hohen Inflationsraten gefährden ihre internationale Wettbewerbsfähigkeit. Insbesondere in Ländern mit einer sehr exportorientierten Wirtschaft geraten Produktion und Beschäftigung unter Druck.

7.1.2 Deflation

Definition

Deflation *ist eine fortgesetzte Senkung des Preisniveaus.*

Das Preisniveau kann nicht im gleichen Maße sinken, wie es bei der Inflation steigen könnte, da den Unternehmen für Preissenkungen Grenzen gesetzt sind.
- Bei den Löhnen müssen die Unternehmen die Tarifvereinbarungen beachten,
- für importierte Rohstoffe sind Preise zu zahlen, die mit deflatorischen Entwicklungen im Inland nichts zu tun haben.

Ursachen der Deflation

- **Rückgang der Nachfrage**
  - des Staates, wenn er seine Investitionstätigkeit stark drosselt,
  - des Auslandes, wenn Exporte drastisch zurückgehen,
  - der privaten Haushalte, die zulasten des Konsums vermehrt sparen und die Unternehmen zu Produktionseinschränkungen zwingen, sowie weitere Preissenkungen abwarten (Attentismus).
- **Preissenkungen durch die Unternehmen**, weil
  - die eigenen Kapazitäten nicht ausgelastet sind,
  - sie bei gesättigten Märkten Marktanteile gewinnen wollen
- **Rückgang der nachfragewirksamen Geldmenge**, weil
  - die Wirtschaftssubjekte aus Gründen der Vorsicht und in Erwartung fallender Preise Kaufzurückhaltung üben und damit zu einer Senkung der Umlaufgeschwindigkeit des Geldes beitragen,
  - die Zentralbank das Geldvolumen reduziert.

Beispiel

In den Jahren 1930 bis 1932 versuchte die Regierung, den Staatshaushalt mit untauglichen Mitteln zu sanieren. Öffentliche Investitionen wurden radikal zurückgefahren, und die Löhne und Gehälter der im öffentlichen Dienst Beschäftigten wurden gekürzt. Die Folge war eine Deflationsspirale, an deren Ende die Geldmenge um über 30 % gesunken und das Heer der Arbeitslosen auf 6 Millionen gestiegen war.

Folgen der Deflation

Die schrumpfende Geldmenge und der Preisverfall führen zu:
- Nachfragesenkungen bei Konsum- und Investitionsgütern
- Produktionseinschränkungen
- Erhöhung der Lagervorräte
- Beschäftigungsrückgang Einkommenseinbußen
- Rückgang der Steuereinnahmen
- Zunahme der Staatsverschuldung

Begünstigte der Deflation sind Verbraucher, Bezieher fester Einkommen sowie Gläubiger und Geldanleger. Dagegen werden Unternehmer und Schuldner mit langfristigen Verbindlichkeiten von der Deflation hart getroffen.
Die Gefahr einer Deflation wurde als beherrschbar eingeschätzt, wenn ihr mit einer Kombination von aggressiver Zinspolitik und entschlossener Fiskalpolitik begegnet wird. Das Beispiel Japan lehrt aber das Gegenteil. Seit nunmehr fast 20 Jahren kämpft die Politik dort gegen die Deflation, doch der Erfolg ist höchst

bescheiden. Riesige staatliche Investitionen und eine Null-Zins-Politik haben die Staatsverschuldung verdoppelt, aber die Deflation nicht gestoppt und kein nennenswertes Wachstum hervorgerufen. Bei der Bekämpfung hoher Inflation haben die Notenbanken mit ihren vielen Instrumenten der Geld- und Zinspolitik reichlich Erfahrung gesammelt, aber Deflation ist für sie Neuland. Wenn die Notenbankzinsen bei Null sind, ist das Pulver zur Bekämpfung der Deflation verschossen.

7.1.3 Stagflation

Stagflation ist eine Wortschöpfung aus **Stag**nation und In**flation**. Damit ist eine Phase schleichender Inflation bei stagnierender wirtschaftlicher Tätigkeit gemeint. Die Bundesrepublik hat eine solche Phase in den Jahren 1973 und 1974 erlebt. Auf rückläufige Nachfrage reagieren die Unternehmen mit Produktionseinschränkungen und Beschäftigungsabbau. Entgegen der Theorie, wonach die Preise bei einem Nachfragerückgang sinken, kommt es aber zu Preisniveauerhöhungen, da die fixen Stückkosten zunehmen und die Unternehmen Verschlechterungen der Erlös-Kosten-Relation nicht hinnehmen wollen.

7.2 Hoher Beschäftigungsstand

Als 1967 das Ziel „Hoher Beschäftigungsstand" gesetzlich verankert wurde, hielt man eine Arbeitslosenquote von 1 % für erreichbar. Inzwischen ist man bescheidener geworden und verzichtet auf Zahlenangaben. Die hohe Arbeitslosigkeit ist heute ein Problem, unter dem sehr viele Volkswirtschaften leiden.

Beispiel

Allein in der Euro-Zone sind ca. zwölf Millionen Menschen arbeitslos.

- **Unterbeschäftigung**
  Der Produktionsfaktor Arbeit ist mangelhaft ausgelastet, sodass ein Teil des gesamtwirtschaftlichen Potenzials brachliegt.
- **Vollbeschäftigung**
  Ziel ist Vollbeschäftigung, also die optimale Auslastung des Produktionsfaktors Arbeit. Optimal meint in diesem Zusammenhang, dass ein gewisses Arbeitskräftepotenzial als Reserve nicht beschäftigt ist und bei Engpässen Pufferfunktionen übernehmen kann.
- **Überbeschäftigung**
  Bei Überbeschäftigung gibt es diese Reserve nicht, sodass es zu Überhitzungen am Arbeitsmarkt kommt.

  Beispiele

  Überzogene Lohnforderungen und Abwerbungen von Arbeitskräften sind typische Merkmale der Überbeschäftigung. Die Anwerbung ausländischer Gastarbeiter zu Beginn der 60er-Jahre war ebenfalls ein Ergebnis der Überbeschäftigung.

7.2.1 Ursachen und Folgen der Arbeitslosigkeit

Die Arbeitslosigkeit hat objektive und subjektive Gründe.

Objektive Ursachen der Arbeitslosigkeit Primär in sachlichen Gegebenheiten begründet	**Subjektive Ursachen der Arbeitslosigkeit** Primär in der Person des Arbeitnehmers begründet
• konjunkturelle Arbeitslosigkeit • Rationalisierungs-/technologische Arbeitslosigkeit • saisonale Arbeitslosigkeit • strukturelle Arbeitslosigkeit – sektoral (branchenspezifisch) – regional – demografisch – mismatch	• Qualifikationsmängel • Alter • Nationalität • Krankheit/Behinderung • Geschlecht • charakterliche Eigenschaften • Langzeitarbeitslosigkeit • friktionelle Arbeitslosigkeit (fluktuationsbedingte Arbeitslosigkeit)

■ Objektive Ursachen der Arbeitslosigkeit

Die Ursachen der objektiven Arbeitslosigkeit liegen vorwiegend in gesamtwirtschaftlichen Gegebenheiten.

Konjunkturelle Arbeitslosigkeit

In Phasen eines Rückgangs der gesamtwirtschaftlichen Nachfrage sehen sich viele Unternehmen zu Entlassungen veranlasst.

Rationalisierungs-/Technologische Arbeitslosigkeit

Um im Wettbewerb mithalten zu können, sehen sich die Unternehmen vor die Daueraufgabe „Kostensenkung“ gestellt. Dabei werden nicht nur betriebliche Abläufe optimiert, sondern menschliche Arbeit wird durch Einführung neuer Techniken ersetzt.

Saisonale Arbeitslosigkeit

Beschäftigung erfolgt in Anlehnung an saisonale veränderliche Bedingungen.

Beispiel

Service-Personal in Feriengebieten

Strukturelle Arbeitslosigkeit

Die Aufsplittung des Begriffs in **sektorale (branchenspezifische)** und in **regionale** Arbeitslosigkeit verdeutlicht, ob bestimmte Wirtschaftszweige Arbeitsplätze abbauen oder ob in gewissen Regionen aufgrund gegebener Standortfaktoren besonders wenig Wirtschaftsunternehmen angesiedelt sind.

Beispiele

- *Branchenspezifische Arbeitslosigkeit: Im Bergbau, in der Stahlindustrie oder im Schiffbau kommt es zu Entlassungen.*
- *Regionale Arbeitslosigkeit: Wegen fehlender Standortfaktoren ist die Arbeitslosigkeit in Teilen Mecklenburg-Vorpommerns besonders hoch.*

- *Wenn das Arbeitsangebot und die Arbeitsnachfrage in regionaler oder qualifikatorischer Hinsicht voneinander abweichen und deswegen gleichzeitig Arbeitslosigkeit und Arbeitskräftemangel herrschen, wird von Mismatch-Arbeitslosigkeit gesprochen.*

In manchen Fällen wird auch die Bevölkerungsstruktur für die hohe Arbeitslosigkeit verantwortlich gemacht. Diese Art struktureller Arbeitslosigkeit wird als **demografische** Arbeitslosigkeit bezeichnet.

Beispiel

Geburtenstarke Jahrgänge strömen auf den Arbeitsmarkt, der aber nicht in der Lage ist, in kurzer Zeit diese Zugänge mit Arbeit zu versorgen.

Kosten als Ursache der Arbeitslosigkeit

Die Arbeitgeber und ihre Verbände haben die Diskussion über die Gründe der Arbeitslosigkeit auf die Kosten gelenkt. Für die hohe Arbeitslosigkeit werden u. a. folgende Punkte mitverantwortlich gemacht:

- Die Lohnkosten, insbesondere in den unteren Lohngruppen, sind zu hoch.
- Die Lohnnebenkosten sind so hoch, dass sie die Arbeitgeber unangemessen stark belasten.
- Flächentarifverträge berücksichtigen regionale Gegebenheiten nur unzureichend und verhindern somit die Einstellung neuer Mitarbeiter.
- Die Umweltschutzregelungen und -kosten sind überzogen.
- Die Regelungen des sozialen Arbeitsschutzes machen Neueinstellungen letztlich zu teuer.

Die Bundesregierung hat in den letzten Jahren eine Reihe von Maßnahmen und Regelungen beschlossen, um auf der Kostenseite Entlastung zu schaffen. Anhand eines Vergleichs der Unternehmensumsätze und Unternehmensgewinne mit der Entwicklung von Erwerbstätigen- und Arbeitslosenzahlen im gleichen Zeitraum lässt sich erkennen, ob und in welcher Richtung die Maßnahmen der Bundesregierung gewirkt haben.

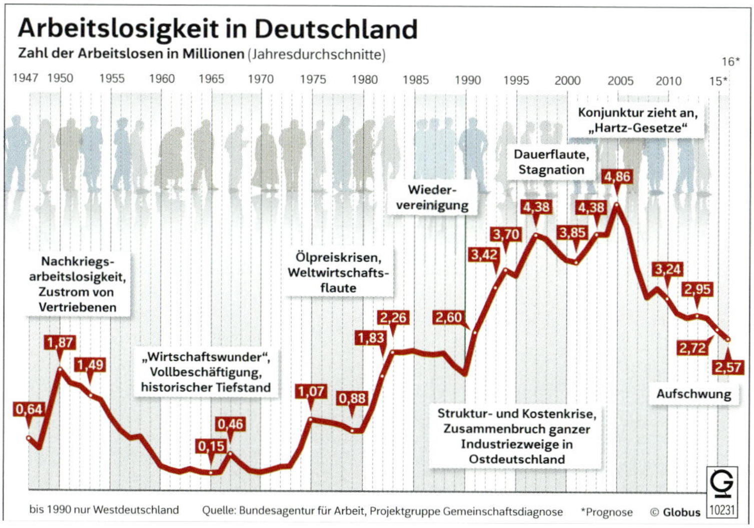
Arbeitslosigkeit in Deutschland
Zahl der Arbeitslosen in Millionen (Jahresdurchschnitte)
1947 1950 1955 1960 1965 1970 1975 1980 1985 1990 1995 2000 2005 2010 15* 16*
Nachkriegs-arbeitslosigkeit, Zustrom von Vertriebenen
„Wirtschaftswunder“, Vollbeschäftigung, historischer Tiefstand
Ölpreiskrisen, Weltwirtschafts-flaute
Wieder-vereinigung
Struktur- und Kostenkrise, Zusammenbruch ganzer Industriezweige in Ostdeutschland
Dauerflaute, Stagnation
Konjunktur zieht an, „Hartz-Gesetze“
Aufschwung
0,64
1,87
1,49
0,15
0,46
1,07
0,88
1,83
2,26
2,60
3,42
3,70
4,38
3,85
4,38
4,86
3,24
2,95
2,72
2,57
bis 1990 nur Westdeutschland
Quelle: Bundesagentur für Arbeit, Projektgruppe Gemeinschaftsdiagnose
*Prognose
© Globus
10231

Subjektive Ursachen der Arbeitslosigkeit

Die Ursachen der Arbeitslosigkeit liegen in der Person des Arbeitnehmers, seiner persönlichen Disposition oder seinem Verhalten.
Drei Personengruppen haben besonders schlechte Chancen, wieder eine Beschäftigung zu finden, wenn sie erst einmal arbeitslos geworden sind. Das sind Personen

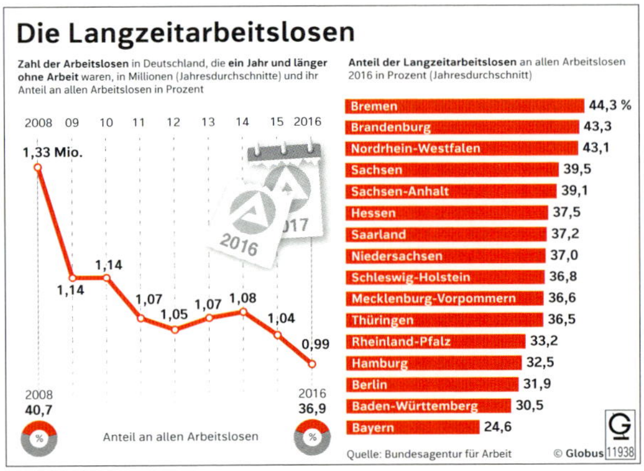
Die Langzeitarbeitslosen
Zahl der Arbeitslosen in Deutschland, die ein Jahr und länger ohne Arbeit waren, in Millionen (Jahresdurchschnitte) und ihr Anteil an allen Arbeitslosen in Prozent
2008 09 10 11 12 13 14 15 2016
1,33 Mio.
1,14
1,14
1,07
1,05
1,07
1,08
1,04
0,99
2016
2008
40,7
2016
36,9
%
Anteil an allen Arbeitslosen
Anteil der Langzeitarbeitslosen an allen Arbeitslosen 2016 in Prozent (Jahresdurchschnitt)
Bremen 44,3 %
Brandenburg 43,3
Nordrhein-Westfalen 43,1
Sachsen 39,5
Sachsen-Anhalt 39,1
Hessen 37,5
Saarland 37,2
Niedersachsen 37,0
Schleswig-Holstein 36,8
Mecklenburg-Vorpommern 36,6
Thüringen 36,5
Rheinland-Pfalz 33,2
Hamburg 32,5
Berlin 31,9
Baden-Württemberg 30,5
Bayern 24,6
Quelle: Bundesagentur für Arbeit
© Globus 11938

- ohne berufliche Qualifikation,
- mit gesundheitlichen Beeinträchtigungen,
- die älter als 55 Jahre sind,
- die ein Jahr und länger ohne Arbeit sind.

Knapp eine Million der Arbeitslosen waren 2016 den sogenannten **Langzeitarbeitslosen** (über zwölf Monate arbeitslos) zuzurechnen. Deren Vermittlung wird mit zunehmender Zeitdauer immer schwieriger, da ihre Qualifikation nicht mehr den Anforderungen eines neuen Arbeitsplatzes entspricht.
„Unter diesen Langzeitarbeitslosen befinden sich", so der Sachverständigenrat, „überproportional viele Personen, die zwei oder drei der vermittlungshemmenden Merkmale – fehlende abgeschlossene Berufsausbildung, gesundheitliche Einschränkungen oder ein Alter von mehr als 55 Jahren – aufweisen." Vermutlich wird das Problem der Langzeitarbeitslosigkeit auch durch die psychische Disposition der Arbeitslosen und Erwartungshaltungen und Vorurteile der Unternehmen verstärkt.

Soziale und persönliche Konflikte als Folge von Langzeitarbeitslosigkeit

[...] Durch Dauererwerbslosigkeit werden Menschen in eine Situation hineingestoßen, auf die sie in keiner Weise vorbereitet sind. Die allgemeinen Normen und Wertvorstellungen sind auf ein anderes Leben ausgerichtet. Mit dem Stellenverlust verlieren die Betroffenen eine wichtige Quelle der Bestätigung und der sozialen Wertschätzung. Daraus entstehen eine Vielzahl von persönlichen und sozialen Konflikten. [...]

Die Arbeitslosen reagieren entsprechend unterschiedlich auf ihre Arbeitslosigkeit. Die Reaktionen hängen von verschiedenen Faktoren ab wie beispielsweise der Dauer der Arbeitslosigkeit, dem sozialen Netz, der finanziellen Situation bis hin zu lokalen Gemeinschaften und der persönlichen Interpretation des Stellenverlustes. Erste Studien über Arbeitslosigkeit in den dreißiger Jahren haben schon gezeigt, dass die meisten Individuen Arbeitslosigkeit überwiegend destruktiv erleben. Dies zeigt sich in gesundheitlichen Problemen, Hoffnungslosigkeit, Suchtproblemen, chronischer Lethargie und Verlust von sozialen Kontakten und Freundschaften.

Nur ausnahmsweise können die Betroffenen der Dauerarbeitslosigkeit positive Aspekte wie vermehrte Freizeit, fehlender beruflicher Streß und Zeit für Hobbys und Familie abgewinnen [...].

Im Hinblick auf die sozialen Folgen der Arbeitslosigkeit gibt es erhöhte Ehescheidungsraten, deutliche Verschlechterungen der Stimmung in der Familie und Einschränkungen von außerfamiliären Kontakten sowie das Gefühl von Vorurteilen gegenüber Arbeitslosen. [...]

Zu den psychischen Problemen kommen vor allem für unqualifizierte Arbeitnehmer, deren geringes Einkommen es ihnen nicht erlaubte, Ersparnisse zu machen, erhebliche finanzielle Schwierigkeiten. Eine starke Akzentuierung der Armut mit der Dauer der Erwerbslosigkeit ist in allen Ländern der Europäischen Union zu beobachten. So fallen zwischen einem Drittel bis zur Hälfte der Dauerarbeitslosen unter die Armutsgrenze. Die fehlenden finanziellen Ressourcen sind ein wesentlicher Grund, weshalb die Langzeitarbeitslosen vom „normalen" sozialen Leben ausgeschlossen sind.

Quelle: Ruckstuhl, Astrid: Ursachen und Folgen von Langzeitarbeitslosigkeit, in: Sociology in Switzerland: Sociology of Work and Organization, Zürich, 2000, Zugriff am 05.12.2017 unter: http://socio.ch/arbeit/t_a.ruckstuhl.htm

Friktionelle Arbeitslosigkeit (Sucharbeitslosigkeit) besteht in der Zeit, die der Arbeitslose braucht, um sich auf dem Arbeitsmarkt umzusehen, Vorstellungstermine zu vereinbaren und wahrzunehmen, Alternativen abzuwägen, eventuell einen Wohnungswechsel vorzubereiten und durchzuführen, um schließlich in ein neues Arbeitsverhältnis einzutreten. Arbeitnehmer können diese Art von Arbeitslosigkeit verhindern oder verkürzen, wenn sie sich bereits in ihrem alten Beschäftigungsverhältnis nach einer neuen Arbeit umsehen und dann nach ihrem Resturlaub nahtlos eine neue Stelle antreten. Die friktionelle Arbeitslosigkeit stellt für die Arbeitsmarktpolitik keine Aufgabe dar.

■ Folgen der Arbeitslosigkeit

- **Soziale Folgen:** Die Folgen für den Einzelnen liegen nicht nur in der Verschlechterung seiner materiellen Situation, sondern vor allem auch im psychischen Bereich. Der Arbeitslose gibt soziale Kontakte zu Arbeitskollegen auf und verliert an gesellschaftlicher Anerkennung und persönlicher Selbstverwirklichung.
  Nicht selten ist eine Stigmatisierung die Folge. Der Arbeitslose wird für die Entlassung selbst verantwortlich gemacht, seine Leistungsfähigkeit und Qualifikation scheinen nicht auszureichen. Bei der Suche nach einem neuen Arbeitsplatz muss begründet werden, warum man entlassen worden ist.

Was Arbeitslosigkeit bedeutet

„Man ist ja doch irgendwie angeschlagen durch die ganze Geschichte." Richard Mayer sitzt in Strickjacke und Trainingshose in seinem einfachen Wohnzimmer. Der Kohleofen brennt auf der niedrigsten Stufe. Richard Mayer erzählt seine Geschichte. Er ist fünfzig Jahre alt, schlank, bärtig, freundlich, Junggeselle, arbeitslos. Er ist ein wenig aus dem Rhythmus: „Wenn man arbeitet, braucht man sich keine Gedanken zu machen. Der Wecker rappelt, man geht zum Betrieb. Dann nimmt man sich abends noch was vor. Und jetzt? Da weiß man morgens nix mit sich anzufangen, mittags nix und abends. Ich weiß nicht, ob die Jüngeren das leichter haben. Die haben diesen Rhythmus vielleicht noch nicht so drin."

Seit früher Jugend hat Mayer im Saarland im Stahlwerk gearbeitet, als Walzwerker. Dann kamen Stahlkrise und Massenentlassungen. „Demnächst bist du auch dran, habe ich gedacht." Er ließ sich beim Arbeitsamt beraten. „Die sagten: ‚Sie sollten einen Berufsabschluss nachholen, sonst sind Ihre Aussichten schlecht.'". Umzug nach Frankfurt, weil sich hier die Möglichkeit einer Umschulung ergab. Nach gut zwei Jahren schafft er die Prüfung als Elektromechaniker einschließlich Elektronik-Zusatzausbildung.

Dann war er zum ersten Mal arbeitslos. „Beim Alter haben die die Nase gerümpft." Er fand eine auf drei Monate befristete Anstellung. Danach musste er wieder eine Arbeit suchen. Er schrieb auf jede infrage kommende Stellenanzeige, wurde schließlich auch vorgeladen und zu seiner eigenen Überraschung eingestellt. Zwei Jahre lang arbeitete Facharbeiter Mayer in einem Unternehmen für Mess- und Regeltechnik, prüfte Fehler und reparierte defekte Instrumente. Das hat ihm Spaß gemacht.

„Freitagmittag kommt der Meister. Ich soll mal ins Personalbüro kommen." Hundert Mitarbeitern soll gekündigt werden. Mayer ist am kürzesten in der Abteilung, hat keine Kinder, ihn trifft es also. Hatte er das Gefühl, dass dem Mann vom Personalbüro die Kündigung unter die Haut ging? „Nein", sagt Mayer, „das geht bei denen ganz rechnerisch. Von Gefühl hat man da nichts gemerkt."

Quelle: Red Z: Was Arbeitslosigkeit bedeutet, in: Frankfurter Allgemeine Zeitung, 15.10.2001

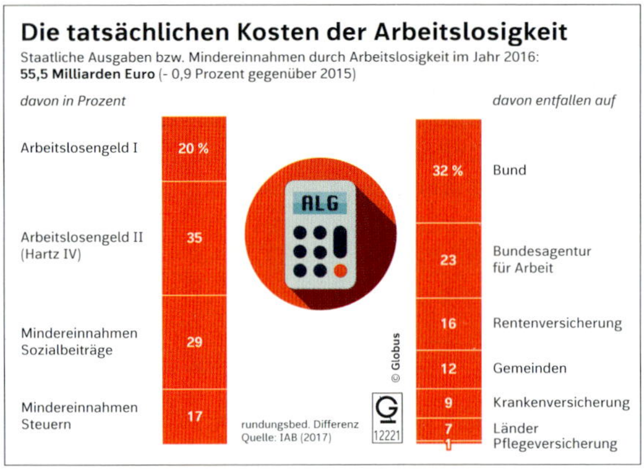
Die tatsächlichen Kosten der Arbeitslosigkeit
Staatliche Ausgaben bzw. Mindereinnahmen durch Arbeitslosigkeit im Jahr 2016:
55,5 Milliarden Euro (- 0,9 Prozent gegenüber 2015)
davon in Prozent
davon entfallen auf
Arbeitslosengeld I
20 %
Arbeitslosengeld II (Hartz IV)
35
Mindereinnahmen Sozialbeiträge
29
Mindereinnahmen Steuern
17
ALG
32 %
Bund
23
Bundesagentur für Arbeit
16
Rentenversicherung
12
Gemeinden
9
Krankenversicherung
7
Länder
1
Pflegeversicherung
rundungsbed. Differenz
Quelle: IAB (2017)
© Globus
12221

- **Volkswirtschaftliche Folgen:** Arbeitslosigkeit bedeutet eine erhebliche Belastung der öffentlichen Hand, da Sozialversicherungsbeiträge ausfallen, aber Transferzahlungen gezahlt werden müssen. Eine hohe Arbeitslosigkeit kann zu einer spürbaren Senkung der Inlandsnachfrage führen und eine konjunkturelle Abwärtsbewegung hervorrufen.

7.2.2 Grenzen der Arbeitsmarktstatistik

Arbeitslosenquoten zeigen die prozentuale Unterauslastung des Arbeitskräfteangebots an, indem sie die registrierten Arbeitslosen zu allen zivilen Erwerbspersonen – abhängige zivile Erwerbstätige, Selbstständige und mithelfende Familienangehörige – in Beziehung setzen.

Die Bundesagentur für Arbeit (BA) bezeichnet Personen, die
- vorübergehend nicht in einem Beschäftigungsverhältnis stehen,
- eine versicherungspflichtige Beschäftigung suchen und dabei den Vermittlungsbemühungen der Agentur für Arbeit zur Verfügung stehen und
- sich bei der Agentur für Arbeit arbeitssuchend gemeldet haben,

als arbeitslos, sofern sie nicht an einer Maßnahme der aktiven Arbeitsmarktpolitik teilnehmen *(§ 16 SGB III)*.

Arbeitslosenquote
(auf Basis aller zivilen Erwerbspersonen) $= \dfrac{\text{Arbeitslose}}{\text{alle ziv. Erwerbstätigen + Arbeitslose}}$

Beispiel

In einer Volkswirtschaft gibt es 100 Erwerbspersonen, davon 15 Selbstständige und 5 Arbeitslose.

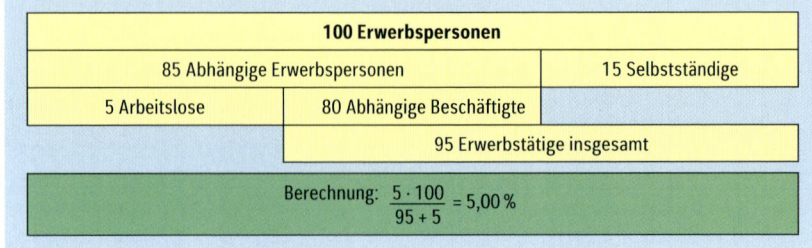

100 Erwerbspersonen		
85 Abhängige Erwerbspersonen		15 Selbstständige
5 Arbeitslose	80 Abhängige Beschäftigte	
	95 Erwerbstätige insgesamt	

Berechnung: $\dfrac{5 \cdot 100}{95 + 5} = 5{,}00\,\%$

Für internationale Vergleiche ist die Berechnungsart der Bundesagentur für Arbeit wenig geeignet, da die einzelnen Staaten die Arbeitslosigkeit nach unterschiedlichen Verfahren messen.

Die **Internationale Arbeitsorganisation (ILO)** hat eine Methode entwickelt, mit der Beschäftigtenstatistiken international vergleichbar werden. Das sogenannte Labour-Force-Konzept der ILO zur Messung der Erwerbslosigkeit weist beträchtliche Unterschiede zur nationalen deutschen Statistik auf. Dies wird nicht nur an den Begriffen deutlich – hier Arbeitslose, dort Erwerbslose –, sondern auch an unterschiedlichen Abgrenzungen und Erhebungsmethoden.

Unterschiede zwischen der deutschen und der internationalen Beschäftigtenstatistik		
Arbeitslose nach SGB III		**Erwerbslose nach ILO**
• aktuelle Beschäftigung bis 14 Wochenstunden möglich	*aktuelle Beschäftigung*	• keine aktuelle Beschäftigung
• nicht jünger als 15 Jahre und nicht älter als die aktuelle Altersgrenze	*Altersgrenze*	• 15- bis 74-Jährige
• persönliche Meldung und Registrierung bei Agentur für Arbeit, Arbeitsgemeinschaft oder kommunalem Träger und • Überprüfung und Beurteilung der Angaben durch Mitarbeiter	*Erhebungsverfahren*	• Telefonische Bevölkerungsbefragung • stichprobenartig ausgewählte Haushalte • monatlich • 6-malige Wiederholungsbefragung • Plausibilitätsprüfung durch Statistisches Bundesamt
• Beschäftigung im Umfang von mind. 15 Wochenstunden wird angestrebt • der Arbeitssuchende nimmt aktiv an der Beschäftigungssuche teil	*Bereitschaft zur Arbeitsaufnahme*	• Beschäftigung im Umfang von mind. einer Wochenstunde wird gesucht • der Arbeitssuchende hat in den letzten vier Wochen aktiv an der Beschäftigungssuche teilgenommen
• möglichst zeitnah	*möglicher Arbeitsbeginn nach einem Vermittlungsvorschlag*	• innerhalb von 14 Tagen

Die Übersicht zeigt, dass in der ILO-Arbeitsmarktstatistik Erwerbslose enthalten sind, die die Bundesagentur für Arbeit nicht als arbeitslos zählt. Zum anderen gelten in der Statistik der BA auch Personen als arbeitslos, die nach Definition der ILO-Arbeitsmarktstatistik nicht erwerbslos sind. Im Vergleich der Ergebnisse weist die ILO-Statistik insgesamt niedrigere Erwerbslosenzahlen und Arbeitslosenquoten auf als die nationale Statistik der BA.

	März 2017			
ILO-Statistik	Erwerbslosigkeit	1,87 Mio.	Erwerbslosenquote	4,3 %
BA-Statistik	Arbeitslosigkeit	2,66 Mio.	Arbeitslosenquote	6,0 %

■ Wodurch wird die Arbeitslosenzahl künstlich verkleinert?

Durch einige Tatbestände wird die Arbeitslosenzahl künstlich verkleinert. Dadurch kommt es zu einer **verdeckten Arbeitslosigkeit**. Dazu zählen die arbeitsmarktpolitischen Maßnahmen der Bundesagentur für Arbeit.

Offene und verdeckte Arbeitslosigkeit in Deutschland/Tausend Personen

	Der Arbeitsmarkt in Deutschland[1]							
	2008	2009	2010	2011[2]	2008	2009	2010	2011[2]
	Personen							
	Tausend				Veränderung gegenüber dem Vorjahr in Tausend			
Erwerbspersonen[3][4]	43 426	43 539	43 452	43 607	34	113	- 87	155
Erwerbslose[5]	3 136	3 228	2 946	2 558	- 465	92	- 282	- 388
Pendlersaldo[6]	55	51	47	40	- 11	- 4	- 4	- 7
Erwerbstätige[7]	40 345	40 362	40 553	41 090	488	17	191	537
Selbstständige	4 479	4 468	4 488	4 541	- 19	- 11	20	53
Arbeitnehmer	35 866	35 894	36 065	36 549	507	28	171	484
darunter: marginal Beschäftigte	5 895	5 936	5 886	5 794	- 42	41	- 50	- 92
Erwerbspersonenpotenzial[8]	44 811	44 842	44 806	44 767	- 27	31	- 36	- 39
Sozialversicherungspflichtig Beschäftigte[9]	27 510	27 493	27 757	28 411	567	- 17	264	654
Geringfügig entlohnte Beschäftigte insgesamt[9][10]	7 080	7 190	7 252	7 372	164	110	62	120
davon:								
ausschließlich geringfügig entlohnte Beschäftigte	4 866	4 904	4 883	4 886	5	38	- 21	3
im Nebenjob geringfügig entlohnte Beschäftigte	2 214	2 286	2 369	2 486	159	72	83	117
Kurzfristig geringfügig Beschäftigte insgesamt[9][11]	347	358	355	352	- 5	11	- 3	- 3
davon:								
ausschließlich kurzfristig geringfügig Beschäftigte	299	304	300	291	- 6	5	- 4	- 9
kurzfristig geringfügig Beschäftigte im Nebenjob	48	54	55	61	1	1	1	6
Registrierte Arbeitslose[9][12]	3 258	3 415	3 238	2 972	- 502	157	- 177	- 266
davon:								
im früheren Bundesgebiet ohne Berlin	2 138	2 314	2 227	2 031	- 337	176	- 87	- 196
in den neuen Bundesländern und Berlin	1 120	1 101	1 011	941	- 165	- 19	- 90	- 70
nachrichtlich:								
Kurzarbeiter (Beschäftigungsäquivalent)[9][13]	46	321	168	44	-	275	- 153	- 124
Unterbeschäftigung (einschl. Kurzarbeit)[9][14]	4 833	5 235	4 869	4 194	-	402	- 366	- 675
Unterbeschäftigung (ohne Kurzarbeit)[9][14]	4 788	4 914	4 701	4 150	-	126	- 213	- 551
Gemeldete Arbeitsstellen[9]	389	301	359	463	- 34	- 88	58	104
	Quoten (vH)							
Arbeitslosenquote[9][15]	*7,8*	*8,1*	*7,7*	*7,1*	x	x	x	x
Unterbeschäftigungsquote (ohne Kurzarbeit)[9][16]	-	*10,6*	*10,3*	*10,0*	x	x	x	x
ILO-Erwerbslosenquote[17]	*7,2*	*7,4*	*6,8*	*5,9*	x	x	x	x

1) Jahresdurchschnitte. – 2) Eigene Schätzung. – 3) Personen im erwerbsfähigen Alter mit Wohnort in Deutschland (Inländerkonzept). – 4) In der Abgrenzung der Volkswirtschaftlichen Gesamtrechnungen. – 5) Nach ILO-Definition. – 6) Erwerbstätige Einpendler aus dem Ausland/Auspendler in das Ausland. – 7) Erwerbstätige mit einem Arbeitsplatz in Deutschland unabhängig von ihrem Wohnort (Inlandskonzept). – 8) Quelle: IAB. – 9) Quelle: BA. – 10) Beschäftigte mit einem Arbeitsentgelt bis zu 400 Euro (§ 8 Absatz 1, Nr. 1 SGB IV). – 11) Beschäftigung mit längstens zwei Monaten oder 50 Arbeitstagen innerhalb eines Kalenderjahres, oder im voraus vertraglich begrenzt, es sei denn, dass die Beschäftigung berufsmäßig ausgeübt wird und das Entgelt 400 Euro im Monat übersteigt (§ 8 Absatz 1, Nr. 2 SGB IV). – 12) Durch die Neuausrichtung der arbeitsmarktpolitischen Instrumente zum 1.1.2009 Ergebnisse nicht mit den Vorjahren vergleichbar. – 13) Ab 2009: Umstellung der Statistik von Betriebsmeldungen auf Abrechnungslisten. – 14) Erläuterungen siehe Anhang IV A. – 15) Registriert Arbeitslose in vH aller zivilen Erwerbspersonen. – 16) Registriert Arbeitslose und Teilnehmer an entlastenden Maßnahmen in Relation zu den abhängigen zivilen Erwerbspersonen einschließlich nichterwerbstätige Maßnahmeteilnehmer. – 17) Erwerbslose in vH der Erwerbspersonen.

Quelle: Sachverständigenrat zur Begutachtung der gesamtwirtschaftlichen Entwicklung/Statistisches Bundesamt, Wiesbaden: Jahresgutachten 2010/2011, Seite 268, unter: www.sachverstaendigenrat-wirtschaft.de/fileadmin/dateiablage/download/gutachten/ga10_ges.pdf (Letzter Zugriff: 30.10.2014).

Die registrierte Arbeitslosenzahl wird durch weitere Tatbestände gesenkt. Ausländische Arbeitnehmer erhalten Abfindungen zur vorzeitigen Auflösung ihrer Arbeitsverträge, um ins Ausland zurückzukehren, ohne bei den Agenturen für Arbeit als arbeitslos erfasst zu werden. Hinzu kommen Schulabgänger, die nach der Schulentlassung einen Ausbildungsplatz suchen. Sie werden in der „Statistik der Ausbildungsplatzsuchenden" und nicht in der Arbeitslosenstatistik erfasst.
Zur **„stillen Reserve"** gehören diejenigen Personen, die nicht erwerbstätig sind, aber unter bestimmten Voraussetzungen eine Arbeit aufnehmen würden. Insbesondere zählen hierzu Frauen, die in Zeiten des Aufschwungs eine Stellung annehmen und bei einer Verschlechterung der Arbeitsmarktsituation nach Erlöschen des Anspruchs auf Arbeitslosengeld in die stille Reserve zurückkehren. Quantitative Angaben sind hier nicht möglich.

<table>
<tr><th colspan="2">2,66 Millionen Arbeitslose Ende März 2017 doch ...</th></tr>
<tr><td>... eigentlich gibt es viel weniger Arbeitslose, denn die Zahl wird künstlich erhöht durch
• Scheinarbeitslose,
• Schüler und Studenten zwischen zwei Ausbildungsabschnitten,
• leistungsberechtigte Frauen, die nach der Elternzeit zu Hause bleiben,
• Rentenanwärter,
• Arbeitsunwillige,
• Personen, die im Rahmen der Zumutbarkeitsverordnung Arbeitsangebote ausschlagen,
• Arbeit suchende Erwerbstätige, die bis 15 Std. pro Woche arbeiten,
• Schwarzarbeiter.</td><td>... eigentlich gibt es viel mehr Arbeitslose, denn die Zahl wird künstlich gesenkt durch
• arbeitsmarktpolitische Instrumente,
  – Arbeitslosenäquivalent der Kurzarbeiter,[1]
  – Ein-Euro-Jobber und andere subventioniert Beschäftigte,
  – Teilnehmer an Fortbildungs-, Umschulungs- Eignungs- und Trainingsmaßnahmen,
  – Teilnehmer an Deutschlehrgängen,
  – Empfänger von Vorruhestands- und Altersübergangsgeld u. Ä.,
• Ausbildungsplatz suchende Schulabgänger,
• arbeitslose Ausländer, die Rückkehrprämien erhalten,
• stille Reserve.
• Arbeitsunfähige (kranke) Langzeitarbeitslose und Langzeitarbeitslose, denen wegen fehlender Mitwirkung ALG I oder ALG II gestrichen wird, fallen aus der Statistik.
• Von privaten Vermittlern betreute Arbeitslose werden nicht mitgezählt.</td></tr>
</table>

7.2.3 Arbeitsmarktpolitische Instrumente

Für den Arbeitsmarkt gelten nur teilweise die gleichen Gesetzmäßigkeiten wie für Gütermärkte. Die Gemeinsamkeiten erschöpfen sich darin, dass Unternehmen Arbeit möglichst billig nachfragen und Arbeitnehmer ihre Arbeitskraft möglichst teuer anbieten. Es ist aber schon bei der Preisfindung (Lohn) zweifelhaft, ob hier ein echter Kompromiss nach den Gesetzen des Marktes gefunden wird, da Lohn- und Gehaltstarife in aller Regel nur in einer Richtung, nämlich nach oben, variabel sind.

[1] *Vgl. Seite 542.*

Vor allem aber verschließt sich der Arbeitsmarkt den üblichen Marktbedingungen, weil das Gut „Arbeitsleistung" untrennbar mit dem Menschen verknüpft ist. Diese enge Verknüpfung hat eine Reihe von gesetzlichen Schutzregelungen zur Folge, die den Marktmechanismus überdecken oder sogar außer Kraft setzen.

Beispiele

Arbeitsschutzvorschriften; allgemeiner Kündigungsschutz und besonderer Kündigungsschutz für Betriebsräte, Mütter, Behinderte; Arbeitszeitvorschriften; Lohnfortzahlungsvorschriften; Insolvenzausfallgeld; Jugendarbeitsschutzgesetz

Diese Vorschriften wirken zweischneidig: Sie schützen Arbeitnehmer, die in einem Arbeitsverhältnis stehen, stellen aber für Arbeitslose möglicherweise eine Erschwernis dar, weil Unternehmer das Risiko, besonders geschützte Personen einzustellen, zu vermeiden suchen.

Träger und Instrumente der Arbeitsmarktpolitik

Die Bundesagentur für Arbeit in Nürnberg hat ihre Aufgaben nach den Bestimmungen des Gesetzes zur Verbesserung der Eingliederungschancen am Arbeitsmarkt vom 01. 04.2012 zu erfüllen.

Definition

Die Maßnahmen nach diesem Gesetz sind im Rahmen der Sozial- und Wirtschaftspolitik der Bundesregierung darauf auszurichten, dass ein hoher Beschäftigungsstand erzielt und aufrechterhalten, die Beschäftigungsstruktur ständig verbessert und damit das Wachstum der Wirtschaft gefördert wird.

Aktive Arbeitsmarktpolitik ist ein Einwirken auf den Arbeitsmarkt mit dem Ziel, einen möglichst hohen Beschäftigungsstand zu erreichen und Arbeitsuchenden zu passenden Arbeitsplätzen zu verhelfen.

Berufsberatung

Die Berufsberatung, für die die Bundesagentur das Monopol besitzt, versucht sehr frühzeitig durch Beratung und Information bei den Berufsanfängern oder Berufswechslern Fehlentscheidungen zu vermeiden.

Arbeitsberatung

Die Arbeitsberatung informiert Arbeitslose über Möglichkeiten des Arbeitsmarktes und spezielle Förderungskonzepte.

Arbeitsvermittlung

Mit der Arbeitsvermittlung sollen Arbeitnehmer und Arbeitgeber zum Abschluss eines Dienstvertrages geführt werden.

Neben der Bundesagentur für Arbeit beteiligen sich ca. 1 000 lizenzierte Unternehmen, sogenannte Personalserviceagenturen, an der Arbeitsvermittlung.
Das Konzept: Auf Vorschlag der Agenturen für Arbeit stellen die Agenturen Arbeitslose ein. Die PSA behalten diese externen Mitarbeiter längstens neun Monate unter Vertrag und verleihen sie in dieser Zeit wie eine Zeitarbeitsfirma an andere Unternehmen. Diese, so die Theorie, behalten die Leiharbeiter dann unter Umständen auch dauerhaft (Klebeeffekt).
Die Finanzierung: Die Bundesagentur für Arbeit zahlt den Betreibern der PSA pro externem Mitarbeiter eine Pauschale von etwa 1 000,00 €. Diese sinkt nach drei Monaten auf 75 % und nach sechs Monaten auf 50 %. Die Abstufung gilt auch für die Prämien für Vermittlungen in den ersten Arbeitsmarkt.

Leistungen zur Erhaltung und Schaffung von Arbeitsplätzen

Hierzu gehört das Kurzarbeitergeld, das allen Beteiligten Vorteile bringt: Die Beschäftigten werden nicht arbeitslos, sondern erfahren nur eine überschaubare Einkommensminderung. Das Unternehmen kann seine Lohnkosten entsprechend der verringerten Arbeitsleistung reduzieren und spart Kosten für Neuanwerbung von Arbeitskräften bei Verbesserung der Auftragslage, da nicht entlassen werden muss. Die BA zahlt anstatt Arbeitslosengeld nur Kurzarbeitergeld in Höhe von 60/67 % des Differenzbetrages. Es werden weiterhin Beiträge an die Sozialversicherung gezahlt.

Beispiel

Ein Unternehmen leidet unter Auftragsmangel und müsste 50 % seiner 500 Mitarbeiter entlassen. Es meldet deswegen bei der Agentur für Arbeit für eine bestimmte Zeit ***Kurzarbeit*** *an. Während dieser Zeitdauer, für die gesetzliche Höchstgrenzen festgelegt sind, arbeiten die Beschäftigten nur 50 % der üblichen Arbeitszeit und erhalten einen entsprechend reduzierten Lohn. Die BA zahlt dazu Kurzarbeitergeld in Höhe von 60 % (bei mind. einem Kind 67 %) der Differenz zum letzten Nettoentgelt. Da ohne Kurzarbeitergeld 250 Beschäftigte entlassen werden müssten, beträgt das Arbeitslosenäquivalent 250 Personen.*

Zur aktiven Arbeitsmarktpolitik gehören ferner Existenzgründungszuschüsse, Vermittlungsgutscheine und vielfältige finanzielle Hilfen.

Beispiel

Hilfen zur beruflichen Rehabilitation oder zur Verbesserung der beruflichen Qualifikation der Arbeitssuchenden durch Umschulung und Fortbildung, Umzugskostenerstattungen, Einarbeitungszuschüsse.

Mit den Mitteln der **passiven Arbeitsmarktpolitik** wird den Arbeitslosen finanzielle Unterstützung in ihrer Situation gewährt. Diese Lohnersatzleistungen sind hauptsächlich **Arbeitslosengeld I** und **Arbeitslosengeld II**.

Alte Modelle und neue Ideen zur Bekämpfung der Arbeitslosigkeit

Die Bekämpfung der Arbeitslosigkeit ist ein zentrales Thema der Wirtschaftspolitik. Sie ist aber nicht nur Aufgabe der Regierung, sondern auch der Arbeitgeber und der Arbeitnehmer, der Tarifpartner und der Gesellschaft insgesamt. Da jeder Vorschlag gegen die Arbeitslosigkeit Vor- und Nachteile aufweist und damit die Interessen bestimmter gesellschaftlicher Gruppen berührt, ist die Durchsetzung stets mit Hindernissen verbunden.

Wer bekämpft die Arbeitslosigkeit?	Mit welchen Mitteln wird der Arbeitslosigkeit begegnet?
Regierung	• Beschäftigungsprogramme • Ankurbelung der Binnennachfrage aufgrund einer umfassenden Steuerreform • Senkung der gesetzlichen Lohnnebenkosten • Schaffung eines gesetzlichen Rahmens, um vermehrt Investivlohn zahlen zu können • Vermehrte Bildungs- und Forschungsinvestitionen • Förderung des Eintritts in die Selbstständigkeit • Verminderung der Lohnersatzleistungen (z. B. Arbeitslosengeld II) • Reformierung bestehender Ausbildungsgänge • Errichtung neuer Ausbildungsgänge • Anreize an Unternehmen, Entlassungen zu vermeiden, z. B. Verlängerung des Kurzarbeitergeldes • Kombilohn (Lohn besteht aus Arbeitseinkommen und staatlicher Unterstützung) • Abbau von Investitionshindernissen • Verkürzung der Lebensarbeitszeit (Problem: Rente) • Verbot von Lohndumping • Durchsetzung und Kontrolle des Gesetzes gegen Schwarzarbeit
Bundesagentur für Arbeit	• Aktive Arbeitsmarktpolitik • Intensivierung der Vermittlung • Verbesserung der Winterbauförderung
Arbeitgeber	• Vermehrung von Teilzeitarbeitsplätzen • Einrichtung von Jobsharing-Arbeitsplätzen • Abbau von Überstunden • Einrichtung von Arbeitszeitkonten • Arbeitszeitverkürzung
Arbeitnehmer	• Erhöhung der beruflichen und regionalen Mobilität • Bereitschaft, sich im Zweifel für eine Arbeit und gegen öffentliche Unterstützung zu entscheiden • Bereitschaft, Arbeit unter Lohnverzicht mit anderen zu teilen • Verbesserung der beruflichen Qualifikation
Tarifpartner	• Tariföffnungsklauseln • Arbeitszeitverkürzung ohne Lohnausgleich • Rationalisierungsschutzabkommen

7.3 Außenwirtschaftliches Gleichgewicht

7.3.1 Bedeutung der Außenwirtschaft

Deutschland gehört zu den größten Handelsnationen der Welt.

Beispiel

Zusammen mit den USA und China bestreitet Deutschland 30 % des Welthandels. Von 1986 bis 1990 war Deutschland „Exportweltmeister". 2003 hat Deutschland den Titel „Exportweltmeister" zurückerobert, musste ihn aber 2009 an China abgeben. Derzeit liegt Deutschland sowohl mit Exporten als auch mit Importen weltweit an dritter Stelle hinter den beiden großen Kontrahenten aus Asien und Amerika.

Wegen der Knappheit an Bodenschätzen ist Deutschland auf den Bezug von Rohstoffen aus dem Ausland angewiesen. Die für die Bezahlung dieser Importwaren benötigten Devisen müssen über Exportgeschäfte verdient werden. Für Deutschland waren bisher die hohe Qualität, der hohe technische Standard und die breite Produktpalette Garanten für die Exporterfolge.
Allerdings zeigt sich in den 1990er-Jahren ein erheblicher Wandel. Die Globalisierung der Märkte führt dazu, dass nicht mehr ausschließlich die Güter, sondern zunehmend der Produktionsfaktor Kapital zu den ausländischen Märkten strebt. Die Produktionsverlagerungen erfolgen dabei nicht nur aus Gründen der Marktnähe, sondern auch unter Kostenaspekten.
Hinzu kommt, dass fernöstliche Länder zu ernsthaften Konkurrenten auf den Weltmärkten gereift sind.
Bedrohlich für die traditionellen Industrieländer ist dabei, dass die Schwellenländer Asiens mehr und mehr qualitativ hochwertige und technologisch anspruchsvolle Investitions- und Konsumgüter liefern. Der immer härter werdende internationale Wettbewerb lässt vielfach den Nachweis der Au-

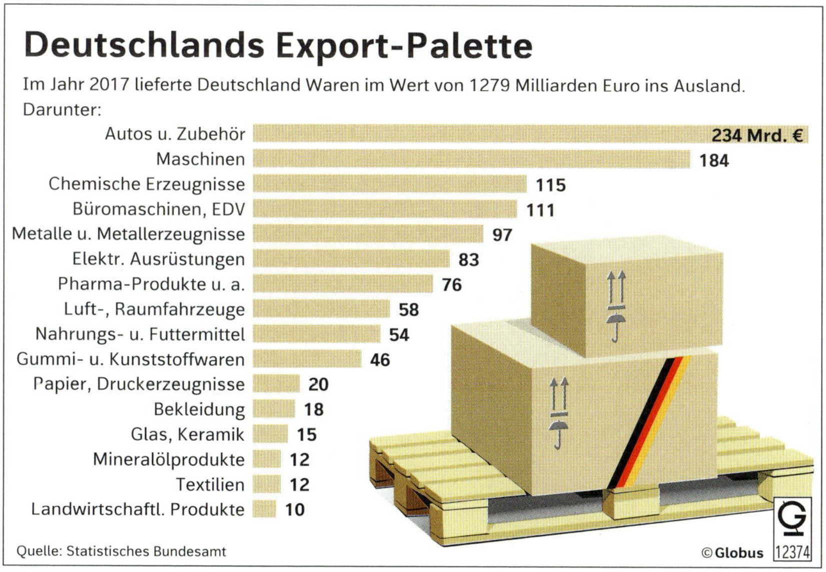
Deutschlands Export-Palette
Im Jahr 2017 lieferte Deutschland Waren im Wert von 1279 Milliarden Euro ins Ausland.
Darunter:
Autos u. Zubehör 234 Mrd. €
Maschinen 184
Chemische Erzeugnisse 115
Büromaschinen, EDV 111
Metalle u. Metallerzeugnisse 97
Elektr. Ausrüstungen 83
Pharma-Produkte u. a. 76
Luft-, Raumfahrzeuge 58
Nahrungs- u. Futtermittel 54
Gummi- u. Kunststoffwaren 46
Papier, Druckerzeugnisse 20
Bekleidung 18
Glas, Keramik 15
Mineralölprodukte 12
Textilien 12
Landwirtschaftl. Produkte 10
Quelle: Statistisches Bundesamt
© Globus 12374

Deutschlands wichtigste Handelspartner
Angaben für 2017 in Milliarden Euro
Import: Die größten Lieferanten
China 100,5 Mrd. €
Niederlande 91,4
Frankreich 64,2
USA 61,1
Italien 55,8
Polen 51,0
Tschechien 46,3
Schweiz 45,7
Österreich 41,2
Belgien 40,7
Großbritannien 37,1
Spanien 31,7
Russland 31,4
Ungarn 26,3
Japan 22,9
Türkei 16,2
Export: Die größten Kunden
111,5 Mrd. € USA
105,2 Frankreich
86,2 China
85,9 Niederlande
84,4 Großbritannien
65,6 Italien
62,8 Österreich
59,5 Polen
54,0 Schweiz
44,3 Belgien
43,0 Spanien
41,6 Tschechien
26,6 Schweden
25,9 Russland
24,9 Ungarn
21,5 Türkei
Quelle: Statistisches Bundesamt (Februar 2018)
vorläufige Angaben
© Globus 12316

ßenwirtschaftstheorie außer Acht, dass ein freier Außenhandel den Wohlstand der beteiligten Länder fördert. In vielen Volkswirtschaften lassen sich Formen von Protektionismus (Handelsbeschränkungen) beobachten, die stets zum Ziel haben, die einheimischen Anbieter vor ausländischer Konkurrenz zu schützen. Mit sehr viel Energie und Fantasie wurde eine ganze Reihe nichttarifärer Handelshemmnisse aufgebaut. Zölle (tarifäre Handelshemmnisse) wurden dagegen nachhaltig verringert.

Zu den protektionistischen Maßnahmen zählen:
- Einfuhrkontingente, -lizenzen, -zölle, -monopole
- Zwang zu unverhältnismäßig umfangreicher Beibringung von Urkunden und anderen Bescheinigungen
- besondere Vorschriften über Sicherheit, Verpackung, Etikettierung und Gewicht
- Bevorzugung bestimmter Ländergruppen zulasten anderer Länder
- Exportsubventionen

Geflügel- und Tomatenbauern in Ghana und ihr Recht auf Nahrung

Geflügel- und Tomatenbauern sehen sich im Handelsregime mit der EU in ihrer Lebensgrundlage bedroht. Zwar ist die Liberalisierung und damit auch der Import von Geflügel und Tomatenpaste schon seit den 1980er Jahren auf Druck des IMF im Rahmen der Strukturanpassungsmaßnahmen (SAP) massiv angestiegen, jedoch sind bis 2003 die Importe aufgrund des Abkommens über Landwirtschaft (AoA) und der damit einhergehenden Zollsenkung um 24 % teilweise um das Achtfache gestiegen.

Den Geflügel- und Tomatenbauern in Ghana fehlt es an Möglichkeiten zur Weiterverarbeitung, an staatlicher finanzieller Unterstützung (Saatgut, Dünger, Infrastruktur), Zugang zu Krediten und letztendlich guten Preisen. Viele Kleinbauern können schon heute der Importflut nicht standhalten und sind von Hähnchen- auf Eierproduktion umgestiegen, allerdings können sie davon ihre Familien kaum beziehungsweise gar nicht ernähren. Die Kleinbauern sitzen in der Schuldenfalle und kürzen dafür andere Haushaltsausgaben für Bildung, Nahrung, Kleidung und medizinische Versorgung, wodurch Kinder leider am stärksten betroffen sind.

Gefrorene Hühnchenteile landen auf dem afrikanischen Markt, weil selbst europäische Tierfutteranbieter einen niedrigeren Preis dafür zahlen würden. Dabei sparen sich die europäischen Händler die Kosten für die Abfallbeseitigung und machen damit auf afrikanischen Märkten sogar noch einen Gewinn. Für afrikanische Kleinbauern stellt nur der Zugang zu Investitionen, die Kontrolle der Importflut, staatliche Unterstützung für landwirtschaftliche Produktionsmittel und die Konsumentenentscheidung zum Kauf lokaler Produkte eine Möglichkeit des Auswegs aus dieser Misere von Hunger und Armut dar. [...]

Quelle: Germanwatch e. V.: Geflügel- und Tomatenbauern in Ghana und ihr Recht auf Nahrung, veröff. am 13.03.2008 unter: www.germanwatch.org/handel/ffm-ghana.htm

Nord-Süd-Konflikt

Eine der ungelösten und dringendsten Aufgaben der Menschheit ist die Lösung des Nord-Süd-Konfliktes. Zwischen Entwicklungsländern und Industrieländern besteht ein außenwirtschaftlicher und verteilungspolitischer Interessenkonflikt aufgrund der ungleichen Macht- und Einflusspotenziale.

Die Ursachen für dieses Ungleichgewicht sind vielfältig:
- Klima
- Bevölkerungsexplosion
- Tradition, Religion und Weltanschauung
- Erziehung und Bildung
- Unkenntnis moderner Anbau- und Produktionsmethoden
- Korruption
- Rohstoff- bzw. Kapitalmangel
- fehlende Verkehrsmittel und -wege
- Mängel in der Gesundheitsversorgung
- fehlende Infrastruktur für Kommunikation und Nachrichtenübermittlung

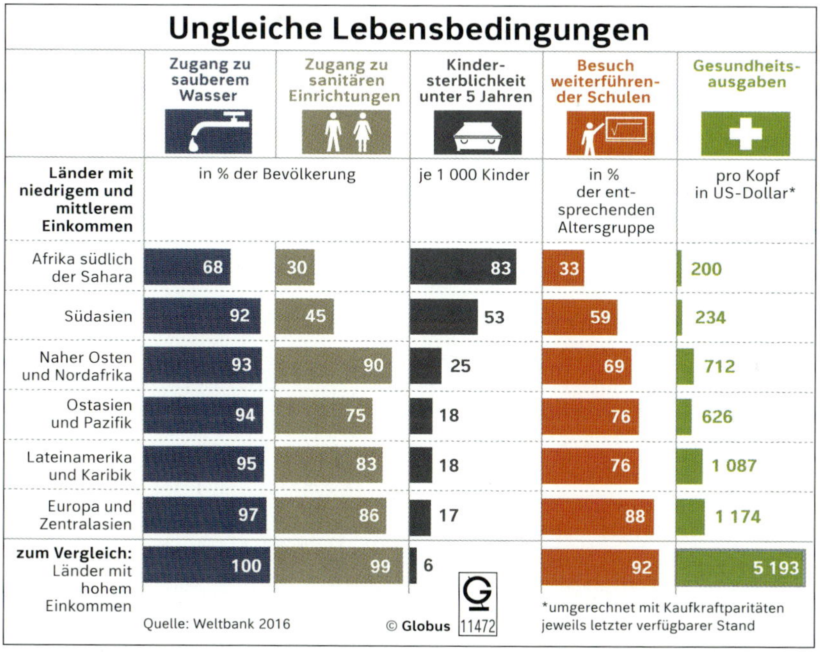
Ungleiche Lebensbedingungen
Zugang zu sauberem Wasser
Zugang zu sanitären Einrichtungen
Kindersterblichkeit unter 5 Jahren
Besuch weiterführender Schulen
Gesundheitsausgaben
Länder mit niedrigem und mittlerem Einkommen
in % der Bevölkerung
je 1 000 Kinder
in % der entsprechenden Altersgruppe
pro Kopf in US-Dollar*
Afrika südlich der Sahara
68
30
83
33
200
Südasien
92
45
53
59
234
Naher Osten und Nordafrika
93
90
25
69
712
Ostasien und Pazifik
94
75
18
76
626
Lateinamerika und Karibik
95
83
18
76
1 087
Europa und Zentralasien
97
86
17
88
1 174
zum Vergleich: Länder mit hohem Einkommen
100
99
6
92
5 193
Quelle: Weltbank 2016
© Globus 11472
*umgerechnet mit Kaufkraftparitäten
jeweils letzter verfügbarer Stand

Beispiel

Auf der Nordhalbkugel leben zwar nur ca. 25 % der Weltbevölkerung, aber sie verfügen über zwei Drittel des Welteinkommens. Das Pro-Kopf-Einkommen beträgt im Norden 13 600,00 US-Dollar pro Jahr. In den ärmsten Ländern des Südens ist es nicht einmal ein halber Dollar pro Tag.

Mit der Ölkrise zu Beginn der 1970er-Jahre trat der Nord-Süd-Konflikt erstmals in das Bewusstsein der Öffentlichkeit. Die ölfördernden Staaten hatten sich in der „Organisation erdölexportierender Staaten“ (OPEC) zu einem Preis- und Quotenkartell zusammengeschlossen. Den Industrieländern wurde über Nacht ihre Rohstoffabhängigkeit deutlich. Die Dritte Welt erkannte, wie sie durch solidarisches Handeln ein Gegengewicht zu den etablierten Industrienationen aufstellen konnte.

Von dem langen Forderungskatalog der Entwicklungsländer, der von einer neuen Weltwirtschaftsordnung über ein integriertes Rohstoffprogramm, eine neue Weltwährungsordnung, eine Neuregelung der Meeresnutzung bis zu einer neuen Weltinformationsordnung reichte, ist so gut wie nichts erreicht worden.

■ Rohstoffe

Die Industriestaaten des Nordens (z. B. USA und Russland) besitzen selbst eine große Menge an Rohstoffen. Bei vielen wichtigen Rohstoffen jedoch sind die Entwicklungsländer die „Reichen“ und die Industriestaaten von ihnen abhängig. Dieser Reichtum hat auch seine Schattenseiten: Manche Entwicklungsländer sind von der Ausfuhr ihrer Produkte so abhängig geworden, dass sie in ernste wirtschaftliche Schwierigkeiten geraten, wenn die Preise für ihre Waren auf dem Weltmarkt plötzlich fallen oder die Nachfrage sinkt.

SÜD
ROH-STOFFE
„Ist dir klar, dass ich dich in der Hand habe?“

Die Gründe für den Rückfall der Entwicklungsländer in die alte Ohnmachtsposition liegen nicht nur in dem Mangel an Solidarität in den Entwicklungsländern, sondern auch in dem Verfall der Rohstoffpreise, der Ernährungs- und Schuldenkrise der Dritten Welt in den 1980er-Jahren und dem Protektionismus der Industrieländer. Täglich sterben 24 000 Kinder an Mangelernährung und Krankheiten. Der Teufelskreis der Armut schließt sich immer wieder aufs Neue. Die bisherigen Formen der Entwicklungshilfe haben keine nachhaltige Verbesserung der Lebensverhältnisse herbeigeführt, sondern in vielen Ländern zu einem unbezwingbaren Schuldenberg geführt. Entgegen häufiger Annahmen wurde öffentliche Entwicklungshilfe in der Regel nicht als „Geschenk“, sondern als verzinslicher Kredit gewährt. Dabei wurde der Kreditnehmer verpflichtet, mit dem Kredit im Gläubigerland Güter und Dienstleistungen zu erwerben. Somit blieb das Geld im Lande, wurde dort nachfragewirksam und trug zur Sicherung von Arbeitsplätzen bei. Die Tilgungs- und Zinsverpflichtungen der Empfängerländer stiegen aber in unermessliche Höhen.

Terms of Trade

Die Terms of Trade sind das Verhältnis zwischen Exportpreisindex und Importpreisindex.
Aus Sicht der Entwicklungsländer zeigen sie an, wie sich die Preise importierter Fertigwaren und exportierter Rohstoffe entwickeln.

Beispiel

Eine kolumbianische Kaffee-Genossenschaft muss tausend Sack Kaffee à 30,00 € nach Deutschland exportieren, um sich einen deutschen Traktor kaufen zu können. Zwei Jahre später ist der Preis für einen Traktor um 3 % gestiegen, und durch ein Überangebot auf den Weltmärkten ist der Kaffeepreis je Sack auf 27,00 € gesunken.

Jahr	Kolumbien	Wert	Deutschland
2015	1 000,00 Sack Kaffee	30 000,00 €	1 Traktor
2017	1 144,44 Sack Kaffee	30 900,00 €	1 Traktor

Ein Wirtschaftsforschungsinstitut berichtet in diesem Zusammenhang, dass der Ausfuhrpreisindex bei 103 Prozentpunkten und der Einfuhrpreisindex bei 90 Prozentpunkten liegt (Basisjahr 2010).

$$\text{Terms of Trade} \quad \left(\frac{103}{90} \cdot 100\right) - 100 = 14{,}44$$

Im Jahr 2017 muss das Entwicklungsland 14,44 % mehr Waren exportieren, um die gleiche Gütermenge wie 2015 einführen zu können.

7.3.2 Europäische Wirtschafts- und Währungsunion (EWWU)

Kaum ein anderes europapolitisches Thema hat die Menschen in der letzten Zeit mehr bewegt als die angestrebte **Europäische Wirtschafts- und Währungsunion (EWWU)**. Zu Beginn des Jahres 2002 wurden die nationalen Währungen der Mitgliedsländer durch eine einheitliche neue Währung – den **Euro** – abgelöst.

Maastrichter Vertrag

Grundlage der Währungsunion ist der 1992 von den damals 12 EU-Mitgliedsländern geschlossene Vertrag von Maastricht. Zu seinen Inhalten zählt nicht nur die Schaffung einer einheitlichen Währung in den EU-Mitgliedsländern, sondern auch die Förderung des politischen Zusammenwachsens der Länder in Europa. Durch eine verstärkte Kooperation in der Außen-, Innen- und Rechtspolitik soll langfristig eine politische Union aller Länder Europas erreicht werden.

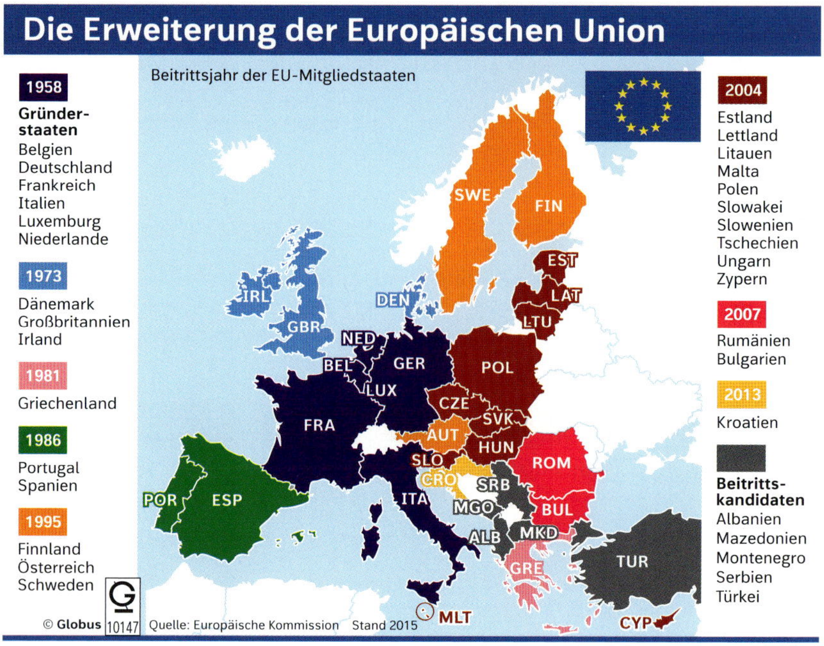
Die Erweiterung der Europäischen Union
Beitrittsjahr der EU-Mitgliedstaaten
1958
Gründerstaaten
Belgien
Deutschland
Frankreich
Italien
Luxemburg
Niederlande
1973
Dänemark
Großbritannien
Irland
1981
Griechenland
1986
Portugal
Spanien
1995
Finnland
Österreich
Schweden
2004
Estland
Lettland
Litauen
Malta
Polen
Slowakei
Slowenien
Tschechien
Ungarn
Zypern
2007
Rumänien
Bulgarien
2013
Kroatien
Beitrittskandidaten
Albanien
Mazedonien
Montenegro
Serbien
Türkei
SWE
FIN
EST
LAT
LTU
IRL
GBR
DEN
NED
BEL
LUX
GER
POL
CZE
SVK
AUT
HUN
FRA
SLO
CRO
ROM
SRB
BUL
POR
ESP
ITA
MGO
ALB
MKD
GRE
TUR
MLT
CYP
© Globus 10147
Quelle: Europäische Kommission Stand 2015

Der Weg nach Europa

Das sind die Ziele ...	... und das wurde bisher erreicht
• Abschaffung jeglicher Zölle sowie Export- und Importkontingente zwischen den Mitgliedsstaaten • gemeinsame Außenzölle • freier Personen-, Dienstleistungs- und Kapitalverkehr innerhalb der Gemeinschaft • gemeinsame Landwirtschaftspolitik • gemeinsame Verkehrspolitik • Vereinheitlichung des Arbeits-, Sozial- und Steuerrechts • gemeinsame Wirtschaftspolitik • gemeinsame Währung • gemeinsame Außenpolitik	• Zwischen den Mitgliedsstaaten gibt es keine Zölle mehr. • Gegenüber Drittländern besteht ein gemeinsamer Außenzoll. • Grenzkontrollen innerhalb der Gemeinschaft gibt es nur in Ausnahmefällen. • Eine einheitliche Handelspolitik ist gewährleistet, denn Handelsverträge mit Drittländern müssen über EU-Institutionen abgeschlossen werden. • Rechtliche und wirtschaftliche Rahmenbedingungen wurden z. T. harmonisiert. • Die gemeinsame europäische Währung wurde eingeführt.

7.3.3 Internationale Organisationen in der Außenwirtschaft

World Trade Organization (WTO)

Definition

Hauptziel der WTO sind die Liberalisierung des Welthandels und die Sicherung und der Ausbau der Regeln für den ungestörten Austausch von Gütern.

Die Welthandelsorganisation WTO mit Sitz in Genf hat 160 Mitgliedsländer und wurde 1995 gegründet. Vorläufer der WTO war der **GATT-Vertrag** (GATT = General Agreement on Tariffs and Trade). Dieses internationale Zoll- und Handelsabkommen hatte sich vor allem den folgenden Prinzipien verschrieben:

- **Liberalisierung:** Verzicht auf den Aufbau neuer Zollschranken, Abbau bestehender Zölle
- **Gegenseitigkeit:** Bei Zollverhandlungen sollen Leistungen und Gegenleistungen gleichwertig sein.
- **Nichtdiskriminierung/Meistbegünstigungsklausel:** Kein Mitgliedsland darf ein anderes Mitgliedsland unterschiedlich behandeln und insbesondere nicht gegenüber Drittländern schlechter stellen. Für jedes Mitgliedsland muss der günstigste Zollsatz gelten.

Insbesondere soll der Abbau von tarifären und nichttarifären Handelshemmnissen vorangetrieben werden. Neben den Zielen des GATT, die vorwiegend auf die Förderung des internationalen Warenaustauschs zielen, überwacht die WTO auch das **Allgemeine Übereinkommen über den Handel mit Dienstleistungen (GATS)**. Das GATS hat sich die gleichen Prinzipien wie das GATT gegeben und beinhaltet Regelungen für Finanzdienstleistungen, Medien, Bau- und Konstruktionsleistungen, Tourismus und Verkehr sowie für jede andere Form des Handels mit Dienstleistungen.
Das dritte wichtige Abkommen im Aufgabenbereich der WTO ist das **Übereinkommen über handelsbezogene Aspekte der Rechte am geistigen Eigentum (TRIPS)**. Dieses Übereinkommen dient dazu, den internationalen Konventionen über den Schutz geistiger Eigentumsrechte zu größerer Wirkung zu verhelfen.
Die WTO hat den Fortschritt der Entwicklungsländer zu fördern und ihre Politik nach den Erfordernissen des Umweltschutzes auszurichten.

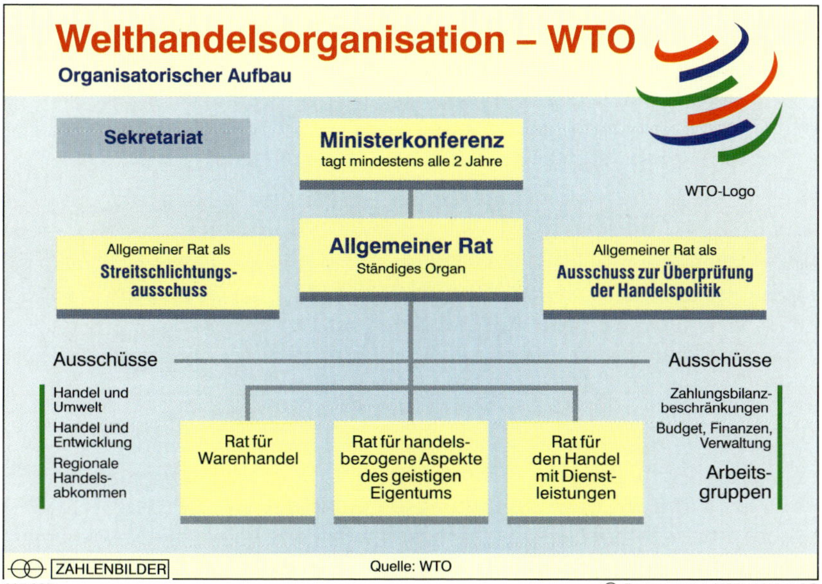
Welthandelsorganisation – WTO
Organisatorischer Aufbau
WTO-Logo
Sekretariat
Ministerkonferenz
tagt mindestens alle 2 Jahre
Allgemeiner Rat
Ständiges Organ
Allgemeiner Rat als Streitschlichtungs-ausschuss
Allgemeiner Rat als Ausschuss zur Überprüfung der Handelspolitik
Ausschüsse
Handel und Umwelt
Handel und Entwicklung
Regionale Handels-abkommen
Ausschüsse
Zahlungsbilanz-beschränkungen
Budget, Finanzen, Verwaltung
Arbeits-gruppen
Rat für Warenhandel
Rat für handels-bezogene Aspekte des geistigen Eigentums
Rat für den Handel mit Dienst-leistungen
ZAHLENBILDER
Quelle: WTO
615 395

Andere internationale Handelsorganisationen

APEC (gegründet 1989) Asiatisch-pazifische Wirtschaftkooperation	Mitglieder sind 21 asiatisch-pazifische Staaten	Ziel ist die Errichtung einer Freihandelszone
ASEAN (1967) Verband Südostasiatischer Nationen	Brunei, Kambodscha, Indonesien, Laos, Malaysia, Myanmar, Philippinen, Singapur, Thailand, Vietnam	Ziele sind die Förderung der wirtschaftlichen und politischen Stabilität und eine Verbesserung der Handelsbeziehungen zu anderen Ländern
CEFTA (1993) Mitteleuropäisches Freihandelsabkommen	Albanien, Bosnien-Herzegowina, Mazedonien, Moldawien, Montenegro, Serbien	Freihandelszone als Schritt der Mitglieder auf dem Weg in die EU
EFTA (1960) Europäische Freihandelszone	Island, Liechtenstein, Norwegen, Schweiz	Ziel ist die Verbesserung der Lebensbedingungen durch Abbau von Handelshemmnissen und verbesserte Zusammenarbeit
EWR (1994) Europäischer Wirtschaftsraum	EU-Mitglieder und EFTA-Mitglieder ohne Schweiz	Ziel ist die Ausdehnung des freien Personen-, Waren-, Dienstleistungs- und Kapitalverkehrs auf den gesamten Wirtschaftsraum
MERCOSOUR (1994) Gemeinsamer Markt Südamerikas	Argentinien, Brasilien, Paraguay, Uruguay, Venezuela	Ziel ist eine Freihandelszone mit gemeinsamen Außenzöllen und gemeinsamer Währung
NAFTA (1995) Nordamerikanisches Freihandelsabkommen	Kanada, Mexiko, USA	Ziel ist die Förderung des gemeinsamen Außenhandels, Errichtung einer amerikanischen Freihandelszone unter Einbeziehung anderer Freihandelszonen

Internationaler Währungsfonds (IWF)

Die Gründung des IWF mit Sitz in Washington wurde 1944 auf der „Internationalen Währungs- und Finanzkonferenz" von 45 Teilnehmerländern beschlossen. Heute gehören dem IWF 184 Staaten an. Deutschland trat dem IWF 1952 bei.

Ziele des IWF

- Förderung und Ausweitung des Welthandels
- Aufhebung der Devisenzwangswirtschaft
- Förderung der Währungsstabilität
- internationale währungspolitische Zusammenarbeit
- Gewährung von Hilfestellung bei Zahlungsbilanzungleichgewichten

Mittelausstattung des IWF

Jedem Mitgliedsland wird eine bestimmte Quote zugewiesen, die sich nach den volkswirtschaftlichen Daten des Landes richtet. Nach der Quote bemessen sich
- die Einzahlungsverpflichtung (Subskription),
- das Recht zur Kreditinanspruchnahme (Ziehung) beim Fonds und
- das Stimmrecht.

Die Mitglieder zahlen in Höhe ihrer Quote beim IWF Fremdwährung, Sonderziehungsrechte und eigene Währung ein. Die Summe der Quoten erhöht die Reservetranche, die das Finanzierungspotenzial des IWF darstellt. So ist erklärbar, dass es in der Vergangenheit eine Reihe von Quotenaufstockungen gab. Der deutsche Quotenanteil erhöhte sich bei einer neuen Quote von 14,4 Mrd. SZR auf 5,59 %. Hierin spiegelt sich die Zunahme des weltwirtschaftlichen Gewichts Deutschlands seit der letzten Quotenüberprüfung wider.

Sonderziehungsrechte (SZR)

Die Sonderziehungsrechte kann man als eine Art Kunstgeld bezeichnen. Der IWF teilt seinen Mitgliedern bestimmte Mengen dieser künstlichen Währung zu. Dies führt bei den Notenbanken der betreffenden Länder – nach Bildung eines Ausgleichspostens auf der Passivseite – zu einer Bilanzverlängerung. Bei einem Finanzierungsbedarf wendet sich der Teilnehmer an den IWF, der ihn an ein reservestarkes Land verweist. Dieses Land gibt die gewünschte Währung ab und erhält dafür SZR und eine Verzinsung für die abgegebenen Devisen.
Die Ankaufspflicht von SZR endet, wenn das Dreifache der eigenen Zuteilung erreicht ist.

Definition

Der Wert des SZR ergibt sich aus dem Marktwert eines Währungskorbs, der feste Beiträge der vier wichtigsten Währungen enthält.

Als Basis für die einzelnen Währungsbeträge dienen bestimmte volkswirtschaftliche Kennziffern (Außenhandel, Bedeutung der eigenen Währung für andere Währungen). Alle fünf Jahre findet eine Überprüfung der Währungen und ihrer Korbgewichte statt.
Börsentäglich ermittelt der IWF den Tageswert des SZR in US-Dollar, indem er die Währungsbeträge im Korb zu deren US-Dollarkursen am Devisenmarkt bewertet. Der SZR-Wert aller übrigen Währungen wird dann über die repräsentativen Kurse dieser Währungen zum US-Dollar errechnet. Durch diese Form der Bewertung wird gewährleistet, dass alle auf SZR lautenden Vermögenswerte nur geringen Wechselkursrisiken ausgesetzt sind.

SZR-Bewertungskorb am 13.12.2016

Zusammensetzung des Währungskorbes				
Währung	**Währungsbetrag in jeweiliger Währung**	**Wechselkurs**		**Gegenwert in US-Dollar**
Chinesischer Yuan	1,017400	6,930450	CNY je USD	0,146801
Euro	0,3867100	1,060700	USD je €	0,410183
Japanischer Yen	11,900000	115,385000	JYN je USD	0,103133
Pfund Sterling	0,085946	1,27065	USD je GBP	0,109207
US-Dollar	0,582520	1,000000	USD	0,582520
				1,351845
			1 USD = SZR	0,739730
			1 SZR = USD	1,351845

Hieraus ergibt sich für den 13.12.2016: 1 SZR = 1,361844 US-Dollar. Den Euro-Gegenwert für 1 SZR erhält man durch Division des US-Dollarwertes für 1 SZR durch den von der EZB festgelegten Euro-Referenzkurs zum US-Dollar: 1 SZR = 1,351844 : 1,06070 = 1,274483 €.
1) Die genannten Währungsbeträge gelten seit dem 01.10.2016 und entsprachen bei ihrer Neufestsetzung den am 30.11.2015 den Korbbestandteilen zugrunde gelegten Gewichten: US-Dollar 41,73 %, Euro 30,93 %, Yen 8,33 %, Pfund Sterling 8,09 %, Chinesischer Renminbi 10,92 %. Die Zusammensetzung des Währungskorbs, das Gewicht und die Menge der einzelnen Währungsbeträge werden alle fünf Jahre überprüft und gegebenenfalls angepasst. – 2) Die Wechselkurse des japanischen Yen und des chinesischen Renminbi sind ausgedrückt in Yen und Renminbi pro US-Dollar; für die anderen Währungen (Euro und Pfund Sterling) ist der Dollarbetrag pro Währungseinheit angegeben. Maßgebend sind die Mittelkurse am Londoner Devisenmarkt um 12:00 Uhr mittags. – 3) Währungsbetrag in Spalte (1) dividiert durch den Wechselkurs in Spalte (2); im Falle des Euro und des Pfund Sterling werden beide Werte multipliziert.

Quelle: Deutsche Bundesbank, SZR-Bewertungskorb am 13.12.2016, in: Weltweite Organisationen und Gremien im Bereich von Währung und Wirtschaft, Dezember 2016, Frankfurt.

7.3.4 Zahlungsbilanz

Definition

*Die **Zahlungsbilanz** ist die systematische Darstellung aller ökonomischen Transaktionen zwischen Inländern und Gebietsfremden in einem Berichtszeitraum.*

Als Inländer gilt, wer länger als ein Jahr in Deutschland lebt, und zwar unabhängig von seiner Staatsangehörigkeit. Dementsprechend gilt ein Deutscher, der länger als ein Jahr im Ausland lebt, im Sinne der Zahlungsbilanzstatistik als Gebietsfremder. Der Begriff „Bilanz" ist irreführend, da die Zahlungsbilanz keine zeitpunktbezogene Vermögensaufstellung ist, sondern eine in Teilbilanzen aufgegliederte Gegenüberstellung von Wertströmen vom Inland ins Ausland und vom Ausland ins Inland. Die Wertströme werden nach dem Grundsatz des **Eigentumsübergangs**, der nicht immer mit dem physischen Grenzübergang deckungsgleich ist, erfaßt.

Mio €

Zeit	Leistungsbilanz						Vermögensänderungsbilanz [4]	Kapitalbilanz (Zunahme an Nettoauslandsvermögen: +/Abnahme:-)		Statistisch nicht aufgliederbare Transaktionen [5]
		Warenhandel (fob/fob) [1]								
	Insgesamt	Insgesamt	darunter: Ergänzungen zum Außenhandel, Saldo [2]	Dienstleistungen (fob/fob) [3]	Primäreinkommen	Sekundäreinkommen		Insgesamt	darunter: Währungsreserven	
2007	+ 169 636	+ 201 989	– 922	– 34 881	+ 36 332	– 33 804	– 1 597	+ 183 169	+ 953	+ 15 130
2008	+ 143 318	+ 184 521	– 3 586	– 31 467	+ 24 724	– 34 461	– 893	+ 121 336	+ 2 008	– 21 088
2009	+ 141 233	+ 141 167	– 6 064	– 19 648	+ 54 757	– 35 043	– 1 858	+ 129 693	+ 8 648	– 9 683
2010	+ 144 890	+ 161 146	– 5 892	– 27 041	+ 50 665	– 39 880	+ 1 219	+ 92 757	+ 1 613	– 53 351
2011	+ 165 078	+ 163 426	– 8 900	– 31 574	+ 68 235	– 35 010	+ 419	+ 120 857	+ 2 836	– 44 639
2012	+ 193 590	+ 200 401	– 10 518	– 32 775	+ 64 858	– 38 894	– 413	+ 151 417	+ 1 297	– 41 759
2013	+ 189 616	+ 212 662	– 3 663	– 41 376	+ 61 969	– 43 639	– 563	+ 225 360	+ 838	+ 36 307
2014	+ 218 026	+ 228 361	– 5 873	– 25 323	+ 56 177	– 41 188	+ 2 355	+ 238 630	– 2 564	+ 18 248
2015	+ 259 963	+ 261 182	– 2 668	– 18 602	+ 57 370	– 39 987	– 635	+ 234 603	– 2 213	– 24 725
2016 r)	+ 262 402	+ 271 486	– 1 434	– 21 218	+ 52 136	– 40 001	+ 1 112	+ 243 586	+ 1 686	– 19 928

1 Ohne Fracht- und Versicherungskosten des Außenhandels. 2 Unter anderem Lagerverkehr auf inländische Rechnung, Absetzungen der Rückwaren und Absetzungen der Aus- bzw. Einfuhren in Verbindung mit Lohnveredelung. 3 Einschl. Fracht- und Versicherungskosten des Außenhandels. 4 Einschl. Nettoerwerb/veräußerung von nichtproduzierten Sachvermögen. 5 Statistischer Restposten, der die Differenz zwischen dem Saldo der Kapitalbilanz und den Salden der Leistungs- sowie der Vermögensänderungsbilanz abbildet.

Quelle: Deutsche Bundesbank: Monatsbericht September 2017, 69. Jahrgang, Nr. 9, Statistischer Teil S. 75, Zugriff am 05.12.2017 unter: www.bundesbank.de/Redaktion/DE/Downloads/Veroeffentlichungen/Monatsberichte/2017/2017_09_monatsbericht.pdf?__blob=publicationFile

Buchungsregeln der Zahlungsbilanz: Die Zahlungsbilanz kann in Staffel-, Konten- oder Spaltenform dargestellt werden. Die Bundesbank bevorzugt die Spaltenform.
Jeder Vorgang wird zweiseitig erfasst. Die Richtung der Wertströme wird durch Vorzeichen (+, –) kenntlich gemacht.

Plusvorzeichen +	Minusvorzeichen –
• Lieferungen inländischer Waren, Dienstleistungen und Faktorleistungen (Ausfuhr) • Zunahme von Forderungen und Verbindlichkeiten gegenüber dem Ausland • unentgeltliche Leistungen des Auslandes an das Inland	• Käufe ausländischer Waren, Dienstleistungen und Faktorleistungen (Einfuhr) • Abnahme von Forderungen und Verbindlichkeiten gegenüber dem Ausland • unentgeltliche Leistungen vom Inland an das Ausland

Leistungsbilanz

Die Leistungsbilanz besteht aus den Unterbilanzen:

- **Warenhandel**
  Die Warenhandelsbilanz wird verkürzt auch Handelsbilanz genannt. Sie umfasst alle **Warenausfuhren** (fob) und alle **Wareneinfuhren** (fob). Übersteigen die Exporte die Importe, wird von einer **aktiven Handelsbilanz** gesprochen. Die **Handelsbilanz ist passiv**, wenn die Importe größer sind.

- **Ergänzungen zum Außenhandel**
  Diese Bilanz ist Unterposition der Handelsbilanz und umfasst hauptsächlich Lagerverkehr auf inländische Rechnung. Darunter sind Waren zu verstehen, die vom Ausland in inländische Freihäfen oder Zollfreigebiete eingeführt, hier ggf. veredelt und anschließend wieder ausgeführt werden.

- **Dienstleistungen**
  Der Dienstleistungssektor hat eine im Außenhandel stark wachsende Bedeutung. Er umfasst die „unsichtbaren Ausfuhren (fob) und Einfuhren (fob)". Dazu gehören Finanzdienstleistungen, Transportdienstleistungen, Reiseverkehr, Lizenzen, Patente, Gebühren und Nutzungsrechte für Software, geistiges Eigentum usw.

- **Primäreinkommen**
  Die wichtigsten Komponenten der Primäreinkommen sind Einkommen aus unselbstständiger Arbeit, Kapitalerträge, Produktions- und Importabgaben sowie Subventionen und Pachteinkommen.

- **Sekundäreinkommen**
  Hierunter fallen Leistungen, denen keine unmittelbaren Gegenleistungen gegenüberstehen, z. B. Zahlungen an internationale Organisationen, Heimatüberweisungen, Renten.

Der Saldo der Leistungsbilanz, der sich aus den Salden der einzelnen Unterbilanzen ergibt, soll die Transfers berücksichtigen, die Einfluss auf Verbrauch und Einkommen haben. Die Gegenbuchungen erfolgen in der Kapitalbilanz.

> Der **Außenbeitrag** ist die Differenz zwischen Exporten und Importen von Sachgütern und Dienstleistungen.

Vermögensänderungsbilanz

Für die Klassifizierung als Vermögensänderung ist es ausreichend, wenn eine der beiden Seiten den Transfer als einmalig betrachtet (Schuldenerlasse, Erbschaften, Schenkungen).

Kapitalbilanz

Die **Kapitalbilanz** erfasst Kapitalexporte und -importe. Hierzu zählen Direktinvestitionen, Wertpapieranlagen und Kredite.

Zahlungsbilanzausgleich

> Die Zahlungsbilanz ist ausgeglichen, wenn analytisch bedeutsame Salden innerhalb der Teilbilanzen mit dem Ziel „Außenwirtschaftliches Gleichgewicht" vereinbar sind.

Mögliche Gründe für Störungen des Zahlungsbilanzgleichgewichtes sind Strukturdifferenzen zwischen den Handelspartnern in Bezug auf Ausstattung mit Ressourcen und den Produktionsfaktoren Arbeit und Kapital, internationales Technologiegefälle, einseitig verteilte wirtschaftliche Macht, internationales Preisniveau- und Zinsniveaugefälle und politische Entwicklungen.

Eine ausgeglichene Zahlungsbilanz ist ein Ziel des Magischen Vierecks, weil
- die Gefahr importierter Inflation bei zu hohen Exporten eintritt,
- zu hohe Exportüberschüsse die inländische Beschäftigung zu einer starken Abhängigkeit vom Ausland führen,
- es zu außenpolitischem Druck kommt, wenn eigene Exporte bei Handelspartnern konjunkturell unerwünscht sind,
- Exportüberschüsse den Protektionismus fördern können,
- Importüberschüsse zu Devisenknappheit führen,
- Importüberschüsse zu einer Verschuldung gegenüber dem Ausland bis hin zum Verlust der internationalen Kreditwürdigkeit führen können.

7.4 Angemessenes und stetiges Wirtschaftswachstum

Die Verbesserung der Lebensbedingungen ist seit jeher ein Ziel der Menschheit. Wirtschaftswachstum ist umso wichtiger, je niedriger das Versorgungsniveau und der Lebensstandard der Bevölkerung sind.
Wirtschaftswachstum führt jedoch nur dann zu einer Verbesserung der Lebensbedingungen des Einzelnen, wenn die Wachstumsrate des Sozialprodukts größer ist als die Wachstumsrate der Bevölkerung.
Maßstab für das Wirtschaftswachstum ist die jährliche Wachstumsrate des Bruttoinlandsprodukts.

Das Stabilitätsgesetz fordert ein „stetiges" und „angemessenes" Wirtschaftswachstum:
- **„Stetig"** bedeutet, dass das Wirtschaftswachstum gleichmäßig, das heißt, ohne hektische Ausschläge und ohne Wachstumsunterbrechungen erfolgen soll.
- **„Angemessen"** bedeutet, dass das Wirtschaftswachstum nur insoweit erfolgen soll, als es die übrigen Ziele des Stabilitätsgesetzes nach Möglichkeit unterstützt, zumindest aber nicht gefährdet. Das Ziel Wirtschaftswachstum soll also nicht um jeden Preis verfolgt werden.

Da der Wert des Bruttoinlandsprodukts bestimmt wird durch die Menge der produzierten Güter und Dienstleistungen und deren Preise, wird bei einem Anstieg des allgemeinen Preisniveaus das tatsächliche Wachstum des Bruttoinlandsprodukts nicht sichtbar. Man muss daher zwischen dem **nominellen** und dem **realen** Wirtschaftswachstum unterscheiden.

*Das **reale Wirtschaftswachstum** zeigt die jährliche Veränderung des realen (um die Preisänderung bereinigten) Bruttoinlandsprodukts.* **Definition**

Die Knappheit der Rohstoff- und Energievorräte sowie steigende Umweltbelastungen führen zu einem **Spannungsverhältnis zwischen Ökonomie und Ökologie**. Sie zeigen den Menschen zunehmend die Grenzen eines auf der Ausbeutung der Natur begründeten Wirtschaftswachstums auf.

7.4.1 Bruttoinlandsprodukt als Messgröße für das Wirtschaftswachstum

Um etwas über die wirtschaftliche Leistungsfähigkeit und Entwicklung einer Volkswirtschaft zu erfahren, muss man den gesamten Umfang der Produktion und seine Veränderung im Zeitablauf messen.

*Das **Bruttoinlandsprodukt** (BIP) ist der Gesamtwert aller Sachgüter und Dienstleistungen, die während eines Jahres innerhalb einer Volkswirtschaft produziert bzw. geleistet werden.* **Definition**

Bildlich gesehen kann man sich das Bruttoinlandsprodukt als einen riesigen Berg von Gütern vorstellen, der all das umfasst, was in der Volkswirtschaft während eines Jahres hervorgebracht worden ist, einerlei, ob es sich um Sachgüter (z. B. Autos) oder Dienstleistungen (z. B. Kinobesuche) handelt.
Die Menge der verfügbaren Produktionsfaktoren und der Wirkungsgrad ihres Einsatzes bestimmen das mögliche Ausmaß des Bruttoinlandsprodukts einer Volkswirtschaft. Um das Bruttoinlandsprodukt wertmäßig genau bestimmen zu können, werden die Güter mit ihren Herstellungspreisen abzüglich der Vorleistungen und ohne Mehrwertsteuer und sonstige Gütersteuern beurteilt.

Bruttoinlandsprodukt (preisbereinigt, verkettet)	2010	2011	2012	2013	2014	2015	2016
Index 2010 = 100	100,00	103,66	104,17	104,68	106,35	108,18	110,19
Veränderung gegen Vorjahr in %	4,1	3,7	0,5	0,5	1,6	1,7	1,9
Bruttoinlandsprodukt (€, in jeweiligen Preisen)	2 580,06	2 703,12	2 758,26	2 826,24	2 923,93	3 022,82	3 132,67

Das Bruttoinlandsprodukt wurde traditionell als **Wohlstandsindikator**, d. h. als Maßstab für den materiellen Wohlstand einer Volkswirtschaft benutzt. Das Wachstum wurde als eine Verbesserung des Lebensstandards der Bevölkerung angesehen.

Heute ist man von dieser einseitigen Sichtweise abgerückt.
Ob ein quantitatives Wachstum **tatsächlich** die Lebensbedingungen der Bevölkerung verbessert, wird kritisch betrachtet, denn es bleibt unbeachtet, was produziert wurde (z. B. Rüstungsgüter) und wie die Einkommen verteilt wurden.

Hinzu kommt, dass die traditionelle BIP-Berechnung nicht die Schäden und Nachteile berücksichtigt, die durch die Mehrproduktion verursacht werden:

- Umweltbelastungen und -schäden durch Raubbau an der Natur (Waldsterben)[1]
- Klimabelastungen (Ozonloch)
- Zivilisationskrankheiten
- Verlust an Lebensqualität durch Lärm, Verkehrsdichte, Hektik und Stress im Alltag und Beruf

Wertschöpfung der Unternehmung

Um festzustellen, wie groß das Bruttoinlandsprodukt ist, muss man die einzelnen Produktionsleistungen am Ort ihrer Entstehung erfassen.

Beispiel

Ein forstwirtschaftliches Unternehmen verkauft Holz zum Preis von 10000,00 € an ein Sägewerk.
Das Sägewerk schneidet das Holz zu Brettern und verkauft sie zum Preis von 16000,00 € an eine Möbelfabrik.
Die Möbelfabrik verarbeitet die Bretter zu Naturholzmöbeln und verkauft diese zum Preis von 25000,00 € an eine Möbelhandlung.
Die Möbelhandlung verkauft die gelieferten Erzeugnisse als Bio-Möbel nach und nach zum Preis von 38000,00 € an die Endverbraucher.
Es ist leicht zu erkennen, dass die beteiligten Unternehmen jeweils einen unterschiedlichen Beitrag zur Herstellung des Endproduktes geleistet haben:

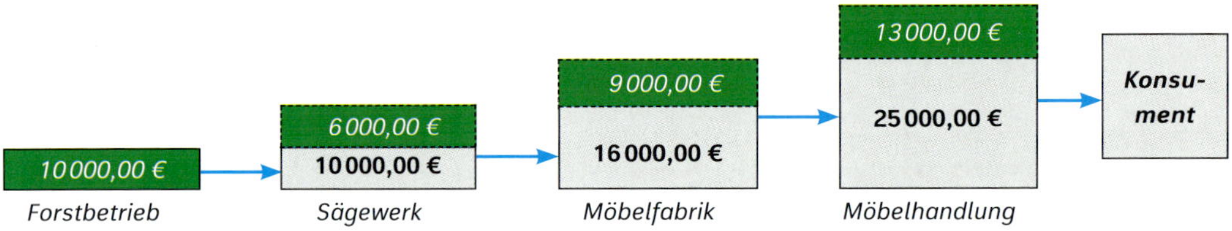
10000,00 €
Forstbetrieb
6000,00 €
10000,00 €
Sägewerk
9000,00 €
16000,00 €
Möbelfabrik
13000,00 €
25000,00 €
Möbelhandlung
Konsu-ment

	Vorleistungen	Bruttowertschöpfung	Produktionswert
Forstbetrieb	–	10000,00 €	10000,00 €
Sägewerk	10000,00 €	6000,00 €	16000,00 €
Möbelfabrik	16000,00 €	9000,00 €	25000,00 €
Möbelhandlung	25000,00 €	13000,00 €	38000,00 €
	51000,00 €	38000,00 €	89000,00 €

Die Bruttowertschöpfung der Unternehmung ist die Differenz zwischen dem Verkaufserlös der eigenen Leistungen, dem sog. Produktionswert, und dem Kaufpreis der von anderen Unternehmen bezogenen Vorleistungen.

Definition

*Die **Wertschöpfung** in der Unternehmung geschieht durch Kombination der Produktionsfaktoren Arbeit, Boden und Kapital.*

[1] *Vgl. Umweltpolitik, Seite 420 ff.*

Die Besitzer der Produktionsfaktoren, also die Arbeitnehmer, Kapitalanleger, Grundstücksbesitzer und Unternehmer erhalten für ihre Leistungen ein Entgelt in Form von Löhnen und Gehältern, Zinsen, Mieten, Pachten, Gewinnausschüttungen.
Diese Zahlungen stellen das Einkommen der privaten Haushalte dar.
Aufgrund des Produktionsprozesses werden die in der Unternehmung eingesetzten Produktionsanlagen und -mittel abgenutzt, sodass sie nach Ablauf ihrer Nutzungsdauer wieder erneuert werden müssen.
Die entstandenen Wertminderungen des Sachkapitals stellen Aufwendungen dar und werden als **Abschreibungen** erfasst. Die Abschreibungsbeträge sind in die Verkaufspreise mit einkalkuliert und fließen damit beim Verkauf der Produkte in die Unternehmung zurück. Die Abschreibungsgegenwerte dienen später der Finanzierung der **Ersatzinvestitionen**.
Die Nettowertschöpfung ist somit identisch mit den Einkommen, die den privaten Haushalten zufließen.

Produktionswert		
Vorleistungen	**Bruttowertschöpfung**	
	Abschreibungen	**Nettowertschöpfung**

Beispiel

Die Möbelfabrik aus dem obigen Beispiel hat an die Mitarbeiter Gehälter in Höhe von 5 500,00 €, an die Kreditgeber Zinsen in Höhe von 500,00 € und an die Eigentümer des Firmengrundstücks Miete in Höhe von 1 000,00 € zu zahlen. Die Abschreibungen für die eingesetzten Maschinen und Geräte betragen 800,00 €.

Wertschöpfungsrechnung			
Vorleistungen	16 000,00 €	Verkaufserlöse	25 000,00 €
Abschreibungen	800,00 €		
Nettowertschöpfung	8 200,00 €		
Gehälter 5 500,00 € Zinsen 500,00 € Miete 1 000,00 € Gewinn 1 200,00 €			

■ Zwei Wege der Bruttoinlandsproduktsberechnung

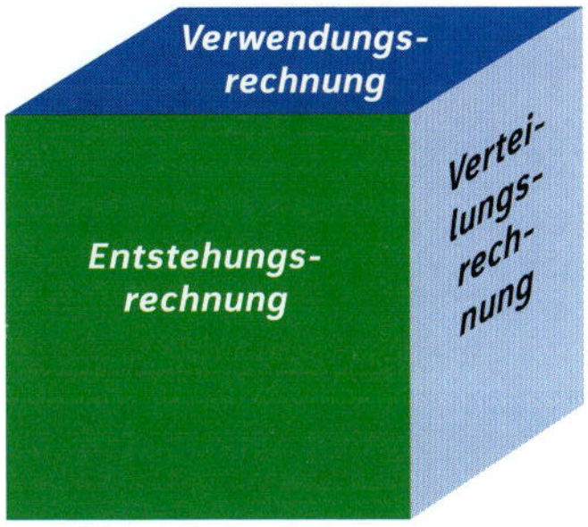
Verwendungs-
rechnung
Entstehungs-
rechnung
Vertei-
lungs-
rech-
nung

Das Bruttoinlandsprodukt kann auf zwei verschiedenen Wegen ermittelt werden, wobei jeweils ein anderer Untersuchungsaspekt im Vordergrund steht:

- **Entstehungsrechnung:**
  Wo ist das Bruttoinlandsprodukt entstanden?
  Wie viel haben die einzelnen Wirtschaftsbereiche zum gesamtwirtschaftlichen Ergebnis beigetragen?

- **Verwendungsrechnung:**
  Wie wird das Bruttoinlandsprodukt verwendet?
  Wurde es konsumiert, investiert oder exportiert?

Die Berechnung des BIP über die Verteilungsseite ist in Deutschland wegen fehlender Basisdaten über die Unternehmens- und Vermögenseinkommen nicht möglich.

Entstehungsrechnung

In der Entstehungsrechnung (Produktionsansatz) wird das BIP ermittelt, indem die Wertschöpfung aller Produzenten als Differenz zwischen dem Wert der produzierten Waren und Dienstleistungen (Produktionswert) sowie dem Vorleistungsverbrauch berechnet wird und dann die Gütersteuern (wie Tabak-, Mineralöl- oder Mehrwertsteuer) hinzugefügt und die Gütersubventionen abgezogen werden.

Beispiel (alle Angaben in Mrd. Euro):

	Produktionswert	3 680,6
–	Vorleistungen	1 824,4
=	Bruttowertschöpfung	1 856,2
+	Gütersteuern abzüglich -subventionen	206,3
=	Bruttoinlandsprodukt	2 062,5

Die Entstehungsrechnung weist die Beiträge der einzelnen Wirtschaftsbereiche zum Bruttoinlandsprodukt aus. Die Veränderung dieser Beiträge im langfristigen Zeitablauf spiegelt die strukturellen Veränderungen der Volkswirtschaft wider. Dabei wird im **Europäischen System volkswirtschaftlicher Gesamtrechnungen 2010 (ESVG2010)** zwischen folgenden **Wirtschaftsbereichen** unterschieden:

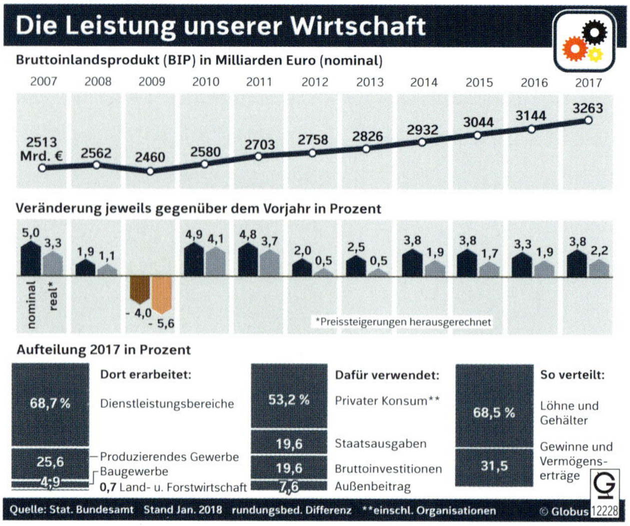

Die Leistung unserer Wirtschaft
Bruttoinlandsprodukt (BIP) in Milliarden Euro (nominal)
2007 2008 2009 2010 2011 2012 2013 2014 2015 2016 2017
2513 Mrd. €
2562
2460
2580
2703
2758
2826
2932
3044
3144
3263
Veränderung jeweils gegenüber dem Vorjahr in Prozent
5,0 3,3
1,9 1,1
- 4,0 - 5,6
4,9 4,1
4,8 3,7
2,0 0,5
2,5 0,5
3,8 1,9
3,8 1,7
3,3 1,9
3,8 2,2
nominal
real*
*Preissteigerungen herausgerechnet
Aufteilung 2017 in Prozent
Dort erarbeitet:
68,7 %
Dienstleistungsbereiche
25,6
Produzierendes Gewerbe
4,9
Baugewerbe
0,7 Land- u. Forstwirtschaft
Dafür verwendet:
53,2 %
Privater Konsum**
19,6
Staatsausgaben
19,6
Bruttoinvestitionen
7,6
Außenbeitrag
So verteilt:
68,5 %
Löhne und Gehälter
31,5
Gewinne und Vermögens-erträge
Quelle: Stat. Bundesamt Stand Jan. 2018 rundungsbed. Differenz **einschl. Organisationen
© Globus 12228

- produzierendes Gewerbe (ohne Baugewerbe)
- Baugewerbe
- Handel, Gastgewerbe und Verkehr
- Information und Kommunikation
- Finanz- und Versicherungsdienstleister
- Grundstücks- und Wohnungswesen
- Unternehmensdienstleister
- öffentliche Dienstleister, Erziehung, Gesundheit
- sonstige Dienstleister

Verwendungsrechnung

Die Verwendung des Inlandsprodukts gibt Auskunft darüber, von welchen Wirtschaftssubjekten die produzierten Güter beansprucht bzw. für welche Zwecke sie eingesetzt werden.

	Verwendung des Bruttoinlandsprodukts in jeweiligen Preisen (2016)	Mrd. €
+	Private Konsumausgaben	1 679,1
+	Konsumausgaben des Staates	515,1
+	Ausrüstungen	204,4
+	Bauten	309,4
+	Sonstige Anlagen	112,9
	Vorratsveränderungen und Nettozugang an Wertsachen	– 28
=	Inländische Verwendung von Gütern	2 893,9
+	Außenbeitrag (Exporte – Importe)	 238,7
=	**Bruttonationaleinkommen**	3 132,7

Die ***privaten Konsumausgaben*** *umfassen alle Käufe von Sachgütern und Dienstleistungen durch die privaten Haushalte.* **Definition**

Die ***Konsumausgaben des Staates*** *umfassen die Güterkäufe des Staates für seinen laufenden Bedarf sowie die Einkommensleistungen an die öffentlich Bediensteten.* **Definition**

Ausrüstungen *(Maschinen, Fahrzeuge, sonstige Produktionsmittel),* ***Bauten*** *(Häuser, Straßen, Brücken, Verwaltungsgebäude) und* ***sonstige Anlagen*** *(EDV-Software, Urheberrechte) bilden zusammen die* ***Bruttoanlageinvestitionen****. Addiert man hierzu die* ***Vorratsveränderungen*** *(Differenz zwischen den Anfangs- und Endbeständen bei den Vorräten (Halb- und Fertigprodukte, Roh-, Hilfs-, Betriebsstoffe)), so erhält man die* ***Bruttoinvestitionen****.* **Definition**

Bruttoinvestitionen abzüglich der Abschreibungen ergeben die **Nettoinvestitionen**.

Der ***Außenbeitrag*** *ist die Differenz zwischen Exporten und Importen von Sachgütern und Dienstleistungen.* **Definition**

Die Höhe und Entwicklung des Bruttoinlandsprodukts können in **nominalen** und **realen** bzw. in **absoluten** und **relativen** Werten ausgedrückt werden.

- **Nominales BIP**
  Die einzelnen Positionen sind in den jeweiligen, also den aktuellen Preisen ausgedrückt. Die Veränderungen im Zeitablauf können somit auf Veränderungen der tatsächlichen Menge der erzeugten Güter und Dienstleistungen und auf Veränderungen der Preise zurückzuführen sein.
- **Reales BIP**
  Mit dem realen BIP soll gezeigt werden, wie sich – unbeeinflusst von Preisänderungen – das BIP gegenüber dem Vorjahr entwickelt hat. Es wird das

reine Volumen (Menge der Güter und Dienstleistungen) des BIP gemessen. Dieser Wert wird dem Vorjahreswert gegenübergestellt. Veröffentlicht wird allerdings nicht die absolute, sondern die prozentuale Veränderung gegenüber dem Vorjahr. Mit dem realen Bruttoinlandsprodukt wird also ausgesagt, wie hoch das prozentuale Wachstum des Bruttoinlandsprodukts wäre, wenn die Preise seit dem Vorjahr konstant geblieben wären.

Verteilungsrechnung

Die Verteilungsrechnung zeigt die im Rahmen der Produktionstätigkeit entstandenen und geleisteten Einkommen: Arbeitnehmerentgelt der Inländer, Unternehmens- und Vermögenseinkommen, Produktions- und Importabgaben an den Staat, Subventionen des Staates, Abschreibungen, Primäreinkommen aus der bzw. an die übrige Welt.

Verteilungsrechnung 2016

	Arbeitnehmerentgelt (Inländer)	1 592,8
+	Unternehmens- und Vermögenseinkommen	545,3
=	Volkseinkommen	2 338,1
+	Produktions- und Importabgaben an den Staat abzüglich Subventionen	345,3
+	Abschreibungen	514
=	Bruttonationaleinkommen	3 197,3
–	Primäreinkommen aus der übrigen Welt (Saldo)	– 64,6
=	Bruttoinlandsprodukt	3 132,7

In den volkswirtschaftlichen Gesamtrechnungen ergibt sich das Unternehmens- und Vermögenseinkommen als Restgröße.
Aus Vereinfachungsgründen wird hierbei nur zwischen zwei Einkommensquellen unterschieden:

- Das **Arbeitnehmerentgelt** ist die Summe aller Arbeitnehmereinkommen; es beinhaltet die Bruttolöhne und -gehälter zuzüglich der Lohnnebenkosten in Form von Arbeitgeberbeiträgen zur Sozialversicherung und weiterer Sozialaufwendungen der Arbeitgeber.
- Das **Unternehmens- und Vermögenseinkommen** ist die Summe aller übrigen Faktoreinkommen:
  - Gewinne der Unternehmen
  - Zinsen und sonstige Kapitaleinkünfte
  - Mieten und Pachten

7.4.2 Vom Bruttoinlandsprodukt zum verfügbaren Einkommen

Das Bruttoinlandsprodukt (BIP) schließt nur die innerhalb des eigenen Wirtschaftsraumes erwirtschafteten Leistungen ein. Dabei spielt es keine Rolle, ob diese von Inländern oder Ausländern erzielt wurden.

Beispiele

- *Ausländische Arbeitnehmer aus grenznahen Gebieten zu Deutschland sind häufig bei deutschen Unternehmen beschäftigt. Die von diesen Arbeitnehmern erzielten Einkommen sind im deutschen Bruttoinlandsprodukt enthalten.*
- *Auch das Gehalt eines Profi-Fußballspielers, der seinen Wohnsitz in Belgien hat, aber bei einem deutschen Bundesligaverein spielt, ist im deutschen Bruttoinlandsprodukt enthalten.*

Das **Bruttoinlandsprodukt (BIP)** *umfasst die während eines Jahres innerhalb des eigenen Wirtschaftsraumes, also im* **Inland**, *von Inländern* **und** *Ausländern erwirtschafteten Wertschöpfungen.* **Definition**

Nach dem Wohnort- oder Produktionsortprinzip gelten alle Wirtschaftssubjekte als Inländer, die ihren ständigen Sitz in Deutschland haben, also auch die hier lebenden Arbeitnehmer fremder Nationalitäten und die Tochtergesellschaften ausländischer Unternehmen.

Bruttonationaleinkommen

Wenn man jedoch das Volumen der nur von den Inländern erwirtschafteten Wertschöpfungen ermitteln möchte, muss man zum Bruttoinlandsprodukt den Saldo der Primäreinkommen aus der übrigen Welt addieren.

	Primäreinkommen der Inländer aus der übrigen Welt
–	Primäreinkommen der Ausländer aus dem Inland
=	**Saldo der Primäreinkommen aus der übrigen Welt**

Das **Bruttonationaleinkommen (BNE)** *umfasst die wirtschaftlichen Leistungen aller* **Inländer**, *einerlei, ob diese im Inland oder Ausland erzielt werden.* **Definition**

Beispiele

- *Die Zinseinkünfte, die ein deutscher Kapitalanleger aufgrund einer Kapitalanlage im Ausland erzielt, sind Vermögenseinkommen aus dem Ausland und im deutschen Bruttonationaleinkommen enthalten.*
- *Das Preisgeld, das ein ausländischer Tennisstar bei einem Tennisturnier in Deutschland gewinnt, ist jedoch nicht im deutschen Bruttonationaleinkommen enthalten.*

Nettonationaleinkommen

Im Bruttonationaleinkommen enthalten sind die Produktionsleistungen, die zur Erhaltung des in der Volkswirtschaft vorhandenen Sachkapitals notwendig sind.

Die hierzu erforderlichen Geldmittel werden durch die Abschreibungen bereitgestellt. Somit sind die Abschreibungen wertgemäß identisch mit den Ersatzinvestitionen.
Ohne Ersatzinvestitionen würde die Leistungsfähigkeit der Volkswirtschaft ständig abnehmen.

Abschreibungen	≙	**Ersatzinvestitionen**

Während also das Bruttonationaleinkommen die gesamte Produktionsleistung der Inländer einschließlich der Ersatzinvestitionen erfasst, stellt das Nettonationaleinkommen nur die neu geschaffene Produktionsleistung dar, klammert also die durch die Abschreibungen erfassten Wertminderungen des vorhandenen Sachkapitals aus.

	Bruttonationaleinkommen
–	Abschreibungen
=	**Nettonationaleinkommen** (= Primäreinkommen)

Volkseinkommen

Werden die produzierten Güter ausschließlich mit den Kosten der zu ihrer Entstehung eingesetzten Produktionsfaktoren bewertet, erhält man das **Volkseinkommen**.
Der Unterschied zwischen dem Volkseinkommen und dem Nettonationaleinkommen ist zunächst dadurch begründet, dass der Staat den Verbrauch bestimmter Güter und den Verkauf von Waren und Dienstleistungen mit **Produktions- und Importabgaben** belastet.
Da diese **Steuern** im Verkaufspreis enthalten sind und damit auf den Verbraucher umgewälzt werden, spricht man von **indirekten Steuern**.

Indirekte Steuern sind z. B.:
- Umsatzsteuer (Mehrwertsteuer)
- Mineralölsteuer
- Tabaksteuer

Die indirekten Steuern machen ein Produkt also teurer als es gemessen an seinen Entstehungskosten eigentlich ist.
Auf der anderen Seite gewährt der Staat manchen Unternehmen **Subventionen**. Dies führt dazu, dass die von diesen Unternehmen erzeugten Produkte billiger angeboten werden können als sie es von ihren Entstehungskosten eigentlich sind.

	Nettonationaleinkommen
–	Produktions- und Importabgaben
+	Subventionen
=	**Volkseinkommen**

Die Kosten für die Beschaffung der zur Produktion benötigten Produktionsfaktoren sind aus der Sicht der Empfängerseite, also der privaten Haushalte, Einkommenszahlungen.

Definition

Das ***Volkseinkommen*** *ist die Summe aller von den Inländern während eines Jahres erzielten Faktoreinkommen.*

Bruttonationaleinkommen	*Abschreibungen*	
	Nettonationaleinkommen	– *Produktions- und Importabgaben* + *Subventionen*
		= **Volkseinkommen**

Lohn- und Gewinnquote

Verteilung des Volkseinkommens	2010		2011		2012		2013		2014		2015		2016	
(in Mrd. €)		%		%		%		%		%		%		%
Arbeitnehmerentgelt	1 258	66,1	1 339	66,1	1 391	67,7	1 428	68,0	1 481	68,2	1 539,9	69,4	1 594,6	68,1
Unternehmer- und Vermögenseinkommen	645	33,9	688	33,9	665	32,3	671	32,0	692	31,8	723,3	30,6	746,1	31,9
Volkseinkommen	1 903	100	2 027	100	2 055	100	2 099	100	2 173	100	2 363,3	100,00	2 340,7	1000

Die **Lohnquote** drückt den relativen Anteil der Arbeitnehmerentgelte am Volkseinkommen aus. Ziel der gewerkschaftlichen Tarifpolitik ist es u. a., die Lohnquote zu erhöhen.

$$\textbf{Lohnquote} = \frac{\text{Arbeitnehmerentgelt}}{\text{Volkseinkommen}} \cdot 100$$

Die Lohnquote gibt keine Auskunft über die Höhe der Einkommen, die insgesamt von den Arbeitnehmerhaushalten erzielt werden, da in ihr weder die Transferleistungen des Staates noch die Einkünfte der Arbeitnehmerhaushalte aus anderen Quellen, z. B. aus Vermietung und Verpachtung und anderen Formen der Geldanlage, berücksichtigt sind (**Sekundärverteilung** des Volkseinkommens).

Beispiel

Das Monatsgehalt der Kauffrau für Spedition und Logistikdienstleistung Monika Stoye beträgt 2 500,00 €. Sie hat eine Eigentumswohnung geerbt und für 1 200,00 € pro Monat vermietet. Sie besitzt ein Wertpapiervermögen im Gesamtwert von 60 000,00 €, das zu 2 % Zinsen p. a. angelegt ist und jährlich 1 200,00 € an Kapitaleinkünften erwirtschaftet. Sie erzielt somit ein durchschnittliches Gesamteinkommen in Höhe von 2 600,00 € pro Monat.

Die Lohnquote gibt auch keine Auskunft über die Gerechtigkeit der Einkommensverteilung innerhalb der Volkswirtschaft, da in ihr nicht die

Einkommensunterschiede und auch nicht die Anzahl der Selbstständigen berücksichtigt werden.

Beispiel

Das Monatsgehalt eines Top-Profifußballspielers in Höhe von 500 000,00 € wird ebenso in der Lohnquote erfasst wie das Monatsgehalt einer Verkäuferin in Höhe von 1 400,00 €.

Bezieht man das Unternehmens- und Vermögenseinkommen auf das Volkseinkommen, so erhält man die **Gewinnquote**.

$$\textbf{Gewinnquote} = \frac{\text{Unternehmens- und Vermögenseinkommen}}{\text{Volkseinkommen}} \cdot 100$$

Lohnquote und Gewinnquote addieren sich immer zu 100 %.

Verfügbares Einkommen

Das Volkseinkommen ist allerdings nicht identisch mit dem Einkommen, das den privaten Haushalten tatsächlich zur Verfügung steht, denn der Staat entzieht den privaten Haushalten Einkommensteile in Form von direkten Steuern und Sozialabgaben und zahlt einkommenserhöhende Transferleistungen.

Zusammenfassung: Vom Bruttoinlandsprodukt zum verfügbaren Volkseinkommen
Bruttoinlandsprodukt
+ Primäre Einkommen der Inländer aus der übrigen Welt – Primäre Einkommen der Ausländer aus dem Inland
= **Bruttonationaleinkommen**
– Abschreibungen
= **Primäreinkommen (Nettonationaleinkommen)**
– Produktions- und Importabgaben
+ Subventionen an Unternehmen
= **Volkseinkommen** *setzt sich zusammen aus:* • Arbeitnehmerentgelt • Unternehmens- und Vermögenseinkommen
– direkte Steuern
– Sozialabgaben
+ Transferzahlungen
= **verfügbares Einkommen** *wird verwendet für:* • Privater Verbrauch • Private Ersparnis

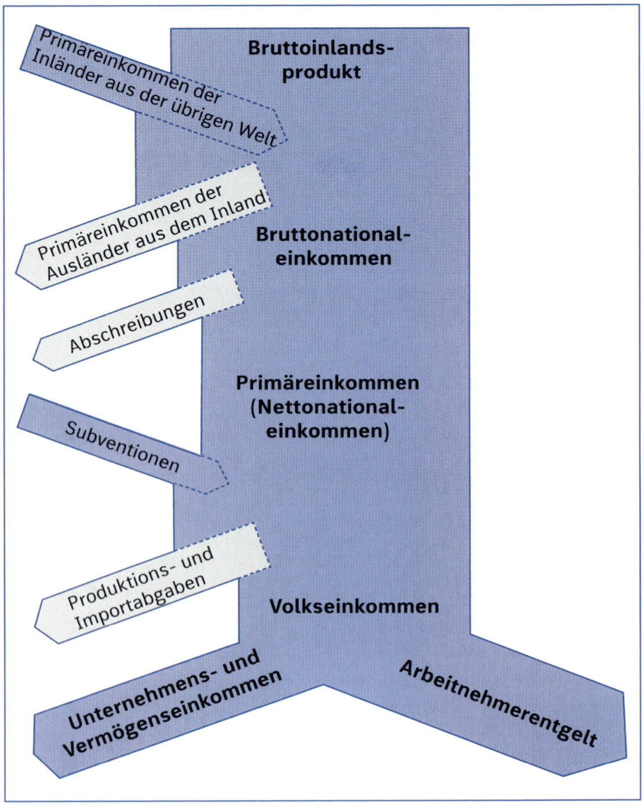
Bruttoinlands-produkt
Primäreinkommen der Inländer aus der übrigen Welt
Primäreinkommen der Ausländer aus dem Inland
Bruttonational-einkommen
Abschreibungen
Primäreinkommen (Nettonational-einkommen)
Subventionen
Produktions- und Importabgaben
Volkseinkommen
Unternehmens- und Vermögenseinkommen
Arbeitnehmerentgelt

7.5 Zielerweiterungen

Sozialverträgliche Einkommens- und Vermögensverteilung

Das Ziel „Wirtschaftswachstum" gewinnt dann eine besondere Bedeutung, wenn das Ziel einer sozialverträglichen Einkommens- und Vermögensverteilung in den wirtschaftspolitischen Zielkatalog aufgenommen wird.
Das liegt daran, dass in einer wachsenden Wirtschaft eine Einkommensumverteilung leichter durchzuführen ist als in einer stagnierenden Wirtschaft. In einer wachsenden Wirtschaft nämlich könnten den Beziehern niedriger und mittlerer Einkommen gegenüber den besser gestellten Bevölkerungsgruppen höhere Zuwachsraten ihrer Einkommen zugebilligt werden. In einer stagnierenden Wirtschaft (Nullwachstum) dagegen müsste eine beabsichtigte Einkommensumverteilung zwangsläufig zu einer Einkommensminderung des reicheren Bevölkerungsteils führen, was bei diesem aufgrund des Besitzstandsverlustes zu Unsicherheit, Motivationsverlust und Widerständen führen könnte.

Was ist eine gerechte Einkommens- und Vermögensverteilung?

Ist eine ausschließlich an der individuellen Leistung orientierte Verteilung von Einkommen und Vermögen gerecht? Oder verspricht das Gleichheitsprinzip größtmögliche Gerechtigkeit?
Das sind die Extrempositionen bei der Beantwortung einer Frage, die die Menschen seit jeher bewegt und für die es noch keine gültige Antwort gibt. Denn einen objektiven Maßstab für Gerechtigkeit gibt es in diesem Zusammenhang nicht.
Für die Marktwirtschaft gilt: Wer qualifiziert, initiativ und tüchtig ist und bereit ist, Verantwortung und Risiko zu tragen, wird mit relativ hohem Einkommen und Vermögen belohnt. Wer jedoch wenig Initiative entfaltet, das Risiko scheut oder weniger qualifiziert ist, erzielt allenfalls ein durchschnittliches Einkommen. Und: Durch den marktwirtschaftlichen Verteilungsprozess wird nur solchen Personen Einkommen zugeteilt, die sich am Wirtschaftsleben als Erwerbstätige oder Kapitalgeber beteiligen.
Das verfassungsrechtlich verankerte Sozialstaatsprinzip verpflichtet den Staat, für soziale Sicherheit und Gerechtigkeit innerhalb der Gesellschaft zu sorgen. Seine Sozialpolitik zielt u. a. darauf ab, den Einzelnen bei Krankheit, Unfall, Invalidität und Arbeitslosigkeit zu schützen und wirtschaftlich benachteiligte oder schwache Bevölkerungskreise zu unterstützen.

Instrumente der sozialen Umverteilungspolitik sind u. a.:
- die progressive Besteuerung der Einkommen natürlicher Personen
- die progressive Besteuerung ererbten Vermögens
- die staatliche Förderung der Vermögensbildung
- die staatliche Förderung des privaten Wohnungsbaus
- Transferzahlungen: Renten, Pensionen, Arbeitslosenunterstützung, Kindergeld, Wohngeld, BAföG-Zahlungen
- Steuererleichterungen aufgrund der Abzugsfähigkeit von Sonderausgaben und außergewöhnlichen Belastungen bei natürlichen Personen

Umweltschutz

Die Erhaltung einer lebenswerten Umwelt ist national und international zu einem erklärten Ziel der Wirtschaftspolitik geworden. Sie ist Bestandteil in den Programmen der politischen Parteien und findet sich auch in den Statuten internationaler Organisationen wie der UNO und der WTO wieder. Auf dem Umweltgipfel in Rio de Janeiro wurde 1992 eine weltweite Initiative zur Schonung der Umwelt vereinbart. Neben den völkerrechtlich verbindlichen Klimaschutz- und Artenschutzabkommen wurde der Aktionskatalog „Agenda 21" verabschiedet, der vier Schwerpunkte setzt:
- Veränderung der Konsumgewohnheiten der Industrieländer mit Blick auf die Armut und das Bevölkerungswachstum in der Dritten Welt
- Schutz der Erdatmosphäre, Erhaltung der Artenvielfalt, Bekämpfung der Wüstenbildung
- Verteilung der Aufgaben im Prozess der nachhaltigen Entwicklung auf staatliche Einrichtungen, Nichtregierungsorganisationen und andere Institutionen
- Instrumente zur technischen Umsetzung und Finanzierung der „Agenda 21"

Zur Überprüfung der Zielerreichung werden Umwelt-Informationssysteme aufgebaut. In der Bundesrepublik Deutschland ist hierfür das Statistische Bundesamt zuständig, das eine **Umweltökonomische Gesamtrechnung** (UGR) aufstellt.

7.6 Zielkonflikte im Magischen Viereck

Der Gesetzgeber hat es bei der Formulierung des Stabilitätsgesetzes vermieden, zwischen den Zielen Preisniveaustabilität, hoher Beschäftigungsstand, außenwirtschaftliches Gleichgewicht und Wirtschaftswachstum eine Rangordnung aufzustellen.
Den verantwortlichen Politikern ist damit der gesetzliche Auftrag erteilt, die gleichzeitige Verwirklichung der genannten Ziele anzustreben bzw., wenn dies nicht möglich ist, die Wirtschaftspolitik auf das am meisten gefährdete Ziel zu konzentrieren.
Die Erfahrungen der Gegenwart und der Vergangenheit zeigen, dass es in der Realität offensichtlich nur unter besonders günstigen Bedingungen möglich ist, alle vier Ziele gleichzeitig zu erreichen.
Grund hierfür ist, dass zwischen den Zielen Konflikte bestehen, d. h., es existieren Abhängigkeitsbeziehungen, die dazu führen können, dass die Verfolgung des einen Ziels gleichzeitig die Erreichung eines oder mehrerer der übrigen Ziele gefährdet. Man spricht auch von dem **„Magischen Viereck"**, weil es offensichtlich magischer Kräfte bedürfte, alle Ziele gleichzeitig zu erreichen.

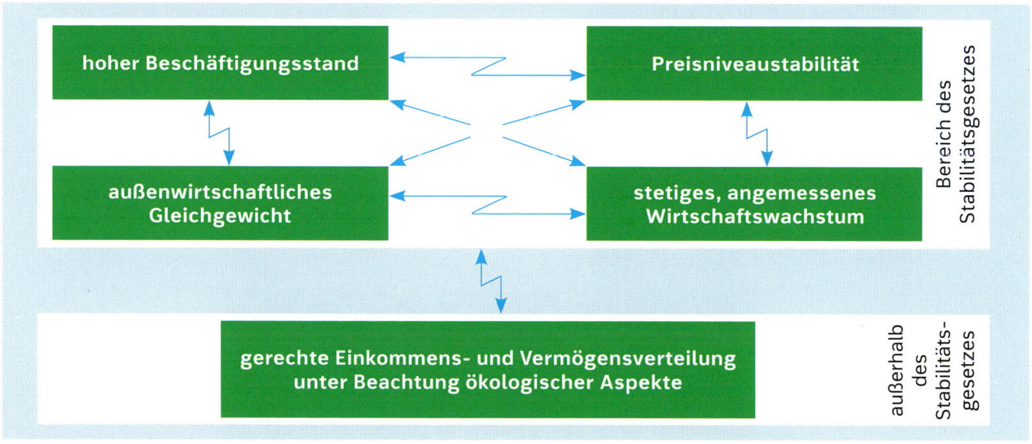
hoher Beschäftigungsstand
Preisniveaustabilität
außenwirtschaftliches Gleichgewicht
stetiges, angemessenes Wirtschaftswachstum
Bereich des Stabilitätsgesetzes
gerechte Einkommens- und Vermögensverteilung unter Beachtung ökologischer Aspekte
außerhalb des Stabilitäts-gesetzes

Ausgangssituation I

- Unterbeschäftigung
- stabile Preise
- ausgeglichene Leistungsbilanz
- geringes Wirtschaftswachstum

Mögliche Folgen

- Nachfrageerhöhung und Wachstum
- Preissteigerungen
- rückläufiger Export wegen Preissteigerungen

Maßnahme der Wirtschaftspolitik

- Investitionsförderungsprogramme

Ausgangssituation II

- hohe Preissteigerungsraten
- Vollbeschäftigung
- ausgeglichene Leistungsbilanz
- Wachstumsrate bei 3 %

Mögliche Folgen

- Nachfragerückgang und rückläufige Beschäftigung
- Wachstumsrate sinkt
- Stabilisierung des Preisniveaus
- Belebung der Exporte durch günstige Inlandspreise

Maßnahme der Wirtschaftspolitik

- Verringerung der Geldmenge durch die EZB

Aufgaben

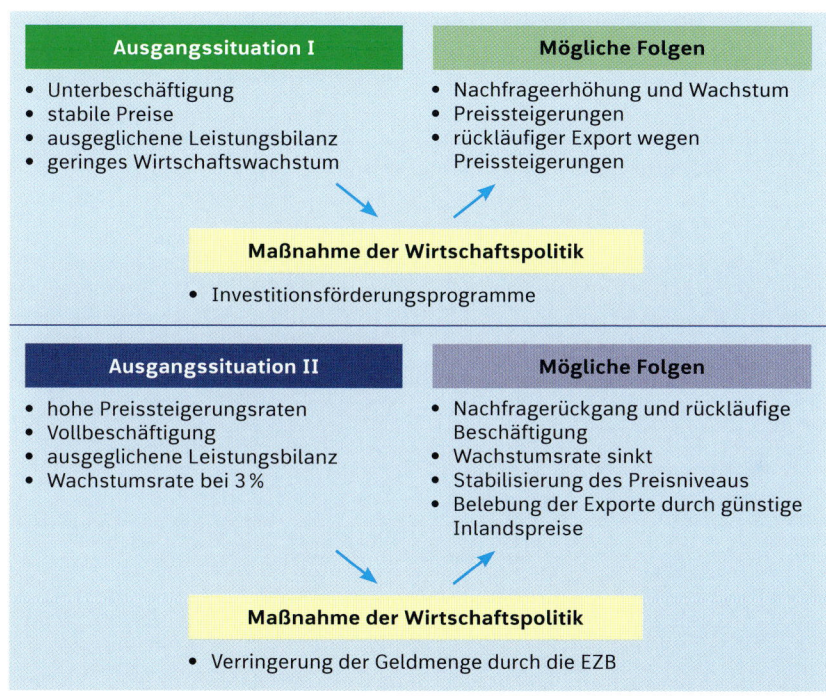

1. Von dem früheren Bundeskanzler Helmut Schmidt soll die Bemerkung stammen: „Lieber 5 % Inflationsrate als 5 % Arbeitslose."

a) Auf welchen Konflikt des Magischen Vierecks ist diese Bemerkung gemünzt?

b) Beurteilen Sie die vermeintliche Bemerkung von Helmut Schmidt und notieren Sie Ihre Stellungnahme stichwortartig.

2. Erklären Sie, welche Inflationsursachen hinter dem Begriff „Importierte Inflation“ stehen.

3. a) Theo Schäuffler finanziert ein Häuschen mit 50 000,00 € Ersparnissen und einem Kredit über 200 000,00 €, Festzinssatz 4 % für zehn Jahre, anfängliche Tilgung 1 %. Die durchschnittliche jährliche Inflationsrate beträgt 2,5 %. Das Jahreseinkommen von Theo Schäuffler steigt im gleichen Zeitraum von 30 000,00 auf 40 000,00 €.
Im Zusammenhang mit einer Umschuldung nach Ende der Zinsbindungsfrist wird das Haus geschätzt. Schäuffler ist über den Schätzwert von 330 000,00 € überrascht und erfreut.
aa) Wie viel hat Schäuffler in den ersten zehn Jahren an Zins und Tilgung für das Haus bezahlt? (Hinweis: Siehe Kapitel Kreditarten)
ab) Wie hoch ist die Restschuld nach zehn Jahren? Entwickeln Sie zu dieser Berechnung eine Formel in Excel.
ac) Wie hoch ist der prozentuale Anteil von Zins und Tilgung am Monatsgehalt zu Beginn des ersten Jahres und zum Ende des zehnten Jahres?
ad) Um wie viel Prozent sind die Preise in den zehn Jahren insgesamt gestiegen?
ae) Wie hat sich die jährliche Inflationsrate auf Einkommen und Vermögen von Schäuffler ausgewirkt?
af) Ist es möglich, dass bestimmte Bevölkerungsgruppen durchaus Sympathien für die Inflation entwickeln?

b) Geänderte Situation:
Theo Schäuffler finanziert ein Häuschen mit 50 000,00 € Ersparnissen und einem Kredit über 200 000,00 €, Festzinssatz 4 % für zehn Jahre, anfängliche Tilgung 1 %. Aber: Die Preise sinken über zehn Jahre jährlich um 0,5 %. Das Jahreseinkommen von Theo Schäuffler fällt im gleichen Zeitraum von 30 000,00 € auf 28 000,00 €. Im Zusammenhang mit einer Umschuldung nach Ende der Zinsbindungsfrist wird das Haus geschätzt. Schäuffler ist über den Schätzwert von 200 000,00 € überrascht und erschrocken.
ba) Wie hoch ist der prozentuale Anteil von Zins und Tilgung am Monatsgehalt zu Beginn des ersten Jahres und zum Ende des zehnten Jahres?
bb) Um wie viel Prozent sind die Preise in den zehn Jahren insgesamt gefallen?
bc) Wie hat sich die jährliche Deflationsrate auf Einkommen und Vermögen von Schäuffler ausgewirkt?
bd) Ist es möglich, dass bestimmte Bevölkerungsgruppen durchaus Sympathien für die Deflation entwickeln?

4. Anlässlich der Pressekonferenz zur Eröffnung eines neuen Autowerkes in Bochum sagte ein Spitzenmanager: „Mit jedem neuen Nachfolgemodell werden Arbeitsplätze vernichtet.“ Was ist mit dieser Aussage gemeint?

5. Es gibt zwei unterschiedliche Methoden zur Berechnung der Arbeitslosenquote.
a) Berechnen Sie auf Basis der folgenden Arbeitsmarktdaten – soweit diese benötigt werden – nach beiden Methoden die Arbeitslosenquote.

b) Welche der beiden Methoden wird von der Bundesregierung bevorzugt? Begründen Sie, warum das so ist.

Arbeitsmarktdaten: Erwerbspersonen 80 Mio., Selbstständige 5 Mio., abhängig Beschäftigte 67,5 Mio., Kurzarbeiter 2,5 Mio.; offene Stellen 2 Mio.

6. Welche Probleme können sich für Deutschland und die jeweiligen Handelspartner aus der Tatsache ergeben, dass Deutschland ständig erhebliche Handelsbilanzüberschüsse erzielt?

7. Die Wirtschaftsordnung ist nur ein Teilbereich der allgemeinen Gesellschaftsordnung. Weisen Sie dies mithilfe von vier selbst gewählten Beispielen nach, in denen Sie die Wechselwirkungen zwischen Wirtschafts-, Rechts- und Gesellschaftsordnung darstellen.

8. Das Statistische Bundesamt hat folgende Statistik veröffentlicht:

	Jahr 1	Jahr 2	Jahr 3
Position	Index 2010 = 100		
Preisbereinigt, verkettet			
I. Entstehung des Inlandsprodukts			
Produzierendes Gewerbe (ohne Baugewerbe)	99,8	99,9	104,1
Baugewerbe	90,6	86,2	83,8
Handel, Gastgewerbe und Verkehr[1]	101,7	100,9	102,5
Finanzierung, Vermietung und Unternehmensdienstleister[2]	105,1	106,3	108,8
Öffentliche und private Dienstleister[3]	103,3	103,8	104,1
Bruttowertschöpfung	101,9	102,0	104,0
Bruttoinlandsprodukt[4]	101,4	101,4	102,9

[1] Einschl. Nachrichtenübermittlung. [2] Kredit- und Versicherungsgewerbe, Grundstückswesen, Vermietung und Unternehmensdienstleister.
[3] Einschl. häusliche Dienste.
[4] Bruttowertschöpfung zuzüglich Gütersteuern (saldiert mit Gütersubventionen).

a) Welcher Wirtschaftsbereich des BIP ist im abgebildeten Zeitraum
   aa) kontinuierlich geschrumpft,
   ab) kontinuierlich gewachsen,
   ac) am wenigsten geschrumpft oder gewachsen?

b) Muss ein Wachstum des BIP zwangsläufig bedeuten, dass es den Menschen in dem entsprechenden Land besser geht und ihr Wohlstand steigt? Bitte geben Sie eine begründete Antwort.

9. Beantworten Sie folgende Fragen:

a) Wie setzt sich der EZB-Rat zusammen?

b) Welche Aufgaben hat der EZB-Rat?

c) In den Medien wird häufig vom „Leitzins" gesprochen. Wie lautet der offizielle Fachausdruck?

d) Erklären Sie die „Lohn-Preis-Spirale".

e) In der Politik wurde die Inflation einmal „als eine der perfidesten Formen der Enteignung der kleinen Sparer, die keine Sachwerte besitzen", bezeichnet. Bitte erklären Sie diese Äußerung.

10. Nennen Sie die Ihnen bekannten sechs wirtschaftspolitischen Ziele und beschreiben Sie kurz deren Inhalt.

11. Beurteilen Sie, ob in den nachstehenden Fällen Zielharmonie, Zielindifferenz oder Zielkonflikt besteht.

a) In einer Volkswirtschaft wirkt das „Gesetz der Massenproduktion". Die Wirtschaft ist unterbeschäftigt. Die Regierung beschließt, die Staatsausgaben (bei gleichbleibenden Einnahmen) zu erhöhen. Ihre vorrangigen wirtschaftspolitischen Ziele sind zurzeit die Vollbeschäftigung und die Preisniveaustabilität.

b) In einer mit dem Ausland stark verflochtenen Volkswirtschaft übersteigen die Exporte seit längerer Zeit die Importe. Die Wirtschaft ist unterbeschäftigt. Die Regierung beschließt die Senkung der Importzölle und die Aufhebung bisheriger Exportförderungsmaßnahmen. Ihre vorrangigen wirtschaftspolitischen Ziele sind zurzeit außenwirtschaftliches Gleichgewicht, Preisniveaustabilität und Vollbeschäftigung.

c) In einer vollbeschäftigten Volkswirtschaft steigen die Preise jährlich um ca. 10 %. Es bestehen laufende Exportüberschüsse. Das Wirtschaftswachstum beträgt im kommenden Jahr voraussichtlich 3 %. Der Grad der Umweltverschmutzung ist sehr hoch, sodass die Lebenserwartung der Bevölkerung zu sinken beginnt. Die derzeitige Einkommens- und Vermögensverteilung wird als „gerecht" empfunden. Die Regierung beschließt, die Grenzen weiter zu öffnen, um die Importe zu steigern. Die sechs magischen Ziele der Wirtschaftspolitik werden von der Regierung als gleichrangig betrachtet.

12. Ergänzen Sie Ihre Lernkartei, indem Sie sich mit Ihrem Nachbarn über sinnvolle Kartenüberschriften austauschen und die Karteikarten entsprechend ausfüllen.

8 Geldpolitik im Europäischen System der Zentralbanken (ESZB)

Einstiegssituation

Die EZB kommt zunehmend unter den Druck der Politik

Die Geschichte der Europäischen Zentralbank ist im Vergleich zu anderen Banken noch jung. Nach der gut zehnjährigen Aufbauphase war 2011 der zweite Wechsel im Amt des Präsidenten. Am 1. November löste der Italiener Mario Draghi den Franzosen Jean-Claude Trichet ab. Egal ob Niederländer oder Franzose oder Italiener oder Deutscher: Hauptsache ein hervorragender Ökonom und erfahrener Notenbanker. So hätte man wohl in den Anfangsjahren der Europäischen Währungsunion argumentiert, wenn es um die Besetzung von Posten im Management der Europäischen Zentralbank (EZB) gegangen wäre. Ganz anders heute: Da werden EZB-Direktoriumsmitglieder wie auch EZB-Ratsmitglieder in erster Linie nach ihrer Nationalität beurteilt. Sie werden ungeachtet ihrer Expertise entweder dem Lager der stabilitätsorientierten Nord-Länder oder dem der laxeren Süd-Länder zugeordnet. Wem ist noch in Erinnerung, dass der ehemalige Bundesbank-Präsident Hans Tietmeyer vor der ersten Sitzung des EZB-Rates bei Ansicht der mit der Nationalität beschrifteten Namensschilder umgehend veranlasste, sie nur alphabetisch dem Namen nach zu ordnen, und zwar auch nicht unterschieden nach Mitgliedschaft in Direktorium oder Rat? Die Direktoriums- wie auch die Ratsmitglieder der europäischen Notenbank sollten sich nicht als Vertreter ihrer Nationen oder nationalen Notenbanken fühlen, sondern als Europäer und Entscheider in Verantwortung für die Euro-Zone als Ganzes.

Von diesem Geist der Anfangsjahre der europäischen Geldpolitik und dem Konsens zur Stabilitätsverpflichtung ist nicht viel übrig geblieben. Längst hat die EZB das abgegrenzte Gebiet der Geldpolitik verlassen und sich als Erfüllungsgehilfe nationaler Fiskalpolitik missbrauchen lassen oder gar angedient. Dieser Wandel der Institution EZB und die partielle Preisgabe ihrer Unabhängigkeit ist unter Jean-Claude Trichet erfolgt und erst die Geschichtsbücher werden ein Urteil fällen können, ob dies der Anfang vom Ende der Währungsunion war. Schon die Art, wie inzwischen Personalentscheidungen für das EZB-Direktorium gefällt werden, zeigt: Es ist ein Postengeschacher, bei dem nationale Aspekte im Vordergrund stehen. Für eine von der Politik dem Geist nach unabhängige Institution, wie das EZB-Direktorium, ist die Verknüpfung mit der Besetzung anderer Posten europäischer Einrichtungen höchst fraglich. Neue EZB-Ratsmitglieder sollten sich nicht über ihre Nationalität und die damit verbundenen Interessen definieren, sondern über ihre geldpolitische Expertise und die zeitgemäße Umsetzung der Zwei-Säulen-Strategie. Allerdings ist auch Deutschland nicht unbeteiligt an den politischen Nominierungen für das EZB-Direktorium. Mit einem vormaligem Staatssekretär im Bundesfinanzministerium hatte zuletzt auch Deutschland einen EZB-Direktor durchgesetzt, der als Geldpolitiker ein unbeschriebenes Blatt war. Deutschland wie auch andere Länder sollten im EZB-Rat entsprechend ihres Anteils am EZB-Kapital vertreten sein und entsprechende Stimmrechte haben. Das Prinzip „Ein Mitgliedsland – eine Stimme“ ist undemokratisch und lädt zu leichtsinnigen Entscheidungen geradezu ein, weil eigene Rechte und eigene Haftung sich nicht entsprechen. Vor der Staatsschuldenkrise, vor der Monetarisierung der Staatsschulden durch Anleiheaufkäufe und vor der Geldschwemme der Dreijahrestender spielten Haftungsfragen keine Rolle. Im Ernstfall müssen Bundesbank bzw. deutscher Steuerzahler entsprechend ihres Anteils am EZB-Kapital von 27 % jetzt schon für die Risiken einstehen – aber nur zwei Deutsche sind Mitglieder im 23-köpfigen EZB-Rat.

Fatal wäre es, wenn die EZB durch fortgesetzte Geldschwemme den Defizitländern den Anreiz nähme, diese Ungleichgewichte durch Verbesserung ihrer Wettbewerbsfähigkeit abzubauen. Deshalb wäre ein an der Haftung orientiertes Stimmrecht im EZB-Rat angemessen. Doch noch sind die kleinen Euroländer nicht bereit, Änderungen des Stimmrechtes mit zu tragen.

Quelle: (FS)

Das **Europäische System der Zentralbanken** ist föderal aufgebaut und besteht aus der **Europäischen Zentralbank** (EZB) und den **nationalen Zentralbanken** (NZB) der Mitgliedsstaaten, d.h. es umfasst außer den Mitgliedern des Eurosystems auch die nationalen Zentralbanken, die den Euro nicht zu Beginn der dritten Stufe der EWWU eingeführt haben.
Das **Eurosystem** umfasst die EZB und die nationalen Zentralbanken der Teilnehmerländer, die den Euro zu Beginn der dritten Stufe der EWWU eingeführt haben. Das Gebiet der Mitgliedsstaaten ist das **Euro-Währungsgebiet**.

Autonomie (Weisungsunabhängigkeit) des Europäischen Systems der Zentralbanken

Bei der Wahrnehmung ihrer Befugnisse, Aufgaben und Pflichten darf
- weder die EZB
- noch eine nationale Zentralbank
- noch ein Mitglied ihrer Beschlussorgane

Weisungen von Organen oder Einrichtungen der Gemeinschaft, Regierungen der Mitgliedstaaten oder anderen Stellen einholen oder entgegennehmen *(Art. 108 AEUV)*.

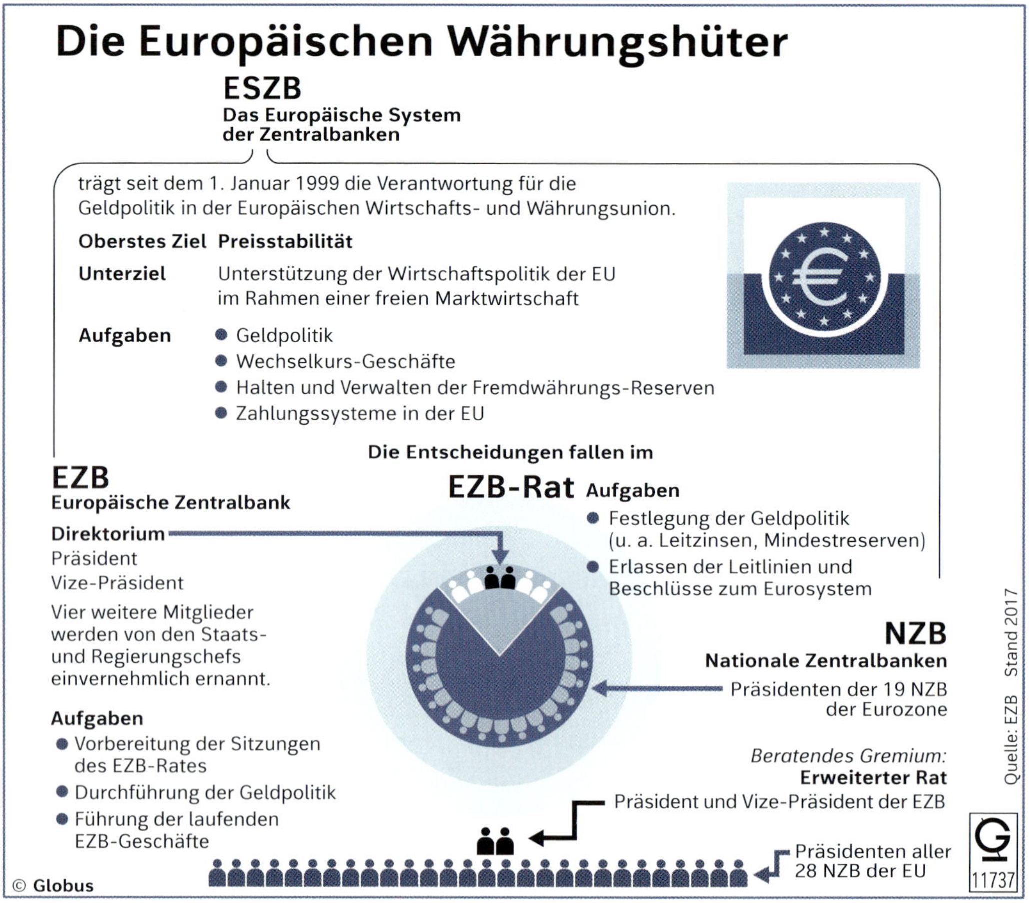
Die Europäischen Währungshüter
ESZB
Das Europäische System der Zentralbanken
trägt seit dem 1. Januar 1999 die Verantwortung für die Geldpolitik in der Europäischen Wirtschafts- und Währungsunion.
Oberstes Ziel Preisstabilität
Unterziel Unterstützung der Wirtschaftspolitik der EU im Rahmen einer freien Marktwirtschaft
Aufgaben
Geldpolitik
Wechselkurs-Geschäfte
Halten und Verwalten der Fremdwährungs-Reserven
Zahlungssysteme in der EU
Die Entscheidungen fallen im
EZB-Rat
Aufgaben
Festlegung der Geldpolitik (u. a. Leitzinsen, Mindestreserven)
Erlassen der Leitlinien und Beschlüsse zum Eurosystem
EZB
Europäische Zentralbank
Direktorium
Präsident
Vize-Präsident
Vier weitere Mitglieder werden von den Staats- und Regierungschefs einvernehmlich ernannt.
Aufgaben
Vorbereitung der Sitzungen des EZB-Rates
Durchführung der Geldpolitik
Führung der laufenden EZB-Geschäfte
NZB
Nationale Zentralbanken
Präsidenten der 19 NZB der Eurozone
Beratendes Gremium:
Erweiterter Rat
Präsident und Vize-Präsident der EZB
Präsidenten aller 28 NZB der EU
Quelle: EZB Stand 2017
© Globus
11737

■ Ziele und Aufgaben des Europäischen Systems der Zentralbanken

Das vorrangige Ziel des **Europäischen Systems der Zentralbanken** *ist es, die Preisstabilität zu gewährleisten (Art. 127 AEUV).* **Definition**

Obgleich der Vertrag über die Arbeitsweise der Europäischen Union die Gewährleistung von Preisstabilität als vorrangiges Ziel der EZB eindeutig festlegt, enthält er keine Angabe dazu, was unter Preisstabilität zu verstehen ist. Vor diesem Hintergrund gab der EZB-Rat im Oktober 1998 eine quantitative Definition von Preisstabilität bekannt. Diese lautete:

„[...] Anstieg des Harmonisierten Verbraucherpreisindex (HVPI) für das Euro-Währungsgebiet von unter 2 % gegenüber dem Vorjahr."

Quelle: Deutsche Bundesbank: Aufgaben des Eurosystems, Zugriff am 05.12.2017 unter: www.bundesbank.de/Navigation/DE/Bundesbank/Eurosystem/Aufgaben/aufgaben.html

Soweit dies ohne Beeinträchtigung der Preisstabilität möglich ist, hat die Europäische Zentralbank die allgemeine Wirtschaftspolitik in der Europäischen Gemeinschaft zu unterstützen *(Art. 127 AEUV).*

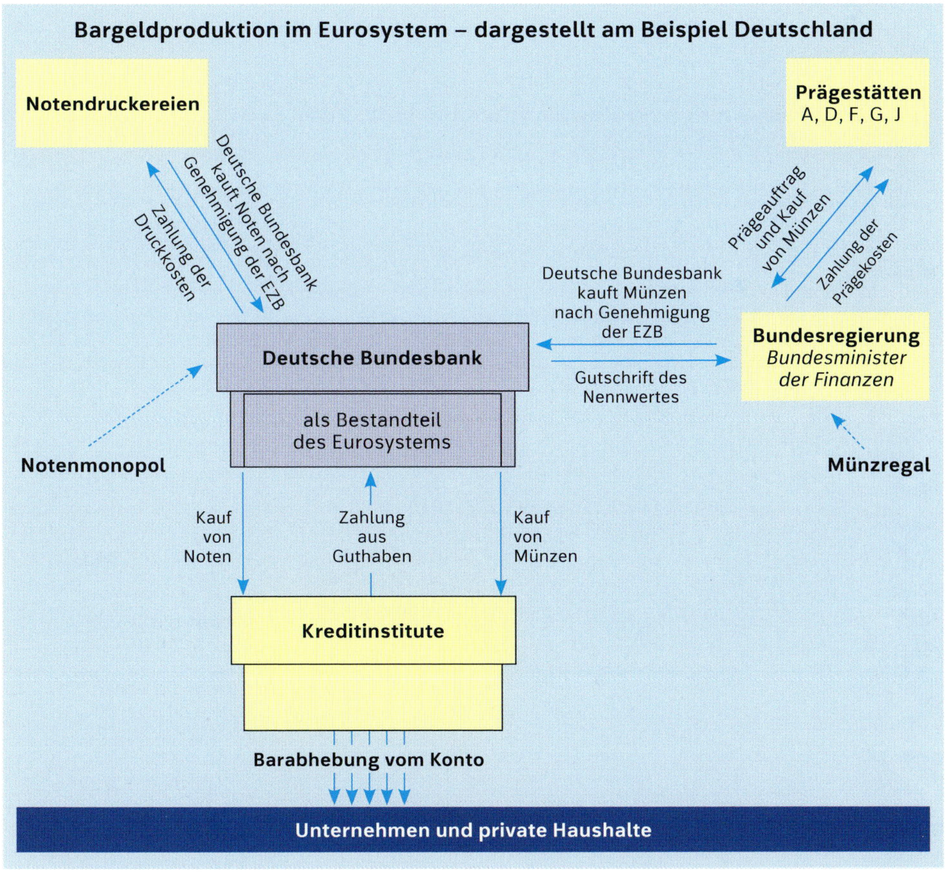
Bargeldproduktion im Eurosystem – dargestellt am Beispiel Deutschland
Notendruckereien
Prägestätten
A, D, F, G, J
Deutsche Bundesbank kauft Noten nach Genehmigung der EZB
Zahlung der Druckkosten
Prägeauftrag und Kauf von Münzen
Zahlung der Prägekosten
Deutsche Bundesbank kauft Münzen nach Genehmigung der EZB
Gutschrift des Nennwertes
Deutsche Bundesbank
als Bestandteil des Eurosystems
Bundesregierung
Bundesminister der Finanzen
Notenmonopol
Münzregal
Kauf von Noten
Zahlung aus Guthaben
Kauf von Münzen
Kreditinstitute
Barabhebung vom Konto
Unternehmen und private Haushalte

Die **Aufgaben der Europäischen Zentralbank** bestehen darin,
- die Geldpolitik der Gemeinschaft festzulegen und auszuführen,
- Devisengeschäfte durchzuführen,
- die Währungsreserven der Mitgliedsstaaten zu verwalten,
- das Funktionieren der Zahlungssysteme zu fördern *(Art. 127 Abs. 2 AEUV)*.

Notenprivileg und Münzregal

Die Europäische Zentralbank hat das ausschließliche Recht, die Ausgabe von Banknoten innerhalb der Gemeinschaft zu genehmigen. Die Europäische Zentralbank und die nationalen Zentralbanken sind zur Ausgabe von Banknoten berechtigt. Dies sind die einzigen Banknoten, die in der Gemeinschaft als gesetzliches Zahlungsmittel gelten.
Die Mitgliedsstaaten haben das Recht zur Ausgabe von Münzen, wobei der Umfang der Genehmigung durch die Europäische Zentralbank bedarf *(Art. 128 AEUV)*.

8.1 Europäische Zentralbank

Kernstück des Europäischen Systems der Zentralbanken ist die Europäische Zentralbank. Die wichtigsten Organe der EZB sind der EZB-Rat und das Direktorium.

■ Europäischer Zentralbankrat (EZB-Rat)

Mitglieder des Europäischen Zentralbankrates sind
- die Präsidenten der Nationalen Zentralbanken
  und
- die Mitglieder des Direktoriums.

> Der **EZB-Rat** bestimmt die Geld- und Währungspolitik der Europäischen Zentralbank

Die Beschlüsse werden grundsätzlich mit einfacher Mehrheit gefasst. Nur bei Fragen der Kapitalausstattung, der Währungsreserven und der Gewinnverteilung verfügen die nationalen Zentralbanken über ein gewichtiges Stimmrecht, das sich nach Höhe ihres Kapitalanteils richtet. Bei diesen Abstimmungen haben die Mitglieder des Direktoriums kein Stimmrecht. Eine der wichtigsten Aufgaben des EZB-Rates ist die Festlegung des Hauptrefinanzierungszinssatzes.[1]

---

[1] *Vgl. Seite 576 f.*

Direktorium

Mitglieder des Direktoriums sind
- der EZB-Präsident,
- der Vizepräsident,
- bis zu vier weitere Mitglieder.

Aufgaben des Direktoriums

Das Direktorium führt die Geldpolitik nach den Beschlüssen des EZB-Rates aus. Wenn die Beschlüsse von den nationalen Zentralbanken vollzogen werden, erteilt das Direktorium die entsprechenden Anweisungen.
Es gilt das **Subsidiaritätsprinzip**. Die Europäische Zentralbank führt nur diejenigen Aufgaben aus, die von den Nationalen Zentralbanken nicht in gewünschter Weise ausgeführt werden können.

8.2 Deutsche Bundesbank im ESZB

Die **Deutsche Bundesbank** ist die Zentralbank der Bundesrepublik Deutschland. Sie hat Niederlassungen in den einzelnen Bundesländern.
Als **nationale Zentralbank** innerhalb des Europäischen Systems der Zentralbanken (ESZB) ist die Deutsche Bundesbank aufgrund einer Genehmigung der Europäischen Zentralbank zur Ausgabe von Banknoten berechtigt. Als **Mitglied des Europäischen Systems der Zentralbanken** führt die Deutsche Bundesbank die in ihren Zuständigkeitsbereich fallenden geldpolitischen Beschlüsse der Europäischen Zentralbank aus.

Als **Bank des Staates**
- vertritt die Deutsche Bundesbank die Bundesrepublik Deutschland in internationalen Währungsbehörden **(z. B. Internationaler Währungsfonds)**,
- verwaltet sie die nationalen Währungsreserven, soweit sie nicht an die EZB übertragen sind,
- wirkt sie mit bei der Bankenaufsicht,
- wirkt sie mit bei der Kreditaufnahme des Bundes und der Länder auf den Geld- und Kapitalmärkten.

8.3 Die geldpolitischen Instrumente der EZB

Über die Beeinflussung des Zinsniveaus steuert die EZB die Geldmenge im Euro-Währungsgebiet. Sie stattet die Volkswirtschaften des Eurosystems entsprechend dem vorgegebenen Geldmengenziel mit Liquidität aus. Auf diesem Weg soll das vorrangige Ziel der EZB, die Preisstabilität, gewährleistet werden.

Die geldpolitischen Instrumente der EZB lassen sich in zwei wesentliche Bereiche unterteilen: Der Schwerpunkt liegt bei den „geldpolitischen Operationen“ **Offenmarktgeschäfte** und **ständige Fazilitäten**. Daneben gibt es die **Mindestreservepflicht**.

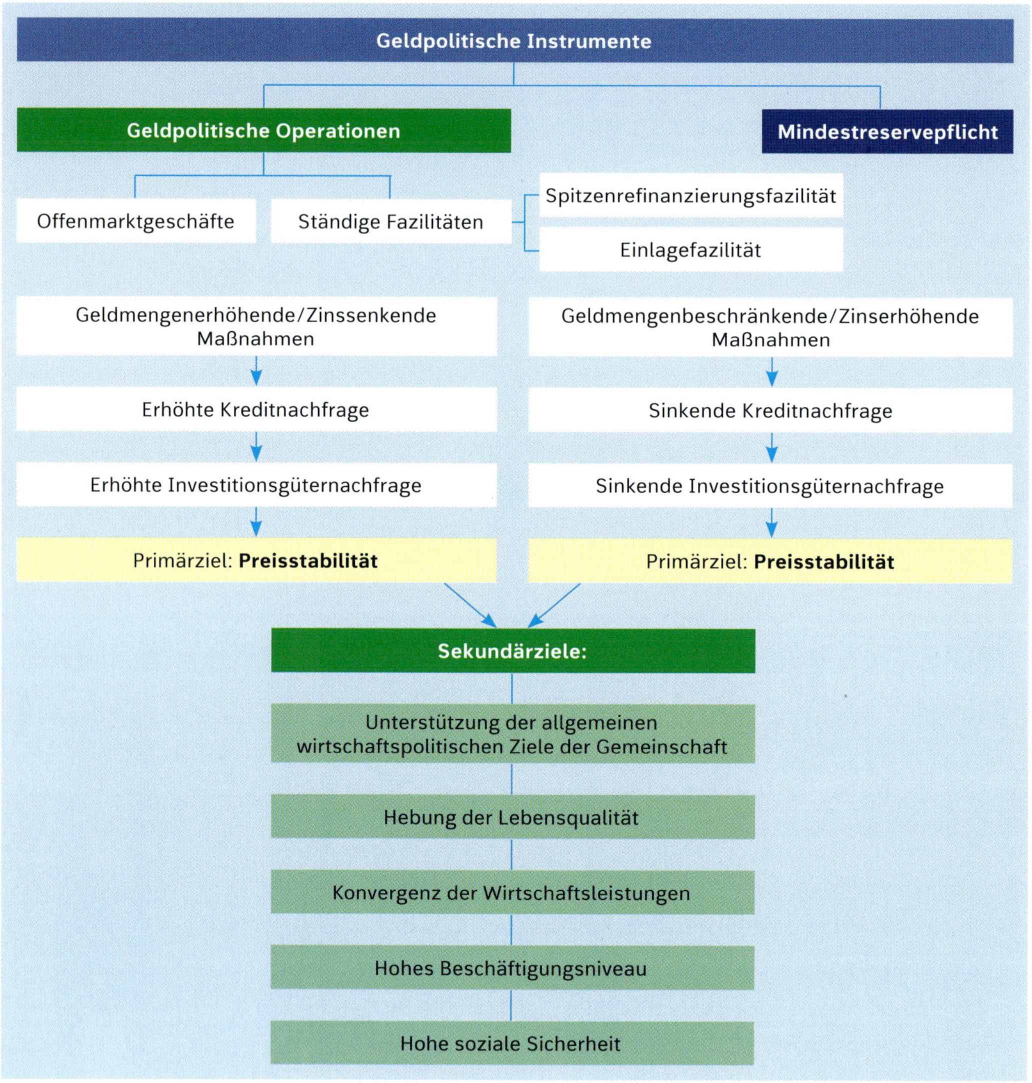
Geldpolitische Instrumente
Geldpolitische Operationen
Mindestreservepflicht
Offenmarktgeschäfte
Ständige Fazilitäten
Spitzenrefinanzierungsfazilität
Einlagefazilität
Geldmengenerhöhende/Zinssenkende Maßnahmen
Erhöhte Kreditnachfrage
Erhöhte Investitionsgüternachfrage
Primärziel: Preisstabilität
Geldmengenbeschränkende/Zinserhöhende Maßnahmen
Sinkende Kreditnachfrage
Sinkende Investitionsgüternachfrage
Primärziel: Preisstabilität
Sekundärziele:
Unterstützung der allgemeinen wirtschaftspolitischen Ziele der Gemeinschaft
Hebung der Lebensqualität
Konvergenz der Wirtschaftsleistungen
Hohes Beschäftigungsniveau
Hohe soziale Sicherheit

■ Offenmarktgeschäfte (Hauptrefinanzierungsgeschäfte)

Offenmarktgeschäfte spielen für die Geldpolitik des Europäischen Systems der Zentralbanken die zentrale Rolle. Sie werden eingesetzt, um die Zinsen und die Liquidität am Markt zu steuern sowie Signale bezüglich des geldpolitischen Kurses zu setzen. Die wichtigsten Offenmarktgeschäfte sind die Hauptrefinanzierungsoperationen.

Die Kreditinstitute erhalten von der EZB für einen befristeten Zeitraum, i. d. R. sieben Tage, gegen entsprechende Sicherheiten (meistens Verpfändung von Wertpapieren) Geld zur Verfügung gestellt.

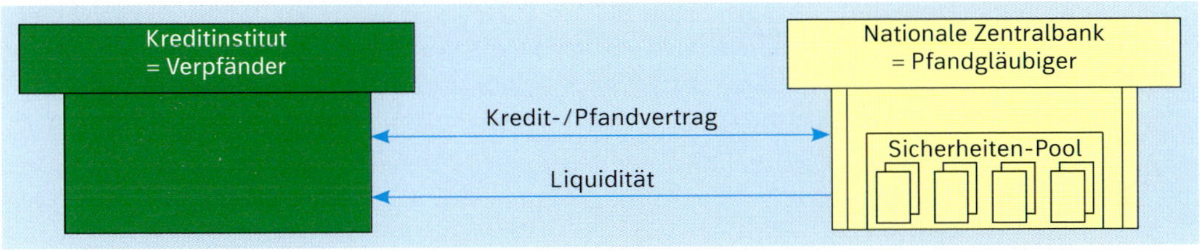
Kreditinstitut
= Verpfänder
Nationale Zentralbank
= Pfandgläubiger
Kredit-/Pfandvertrag
Liquidität
Sicherheiten-Pool

Dieses Geld müssen die Banken verzinsen. Der Zinssatz heißt **Hauptrefinanzierungszinssatz.** Die Banken nutzen das Geld und geben diese Kreditkosten bei der Kreditvergabe an ihre Kreditkunden weiter. Durch die Gestaltung des Hauptrefinanzierungszinssatzes möchte die EZB Einfluss auf die Preisgestaltung der Kreditinstitute nehmen. Deswegen wird der Hauptrefinanzierungszinssatz auch als **Leitzins** bezeichnet. Bei einem hohen Hauptrefinanzierungszinssatz soll die Kreditvergabe gebremst werden, bei einem niedrigen Hauptrefinanzierungszinssatz soll die Kreditvergabe angeregt werden.

■ Spitzenrefinanzierungsfazilität

Mit der Spitzenrefinanzierungsfazilität können sich die Geschäftspartner Übernacht-Liquidität gegen refinanzierungsfähige Sicherheiten beschaffen. Eine Kredithöchstgrenze ist nicht vorgesehen. Somit limitieren die Sicherheiten die Höhe der Inanspruchnahme. Der Zinssatz der Spitzenrefinanzierungsfazilität bildet in der Regel die Obergrenze auf dem Markt für Tagesgeld.

■ Einlagefazilität

Die Einlagefazilität können die Geschäftspartner nutzen, um bis zum Beginn des nächsten Geschäftstages überschüssige Liquidität bei den nationalen Zentralbanken anzulegen. Die Höhe der Beträge ist unbeschränkt. Der Zinssatz der Einlagefazilität bildet in der Regel die Untergrenze des Tagesgeldsatzes. Ein negativer Einlagezinssatz („Strafzins“) soll die Kreditinstitute motivieren, Gelder als Kredite an die Wirtschaft zu vergeben und damit die Wirtschaft anzukurbeln.

Die Zinssätze für die ständigen Fazilitäten (Spitzenrefinanzierungszinssatz und Einlagezinssatz) und die Hauptrefinanzierungsgeschäfte haben die Wirkung von **Leitzinsen**. Mit den Zinssätzen der ständigen Fazilitäten werden Signale bezüglich des Kurses der Geldmarktpolitik gesetzt. Der Satz für den Übernachtkredit an die Banken bildet dabei die obere Grenze und der Zinssatz für Übernacht-Einlagen der Banken bei der EZB die untere Grenze eines Zinskanals für Tagesgelder. Einerseits würde sich kein Kreditinstitut am freien Markt zu einem Zinssatz, der über dem Zinssatz der Spitzenrefinanzierungsfazilität liegt, refinanzieren, und andererseits würde kein Kreditinstitut seine Übernacht-Liquidität zu einem Zinssatz anlegen, der unter dem Zinssatz des ESZB für die Einlagefazilität liegt. Der Zinssatz für das bedeutendste Refinanzierungsinstrument der EZB, des Hauptrefinanzierungsgeschäftes, liegt innerhalb des Zinskanals, den die ständigen Fazilitäten vorgeben.

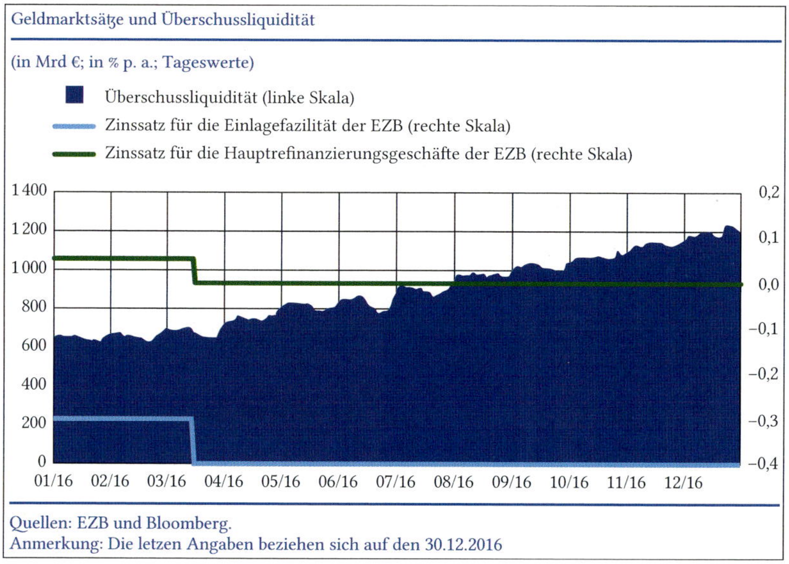
Geldmarktsätze und Überschussliquidität
(in Mrd €; in % p. a.; Tageswerte)
Überschussliquidität (linke Skala)
Zinssatz für die Einlagefazilität der EZB (rechte Skala)
Zinssatz für die Hauptrefinanzierungsgeschäfte der EZB (rechte Skala)
1 400
1 200
1 000
800
600
400
200
0
0,2
0,1
0,0
−0,1
−0,2
−0,3
−0,4
01/16
02/16
03/16
04/16
05/16
06/16
07/16
08/16
09/16
10/16
11/16
12/16
Quellen: EZB und Bloomberg.
Anmerkung: Die letzten Angaben beziehen sich auf den 30.12.2016

Quelle: Europäische Zentralbank: Jahresbericht 2016, S. 12, veröff. im April 2017, Zugriff am 03.07.2018 unter: www.ecb.europa.eu/pub/pdf/annrep/ar2016de.pdf?439ce485e40f9734f215

Mindestreserven

Die Kreditinstitute können von der EZB verpflichtet werden, einen bestimmten Prozentsatz ihrer Verbindlichkeiten als Guthaben auf ihrem Konto bei der nationalen Zentralbank zu unterhalten.

Je höher die Mindestreservesätze von der EZB festgesetzt werden, desto geringer ist für die Kreditinstitute der Spielraum für die Gewährung von Krediten. Die Erhöhung der Mindestreservesätze führt darüber hinaus zu einer Verknappung des Geldangebotes und damit zu einer Erhöhung der Zinsen.

Beispiel

Der EZB-Rat beschließt eine Mindestreserve auf Spareinlagen in Höhe von 1 %. Bei der Sparkasse KölnBonn werden Spareinlagen in Höhe von 300 Mio. € unterhalten.

Die Sparkasse KölnBonn muss 6 Mio. € auf ihrem BBK-Konto als Mindestreserveguthaben unterhalten, sodass ihr nur 297 Mio. € für eine andere Verwendung (z. B. Kreditvergabe) zur Verfügung stehen.

Bei der Senkung der Mindestreservesätze treten die umgekehrten Wirkungen ein.

Geldpolitik	
expansive Geldpolitik	**kontraktive Geldpolitik**
• Senkung der Zinsen bei Hauptrefinanzierungsgeschäften und in der Spitzenrefinanzierungsfazilität • Senkung der Zinsen für die Einlagefazilität und Termineinlagen • Erhöhung des Refinanzierungsvolumens (der Zuteilung) im Tenderverfahren • Senkung der Mindestreservesätze • Definitive Verkäufe zentralbankfähiger Aktiva (z. B. Devisen)	• Erhöhung der Zinsen bei Hauptrefinanzierungsgeschäften und in der Spitzenrefinanzierungsfazilität • Erhöhung der Zinsen für die Einlagefazilität und Termineinlagen • Verringerung des Refinanzierungsvolumens (der Zuteilung) im Tenderverfahren • Erhöhung der Mindestreservesätze • definitive Käufe zentralbankfähiger Aktiva • Emission eigener Schuldverschreibungen

Aufgaben

1. Beschreiben Sie die Struktur des Europäischen Systems der Zentralbanken.
2. Deutsche Erfahrungen haben dazu geführt, dass eine politische Einflussnahme auf die Entscheidungen der EZB ausdrücklich ausgeschlossen wurde.
   a) Welche Erfahrungen sind hiermit gemeint?
   b) „Die Europäische Zentralbank kommt zunehmend unter den Druck der Politik“ lautet die Überschrift auf Seite 571. Erklären Sie diese Überschrift, indem Sie den Artikel in vier Sätzen zusammenfassen.
3. In welcher Weise haben deutsche Repräsentanten Einfluss auf die Beschlüsse der EZB-Gremien?
4. Erklären Sie den möglichen Weg neuer Banknoten und Münzen von der Produktionsstätte bis in die Hände von Privatpersonen.
5. Erkundigen Sie sich nach den aktuellen Zinssätzen der EZB und versuchen Sie, diese vor dem aktuellen konjunkturellen Hintergrund zu begründen.
6. Erläutern Sie anhand der Hauptrefinanzierungsoperationen, wie die EZB Einfluss auf Geldmenge und Zinsniveau nimmt.
7. Ergänzen Sie Ihre Lernkartei, indem Sie sich mit Ihrem Nachbarn über sinnvolle Kartenüberschriften austauschen und die Karteikarten entsprechend ausfüllen.

Abkürzungsverzeichnis

Abs.	Absatz
ADSp	Allgemeine Deutsche Spediteursbedingungen
AG	Aktiengesellschaft
AG & Co.	Aktiengesellschaft & Co.
AGB	Allgemeine Geschäftsbedingungen
AGV	Arbeitsgemeinschaft der Verbraucher
AktG	Aktiengesetz
AN	Arbeitnehmer
AO	Abgabenordnung
ArbG	Arbeitsgericht
ArbPlSchG	Arbeitsplatzschutzgesetz
ArbZG	Arbeitszeitgesetz
Art.	Artikel
AVmG	Altersvermögensgesetz
BAföG	Bundesausbildungsförderungsgesetz
BAG	Bundesarbeitsgericht
BBiG	Berufsbildungsgesetz
BDA	Bundesvereinigung der Arbeitgeberverbände
BDI	Bundesverband der Deutschen Industrie
BDSG	Bundesdatenschutzgesetz
BEEG	Bundeselterngeld- und Elternzeitgesetz
BetrVG	Betriebsverfassungsgesetz
BFH	Bundesfinanzhof
BGB	Bürgerliches Gesetzbuch
BGH	Bundesgerichtshof
BIP	Bruttoinlandsprodukt
BLZ	Bankleitzahl
BNE	Bruttonationaleinkommen
BR	Betriebsrat
BSG	Bundessozialgericht
BVerwG	Bundesverwaltungsgericht
DAG	Deutsche Angestelltengewerkschaft
DAV	Deutsche Außenhandels- und Verkehrsakademie
DIHK	Deutscher Industrie- und Handelskammertag
DKK	Dänische Krone
e. G.	eingetragene Genossenschaft
e. K.	eingetragener Kaufmann
e. Kfm.	eingetragener Kaufmann
e. Kffr.	eingetragene Kauffrau
e. V.	eingetragener Verein
ec	Eurocheque
EG	Europäische Gemeinschaft
EG-FusionkontrollVO	EG-Fusionskontrollverordnung
EGV	Vertrag zur Gründung der Europäischen Gemeinschaft
ESt	Einkommensteuer
EStDV	Einkommensteuerdurchführungsverordnung
EStG	Einkommensteuergesetz

EStR	Einkommensteuerrichtlinien
ESVG	Europäisches System Volkwirtschaftlicher Gesamtrechnungen
ESZB	Europäisches System der Zentralbanken
EU	Europäische Union
EuGH	Europäischer Gerichtshof
EUR	Euro
EUVA	Europäische Verkehrsakademie
EWWU	Europäische Wirtschafts- und Währungsunion
EZB	Europäische Zentralbank
F & E	Forschung und Entwicklung
FG	Finanzgericht
GATT	General Agreement on Tariffs and Trade
GE	Geldeinheit
GenG	Genossenschaftsgesetz
GewO	Gewerbeordnung
GG	Grundgesetz
GmbH	Gesellschaft mit beschränkter Haftung
GmbHG	GmbH-Gesetz
GWB	Gesetz gegen Wettbewerbsbeschränkungen
HGB	Handelsgesetzbuch
HR	Handelsregister
HV	Haftpflichtversicherung
HWF	Höhere Wirtschaftsfachschule
i. A.	im Auftrag
i. V.	in Vertretung
ICC	Internationale Handelskammer
IHK	Industrie- und Handelskammer
InsO	Insolvenzordnung
IT	Informationstechnologie
JArbSchG	Jugendarbeitsschutzgesetz
JPY	Japanischer Yen
KG	Kommanditgesellschaft
KGaA	KG auf Aktien
KiSt	Kirchensteuer
KSchG	Kündigungsschutzgesetz
KV	Krankenversicherung
LAG	Landesarbeitsgericht
LSt	Lohnsteuer
LStDV	Lohnsteuerdurchführungsverordnung
LStR	Lohnsteuerrichtlinien
LZB	Landeszentralbank
MFI	Monetäres Finanzinstitut
MitbestG	Mitbestimmungsgesetz 1976
Mo	Gleichgewichtsmenge
MuSchG	Mutterschutzgesetz

NZB	Nationale Zentralbank
o. Ä.	oder Ähnliche
OHG	offene Handelsgesellschaft
OLG	Oberlandesgericht
OPEC	Organisation erdölexportierender Staaten
p. m.	pro Monat
p. a.	pro Jahr
PartGG	Partnerschaftsgesellschaftsgesetz
PG	Partnerschaftsgesellschaft
Po	Gleichgewichtspreis
ppa. (pp.)	per prokura
ProdHaftG	Produkthaftungsgesetz
PV	Pflegeversicherung
RV	Rentenversicherung
SchwbG	Schwerbehindertengesetz
ScheckG	Scheckgesetz
SchulG NRW	Schulgesetz NRW
SEAG	SE-Ausführungsgesetz
SEPA	Single Euro Payments Area
SG	Sozialgericht
SGB III	Sozialgesetzbuch (SBG) – Drittes Buch (III)
SolZ	Solidaritätszuschlag
StabG	Gesetz zur Förderung der Stabilität und des Wachstums der Wirtschaft
SZR	Sonderziehungsrechte
TA	Technische Anleitung
TVG	Tarifvertragsgesetz
TzBfG	Gesetz über Teilzeitarbeit und befristete Arbeitsverträge
UGR	Umweltökonomische Gesamtrechnung
UNO	Vereinte Nationen
USD	US-Dollar
UStG	Umsatzsteuergesetz
UWG	Gesetz gegen unlauteren Wettbewerb
VermBG	Vermögensbildungsgesetz
VerwG	Verwaltungsgericht
VO	Verordnung
VVG-Info V	Verordnung über Informationspflichten bei Versicherungsverträgen
WTO	World Trade Organization
ZertG	Zertifizierungsgesetz
ZPO	Zivilprozessordnung
ZugabeVO	Zugabeverordnung

Sachwortverzeichnis

A

ABC-Analyse 390
Abgeltungssteuer 511
Ablauforganisation 62, 69, 397, 398
Abmahnung 94, 95
Abrechnung 161
Absatzorgane 401
Abschlussprüfung 28, 30
Abschreibungen 349, 557, 559, 562
Abschwung 508
Absonderung 235
Abstraktionsprinzip 261, 284
Abwehraussperrung 107
ab Werk 277, 278, 282
Abwertung 499, 500
Abzahlungsdarlehen 359, 360
AG 216, 227
AGB 274, 289, 295
Agentur für Arbeit 126, 127
AIDA-Formel 383
Akkordlohn 153, 154
Aktien 217
Aktiengesellschaft 184, 186, 189, 201, 216, 222, 347, 477
aktives Zuhören 15, 23
akzessorisch 362, 363, 369
Allgemeine Geschäftsbedingungen 287, 312
allgemeiner Kündigungsschutz 93, 540
Allgemeinverbindlichkeitserklärung 104
Altersentlastungsbetrag 165, 167
Altersrente 121
Altersvorsorge 124, 144
Altersvorsorgezulage 147
Amtsgericht 187, 233, 298, 300
Anbieterverhalten 453
Anfechtbarkeit 264, 265
Anfechtung 251
Anfrage 273, 283
Angebot 273, 283, 297, 375, 379, 448, 456, 457, 462, 465, 496
Angebotsüberhang 458, 462, 464
Angriffsaussperrung 107
Anhörungspflicht 88
Anlageinvestitionen 344, 441
Anlagevermögen 344, 349
Annahme 266, 293
Annahmeverzug 290, 292
Annuitätendarlehen 360
antizyklisch 514, 515
Antrag 266, 283
Antragsveranlagung 172
Arbeit 153, 435
Arbeitgeberverbände 101
Arbeitgebervereinigungen 101
Arbeitnehmerentgelt 560
Arbeitsablaufdiagramm 69
Arbeitsbeschaffung 129
Arbeitsgericht 242, 243
Arbeitsleistung 88, 152
Arbeitslose 126, 537
Arbeitslosengeld 126
Arbeitslosenversicherung 113, 124
Arbeitslosigkeit 532, 533, 534, 542
Arbeitsmarktpolitik 535, 540, 541, 542
arbeitsmarktpolitische Instrumente 539
Arbeitsmarktstatistik 536
Arbeitsplatz 53
Arbeitsplatzgestaltung 12
Arbeitsplatzsicherung 128
Arbeitsproduktivität 437
Arbeitsrecht 82, 83
Arbeitsschutz 37
Arbeitssicherheit 37
Arbeitsteilung 413, 415, 416, 417, 437
Arbeits- und Zeitplanung 13
Arbeitsverhältnis 88, 89, 98
Arbeitsvertrag 85, 102
Arbeitsvertragsrecht 85
Arbeitswelt 24
Arbeitszeitgesetz 40
Arbeitszeitkonten 76
Arbeitszeitmodelle 76
Arbeitszeitregelungen 75
Arbeitszerlegung 416
Arbeitszeugnis 98
arglistige Täuschung 265
Artvollmacht 191

Aufbauorganisation 62, 63
Aufgabenanalyse 63
Aufgabensynthese 63
Aufhebungsvertrag 89
Aufrechnung 235
Aufschwung 508
Aufsichtsrat 57, 214, 218
Aufwendungsausgleichsgesetz (AAG) 118
Aufwertung 499, 500
Ausbildender 31
Ausbilder 31
Ausbildungsberufsbild 29
Ausbildungsdauer 32
Ausbildungsordnung 29
Ausbildungsplan 30
Ausbildungsrahmenplan 29
Ausbildungsverhältnis 251
Ausschaltungsfunktion 460
Außenbeitrag 553, 559
Außenfinanzierung 350
Außenverhältnis 192, 201, 206
Außenwert 494, 495
Außenwirtschaft 543, 548
Außenwirtschaftsverkehr 431
äußere Einflüsse 12
außergewöhnliche Belastungen 166, 169
außerordentliche Kündigung 91
Aussonderung 235
Aussperrung 106, 107
Auszubildende 31, 96

B

Balkendiagramm 69
Bandbreiten 498
Bargeld 321
Bargeldproduktion 573
Barzahlung 323, 324
Barzahlungsrabatt 276
Basisjahr 491
Basiszinssatz 295
Bauwerk 286
Bedarf 408, 409
Bedarfsdeckungsprinzip 412
Bedrängnissituation 314
Bedürfnisse 406, 408
Bedürfnisskala 452
Beendigung 89
befristetes Arbeitsverhältnis 90
behalten 16
Beherrschungsvertrag 477
Beklagter 301
Berichtsheft 30
berufliche Fortbildung 27
Berufsausbildung 25, 27
Berufsausbildungsverhältnis 31, 98
Berufsausbildungsvertrag 31
Berufsausbildungsvorbereitung 27
Berufsausübung 32
Berufsbildung 27
Berufsbildungsgesetz 27, 28
Berufsgenossenschaften 48, 136
Berufung 243
Beschaffung 270
Beschäftigungsverbot 40, 42, 44
beschränkte Geschäftsfähigkeit 249
Besitz 255
Besitzkonstitut 255, 365
Besitzsteuern 511
besonderer Kündigungsschutz 96
Bestechung 482
Bestellmenge 272
Bestellung 283
Beteiligungsfinanzierung 351
Beteiligungslohn 153, 155
Beteiligungsrechte 53, 57
Betreuung 251
betriebliche Altersvorsorge 146
Betriebsmittelkredit 357
Betriebsrat 54, 57, 86
Betriebsrentengesetz 146
Betriebsrentenstärkungsgesetz 148
Betriebsvereinbarungen 105
Betriebsverfassungsgesetz 57
Betriebsversammlung 56
Beurteilungsgespräch 80
Beweislastumkehr 287
Bezugsquellenermittlung 273
BGB 180, 266
BGB-Gesellschaft 248
Bilanzgewinn 220
Binnenwert 490
Blockunterricht 42
Bonus 276
Boom 507
Briefkurs 496
Bruttoinlandsprodukt 555, 561
Bruttoinvestitionen 442, 559
Bruttolohn 154
Bruttonationaleinkommen 561
Bruttowertschöpfung 556
Buchgeld 322

Bundesagentur für Arbeit 108, 536
Bundesimmissionsschutzgesetz 422
Bundessteuern 510
Bürgen 361
bürgerlicher Kauf 287
Bürgschaft 361
Bürgschaftsvertrag 362

C
Cash Cows 395
Corporate Identity 425
cost push inflation 528

D
Darlehensvertrag 267
Debitor 325, 353
Deficit Spending 512
Deflation 530
deklaratorisch 183, 189
deklaratorische Eintragungen 188
deklaratorische Wirkung 183
Deliktfähigkeit 252
Delkrederefunktion 354
demand pull inflation 526
Depression 507
Deutsche Bundesbank 573, 575
Deutscher Corporate Governance Kodex 218
Deutsche Rentenversicherung 429
Devisen 496
Devisenspekulationen 497
Diagramm 17
Dienstleistungen 553
Dienstleistungsfunktion 354
Dienstvertrag 265, 267
DIN ISO 9000 397
DIN ISO 9001 397
direkte Steuern 511
Direktorium 575
Disagio 359
Dispositionskredit 357
dispositives Recht 241
Dissens 264
Distributionspolitik 400
Dividende 220
Divisionalisierung 67
Divisionen 67
Drittelbeteiligungsgesetz 53, 58
Drittelparität 58
duale Ausbildung 26
duales Ausbildungssystem 27
duales System 27
dualistisches System 223

E
Effektivverzinsung 359
Effektivzins 358
Ehegatten-Splitting 160
eidesstattliche Versicherung 300
Eigenkapital 344, 351
Eigenschaftsirrtum 265
Eigentum 255
Eigentumserwerb 255
Eigentumsübergang 255
Eigentumsvorbehalt 297
eingetragener Kaufmann 198
eingetragener Verein 200
Einigungsstelle 56
Einkauf 271
Einkommen 452, 561
Einkommensteuer 162
Einkommensteuererklärung 161
Einkommensteuerschuld 171
Einkommensteuertarif 171
Einkunftsermittlung 164
Einlagefazilität 577
Einliniensystem 65
Einrede der Vorausklage 362
Einstellungen 87
Einzelunternehmung 196, 198
Einzelvertretungsvollmacht 191, 192
Einzelwerbung 385
electronic cash 337
elektronische Form 262
elektronische Signatur 262
ELV 338
Entgeltumwandlung 146
Entlohnungsformen 153
Entstehungsrechnung 558
Erfüllungsgeschäft 261, 284
Erfüllungsort 279
Erklärungsirrtum 265
Ersatzinvestitionen 442, 557
Ersatzlieferung 288
Erweiterungsinvestitionen 442
Erwerbslose 537
Erwerbsquote 436
Erwerbstätige 536
erwerbswirtschaftliches Prinzip 412
ESZB 571
Europäische Aktiengesellschaft 222
EUROSTAT 493

Eurosystem 572
EWWU 547
Existenzbedürfnisse 407
externe Kosten 421
exzerpieren 16
EZB 572, 575
EZB-Präsident 575
EZB-Rat 574

F
Factor 352
Factoring 352
fällig 291, 294
Fälligkeit 291, 292
Familienhilfe 117
Familienpflegezeit 134
Festdarlehen 361
Festpreise 465
Finanzgericht 244
Finanzierung 341, 343, 345, 349, 350, 352
Finanzierungsfunktion 354
Finanzierungsprobleme 118, 122
Finanzinvestitionen 344
Firma 185, 186, 198, 212
Firmengrundsätze 186
Firmenschutz 185
Firmenwert 187
Fiskalismus 513
Fiskalpolitik 514
fixe Kosten 454
Fixgeschäft 292
Fixkauf 275
Formkaufmann 183, 184
Formmangel 264
Formvorschrift 263, 313
Fort- und Weiterbildung 33
Fragerecht 86
frei Haus 277, 278, 282
freiwillig Versicherte 115, 119, 136
Freizeichnungsklausel 283
Fremdfinanzierung 351
Fremdkapital 344, 351
Friedenspflicht 106
Friedman 513
Fristen 329
Fristenkongruenz 345
Fristsetzung 288, 293
Frühindikatoren 505
Führungsstil 77
Führungstechniken 77
Fürsorgepflicht 88
Fusion 478
Fusionskontrolle 483

G
Garantie 290
Gattungskauf 274, 281
GATT-Vertrag 549
GbR 200
Gebietskartell 474
Gebrauchsgüter 410
Gebühren 329
Gefahrenschutz 43
Gefahrenvorsorge 143
Gehaltsabrechnung 159
Gehaltsverträge 103
Gehorsamspflicht 88
gekauft wie gesehen 274
Geld 487
GeldKarte 338
Geldkurs 496
Geldleistungen 117
Geldmengenziel 575
Geldpolitik 571
geldpolitische Instrumente 576
Geldstrom 426
Gemeindesteuern 510
Gemeinschaftswerbung 385
Generalvollmacht 193
Generationen-Vertrag 122
Genossenschaftsregister 190
gerichtliches Mahnverfahren 297, 299
Gerichtsstand 274, 280
geringfügige Beschäftigungsverhältnisse 98
Gesamtbetrag der Einkünfte 163
Gesamthandsvermögen 202
Gesamtjugend- und Auszubildendenvertretung 54
Gesamtvertretungsvollmacht 191
Geschäftsbesorgungsvertrag 267
Geschäftsfähigkeit 248
Geschäftsführer 214
Geschäftsunfähigkeit 248, 264
Gesellschaft bürgerlichen Rechts 200
Gesellschafter 201, 202
Gesellschafterversammlung 213
Gesellschaft mit beschränkter Haftung 186, 201
Gesellschaftsvertrag 225, 267

Gesetzesrecht 239, 240
gesetzliche Arbeitsschutzvorschriften 39
gesetzliche Krankenversicherung 114
gesetzliche Rentenversicherung 119
gesetzliches Verbot 264
gesetzliche Unfallversicherung 136
gesetzliche Zahlungsmittel 321
Gesetz zur Förderung der Stabilität und des Wachstums der Wirtschaft 515
Gesetz zur Stärkung der betrieblichen Altersversorgung 148
Gesundheitsschutzkennzeichnung 50
Gesundheitsuntersuchungen 117
Gewährleistungsanspruch 286
Gewährleistungsfrist 286
Gewerkschaften 101
gewillkürte Schriftform 263
Gewinnabführungsvertrag 477
Gewinnmaximierung 413, 456
Gewinnquote 563
Gewinnverteilung 204, 208, 215, 226
Gewohnheitsrecht 239, 240
Girocard 336, 338
Gläubigerversammlung 234
Gleichgewichtsmenge 457
Gleichgewichtspreis 457
Gleichordnungskonzern 478
Globalurkunde 217
GmbH 186, 201, 211, 212, 213
GmbH & Co. KG 224
Goldene Finanzierungsregel 345
Goodwill 187
Grenzanbieter 460
Grundbuch 190, 256
Grundbuchamt 257
Grunderwerbsteuer 257
Grundkapital 216, 217
Grundpfandrecht 359, 368
Grundschuld 368, 369
Grundstückskaufvertrag 257
Güter 406, 409
Güterrechtsregister 190
Güterstrom 426
Güteverhandlung 242
gutgläubiger Eigentumserwerb 256
GWB 474, 480

H

Haftbefehl 300
Haftpflichtversicherung 151
Handelsgewerbe 183
Handelshemmnisse 544
Handelskauf 287
Handelsrecht 180
Handelsregister 187, 188, 189, 207, 225
Handelsvertreter 401
Handlungsvollmacht 190
harmonisierter Verbraucherpreisindex 493
Hauptrefinanzierungszinssatz 577
Hauptversammlung 219
Haustarifverträge 103
Hemmung 302, 303
Hinterlegung 293
Hochkonjunktur 507, 508
Höchstpreise 463
Holding 478
HVPI 493
Hyperinflation 525
Hypothek 368, 369

I

Ifo-Geschäftsklimaindex 505
ILO 537
Immobiliarprokura 192
Immobilienkredite 359
importierte Inflation 527
Incoterms 279
indirekte Steuern 511, 562
Individualarbeitsrecht 84, 85
Individualbedürfnisse 408
Individualversicherung 143
Inflation 491, 524, 526
Inflationsgewinner 528
Inflationsverlierer 529
Informationspflicht 88
Inhaltsirrtum 265
Innenfinanzierung 346
Innenverhältnis 192, 201, 206, 214
innere Einflüsse 13
Insolvenz 147
Insolvenzplan 234
Insolvenzverfahren 233
Instanzen 63
Investieren 441

Investitionskredite 359
Istkaufmann 183
IWF 550

J

Jahresarbeitsentgeltgrenze 115
JIT-Vertrag 291
Judikative 241
Jugendarbeitsschutz 41
Jugend- und Auszubildendenvertretung 56
juristische Personen 247

K

Kannkaufmann 184
Kapitalbilanz 553
kapitalbildende Lebensversicherung 150
Kapitalertragsteuer 162
Kapitalgesellschaften 196, 211
Kapitalsammelstellen 427
Kapitalverflechtung 477
Kartelle 474
Kartellverbot 474, 482
Kartenzahlungssysteme 338
Kauf auf Abruf 275
Kauf auf Probe 275
Käufermarkt 449
Kaufkraft 492
Kaufmannseigenschaft 183
Kauf nach Probe 274
Kaufvertrag 266, 270, 274, 275
Kauf zur Probe 274
Kernstück 148
Key-Account-Management 390
Keynes 513
KG 186, 201, 205, 207
Kirchensteuer 160, 167
Kläger 301
Klageschrift 300
Klageverfahren 300
Klauselverbote 312
Kleingewerbetreibende 183, 184, 201
Koalitionsfreiheit 101
Kollektivarbeitsrecht 84, 101
Kollektivbedürfnisse 408
Kommanditgesellschaft 186, 201, 205, 206, 207
Kommanditist 205, 209, 210
Kommissionär 402
Kommunikationspolitik 381
Komplementär 205, 207, 208, 209, 210, 224
Kondratjew 509
Konjunktur 504, 505
Konjunkturbelebung 513
Konjunkturdämpfung 513
Konjunkturindikatoren 505, 506
Konjunkturpolitik 522
Konjunkturschwankungen 507
Konjunktursteuerung 513
Konjunkturzyklus 507
konkludent 261
Konkurrenzklausel 88
konstitutiv 189, 257
konstitutive Eintragungen 188
konstitutive Wirkung 183
Konsumentenrente 461
Konsumgüter 410
Konsumverzicht 440, 441
Konto 322, 324, 325
Kontokorrentkonto 356
Kontokorrentkredit 325
Konvergenzkriterien 498
konvertibel 495
Konzentration 14
Konzern 477
Kooperation 473
Kosten 533
Kostendeckungsgrundsätze 412
Krankenbehandlung 117
Krankenversicherung 113
Krankenversicherungskarte 116
Kredit 356
Kreditkarte 339
Kreditlinie 356
Kreditor 325
Kreditsicherung 361
Kulanz 290
Kulturbedürfnisse 407
Kündigung 44, 91, 93, 95
Kündigungsarten 91
Kündigungsfristen 92
Kündigungsgrund 91
Kündigungsschutz 43, 93
Kündigungsschutzverfahren 97
Kursnotierung 496
Kurzarbeit 541
Kurzarbeitergeld 129

L

Lagerinvestitionen 442
Ländersteuern 510
Landgericht 300
Langzeitarbeitslose 534
Lastschrift 330
Leasing 354
Lebensversicherung 150
Legalausnahme 474
Leiharbeit 75
Leiharbeitsverhältnis 98
Leihvertrag 267
Leistungen 116, 117, 120
Leistungsbilanz 553
Leistungsfähigkeitsprinzip 176
Leistungslohn 153, 154
Leitungssysteme 65
Leitzins 577
Lernen 11
Lernkartei 16
Lernspiele 18
Lerntypen 13
Lern- und Arbeitstechniken 15
Lern- und Arbeitsunterlagen 12
lesen 16
Lieferungsbedingungen 282
Lieferungsverzug 290, 296
Liquidation 231, 233, 235, 236
Logistik 377
Logistikbranche 375, 377
Logistikmarkt 374, 375, 377
Lohndumping 542
Lohnfortzahlung 44
Lohn-Preis-Spirale 528
Lohnquote 563
Lohnsteuer 159
Lohnsteuerklassen 159
Lohnstückkosten 445
Lohntarifverträge 103
Luxusbedürfnisse 407

M

Maastrichter Vertrag 547
Maestro-System 337
Magisches Viereck 522, 566
Mahnbescheid 298
Mahnkosten 296
Mahnung 294, 297
Mahnverfahren 298
Management by delegation 77
Management by exception 77
Management by objectives 77
Managementtechniken 77
Mängel 264, 292
mangelhafte Lieferung 286, 289
Mängelrüge 286
Manteltarifverträge 103
Marketing 375, 377
Marketinginstrument 378
Marketing-Mix 378
markieren 16
Markt 409, 448
Marktabschöpfungsstrategie 381
Marktanteil 385
Marktformen 450
marktinkonforme Eingriffe 462, 463
marktkonforme Eingriffe 462, 465
Marktmachtmissbrauch 484
Marktpreis 457, 460
Markträumungsfunktion 462
Marktsegmente 392
Markttransparenz 379, 448, 456
Massenkommunikation 381
Massenproduktion 416, 455
MasterCard 340
Maximalprinzip 411
Medieneinsatz 19
Mehrleistungen 117
Mehrliniensystem 66
Meldebestand 272
Meldeverfahren 139
Meldewesen 118
Mengennotierung 496
Mietvertrag 266
Millionärskinderparagraf 252
Minderung 289, 296
Mindestbestand 272
Mindestpreise 464
Mindestreserven 578
Mindmap 17
Minijobs 98
Minimalprinzip 411
Ministererlaubnis 479
Mischkonzern 479
Mischkonzerne 473
Mismatch 533
Missbrauchsaufsicht 481
Mitarbeitermotivation 78
Mitbestimmung 52, 53, 58, 59
Mitbestimmungsgesetz 58
mitschreiben 15
Mittelbeschaffung 344

Mittelstandskartelle 475
Mittelverwendung 344
Mitwirkung 52, 53, 87
Monetarismus 513
monistisches System 223
Monopol 450
Monopson 450
Montan-Mitbestimmungsgesetz 58
Motivation 14
Motivirrtum 265
Münzregal 489, 574
Mutterschaftsgeld 44
Mutterschaftshilfe 43, 117
Mutterschutz 43
Mutterschutzgesetz 43

N

Nachbesserung 288
Nacherfüllung 288, 296
Nachfrage 409, 448, 452, 456
Nachfragekurve 453
Nachfrageüberhang 459, 462
Nachfrist 291
nachhaltiges Wirtschaften 418
Naturalrabatt 276
natürliche Personen 247
negative Publizität 188
Nettoinvestitionen 442, 559
Nettonationaleinkommen 561, 562
Netz der sozialen Sicherheit 140
Neubeginn 302
neutraler Mann 58
Neutralitätsgebot 108
Nichtigkeit 264
Nicht-Rechtzeitig-Lieferung 290, 292, 296
Nicht-Rechtzeitig-Zahlung 294, 296
Nichttarifgebundene Arbeitgeber und Beschäftigte 148
nominales BIP 559
Nominalzins 529
Nord-Süd-Konflikt 545
notarielle Beurkundung 257, 262
Notenprivileg 489, 574
Notverkauf 293
Nutzenmaximierung 412, 413

O

offene Handelsgesellschaft 186, 201, 202
offene Handelsgesellschaften 189
Offenmarktgeschäfte 575, 576
öffentliche Beglaubigung 262
öffentliches Recht 240
Öffentlichkeitsarbeit 382, 387
OHG 186, 201, 202
ökonomisches Prinzip 411
Oligopol 450
Oligopson 450
ordentliche Kündigung 91, 97
Ordnungssystem 12
Organigramm 63
Organisation 62
Organisationsbegriff 62
Outsourcing 75

P

Pachtvertrag 266
Partnerschaftsregister 190
Penetrationsstrategie 381
Personalbeschaffung 73
Personalbeurteilung 79
Personaleinsatz 75
Personalführung 76
Personalleasing 75
Personalmarketing 74
Personalplanung 72
Personalwesen 71
Personengesellschaften 196, 200
Personenversicherung 143
persönliche Kommunikation 381
persönlicher Verkauf 382, 387
Pfandrecht 363, 364
Pfändung 300, 301
Pflegegrade 132
Pflegestärkungsgesetz 131
Pflegeversicherung 113
Pflichtthesaurierung 213
Pflichtverletzung 286, 292
Pflichtversicherte 115, 119
PIN 336
Polypol 450
Poor Dogs 395
Portfolio-Analyse 395
positive Publizität 188
Präferenzen 456
Prämienlohn 153, 154
Präsensindikatoren 506
Präsentationstechniken 18
Präsentationsverhalten 20
Präsentieren 11
Preis 276
Preisangabenverordnung 316
Preisbildung 448, 457, 462
Preisbildungsprozess 462
Preisdifferenzierung 380

preiselastische Nachfrage 453
preiselastisches Angebot 454
Preisgestaltung 380, 381
Preisindex 491
Preisindizes 490
Preiskartell 474
Preis-Lohn-Spirale 528
Preisniveau 492
Preisniveaustabilität 524, 567
Preisnotierung 496
Preispolitik 379
preispolitische Strategien 379
Primäreinkommen 562
primärer Sektor 415
private Altersvorsorge 145
private Krankenversicherung 143
private Pflegeversicherung 143
private Unfallversicherung 150
Privatrecht 240
Probearbeitsverhältnisse 96
Probezeit 96
Produktdifferenzierung 391
Produktdiversifikation 392
Produkteliminierung 391
Produkthaftungsgesetz 290, 316
Produktinnovation 391
Produktionsfaktor Arbeit 435
Produktionsfaktor Boden 437
Produktionsfaktor Kapital 439
Produktionsgüter 410
Produktivität 443
Produktlebenszyklus 393
Produktlebenszykluskonzept 393
Produktmodifikation 391
Produktpolitik 390, 396
Produkt- und Technologiezyklen 377
Produzentenrente 461
Prokura 192
Prosperität 507
Protektionismus 544
Public Relations 382, 387

Q

QM-Handbuch 398
Qualitätsmanagement 396
Qualitätsmanagement-Handbuch 398
Qualitätssicherung 396
quasi juristische Person 202, 206, 248
Question Marks 395
Quittung 323
Quotenkartell 474

R

Rabatt 276
Ratenkredit 357
Rationalisierung 417
Rationalisierungsinvestitionen 442
reales BIP 559
Realignment 499
Realkapital 441
Realzins 529
Rechenmittel 488
Rechte 254, 410
Rechtsform 184
Rechtsgeschäfte 251, 259
Rechtsnormen 180, 239
Rechtsobjekte 246, 252
Rechtssubjekte 246, 247
Recycling 377
Referenzkurs 498
Regelleistungen 117
Rehabilitation 120
Reinvestitionen 442
Reisende 401
Rentenversicherung 113
Rentenzahlungen 120
Restschuldbefreiung 318
Revision 243
Rezession 504, 507
Risikolebensversicherung 150
Rücklagen 220, 347
Rückstellungen 349, 350
Rücktritt 288, 289, 292, 296
Rürup-Rente 145

S

Sachdarlehensvertrag 267
Sachen 252, 254, 255
Sachinvestitionen 344
Sachkapital 441
Sachleistungen 117
Sachmängel 286
Sachversicherung 143
Sachverständigenrat 516
saisonale Schwankungen 507
Saison-Kurzarbeitergeld 129
Sales Promotion 382, 386
Sammelüberweisung 330
Sanierung 231, 232, 233
Schadenersatz 288, 289, 296

Scheck 333
Scheckurkunde 335
Scheingeschäft 264
Scheinkaufmann 184
Schenkungsvertrag 266
Scherzgeschäft 264
Schiffsregister 190
Schlechtleistung 286, 289, 296
Schlichtung 106
Schlüsselqualifikationen 33
Schmiergelder 482
Schmiergeldzahlungen 88
Schriftform 91, 260, 262, 360, 362
Schuldenbereinigungsplan 317
schwebend unwirksam 249
Schwerbehinderte 48, 96
SE 222
sekundärer Sektor 415
Selbstfinanzierung 347
Selbsthilfeverkauf 293, 296
SEPA 326
SGB III 537
Sicherungsabtretung 367
Sicherungsübereignung 365, 366
Sicherungszession 367
Sichtguthaben 322
Signal-/Lenkungsfunktion 460
Sittenwidrigkeit 264
Skonto 276, 277
Sofortmeldung 129
Sonderausgaben 145, 147, 163, 166
Sondervollmacht 191
soziale Auswahl 94
sozialer Arbeitsschutz 40
soziale Sicherung 111
Sozialgeld 126, 127
Sozialgericht 243
Sozialgesetzgebung 25, 111
Soziallohn 153, 156
Sozialpolitik 111, 112
Sozialstaatsprinzip 111
Sozialversicherung 112, 143, 161
Sparen 427, 440, 441
Sparquote 427
Sparten 67
Spartensystem 67, 68
Sparzulage 158
Spätindikatoren 506
Speditionsauftrag 261
Speditionsgeschäft 422
Speditionsunternehmen 422
Speditionsvertrag 267
Sperrminorität 477
Spezieswaren 254
Spezifikationskauf 275
Spickzettel 18
Spitzenrefinanzierungsfazilität 577
Splitting 164
SQ3R-Methode 16
Squeeze out 221
Staatsausgaben 430
Staatseinnahmen 429
Staatshaushalt 510
Staatsverschuldung 512
Stabilitätsgesetz 515
Stabliniensystem 66
Stagflation 531
Stammkapital 213
Standortfaktoren 438
Stars 395
Stelle 63
Stellenbeschreibung 63, 64
Steuerabzugsverfahren 159, 162
Steuereinnahmen 511
Steuergesetze 162
Steuern 429, 441, 510
Steuerpflicht 163
Steuerrecht 162
Steuertabellen 179
Stiftung Warentest 311
stille Gesellschaft 210
Stop-and-go-Policy 515
Strafrecht 241
Streik 106
Streikbrecher 107
Streikformen 107
Strukturpolitik 522
Stückkauf (Spezieskauf) 274
Stückkosten 455
Submissionskartell 474
Subsidiaritätsprinzip 482, 575
Subventionen 430
Sustainable Development 418
Syndikat 476
SZR 551

T

Tara 276
Tarifautonomie 103
Tarifkonflikte 106
Tariföffnungsklauseln 542
Tarifpartner 542

Tarifregister 102
Tarifverhandlungen 106
Tarifverträge 92, 102
Tarifvertragsarten 103
Tarifvertragsgesetz 102
Taschengeldparagraf 250
Tauschmittel 488, 489
Teamsystem 68
technischer Arbeitsschutz 48
Teillieferungskauf 275
Teilzeitarbeits-/Aushilfsarbeitsverhältnis 98
Terms of Trade 547
tertiärer Sektor 415
Testament 261, 262
Textform 262
Tiefstand 507, 508
Total Quality Management 397
Transferzahlungen 430
Transportgewerbe 155
Trend 507
Treu und Glauben 240

U

Überbeschäftigung 531
Übermittlungsirrtum 265
Überschuldung 233
Überweisung 327
Überziehungskredit 313
UG (haftungsbeschränkt 213
Umlageverfahren 118
Umlaufvermögen 344
Umschulung 27
Umwelthaftungsgesetz 422
Umweltkonflikte 419
Umweltpolitik 420
Umweltregeln 423
Umweltschäden 423
Umweltschutz 566
Umweltsteuern 421
unbeschränkte Geschäftsfähigkeit 251
Unfallfolgen 137
Unfallschutz 48
Unfallverhütung 136
Unfallverhütungsvorschriften 49
Unfallversicherung 113
unfrei 278
unlauterer Wettbewerb 481
Unpfändbarkeitsbescheinigung 299
Unterbeschäftigung 531
Unternehmensformen 195, 196
Unternehmensregister 187
Unternehmens- und Vermögenseinkommen 560
Unternehmenszusammenschlüsse 472, 473
Unternehmer 248
Unternehmergesellschaft (haftungsbeschränkt) 186, 213
Unterordnungskonzern 477
unvollkommene Märkte 459
Urabstimmung 107
Urkunde 262
Urlaub 88
Urlaubsanspruch 43, 44
UWG 481

V

variable Kosten 454
Verbraucherdarlehen 313
Verbraucherinsolvenzverfahren 316
Verbraucherpreisindex 490
Verbraucherschutz 309
Verbraucherzentralen 310
Verbrauchsgüter 410
Verbrauchsgüterkauf 287
Verbrauchsgüterkaufvertrag 266
Verbrauchsteuern 511
Vereinsregister 190
Verfügungsgeschäfte 261
Vergütung 152
Vergütungspflicht 88
Verjährung 302, 303
Verjährungsfristen 302
Verkäufermarkt 449
Verkaufsabteilungen 401
Verkaufsförderung 382, 386
Verkaufsgespräch 387, 388
Verkehrsteuern 511
Vermeidungsprinzip 420
Vermögensbildung 158
Vermögensumschichtung 350
Vermögensversicherung 143
Verpackungskosten 277
Verpflichtungsgeschäfte 261
Versandkosten 277
Verschwiegenheitspflicht 88
Versendungskauf 280
Versicherte 115, 119, 125, 130
Versicherungswesen 143
Verteilungsrechnung 560

Verträge 260
Vertragsannahme 283
Vertragsantrag 283
Vertragsfreiheit 238, 240
Vertragsrecht 240
Vertragstreue 240
Vertragstypen 266
Vertretenmüssen 285
Verursacherprinzip 420
Verwahrungsvertrag 267
Verwendungsrechnung 558, 559
Verzug 291, 294
Verzugszinsen 295, 296
visualisieren 16
Visualisierung 19
Volkseinkommen 562, 563
Vollbeschäftigung 531
vollkommener Markt 456
Vollmacht 190, 251
Vollstreckungsbescheid 299
Vorlegungsfrist 335
Vorratsinvestitionen 344
Vorsorgeaufwendungen 167
Vorstand 218, 223
Vorteilsgeschäfte 250
VPI 490

W

Wahlbedürfnisse 407
Wahlrecht 56
Wahlversammlung 53
Währung 487, 489
Warenkorb 491
Wartezeit 120
Wechselkurs 495, 496, 497
Wechselkursmechanismus (WKMII) 498
Wechselkurssystem 489, 495
Wehrdienstleistende 48
Wehr- und Zivildienstleistende 119
Werbebrief 389
Werbedurchführung 384
Werbeelemente 383
Werbeerfolg 385
Werbeerfolgskontrolle 385
Werbegrundsätze 383
Werbemittel 383
Werbewirksamkeit 383
Werbung 382
Werbungskosten 166, 173
Werdende Mütter 96
Werkvertrag 267
Wertaufbewahrungsmittel 488
Wertschöpfung 556
Wettbewerbsbeschränkungen 456
Wettbewerbs- und Ordnungspolitik 522
Wettbewerbsverbot 88, 203, 215
widerrechtliche Drohung 265
Widerruf 283
Widerrufsrecht 314
Willenserklärung 249, 260, 261, 265, 266
Wirtschaftlichkeit 384, 444
Wirtschaftsausschuss 56
Wirtschaftskreislauf 425, 426, 427
Wirtschaftspolitik 513, 516, 522
Wirtschaftswachstum 554
Wohlfahrtsmaximierung 413
Wohlverhaltensperiode 318
WTO 548

Z

Zahlungsbedingungen 282
Zahlungsbilanz 552
Zahlungsdienstevertrag 316, 329
Zahlungserinnerung 298
Zahlungsmittel 321, 488
Zahlungsunfähigkeit 230, 233
Zahlungsverkehr 320
Zahlungsverzug 294, 296
Zedent 367
Zeitablauf 89
Zeitlohn 153
Zertifizierung 399
Zession 368
Zessionar 367
Zeugnispflicht 88
Zielkauf 278
Zielkonflikte 566
Zivilrecht 241
Zubehör 253
Zug um Zug 278
Zukunftserwartungen 453
zumutbaren Belastung 170
zu versteuerndes Einkommen 164
Zwangsvollstreckung 299, 300, 301
zwingendes Recht 241
Zwischenprüfung 30

Bildquellenverzeichnis

BC GmbH Verlags- und Medien-, Forschungs- und Beratungsgesellschaft, Wiesbaden: S. 50.1–50.5

Bergmoser + Höller Verlag AG, Aachen: S. 47, 95, 106, 137, 549

Bildungsverlag EINS GmbH, Köln/Angelika Brauner, Hohenpeißenberg: S. 12, 15, 18.1, 18.2, 546

Bundesagentur für Arbeit, Nürnberg: S. 124

Bundesverwaltungsamt, Berlin: S. 432

EURO Kartensysteme GmbH, Frankfurt am Main: S. 336.1, 336.2, 338

Europäische Zentralbank, Frankfurt am Main: S. 578

fotolia.com, New York: S. 38 (Monkey Business), 115.1 (openwater), 328 (eyewave)

MasterCard Europe SA, Frankfurt am Main: S. 337

Picture-Alliance GmbH, Frankfurt am Main: S. 59, 92, 100, 112, 114, 116.2, 119, 122.1, 122.2, 123, 128, 133, 135, 138, 140, 156, 172, 176, 234, 376, 384, 417, 418, 423, 428, 438, 491, 493, 498, 505, 510, 511, 512, 520, 524, 533, 534, 536, 543, 544, 545, 548, 558, 572 (alle: dpa-infografik)

Stollfuß Medien GmbH & Co. KG, Bonn: S. 179

www.einfach-rente.de: S. 145.1–145.2

Umschlagfoto: MEV Verlag GmbH, Augsburg